D1683954

Die Zukunft der Führung

Sven Grote
(Hrsg.)

Die Zukunft der Führung

Springer Gabler

Herausgeber
Sven Grote
Braunschweig
Deutschland

ISBN 978-3-642-31051-5   ISBN 978-3-642-31052-2 (eBook)
DOI 10.1007/978-3-642-31052-2

Die Deutsche Nationalbibliothek verzeichnet diese Publikation in der Deutschen Nationalbibliografie; detaillierte bibliografische Daten sind im Internet über http://dnb.d-nb.de abrufbar.

Springer Gabler
© Springer-Verlag Berlin Heidelberg 2012
Das Werk einschließlich aller seiner Teile ist urheberrechtlich geschützt. Jede Verwertung, die nicht ausdrücklich vom Urheberrechtsgesetz zugelassen ist, bedarf der vorherigen Zustimmung des Verlags. Das gilt insbesondere für Vervielfältigungen, Bearbeitungen, Übersetzungen, Mikroverfilmungen und die Einspeicherung und Verarbeitung in elektronischen Systemen.

Die Wiedergabe von Gebrauchsnamen, Handelsnamen, Warenbezeichnungen usw. in diesem Werk berechtigt auch ohne besondere Kennzeichnung nicht zu der Annahme, dass solche Namen im Sinne der Warenzeichen- und Markenschutz-Gesetzgebung als frei zu betrachten wären und daher von jedermann benutzt werden dürften.

Springer Gabler ist eine Marke von Springer DE.
Springer DE ist Teil der Fachverlagsgruppe Springer Science+Business Media
www.springer-gabler.de

Inhaltsverzeichnis

1 **Mythen der Führung** 1
Sven Grote und Victor W. Hering

Teil I Herausfordernde Führungssituationen und -kontexte

I Führung in Veränderungsprozessen

2 **Transformationale Führung – Führung für den Wandel?** 27
Alexander Pundt und Friedemann W. Nerdinger

3 **Mergers & Acquisitions: Grundlagen für die Führung in Fusionen** 47
Friedemann W. Nerdinger und Alexander Pundt

4 **Zwischen Stabilität und Dynamik: Perspektiven des Balance-Modells der Führung** 61
Sven Grote, Victor W. Hering, Volker Casper und Laurens Lauer

II Führung in modernen Organisationskontexten

5 **Führung in Projekten – eine prozessorientierte Zukunftsperspektive** 75
Monika Wastian, Isabell Braumandl und Silke Weisweiler

6 **Führung auf Distanz und E-Leadership – die Zukunft der Führung?** 103
Guido Hertel und Laurens Lauer

7 **Diversity Management als Führungsaufgabe** 119
Doris Gutting

III Facetten der Führung mit zunehmender Bedeutung

8 **Führung in Zeiten des demografischen Wandels** 131
Annika Nübold und Günter W. Maier

9 **Komplexität – eine Herausforderung für Unternehmen und Führungskräfte** 153
Elke Döring-Seipel und Ernst-Dieter Lantermann

10 Management von Ungewissheit: zukünftige Zumutungen
    an die Führung 173
    Martin Elbe

11 Meta-Führung – Besonderheiten bei der Führung von Führungskräften ... 191
    Miriam Landes, Eberhard Steiner und Elisabeth von Hornstein

Teil II Ziele, Wirkungen und Nebenwirkungen von Führung

IV Führung – hin zu Innovation, Excellenz und Strategie

12 Führung und Innovation 213
    Andreas Guldin

13 Center of Excellence Kulturen sowie professionelle ethikorientierte
    Führung als Voraussetzung für ökonomischen Erfolg 235
    Dieter Frey, Bernhard Streicher und Nilüfer Aydin

14 Führung und Strategie 255
    Hans H. Hinterhuber, Birgit Renzl und Christian H. Werner

V Führung – von ihren (Neben-)Wirkungen her gedacht

15 Die dunkle Seite der Führung: Negatives Führungsverhalten,
    dysfunktionale Persönlichkeitsmerkmale und situative Einflussfaktoren .. 269
    Prisca Brosi und Matthias Spörrle

16 Führung aus Sicht der Geführten verstehen: Denn wem nicht gefolgt
    wird, der führt nicht 291
    Matthias M. Graf und Niels Van Quaquebeke

17 Gesundes Führen für effiziente Organisationen der Zukunft 307
    Oliver Sträter, Meike Siebert-Adzic und Ellen Schäfer

18 Prinzipien der Fairness als Führungskultur der Zukunft 331
    Bernhard Streicher und Dieter Frey

VI Führung, Kompetenz(-entwicklung) und Persönlichkeit

19 Navigation in unbekannten Welten – Dekonstruktion als zukünftige
    Führungsaufgabe 347
    Bernhard Hauser

20 Führungskräfteentwicklung im 21. Jahrhundert – Wo stehen wir
    und wo müssen (oder wollen) wir hin? 365
    Björn Michaelis, Christoph Nohe und Karlheinz Sonntag

21 Wissensgewinnung durch Führung – die Vermeidung von
    Informationspathologien durch Kompetenzen für Mitarbeiter
    (Empowerment) 391
    Wolfgang Scholl, Carsten Schermuly und Ulrich Klocke

22 LEAD® – Entwicklung eines evidenzbasierten Kompetenzmodells
    erfolgreicher Führung 415
    Stefan Dörr, Marion Schmidt-Huber und Günter W. Maier

23 Interkulturelle Führung 437
    Jürgen Kaschube, Rosina Maria Gasteiger und Elisabeth Oberhauser

24 Auch in Zukunft nicht nur eine Frage der Person:
    Persönlichkeitskonzepte im organisationalen Führungskontext 453
    Magdalena Bekk und Matthias Spörrle

Teil III   Perspektiven der Führung

VII   Führen jenseits klassischer hierarchischer Konzepte

25 Postheroische Führung 475
    Dirk Baecker

26 Dialektische Führung: Förderung von Dissens als Führungsaufgabe ... 491
    Ulrich Klocke und Andreas Mojzisch

27 Synergetische Führung – die Steuerung eines zukunftsfähigen
    Mikrosystems 513
    Nele Graf und Erich H. Witte

VIII   Geteilte Führung – Führung in und von Teams

28 Wenn man mit Hierarchie nicht weiterkommt: Zur Weiterentwicklung
    des Konzepts des Lateralen Führens 531
    Stefan Kühl und Kai Matthiesen

29 Geteilte Führung in Arbeitsgruppen – ein Modell für die Zukunft? .. 557
    Annika Piecha, Jürgen Wegge, Lioba Werth und Peter G. Richter

30 Umgang mit Risiko als Führungsaufgabe – Lernen von
    Hochleistungsteams 573
    Monika Küpper und Uta Wilkens

31 Passion meets Profession – erfolgreiche Führung von Fußballteams
    und Ballettensembles 585
    Dagmar Abfalter, Julia Müller, Melanie E. Zaglia und Linda Fitz

IX Führung aus interdisziplinärer Sicht

32 Impulse aus der Sportpsychologie: Bewegung für die Zukunft der Führung? 605
Jan Mayer

33 Visuelle Führung 625
Volker Casper

34 Führen mit dem gesunden Menschenverstand- aber mit Wissen 645
Ekkehart Frieling

Mitarbeiterverzeichnis

Dagmar Abfalter Universität Innsbruck, Institut für Strategisches Management, Marketing & Tourismus, Universitätsstraße 15, 6020 Innsbruck, Österreich
E-Mail: Dagmar.Abfalter@uibk.ac.at

Nilüfer Aydin Lehrstuhl für Sozialpsychologie, LMU München, Leopoldstr. 13, 80802 München, Deutschland
E-Mail: Aydin@psy.lmu.de

Dirk Baecker Zeppelin University, Am Seemooser Horn 20, 88045 Friedrichshafen, Deutschland
E-Mail: dirk.baecker@zeppelin-university.de

Magdalena Bekk Universität zu Köln, Cologne Graduate School in Management, Economics and Social Sciences, Seminar für Marketing und Markenmanagement, Albertus-Magnus-Platz, 50923 Köln, Deutschland
E-Mail: bekk@wiso.uni-koeln.de

Isabell Braumandl CoBeCe, Im Gewerbepark A 45, 93059 Regensburg, Deutschland
E-Mail: info@cobece.de

Prisca Brosi Lehrstuhl für Strategie und Organisation, Technische Universität München, Leopoldstr. 139, 80804 München, Deutschland
E-Mail: brosi@tum.de

Volker Casper Ströer Out-of-Home Media AG, Ströer Allee 1, 50999 Köln, Deutschland
E-Mail: v.casper@gmx.de

Elke Döring-Seipel Universität Kassel, Kassel, Deutschland
E-Mail: doering.seipel@uni-kassel.de

Stefan Dörr A47 Consulting, Fachhochschule für angewandtes Management, Lange Zeile 10, 85435 Erding, Deutschland
E-Mail: stefan.doerr@a47-consiulting.de

Martin Elbe Hochschule für Gesundheit und Sport, Vulkanstr. 1, 10367 Berlin, Deutschland
E-Mail: martin.elbe@my-campus-berlin.com

Linda Fitz Universität Innsbruck, 6020 Innsbruck, Österreich
E-Mail: linda.fitz@live.at

Ekkehart Frieling Universität Kassel, Kassel, Deutschland
E-Mail: ekkehart.frieling@t-online.de

Dieter Frey Lehrstuhl für Sozialpsychologie, LMU München, Leopoldstr. 13, 80802 München, Deutschland
E-Mail: dieter.frey@psy.lmu.de

Rosina Maria Gasteiger Morawitzkystrasse 4, 80803 München, Deutschland
E-Mail: r-gasteiger@web.de

Nele Graf Wilhelm-Bode-Straße 38, 38106 Braunschweig, Deutschland
E-Mail: ng@mentus.de

Matthias M. Graf Kienbaum Management Consultants GmbH, Human Resource Management, Hohe Bleichen 19, 20354 Hamburg, Deutschland
E-Mail: matthias.graf@kienbaum.de

Sven Grote Jasperallee 53, 38102 Braunschweig, Deutschland
E-Mail: sven_grote@web.de

Andreas Guldin Greenwich, CT, USA
E-Mail: andreas.guldin@t-online.de

Doris Gutting Fachhochschule für angewandtes Management Erding, Erding, Deutschland
E-Mail: prof.doris.gutting@googlemail.com

Bernhard Hauser bhcg.impact.network, Nachtigalstr. 29, 80638 München, Deutschland
E-Mail: bernhard.hauser@bhcg.biz

Victor W. Hering Hamburg, Deutschland
E-Mail: victorhering@web.de

G. Hertel Westfälische Wilhelms-Universität Münster, Münster, Deutschland
E-Mail: ghertel@uni-muenster.de

Hans H. Hinterhuber Hinterhuber&Partners – Strategy/Pricing/Leadership Consultants, Falkstrasse 16, A-6020 Innsbruck, Österreich
E-Mail: hans@hinterhuber.com

Elisabeth von Hornstein Hornstein-Rosenstiel & Partner, Clemensstr. 78, 80797 München, Deutschland
E-Mail: evh@hornstein-rosenstiel.de

Jürgen Kaschube Privatuniversität Schloss Seeburg, Seeburgstrasse 8, 5201 Seekirchen am Wallersee, Österreich
E-Mail: juergen.kaschube@uni-seeburg.at

Ulrich Klocke Institut für Psychologie, Sozial- und Organisationspsychologie, Humboldt-Universität zu Berlin, Rudower Chaussee 18, 12489 Berlin, Deutschland
E-Mail: klocke@hu-berlin.de

Monika Küpper IAW, Ruhr-Universität Bochum, Bochum, Deutschland
E-Mail: Kuepper@iaw.ruhr-uni-bochum.de

Stefan Kühl Metaplan, Goethestraße 16, 25451 Quickborn, Deutschland
E-Mail: StefanKuehl@metaplan.com

Miriam Landes Institut für Unternehmenssteuerung und Veränderungsmanagement (UVM), Tristanstr. 4, 80804 München, Deutschland
E-Mail: miriam.landes@uvm-institut.de

Ernst-Dieter Lantermann Universität Kassel, Kassel, Deutschland
E-Mail: lantermann@uni-kassel.de

Laurens Lauer Wien, Österreich
E-Mail: Laurensll@hotmail.de

Günter W. Maier Universität Bielefeld, Universitätsstraße 25, 33615 Bielefeld, Deutschland
E-Mail: ao-psychologie@uni-bielefeld.de

Kai Matthiesen Metaplan, Goethestraße 16, 24541 Quickborn, Deutschland
E-Mail: kaimatthiesen@metaplan.com

Jan Mayer Deutsche Hochschule für Prävention und Gesundheitsmanagement, Saarbrücken, Deutschland
E-Mail: jmayer@mentales-coaching.com

Björn Michaelis Universität Heidelberg und Goethe-Universität Frankfurt, Hauptstraße 47–51, 69117 Heidelberg, Deutschland
E-Mail: bjoern.michaelis@uni-hd.de

Andreas Mojzisch Institut für Psychologie, Sozialpsychologie, Universität Hildesheim, Marienburger Platz 22, 31141 Hildesheim, Deutschland
E-Mail: mojzisch@uni-hildesheim.de

Julia Müller Martin-Luther-Universität Halle-Wittenberg, Große Steinstr. 73, 06108 Halle/Saale, Deutschland
E-Mail: julia.mueller@wiwi.uni-halle.de

Friedemann W. Nerdinger Universität Rostock, Lehrstuhl für Wirtschafts- und Organisationspsychologie, Rostock, Deutschland
E-Mail: friedemann.nerdinger@uni-rostock.de

Christoph Nohe Universität Heidelberg und Goethe-Universität Frankfurt, Hauptstraße 47–51, 69117 Heidelberg, Deutschland
E-Mail: christoph.nohe@psychologie.uni-heidelberg.de

Annika Nübold Universität Bielefeld, Bielefeld, Deutschland
E-Mail: annika.nuebold@uni-bielefeld.de

Elisabeth Oberhauser PerformDencom Salzburg, Warwitzstrasse 9–11, 5123 Salzburg, Österreich
E-Mail: elisabeth.oberhauser@performdencom.com

Alexander Pundt Universität Mannheim, Professur für Arbeits- und Organisationspsychologie, Mannheim, Deutschland
E-Mail: alexander.pundt@uni-mannheim.de

Annika Piecha Technischen Universität Dresden, Professur für Arbeits- und Organisationspsychologie, Dresden, Deutschland
E-Mail: piecha@psychologie.tu-dresden.de

Niels Van Quaquebeke Kühne Logistics University, Brooktorkai 20,
20457 Hamburg, Deutschland
E-Mail: niels.quaquebeke@the-klu.org

Birgit Renzl Privatuniversität Schloss Seeburg, Seeburgstrasse 8,
A-5201 Seekirchen am Wallersee/Salzburg, Österreich
E-Mail: birgit.renzl@uni-seeburg.at

Peter G. Richter Technischen Universität Dresden, Professur für Arbeits-
und Organisationspsychologie, Dresden, Deutschland
E-Mail: peri@architekturpsychologie-dresden.de

Ellen Schäfer
UNIKIMS GmbH, Geschäftsbereich EAO, Mönchebergstr. 7, 34125 Kassel, Deutschland
E-Mail: ellen.schaefer@uni-kassel.de

Carsten Schermuly SRH University Berlin, Ernst-Reuter-Platz 10 10587 Berlin,
Deutschland
E-Mail: carsten.schermuly@shr-hochschule-berlin.de

M. Schmidt-Huber A47 Consulting, Fachhochschule für angewandtes Management,
Lange Zeile 10, 85435 Erding, Deutschland
E-Mail: marion.schmidt@a47-consulting.de

Wolfgang Scholl Institut für Psychologie, Sozial- und Organisationspsychologie,
Humboldt-Universität zu Berlin, Rudower Chaussee 18, 10099 Berlin, Deutschland
E-Mail: schollwo@cms.hu-berlin.de

Meike Siebert-Adzic
E-Mail: siebert-adzic@uni-kassel.de

Karlheinz Sonntag Universität Heidelberg und Goethe-Universität Frankfurt,
Hauptstraße 47–51, 69117 Heidelberg, Deutschland
E-Mail: Karlheinz.Sonntag@psychologie.uni-heidelberg.de

Matthias Spörrle Fachhochschule für angewandtes Management (FHAM),
Am Bahnhof 2, 85435 Erding, Deutschland
E-Mail: matthias.spoerrle@fham.de

Eberhard Steiner Institut für Unternehmenssteuerung und Veränderungsmanagement
(UVM), Tristanstr. 4, 80804 München, Deutschland
E-Mail: eberhard.steiner@uvm-institut.de

Oliver Sträter Arbeits- und Organisationspsychologie, Fachbereich Maschinenbau, Universität Kassel, Heinrich-Plett-Strasse 40, 34132 Kassel, Deutschland
E-Mail: straeter@uni-kassel.de

Bernhard Streicher Lehrstuhl für Sozialpsychologie, LMU München, Leopoldstr. 13, 80802 München, Deutschland
E-Mail: streicher@psy.lmu.de

Monika Wastian Institut für Organisationspsychologie,
Postfach 14 03 61, 80453 München, Deutschland
E-Mail: wastian@inforp.com

Jürgen Wegge Technischen Universität Dresden, Professur für Arbeits- und Organisationspsychologie, Dresden, Deutschland
E-Mail: wegge@psychologie.tu-dresden.de

Silke Weisweiler LMU Center for Leadership and People Management, Geschwister-Scholl-Platz 1, 80539 München, Deutschland
E-Mail: weisweiler@psy.lmu.de

Christian H. Werner Privatuniversität Schloss Seeburg, Seeburgstrasse 8, A-5201 Seekirchen am Wallersee/Salzburg, Österreich
E-Mail: christian.werner@uni-seeburg.at

Lioba Werth Universität Hohenheim, Lehrstuhl für Wirtschafts- und Organisationspsychologie, Stuttgart, Deutschland
E-Mail: lioba.werth@uni-hohenheim.de

Uta Wilkens IAW, Ruhr-Universität Bochum, Bochum, Deutschland
E-Mail: uta.wilkens@iaw.rub.de

Erich H. Witte Universität Hamburg, Hamburg, Deutschland

Melanie E. Zaglia Universität Innsbruck, 6020 Innsbruck, Österreich
E-Mail: melanie.zaglia@uibk.ac.at

Mythen der Führung

Sven Grote und Victor W. Hering

Zusammenfassung

Viele klassische Führungsmodelle, die heute gelehrt werden, stammen aus den 60er und 70er Jahren des 20. Jahrhunderts. Es erscheint nicht übertrieben, wenn man formuliert, dass diese „in die Jahre gekommen" sind. Hierzu passend wird von prominenter Seite – Hamel – kritisiert, dass die gängigen Managementpraktiken in Unternehmen aus der Mitte des 20. Jahrhunderts stammen und veraltet seien. Insofern erscheint es an der Zeit, nach neueren Perspektiven, Instrumenten und Ansätzen der Führung zu fragen. Der Überblick über diesen Band argumentiert entlang von insgesamt neun thesenartig formulierten Mythen zum Thema Führung. Mit diesen Mythen werden Verweise auf die Artikel gegeben. Mythen reduzieren in mehrdeutigen Situationen die Komplexität, dies allerdings zum Preis der Einseitigkeit, denn sie gehen mit Simplifizierung und Stereotypisierung einher, so dass eine mögliche Sichtweise zur allein richtigen erklärt wird. Insofern geht es in dem Artikel zum einen darum, irreführende Fehlannahmen zur Diskussion zu stellen und zum anderen einen Überblick über die 33 (weiteren) Artikel des Bandes zu geben.

„Zukunft der Führung" – der Titel dieses Bandes dürfte auf den ersten Blick als gewagt erscheinen. Es kann leicht der Eindruck entstehen, mit diesem Band sollten die entscheidenden Entwicklungslinien und Theorien der Zukunft der Führung aufgezeigt werden. Das wäre bei einem so facettenreichen Thema wie Führung sicher vermessen.

Darüber hinaus mag der Titel suggerieren, dass es sich um ein Werk aus dem Feld der „Zukunftsforschung" handelt, und dies kann durchaus Assoziationen von Fragwürdigkeit

S. Grote (✉)
Jasperallee 53, 38102 Braunschweig, Deutschland
E-Mail: sven_grote@web.de

V. W. Hering
Hamburg, Deutschland
E-Mail: victorhering@web.de

oder geringer Seriosität auslösen. Einerseits tragen hierzu die Vorgehensweisen kommerzieller „Trendforscher" bei (Rust 2009), andererseits ist dies auch dem Forschungsgegenstand an sich geschuldet, so die Autoren einer Studie zur Zukunft der Personalentwicklung (Schermuly et al. 2012). Etwas (noch) nicht Existierendes kann nicht in einem kritisch-rationalen Sinne erforscht werden, die Fortschreibung vom Bestehenden in die Zukunft ist aus wissenschaftstheoretischer Sicht nicht zulässig, sagen uns auch die Vertreter des kritischen Rationalismus (Popper und Lorenz 1985). Als Gefahr der empirischen Zukunftsforschung wird beschrieben, dass sie sich selbst erfüllende Prophezeiungen liefere, weil sie Einfluss auf Gegenwartsentscheidungen nehmen könne. Als ein Gewinn wird gesehen, dass sie mentale Strukturen, die zukunftsweisenden Entscheidungen zugrunde liegen, transparent und so der Reflexion zugängig macht, wo durch Entscheidungsspielräume deutlich werden (Schermuly et al. 2012).

Der Blick in die Forschung zeigt, dass die altbewährten Führungskonzepte immer noch Anwendung finden und in Seminaren gelehrt werden. Sie mögen nach wie vor ihre Berechtigung haben. Jedoch muss der Hinweis erlaubt sein, dass diese in die Jahre gekommen sind. Als exemplarische Beispiele für „altbewährte Führungsmodelle" können das Verhaltensgitter von Blake und Mouton (1968), das 3D-Modell nach Reddin (1970, 1978), die situative Führungstheorie nach Hersey und Blanchard (1977), das Entscheidungsmodell nach Vroom und Yetton (1973) sowie die Kontingenztheorie Fiedlers (1967) genannt werden. Die klassischen Führungsmodelle sind im Schnitt ca. 40 Jahre alt. Der letzte umfassende Band zum Thema „Führen und führen lassen" stammt von Neuberger (2002) und darf als schwer erreichbarer „Klassiker" bezeichnet werden.

Es ist also Zeit für neue Fragen an die Führung: Womit müssen Führungskräfte in den nächsten Jahren und in Zukunft umgehen? Wie nähert man sich dieser „Zukunft"? Es wurden über 30 mit Führungsthemen befasste Autoren danach gefragt, wie sie die Vergangenheit, Gegenwart und Zukunft der Führung – jeweils aus der Perspektive ihrer Disziplin und ihres Forschungsschwerpunktes – sehen. Elbe (2012) vertritt die Auffassung, dass die Autorinnen und Autoren dieses Bandes damit vor eine „absurde" Aufgabe gestellt wurden, da sie zum einen Grundprobleme des menschlichen Zusammenarbeitens behandeln und zum anderen seherische Fähigkeiten zeigen und in die Zukunft blicken müssten. Wir haben diese „unlösbare Aufgabe" geteilt und so auf viele Autorenschultern zuzüglich Co-Autoren gelegt, und wir sind dankbar, dass sich die Autoren dieser „absurden" Herausforderung gestellt haben.

Welche Überlegungen und Kriterien waren ausschlaggebend für diese Artikelauswahl? 1) Zunächst galt es, neuere Aspekte der Führung zu berücksichtigen, die bislang in der Praxis weniger oder nur teilweise bekannt sind bzw. umgesetzt werden. Hierzu gehören z. B. die demografiegerechte Führung, die geteilte Führung in Arbeitsgruppen oder die Führung auf Distanz. 2) Des Weiteren wurden auch bekannte Themen und Aspekte aufgenommen, deren Bedeutung in der Praxis einerseits dauerhaft gegeben ist und andererseits noch zunimmt. Als Beispiele sind der Umgang mit Komplexität, der Umgang mit Ungewissheit sowie Innovation zu nennen. 3) Zudem existieren veröffentlichte Modelle, die jedoch bislang – gemessen an ihrer Bedeutung – zu wenig Bekanntheit

1 Mythen der Führung

und Beachtung gefunden haben. Als Beispiel sei hier das Center-of-Excellence-Modell der Arbeitsgruppe um Prof. Frey erwähnt. Erstaunlicherweise ist kein Unternehmen bekannt, das seine Management- und Führungsinstrumente konsequent an diesen Dimensionen ausrichtet. 4) Schließlich war die Einschätzung maßgebend, dass Innovation oft „am Rand", also zwischen Expertengebieten, begünstigt wird. Die Artikel des Bandes stammen sowohl aus der Theorie als auch aus der Praxis. Und sie stammen aus verschiedenen Disziplinen: zum großen Teil aus der Psychologie sowie aus der Soziologie und der Betriebswirtschaftslehre. Zudem finden sowohl Führungs- als auch Managementaspekte Berücksichtigung.

Der Überblick über diesen Band argumentiert entlang thesenartig formulierter Mythen zur Führung. Mit diesen Mythen werden gleichzeitig Verweise auf die Artikel hergestellt, um so Überblick zu geben und auf die weitere Lektüre in diesem Band neugierig zu machen. Was sind Mythen und welche Funktion haben sie? Der Begriff ‚Mythos' bedeutete im Griechischen „Wort, Geschichte, Aussage" und bezog sich insbesondere auf bilderreiche, interpretationsbedürftige, vieldeutige Erzählungen (Neuberger 2002). Unter Mythen werden Annahmen und Aussagen verstanden, die „mit Wahrheitsanspruch auftreten, die Wirklichkeit aber nicht umfassend abbilden, sondern einseitig oder selektiv beleuchten und damit einen anderen Teil der Wirklichkeit abdunkeln oder verleugnen" (Neuberger 2002, S. 101). Welche Funktionen haben Mythen? Neuberger argumentiert, dass diese in Folge unklarer oder widersprüchlicher Forderungen, Ansprüche oder Erwartungen Orientierung und Rechtfertigung bieten können. In mehrdeutigen Situationen reduzieren sie Komplexität, dies allerdings zum Preis der Einseitigkeit, denn „sie führen zu Simplifizierung und Stereotypisierung, so dass eine mögliche Sichtweise zur allein richtigen (v) erklärt wird" (Neuberger 2002, S. 101).

Warum ist es von Bedeutung, Mythen der Führung im Sinne von verklärten Sichtweisen zu beschreiben und zu thematisieren? Das Ausblenden von Widersprüchlichkeiten reduziert die Perspektiven einer Organisation, da es blinde Flecken schafft. Stattdessen muss es darum gehen, „Widersprüchlichkeiten gezielt zu mobilisieren" (Kühl 2000, S. 195). Das Zulassen von Dilemmata und in der Folge von Konflikten führt demnach zwar zu mehr Komplexität, jedoch erschließen sich dadurch Chancen, um neue Ideen, Alternativen und zusätzliche Varianten zu entwickeln (Kühl 2000, S. 195).

Analog hierzu argumentiert Hauser (2012), dass überkommene mentale Modelle, die notwendigerweise auf vergangenen Erfahrungen beruhen, in Zeiten sich beschleunigender Veränderung leicht zu einer Barriere werden können. Führungskräfte sehen sich somit zunehmend vor der Aufgabe, ihre eigenen mentalen Konzepte zu *dekonstruieren*, um Raum für neue Sichtweisen zu schaffen. Die „Nicht-Thematisierung" von Vorannahmen und Mythen birgt das Risiko blinder Flecken: man meint, etwas neu und anders zu machen, und verharrt doch in alten Denkmustern. Mit Blick auf die Führungs- und Managementpraxis mehrt sich die Kritik, dass sich gängige Instrumente und Verfahren zu sehr an den Erfordernissen des letzten Jahrhunderts orientieren – mit Gefahr des Verharrens in alten Denkweisen (vgl. Rother 2009). Noch deutlicher fordert der US-amerikanische „Management-Gelehrte" Hamel die Abkehr von den üblichen, jedoch veralteten Managementtechniken aus der Mitte des letzten Jahrhunderts. Führungskräfte müssten genau so diszipliniert an Managementinnovationen arbeiten wie sie es sonst an Produkt- und Dienstleistungsinnovationen tun (vgl. Hamel 2008a, b).

Mit dem Band soll zur Überprüfung, Weiterentwicklung und Neuentwicklung von Führungsinstrumenten, -konzepten und -perspektiven angeregt werden. Wenn diese Lektüre zu Diskussionen, kritischer Überprüfung „klassischer" Führungstheorien und -Instrumente oder gar Widerspruch vor dem Hintergrund der veränderten Situation für Unternehmen anregt, wäre das Ziel des Bandes erreicht. In diesem Sinne laden wir Sie ein, uns durch neun Mythen der Führung zu folgen und diese auf den Prüfstand zu stellen. Das geschieht ausdrücklich mit einer Verbeugung vor Oswald Neuberger, dessen Band „Führen und führen lassen" von 2002 wir eine Fülle von Anregungen für unsere Arbeit als Berater und Wissenschaftler verdanken.

1.1 Mythos 1: „Panta rhei" – „alles fließt" – *oder* Führungskräfte wollen Veränderungen – Mitarbeiter nicht[1]

Immer wieder beklagen Führungskräfte aller Branchen, dass ihre Mitarbeiter Veränderungsprozesse nicht in dem erforderlichen bzw. gewünschten Umfang mittragen. Führungskräfte sehen ihre Hauptaufgabe unter anderem darin, Veränderungen zu gestalten. Der eine will, was der andere nicht will – so entstehen zum Teil zähe Kämpfe, die Unternehmen lähmen und hohe Kosten verursachen können. Sind die Beteiligten veränderungsmüde? Insgeheim auch die Führungskräfte? Veränderungen scheinen zum Dauerzustand in Unternehmen geworden zu sein. Unbestritten sind viele Veränderungsprojekte der letzten 20–25 Jahre, wie Reorganisationen, Prozessoptimierungen, Unternehmensfusionen und -übernahmen in deutschen Unternehmen überlebenswichtig gewesen, um Geschäftsmodelle veränderten Umweltbedingungen anzupassen und wettbewerbsfähig zu bleiben. „Alles fließt" und „Das einzig Beständige ist die Veränderung" sind Leitsätze, die Mitarbeitern regelmäßig vorgetragen wurden und werden. Den Mitarbeitern wird dabei gelegentlich noch zugestanden, Veränderungsprozesse, wenigstens insgeheim, skeptisch aufzunehmen. Oft genug müssen sie eine Veränderungswelle nach der anderen mit- bzw. auch *er*tragen. Wenn hingegen Führungskräfte das Bedürfnis nach Stabilität durchblicken lassen, kann dies unter Umständen riskant für deren eigene Führungskarriere sein.

Der Mythos „Alles fließt" blendet die Tatsache aus, dass permanente Veränderungsprozesse zu unerwünschten Nebenwirkungen führen können, wie z. B. zu dem Phänomen „Zynismus gegenüber Veränderungen" (Wanous et al. 2000). Insbesondere bei einem Führungsverständnis, das Veränderungsprozesse überzeichnet, übertreibt und nicht mit anderen Projekten und Initiativen verbindet, kann die Lösung selbst zum Problem geraten (Watzlawick et al. 2008). In diesem Fall könnte der Satz vom „Alles fließt" als Zynismus seitens der Führung gedeutet werden, weil die Kosten, Mühen und Anstrengungen, die Ver-

---

[1] Aus Gründen des Leseflusses wird die männliche Form genutzt, die Formulierung bezieht sich jedoch ebenso auf Mitarbeiterinnen.

änderungsprozesse mit sich bringen, nicht genügend gewürdigt werden. Auch Führungskräfte können sich erstaunlich „veränderungsresistent" zeigen, wenn sie wenig Bereitschaft erkennen lassen, aus bekannten Fehlern vergangener Veränderungsprozesse zu lernen.

Die folgenden Artikel in Abschn. 1 bieten eine differenzierte Sicht auf die Besonderheiten der Führung in Veränderungsprozessen:

- In Krisen und Veränderungssituationen erscheint seit einigen Jahren das Konzept der transformationalen Führung von Bedeutung. Transformationale Führung lässt sich so beschreiben, dass Führungskräfte ihre Mitarbeiter eher auf emotionaler Ebene ansprechen, sie für die gemeinsamen Ziele begeistern, Sinn und Orientierung vermitteln und Mitarbeitern zeigen, wofür sich ihr Einsatz lohnt bzw. warum Veränderungen notwendig sind. Empirische Studien bestätigen die Wirksamkeit dieses Führungsansatzes im Allgemeinen wie auch ihre Relevanz für Veränderungsprozesse im Besonderen (Pundt und Nerdinger 2012). Eine ausführliche Beschreibung dieses Führungsansatzes, dessen Herkunft, der aktuellen Forschung und der Datenlage sowie dessen Perspektiven findet sich im Artikel „Transformale Führung – Führung für den Wandel?" (Pundt und Nerdinger 2012).
- Veränderungen haben konkrete Anlässe und Formen. Obwohl Fusionen und Übernahmen sehr häufig sind, werden deren wirtschaftliche Ergebnisse regelmäßig negativ bewertet. Als wesentliche Ursache hierfür wird vor allem die mangelnde Berücksichtigung der Mitarbeiter in diesem Prozess beschrieben (Nerdinger und Pundt 2012). Konkrete organisationale und psychologische Bedingungen sind bei Fusionen und Übernahmen zu beachten. Das „Post-Merger-Syndrom" (Schock, Ablehnung als Reaktion der Mitarbeiter auf Fusionen) ist seit langem bekannt und kann Zusammenschlüsse erheblich belasten. Zu den psychologischen Variablen in Veränderungsprozessen gehören z. B. die erlebte Gerechtigkeit und die Möglichkeit der Einflussnahme (vgl. Artikel „Mergers & Acquisitions: Grundlagen für die Führung in Fusionen" von Nerdinger und Pundt 2012).
- Eine weitere Perspektive der Führung in Veränderungen zeigt sich auf, wenn man von einem zugespitzt dualistischem Konzept „Veränderung oder Stillstand" zu einem Modell gelangt, bei dem sowohl Dynamik als auch Stabilität berücksichtigt werden. Das Balance-Inventar der Führung (BALI-F) ermöglicht einen empirischen Zugang zu Kompetenzen und deren Ausprägungen in acht zentralen, im unternehmerischen Kontext relevanten Führungsdilemmata (z. B. Kompetenzen im Umgang mit dem Tagesgeschäft im Gegensatz zur Entwicklung von Strategien und Zukunftskonzepten). Der dem „Balance-Inventar der Führung" zugrunde liegende Grundgedanke zielt auf den ausgewogenen Umgang mit Kompetenzen in Veränderungsprozessen ab (vgl. Artikel „Zwischen Stabilität und Dynamik: Perspektiven des Balance-Modells der Führung" von Grote et al. 2012).

Zwischenfazit 1: In Zukunft muss die Qualität der Führung weniger daran gemessen werden, wie viele Veränderungen initiiert werden, als vielmehr daran, ob und wie unterschiedliche Veränderungsprozesse im Unternehmen sinnvoll dosiert und miteinander vernetzt werden. Zudem muss es darum gehen, dass Führungskräfte ihre Veränderungskompetenz weiterentwickeln, um ihr Handeln den besonderen Bedingungen von Veränderungsprozessen (z. B. Merger) anzupassen, transformationale Führungsansätze realisieren und in resultierenden Spannungsfeldern so balancieren zu können, dass Mitarbeiter Orientierung, Halt und Perspektiven finden.

1.2 Mythos 2: Führung muss authentisch sein

Die Forderung nach Authentizität und authentischer Führung landet in Umfragen bei Führungskräften und Mitarbeitern nicht selten auf den vordersten Plätzen. Authentizität kommt in simplen Botschaften als unverstellte „Echtheit" daher, als einfaches „Sich-so-zeigen wie man ist" (Niermayer 2008, S. 15). Durch die Managementliteratur und Seminarangebote für Führungskräfte zieht sich die These, dass Führungskräfte authentisch sein müssen, um mit Charisma wirksam und erfolgreich sein zu können (ausführlich Niermayer 2007, 2008). Authentizität wird bereits als „würdiger Nachfolger" anderer Managementmythen, wie etwa des Mythos Motivation oder des Teammythos, gesehen (Niermayer 2008, S. 10). Der Mythos folgt einer Idee aus dem klinisch-psychologischen Bereich der 60er Jahre des 20. Jahrhunderts und bedarf in einer komplexen, dynamischen und von gegensätzlichen Anforderungen geprägten Unternehmenswelt der Überprüfung. Hier müssen Führungskräfte in der Lage sein, zu agieren und verschiedene „Rollen zu spielen". Das erzwingt einen Abschied von vereinfachenden Konzepten wie dem der „Authentizität".

Das Konzept der Authentizität in der Kommunikation ist stark durch die Gesprächspsychotherapie geprägt. Die Gesprächspsychotherapie gehört zur Schule der Humanistischen Psychotherapie und wurde im Wesentlichen von Carl R. Rogers entwickelt. Eine der Grundannahmen dieser Schule ist, dass Menschen von sich aus nach Selbstvervollkommnung und Selbstverwirklichung streben. Wenn es nun zu Störungen der persönlichen Entwicklung kommt, ist es Aufgabe des Therapeuten, ein günstiges Klima für den seelischen Wachstumsprozess zu schaffen. Rogers beschäftigte die Frage, welche Bedingungen dazu führen, dass eine Person von sich aus über ihr Erleben spricht, sich dabei besser verstehen lernt und schließlich zu Einstellungs- und Verhaltensänderungen gelangt. Für ihn lag ein Schlüssel in bestimmten Fähigkeiten und Verhaltensweisen des Therapeuten, wie dem einfühlenden Verstehen, der Anteilnahme, dem Respekt und der Echtheit. Damit galt es, den Boden für Veränderungen beim Klienten zu bereiten. Rogers Dimension „Echtheit" wird auch als Authentizität (bzw. Kongruenz) beschrieben. Seine Variablen für eine erfolgreiche Therapie fanden auch Eingang in die Pädagogik und Erwachsenenpädagogik. Zudem fließen sie seit Ende der 60er Jahre in die Managementliteratur und in die sogenannte „Weiterbildungsindustrie" für Führungskräfte ein.

Ein Vergleich der Anwendung des „Authentizitäts-Konzeptes" im klinisch-psychologischen Kontext einerseits sowie im Unternehmenskontext andererseits offenbart die Schwierigkeiten dieser Übertragung. Mitarbeiter sind nicht im Unternehmen, um sich persönlich zu entfalten. Zumindest ist dies nicht der Hauptzweck. Vielmehr erbringen sie eine mehr oder weniger definierte Arbeitsleistung, im Gegenzug erhalten sie Lohn oder

Gehalt. Führungskräfte sind weder wie Therapeuten in einem ‚geschützten Raum' tätig noch haben sie eine Schweigepflicht gegenüber Dritten, sondern sind unterschiedlichen Interessengruppen verpflichtet. Sie müssen die Interessen von Stakeholdern übersetzen, anpassen und ggf. mit disziplinarischen Maßnahmen durchsetzen. Führungskräfte müssen mikropolitisch in Spannungsfeldern zwischen Mitarbeiter- und Unternehmensinteressen agieren. Dieser vollkommen andere Kontext erfordert andere Kompetenzen, die in erster Linie an den Erfordernissen des Unternehmens und an Resultaten aus individuellen Übersetzungen von Paradoxien, Zielkonflikten und Dilemmata orientiert sein müssen. Die Forderung nach „Authentizität" im Sinne eines „Sei du selbst, sei wie du bist", als Ausdruck von Kongruenz zwischen Gefühlen und Verhalten, erscheint in einem hochgradig wettbewerbsorientierten sowie mikropolitisch „aufgeladenen" Unternehmensalltag zu kurz gegriffen. „Echte Authentizität bleibt eine Fiktion. Authentisch zu wirken ist das Ergebnis einer disziplinierten Selbstpräsentation, die im aktuellen Kontext zu überzeugen vermag" (Niermayer 2007, S. 41).

Es wird für die Erweiterung von Kompetenzen zu einem „Spielen-Können auf der gesamten Klaviatur" zwischen verschiedenen Anforderungen und Rollenerwartungen plädiert. Welche Anforderungen sich unter anderem an die Führung in modernen Organisationskontexten ergeben und welche Antworten – jenseits von Authentizität – Führungskräften abverlangt werden, zeigt sich in den Beiträgen des Abschn. 2 „Führung in modernen Organisationskontexten":

- Ein Beispiel für eine Anforderung an Führungskräfte, die mit Authentizität allein nicht zu bewältigen ist, ist die Führung von Projekten. Die projektorientierte Arbeit kann als typische Arbeits- und Organisationsform beschrieben werden, um auf sich verändernde Umweltanforderungen zu reagieren (Wastian et al. 2012). Es gibt zwar Leitfäden, Checklisten, Handbücher zum Projektmanagement, aber trotz der unstrittig zunehmenden Bedeutung der Projektarbeit keinen psychologischen Führungsansatz hierzu. In dem Beitrag von Wastian, Braumandl und Weisweiler (2012) wird ein prozess- und zielorientierter Führungsansatz beschrieben, der – über die klassische Führungsrolle von Mitarbeitern hinaus – die Führungsrolle weiterer Stakeholder mittels Mikropolitik berücksichtigt (vgl. Artikel „Führung in Projekten – eine prozessorientierte Perspektive" von Wastian et al. 2012).
- Authentizität erscheint erst recht nicht als angemessene Antwort, wenn Führungskräfte und Mitarbeiter keinen, wie es die meisten Führungskonzepte voraussetzen, gemeinsamen Arbeitsort mehr haben. Ist „Führung auf Distanz" in Unternehmen, die global zusammen arbeiten und Wertschöpfungsketten fragmentarisiert haben, in Zukunft Normalität? Führung von sogenannten „virtuellen Teams", die eine gemeinsame Aufgabe haben, aber nicht mehr räumlich und zeitlich verbunden zusammenarbeiten, braucht neue Formen der Abstimmung und des Ergebnis-Controllings (vgl. Artikel „Führung auf Distanz und E- Leadership – die Zukunft der Führung" von Hertel 2012).
- Eine weitere Aufgabe für Führungskräfte, die mit Authentizität nicht zu bewältigen ist, besteht in der Führung von zunehmend heterogenen Belegschaften. Authentizität greift

z. B. zu kurz, wenn das Resultat ist, dass Führungskräfte Kandidaten auswählen, die ihnen in Herkunft und Bildungsweg gleichen. Um die Heterogenität von Mitarbeitern in Bezug auf Herkunft, Religion sowie kulturelle Gewohnheiten wirtschaftlich zu nutzen und potenzielle Nachteile in der Zusammenarbeit heterogener Belegschaften zu vermeiden, sind Konzepte gefragt, die beschreiben, wie diese Unterschiedlichkeit sinnvoll gestaltet werden kann. Mit welchen Fragen das verbunden ist, zeigt Gutting (vgl. Artikel „Diversity Management als Führungsaufgabe" von Gutting 2012).

Zwischenfazit 2: Führungskräfte müssen sich von einseitig persönlichkeitszentrierten Führungskonzepten wie dem der Authentizität verabschieden. Sie müssen sich daran messen lassen, wie neuartige und teilweise spannungsreiche Anforderungen in modernen Unternehmenskontexten, wie z. B. die Führung in Projekten, die Führung auf Distanz oder das Management von heterogenen Teams und Belegschaften, für Mitarbeiter übersetzt werden.

1.3 Mythos 3: Die Unternehmensveränderer bedürfen selbst keiner Veränderung

Zahlreiche Unternehmen werden mit einer Logik aus den 20er- und 30er-Jahren geführt, so die Kritik von Rother (2009). „GMs Vorgehensweise erwies sich während der Phase von Wachstum und oligopolistischer Isolation vom weltweiten Wettbewerb, bis in die 70er Jahre hinein als sehr lukrativ. Sie wurde zu Vorbild sowie zu akzeptierter Managementpraxis und wird heute noch an den Business Schools gelehrt." (Rother 2009, S. 82). Die Orientierung an Managementpraktiken, die für die amerikanische Automobilindustrie der 20er Jahre zielführend gewesen sein mögen, birgt jedoch die Gefahr des Verharrens in alten Mustern. Auch Führungs- und Managementinstrumente bedürfen der Veränderung (vgl. Rother 2009). Auch das von Rother favorisierte Toyota-Managementsystem vermag nicht vor Problemen zu schützen und sollte daher nicht unreflektiert übernommen werden. Ein klemmendes Gaspedal in Millionen von Fahrzeugen könnte man als „plumpe" Metapher für die Probleme in einem zu schnell wachsenden Automobil-Konzern bemühen. Tatsächlich entpuppt es sich jedoch als ein Indiz für eben dieses zu schnelle Wachstum.

Hamel macht in seinem aktuellen Buch „The Future of Management" veraltete Managementmethoden für viele Fehlentscheidungen verantwortlich: „Wir dürfen bestimmte Managementtechniken nicht für selbstverständlich halten, nur weil sie seit 100 Jahren angewandt werden… Unternehmen sollten genau so diszipliniert Innovation im Management anstreben wie sie es bei ihren Produkten auch tun" (Hamel 2008a, S. 102). In den englischsprachigen Wirtschafts- und Wissenschaftsmagazinen der vergangenen 70 Jahre habe er ungefähr 55.000 Beiträge über technische Neuerungen gefunden, aber nur wenige über echte Managementinnovationen. Die Praktiken und Rituale des sog. modernen Managements seien 100 Jahre alt und hatten ausgedient: „Überall in Unternehmen herrschen Starrsinn, Unterordnung, Blockade und Kontrolle. Inspiration und Leidenschaft aber, die großen Mächte des Fortschritts, kommen kaum mehr zur Entfaltung" (Hamel 2008,

S. 102). Es bedürfe Unternehmen, in denen „jede Aktivität von Innovation durchströmt wird" und in denen „die Aufrührer stets die Oberhand über die Reaktionäre behalten" (Hamel 2008a, S. 102).

Die Gründer hoch innovativer Firmen wie Gore oder Google waren nie auf Business-Schools, an denen „orthodoxe Managementprinzipien" gelehrt werden. „Aber genauso wie Manager hängen auch Business Schools häufig den alten Denkmustern an. Im Großen und Ganzen trainieren sie die Leute, Organisationen so zu führen, als ob sie Strukturen hätten, die aus der Mitte des 20. Jahrhunderts stammen" (Hamel 2008a, S. 103). Warum das nicht mehr ausreicht, zeigen unter anderem die in Abschn. 3 „Herausfordernde Aspekte der Führung" aufgeführten Artikel:

- Ein Beispiel für eine neue Anforderung an die Führung kann in der „doppelten Alterung" der westlichen Industrienationen gesehen werden: Die Menschen werden immer älter, gleichzeitig sinkt die Geburtenrate. Das führt langfristig zu dramatischen Konsequenzen für Organisationen, Führungskräfte und Beschäftigte (Nübold und Maier 2012). Die zu bewältigenden Herausforderungen liegen darin, Arbeitsprozesse und -inhalte an den Bedürfnissen, Kompetenzen und Fähigkeiten einer älter werdenden Beschäftigungsgruppe auszurichten, Stereotypen gegenüber älteren Mitarbeitern entgegenzuwirken, die Gesundheit der Mitarbeiter zu erhalten sowie diese zum aktiven Verbleib in der Organisation zu ermutigen (Nübold und Maier 2012). Die demografiegerechte Führung wird – auch in Hinblick auf den Talentmangel – als grundlegende Kompetenz zukünftig erfolgreicher Führungskräfte beschrieben (vgl. Artikel „Führung in Zeiten des demografischen Wandels" von Nübold und Maier 2012).
- Als weitere Herausforderung kann die wachsende Komplexität gesehen werden, der Unternehmen in der Gegenwart – und noch mehr in der Zukunft – ausgesetzt sind. Döring-Seipel und Lantermann legen in diesem Band dar, was unter dem schillernden Begriff „Komplexität" zu verstehen ist und welche Herausforderung sich daraus für Führungskräfte und Unternehmen ergeben. Zudem werden die Gefahren der Komplexitätsreduzierung und typische Fehler im Umgang mit Komplexität aufgezeigt und die Anforderungen an ein gutes Komplexitätsmanagement dargestellt (vgl. Artikel „Komplexität – eine Herausforderung für Unternehmen und Führungskräfte" von Döring-Seipel und Lantermann 2012).
- Eine weitere Herausforderung wird im Umgang mit Unsicherheit gesehen. Während Organisationen darauf ausgerichtet seien, Unsicherheit zu beherrschen, sei Führung darauf angelegt, Ungewissheit zu bewältigen (Elbe 2012). Die Besonderheit: Ungewissheit wird bei Elbe, wenn man sie nicht beherrschen will, für die Führung als Ressource und Quelle für Innovation beschrieben. Als zentrale Aufgabe für die Zukunft der Führung wird die Förderung von Resilienz und Salutogenese geschildert (vgl. Artikel „Management von Ungewissheit: zukünftige Zumutungen an die Führung" von Elbe 2012).
- Das Thema „Führung von Führungskräften" fand in der deutschsprachigen Literatur bislang wenig Beachtung. Die besonderen Anforderungen, die mit der Führung von Führungskräften („Meta-Führung") einhergehen, erfordern eine gesonderte Betrach-

tung – so die Forderung von Steiner, Landes und von Hornstein (2012). Die Autoren beschreiben Unterschiede zwischen der Führung von Mitarbeitern mit und ohne Führungsaufgaben und die Eignung bekannter Führungsstile mit Blick auf die Führung von Führungskräften. Des weiteren stellen sie ein Hemisphärenmodell der Führung von Führungskräften vor (vgl. Artikel „Meta-Führung – Besonderheiten bei der Führung von Führungskräften" von Steiner et al. 2012).

Zwischenfazit 3: Die Führungskraft der Zukunft sollte sich von der Vorstellung verabschieden, dass tradierte Managementtechniken und Managementsysteme unveränderliche, nicht zu diskutierende und somit auch nicht entwickelbare Techniken und Instrumente darstellen. Mit Konzepten aus dem letzten Jahrhundert allein lassen sich kaum zukunftsfähige Veränderungen in Unternehmen umsetzen. Ein „kontinuierlicher Verbesserungsprozess der Führung" ist gefragt. Das heißt die Veränderung von Führungsinstrumenten sollte so selbstverständlich als Erfolgsgarant betrachtet werden wie die Neuentwicklung von Produkten und Dienstleistungen.

1.4 Mythos 4: Innovation – ein steiniger Weg in ein unbekanntes Land

Allenthalben wird beschworen, dass die Leistungs-, Wettbewerbs- und letztlich die Überlebensfähigkeit von Volkswirtschaften auf das Engste mit der Innovationsfähigkeit der Industrie verknüpft sei. In Gesprächen mit Führungskräften entsteht gelegentlich der Eindruck, dass es sich hierbei – zugespitzt formuliert – um ein unbekanntes und auch nur sehr schwer, wenn nicht gar unerreichbares Phänomen handelt. Nicht selten hört man Fragen wie:

- „Wie schaffen es andere Unternehmen, dass ihre Mitarbeiter im Durchschnitt vier bis fünf Vorschläge pro Jahr einreichen?"
- „Wie schafft es die Firma 3M so viele Innovationen hervor zu bringen?"
- „Wie schafft es der Mitbewerber sich so exzellent zu organisieren?"

Tatsächlich gibt es allein zum Thema Innovation eine große Fülle sowohl theoretischer als auch rein praxisorientierter Literatur, die – disziplinübergreifend – kaum zu überschauen ist. Dies reicht von Studien der Organisationspsychologie zum Innovationsklima (Kauffeld et al. 2004), umfassenden Überblicksbänden zu Innovation durch Teamarbeit (Gebert 2004) sowie zu Führung und Innovation (Gebert 2002) über betriebswirtschaftlich orientierte Literatur mit Hinweisen zur Gestaltung von Innovationssystemen (Weißenberger-Eibl 2005) und zum praktischen Innovationsmanagement (z. B. Wentz 2008; Goffin et al. 2009) bis hin zu betrieblichen Fallstudien (z. B. Nerdinger et al. 2010). Zwar gibt es Studien, die die Rolle der Innovation mit Sicht auf die Umsetzung relativieren, wie die zum Vergleich von „Gold- und Silbermedaillengewinnern" jeder Branche (Stadler 2007). Diese Erkenntnisse dürften Unternehmen jedoch nicht von dem Erfordernis, sich aktiv mit dem

Thema Innovation auseinander zu setzen, entbinden. Kurzum – es existieren zahlreiche praktikable und erprobte Ansätze, Instrumente und Managementsysteme, die jedoch von einem nicht unerheblichen Teil der Führung unbeachtet bleiben.

Konkrete Ansatzpunkte zu den Themen Innovation, Führungsexzellenz sowie Strategie werden in den folgenden Kapiteln des vierten Abschnitts „Führung – hin zu Innovation, Excellenz und Strategie" aufgezeigt:

- Wie genau muss Führung gestaltet werden und wie muss sie sich verändern, damit sie zu Innovation führt? Diese Verknüpfung von Führung und Innovation stellt der Beitrag von Guldin her. Es geht zum einen um die Frage, inwieweit und wodurch Führung die Fähigkeit von Unternehmen, Innovationen zu erzielen, fördert (oder hemmt), und zum anderen inwieweit Innovationen die Art von Führung, wie wir sie bisher kennen, verändern wird bzw. schon verändert hat (vgl. Artikel „Führung und Innovation" von Guldin 2012).
- Mit dem sog. „Center of Excellence"-Modell (Frey et al. 2012) könnten mögliche neue Wege im Management aufgezeigt werden. Hier wird eine Kultur im Sinne einer „Ausrichtung auf gemeinsame Werte" vorgestellt, die von erfolgreichen und innovativen Teams, Abteilungen und Unternehmen praktiziert wird, z. B. Kundenorientierungskultur, Kultur des kritischen Rationalismus oder Zivilcouragekultur (vgl. „Center of Excellence Kulturen" sowie professionelle ethikorientierte Führung als Voraussetzung für ökonomischen Erfolg" von Frey et al. 2012).
- Um die Verbindung von Führung und Strategie geht es in dem Beitrag von Hinterhuber, Renzl und Werner. „Eine exzellente Führung, eine gute Strategie, taktische Maßnahmen mit rasch spürbaren Wirkungen, die richtigen Mitarbeiter und Glück sichern das Überleben des Unternehmens, machen es langfristig stärker und ergänzen es um eine Perspektive des Gemeinwohls, die über das Unternehmen hinausreicht. Je größer die Summe aus diesen fünf Faktoren in einem Unternehmen ist, desto erfolgreicher ist es (vgl. Artikel „Führung und Strategie" von Hinterhuber et al. 2012).

Zwischenfazit 4: Führung muss zugestehen, dass es keinen Mangel an Ratschlägen und Tipps für Innovationen mehr gibt. Es gibt aber eine Umsetzungslücke. Denn wie Innovationen in Unternehmen gefördert werden können, ist einerseits sehr gut erforscht und andererseits verständlich beschrieben. Innovation – das was alle haben wollen – kann nicht als Geheimwissenschaft abgetan werden, dennoch werden die Konzepte nicht konsequent umgesetzt.

1.5   Mythos 5: Führung wirkt zum Guten – frei von Nebenwirkungen

Es erschien lang wie eine unausgesprochene Annahme in der Führungsliteratur, dass Führung nur zum Guten wirken könne. So wurde einerseits untersucht und beschrieben, wie Mitarbeiter durch Führung zu mehr Motivation, Zufriedenheit, Commitment, Eigenverantwortung, Leistung und Bürgerverhalten (Organizational Citizenship Behavior) geführt werden können, wie sie zu Markenbotschaftern werden und andererseits wie Unternehmen zu mehr Innovation, Veränderungen, Exzellenz und höherer Wettbewerbsfähigkeit gelangen müssen. In den letzten Jahren sind jedoch auch mögliche „Nebenwirkungen" der Führung in den Fokus des Interesses gelangt. Ein paar Beispiele:

- *Zynismus gegenüber Veränderungen.* Organisationale Veränderungen können nicht nur wirkungslos bleiben, sondern auch schädliche Wirkung und Nebenwirkungen haben. Wenn unterschiedliche Veränderungen immer wieder euphorisch angekündigt („Warum jetzt alles anders wird"), dann jedoch nicht konsequent umgesetzt werden, kann dieses zu Zynismus gegenüber organisationalen Veränderungen führen (Reichers et al. 1997; Wanous et al. 2000).
- *Lästern, Schuldigensuche, Jammern.* Eine empirische, videobasierte Untersuchung von ca. 100 Teams aus über 20 Unternehmen unterschiedlichster Branchen zeigt, dass Führungskräfte und Mitarbeiter nicht nur konstruktiv und lösungsorientiert an relevanten Problemen arbeiten. Vielmehr ergeben sich zahlreiche Nebenwirkungen, wie Lästern über Abwesende und Vorgesetzte, Personifizierung von Problemen, Schuldigensuche oder Jammern. Negative Diskussionsformen zeigen sich als sehr schädlich für die Unternehmensentwicklung: Während sich positive Aspekte der Sozialkompetenz (wie die ermunternde Ansprache, Zustimmung, aktives Zuhören etc.) sowohl in „Kaffeekränzchen" als auch in hoch effektiven Teams finden, zeigen sich Lästern oder Schuldigensuche als regelrechte „Innovationskiller" mit erheblichen Auswirkungen für die Unternehmensentwicklung (ausführlich Kauffeld 2006).
- *Rumors.* Negative Gerüchte kommen im Kontext von betrieblichen Veränderungsprozessen häufiger vor als positive. Dabei kann es um Arbeitsbedingungen, den Hintergrund des Veränderungsprozesses, das Change Management an sich, die Konsequenzen der Veränderungen im Hinblick auf die organisationale Leistung oder einfach nur um Klatsch gehen. Es zeigt sich dabei, dass Mitarbeiter, die negative Gerüchte verbreiten, mehr von veränderungsbezogenem Stress berichten als Mitarbeiter, die positive oder keine Gerüchte verbreiten (Bordia et al. 2006).
- *Suizid.* Nach mehr als 40 Selbstmorden bei der France Télécom im Zeitraum 2008–2010 ermittelt dort die Staatsanwaltschaft gegen Führungskräfte wegen fahrlässiger Tötung. Zwar wird kontrovers diskutiert, inwieweit diese Anzahl sich tatsächlich statistisch signifikant von anderen Suizidraten unterscheidet. Doch wird von externen Experten, die der Konzern selbst bemühte, die Verbindung zu einem brutalen Arbeitsklima und fraglichen Führungspraktiken gezogen (Wüpper 2010).

Der Abschn. 5 „Führung – von ihren (Neben-)Wirkungen her gedacht" befasst sich explizit mit diesen Aspekten der Führung:

- Erstaunlicherweise lag der Fokus der Führungsliteratur – trotz weitreichender Konsequenzen negativen Führungsverhaltens – bis vor circa 15 Jahren eher auf der Untersuchung von positivem Führungsverhalten (Brosi und Spörrle 2012). Die vergleichsweise junge Forschungsliteratur zu negativem Führungsverhalten, dessen wichtigste Voraussetzungen (dysfunktionale Persönlichkeitsmerkmale und situative Einflüsse), unterschiedliche Definitionen negativen Führungsverhaltens (d. h., beleidigende, tyrannische, aversive, despotische und destruktive Führung) und die wichtigsten dysfunktionalen Persönlichkeitsmerkmale mit Blick auf negative Führung (Narzissmus, Hybris und Machiavellianismus) werden bei Brosi und Spörrle beschrieben (vgl. Artikel „Die dunkle Seite der Führung: Negatives Führungsverhalten, dysfunktionale Persönlichkeitsmerkmale und situative Einflussfaktoren" von Brosi und Spörrle 2012).

- Während zahlreiche Forschungsansätze die Führungspersönlichkeit oder das Führungsverhalten fokussieren, wird in neueren Führungstheorien die Mitarbeiterperspektive in den Mittelpunkt der Betrachtungen gestellt. Graf und van Quaquebeke beschreiben unter Rückgriff auf implizite Führungstheorien im Rahmen der Geführtenperspektive, wie Mitarbeiter das Handeln ihrer Führungskräfte wahrnehmen und darauf reagieren (vgl. Artikel „Führung aus Sicht der Geführten verstehen: denn Wem nicht gefolgt wird, der führt nicht" von Graf und van Quaquebeke 2012).
- Die Wirkungen und Nebenwirkungen von Führung auf die Gesundheit der Mitarbeiter stehen beim Ansatz des „gesunden Führens" im Vordergrund. Von den Autoren wird auf eine interessante Diskrepanz verwiesen: Obwohl die psychologischen Aspekte guter Führung seit Jahrzehnten bekannt sind – so führt z. B. Entscheidungsspielraum zu hoher Arbeitszufriedenheit und Produktivität – ändert sich hinsichtlich der Führungsqualität wenig, trotz zahlreicher Seminare zum Führungsverhalten. Ein beachtlicher Anteil der Arbeitsunfähigkeitstage von Mitarbeitern und Führungskräften wird laut Untersuchungen schlechter Führung zugeordnet. In dem Artikel „Gesundes Führen für effiziente Organisationen der Zukunft" werden Ansätze aufgezeigt, wie beide Aspekte, Gesundheit und Effektivität, vereint werden können (Sträter et al. 2012).
- Führung, die die oben genannten Nebenwirkungen vermeiden will, darf sich nicht auf die fachliche Steuerung der Mitarbeiter beschränken. Sowohl Innovationen als auch erstklassige Dienstleistungen sind nur mit hoch engagierten Mitarbeitern zu erreichen (Streicher und Frey 2012). Es sind Voraussetzungen zu schaffen, die dazu führen, dass sich Mitarbeiter identifizieren und zu hohem Engagement für den Unternehmenserfolg angeregt werden. Der Ansatzpunkt wird hier in einer fairen Führung gesehen, die auf den Prinzipien distributiver Fairness (Ergebnisse sind nach gleichen Regeln zustande gekommen), prozeduraler Fairness (es gibt Möglichkeiten mitzugestalten und Gehör zu finden), interpersonaler Fairness (Respekt, hart in der Sache, aber fair zur Person) und informationaler Fairness (schlechte und gute Nachrichten übermitteln) beruht (vgl. Artikel „Prinzipien der Fairness als Führungskultur der Zukunft" von Streicher und Frey 2012).

Zwischenfazit 5: Führung ist in den letzten Jahren gründlich untersucht worden. Es gibt, wie bei einem Medikament, inzwischen ausführliche Studien zu den Wirkungen und Nebenwirkungen des Handelns von Führungskräften. Die Beiträge guter Führung zum Unternehmenserfolg sind unbestritten und die Auswirkungen schlechter Führung auf den Unternehmenserfolg dürfen nicht ausgeblendet werden. Wer sich dem verschließt und nach wie vor glaubt, dass viel Führung viel hilft – und frei von Risiken und Nebenwirkungen ist – sollte sich Rat holen.

1.6 Mythos 6: Führungskräfte und Mitarbeiter müssen ein Leben lang hinzulernen

Der nützliche Begriff des lebenslangen Lernens kann leicht Erwartungen dahingehend leiten, dass den im Unternehmen bereits vorhandenen Führungsinstrumenten, -modellen, -vorgehensweisen und Managementtools etc. kontinuierlich neue hinzuzufügen sind. In Personalentwicklungsabteilungen steht nicht selten die Vermittlung neuer Tools und Instrumente, möglichst auf der Höhe der aktuellen Trends, im Fokus. Was dabei häufig vergessen wird, ist, dass für Führungskräfte und Mitarbeiter auch das „Verlernen" von Bedeutung ist (vgl. Vester 1998). So ist zwischen informationellem und transformativem Lernen zu unterscheiden (Kegan 2000). Beim informationellen Lernen geht es darum, das Wissen und die Fähigkeiten zu erweitern, beim transformativen Lernen geht es darum, das eigene mentale Modell selbst zu verändern, anstatt ein bestehendes Modell zu ergänzen (Kegan 2000, S. 48–49; vgl. Michaelis et al. 2012).

Gerade in der Vergangenheit erworbene, jedoch inzwischen erstarrte mentale Modelle können in Zeiten beschleunigten Wandels zu einer Barriere für die Unternehmensentwicklung werden (Hauser 2012). Teilweise wird beklagt, dass Führungskräfte (und Mitarbeiter) aktuelle Themen und Problemstellungen nicht ohne Rückgriff auf die Vergangenheit besprechen, beurteilen und bewerten (können). „Das hatten wir in den 90er Jahren schon mal", heißt es gelegentlich, nicht immer zum Nutzen des Diskussionsfortschrittes oder zum Vergnügen der Umwelt. Dabei bleibt dann unberücksichtigt, dass sich Rahmenbedingungen und technische Möglichkeiten erheblich verändert haben, sodass ein Rückschluss von der Vergangenheit auf die Gegenwart – nach dem Prinzip „Das hat damals nicht funktioniert, folglich auch heute nicht" – oftmals unzulässig erscheint. So zeigt sich auch in Problemlösesitzungen, dass „nur" ein mittleres Maß an eingebrachtem organisationalem Wissen für die Effektivität und Güte von betrieblichen Teams hilfreich ist (Kauffeld 2006). Die einzelnen Kapitel im Abschn. 6 „Führung, Kompetenz (-entwicklung) und Persönlichkeit" diskutieren diese Aspekte:

- Führungskräfte stehen vor der Herausforderung, mentale Konzepte zu dekonstruieren, um Raum für neue Sichtweisen zu schaffen (Hauser 2012). Klassische seminarförmig angelegte und inputorientierte Konzepte zeigen sich dabei offenbar als ungeeignet. Ausgangspunkt für das Konzept der Dekonstruktion sind „boshafte Probleme" (Grint 2008; Hauser 2012), weil gerade sie sich bisherigen Sichtweisen, Instrumenten und Modellen nicht fügen. „Boshafte Probleme" werden als neu und herausstechend charakterisiert und haben zudem oftmals Einzelfallcharakter, gerade deswegen sollen sie als Ressource für die Personal und Führungskräfteentwicklung dienen (Hauser 2012). Als Methode wird das Konzept des Critical Action Learning vorgestellt (vgl. Artikel „Navigation in

unbekannten Welten – Dekonstruktion als zukünftige Führungsaufgabe" von Hauser 2012).
- Ein weiterer Schlüssel zur Entwicklung der Mitarbeiter wird in der transformationalen Führung gesehen. Führungskräfte entwickeln attraktive Visionen und kommunizieren überzeugend, wie Ziele gemeinsam erreicht werden, sind selbst Vorbild und unterstützen die Entwicklung ihrer Mitarbeiter aktiv. Die Wirksamkeit dieses Führungsansatzes gilt nach zahlreichen Studien und Metaanalysen als unumstritten (vgl. Michaelis et al. 2012). Neu ist, dass erstmals zahlreiche und beeindruckende Belege für die Trainierbarkeit transfomationaler Führung zusammen getragen werden (vgl. Artikel „Führungskräfteentwicklung im 21. Jahrhundert – Wo stehen wir und wo müssen (oder wollen) wir hin?" von Michaelis et al. 2012).
- Da in Unternehmen Wissen immer schneller erworben, weitergegeben, genutzt und neu produziert werden muss und dies oft genug misslingt, sprechen Forscher von sogenannten „Informationspathologien", welche auf unangemessenen Vorstellungen von Wissen, auf mangelndem Problembewusstsein, auf Wunschdenken, auf Verständigungsproblemen und zumeist auf Machtausübung basieren (Scholl et al. 2012). Als Antwort bieten die Autoren „Empowerment" als Führungskonzept an. Die empirisch nachweisbare Wirkung dieses Führungsansatzes sowie die praktischen Probleme bei der Umsetzung werden in dem Artikel „Wissensgewinnung durch Führung – die Vermeidung von Informationspathologien durch Kompetenzen für MitarbeiterInnen (Empowerment)" von Scholl, Schermuly und Klocke 2012 beschrieben.
- Im Hinblick auf die Führungskräfteentwicklung erscheint es erstaunlich, dass – trotz der unüberschaubaren Anzahl von wissenschaftlichen und praxisorientierten Veröffentlichungen – bislang kein evidenzbasiertes Modell effektiver Führung vorlag. Diese Lücke wird mit dem Kompetenzmodell von Dörr, Schmidt-Huber und Maier in diesem Band geschlossen. Die Autoren legen ein validiertes, ökonomisches und praxisrelevantes Führungsinstrument vor, das als Grundlage für die Führungskräfteentwicklung dienen kann (vgl. Artikel „LEAD – Entwicklung eines evidenzbasierten Kompetenzmodells erfolgreicher Führung" von Dörr, Schmidt-Huber und Maier 2012).
- Die Führung im interkulturellen Kontext hat in den letzten Jahrzehnten erheblich an Bedeutung gewonnen, und zwar in der Arbeitswelt wie in der Forschung. Zwei relevante Formen interkultureller Führungsforschung, die Kulturen vergleichende Strategie sowie die interkulturelle Perspektive werden hier beschrieben (Kaschube et al. 2012). Es werden diagnostische Instrumente zur Erfassung der kulturellen Kompetenz, strukturierte Auswahlinterviews und Assessment-Center sowie interkulturelle Trainings für Führungskräfte und Coachings beschrieben (vgl. Artikel „Interkulturelle Führung" von Kaschube et al. 2012).
- Vor dem Hintergrund des Wettbewerbs um Fach- und Führungskräfte gewinnen Führungsansätze an Bedeutung, die Unternehmen anhand von Persönlichkeitsdimensionen beschreiben. Der Führungserfolg steht hier im Zusammenhang mit der Übereinstimmung der Persönlichkeit der Führungskraft und des Unternehmens. „Somit kann durch die richtige Auswahl und Positionierung der Führungskraft, in Bezug auf ihre

Persönlichkeit und Passung zur Organisation, zu ihren Mitarbeitenden und zum Team, eine positive Wirkung auf die Mitarbeitenden und die Organisation beobachtet werden" (zit. aus Artikel „Nicht nur eine Frage der Person: Persönlichkeitskonzepte im organisationalen Führungskontext" von Bekk und Spörrle 2012).

Zwischenfazit 6: Ebenso wichtig wie das lebenslange Lernen ist für Mitarbeiter und Führungskräfte das regelmäßige *Ver*lernen. Die Überprüfung und Dekonstruktion von veralteten Denkmodellen kann wiederum gelernt werden. Systematische, evidenzbasierte und auch interkulturelle Kompetenzentwicklung, die das berücksichtigt, ist genauso gefragt wie die Beachtung von relevanten, nicht veränderbaren Persönlichkeitsmerkmalen von Führungskräften.

1.7 Mythos 7: Die Führungskraft als Held – das ist es, was Organisationen brauchen

Führungskonzepte lassen sich auch danach beschreiben, inwieweit sie in dem Spannungsfeld zwischen „Sehnsucht nach Helden" und „Abschied vom Helden" verortbar sind. Der Wunsch nach heldenhaften Führungskräften erscheint auf der einen Seite verständlich, denn wer möchte nicht, dass allgemein beklagte und scheinbar nicht zu ändernde Missstände wie in den griechischen Sagen von einem starken Helden oder einem „Deus ex machina" aufgelöst werden? Neuberger sprach vom „Great-man-Mythos", nach dem der Vorgesetzte alles im Griff habe und als „richtiger Führer aus einem Heer von Feiglingen Löwen machen kann" (Neuberger 2002).

Allerdings ignoriert diese Ansicht die Vielzahl von Einflussprozessen in Organisationen, wie z. B. Führung „von unten" oder „durch Kollegen". Tatsächlich findet sich in Unternehmen eine Kombination von entpersonalisierter und personalisierter Führung (vgl. Neuberger 2002). Zudem können Helden große Schatten werfen, so dass z. B. die Beiträge anderer nicht ausreichend wahrgenommen und wertgeschätzt werden. Helden können andere auch klein erscheinen lassen und gemeinsame, eigeninitiierte Lösungen verhindern. Als ein Beispiel für dieses Phänomen kann Heiner Geißlers Schlichtung im Drama um den Neubau des Stuttgarter Hauptbahnhofs (Stuttgart 21) dienen: „In jeder Stufe des Schlichtungsverfahrens haben die Teilnehmer darauf gestarrt, was das „Orakel Geißler" zu dieser oder jener Frage wohl sagen würde. Demokratien sollten aber ohne Erlöserfiguren auskommen können" (Schmid 2011, S. 2).

Zudem wird – ausgelöst durch Affären von Politikern – argumentiert, dass hochrangige Personen der Illusion verfallen, die Realität besser einschätzen zu können und die Dinge besser im Griff zu haben als andere (Scholl und Kestel 2011). So kann es zu Realitätsverzerrungen kommen, z. B. weil Top-Manager sich als Inhaber von Machtpositionen wenig Kritik ausgesetzt sehen und somit von Mitarbeitern nicht mehr lernen. Die Ausnutzung von Macht gegen die Interessen anderer lässt im Gegensatz zum gegenseitigen Respektieren der Interessen anderer weniger Lernerfahrungen zu (Scholl und Kestel 2011).

Können Unternehmen heute ohne „Helden" auskommen? Zunächst einmal stehen „heldenhafte Führungskräfte" im Kontrast zu den Prozessen der Organisationsentwicklung in den letzten 20 Jahren. Die Entwicklung weg von zentral gesteuerten Einheiten hin zu Profit-Centern, Segmentbildungen und kleinen, kennzahlengesteuerten Einheiten mit hoher Autonomie führt zu neuartigen Abstimmungs- und Kooperationsprozessen. Die Komplexität, d. h. die unterschiedlichen, hoch vernetzten, oft intransparenten, mehrdeutigen und wechselseitig abhängigen Variablen im Unternehmensalltag, lassen es nicht mehr zu, dass – bildlich gesprochen – eine Führungspersönlichkeit allein das Steuer wie auf einem Supertanker in der Hand hält, um ein Unternehmen durch Flaute und Orkan zu lenken. Dieses Bild führt aus verschiedenen Gründen in die Irre. Mögliche Antworten lassen sich in der schrittweisen Entfernung von den Helden-Konzepten finden. Diese werden in folgenden Beiträgen im Abschn. 7 „Führen jenseits klassischer hierarchischer Konzepte" dargestellt:

- Führungskräfte als Heroen, die nicht die andere (Schatten-)Seite der Heldenmedaille kennen und reflektieren, werden es in den nächsten Jahren in Unternehmen möglicherweise schwer haben. Baecker spricht von einer „klugen" Führung, wenn im Umgang mit Komplexität nicht unbedingt einfache, unscheinbare, aber doch wirkungsvolle Entscheidungen getroffen werden. Erhellend ist die Unterscheidung von „heroischer und postheroischer Führung" (vgl. Artikel „Postheroische Führung" von Baecker 2012).
- Eine Führungskraft allein kann – im Kontext von Veränderung, Komplexität und Innovation – nicht über alle relevanten Informationen verfügen, um die notwendigen Entscheidungen zu treffen. Diese müssen vielmehr aus verschiedenen Perspektiven zusammengetragen, bewertet und ggf. kontrovers diskutiert werden. Es besteht vielmehr die Notwendigkeit, dialektisch zu führen und Dissens zu fördern, um so die Qualität von Entscheidungen durch Beteiligung zu verbessern (vgl. Artikel „Dialektische Führung: Förderung von Dissens als Führungsaufgabe" von Klocke und Mojzisch 2012).
- Es kommt nicht nur darauf an, Informationen zusammenzutragen und ggf. kontrovers zu diskutieren, sondern auch darauf, kluge Entscheidungen gemeinsam umzusetzen. Führungskraft und Mitarbeiter müssen gemeinsam als System funktionieren. Die Fokusveränderung von einer personenbezogenen hin zu einer organisationsbezogenen (synergetischen) Perspektive, bei der nicht mehr die individuelle Führung von Mitarbeitern durch Vorgesetzte, sondern das „zielorientierte Funktionieren eines Mikrosystems" im Vordergrund steht, wird mit der synergetischen Führung beschrieben (vgl. Artikel „Synergetische Führung – die Steuerung eines zukunftsfähigen Mikrosystems" von Graf und Witte 2012).

Zwischenfazit 7: Auch wenn das Bild eines starken Anführers, eines „great man" im Kontext der geschichtlichen Entwicklung stimmig erscheinen mag, so zeigen sich bei der Übertragung auf Unternehmen im 21. Jahrhundert gravierende Schwächen des Konzeptes. Führungskräfte müssen sich in Zukunft ihren begrenzten Einfluss eingestehen und sich vom Leitbild des Heroen verabschieden. Inzwischen erfordert beständiger Wandel in einer komplexen, dynamischen Umwelt offensichtlich erweiterte Führungskonzepte als Antwort.

1.8 Mythos 8: Die Führungskraft führt allein (und zwar nur ihre Mitarbeiter)

Dieser Mythos verweist auf zwei Aspekte, die wie zwei Seiten einer Medaille im Zusammenhang zu betrachten sind. Eine Seite ist in der Führung nach „unten" zu sehen: Demnach erscheint die Möglichkeit, Einfluss auf die – im alten Sprachgebrauch sogenannten – „Untergebenen" zu nehmen, geringer als der Mythos es nahelegt. Die andere Seite ist die Führung „zur Seite" (Kollegen) und die Führung nach „oben" (Vorgesetzte): Demnach haben Führungskräfte oftmals mehr „laterale" Abstimmungsprobleme mit ihren Kollegen (die ebenfalls Führungskräfte sind) und ihren Vorgesetzten als Probleme mit ihren Mitarbeitern. Ein Kern des Mythos besteht zunächst in der impliziten Annahme, es gebe einen „Führer",

(a) der einen permanenten und privilegierten Überblick über alle relevanten Geschehnisse im Team hat und genau mitbekommt, was seine Mitarbeiter tun, und der dann möglicherweise feststellen muss, dass einer nicht tut, was ihm aufgetragen wurde. Demzufolge hätte er ein Führungsproblem mit dem Geführten. Denn der Geführte muss der Führung folgen.
(b) der zur Lösung des Problems dann ein Seminar bei einem bekannten externen Anbieter bucht, um dann zurück in seinem Bereich mit verfeinerten Methoden den Geführten dazu bringen, dass dieser sich bessert.

Dieses Vorgehen kann sich als vergebliches Bemühen erweisen, wenn man den Ist-Zustand in Unternehmen betrachtet. Dort wurden in den letzten Jahren Arbeitsformen umgesetzt, die Mitarbeiter explizit in Entscheidungsprozesse einbeziehen, deren zentrales Postulat darin besteht, dass die Mitarbeiter mehr Verantwortung übernehmen, sie „Unternehmer im Unternehmen" werden etc. In vielen Unternehmen haben sich weit ausdifferenzierte Kooperationsstrukturen wie Gruppenarbeit, TPM, Kaizen, Six Sigma, Projektarbeit etc. entwickelt. Dem hinkt der Mythos der allein und alles bestimmenden Führungskraft hinterher. Der mündig gewordene Mitarbeiter würde dann auf eine Führungskraft treffen, die noch einem patriarchalischen Leitbild entspricht (vgl. Baecker 2012).

Die zweite Seite des Mythos betrifft die Frage, wer geführt wird. In diesem Zusammenhang erscheint folgende Anmerkung von Interesse: „In den drei Jahrzehnten Praxis als Managementlehrer und –Consultant hat mir kaum jemand gesagt, das schwierigste Problem sei das Management seiner Mitarbeiter. Diese Tatsache kontrastiert auffällig damit, dass genau dieses Problem, die Mitarbeiterführung, das Exklusivthema von Literatur und Managementausbildung ist" (Malik 2005, S. 80). Diese Äußerung dürfte auf die Tatsache verweisen, dass die meisten Abstimmungsprozesse, die kleinen, alltäglichen Rituale und Kommunikationsmuster, die einen Betrieb am Laufen halten (oder blockieren) auf *gleicher* hierarchischer Ebene stattfinden. Beide Seiten der Medaille werden in folgenden Beiträgen in dem Abschnitt „Geteilte Führung – Führung in und von Teams" diskutiert:

- Zusätzlich zur klassischen hierarchischen Führung der Mitarbeiter im eigenen Verantwortungsbereich ergibt sich die Anforderung an Führungskräfte als Kollege und mit Kollegen auf gleicher hierarchischer Ebene zielbezogen Einfluss zu nehmen. Hier setzt das Konzept des Lateralen Führens an, das Verständigungsprozesse, die Bildung von Machtarenen sowie Vertrauensbeziehungen fokussiert. Das Konzept des Lateralen Führens an sich sowie mögliche Weiterentwicklungen werden beschrieben (vgl. Artikel „Wenn man mit Hierarchie nicht weiterkommt – zur Weiterentwicklung des Konzepts des Lateralen Führens" von Kühl und Matthiesen 2012).
- Zur Bewältigung von Komplexität und Veränderung wird schon länger auf teambasierte Arbeits- und Organisationsformen zurückgegriffen. Um die Sichtweisen und Kenntnisse der Mitarbeiter zu nutzen und um die Effizienz und die Überlebensfähigkeit von Organisationen zu sichern, wird das Modell der geteilten Führung beschrieben (Piecha et al. 2012). Aktuelle Forschungsergebnisse zeigen, dass die geteilte Führung zahlreiche Vorteile für Arbeitsgruppen mit sich bringen kann (vgl. Artikel „Geteilte Führung in Arbeitsgruppen – ein Modell für die Zukunft?" von Piecha et al. 2012).
- Wie sieht in Teams der Umgang mit Verantwortung bei Risiken und risikobehafteten Entscheidungen aus? Rettungs- und OP-Teams, Feuerwehrmannschaften oder auch Sondereinsatzkommandos der Polizei werden als „Hochleistungssysteme" bezeichnet. Sie zeichnen sich dadurch aus, dass sie unter extremen Risikobedingungen nach Verlässlichkeit ihres Handelns streben (Küpper und Wilkens 2012). Das sind Anforderungen, denen Wirtschaftsorganisationen – wenn auch in anderer Form – ebenfalls gegenüber stehen. Es werden Führungs-, Organisations- und Lernprinzipien von Hochleistungsteams, die auch für Wirtschaftsorganisationen relevant sind, berichtet und reflektiert (vgl. Artikel „Umgang mit Risiko als Führungsaufgabe – Lernen von Hochleistungsteams" von Küpper und Wilkens 2012).
- Auch bei der Untersuchung des Zusammenspiels zwischen Führung und Expertenteams im Bereich der Kunst und des Sports lassen sich Hinweise für gute Führung in Unternehmen finden. Hier ist es z. B. das Spannungsfeld zwischen Autonomie und Abhängigkeit, das eine zentrale Rolle in der Führung spielt. Dabei entsteht die Bewertung des Führungserfolgs oder –Misserfolgs in diesen Branchen v. a. in der öffentlichen Beobachtung, weil das Publikum, Medien und andere Stakeholder eine eigene Rolle in der Wahrnehmung des Führungs- und Teamerfolgs spielen. Hier sind Parallelen zu Unternehmen bzw. Führungskräften in einer Mediengesellschaft nicht weit entfernt (vgl. Artikel „Passion meets Profession – erfolgreiche Führung von Fußballteams und Ballettensembles" von Abfalter et al. 2012).

Zwischenfazit 8: Wenn es zutrifft, dass die meisten Abstimmungsprozesse auf *gleicher* hierarchischer Ebene laufen, dann gilt es für Führungskräfte ihre eigene Führungsrolle im Spannungsfeld „hierarchische Führung des eigenen Bereichs vs. laterale Einflussnahme auf Kollegen" zu prüfen. Führungskräfte sind einerseits darauf angewiesen, mittels lateraler Führung Einfluss auf ihre Kollegen im Führungsteam zu nehmen. Ihre Mitarbeiter bzw. Teammitglieder übernehmen andererseits selbst Führungsverantwortung – dies gilt es zu nutzen. Sei es der Umgang mit Risiko in Hochleistungsteams, sei es die Führung von Fußballteams und Ballettensembles – der Blick in unkonventionelle Führungs-Teamkontexte kann wertvolle Impulse geben.

1.9 Mythos 9: Thema Führung – es ist alles gesagt

Manchmal kann bei wissenschaftsaffinen Praktikern wie bei Forschern der Eindruck entstehen, nach dem man nun alles wisse und quasi die (gesamte) Welt der Führungskonzepte in Unternehmen abbilden könne. Davon nehmen sich Autoren dieses Artikels ausdrücklich nicht aus. Eine zweite Falle besteht darin, die Untersuchungen und Konzepte in Nachbardisziplinen zu übersehen. Ein Blick in Nachbardisziplinen, wie z. B. die Sportpsychologie, zeigt, dass auch hier transferträchtige Ansätze und Konzepte für Führung zu entdecken sind. Darum wurde sie mit aufgenommen. Und schließlich ist Führung von Unternehmen noch weitgehend mit dem „Führen durch das Wort" verbunden. Diese Einseitigkeiten bedürfen der Aufweichung und Ergänzung.

Folgende Aspekte werden daher im Abschn. 9 „Führung aus interdisziplinärer Sicht" vorgestellt:

- Die Rolle der Führung im Spitzensport – durch den Trainer – erscheint sehr speziell, denn ihr Erfolg wird über den Erfolg eines Sportlers oder einer Mannschaft definiert. Dieser geht wiederum mit einer hoch ausgeprägten intrinsischen Motivation der Sportler einher (Mayer 2012). Als Schlüsselvariable hierfür wird die Kompetenzerwartung von Sportlern und Teams gesehen, d. h. die Überzeugung, das eigene Können auch im Wettkampf tatsächlich umzusetzen (Mayer 2012). Hierfür sind bestimmte Grundhaltungen des Trainers, wie Souveränität, Prozessorientierung und Vertrauen, erfolgsentscheidend (vgl. Artikel „Impulse aus der Sportpsychologie: Bewegung für die Zukunft der Führung?" von Mayer 2012).
- Führung wird im Organisationsalltag oftmals mit sprachlichem, verbalem und textlastigem Verhalten in Verbindung gebracht. Man denke nur an die unüberschaubare Bandbreite von Seminaren und Trainingsangeboten zu Mitarbeitergesprächen, Kritikgesprächen, Beurteilungsgesprächen, Rückkehrgesprächen etc. In komplexeren und schnelllebigen Organisationen aber könnte der visuellen Führung hohe Bedeutung zukommen. Was diese für die Führung bedeuten kann, welche Visualisierungsformen einzusetzen sind und welche Voraussetzungen erfüllt sein müssen, damit visuelle Führung „funktioniert", wird im Artikel „Visuelle Führung" von Casper (2012) beschrieben.
- Dass die „Führung mit dem gesunden Menschenverstand" offenbar keine Selbstverständlichkeit ist, wird in dem Artikel von Frieling beschrieben. Wissenschaftler und Berater produzieren als unternehmensnahe Dienstleister auch gerne marktgängige

Konzepte und erfinden im Zusammenhang damit Neologismen und traktieren uns mit Anglizismen. Darum bekommt das letzte Wort in diesem Band ein Arbeits- und Organisationspsychologe, der seit 40 Jahren aus Mitarbeitersicht Führungskonzepte beobachtet und bei aller versammelten Intelligenz eine Lanze für die Führung mit gesundem Menschenverstand bricht. Zu diesem Ansatz gehören Dankbarkeit gegenüber Mitarbeitern sowie die Bereitschaft, alle Anstrengungen zu unternehmen, um sie zu motivieren, sie zu qualifizieren und Arbeitsaufgaben und -ausführungsbedingungen so zu gestalten, dass die Arbeitskraft erhalten bleibt und die „geführten" Menschen Freude an ihrer Arbeit und der Zusammenarbeit mit Kollegen haben sowie ein sozial angemessenes Auskommen (vgl. Artikel „Führung mit dem gesunden Menschenverstand – aber mit Wissen" von Frieling 2012).

Fazit: Zum Schluss sei darauf hingewiesen, dass mit dem Band eine Fülle von Konzepten zusammengetragen wurden, die dem Leser – so meinen wir – zahlreiche Zugänge und Perspektiven bieten. Wir hoffen, dass Sie mit der Übersicht des vorliegenden Bandes vielfältige Anregungen erhalten. Es ist klar, dass die Diskussion um die „Zukunft der Führung" mit dem Band nicht abgeschlossen, sondern hoffentlich – erneut eröffnet wird.

Autorbeschreibung

Dr. Sven Grote, geb. 1967, Studium der Psychologie in Marburg, Tätigkeit als Organisationsentwickler in einem Automobilunternehmen. Über zweijährige Tätigkeit in einer Unternehmensberatung mit dem Schwerpunkt Personal. Ab 1997 wissenschaftlicher Mitarbeiter am Institut für Arbeitswissenschaft der Universität Kassel. Arbeits- und Forschungsschwerpunkte: Kompetenzmessung, -entwicklung, -management, Personal- und Organisationsentwicklung, Führung, Training und Transfer, Gruppenarbeit, Teams, betriebliche Veränderungsprozesse, Prozessbegleitung. 2001–2006 am Institut für Arbeitswissenschaft (zu 50 %). 2007–2012 Professur für Personal- und Organisationsentwicklung an der Fachhochschule für angewandtes Management, Erding. Inhaber einer Unternehmensberatung.

Victor W. Hering, geb. 1961, Studium der Kulturwissenschaft, Literaturwissenschaft in Leipzig, Erwachsenenbildung, Neues Forum Leipzig. Trainee, dann Stationen im Personalbereich von Unilever Deutschland. 1994–2003 verantwortlich für Organisations- und Personalentwicklung in einer operativen Einheit des Unternehmens. 2005–2007 Forschungsauftrag am artec, Zentrum für Nachhaltigkeit der Universität Bremen. Selbständiger Unternehmensberater mit Schwerpunkt Strategie, vernetztes Lernen, Kompetenzentwicklung, Coaching.

Literatur

Abfalter, D., Müller, J., Zaglia, M. E., & Fitz, L. (2012). Passion meets Profession – erfolgreiche Führung von Fußballteams und Ballettensembles. In S. Grote (Hrsg.), *Zukunft der Führung*. Heidelberg: Springer.

Baecker, D. (2012). Postheroisches Management. In S. Grote (Hrsg.), *Zukunft der Führung*. Heidelberg: Springer.

Bekk, M., & Spörrle, M. (2012). Nicht nur eine Frage der Person: Persönlichkeitskonzepte im organisationalen Führungskontext. In S. Grote (Hrsg.), *Zukunft der Führung*. Heidelberg: Springer.

Blake, R. R., & Mouton, J. S. (1968). Verhaltenspsychologie im Betrieb. Das neue Grid-Management-Konzept. Düsseldorf u. Wien (Econ).

Bordia, P., Jones, E., Gallois, C., Callan, V. J., & DiFonzo, N. (2006). Management are aliens! Rumors and stress during organizational change. *Group & Organization Management, 31*, 601–621.

Brosi, P., & Spörrle, M. (2012). Die dunkle Seite der Führung: Negatives Führungsverhalten, dysfunktionale Persönlichkeitsmerkmale und situative Einflussfaktoren. In S. Grote (Hrsg.), *Zukunft der Führung*. Heidelberg: Springer.

Casper, V. (2012). Visuelle Führung. In S. Grote (Hrsg.), *Zukunft der Führung*. Heidelberg: Springer.

Döring-Seipel, E., & Lantermann, E. D. (2012). Komplexität – eine Herausforderung für Unternehmen und Führungskräfte. In S. Grote (Hrsg.), *Zukunft der Führung*. Heidelberg: Springer.

Dörr, S., Schmidt-Huber, M., & Maier, G. W. (2012). LEAD® – Entwicklung eines evidenzbasierten Kompetenzmodells erfolgreicher Führung. In S. Grote (Hrsg.), *Zukunft der Führung*. Heidelberg: Springer.

Elbe, M. (2012). Management von Ungewissheit: zukünftige Zumutungen an die Führung. In S. Grote (Hrsg.), *Zukunft der Führung*. Heidelberg: Springer.

Fiedler, F. E. (1967). *A theory of leadership effectiveness*. New York: McGraw-Hill.

Frey, D., Streicher, B., & Aydin, N. (2012). Center of Excellence Kulturen sowie professionelle ethikorientierte Führung als Voraussetzung für ökonomischen Erfolg. In S. Grote (Hrsg.), *Zukunft der Führung*. Heidelberg: Springer.

Frieling, E. (2012). Führung mit dem gesunden Menschenverstand und Wissen. In S. Grote (Hrsg.), *Zukunft der Führung*. Heidelberg: Springer.

Gebert, D. (2002). *Führung und Innovation*. Stuttgart: Kohlhammer.

Gebert, D. (2004). Innovation durch Teamarbeit. *Eine kritische Bestandsaufnahme*. Stuttgart: Kohlhammer.

Goffin, K., Herstatt, C., & Mitchell, K. (2009). *Innovationsmanagement: Strategie und effektive Umsetzung von Innovationsprozessen mit dem Pentathlon-Prinzip*. München: FinanzBuch Verlag.

Graf, N., & van Quaquebeke, N. (2012). Führung aus Sicht der Geführten verstehen: denn Wem nicht gefolgt wird, der führt nicht. In S. Grote (Hrsg.), *Zukunft der Führung*. Heidelberg: Springer.

Graf, M., & Witte, E. H. (2012). Synergetische Führung – die Steuerung eines zukunftsfähigen Mikrosystems. In S. Grote (Hrsg.), *Zukunft der Führung*. Heidelberg: Springer.

Grint, K. (2008). Wicked Problems and Clumsy Solutions. *Clinical Leader, 1*(2), 54–68.

Grote, S., Hering, V., Casper, V., & Lauer, L. (2012). Zwischen Stabilität und Dynamik: Perspektiven des Balance-Modells der Führung. In S. Grote (Hrsg.), *Zukunft der Führung*. Heidelberg: Springer.

Guldin, A. (2012). Führung und Innovation. In S. Grote (Hrsg.), *Zukunft der Führung*. Heidelberg: Springer.

Gutting, D. (2012). Diversity Management als Führungsaufgabe In S. Grote (Hrsg.), *Zukunft der Führung*. Heidelberg: Springer.

Hamel, G. (2008a). Führen, nicht Folgen. Interview mit Prof. Gary Hamel. *ManagerMagazin, 5*, 100–102.

Hamel, G. (2008b). *The future of management*. New York: Mcgraw-Hill Professional.

Hauser, B. (2012). Navigation in unbekannten Welten – Dekonstruktion als zukünftige Führungsaufgabe. In S. Grote (Hrsg.), *Zukunft der Führung*. Heidelberg: Springer.

Hersey, P., Blanchard, K. H. (1977). Management of organizational behaviour. *Utilizing Human Resources* 3rd edn. New York: Englewood Cliffs.

Hertel, G. (2012). Führung auf Distanz: in Zukunft Normalität? In S. Grote (Hrsg.), *Zukunft der Führung*. Heidelberg: Springer.

Hinterhuber, H., Renzl, B., & Werner, C. (2012). Führung und Strategie. In S. Grote (Hrsg.), *Zukunft der Führung*. Heidelberg: Springer.

Howe, J. (2009). Crowdsourcing – why the power of the crowd is driving the future of business. Crown Business.

Kaschube, J., Gasteiger, R. M., & Oberhauser, E. (2012). Interkulturelle Führung. In S. Grote (Hrsg.), *Zukunft der Führung*. Heidelberg: Springer.

Kauffeld, S. (2006). Kompetenzen messen, bewerten, entwickeln: Ein prozessanalytischer Ansatz für Gruppen. Schäffer-Poeschel Verlag.

Kauffeld, S., Jonas, E., Grote, S., Frey, D., & Frieling, E. (2004). Innovationsklima – Konstruktion und erste psychometrische Überprüfung eines Messinstrumentes. *Diagnostica, 50*(3), 153–164.

Kegan, R. (2000). What form transforms? In J. Mezirow (Ed.), *Learning as transformation*. San Francisco: Jossey-Bass.

Klocke, U., & Mojzisch, A. (2012). Dialektische Führung: Förderung von Dissens als Führungsaufgabe. In S. Grote (Hrsg.), *Zukunft der Führung*. Heidelberg: Springer.

Kühl, S. (2000). Das Regenmacher-Phänomen. *Widersprüche und Aberglaube im Konzept der lernenden Organisation*. Frankfurt a. Main: Campus.

Kühl, S., & Matthiesen, K. (2012). Wenn man mit Hierarchie nicht weiterkommt – zur Weiterentwicklung des Konzepts des Lateralen Führens. In S. Grote (Hrsg.), *Zukunft der Führung*. Heidelberg: Springer.

Küpper, M., & Wilkens, U. (2012). Umgang mit Risiko als Führungsaufgabe – Lernen von Hochleistungsteams In S. Grote (Hrsg.), *Zukunft der Führung*. Heidelberg: Springer.

Malik, F. (2005). Management. *Das A und O des Handwerks*. Frankfurt: Frankfurter Allgemeine Buch.

Mayer, J. (2012). Impulse aus der Sportpsychologie: Bewegung für die Zukunft der Führung? In Grote, S. (Hrsg.), *Zukunft der Führung*. Heidelberg: Springer.

Michaelis, B., Nohe, C., & Sonntag, K. (2012). Führungskräfteentwicklung im 21. Jahrhundert – Wo stehen wir und wo müssen (oder wollen) wir hin? In S. Grote (Hrsg.), *Zukunft der Führung*. Heidelberg: Springer.

Nerdinger, F. W., & Pundt, A. (2012). Mergers & Acquisitions: Grundlagen für die Führung in Fusionen. In S. Grote (Hrsg.), *Zukunft der Führung*. Heidelberg: Springer.

Nerdinger, F. W., Wilke, P., Röhrig, R., & Stracke S. (2010). Innovation und Beteiligung in der betrieblichen Praxis: Strategien, Modelle und Erfahrungen in der Umsetzung von Innovationsprojekten. Gabler.

Neuberger. O. (2002). Führen und führen lassen. Stuttgart: Lucius & Lucius.

Niermayer, R. (2007). Müssen Manager authentisch sein? Abgerufen am 15.7.2011 unter http://www.faz.net/artikel/C30125/pro-und-contra-muessen-manager-authentisch-sein-30221806.html.

Niermayer, R. (2008). Mythos Authentizität. Die Kunst die richtigen Führungsrollen zu spielen. Frankfurt: Campus.

Nübold, A., & Maier, G. W. (2012). Führung in Zeiten des demografischen Wandels. In S. Grote (Hrsg.), *Zukunft der Führung*. Heidelberg: Springer.

Piecha, A., Wegge, J., & Richter, P. G. (2012). Verteilte Führung in Arbeitsgruppen: Realität in modernen Organisationen? In S. Grote (Hrsg.), *Zukunft der Führung*. Heidelberg: Springer.

Popper, K. R., & Lorenz, K. (1985). Die Zukunft ist offen. Das Altenberger Gespräch. *Mit den Texten des Wiener Popper-Symposiums*. München: Piper.

Pundt, A., & Nerdinger, F. W. (2012). Transformationale Führung – Führung für den Wandel? In S. Grote (Hrsg.), *Zukunft der Führung*. Heidelberg: Springer.

Reddin, W. J. (1979, 1977). *Managerial Effectiveness*. New York: McGraw-Hill 1970; dt.: Das 3-D-Programm zur Leistungssteigerung des Managements. München. Verlag Moderne Industrie.

Reichers, A. E., Wanous, J. P., & Austin, J. T (1997). Understanding and managing cynicism about organizational change. *Academy of Management Executive, 1*(1), 48–59.

Rother, M. (2009). Die Kata des Weltmarktführers. *Toyotas Erfolgsmethoden*. Frankfurt: Campus.

Rust, H. (2009). Zukunftsillusionen: Kritik der Trendforschung. VS Verlag für Sozialwissenschaften.

Schermuly, C. C., Schröder, T., Nachtwei, J., Kauffeld, S., Gläs, K. (2012). Die Zukunft der Personalentwicklung – Eine Delphi-Studie. *Zeitschrift für Arbeits- und Organisationspsychologie A…O*, 56(3), S. 111–122.

Scholl, W., & Kestel, C. (2011). Wir überschätzen uns. Harvard Business manager, 94–97.

Scholl, W. Schermuly, C., & Klocke, U. (2012). Wissensgewinnung durch Führung – die Vermeidung von Informationspathologien durch Kompetenzen für MitarbeiterInnen (Empowerment). In S. Grote (Hrsg.), *Zukunft der Führung*. Heidelberg: Springer.

Schmid, N. (2011). Demokratien sollten ohne Erlöserfiguren auskommen in: Süddeutsche Zeitung, vom 05.08.2011, Seite 2.

Stadler, C. (2007). Four Principles of Enduring Success. *Harvard Business Review*.

Steiner, E., Landes, M., & von Hornstein, E. (2012). Meta-Führung – Besonderheiten bei der Führung von Führungskräften. In S. Grote (Hrsg.), *Zukunft der Führung*. Heidelberg: Springer.

Sträter, O., Siebert-Adzic, M., & Schäfer, E. (2012). Gesundes Führen für effiziente Organisationen der Zukunft. In S. Grote (Hrsg.), *Zukunft der Führung*. Heidelberg: Springer.

Streicher, B., & Frey, D. (2012). Prinzipien der Fairness als Führungskultur der Zukunft. In S. Grote (Hrsg.), *Zukunft der Führung*. Heidelberg: Springer.

Vester, F. (1998). Denken, Lernen Vergessen. DTV: München.

Vroom, V. H., & Yetton, P. W. (1973). Leadership and Decision Making. Pittsburgh: University of Pittsburgh Press.

Wanous, J. P., Reichers, A. E., & Austin, J. T. (2000). Cynicism about organizational change: measurement, antecedents, and correlates. Ohio State University: Fisher College of Business.

Wastian, M., Braumandl, I., & Weisweiler, S. (2012). Führung in Projekten – eine prozessorientierte Perspektive. In S. Grote (Hrsg.), *Zukunft der Führung*. Heidelberg: Springer.

Watzlawick, P., Weakland J. H., & Fisch, R. (2008.) Lösungen. *Zur Theorie und Praxis menschlichen Wandels*. Bern: Huber

Weißenberger-Eibl, M. A. (2005). Gestaltung von Innovationssystemen – Konzepte, Instrumente, Erfolgsmuster (Hrsg.). Cactus Group Verlag.

Wentz, R.-C. (2008). Die Innovationsmaschine: Wie die weltbesten Unternehmen Innovationen managen. Heidelberg: Springer.

Wüpper, G. (2010). Ermittlungen gegen Chefs nach Selbstmord-Serie. Welt-Online vom 23.03.2010 (http://www.welt.de/wirtschaft/article6894578/Ermittlungen-gegen-Chefs-nach-Selbstmord-Serie.html).

Teil I
Herausfordernde Führungssituationen und -kontexte

Transformationale Führung – Führung für den Wandel?

Alexander Pundt und Friedemann W. Nerdinger

Zusammenfassung

In einer Welt, die stark von Krisen und Veränderungssituationen geprägt ist, sind sowohl Wissenschaftler als auch Praktiker auf der Suche nach geeigneten Führungskonzepten. In diesem Kapitel wird das Konzept der transformationalen Führung insbesondere unter dem Fokus seiner Bedeutung im Rahmen von Krisensituationen und Wandel beleuchtet. Bereits bei seiner Entwicklung (vgl. Abschn. 2.2) wurde transformationale Führung als veränderungsorientierte Führung konzipiert. Diese Konzeption prägt auch die aktuelle Forschung. Empirische Studien belegen sowohl die Wirksamkeit der transformationalen Führung im Allgemeinen als auch ihre Relevanz im Kontext von Veränderungsprozessen (vgl. Abschn. 2.3). Trotz einer relativ großen Nähe des Konzeptes zu Persönlichkeitstheorien der Führung, wurden Ansätze zur Diagnose und Entwicklung der transformationalen Führung entwickelt, welche eine wichtige Voraussetzung für die Umsetzung der transformationalen Führung in der Praxis bilden (vgl. Abschn. 2.4). Und obwohl das Konzept die Wirksamkeit der einzelnen Führungsperson möglicherweise überbetont, wird die transformationale Führung zurzeit auch außerhalb des Wirtschaftslebens (in der Politik oder im Sport) stark beachtet (vgl. Abschn. 2.5).

F. W. Nerdinger (✉)
Universität Rostock, Lehrstuhl für Wirtschafts- und Organisationspsychologie,
Rostock, Deutschland
E-Mail: friedemann.nerdinger@uni-rostock.de

A. Pundt
Universität Mannheim, Professur für Arbeits- und Organisationspsychologie,
Mannheim, Deutschland
E-Mail: alexander.pundt@uni-mannheim.de

2.1 Einleitung

„The times they are a-changing" – mit diesem Song beschwor Bob Dylan bereits 1964 die Umgestaltung der amerikanischen Gesellschaft. Allerdings hat die Aussage des Songs bis heute nichts an Aktualität verloren: Die Welt ist im Wandel, und sie ist es nicht, weil die Menschheit per se Freude an Veränderungen hat, sondern weil es wichtige Probleme gibt, wie z. B. die globale Wirtschafts- und Finanzkrise, den Klimawandel, das weltweite Bevölkerungswachstum oder die lokal festzustellende Überalterung. Auch wirtschaftliche Entwicklungen, wie z. B. die Sättigung der Märkte, Globalisierung, Deregulierungstendenzen oder auch ein tief greifender Strukturwandel in Richtung einer Dienstleistungs- und Kommunikationsgesellschaft, stellen Unternehmen vor die Herausforderung, sich anzupassen. Eng mit diesen Veränderungen verbunden ist der immer größer werdende Druck auf die Unternehmen, innovativ zu sein, d. h. ständig neue Produkte und Dienstleistungen anzubieten bzw. die eigenen Prozesse und Strukturen zu optimieren. Innovation wird zur „industriellen Religion" des 21. Jahrhunderts – so könnte man es etwas überspitzt formulieren.

In diesen Zeiten stehen in den Unternehmen Veränderungsprozesse wie Fusionen, Umstrukturierungen, Downsizing oder Outsourcing auf der Tagesordnung. Die Mitarbeiter reagieren auf solche Veränderungen jedoch häufig verunsichert. Undurchschaubare und nicht nachvollziehbare Veränderungen lösen Angst und Hilflosigkeit aus. Und da die psychosozialen Kosten der Veränderungen nicht selten die Mitarbeiter tragen, verwundert es nur wenig, wenn diese auf den ständigen Wandel mit Stress und Überforderung reagieren, zynisch werden oder aktiven Widerstand leisten (z. B. Winterhoff-Spurk 2008). Unternehmen, in denen die Mitarbeiter Angst vor Veränderungen haben, werden jedoch kaum in der Lage sein, die notwendigen Veränderungsmaßnahmen erfolgreich zu bewältigen.

Für Führungskräfte ergibt sich aus diesen Veränderungen und Tendenzen die Herausforderung, die Mitarbeiter an das Unternehmen zu binden, im Unternehmen zu halten und sie auf anstehende Veränderungen vorzubereiten, d. h. sie mit „auf die Reise" zu nehmen bzw. mit „ins Boot zu holen". Die Führungsforschung bietet ein Konzept an, mit dem Führungskräfte diesen Herausforderungen begegnen können – das Konzept der transformationalen Führung. Transformationale Führung zeichnet sich dadurch aus, dass eine Führungskraft ihre Geführten auf einer eher emotionalen Ebene anspricht und sie für die Erreichung eines gemeinsamen Ziels begeistert. Sie vermittelt den Mitarbeitern Sinn und Orientierung und zeigt ihnen, wofür sich ihr Einsatz lohnt bzw. warum Veränderungen notwendig sind.

2.2 Hintergrund des Ansatzes

2.2.1 Entstehung des Konzeptes

Als Bernard Bass auf das Buch „Leadership" des Politikwissenschaftlers James M. Burns (1978) aufmerksam wurde, begann die Entwicklung des Konzeptes der transformationalen Führung. Burns hatte das Phänomen der Führung im Kontext politischer Umbrüche der Geschichte und das Verhalten der damit assoziierten Führungspersönlichkeiten analysiert und war zu dem Schluss gekommen, dass besonders erfolgreiche Führungspersonen ihre Gefolgschaft transformieren. Transformieren bedeutet, die Gefolgschaft von einem höheren Ziel überzeugen, sie zu begeistern und zu mobilisieren, statt sie – wie weniger erfolgreiche Führungspersonen das tun – nur über Austauschprozesse (z. B. Jobs gegen Wählerstimmen) zum gewünschten Verhalten zu motivieren.

Burns (1978) analysierte u. a. die Führung durch geistige Vordenker von neuen politischen Systemen, Führung im Kontext von Reformbewegungen, Führung in Zeiten der Revolution sowie ideologische bzw. charismatische Führung, wie sie etwa am Beispiel von John F. Kennedy zu beobachten war. So verglich Burns (1978) die reformatorischen Bestrebungen von Zar Alexander II., der dem russischen Volk ein gewisses Maß an politischer Freiheit zugestehen wollte, mit den revolutionären Bestrebungen Lenins, der erkannt hatte, dass es dem russischen Volk, welches hauptsächlich aus Bauern bestand, nicht um politische, sondern um ökonomische Freiheit im Sinne des Besitzes von Grund und Boden gegangen ist. Erfolgreiche transformierende Führung, so eine der Schlussfolgerungen aus diesen Analysen, vermittelt den Geführten eine übergeordnete Idee, für die sich die Geführten begeistern können und die ihren Motiven und Bedürfnissen entspricht, sodass sie sich für diese Idee engagieren. Kann dies erreicht werden, gewinnt die Transformation eine gewisse Eigendynamik und Nachhaltigkeit, die – im Gegensatz zu den von oben gesteuerten Reformbewegungen – nicht ausschließlich an die Führungsperson gebunden ist.

Bass hatte sich bis dahin mit dem Thema Führung hauptsächlich unter dem Blickwinkel des Behaviorismus beschäftigt und dabei v. a. in der kontingenten Verstärkung, d. h. der zeitnahen Belohnung erwünschter Verhaltensweisen der Mitarbeiter, das wichtigste Führungsprinzip vermutet. Nach eigener Aussage hatte er lange Zeit das frustrierende Gefühl, seine eigenen Forschungsarbeiten würden nur wenig zum Verständnis von Führung beitragen. Das Buch von Burns (1978) stellte für ihn eine Art Erleuchtung dar. Diese Erleuchtung – so schreibt Bass (1995) in seinem Rückblick auf die Entstehung des Konzeptes – bestand darin, dass kontingente Verstärkung nur eine Seite der Führung sei und dass es noch eine andere Art und Weise der Führung geben müsse, nämlich die von Burns (1978) als transformierende Führung bezeichnete.

Bass begann mit der Erhebung einiger Daten, um zu sehen, ob transformierende Führungskräfte auch im Alltag zu finden sind und durch welche Verhaltensweisen sie sich auszeichnen. Er beschäftigte sich mit den Biografien herausragender Führungskräfte und auch mit Ideen, die eine gewisse Ähnlichkeit zu Burns' transformierender Führung aufweisen, so z. B. mit der Idee der charismatischen Führung von Max Weber (1921, vgl. Abschn. 2.2.2). Über mehrere Entwicklungsschritte kam Bass (1985) schließlich zu einem ersten Entwurf der transformationalen Führung bzw. des sogenannten Full-Range Modells der Führung, wie es auch heute noch diskutiert wird.

2.2.2 Webers Idee der charismatischen Herrschaft

Ein wichtiger Vorläufer der Idee der transformationalen Führung besteht in der Idee der charismatischen Herrschaft, wie sie der Soziologe Weber (1921/1980) in seinem Werk

„Wirtschaft und Gesellschaft" entwickelt hat. Charismatische Herrschaft stellt nach Weber das Gegenstück zur bürokratischen Herrschaft dar, die aus einer regelbasierten Setzung resultiert. Auch ist charismatische Herrschaft zu unterscheiden von der patriarchalen Herrschaft, die ihre Legitimierung aus der Vererbung bezieht. Im Gegensatz zur bürokratischen und zur patriarchalen Herrschaft beruht die charismatische Herrschaft auf keinerlei Ordnung. Sie beschreibt das Außerordentliche, und genau dieses Außerordentliche bildet die Grundlage der charismatischen Macht. „Der Träger des Charisma genießt sie kraft einer in seiner Person verkörpert gedachten Sendung" (Weber 1980, S. 658). Der charismatische Herrscher ist nach Weber also ein Mensch mit einer Art übergeordneten („göttlichen") Mission, die in seiner Person verkörpert wird.

Charisma entsteht laut Weber zumeist aus ungewöhnlichen politischen, ökonomischen oder religiösen Situationen heraus, in denen die menschliche Neigung zur „Hingabe an das Heroentum" (Weber 1980, S. 661) größer ist als in anderen Situationen. Über die Legitimität des Charismas entscheidet dabei jedoch die freiwillige Anerkennung durch die Beherrschten, die dem charismatischen Herrscher aufgrund von Erfolgen oder Wundern zuteil wird. Die freiwillige Anerkennung des charismatischen Herrschers führt zu einer persönlichen Hingabe der Geführten, die ihrerseits aus einer Begeisterung, Not oder Hoffnung resultiert. Bewährt sich der charismatische Herrscher jedoch auf Dauer nicht, d. h. „bringt seine Führung kein Wohlergehen für die Beherrschten" (Weber 1980, S. 140), so wird ihm diese Anerkennung sehr leicht wieder entzogen.

In Webers Überlegungen zur charismatischen Herrschaft lassen sich viele Ideen wiederfinden, die auch im Konzept der transformationalen Führung zum Tragen kommen: Erstens beschreibt Weber mit der charismatischen Herrschaft einen Führungsstil, der stark an die führende Person gebunden ist. Zweitens findet sich bereits bei Weber die Idee der Verkörperung einer Mission durch die Führungsperson, was als Vision in das Konzept der transformationalen Führung eingegangen ist. Drittens ist laut Weber für das Fortbestehen der charismatischen Herrschaft die Anerkennung seitens der Geführten nötig. Im Konzept der transformationalen Führung tritt diese Idee als attribuierter idealisierter Einfluss wieder auf. Viertens führt Charisma laut Weber zu Begeisterung und persönlicher Hingabe der Geführten an die Mission, was auch eine wichtige Erklärung für die Erfolgswirkung transformationaler Führung ist. Und fünftens tritt charismatische Führung laut Weber häufig in ungewöhnlichen Situationen (z. B. Krisen) auf, was gleichermaßen für die transformationale Führung gelten könnte.

2.2.3 Kontext der Entwicklung

Um das Konzept der transformationalen Führung und vor allem seine große Beliebtheit zu verstehen, ist auch ein Blick auf die kulturellen und historischen Bedingungen zu richten, unter denen dieser Ansatz entstanden ist. Der Ansatz wurde Ende der 70er bzw. Anfang der 80er Jahre des 20. Jahrhunderts in den USA entwickelt. Diese Feststellung gibt sowohl einen Hinweis auf den kulturellen als auch auf den historische Kontext der Entwicklungen zur transformationalen Führung.

Zunächst zum kulturellen Kontext (vgl. Slate und Schroll-Machl 2006; Hoppe und Bhagat 2007). Die USA sind bekanntlich durch einen stark ausgeprägten Individualismus gekennzeichnet. Die Leistungen Einzelner stehen im Vordergrund und werden gewürdigt, und so findet sich in den USA auch ein ausgeprägter Hang zur Heldenverehrung einzelner „großer" Führungspersönlichkeiten (z. B. einzelner Präsidenten wie John F. Kennedy). Werte wie individuelle Freiheit, Selbstverwirklichung und Eigeninitiative stehen in den USA über der Verbundenheit bzw. dem Zusammenhalt einer Gruppe. Ein solcher Zusammenhalt kann nur dann entstehen, wenn Individuen sich freiwillig zusammenschließen, um gemeinsam eine Idee zu verwirklichen. Transformationale Führung spricht einerseits die Neigung zur Heldenverehrung an, vermag es andererseits jedoch auch, Individuen von einer gemeinsamen Idee zu begeistern und kann sie dazu veranlassen, mit anderen zusammen an der Verwirklichung dieser Idee zu arbeiten. Trotz des ausgeprägten US-amerikanischen Individualismus verspricht das Konzept damit den notwendigen kollektiven Zusammenhalt.

Eng damit verbunden ist auch das Prinzip der Gleichheit: So ist es in den USA nicht üblich, Mitarbeiter durch Anordnungen oder Anweisungen zu führen, da Menschen im Prinzip als gleich angesehen werden. Hierarchische Ordnungen sind zwar durchaus üblich – es ist immer klar, wer der Vorgesetzte ist – allerdings wird diese Ordnung nicht durch Befehl und Gehorsam nach außen hin dargestellt. Stattdessen ist es eher üblich, Mitarbeiter von den Möglichkeiten einer Aufgabe zu überzeugen und sie für die gemeinsam verfolgten Ziele zu begeistern. Die kulturellen Prinzipien des Individualismus und der Gleichheit dürften damit ein wesentlicher Grund für die schnelle Verbreitung der Idee der transformationalen Führung gewesen sein.

Zum historischen Hintergrund (vgl. Dippel 2005): Zum Ende der 70er Jahre des 20. Jahrhunderts hat die USA in Folge der zweiten Ölpreiswelle an einer sich rapide verschlechternden Wirtschaftslage gelitten, die schließlich zur schlimmsten Rezession seit dem großen Börsenkrach in den 30er Jahren führte. In solchen Zeiten wird der Ruf nach besonderen Führungspersonen besonders laut, und so traf die Idee der transformationalen bzw. charismatischen Führung sicher auch historisch betrachtet auf einen sehr fruchtbaren Nährboden. So fanden z. B. Meindl et al. (1985) insbesondere nach wirtschaftlichen Krisen (mit einer Verzögerung von 4 Jahren) eine höhere Anzahl an fertiggestellten Dissertationen zum Thema Führung. Wissenschaftler setzen sich also in Krisenzeiten vermehrt mit dem Thema Führung auseinander, und so ist sicher auch die große Popularität und bereitwillige Aufnahme des Konzeptes der transformationalen Führung in der Wissenschaft anhand der historischen Umstände seiner Entstehung zu erklären.

2.3 Beschreibung des Ansatzes

2.3.1 Das Konzept der transformationalen Führung

Wesentliches Kennzeichen der transformationalen Führung ist eine „Transformation" – also eine Veränderung der Mitarbeiter. Diese Transformation beinhaltet nach Bass (1985), 1) die Mitarbeiter zu Leistungen zu bewegen, die jenseits des Erwarteten liegen, 2) die Aufmerksamkeit der Mitarbeiter auf die für das Unternehmen wichtigen Belange zu richten und 3) die Mitarbeiter dazu zu bringen, über die Verfolgung ihrer individuellen Interessen hinauszugehen und sich für das Wohl des Unternehmens einzusetzen. „Transformationale Führungskräfte motivieren ihre Mitarbeiter dadurch, dass sie attraktive Visionen vermitteln, überzeugend kommunizieren, wie Ziele gemeinsam erreicht werden können, selber als Vorbild wahrgenommen werden und die Entwicklung der Mitarbeiter unterstützen" (Felfe 2006, S. 163). Transformationalen Führungskräften gelingt es also durch die Beeinflussung von Werten und Einstellungen der Mitarbeiter, deren Motivation und damit auch deren Leistung zu steigern.

Nach dem Konzept von Bass (1985) besteht transformationale Führung aus vier Komponenten: Der *idealisierten Einflussnahme*, der *inspirierenden Motivierung*, der *intellektuellen Stimulierung* und der *individualisierten Berücksichtigung*, welche das Eingehen der Führungskraft auf die Stärken und Bedürfnisse der einzelnen Mitarbeiter beschreibt.

Idealisierte Einflussnahme beschreibt, inwieweit eine Führungskraft sich vorbildlich und glaubwürdig verhält und sich dadurch den Respekt der Mitarbeiter verdient. Führung im Sinne der idealisierten Einflussnahme bedeutet für eine Führungskraft, sich bei Entscheidungen an moralischen Grundprinzipien zu orientieren, sich für die Werte des Unternehmens einzusetzen und die eigenen Interessen zurückzustellen, wenn es um die Erreichung der Unternehmensziele geht. Idealisierte Einflussnahme wird häufig gleichgesetzt mit dem *Charisma*, also einer besonderen Ausstrahlung der Führungskraft. Im Sinne der idealisierten Einflussnahme schreiben die Mitarbeiter ihren Führungskräften ein solches Charisma zu, wenn diese sich vorbildlich verhalten. Begleitet wird die Zuschreibung von Gefühlen wie Stolz und Respekt gegenüber der Führungskraft.

Inspirierende Motivierung beschreibt, inwieweit eine Führungskraft ihre Mitarbeiter durch die Kommunikation einer Vision, also eines attraktiven Bildes von der Zukunft des Unternehmens begeistern. Durch eine solche Vision vermitteln Führungskräfte den Mitarbeitern, welche Bedeutung ihre alltäglichen Aufgaben und ihre Arbeit insgesamt für das Unternehmen haben. Sie geben den Anstrengungen der Mitarbeiter also einen Sinn und motivieren sie zum Erreichen der Vision.

Intellektuelle Stimulierung beschreibt, inwieweit Führungskräfte ihre Mitarbeiter zum Hinterfragen altbewährter Lösungen und etablierter Vorgehensweisen anregen und sie dazu ermuntern, neue Wege bei der Bearbeitung ihrer Aufgaben einzuschlagen, ohne sich über disziplinarische Konsequenzen eines dabei entstehenden Fehlers Gedanken machen zu müssen. Dadurch werden die Mitarbeiter darin bestärkt, unbefriedigende Zustände oder nicht funktionierende Abläufe nicht einfach hinzunehmen, sondern aktiv zur Verbesserung solcher Zustände beizutragen.

Individualisierte Berücksichtigung (auch als individuelle Förderung bezeichnet) beschreibt, inwieweit eine Führungskraft einzelne Mitarbeiter als Individuen behandelt und nicht als „einen von vielen". In diesem Sinne agiert die Führungskraft als Mentor für die Mitarbeiter, erkennt sie in ihren individuellen Bedürfnissen nach Wachstum und fördert sie entsprechend durch gezielte Entwicklungsmaßnahmen, aber auch durch die Delegation von Aufgaben, an denen die Mitarbeiter wachsen und ihre Stärken und Fähigkeiten weiter ausbauen können.

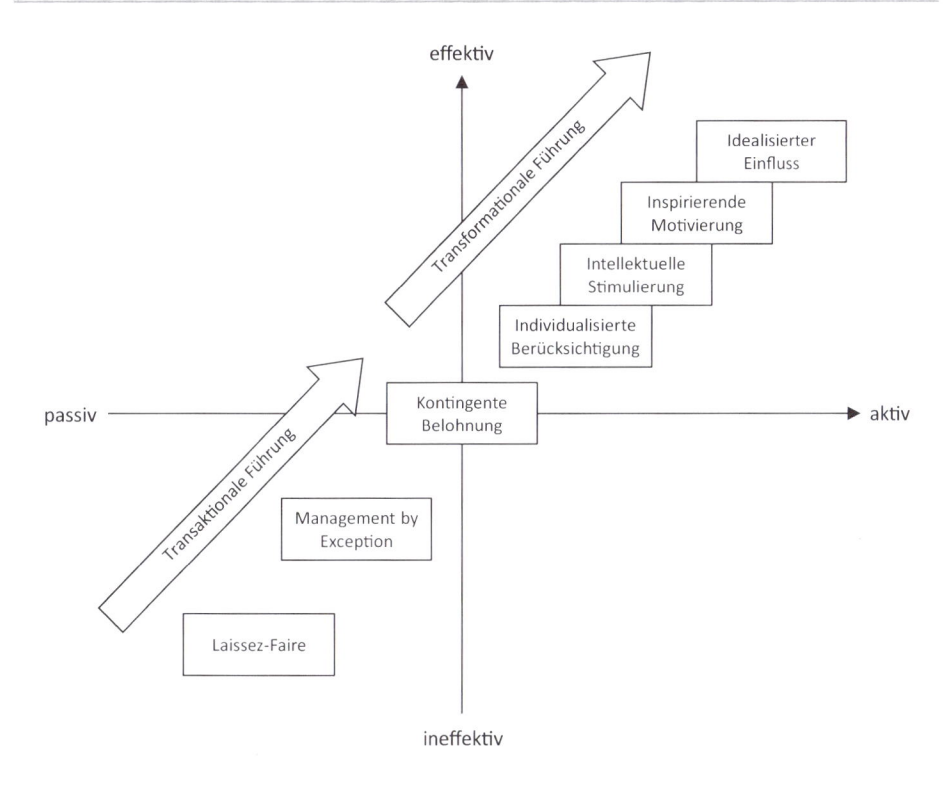

Abb. 2.1 Full Range of Leadership. (Nach Sosik und Jung 2010)

Mit dem sogenannten Full-Range Modell der Führung (vgl. Abb. 2.1) wird die Abgrenzung der transformationalen von der transaktionalen Führung, die nicht auf einer Veränderung der Mitarbeiter, sondern auf einem reinen Austausch basiert, verdeutlicht. Diese Abgrenzung war bereits bei Burns (1978) ein wesentliches Element und spielte auch in der Weiterentwicklung des Konzeptes eine bedeutende Rolle. Transaktionale Führung umfasst nach Bass (1985) die *kontingente Belohnung*, bei der die Führungskraft die Mitarbeiter für das Erreichen vorher festgelegter Ziele belohnt und das *Management by Exception*, bei dem die Führungskraft entweder *aktiv* versucht, Planabweichungen oder Fehler zu verhindern oder – eher *passiv* – erst dann reagiert, wenn es zu Planabweichungen oder Fehlern gekommen ist. Das Full-Range Modell wird vervollständigt durch *Laissez-Faire*, was den vollständigen Verzicht auf Führung beschreibt.

Im Sinne des Full-Range Modells wird davon ausgegangen, dass Führungskräfte alle skizzierten Verhaltensweisen verwenden. Erfolgreiche Führungskräfte bedienen sich jedoch häufiger den eher aktiven transformationalen Führungsverhaltensweisen und vermeiden die eher passiven Verhaltensweisen. Eine erfolgreiche Führungskraft zeichnet sich dem Modell nach also durch häufiges Anwenden transformationaler Führungsverhaltensweisen sowie durch kontingente Belohnung in angemessenem Ausmaß aus, während sie die passiveren Formen der transaktionalen Führung und Laissez-Faire eher vermeidet (Felfe 2005).

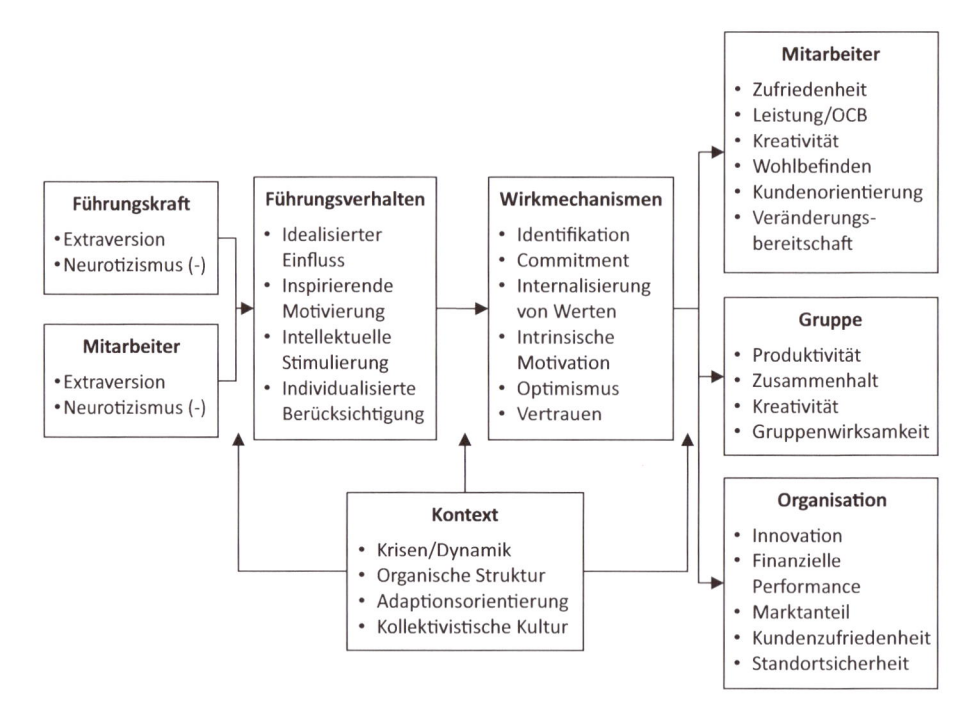

Abb. 2.2 Stand der Forschung zur transformationalen Führung. (Modifiziert nach Sosik und Jung 2010, S. 61)

2.3.2 Stand der Forschung

Zum Konzept der transformationalen Führung existiert bereits eine Fülle an Befunden zu den unterschiedlichsten Fragen. In Abb. 2.2 wurde der Versuch unternommen, die Hauptforschungsrichtungen im Überblick darzustellen. Neben der Forschung zu den Dimensionen der transformationalen Führung bzw. deren Messbarkeit befassen sich die meisten Forschungsarbeiten mit der Wirkung auf verschiedene Erfolgskriterien. Auch Moderatoren der Erfolgswirkung werden häufig untersucht und werfen die Frage auf, unter welchen Bedingungen transformationale Führung zu Erfolgskriterien beiträgt und unter welchen Bedingungen dies nicht der Fall ist. Studien zu Mediatoren bzw. Wirkmechanismen, stellen die Frage nach Erklärungen für die Erfolgswirkung der transformationalen Führung. Schließlich beschäftigen sich etliche Studien auch mit der Frage, ob Persönlichkeitsmerkmale von Führungskräften und Mitarbeitern zur transformationalen Führung beitragen. Im Folgenden werden einige dieser Studien etwas genauer dargestellt, wobei insbesondere auf die für die Beurteilung der transformationalen Führung im Kontext von Veränderungsprozessen relevanten Erkenntnisse eingegangen wird.

2.3.2.1 Effekte und Wirkmechanismen transformationaler Führung

In einer Vielzahl an Forschungsarbeiten wurde immer wieder der Zusammenhang der transformationalen Führung zu unterschiedlichen Kriterien des Führungserfolgs thematisiert. Zu den klassischen Erfolgskriterien der Führung zählen die Leistung der Mitarbeiter, ihre Zufriedenheit sowie ihre Bereitschaft, sich über den eigenen Arbeitsvertrag hinaus zu engagieren. Die Wirkung transformationaler Führung auf diese Kriterien hat sich in vielen Studien bestätigt und gilt daher als empirisch gesichert (Felfe 2005). Transformationale Führung hat nach den Ergebnissen der Meta-Analyse von Judge und Piccolo (2004) einen mittleren Effekt von.44 auf verschiedenste Erfolgskriterien. Transformationale Führung trägt – soweit der Stand der Forschung – u. a. positiv zur Motivation und Leistung der Mitarbeiter, zu ihrer Zufriedenheit, zum Commitment sowie zur Extra-Leistung bei, fördert auf Ebene der Arbeitsgruppe den Zusammenhalt, die Produktivität und Kreativität der Gruppe und wirkt auf Ebene der Organisation positiv auf die finanzielle Performance, die Innovativität, den erarbeiteten Marktanteil, die Zufriedenheit der Kunden sowie auf die Sicherheit des Standortes und der Beschäftigung (Bass und Riggio 2006; Felfe 2005; Sosik und Jung 2010).

Eine Erklärung für die Erfolgswirkung scheint darin zu liegen, dass die Mitarbeiter wichtige *Werte* der Führungskräfte *übernehmen*. Da eine transformationale Führungskraft begeistert für bestimmte Werte eintritt und versucht, auch die Mitarbeiter davon zu begeistern, fällt es den Mitarbeitern leichter, diese Werte für sich zu übernehmen und zu internalisieren. Verbunden mit den in der Vision enthaltenen attraktiven Zielen für das Unternehmen geben diese Werte dem Handeln der Mitarbeiter einen Sinn, und dies wiederum führt zu einer höheren intrinsischen Motivation und einer emotionalen Bindung an das Unternehmen.

Krishnan (2002) hat einen positiven Zusammenhang zwischen transformationaler Führung und der Kongruenz der Wertesysteme von Führungskraft und Mitarbeiter nachgewiesen: Je mehr transformational geführt wird, desto stärker stimmen die Wertesysteme von Führungskräften und ihren Mitarbeitern überein. Dabei wurden die Wertesysteme der Führungskräfte und Mitarbeiter über die in der Werteforschung etablierte Rangtechnik erfasst. Die Personen wurden dabei aufgefordert, 18 vorgegebene Werte in eine Rangreihe zu ordnen, die ihrer persönlichen Präferenz entspricht. Die Wertekongruenz wird bei diesem Vorgehen über die Korrelation der jeweiligen Werterangreihen operationalisiert. Die beobachteten Korrelationen zwischen transformationaler Führung und der so ermittelten Wertekongruenz sind zwar positiv und signifikant, fallen jedoch eher gering aus. Dennoch gibt dieser Befund einen Hinweis auf die wertevermittelnde Wirkung der transformationalen Führung.

Eine weitere Erklärung für die Erfolgswirkung der transformationalen Führung könnte in ihrem Beitrag zu einer veränderten *Situationswahrnehmung* liegen. Durch die Vision zeigen die Führungskräfte ihren Mitarbeitern einen Kontrast zur aktuellen Situation. Dadurch wird den Mitarbeitern deutlich, was überdacht und verändert werden muss. Gleichzeitig werden die Mitarbeiter von ihren Führungskräften dazu ermuntert, Gegebenheiten und angeblich nicht veränderbare Abläufe kritisch zu durchdenken und neue Lösungsmöglichkeiten dafür auszuprobieren. Die Führungskraft zeigt sich offen für Veränderungen und überträgt diese Offenheit auf die Mitarbeiter, die sich dann ihrerseits eher in Veränderungsprozesse einbringen, indem sie Ideen entwickeln und Verbesserungsvorschläge machen (Pundt und Schyns 2005). Durch eine anregende Präsentation der Vision werden die Mitarbeiter auch auf einer emotionalen Ebene angesprochen, was wiederum begeistern kann.

Eine dritte Erklärung der Erfolgswirkung transformationaler Führung könnte in der Vermittlung einer *optimistischen Sicht auf die Zukunft* liegen. Berson et al. (2001) untersuchten die Visionen transformationaler Führungskräfte im Rahmen eines Führungskräftetrainings im Hinblick auf ihre Inhalte. Auf der Basis einer inhaltsanalytischen Auswertung von Videoaufzeichnungen, in denen die Führungskräfte ihre Visionen präsentierten, definierten sie vier Unterscheidungsmerkmale, anhand derer die Inhalte der Visionen und die dabei angesprochenen Themen klassifiziert werden konnten: Optimismus und Vertrauen, Werte und intrinsische Belohnung, Herausforderungen und Möglichkeiten sowie die Spezifität und die Richtung der Vision. Anhand dieser Kategorien wurden die Präsentationen von insgesamt 141 Teilnehmern eines Führungskräftetrainings eingeschätzt und ins Verhältnis zu den zuvor erhobenen Beurteilungen der transformationalen Führung durch die Mitarbeiter der Teilnehmer gesetzt. Dabei zeichneten sich die Visionen transformationaler Führungskräfte – vor allem solcher mit hohen Werten in den Dimensionen idealisierter Einfluss, inspirierende Motivierung und intellektuelle Stimulierung – vor allem durch eine stärkere Thematisierung von Vertrauen und Optimismus aus.

2.3.2.2 Transformationale Führung, Veränderungsbereitschaft und innovatives Verhalten

Um beurteilen zu können, ob transformationale Führung sich auch im Kontext von Krisensituationen, eines dynamischen Wettbewerbs und größerer Veränderungsprozesse als geeignetes Führungskonzept erweist, müssen über die im vorangegangenen Abschnitt betrachteten Erfolgskriterien hinaus zwei weitere Kriterien in die Betrachtung einbezogen werden: Die Bereitschaft der Mitarbeiter, Veränderungen gegenüber aufgeschlossen zu sein, sowie ihre Bereitschaft, ihr kreatives Potenzial und ihren Ideenreichtum in die Organisation einzubringen, um auf diese Weise selbst Veränderungen anzustoßen.

Gerade in Zeiten, in denen die Mitarbeiter häufig über spezielles Expertenwissen verfügen, sind Unternehmen auf die Bereitschaft der Mitarbeiter angewiesen, ihr Expertenwissen einzusetzen, um kreative Lösungen zu erarbeiten und innovative Vorschläge zu machen. Transformationale Führung fördert die Bereitschaft zu solchen innovativen Verhaltensweisen auf zwei Wegen: Zum einen vermittelt transformationale Führung den Mitarbeitern ein attraktives Bild der Zukunft und weist damit auf einen Veränderungsbedarf hin. Zum anderen regt transformationale Führung die Mitarbeiter zum Ausprobieren neuer Lösungsansätze an und vermittelt ihnen so das Gefühl der Möglichkeit der Veränderung (Pundt und Schyns 2005). Da Mitarbeiter nach Gebert (2002) dann zu innovativen Vorschlägen bereit sind, wenn sie sowohl einen Veränderungsbedarf als auch eine Möglichkeit zur Veränderung wahrnehmen, kann davon ausgegangen werden, dass Mitarbeiter sich umso innovativer verhalten werden, je stärker sie transformational geführt werden. Empirisch untersucht und bestätigt wurden diese Zusammenhänge z. B. in einer Längsschnittstudie an Mitarbeitern und Schichtmanagern einer amerikanischen Restaurantkette, in der sich transformationale Führung als Prädiktor des Voice-Behaviors, einem Verhalten, das im Wesentlichen dem Einreichen von Verbesserungsvorschlägen entspricht, herausstellte (Detert und Burris 2007). Allerdings stellt sich – darauf verweisen die Befunde von Nederveen Pieterse et al. (2010) an einer Stichprobe von Mitarbeitern einer niederländischen Regierungsorganisation – die positive Wirkung der transformationalen Führung auf das innovative Verhalten der Mitarbeiter nur dann ein, wenn die Mitarbeiter über die entsprechenden Fähigkeiten und sowie über genügend Möglichkeiten verfügen, ihr innovatives Potenzial zu entfalten.

Bommer et al. (2005) untersuchten den Zusammenhang zwischen transformationaler Führung und einer unter dem Begriff des Veränderungszynismus gefassten negativen Einstellung der Mitarbeiter zu Veränderungen. In einer Längsschnittstudie an einer Stichprobe von Mitarbeitern aus drei relativ stabil wachsenden amerikanischen Unternehmen fanden sie einen negativen Zusammenhang zwischen transformationaler Führung zum Zeitpunkt 1 und dem Veränderungszynismus der Mitarbeiter zum Zeitpunkt 2. Transformationale Führung führt demnach zu einer Verringerung des Veränderungszynismus der Mitarbeiter. Rubin et al. (2009) zeigen in einer Studie an Mitarbeitern und Führungskräften aus amerikanischen Produktionsunternehmen einen positiven Zusammenhang zwischen der Veränderungsbereitschaft der Führungskräfte und der Mitarbeiter. Dieser Zusammenhang wird durch transformationale Führung mediiert, d. h. je eher die Führungskräfte zu Veränderungen bereit sind, desto eher führen sie ihre Mitarbeiter transformational und desto eher sind wiederum ihre Mitarbeiter zu Veränderungen bereit. Die Ergebnisse von Rubin et al. (2009) sprechen folglich für eine Übertragung der Veränderungsbereitschaft der Führungskräfte auf die Mitarbeiter und die vermittelnde Wirkung der transformationalen Führung bei dieser Übertragung.

Während diese Befunde eher für eine positive Wirkung der transformationalen Führung auf die Veränderungsbereitschaft sprechen, weist Levay (2010) auf mögliche Grenzen hin: In zwei Fallstudien führender schwedischer Ärzte belegt sie, dass transformationale Führungskräfte auch die Widerstände der Mitarbeiter fördern können, etwa, wenn sie vor neuen Entwicklungen warnen oder sich für die Erhaltung von Traditionen oder die Rückkehr zu früher gültigen Werten einsetzen. Die positive Wirkung der transformationalen Führung auf die Veränderungsbereitschaft der Mitarbeiter scheint damit von den Werten und Zukunftsbildern abzuhängen, die die Führungskraft jeweils vertritt.

2.3.2.3 Transformationale Führung im Kontext von Krise und Wandel

Während bisher die Wirkung transformationaler Führung auf veränderungsrelevante Erfolgskriterien im Fokus stand, wird in diesem Abschnitt die Frage thematisiert, ob transformationale Führung ihre positiven Wirkungen auch oder vor allem im Kontext von Krisen oder Veränderungssituationen entfalten kann. Bass und Riggio (2006) weisen z. B. darauf hin, dass transformationale Führung in Krisenzeiten, in dynamischen Märkten oder in Zeiten größerer Veränderungen stärkere Wirkungen hat als in stabilen und sicheren Umgebungen. Dies kann sicher – wie schon Weber (1980) vermutete – auf eine größere

Anfälligkeit der Mitarbeiter in solchen Situationen zurückgeführt werden. Solche sogenannten *schwachen Situationen* zeichnen sich durch fehlende Strukturierung, Unsicherheit und Unbestimmtheit aus. Sie enthalten nur wenige Hinweisreize für angemessene Verhaltensweisen – Verhalten wird also nicht durch die Situation festgelegt, sondern unterliegt eher der individuellen Ausgestaltung. Schwache Situationen geben den Mitarbeitern nur wenige Anhaltspunkte für angemessenes oder erwartetes Verhalten. In solchen Situationen suchen die Mitarbeiter daher aktiv nach Hinweisreizen, um entscheiden zu können, wie sie sich verhalten sollen (vgl. Mischel 1977). Und genau diese Suche nach Hinweisreizen bietet Führungskräften eine günstige Gelegenheit zur transformationalen Führung (Shamir und Howell 1999).

Nemanich und Keller (2007) begleiten die Fusion zweier Unternehmen in den USA und untersuchen den Einfluss transformationaler Führung auf die Akzeptanz der Fusion durch die Mitarbeiter sowie deren Leistung und Zufriedenheit nach der Fusion. Die beiden fusionierenden Unternehmen hatten jeweils eine mehr als 100 Jahre bestehende Tradition; beide verfolgten ähnliche Strategien, wobei eine der Firmen ihren Schwerpunkt eher auf Produktmarken legte, während die andere eher als technologieorientiert zu bezeichnen war. Nemanich und Keller (2007) führten im Kontext dieser Fusion eine Fragebogenstudie an einer Stichprobe von Mitarbeitern der beiden fusionierenden Unternehmen durch. Die Ergebnisse der Untersuchung zeigen positive Zusammenhänge zwischen transformationaler Führung und der Akzeptanz der Fusion, der Leistung der Mitarbeiter nach der Fusion und der Zufriedenheit der Mitarbeiter nach der Fusion.

De Hoogh et al. (2005) untersuchten die Vermutung einer größeren Wirksamkeit der transformationalen Führung in dynamischen Umgebungen. Dabei standen niederländische Manager im Fokus, die nach der Dynamik der Umgebung ihres Unternehmens befragt wurden. Die direkten Untergebenen stuften das Führungsverhalten dieser Manager ein, und die Vorgesetzten und Kollegen der fokussierten Manager wurden nach deren Effektivität befragt. De Hoogh et al. (2005) fanden eine signifikante Interaktion zwischen der transformationalen Führung und der Umgebungsdynamik: Je höher dabei die Dynamik der Situation eingeschätzt wurde, desto eher wurde transformationale Führung als effektiv wahrgenommen. Die vorliegenden Befunde bestätigen damit weitgehend die Vermutung einer größeren Wirksamkeit der transformationalen Führung im Kontext von Veränderungen bzw. in dynamischen Situationen.

2.4 Relevanz für die Praxis

Die vorliegenden Befunde zeigen überwiegend positive Effekte der transformationalen Führung, was eine Beschäftigung mit der praktischen Umsetzung dieses Führungskonzeptes durchaus lohnenswert erscheinen lässt. In diesem Abschnitt wird auf die Frage der praktischen Umsetzung des Konzeptes der transformationalen Führung eingegangen, wobei die Schwerpunkte auf die Entwicklung und die Diagnose der transformationalen Führung gelegt werden.

2.4.1 Entwicklung transformationaler Führung

Einen wichtigen Anwendungsbereich für jedes Führungskonzept stellt die Führungskräfteentwicklung dar. Transformationale Führung bildet in dieser Hinsicht keine Ausnahme. Allerdings stellt sich zuerst die Frage, ob transformationale Führung überhaupt veränderbar ist und entwickelt bzw. trainiert werden kann, oder ob diese Art der Führung auf einer genetisch bedingten Persönlichkeitsdisposition beruht. Burns (1978) entwickelte das Konzept der transformationalen Führung aus der Beschreibung des Verhaltens von Führungspersönlichkeiten im Kontext politischer Umbrüche der Geschichte. Damit stellte er die transformationale Führung in eine gewisse Nähe zu den Persönlichkeitstheorien der Führung, wie sie zu Beginn des 20. Jahrhunderts sehr beliebt waren. Zwar hat Bass (1985) das Konzept an Merkmalen des Verhaltens entwickelt, was die Möglichkeit des Trainings transformationaler Führung eröffnet. Begriffe wie *Charisma* und *Vision* wecken jedoch starke Assoziationen zu überdauernden Persönlichkeitsmerkmalen und werfen die Frage nach der Trainierbarkeit transformationaler Führung auf.

In einer Meta-Analyse untersuchten Bono und Judge (2004), ob sich transformationale Führungskräfte durch bestimmte Persönlichkeitsmerkmale auszeichnen. Dabei konzentrierten sie sich auf die sogenannten Big Five, die fünf bislang am intensivsten untersuchten Persönlichkeitsmerkmale Neurotizismus (Ängstlichkeit), Extraversion, Offenheit für Erfahrungen, Verträglichkeit und Zuverlässigkeit. Im Ergebnis zeigten sich bedeutsame Zusammenhänge zwischen der transformationalen Führung und der Extraversion bzw. dem Neurotizismus. Je mehr eine Führungskraft also aus sich herausgeht und je kontaktfreudiger bzw. je weniger ängstlich sie ist, desto eher führt sie transformational. Johnson et al. (2004) fanden in einer Zwillingsstudie darüber hinaus eine gemeinsame genetische Basis für die Persönlichkeitsmerkmale Gewissenhaftigkeit, Extraversion bzw. Offenheit für Erfahrung und transformationale Führung.

Während diese Befunde eher gegen die Trainierbarkeit transformationaler Führung sprechen, finden sich auch Hinweise auf bestimmte Lebenserfahrungen, die das Auftreten transformationaler Führung begünstigen (vgl. Bass und Riggio 2006). So neigen Menschen, deren Eltern Akademiker sind, die als Kind gern zur Schule gegangen sind, die viele Bücher zur Verfügung hatten und allgemein viel Zeit mit dem Lesen unterschiedlichster Materialien verbringen, eher zur intellektuellen Stimulierung als andere. Menschen, die in der Schule zu den aktivsten und populärsten Schülern gehörten, unter den ersten waren, die bei der Bildung von Sportmannschaften ausgewählt wurden, die einen religiösen Hintergrund haben und die viel Zeit mit dem Lesen von Abenteuergeschichten, Biografien oder historischen Romanen verbracht haben, wird später eher eine charismatische und inspirierende Ausstrahlung zugeschrieben.

Transformationale Führung scheint nach diesen Befunden eine durchaus stabile genetisch bedingte, persönlichkeitspsychologische Basis zu haben, wird jedoch auch durch Lebenserfahrungen beeinflusst. Lern- und Entwicklungsprozesse sind in diesem Bereich also prinzipiell möglich, weshalb der Gedanke an Trainings- und Entwicklungsprogramme für transformationale Führung nicht abwegig erscheint. Bass und Riggio (2006) z. B.

beschreiben ein Trainingsprogramm, welches aus drei Bausteinen besteht: Einem Basisworkshop, einem Aufbauworkshop nach einer 3 monatigen Umsetzungsphase und einem Follow-Up-Workshop nach weiteren 6 bis 12 Monaten.

- Im *Basisworkshop* diskutieren die Teilnehmer zunächst ihre eigenen Vorstellungen guter Führung. Darauf aufbauend lernen sie das Full-Range Modell der Führung kennen, welches ihnen mithilfe von Fallstudien, Beispielen und Filmen verdeutlicht wird. Danach wird mit den Teilnehmern das Ergebnis eines vor dem Workshop eingeholten 360°-Feedback zu ihrem eigenen Führungsverhalten besprochen und ein individueller Entwicklungsplan aufgestellt. Anschließend vertiefen die Teilnehmer den Unterschied zwischen transaktionaler und transformationaler Führung im Rahmen von Rollenspielen, die in Kleingruppen durchgeführt werden. In einigen weiteren Übungen wird der Aspekt der individualisierten Berücksichtigung eingeübt. Jeder Teilnehmer erhält außerdem von allen Teilnehmern ein Feedback über sein Verhalten während des Workshops. Zum Abschluss wird diskutiert, wie die Teilnehmer mit Hindernissen umgehen können, mit denen sie bei der Umsetzung ihres individuellen Entwicklungsplans möglicherweise konfrontiert werden.
- Anschließend gehen die Teilnehmer in eine dreimonatige *Umsetzungsphase*, während der sie das Gelernte in der Praxis erproben sollen.
- Im *Aufbauworkshop* diskutieren die Teilnehmer zunächst den Stand der Umsetzung ihres individuellen Entwicklungsplans. Weiterhin lernen sie, welche Bedeutung ihre eigenen Werte bei der Entscheidung über die Verteilung von Ressourcen haben, wie intellektuelle Stimulierung zur Problemlösung eingesetzt werden kann und wie Organisationskulturen zu verstehen sind. Abschließend erlernen die Teilnehmer, wie man eine Vision entwickelt und diese überzeugend und mitreißend präsentiert.
- Im *Follow-Up-Workshop* 6 bis 12 Monate später erhalten die Teilnehmer erneut ein 360°-Feedback über ihr Führungsverhalten. Weiterhin werden der Stand der Umsetzung des individuellen Entwicklungsplans, die dabei aufgetretenen Probleme und die nächsten Entwicklungsschritte diskutiert.

Die grundsätzlichen Prinzipien dieses Trainingsprogramms bestehen einerseits im regelmäßigen Feedback und andererseits in der Erstellung eines individuellen Entwicklungsplans. Der Ausgangspunkt besteht in der individuellen Diskussion eines 360°-Feedbacks, welches mithilfe eines Fragebogens zur Erfassung transformationaler Führung (des MLQ; s. u. 2.4.2) eingeholt wurde. Zusammen mit einem geschulten Berater diskutieren die Teilnehmer ihre persönlichen Ergebnisse und erfahren, wie sie im Vergleich zu anderen dabei abgeschnitten haben. So werden die Teilnehmer befähigt, über ihr bisheriges Führungsverhalten nachzudenken, um auf dieser Basis konkrete Ziele für ihre weitere Entwicklung zu formulieren. Diese werden in einem individuellen Entwicklungsplan festgehalten, dessen Umsetzung wiederum der Ausgangspunkt für die folgenden Workshops ist. Die Entwicklung des Führungsverhaltens wird damit zur ureigenen Aufgabe der Teilnehmer, über deren Erfolg sie mittels weiterer Rückmeldungen kontinuierlich reflektieren können.

Sosik und Jung (2010) geben einige Hinweise, wie Führungskräfte gezielt an ihren individuellen Entwicklungsaufgaben arbeiten können und schlagen vor, welche Fähigkeiten Führungskräfte trainieren sollten, um die einzelnen Verhaltensweisen der transformationalen Führung praktisch umsetzen zu können:

- Die als *idealisierte Einflussnahme* bezeichneten Verhaltensweisen beispielsweise setzen auf Seiten der Führungskraft die Kenntnis der eigenen Werte und Einstellungen sowie ein Bewusstsein für die eigene Wirkung auf andere Menschen voraus. Um dies zu erreichen, sollten Führungskräfte verstärkt Selbstreflexion und Perspektivenübernahme trainieren.
- Um stärker *inspirierende Motivierung* betreiben zu können, sollten Führungskräfte in der Lage sein, ihre Ideen glaubhaft und überzeugend zu präsentieren. Zur Ausbildung dieser Fähigkeit sollten Führungskräfte sich auf ihre eigenen rhetorischen Fähigkeiten konzentrieren. Sie sollten lernen, überzeugend zu präsentieren, was beispielsweise durch den gezielten Einsatz von Story-Telling-Techniken erreicht werden kann. Und schließlich sollten Führungskräfte daran arbeiten, ihr eigenes Selbstvertrauen auf- bzw. auszubauen, um wirklich überzeugend präsentieren zu können.
- Um *intellektuelle Stimulierung* praktizieren zu können, sollten Führungskräfte vor allem den gezielten Einsatz von Kreativitätstechniken wie z. B. Brainstorming oder Fantasiereisen erlernen. Sie sollten sich Alternativen zur aktuellen Situation vorstellen, sich bewusst mit anderen Denkweisen auseinandersetzen und lernen, herausfordernde Fragen zu stellen.
- Um Mitarbeiter stärker in ihrer *Individualität berücksichtigen* bzw. sie gezielt fördern zu können, müssen sich Führungskräfte Zeit nehmen und sich für das Wohlbefinden und die Bedürfnisse anderer Menschen interessieren. Weiterhin müssen sie lernen, die Verschiedenheit der Menschen als Vorteil anzusehen und auf die Bedeutung dieser Verschiedenheit hinzuweisen.

Die Wirksamkeit des Trainingsprogramms wurde in mehreren Studien überprüft, beispielhaft sei hier die Studie von Parry und Sinha (2005) angeführt. 50 Führungskräfte aus verschiedenen Branchen hatten ein entsprechendes Entwicklungsprogramm absolviert und danach die Häufigkeit transformationaler Führung je nach Dimension um 4–10 % gesteigert, wobei in den Dimensionen *idealisierte Einflussnahme (Verhalten)* und *inspirierende Motivierung* die stärksten Steigerungen zu verzeichnen waren. Gleichzeitig kamen die eher passiven Verhaltensweisen *Management by Exception (passiv)* und *Laissez-Faire* bei den trainierten Führungskräften nach dem Trainingsprogramm signifikant seltener vor.

2.4.2 Diagnose transformationaler Führung

Im vorigen Abschnitt wurde bereits ein weiterer Anwendungsbereich der Erkenntnisse zur transformationalen Führung angesprochen: Die Messung bzw. Diagnose der transformationalen Führung. Seit den Anfängen der Forschung zur transformationalen Führung haben Bass und Avolio einige Energie in die Entwicklung eines geeigneten Messinstruments zur Erfassung der transformationalen Führung investiert. Ergebnis dieser Bemühungen war der *Multifactor Leadership Questionnaire (MLQ)*, der in der Forschung und in der Praxis seine Anwendung findet (vgl. Felfe 2005). Das bereits bei der Beschreibung des Trainingsprogramms erwähnte 360°-Feedback basiert auf dem MLQ, welcher im Vorfeld eines Trainingsprogramms an Mitarbeiter, Kollegen und Vorgesetzte der betreffenden Führungskraft ausgegeben und im Rahmen des Trainings in einen persönlichen Entwicklungsplan umgesetzt wird. Aber nicht nur auf individueller Ebene ist der MLQ einsetzbar – er kann auch für Führungsstilanalysen im Rahmen von Organisationsdiagnosen eingesetzt werden und dort den Ausgangspunkt für umfassendere organisationale Maßnahmen zur Führungskräfteentwicklung bilden (z. B. Felfe und Liepmann 2008).

Einschränkend ist hier jedoch zu erwähnen, dass der MLQ nicht unumstritten ist. So werden immer wieder sehr hohe Interkorrelationen zwischen den Subskalen der transformationalen Führung beobachtet, wodurch zum einen die Struktur des Instruments insgesamt unklar wird und zum anderen auch die eindeutige Interpretation individueller Profile des Führungsverhaltens, wie sie bei der Erstellung der individuellen Entwicklungspläne im Rahmen des Trainingsprogramms vorgenommen werden, erschwert wird. Alternative Vorschläge zur Umstrukturierung des MLQ haben sich bisher jedoch weder in der Forschung noch in der Praxis durchgesetzt (vgl. z. B. Heinitz et al. 2005).

2.5 Ausblick

Transformationale Führung ist ein für den Wandel geeignetes Führungskonzept, das auch in der Praxis angewendet wird. Dies gilt umso mehr, als inzwischen auch Instrumente zur Diagnose und Entwicklung der transformationalen Führung entwickelt wurden, was einer zukünftigen praktischen Umsetzung zuträglich sein dürfte. Zu überdenken ist allerdings die hohe Bedeutung, die der Person der einzelnen Führungskraft im Rahmen der Forschung zur transformationalen Führung zugeschrieben wird. Das Konzept legt einen großen Einfluss der Führungskräfte auf die Geschicke der Mitarbeiter und des Unternehmens nahe, und es stellt sich die Frage, inwieweit Führungskräfte tatsächlich einen solch großen Einfluss ausüben können bzw. ob nicht andere Steuerungselemente wie Organisationsstrukturen, Marktstrategien etc. hier eine größere Bedeutung haben (Neuberger 2002). Befunde zum allgemeinen Trend der *Romantisierung von Führung* legen nahe, dass Führungskräften im Allgemeinen und bei großen Erfolgen oder Misserfolgen im Speziellen ein größerer Einfluss zugeschrieben wird, als diese ihn tatsächlich ausüben können (vgl. Meindl et al. 1985). Eine partielle Lösung könnte das Konzept der geteilten Führung (Shared Leadership) sein, welches die Möglichkeit der gegenseitigen transformationalen Beeinflussung der Mitglieder eines Teams umfasst, wodurch wiederum insbesondere erklärt werden kann, warum Teams in Situationen, in denen sie auf sich allein gestellt sind, trotzdem funktionieren und ihre Aufgaben erfolgreich bestreiten können (z. B. Pearce und Sims 2002).

Unbestritten dürfte jedoch sein, dass transformationale Führungskräfte eine wichtige Symbolfunktion erfüllen: sie verkörpern Veränderungsprozesse und stehen – wenn sie Erfolg haben – als Vorbild für den Wandel. Momentan ist zu beobachten, dass transformationale Führung vor allem außerhalb des Wirtschaftslebens stark beachtet wird. So werden Politiker immer häufiger nach ihrem Erscheinungsbild, ihrem Auftreten, ihrer charismatischen Ausstrahlung und ihrer visionären Kraft beurteilt, was beispielsweise im Vorfeld der Wahl des US-Präsidenten Barack Obama zu beobachten war. Dies hängt sicher z. T. mit einer veränderten Medienwelt zusammen, in der Politiker immer häufiger im Fernsehen auftreten, sich in TV-Duellen gegenüber treten und dort bei den potenziellen Wählern einen guten Eindruck hinterlassen müssen (Winterhoff-Spurk 2008). Auch im Sport wird transformationale Führung beachtet. Beispielsweise beschreibt Jenewein (2008) die transformationalen Aspekte des Führungsverhaltens des ehemaligen Fußball-Bundestrainers Jürgen Klinsmann während der Vorbereitung der Nationalmannschaft auf die Fußball-Weltmeisterschaft 2006. Als Klinsmann 2004 die deutsche Fußballnationalmannschaft übernommen hat, überraschte er durch zum Teil ungewöhnliche Führungs- und Trainingsmethoden. Spätestens seit dem Film „Deutschland – ein Sommermärchen" sind die Ansprachen Klinsmanns in der Umkleidekabine legendär. Auch die Unterstützung von Mannschaftsbesprechungen durch Motivationsfilme und durch passende Musikstücke zählen zu diesen Methoden. Klinsmann praktizierte einen Führungsstil, mit dem er bei den Spielern der Mannschaft zur Identifikationsfigur wurde und sie für ein gemeinsames Ziel – die Menschen in Deutschland wieder für Fußball und die Nationalmannschaft zu begeistern – motivierte. Mit großem Erfolg, wie sich gezeigt hat.

Autorbeschreibung

Friedemann W. Nerdinger Univ.-Prof. für Wirtschafts- und Organisationspsychologie, Dipl.-Psych., Dr. phil., geb. 1950. Studium der Psychologie, Soziologie und Pädagogik an der Universität München, nach dem Studium wissenschaftlicher Mitarbeiter am Lehrstuhl für Organisations- und Wirtschaftspsychologie an der Universität München. 1989 Promotion, 1994 Habilitation. Seit 1995 Professor für Wirtschafts- und Organisationspsychologie an der Universität Rostock. Forschungsschwerpunkte: Psychologie der Dienstleistung und des persönlichen Verkaufs, Arbeitsmotivation und Arbeitszufriedenheit.

Alexander Pundt (Dipl.-Psych., Dr. rer. pol.), geb. 1978, Studium der Psychologie an der Universität Leipzig (1997–2003), danach wissenschaftlicher Mitarbeiter am Lehrstuhl für Wirtschafts- und Organisationspsychologie der Universität Rostock (2004–2010). Seit 2011 wissenschaftlicher Mitarbeiter an der Professur für Arbeits- und Organisationspsychologie der Universität Mannheim. Forschungsschwerpunkte: Führung, Unternehmenskultur, Innovatives Verhalten und Veränderungsbereitschaft.

Literatur

Bass, B. M. (1985). *Leadership and performance beyond expectations*. New York: Free Press.
Bass, B. M. (1995). Theory of transformational leadership redux. *Leadership Quarterly, 6*, 463–478.
Bass, B. M., & Riggio, R. M. (2006). *Transformational leadership* (2nd ed.). Mahwah, NJ: Lawrence-Erlbaum.

Berson, Y., Shamir, B., Avolio, B. J., & Popper, M. (2001). The relationship between vision strength, leadership style, and context. *Leadership Quarterly, 12,* 53–73.

Bommer, W. H., Rich, G. A., & Rubin, R. S. (2005). Changing attitudes about change: Longitudinal effects of transformational leader behavior on employee cynicism about organizational change. *Journal of Organizational Behavior, 26,* 733–753.

Bono, J. E., & Judge, T. A. (2004). Personality and transformational and transactional leadership: A meta-analysis. *Journal of Applied Psychology, 89,* 901–910.

Burns, J. M. (1978). *Leadership.* New York: Harper & Row.

De Hoogh, A. H. B., Den Hartog, D. N., & Koopman, P. L. (2005). Linking the big five-factors of personality to charismatic and transactional leadership; perceived dynamic work environment as a moderator. *Journal of Organizational Behavior, 26,* 839–865.

Detert, J. R., & Burris, E. R. (2007). Leadership behaviour and employee voice: Is the door really open? *Academy of Management Journal, 50,* 869–884.

Dippel, H. (2005). *Geschichte der USA.* München: Beck.

Felfe, J. (2005). *Charisma, transformationale Führung und Commitment.* Köln: Kölner Studien Verlag.

Felfe, J. (2006). Transformationale und charismatische Führung – Stand der Forschung und aktuelle Entwicklungen. *Zeitschrift für Personalpsychologie, 5,* 163–176.

Felfe, J., & Liepmann, D. (2008). *Organisationsdiagnostik.* Göttingen: Hogrefe.

Gebert, D. (2002). *Führung und Innovation.* Stuttgart: Kohlhammer.

Heinitz, K., Liepmann, D., & Felfe, J. (2005). Examining the factor structure of the MLQ: Recommendation for a reduced set of factors. *European Journal of Psychological Assessment, 21,* 182–190.

Hoppe, M. H., & Bhagat, R. S. (2007). Leadership in the United States of America: The leader as cultural hero. In J. S. Chhokar, F. C. Brodbeck, & R. J. House (Hrsg.), *Culture and leadership across the world: The GLOBE book of in-depth studies of 25 societies* (S. 475–543). Mahwah, NJ: Lawrence Erlbaum.

Jenewein, W. (2008). Das Klinsmann-Projekt. *Harvard Business Manager, 30*(6), 16–28.

Johnson, A. M., Vernon, P. A., Harris, J. A., & Jang, K. L. (2004). A behavior genetic investigation of the relationship between leadership and personality. *Twin Research, 7,* 27–32.

Judge, T. A., & Piccolo, R. F. (2004). Transformational and transactional leadership: A meta-analytic test of their relative validity. *Journal of Applied Psychology, 89,* 755–768.

Krishnan, V. R. (2002). Transformational leadership and value system congruence. *International Journal of Value-Based Management, 15,* 19–33.

Levay, C. (2010). Charismatic leadership in resistance to change. *Leadership Quarterly, 21,* 127–143.

Meindl, J. R., Ehrlich, S. B., & Dukerich, J. M. (1985). The romance of leadership. *Administrative Science Quarterly, 30,* 78–102.

Mischel, W. (1977). The interaction of person and situation. In D. Magnusson & N. S. Endler (Hrsg.), *Personality at the crossroads: Current issues in interactional psychology* (S. 333–352). Hillsdale, NJ: Lawrence Erlbaum.

Nederveen Pieterse, A., van Knippenberg, D., Schippers, M., & Stan, D. (2010). Transformational and transactional leadership and innovative behavior: The moderating role of psychological empowerment. *Journal of Organizational Behavior, 31,* 609–623.

Nemanich, L. A., & Keller, R. T. (2007). Transformational leadership in an acquisition: A field study of employees. *Leadership Quarterly, 18,* 49–68.

Neuberger, O. (2002). *Führen und führen lassen. Ansätze, Ergebnisse und Kritik der Führungsforschung* (6. Aufl.). Stuttgart: Lucius & Lucius.

Parry, K. W., & Sinha, P. (2005). Researching the trainability of transformational organizational leadership. *Human Resource Development International, 8,* 165–183.

Pearce, C. L., & Sims, H. P. (2002). Vertical versus shared leadership as predictors of the effectiveness of change management teams: An examination of aversive, directive, transactional, transformational, and empowering leader behaviors. *Group Dynamics: Theory, Research, and Practice, 6,* 172–197.

Pundt, A., & Schyns, B. (2005). Führung im Ideenmanagement. Der Zusammenhang zwischen transformationaler Führung und dem individuellen Engagement im Ideenmanagement. *Zeitschrift für Personalpsychologie, 4,* 55–65.

Rubin, R. S., Dierdorff, E. C., Bommer, W. H., & Baldwin, T. T. (2009). Do leaders reap what they sow? Leader and employee outcomes of leader cynicism about change. *Leadership Quarterly, 20,* 680–688.

Shamir, B., & Howell, J. M. (1999). Organizational and contextual influences on the emergence and the effectiveness of charismatic leadership. *Leadership Quarterly, 10,* 257–283.

Slate, E. J., & Schroll-Machl, S. (2006). *Beruflich in den USA: Trainingsprogramm für Manager, Fach- und Führungskräfte*. Göttingen, Vandenhoeck und Ruprecht.

Sosik, J. J., & Jung, D. I. (2010). *Full range leadership development: Pathways for people, profit, and planet*. New York: Routledge/Taylor & Francis Group.

Weber, M. (1921/1980). *Wirtschaft und Gesellschaft. Grundriss der verstehenden Soziologie* (5. Aufl.). Studienausgabe, Tübingen: Mohr.

Winterhoff-Spurk, P. (2008). *Unternehmen Babylon. Wie die Globalisierung die Seele gefährdet*. Stuttgart: Klett-Cotta.

Mergers & Acquisitions: Grundlagen für die Führung in Fusionen

Friedemann W. Nerdinger und Alexander Pundt

Zusammenfasssung

Bei Mergers (Fusionen) erwirbt ein Unternehmen das Vermögen eines anderen, Unternehmen schließen sich zusammen oder gehen eine sonstige Verbindung ein. Bei einer Akquisition (Unternehmensübernahme) wechselt eine Einheit in den Einfluss- und Entscheidungsbereich einer anderen und kann nicht mehr selbständig entscheiden. Obwohl diese Phänomene sehr häufig auftreten, sind die ökonomischen Ergebnisse eher negativ. Ein Grund dafür ist die mangelnde Berücksichtigung der Mitarbeiter in diesem Prozess. Diese reagieren häufig in Form des „Merger-Syndroms" auf Fusionen, wodurch der Prozess erheblich erschwert wird. Um dies zu vermeiden, sind die organisationalen und psychologischen Bedingungen zu beachten. Zu den organisationalen Bedingungen zählen v. a. die Merkmale der übernehmenden Organisation sowie die Passung zwischen den Kulturen. Zu den psychologischen Bedingungen zählen die wahrgenommene Kontrolle, die erlebte Gerechtigkeit der Fusion und die Möglichkeit der Identifikation. Die Konsequenzen von Fusionen für die Mitarbeiter sind zunehmender Stress, das Wohlbefinden sinkt und die Fluktuation steigt. Solche negativen Folgen finden sich in der Regel nur bei den Mitarbeiterinnen und Mitarbeitern des übernommenen Unternehmens. Der wichtigste Erfolgsfaktor von Mergers & Acquisitions ist die Unternehmenskommunikation, wobei sich die meisten Empfehlungen aus allgemeinen Erfahrungen mit Veränderungsprozessen in Organisationen ableiten.

F. W. Nerdinger (✉)
Universität Rostock, Lehrstuhl für Wirtschafts- und Organisationspsychologie,
Rostock, Deutschland
E-Mail: friedemann.nerdinger@uni-rostock.de

A. Pundt
Universität Mannheim, Professur für Arbeits- und Organisationspsychologie,
Mannheim, Deutschland
E-Mail: alexander.pundt@uni-mannheim.de

3.1 Einleitung

Fusionen und Unternehmensübernahmen – häufig in Anlehnung an den englischen Sprachgebrauch als „Mergers & Acquisitions" (M&A) bezeichnet – sind in den letzten Jahren zunehmend ins Bewusstsein der Bevölkerung getreten. Die Mitarbeiterinnen und Mitarbeiter der betroffenen Unternehmen sind dabei zum einen die „Opfer", da sie die damit verbundenen Änderungen in ihrer Arbeit und die Umstrukturierungen in ihrer Organisation ertragen müssen; zum anderen entscheiden sie mit ihrem Verhalten über das Gelingen von Fusionen und Unternehmensübernahmen: Nur wenn sie die Strategien der Unternehmensleitung angemessen in die Realität umsetzen, können die erhofften Erfolge eintreten. Das ist aber allzu häufig nicht der Fall, da die arbeits- und organisationspsychologischen Bedingungen und Folgen von Fusionen und Unternehmensübernahmen von den jeweiligen Entscheidungsträgern immer noch zu wenig bedacht werden (vgl. zum Folgenden Nerdinger et al. 2011).

Während sich im angelsächsischen Raum „Merger & Acquisitions" zu einem – auch juristisch eindeutig definierten – feststehenden Begriffspaar entwickelt haben (Cartwright 2005), ist die sprachliche Situation in Deutschland sehr viel schwieriger. Zum einen findet sich für die damit bezeichneten, wichtigen Formen des organisationalen Wandels keine rechtlich eindeutige Definition (Schwaab 2003), zum anderen ist die wörtliche Übersetzung in „Fusionen und Unternehmensübernahmen" bzw. „Unternehmenskäufe" im Deutschen sehr ungewöhnlich. Daher wird auch in Deutschland häufig nur von „Mergers & Acquisitions" (M&A) gesprochen.

Bei *Mergers* (Fusionen) geht es im Sinne des Kartellrechts darum, dass ein Unternehmen das Vermögen eines anderen ganz oder teilweise erwirbt, Unternehmen sich zusammenschließen oder eine sonstige Verbindung eingehen (Schwaab 2003). Dagegen wechselt bei einer *Akquisition* (Unternehmensübernahme) oder einem Unternehmenskauf eine Einheit in den Einfluss- und Entscheidungsbereich einer anderen und verliert damit teilweise oder ganz ihre Autonomie.

In jedem Fall liegt ein Unternehmenszusammenschluss vor. Solche Zusammenschlüsse können die verschiedensten Ziele verfolgen, wobei sich je nach dem verfolgten Ziel unterschiedliche Formen der Integration unterscheiden lassen. Von einer losen Verbindung bis zur vollständigen Integration, bei der sich ein Unternehmen im anderen auflöst, sind alle Abstufungen denkbar. In Abhängigkeit von dem – im geplanten Konzept der künftigen Organisation festgelegten – Grad an autonomer Organisation und strategischer Interdependenz lassen sich vier Formen der Fusion unterscheiden (Abb. 3.1).

Bei der *Erhaltung* beschränkt sich die Integration auf das Minimum, das erforderlich ist, um die Steuerung innerhalb des neuen Verbundes zu sichern. Die fusionierten Einheiten behalten in diesem Fall ihre unternehmerische Selbständigkeit, die Fusion erweist sich als loser Verbund vormals völlig unabhängiger Unternehmen. Zwar werden auf diese Weise kaum Synergien gewonnen, dafür sind aber die Risiken in Form der Kosten oder möglicher Widerstände der Mitarbeiter gering. Die *Symbiose* versucht höchstmögliche organisatorische Autonomie der Einheiten mit einer intensiven Abstimmung der strategischen Belange zu verknüpfen. Das ist eine sehr ehrgeizige Zielsetzung, die entsprechend

Abb. 3.1 Klassifikation der Formen organisatorischer Integration. (Jaeger 2001, nach Schwaab, 2003, S. 19)

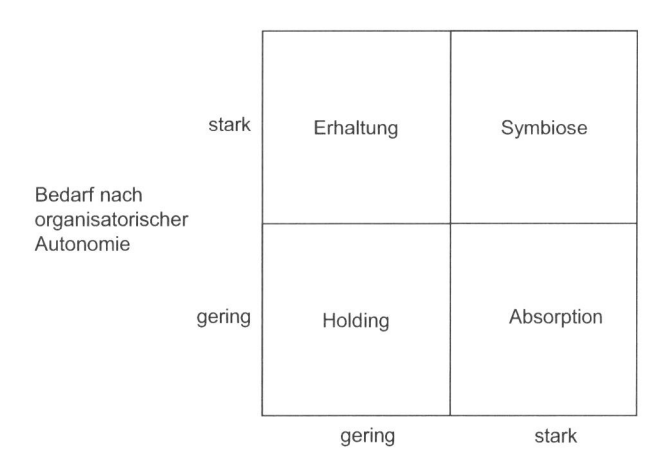

	Bedarf nach strategischen Interdependenzen gering	Bedarf nach strategischen Interdependenzen stark
Bedarf nach organisatorischer Autonomie **stark**	Erhaltung	Symbiose
Bedarf nach organisatorischer Autonomie **gering**	Holding	Absorption

hohe Anforderungen an das Management stellt: Die Verbindung kann in diesem Fall z. B. durch die gemeinsame Bearbeitung von Aufträgen oder konsequentes Projektmanagement erreicht werden.

Die *Absorption* zielt dagegen auf die vollständige Verschmelzung beider Einheiten. Die alten Organisationsstrukturen werden völlig aufgelöst und neue, auf die Bedürfnisse des neu geschaffenen Unternehmens ausgerichtete Strukturen aufgebaut. Das erfordert massive Eingriffe in die Kulturen der beteiligten Einheiten und führt zu den größten Widerständen. Die *Holding* stellt dagegen die schwächste Form der Integration verschiedener Einheiten dar. Diese verfügen weiterhin über ihre organisatorischen Freiräume und werden auch strategisch unabhängig gesteuert. Die Gemeinsamkeit beschränkt sich in einer Holding häufig auf ein zentrales Finanzmanagement und/oder den übergreifenden Einsatz qualifizierter Manager.

Je nach dem Grad der angestrebten Integration werden die Mitarbeiter unterschiedlich intensiv betroffen sein, d. h. die psychologischen Wirkungen von Mergers & Acquisitions sind natürlich immer von der Form der dabei angestrebten Integration abhängig. Von Unternehmenszusammenschlüssen werden gewöhnlich wirtschaftliche Vorteile gegenüber Konkurrenten erwartet, die durch personelle sowie organisationale Synergieeffekte entstehen sollen. Dementsprechend hat die Zahl der Fusionen in den letzten Jahrzehnten stetig zugenommen und erst im Zuge der Finanzkrise ist hier eine etwas größere Zurückhaltung zu spüren. Vielleicht ist dies aber auch auf den geringen Erfolg dieser Maßnahmen zurückzuführen: Verschiedene Untersuchungen zeigen, dass weniger als die Hälfte aller Zusammenschlüsse erfolgreich verlaufen – die Mehrzahl spielt noch nicht einmal die Kosten der Fusion ein (Marks und Mirvis 2001).

Zu den entscheidenden Ursachen dieser hohen Misserfolgsquote zählen die negativen Reaktionen der Beschäftigten auf Mergers & Acquisitions (Klendauer et al. 2006). Diese werden mit dem Begriff „Merger-Syndrom" zusammenfassend beschrieben.

3.2 Hintergrund

Der Hintergrund lässt sich gut am sog. Merger-Syndrom verdeutlichen. Marks und Mirvis (1986) haben für die psychologischen Folgen von Mergers & Acquisitions den Begriff Merger-Syndrom geprägt. Dabei handelt es sich um eine Reihe von charakteristischen Verhaltensweisen und Reaktionen, die bei diesen Ereignissen auftreten können. Die wichtigsten lassen sich so zusammenfassen:

1. *Befangenheit*: Die Mitarbeiter sind von den Ereignissen der Fusion vollständig eingenommen und spekulieren verstärkt über die Folgen für die eigene Person. Aufgrund dieser Ablenkung sinkt die Arbeitsleistung.
2. *Gerüchteküchen*: In den fusionierenden Unternehmen verbreiten sich Gerüchte und wilde Spekulationen, die Mitarbeiter beschäftigen sich bevorzugt mit den schlimmsten anzunehmenden Zukunftsentwicklungen. In der Folge wird die Unternehmenskommunikation kaum noch wahrgenommen.
3. *Stressreaktionen*: Bei den Mitarbeitern finden sich gehäuft Aggressionen, Rückzugsverhalten und körperliche Reaktionen wie Kopfschmerzen, Schlaflosigkeit, steigender Alkohol- und Zigarettenkonsum.
4. *Eingeschränkte Kommunikation*: Der Kontakt zwischen Belegschaft und Entscheider verringert sich, die Ziele des Zusammenschlusses und das weitere Vorgehen bleiben intransparent.
5. *Unglaubwürdige Kontrolle*: Wenn das Management beteuert, dass es über einen detaillierten Plan für die Fusion verfügt, mit dem sich alle Schwierigkeiten kontrollieren und abfedern lassen, dann wird ihm nicht geglaubt.
6. *Kampf der Kulturen*: Die Differenzen zwischen den Kulturen der beteiligten Unternehmen werden besonders prägnant wahrgenommen, ähnliche Kulturmerkmale werden gezielt ausgeblendet.
7. *Wir versus Sie*: Die Mitarbeiter konzentrieren sich auf die Differenzen zu den neuen Kolleginnen und Kollegen, diese werden im Laufe der Zeit verschärft wahrgenommen.
8. *Gewinner versus Verlierer*: Bei den Mitarbeitern des übernommenen Unternehmens entsteht schnell ein Verlierergefühl, das zu Resignation und hoher Fluktuation führt.
9. *Angriff und Verteidigung*: Die Mitarbeiter konzentrieren sich auf die Veränderungen in der anderen Organisation und versuchen gleichzeitig, die eigene vor dem Wandel zu schützen. Eine vergleichbare Haltung sehen sie auch im anderen Unternehmen.
10. *Kulturüberlegenheit*: Die Bewertung der eigenen Leistung wird zu einem permanenten Vergleich mit der anderen Kultur, wobei jeder seine eigene Kultur als überlegen betrachtet.

Das sind anschauliche Beschreibungen der wichtigsten Reaktionen, die sich bei den Mitarbeitern betroffener Unternehmen immer wieder beobachten lassen. Einige davon konnten auch in der empirischen Forschung bestätigt werden.

3 Mergers & Acquisitions: Grundlagen für die Führung in Fusionen

Organisatorische Vorbedingungen
- Grad der Integration
- Feindseligkeit
- Übernehmende Organisation
- Passung der Kulturen

⇨

Psychologische Prozesse
- Kontrolle
- Identifikation
- Wahrgenommene Gerechtigkeit

⇨

Konsequenzen
- Stress
- Fluktuation
- Ökonomischer Erfolg

Abb. 3.2 Ablaufmodell psychologisch relevanter Aspekte von Mergers und Acquisitions. (In Anlehnung an Klendauer et al. 2006)

3.3 Beschreibung des Führungsansatzes

Die vorliegenden Untersuchungen, aus denen sich relevante Folgerungen für die Führung bzw. die Führungskräfte ableiten lassen, können danach unterschieden werden, ob sie den Schwerpunkt auf 1) die organisatorischen Vorbedingungen von Fusionen, 2) die psychologischen Prozesse während der Integration oder auf 3) die emotionalen und verhaltensbezogenen Folgen richten (Klendauer et al. 2006). Die wesentlichen Aspekte dieser Prozesse zeigt Abb. 3.2.

Die in Abb. 3.2 verdeutlichten Aspekte werden im Folgenden etwas genauer beleuchtet und jeweils Folgerungen für das Management von Mergers & Acquisitions gezogen.

3.3.1 Organisatorische Bedingungen

Obwohl bislang noch relativ wenig empirische Forschung zu den organisatorischen Bedingungen vorliegt, können einige Merkmale auf Seiten der beteiligten Organisationen als wichtige Voraussetzungen für das Gelingen von Fusionen und Übernahmen benannt werden (Cartwright 2005). Dazu zählen v. a. verschiedene Merkmale der übernehmenden Organisation sowie die Passung zwischen den Kulturen.

3.3.1.1 Merkmale der übernehmenden Organisation

Relativ gut bestätigte Merkmale der übernehmenden Organisation, die Einfluss auf den Erfolg von Fusionen und Übernahmen haben, sind deren relative Größe, die Arroganz seines Managements, seine Erfahrungen mit Übernahmen und die Kultur der übernehmenden Organisation.

Relative Größe: Allein dadurch, dass ein „Partner" deutlich größer als der andere ist, werden bei den Mitarbeitern Gefühle der psychologischen Unterlegenheit ausgelöst (wobei es auch Beispiele dafür gibt, dass die übernommenen Mitarbeiter eines kleinen Unternehmens den Vorgang begrüßen). Der größere Partner steht automatisch im Verdacht, dass er dem Kleineren seine Struktur, seine Kultur und seine Strategie aufzwingen will.

Mit der Wirkung der relativen Größe verbunden ist die *wahrgenommene Arroganz* des Managements (Gaughan 2002). Dem Management des dominanten Unternehmens wird gerne Arroganz unterstellt in dem Sinne, dass dieses vorgibt zu wissen, was am besten für das übernommene Unternehmen ist bzw. Letzteres für inkompetent erklärt. In der Folge steigt auf Seiten des übernommenen Unternehmens die Fluktuation bzw. die Moral und die Leistung sinken. Inwiefern sich die Manager tatsächlich arrogant verhalten bzw. die Mitarbeiter des übernommenen Unternehmens ihnen dieses nur unterstellen, ist dabei jeweils zu klären – die negativen Folgen können aber unabhängig von der objektiven Beschaffenheit des Verhaltens eintreten!

Auch *die Erfahrung* des Unternehmens mit Fusionen und Übernahmen hat Auswirkungen auf das Vorgehen: Nach mehreren Übernahmen haben Unternehmen gewöhnlich aus den früher gemachten Fehlern gelernt, sie legen bei der Planung weniger Wert auf betriebs- und finanzwirtschaftliche Analysen und achten mehr auf personalpsychologische Fragen bei der Übernahme (Haleblian et al. 2009). Die Fähigkeit zum Lernen ist aber mit der jeweiligen *Unternehmenskultur* verbunden: Unternehmen mit einer starken Kultur, in der ein hoher Konsens bezüglich der geteilten Werte und Überzeugungen besteht und die Mitglieder konsequent in diesem Sinne sozialisiert werden, lernen nicht so leicht aus ihren Fehlern. Gleichzeitig haben aber gerade solche Unternehmen eine besonders starke Tendenz, ihre Kultur dem anderen Unternehmen aufzuzwängen (Gaughan 2002).

3.3.1.2 Passung der Kulturen

Die Unternehmenskultur spielt eine zentrale Rolle bei Fusionen und Übernahmen, wobei der Passung der Kulturen beider Unternehmen eine ganz besondere Bedeutung für das Gelingen zugeschrieben wird (Cartwright 2005). Diese Bedeutung soll wiederum bei Fusionen, die ein hohes Maß an Integration anstreben – speziell bei Absorptionen, aber auch bei Symbiosen – besonders groß sein. Ganz im Gegensatz zur allgemein anerkannten Bedeutung der Passung der Kulturen finden sich aber relativ wenig empirische Belege für diese Annahme. Allerdings hat Datta (1991) in seiner Untersuchung von 173 Mergers & Acquisitions herausgefunden, dass Unterschiede im Managementstil beider Unternehmen negativ mit dem Ergebnis der Fusion zusammenhängen: Besonders wichtig sind dabei Unterschiede im Managementstil hinsichtlich

- der Bereitschaft zum Risiko,
- der Ermutigung zur Partizipation an Entscheidungsprozessen und
- der Betonung formaler Aspekte.

Je stärker sich die Unternehmen in diesen Aspekten unterscheiden, desto größer ist die Wahrscheinlichkeit, dass die Fusion scheitert!

3.3.2 Psychologische Prozesse

Die psychologischen Bedingungen von Mergers & Acquisitions beziehen sich auf das Erleben des Prozesses. Hier kommen drei Merkmalen besondere Bedeutung zu (Klendauer et al. 2003): Die wahrgenommene Kontrolle, die sich u. a. aus der Möglichkeit zur Partizipation ergibt; die wahrgenommene Gerechtigkeit der Fusion und die Möglichkeit der Identifikation.

3.3.2.1 Erlebte Kontrolle und Partizipation

Mitarbeiter, die eine Fusion miterlebt haben, berichten häufig von Gefühlen der Hilflosigkeit und des Ausgeliefertseins (Jöns und Schultheis 2004). Dies weist darauf hin, dass Mergers & Acquisitions gewöhnlich auf der Ebene der Geschäftsleitung beschlossen und dann unter zentraler Steuerung umgesetzt werden. Die Mitarbeiter erleben sich dann als Objekt und sehen keine Möglichkeit, ihr Schicksal zu beeinflussen. Das widerspricht aber einem grundlegenden menschlichen Bedürfnis, dem Wunsch, für die eigene Person wichtige Ereignisse kontrollieren zu können. Wenn Menschen den Eindruck haben, dass sie solche wichtigen Ereignisse beeinflussen können, dann lösen diese weniger Stress aus. Der Eindruck der Beeinflussbarkeit führt dazu, dass Menschen auch länger andauernde und belastendere Ereignisse ertragen können im Vergleich zu Situationen, in denen sie über keine Möglichkeiten der Einwirkung verfügen.

Empirische Untersuchungen zeigen, dass die Mitarbeiter eines übernommenen Unternehmens die durch die Fusion entstandene, neue Situation als für sich weniger kontrollierbar erleben und entsprechend über ein geringeres Wohlbefinden berichten verglichen mit den Kolleginnen und Kollegen der übernehmenden Firma (Klendauer et al. 2006). Dieses Gefühl der Kontrolle kann durch *Partizipation*, d. h. durch die Einbeziehung der Mitarbeiter in Entscheidungen, die sie betreffen, verstärkt werden. Aufgrund der Erfahrungen mit Partizipation im Rahmen von Veränderungsprozessen in Organisationen ist davon auszugehen, dass dadurch Widerstände verringert und die Akzeptanz für Veränderungsmaßnahmen erhöht werden. Damit können auch die typischen Folgen des Widerstandes gegen Veränderungen – geringere Arbeitsleistung, Kritik gegenüber Vorgesetzten, höhere Fluktuation und stärkerer Absentismus – verringert werden.

Im Rahmen eines „Partizipativen Change Managements" (Rosemann und Gleser 1999) können Mitarbeiter in Merger & Acquisitions eingebunden werden. In diesem Fall erarbeiten die Betroffenen gemeinsam mit ihren Vorgesetzten Vorschläge für die Lösung der wichtigsten, ihre Organisationseinheit betreffenden Probleme. Dabei sind natürlich die betrieblichen Rahmenbedingungen und die vorab festgelegten Regeln und Kriterien zu beachten. Der Vorgesetzte entscheidet auf der Basis der partizipativ entwickelten Kriterien. Ein solches Vorgehen setzt allerdings auch einen partizipativen Führungsstil der Vorgesetzten voraus, ansonsten kann es sogar zu negativen Effekten kommen (Marks und Mirvis 2001). Diese Methodik hat im positiven Fall auch den Vorteil, dass der Informationsfluss von unten nach oben verbessert wird. Außerdem kann sich die Qualität der Problemlösungen erhöhen, da die Probleme dort analysiert werden, wo sie entstehen.

3.3.2.2 Identifikation und Identität

Mitarbeiter zeigen häufig sehr heftige Widerstände gegen Fusionen. Ein Grund für dieses Verhalten liegt in der massiven Bedrohung ihrer Identität durch solche Ereignisse (vgl. zum folgenden Haslam 2001). Identität gibt Antwort auf die Frage „Wer bin ich?". Diese Frage kann sowohl durch sehr spezifische, rein individuelle Merkmale beantwortet werden als auch durch Identifikationen mit sozialen Gruppen. Wenn ein Mensch auf die Frage, wer er ist, antwortet, dass er Mitarbeiter von Daimler ist, dann zeigt er damit, dass er sich mit seinem Unternehmen identifiziert. Die Firma ist diesem Fall zu einem Teil der eigenen Identität geworden. Durch eine Fusion, v. a. aber durch die Übernahme durch ein anderes Unternehmen wird die Identität der Firma bedroht, und damit auch Teile der Identität der Mitarbeiter. Der Erfolg von Fusionen und Akquisitionen ist daher besonders gefährdet, wenn sich die Mitarbeiter mehr mit der alten als mit der neuen Organisation identifizieren und in „wir" versus „die" – Kategorien denken (Klendauer et al. 2003).

Diese Prozesse erklärt die Theorie der sozialen Identität (Haslam 2001). Demnach sind die Beziehungen zwischen Gruppen durch vier psychologische Prozesse bestimmt: Soziale Kategorisierung, soziale Identität, sozialer Vergleich und soziale Distinktheit. *Soziale Kategorisierung* bedeutet, dass man sich selbst und andere Menschen vor allem als Mitglieder einer Gruppe versteht und nicht als einzigartige Individuen. Als Folge davon wird die soziale Realität in die Eigen- und die Fremdgruppe eingeteilt (Ingroup/Outgroup): Wenn die Mitarbeiter der Firma Chrysler die neuen Kollegen aus Deutschland nicht als individuelle Menschen gesehen haben, sondern als Daimler-Mitarbeiter, dann wird diese Trennung in Ingroup (Chrysler) und Outgroup (Daimler) deutlich.

Darin zeigt sich aber auch die *soziale Identität* der Mitarbeiter. Sie handeln in diesem Falle nicht als Individuen, sondern als Mitglieder einer bestimmten Gruppe, im Beispiel des Unternehmens „Chrysler". Aufgrund der Identifikation mit dem Unternehmen wird dieses zu einem Teil der eigenen Identität. Da die Identität eines Menschen aber auch mit seinem Selbstwertgefühl verbunden ist, besteht die Tendenz, die eigene Identität möglichst positiv zu bewerten. In der Folge wird auch versucht, die Ingroup – die Gruppe, der man angehört und die Teil der eigenen Identität geworden ist – als möglichst positiv zu erleben. Daher vergleichen Menschen die eigene Gruppe bevorzugt hinsichtlich solcher Aspekte mit der Fremdgruppe, auf denen die Ingroup besser abschneidet. Der *soziale Vergleich* dient also der Aufwertung der Ingroup. Wenn die Chrysler-Mitarbeiter festgestellt haben, dass die Daimler-Mitarbeiter eben „typisch deutsch" sind – d. h. nach ihrer Meinung z. B. pedantische, humorlose Prinzipienreiter – dann haben sie diesen Vergleich gewählt, weil sie selbst dadurch als „typisch amerikanisch" i. S. von „entspannt und flexibel" erscheinen. Durch solche Vergleiche wird *soziale Distinktheit* hergestellt, d. h. es wird ein positiver Unterschied der eigenen Gruppe im Vergleich zu einer relevanten Fremdgruppe hergestellt, was gewöhnlich nur zu Lasten dieser Gruppe gehen kann.

Diese Prozesse lassen sich bei Mergers & Acquisitions häufig beobachten (Gleibs et al. 2008). Bereits deren Ankündigung wird bei den Mitarbeitern Gefühle der persönlichen Bedrohung auslösen, besonders wenn es sich um eine feindselige Übernahme bzw. um eine Fusion mit einem größeren Unternehmen handelt. In diesem Fall wird die Identifikation mit dem eigenen Unternehmen besonders bewusst, das eigene Unternehmen wird daher positiver wahrgenommen und bewertet, die Mitglieder des anderen Unternehmens werden dagegen abgewertet und benachteiligt („ingroup/outgroup bias"). Dies führt bei der Zusammenarbeit zu Feindseligkeiten: Zum Beispiel sahen bei einem Zusammenschluss zwischen zwei Banken die Mitarbeiter jeweils die gewohnten Arbeitsmethoden als überlegen an, wobei sie v. a. die Unterschiede zur anderen Bank betonten (vgl. Buono et al. 1985). Die frühere Situation wurde zunehmend nostalgisch verklärt und über „die anderen" wurden immer neue Gerüchte verbreitet. Für alle auftretenden Fehler waren die anderen, d. h. die Kolleginnen und Kollegen der übernehmenden Organisation verantwortlich, Erfolge wurden dagegen den Kollegen der eigenen Gruppe zugeschrieben. Hier zeigt sich der negative Effekt, der durch eine „wir" versus „die"-Dynamik entsteht. Dabei ist der „ingroupbias" bei Fusionen umso größer, je stärker die Bedrohung der eigenen Gruppe erlebt wird (Terry 2003). Die erlebte Bedrohung kann wiederum gemildert werden, wenn der Prozess der Fusion als gerecht erlebt wird.

3.3.2.3 Wahrgenommene Gerechtigkeit

In der Frage der wahrgenommenen Gerechtigkeit lassen sich (mindestens) drei Formen unterscheiden (Klendauer und Deller 2009):

- *Distributive Gerechtigkeit:* Die wahrgenommene Fairness von Ergebnissen bzw. der Verteilung von Belohnungen;
- *Prozedurale Gerechtigkeit:* Die wahrgenommene Fairness der Prozesse, die zu den Ergebnissen bzw. zur Verteilung der Belohnungen führt;
- *Interaktionale Gerechtigkeit:* Die wahrgenommene Fairness der Behandlung des Mitarbeiters durch Vorgesetzte.

Alle diese Formen haben mehr oder weniger großen Einfluss auf die Beurteilung von Mergers & Acquisitions und damit auch auf ihre Folgen.

Die *distributive Gerechtigkeit* bezieht sich auf die faire Verteilung von Belohnungen, z. B. auf die Gehaltsverteilung. Bei der Verteilung wird dabei das Verhältnis von eigenem Input – z. B. in Form von Bildung, Alter, Anstrengung, Fähigkeiten – zum erzielten Output – z. B. in Form von Geld, Status oder Einfluss – ermittelt. Ist das Verhältnis von eigenem Input zu eigenem Output ungleich dem einer Person, mit der man sich vergleicht, so wird man die Verteilung als ungerecht erleben. In der Folge versuchen Mitarbeiter, das empfundene Ungleichgewicht zu reduzieren, wodurch sich Quantität und Qualität der Arbeitsleistung verschlechtern können.

Durch Fusionen und Übernahmen können Input und/oder Output der Mitarbeiter auf verschiedene Weise beeinflusst werden: Häufig wird Personal entlassen, was zu einer höheren Arbeitsbelastung der verbliebenen Mitarbeiter bei gleicher Entlohnung führt. Gelegentlich werden auch – bei gleicher Belastung – die Löhne gesenkt. Zudem werden gewöhnlich die Arbeitsbedingungen verändert, z. B. müssen neue (kleinere) Büros bezogen werden, die Computerprogramme des Fusionspartners werden übernommen und erfordern zusätzliche Umstellungen und anderes mehr. Aufgrund der vielen Änderungen haben die Mitarbeiter häufig den Eindruck, dass sich die eigene Situation durch den Zusammenschluss deutlich verschlechtert hat. Dieser Eindruck kann allerdings über die beiden anderen Gerechtigkeitsformen kompensiert werden.

Prozedurale Gerechtigkeit bezieht sich auf die Fairness von Entscheidungsprozessen. Werden diese Prozesse als gerecht erlebt, akzeptiert man die Entscheidungen eher und unterstützt die damit verbundenen Veränderungsprozesse. Entsprechend zeigt eine Meta-Analyse von 124 Untersuchungen, dass erlebte prozedurale Gerechtigkeit sehr eng mit der Arbeitsleistung korreliert und gleichzeitig kontraproduktives Verhalten wie Sabotage, Diebstahl oder Verbreitung von Gerüchten unterbindet (Cohen-Charash und Spector 2001).

Schließlich bezieht sich die *interaktionale Gerechtigkeit* darauf, wie sich Vorgesetzte und Entscheidungsträger ihren Mitarbeitern gegenüber verhalten. Im Zentrum steht dabei die Kommunikation zwischen Management und Mitarbeitern, wobei v. a. die Vermittlung von Respekt gegenüber den Mitarbeitern und die Fähigkeit, Entscheidungen angemessen erklären zu können, den Eindruck interaktionaler Gerechtigkeit hervorrufen. Besteht dieser Eindruck, dann ist auch das Vertrauen in die Führungskräfte größer, es kommt zu pro-organisationalem Verhalten, weniger kontraproduktivem Verhalten wie Diebstahl oder Sabotage und auch die Kündigungsabsichten sind geringer. Interaktionale und prozedurale Gerechtigkeit sollten sich also ergänzen: Während sich Erstere auf das Verhalten der Vorgesetzten bezieht, thematisiert Letzteres die Organisation als Ganzes. Entsprechend sollten beide Formen positiven Einfluss auf die Umsetzung von Mergers & Acquisitions haben (diese Vermutung wurde auch empirisch untersucht; vgl. Lipponen et al. 2004).

3.3.3 Emotionale Folgen

Die emotionalen Konsequenzen von Fusionen für die Mitarbeiter werden gewöhnlich im negativen Bereich gesucht – demnach soll damit Stress ausgelöst und das Wohlbefinden verringert werden. Solche negativen Folgen lassen sich aber nicht bei allen Mitarbeitern beobachten, vielmehr sind es in der Regel die Mitarbeiterinnen und Mitarbeiter des übernommenen Unternehmens, die auf diese Weise reagieren (Klendauer et al. 2006).

Dass Mergers & Acquisitions *Stress* auslösen, wird immer wieder konstatiert (vgl. Joslin et al. 2010). Demnach führt bereits die Ankündigung einer Fusion zu Gefühlen der Unsicherheit – v. a. über die eigene Zukunft–, was Schweiger und DeNisi (1991) in einem Feldexperiment belegen konnten. Diese Gefühle der Unsicherheit können die Furcht vor einem Verlust an Macht, Kontrolle, Einfluss und Status und damit die erlebte Angst und den Stress vergrößern. Das führt häufig zu Handlungen, die sich als Widerstand gegen die Fusion äußern. Allerdings ist das nicht zwangsläufig so, vielmehr stellen Fusionen kritische Lebensereignisse dar, deren Bewältigung umfangreiche Anforderungen stellt (Fugate et al. 2002). Ob eine Fusion sich für die Mitarbeiter, die in fusionierten Unternehmen verbleiben, positiv oder negativ auswirkt, hangt von weiteren Faktoren ab (Jons und Schultheis 2004):

1. Fusionen werden letztlich *positiv* beurteilt, wenn sich dadurch die berufliche Situation und die eigenen Perspektiven verbessern, z. B. weil durch die damit verbundenen Umstrukturierungen neue Karrierewege entstehen;
2. Für manche Mitarbeiter sind Fusionen *irrelevant*, da sie bereits vorher einen Arbeitgeberwechsel geplant haben oder aber demnächst pensioniert werden;
3. In der Mehrzahl der Fälle, v. a. bei den Mitarbeitern der übernommenen Firma, werden die damit verbundenen Unsicherheiten aber *negativ* erlebt, da eine Verschlechterung der eigenen Situation zu erwarten ist.

Im dritten Fall wird die Fusion als Stress erlebt, wobei Angst im Kern des Erlebens steht. Bei Fusionen entstehen vielerlei Ängste, u. a. Angst vor Arbeitsplatzverlust, Arbeitsortswechsel, Lohneinbußen, verringerten Sozialleistungen, veränderten Karriereplänen usw. In der Folge können sich verschiedenste psychische Stressreaktionen wie Frustrationen, Ärger, Erschöpfung, Depression, sinkende Arbeitsmoral und innere Kündigung zeigen. Diese Merkmale beruhen allerdings aufgrund der mangelnden Forschung bislang weitgehend auf mehr oder weniger unsystematischen Beobachtungen. Dass sich das subjektive Wohlbefinden bei den Mitarbeitern übernommener Unternehmen verringert, kann aber als gesichert gelten (Klendauer et al. 2006). Demnach ist dieser Zusammenhang zumindest teilweise durch das Gefühl verringerter Kontrolle vermittelt wird.

3.4 Relevanz für die Praxis

Mit Blick auf die Praxis ist v. a. die Unternehmenskommunikation zur Steuerung des Integrationsprozesses zu beachten. In der Unternehmenskommunikation wird gewöhnlich der wichtigste Erfolgsfaktor bei Mergers & Acquisitions gesehen, obwohl es bislang kaum empirische Untersuchungen von deren Wirksamkeit gibt. Die meisten Empfehlungen leiten sich daher aus allgemeinen Erfahrungen mit Veränderungsprozessen in Organisationen ab. Die wichtigsten dieser Empfehlungen beziehen sich auf den Kommunikationssender, den -zeitpunkt und die -häufigkeit, die -medien sowie den -inhalt (vgl. zum Folgenden Klendauer et al. 2003, S. 208 ff.).

In der Frage der *Kommunikationssender* ist die Bedeutung des Top-Managements hervorzuheben: Ihr Einsatz erhöht die Glaubwürdigkeit der Information und beeinflusst die Motivation der Mitarbeiter positiv. Dabei sollten die Vertreter des Top-Managements in erster Linie persönlich kommunizieren, d. h. sie sollten an möglichst allen Standorten des Unternehmens auftreten und ihre Botschaften glaubwürdig vermitteln. Dabei sollten sie auch in Kontakt mit den Mitarbeitern treten, auf jeden Fall aber die Führungskräfte gewinnen, die dann die notwendigen Informationen umso glaubwürdiger an die Mitarbeiter weitergeben können.

Zum *Kommunikationszeitpunkt* ist zu sagen, dass die Mitarbeiter möglichst frühzeitig zu informieren sind. Das Schlimmste für den Prozess ist es, wenn die Mitarbeiter über dritte Stellen, vielleicht gar aus der Presse zum ersten Mal von den geplanten Aktivitäten erfahren. In diesem Fall verspielt das Management leicht seine Glaubwürdigkeit. Dabei ist es besonders wichtig, die möglichen zukünftigen Entwicklungen aufzuzeigen, da sich sonst sehr schnell unkontrollierbare Gerüchte verbreiten. Dabei müssen Gerüchte nicht immer negativ sein: Zunächst haben sie eine angst-reduzierende Funktion: In einer unsicheren Umgebung können Gerüchte dazu beitragen, das Gefühl der Sicherheit zu stärken und damit die Angst zu verringern (Hogan et al. 1994). Die Verbreitung von Gerüchten kann daher auch als eine Form des Coping betrachtet werden, die es den Mitarbeitern ermöglicht, unklare Informationen zu interpretieren. Wenn aber diese Funktion durch eine rechtzeitige, adäquate Information des Managements erfüllt wird, ist es für die gezielte Steuerung des Prozesses deutlich besser.

Die notwendige *Kommunikationshäufigkeit* wird gerne unterschätzt: Während die informierten Manager leicht den Eindruck haben, sie würden doch „ständig informieren", haben Mitarbeiter praktisch nie den Eindruck, dass sie ausreichend informiert würden. Das Management sollte daher nicht davor zurückschrecken, auch dieselben Informationen wiederholt zu kommunizieren. Das betrifft auch die verwendeten *Kommunikationsmedien*. Häufig wird über schriftliche Medien wie Broschüren, Mitarbeiterzeitungen etc. kommuniziert. In der Folge verbreitet sich im Management leicht das Gefühl, über alles informiert zu haben. Tatsächlich werden solche Informationen teilweise gar nicht, häufig aber unvollständig und ungenau rezipiert. Entscheidend ist daher der möglichst intensive Dialog mit den Mitarbeitern. Schließlich ist zum *Kommunikationsinhalt* zu fordern, dass möglichst offen und ehrlich kommuniziert wird (sogenannte „Realistische-Fusions-Vorausschau"; vgl. Schweiger und DeNisi 1991).

3.5 Ausblick

Mergers & Acquisitions haben bis zur Finanzkrise stetig zugenommen und wurden zu einem der wichtigsten unternehmensstrategischen Instrumente. Seitdem werden sie etwas seltener eingesetzt, wobei es immer noch ein wichtiges Instrument der Unternehmensentwicklung ist und vermutlich auch in Zukunft bleiben wird. Daher werden sich Führungskräfte künftig verstärkt auch mit den psychologischen Konsequenzen von Mergers & Acquisitions für die Mitarbeiter auseinandersetzen müssen. Das wiederum erfordert aber eine solide empirische Basis über die dabei auftretenden Phänomene, die zur Zeit erst im Ansatz vorliegt. Das Konzept des Merger-Syndroms bietet aber für die weitere Erforschung der psychologischen Konsequenzen einen geeigneten Ansatzpunkt.

Autorbeschreibung

Friedemann W. Nerdinger Univ.-Prof. für Wirtschafts- und Organisationspsychologie, Dipl. Psych., Dr. phil., geb. 1950. Studium der Psychologie, Soziologie und Pädagogik an der Universität München, nach dem Studium wissenschaftlicher Mitarbeiter am Lehrstuhl für Organisations- und

Wirtschaftspsychologie an der Universität München. 1989 Promotion, 1994 Habilitation. Seit 1995 Professor für Wirtschafts- und Organisationspsychologie an der Universität Rostock. Forschungsschwerpunkte: Psychologie der Dienstleistung und des persönlichen Verkaufs, Arbeitsmotivation und Arbeitszufriedenheit.

Alexander Pundt (Dipl.-Psych., Dr. rer. pol.), geb. 1978, Studium der Psychologie an der Universität Leipzig (1997–2003), danach wissenschaftlicher Mitarbeiter am Lehrstuhl für Wirtschafts- und Organisationspsychologie der Universität Rostock (2004–2010). Seit 2011 wissenschaftlicher Mitarbeiter an der Professur für Arbeits- und Organisationspsychologie der Universität Mannheim. Forschungsschwerpunkte: Führung, Unternehmenskultur, Innovatives Verhalten und Veränderungsbereitschaft.

Literatur

Buono, A., Bowditch, J., & Lewis, J. (1985). When cultures collide: The anatomy of a merger. *Human Relations, 38*, 477–500.
Cartwright, S. (2005). Mergers and acquisitions: An update and appraisal. *International Review of Industrial and Organizational Psychology, 20*, 1–38.
Cohen-Charash, Y., & Spector, P. E. (2001). The role of justice in organizations: A meta-analysis. *Organizational Behavior and Human Decision Processes, 86*, 278–321.
Datta, D. K. (1991). Organizational fit and acquisition performance: Effects of post-acquisition integration. *Strategic Management Journal, 12*, 281–297.
Fugate, M., Kinicki, A. J., & Scheck, Ch. L. (2002). Coping with an organizational merger over four stages. *Personnel Psychology, 55*, 905–928.
Gaughan, P. (2002). *Mergers, acquisitions, and corporate restructurings*. (3. Aufl.). New York: HarperCollins.
Gleibs, I. H., Mummendey, A., & Noack, P. (2008). Predictors of change in postmerger identification during a merger process: A longitudinal study. *Journal of Personality, and Social Psychology, 95*, 1095–1112.
Haleblian, J., Devers, C. E., McNamara, G., Carpenter, M. A., & Davison, R. B. (2009). Taking stock of what we know about mergers and acquisitions: A review and research agenda. *Journal of Management, 35*, 469–502.
Haslam, S. A. (2001). *Psychology in organisations. The social identity approach*. London: Sage.
Hogan, E. A., & Overmyer-Day, L. (1994). The psychology of mergers and acquisitions. In C. I. Cooper & I. T. Robertson (Hrsg.), *International Review of Industrial and Organizational Psychology, 9*, 247–281.
Ivancevich, J. M., Schweiger, D. M., & Power, F. R. (1987). Strategies for managing human resources during mergers and acquisitions. *Human Resource Planning, 10*(1), 19–35.
Jaeger, M. (2001). *Personalmanagement bei Mergers & Acquisitions. Strategien, Instrumente, Erfolgsfaktoren*. Neuwied: Kriftel.
Jöns, I., & Schultheis, D. (2004). Kontrolle als Prädiktor für das Erleben von Fusionsprozessen. *Mannheimer Beiträge zur Wirtschafts- und Organisationspsychologie, 19*(2), 31–41.
Joslin, F., Waters, L., & Dudgeon, P. (2010). Perceived acceptance and work standards as predictors of work attitudes and behaviour and employee psychological distress following an internal business merger. *Journal of Managerial Psychology, 25*, 22–43.
Klendauer, R., & Deller, J. (2009). Organizational justice and managerial commitment in corporate mergers. *Journal of Managerial Psychology, 24*, 29–45.

Klendauer, R., Frey, D., & Greitemeyer, T. (2006). Ein psychologisches Rahmenkonzept zur Analyse von Fusions- und Akquisitionsprozessen. *Psychologische Rundschau, 57,* 87–95.

Klendauer, R., Frey, D., Jonas, E., & Kauffeld, S. (2003). Psychologische Erfolgsfaktoren bei Fusionen und Acquisitionen. In M.-O. Schwaab, D. Frey, & J. Hesse (Hrsg.), *Fusionen. Herausforderungen für das Personalmanagement* (S. 193–213). Heidelberg: Recht und Wirtschaft.

Lipponen, J., Olkkonen, M.-E., & Moilanen, M. (2004). Perceived procedural justice and employee responses to an organizational merger. *European Journal of Work and Organizational Psychology, 13,* 391–413.

Marks, M. L., & Mirvis, Ph. H. (1986). The Merger syndrom. *Psychology today, 10,* 36–42.

Marks, M. L., & Mirvis, Ph. H. (2001). Making mergers and acquisitions work: Strategic and psychological preparation. *Academy of Management Executive, 15,* 80–92.

Nerdinger, F. W., Blickle, G., & Schaper, N. (2011). *Arbeits- und Organisationspsychologie.* (2. Aufl.). Heidelberg: Springer.

Rosemann, B., & Gleser, C. (1999). Partizipatives Change Management: Ein Methode zur Mitarbeiterbeteiligung bei Veränderungsprozessen in Unternehmen. *Zeitschrift Führung + Organisation, 68,* 134–139.

Schwaab, M.-O. (2003). Fusionen – Herausforderungen für das Personalmanagement?! In M.-O. Schwaab, D. Frey, & J. Hesse (Hrsg.), *Fusionen. Herausforderungen für das Personalmanagement* (S. 17–44). Heidelberg: Recht und Wirtschaft.

Schweiger, D., & DeNisi, A. (1991). Communication with employees following a merger: A longitudinal field experiment. *Academy of Management Journal, 34,* 110–135.

Terry, D. J. (2003). A social identity perspective on organizational mergers: The role of group status, permeability and similarity. In S. A. Haslam, D. Van Knippenberg, M. J. Platow, & T. N. Ellemers (Hrsg.), *Social identity at work: Developing theory for organizational practice* (S. 293–316). Philadelphia, PA: Psychology Press.

Zwischen Stabilität und Dynamik: Perspektiven des Balance-Modells der Führung

4

Sven Grote, Victor W. Hering, Volker Casper und Laurens Lauer

Zusammenfassung

Eine gute Führungskraft zeichnet sich durch ein Höchstmaß an „strategischer Orientierung" aus – so könnte man manche Aussage zugespitzt darstellen. Das Balance-Modell der Führung verabschiedet sich von dieser linearen Sichtweise. In dem Modell werden acht Spannungsfelder für Führungskräfte beschrieben, die so gestaltet werden müssen, dass die sich jeweils ergebenden gegensätzlichen Anforderungen gleichzeitig verfolgt werden. Einseitigen Orientierungen und sog. Überzeichnungen von Kompetenzen kann so vorgebeugt werden. Diese acht für Führungskräfte relevanten Spannungsfelder sind: (1) Strategie vs. Tagesgeschäft; (2) Selbermachen vs. Delegieren; (3) Nähe vs. Distanz; (4) Team vs. Individuum; (5) Reflexion vs. Umsetzung; (6) Optimierung vs. Innovation; (7) Offenheit vs. Positionierung; (8) Autonomie vs. Integration. In dem Artikel wird beschrieben, wie in einem schnell wachsenden Unternehmen der Balanceansatz der Entwicklung eines maßgeschneiderten, unternehmensweiten Kompetenzmodells zu Grunde gelegt wurde, um dem starken Wachstum und den damit einhergehenden Veränderungsprojekten gerecht zu werden. Das Balance-Modell der Führung kann als Diagnoseinstrument und als Instrument der Gestaltung von Personal- und Organisationsentwicklungsprozessen eingesetzt werden.

S. Grote (✉)
Jasperallee 53, 38102 Braunschweig, Deutschland
E-Mail: sven_grote@web.de

L. Lauer
Wien, Österreich
E-Mail: Laurensll@hotmail.de

V. Hering
Hamburg, Deutschland
E-Mail: victorhering@web.de

V. Casper
Ströer Out-of-Home Media AG, Ströer Allee 1, 50999 Köln, Deutschland
E-Mail: v.casper@gmx.de

4.1 Einleitung

Unternehmen agieren in zunehmend komplexen und differenzierten Umwelten, die zahlreiche und häufig elementar gegensätzliche Anforderungen an sie stellen. Führungskräfte und ihre Mitarbeiter sind deshalb häufig mit Situationen konfrontiert, die durch antagonistische Handlungsanforderungen charakterisiert sind. Zur erfolgreichen Bewältigung dieser bipolaren Spannungssituationen bedarf es zum einen gegensätzlicher und komplementärer Kompetenzen und zum anderen der Fähigkeit, diese gleichzeitig und gleichermaßen zu verfolgen. Einseitige und extreme Verhaltensweisen werden den komplexen Aufgabenstellungen nicht gerecht und führen zu destruktiven Strukturen und unternehmerischen Pathologien.

Das Balance-Modell der Führung basiert auf einem Konzept, das diese Annahmen und ihre Beziehung zueinander beschreibt und zu einem Ansatz entwickelt, welcher sowohl der Diagnose von Defiziten und der Entwicklung von Kompetenzen als auch deren nachhaltiger Realisierung dient. Dieser Ansatz wurde bei der Gestaltung von Kompetenzmanagementprozessen in Unternehmen erprobt.

4.2 Hintergrund des Führungsansatzes

Das Balance-Modell der Führung wurde ursprünglich in einem Unternehmen der Konsumgüterindustrie entwickelt. Die Geschäftsführung einer operativen Einheit in dem Unternehmen beobachtete, dass vor allem technische Führungskräfte den gegensätzlichen Anforderungen nicht gewachsen waren, die sich aus der Umsetzung von neuen Formen der Arbeitsorganisation, wie z. B. teilautonome Gruppenarbeit und Total Productive Maintenance (TPM) stellten. Die Aufgabenstellung bestand nun darin, ein Modell zu entwickeln, was diese „neuen Anforderungen an Führungskräfte" beschreiben kann. Methodisch wurden im ersten Schritt Interviews mit Vorgesetzten, Mitarbeitern, Kollegen und Kunden der Stelleninhaber geführt. Sie zeigten eine Gemeinsamkeit: aus allen Perspektiven wurden Verhaltensweisen beschrieben, die ein „sowohl als auch" beinhalten, wie z. B.: „Die Führungskraft muss Prozesse und Abläufe verstehen" und „… muss Prozesse auch neu denken können". Oder z. B. „verständnisvoll in Problemsituationen sein" und „… unsere Führungskraft muss klare Ansagen machen können".

Komplexe Umweltanforderungen und betriebliche Zielsetzungen stellen an die Führungskräfte und Mitarbeiter eines Unternehmens häufig nicht nur komplementäre, sondern sich zumindest partiell gegenseitig ausschließende Anforderungen. Dieser in der Organisationsforschung vielseitig als Dualität, Bipolarität oder Paradoxon beschriebene und in der Managementliteratur häufig als Führungsdilemma bezeichnete Sachverhalt dient dem Balance-Ansatz als Ausgangspunkt seiner theoretischen Überlegungen.

Sowohl in den System- bzw. Strukturansätzen als auch in den Rollenmodellen der Organisationsforschung zeichnen sich Spannungsfelder und Rollenkonflikte durch eine Gleichwertigkeit der konträren Alternativen aus. Beide Möglichkeiten weisen einen funktionellen Aspekt auf, sind jedoch als Einzelstrategie – mindestens über einen längeren Zeitraum – unzureichend und bergen die Gefahr des Scheiterns. Die Führungskraft steht somit nicht

Tab. 4.1 Die übergeordnete Logik zur Strukturierung des Balance-Modells: Stabilisieren vs. Dynamisieren

		Stabilisieren	vs.	Dynamisieren
Aufgabenmanagement	1	Tagesgeschäft	vs.	Strategie
	2	Selbermachen	vs.	Delegieren
Beziehungsmanagement	3	Nähe	vs.	Distanz
	4	Team	vs.	Individuum
Veränderungsmanagement	5	Reflexion	vs.	Umsetzung
	6	Optimierung	vs.	Innovation
Mikropolitisches Management	7	Offenheit	vs.	Positionierung
	8	Autonomie	vs.	Integration

vor der Wahl „entweder-oder", sondern muss für eine erfolgreiche Bewältigung der Situation eine Balance im Sinne eines „sowohl-als-auch" verwirklichen.

4.2.1 Spannungsfelder

Auf Grundlage eigener Forschungsstudien (vgl. Kauffeld und Grote 2007) und der Analyse und Integration verschiedener theoretischer Konzepte und Studien (vgl. Evans und Doz 1990, 1992; Fontin 1997; Hampden-Turner 1992; Pascale 1991; Poole und Van de Ven 1988) wurden im Kern acht zentrale, unternehmensunabhängige Spannungsfelder identifiziert, die sich in die vier übergeordneten Managementbereiche Aufgaben-, Beziehungs-, Veränderungs- und Mikropolitisches Management zusammenfassen lassen (vgl. Tab. 4.1).

Die Pole der verschiedenen Ebenen beschreiben Spannungsfelder. Die grundlegende Gegensätzlichkeit der Pole in einem Spannungsfeld erscheinen in der Praxis als Dilemma oder Paradoxon. Daraus resultiert als Anforderung für Führungskräfte, dass diese Spannungsfelder nicht durch einseitige Verfolgung einer Handlungskompetenz zu lösen sind. Stattdessen müssen die Anforderungen balanciert und gleichzeitig realisiert werden.

4.2.2 Stabilisieren vs. Dynamisieren

Unternehmen, betrachtet als komplexe Systeme, benötigen zweierlei: Stabilität zur Bewahrung der Identität und die Möglichkeit zur Anpassung und Systementwicklung durch dynamische Selbstorganisationsprozesse. Diese systemtheoretischen Prinzipien ermöglichen das Überleben von Systemen bzw. Organisationen (vgl. Klimecki et al. 1994; vgl. Willke 1994). Dieser Perspektive folgend lassen sich die Handlungskompetenzen der verschiedenen Spannungsfelder jeweils einem stabilisierenden oder dynamisierenden Strukturierungspol zuordnen und so in ein Ordnungsmuster bringen. „Stabilisierende Kompetenzen tragen zur Beständigkeit, Standfestigkeit und Robustheit von Prozessen, Abläufen etc. bei […] Hiermit korrespondierend stellen dynamisierende Kompetenzen auf ein veränderndes, erneuerndes, deregulierendes Moment im organisationalen Kontext ab" (Grote und Kauffeld 2007, S. 320 f.).

Steuernden Einfluss übt die Führungskraft nach dem systemischen Verständnis dadurch aus, dass sie einerseits durch ihr Verhalten und ihre Entscheidungen stabilisierend auf das System und die Systemidentität einwirkt, andererseits Dynamik fördernde Aspekte der Selbstorganisation zur Systementwicklung und Umweltanpassung ermöglicht. Zentral ist die Schaffung von „dynamischer Stabilität" (Luhmann 1984, S. 27). Aus Sicht der Führungskraft ergibt sich in jeder Situation die Frage, wie sehr Strukturen und Prozesse im organisationalen Kontext stabilisiert und wie sehr sie für dynamische Phasen vorbereitet werden müssen. „Führen heißt im Ergebnis: balancieren in Permanenz" (Gebert 2002, S. 165). „Das eine tun und das andere nicht lassen, wird zur Zielsetzung des Managements in der heutigen Zeit" (Fontin 1997, S. 4).

4.2.3 Kompetenzen und deren Überzeichnung

Balance innerhalb von bipolaren Spannungsfeldern stellt die gleichzeitige Realisierung von gegensätzlichen Handlungsanforderungen dar. Die Fähigkeit dazu kann als „Balancekompetenz" beschrieben werden. Kompetenzen werden in diesem Zusammenhang verstanden als Dispositionen (Anlagen, Fähigkeiten, Bereitschaften), selbstorganisiert zu handeln (Erpenbeck 1997; Erpenbeck und Rosenstiel 2003). Eine einseitige Entwicklung von Handlungskompetenzen kann den gegensätzlichen Anforderungen der Spannungsfelder nicht genügen. Sie fördert die Entwicklung nach Dysfunktionalität: Wenn Kompetenzen einseitig ausgebildet werden, kann dies zur „Überzeichnung" führen (z. B. können zu strategische orientierte Führungskräfte als abgehoben wahrgenommen werden). Das ist ebenso zu vermeiden wie ein „Zuwenig" (so wird zu wenig strategische Orientierung z. B. als „zu operative Führung" beschrieben).

Der Ansatz der dysfunktionalen Überzeichnung von Kompetenzen und Orientierungen findet sich u. a. schon bei Fromm (1954), Atkins und Katcher (1989) und Erpenbeck (2003) und erhält im Konzept des Wertequadrates (Bollnow 1958; Helwig 1967), insbesondere durch Schultz von Thun eine kommunikationspsychologische Fundierung für Coaching-, Konflikt- und Teamentwicklungsprozesse. Schultz von Thun betont neben dem dysfunktionalen Aspekt der Überzeichnung die Entwicklungs- bzw. Auflösungsmöglichkeit der Dysfunktion durch Orientierung zum konträren Gegenwert (vgl. Abb. 4.1).

Komplementäre Werte und Orientierungen sind in diesem Konzept „negativ korreliert" (vgl. Schulz von Thun 1999, S. 220) und das Balanceprinzip dient in diesem Sinne als Mechanismus zur Unterbindung von einseitigen Ausrichtungen. Durch Entwicklung der komplementären Kompetenzen im Spannungsfeld folgt der Balance-Ansatz dem Entwicklungsprinzip des Wertequadrates und verhindert einseitige dysfunktionale Überzeichnungen. Aus systemtheoretischer Perspektive bedeutet das: Zu viel Stabilisierung durch die Führungskraft kann zu Stagnation führen und zu wenig Anpassungsfähigkeit des Systems zulassen. Wirkt die Führungskraft zu dynamisierend auf das System, können Unsicherheit und Instabilität resultieren, die eine Organisation überfordern.

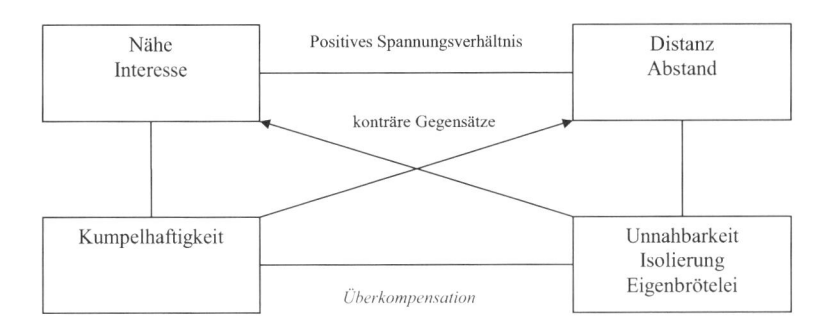

```
         Nähe          Positives Spannungsverhältnis       Distanz
       Interesse                                           Abstand
                            konträre Gegensätze

     Kumpelhaftigkeit                                  Unnahbarkeit
                                                        Isolierung
                             Überkompensation          Eigenbrötelei
```

Abb. 4.1 Wertequadrat und Überzeichnung von Kompetenzen (vgl. Schulz von Thun 1999)

4.2.4 Balance-Strategien

Es werden verschiedene Strategien der Bewältigung von Paradoxien, Dilemmata oder Dualitäten beschrieben. Eine Lösung des Spannungsfeldes „Tagesgeschäft vs. Strategie" könnte darin bestehen, dass z. B. ein Team eine Strategie entwickelt und ein anderes sie umsetzt. Ein weiterer Lösungsansatz könnte in der zeitlichen Trennung zu sehen sein: „In den nächsten sechs Monaten hat Strategieentwicklung Priorität, danach das Tagesgeschäft". Oder die Synthese der Dualitäten, durch Schaffung einer „neuen" Situation zur Eliminierung der Gegensätze oder durch das Oszillieren in einer engen Zone der Balance (vgl. Poole und Van der Ven 1988; Pascale 1991; Evans und Doz 1992).

4.3 Beschreibung des Führungsansatzes

Der Führungsansatz der Balance dient der Sensibilisierung der Führungskraft für persönliche Handlungs- und Verhaltensmuster, um einseitige Orientierungen innerhalb von Spannungsfeldern und Überzeichnungen von Kompetenzen aufzuzeigen, Entwicklungsbedarf zu ermitteln und Entwicklungsmaßnahmen abzuleiten. Wie oben in Tab. 4.1 dargestellt, umfasst das Balance-Modell der Führung acht Spannungsfelder, die in vier Managementbereichen zusammengefasst werden. Im Folgenden werden die einzelnen Spannungsfelder beschrieben (vgl. Grote und Kauffeld 2007).

4.3.1 Aufgabenmanagement

Der Bereich des Aufgabenmanagements wird im Balance-Modell der Führung durch die zwei Spannungsfelder *Tagesgeschäft vs. Strategie* und *Selbermachen vs. Delegieren* repräsentiert. Es geht bei diesen Aspekten um die Bewältigung sachlogischer Erfordernisse, die sich aus dem organisationalen Kontext ergeben.

4.3.1.1 Tagesgeschäft (Operative Exzellenz) vs. Strategie

Das *Tagesgeschäft* als stabilisierender Teil dieses Spannungsfeldes beschreibt die Etablierung stabiler, effektiver Strukturen und Prozesse zur Bearbeitung der täglichen Anforderungen und die Lösung permanenter Aufgaben, wie z. B. die Abwicklung aktueller Aufträge. Wird diese Handlungskompetenz *Tagesgeschäft* überzeichnet, besteht die Gefahr, zu stagnieren und Weiterentwicklung bzw. Zukunftsfragen zu vernachlässigen. Im dynamisierenden Teil dieses Spannungsfeldes, der *Strategie*, werden zukünftige Probleme und Aufgaben angegangen. Durch das bewusste Eingehen von Risiken und die Akzeptanz von Instabilitäten werden neue Felder des Geschäfts gefunden und Innovationen entwickelt. Eine Überzeichnung hier birgt die Gefahr, aktuelle Probleme zu vernachlässigen (vgl. Neuberger 2002).

4.3.1.2 Selbermachen vs. Delegieren

Selbermachen als stabilisierende Seite dieses Spannungsfeldes steht für die Tendenz der Führungskraft, Aufgaben und Themen an sich zu binden, zu kontrollieren und nach den eigenen Vorstellungen zu erledigen. Die Entscheidungsbefugnis konzentriert sich auf die Führungskraft. Kann die Aufgabe oder das Thema nicht von der Führungskraft allein erledigt werden, so wird der Prozess der Aufgabenerfüllung jedoch ziemlich genau vorgegeben. Es handelt sich also eher um die verhaltensbezogene Variante von Führung. Die Überzeichnung des „Selbermachens" kann dazu führen, dass eine Führungskraft zu viele Aufgaben an sich bindet. Mitarbeiter fühlen sich durch zu wenig Entscheidungsfreiheit und zu geringe Handlungsspielräume eingeengt, die Führungskraft ist überfordert und leidet unter Zeitmangel. Das dynamisierende Moment in diesem Spannungsfeld besteht im *Delegieren*. Mitarbeiter werden umfassend informiert, in Projekte eingebunden und zur Aufgabenerfüllung werden Entscheidungs- und Handlungsspielräume gewährt. Führung wird hierbei eher ergebnisbezogen eingesetzt. Die Überzeichnung kann zu Verlust des Kontaktes zu Detail- und Fachfragen führen oder zu einem nicht überschaubaren Zeitplan z. B. in Teilprojekten für ein übergeordnetes Projekt.

4.3.2 Beziehungsmanagement

Der Umgang mit den sozio-emotionalen Aspekten von Führung ist im Balance-Modell der Führung im Bereich Beziehungsmanagement zusammengefasst. Er umfasst die beiden Spannungsfelder *Nähe vs. Distanz* und *Team vs. Individuum*.

4.3.2.1 Nähe vs. Distanz

Der stabilisierende Pol dieses Spannungsfeldes ist *Nähe*. Eine „nahe" Führungskraft bemüht sich um persönlichen Kontakt zu den Mitarbeitern, geht respektvoll und verbindlich mit ihnen um, lobt viel und sieht sich eher als Teamplayer. Übersteigerte *Nähe* führt jedoch zum Verlust der Autorität, Anweisungen und Kritik verlieren an Bedeutung und Bindung. Die *Distanz* als dynamisierender Pol umfasst die offene und klare Formulierung der Erwartungen und Kritik an den Mitarbeitern. Sie stellt ein veränderndes Moment dar und kann Mitarbeiter mobilisieren. Führungskräfte, die jedoch zu distanziert führen, laufen Gefahr, dass sie von den Mitarbeitern als unnahbar erlebt werden. Probleme, deren Lösung eine vertrauensvolle Beziehung voraussetzt, bleiben dann unbearbeitet.

4.3.2.2 Team vs. Individuum

Im Spannungsfeld *Team vs. Individuum* beschreibt die stabilisierende Komponente *Team* eine Führungskraft, die sich durch Gerechtigkeit, gleichmäßige Informationsverteilung, Anerkennung und gleiche Förderung auf das Team als Ganzes konzentriert und somit auf ein stabiles, funktionierendes Team hinwirkt. Eine zu intensive Konzentration auf das Team, kann die individuellen Bedürfnisse aber schnell übersehen und führt auf Dauer zu Motivationsproblemen, insbesondere bei Spitzenleistern, weil deren besondere Leistungen nicht honoriert werden. Dynamisierend wirkt in diesem Spannungsfeld der Pol *Individuum*. Demnach werden Einzelne nach ihren Möglichkeiten gefördert, Informationen individuell zugeteilt und auch die Leistung Einzelner separat anerkannt und gelobt. Die Überzeichnung kann zu Unzufriedenheit einzelner, sich benachteiligt fühlender Mitarbeiter und unverhältnismäßiger Konkurrenz führen. Aufgaben, die eine Zusammenarbeit erfordern, können nur schwer bewältigt werden.

4.3.3 Veränderungsmanagement

Der Bereich Veränderungsmanagement beschreibt, wie die Führungskraft organisationale Veränderungsprozesse gestaltet. Der Bereich setzt sich aus den Spannungsfeldern „*Reflexion vs. Umsetzung*" und „*Optimierung vs. Innovation*" zusammen.

4.3.3.1 Reflexion vs. Umsetzung

Ein Spannungsfeld zur Gestaltung von Veränderungsprozessen bilden die beiden Pole *Reflexion vs. Umsetzung*. Eine intensive *Reflexion* der Führungskraft, d. h. gründliche Analyse, Strukturierung, aber auch intensive Folgenabschätzung von anstehenden Veränderungen wirkt stabilisierend. Spontane, destabilisierende Aktionen können vermieden werden. Die Überzeichnung kann dazu führen, dass notwendige Veränderungen zu spät initiiert werden. Der Rolle als reflektierender, stabilisierender Analytiker steht in diesem Spannungsfeld die Rolle des dynamisierenden „Machers" entgegen. Die Orientierung auf die *Umsetzung* führt dazu, dass pragmatische Lösungen entschlossen angegangen werden und Erfahrungen gesammelt werden. Die Überzeichnung birgt die Gefahr, Aktionen zu überstürzen und somit überflüssige Kosten und Probleme zu verursachen.

4.3.3.2 Optimierung vs. Innovation

Optimierung bildet die stabilisierende Seite des Spannungsfeldes *Optimierung vs. Innovation*. Unter *Optimierung* wird dabei die schrittweise Verbesserung von Prozessen oder Produkten verstanden. Vorhandene Potentiale werden im Sinne eines kontinuierlichen Verbesserungsprozesses von einem Problem ausgehend optimal ausgeschöpft. In der Überzeichnung besteht das Risiko, dass durch dieses Vorgehen das Ganze nicht mehr hinterfragt und zu lange auf notwendige und radikale Veränderungen verzichtet wird. *Innovation* als dynamisierender Gegenpol verlangt von der Führungskraft eine intensive Auseinandersetzung mit der Zukunft. Nicht kleine Veränderungen bzw. Verbesserungen stehen im Vordergrund, sondern weit reichende Innovation. Die zu intensive Konzentration auf das Neue verliert jedoch leicht den Blick für die Potenziale vorhandener Prozesse. Vollkommen neuartige Konzepte können sich zu stark von der Realität abheben und sind dann durch die Unmöglichkeit der Realisierung gekennzeichnet.

4.3.4 Mikropolitisches Management

Die Art und Weise der mikropolitischen Positionierung der eigenen Organisationseinheit durch die Führungskraft steht im Zentrum des Bereichs Mikropolitisches Management. Der Bereich umfasst die Spannungsfelder „*Offenheit vs. Positionierung*" und „*Autonomie vs. Integration*".

4.3.4.1 Offenheit vs. Positionierung

Die *Offenheit* der Führungskraft steht als stabilisierender Pol für einen klaren, direkten und offenen Umgang mit Problemen der eigenen Organisationseinheit im Kontakt mit anderen. Dies ermöglicht die Herstellung eines Bezuges seines Handelns zur Realität und eine zeitnahe Klärung von Problemen. Die Gefahr von zu viel *Offenheit* besteht in einer zu gutgläubigen Offenlegung von Problemen, deren Kenntnis von anderen auch gegen die Führungskraft oder die Einheit verwendet werden kann. Im Rahmen der dynamisierenden Seite dieses Spannungsfeldes, der *Positionierung*, übt die Führungskraft Einfluss aus, indem sie durch eine positive Darstellung der eigenen Organisationseinheit, im Sinne einer organisationsinternen Vermarktung, den Wettbewerb zwischen Einheiten intensiviert. Die Überzeichnung auf der Seite der *Positionierung* kann sich auf Dauer negativ auf die Glaubwürdigkeit und Anerkennung der Führungskraft auswirken. Aussagen werden dann grundsätzlich relativiert und positive Berichte verfehlen ihre Wirkung.

4.3.4.2 Autonomie vs. Integration

Das zweite Spannungsfeld des Bereichs Mikropolitisches Management ist *Autonomie vs. Integration*. *Autonomie* als stabilisierende Seite meint die Identifikation der Führungskraft mit dem eigenen Bereich und die Konzentration auf dessen Erfolg. Überzeichnet hat dieses Handeln ein isolierendes „Inseldenken" zur Folge, und es besteht die Gefahr, die Gesamtorganisation aus den Augen zu verlieren. Die *Integration* auf der dynamisierenden Seite beschreibt den Beitrag der Führungskraft und ihrer Einheit zur Gesamtorganisation. Lösungen werden mit anderen Bereichen abgestimmt, das Ganze wird berücksichtigt, und die Identifikation findet in erster Linie mit dem Unternehmen und nicht mit der eigenen Einheit statt. Übertriebene Integrationsversuche können schnell zu sinkender Effizienz führen, bis hin zur Stagnation im eigenen Bereich.

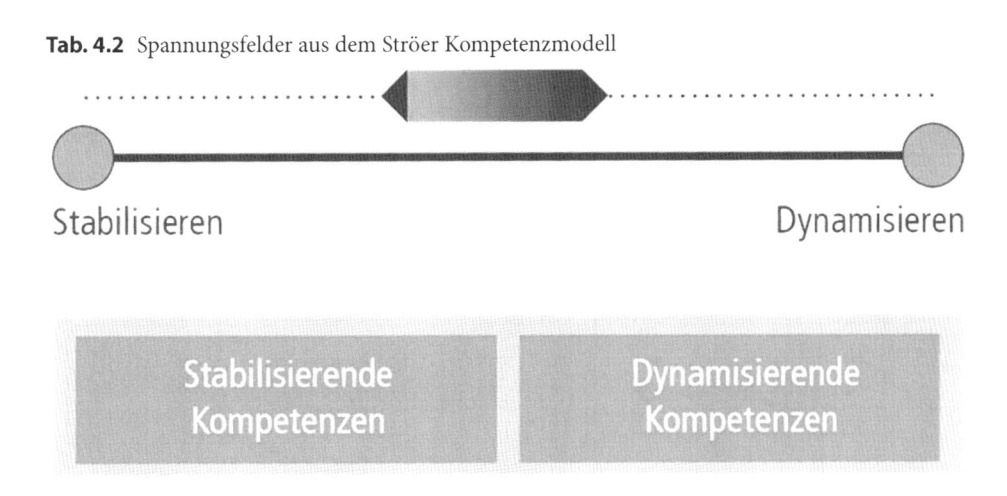

Tab. 4.2 Spannungsfelder aus dem Ströer Kompetenzmodell

Stabilisieren — Dynamisieren

Stabilisierende Kompetenzen — Dynamisierende Kompetenzen

4.4 Relevanz für die Praxis

Das vorliegende Unternehmensbeispiel der Ströer Out-of-Home Media AG soll aufzeigen, welche Rolle das Balance-Modell bei der Entwicklung von Kompetenzmodellen in Unternehmen spielen kann. Die Ströer Out-of-Home Media AG ist Spezialist für alle Werbeformen, die außer Haus zum Einsatz kommen – vom Plakat über Werbung auf Wartehallen und öffentlichen Verkehrsmitteln bis hin zu elektronischen Medien in Deutschland, der Türkei und Polen. In Deutschland ist der Konzern mit rund 230.000 Werbeflächen Marktführer für Außenwerbung, europaweit ist er die Nummer drei. In Deutschland ist er zudem mit rund 20.000 installierten so genannten Stadtmöbeln (öffentliche Toiletten, Info-Säulen, Straßenbahn-Wartehäusern etc.) und entsprechenden Verträgen mit über 145 Kommunen größter Anbieter von Stadtmöblierung. Das Unternehmen wurde für das Design seiner Produkte vielfach ausgezeichnet. Seinen Kunden bietet das Unternehmen umfassende Netzwerke für landesweite Werbekampagnen. Die Ströer Gruppe beschäftigt zirka 1.700 Mitarbeiter an mehr als 60 Standorten.

Um dem starken Wachstum und den damit einhergehenden Veränderungsprojekten gerecht zu werden, galt es, die Personalentwicklungsaktivitäten zu systematisieren. Man entschied sich für ein unternehmensweites Kompetenzmodell als Basis für die Personalentwicklung. Im Entwicklungsprozess des Modells ließen sich die Verantwortlichen von einem zentralen Gedanken leiten: der Idee vom Balance-Modell der Führung. Dieser Idee folgend basiert das Ströer-Kompetenzmodell auf der Grundannahme, dass betriebliche Ziele oft gegensätzlich sind und sich gelegentlich gegenseitig ausschließen (vgl. Grote und Kauffeld 2007; vgl. Casper und Grote 2008). Diese Annahme ließ sich in den Interviews bestätigen, die mit Führungskräften und Mitarbeitern zur Erstellung des Kompetenzmodells geführt worden waren. Konsequenterweise wurde diese Grundannahme in die Struktur des Modells überführt, indem die ermittelten Verhaltensanker den offensichtlich widerstrebenden Eckpunkten Stabilität und Dynamik zugeordnet wurden (Tab. 4.2).

Diesem Spannungsfeld sind sowohl Führungskräfte als auch Mitarbeiter im operativen Alltag ausgesetzt. Denn auf der einen Seite muss die Organisation die durch das schnelle Wachstum entstandenen Stabilisierungsanforderungen erfüllen, indem sie in den Fachbereichen Strukturen, Prozesse und Kompetenzen optimiert und auf der anderen Seite muss sich die gesamte Organisation intern wie extern auf die Zukunft ausrichten, indem sie diese dynamisch mitgestaltet.

Für jedes Organisationsmitglied bedeutet dies, die beiden Grundimpulse Stabilisieren und Dynamisieren in einer Balance zu halten. Dies gelingt, wenn zunächst einmal die Führungskräfte entsprechende Kompetenzen für diese Impulse ausbilden. Das folgende Beispiel in Tab. 4.3 zeigt, welche Kompetenzen für den stabilisierenden Aspekt „Mitarbeiter mitnehmen" und für den dynamisieren Aspekt: „Tempo" gewünscht sind.

Balancieren ist ein durchgehender Akt des Austarierens. Oft sind erst durch extreme, einseitige Ausprägungen über einen längeren Zeitraum negative Auswirkungen für die Organisation im Nachhinein spürbar und die notwendigen Aufwendungen, eine gesunde Balance wieder her zustellen, sind hoch. Im (Führungs-) Alltag kommt es daher auf ein entsprechendes Bewusstsein für die gegenwärtige Balancesituation und einen situationsgerechten Einsatz einer ausgleichenden Kompetenz an. Dieses Bewusstsein ist ausgebildet worden und die notwendigen Kompetenzen werden kontinuierlich entwickelt. Konkret hat das Balance-Modell in verschiedenen Personalentwicklungsinstrumenten Eingang gefunden. Unter anderem in der Führungskräfteausbildung, in der Führungskräftebeurteilung (270°-Feedback) bis hin zum internen wie externen Personalrecruiting.

Extreme zu vermeiden und das eigene Handeln und die Handlungsergebnisse im Arbeitsalltag immer wieder in die Balance zu bringen, stellt an alle Organisationsmitglieder nach wie vor hohe Anforderungen, auch wenn das Bewusstsein und entsprechende Kompetenzen vorhanden sind. Dem Balanceverständnis inhärent ist, dass eine einmal erreichte Balance aktiv aufrecht erhalten werden muss, da Ungleichgewichtstendenzen auf Grund der tagtäglichen Ereignisse innerhalb und außerhalb der Organisation jederzeit gegeben sind. So befinden sich alle Organisationsmitglieder in einem kontinuierlichen Prozess des Balancierens, der sich mal besser und mal schlechter gestalten lässt. Die Führungskräfte haben hierbei eine besondere, ausgleichende Vorbildrolle, die Anforderungen der Geschäftsführung, des Fachbereichs und des internen/externen Marktes in ein Gleichgewicht zu bringen. Darauf zielt letztendlich das Ströer-Kompetenzmodell ab.

4.5 Ausblick: Was bedeutet das für die Zukunft der Führung?

Die Zukunft einer hier vertretenen nachhaltigen Führung zeichnet sich in ihrer Entwicklung durch eine Abkehr von der einseitigen Betonung einzelner, häufig einer Mode folgenden Aspekte aus. Ein solches Führungsverständnis wird in Zukunft den vielseitigen Anforderungen an Führungsrollen und -funktionen nicht gerecht werden und einen langfristigen Erfolg im Wettbewerb am Markt und um Mitarbeiter nicht sichern können. Betrachtet man die heutigen, vielfältigen Erwartungen und Anforderungen an Unternehmen

4 Zwischen Stabilität und Dynamik: Perspektiven des Balance-Modells der Führung   71

Tab. 4.3 Auszug aus dem Ströer Kompetenzmodell

11. Mitarbeiter mitnehmen

(zu) geringe Ausprägung	gewünschte Ausprägung	(zu) hohe Ausprägung
Versäumt, MA über Hintergründe, Trends auf Unternehmensebene zu informieren	Findet die richtige Ansprache bei MA; versteht, dass er MA „mitnehmen" muss, wenn diese mitdenken und Verantwortung übernehmen sollen; weiß, was er ansprechen muss; weiß, wie er MA ansprechen muss, damit er die richtige Aufmerksamkeit erfährt; weiß, wann der richtige Zeitpunkt für Themen ist („Timing")	Übersieht oder übertreibt in der Kommunikation

Maßnahmen

Was kann ich als Mitarbeiter selbst angehen?	Was kann ich mit meinem Vorgesetzten angehen?	Was kann ich mit der Personalentwicklung angehen?
A	VG-FK Austausch über notwendige Information für den Bereich ILA Erfahrungsaustausch mit Kollegen zu Kommunikation	GMP „Changemanagement" SE Seminar: „Kommunikation", SE „Rhetorik" CO Externes Coaching zum Umgang mit Veränderungen FA „Herausfordernde Führungssituationen managen"

12. Tempo

(zu) geringe Ausprägung	gewünschte Ausprägung	(zu) hohe Ausprägung
Bemüht sich um „zu vollständige" Berücksichtigung der Realität	Hat Freude am Umgang mit Veränderung und Komplexität; weiß, durch was komplexe Situationen gekennzeichnet sind und kann solche erkennen (ggf. „kompliziert" zusätzlich dynamisch, intransparent, nicht-lineare Verknüpfungen etc.) Sieht resultierende Chancen für die persönliche Entwicklung, die sich durch Veränderung und die Bewältigung von Komplexität ergeben	Vereinfacht in komplexen Situationen zu sehr

Maßnahmen

Was kann ich als Mitarbeiter selbst angehen?	Was kann ich mit meinem Vorgesetzten angehen?	Was kann ich mit der Personalentwicklung angehen?
SEL Selbststudium „Komplexität"	ILA Erfahrungsaustausch mit Kollegen zum Umgang mit Komplexität und persönlichen Motiven, sich dem zu stellen	GMP „Changemanagement"

und ihre Mitglieder, lässt sich ein hohes Maß an Widersprüchlichkeit und Ambivalenz ausmachen, die ein ganzheitliches Führungsverständnis und adäquate Verhaltensmodelle erfordert. Eine zu schnelle und vor allem abschließende Bewertung komplexer Phänomene endet dabei schnell im Mangel – eine elementar negative oder positive Qualität kann diesen meist nicht zugeschrieben werden. So beschreiben Döring-Seipel und Lantermann in ihrem Beitrag sehr deutlich den ambivalenten Charakter von Komplexität und die widersprüchlichen, eben nicht einseitig auf Reduktion ausgelegten Verhaltensweisen der Führungskraft im erfolgreichen Umgang mit dem Phänomen der Ambivalenz. Ein Verständnis der Führungskräfte für die Balance und die Ausgewogenheit des Managementverhaltens sind für die Bewältigung dieser Anforderungen notwendig.

Zukünftige Führung im Kontext von Innovation, Veränderung, Komplexität ist und wird zunehmend geprägt sein von Spannungssituationen mit antagonistischen Ansprüchen, zwischen denen es zu vermitteln gilt. Bestehende Vorstellungen und Paradigmen der Führung bergen, werden sie nicht hinterfragt, ein hohes Risiko des Scheiterns. Klocke und Mojzisch zeigen in diesem Band anhand des gegenwärtigen Verständnisses von Folgebereitschaft als Elementarkriterium guter Führung sehr eindringlich, mit welchen Defiziten solche einseitigen, traditionellen Modelle behaftet sein können. Die Forderung der Autoren nach Integration von Konsens *und* Dissens in die Arbeits- und Führungspraxis verdeutlicht den Charakter antagonistischer Anforderungen in Spannungsfeldern und die Gefahr der einseitigen Überzeichnung eines Aspektes.

Das Modell der Führung durch Balance folgt keinem starren Prinzip. In spezifischen Arbeitssituationen gilt es, die konkreten Spannungsfelder herauszuarbeiten und nach ihrer Bedeutung zu akzentuieren. Wie eine solche Übertragung des Balance-Prinzips auf die konkreten Anforderungen in spezifischen Hochleistungsteams realisiert werden kann, lässt sich dem Beitrag der Autorinnen Abfalter et al. (2012) entnehmen, die die Bedeutung eines balancierenden Ausgleiches anhand des Spannungsverhältnisses von Autonomie bzw. Vertrauen und Kontrolle in zwei Teams eines Kreativbereiches darlegen. Dem Balance-Modell der Führung liegt ein von gängigen Modellen abweichendes Führungsverständnis zu Grunde. Es dient der Diagnose, Entwicklung und Kontrolle des Führungsverhaltens sowie der erfolgreichen Bewältigung zunehmend differenzierter und widersprüchlicher Anforderungen.

Autorbeschreibung

Dr. Sven Grote, geb. 1967, Studium der Psychologie in Marburg, Tätigkeit als Organisationsentwickler in einem Automobilunternehmen. Über zweijährige Tätigkeit in einer Unternehmensberatung mit dem Schwerpunkt Personal. Ab 1997 wissenschaftlicher Mitarbeiter am Institut für Arbeitswissenschaft der Universität Kassel. Arbeits- und Forschungsschwerpunkte: Kompetenzmessung, -entwicklung, -management, Personal- und Organisationsentwicklung, Führung, Training und Transfer, Gruppenarbeit, Teams, betriebliche Veränderungsprozesse, Prozessbegleitung. 2001–2006 am Institut für Arbeitswissenschaft (zu 50 %). 2007–2012 Professur für Personal- und Organisationsentwicklung an der Fachhochschule für angewandtes Management, Erding. Inhaber der Unternehmensberatung Kompetenzmanagement.

Victor W. Hering geb. 1961, Studium der Kulturwissenschaft, Literaturwissenschaft in Leipzig, Erwachsenenenbildung, Neues Forum Leipzig. Trainee, dann Stationen im Personalbereich von Unilever Deutschland. 1994–2003 verantwortlich für Organisations-und Personalentwicklung in einer operativen Einheit des Unternehmens. 2005–2007 Forschungsauftrag am artec, Zentrum für Nachhaltigkeit der Universität Bremen. Selbständiger Unternehmensberater mit Schwerpunkt Strategie, vernetztes Lernen, Kompetenzentwicklung, Coaching.

Dr. Volker Casper Leiter der Personal- und Organisationsentwicklung der Ströer Out-of-Home Media AG, einem internationalen Außenwerbeunternehmen. In seiner Funktion verantwortet er das Kompetenz-, Talent- und Weiterbildungsmanagement sowie das Prozess- und Projekt- (Change-) management. Nach einem Studium der Pädagogik und einem weiteren Studium der Sozialen Verhaltenswissenschaften, Soziologie und Philosophie mit anschließender Promotion an der FernUni Hagen im Fachbereich Arbeits- und Organisationspsychologie übernahm er verschiedene Tätigkeiten als Berater und Trainer.

Laurens Lauer, geb geb. 1985, Studium der Sozialwissenschaften und Volkswirtschaft an der Universität Marburg. Derzeit im Masterstudium der Soziologie in Wien. Seit 2007 begleitend wissenschaftlicher Mitarbeiter der Unternehmensberatung Dr. Sven Grote.

Literatur

Atkins, S., & Katcher, A. (1989). *LIFO Handbuch* (3. Aufl., deutsch). München: Human Resources Consulting.

Bollnow, O. F. (1958). *Wesen und Wandel der Tugenden.* Frankfurt a. M.: Ullstein.

Casper, V., & Grote, S. (2008). Kompetenzmanagement bei der Ströer AG. *managerSeminare, 126,* 72–79.

Erpenbeck, J. (1997). Selbstgesteuertes, selbst organisiertes Lernen. In Arbeitsgemeinschaft Qualifikations–Entwicklungs–Management (Hrsg.), *Kompetenzentwicklung '97: Berufliche Weiterbildung in der Transformation – Fakten und Visionen* (S. 309–316). Münster: Waxmann.

Erpenbeck, J., & von Rosenstiel, L. (2003). Einführung. In J. Erpenbeck & L. von Rosenstiel (Hrsg.), *Handbuch Kompetenzmessung – Erkennen, verstehen und bewerten von Kompetenzen in der betrieblichen, pädagogischen und psychologischen Praxis* (1. Aufl., S. IX-XL). Stuttgart: Schäffer-Poeschel.

Erpenbeck, J. (2003). KODE® – Kompetenz-Diagnostik und –Entwicklung. In J. Erpenbeck & L. von Rosenstiel (Hrsg.), *Handbuch Kompetenzmessung – Erkennen, verstehen und bewerten von Kompetenzen in der betrieblichen, pädagogischen und psychologischen Praxis,* (S. 365–375). Stuttgart: Schäffer-Poeschel.

Evans, P., Doz, Y., & Laurent, A. (1990). *Human resource management in international firms. Change, globalization, innovation.* London: Macmillan.

Evans, P., & Doz, Y. (1992). Dualities. A paradigma for human resource and organizational development in complex multinationals. In: V. Pucik, N. M. Tichy, & C. K. Burnett (Hrsg.), *Creating and leading the competitive organization* (S. 85–106), New York: Wiley.

Fontin, M. (1997). *Das Management von Dilemmata: Erschließung neuer strategischer und organisationaler Potentiale.* Wiesbaden: Deutscher Universitäts-Verlag.

Fromm, E. (1954). *Psychoanalyse und Ethik.* Zürich: Diana Verlag.

Gebert, D. (2002). *Führung und Innovation.* Stuttgart: Kohlhammer.

Grote, S., & Kauffeld, S. (2007). Stabilisieren oder dynamisieren: Das Balance-Inventar der Führung. In: J. Erpenbeck & L. v. Rosenstiel (Hrsg.), *Handbuch Kompetenzmessung* (2. überarbeitete und erweiterte Auflage, S. 317–336). Stuttgart: Schäffer Poeschel.

Hampden-Turner, C. (1992). Creating corporate culture. From discord to harmony. Reading.

Helwig, P. (1967). *Charakterologie* (2. Aufl.). Freiburg im Breisgau: Herder.

Klimecki, R., Probst, G., & Eberl, P. (1994). *Entwicklungsorientiertes Management*. Stuttgart: Schäffer Poeschel.

Luhmann, N. (1984). *Soziale Systeme. Grundriß einer allgemeinen Theorie*. Frankfurt a. M.: Suhrkamp.

Neuberger, O. (2002). *Führen und führen lassen*. Stuttgart: Enke.

Pascale, R. T. (1991). *Managen auf Messers Schneide: Spannungen im Betrieb kreativ nutzen*. Freiburg: Haufe.

Poole, S. M., & Van de Ven, A. H. (1988). Using paradox to build management and organizational theories. In: *Academy of Management Review 14*(4), 562–578.

Schulz von Thun, F. (1999). *Miteinander reden 3. Das „innere Team" und situationsgerechte Kommunikation*. Reinbek: Rowohlt.

Willke, H. (1994). *Systemtheorie II: Interventionstheorie*. Stuttgart: Gustav Fischer.

Führung in Projekten – eine prozessorientierte Zukunftsperspektive

Monika Wastian, Isabell Braumandl und Silke Weisweiler

Zusammenfassung

Projektarbeit ist eine der typischen Organisationsformen, um den geänderten Anforderungen in der Arbeitswelt Rechnung zu tragen und die damit verbundenen Herausforderungen zu meistern. Obwohl die Bedeutung von Projektarbeit stetig zunimmt, hat die Führungsforschung bislang keinen Führungsansatz hervorgebracht, welcher den Besonderheiten der Projektarbeit Rechnung trägt. Umgekehrt nehmen psychologische Erkenntnisse zu führungsrelevanten Themen erst nach und nach in die Projektmanagementpraxis Einzug.

Wir skizzieren deshalb in diesem Beitrag einen prozess- und zielorientierten Führungsansatz, der – entsprechend den spezifischen Bedingungen und Herausforderungen in Projekten – nicht nur die Führung von Mitarbeitern beinhaltet, sondern unter anderem auch die Führung weiterer Stakeholder mittels Mikropolitik. Dabei stützen wir uns auf Erkenntnisse aus der psychologischen Forschung sowie auf Vorgehensmodelle des Projektmanagements.

Die systematische Umsetzung dieses Führungsansatzes hat in den Unternehmen und in der Qualifizierung und Zertifizierung von Projektleitern gerade erst begonnen.

M. Wastian (✉)
Institut für Organisationspsychologie,
Postfach 14 03 61, 80453 München, Deutschland
E-Mail: wastian@inforp.com

I. Braumandl
CoBeCe, Im Gewerbepark A 45,
93059 Regensburg, Deutschland
E-Mail: info@cobece.de

S. Weisweiler
LMU Center for Leadership and People Management,
Geschwister-Scholl-Platz 1,
80539 München, Deutschland
E-Mail: weisweiler@psy.lmu.de

Mit der wachsenden Bedeutung von Projekten steigt die Notwendigkeit, Erkenntnisse aus dem Projektmanagement und psychologische Themen zu integrieren und diskursiv weiter zu entwickeln.

5.1 Einleitung

Der rasante technologische und ökonomische Wandel in den letzten Jahren, die Globalisierung und der wachsende Wettbewerbsdruck erfordern von Organisationen ein hohes Maß an Flexibilität. Unternehmen stehen unter einem hohen Innovationsdruck, müssen in immer kürzer werdenden Zyklen neue Produkte auf den Markt bringen oder ihre Strukturen und Abläufe flexibel an die veränderlichen Anforderungen und Bedingungen anpassen.

Die Bedeutung der Projektarbeit nimmt vor diesem Hintergrund seit einigen Jahren stetig zu und klassischen Management- und Lenkungsformen wird bereits das „Aus" vorhergesagt (Raelin 2011). Vielmehr erfordere die Postindustrialisierung Unternehmensstrukturen und -ordnungen, in welchen Macht und Verantwortung zu den gerade anstehenden Aufgaben und Akteuren flössen. An die Stelle der Führung durch Einzelne trete eine gemeinsame Führung und Steuerung und das dominante Vehikel der unbürokratischen, flexiblen Organisationsformen sei das Projekt, welches als selbst gesteuerte Einheit den Bedarf nach strategischer Lenkung von oben reduziere (ebenda, S. 145).

Die Führung der Zukunft wird deshalb zunehmend eine Führung von und in Projekten sein. Herkömmliche Führungsansätze lassen sich dabei nicht eins zu eins auf den Projektkontext übertragen, denn Projekte weisen eine Reihe spezifischer Merkmale und Herausforderungen auf, in welchen sie sich von anderen Arbeitsformen unterscheiden. Typische Kennzeichen von Projekten (von Rosenstiel et al. 2012, S. 11) sind unter anderem

- Neuartigkeit und Einzigartigkeit,
- Komplexität,
- Interdisziplinarität,
- klare Zielsetzung (inhaltlich, zeitlich, in Bezug auf die Kosten),
- klar definierter Anfang und klar definiertes Ende,
- begrenzte Ressourcen (Zeit, Geld, Personal).

Auf diese Besonderheiten und die daraus entstehenden Anforderungen an die Führung in Projekten gehen wir in diesem Beitrag ein.

5.2 Hintergrund des Führungsansatzes

Vorweg gesagt: Eine psychologische Führungstheorie des Projektmanagements gibt es noch nicht. Wir werden deshalb im Abschn. 5.3 führungsrelevante Konzepte aus der Psychologie und dem Projektmanagement integrieren, um die Grundlagen für einen

Führungsansatz in Projekten zu schaffen. Den Ausgangspunkt hierfür bilden die Definition von Projekten sowie die Projektmanagement-Definition nach DIN 69901-5. Demnach stellt ein Projekt ein Vorhaben dar, „das im Wesentlichen durch die Einmaligkeit der Bedingungen in ihrer Gesamtheit gekennzeichnet ist, wie z. B. Zielvorgabe, zeitliche, finanzielle, personelle und andere Begrenzungen, Abgrenzungen gegenüber anderen Vorhaben, projektspezifische Organisation" und das die Zusammenarbeit vieler Personen in Arbeitsteams, Unternehmen bzw. Institutionen und Netzwerken erfordert (Schelle et al. 2008). Dabei umfasst das Projektmanagement „gemäß DIN 69901-5 die Gesamtheit von Führungsaufgaben, -organisation, -techniken und -mitteln für die Initialisierung, Definition, Planung, Steuerung und den Abschluss von Projekten." (Gessler 2009, S. 31).

Diese Definitionen lassen erkennen, dass die Führungsrolle in Projekten in erster Linie die eines Managers ist, bei welcher die Führung von Mitarbeitern nur eine von vielen Aufgaben aus einem Bündel vielfältigster Managementaktivitäten ist. Zielen und Prozessen kommt dabei eine besondere Bedeutung zu, wie wir nachfolgend erläutern.

5.2.1 Führen mit Zielen und Prozessen

5.2.1.1 Zielorientierung

Ziele sind in Projekten von herausragender Bedeutung. Ohne ein Ziel, das erstrebenswert und realistisch erscheint – beispielsweise die Entwicklung eines neuen Produktes, von welchem sich das Unternehmen Marktchancen verspricht –, gäbe es überhaupt kein Projekt. Durch Vorgaben und Begrenzungen gewinnen Ziele in der Projektarbeit zudem eine Tragweite, die kaum mit der Bedeutung von Zielen in der Linienarbeit vergleichbar ist. Sie werden im Projektmanagement vor allem durch das so genannte „magische Dreieck" beschrieben, wie in Abb. 5.1 dargestellt. Es beinhaltet

- **zeitliche** Ziele: Vorgegebene Zeitpunkte und Termine, z. B. bis wann das Projekt abzuschließen und die zu erstellende Leistung zu liefern ist;
- **Ergebnis- oder Leistungsziele**: Qualitative oder quantitative Vorgaben für das zu liefernde Ergebnis, z. B. den Funktionsumfang einer Software;
- **Kosten- und Aufwandsziele**: Vorgaben in Bezug auf die eingesetzten Ressourcen wie etwa das Budget für Sachmittel.

Mitunter werden noch weitere Ziele gesteckt, beispielsweise soziale Ziele oder Vorgehensziele. Der Projektleiter trägt die Verantwortung dafür, dass er – gemeinsam mit seinem Team – die Projektziele erreicht.

Es liegt auf der Hand, dass diese Ziele je nach Projekt mehr oder minder stark miteinander konkurrieren; beispielsweise sind manche funktionale oder terminliche Vorgaben kaum ohne Budgetüberschreitungen zu realisieren. Gleichwohl bemessen sich der Projekterfolg und damit letztlich auch der Führungserfolg im Projekt daran, wie weit die Ziele des „magischen Dreiecks" erreicht wurden.

Abb. 5.1
Das „magische Dreieck"
im Projektmanagement

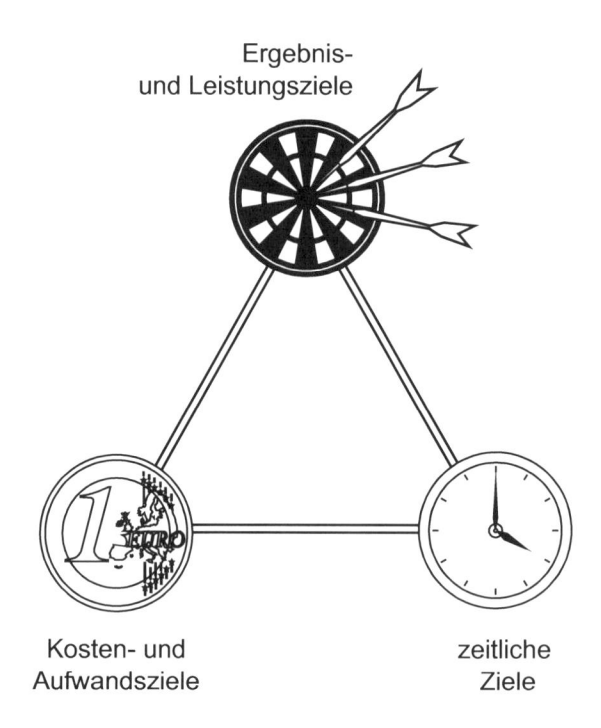

Ergebnis- und Leistungsziele

Kosten- und Aufwandsziele

zeitliche Ziele

5.2.1.2 Prozessorientierung

Entsprechend der Bedeutung von Zielen ist das Planen und Handeln nach mehr oder minder elaborierten Vorgehensmodellen ebenfalls kennzeichnend für die Projektarbeit. Solche Modelle beschreiben die Phasen und Prozesse des Projektlebenszyklus, des Projektmanagements oder von Abläufen an der Schnittstelle zum Projekt. Für die Führung *in* Projekten sind vor allem Vorgehensmodelle für das Projektmanagement relevant, an denen sich die gesamte Projektarbeit orientiert. Sie bilden für die Projektbeteiligten den Rahmen und die Richtschnur, um inhaltliche und zeitliche Etappen in der komplexen, von Unsicherheit geprägten Projektlandschaft abzustecken und somit die Projektziele zu erreichen.

Ein Beispiel ist das Modell nach DIN 69901-5, das die Phasen „Initialisierung", „Definition", „Planung", „Steuerung" und „Abschluss" sowie die Prozesse in diesen Phasen beschreibt (s. zu Details die Tab. 5.1 weiter unten im Abschn. 5.3). Um den unternehmens- und projektspezifischen Anforderungen gerecht zu werden, entwickeln Unternehmen auch eigene Prozesse oder passen bestehende Vorgehensmodelle an ihre Bedürfnisse an. Selbst bei hoch volatilen Projektzielen und -umgebungen, wie etwa in der Software-Entwicklung, wird die Prozessorientierung nicht aufgegeben, wenngleich jüngere Ansätze wie die Prozesse beim so genannten agilen Projektmanagement (Schelle et al. 2008) dabei eher „auf Sicht" planen und die einzelnen Etappen schrittweise zwischen Projektbeteiligten und Kunden abgestimmt werden.

5.2.2 Das Managen und Koordinieren von Abläufen und Ressourcen

Im Projektmanagement mit seinen ingenieurs- und wirtschaftswissenschaftlichen Wurzeln stellt das Managen und Koordinieren von Abläufen und Ressourcen den Kern der Führung in Projekten dar. Vorgänge und Termine sind zu planen und umzusetzen, Personal und Finanzmittel zu koordinieren, der Informations- und Kommunikationsfluss zu steuern, der Projektfortschritt zu kontrollieren und vieles mehr. Entsprechend sind es vor allem diese Aufgaben, die in den Prozessen der verschiedenen Vorgehensmodelle spezifiziert werden, wie Tab. 5.1 weiter unten am Beispiel der DIN 69901-5 zeigt.

Traditionell bilden solche Prozesse bei Projektmanagement-Ausbildungen sowie in der Projektmanagement-Literatur die Schwerpunktthemen der Führung. Allerdings wird in den letzten Jahren zunehmend auch auf den „Faktor Mensch" eingegangen (s. z. B. Gessler 2009; Schelle et al. 2008). Die Führung der Mitarbeiter im Projektteam und das Stakeholder-Management finden dabei besondere Beachtung.

5.2.3 Die Führung von Menschen: Projektmitarbeiter und andere Stakeholder in Projekten

Die Projektarbeit erfolgt oft hochgradig vernetzt und stellt hohe Anforderungen an die Anpassungsleistungen der Projektbeteiligten. Nicht nur das Projektteam, sondern auch andere Stakeholder – z. B. Auftraggeber, Management, Fachabteilungen und Stabsstellen, Lieferanten und sonstige Kooperationspartner – beteiligen sich am Projekt oder beeinflussen mit ihren Vorgaben und Erwartungen die Ziele und den Verlauf von Projekten. Die Führung in Projekten begrenzt sich deshalb nicht nur auf die Führung der Projektmitarbeiter, sondern beinhaltet auch Interaktionen mit anderen Stakeholdern des Projekts sowie das Selbstmanagement des Projektleiters.

5.2.3.1 Projektteams und deren Führung

Projektteams unterscheiden sich in mehrerer Hinsicht von „normalen" Arbeitsteams: Sie müssen komplizierte, oft neuartige Probleme innerhalb einer beschränkten Zeitspanne und mit einem begrenzten Budget lösen. In vielen Fällen arbeiten die Gruppenmitglieder das erste Mal zusammen und sind noch nicht aufeinander eingespielt. Zeitnot und Aufgabenschwierigkeit, unklare Rollenerwartungen sowie die Notwendigkeit, Beziehungen erst noch aufzubauen, schaffen damit Herausforderungen, die in regelmäßig zusammenarbeitenden Teams nicht vorgefunden werden. Überdies sind Projektmitglieder oft je nach Expertise nur punktuell am Projekt beteiligt oder sie sind zusätzlich noch in andere Aufgaben – sei es in der Linie oder in anderen Projekten – eingebunden.

Entsprechend ist die Führung eines Projektteams anspruchsvoller als die Führung dauerhafter Teams, zumal Projektleiter zwar die Projektverantwortung haben, jedoch meist nicht mit disziplinarischen Befugnissen ausgestattet sind. Um ihre Projektziele zu erreichen, muss es ihnen also in besonderem Maße gelingen, die Teammitarbeiter zu motivieren und sicherzustellen, dass diesen auch die zeitlichen Kapazitäten eingeräumt werden, um sich im erforderlichen Maße für das Projekt zu engagieren. Sie müssen wissen, wie mit Ängsten und Widerständen in Risiko-, Konflikt- und Entscheidungssituationen umzugehen ist, um das Commitment der Mitarbeiter zu erhalten.

Überdies gestattet die Projektarbeit kein langsames Hineinwachsen in die Führungsrolle. Die zeitliche Begrenztheit in Projekten verdammt zum schnellen Führungserfolg. Knappe Ressourcen und der Kostendruck in vielen Projekten machen die Führungsaufgabe nicht leichter. Diese ohnehin schon hohen Anforderungen an die Projektleitung werden künftig noch steigen, da mit der Globalisierung die räumlich verteilte, virtuelle und interkulturelle Projektarbeit an Bedeutung gewinnen wird.

5.2.3.2 Weitere Stakeholder im Kontext von Projekten

Projekte stellen keine isolierten „Inseln" dar, sondern sind vielmehr komplexe Netzwerke mit vielfältigen Stakeholder-Beziehungen, in denen jeder seine Ziele erreichen und seinen Vorteil sichern will – mitunter im Verborgenen taktierend und sein „eigenes Süppchen kochend". Stakeholder sind Menschen oder Gruppen, die am Projekt beteiligt, interessiert oder von dessen Ablauf und Auswirkungen betroffen sind. Hierzu gehören neben dem Projektleiter und seinem Team etwa Kunden, das Management, beteiligte Fachabteilungen und Stabsstellen, Lieferanten, Subunternehmer, Wettbewerber, Interessensverbände – um nur einige zu nennen.

Die Auftraggeber von Projekten fordern gewöhnlich die bestmögliche Erfüllung der von ihnen vorgegebenen Projektziele. Kooperations- und Interaktionspartner (z. B. zuarbeitende Fachabteilungen, Lieferanten und Subunternehmer) verfolgen oft widersprüchliche Ziele. Beispielsweise mögen Designer die Ästhetik eines zu entwickelnden Geräts in den Vordergrund stellen, während Entwicklungsingenieure diese vielleicht der technischen Machbarkeit und Funktionalität opfern wollen; das Management und das Controlling hätten es dagegen gerne schneller und billiger.

Der Projektleiter kann mit seinem Team also nicht nach Gutdünken schalten und walten, sondern ist auf eine gute Zusammenarbeit und Kommunikation mit den Stakeholdern angewiesen – dies umso mehr, je geringer seine eigene Positionsmacht und je größer der Einfluss der Stakeholder ist. Wie schon bei der Mitarbeiterführung bleibt ihm dabei wenig Spielraum für Versäumnisse und Fehler. Es muss ihm gelingen, schnell die richtigen Leute „ins Boot zu holen", um die Projektziele zu erreichen.

5.2.4 Projektleiter und ihr Selbstmanagement

Darüber hinaus müssen Projektleiter imstande sein, sich selbst zu führen – insbesondere im Hinblick auf ihr Zeitmanagement, ihren Umgang mit Belastungen und Stress sowie ihre Laufbahnplanung. Denn Projekte sind Ausnahmezustände: Neues wird geschaffen, wodurch auch bewährtes Wissen in Frage gestellt und die eigenen Fähigkeiten herausgefordert werden; im Projektverlauf entstehen immer wieder erhebliche Arbeitsspitzen, was Stress auslösen und sich nachteilig auf das Privatleben auswirken kann; der Erfolg in der Projektleitung kann über den Einstieg in die Führungslaufbahn entscheiden. Ein ganzheitliches Selbstmanagement ist deshalb für Projektleiter ebenso wichtig wie das fachlich-inhaltliche oder methodische Managen von Projekten (Kuhrts et al. 2012).

Zusammenfassend lässt sich festhalten, dass die Führung in Projekten aufgrund der Besonderheiten in der Projektarbeit nicht nur auf die Führung von Mitarbeitern beschränkt ist, sondern eine dreifache Management-Herausforderung darstellt: Das Managen und Koordinieren von Abläufen und Ressourcen, die Führung von Projektmitarbeitern und anderen Stakeholdern sowie das Selbstmanagement des Projektleiters.

5.3 Beschreibung des Führungsansatzes

5.3.1 Führung in Projekten – ein prozessorientierter Ansatz

Aus den spezifischen Merkmalen der Projektarbeit und aus den daraus erwachsenden Anforderungen und Belastungen lässt sich folgern, dass ein Führungsansatz, der sich auf die Mitarbeiterführung beschränkt, in der Projektarbeit zu kurz greifen würde. Um der Komplexität der Projektarbeit gerecht zu werden, integrieren wir deshalb verschiedene Konzepte aus der Psychologie und dem Projektmanagement zu einem prozessorientierten Führungsansatz in Projekten. Darunter verstehen wir einen situationsspezifisch flexiblen Führungsansatz,

- der den jeweiligen Anforderungen in den unterschiedlichen Projektphasen und -prozessen Rechnung trägt,
- der zielorientiert ist,
- der somit an Vorgehensmodelle bzw. Prozesse des Projektmanagements anschlussfähig ist und
- der alle wesentlichen Führungs- und Steuerungsaufgaben von Projektleitern umfasst, nämlich das Managen und Koordinieren von Abläufen und Ressourcen, die Führung von Mitarbeitern, Mikropolitik zur „Führung" von Stakeholdern sowie das Selbstmanagement des Projektleiters.

Abbildung 5.2 skizziert diese Zusammenhänge auf der Grundlage des Vorgehensmodells nach DIN 69901-5 mit den Phasen „Initialisierung", „Definition", „Planung", „Steuerung" und „Abschluss" (Überblick: Gessler 2009). Demnach liefern die Prozessorientierung sowie Ziele die Stellschrauben für die Integration der verschiedenen Führungs- und Management-Aufgaben in einen Führungsansatz für Projekte, denn sie sind der Dreh- und Angelpunkt im Projektmanagement.

Vorgehensmodelle geben die Aktivitäten, die Leitlinien und das Timing vor, nach denen Projekte bearbeitet und (Teil-)Ziele erreicht werden müssen. Sie beschreiben jedoch üblicherweise nur die „klassischen" Projektmanagementaufgaben, nämlich das Managen

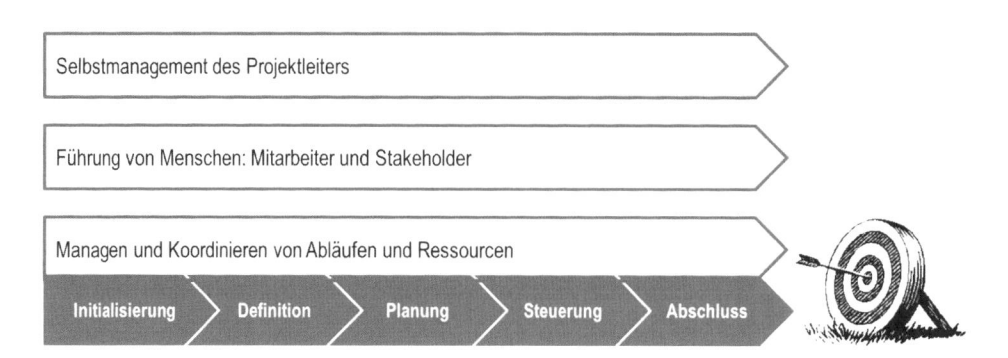

Abb. 5.2 Prozessorientierte Führung in Projekten

und Koordinieren von Abläufen und Ressourcen. Nach unserem prozessorientierten Führungsverständnis können Vorgehensmodelle jedoch auch verwendet werden, um die Führung von Menschen und das Selbstmanagement den jeweiligen Anforderungen entsprechend zu planen und zu takten.

In Anlehnung an die DIN 69901-5 zeigt Tab. 5.1, welche Prozesse im Fokus der einzelnen Projektmanagement-Phasen stehen und welche Führungsanforderungen sich somit in diesen Phasen stellen. Daraus ergeben sich sowohl Ansatzpunkte für das Managen und Koordinieren von Abläufen und Ressourcen als auch für die prozessorientierte Führung von Mitarbeitern und sonstigen Stakeholdern sowie für das Selbstmanagement. Die Anforderungen und Prozesse variieren, so dass es Unterschiede im Hinblick auf erfolgversprechende Strategien und Kompetenzen geben kann (z. B. Kompetenzen im Hinblick auf die Mitarbeiterführung: Müller und Turner 2010). Die Kompetenzanforderungen und Prozesse müssen deshalb unternehmens- und projektartspezifisch hinterfragt und ausgestaltet werden.

Um den Rahmen des Beitrags nicht zu sprengen, widmen wir uns im Weiteren nur der Führung von Menschen und verweisen auf andere Quellen, was das Selbstmanagement des Projektleiters anbelangt (z. B. auf Kuhrts et al. 2012). Das Managen und Koordinieren von Abläufen und Ressourcen wird umfassend in der Projektmanagement-Literatur behandelt (s. z. B. Gessler 2009; Schelle et al. 2008).

5.3.2 Theoretischer Hintergrund und Stand der Forschung aus psychologischer Sicht

Wenngleich die Berücksichtigung zeitlicher und prozessbezogener Aspekte indirekt in die Führungsforschung Einzug gehalten hat – mit der Überlegung, dass unterschiedliche Situationen unterschiedliche Führungsstile erfordern –, so gibt es doch bislang keine prozessorientierte Führungstheorie; außerdem sind klassische Führungstheorien auf die Führung von Mitarbeitern beschränkt. Die psychologischen Hintergründe für den von uns

Tab. 5.1 Prozesse und Führungsanforderungen in den Phasen des Projektmanagements. (In Anlehnung und Erweiterung der DIN 69901-5)

Führungsfokus	Initialisierung	Definition	Planung*	Steuerung*	Abschluss
Managen und Koordinieren von Abläufen und Ressourcen: Prozesse im Fokus der Phase nach DIN 69901-5	Initiierung und Vorbereitung des Projekts, Ziele skizzieren	Ziele definieren und Machbarkeit bewerten	Pläne erstellen (Projektstrukturplan, Terminplan, Ressourcenplan), Risiken analysieren und Gegenmaßnahmen planen	Steuern (Termine, Änderungen, Ressourcen, Risiken, Zielerreichung)	Projekterfahrungen sichern
(Weitere) Beispiele für Prozesse aus der DIN 69901-5	– Zuständigkeiten klären – Projektmanagement-Prozesse auswählen	– Kernteam bilden – Projektumfeld/Stakeholder analysieren – Projektinhalte abgrenzen – Aufwände grob schätzen – Vertragsinhalte mit Kunden festlegen – Erfolgskriterien definieren	– Vorgänge planen – Arbeitspakete beschreiben – Terminplan erstellen – Umgang mit Änderungen planen – Vertragsinhalte mit Lieferanten festlegen – Projektorganisation planen	– Vorgänge anstoßen – IKBD** steuern – Kosten und Finanzmittel steuern – Projektteam bilden – Verträge mit Kunden und Lieferanten abwickeln – Nachforderungen steuern	– Nachkalkulation erstellen – Verträge beenden – Prozessabschlussbericht erstellen – Projektdokumentation archivieren – Ressourcen rückführen – Projektorganisation auflösen
Führungsfokus Mitarbeiter	An der Ideengenerierung und -bewertung beteiligen	Kernteam bilden, an der Analyse und Bewertung beteiligen	Planung: Wer macht was, wann, wie?	Kick-off, Commitment sichern, Teambildung und Teamentwicklung, Zielfortschritte kontrollieren, Delegieren/beteiligen: Pläne umsetzen	Abschlussbesprechung durchführen, Leistungen würdigen

Tab. 5.1 (Fortsetzung)

Führungsfokus	Initialisierung	Definition	Planung*	Steuerung*	Abschluss
Führungsfokus Stakeholder	Freigabe erteilen lassen, Netzwerkpflege und informelle Informationssuche bei Vertrauten/Verbündeten (Unterstützer, Gegner, Fallstricke?)	Abstimmen der Ziele, Aushandeln, Hidden Agendas beachten, Freigabe erteilen lassen, Netzwerkpflege	Planung: Wer macht was, wann, wie? Abstimmen, Risiken und Gegenmaßnahmen kommunizieren, Aushandeln, Freigabe erteilen lassen	Kick-off, Commitment sichern, Zielfortschritte, Abweichungen, Risiken und Erfolge kommunizieren, Änderungsanfragen, hinterfragen, abstimmen, aushandeln, ggf. nachverhandeln und Krisen eskalieren (d. h. Lösung von „oben" einfordern), Abnahme erteilen lassen, Netzwerkpflege	Abschlussbesprechung durchführen, Leistungen und Erfolge „verkaufen", Netzwerkpflege
Selbstmanagement des Projektleiters	Bedeutung des Projekts für die eigene Entwicklung hinterfragen (persönliche Ziele, Karriere, Lernen), Strategien für Work-Life-Balance und eigene Entwicklung planen, Erfolgsaussichten optimieren (Spielräume und Einfluss sichern)	Eigene Ziele im Auge behalten, soziale Unterstützung und Entlastung sichern durch geeignetes Kernteam, Stressprävention	Planung der Aufgabendelegation mit Blick auf die Work-Life-Balance und die Optimierung der Erfolgsaussichten, Stressprävention	Work-Life-Balance: Delegieren, Zeitmanagement, Stressprävention/-management, soziale Unterstützung nutzen, Risiken und Potenziale für die eigene Entwicklung und Erreichung persönlicher Ziele hinterfragen, Strategien ggf. anpassen	Eigene Leistungen und Erfolge „verkaufen", Selbst-Promotion, Entwicklungsschritte sichern, Erfolge feiern, Reflexion: Bilanz und Konsequenzen ziehen aus Erfolgen, Misserfolgen, Erfahrungen

Anmerkung: Potenzielle Stakeholder und Mitarbeiter sollten informell so früh wie möglich berücksichtigt bzw. ins Boot geholt werden, noch vor dem offiziellen Projektstart. Auch das Selbstmanagement des Projektleiters beginnt deutlich vor dem Projekt und ist eine Daueraufgabe.
*Die Phasen verlaufen nicht linear, sondern iterativ. Insbesondere von der Steuerung und der Planung aus sind wiederholt Feedback-Schleifen in vorgelagerte Phasen erforderlich.
**IKBD = Information, Kommunikation, Berichtswesen, Dokumentation.

skizzierten Führungsansatz liefern uns jedoch die Innovationsforschung, die Zielsetzungstheorie, das theoretische Modell der transaktionalen und transformationalen Führung sowie die Forschung zur Mikropolitik. Dies erläutern wir in den folgenden Abschnitten.

5.3.2.1 Prozessorientierung

Theoretische und empirische Anleihen für die prozessorientierte Führung in Projekten lassen sich aus der Innovationsforschung und daran anknüpfenden Forschungsfeldern ziehen, da sich Projekte durch ihre Einzigartigkeit und meist auch durch die Schaffung von etwas Neuem auszeichnen (Schelle et al. 2008). Relevant sind hier insbesondere Prozessmodelle der Innovation sowie die zeit- und prozessfokussierte Forschung zu Innovationsprojekten. Der Innovationsprozess beginnt zwar deutlich bevor der Startschuss für ein Projekt fällt, doch ähneln die Phasen in Bezug auf die kreativen bzw. innovativen Anforderungen und Inhalte denen des Projektlebenszyklus.

Die Forschung hat gezeigt, dass die Phasen nicht linear verlaufen, sondern dass Innovationsprozesse wiederholt Feedback-Schleifen in bereits durchlaufene Phasen erfordern, und zwar insbesondere deshalb, weil zum oder nach dem Start des eigentlichen Projektes die Anforderungen, Ideen und Entscheidungen immer wieder auf den Prüfstand der Realität kommen und Korrekturen erfordern (Schneider und Wastian 2012). Für die Führung in Projekten ist dies insofern von Belang, als Feedback-Schleifen größtenteils ungewollt entstehen, den Projektverlauf teilweise massiv beeinträchtigen (Verzögerungen, Gefährdung des Projekterfolgs) und oft Aspekte der Führung von Mitarbeitern und Stakeholdern betreffen. Beispielsweise zeigten sich in Innovationsprojekten die folgenden phasenspezifischen Phänomene (Van de Ven et al. 1999):

- *Anfangsphase, einschließlich Rekrutierung des Teams*: Die „hung jury" (dies ist eine Jury, die sich auch nach längerer Klausur nicht auf ein Urteil einigen kann und die durch nicht auflösbare Meinungsverschiedenheiten blockiert ist), der gefügige Team Player sowie die Neigung, Vorschläge und Ideen vertrauensvoll und ohne langes Hinterfragen anzunehmen, sind typische Probleme in dieser Phase, die von Euphorie und Optimismus geprägt ist.
- *Mittlere Phasen*: Die Euphorie und das Vertrauen in die Mitstreiter und in die Führung schwinden mit dem Auftauchen von Problemen und Erfolgsrisiken. Es kommt zu Machtgerangel. Einige Beteiligte verlassen das Projektteam, was die Kontinuität gefährdet und die guten Gelegenheiten zum Lernen aus Versuch und Irrtum verpuffen lässt.
- *Abschlussphase des Innovationsvorhabens oder eines Teilprojekts davon*: Die Beteiligten schreiben Misserfolge externen „unkontrollierbaren Faktoren" bzw. Erfolge sich selbst zu. Die „lessons learned" werden oft nicht ausreichend reflektiert oder für künftige Projekte nicht verwertbar aufbereitet.

Der Projektleiter sieht sich also je nach Phase mit unterschiedlichen Herausforderungen konfrontiert, denen er jeweils adäquat begegnen muss, um etwa die besten Lösungen zu generieren, die Mitarbeiter zu motivieren oder den Lerntransfer zu gewährleisten.

Abb. 5.3 Der Ziel-Leistungs-Zusammenhang mit Wechselwirkungen. (In Anlehnung an Locke und Latham 2002)

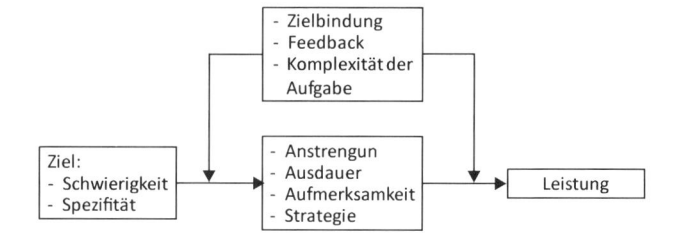

5.3.2.2 Zielorientierung

Im Idealfall stellen die Vorgehensmodelle des Projektmanagements ein besonders elaboriertes Instrument zum Führen mit Zielen dar. Ketzerisch könnte man sagen: Selbst wenn der Projektleiter bei der Führung des Projektteams versagt – gut ausgearbeitete Prozesse sind verbindliche Regelwerke, die jeder Projektbeteiligte kennen und beachten muss. Insofern sind Prozesse ein Führungsinstrument von herausragender Bedeutung. Dies ist ein wichtiger Unterschied zwischen der Führung in der Linie und der Führung in Projekten.

Um allerdings die Ziele und Vorgaben des Projektauftrags umzusetzen, müssen sie in Arbeitsaufträge und damit auch in Verhaltens- und Ergebnisziele für die einzelnen Mitglieder des Projektteams „übersetzt" werden. Deshalb sind die Forschungsergebnisse zur Zielsetzungstheorie für die Führung in Projekten hoch relevant. Sie bestätigen, dass Ziele handlungsleitend sind und dass die Leistung von Personen oder Gruppen von verschiedenen Zielmerkmalen abhängt (zusammenfassend: Locke und Latham 2002), insbesondere von der Zielspezifität und von der Zielschwierigkeit. Demnach sollten Ziele spezifisch sein, da die Aufmerksamkeit und die Handlungen dann auf zielrelevante Aktivitäten gelenkt werden. Herausfordernde Ziele fördern die Anstrengungen und die Beharrlichkeit bei der Zielverfolgung. Auf diese Weise tragen die Zielspezifität und die Zielschwierigkeit zur Leistung bei. Bei komplexen Aufgaben ist dieser Zusammenhang zwar im allgemeinen weniger stark ausgeprägt, da es dann darauf ankommt, vielfältige und auch neue Strategien zur Zielerreichung einzusetzen – also erst zu explorieren, statt gleich zu fokussieren. Spezifische Ziele entfalten jedoch auch bei komplexen Aufgaben ihre Wirkung, wenn Lernziele (z. B. „geeignete Methoden herausfinden") statt Leistungsziele (z. B. „die Aufgabe spätestens bis Freitag erledigen") gesetzt werden, da Lernziele im Gegensatz zu Leistungszielen das Ausprobieren neuer Strategien fördern. Außerdem wird der Ziel-Leistungszusammenhang verstärkt, wenn ein Mitarbeiter Feedback zu seinen Zielfortschritten bekommt. Bei schwierigen Zielen kommt es ferner auf die Zielbindung des Mitarbeiters an; sie ist umso ausgeprägter, je wichtiger das Ziel einer Person ist und je mehr sie sich zutraut, das Ziel zu erreichen. Abbildung 5.3 verdeutlicht diese Zusammenhänge.

Auch zeigte sich, dass die kreative Leistung höher war, wenn bei den Zielvorgaben ausdrücklich Kreativität gefordert wurde und wenn das Feedback zu kreativen Leistungen informativ und entwicklungsorientiert war; bestrafendes oder kontrollierendes Feedback beeinträchtigte hingegen die Kreativität (zusammenfassend: Shalley und Gilson 2004). Diese Befunde sind für die Führung in kreativen Projektphasen von Belang.

5.3.2.3 Prozessorientierte transformationale und transaktionale Führung von Mitarbeitern

Abgesehen von seiner vielfach belegten Relevanz für die Leistung und für leistungsförderliche Arbeitseinstellungen von Mitarbeitern wird das Konzept der transformationalen und der transaktionalen Führung (Burns 1978, siehe auch das Kapitel von Pundt und Nerdinger in diesem Buch) den Anforderungen an die Projektleitung in besonderem Maße gerecht. Die transaktionale Führung entspricht demnach der Zielorientierung in Projekten, während der transformationale Führungsstil motivierende Verhaltensweisen beschreibt: Ein transformational führender Projektleiter begeistert, reißt mit, regt zu kreativen Höhenflügen und Spitzenleistungen an. Der Forschung zu Folge sollte der Projektleiter sowohl das transaktionale als auch das transformationale Führungsverhalten in seinem Repertoire haben, denn die transformationale Führung verstärkt die positive Wirkung der transaktionalen Führung (Judge und Piccolo 2004; Wang et al. 2011).

Allerdings legen die je nach Projektphase unterschiedlichen Aufgaben sowie die bereits zitierten Befunde aus der Innovationsforschung ein prozess- und phasenspezifisch differenziertes Führungsverhalten nahe. So schlagen Innovationsforscher vor (zusammenfassend: Maier und Hülsheger 2012), in den kreativen Phasen eines Projektes die transformationale Führung zu betonen, weil sie die Mitarbeiter dazu anregt, kritisch zu denken und Mängel anzusprechen. Ein transaktionaler Führungsstil kann in kreativen Prozessen hinderlich sein, da enge Zielvorgaben sowie eine enge Kontrolle die Kreativität einschränken können. In den Phasen, in denen es um die Umsetzung und Implementierung geht und Termine, Budgets und sonstige Vorgaben im Vordergrund stehen, ist die aufgaben- und leistungsorientierte transaktionale Führung empfehlenswert. Dies schließt jedoch eine transformationale Führung nicht aus. Vielmehr gibt es Befunde, wonach die transformationale Führung insbesondere den Umsetzungs- und Implementierungsphasen zu Gute kommt (z. B. Rank et al. 2004). Offenbar erfordern die steigende Arbeitslast und die Rückschläge in den Umsetzungs- und Implementierungsphasen von Projekten nicht nur die zielorientierte transaktionale Führung, sondern auch die stark motivierenden und das Vertrauen in die Projektleitung stärkenden Aspekte der transformationalen Führung.

5.3.2.4 Prozessorientierte Mikropolitik – die Führung von Stakeholdern

Betraf der vorangegangene Abschnitt die Führung von Mitarbeitern, so geht es bei der Mikropolitik um die „Führung" von Stakeholdern, d. h. der Projektleiter muss sie für seine Interessen gewinnen, damit sie ihn und das Projekt unterstützen. Mikropolitik ist als psychologische Flankierung des Stakeholder-Managements (Gessler 2009) zu verstehen.

Mächtige Stakeholder können wesentlich Einfluss auf den Verlauf und den Erfolg von Projekten nehmen. Dies gilt insbesondere dann, wenn sie die Entscheidungs- und Ressourcenhoheit haben und somit darüber bestimmen, ob ein Projekt überhaupt aufgesetzt oder zu Ende gebracht werden kann (Van de Ven et al. 1999). Eine Untersuchung zeigte beispielsweise, dass der Einfluss des Top Managements auf den Projekterfolg sowie auf das Team und andere Erfolgsdeterminanten in Projekten größer ist als der unmittelbare Einfluss des Projektleiters (Lechler und Gemünden 1998). Dessen Macht ist üblicherweise eingeschränkt. Projektleiter haben oft keine Legitimations-, Belohnungs- oder

Tab. 5.2 Die vier Dimensionen der mikropolitischen Kompetenz. (Zusammenfassend: Solga und Blickle 2012)

Dimension	Kurzbeschreibung
Soziale Scharfsinnigkeit	Die Fähigkeit, andere aufmerksam und sensibel zu beobachten, um deren Verhalten richtig zu interpretieren und das eigene Verhalten angemessen zu steuern.
Netzwerkfähigkeit	Die Fähigkeit, vertrauensvolle Beziehungen aufzubauen, sich selbst gut zu positionieren und andere nach dem Gegenseitigkeitsprinzip zu unterstützen.
Wahrgenommene Aufrichtigkeit	Die Fähigkeit, so Einfluss zu nehmen, dass es von anderen nicht als manipulativ oder als eigennützig wahrgenommen wird.
Interpersonelle Einflussnahme	Die Fähigkeit, Einflusstaktiken flexibel und situationsgerecht auszuwählen und anzuwenden. Dadurch kann man seine Umwelt kontrollieren, ohne manipulativ oder unfair zu wirken.

Bestrafungsmacht, die ihnen eine disziplinarische Einflussnahme auf Mitarbeiter oder auf Entscheidungen über die Ressourcenausstattung des Projekts erlauben würden. Deshalb sind sie umso mehr auf ihre Expertenmacht sowie auf ihre Identifikations- und Beziehungsmacht angewiesen. Das heißt, sie müssen die Verbundenheit, den Respekt und das Vertrauen der Teammitarbeiter und anderer Stakeholder durch ihre Expertise, ihre Ausstrahlung oder durch gegenseitige Sympathie gewinnen und ihre fehlende formale Machtposition durch Reputation kompensieren (Solga und Blickle 2012).

Je nach Machtgrundlage kann der Projektleiter auf ein mehr oder minder breites Repertoire an Einflusstaktiken zurückgreifen, wovon sich das Schmeicheln, das rationale Argumentieren sowie eine moderate Selbstpromotion als besonders karriereförderlich erwiesen haben (Überblick: Solga und Blickle 2012). Neben dem Schmeicheln und dem rationalen Argumentieren nutzen Projektleiter noch eine Reihe anderer Einflusstaktiken, um den Projektverlauf günstig zu beeinflussen: Sie unterbreiten Tauschangebote (Gefälligkeiten, „eine Hand wäscht die andere"), konsultieren einflussreiche Stakeholder oder bilden mit ihnen Koalitionen und schalten bei Krisen höhere Instanzen ein (Wastian, in Vorbereitung).

Einige dieser Taktiken sind in den Prozessen mancher Unternehmen sogar formal festgelegt – etwa als Vorschrift, welche Krisen wann und auf welche Art und Weise an wen eskaliert werden müssen. Es ist jedoch vor allem die mikropolitische Kompetenz des Projektleiters, die darüber entscheidet, wie häufig und auf welche Art und Weise er Einflusstaktiken verwendet und damit erfolgreich lenkt (Solga und Blickle 2012). Mikropolitische Kompetenz beinhaltet die in Tab. 5.2 dargestellten vier Dimensionen.

In unseren eigenen Untersuchungen von Projektverläufen (zusammenfassend: Wastian, in Vorbereitung) konnten wir knapp hundert verschiedene Arten von Arbeitssituationen und Aufgaben identifizieren, welche für Projektleiter typisch sind. Davon stellen rund die Hälfte Interaktionssituationen dar. Als hochgradig erfolgskritisch erwiesen sich dabei Interaktionssituationen in den Projektphasen, bei denen die für die Planung notwendigen Daten und Informationen erzeugt bzw. Konzepte abgestimmt und Details geplant werden. Es sind vor allem diese Phasen, in welchen entscheidende Klärungs-, Abstimmungs- und

Aushandlungsprozesse mit einflussreichen Stakeholdern stattfinden. Aus der Sicht der Projektleiter sind dies oft Tiefpunkte im Projektverlauf, da es dabei zu zähen Diskussionen und oft verdeckten Machtstreitigkeiten kommt, in denen Stakeholder mit konkurrierenden Interessen ihre Ist- und Soll-Vorgaben verzerrt darstellen, um ihre eigenen Erwartungen durchzusetzen. In erfolgreichen Projekten wurden diese Tiefs „ausgehalten" und die erforderlichen Diskussionen geführt, während die Projektleiter in weniger erfolgreichen Projekten sie offenbar übersprangen. Dies rächte sich jedoch umso heftiger im weiteren Projektverlauf, so dass es in den Umsetzungs- und Implementierungsphasen zu regelrechten Einbrüchen kam. Wurden die Klärungen, Abstimmungen und Aushandlungen vermieden oder versäumt, so führte dies zu Fehlern bei der Planung und Realisierung und in der weiteren Folge zu zeitaufwändigen und kostspieligen Nachbesserungen und schlechteren Ergebnissen. Zudem mussten die vermiedenen oder versäumten Interaktionen später unter erhöhtem Druck nachgeholt werden.

5.4 Bedeutung der prozessorientierten Führung für die Praxis

Während das Managen und Koordinieren von Abläufen und Ressourcen eine Führungsfunktion ist, die schon seit langem im Projektmanagement praktiziert und gelehrt wird, stellen die Führung von Menschen und das Selbstmanagement Herausforderungen dar, die in der beschriebenen Systematik im Projektmanagement vieler Unternehmen erst noch umgesetzt werden müssen. In Unternehmen wird die Bedeutung psychologischer Themen der Führung in Projekten jedoch zunehmend erkannt und vor allem in Form von Personalentwicklungsmaßnahmen aufgegriffen (z. B. Führungs- und Kommunikationstrainings). Darüber hinaus lässt sich erkennen, dass der Grad und die Systematik der Umsetzung des Führungsansatzes mit der Professionalisierung des Projektmanagements und mit der Bedeutung von Projektarbeit im jeweiligen Unternehmen steigen. Beispiele sind die Verankerung psychologischer Themen in Prozessen für das Stakeholder-Management, für die Konsenssicherung bei wichtigen Entscheidungen oder für die Konflikteskalation. Mitunter wird ein projektmanagement-spezifisches Human Resource Management betrieben, entkoppelt von der Personalarbeit für die Linie.

Besonders hervorzuheben sind auch die Bemühungen der International Project Management Association (IPMA) und speziell im deutschsprachigen Raum der deutschen Gesellschaft für Projektmanagement (GPM), die sich in der Qualifizierung und Zertifizierung von Projektleitern niederschlagen. Mit der so genannten IPMA Competence Baseline ICB 3.0 wurde kürzlich die Grundlage für das „kompetenzbasierte Projektmanagement" (Gessler 2009) und für die aktuelle Projektmanagementausbildung der IPMA/GPM geschaffen, in welchen psychologische Themen der Führung eine zentrale Stellung einnehmen.

Für die Praxis sind die dargestellten Forschungserkenntnisse insofern von Belang, als sie Projektleitern eine Orientierung für ihr Führungsverhalten gegenüber dem Projektteam und gegenüber anderen Stakeholdern geben können. Diesbezüglich lassen sich aus den o.g. Erkenntnissen die folgenden Empfehlungen ableiten, auf welche Erfolgsfaktoren gesetzt werden soll und welche Fallstricke es zu vermeiden gilt, um die Führung in Projekten erfolgreich zu gestalten. Anschließend fassen wir diese Empfehlungen in einer Checkliste zusammen.

5.4.1 Empfehlungen zu Prozess- und Zielorientierung

Wie dargestellt, ist die Projektarbeit prozess- und zielorientiert. Deshalb hängen Projektverlauf und Projekterfolg in entscheidendem Maße davon ab, wie die erforderliche Prozess- und Zielorientierung im Projektmanagement umgesetzt werden.

5.4.1.1 Erfolgsfaktor Prozessorientierung

Im Idealfall stehen im Unternehmen Prozesse zur Verfügung, welche den Projektlebenszyklus sowie die Phasen und Prozesse des Projektmanagements und deren Schnittstellen zu den Unterstützungs-, Wertschöpfungs- und Führungsprozessen im Unternehmen (Gessler 2009) beschreiben. Falls keine Prozesse vorliegen, kann der Projektleiter sich – soweit für seine Projektrealität relevant – an Standard-Vorgehensmodellen orientieren. Beispiele hierfür sind der Projektmanagementprozess nach DIN 69901-5 (Überblick: Gessler 2009) oder Phasenmodelle, die sich am Projektlebenszyklus orientieren, wie die des VDI (z. B. VDI 2221 für die Entwicklung und Konstruktion technischer Produkte: VDI-Gesellschaft Entwicklung Konstruktion Vertrieb 1993).

Fallstricke und Fehler in der Praxis Der Projektleiter kann Vorgehensmodelle als Hilfestellung nehmen, sollte jedoch sicherstellen, dass sie die Projektrealität angemessen wiedergeben, da die in Unternehmen vorliegenden Prozesse oft Lücken aufweisen, nicht mehr aktuell sind oder nicht auf der Basis realer Projekterfahrungen ermittelt wurden. Außerdem muss er sie ggf. an die spezifischen Anforderungen des von ihm zu leitenden Projekts anpassen.

Ferner muss er sicherstellen, dass die Mitarbeiter und die davon betroffenen sonstigen Stakeholder die verwendeten Prozesse und Phasenmodelle sowie die ggf. erforderlichen Abweichungen kennen und als gemeinsame Vorgehensrichtlinie akzeptieren. Je weniger Vorgaben bereits existieren, desto wichtiger ist diesbezüglich die Kommunikation mit den betroffenen Mitarbeitern und Stakeholdern. Um deren Akzeptanz zu gewinnen, sollte er die Prozesse mit den davon betroffenen Personen abstimmen und sich außerdem die Zustimmung „von oben" einholen, um sich für etwaige spätere Konfliktfälle die Rückendeckung des Managements zu sichern.

Der Projektleiter kann sich jedoch nicht allein auf solche Modelle verlassen. Abgesehen davon, dass unvorhergesehene Herausforderungen oder Zwischenfälle ein abweichendes Handeln erfordern können, decken Vorgehensmodelle psychologische Aspekte (z. B. die Führung oder die Kommunikation betreffend) und individuelle Kompetenzanforderungen an Projektleiter und Mitarbeiter kaum ab. Insbesondere in großen, strategisch bedeutsamen Projekten oder wenn noch wenig Erfahrung in der Projektleitung vorliegt, sollte der

Projektleiter deshalb bei der Vorbereitung und Durchführung des Projektes ein psychologisches Projektcoaching (Wastian et al. 2012) in Anspruch nehmen.

5.4.1.2 Erfolgsfaktor Zielorientierung

Zwar sind die Ziele in Projekten mit dem „magischen Dreieck" (s. Abb. 5.1) und sonstigen Vorgaben abgesteckt und idealerweise beschreiben Prozesse auch die Wege zum Ziel. Doch müssen die gesteckten Projektziele so heruntergebrochen und „übersetzt" werden, dass sie von den Projektbeteiligten und anderen Stakeholdern verstanden, akzeptiert und ausgeführt bzw. unterstützt werden. Für Mitarbeiter, Lieferanten oder Subunternehmer sind aus den Projektzielen Arbeitsaufträge und damit verbundene Leistungs- oder Ergebnisziele zu definieren. Mit anderen Stakeholdern (z. B. Projektauftraggeber, betroffene Fachabteilungen, Management) ist zu klären, wie ihre individuellen Ziele in den Projektzielen berücksichtigt und miteinander in Einklang gebracht werden können und wie sie selbst zur Zielerreichung beitragen können. Hier liefert die Forschung zur Zielsetzungstheorie dem Projektleiter unmittelbare Ansatzpunkte, um Mitarbeiter und andere Stakeholder zu zielrelevantem Verhalten zu motivieren und die Leistung des Projektteams zu fördern (s. Abschn. 3.2.2), die sich in der Praxis beispielsweise durch die folgenden Hilfsmittel und Vorgehensweisen umsetzen lassen:

- **Prozesse:** Sie beschreiben, wann, wie und mit welchem Ergebnis der Projektleiter Ziele für das Projekt definieren muss. Die dort festgelegten Meilensteine und Reviewzeitpunkte helfen ihm auch, den Mitarbeitern bzw. anderen Stakeholdern die Ziele zu kommunizieren und daraus z. B. Arbeitsziele für das Team und die einzelnen Mitarbeiter abzuleiten.
- **Partizipation:** Wenn die Mitarbeiter bei der Definition von Arbeitszielen und bei der Auswahl der von ihnen persönlich zu erreichenden Ziele mitreden können, erhöht dies ihre Zielbindung und somit auch ihre Leistungsbereitschaft. Soweit es Projektziele betrifft, sollten auch die betroffenen Stakeholder gehört und ihr Konsens gesichert werden. Partizipative Führung setzt allerdings gegenseitiges Vertrauen, eine hohe soziale Kompetenz, Wissen und ein kluges Konfliktmanagement bei den Beteiligten voraus; ferner muss die Partizipation gewünscht sein (Wegge und Schmidt 2012).
- **Herunterbrechen der Ziele in SMARTe Teilziele:** Ausgehend von den übergeordneten Zielen und Teilzielen des Projektes sind spezifische Arbeitsziele für das Team und die einzelnen Mitarbeiter zu definieren. Sie sollten SMART, d. h. **S**pezifisch, **M**essbar, **A**kzeptiert, **R**ealistisch und **T**erminiert sein. Beispiel: Mit einem Mitarbeiter wird das spezifische, messbare und terminierte Ziel „Bis zum 30.04. drei Alternativangebote für Bauteil XY einholen" vereinbart. Der Mitarbeiter hat das Ziel selbst vorgeschlagen und kennt drei Unternehmen, die in Frage kämen; das Ziel ist also für ihn akzeptabel und realisierbar. Zusätzlich sollte der Projektleiter die an ihn und sein Team gerichteten Erwartungen wichtiger Stakeholder gemeinsam mit diesen SMART formulieren.
- **Feedback geben:** Der Projektleiter kann die Zielbindung von Mitarbeitern und Stakeholdern erhöhen, indem er ihnen Feedback zu Zielfortschritten gibt und bei Mitarbei-

tern zielführendes Leistungsverhalten anerkennt. Außerdem trägt das Feedback dazu bei, unterschiedliche oder geänderte Auffassungen in Bezug auf das Ziel rechtzeitig zu erkennen, bei Bedarf Ziele anzupassen und wieder Konsens herzustellen.

Fallstricke und Fehler in der Praxis Je komplexer eine Aufgabe ist, desto schwieriger wird die Formulierung SMARTer Ziele. Komplexe Aufgaben oder Ziele werden deshalb besser in einzelne SMARTe Teilziele heruntergebrochen.

Bei komplexen Problemen oder kreativen Herausforderungen können ein allzu großer Zeitdruck sowie enge Vorgaben (z. B. zum Lösungsweg) und Kontrollen die Leistung beeinträchtigen. Es kommt den Ergebnissen zugute, wenn Mitarbeiter oder zuarbeitende Stakeholder bei komplexen Aufgaben angeregt werden, möglichst vielfältige und auch neue Lösungsstrategien zu verfolgen. Außerdem brauchen sie ausreichend zeitlichen Spielraum, um verschiedene Lösungen zu finden und durchzuspielen.

5.4.2 Empfehlungen zur prozessorientierten Mitarbeiterführung

5.4.2.1 Erfolgsfaktor transaktionale Führung

Andockend an die oben beschriebene Zielsetzungstheorie empfiehlt sich die transaktionale Führung deshalb, weil sie das Setzen und Spezifizieren der Ziele beinhaltet, die zielgerichtete Aufmerksamkeit und Strategiefindung sowie die Komplexität der Aufgaben steuert (z. B. Herunterbrechen in Teilziele) und Feedback gewährleistet in Form der Anerkennung und Belohnung von Leistungen und Fortschritten.

Dies geschieht sowohl über das Führungsverhalten des Projektleiters als auch über ausreichend elaborierte Prozesse. So werden nach DIN 69901-5 beispielsweise in der Definitionsphase und in der Planungsphase die Ziele bzw. Teilziele (Vorgaben für Arbeitspakete) spezifiziert. In der Planungsphase werden Arbeitspakete geschnürt und somit die Komplexität der einzelnen Aufgaben gesteuert. Die kontrollierenden Aktivitäten der Steuerungsphase lenken die Aufmerksamkeit und die Strategiefindung auf das Ziel. Das Feedback des Projektleiters an die Mitarbeiter ist vor allem in der Steuerungsphase und in der Abschlussphase vorgesehen, wenn bei der Umsetzung korrigierend eingegriffen werden muss bzw. wenn die Leistungen gewürdigt werden. Prozesse sind demnach ein mögliches, wenn auch nicht hinreichendes Instrument der transaktionalen Führung. Vor allem das anerkennende und belohnende Feedback muss vom Projektleiter kommen – und zwar nicht erst zum Abschluss des Projektes. Insbesondere bei der Umsetzung sollten Zielfortschritte und Erfolge der Mitarbeiter zeitnah aufgegriffen und gewürdigt werden. Darüber hinaus gelten die o.g. Erfolgsfaktoren der zielorientierten Führung.

Fallstricke und Fehler in der Praxis Das Feedback stellt eine häufige Quelle von Versäumnissen und Fehlern dar. Projektleiter bedenken oft nicht, wie wichtig es für Mitarbeiter ist, dass ihre Beiträge gesehen und wertgeschätzt werden. Der Projektleiter sollte deshalb gute Leistungen zeitnah würdigen und dabei die erfolgsrelevanten Verhaltensweisen von

Mitarbeitern herausstreichen. Auch im Kritikfall sollte er das Verhalten des Mitarbeiters thematisieren und verdeutlichen, wie man es besser machen kann. Das verhaltensorientierte – im Vergleich zum ergebnisorientierten – Feedback ermöglicht die Steuerung erfolgsförderlichen Verhaltens, wobei positives Feedback wirksamer ist als negatives Feedback. Gibt der Projektleiter nur zu Ergebnissen Feedback, erfährt der Mitarbeiter zwar, ob er seine Sache gut oder weniger gut gemacht hat, aber er lernt nicht, welche Verhaltensweisen zum Erfolg führen.

Was die Art und das Timing anbelangt, so kann kontrollierendes oder korrigierendes Feedback die Leistung und die Kreativität der Mitarbeiter beim Erarbeiten komplexer Problemlösungen oder bei der Ideengenerierung beeinträchtigen. Dies gilt insbesondere für die kreativen Phasen und Aktivitäten vor und während des Projektes. In Zeiten hoher Arbeitsbelastung und Frustration stellen anerkennende und wertschätzende Feedbacks zudem überaus wirksame Stresspuffer für die Mitarbeiter dar.

Erfahrene Projektleiter versäumen es nicht, Teamleistungen vor wichtigen Stakeholdern herauszustreichen. Dagegen stellen sie sich bei Kritik – auch wenn sie berechtigt ist – vor ihr Team und verzichten ihrerseits darauf, einzelne Mitarbeiter vor anderen zu kritisieren.

5.4.2.2 Erfolgsfaktor transformationale Führung

In frühen Phasen, vor allem bei der Projektvorbereitung, bietet ein transformationaler Führungsstil die Möglichkeit, die Mitarbeiter durch eine Projektvision zu begeistern, sie intrinsisch zu motivieren, aber auch zu öffnen für das Einbringen von kritischen Akzenten und Optimierungsideen. Dabei ist es sinnvoll, das vorhandene Wissen und die Kompetenzen der einzelnen Projektmitarbeiter für das gesamte Team transparent zu machen.

In den umsetzungsbetonten Phasen steigen gewöhnlich die Arbeitsbelastungen, der Zeitdruck und die Rückschläge. Der Projektleiter führt seine Mitarbeiter in diesen Zeiten vorzugsweise nicht nur transaktional, sondern motiviert sie zudem durch einen transformationalen Führungsstil – indem er ihre Bedürfnisse beachtet, ihnen ein Vorbild ist und ihnen die Wichtigkeit des Projekts, des Teams und jedes einzelnen Beitrags vor Augen führt.

Fallstricke und Fehler in der Praxis Wenn der richtige Lösungsweg erst einmal gefunden ist, sollte der Projektleiter die geistige Anregung drosseln, denn dann steht die Umsetzung im Vordergrund. Immer wieder neue Ideen und das Hinterfragen bereits ausgewählter Lösungen würden die Umsetzung verzögern und den Erfolg gefährden. Am besten erläutert der Projektleiter diesen Zusammenhang, damit das Team den Wechsel in seinem Führungsverhalten versteht und akzeptiert.

Transformationale Führung ist noch keine ethische Führung. Die Schattenseite einer besonders effektiven Führung kann darin bestehen, dass die Mitarbeiter sich für das Projekt und den idealisierten Projektleiter aufreiben und ihre eigenen Interessen (Karriere, Gesundheit, Work-Life-Balance) vernachlässigen. Der Projektleiter muss sich auch in Zeiten hoher eigener Belastungen seiner Verantwortung bewusst sein und das Wohlergehen seiner Mitarbeiter berücksichtigen.

5.4.3 Empfehlungen für die Führung von Stakeholdern: Prozessorientierte Mikropolitik

5.4.3.1 Erfolgsfaktor Stakeholder-Management

Damit einzelne Stakeholder ihre Interessen gewahrt sehen und das Projekt nicht boykottieren, sollten Projektleiter wichtige Stakeholder und deren Motive, Interessen und Erwartungen identifizieren. Sie sollten außerdem wissen, welche Personen sie bei Bedarf unterstützen können. Hierzu bieten sich Stakeholder-Analysen an, wie sie in der Projektmanagement-Literatur beschrieben sind (z. B. bei Schelle et al. 2008).

Auch bei der Stakeholder-Analyse empfiehlt sich ein prozessorientierter Ansatz, da sich die Stakeholder-„Landschaft" im Projektverlauf üblicherweise immer wieder verändert: Die Stakeholder und/oder deren Ziele und Interessen wechseln. Für den Projektleiter ist deshalb die Stakeholder-Analyse keine einmalige Aktivität in der Definitionsphase (laut DIN 69901-5), sondern Teil eines kontinuierlichen, projektbegleitenden Stakeholder-Managements. Es umfasst die Identifikation von Stakeholdern, das Einholen und Analysieren von deren Einstellungen, Betroffenheit, Erwartungen und Einfluss, die Aktionsplanung (z. B. Maßnahmen zur Einbindung von Stakeholdern) und das Monitoring von Veränderungen der Stakeholder-„Landschaft" im Verlauf des Projektes (Gessler 2009).

Sofern bereits Erfahrungen aus ähnlichen Projekten vorliegen, kann der Projektleiter auch Verfahren nutzen, welche antizipieren, in welchen Phasen bzw. bei welchen Projektsituationen und -aufgaben welche Stakeholder besonders wichtig sind und wie ihnen zu den verschiedenen Zeitpunkten angemessen Rechnung zu tragen ist. Ein Beispiel hierfür ist die Timeline Stakeholder Analysis (Wastian et al. 2009). Sie ermöglicht es ihm, seine Einflusstaktiken besser an die Situation anzupassen und schon im Vorfeld zu überlegen, was vor allem bei wichtigen Projekten und bei noch mangelnder Erfahrung von Vorteil ist. Unerfahrene Projektleiter könnten beispielsweise prozessnah und situationsspezifisch gecoacht werden, um die richtigen Einflusstaktiken zur rechten Zeit anzuwenden.

Fallstricke und Fehler in der Praxis Bereits bei der Bedarfsklärung zu Beginn des Projektes wird es vielfach unterlassen, sämtliche relevanten Stakeholder-Informationen einzuholen und dabei die Motive, Interessen und Erwartungen von Kunden, Kapitalgebern und anderen beteiligten Akteuren kennen zu lernen bzw. zu klären (Schneider und Wastian 2012). Es ist deshalb ratsam, das o.g. prozessorientierte Stakeholder-Management so früh wie möglich in Angriff zu nehmen und projektbegleitend weiter zu betreiben.

Je weiter die Umsetzung voranschreitet und das Projektende naht, desto wichtiger wird es, dass der Projektleiter den Stakeholdern den Erfolg und die Projektergebnisse überzeugend präsentiert. Es reicht nicht, dass ein Projekt gut läuft – die entscheidenden Stakeholder müssen dies schnell erkennen und in Bezug auf ihre eigenen Interessen als relevant erachten. Bei Abweichungen kommt es zudem darauf an, fundierte Lösungsvorschläge zu unterbreiten und insbesondere Nachforderungen gut zu untermauern. In beiden Fällen legt das Stakeholder-Management mit einer kontinuierlichen Reflexion der Erwartungen den Grundstein, denn die Stakeholder wollen ihre Erwartungen erfüllt sehen – und Abweichungen nachvollziehbar und akzeptabel erklärt bekommen.

5.4.3.2 Erfolgsfaktor Machtgrundlagen und Einflusstaktiken

Projektleiter sollten ihre Machtgrundlagen stärken (Solga und Blickle 2012), indem sie sich beispielsweise als Experten profilieren, ihre Beziehungen pflegen, ihren Zugang zu Informationen sowie ihre Teilhabe an Entscheidungen stärken. Freiwilliges Engagement wie die Mitarbeit in Gremien kann dabei helfen. Eine kontinuierliche Pflege ihrer Netzwerke ermöglicht es Projektleitern, frühzeitig auf informellen Wegen an wichtige Informationen heranzukommen und spätestens im Krisenfall zu wissen, wo sie Unterstützung finden können.

Wichtig ist auch, dass Projektleiter ihr Repertoire an Einflusstaktiken erweitern und bevorzugt diejenigen zum Einsatz bringen, welche sich, wie im Abschn. 3.2.4 beschrieben, als besonders förderlich für den Projektverlauf bzw. für die eigene Karriere erwiesen haben:

- **Schmeicheln**: Es muss wohldosiert und für den Empfänger nachvollziehbar erfolgen, da plumpe, unbegründete Schmeicheleien eine negative Wirkung haben können (Solga und Blickle 2012).
- **Rationales Argumentieren**: Darauf kommt es besonders in aushandlungsintensiven Phasen wie der Definitions- oder der Steuerungsphase an, wenn der Projektleiter konfligierende Interessen und Ziele unter einen Hut bringen, Abstriche „verkaufen", Änderungswünsche begrenzen oder Nachforderungen durchsetzen muss. Sorgfältige Analysen und deren zielgruppengerechte, visuell gestützte Aufbereitung erleichtern das Argumentieren. Der Projektleiter sollte „mit Puffer" argumentieren, d. h. bei notwendigen Abstrichen Verhandlungsmasse anbieten, um den Stakeholdern Verhandlungsgewinne zu ermöglichen und sie vor Gesichtsverlust zu schützen.
- **Tauschangebote**: Sie können das rationale Argumentieren bei den soeben genannten Aushandlungen flankieren, beispielsweise indem Alternativvorschläge unterbreitet werden, bei welchen im „Tausch" gegen Abstriche jeweils unterschiedliche Vorteile angeboten werden (z. B. eingeschränkte Funktionalität im Tausch gegen Kosteneinsparungen). Tauschangebote empfehlen sich außerdem schon vor oder zum Projektstart oder in der Steuerungsphase, um die notwendigen Ressourcen (z. B. begehrte Mitarbeiter) zu bekommen, zu halten oder aufstocken zu können. Die Tauschangebote müssen für den Empfänger attraktiv sein. Der Projektleiter sollte also hinterfragen, was der Empfänger sich wünscht oder was er vermeiden möchte, bevor er sein Angebot macht.
- **Konsultation einflussreicher Stakeholder**, idealerweise schon vor dem Projektstart, spätestens aber beim Festlegen der Projektziele.
- **Bildung von Koalitionen**: Auch Koalitionen bildet man am besten bereits vor dem Projektstart und pflegt sie kontinuierlich.
- **Einschalten höherer Instanzen**: Insbesondere bei unlösbaren Konflikten, bei Projektkrisen und wenn Entscheidungen getroffen werden, zu denen der Projektleiter nicht

ermächtigt ist, kann das rechtzeitige Einschalten höherer Instanzen erfolgsentscheidend sein. Grundlegende Eskalationsregeln und -wege sollten schon im Vorfeld geklärt und festgelegt werden, z. B. in den Prozessen.
- **Selbstpromotion**: Wichtige Präsentationen – z. B. zum Abschluss des Projektes oder entscheidender Phasen – und Kontakte mit einflussreichen Stakeholdern stellen günstige Gelegenheiten zur Selbstpromotion dar.

Insbesondere psychologische Projektcoachings (Wastian et al. 2012), aber auch gezielte Trainings oder das Einholen von Feedback (z. B. von vertrauten und erfahrenen Kollegen) können den Projektleiter beim Erlernen und beim Einsatz dieser Einflusstaktiken unterstützen.

Fallstricke und Fehler in der Praxis Gerade unerfahrene Projektleiter versäumen es häufig, *frühzeitig* verbindliche Beziehungen zu schaffen und hilfreiche Koalitionen mit Personen zu schmieden, die im Unternehmen oder darüber hinaus Einfluss haben. Ein weiterer Fehler besteht darin, Beziehungen punktuell (z. B. nur im Hinblick auf das gerade anstehende Projekt) aufzubauen und zu nutzen, aber dann nicht mehr angemessen zu pflegen. Häufig werden gerade unter Stress, wie er im Projektumfeld leicht entstehen kann, soziale Kontakte vernachlässigt. Dies kann dazu führen, dass der Projektleiter von potenziellen Unterstützern als manipulativ und nur auf seinen Vorteil bedacht wahrgenommen wird. Die Pflege von Netzwerken und Beziehungen sollte deshalb ein dauerhaftes, Projekt übergreifendes, aufrichtiges und auf Gegenseitigkeit ausgerichtetes Anliegen sein.

Bei einigen Einflusstaktiken lauern Fallstricke. So kann der Schuss bei einer plumpen, unglaubwürdigen Schmeichelei oder bei einer übertriebenen Selbstdarstellung leicht nach hinten losgehen. Zu viel Selbstpromotion weckt beim Gegenüber leicht den Eindruck mangelnder Kompetenz (Solga und Blickle 2012).

In der Projektarbeit werden die eigenen Interessen und Motive oftmals durch *scheinbar* rationales Argumentieren verschleiert (Wastian, in Vorbereitung). Diese Taktik kann sich in Konfliktsituationen verstärken, was die Konfliktbearbeitung erschwert. Der Projektleiter achtet am besten sensibel darauf, ob sich hinter dem rationalen Argumentieren anderer vielleicht „hidden agendas" verbergen. So lange nicht ein Konflikt die Offenlegung der unterschiedlichen Stakeholder-Motive und -Interessen erfordert, sollte der Projektleiter jedoch vermeiden, dass ein Stakeholder durch die Offenlegung seiner wahren Motive Gesicht verliert oder für einen Konsens notwendige Abstriche als Verlust empfindet. Vielmehr hat es sich gerade in Entscheidungsphasen, wenn verschiedene Stakeholder ihre mitunter unvereinbaren Motive durchsetzen wollen, als erfolgreich erwiesen, wenn Projektleiter „das Spiel mitspielen", indem sie die Wünsche und Argumente der Stakeholder aufgreifen, die Umsetzbarkeit sorgfältig prüfen und erforderliche Abstriche zwar durch rationale Argumente begründen – dabei aber ihrerseits „Verhandlungsmasse" einbauen, die ihnen noch ein Nachgeben ermöglicht, wenn sie verschiedene Interessen unter einen Hut bringen müssen (Wastian, in Vorbereitung). Auf diese Weise gelingt es ihnen, die einzelnen Stakeholder selbst dann als Gewinner aus dem Konsens hervorgehen zu lassen, wenn deren Erwartungen nicht vollständig erfüllbar sind.

5.4.4 Zusammenfassung der Empfehlungen

Tabelle 5.3 fasst die Empfehlungen für die Umsetzung der prozessorientierten Führung in der Praxis zusammen.

5.5 Die Zukunft der Führung in Projekten

Die hier vorgestellten Ansätze für eine prozessorientierte Führung in Projekten nehmen die Zukunft bereits ein Stück weit vorweg. Die wachsende Bedeutung der Projektarbeit in Unternehmen führt zu einer zunehmenden Professionalisierung der Projektarbeit, was auch eine starke Prozessorientierung umfasst. Mehr und mehr wird dabei die Bedeutung psychologischer Konzepte erkannt, wie sich vor allem in den Qualifizierungs- und Zertifizierungsangeboten für Projektmanager zeigt. Prozessorientierten Führungsansätzen, welche Führung nicht nur auf die Führung von Mitarbeitern beschränken, wird deshalb die Zukunft im Projektmanagement gehören. Sowohl Projektexperten als auch die mit Führung und Personalarbeit befassten Psychologen haben dabei jedoch noch einige Hürden zu nehmen:

Die Psychologen müssen sich zumindest mit den Grundlagen des Projektmanagements vertraut machen, um die klassischen Führungsansätze und Methoden der Personalarbeit prozessorientiert auszugestalten und auf die spezifischen Herausforderungen der Projektarbeit zuzuschneiden. Mangelndes Projektwissen in den Personalabteilungen mag ein Grund dafür sein, dass Personalfachkräfte insbesondere in technisch dominierten Unternehmen oft nicht ausreichend akzeptiert werden, um die Führung in Projekten strategisch mitzugestalten oder um Projektleiter bei der Vorbereitung oder Durchführung ihrer Projekte zu unterstützen.

Umgekehrt muss sich bei Projektexperten vielfach erst noch die Einsicht durchsetzen, dass Psychologie nicht etwas ist, was quasi jeder kann, sondern dass Psychologen – genauso wie Experten anderer Disziplinen – über spezifisches Methodenwissen verfügen, von dem das Projektmanagement substanziell profitieren würde. Psychologische Themen werden zwar im Projektmanagement zunehmend aufgegriffen – meist aber nicht von Psychologen, sondern von Vertretern „klassischer" Projektmanagement-Domänen (Wirtschaftswissenschaftler, Ingenieure, Informatiker) und anderer Disziplinen. Die Folge ist unter anderem, dass bislang meist nur punktuell auf psychologische Erkenntnisse zurückgegriffen wird (z. B. in Form von einzelnen Trainings), anstatt eine breite und tiefe psychologische Expertise für übergreifende strategische Verbesserungen im Projektmanagement zu nutzen. Hierzu gehören beispielsweise psychologisch begründete Verbesserungen von Projektmanagement-Prozessen, ein systematisches Kompetenzmanagement oder Konzepte zur Stressprävention.

Gemeinsam würden Projektmanagement-Experten und Führungs- bzw. Personalexperten ihre „PS besser auf die Straße bringen", wenn es um die Verbesserung der Führung in Projekten und um die Gestaltung von Strukturen und Prozessen zur Unterstützung des

Tab. 5.3 Checkliste: Empfehlungen für die prozessorientierte Führung in der Praxis

Dimension	Erfolgsfaktoren nutzen – Fallstricke und Fehler vermeiden

Prozessorientierung	• Vorgehensmodelle nutzen und
	  – ggf. an Projektrealität anpassen;
	  – ggf. Zustimmung/Rückendeckung „von oben" holen;
	  – sicherstellen, dass Mitarbeiter/Stakeholder das Modell und die Prozesse kennen.
	• Psychologisches Projektcoaching nutzen.

Zielorientierung	• Ziele anhand von Prozessen definieren und kommunizieren; • Daraus Arbeitsziele für Mitarbeiter ableiten. • SMARTe – d. h. spezifische, messbare, akzeptierte, realistische und terminierte – Ziele gemeinsam mit Mitarbeitern und Stakeholdern definieren. • Zielkonsens sichern, Beteiligte unter Umständen bei der Zielfindung einbinden. • Komplexe Ziele und Aufgaben in SMARTe Teilziele herunterbrechen. • Spielraum statt Kontrolle und Vorgaben bei kreativen, komplexen Anforderungen. • Mitarbeitern und Stakeholdern Feedback zu Zielfortschritten geben – bei Bedarf Ziele anpassen und Konsens sichern.

Führung von Mitarbeitern	• Transaktional – d. h. entsprechend den Empfehlungen zur Zielorientierung – führen
	  – in Phasen und Prozessen, bei denen umsetzende und kontrollierende Aktivitäten im Vordergrund stehen (z. B. Steuerungs- und Abschlussphase).
	  – Gute Leistungen zeitnah anerkennen.
	  – Leistung insbesondere in Umsetzungsphasen und sonstigen Zeiten hoher Arbeitslast würdigen.
	  – Lob, aber auch Kritik auf das Verhalten des Mitarbeiters beziehen, weniger auf die Arbeitsergebnisse.
	  – Feedback vor allem zu positiven Verhaltensweisen geben, statt weniger zielführende Verhaltensweisen kritisieren.
	  – In kreativen Phasen und Prozessen oder bei komplexen Problemlösungen kontrollierendes oder korrigierendes Feedback vermeiden.
	  – Vor wichtigen Stakeholdern Teamleistungen herausstreichen und Mitarbeitern Rückendeckung bei Kritik geben.
	• Transformational führen, wie unter 4.2.2 beschrieben:
	  – In frühen Phasen Mitarbeiter für Projektvision begeistern und
	  – sie ermutigen, ihre Ideen und Verbesserungsvorschläge einzubringen.
	  – In umsetzungsbetonten Phasen besonders auf die Bedürfnisse und Beiträge der Mitarbeiter eingehen und ihnen ein Vorbild sein.
	• Wechsel zwischen transformationalem und transaktionalem Führungsverhalten nachvollziehbar machen (geistige Anregung zur Lösungsfindung vs. Steuerung und Kontrolle zur Umsetzung).
	• Das Wohlergehen der Mitarbeiter im Auge behalten (Karriere, Gesundheit, Work-Life-Balance).

Tab. 5.3 (Fortsetzung)

Dimension	Erfolgsfaktoren nutzen – Fallstricke und Fehler vermeiden

Führung von Stakeholdern: Mikropolitik	• Stakeholder-Management betreiben incl. Stakeholder-Analysen
	  – bereits ab der Bedarfsklärung, kontinuierlich projektbegleitend,
	  – an den Phasen und Prozessen des Projektmanagements orientiert.
	  – Mit zunehmendem Projektfortschritt Erfolge und Ergebnisse überzeugend präsentieren,
	  – bei Abweichungen fundierte Lösungsvorschläge unterbreiten,
	  – Nachforderungen gut untermauern.
	• Eigene Machtgrundlagen stärken (Expertise, Beziehungspflege, Zugang zu Informationen und Teilhabe an Entscheidungen).
	  – Dabei Netzwerke frühzeitig aufbauen und kontinuierlich pflegen.
	  – Beziehungspflege als aufrichtiges Anliegen zum gegenseitigen Wohl und Nutzen verstehen.
	• Einflusstaktiken nutzen (siehe Erfolgsfaktoren und Fallstricke laut Abschn. 5.4.3.2).
	• Aufmerksamkeit auf Hidden Agendas – aber Stakeholder nicht Gesicht verlieren und Verluste empfinden lassen. Deshalb
	  – Wünsche und Argumente aufgreifen und prüfen,
	  – Abstriche rational begründen und mit „Verhandlungsmasse" argumentieren.

Projektmanagements geht. Dabei könnten u. a. folgende Themen auf der Agenda für die Projektführung der Zukunft stehen und zum Diskurs, zum Austausch und zur Kooperation anregen:

Verbesserung von Prozessen: In Vorgehensmodelle für das Projektmanagement ließen sich Ansätze für eine prozessorientierte Führung, wie wir sie in diesem Beitrag skizziert haben, integrieren. Beispielsweise könnte man die in der IPMA Competence Baseline ICB 3.0 definierten Verhaltenskompetenzen unter Berücksichtigung psychologischer Erkenntnisse an die Projektmanagement-Prozesse nach DIN 69901-5 andocken.

Kompetenzprofile für das Projektmanagement als Grundlage für eine prozessorientierte Personalarbeit: Kompetenzprofile liefern die Grundlage für die Gestaltung von Instrumenten und Verfahren der Personalauswahl, Personalentwicklung und Leistungsbeurteilung. Die Profile für Linienfunktionen und die daraus abgeleiteten Verfahren sind jedoch nur eingeschränkt für die Projektarbeit tauglich, da sie nicht flexibel genug sind und nicht aufzeigen, wann welche Kompetenzen im Projektverlauf benötigt werden. Wir empfehlen deshalb die Entwicklung von Profilen, welche die Kompetenzanforderungen an Projektleiter und andere Projektbeteiligte prozessorientiert abbilden.

Psychologische Projektcoachings: Dazu zählen Einzelcoachings für den Projektleiter oder für andere Projektbeteiligte, Teamcoachings oder Prozesscoachings nach psychologischen Methoden (Wastian et al. 2012). Sie empfehlen sich zur Vorbereitung auf Projekte, bei spezifischen Herausforderungen während der Projektarbeit, zur Reflexion der „lessons learned" oder projektübergreifend zur Verbesserung von Prozessen. Ein Projektleiter profitiert beispielsweise meist mehr von einem Projektcoaching als von einem Training, da das Coaching exakt auf seinen Bedarf, auf seine Stärken und Schwächen sowie auf die jeweiligen Prozesse und Herausforderungen im Projekt zugeschnitten werden kann.

Selbstmanagement: Wie eingangs erläutert, sollte ein prozessorientierter Führungsansatz auch das Selbstmanagement des Projektleiters beinhalten. Psychologen und Projektexperten können hierfür gemeinsam Konzepte entwickeln, um Projektleiter bei ihrem Zeit- und Stressmanagement zu unterstützen, ihre Work-Life-Balance zu verbessern und ihre Wachstums- und Entwicklungsbedürfnisse zu befriedigen.

Aus- und Weiterbildung von Psychologen und Projektmanagern: Im Psychologiestudium wird das Thema Projektmanagement bislang weitestgehend ausgeblendet. In Anbetracht der wachsenden Bedeutung der Projektarbeit würden Arbeits- und Organisationspsychologen sehr davon profitieren, wenn diese Lücke in den Curricula geschlossen würde. In den Ingenieurswissenschaften, in der Informatik sowie in der Qualifizierung und Zertifizierung von Projektmanagern bietet es sich an, psychologische Themen von denjenigen vermitteln zu lassen, die am meisten davon verstehen: von Psychologen. Die jeweiligen Bildungskonzepte werden idealerweise von Psychologen und Projektmanagement-Experten gemeinsam entwickelt.

Autorenbeschreibung

Monika Wastian Diplom-Psychologin, ist seit 2001 Inhaberin des Instituts für Organisationspsychologie in München. Vor ihrer Zweitausbildung zur Psychologin war sie als Führungskraft und Beraterin in der Medien- bzw. Consulting-Branche (komplexe, IT-gestützte Reorganisationsprojekte) tätig.

Als Organisationspsychologin führt sie Organisations- und Personalentwicklungsprojekte, Führungskräfte- und Projektcoachings sowie Weiterbildungen für Coaches und Projektcoaches durch. Innovations- und Change-Projekte, Coaching und Kompetenzmanagement bilden die Schwerpunkte ihrer Beratungstätigkeit. Hierzu hat sie auch geforscht, publiziert, eigene Verfahren entwickelt und an verschiedenen Hochschulen im In- und Ausland gelehrt (u.a. seit 2001 als Lehrbeauftragte für Coaching an der Ludwig-Maximilians-Universität München).

Isabell Braumandl Diplom-Psychologin, Diplom-Ökonomin, Sportpsychologin, ist Geschäftsführerin des Coaching- & Beratungs-Centrums und Mitglied der Geschäftsleitung des Instituts für Überdruck-Medizin in Regensburg. Zudem ist sie wissenschaftliche Mitarbeiterin im Team der Abt. Arbeits-, Organisations- und Sozialpsychologie, Institut für Psychologie an der TU Braunschweig.

Nach dem Abitur studierte sie Betriebswirtschaft, Handelsökonomie und Psychologie. Sie ist seit 1987 in verschiedenen Führungs- und Beratungspositionen in der Wirtschaft (Handel, Bank, Gesundheitswesen) und dem Öffentlichen Dienst (Universität Regensburg) mit Projektverantwortung sowie als Coach tätig.

Ihre Arbeitsschwerpunkte bilden das Coaching von strategischen Führungskräften, Projektleitern, Unternehmern und Ärzten, act4team-Coaching®, die Erstellung von themen- und zielgruppenfokussierten Coaching-Konzepten sowie die Konzeption und Durchführung von Coachingausbildungen.

Seit 2003 ist sie als Lehrbeauftragte an der Universität Regensburg, der TU Braunschweig, der Universität Salzburg und der Evangelischen Hochschule Nürnberg tätig. Ihre laufende Dissertation beschäftigt sich mit der Konzeption und Evaluation einer Coachingausbildung, der Evaluation von Coachingprozessen sowie mit der Kompetenzentwicklungs- und Nachhaltigkeitssicherung.

Dr. Silke Weisweiler Diplom-Psychologin, M.A., studierte Psychologie und Betriebswirtschaftslehre sowie Pädagogik und Soziologie. Nach dem Studium promovierte sie im Bereich Managementtrainings und Evaluation.

Als Trainerin, Wirtschaftsmediatorin und als Coach ist sie seit vielen Jahren in Wirtschaft und Non-Profit Bereichen tätig. Seit 2007 ist sie Projektleiterin des Center for Leadership and People Management der Ludwig-Maximilians-Universität München.

Ihre Arbeitsschwerpunkte in Forschung und Praxis sind Führungskräfteentwicklung, Personalauswahl sowie Zeit- und Selbstkompetenzen.

Literatur

Burns, J. M. (1978). *Leadership*. New York: Harper & Row.

Gessler, M. (Hrsg.). (2009). *Kompetenzbasiertes Projektmanagement (PM3). Handbuch für die Projektarbeit, Qualifizierung und Zertifizierung auf Basis der IPMA Competence Baseline Version 3.0*. Nürnberg: GPM Deutsche Gesellschaft für Projektmanagement.

Judge, T. A., & Piccolo, R. F. (2004). Transformational and transactional leadership: A meta-analytic test of their relative validity. *Journal of Applied Psychology, 89*(5), 755–768.

Kuhrts, J., Braumandl, I., & Weisweiler, S. (2012). Das Selbstmanagement des Projektleiters. In M. Wastian, I. Braumandl, & L. von Rosenstiel (Hrsg.), *Angewandte Psychologie für das Projektmanagement. Ein Praxisbuch für die erfolgreiche Projektleitung* (S. 225–244). Berlin: Springer.

Lechler, T., & Gemünden, H. G. (1998). Kausalanalyse der Wirkungsstruktur der Erfolgsfaktoren des Projektmanagements. *Die Betriebswirtschaft, 58*(4), 435–450.

Locke, E. A., & Latham, G. P. (2002). Building a practically useful theory of goal setting and task motivation. *American Psychologist, 57*(9), 705–717.

Maier, G. W., & Hülsheger, U. R. (2012). Innovation und Kreativität in Projekten. In M. Wastian, I. Braumandl, & L. von Rosenstiel (Hrsg.), *Angewandte Psychologie für das Projektmanagement* (S. 247–262). Berlin: Springer.

Müller, R., & Turner, R. (2010). Leadership competency profiles of successful project managers. *International Journal of Project Management, 28*, 437–448.

Raelin, J. A. (2011). The end of managerial control? *Group & Organization Management, 36*(2), 135–160.

Rank, J., Pace, V. L., & Frese, M. (2004). Three avenues for future research on creativity, innovation, and initiative. *Applied Psychology: An international Review, 53*(4), 518–528.

Schelle, H., Ottmann, R., & Pfeiffer, A. (2008). *ProjektManager* (2). Nürnberg: GPM Deutsche Gesellschaft für Projektmanagement.

Schneider, M., & Wastian, M. (2012). Projektverläufe: Herausforderungen und Ansatzpunkte für die Prozessgestaltung. In M. Wastian, I. Braumandl, & L. von Rosenstiel (Hrsg.), *Angewandte Psychologie für das Projektmanagement. Ein Praxisbuch für die erfolgreiche Projektleitung* (S. 21–40). Berlin: Springer.

Shalley, C. E., & Gilson, L. L. (2004). What leaders need to know: A review of social and contextual factors that can foster or hinder creativity. *Leadership Quarterly, 15*(1), 33–53.

Solga, J., & Blickle, G. (2012). Macht und Einfluss in Projekten. In M. Wastian, I. Braumandl, & L. von Rosenstiel (Hrsg.), *Angewandte Psychologie für das Projektmanagement. Ein Praxisbuch für die erfolgreiche Projektleitung* (S. 146–164). Berlin: Springer.

Van de Ven, A. H., Polley, D. E., Garud, R., & Venkataraman, S. (1999). *The innovation journey*. New York, Oxford: Oxford University Press.

VDI-Gesellschaft Entwicklung Konstruktion Vertrieb (Hrsg.). (1993). *VDI 2221. Methodik zum Entwickeln und Konstruieren technischer Systeme und Produkte.* Berlin: Beuth Verlag.

von Rosenstiel, L., Braumandl, I., & Wastian, M. (2012). Einführung. In M. Wastian, I. Braumandl, & L. von Rosenstiel (Hrsg.), *Angewandte Psychologie für das Projektmanagement. Ein Praxisbuch für die erfolgreiche Projektleitung* (S. 1–17). Berlin: Springer.

Wang, G., Oh, I.-S., Courtright, S. H., & Colbert, A. E. (2011). Transformational leadership and performance across criteria and levels: A meta-analytic review of 25 years of research. *Group & Organization Management, 36*(2), 223–270.

Wastian, M. (in Vorbereitung). *Mikropolitik in Projekten – erfolgreiche Einflusstaktiken von Projektleitern*.

Wastian, M., Braumandl, I., & Dost, B. (2012). Projektcoaching als Weg zum erfolgreichen Projekt. In M. Wastian, I. Braumandl, & L. von Rosenstiel (Hrsg.), *Angewandte Psychologie für das Projektmanagement. Ein Praxisbuch für die erfolgreiche Projektleitung* (S. 97–117). Berlin: Springer.

Wastian, M., Schneider, M. et al. (2009, July 7–10). *Timeline Stakeholder Analysis (TSA) – identifying the whos, whens and hows for integrating stakeholders in innovation processes*. Paper presented at the 11th European Congress of Psychology ECP09, Oslo, Norway.

Wegge, J., & Schmidt, K.-H. (2012). Der Projektleiter als Führungskraft. In M. Wastian, I. Braumandl, & L. von Rosenstiel (Hrsg.), *Angewandte Psychologie für das Projektmanagement. Ein Praxisbuch für die erfolgreiche Projektleitung* (S. 207–224). Berlin: Springer.

Führung auf Distanz und E-Leadership – die Zukunft der Führung?

Guido Hertel und Laurens Lauer

Zusammenfassung

Die Führung von Mitarbeitern unter Einsatz elektronischer Medien (E-Leadership) gewinnt angesichts steigender Digitalisierung und Globalisierung von Arbeitsprozessen zunehmend an Bedeutung. Neben einer Reihe neuer, positiver Möglichkeiten führt der spezifische Charakter elektronisch vermittelter bzw. „virtueller" Zusammenarbeit jedoch auch zu ganz eigenen Herausforderungen, die es für eine erfolgreiche Praxis zu beachten gilt. Im Folgenden werden diese Vorteile und Herausforderungen analysiert, und bestehende Führungskonzepte auf ihre Eignung für E-Leadership hin diskutiert. Aufbauend auf diesen Ergebnissen werden spezifische Instrumente des E-Leadership vorgestellt und mit Bezug zu erfolgskritischen Faktoren beschrieben. Abschließend werden anhand eines fiktiven Beispiels aus der Praxis die Ausführungen veranschaulicht sowie ein Ausblick auf zukünftige Entwicklungen im Bereich von E-Leadership gegeben.

6.1 Einleitung

Electronic Leadership oder E-Leadership bezeichnet nicht einen konkreten Führungsansatz, sondern spezifische Kontextbedingungen von Führung und damit verbundene besondere Anforderungen an Führungsstrategien. Im vorliegenden Kapitel wird nicht ein einzelnes Führungskonzept vorgestellt, sondern mehrere Führungsstrategien diskutiert, die sich für elektronisch vermittelte Zusammenarbeit eignen.

G. Hertel (✉)
Westfälische Wilhelms-Universität Münster,
Münster, Deutschland
E-Mail: ghertel@uni-muenster.de; http://www.uni-muenster.de/OWMS/

Laurens Lauer
Wien, Österreich
E-Mail: Laurensll@hotmail.de

Avolio et al. (2000) definieren E-Leadership als Führung unter Einsatz elektronischer Medien. E-Leadership ist damit vor allem bei sog. „virtueller" Zusammenarbeit relevant, bei der Mitarbeiter an verschiedenen Standorten und/oder in verschiedenen Zeitzonen mittels elektronischen Kommunikations- und Kooperationstechnologien zusammen arbeiten (z. B. Bell und Kozlowski 2002; Hertel et al. 2005). Neben einer Reihe von Vorteilen für Unternehmen und Mitarbeiter ist virtuelle Kooperation jedoch auch mit spezifischen Herausforderungen verbunden, die Führungsverantwortliche berücksichtigen müssen (Hinds und Kiesler 2002; Konradt und Hertel 2007).

Die größte Herausforderung von E-Leadership liegt im geringen direkten Kontakt zwischen Führungskraft und Mitarbeitern (Kayworth und Leidner 2001). Dies betrifft neben Anforderungen an die Auswahl von Kommunikationsmedien (z. B. Maruping und Agrarwal 2004) vor allem motivationale Probleme. So kann die Bereitschaft zu Engagement und Vertrauen der Mitarbeiter infolge des reduzierten unmittelbaren („face-to-face") Kontakts der Akteure abnehmen (Hertel 2002). Zudem können Gefühle der Anonymität die soziale Kontrolle verringern und die Identifikation mit Kollegen oder einem Team und seinen Zielen beinträchtigen (Lea et al. 2001). Wenn Mitarbeiter den Eindruck haben, ihr persönlicher Beitrag sei nicht identifizierbar und könne bzw. werde nicht von Führungsverantwortlichen gewürdigt, nimmt die persönliche Motivation ab.

Eine weitere wichtige Herausforderung von E-Leadership besteht in der Koordination der Arbeitsprozesse. Die häufig hohe Anzahl unterschiedlicher Verknüpfungen der einzelnen Akteure führt nicht selten zu kürzeren und weniger antizipierbaren Interaktionssequenzen, die schwerer planbar sind (DeSanctis et al. 1999). Dies trifft besonders dann zu, wenn Mitarbeiter in mehr als eine Projekt- und damit Führungsstruktur eingebunden sind. In diesem Falle müssen nicht nur Arbeitsabläufe innerhalb einer Projektgruppe koordiniert werden, sondern auch zwischen verschiedenen Arbeitsgruppen oder sogar verschiedenen Organisationen. Dabei erfordert die Suche und Pflege sozialer Kontakte gerade in der virtuellen Zusammenarbeit aktiven Einsatz, da die Anzahl ungeplanter und informeller Zusammentreffen abnimmt (Konradt et al. 2000).

Führung mit elektronischen Medien bietet jedoch auch eine Reihe von Vorteilen. So ermöglicht E-Leadership häufig eine höhere Flexibilität und Führungsspanne, die Reduktion von Kosten sowie eine leichtere Dokumentation der Arbeitsprozesse und Ergebnisse. Experten können flexibel in die Struktur der Organisation integriert werden (z. B. in Form von „Freelancern") oder direkt mit Kunden und Zulieferern vor Ort arbeiten. Kosten für Reisen, Büroflächen, Trennungspauschalen etc. lassen sich einsparen. Telemedien ermöglichen zudem eine schnelle und gut dokumentierbare Form der Kommunikation ohne größere Medienbrüche und bieten daher eine gute Grundlage für (selbst)steuernde Eingriffe und Optimierung. Durch erhöhte Zeitsouveränität und erlebte Eigenverantwortlichkeit der Mitarbeiter können Zufriedenheit und Motivation verbessert werden (Hertel und Konradt 2004). Und nicht zuletzt kann der spezifische Charakter elektronischer Medien durch sachorientierte Diskussion und Reduktion sozialer Störeinflüsse Vorteile bei der Entwicklung von Ideen bieten (Griffith und Neale 2001).

Um diese Vorteile von E-Leadership zu nutzen, bedarf es allerdings neben Medienkompetenz der Beteiligten auch Führungsstrategien, die Vertrauen und Motivation der Mitarbeiter fördern. Dazu ist es notwendig, die Besonderheiten virtueller Zusammenarbeit zu verstehen und wichtige Einflussfaktoren und Hindernisse zu kennen. Dieser Beitrag diskutiert den aktuellen Stand der Forschung zum Thema virtueller Zusammenarbeit und leitet entsprechende Anforderungen und Instrumente für E-Leadership ab.

6.2 Hintergrund des E-Leadership

Virtuelle Zusammenarbeit ist geprägt durch vielschichtige Zusammenhänge: Technisches und soziales System beeinflussen sich gegenseitig. Die individuelle Wahrnehmung des Anderen, Gruppenidentifikation, Kommunikations- und Organisationsformen sowie Motivation und Vertrauen bilden sich ebenso in Abhängigkeit der technischen Möglichkeiten und Beschränkungen, wie diese durch die sozialen Faktoren an praktischer Relevanz gewinnen und innerhalb eines soziales Kontextes entwickelt werden (Avolio et al. 2000). Kernaufgabe des E-Leadership ist die Integration von Mensch und technischem Medium durch Beeinflussung der Einstellungen, Gefühle, des Verhaltens und der Leistung. Dies umfasst Aufgaben der Organisation zielorientierter Koordination arbeitsteiligen Handelns, der Motivierung von Mitarbeitern, der Förderung der sozialen Integration der Mitglieder in Teams, Abteilungen und Unternehmen sowie der Qualifizierung. In Erweiterung zu *personaler Einflussnahme* durch Kommunikationsprozesse können diese auch *struktureller Art* sein, wie z. B. durch standardisierte Prozessabläufe, Verfahrensregeln oder Anreizsysteme. Schließlich kann die Einflussnahme auch ohne direkte äußere Einflüsse selbst-referentiell vonstatten gehen. Man spricht dann von *Führung durch Selbststeuerung* (siehe hierzu Abschnitt C (VIII) „Geteilte Führung – Führung in und von Teams").

Im Folgenden werden zunächst traditionelle Führungsansätze hinsichtlich ihrer Eignung für E-Leadership und die Anforderungen virtueller Zusammenarbeit diskutiert. Ordnungsaspekt ist dabei der ansteigende Grad der Autonomie der Mitarbeiter. Danach werden dann Führungsinstrumente vorgestellt, die spezifisch für virtuelle Zusammenarbeit entwickelt worden sind.

6.2.1 Eignung traditioneller Führungsmodelle für E-Leadership

Das Thema Führung in elektronisch vermittelten bzw. computergestützten Arbeitskontexten ist in der Forschung divergent diskutiert worden, ihre Notwendigkeit wird in der jüngeren Vergangenheit jedoch kaum mehr bestritten (O'Neill et al. 2008). Folgende traditionelle Führungskonzepte sind in diesem Zusammenhang diskutiert und empirisch getestet worden:

Performance Monitoring Der Versuch, direktive Führung im Sinne von Steuerung und Kontrolle auch mittels elektronischer Medien zu realisieren, stellt das „Electronic Performance Monitoring" dar. Dieser Ansatz basiert auf umfassenden Leistungsaufzeichnungen zur Kontrolle der Mitarbeiter durch das jeweilige technische System, wie z. B. die

Dokumentation der Log-in-Zeiten, das Auszählen von produziertem Textmaterial oder auch das Überprüfen von Kundentelefonaten. Diese elektronische Überwachung erlaubt Führungskräften jederzeit Zugriff auf zentrale Leistungsindikatoren wie Arbeitstempo, Genauigkeit, Arbeitszeiten oder Kundenorientierung, weist aber einen deutlichen Anstieg des Stresserlebens der Mitarbeiter sowie einen negativen Einfluss auf Arbeitszufriedenheit und Leistung bei zunehmend komplexer werdenden Aufgaben auf (Aiello und Kolb 1995; Kahai et al. 1997). Ein sehr hohes Ausmaß an Kontrolle der Mitarbeiter symbolisiert nicht zuletzt ein geringes Vertrauen in diese, mit entsprechend negativen Auswirkungen auf deren Motivation und Commitment.

Management by Objectives Im Gegensatz dazu zeigen delegative Ansätze, die den Mitarbeitern mehr Autonomie und Partizipationsmöglichkeiten einräumen, auch bei virtueller Zusammenarbeit einen positiven Einfluss auf Motivation, Leistung und Arbeitszufriedenheit. Forschungsergebnisse zum Führungskonzept des „Management by Objectives" (MBO), das besondere Betonung auf Zielvereinbarungen, Partizipation und Feedback legt (Odiorne 1986), belegen diesen Zusammenhang deutlich bei konventioneller Arbeit (z. B. Rodgers und Hunter 1991). In einer ersten Feldstudie mit Telearbeitern konnte gezeigt werden, dass die Qualität von MBO, eingeschätzt durch die Telearbeiter, auch hier ein signifikanter Prädiktor für Stresserleben und Arbeitszufriedenheit war (Konradt et al. 2003). Zudem zeigten sich positive Zusammenhänge zwischen der wahrgenommenen Qualität von Zielvereinbarungsprozessen und dem Erfolg von virtuellen Teams (Hertel et al. 2004b).

Neben Zielvereinbarungen ist adäquates und regelmäßiges Feedback ein weiterer wichtiger Bestandteil delegativer Führungsansätze. Der Inhalt von Feedback kann dabei leistungsbezogen oder sozio-emotional sein. Beide Arten zeigten positiven Einfluss sowohl auf die Leistung, die soziale Interaktion als auch Motivation und Zufriedenheit von Mitarbeitern in virtuellen Arbeitskontexten (z. B. Weisband 2002).

Transaktionale und transformationale Führung Studien zur transaktionalen und transformationalen Führung in virtuellen Arbeitskontexten verdeutlichen die Relevanz sozioemotionaler Faktoren, wie (Selbst-)Vertrauen, Integrität und Motivation (Braga 2008). Die Mitarbeiter erwarten gerade bei räumlicher und/oder zeitlicher Distanz von der Führungskraft klare Kommunikation, Transparenz und Fairness. Obwohl transformationale Führung auf Distanz schwieriger umzusetzen ist als transaktionale Führung (Howell et al. 2005), so kann transformationale Führung aufgrund seiner breiteren und langfristigeren Ausrichtung gerade auch bei E-Leadership Vorteile haben. Führungskräfte haben z. B. mittels elektronischer Medien ganz neue Möglichkeiten, ihre Visionen zeitnah, regelmäßig und standortübergreifend an die gesamte Belegschaft zu vermitteln, und durch regelmäßige Informationen, Aktualisierungen, Fallgeschichten etc. zu untermauern (vgl. Avolio und Kahai 2003; Purvanova und Bono 2009). Ähnliche Möglichkeiten bestehen für die übrigen Dimensionen transformationaler Führung. Voraussetzung hierfür ist allerdings Offenheit und Kreativität von Führungskräften, das neue Potenzial elektronischer Medien zu erkunden und weiter zu entwickeln. Empirische Forschung hierzu steht noch aus.

Selbststeuerung/Shared Leadership Während delegative Führungskonzepte nach wie vor einen formalen Teammanager erfordern, ist es auch denkbar, dass sich Mitarbeiter in räumlich und/oder zeitlich verteilten Arbeitskontexten selbst steuern. So sind in großen Konzernen zentrale Funktionen wie z. B. der Einkauf häufig bereichsübergreifend organisiert, um durch größere Margen Preisvorteile zu erzielen. Gerade für bereichsübergreifende Teams kann es geeigneter sein, anstelle eines einzelnen Teammanagers aus einem bestimmten Bereich die verschiedenen Führungsfunktionen im Team aufzuteilen. Auch hier sind allerdings Klarheit der Ziele, das Fehlen von Zielkonflikten sowie das Ausmaß an Feedback wichtige Erfolgsfaktoren (Hertel et al. 2002). Ebenso belegen Beispiele im Bereich der „Open Source"-Softwareentwicklung, dass eine hohe Selbststeuerung selbst bei Anonymität der Beteiligten möglich sein kann (Hertel et al. 2003), doch weisen auch diese Projekte ein Minimum an struktureller Steuerung auf (Lerner und Tirole 2002).

Insgesamt lässt sich festhalten, dass delegative Prinzipien und Führungsinstrumente für virtuelle Kooperation geeigneter sind als direktive Führungsansätze wie „Electronic Performance Monitoring", das kaum ohne negative Effekte auf erlebten Stress und Arbeitszufriedenheit implementiert werden kann. Die Übernahme (eines Teils) von Führungsaufgaben durch die Mitarbeiter sowie eine relativ hohe Autonomie und Selbstständigkeit ermöglichen es Mitarbeitern besser, zeitnah und flexibel auf Herausforderungen im beruflichen Alltag einzugehen, vorausgesetzt sie haben klare Zielvorgaben und entsprechende Unterstützung durch das Management. Die produktive Umsetzung dieser Prinzipien und der Erfolg virtueller Kooperation hängen darüber hinaus maßgeblich von der Verantwortungsbereitschaft und der Selbststeuerungsfähigkeit der Mitarbeiter ab.

Erfolgreiche Strategien des E-Leadership umfassen vor diesem Hintergrund vor allem die Bereitstellung entsprechender Rahmenbedingungen: Statt Steuerung gilt es, den Mitarbeitern unterstützend und beratend zu Seite zu stehen und Motivation und Vertrauen zu sichern (Hertel und Konradt 2004). Diese Aufgaben erfordern Führungsinstrumente, die an die Dynamik und den spezifischen Charakter virtueller Kooperation und virtueller Teams angepasst sind.

6.3 Spezifische Module des E-Leadership

Neben der Anpassung traditioneller Führungskonzepte für virtuelle Zusammenarbeit wurden in den letzten Jahren Führungsinstrumente speziell für einzelne Herausforderungen virtueller Zusammenarbeit entwickelt. Im Folgenden werden einige dieser Module beschrieben, die erfolgskritische Faktoren der Kooperation auf Distanz in ihren Ansatz integrieren.

Management by Interdependence Das Konzept des Management by Interdependence (Hertel et al. 2004b) basiert auf der Grundidee, die räumliche und zeitliche Distanz zwischen Mitarbeitern in virtuellen Teams durch eine Steigerung der erlebten Zusammengehörigkeit zu kompensieren. Das Instrument spricht drei Ebenen der Arbeitsorganisation an: 1) Aufgabeninterdependenz, 2) Zielinterdependenz und 3) Ergebnisinterdependenz:

1. *Aufgabeninterdependenz.* Mit der Verflechtung der verschiedenen Teilaufgaben steigt die Notwendigkeit für Mitarbeiter, miteinander zu kommunizieren und sich abzustimmen. Dies erleichtert nicht nur das gegenseitige Kennenlernen sondern fördert auch die Wahrnehmung der Bedeutung des Anderen für den Teamerfolg. Vor allem zu Begin der Zusammenarbeit zeigt dieser Effekt seine positive Wirkung (Hertel et al. 2004b). Fällt diese Form der Interdependenz jedoch zu hoch aus, können Abstimmungskonflikte und der damit verbunden Aufwand die Vorteile wieder egalisieren. Um dieses Konfliktpotenzial zu reduzieren, kann es daher sinnvoll sein, die verschiedenen Aufgaben nach anfänglich starker Interdependenz zu modularisieren.
2. *Zielinterdependenz.* Je höher die Gemeinsamkeit der Ziele für die einzelnen Mitarbeiter ist, desto höher sollte die Wahrscheinlichkeit ausfallen, dass der Erfolg der Zusammenarbeit für alle als persönlich wichtig empfunden wird. Eine enge Verflechtung der individuellen Ziele fördert die Identifikation der Teammitglieder und unterstützt das Vertrauensklima. Die zentrale Aufgabe der Führung liegt darin, die gemeinsamen Ziele trotz räumlich/zeitlicher Distanz präsent zu halten und immer wieder ins Bewusstsein der Mitarbeiter zu bringen. Es gilt, in der partizipativen Zielvereinbarung gemeinsame und herausfordernde Teilziele klar zu formulieren und mit zeitnahem und unterstützendem Feedback Fortschritt und Ziele rückzumelden.
3. *Ergebnisinterdependenz.* Die Betonung von gemeinsamen Resultaten und der kollektiven Ergebnisverantwortung stellt die dritte Option des Management by Interdependence in virtuellen Teams dar. Gemeinsame Aktivitäten und Anreize (z. B. gemeinsame Restaurantbesuche), die in Abhängigkeit vom gemeinsamen Erfolg in Aussicht gestellt und zelebriert werden, sollen ein Gemeinschaftsgefühl und Engagement auch über die Distanz erzeugen. Die Schaffung von Ergebnisinterdependenz unterstreicht, dass alle Beteiligten „im selben Boot sitzen" und fördert die Identifikation mit dem Projekt und das Engagement.

Wie in Abb. 6.1 dargestellt, haben die verschiedenen Ebenen des „Management by Interdependence" Einfluss auf vier grundlegenden Motivationskomponenten, die auf Grundlage sozialpsychologischer Theorien abgeleitet und zu einem integrativen Modell motivationaler Prozesse in Gruppen weiterentwickelt wurden (Hertel 2002): 1) Valenz, 2) Instrumentalität, 3) Selbstwirksamkeit und 4) Teamvertrauen. Dieses Konzept – in Anlehnung an die verschiedenen Komponenten „VIST-Modell" genannt – dient der Einschätzung von motivationalen Prozessen einzelner Mitarbeiter bzw. Teammitglieder sowie der Ableitung korrektiver Maßnahmen (vgl. Abb. 6.2). 1) Die erste Komponente (Valenz) bezieht sich auf die Bewertung der Arbeits- bzw. Teamziele durch die einzelnen Mitarbeiter, 2) die zweite Variable (Instrumentalität) auf die erlebte Bedeutung des persönlichen Beitrags für die Erreichung der Projektziele, 3) die dritte Variable (Selbstwirksamkeit) auf die wahrgenommenen persönlichen Fähigkeiten, die anfallenden Arbeiten bewältigen zu können, und 4) die vierte Variable (Teamvertrauen) auf die Erwartung der Mitarbeiter, dass die anderen Beteiligten (Führungskräfte und KollegInnen) sowie die unterstützenden technologischen Systeme zuverlässig arbeiten.

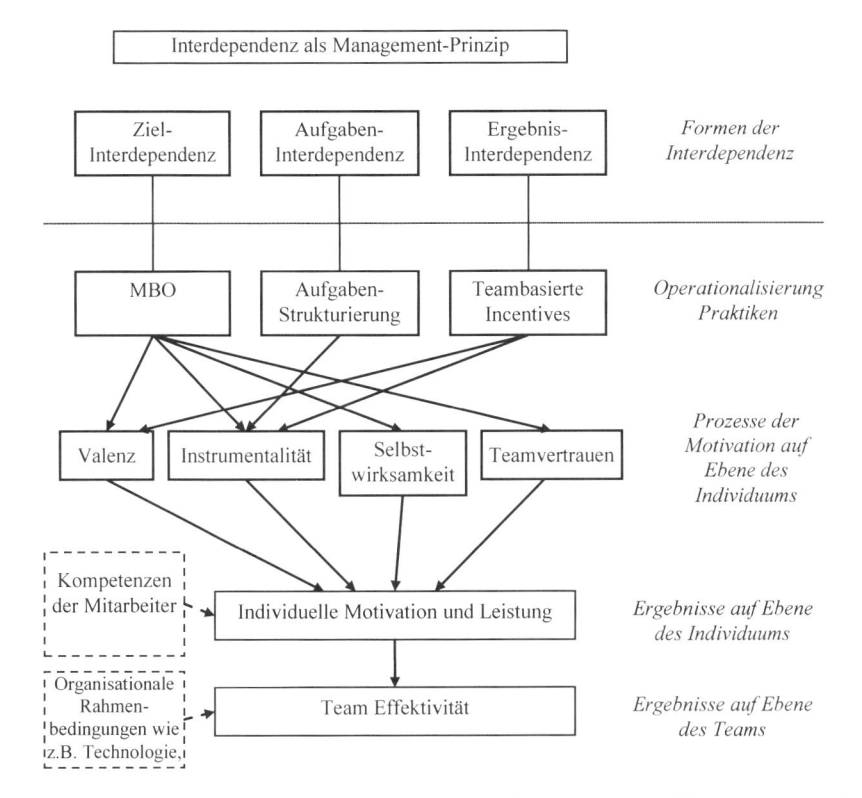

6 Führung auf Distanz und E-Leadership – die Zukunft der Führung?

Abb. 6.1 Der Einfluss des Management by Interdependence auf Teameffektivität. (Nach Hertel et al. 2004b)

Die vier verschiedenen Komponenten werden als maßgebliche Einflussfaktoren für die Motivation der einzelnen Mitarbeiter gesehen und liefern in einem kontinuierlichen Monitoring wertvolle Hinweise auf Fehlentwicklungen (vgl. Hertel et al. 2004b; Hertel und Konradt 2004). Zur Diagnose können sowohl Fragebögen als auch qualitative Interviews eingesetzt werden. Obwohl dieses Modell auch für konventionelle („face-to-face") Kontexte anwendbar ist, eignet es sich insbesondere für ortsverteilte Führungskontexte, da Probleme größerer Isolation der Mitarbeiter und die damit verbundene Reduzierung von Motivation und Vertrauen berücksichtigt werden.

Das VIST-Modell konnte in ersten empirischen Studien in virtuellen Arbeitskontexten erfolgreich validiert werden (z. B. Hertel et al. 2003, 2004b) und trägt zum Verständnis der psychologischen Wirkmechanismen von Führungstechniken bei, die die Motivation von Mitarbeitern bei räumlicher und/oder zeitlicher Distanz beeinflussen (Zielsetzungsprozesse, Aufgabengestaltung, Gestaltung von Anreizsystemen, etc.).

Online-Feedback Systeme Eine weitere wichtige Aufgabe von E-Leadership ist Feedback, sowohl für die Koordination der Arbeitsprozesse als auch für die Motivation und Weiterentwicklung der Mitarbeiter. Feedback lässt sich anhand verschiedener Aspekte

Motivations-komponenten	Diagnosefragen
Valenz	Wie wichtig sind dem Mitarbeiter die Hauptziele des Teams?
Instrumentalität	das Team?
Selbstwirksamkeit	Wie gut glaubt der Mitarbeiter den Aufgaben im Team gewachsen zu sein?
Teamvertrauen	Wie sehr glaubt der Mitarbeiter, dass die anderen Teammitglieder ihre Aufgaben erfüllen?

Abb. 6.2 Diagnosefragen des VIST-Modells in virtuellen Teams. (Hertel 2002)

strukturieren: Es kann zwischen ergebnis- und prozessorientiertem Feedback unterschieden werden, welches vom individuellen bis hin zum kollektiven Aggregationszustand reichen kann. Des Weiteren lassen sich bottom-up, top-down und Feedback untereinander im Sinne des peer-group Gedankens sowie Evaluation und Entwicklung als Zielsetzung unterscheiden.

Eine hohe Bedeutung in der Zusammenarbeit auf Distanz kommt dem Feedback auf Prozessebene zu. Zum einen leidet gerade die virtuelle Zusammenarbeit unter einem Defizit an Informationen auf dieser wichtigen Ebene. Zum anderen hat Prozess-Feedback einen signifikanten Einfluss auf die individuelle Zufriedenheit und Motivation der Mitarbeiter, die wichtige Einflussfaktoren für die (Team)Leistung virtueller Kooperation sind (Geister et al. 2006). Sog. „Online-Feedbacksysteme", also Feedbacksysteme die über elektronische Netzwerkstrukturen (Intranet etc.) Rückmeldungen zu Arbeitsprozessen liefern, bieten hier eine interessante Alternative. Sie zeigen nicht nur, wie wichtige Führungsaufgaben durch elektronische Tools realisiert werden können, sondern auch, dass elektronische Führungsinstrumente manchmal zu besseren Ergebnissen führen können als ihre herkömmlichen Varianten. Online Feedbacksysteme sind in der Regel in die genutzte Arbeits-Software integriert und somit jederzeit für die Mitarbeiter zugänglich. Darüber hinaus können sie sehr schnell durch die Führungskraft aktualisiert werden oder aber basieren auf Informationen, die das System selbstständig sammelt und aktualisiert. Damit sind Online-Feedbacksysteme schneller, zuverlässiger und flexibler als traditionelles Feedback zum Arbeitsprozess. Darüber hinaus unterstützen Online Feedbacksysteme die Selbststeuerungsfähigkeit von Mitarbeitern und Teams. In einer Studie mit virtuellen Teams (Geister et al. 2006) wurden bspw. Indikatoren der Motivation und Zielverfolgung aus Sicht von Teammitgliedern durch ein Online Feedbacksystem wöchentlich erhoben und virtuellen Teams in aggregierter Form zurück gemeldet. Die Teams erhielten so zuverlässige Informationen über soziale Prozesse im Team, die es ihnen ermöglichten, bei Fehlentwicklungen (z. B. Verlust des Vertrauens im Team) entsprechend frühzeitig gegen zu steuern. Virtuelle Teams, die dieses Online Feedbacksystem einsetzten, waren erfolgreicher als Teams, die ohne das Feedbacksystem arbeiteten. Dabei wirkte sich das Online-Feedbacksystem vor allem auf die Anstrengungsbereitschaft der weniger motivierten Teammitglieder aus. Zum einen gewährt Online-Feedback dem Einzelnen Sicherheit über die Motivation und den Einsatz seiner

Kooperationspartner. Zum anderen ermöglicht bzw. erleichtert der direkte Vergleich die Wahrnehmung eigener Defizite, die seitens der Betroffenen im Sinne eines Angleichens zu verstärkten Anstrengungen führen (ausführlicher s. Geister et al. 2006). Prozessbezogenes Feedback, das in elektronische Kommunikationssysteme integriert ist, stellt daher ein wichtiges Instrument für E-Leadership dar.

Schaffung eines gemeinsamen Kontextes E-Leadership bzw. virtuelle Kooperation ist aufgrund räumlicher und zeitlicher Distanz häufig durch unterschiedliche Arbeitsumfelder der Beteiligten geprägt, die im Gegensatz zur face-to-face Zusammenarbeit für die Partner schwieriger zu verstehen sind. So ist z. B. für eine Führungskraft nicht immer einsehbar, wie belastend die aktuelle Lärmbelästigung am Arbeitsplatz seiner Mitarbeiter ist, oder aber welche Aufgaben ein Mitarbeiter aufgrund anderer Verpflichtungen zusätzlich hat. E-Leadership zeigt sich deshalb anfällig für Kommunikationsfehler, ungleiche Verteilung von Informationen, Differenzen über die Relevanz von Informationen, verschiedene Zeit- und Geschwindigkeitsvorstellungen und Praktiken sowie für Unsicherheit bei „Kommunikationsstille" (Cramton 2002). Dies kann zu erheblichen Störungen in der Zusammenarbeit führen, da das gegenseitige Vertrauen stark von der korrekten Zuschreibung („Attribution") von Verhalten und Arbeitsergebnissen abhängt. Die Beurteilung negativer Ereignisse weist insbesondere bei ortsverteilter Zusammenarbeit eine typische Ungleichheit auf: Während der Verursacher meist das Problem durch sein Wissen über die externen Umstände erklären kann, verorten entfernt arbeitende KollegInnen bzw. Führungskräfte die Ursache häufig in der betreffenden Person (Cramton 2002). Die Analyse der Arbeitssituation(en) und die Schaffung eines gemeinsamen Kontextes ist daher elementarer Bestandteil von E-Leadership. Es lassen sich mit Cramton (2002) fünf zentrale Aspekte eines gemeinsamen Kontexts identifizieren:

1. Die Verfügbarkeit der Mitarbeiter (z. B. Arbeits- und Urlaubszeiten, Teilzeitbeteiligung) sollte angepasst oder über entsprechende Regelungen organisiert werden. Die Informationen müssen den Beteiligten, z. B. im Intranet, online zugänglich sein.
2. Der Gegenstand der Zusammenarbeit und der relevante Kontext sollten den Beteiligten klar sein. Viele Probleme oder Fragen erschließen sich erst in der vom Sender intendierten Botschaft vor dem Hintergrund des Kontextes. Ein gemeinsames Verständnis ist wiederum notwendiger Bestandteil effektiver Kommunikation. Ein Mangel an entsprechenden Informationen führt schnell zu Missverständnissen und Misstrauen gegenüber Kollegen und Mitarbeitern. So hilft es z. B. Prioritäten als solche zu kennzeichnen oder bei Unsicherheiten bzw. Problemen statt Vermutungen die aktive Zusammenarbeit zu suchen.
3. Zentrale lokale Einflüsse und Beschränkungen, sowohl technischer als auch sozialer Natur (z. B. technische Standards, Zuständigkeiten, Belastungsspitzen), gilt es zu analysieren und in die Arbeitsorganisation zu integrieren. Dies ist besonders in der Anfangsphase ein wichtiger Aspekt.
4. Kommunikationsmittel und – normen sollten auf gemeinsamer Basis entwickelt werden, um z. B. ganz allgemein die gegenseitige Erreichbarkeit zu sichern. Zudem ist es

Situationsspezifika	Anforderungen an Kommunikationsmedien
Je komplexer das Thema,	desto reichhaltiger sollte das Medium sein.
Je höher die aufgabenbezogene Abhängigkeit der Teammitglieder,	desto häufiger sollte kommuniziert werden.
Je größer die kulturelle oder berufliche Heterogenität im Team,	desto reichhaltiger sollte das Medium sein.
Je ähnlicher die Ansichten und je klarer die Ziele,	desto einfacher kann das Medium sein.
Wenn reichhaltige Medien nicht erforderlich sind,	dann sollte das ökonomischste Medium gewählt werden.
Verbleibende Wahlmöglichkeiten	werden durch persönliche Präferenzen bestimmt.

Abb. 6.3 Implikationen auf Basis des Media-Rich-Modells. (Hertel und Orlikowski 2009)

sinnvoll, die Mitarbeiter für typische Störungen und Missverständnisse des jeweiligen Kommunikationsmittels zu sensibilisieren.
5. Kommunikations- und Arbeitstempo sollten geplant und vor allem bei komplexeren Aufgabenstellungen auf einander abgestimmt werden. Es empfiehlt sich, entsprechende Informationen über Aktivitäten der gesamten Arbeitsgemeinschaft und entsprechender Gruppierungen für alle Beteiligten zur Verfügung zu stellen.

Task-Technology Fit Die potenziellen Vor- und Nachteile, welche sich aus der Nutzung verschiedener elektronischer Medien ergeben, hängen nicht zuletzt von der Wahl des jeweiligen Kommunikationsmediums ab. Dazu sollten verschiedene Faktoren berücksichtig werden. Auswahlheuristiken, die dem Anwender eine Orientierung geben, leiten die Wahl des Kommunikationsmediums vor allem nach Anlass der Kommunikation ab. Das bekannte Media-Richness-Modell (Daft und Lengel 1986; Maruping und Agrarwal 2004) differenziert nach Unsicherheit und Mehrdeutigkeit einer Situation und der Reichhaltigkeit des Mediums, bestimmt durch den Umfang der übermittelbaren Informationen pro Zeiteinheit, die Zahl der Kommunikationskanäle und die Unmittelbarkeit des Feedbacks. Als Entscheidungsregel gilt: Je höher die Unsicherheit oder Unklarheit einer Situation, desto reichhaltiger sollte das Medium sein (s. Abb. 6.3).

6.4 Relevanz für die Praxis

Die Relevanz für die Praxis wired an dem Beispiel einer mittelgroßen Bank beschrieben (Hertel und Orlikowski 2009). Eine mittelgroße Bank prüft in Zusammenarbeit mit einer Unternehmensberatung ihre Aufbauorganisation und die die Höhe der Verwaltungskosten, um kostensenkende Maßnahmen zu entwickeln. Es wird ein Projektteam zusammengestellt, bestehend aus vier externen Beratern, einem Projektleiter aus dem Kreis der eigenen Führungskräfte, der allerdings nicht unmittelbar von den Ergebnissen des Projektes betroffen ist, sowie zwei Mitarbeiter aus dem Controlling, die die Berater mit Informationen versorgen sollen.

Die Berater sind Mitglieder verschiedener Standorte, die aufgrund ihrer zeitlichen Verfügbarkeit ausgewählt wurden und die ein virtuelles Beraterteam bilden. In einem ersten Meeting des Beraterteams, des internen Projektleiters, der zwei Mitarbeiter des Controllings und der Fachbereichsleiter, deren Bereiche betroffen sind, werden die allgemeine Vorgehensweise sowie die Form der Kommunikation und Abstimmung der Projektergebnisse beschlossen. Zeit für ein persönliches Kennenlernen bleibt nicht, das Meeting ist insgesamt jedoch von einer positiven Stimmung geprägt. Es wird, unter anderem aus ökonomischen und zeitlichen Gründen vereinbart, dass es keiner weiteren Zusammentreffen bis zur Ergebnispräsentation bedarf.

Die Kommunikation zwischen Bank und Beratern läuft ausschließlich über E-Mail, über eine gesicherte Serververbindung zum Austausch von Dateien sowie per Fax und Telefon. Interviews mit den Bankmitarbeitern werden telefonisch durchgeführt, so dass eine persönliche Anwesenheit der Berater nicht notwendig erscheint. Diese Form der Kommunikation führt bei einigen Führungskräften im Unternehmen jedoch zum dem Gefühl, das Projekt werde „oberflächlich" und nicht angemessen seitens der Berater behandelt. Zudem entstehen Gerüchte, die Aufgabe des Projektes bestehe lediglich in der „externen Legitimation" eines bereits entschiedenen Personalabbaus. Die Berater wundern sich über eine zunehmende Abkühlung des Umgangs am Telefon und in den E-Mails, die Gründe für diese Entwicklung können sie jedoch nicht ausmachen.

Erschwert wird die Zusammenarbeit durch Unsicherheiten über den richtigen Austausch von Daten zwischen der Bank und den Beratern. Als der interne Projektleiter der Bank erfährt, dass Daten ohne sein Wissen zwischen Mitarbeitern der Bank und einem Berater ausgetauscht wurden, kommt es zum Eklat. Obwohl der Berater lediglich den internen Projektleiter entlasten wollte, empfindet dieser das Verhalten als Vertrauensbruch und reagiert mit vermehrten Kontrollbemühungen auf den Vorfall. In der Folge nimmt die anfängliche Kooperationsbereitschaft der Bankmitarbeiter weiter stark ab: notwendige Daten und Informationen werden nicht oder nur nach mehrfacher Absicherung herausgegeben. Anfragen nur über den offiziellen, zeitaufwändigen Weg bearbeitet und relevante Daten im falschen Format oder ohne wichtige Erläuterungen bereitgestellt.

Die Berater müssen nun mit einer reduzierten Datengrundlage mit deutlich schlechterer Qualität arbeiten als es eigentlich möglich wäre. Der vereinbarte Termin zur Ergebnispräsentation muss verschoben werden, und die verspätete Abschlusspräsentation in der Bank ist durch starkes Misstrauen und scharfe Kritik geprägt. Die Bank bewertet das Projektmanagement als unzureichend und unprofessionell und stellt die Verwertbarkeit der Ergebnisse in Frage. Das Projekt gilt vorläufig als gescheitert.

Zentrale Erfolgsfaktoren von E-Leadership sind, wie das obige Beispiel zeigt, neben einer effizienten und angemessenen Kommunikation, die Aufrechterhaltung von Motivation und Vertrauen durch geeignete Rahmenbedingungen und eine begleitende Beratung. Diesem Ansatz folgend lassen sich eine Reihe kritischer Aspekte virtueller Kooperation identifizieren:

- Neben den fachlichen Kompetenzen der Mitarbeiter sollten bei der Zusammensetzung von virtuellen Projektteams stets auch die sozialen Fähigkeiten der Beteiligten berücksichtigt werden. Dazu zählen vor allem Kooperationsfähigkeit, Lernbereitschaft, Flexibilität, Kreativität, Durchhaltevermögen und Eigenverantwortung. Nicht zuletzt erfordern virtuelle Teams aufgrund ihrer häufig heterogenen Zusammensetzung ein hohes Maß an Toleranz gegenüber anderen Sicht- und Arbeitsweisen (Hertel et al. 2006).

- Zur Schaffung von Vertrauen und Teamidentifikation über Distanz erscheint die Möglichkeit des persönlichen Kennenlernens zu Beginn des Projekts, eventuell regelmäßige Treffen und eine klare Kommunikationsstruktur, sinnvoll. Ein strukturelles Konzept zur Förderung und Sicherung von Vertrauen und Motivation stellt der Ansatz des Management by Interdepence dar (Hertel et al. 2004b).
- Der frühe und sensible Umgang mit Konflikten stellt eine wichtige Herausforderung für den Erfolg virtueller Zusammenarbeit dar. Dazu sollten im Vorfeld entsprechende Deeskalationsregelungen vereinbart werden. Eine ausgeprägte Partizipation bei der Festlegung dieser Regelungen ist ein wichtiger Faktor für die Akzeptanz dieser Regeln.
- Nicht zuletzt stellt die überlegte Wahl des Kommunikationsmediums bzw. der Kommunikationsmedien in Abhängigkeit von Situation und Aufgabe eine wichtige Voraussetzung für eine erfolgreiche Kooperation dar. Wie im fiktiven Beispiel illustriert, können verschiedene Medien die Entstehung von Problemen mindestens begünstigen oder sogar verursachen.

6.5 Ausblick: Was bedeutet das für die Zukunft der Führung?

Die Konzeption bzw. Diskussion von E-Leadership steckt aktuell noch in den Anfängen. Während noch vor einiger Zeit die Notwendigkeit spezifischer Führungsstrategien für ortsverteilte Zusammenarbeit generell bezweifelt wurde, zeigt die Erfahrung in vielen Unternehmen mittlerweile einen großen Bedarf für angepasste Managementkonzepte oder aber zusätzliche Führungsinstrumente. Entsprechend wichtig ist es, die Forschung zu Führung auf Distanz und E-Leadership auf Basis schlüssiger Konzeptionen und empirischer Validierungsdaten fortzusetzen. Dabei erscheint ein modularisierter Ansatz (Baukastenprinzip), wie im obigen Abschnitt skizziert, erfolgsversprechender als ein spezifisches Führungsmodell. Die rapide Entwicklung und Ausdifferenzierung neuer Arbeitsformen erfordert sehr flexible Führungsstrategien, die je nach Art und Ausprägung von Virtualität (hohe räumliche Distanz, hohes Ausmaß an elektronisch vermittelter Kommunikation, geringe Synchronizität von Arbeit, überschneidende Führungsstrukturen aus verschiedenen Organisationen, etc.; vgl. Krumm und Hertel, in Druck) unterschiedliche Strategien als sinnvoll erscheinen lassen.

Gleichzeitig gibt es eine Reihe von Grundprinzipien, die allen Facetten von E-Leadership gemeinsam sind und sich unmittelbar aus der Art des interpersonalen Kontakts zwischen Führungspersonen und Mitarbeitern ergeben:

- Wechsel von einer direktiven hin zu einer partizipativen und unterstützenden Grundhaltung der Führungskräfte.
- Steigende Bedeutung sozioemotionalen Beziehungsmanagements;u. a. zur rechtzeitigen Erkennung von Fehlentwicklungen.
- Förderung von Selbständigkeit der Mitarbeiter auch im Sinne eines verantwortlichen Selbstmanagements.
- Medienkompetenz, insbesondere in Bezug auf elektronische Kommunikationsmedien; dabei geht es nicht nur darum, wie verschiedene Tools technisch funktionieren, sondern vor allem auch was ihre sozio-emotionalen Wirkungen sein können; d. h. wie und wann sie sinnvoll eingesetzt werden sollten.
- Interesse an technologischen Entwicklungen und Offenheit für neue Arbeitsformen – allerdings nicht um jeden Preis, sondern nach kritischer Abwägung von Zeit und Kosten (auch für die Mitarbeiter) und potenziellen Gewinnen.

Zukünftige Trends im Bereich von E-Leadership werden sicherlich die bisherige Entwicklung hin zu mehr Partizipation, Delegation und Eigenverantwortung fortsetzen. Neben der reduzierten physischen Präsenz der Führungskraft vor Ort besteht ein großer Vorteil virtueller Kooperation in der gesteigerten Verfügbarkeit von Informationen für die Mitarbeiter, sowohl in Bezug auf Menge als auch auf Schnelligkeit. Mitarbeiter in virtuellen Strukturen wissen in der Regel mehr und sind schneller informiert als Mitarbeiter in traditionellen Arbeitsstrukturen, und nutzen auch ihre externen Netzwerke. Daher ist es sinnvoll, diese Vorteile durch passende Führungsstrategien zu nutzen und auszubauen.

Damit eng zusammen hängt die zunehmende Überlappung von firmeninternen und sozialen (Online-) Netzwerken, die abgesehen von sicherheitsbezogenen Schwierigkeiten großes Potenzial für Innovation und Wissensmanagement besitzen („Crowd-Sourcing"). Netzwerkmodelle bieten aber auch interessante Analyseansätze für implizite Führungsstrukturen, die über explizite Prozessanalysen oder Organigramme hinausgehen (Lipnack und Stamps 2008). Dabei zeigt sich u. a., dass virtuelle im Vergleich zu herkömmlichen Strukturen besonders häufig mit Heterogenität einhergehen, die entsprechend berücksichtigt werden muss. Diese Heterogenität entsteht nicht nur aufgrund der leichteren Integration externer (bspw. internationaler) Partner in virtuellen Strukturen, sondern auch aufgrund der unterschiedlichen Vorerfahrung mit elektronischen Medien („digital natives" vs. „digital immigrants").

Eine dritte zentrale Frage für die zukünftige Entwicklung von E-Leadership betrifft die persönlichen Voraussetzungen und Kompetenzen (vgl. Hertel et al. 2006; Krumm und Hertel in Druck). Abgesehen von ersten Auflistungen wichtiger Kompetenzen fehlt es hier noch an empirisch abgesicherter Forschung.

Die veränderten Führungsaufgaben sollten rechtzeitig Eingang in entsprechende Personal- und Führungskräfteentwicklungsmaßnahmen finden (bspw. Hertel et al. 2004a). Der richtige Einsatz elektronischer Kommunikationsmedien oder die Lösung von Konflikten und Wiederherstellung von Vertrauen lassen sich nur unvollständig in einem eintägigen Workshop vermitteln. Dasselbe gilt für Selbstmanagementkompetenzen von Mitarbeitern in virtuellen Kooperationsstrukturen. Der weiterhin ansteigende Trend zu mehr Digitalisierung und Virtualisierung von Arbeitsprozessen bietet neben den genannten Herausforderungen interessante Chancen, Persönlichkeitsförderlichkeit im Sinne hoher Autonomie und Selbständigkeit bei der Arbeit umzusetzen, so lange die Mitarbeiter entsprechend vorbereitet und unterstützt werden. E-Leadership sollte, wie andere partizipative Führungsansätze auch, nicht für kurzfristige Einsparungen und Vermeidung von Führungsverantwortung stehen. Dies würde das vorhandene Potenzial von E-Leadership verspielen.

Autorbeschreibung

Prof. Dr. Guido Hertel, Jg. 1963, hat Psychologie und Soziologie an der Universität Gießen studiert und danach Lehr- und Forschungstätigkeiten an den Universitäten Gießen, Heidelberg (Promotion), Mannheim, Kiel (Habilitation) sowie der Michigan State University (USA) ausgeübt. Von 2004–2008 war er Professor für Arbeits-, Betriebs- & Organisationspsychologie an der Universität Würzburg, und ist seit 2008 Lehrstuhlinhaber für Organisations- und Wirtschaftspsychologie an der Westfälischen Wilhelms-Universität Münster. Forschungsschwerpunkte seiner Arbeit sind u. a. Führung und Training virtueller Kooperation, Motivationsmanagement in Teams sowie Electronic Human Resource Management. Neben seiner universitären Tätigkeit arbeitet Prof. Dr. Hertel auch als Berater für Organisationen. E-Mail: ghertel@uni-muenster.de; Homepage: http://www.uni-muenster.de/owms

Laurens Lauer, geb. 1985, Studium der Sozialwissenschaften und Volkswirtschaft an der Universität Marburg. Derzeit im Masterstudium der Soziologie in Wien. Seit 2007 begleitend wissenschaftlicher Mitarbeiter der Unternehmensberatung Dr. Sven Grote.

Literatur

Aiello, J. R., & Kolb, K. J. (1995). Electronic performance monitoring and social context: Impact on productivity and stress. *Journal of Applied Psychology, 80,* 339–353.
Avolio, B. J., & Kahai, S. S. (2003). Adding the "E" to E-leadership: How it may impact your leadership. *Organizational Dynamics, 31*(4), 325–328.
Avolio, B. J., Kahai, S. S., & Dodge, D. E. (2000). E-leadership: Implications for theory, research, and practice. *The Leadership Quarterly, 11*(4), 615–668.
Bell, B. S., & Kozlowski, S. W. J. (2002). A typology of virtual teams: Implications for effective leadership. *Group and Organization Management, 27,* 14–49.
Braga, D. (2008). Transformational leadership attributes for virtual team leaders. In J. Nemiro, M. Beyerlein, L. Bradley, & S. Beyerlein (Hrsg.), *The handbook of high-performance virtual teams: A toolkit for collaborating across boundaries* (S. 179–194). San Francisco, CA US: Jossey-Bass.
Cramton, C. D. (2002). Finding common ground in dispersed collaboration. *Organizational Dynamics, 40*(4), 356–367.
Daft, R. L., & Lengel, R. H. (1986). Organizational information requirements, media richness and structural design. *Management Science, 32,* 554–571.

DeSanctis, G., Staudenmeyer, N., & Wong, S. S. (1999). Interdependence in virtual organizations. In C. L. Cooper, & D. M. Rousseau (Hrsg.), *The virtual organization* (S. 81–104). Chichester: Wiley.

Geister, S., Konradt, U., & Hertel, G. (2006). Performance in virtual teams effects of process feedback on motivation, satisfaction, and performance in virtual teams. *Small Group Research, 37*, 459–489.

Griffith, T. L., & Neale, M. A. (2001). Information processing in traditional, hybrid, and virtual teams: From nascent knowledge to transactive memory. *Research in Organizational Behavior, 23*, 379–421.

Hertel, G. (2002). Management virtueller Teams auf der Basis sozialpsychologischer Theorien: Das VIST Modell. In E. H. Witte (Hrsg.), *Sozialpsychologie wirtschaftlicher Prozesse* (S. 172–202). Lengerich: Pabst.

Hertel, G., & Konradt, U. (2004). Führung aus der Distanz: Steuerung und Motivierung bei ortsverteilter Zusammenarbeit. In G. Hertel & U. Konradt (Hrsg.), *Human Resource Management im Inter- und Intranet* (S. 169–186). Göttingen: Hogrefe.

Hertel, G., & Orlikowski, B. (2009). Projektmanagement in ortsverteilten „virtuellen" Teams. In M. Wastian, I. Braumandl, & L. von Rosenstiel (Hrsg.), *Angewandte Psychologie für das Projektmanagement*. Berlin: Springer Verlag

Hertel, G., Orlikowski, B., & Konradt, U. (2002). *Erfolgsfaktoren selbststeuernder virtueller Teams*. Unpublizierte Daten: Universität Kiel.

Hertel, G., Niedner, S., & Hermann, S. (2003). Motivation of software developers in open source projects: An internet-based survey of contributers to the Linux kernel. *Research Policy, 32*, 1159–1177.

Hertel, G., Orlikowski, B., Jokisch, W., Schöckel, D., & Haardt, C. (2004a). Entwicklung, Durchführung und Evaluation eines Basistrainings für virtuelle Teams bei der Siemens AG. In G. Hertel, & U. Konradt (Hrsg.), *Human Resource Management im Inter- und Intranet* (S. 313–325). Göttingen: Hogrefe.

Hertel, G., Konradt, U., & Orlikowski, B. (2004b). Managing distance by interdependence. Goal setting, task interdependence, and team-based rewards in virtual teams. *European Journal of Work and Organizational Psychology*.

Hertel, G., Geister, S., & Konradt, U. (2005). Managing virtual teams: A review of current empirical research. *Human Resource Management Review, 15*, 69–95.

Hertel, G., Konradt, U., & Voss, K. (2006). Competencies for virtual teamwork: Development and validation of a web-based selection tool for members of distributed teams. *European Journal of Work and Organizational Psychology, 15*, 477–504.

Hinds, P., & Kiesler, S. (Hrsg.). (2002). Distributed work. Cambridge, MA7 MIT Press.

Howell, J. M., Neufeld, D. J., & Avolio, B. J. (2005). Examining the relationship of leadership and physical distance with business unit performance. *Leadership Quarterly, 16*, 273–285.

Kahai, S. S., Sosik, J. J., & Avolio, B. J. (1997). Effects of leadership style and problem structure on work group process and outcomes in an electronic meeting system environment, *Personal Psychology, 50*, 121–146.

Kayworth, T. R., & Leidner, D. E. (2001). Leadership effectiveness in global virtual teams. *Journal of Management Information Systems, 18*, 7–40.

Konradt, U., & Hertel, G. (2007). *Telekooperation und virtuelle Teamarbeit*. München: Oldenbourg.

Konradt, U., Schmook, R., Wilm, A., & Hertel, G. (2000). Health circles for teleworkers: Selective results on stress, strain, and coping styles. *Health Education Research, 15*, 327–338.

Konradt, U., Hertel, G., & Schmook, R. (2003). Quality of management by objectives, task-related stressors and non-task-related stressors as predictors of stress and job satisfaction among teleworkers. *European Journal of Work and Organizational Psychology, 12*, 61–80.

Krumm, S., & Hertel, G. (in Druck). Knowledge, skills, abilities and other characteristics (KSAOs) for virtual teamwork. In A. Bakker & D. Derks (Hrsg.), *The psychology of digital media and work*. East Sussex, UK: Psychology Press.

Lea, M., Spears, R., & de Groot, D. (2001). Knowing me, knowing you: Anonymity effects on social identity processes within groups. *Personality and Social Psychology Bulletin, 27*, 526–537.

Lerner, J., & Tirole, J. (2002). Some simple economics of open source. *The Journal of Industrial Economics, L,* 197–234.

Lipnack, J., & Stamps, J. (2008). The virtual, networked organization: How one company became transparent. In J. Nemiro, M. Beyerlein, L. Bradley, & S. Beyerlein (Hrsg.), *The handbook of high-performance virtual teams. A toolkit for collaborating across boundaries* (S. 693–706). San Francisco: Jossey-Bass.

Maruping, L. M., & Agarwal, R. (2004). Managing team interpersonal processes through technology: A task-technology fit perspective. *Journal of Applied Psychology, 89,* 975–990.

Odiorne, G. S. (1986). MbO II: *A system of managerial leadership for the 80 s.* Belmont, CA: Pitman.

O'Neill, T. A., Lewis, R. J., & Hambley, L. A. (2008). Leading virtual teams: Potential problems and simple solutions. In J. Nemiro, M. Beyerlein, L. Bradley, & S. Beyerlein (Hrsg.), *The handbook of high-performance virtual teams. A toolkit for collaborating across boundaries* (S. 213–238). San Francisco: Jossey-Bass.

Purvanova, R. K., & Bono, J. E. (2009). Transformal leadership in context: Face-to-face and virtual teams. *The Leadership Quarterly, 20,* 343–357.

Rodgers, R., & Hunter, J. E. (1991). Impact of management by objectives on organizational productivity. *Journal of Applied Psychology, 76,* 322–336.

Weisband, S. (2002). Maintaining awareness in distributed team collaboration: Implications for leadership and performance. In P. Hinds & S. Kiesler (Hrsg.), *Distributed work.* Cambridge, MA7 MIT Press.

Diversity Management als Führungsaufgabe

Doris Gutting

Zusammenfassung

Organisationen versuchen, mittels Diversity Management die Heterogenität der Mitarbeiterschaft einer Organisation wirtschaftlich zu nutzen und potenzielle Nachteile in der Zusammenarbeit heterogener Belegschaften zu vermeiden. Ausgelöst durch Globalisierung und demographische Entwicklungen stellt sich den Unternehmen in wachsendem Maße die Anforderung, heterogene Mitarbeiterschaften führen und auf internationalen Märkten agieren zu müssen. Dies kann in international operierenden Unternehmen erfolgreich nur mittels eines geeigneten Diversity-Management-Konzeptes gelingen. Vorteile verspricht das Konzept im Gewinn hoch talentierter Mitarbeiter, einer gesteigerten Mitarbeitermotivation und der Überwindung von Arbeitskräfteengpässen. Innovation und Kreativität im Betrieb können gefördert werden, neue Marktsegmente gewonnen werden, Service und Kundenzufriedenheit damit ebenso verbessert werden wie das Unternehmensimage. Als Führungsaufgabe geht es im Diversity Management heute darum, betriebliche Ziele aus Sicht der jeweiligen Interessenlage und Anforderungssituation des Unternehmens zu definieren und strategisch sinnvolle Maßnahmen zur Realisierung der bestmöglichen Lebens- und Arbeitsqualität der Mitarbeiterschaft zu implementieren, um deren Verhalten in Richtung der Zielerreichung zu steuern.

7.1 Einleitung

Diversity Management kann man beschreiben als den bewussten Einsatz und die Steuerung von personeller Vielfalt als Ressource. Mittels Diversity Management will man die unterschiedlichen Eigenschaften der Mitarbeiter als Quelle neuer Wertschöpfung und Wettbewerbsfähigkeit erschließen.

D. Gutting (✉)
Fachhochschule für angewandtes Management Erding, Erding, Deutschland
E-Mail: prof.doris.gutting@googlemail.com

Hierzu stellt sich die Ausgangsfrage: Wodurch unterscheiden sich die Mitarbeiter einer Organisation? Zur Klassifizierung der Dimensionen stehen verschiedene Modelle bereit. Trennte man zunächst nur nach wahrnehmbaren (Alter, Geschlecht, Sprache, Rasse, ethnische Zugehörigkeit, Status, Funktion) und nichtwahrnehmbaren (Religion, sexuelle Orientierung, Werte, Einstellung, Einkommen) Unterschieden, so benennt das Modell von Gardenswatz und Rowe (1995) vier Ebenen:

1. Ebene: Hier findet sich die individuelle Persönlichkeit eines Menschen.
2. Ebene: interne Dimensionen, die nicht oder kaum änderbar sind. Dazu gehören Alter, Geschlecht, sexuelle Orientierung, geistige und körperliche Fähigkeiten, Nationalität und ethnische Zugehörigkeit sowie der soziale Hintergrund
3. Ebene: externe Dimensionen, zu denen Ausbildung, Berufserfahrung, Familienstand, geographische Lage bzw. Stand- oder Wohnort, Einkommen, Auftreten, Freizeitgewohnheiten, Religion oder Weltsicht, Elternschaft etc. zählen; Dimensionen also, die eine Person stark bestimmen, die sich aber ändern können.
4. Ebene: organisationale Dimensionen bzw. Dimensionen, die durch die Zugehörigkeit zu einer Organisation oder einem Unternehmen determiniert werden, wie z. B. die Funktion und Einstufung, Arbeitsinhalte und –interessen, Abteilung, Dauer der Firmenzugehörigkeit, Arbeitsort etc.

Diese einzelnen Dimensionen führen zu unterschiedlichen Lebens- und Arbeitserfahrungen und so zu unterschiedlichen Sichtweisen und Fähigkeiten der Individuen.

Als Führungsaufgabe werden im Diversity Management zunächst betriebliche Ziele festgelegt und eine geeignete Diversity Management-Strategie zur Steuerung des Verhaltens der Mitarbeiter entwickelt, um diese Ziele zu erreichen. Deshalb sollen zunächst mögliche Zieldimensionen diskutiert werden.

7.2 Hintergrund des Führungsansatzes

Die Ursprünge des Diversity-Management-Konzepts werden in den amerikanischen Bürger- und Frauenrechtsbewegungen der 60er Jahre gesehen. Da die amerikanische Gesellschaft als „melting pot" in besonderer Weise die Aufnahme und Integration unterschiedlichster Gruppen zu leisten hatte, begann die Auseinandersetzung mit dem Thema dort bereits sehr früh. Das amerikanische Rechtssystem erzwang in den 70er Jahren Diskriminierungsverbote und Gleichstellungsgesetze (z. B. „Affirmative Action").

Im Zuge der Internationalisierung der Unternehmen erfolgte von den USA ausgehend eine Verbreitung des Diversity-Management-Konzepts in andere Teile der Welt. Die Europäische Union griff das Thema der Gleichbehandlung von Beschäftigten im Erwerbsleben auf und hat inzwischen entsprechende Regelungen (z. B. Antirassismusrichtlinie und Rahmenrichtlinie von 2000) eingeführt. Mit dem Allgemeinen Gleichbehandlungsgesetz (AGG) wurde 2006 eine Richtlinie der Europäischen Union in Deutschland umgesetzt, die die Benachteiligung von Minderheiten bei Einstellung und Karriereaufstieg ahndet.

Opfern nachgewiesener Benachteilung steht eine Entschädigung zu. Ein Imageverlust droht dem Arbeitgeber darüber hinaus.

Die Entwicklungsstufen des Diversity-Management-Konzepts lassen sich in drei Phasen oder Ansätze gliedern (vgl. Thomas und Ely 1996, S. 79–91):

- Fairness und Antidiskriminierung: Der Fairness- und Antidiskriminierungsansatz beruft sich auf rechtliche Grundlagen. Die Auswahl-, Beurteilungs- und Beförderungspraxis wird auf diskriminierende Kriterien, Verfahren und Mechanismen untersucht, um diese – wenn nötig – abzustellen. In amerikanischen Unternehmen dienen solche Maßnahmen nicht zuletzt dem Zweck, sich gegen Gerichts- und Schadensersatzkosten abzusichern. Fairness- und Antidiskriminierungsmaßnahmen werden von den Unternehmen aktiv kommuniziert, um gleichzeitig positive Nebeneffekte zu schaffen: Imagegewinne für das Unternehmen, die Erhöhung der Attraktivität als Arbeitgeber und der Mitarbeiterzufriedenheit durch auf Mitarbeiterbedürfnisse abgestimmte Arbeitsformen und -bedingungen.
- Zugang und Legitimität: In diesem Ansatz wird die Heterogenität der Klientel einer Organisation in der Mitarbeiterstruktur abgebildet, um Zugang zu relevantem Wissen über die Kunden zu schaffen. Dadurch erhöht sich die Fähigkeit des Unternehmens, Kunden angemessen bedienen und deren Probleme lösen zu können. Angestrebt wird eine günstigere Position bei der Erschließung neuer Märkte. Ziel ist letztlich die Steigerung der Wettbewerbsfähigkeit des Unternehmens.
- Effizienz und Lernfähigkeit: Als höchste Entwicklungsstufe wird der Effizienz-und-Lernfähigkeitsansatz betrachtet, der den Menschen in den Mittelpunkt stellt. Vielfalt soll systematisch geschaffen, Konformitätsdruck erkannt und beseitigt werden. Durch den Paradigmenwechsel von der homogenen zur heterogenen Organisation sollen Wettbewerbsvorteile im gesamten Unternehmen erzielt werden.

Zu verzeichnen ist insgesamt ein Wandel in der Auffassung des Themas: Diente Diversity Management ursprünglich vor allem der Beseitigung von Diskriminierung, so wurde zunehmend das positive Produktions- und Imagepotential des Konzeptes betont sowie die Möglichkeit, Kosten- und Wettbewerbsvorteile zu erlangen. Nach Ansicht d. V. zeichnet sich inzwischen sogar eine vierte Phase ab: Die heftigen Diskussion Ende 2010 um kulturelle Integration und Tendenzen auf den Arbeitsmärkten einerseits und um die Erhöhung des Anteils weiblicher Führungskräfte durch die Einführung von Frauenquoten andererseits weisen darauf hin, dass Diversity Management inzwischen nicht mehr als Option wahr genommen wird, sondern als gesellschaftliche und wirtschaftliche Notwendigkeit.

7.3 Beschreibung des Führungsansatzes

Für viele international tätige Unternehmen begann die Auseinandersetzung mit dem Thema zunächst eher unfreiwillig durch die Konfrontation mit Leitlinien des Diversity Management amerikanischer Prägung sowie durch die Erfahrung, dass heterogene

Belegschaften Reibungsverluste hervorrufen können. Erst später realisierte man Vorteile der Vielfalt, beispielsweise in der Zusammenarbeit von Männern und Frauen aus unterschiedlichen Kulturkreisen und Altersgruppen, mit unterschiedlichen Bildungshintergründen, Lebens- und Berufserfahrungen. Schlüsselfragen sind deshalb: Unter welchen Rahmenbedingungen arbeitet eine heterogene Belegschaft effektiv und effizient? Welche Teams sind leistungsfähiger, homogene oder heterogene? Wissenschaftliche Studien zu diesen Fragen liefern ein vielschichtiges Bild.

Heterogene Gruppen benötigen beispielsweise mehr Zeit, um Schwierigkeiten der Zusammenarbeit zu lösen. In Experimenten wurde herausgefunden, dass neu gebildete heterogene Teams zunächst weniger erfolgreich waren als homogene, sie aber letztendlich homogene Teams übertrafen, wenn es um das Auffinden alternativer Lösungen und die Kreativität der Problemlösung ging. Im Allgemeinen scheint kein großer Unterschied der Leistungsfähigkeit homogener im Unterschied zu heterogen Gruppen zu bestehen. Wenn jedoch viele Blickwinkel zusammengebracht werden müssen, um ein Problem zu lösen und ein breites Spektrum möglicher Lösungen benötigt wird, dann sind heterogene Gruppen homogenen überlegen (vgl. Mead 2005, S. 18).

Multikulturelle Gruppen arbeiten entweder besonders effektiv oder besonders ineffektiv, je nachdem, ob sie ihre Stärken als Synergieeffekte nutzen können oder ob ihre Arbeit durch Missverständnisse sowie Koordinations- und Integrationsprobleme behindert wird (vgl. Podsiadlowski 2002, S. 93 f.): Die Qualität der gewählten Lösungen in multikulturellen Gruppen liegt entweder deutlich über oder deutlich unter dem Mittelwert für die homogenen Gruppen.

Da die Studien zum Vergleich der Leistungsfähigkeit homogener im Unterschied zu heterogen Teams insgesamt widersprüchliche Ergebnisse liefern, geht die Mehrzahl der Autoren inzwischen davon aus, dass heterogene Gruppen nur unter ganz bestimmten Rahmenbedingungen homogenen Teams überlegen sind (vgl. z. B. Thomas 1999, S. 118 ff.), nämlich

- in bestimmten Arbeitsfeldern, vor allem in Marketing sowie in Forschung und Entwicklung,
- unter bestimmten Voraussetzungen bzw. nur dann, wenn eine wirkungsvolle Diversity-Management-Strategie im Unternehmen eingeführt wurde,
- bei bestimmten Aufgaben, die Kreativität erfordern, z. B. Brainstorming.

Die Heterogenität innerhalb eines Unternehmens kann nur dann erfolgreich genutzt werden, wenn man sich der Unterschiede innerhalb der Mitarbeiterschaft bewusst ist. Dagegen können kulturelle Unterschiede, die unterschwellig wirken, den Ablauf von Gruppenprozessen stören und behindern (vgl. z. B. Blom und Meier 2004, S. 255).

Mittels Diversity Management lassen sich operative Risiken mindern. Eines davon wurde von dem Psychologen Irving Janis (1972) als „group think" bezeichnet. Das Konzept des group think beschreibt die Tendenz einer homogenen Gruppe kompetenter Personen, realitätsferne Entscheidungen zu treffen, weil jede Person ihre eigene Meinung an eine vermutete Gruppenmeinung anpasst, um die Harmonie in der Gruppe nicht zu gefährden. Die homogene Gruppe trifft schlechte Entscheidungen, die jedes einzelne Mitglied unter normalen Umständen nicht gefällt hätte.

Eine weiteres potenziell problematisches Phänomen, dem man mit einem Diversity Management-Konzept gegen wirken kann, lässt sich in der Personalauswahl von Unternehmen, insbesondere auf der Führungsebene, beobachten: Führungskräfte tendieren dazu, Kandidaten auszuwählen, die ihnen selbst gleichen, die ähnliche Bildungswege eingeschlagen haben und über einen ähnlichen gesellschaftlichen Hintergrund verfügen. Es entsteht eine Art „Verdoppelungseffekt" – auch homosoziale Reproduktion genannt – der das Potential „andersartiger" Kandidaten für Führungspositionen ausblendet. Die Dominanz weißer, männlicher Führungskräfte mit ähnlichen Bildungsabschlüssen weltweit sowie die Unterrepräsentanz von Frauen in Führungspositionen, gerade auch in Deutschland, ließe sich dadurch erklären, auch wenn zur Erklärung dieses Phänomens noch weitere Faktoren, wie z. B. die besondere Belastungssituation von Frauen, gesehen werden müssen. Es verengt den Pool möglicher „high potentials" für Führungsaufgaben, da für die Leistung irrelevante Faktoren wie Geschlecht, Hautfarbe und Herkunft implizit eine Rolle spielen. Gerade global operierenden Unternehmen ist es geraten, alle Talente in die Personalauswahl und -entwicklung einzubeziehen, um aus einem möglichst großen Pool die besten Führungskräfte schöpfen zu können.

Für die Vermarktung erweist es sich als Vorteil, durch die Abbildung der Heterogenität des Kundenstamms in der Mitarbeiterschaft Erkenntnisse über Konsumgewohnheiten, Produktnutzungs- und Kommunikationsverhalten zu erhalten, um Kunden in den jeweiligen Märkten besser bedienen zu können und damit die Wettbewerbsfähigkeit zu stärken. Wachstumsmöglichkeiten sind für deutsche Unternehmen hauptsächlich in globalen Märkten zu finden, hoffnungsvoll schaut man beispielsweise auf die sog. BRIC-Staaten (Brasilien, Russland, Indien, China). Erfolg in solchen Ländern setzt voraus, dass das Unternehmen die Anforderungen der Märkte und der Vermarktung auf der Kundenebene sowie die kulturellen Muster und Geschäftspraktiken versteht und für sich zu nutzen weiß.

Auch die demographischen Entwicklungen stellen Herausforderungen an das Management der Unternehmen. Gerade in der Situation zu Anfang des neuen Jahrzehnts sind die Unternehmen gefordert, die Tendenzen rechtzeitig zu erkennen, um auf sie adäquat reagieren zu können. Dies gilt zunächst in Bezug auf die Altersstruktur der Bevölkerung. In den meisten Industrienationen zeigt diese einen zunehmend starken Überhang älterer Menschen. Die massenhafte Frühverrentung älterer Mitarbeiter, wie man sie noch vor kurzer Zeit beobachten konnte, wird künftig weder für die Gesellschaft, noch für die einzelnen Betriebe realisierbar sein: Für den Staat ist die extensive frühe Verrentung finanziell nicht länger finanzierbar, den Betrieben wird qualifiziertes Personal fehlen, weil nicht mehr genügend junge Mitarbeiter nachkommen. In den Organisationen gilt es deshalb, die Leistungsfähigkeit älterer Mitarbeiter zu erhalten, die Zusammenarbeit älterer mit jüngeren Menschen bestmöglich zu gestalten sowie Potential und Erfahrungen älterer Menschen zu nutzen.

Ein wesentlicher demographischer Befund in den westeuropäischen Industrieländern verweist auf den hohen Geburtenanteil zugezogener Bevölkerungsgruppen im Gegensatz zur geburtenschwachen einheimischen Bevölkerung. In den kommenden Jahren werden die Arbeitsmärkte auf der Nachfrageseite vom Nachwuchs zugezogener Bevölkerungsgruppen dominiert werden. Hier liegt ein Potential brach, welches nur ausgeschöpft werden kann, wenn entsprechende Integrationsleistungen gelingen, sowohl auf gesellschaftlicher, als auch auf betrieblicher Ebene.

Erweitert man den Blickwinkel auf die Entwicklungstendenzen der Weltbevölkerung, so stehen enorme Bevölkerungswachstumsraten in Ländern wie Indien, Brasilien oder dem mittleren Osten absehbaren Negativwachstumsraten in den „alten Industrienationen", wie beispielsweise Deutschland, gegenüber.

Organisationen werden sich also, gerade mit Blick auf die Bevölkerungsentwicklung, der Tatsache stellen müssen, künftig eine heterogene Mitarbeiterschaft zu führen, die sich aus unterschiedlichen Kulturen, Altersgruppen, Belastungssituationen und Weltsichten zusammensetzt. Dies erfordert eine Führung, die Konflikten aus der Zusammenarbeit unterschiedlicher Kulturen und Subkulturen im Unternehmen gegensteuert und diese produktiv nutzbar macht.

Unternehmen werden bei der Besetzung von Führungspositionen auf das Potential von Frauen und von Mitarbeitern aus unterschiedlichen Kulturkreisen nicht länger verzichten können. Die Förderung heterogener Belegschaften liegt auch in anderer Hinsicht nahe: Haben Mitarbeiter das Gefühl, aufgrund spezifischer Merkmale wie Geschlecht oder Hautfarbe in ihren Karrierebestrebungen an eine „gläserne Decke" zu stoßen, entstehen Frustrationen, die sich negativ auf die Arbeitszufriedenheit auswirken. Eine wichtige Führungsaufgabe besteht also darin, die Motivation, Arbeitszufriedenheit und Arbeitgeberbindung einer heterogenen Belegschaft zu sichern, um Kosten durch Fluktuation, Fehlzeiten und Leistungszurückhaltung zu vermeiden.

Eine Personalpolitik, die einer heterogenen Mitarbeiterschaft Rechnung trägt und Chancengleichheit signalisiert, eröffnet Unternehmen zudem die Möglichkeit, sich nach außen hin als attraktiver Arbeitgeber profilieren und für ein positives Firmenimage in der Öffentlichkeit sorgen zu können.

Diversity Management wird zunehmend als Instrument betrachtet, um ein nur schwer imitierbares Humankapital (vgl. z. B. Benser 2008, S. 49) zu bilden und damit eine Unternehmensressource zu schaffen.

7.4 Relevanz für die Praxis

Wie gezeigt, gibt es eine Vielzahl von Gründen, sich mit Diversity Management auseinander zu setzen. Einige Unternehmen haben dies erkannt und kommunizieren aktiv die Implementierung von Diversity-Management-Programmen. Im Folgenden sollen solche Programme einiger Unternehmen aus unterschiedlichen Branchen betrachtet und zusammengefasst werden (vgl. zum folgenden SZ-Verlagsbeilage 1/2009, S. 12 ff.), um die wichtigsten Tendenzen zu erkennen und einzuordnen.

McDonalds, weltweiter Marktführer in der Systemgastronomie, bemüht sich insbesondere darum, Leistungsträgerinnen im Unternehmen zu halten, was durch flexible Arbeitszeitmodelle und ein Frauennetzwerk unterstützt werden soll. Im Unternehmen arbeiten Menschen aus 120 Nationen. Leitende Mitarbeiter werden deshalb für Integrationsmaßnahmen qualifiziert. Der „McPassport" ermöglicht es den Beschäftigten, in den Restaurants der 24 EU-Mitgliedsländer zu arbeiten. Unter der Flagge des Diversity Management kommuniziert McDonalds vor allem seine Leistungen als Arbeitgeber.

Der private Strom- und Gasanbieter E.ON beschäftigt konzernweit mehr als 90.000 Mitarbeiter in 30 Ländern, aus über 80 Nationen. Rund 27 % der Beschäftigten sind weiblich, rund 11 % Frauen finden sich im oberen Management. Der Anteil weiblicher Führungskräfte soll verdoppelt werden. Dieses Ziel will E.ON fördern durch Frauennetzwerke hoch qualifizierter Mitarbeiterinnen, Kinderbetreuungsmöglichkeiten, flexible Arbeitszeitmodelle und Telearbeitsplätze. Trainingsprogramme während des Erziehungsurlaubs und der Wiedereingliederung sollen Mitarbeiterinnen qualifiziert halten. Eine Kooperation mit der Technischen Universität Berlin soll den Zugang zu künftigen Ingenieurinnen fördern. Mit der Initiative „Cross Market Unit Staffing" will E.ON den Austausch von Führungskräften stärken. Auch auf der Fachkräfte-Ebene wird für die Austauschidee geworben, seit 2006 werden deutsche Monteure nach England entsandt. Know-How-Transfer und Ausgleich von Fachkräftemangel sind dabei die Ziele.

Die Daimler AG weist Programme in den Handlungsfeldern „Gender Diversity", „Internationalität" und „Generationen" aus. Der Anteil von Frauen in Führungspositionen liegt derzeit bei rund 8,5 % und soll auf 20 % erhöht werden. Erreichen will die Daimler AG dies beispielsweise durch das Netzwerk „Women in Pole Position" sowie durch flexible Arbeitszeitmodelle. Knapp 300, vor allem türkisch-stämmige Angestellte, Akademiker und Führungskräfte finden sich im seit 16 Jahren bestehenden „Daimler Türk-Treff". Im gewerblichen Bereich existiert ein Meister-Netzwerk, in dem Meister Ansprechpartner und Vermittler aus dem Kollegenkreis finden. Im Programm „CAReer" arbeiten Menschen unterschiedlicher Kulturen in Teamarbeit über Ländergrenzen und Zeitzonen an einer gemeinsamen Aufgabenstellung, um innovative Lösungen zu finden. Diversity-Programme wurden nicht zuletzt mit dem Vorsatz eingerichtet, deutschen Arbeitnehmern die Sorge des Arbeitsplatzverlusts durch Konkurrenten aus dem Ausland zu nehmen. Mit einem „Gay Lesbian Bisexual Transgender Netzwerk (GL@D)" präsentiert man sich als tolerantes Unternehmen.

Der DAX-Konzern Henkel beschäftigt in Düsseldorf Mitarbeiter aus 40 Nationen und erwirtschaftet 80 % seiner Umsätze im Ausland. Von über 50.000 Mitarbeiter(inne)n sind 80 % außerhalb Deutschlands tätig. Mit Beschäftigten aus 110 Nationen ist Henkel eines der am stärksten international ausgerichteten Unternehmen in Deutschland. Märkte und Gesellschaften, in denen Henkel sich bewegt, sollen auch in der Personalstruktur des Unternehmens abgebildet werden. Ein internationales Team von „Diversity Botschaftern" kümmert sich um landesspezifische Erfordernisse und Projekte, z. B. zum Themenkomplex „Vereinbarkeit von Familie und Beruf". Interkulturelle Trainings sollen für eine reibungslose Zusammenarbeit der Kulturen sorgen. Frauen werden gefördert durch Maßnahmen wie flexible Arbeitszeiten, das Netzwerk „Women in Leadership" und 140 Kinderbetreuungsplätze am Sitz der Zentrale in Düsseldorf. Unterstützung für die Betreuung pflegebedürftiger Angehöriger bietet die Abteilung „Soziale Dienste" durch Beratung und Vermittlung von Pflegemöglichkeiten.

Die Wirtschaftsprüfungsgesellschaft PricewaterhouseCoopers AG hat in Deutschland fast 9.000 Mitarbeiter. Experten arbeiten für nationale und internationale Mandanten in den Bereichen Wirtschaftprüfung und prüfungsnahe Dienstleistungen wie Assurance, Steuerberatung sowie Deals und Consulting. PricewaterhouseCoopers kann dabei auf über 150.000 Mitarbeiter in 153 Ländern zugreifen. Jährlich entsendet das Unternehmen bis zu 200 Mitarbeiter in ausländische Niederlassungen. Durch Entwicklungsmaßnahmen, Vernetzung („Women at PwC", „Women's Meetings") und Erfahrungsaustausch soll der Anteil weiblicher Führungskräfte erhöht werden. Durch das Programm „Stay in Contact" sollen qualifizierte Frauen während der Elternphase über Neuerungen informiert werden, an Meetings teilnehmen und sich in Trainings fit für die Arbeit halten. In dem Programm „Ulysses – a journey towards responsible Leadership" entsendet PricewaterhouseCoopers Führungskräfte für Hilfsprojekte, die von Nichtregierungsorganisationen betreut werden, in Entwicklungsländer (vgl. zu den vorgenannten Unternehmen SZ-Verlagsbeilage (2009, S. 12 ff.).

Der Siemens Konzern, München, hat Kunden in 190 Ländern und beschäftigt weltweit 430.000 Mitarbeiter, von denen zwei Drittel nicht aus Deutschland kommen. Deutsche dominieren jedoch die Führungsriege zu zwei Drittel, Frauen sind darin mit einem Anteil von rund sieben Prozent stark unterrepräsentiert. (2009 setzte der Konzern sich mit der Aussage seines Vorstandsvorsitzenden, die Siemens-Führung sei „zu weiß, zu deutsch, zu männlich" in die Schlagzeilen der Presse (vgl. z. B. Münchner Merkur 17.3.(2009, S. 5). Als Zukunftsherausforderung sieht Siemens insbesondere den sich verstärkenden Facharbeiter- und Ingenieursmangel und den daraus resultierenden Kampf um Talente. Ein weiteres Ziel ist die Stimulierung der Zusammenarbeit zwischen alt und jung. Als Instrumente zur Durchsetzung von Heterogenität hat Siemens „Diversity Botschafter" auf allen Hierarchieebenen berufen und Netzwerke (z. B. GLOW – Global Organization for Women") installiert.

Die Motive für die Diversity-Programme und -Initiativen der betrachteten Unternehmen kann man folgendermaßen zusammenfassen:

- Verbesserung des Arbeitgeberimages: Viele DIM-Strategien stehen in dem Bemühen, das Arbeitgeberimage aufzupolieren.
- Steigerung der Motivation und Einsatzbereitschaft der Mitarbeiterinnen durch Frauenförderung: Im Zuge der Frauenförderung werden Programme implementiert, um Frauen während der Erziehungsphasen qualifiziert zu halten und ihren Wiedereinstieg in das Unternehmen zu erleichtern. Die Fluktuation, insbesondere von Frauen, soll verringert werden durch Angebote wie Mitarbeiter(innen)-freundlicher Arbeitszeitmodelle und Betriebskindergärten. Programme zur Beseitigung der starken Unterrepräsentanz

von Frauen in Führungspositionen dienen gewiss nicht zuletzt diesem Zweck. Durch Frauenförderung und Antidiskriminierung lassen sich gleichzeitig Wettbewerbsvorteile im Personalmarketing erzielen.
- Ausgleich von Personalengpässen: Arbeitskräfteengpässe allgemein, insbesondere Fachkräfte- und Ingenieursmangel versuchen betroffene Unternehmen durch Austausch- und Kooperationsprogramme zu beheben.
- Konfliktsteuerung und –vermeidung: Unternehmen, die auf eine reibungslose Zusammenarbeit unterschiedlicher Kulturen in Produktionsprozessen angewiesen sind, implementieren zu diesem Zweck Netzwerke, sensibilisieren Führungskräfte für interkulturelle Fragestellungen, veranstalten interkulturelle Trainings und entwickeln Programme, um Sorgen und Vorurteilen entgegen zu wirken.
- Wettbewerbsvorteile im Marketing und Erhöhung der Systemflexibilität: Stark international agierende Unternehmen fördern kulturell ausgeglichene Führungsmannschaften und Initiativen zum Know-how-Transfer, wie beispielsweise Auslandsentsendungen, um auf ihre Märkte besser reagieren zu können.
- Erhöhung von Kreativität, Innovativität, Problemlösungsqualität: Unternehmen, deren Unternehmenserfolg vor allem von Faktoren wie Innovation und Kreativität bestimmt wird, initiieren interkulturelle Teambildungsprojekte, da unterschiedliche Perspektiven und eine größere Heterogenität in der Entscheidungsfindung zu besseren Problemlösungen führen können.

Es lässt sich festhalten, dass es kein allgemeingültiges, für alle Unternehmen passendes Diversity-Management-Konzept gibt, sondern sich die Programme und Initiativen an den spezifischen Bedürfnissen und Anforderungen der jeweiligen Organisation orientieren.

Da das Zeitalter der Globalisierung jedoch an die Unternehmen ähnliche Herausforderungen stellt und ähnliche Probleme auftreten, gleichen sich die in den Unternehmen implementierten Maßnahmen, wie Netzwerkbildung, Einsatz von Diversity-Botschaftern und Bemühungen um heterogene Führungsmannschaften.

Gefahren von Diversity Management-Bestrebungen lauern vor allem in der konzeptionellen „Verzettelung", da dem Konzept des Diversity Managements inzwischen eine Vielzahl unterschiedlichster Einzelmaßnahmen zugeordnet werden, seien es Modelle des gleitenden Übergangs in den Ruhestand, Produktvarianten für bestimmte Länder oder das Engagement eines Unternehmens für kleinste Sondergruppen der Belegschaft (vgl. auch Macharzina und Wolf 2010, S. 810). Eine klare Konzeptbildung und Ausrichtung, die die volle Unterstützung der Unternehmensführung genießt, ist zwingend erforderlich.

Für die Unternehmensführung gibt es zwei Überlegungen vor der Entwicklung ihres Diversity-Management-Konzeptes:

- Zum einen muss man sich darüber im Klaren sein, wie vielfältig das Unternehmen und die Stakeholder-Struktur überhaupt sind, welche Vorteile daraus nutzbar sind und vor allem, welche drohende Gefahren und Probleme ausgeglichen werden müssen. Zunächst muss also die Ist-Situation erfasst werden.

- Zum anderen ist zu überlegen, welche Unternehmensziele mittels Diversity Management gefördert werden können.

Wie in jedem Managementprozess geht es darum, die Zielebene, die sich aus der jeweiligen Interessens- und Belastungssituation des Unternehmens ergibt, zu definieren, daraus die unternehmensspezifische Diversity-Management-Strategie abzuleiten und geeignete Maßnahmen zu implementieren.

In der kritischen Implementierungsphase gilt es dann, Mentoren auf allen Ebenen zu finden, um die Programme durchzusetzen. Zu diesem Zweck können beispielsweise „Diversity-Botschafter" und Netzwerke installiert werden.

Problematisch gestaltet sich allerdings das Controlling am Ende des Prozesses, da es sich nur schwer ermitteln lässt, welchen Beitrag das Diversity- Management-Konzept zum Unternehmenserfolg konkret beigetragen hat bzw. ob es tatsächlich Ursache dafür war, dass Fluktuationen, Fehlzeiten und Kundenbeschwerden zurück gegangen sind, die Mitarbeiter produktiver, kreativer und innovativer wurden und mehr Marktanteile in anvisierten Konsumentengruppen erzielt werden konnten.

7.5 Ausblick: Was bedeutet Diversity Management für die Zukunft der Führung?

Diversity Management hat heute in den Organisationen die Stufe altruistischer Gleichstellungsbemühungen längst überschritten und dient konkreten Unternehmenszielen. Mittel zur Erreichung von Zielen ist die Lenkung und Beeinflussung der Mitarbeiter. Insofern ist Diversity Management eine Führungsaufgabe mit dem Idealziel der Verbindung

- des Hauptziels unternehmerischen Handelns, nämlich der Gewinnmaximierung,
- mit der Bereitstellung bestmöglicher Lebens- und Arbeitsqualität der Mitarbeiter.

Diese Verbindung ist dann erreichbar, wenn das Unternehmen die Voraussetzungen dafür schafft, dass die Mitarbeiterschaft ihre persönlichen Stärken, Potentiale, Kontakte und Netzwerke zum Wohle des Unternehmens einsetzt.

Kulturspezifisches Wissen wird in wachsendem Maße genutzt werden, um auf die Heterogenität von Kunden, Lieferanten, Investoren und anderen Stakeholdern in Bezug auf Umgangsformen, Verhandlungsstrategien, Arbeits- und Kommunikationsstilen, etc. einzugehen. Insofern gehen Aufgaben des Diversity Management über den Bereich der Personalführung weit hinaus.

Eine zunehmend wichtige Aufgabe besteht darin, mit geeigneten Diversity-Management-Maßnahmen Problemen heterogener Belegschaften gegenzusteuern. Betrachtet man die demographischen Tendenzen, wie in Kapitel drei dieser Arbeit geschehen, so stellt die Existenz heterogener Mitarbeiterstrukturen eine der wesentlichen Zukunftsherausforderungen nicht nur der Unternehmen, sondern darüber hinaus einer weiterhin funktionierenden Gesellschaft, dar.

Autorbeschreibung

Prof. Dr. Doris Gutting lehrt seit 2006 Marketing und interkulturelles Management an der Fachhochschule für angewandtes Management Erding. Daneben arbeitet sie insbesondere am Ausbau des Asienangebots der Hochschule. Ihre Arbeitsschwerpunkte sind Diversity Management, interkulturelles Marketing und die Rahmenbedingungen der süd-, südost- und ostasiatischen Märkte.

Nach einer kaufmännischen Ausbildung, einem sozial- und kulturwissenschaftlichen Studium und anschließender Tätigkeit als wissenschaftliche Mitarbeiterin an der Universität Mannheim, arbeitete sie in Forschungsprojekten der Europäischen Union sowie im Marketing eines Münchner Technologie-Beratungsunternehmens. Von 1996 bis 1998 unterrichtete sie an der Hongkong University, Hong Kong, von 1998 bis 2002 lebte sie in Singapur, wo sie die Marketing-Kommunikation eines Fernsehtechnologie-Unternehmens leitete. Seit 2003 lehrt sie Marketing und interkulturelles Management an Hochschulen. Neben der Lehrtätigkeit ist sie als Beraterin für Entsendungen nach Südostasien und in interkulturellen Projekten tätig E-Mail: doris.gutting@myfham.de

Literatur

Benser, B. (2008). Diversity management. *Bedeutung, Implementierung und Vergleichbarkeit in und für Unternehmen*. Hamburg.
Blom, H., & Maier, H. (2004). Interkulturelles Management. Interkulturelle Kommunikation. Internationales Personalmanagement. Diversity-Ansätze im Unternehmen (2. Aufl.). Berlin.
Janis, I. (1972). Victims of groupthink; a psychological study of foreign-policy decisions and fiascoes. Mifflin: Boston, Houghton.
Gardenswartz, L., & Rowe, A. (1995). Diversity teams at work: Capitalising the power of diversity, McGraw-Hill.
Macharzina, K., & Wolf, J. (2010). Unternehmensführung. Das Internationale Managementwissen. Konzepte – Methoden – Praxis. (7. Aufl.). Gabler.
Mead, R. (2005). International management, cross-cultural dimensions. (3. Aufl.). Blackwell Publishing.
Podsiadlowski, A. (2002). Multikulturelle Arbeitsgruppen in Unternehmen. *Bedingungen für erfolgreiche Zusammenarbeit am Beispiel deutscher Unternehmen in Südostasien*. Münster.
Thomas, A. (1999). *Gruppeneffektivität: Balance zwischen Heterogenität und Homogenität. Gruppendynamik und Organisationsberatung*, 2(30), 117–129.
Thomas, D. A., & Ely, R. J. (1996). Making differences matter. *Harvard Business Review, 74*(5), 79–91.
Magenheim-Hörmann, T., & Siemens-Führung. (13 März 2009). Zu weiß, zu deutsch, zu männlich. *Münchner Merkur*, 5.
Süddeutsche Zeitung, Verlagsbeilage. (Januar 2009). Vielfalt erleben. *Das Magazin für Diversity Management*, 1/2009.

Führung in Zeiten des demografischen Wandels

Annika Nübold und Günter W. Maier

Zusammenfassung

In Deutschland sehen wir, ebenso wie in den meisten westlichen Industrienationen, einer „doppelten Alterung" der Gesellschaft entgegen. Die Menschen in Deutschland werden immer älter, gleichzeitig sinkt die Geburtenrate. Diese „doppelte Alterung" hat nicht nur Auswirkungen auf private und soziale Lebensbereiche, sondern sie hat auch dramatische Konsequenzen für Organisationen, Führungskräfte und Beschäftigte. Die enorme Herausforderung für Unternehmen und deren Führungskräfte wird u. a. darin bestehen, Arbeitsprozesse und -inhalte an die Bedürfnisse, Kompetenzen und Fähigkeiten einer älter werdenden Beschäftigungsgruppe auszurichten, Stereotypen gegenüber älteren Mitarbeitern entgegen zu wirken und die Gesundheit der Mitarbeiter zu erhalten. Schon jetzt zu antizipieren, dass ältere Mitarbeiter dazu ermutigt und bewegt werden müssen, möglichst lange und aktiv in ihrem Beruf zu verbleiben, ist aus volkswirtschaftlicher Perspektive ebenso wie aus Perspektive einzelner Unternehmen notwendig und wichtig. Für Unternehmen wird es unausweichlich zu einem Mitarbeitermangel kommen, sollten sie nicht in der Lage sein, auch ihre älteren Beschäftigten langfristig an sich zu binden und deren Arbeitsengagement nachhaltig zu fördern. Führungskräften als Vermittler zwischen Unternehmenszielen und Mitarbeiterbedürfnissen kommt dabei eine herausragende Rolle zu. Nur durch die Einflussnahme im Sinne einer effizienten, altersgerechten und gesundheitsförderlichen Führung ist es einer Organisation möglich, die Herausforderungen des demografischen Wandels und die damit verbundenen Aufgaben erfolgreich zu bewältigen, wettbewerbsfähig zu bleiben und das Potenzial ihrer Mitarbeiter optimal auszuschöpfen. Daher wird demografiegerechte Führung,

A. Nübold (✉)
Universität Bielefeld, Bielefeld, Deutschland
E-Mail: annika.nuebold@uni-bielefeld.de

G. W. Maier
Universität Bielefeld, Universitätsstraße 25, 33615 Bielefeld, Deutschland
E-Mail: ao-psychologie@uni-bielefeld.de

Führungsverhalten, das dazu beiträgt, dass ältere Beschäftigte ihren Beruf lange motiviert, engagiert und leistungsfähig ausüben, in Zukunft eine grundlegende Kompetenz erfolgreicher Führungskräfte sein.

8.1 Einleitung

Die Abnahme der Geburtenrate und die steigende Lebenserwartung führen in der Arbeitswelt unausweichlich dazu, dass die Anzahl älterer Beschäftigter in Unternehmen steigt und die Anzahl junger Nachwuchskräfte mittelfristig abnimmt. Wie die 12. Koordinierte Bevölkerungsvorausberechnung des statistischen Bundesamtes (2009) ergab, werden bis zum Jahr 2020 insbesondere die Altersgruppen der 50–65-Jährigen und die der 80-Jährigen und Älteren (um jeweils 24 und 48 %) wachsen. Die Bevölkerung im mittleren Alter (30 bis unter 50 Jahre) wird dagegen um circa 4 Mio. (18 %) schrumpfen. Bis zum Jahr 2060 wird bereits jeder Dritte (34 %) mindestens 65 Jahre alt sein (Abb. 8.1).

Der demografische Wandel ist längst keine ferne Zukunftsprognose mehr, sondern hat die Gesellschaft längst erreicht. Die Gesellschaft, das sind auch Unternehmen und Organisationen, die sich nun mit einer älter werdenden Belegschaft, mit Fachkräftemangel und fehlenden neuen Talenten auseinander setzen müssen. Unternehmen müssen verstärkt auf die Kenntnisse, Fähigkeiten und Erfahrungen der älteren Mitarbeiter bauen und diese an das Unternehmen binden. Dabei kann es nicht ausschließlich darum gehen, die abschlagsfreie Altersgrenze schrittweise von 65 bis 67 Jahre anzuheben, so wie es die Regierung zur Sicherung der Rentensysteme als Gesetz verabschiedet hat. Das ursprüngliche Problem liegt darin, dass viele Arbeitnehmer den Wunsch haben, ihre Berufstätigkeit frühzeitig zu beenden. Eine zentrale Frage ist daher auch, wie man älteren Beschäftigten von heute und morgen zu einer zufriedenstellenden und ausfüllenden Arbeitstätigkeit verhelfen und deren Potenziale fördern kann. Die altersstrukturellen Veränderungen in den Belegschaften führen dazu, dass sich Unternehmen und Führungskräfte auf einen veränderten Arbeitskontext einstellen und ihre Personalstrategie sowie ihr Führungsverhalten neu ausrichten müssen. Insbesondere Führungskräfte stehen vor dem Problem, Unternehmensziele wie Wirtschaftlichkeit und Effizienz mit den Bedürfnissen und Belangen älterer Arbeitnehmer zu vereinen. Sie sind als Schnittstelle zwischen Management und Belegschaft besonders gefordert. Für Führungskräfte stellen sich damit nicht nur Fragen nach adäquatem Führungsstil und optimaler Zusammensetzung von Arbeitsgruppen, sondern auch nach übergeordneten, die Organisation als Ganzes betreffenden Aspekten:

- Wie können Führungskräfte Vorurteilen gegenüber der Arbeitsweise und Leistungsfähigkeit älterer Arbeitnehmer entgegenwirken oder vorbeugen?
- Wie können Führungskräfte altersgerechte Werte und altersfaire Leitbilder in der Organisation vermitteln und auch nach außen kommunizieren?
- Wie können Führungskräfte die Qualität der Arbeitstätigkeit verbessern und die Arbeitsumwelt altersgerecht gestalten, so dass die Leistungsfähigkeit älterer Arbeitnehmer und deren Bindung an das Unternehmen möglichst lange erhalten bleiben?

8 Führung in Zeiten des demografischen Wandels

Altersaufbau der Bevölkerung in Deutschland am 31.12.1910

Altersaufbau der Bevölkerung in Deutschland am 31.12.1950

Altersaufbau der Bevölkerung in Deutschland am 31.12.2008

Altersaufbau der Bevölkerung in Deutschland am 31.12.2008 und am 31.12.2060

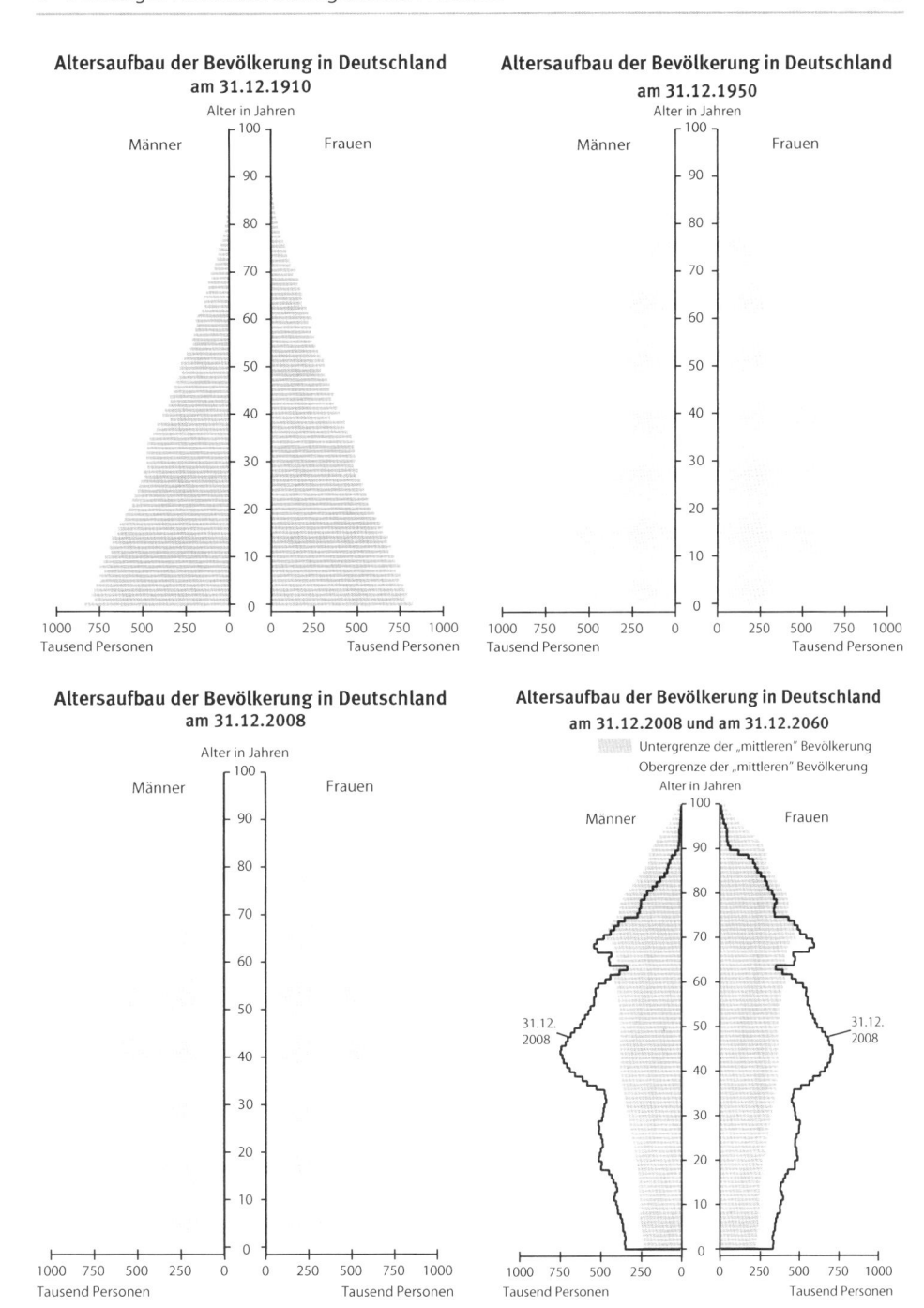

Abb. 8.1 Altersaufbau der Bevölkerung in Deutschland. (Statistisches Bundesamt, Wiesbaden 2009)

- Wie können Führungskräfte die altersbedingten Veränderungen bezüglich der Motive und Ziele älterer Arbeitnehmer adäquat berücksichtigen, um so einen langen, gesunden und engagierten Einsatz im Unternehmen zu gewährleisten?
- Wie können Führungskräfte die Kommunikation und Arbeitsleistung altersheterogener Teams verbessern und fördern?

Die konkrete Gesundheitsförderung älterer Arbeitnehmer im Sinne von Gesundheitsprogrammen und speziellen Angeboten und die damit eng verknüpften Aspekte der ergonomischen und physiologischen Arbeitsplatzgestaltung stellen neben der Führung weitere wichtige Maßnahmen altersgerechter Personalarbeit dar. Beispielsweise kann die Reduzierung arbeitsbedingter Stressoren physischer und psychischer Natur maßgeblich die Gesundheit insbesondere älterer Mitarbeiter beeinflussen. Diese Themen werden in diesem Kapitel jedoch bewusst nicht thematisiert, da sie im Allgemeinen eher durch die Personalarbeit von Unternehmen insgesamt und weniger von einzelnen Führungskräften bestimmt werden.

Das folgende Kapitel versucht sich an dem Brückenschlag zwischen Forschung und Praxis zu altersgerechter Personalarbeit und Führung, indem wissenschaftliche Erkenntnisse mit Beispielen zu „Best Practices" aus Unternehmen verknüpft werden. Dabei liegt der besondere Fokus auf den Führungskräften als zentrale Treiber und Initiatoren einer erfolgreichen demografiegerechten Kommunikation und Kooperation in den Unternehmen. In dem folgenden Abschnitt soll zunächst der Hintergrund des Führungsansatzes und die Rolle der Führungskraft im Umgang mit dem demografischen Wandel beschrieben werden. Anschließend folgt ein aktueller Überblick über die mit dem demografischen Wandel verbundenen Problemfelder und die zahlreichen Forschungsbemühungen, die sich mit den Veränderungen in der Altersstruktur der Belegschaften aus wissenschaftlicher Perspektive beschäftigt haben (z. B. Deller und Hertel 2009). Anschließend soll ein kurzer und pragmatischer Leitfaden für Führungskräfte vorgestellt werden, der Handlungsempfehlungen für den Umgang der mit dem demografischen Wandel verknüpften Probleme bietet. Abschließend werden gute Praxisbeispiele vorgestellt und die zukünftigen Entwicklungen und Trends in Zusammenhang mit altersgerechter Führung beleuchtet.

8.2 Hintergrund des Führungsansatzes

Demografiegerechte Führung – was ist das eigentlich? Eine einheitliche Definition dieses Führungsverhaltens gibt es nicht. Vielmehr lässt sich feststellen, dass dieser Begriff eine Antwort auf die mannigfaltigen Problembereiche und Herausforderungen ist, wie adäquat mit dem demografischen Wandel und den älter werdenden Mitarbeitern umzugehen ist und wie diese zu führen sind. Dass es sich dabei nicht um einen einheitlichen Führungsstil, um ein Allheilmittel gegen die mit den älteren Belegschaften verbundenen Herausforderungen handelt, sondern vielmehr um ein Konglomerat an effektiven Verhaltensweisen, die eine Führungskraft bei der Mitarbeiterführung zu Zeiten des demografischen Wandels beherzigen und beherrschen sollte, wird schnell klar. Demografiegerechte Führung sollte dazu beitragen, ältere Beschäftigte an die Organisation zu binden, sie langfristig zu motivieren und sie in das Organisationsgefüge zu integrieren. Grundlegende Kompetenzen erfolgreicher demografiegerechter Führungskräfte beziehen sich darauf, den verschiedenen Bedürfnissen der älteren (und jüngeren) Mitarbeiter gerecht zu werden und möglichst optimale Bedingungen für eine kooperative, altersdiverse Unternehmenskultur zu schaffen. Dies ist jedoch nur möglich, wenn die Handlungsfelder und Strategien einer demografiegerechten Führungsphilosophie in ein übergeordnetes Demografiemanagement des Unternehmens eingebunden sind, welches neben der Mitarbeiterführung auch das Gesundheitsmanagement, die betriebliche Weiterbildung sowie die Personalauswahl umfasst. Ilmarinen und Tempel (2002) beschreiben auf sehr anschauliche Weise, welcher Stellenwert den Führungskräften bei der Meisterung des demografischen Wandels in Unternehmen zukommt: „Gutes Führungsverhalten und gute Arbeit von Vorgesetzten ist der einzig hoch signifikante Faktor, für den eine Verbesserung der Arbeitsfähigkeit zwischen dem 51. und 62. Lebensjahr nachgewiesen wurde" (S. 245). Den Autoren zufolge zeichnet sich altersgerechte Führung vor allem durch eine tolerante, nicht an Stereotypen orientierte Sichtweise des Alters, einen kooperativen Führungsstil, eine hohe Kommunikationskompetenz sowie eine individuelle und flexible Arbeitsplanung aus. Dass insbesondere der eigenen Haltung gegenüber dem Alter und älteren Mitarbeitern sowie dem Umgang mit Altersstereotypen und Vorurteilen eine besondere Rolle zukommt, wird aus der Beschreibung dieses Problem- bzw. Handlungsfeldes unter Punkt 4.1 deutlich. Die weitreichenden Konsequenzen, mit denen negative Altersstereotype verbunden sein können, machen die Führungskraft zu einem der wichtigsten Akteure im demografischen Unternehmensgeschehen und lassen ihr eine zentrale Vorbildfunktion zukommen.

8.3 Beschreibung des Führungsansatzes

Die bisherigen Forschungsbemühungen zum demografischen Wandel lassen sich grob in drei Forschungs- bzw. Problembereiche einteilen. Diese betreffen zunächst das Thema 1) Vorurteile und Altersstereotype gegenüber älteren Mitarbeitern im Unternehmen, die als zentrale übergeordnete Probleme aufgefasst werden können und diverse Bereiche der Arbeitstätigkeit im Unternehmen betreffen. So lassen sich beispielsweise Vorurteile in Bezug auf die allgemeine Lernbereitschaft, die Motivation sowie die Leistungsfähigkeit älterer Arbeitnehmer feststellen. Damit verbunden sind auch potentielle negative Konsequenzen solcher Altersstereotype in Unternehmen, die sich beispielsweise in einer Benachteiligung älterer Arbeitnehmer in Bezug auf die Personalauswahl und -beurteilung beobachten lässt. Weitere Themenkomplexe stellen 2) die Gruppenarbeit in altersheterogenen Teams sowie 3) die Bindung älterer Arbeitnehmer an das Unternehmen dar, die in Anbetracht fehlender junger Nachwuchskräfte eine besondere Rolle spielt. Diese Forschungsfelder sollen im Folgenden genauer beleuchtet werden (s. als Überblick: Roth et al. 2007; Schalk et al. 2010).

8.3.1 Vorurteile und deren Konsequenzen

8.3.1.1 Altersstereotype: Alt, unmotiviert und arbeitsmüde?

Altersstereotype und Vorurteile gegenüber älteren Arbeitnehmern sind ein allgemeines, viele Bereiche des Arbeitslebens betreffendes Phänomen. Was negativ behaftete Vorurteile und Stereotype gegenüber Älteren so gefährlich macht, sind ihre weitreichenden Konsequenzen für Entscheidungen im Personalmanagement und der Alterspolitik im Unternehmen allgemein sowie das Verhalten von Mitarbeitern unterschiedlicher Altersgruppen im Spezifischen. Wie ältere Mitarbeiter in den Personalabteilungen und von den Entscheidungsträgern im Unternehmen wahrgenommenen werden, beeinflusst maßgeblich, wie diese Personengruppe im Unternehmen behandelt wird. Außerdem haben negative Altersstereotype auch Auswirkungen auf die Leistung, das Wohlbefinden und die Gesundheit der betroffenen älteren Mitarbeiter selbst (Schalk et al. 2010).

Die Zusammenhänge zwischen negativ besetzten Altersstereotypen und entgegengesetzten personalpolitischen Maßnahmen und Strategien im Unternehmen konnte wissenschaftlich bestätigt werden. Im Gegenzug spielt die allgemeine Wertschätzung älterer Arbeitnehmer im Unternehmen eine bedeutsame positive Rolle für deren Position und Perspektiven im Unternehmen (Schalk et al. 2010). Die Bereiche, die negative Altersstereotype zum Inhalt haben, betreffen hauptsächlich die Lernbereitschaft, die Leistungsfähigkeit, den Umgang mit Veränderungen sowie den allgemeinen Gesundheitszustand und werden bei älteren Mitarbeitern häufig als gering eingeschätzt (Kite et al. 2005). Auch positive Altersstereotype gegenüber älteren Mitarbeitern sind zu beobachten. Diese sind in Unternehmen jedoch bei weitem weniger verbreitet als die negativen Ansichten gegenüber älteren Mitarbeitern, die insbesondere von jüngere Mitarbeitern sowie Führungskräften vertreten werden (Roth et al. 2007). Zu den positiv besetzten Stereotypen zählen die größere Erfahrung, die Loyalität gegenüber dem Unternehmen, das Verantwortungsbewusstsein sowie die Weisheit älterer Arbeitnehmer.

Wie vielfach belegt werden konnte, sind Altersstereotype oftmals nicht gerechtfertigt (Posthuma und Campion 2009). Eines der negativen Altersstereotype betrifft die Überzeugung, dass ältere Beschäftigte weniger leistungsfähig sind und weniger Leistung zeigen als jüngere Mitarbeiter. Der Ursprung dieses Vorurteils könnte möglicherweise in den gesundheitlichen Beeinträchtigungen älterer Mitarbeiter in Berufen, in denen körperliche Beanspruchung im Vordergrund steht, oder den mit dem Alter in Verbindung gebrachten physiologischen Veränderungen liegen. Dass Altersstereotype im Bereich der Leistungsfähigkeit jedoch oft nicht gerechtfertigt sind, zeigen Posthuma und Campion (2009) in ihrem Review. Ältere Beschäftigte können demnach altersbezogene Einschränkungen und nachlassende Fähigkeiten durch entsprechende Berufserfahrung und Expertise kompensieren. Das bedeutete, dass die berufliche und kognitive Leistungsfähigkeit auch im höheren Lebensalter erhalten bleibt oder sogar gesteigert werden kann. Damit verknüpft ist auch die Beobachtung, dass sich ältere Beschäftigte proaktiv stärker für ihr Unternehmen einsetzen als ihre jüngeren Kollegen (Schalk et al. 2010). Zudem gibt es Belege dafür, dass die Dauer der Unternehmenszugehörigkeit einen stärkeren Einfluss auf die Leistung hat als das eigentliche Lebensalter der Mitarbeiter. Interindividuelle Unterschiede, beispielsweise hinsichtlich der persönlichen Fähigkeiten oder der Gesundheit, spielen demnach für die berufliche Leistung eine wichtigere Rolle als das biologische Alter selbst. Dies zeigt sich auch in dem Befund, dass die Streuung des Leistungsverhaltens innerhalb von Altersgruppen größer ausfällt als zwischen Altersgruppen (Posthuma und Campion 2008).

Ein weiteres Vorurteil bezieht sich auf die Annahme, ältere Arbeitnehmer seien neuen Konzepten gegenüber unaufgeschlossen und wenig motiviert, sich weiter zu entwickeln. Als Konsequenz dieser negativen Annahme erhalten ältere Mitarbeiter von ihren Führungskräften oft weniger entwicklungsförderliches Feedback oder Führungskräfte trauen ihnen von vorne herein keine anspruchsvollen Aufgaben zu, die sie fordern und in ihrer Entwicklung fördern könnten. Diese Vorurteile sind, wie Studien bislang zeigen konnten, weitestgehend unbegründet (Posthuma und Campion 2008). Ältere Mitarbeiter stehen Herausforderungen im Job demnach nicht ablehnend gegenüber und schätzen Weiterentwicklungsmöglichkeiten genauso sehr wie jüngere Arbeitnehmer. Die Frage im Bereich der Weiterentwicklung ist demnach nicht so sehr ob, sondern vielmehr, wie ältere Beschäftigte möglichst optimal und altersgerecht lernen und sich weiterentwickeln können. Es hat sich beispielsweise gezeigt, dass bestimmte Trainingsprinzipien (wie etwa ausreichende Lernzeit oder Struktur und Sequenzierung) bei älteren Beschäftigten erfolgreich sind (Roth et al. 2007). Die Weiterentwicklung von Mitarbeitern ist demnach eine Kernaufgabe der Personalarbeit, die unabhängig vom Alter der Beschäftigten eine zentrale Rolle spielen sollte.

8.3.1.2 Konsequenzen negativer Altersstereotype für ältere Arbeitnehmer

Negative Altersstereotype sind insbesondere deshalb so bedeutsam, weil ältere Personen wegen dieser Einstellungen auch schwerwiegende dadurch berufliche Benachteiligungen erfahren können (Roth et al. 2007). Diese betreffen beispielsweise die Personalauswahl und den Personaleinsatz sowie die Personalbeurteilung. Personen mit höherem Alter schneiden in Auswahlinterviews oder Leistungsbeurteilungen beispielsweise oftmals schlechter ab als jüngere Personen mit gleichen Qualifikationen oder Kompetenzen. Die negativen Auswirkungen von Vorurteilen können dabei entweder direkt auftreten, indem etwa eine Leistungsbeurteilung schlechter ausfällt, oder sie können indirekt über sich selbsterfüllende Prophezeiungen wirken. Dies bedeutet, dass Führungskräfte Verhalten der älteren Mitarbeiter registrieren, welches ihre impliziten Annahmen und negativen Vorurteile gegenüber älteren Mitarbeitern bestätigt, erwartungskonträres Verhalten wird hingegen ausgeblendet. Sich selbst erfüllende Prophezeiungen können sogar bei den betroffenen älteren Mitarbeitern selbst auftreten und maßgeblich ihr Verhalten und ihre Entscheidungen beeinflussen (im Sinne von „Ich bin schon zu alt für diese Position und kann nicht mehr mit den Jungen mithalten").

8.3.2 Altersheterogene Gruppen: Erfolgskonzept oder Frustquelle?

Altersheterogene Arbeitsgruppen werden in Unternehmen vielfach eingesetzt, in der wissenschaftlichen Forschung jedoch bisher eher selten thematisiert (im Überblick: Roth et al.

2007). Unternehmen erhoffen sich bei dem Einsatz von altersheterogenen Teams oder Tandems verschiedene Vorteile. Zum einen soll sichergestellt werden, dass das Wissen und die Expertise älterer Arbeitnehmer für das Unternehmen erhalten bleibt, aber auch, dass ältere Mitarbeiter von den Kenntnissen der jüngeren Mitarbeiter profitieren, so dass insgesamt ein leichterer Wissenstransfer gewährleistet wird (Roth et al. 2007). Des Weiteren werden altersheterogene Teams auch eingesetzt, um Altersstereotypen entgegen zu wirken, ein Vorhaben, das sich nicht immer ganz leicht realisieren lässt. Altersgemischte Teams können auch Quelle von Frustration und Generationenkonflikten sein sowie Vorurteile im Sinne von selbsterfüllenden Prophezeiungen noch verstärken. Wichtig ist auch hier, wie in anderen Arbeitsbereichen, den Stereotypen offen und mit Toleranz zu begegnen und eine Eskalation zu verhindern. In Untersuchungen hat sich in Bezug auf die altersgemischte Gruppenarbeit gezeigt, dass eine Reihe verschiedener Rahmenbedingungen die Leistung von (altersheterogenen) Arbeitsgruppen beeinflussen. Daher sind Pauschalaussagen, die die Effektivität von altersheterogenen Arbeitsgruppen betreffen, nicht angebracht. Obwohl die Mehrheit der wissenschaftlichen Studien eher zu einem negativen Fazit in Bezug auf altersheterogene Arbeitsgruppen, beispielsweise in Bezug auf das Gruppenklima, die Kommunikation innerhalb der Gruppe oder die Leistung, kommen, gibt es durchaus Studien, die positive Effekte feststellen konnten. Dabei spielen wahrscheinlich eine Reihe von Rahmenbedingungen eine moderierende Rolle, die einen positiven Effekt der Altersheterogenität auf die Effektivität von Arbeitsgruppen wahrscheinlicher machen (Roth et al. 2007). Nach Ansicht von Roth und Kollegen (2007) zählen dazu die Art der Gruppenaufgaben, die Wertschätzung von Heterogenität in der Gruppe sowie das Team- oder Kooperationsklima. Die Effekte von sogenannten kognitiven Konflikten in altersheterogenen Gruppen, die nach Modellen der Informationsverarbeitung durch die verfügbare Informationsmenge zu besseren Gruppenentscheidungen führen sollen, sollten sich bei komplexen Aufgaben, die unterschiedliches Wissen erfordern, also positiv auf die Gruppenleistung auswirken. Auch ein positives, kooperatives Klima in der Gruppe und das Teilen von gemeinsamen Zielen und Werten können sich positiv auf die Leistung und Zufriedenheit von heterogenen Gruppen auswirken. Des Weiteren können die Wertschätzung der Heterogenität und die daraus resultierende Identifikation mit der Gruppe förderlich für die Gruppeneffektivität sein.

8.3.3 Motivierung und Bindung an das Unternehmen

Ein weiteres psychologisches Forschungsfeld beschäftigt sich mit den Einflussfaktoren und Konsequenzen des Wunsches nach oder dem tatsächlichen Entschluss der Frühverrentung. Auch wenn dem Wunsch nach Frühverrentung nicht mehr in bisherigem Ausmaß nachgekommen werden kann, sind die Erkenntnisse aus diesem Themengebiet weiterhin bedeutungsvoll, da sie Aufschluss über Motivation, organisationale Bindung und Arbeitszufriedenheit der Beschäftigten geben, die die Grundlagen für das freiwillige Verbleiben in der Arbeitstätigkeit bilden. In diesem Forschungsfeld gilt es Prädiktoren zu identifizieren, die Motivation, Bindung an das Unternehmen, Zufriedenheit und Wohlbefinden älterer Arbeitnehmer vorhersagen und somit Hinweise auf Arbeitsplatzgestaltung und Personalführung einer alternden Belegschaft geben. Hier wird zumeist zwischen individuellen Faktoren, wie Gesundheit und finanziellem Status, und kontextuellen Faktoren, wie Arbeitsanforderungen und Kontrollmöglichkeiten, unterschieden (Schalk et al. 2010). Dass subjektive Einschätzungen für den Wunsch nach Frühverrentung relevant sind, zeigen beispielsweise Hanish und Hulin (1991), die belegen, dass die Differenz zwischen aktueller Arbeitszufriedenheit und erwarteter Rentenzufriedenheit zu den besten Prädiktoren des realen Renteneintrittsalters zählt. In dem Renteneintrittsmodell von Beehr (z. B. Beehr und Glazer 2000) werden die individuellen Lebensbedingungen (z. B. Gesundheit und finanzielle Sicherheit), psychologische Faktoren (z. B. subjektive Erwartungen und Selbstwirksamkeitsüberzeugungen) und Einschätzungen der aktuellen Arbeitssituation (z. B. Arbeitszufriedenheit und Identifikation mit der Berufstätigkeit) als spezifische Einflussfaktoren auf den Renteneintritt unterschieden. Dabei geht Beehr von einer Kategorisierung dieser Faktoren in sogenannte Push- und Pull-Faktoren aus, die jeweils den Wunsch bzw. das tatsächliche Austreten aus der Berufstätigkeit beeinflussen. Die subjektiven Erwartungen und Einschätzungen der Arbeitssituation tragen also entscheidend zu der Bewertung des Arbeitsumfeldes als belastend oder einschränkend bei und können so den Wunsch, die Arbeitstätigkeit zu beenden, fördern (Herzog et al. 1991). Verlieren Personen die Freude an ihrer Arbeitstätigkeit, kann dies dazu führen, dass sie sich immer weiter emotional aus dem Berufsleben zurückziehen, „innerlich kündigen" (Faller 1991) oder die Arbeitstätigkeit frühzeitig beenden. Weitere Einflussfaktoren, die diese Prozesse begünstigen können, sind Fremdbestimmung, Disengagement (d. h. Ablösung statt Bindung an persönliche berufliche Ziele) sowie Hindernisse in der Arbeitsumwelt. Zusätzlich verstärken kann diesen Trend die Neuordnung der persönlichen Zielprioritäten (beispielsweise von Arbeits- auf Privatleben), so dass die eigenen Pläne und Perspektiven in arbeitsfernen Handlungsfeldern gesehen werden.

8.4 Relevanz für die Praxis

Im Allgemeinen soll im Bezug auf Personalmanagement-Strategien im Kontext des demografischen Wandels die Frage beantwortet werden, wie die spezifischen Bedürfnisse von älteren Arbeitnehmern adäquat berücksichtigt werden können. Einzelne Aspekte wurden bisher schon fokussiert und spezifische Strategien als wirksam oder unbrauchbar befunden. Auswirkungen von ganzheitlichen personalen Managementstrategien wurden bisher allerdings noch kaum evaluiert (Schalk et al. 2010). Die folgenden Handlungsempfehlungen beziehen sich daher auf die anfangs vorgestellten Problembereiche, denen sich Führungskräfte im Hinblick auf den demografischen Wandel und ältere Belegschaften stellen müssen. Dazu zählen wie oben beschrieben der Umgang mit Stereotypen und Vorurteilen gegenüber älteren Mitarbeitern sowie die Vermeidung der damit verknüpften Benachteiligungen älterer Personen im Hinblick auf Personalauswahl, -beurteilung und -entwicklung.

Auch sollen Empfehlungen für das Führen von altersheterogenen Teams vorgestellt und wichtige Rahmenbedingungen besprochen werden. Des Weiteren sollen, basierend auf Ergebnissen aus der Rentenforschung, Handlungsempfehlungen bezüglich der Motivierung und Bindung älterer Mitarbeiter an das Unternehmen durch die Berücksichtigung ihrer individuellen Bedürfnisse abgeleitet werden.

8.4.1 Umgang mit Stereotypen und Vorurteilen

Dass Altersstereotype und Vorurteile grundlegende und sich auf weite Bereiche des Denkens und Handelns auswirkende Probleme darstellen, wurde bereits erläutert. Die folgenden Strategien für einen adäquaten Umgang mit negativen altersbezogenen Stereotypen und Vorurteilen sollen dabei helfen, die zuvor gestellten und hier nochmals aufgeführten Fragen zu beantworten.

- Wie können Führungskräfte Vorurteilen und Voreingenommenheit gegenüber der Arbeitsweise und Leistungsfähigkeit älterer Arbeitnehmer vorbeugen?
- Wie können Führungskräfte altersgerechte Werte und altersfaire Leitbilder in der Organisation vermitteln und auch nach außen kommunizieren?

8.4.1.1 Eigene Einstellungen überprüfen

Zentrales Element bei dem Umgang von Führungskräften mit Altersstereotypen sind die Einstellungen der Führungskräfte selbst. Das Propagieren eines toleranten Umgangs und einer offenen Haltung gegenüber älteren Mitarbeitern und deren Arbeitsweise funktioniert nur, wenn Führungskräfte dies auch selbst vertreten und vorleben. Dies betrifft sowohl die Kommunikation im Unternehmen als auch die Leistungsbeurteilung und Förderung älterer Mitarbeiter sowie die Personalauswahl. Konkret bedeutet dies, dass sich Führungskräfte von dem sogenannten „Defizitmodell des Alters", also der Überzeugung, im Alter würden verschiedenste Fähigkeiten und Kompetenzen abnehmen, verabschieden und sich auf ein „Kompetenzmodell des Alters" zubewegen müssen. Die defizitäre Sichtweise des Alters muss demnach abgelöst werden von einer wertschätzenden und toleranten Haltung gegenüber älteren Mitarbeitern, die sich auf deren Kompetenzen (wie beispielsweise Expertise, Erfahrung, und Menschenkenntnis) konzentriert. Die zuvor erwähnten sich selbst erfüllenden Prophezeiungen müssen aufgedeckt und vermieden werden. Das Schaffen einer Bewusstseinslage, die die Leistungsfähigkeit Älterer im Unternehmen anerkennt, kann beispielsweise mit Sensibilisierungstrainings erreicht werden, die zunächst die eigene Selbstreflexion und schließlich eine kompetenzorientierte Einstellung fördern sollen. Dabei werden Altersstereotype kritisch hinterfragt, Risikosituationen identifiziert und angemessene Gegenmaßnahmen ausgearbeitet. Ein beispielhafter Ablauf eines Führungskräftetrainings zur Sensibilisierung für den demografischen Wandel und den Umgang mit damit verbundenen personellen Herausforderungen ist in Abb. 8.2 veranschaulicht.

Information und Aufklärung: Demografischer Wandel
- demografischer Wandel
- Altersstruktur im eigenen Unternehmen
- Konsequenzen für das Unternehmen (Vor- und Nachteile einer altersgemischten Belegschaft)

Identifizierung von Stereotypen und Vorurteilen
- Typische Altersstereotype und Vorurteile (z.B. Defizitmodell des Alterns)
- Konsequenzen aufzeigen (Altersdiskriminierung)
- Widerlegen gängiger Stereotype (Ergebnisse wissenschaftlicher Studien, Selbstbezug: Zukunftsvision des eigenen Alterns)

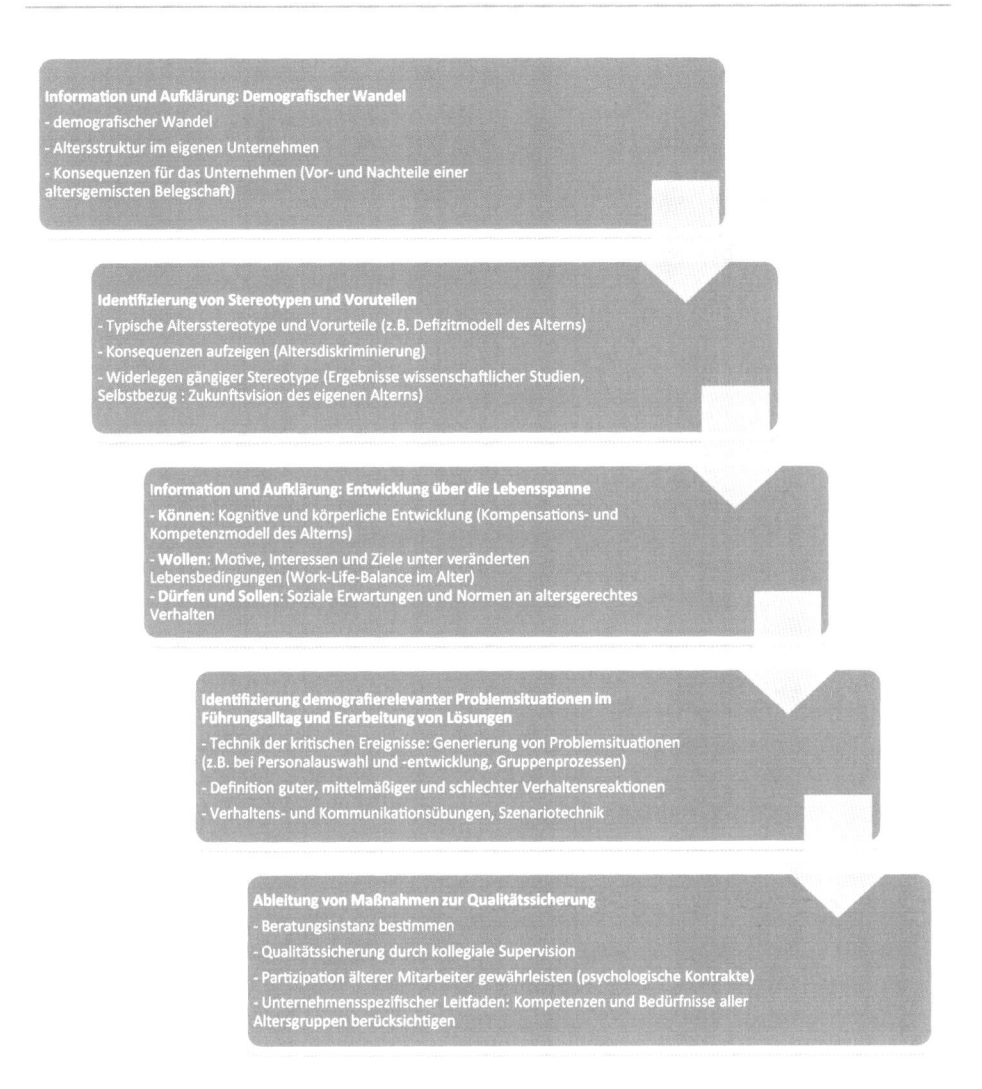

Information und Aufklärung: Entwicklung über die Lebensspanne
- **Können:** Kognitive und körperliche Entwicklung (Kompensations- und Kompetenzmodell des Alterns)
- **Wollen:** Motive, Interessen und Ziele unter veränderten Lebensbedingungen (Work-Life-Balance im Alter)
- **Dürfen und Sollen:** Soziale Erwartungen und Normen an altersgerechtes Verhalten

Identifizierung demografierelevanter Problemsituationen im Führungsalltag und Erarbeitung von Lösungen
- Technik der kritischen Ereignisse: Generierung von Problemsituationen (z.B. bei Personalauswahl und -entwicklung, Gruppenprozessen)
- Definition guter, mittelmäßiger und schlechter Verhaltensreaktionen
- Verhaltens- und Kommunikationsübungen, Szenariotechnik

Ableitung von Maßnahmen zur Qualitätssicherung
- Beratungsinstanz bestimmen
- Qualitätssicherung durch kollegiale Supervision
- Partizipation älterer Mitarbeiter gewährleisten (psychologische Kontrakte)
- Unternehmensspezifischer Leitfaden: Kompetenzen und Bedürfnisse aller Altersgruppen berücksichtigen

Abb. 8.2 Exemplarischer Ablauf eines Führungskräftetrainings zur Sensibilisierung für den demografischen Wandel und den Umgang mit damit verbundenen personellen Herausforderungen

8.4.1.2 Negative Konsequenzen vermeiden

Den in Unternehmen verbreiteten negativen Grundüberzeugungen über ältere Beschäftigte (z. B., „eine Einstellung/Weiterbildung lohnt sich in dem Alter ohnehin nicht mehr") muss vehement begegnet werden. Diese, wie zuvor beschrieben, oftmals widerlegten Annahmen können in der Personalarbeit dazu führen, dass ältere Personen benachteiligt und beispielsweise nur jüngere Beschäftigte eingestellt oder gefördert werden. Maßnahmen, um Altersstereotypen aktiv zu begegnen, können die gezielte Einstellung von älteren Personen für Tätigkeiten sein, die intuitiv dem gängigen Altersbild (Defizitmodell) widersprechen.

Eine weitere Möglichkeit, die negativen Konsequenzen von Vorurteilen bei Auswahlentscheidungen zu verringern, liegt in der strikten Orientierung solcher Verfahren an Anforderungsanalysen. Führungskräfte sollten weiterhin darauf achten, älteren Mitarbeitern auch komplexe und anspruchsvolle Aufgaben zu übertragen, die die kognitive Leistungsfähigkeit fördern und das Leistungsverhalten verbessern, anstatt älteren Beschäftigten im Sinne der selbsterfüllenden Prophezeiung lediglich die einfacheren Aufgaben anzubieten. Darüber hinaus sollten sich Führungskräfte darüber im Klaren sein, dass altersbezogene Benachteiligungen gegen gesetzliche Regelungen verstoßen. Personelle Entscheidungen sollten daher gut begründet und dokumentiert sein und sich nicht auf das Alter der Person beziehen.

Die hier aufgeführten Aspekte zeigen einige Maßnahmen und Strategien auf, wie Führungskräfte mit negativen altersbezogenen Vorurteilen umgehen und diesen vorbeugen können. Um die Arbeitsmotivation und Leistungsfähigkeit älterer Beschäftigter optimal zu unterstützen, ist die Verminderung und die Thematisierung von Altersstereotypen im Unternehmen ein erster wichtiger Schritt für die Schaffung eines altersgerechten Arbeitsumfeldes.

8.4.2 Führen von altersheterogenen Gruppen

- Wie können Führungskräfte Kommunikation und Arbeitsleistung altersheterogener Teams verbessern und fördern?

Wie zuvor beschrieben geben die Befunde zur Effektivität altersgemischter Teams oftmals eher ein wenig erfolgversprechendes Bild ab. Rahmenbedingungen, die altersgemischte Teams dennoch erfolgreich machen, sind daher wichtige Ansatzpunkte für Führungskräfte, die es zu verändern und zu optimieren gilt (Roth et al. 2007). Für ein erfolgreiches Miteinander sollten Führungskräfte zunächst diagnostizieren, um welche Art von Aufgabe es sich handelt. Sie müssen dann, auch unter Berücksichtigung weiterer Personenmerkmale, entscheiden, ob eher ein altershomogenes oder altersheterogenes Team eingesetzt werden sollte. Aufgaben, die unterschiedliche Perspektiven erfordern und bei denen die Mitarbeiter untereinander von ihren unterschiedlichen Wissensständen profitieren können, sind gut geeignet, um altersheterogene Teams effektiv einzusetzen.

Beispiele für gute Praxis

Führungskräftetrainings und Maßnahmen zu einem effektiven Umgang mit der „Herausforderung Demografischer Wandel" belegen anschaulich, dass schon einige Schritte in die richtige Richtung unternommen wurden. Bezüglich der Qualifizierung und Unterstützung speziell von Führungskräften bei dem Umgang und der Meisterung der mit dem demografischen Wandel verbundenen Herausforderungen werden hauptsächlich Trainingsmaßnahmen zur Sensibilisierung und zur Schaffung eines (Problem-)

Bewusstseins durchgeführt. Dies unterstreicht die herausragende Bedeutung, die die Einstellung und Haltung der Führungskräfte gegenüber dem Alter im Allgemeinen und den älteren Mitarbeitern im Speziellen für Personalauswahl, Personalentwicklung, Gruppenprozesse, Arbeitsgestaltung sowie schlussendlich die Motivation, Zufriedenheit und Leistung der älteren Beschäftigten hat. Handlungsfelder sollten jedoch nicht isoliert betrachtet und demografiebezogene Maßnahmen nicht im Sinne einer lokalen Lösung isoliert verfolgt werden, sondern im Rahmen einer ganzheitlichen demografiegerechten Unternehmensstrategie miteinander verzahnt und ganzheitlich implementiert werden.

- Ein Beispiel für gute Praxis, welches insbesondere die Bindung der älteren Mitarbeiter zum Inhalt hat, ist das mehrfach ausgezeichnete Projekt „LIFE" (Lebensfroh, Ideenreich, Fit und Erfolgreich), eine Offensive der österreichischen voestalpine AG zur Anpassung der Unternehmenskultur und Arbeitsprozesse an die älter werdende Belegschaft (INQA 2011). Das Programm beinhaltet sowohl flexible Arbeitszeitmodelle, um Familie und Beruf besser vereinbaren zu können, den Lebensphasen angepasste Arbeitsplatzgestaltung, um die Ressourcen jedes Mitarbeiters optimal einzusetzen, Sicherheits- und Gesundheitsvorsorge, um die Leistungsfähigkeit zu erhalten sowie Führungs- und Entwicklungsmaßnahmen, um die Innovationsfähigkeit zu fördern. Dazu wurden u. a. auch Führungskräftetrainings durchgeführt, Mentoren ausgebildet sowie Programme zum Gesundheits-, Sicherheits- und Stressmanagement durchgeführt. Erklärte und erreichte Ziele waren dabei ein längerer Verbleib älterer Beschäftigter im Unternehmen, die Förderung des Wissenstransfers sowie die Integration jüngerer Beschäftigter. Durch das Projekt wurde sowohl der Krankenstand (insbesondere der älteren Beschäftigten) gesenkt, die Arbeitszufriedenheit und Motivation erhöht sowie die Wahrnehmung des Unternehmens verbessert. Das Erfolgskonzept des Projektes ist insbesondere in der unternehmensweiten Implementierung aller demografiebezogenen Maßnahmen sowie der Partizipation von Beschäftigten und Betriebsrat zu sehen (für weitere Informationen s.: www.inqa.de).
- Ein Beispiel für gute Praxis für die Vorbereitung von Führungskräften auf den demografischen Wandel durch Sensibilisierungstrainings stammt aus Schweden, wo die Führungskräfte der südschwedischen Bezirksverwaltung Kronoberg vier Tage lang im Umgang mit alternden Belegschaften („Age-Management") geschult wurden (INQA 2011). Auch hier ging es zunächst um die Sensibilisierung der Führungskräfte für Herausforderungen des demografischen Wandels und die Herstellung eines positiven Altersbildes sowohl was die eigene Person als auch die Mitarbeiter anging. Zum einen wurde dies durch die Vermittlung von Wissen über die Veränderungen im Alterungsprozess und zum anderen durch die Identifizierung von dadurch entstehenden Anforderungen für das Unternehmen erreicht. Des Weitern hatten die Führungskräfte die Möglichkeit zu einem individuellen Beratungsgespräch, welches von dem das Training durchführenden externen Beratungsinstitut angeboten wurde. Kombiniert wurde das Training mit Mitarbeitergesprächen, in denen die individuellen Bedürfnisse (z. B. Reduzierung von Belastung und Arbeitszeit) und Entwick-

lungsbedarfe der älteren Beschäftigten thematisiert wurden, um diese langfristig an das Unternehmen zu binden. Besonders hervorzuheben an diesem Programm ist zum einen der Einbezug auch höherer Verwaltungsebenen sowie der Gewerkschaften, die ebenfalls Schulungen erhielten, und zum anderen die wissenschaftliche Evaluation der Maßnahmen, die die Einbindung des Programmes in das reguläre Weiterbildungsprogramm für Führungskräfte zur Folge hatte (für weitere Informationen s.: www.inqa.de).

- In dem Projekt „Pegasus" (Personalarbeit und Gesundheitsschutz bei alternden Belegschaften in der Schmiedeindustrie), einem Modellprojekt mit insgesamt sieben beteiligten Unternehmen, stand insbesondere der Erhalt und die Förderung der Arbeitsfähigkeit der Beschäftigten im Vordergrund, die angelehnt an das Haus der Arbeitsfähigkeit (vgl. Ilmarinen und Tempel 2002) eine Funktion von Gesundheit, Qualifikation und Motivation darstellen. Dabei wurde ein beteiligungsorientierter Ansatz gewählt, bei dem die Beschäftigten in die Planung und Umsetzung der Maßnahmen eingebunden waren. Als ein wichtiger, die Arbeitsfähigkeit beeinflussender Faktor wurde auch das Führungsverhalten angesehen. Führungskräfte hatten die Möglichkeit, sich in Demografie Audits im Hinblick auf demografiegerechte Führung bewerten zu lassen, um so ein individuelles Feedback und Hinweise auf Verbesserungsbedarfe zu erhalten. In einem solchen Audit wurden die Kategorien Mitarbeiterorientierung, Bewusstseinslage sowie Management eingeschätzt. Wichtig im Rahmen eines mitarbeiterorientierten Führungsstils waren beispielsweise die Wertschätzung gegenüber den Mitarbeitern sowie ein flexibler Umgang mit Bedürfnissen, Schwächen und Kompetenzen älterer Mitarbeiter (für weitere Informationen s.: www.projekt-pegasus.de/).

Was ist INQA?
Die Initiative „Neue Qualität der Arbeit" (INQA), die 2002 durch das damalige Bundesministerium für Arbeit und Sozialordnung ins Leben gerufen wurde, macht es sich u. a. zum Ziel, einen Wissenstransfer bezüglich gesundheitsförderlicher positiver Arbeitsbedingungen zu unterstützen und damit die Interessen von Beschäftigten und Unternehmen zu verbinden. Im Hinblick auf den demografischen Wandel werden eine Reihe an innovativen Projekten und Unternehmensbeispielen im Sinne von „Best Practices", also guten und praktikablen Lösungen für den Umgang mit dem demografischen Wandel vorgestellt (www.inqa.de).

Auch bei der Leitung von Arbeitsgruppen ist es für Führungskräfte unabdingbar, zunächst die Grundvoraussetzungen für ein effektives Arbeiten im Team zu schaffen: Wertschätzung und ein kooperatives Teamklima. Auch hier spielt zunächst wieder die Sensibilisierung der Teammitglieder bezüglich negativ konnotierter Altersstereotype eine wichtige Rolle. Ein respektvoller Umgang und die Wertschätzung der Kompetenzen und Fähigkeiten älterer (und jüngerer) Mitarbeiter, statt eine negative Haltung gegenüber „den Jungen"/"den Alten" sowie die Schaffung eines kooperativen, positiven Teamklimas sind wichtige Ziele für Führungskräfte altersheterogener Teams. Schafft es die Führungskraft, dass sich die Gruppenmitglieder mit den Zielen und Werten der Gruppe identifizieren so sollte dies zu erhöhter Zufriedenheit und Leistung aller beitragen. Auch die Befunde zu Alters-Tandems oder Mentoring Beziehungen stellen anschaulich dar, dass Arbeitsbeziehungen von der Altersheterogenität profitieren können (Allen et al. 2004), was auch in der Praxis häufig berichtet wird. Nicht nur die Weitergabe von Wissen und der Erfahrungsaustausch stehen im Vordergrund. Insbesondere die Wertschätzung ihrer Kompetenzen und Lebenserfahrung, die älteren Mitarbeitern entgegengebracht wird, führt zu Zufriedenheit, Wohlbefinden und guter Arbeitsleistung auf beiden Seiten. Im sächsischen Werk der Mahle Behr-Gruppe wurden beispielsweise Lerntandems, sogenannte „Junior-Senior-Programme" (JSP) eingeführt, um das betriebliche Erfahrungswissen der älteren Mitarbeiter zu erhalten und das aktuelle (Schul-) Wissen über neue Technologien der jüngeren Mitarbeiter an die älteren weiterzugeben (INQA 2011). Um einen nachhaltigen Wissenstransfer im Unternehmen zu gewährleisten und die Beschäftigungsfähigkeit der älteren Mitarbeiter zu fördern, wurden innerhalb des Arbeitsalltags zuvor festgelegte Entwicklungsaufgaben umgesetzt. Diese Aufgaben wurden prozessbegleitend in einer „Wissensbox" dokumentiert und für alle Mitarbeiter für die Aus- und Weiterbildung zugänglich gemacht. Um die betrieblichen Rahmenbedingungen für ein erfolgreiches Gelingen der Lerntandems zu schaffen, wurde außerdem großer Wert auf das Bewusstsein der Mitarbeiter für die demografische Entwicklung und die diesbezügliche unternehmensinterne Kommunikation gelegt.

8.4.3 Motivation und Bindung an das Unternehmen erhöhen

- Wie können Führungskräfte die altersbedingten Veränderungen bezüglich der Motive und Ziele älterer Arbeitnehmer adäquat berücksichtigen, um so einen langen Verbleib in der Arbeitstätigkeit zu gewährleisten?
- Wie können Führungskräfte die Qualität der Arbeitstätigkeit verbessern und die Arbeitsumwelt altersgerecht gestalten, so dass die Leistungsfähigkeit älterer Arbeitnehmer und deren Bindung an das Unternehmen möglichst lange erhalten bleiben?

Eine weitere Herausforderung für Führungskräfte im Rahmen der demografischen Veränderungen in der Arbeitswelt besteht darin, ältere Arbeitnehmer langfristig an das Unternehmen zu binden und potentielle Berentungswünsche zu minimieren. Die Motivation und Zufriedenheit der älteren Beschäftigten spielen für den Verbleib in der Organisation eine maßgebliche Rolle. Motivation und Motivierung sind wichtige Voraussetzungen für die erfolgreiche und zufriedenstellende Ausübung von (arbeitsbezogenen) Handlungen. Ergebnisse der Lebenszielforschung haben aufgezeigt, dass als wertvoll betrachtete Ziele für das Erleben von Zufriedenheit und Erfolg, in Arbeit wie Privatleben, von besonderer Bedeutung sind. Harris et al. (2003) fanden, dass Personen, die ihre Ziele in einem anregenden Arbeitsumfeld verfolgten, ein stärkeres Gefühl von Vitalität und Zufriedenheit hatten als Personen, die die eigenen Ziele wegen ungünstiger Arbeitsbedingungen (z. B.

fehlende Unterstützung am Arbeitsplatz) nicht verwirklichen konnten. Der Alltag „glücklicher Menschen" ist nach Wessman und Ricks (1966) vom Streben nach selbst gesetzten Zielen bestimmt. Brunstein und Maier (2002) argumentieren weiter, dass Zielstrebigkeit allein noch kein Garant für Zufriedenheit ist. Vielmehr sei wichtig, dass die subjektiv wahrgenommenen Lebensumstände zu den eigenen Zielen passen und die eigenen Vorhaben realisierbar sind. Wichtige Erfolgsfaktoren sind dabei beispielsweise die Selbstbestimmtheit bei der Setzung von Zielen, hohe Entschlossenheit bezüglich der Realisierung der Ziele sowie günstige Umweltbedingungen (z. B. soziale Unterstützung bei der Realisierung von Zielen). Diese beeinflussen sowohl den Fortschritt bei der Verwirklichung persönlicher Ziele als auch die Zufriedenheit und Bindung an eine bestimmte Tätigkeit (z. B. im Arbeitsalltag). Beschäftigte, die im Alter entweder keine persönlichen beruflichen Ziele mehr haben oder auf Grund von Faktoren in ihrem Arbeitsumfeld, z. B. einer alterskritischen Unternehmenskultur, über wenig Möglichkeiten verfügen, diese zu verwirklichen, nehmen ihre Arbeitsaufgaben als wenig zufriedenstellend und ausfüllend wahr, was letztlich zu dem Phänomen der „inneren Kündigung" (Faller 1991) oder dem tatsächlichen Verlassen des Unternehmens führen kann. Aus diesem Grunde sollten Führungskräfte insbesondere darauf achten, ältere Mitarbeiter bei dem Setzen und Verfolgen von persönlichen Berufszielen zu unterstützen und somit ihre Motivation und Zufriedenheit bei der Arbeitstätigkeit zu erhalten. Von großer Wichtigkeit ist es dabei auch, einer alterskritischen Unternehmenskultur entgegenzuwirken und die Möglichkeiten und Rahmenbedingungen im Sinne einer Weiterentwicklung zu schaffen, die es älteren Mitarbeitern ermöglicht, sich proaktiv zu verhalten und selbstbestimmt Ziele zu setzen und zu erreichen. Dies sollte sowohl die Arbeitszufriedenheit als auch die organisationale Bindung und berufliche Identifikation bei älteren Beschäftigten erhöhen. Ältere Mitarbeiter, die ihre Berufstätigkeit ausfüllt und diese als einen wichtigen und persönlich relevanten Lebensbereich betrachten, sollten lange zufrieden im Beruf verbleiben wollen.

Bei der Betrachtung der Rolle von arbeitsbezogenen Zielen ist es außerdem von besonderer Wichtigkeit für Führungskräfte, die sich verändernden Lebensumstände und privaten Ziele der älteren Mitarbeiter zu berücksichtigen. Die Neuordnung hinsichtlich der Priorität von beruflichen und privaten Zielen sowie potentielle Zielkonflikte können bei älteren Beschäftigten deren Engagement, Motivation und Leistung bei der Arbeitstätigkeit beeinflussen. Eng verknüpft mit der Unterstützung der Mitarbeiter in der Verfolgung ihrer arbeitsbezogenen Ziele ist daher auch die Frage, auf welche Bereiche sich diese Ziele beziehen, welche Motive ältere Mitarbeiter antreiben und welche Interessen sie verfolgen. Die Befunde zu Motiven und Zielinhalten älterer Arbeitnehmer sind im Vergleich zu anderen Forschungsschwerpunkten in den Bereichen Leistungsfähigkeit oder Altersstereotype deutlich weniger weit fortgeschritten. Dennoch hat sich bisher gezeigt, dass die Gesamtmotivation älterer Mitarbeiter nicht geringer ist als die der Jüngeren, sich die Motive und Ziele älterer und jüngerer Beschäftigter jedoch unterscheiden. Ziele und Bedürfnisse von Mitarbeitern verschieben sich von eher extrinsischen Motiven, wie dem Vorantreiben der eigenen Karriere und der Weiterentwicklung, in jüngeren Jahren in Richtung Generativitätsmotive (wie der Weitergabe von Wissen) und einer größeren Wertschätzung von

Arbeitsplatzsicherheit, Gesundheit sowie dem Bedürfnis nach sozialem Engagement und Eingebundenheit (McAdams und Olson 2010; Stamov-Rossnagel und Hertel 2010). Diese Unterschiede müssen sowohl im Führungsverhalten der Vorgesetzten als auch in einer veränderten Arbeitsgestaltung Berücksichtigung finden. Führungskräfte sollten auf die Veränderungen der Lebensumstände, Ziele und Motive älterer Mitarbeiter mit flexibilisierten und individualiserten Arbeitsmodellen reagieren und ihr Führungsverhalten den Bedürfnissen der älteren Mitarbeiter anpassen. Mitarbeiter könnten in Mentorenbeziehungen ihr Wissen weitergeben, sie sollten an Entscheidungen partizipieren und vielfältige Aufgaben übertragen bekommen. Auch Autonomie, beispielsweise in Bezug auf die Möglichkeiten einer altersbezogenen Teilzeitarbeit, dem sogenannten „bridge employment", sollten Führungskräften bei älteren Mitarbeitern fördern, um diese lange motiviert im Unternehmen zu halten (Schalk et al. 2010).

Ein weiteres Handlungsfeld für Führungskräfte bezüglich der Motivierung und der Bindung älterer Mitarbeiter an das Unternehmen ergibt sich aus Befunden zu transformationaler Führung (Bass 1985) sowie der Führungskraft-Mitarbeiter-Beziehung, dem Leader-Member-Exchange (Graen und Uhl-Bien 1995). Es hat sich gezeigt, dass Führungskräfte maßgeblichen Einfluss auf die mentale wie physische Gesundheit ihrer Mitarbeiter ausüben (Kelloway und Barling 2010), oftmals ohne dass sie sich dessen bewusst sind. Forschungsarbeiten zu transformationaler Führung haben ergeben, dass dieser Führungsstil ebenfalls prädiktiv für die Gesundheit der Mitarbeiter ist (Kelloway und Barling 2010). Dabei wird mittlerweile angenommen, dass der Effekt nur indirekter Natur ist und über die Wahrnehmung der Arbeitsbedingungen vermittelt wird. Als besonders förderlich für die Gesundheit kann dabei die Wertschätzung gegenüber den Mitarbeitern im Sinne einer individuellen Unterstützung und Förderung und der besonderen Berücksichtigung der individuellen Kompetenzen, Bedürfnisse und Werte gesehen werden. Relevant scheint außerdem die Vorbildfunktion zu sein, die Führungskräfte im Sinne eines gesundheitsbewussten Handelns inne haben sowie die Stärkung von Selbstwert und Selbstwirksamkeitserwartung, indem eine transformationale Führungskraft ihren Mitarbeitern Vertrauen in deren Fähigkeiten und Kompetenzen vermittelt und sich optimistisch über das Erreichen von Zielen äußert. Der Kommunikationsstil ist dabei partnerschaftlich und baut auf Vertrauen und Wertschätzung auf. Führungskräfte sollten daher insbesondere auch in transformationalen Verhaltensweisen gestärkt und geschult werden und auf die Folgen eines sich negativ auf die Gesundheit auswirkenden destruktiven oder autokratischen Führungsstil hingewiesen werden. Wie erfolgreich Partnerschaftlichkeit und Partizipation der Mitarbeiter bei Strategien zur Bewältigung des demografischen Wandels sein können, beweist das Projekt der BMW AG (Loch et al. 2010). Um den Konsequenzen des demografischen Wandels zuvorzukommen und die „demografische Zeitbombe" zu entschärfen, wurden in einem Werk in Dingolfingen für eine Produktionslinie die Verhältnisse von 2017 simuliert. Die 42 für dieses Experiment rekrutierten Beschäftigten wurden altersmäßig so zusammengestellt, dass sie ein genaues Abbild der Gesellschaft im Jahre 2017 darstellten und somit ein Durchschnittsalter von 47 Jahren (statt 39 Jahren in 2007) aufwiesen. Die Beschäftigten trugen zunächst alle Probleme, Hindernisse und Belastungen im

Rahmen der Arbeitstätigkeiten zusammen und entwickelten selbstständig Maßnahmen, die die Belastungen reduzieren sollten. Die Lösungsvorschläge wurden vom Management, das auch die Idee für dieses Projekt hatte, umgehend für die Produktionslinie umgesetzt. Insgesamt wurden von den Beschäftigten 70, hauptsächlich auf ergonomische/ gesundheitsbezogene, Verbesserungen implementiert. Die Veränderungen resultierten in einer 7 %-igen Produktivitätssteigerung, einem Absinken von Absentismus um 2 % sowie der 100 % Erreichung der Qualitätsstandards. Für die an weiteren Standorten in Deutschland und Österreich initiierten Folgeprojekte wurden ähnliche Ergebnisse berichtet.

8.5 Ausblick: Was bedeutet das für die Zukunft der Führung?

Demografiegerechte Führung ist keine Zukunftsmusik mehr, sondern ist als Anforderung und Herausforderung längst bei den Führungskräften in den Unternehmen angekommen. Mitarbeiter verschiedenster Altersklassen kooperativ und altersgerecht zu führen, muss als fester Bestandteil in das Kompetenzportfolio einer erfolgreichen Führungskraft integriert werden. Ruft man sich in Erinnerung, dass demografiegerechte Führung eher einem Potpourri an Kompetenzen statt einem einheitlichen Führungsstil entspricht, so lassen sich in verschiedenen Handlungsfeldern der demografiegerechten Führung zukünftige Entwicklungen ablesen. Zum einen ist zu erwarten, dass in allen Bereichen des Demografie- oder Altersmanagements weitere Fortschritte und Verzahnungen stattfinden. Zum anderen sollten ganzheitliche demografiebezogene Managementstrategien zukünftig auch umfassender evaluiert werden, was bisher noch weitestgehend ausblieb (Schalk et al. 2010). Auch der Zusammenschluss in sogenannten Demografienetzwerken wird wahrscheinlich zunehmen und einen noch besseren Erfahrungs- und Wissensaustausch, insbesondere der kleinen und mittelständischen Unternehmen, gewährleisten.

Flexible Arbeitszeitmodelle wie die altersbezogenen Teilzeitarbeit („bridge employment") oder die Weiter- oder Wiederbeschäftigung im Rentenalter („silver work") könnten aktuelle Arbeits- und Rentenmodelle optimal ergänzen. Mit der Weiterbeschäftigung im Rentenalter wären Unternehmen beispielsweise in der Lage dem wachsenden Fachkräftemangel aktiv zu begegnen. Viele ältere Beschäftigte sind auch jenseits der 65 noch lern-, leistungs- und arbeitsfähig und vor allem -willig.

Insgesamt wäre es wünschenswert, wenn demografiebezogene Maßnahmen verbindlicher Bestandteil der Qualitätssicherung in Unternehmen würden. Die Demografie-Fitness eines Unternehmens wird beispielsweise im Rahmen eines Sonderpreises zum Thema „Förderung älterer Beschäftigter" in den jährlichen Wettbewerben „Deutschlands Beste Arbeitgeber" des Great Place to Work® Institutes vergeben. Das Institut, das Unternehmen bei der Überprüfung und Weiterentwicklung einer mitarbeiterorientierten Arbeitsplatzkultur unterstützt, bewertet dabei zum einen wie ältere Beschäftigte die Arbeitskultur in ihrem Unternehmen wahrnehmen und zum anderen, welche Maßnahmen ein Unternehmen ergreift, um die älteren Beschäftigten besonders zu fördern. Verbindliche und vor allem alle Ebenen (Mitarbeiter, Führungskräfte, Management, Organisation) und

Funktionsbereiche eines Unternehmens umfassende Qualitätsstandards im Sinne eines „Demografie Mainstreamings" wären außerdem denkbar und wünschenswert. Angelehnt an das „Gender-Controlling" als Instrument zur Umsetzung des „Gender Mainstreaming" (Sander und Müller 2003) könnten die unterschiedlichen Bedürfnisse, Werte, Interessen und Lebensumstände von Beschäftigten aller Altersklassen im Sinne einer nachhaltigen institutionalisierten Top-down-Strategie in der Unternehmensstruktur, den Gestaltungs- und Arbeitsprozessen auf allen Hierarchieebenen sowie in der Kommunikation nach außen verankert werden, um so die Wertschätzung von jüngeren wie älteren Beschäftigten zu gewährleisten und deren Potentiale optimal zu nutzen. Ziel ist dabei nicht die Suche nach kurzfristigen, punktuellen Lösungen für das „Problem Demografischer Wandel", sondern eine tief in den Steuerungs- und Planungsprozessen des Unternehmens verankerte Unternehmensphilosophie, die auf der Partizipation aller aufbaut. Eine fortwährende Evaluation der organisationsübergreifenden Maßnahmen und Ziele sowie die Unterstützung des Managements sind dabei unabdingbar.

Der demografische Wandel ist in vollem Gange. Ob das Management und die Führungskräfte die Veränderungen aktiv mitgestalten und optimieren wollen oder sich passiv ihrem Schicksal ergeben, wird zwangsläufig den Erfolg oder Misserfolg des Unternehmens mitbestimmen. Die neuen Herausforderungen müssen aktiv und optimistisch angegangen werden, denn der demografische Wandel birgt auch viele Chancen und Potentiale, das haben Forschung und Praxis gezeigt. Beschäftigte werden nicht nur von flexiblen Arbeitsmodellen und innovativen Arbeitsformen, sondern auch von dem sozialen altersübergreifenden Austausch profitieren, die den Arbeitsalltag von morgen bestimmen werden. Letztlich werden auch diejenigen, die heute noch jung sind, von den Fortschritten und Innovationen, die heute auf den Weg gebracht werden, profitieren. Denn alt werden wir früher oder später alle.

Autorbeschreibung

Dipl.-Psych. Annika Nübold hat von 2003 bis 2009 an der Universität Bielefeld Psychologie studiert. Seit 2009 ist sie dort als wissenschaftliche Angestellte am Lehrstuhl für Arbeits- und Organisationspsychologie tätig. In ihrer Forschung beschäftigt sie sich insbesondere mit transformationaler Führung, der Persönlichkeit von Mitarbeitern (z. B. Core Self-Evaluations), persönlichen beruflichen Zielen sowie dem demografischen Wandel und dessen Auswirkungen für die Personalarbeit in Unternehmen. Sie gibt in ihrer Funktion als Dozentin Forschungsseminare sowie praxisorientierte Seminare in den Bereichen Personalmanagement, Personalbeurteilung und Personalauswahl. Sie arbeitet außerdem als freiberufliche Trainerin und führt Berufsorientierungstrainings für Abiturienten durch.

Prof. Dr. Günter W. Maier ist als Professor für Arbeits- und Organisationspsychologie an der Universität Bielefeld beschäftigt. Nach dem Abitur studierte er Psychologie, Pädagogik, Soziologie und Arbeitsrecht in Gießen und München. Im Jahr 1992 übernahm er zunächst eine Stelle als wissenschaftlicher Mitarbeiter im Forschungsprojekt „Selektion und Sozialisation des Führungsnachwuchses" der LMU München und war danach dort am Lehrstuhl für Organisations- und Wirtschaftspsychologie als wissenschaftlicher Assistent beschäftigt. Seit 2003 hat er die Professur an der Universität Bielefeld. In der Forschung beschäftigt er sich schwerpunktmäßig mit Fragestellungen zur Personalauswahl, zur Bedeutung von Persönlichkeitsmerkmalen im Arbeitsleben, zu organisationaler Gerechtigkeit und innovativem Verhalten sowie zu persönlichen beruflichen Zielen.

Literatur

Allen, T. D., Eby, L. T., Poteet, M. L., Lentz, E., & Lima, L. (2004). Career benefits associated with mentoring for proteges. *Journal of Applied Psychology, 89*, 127–136.

Bass, B. M. (1985). *Leadership and performance beyond expectations*. New York: Free Press.

Beehr, T. A., Glazer, S., Neilson, N. L., & Farmer, S. J. (2000). Work and non-work predictors of employees retirement ages. *Journal of Vocational Behavior, 57*, 206–225.

Brunstein, J. C., & Maier, G. W. (2002). Persönliche Ziele: Emotionales Wohlbefinden und proaktive Entwicklung über die Lebensspanne. In H. Thomae & G. Jüttemann (Hrsg.), *Persönlichkeit und Entwicklung* (S. 157–190). Weinheim: Beltz.

Deller, J., & Hertel, G. (Gastherausgeber) (2009). *Demographic change in work organizations*. Englischsprachiges Sonderheft der Zeitschrift für Personalpsychologie.

Faller, M. (1991). Innere Kündigung: Ursachen und Folgen. München: Hampp.

Graen, G. B., & Uhl-Bien, M. (1995). Relationship-based approach to leadership: Development of leader-member exchange (LMX) theory of leadership over 25 years: Applying a multi-level multi-domain perspective. *Leadership Quarterly, 6*, 219–247.

Hanish, K. A., & Hulin, C. L. (1991). General attitudes of organizational withdrawal: An evaluation of a causal model. *Journal of Vocational Behavior, 39*, 110–128.

Harris, C., Daniels, H., & Briner, R. B. (2003). A daily diary study of goals and effective well-being at work. *Journal of Occupational and Organizational Psychology, 76*, 401–410.

Herzog, A. R, House J. S., & Morgan, J. N. (1991). Relation of work and retirement to health and well-being in older age. *Psychology and Aging, 6*, 202–211.

Ilmarinen, J., & J. Tempel. (2002). *Arbeitsfähigkeit 2010– Was können wir tun, damit Sie gesund bleiben?* Hamburg: VSA-Verlag Hamburg.

Initiative Neue Qualität der Arbeit. *Gute Praxis zum Thema Demographischer Wandel*. http://www.inqa.de/Inqa/Navigation/Themen/ Demographischer-Wandel/gute-praxis.html. Zugegriffen 23 Feb 2011.

Kelloway, W. K., & Barling, J. (2010). Leadership development in occupational health Psychology. *Work & Stress, 24*, 260–279.

Kite, M. E., Stockdale, G. D., Whitley, B. E., & Johnson, B. T. (2005). Attitudes toward younger and older adults: An updated meta-analytic review. *Journal of Social Issues, 61*, 241–266.

Loch, C. H., Sting, F. J., Bauer, N. & Mauermann, H. (2010). How BMW is defusing the demographic time bomb. *Harvard business review, 88*, 99–102.

McAdams D. P., & Olson B. D. (2010). Personality development: Continuity and change. *Annual Review of Psychology, 61*, 517–542.

Posthuma, R. A., & Campion, M. A. (2009). Age stereotypes: Common stereotypes, moderators, and future research directions. *Journal of Management, 35*, 158–188.

Roth, C., Wegge, J., & Schmidt, K.-H. (2007). Konsequenzen des demographischen Wandels für das Management von Humanressourcen in Organisationen. *Zeitschrift für Personalpsychologie, 6*, 99–116.

Sander, G., & Müller, C. (2003). Gleichstellungs-Controlling in Unternehmungen und öffentlichen Verwaltungen. In U. Pasero (Hrsg.), *Gender – from costs to benefits* (S. 284–298). Wiesbaden: Westdeutscher Verlag.

Schalk, R., van Veldhoven, M., de Lange, A. H., De Witte, H., Kraus, & Stamov Roßnagel, C. et al. (2010). Moving European research on work and ageing forward: Overview and agenda. *European Journal of Work and Organizational Psychology, 19*, 76–101.

Stamov-Rossnagel, C., & Hertel, G. (2010). Older workers' motivation: Against the myth of general decline. *Management Decision, 48*, 894–906.

Statistisches Bundesamt. (2009). Bevölkerung Deutschlands bis 2060 – 12. koordinierte Bevölkerungsvorausberechnung, Wiesbaden.

Wessman, A. E., & Ricks, D. F. (1966). *Mood and personality*. New York: Holt.

Komplexität – eine Herausforderung für Unternehmen und Führungskräfte

9

Elke Döring-Seipel und Ernst-Dieter Lantermann

Zusammenfassung

Die wachsende Komplexität der wirtschaftlichen Strukturen und Zusammenhänge ist eine der großen Herausforderungen, der sich Unternehmen schon jetzt – vor allem aber in Zukunft stellen müssen.

Komplexität ist ein schillernder Begriff, der zunächst einmal eingegrenzt und präzisiert werden soll, um dann diskutieren zu können, wie Komplexität in die Realität von Unternehmen hineinwirkt und welche Implikationen sich daraus für Führung und Führungshandeln ergeben.

Aus psychologischer Sicht bilden komplexe Anforderungen, verstanden als Klasse von Situationen, die durch Merkmale wie Intransparenz, Vernetzung und Eigendynamik charakterisiert sind, eine besondere Herausforderung für die Handlungsorganisation von Akteuren und Entscheidungsträgern. Individuen, Teams aber auch Unternehmen orientieren sich im Umgang mit komplexen Anforderungen vor allem an der Leitidee der Komplexitätsreduzierung, die jedoch nicht immer zielführend ist. Daraus resultierende typische Fehler werden als Beispiele für missglückendes Komplexitätsmanagement dargestellt und mit Anforderungen an gutes Komplexitätsmanagement und der dafür hilfreichen und notwendigen Kompetenzvoraussetzungen kontrastiert.

Die Rückbindung der Komplexitätsdiskussion an die Realität von Unternehmen – verbunden mit der Frage, wie und auf welchen Ebenen eine Auseinandersetzung mit Komplexität in Unternehmen notwendig geworden ist und was das für Führung heute und mit Blick auf die Zukunft bedeutet, steht im Mittelpunkt der abschließenden Kapitel.

E. Döring-Seipel (✉) · E.-D. Lantermann
Universität Kassel, Kassel, Deutschland
E-Mail: doering.seipel@uni-kassel.de

E.-D. Lantermann
E-Mail: lantermann@uni-kassel.de

9.1 Einleitung

Eine Internetrecherche mit den Suchbegriffen Komplexität und Führung erzeugt eine recht umfangreiche Trefferliste, die bei näherer Betrachtung vor allem auf Anbieter von Trainings- und Weiterbildungsangeboten für Führungskräfte verweist, die Themen wie Komplexität und Komplexitätsmanagement in ihren Angebotskatalog aufgenommen haben. Offenbar wird unterstellt, dass Führungskräfte im Rahmen ihrer Tätigkeit mit diesem Thema zwangsläufig in Berührung kommen, und dass professionelles Führungshandeln bedeutet, über Handlungsmöglichkeiten zu verfügen, die geeignet sind, mit komplexen Anforderungen angemessen umzugehen. Äußerungen wie „Führung ist Bewältigung von Komplexität" (Daigeler et al. 2009), die in diesem Zusammenhang auftauchen, unterstreichen die Bedeutung, mit der dieses Thema aufgeladen wird. Dass Trainingsmaßnahmen zum Komplexitätsmanagement auch voraussetzen, dass es sich um erlernbare Kompetenzen handelt, die im Rahmen derartiger Seminare vermittelt werden können oder sogar suggerieren, dass es sozusagen geeignete Rezepte gibt, die man sich nur aneignen müsse, soll an dieser Stelle nur kurz angemerkt werden.

Zunächst wird jedoch der Frage nachgegangen, was mit Komplexität eigentlich gemeint ist und was komplexe Probleme oder Handlungssituationen zu besonderen Herausforderungen macht. Im Anschluss daran wird im Einzelnen erörtert wo und auf welche Weise Komplexität für Unternehmen eine Rolle spielt und welche Anforderungen sich daraus für die Tätigkeit von Führungskräften ergeben. Das Handeln in komplexen Problemräumen, einschließlich der typischen Fehler und Fallen – aber auch der für den Umgang mit Komplexität günstigen Voraussetzungen stehen im Mittelpunkt der darauf folgenden Abschnitte. Abschließend soll noch einmal diskutiert werden, über welche Ansatzpunkte sich Fähigkeiten zum Umgang mit Komplexität verbessern lassen.

9.2 Hintergrund des Führungsansatzes

In der Psychologie begann die Auseinandersetzung mit Komplexität vor rund 30 Jahren im Rahmen der Denk- und Problemlöseforschung. Dort hatte man sich jahrelang mit Problemen des Typs „Turm von Hanoi" beschäftigt, bei dem der Kern des Problems darin besteht, einen Algorithmus zu finden, um einen klar beschreibbaren Ausgangszustand in einen ebenso klar definierten Zielzustand zu überführen. Dietrich Dörner war einer der ersten, der darauf aufmerksam machte, dass sich viele Probleme, die uns im Alltag begegnen von diesen – inzwischen nicht ganz glücklich als „einfache Probleme" bezeichneten Anforderungssituationen – grundlegend unterscheiden. Unter Rekurs auf systemtheoretische Annahmen entwarf er eine Charakterisierung von komplexen in Abgrenzung zu einfachen Problemen und begründete eine Forschungsrichtung, die sich mit der Erforschung der psychologischen Prozesse und Bedingungen beschäftigte, die bei der Auseinandersetzung mit komplexen Anforderungssituationen eine Rolle spielen.

Tab. 9.1 Merkmale komplexer Problemsituationen

Vernetzung	Elemente eines Problembereichs hängen zusammen und beeinflussen sich wechselseitig
Eigendynamik	Situation verändert sich auch ohne Zutun des Entscheidungsträgers
Intransparenz	Informationen über relevante Problemmerkmale sind nicht zugänglich

Komplexität bedeutet demnach nicht nur, dass die Problem- oder Entscheidungssituation viele verschiedene Aspekte umfasst, die beachtet werden müssen, sondern vor allem, dass diese Aspekte miteinander zusammenhängen (*Vernetzung*) und dass die Situation nicht statisch ist, sondern sich auch unabhängig vom Eingreifen des Akteurs verändert (*Eigendynamik*). Vernetzung und Dynamik bilden die beiden zentralen Merkmale komplexer Handlungsräume, die die Akteure vor besondere Herausforderungen stellen. Bezogen auf die Entwicklung von Handlungsstrategien bedeutet Vernetzung beispielsweise, dass eine isolierte Beeinflussung einzelner Zielgrößen nicht möglich ist und dass sich Manipulationen einzelner Parameter in häufig nicht vorhersehbarer Weise auf andere Bereiche oder Aspekte der Situation auswirken und Effekte produzieren, die nicht selten das gewünschte Ergebnis konterkarieren oder neue Problemsituationen schaffen. Die Eigendynamik komplexer Situationen erschwert die Lösungssuche gleich in doppelter Weise, weil zum einen eine valide Beschreibung und Analyse der Ausgangslage nahezu unmöglich ist, wenn relevante Systemgrößen schnelllebigen Veränderungen unterworfen sind und weil zum anderen eine angemessene Beurteilung der Situation allein auf der Basis des aktuellen Ist-Zustands kaum möglich ist, wenn nicht gleichzeitig Einschätzungen potenzieller Entwicklungstrends als Information miteinbezogen werden. Neben Vernetzung und Eigendynamik wird häufig noch *Intransparenz* als weiteres Kennzeichen komplexer Situationen genannt, das sich auf die Unmöglichkeit bezieht, wichtige Informationen über Zustände, Zusammenhänge und Entwicklungen von Systemgrößen in Erfahrung zu bringen, entweder weil diese Informationen prinzipiell nicht verfügbar sind oder aber in der zur Verfügung stehenden Zeit nicht beschafft werden können (vgl. Tab. 9.1).

Die Liste der definierenden Merkmale komplexer Situationen ließe sich noch fortsetzen und fällt je nach Autor und Literaturquelle unterschiedlich umfangreich aus, wobei Vernetzung, Dynamik und Intransparenz übereinstimmend als zentrale Charakteristika aufgeführt werden (vgl. Funke 2003; Franke und Selka 2003; Dörner 1989).

Entscheidend ist jedoch, dass komplexe Handlungsräume aufgrund ihrer typischen Eigenschaften eine psychologische Anforderungssituation schaffen, die sich durch ein hohes Ausmaß an Unbestimmtheit und Unvorhersagbarkeit auszeichnet und damit wesentliche Voraussetzungen zur Gewinnung einer verlässlichen, auf genauer Analyse aller relevanten Informationen beruhender Handlungsorientierung und -planung verletzen.

Nur am Rande soll hier erwähnt werden, dass auch die in Wirtschaftszusammenhängen favorisierten rationalen Entscheidungsmodelle, die eine erschöpfende Beurteilung von

Entscheidungsalternativen nach Erwartungs- und Wertkriterien voraussetzen, unter diesen Bedingungen an ihre Grenzen stoßen. Die psychologische Herausforderung, der sich Akteure bei der Auseinandersetzung mit komplexen Problemen stellen müssen, besteht demnach vor allem darin, handeln und entscheiden zu müssen in Situationen, in denen wesentliche Bedingungen, die für die sinnvolle Entwicklung von Handlungsstrategien und die begründete Abwägung von Entscheidungsalternativen nicht oder nur unvollkommen herstellbar sind. Wie Menschen unter diesen Umständen handlungsfähig bleiben, wie sie sich ein hinreichendes Maß an subjektiver Handlungssicherheit schaffen, Komplexität auf ein handhabbares Maß reduzieren, Leerstellen überbrücken und welche Fehler ihnen dabei unterlaufen, das alles sind Fragen, mit denen sich psychologische Forschung zum komplexen Problemlösen in den letzten 20 Jahren beschäftigt hat und auf die sie eine Reihe von Antworten gefunden hat. Eine Erkenntnis hat sich dabei im Laufe der langjährigen Auseinandersetzung mit diesem Gegenstand allerdings zunehmend durchgesetzt, dass schlecht definierte, intransparente, dynamische Situationen, die häufig mit Unwägbarkeiten und Risiken verbunden sind und unter Zeitdruck bearbeitet werden müssen, nicht etwa extreme Ausnahmen in einer ansonsten klar strukturierten, kontrollier- und vorhersagbaren Welt darstellen, sondern eher als Normalfall von Nicht-Routine Entscheidungs- und Handlungssituationen in natürlichen Umwelten – außerhalb des psychologischen Labors – zu betrachten sind; eine Einsicht, die zum Beispiel zum Ausgangspunkt eines neuartigen, als „natural decision making" (vgl. Funke 2003) bezeichneten Forschungsansatzes wurde.

9.3 Beschreibung des Führungsansatzes

Der Umgang mit Komplexität ist auf vielfältige Weise zur Aufgabe für Unternehmen und für die dort tätigen Führungskräfte geworden und wird in seiner Bedeutung vermutlich weiterhin zunehmen. Damit wäre zunächst einmal ein Problemzustand konstatiert, der als Nächstes die Frage aufwirft, ob sich aus der bisherigen Praxis und aus dem Fundus der existierenden Erfahrungen und Ergebnisse psychologischer Forschung verallgemeinerbare Hinweise auf Strategien im Umgang mit Komplexität ableiten lassen.

9.3.1 Komplexitätsreduzierung als Königsweg zum Umgang mit Komplexität?

Viele Maßnahmen und Strategien, die in Unternehmen als Antwort auf komplexe Herausforderungen entwickelt wurden, lassen sich unter den Begriff Komplexitätsreduzierung subsumieren. Die Attraktivität dieser Strategien lässt sich psychologisch begründen (s. u.), bedeutet aber keineswegs, dass Reduzierung von Komplexität eine oder sogar eine unter allen Umständen erfolgversprechende Strategie wäre. Nicht von ungefähr beschreibt ein großer Teil der typischen Fehler, die Dörner und seine Mitarbeiter bei der Analyse von Problemlösungsprozessen in komplexen Handlungsfeldern herausgearbeitet haben (vgl.

Abschnitt „typische Fehler im Umgang mit Komplexität"), verschiedene Varianten von (unangemessener) Komplexitätsreduzierung.

9.3.2 Komplexitätsreduzierung psychologisch betrachtet

Aus psychologischer Sicht spielen für die Tendenz zur Komplexitätsreduktion, gemeint als Versuch, vielschichtige, unbestimmte und unvorhersagbare Situationen in überschaubare, vergleichsweise einfache Handlungssituationen zu überführen, sowohl kognitive als auch motivational-emotionale Faktoren eine Rolle.

9.3.2.1 Der kognitive Aspekt – Mentale Modelle

Menschen bevorzugen in vielen Problem- und Entscheidungssituationen lineare Denkprozesse. Sie greifen dabei auf mentale Modelle von Wirklichkeit zurück, die einfache Ursache-Wirkungszusammenhänge unterstellen und Probleme als eine Art Funktionsstörung auffassen, die auf eine Ursache zurückgeführt und durch Beseitigung dieser Ursache behoben werden können.

Mentale Modelle bezeichnen konsistente Bündel von Grundannahmen über Wirklichkeit. Diese Modelle steuern die Art und Weise, wie wir Realität wahrnehmen und interpretieren, sie lenken Aufmerksamkeit und bestimmen die Regeln und Kriterien, nach denen notwendige Informationsfilterprozesse ablaufen. Auf der Basis einfacher mentaler Modelle erwarten und sehen Personen in verschiedenen Kontexten immer wieder einfache Ursache-Wirkungsbeziehungen. Informationen, die jenseits dieser mechanistischen Funktionslogik liegen, werden dabei in der Regel nicht zur Kenntnis genommen, so dass Handlungspläne generiert werden, die komplexen Problemlagen nicht gerecht werden, weil sie relevante Problemaspekte nicht einbeziehen und Handlungswirkungen nur insoweit berücksichtigen, als sie sich auf die unmittelbare Veränderung der identifizierten „Störung" beziehen. Menschen, die auf der Basis dieses mentalen Modells operieren, verwenden viel Zeit und Energie darauf, *die* Ursache oder *den* Schuldigen für eine aktuelle Problemsituation herauszufinden, mit der Annahme, dass sich aus diesem Wissen gleichsam automatisch ein Lösungsweg ergibt. Wechselseitige Abhängigkeiten von Problemaspekten, Rückwirkungen und unbeabsichtigte Nebenwirkungen von Handlungen und Entscheidungen bleiben bei dieser Form der vereinfachenden Realitätskonstruktion weitgehend unbemerkt. Interventionen, die auf dem Hintergrund solch reduktionistischer Problemrepräsentationen entwickelt werden, bleiben häufig wirkungslos und schaffen oftmals zudem zusätzliche Probleme, die die Komplexität der Ausgangslage weiter erhöhen.

9.3.2.2 Der emotional-motivationale Aspekt – Aufrechterhaltung der Handlungsfähigkeit

Komplexe Handlungssituationen sind Situationen hoher Ungewissheit. Die Vielschichtigkeit, Intransparenz und Unwägbarkeit komplexer Situationen schaffen eine psychologische Anforderungssituation, die in ihrer Bedeutung und ihren Implikationen nicht eindeutig bestimmbar ist und der damit wesentliche Voraussetzungen zur Bildung verlässlicher Erwartungshorizonte und zur Entwicklung einer sinnvollen Handlungsorientierung fehlen. Ungewissheit gefährdet die individuelle Handlungs- und Funktionsfähigkeit, die eng mit der Kontrollierbarkeit und Vorhersagbarkeit von Situationen verknüpft ist (vgl. Lantermann et al. 2009). Die Gefährdung des Kompetenzgefühls und der drohende Verlust von Handlungssicherheit vermitteln sich dem Akteur häufig als unangenehme Gefühle von Anspannung, Unsicherheit, Bedrohung und Hilflosigkeit und lösen ein Bedürfnis zur Reduzierung der als aversiv erlebten Ungewissheit aus, mit dem Ziel, die Kontrolle über die Situation (zurück) zu gewinnen und das eigene Kompetenzgefühl zu schützen.

Verschiedene Strategien, die in erster Linie dazu dienen, die verunsichernden, unbekannten, unwägbaren Aspekte komplexer Handlungssituationen zu bannen oder auszublenden, fallen in diese Kategorie der bewältigungsmotivierten Komplexitätsreduzierung. Diese steht im Dienste der Selbstvergewisserung des eigenen Kompetenzgefühls und verzichtet auf eine adäquate Wahrnehmung und Berücksichtigung derjenigen entscheidungs- und handlungsrelevanten Situationsaspekte, die einem einfachen, klaren, kontrollierbaren Bild des jeweiligen Realitätsausschnitts im Wege stehen.

Komplexitätsreduzierung aus Kompetenzschutzmotiven geschieht jedoch nicht nur auf individueller Ebene, sondern lässt sich auch auf Gruppenebene und ebenfalls auf institutioneller Ebene beobachten. Das aus der Sozialpsychologie bekannte Phänomen des Gruppendenkens, das suboptimale Entscheidungsprozesse von Gruppen beschreibt und erklärt, kann in diesem Zusammenhang als Beispiel für Komplexitätsreduzierung und Kompetenzschutz auf Gruppenebene gedeutet werden (vgl. Franke und Selka 2003).

9.3.3 Typische Fehler im Umgang mit Komplexität

Tendenzen zur Reduzierung von Komplexität sind aus verschiedenen psychologischen Gründen nachvollziehbar und häufig notwendig, um komplexe Situationen handhabbar zu machen. Probleme entstehen dann, wenn derartige Vereinfachungen in einer Weise vorgenommen werden, die zentrale Merkmale komplexer Aufgabenstellung bzw. Problemsituationen nicht oder nur unzureichend berücksichtigen. Entsprechende Handlungsmuster, die im Umgang mit komplexen Anforderungen immer wieder zu beobachten sind und die zu „Fehlern" werden, weil sie unangemessene Formen der Komplexitätsreduzierung darstellen, wurden vor allem von der Forschergruppe um Dietrich Dörner beschrieben, die sich auf umfangreiche Beobachtungen von Personen bei der Bearbeitung von komplexen Aufgabenstellungen stützen, die über computersimulierte Szenarien realisiert wurden.

Auf einige der markantesten Beispiele für Denk- und Handlungsfehler im Umgang mit komplexen Aufgaben soll nachfolgend näher eingegangen werden (vgl. Tab. 9.2); für ausführlichere Beschreibungen sei auf die entsprechende Literatur verwiesen (Dörner 1989; Strohschneider und von der Weth 1993; Franke und Selka 2003).

Zentralreduktion bezeichnet eine kognitive Strategie, bei der Probleme und Schwierigkeiten auf *eine* zentrale Ursache zurückgeführt werden. Die schon erwähnte Suche nach

Tab. 9.2 Typische Fehler im Umgang mit komplexen Problem- und Entscheidungssituationen

Zentralreduktion	Unterstellung *einer* zentralen Ursache
Verabsolutierung von Zielen	Einseitige Optimierung *einer* Sollgröße
Handeln nach dem Reparaturdienstprinzip	Beseitigung von Störungen als Handlungsmaxime
Einkapselung	Rückzug in einen beherrschbaren Teilbereich
Thematisches Vagabundieren	Unsystematisches Wechseln zwischen Problembereichen, ohne die Probleme ernsthaft anzugehen
Ballistisches Verhalten	Handeln und Entscheiden ohne Kontrollschleife
Exzessive Informationssammlung	Anhäufung von unorganisierten Datenmengen, häufig verbunden mit Handlungs- bzw. Entscheidungsaufschub
Informationsabwehr	Ausblenden von Informationen

dem Schuldigen oder *der* Ursache sind Beispiele für diese Form der Vereinfachung, die Vernetzungen von Realitätsbereichen konsequent ignoriert. Aber auch der Wunsch nach der starken Führungspersönlichkeit, die alles richten soll, kann als eine Variante von Zentralreduktion aufgefasst werden.

Verabsolutierung von Zielen meint die einseitige Optimierung einer Sollgröße. Die Verabsolutierung von Zielen ist eng verwandt mit der Strategie der Zentralreduktion, mit dem Unterschied, dass hier nicht *die* Ursache, sondern *die* Lösung im Mittelpunkt steht. Häufig ergibt sich eine reduktionistische Zielsetzung als direkte Konsequenz aus einer vereinfachten Ursachenzuschreibung: wenn es immer die Kosten sind, die den Unternehmensgewinn schmälern, was liegt dann näher als Kostensenkung zum Unternehmensziel schlechthin zu erklären. Kostensenkung als Allheilmittel ist ein Beispiel für eine einseitige Zielbildung, die ignoriert, dass in komplexen, vernetzten Situationen in der Regel mehrere Ziele gleichzeitig berücksichtigt werden müssen, die sich auch durchaus widersprechen können und dass dann die Optimierung einzelner Zielparameter nur auf Kosten von damit verbundenen Sollgrößen zu haben ist. Wenn beispielsweise Kostensenkungen nur noch mit Qualitätseinbußen erkauft werden können – mit fatalen Folgen für die Kundenzufriedenheit – wird die einseitige Verfolgung dieses Ziels zu einer Gefahr für den Unternehmenserfolg. Gefordert ist stattdessen eine Balancierung verschiedener Zielgrößen und die Spezifizierung von Bedingungen, unter denen bestimmte Ziele sinnvoll sind.

Handeln nach dem Reparaturdienstprinzip ist auf die Beseitigung von Störungen ausgerichtet, wobei der jeweils augenfälligste Missstand das Handeln bestimmt. Handeln nach dem Reparaturdienstprinzip besteht aus isolierten Einzelmaßnahmen, die kurzfristig angelegt und reaktiv sind. Die (prospektive) Bestimmung von Zielen und eine zielorientierte

Schwerpunktbildung unterbleiben, eine Einbettung von Einzelmaßnahmen in ein übergreifendes Modell der Situation findet nicht statt.

Gemeinsam ist diesen drei Fehlertypen, dass sie auf die beschriebenen vereinfachten mentalen Modelle zurückgehen und unterschiedliche Varianten illustrieren, wie sich solche schlichten linearen Ursache-Wirkungs-Modelle in defizitäre Strategien im Umgang mit komplexen Handlungskontexten umsetzen. Weniger ausschlaggebend sind vereinfachte mentale Modelle für eine weitere Gruppe von Fehlern, die dann entstehen, wenn in komplexen Handlungssituationen Motive zum Kompetenz- und Selbstschutz und zur Reduzierung von Unsicherheit aktiviert und dominant werden. Diese Fehler können daher als unterschiedliche Möglichkeiten zur Realisierung dieser Motive verstanden werden, die deshalb problematisch werden, weil eine an den Anforderungen orientierte Auseinandersetzung mit den anstehenden Aufgaben zumindest partiell aufgegeben wird.

Einkapselung bezeichnet ein Vorgehen, bei dem ein Rückzug in einen gut beherrschbaren Teilbereich stattfindet. Die Beschäftigung mit dem Gesamtproblem wird aufgegeben, statt dessen konzentriert man sich auf einen kleinen, für den Gesamtzusammenhang häufig unwichtigen Teilaspekt, mit dem man sich auskennt und weiß, was zu tun ist. Die Konfrontation mit Ungewissheit mit all ihren unsicherheitserzeugenden und möglicherweise bedrohlichen Begleiterscheinungen wird auf diese Weise erfolgreich vermieden, die Illusion von Kontrolle und eigener Wirksamkeit kann problemlos aufrechterhalten werden, allerdings um den Preis, dass die wichtigen und drängenden Fragen nicht angegangen werden.

Wechselt ein Akteur ständig und scheinbar willkürlich den Problembereich, ohne die jeweiligen Probleme gelöst zu haben, spricht man von *thematischem Vagabundieren*. Eine Beschäftigung mit den einzelnen Problemen findet dabei nur oberflächlich statt, vieles wird angegangen, aber nichts zu Ende gebracht. Auch dieses von Aktionismus geprägte Vorgehen dient dazu, das eigene Kompetenzgefühl zu schützen und nach außen eine zupackende Haltung zu demonstrieren, ohne sich dem Risiko des Scheiterns aussetzen zu müssen.

Trifft ein Akteur Entscheidungen, ohne sich um die weitere Entwicklung der Situation oder die Wirkung seiner Maßnahmen noch einmal zu kümmern, bezeichnet man dies als *ballistisches Verhalten*. Dieses „Abfeuern" von Entscheidungen oder Maßnahmen erzeugt das positive Gefühl, etwas getan zu haben, ohne sich möglichen Fehlschlägen und Misserfolgen stellen zu müssen und schützt auf diese Weise vor schmerzhaften Erkenntnissen, die das Bild der eigenen Kompetenz erschüttern könnten.

Exzessive Informationssammlung ist eine häufig gewählte Strategie zur Reduzierung von Unsicherheit. Dahinter verbirgt sich die Hoffnung, über mehr und mehr Information sukzessive ein vollständiges und klares Bild der Situation gewinnen zu können, das dann die richtige Lösung offenbart oder zumindest die Basis für eine begründete Entscheidung ohne Unwägbarkeiten liefert. Problematisch ist dieses Vorgehen nicht nur, weil in intransparenten Kontexten der Versuch einer vollständigen Analyse von vornherein zum Scheitern verurteilt ist, sondern auch, weil die vom Wunsch nach Unsicherheitsreduzierung getriebene exzessive Informationssuche nicht selten das genaue Gegenteil, nämlich eine

Erhöhung der Unsicherheit zur Folge hat, wenn beispielsweise widersprüchliche Informationen auftauchen oder sich zu nicht mehr überschau- und integrierbaren Datenmengen anhäufen (vgl. Dörner 1989). Ist ausufernde Informationssammlung dann noch verbunden mit der Maxime, erst dann zu handeln, wenn alle möglicherweise relevanten Fakten bekannt sind, besteht die Gefahr, dass entscheidende Zeitfenster zum Handeln versäumt werden und die Situation eine Dynamik entwickelt, die nur noch schwer zu korrigieren ist.

Informationsabwehr dient ebenfalls dem Schutz des eigenen Kompetenzgefühls und der Aufrechterhaltung eines klaren und eindeutigen Bildes von Realität. Informationsabwehr kann sich auf verschiedene Arten von Information beziehen. Die Vermeidung von Informationen über Effekte des eigenen Handelns ist eine Variante, die schon im Zusammenhang mit ballistischem Verhalten erwähnt wurde und darauf gerichtet ist, eine Konfrontation mit befürchteten Misserfolgen und Fehlschlägen zu vermeiden, die das Bild der eigenen Kompetenz in Frage stellen könnten. Bei einer anderen Form der Informationsabwehr geht es vor allem um die Sicherheit spendende Rettung eines einmal gewonnen Modells der Realität. Nicht passende und widersprüchliche Informationen werden dabei ausgeblendet, nicht zur Kenntnis genommen oder umgedeutet. Diese Form der verzerrten Informationsverarbeitung beschränkt sich keineswegs nur auf Einzelpersonen, sondern lässt sich ebenfalls bei Analysen von suboptimalen Gruppenentscheidungsprozessen nachweisen, die sich dadurch auszeichnen, dass vor allem die Informationen wahrgenommen, diskutiert und entscheidungsrelevant werden, die die vorgefassten Weltbilder der Gruppenmitglieder bestätigen (vgl. Badke-Schaub 1993; Franke und Selka 2003; Schulz-Hardt 1997).

Die geschilderten Fehlervarianten sind Beispiele für Wege und Strategien, die Menschen im Umgang mit komplexen Handlungsanforderungen wählen, wenn Motive zur Reduzierung von Unsicherheit, zum Schutz des eigenen Kompetenzgefühls und einfache mentale Modelle das Handeln bestimmen. Gemeinsam ist diesen verschiedenen Handlungsmustern, dass sie zentrale Merkmale komplexer Handlungsräume ignorieren und daher zu wenig erfolgreichen Ergebnissen führen.

9.3.4 Anforderungen

Fragt man nun umgekehrt nach Kennzeichen erfolgreicher Problemlösestrategien, so lassen sich ebenfalls eine Reihe von typischen Merkmalen identifizieren, die bei Analysen von gelungenen Problemlöseprozessen überzufällig häufig aufzufinden waren.

Personen, die erfolgreich mit komplexen Handlungsanforderungen umgingen, konnten immer dann, wenn die Problemlage es erfordert, zur rechten Zeit, problemadäquat und in aufgabenangemessen wechselnder Ausführlichkeit

- in Zusammenhängen denken
- in Zeitgestalten denken
- Prognosen und Erwartungshorizonte bilden

Tab. 9.3 Dimensionen von Problemlösekompetenz

Systemverständnis
Selbstmanagement
Interaktionsbezogene Strategien

- sich einen Überblick über die „Gesamtlage" verschaffen
- Ziele und Pläne flexibel gestalten
- problemangemessene Wechsel zwischen Planen und Handeln vornehmen
- Schwerpunkte bilden und rechtzeitig Korrekturen einleiten
- Schärfe und Standpunkt der Betrachtung flexibel wechseln

Zusammenfassend zeichneten sich erfolgreiche Problemlöser dadurch aus, dass sie Denkstrategien anwandten, die sowohl der Vernetzung als auch der zeitlichen

Dynamik komplexer Probleme Rechnung trugen und dass sie ein Vorgehen wählten, das durch ein hohes Maß an Flexibilität gekennzeichnet war, mit dem Ergebnis, dass es ihnen gelang Handeln und Planen, Detail- und Überblicksbetrachtung, Persistenz und Neuorientierung bei der Bearbeitung von Schwerpunkten angemessen auszubalancieren.

9.3.5 Voraussetzungen

Dieses Bündel an notwendigen Fähigkeiten und Kompetenzen für die Lösung komplexer Probleme kann nur dann nutzbringend zum Einsatz gebracht werden, wenn zugleich die Binnenvoraussetzungen der Problemlöser optimal auf das jeweilige Problem eingestellt sind – wenn auch die Motive, Gefühle und Ziele der an der Lösung eines Problems beteiligten Akteure möglichst optimal an die Problemanforderungen angepasst sind.

Für die Lösung komplexer Probleme sind demnach zwei Anforderungsprofile zu unterscheiden: Anforderungen an die sachliche Auseinandersetzung mit Problemen von Anforderungen an das Selbstmanagement der Akteure. Erstere beziehen sich auf die Handlungsorganisation beim Problemlösen – letztere auf psychische und soziale Regulationen.

Für die Entwicklung der Problemlösekompetenz sind daher drei, eng miteinander verwobene Dimensionen zu beachten: der Erwerb eines hinreichenden Problem- und Systemverständnisses, der Erwerb von (problemangemessenen) Selbstmanagementstrategien sowie die Entwicklung von sozialen Interaktionsstrategien, welche problemangemessene Gruppenprozesse unterstützen und dysfunktionale Lösungsansätze und verzerrte Informationsverarbeitung einzelner Problemlöser nicht verstärken, sondern korrigieren (Tab. 9.3).

Erst wenn sich Systemkompetenz, Selbstmanagement und Teamkompetenz sinnvoll ergänzen, wird ein konstruktiver Umgang mit Komplexität und Unbestimmtheit wahrscheinlich, bei dem Fehler zwar auch weiterhin nicht ausgeschlossen, die Chancen zur rechtzeitigen Aufdeckung und Korrektur von problematischen Entwicklungen jedoch erheblich verbessert werden.

Systemverständnis beinhaltet sowohl die Kenntnis von notwendigem systemtheoretischen Grundlagenwissen als auch das Beherrschen von Strategien, die auf dem Systemansatz basieren und mit deren Hilfe man die wichtigsten Variablen einer Problemsituation identifizieren, ihren Einfluss auf die Ziele abschätzen, die Zusammenhänge zwischen den einzelnen Variablen abbilden und somit zukünftige Entwicklungen prognostizieren sowie die Haupt- und Nebenwirkungen möglicher Maßnahmen antizipieren kann. Dazu gehört auch die Entwicklung mentaler Modelle, die Realität nicht als einfache, lineare Ursache-Folgen Ketten konstruieren, sondern auf der Basis eines systemischen Grundverständnisses Zusammenhänge, Wechselbeziehungen und Rückkopplungen innerhalb eines Problemfeldes abbilden können.

Selbstmanagement zielt darauf ab, die persönlichen Voraussetzungen in der Auseinandersetzung mit Komplexität und Unbestimmtheit zu optimieren. Dazu gehören Strategien zur Aufmerksamkeitsregulierung, zur Aufrechterhaltung der Motivation, zum Schutz des eigenen Kompetenzgefühls, zur problemangemessenen Emotionsregulation und zur Aufrechterhaltung einer flexiblen, reflexiven Grundhaltung, welche einen situationsangemessenen Wechsel zwischen problemorientierten Prozessen und Phasen der Selbst- und Prozessreflexion ermöglichen. Emotionen und der Umgang mit Emotionen spielen im Prozess der Selbstregulation eine zentrale Rolle. In einer eigenen Untersuchung erzielten beispielsweise die Personen bei der Bearbeitung eines komplexen computersimulieren Problemszenarios bessere Ergebnisse, die über ein höheres Maß an emotionaler Kompetenz verfügten (Otto et al. 2002).

Es wäre jedoch ein Missverständnis anzunehmen, dass emotional kompetente Personen Entscheidungen aus ‚dem Bauch heraus' fällten oder sich bei der Lösung des Problems vor allem von ihren Gefühlen leiten ließen. Ein solches Vorgehen führt bei der Bearbeitung von komplexen Aufgaben in der Regel zu wenig guten Ergebnissen. Emotionale Kompetenz meint dementsprechend auch nicht, sich primär von seinen Gefühlen in seinen Entscheidungen und Handlungen leiten zu lassen, sondern bezeichnet ein Bündel von Fähigkeiten, die das Zusammenspiel von kognitiven und emotionalen Prozessen beim Handeln und Entscheiden in situations- und aufgabenangemessener Weise optimieren. So können emotional kompetente Personen eigene Gefühle klar und differenziert wahrnehmen und benennen, sie als wichtige Informationsquelle bei Denk- und Entscheidungsprozessen nutzen und sie – orientiert an situativen Notwendigkeiten – angemessen regulieren. Bezogen auf komplexe Anforderungen bedeutet dies, dass es emotional Kompetenten leichter gelingt, die notwendige Handlungsflexibilität herzustellen, weil sie über emotionales Selbstwissen verfügen, das sie bei Bedarf aktualisieren können, um darüber Anlässe für sinnvolle Schwerpunkt- und Auflösungsgradwechsel genauer und aufgabenadäquat erkennen zu können. Gleichzeitig können sie diese Kompetenz besser als andere auch nutzen, um ganz gezielt Reflexionsphasen und Selbstmanagementstrategien einzuleiten, die notwendige interne Voraussetzungen für die angemessene Problembearbeitung (wieder) herstellen, statt blind in die beschriebenen Kompetenzschutzfallen zu tappen.

Die Bedeutung geeigneter interner Voraussetzungen für die erfolgreiche Bewältigung komplexer Aufgaben zeigt sich immer wieder in unseren Analysen von Bearbeitungsprozessen und – ergebnissen, die bei der Auseinandersetzung von Personen mit komplexen computersimulierten Problemszenarien entstehen. Während der Bearbeitung dieser Aufgaben, die in der Regel 1–2 Stunden dauert und in allen Details automatisch protokolliert wird, werden die Problemlöser mehrfach um Angaben zu ihrer aktuellen emotionalen Verfassung gebeten, die sie anhand vorgegebener Skalen ebenfalls über den Rechner eingeben. Erfragt werden momentane Stimmung, Anspannung, Zuversicht im Hinblick auf die Bewältigung der anstehenden Aufgaben und – in fortgeschrittenen Phasen des Bearbeitungsprozesses – Zufriedenheit mit den bereits erreichten Ergebnissen. Nach unseren Erfahrungen scheinen spezifische Konstellationen dieser Emotionsparameter schon beim Einstieg in die Aufgabe deutlich ungünstigere Voraussetzungen für den weiteren Verlauf und die Ergebnisse zu bieten als andere.

Personen, deren emotionale Verfassung in der Startphase durch relativ hohe Anspannung bei gleichzeitig schlechter Stimmung und geringer Zuversicht geprägt ist – ein Muster, das als emotionale Markierung einer (befürchteten) Bedrohung des Kompetenzgefühls schon bei der ersten Konfrontation mit der Aufgabe gedeutet werden kann – zeigen auffallend häufig im weiteren Verlauf wenig erfolgreiche Eingriffsstrategien und produzieren damit problematische Systementwicklungen mit suboptimalen Endergebnissen. Interessant ist, dass die Verlaufsprotokolle belegen, dass diese Stimmungslagen nicht erst als Reaktion auf bereits eingetretene Misserfolge auftreten, sondern diesen vorauslaufen. Diese Ergebnisse sollten nicht dahingehend interpretiert werden, dass komplexe Probleme nur mit guter Laune gelöst werden können – auch das wäre eine unzulässige Komplexitätsreduzierung, die weder den Unterschieden der Anforderungsbedingungen noch der Personen Rechnung trägt. Vielmehr unterstreichen diese Beobachtungen einmal mehr die enge Verzahnung von emotionalen Prozessen und aufgabenbezogenen Aktivitäten und verweisen auf die Notwendigkeit eines angemessenen Selbstmanagements beim Lösen komplexer Aufgaben. Es gilt, günstige interne Rahmenbedingungen zu schaffen, die die Generierung von komplexitätstolerierenden und aufnehmenden Arbeitsweisen unterstützen, statt vorschnelle Einschränkungen und Komplexitätsreduzierungen nahe zu legen.

Interaktionsbezogene Strategien sollen helfen, Entscheidungen im Team vorzubereiten, die Organisation von Gruppenarbeit und das eigene Vorgehen in der Gruppe zu optimieren und positive wie negative Aspekte der Gruppenarbeit zu erkennen. Hierzu gehören Interaktionsstrategien, die die Herstellung und Nutzung einer umfassenden Wissensbasis im und mit dem Team sicherstellen, ohne vorschnelle Festlegungen und Eingrenzungen, sowie Strategien zum Umgang mit verschiedenen Formen von Heterogenität, wie z. B. Wissensheterogenität, Zielheterogenität oder auch Heterogenität der Handlungsstile von Teammitgliedern. In der Literatur zum komplexen Problemlösen in Teams stößt man schnell auf den Widerspruch, dass einerseits theoretisch die Bildung von heterogen zusammengesetzten Teams zur Bearbeitung von komplexen Aufgaben gefordert wird, weil diese eher als einzelne Individuen die notwendige Vielfalt von Wissensbeständen und Perspektiven bereitstellen können und damit über günstigere Voraussetzungen für einen sinnvollen Umgang mit Komplexität verfügen, dass jedoch heterogene Teams andererseits in der Realität häufig daran scheitern, das vorhandene Potenzial ihrer Mitglieder auch auszuschöpfen (vgl. Boos 1998; Wetzel 1998; Schulz und Frey 1998; Badke-Schaub 1993). Diese Leistungseinschränkungen lassen sich auf Komplexitätsreduzierungsmechanismen zurückführen, die auf der Interaktionsebene wirksam werden und zu vorschnellen Festlegungen auf Entscheidungsalternativen, zu verzerrter Informationssammlung und bewertung, zur Ausblendung von Informationen und Argumenten und zu Ausgrenzungen von Standpunkten und Positionen führen. Suboptimale, wenig problemgerechte Interaktionsstrategien verhindern so, dass verfügbare Potenziale im Team zur Herstellung von Handlungsflexibilität und Perspektivenvielfalt für den Problemlöseprozess nutzbar gemacht werden können. Um die potenzielle Überlegenheit heterogener Teams für den Umgang mit komplexen Anforderungen auch praktisch zu realisieren, bedarf es demnach angemessener Interaktions- und Kommunikationsstrategien, die geeignet sind, Vielfalt auf der Gruppenebene offen zu legen und handhabbar zu machen.

9.3.6 Entwicklungshelfer und Feuerwehr

Folgt man der Argumentation des letzten Abschnitts, dass gelungenes Komplexitätsmanagement von der Verfügbarkeit von Kompetenzen aus verschiedenen Kompetenzbereichen abhängt, so hat dies Implikationen für die Frage danach, welche Voraussetzungen Führungskräfte mitbringen oder entwickeln müssten, um für komplexe Herausforderungen gerüstet zu sein. Um einen vielleicht nahe liegenden kritischen Einwand aufzugreifen, ob da nicht Kompetenzanforderungen formuliert werden, die realistischerweise nicht erfüllbar sind, sei an dieser Stelle auf Erfahrungen aus Potenzialanalysen verwiesen, die wir seit etlichen Jahren durchführen und die unter anderem Kompetenzen von potenziellen Führungskräften im Umgang mit komplexen Aufgaben in den Blick nehmen. Zur Beurteilung dieser Kompetenzen verwenden wir computersimulierte Szenarien – z. B. ein Entwicklungshilfe- und ein Feuerbekämpfungsszenario, die inhaltlich nichts mit der Unternehmensrealität zu tun haben, wenn man einmal davon absieht, dass zwei wichtige Führungsrollen auf einer metaphorischen Ebene mit Entwicklungshelfer und Feuerwehr gar nicht mal unzutreffend beschrieben sind, die jedoch Merkmale komplexer Handlungssituationen (vgl. Abschnitt 9.2) mit unterschiedlichen Anforderungsschwerpunkten realisieren und eine detaillierte Analyse von aufgabenbezogenen Strategien, Handlungsfehlern, Selbstmanagement- und Interaktionsstrategien ermöglichen. Die interindividuellen Unterschiede bei der Bewältigung dieser Anforderungen sind erfahrungsgemäß groß. Neben einigen Personen, die aus verschiedenen Gründen scheitern, gibt es regelmäßig etliche Teilnehmer, die recht erfolgreich agieren und die – so zeigt sich bei genauerer Betrachtung und Analyse des Vorgehens in aller Regel – in der Lage sind, sinnvolle problembezogene Strategien zu entwickeln, ihre Binnenvoraussetzungen durch angemessenes Selbstmanagement an die Aufgabenerfordernisse anzupassen und über geeignete Interaktions- und Kommunikationsstrategien ihr soziales Umfeld (Teammitglieder, Mitarbeiter) in den Bearbeitungsprozess einbinden. Unabhängig davon, ob sie mehr oder weniger erfolgreich mit diesen Aufgaben umgehen, profitieren die Teilnehmer, die ein solches Programm durchlaufen, von einer detaillierten Rückmeldung, die sich auf die Bereiche Aufgabenbearbeitung/Lösungsstrategien, Selbstmanagement und Interaktion bezieht und die für viele, zunächst überraschend, die Bezüge der drei Ebenen untereinander und zum Gelingen der Problembearbeitung aufdeckt. Diese Rückmeldungen können dann genutzt werden, um Ansatzpunkte für Veränderungen und Weiterentwicklung von Kompetenzen auszuloten. Dieses Beispiel zeigt zum einen, dass es durchaus Personen gibt, die über ein differenziertes Kompetenzspektrum zum Umgang mit komplexen Aufgaben verfügen und dies auch erfolgreich bei der Bewältigung von komplexen Anforderungen einsetzen und zum anderen, dass die Weiterentwicklung entsprechender Kompetenzen möglich ist. Allerdings gibt es dafür keine einfachen Rezepte; ein simples Strategietraining dürfte in den meisten Fällen zu kurz greifen und der Aufbau von Systemverständnis und aufgabenbezogenen Kompetenzen wird nur dann erfolgreich sein, wenn unterstützende Selbstmanagement- und Interaktionskompetenzen hinzukommen.

9.4 Relevanz für die Praxis

Komplexität – ein Thema für Unternehmen? Fragt man, ob und auf welche Weise eine in dieser Weise umschriebene Komplexität eine Rolle für Unternehmen spielt, lassen sich darauf verschiedene Antworten finden.

9.4.1 Antwort: Die Welt wird immer komplexer und damit auch das Umfeld, in dem sich Unternehmen behaupten müssen

Betrachtet man zunächst das, was von und über Unternehmen gesagt und geschrieben wird, so gewinnt man den Eindruck, dass Komplexität – gemessen an der Häufigkeit der Nennungen des Begriffs – in den letzten Jahren zu einem zentralen Thema geworden ist. Mittlerweile scheint es eine Art stillschweigenden Konsens zu geben, dass die Welt und damit auch die Arbeitswelt komplexer geworden ist, und diese Unterstellung ist offenbar inzwischen zu einem so selbstverständlichen Teil des Weltwissens geworden, dass sie keiner weiteren Begründung oder Prüfung mehr bedarf aber umgekehrt als Erklärung für vieles herhalten muss, was schwierig erscheint, nicht auf Anhieb zu begreifen und zu bewältigen ist oder irgendwie unbefriedigend funktioniert. Neue, beziehungsweise neu aufgelegte Führungsphilosophien berufen sich ebenfalls gern auf die Komplexität der Anforderungen in Unternehmen, um Lösungsansätze als Antwort auf diese neuen Herausforderungen zu präsentieren, deren empirische Bewährung im Lichte der verfügbaren Forschungsergebnisse zumindest fragwürdig erscheinen muss. Als Beispiel sei auf ein kürzlich bei Spiegel-online erschienenes Interview verwiesen (Disziplin und Kontrolle statt Eigenverantwortung und netter Worte ..., Spiegel online 04.08.10), das unter Verweis auf die komplexen Herausforderungen, denen sich Unternehmen heute stellen müssen, eine Führungskultur fordert, die auf verstärkte Kontrolle statt auf Vertrauen und Eigenverantwortung von Mitarbeitern setzt.

Die Allgegenwart und unscharfe Verwendung des Komplexitätsbegriffs hat eine differenzierte Auseinandersetzung mit dem Thema nicht unbedingt befördert, sondern erschwert im Gegenteil die Identifikation der Bereiche und Aufgaben in Unternehmen, auf die die Komplexitätsperspektive sinnvoll angewendet werden kann. Komplexitätsmanagement in Unternehmen könnte genau hier ansetzen und zunächst eine Eingrenzung und Beschreibung von Aufgaben und Anforderungen auf verschiedenen Ebenen des Unternehmens vornehmen, die im Sinne der Ausführungen des letzten Abschnitt als komplex bezeichnet werden können und für die Strategien und Ansätze der Bewältigung entwickelt werden müssen, die den Besonderheiten komplexer Handlungsfelder Rechnung tragen.

9.4.2 Antwort: bewährte Mechanismen der Komplexitätsreduktion versagen

Eine zweite Argumentationslinie stellt die tradierten Formen des Umgangs mit Komplexität in Unternehmen in den Mittelpunkt. Das heißt keineswegs, dass bestritten würde, dass die Anforderungen komplexer geworden sind, bedeutet aber eine Akzentverschiebung, die besagt, dass Komplexität auch oder sogar vor allem deshalb zum Problem für Unternehmen wird, weil bewährte Mechanismen der Komplexitätsreduktion auf Grund veränderter Bedingungen weniger gut funktionieren als früher. Strikt hierarchische Unternehmensstrukturen mit ihren klaren Kommunikationswegen und -beschränkungen können als eine, über viele Jahre erfolgreich praktizierte Möglichkeit betrachtet werden, die Komplexität der Beziehungen und Abläufe auf ein handhabbares Maß zu reduzieren, allerdings um den Preis, dass wichtige Aspekte der Wirklichkeit ausgeblendet und die Anpassungsfähigkeit des Systems an Veränderungen der Bedingungen stark eingeschränkt wurde. Gestiegene Flexibilitätsanforderungen führten dazu, dass diese einfachen, aber starren Strukturen zunehmend dysfunktional wurden und inzwischen vielfach durch weniger starre, vernetztere und somit komplexere Strukturen ersetzt wurden. Die im Spiegel-online Interview propagierte ‚neue' Führungskultur mit ihrer Forderung nach mehr Kontrolle und Disziplin kann auf diesem Hintergrund als Versuch gedeutet werden, das Rad zurückzudrehen und dieser so entstandenen neuen Komplexität der Abläufe, Beziehungen und Kommunikationszusammenhänge unter Rückgriff auf die bewährte Strategie der Komplexitätsreduzierung beizukommen.

9.4.3 Antwort: Erhöhung der Binnenkomplexität als Reaktion auf gestiegene Umfeldkomplexität

Der dritte Versuch einer Antwort verbindet die beiden ersten Punkte und beruft sich im Kern auf systemtheoretische Grundannahmen aus Kybernetik und Soziologie (Ashby 1956; Luhmann 1970; vgl. auch Baecker 1998), die postulieren, dass Systeme ein umso höheres Maß an Umweltkomplexität verarbeiten können, je größer ihre Binnenkomplexität ist. Das bedeutet, immer noch sehr abstrakt, dass der Weg zu einem angemessenen Umgang mit der unbestritten steigenden Komplexität des Umfeldes, in dem Unternehmen agieren und sich behaupten müssen, nicht über Reduzierung der Komplexität führen kann, sondern – vielleicht zunächst kontraintuitiv – eine Steigerung der Binnenkomplexität erfordert. In diesem Sinne geht z. B. Wimmer bei seinen Überlegungen zur Zukunft von Führung davon aus, dass „Unternehmen im Dienste ihrer Überlebensfähigkeit ihre Eigenkomplexität (…) steigern müssen" (Wimmer 1996, S. 53). Das ist zum einen ein Desiderat, das zum Überdenken der Grundprämissen im Umgang mit Komplexität auffordert zum anderen aber auch die Beschreibung eines Prozesses, der in vielen Unternehmen bereits eingesetzt und zu einschneidenden Veränderungen der Steuerungssysteme, der Unternehmens- und Geschäftsstrukturen in Richtung auf eine höhere Binnenkomplexität geführt hat.

9.4.4 Implikationen für Führung

Fasst man die Ausführungen der letzten Abschnitte zusammen, so tangiert Komplexität Unternehmen gleichzeitig auf verschiedenen Ebenen: die Außenkomplexität des Unternehmensumfeldes ist angestiegen und muss berücksichtigt werden, um erfolgreich agieren zu können, die Eigenkomplexität der Unternehmen hat sich – möglicherweise als Reaktion – ebenfalls erhöht, während zusätzlich bewährte Mechanismen des Umgangs mit Komplexität zunehmend dysfunktional werden. Unter der Voraussetzung, dass damit die Situation von Unternehmen einigermaßen zutreffend beschrieben ist, stellt sich die Frage, welche Implikationen sich daraus für Führung, Führungsaufgaben und Führungshandeln ergeben.

Führungskräfte sind in gewisser Weise an zwei Fronten mit komplexen Anforderungen konfrontiert. Sie müssen sich einerseits im Rahmen ihrer jeweiligen Verantwortungsbereiche mit der erhöhten Außenkomplexität auseinandersetzen und sich gleichzeitig innerhalb des Unternehmens in zunehmend komplexer werdenden Organisations-, Kontroll- und Kommunikationsstrukturen bewegen. Daraus ergeben sich veränderte Anforderungen an Führungskräfte in drei zentralen Handlungssphären.

Entscheidungen Eine zentrale Aufgabe von Führung ist es, Entscheidungen zu treffen, Entscheidungen, die innerhalb des Verantwortungsbereichs der jeweiligen Führungskraft dazu beitragen, die Leistungen und Produkte des Unternehmens zu optimieren und Marktchancen zu verbessern. Diese Aufgabe gehörte zwar schon immer zum Kerngeschäft von Führung, findet jedoch inzwischen unter radikal veränderten Rahmenbedingungen statt. Viele Entscheidungen über Produktentwicklung, Produktion und Vermarktung, mit denen Führungskräfte in ihrem Alltagsgeschäft konfrontiert werden, sind unter den Bedingungen von zunehmend globalen, verflochtenen und hochdynamischen Märkten zu Entscheidungen in komplexen Handlungsräumen geworden. Über diese Entscheidungskontexte wirkt sich Umfeldkomplexität, wie sie in den vorherigen Abschnitten beschrieben wurde, unmittelbar auf Führungsaufgaben aus und verändert die Anforderungen, die an kompetentes Handeln in diesen Zusammenhängen gestellt werden. Führungskräfte müssen unter diesen Bedingungen handlungs- und entscheidungsfähig bleiben, ohne

Komplexität vorschnell und unter Missachtung zentraler Parameter zu reduzieren; und sie müssen über hinreichendes Systemverständnis, über angemessene Selbstmanagement- und interaktionsbezogene Kompetenzen verfügen, um Strategien entwickeln können, die Komplexität angemessen berücksichtigen.

Veränderungsprozesse Ein zweiter Aufgabenbereich von Führung, der in letzter Zeit zunehmend an Bedeutung gewinnt, bezieht sich auf die Gestaltung von Veränderungsprozessen. Diese Veränderungsprozesse, die notwendig wurden, um auf veränderte Bedingungen und Anforderungen schneller reagieren zu können und die in sich immer weiter beschleunigenden Zyklen zu verlaufen scheinen, schaffen nun selbst wiederum komplexe Handlungssituationen innerhalb von Unternehmen mit einer hohen Entwicklungsdynamik, in die Führungskräfte nicht nur selbst involviert sind und die sie gleichzeitig gestalten sollen, sondern bei der ihnen vor allem die Aufgabe zufällt, immer wieder eine Balance zu finden zwischen der Herstellung von Sicherheit und Orientierung durch Verstetigung auf der einen Seite und der Erhöhung von Unsicherheit und Komplexität durch Aufbrechen und beständiges in Frage stellen von Routinen auf der anderen Seite (vgl. Wimmer 1996).

Soziale Strukturen Eine dritte Komplexitätsebene ergibt sich aus der neu entstandenen Komplexität der sozialen Strukturen in Unternehmen, was bedeutet, dass die Kernaufgaben von Führung, beschrieben als Entscheiden, Planen und Gestalten von Veränderungen, in einem sozialen Setting innerhalb von Unternehmen stattfinden, das durch vielfältige, vernetzte und somit ebenfalls komplexe Kommunikations- und Koordinationszusammenhänge gekennzeichnet ist und dass auch diese Ebene bei allen Entscheidungen, Planungen und Veränderungsmaßnahmen mitgedacht und einbezogen werden muss.

9.5 Ausblick: Was bedeutet das für die Zukunft der Führung

9.5.1 Welche Aufgaben ergeben sich zukünftig für Unternehmen?

Die Qualifikation von Mitarbeitern und Führungskräften ist ein wichtiger jedoch nicht der einzige Ansatzpunkt, um Unternehmen besser auf den Umgang mit Komplexität vorzubereiten. Darüber hinaus werden Veränderungsprozesse nötig, die auf zentraler Ebene eingeleitet werden, und sich auf folgende Schwerpunkte beziehen müssten

9.5.1.1 Anerkenntnis von Komplexität:
Unternehmen müssen zunächst einmal beginnen, Komplexität als konstitutives Merkmal ihres Handlungsraums zu begreifen und anzuerkennen und nicht als Störung eingeschliffener Routinen zu verstehen, die effizientes Funktionieren behindert und daher möglichst schnell beseitigt werden muss. Zu dieser grundsätzlichen Akzeptanz von Komplexität gehört auch eine Bestandsaufnahme, die klärt, an welchen Stellen im Unternehmen welche Art von komplexen Anforderungssituationen entstehen, sowie eine Überprüfung von eingeschliffenen Komplexitätsreduzierungsroutinen, die mehr oder weniger automatisiert als Antwort auf eine Konfrontation mit Komplexität eingesetzt werden.

9.5.1.2 Etablierung einer Vertrauenskultur

Komplexe Situationen zeichnen sich gerade dadurch aus, dass sie nicht vollständig planbar, vorhersagbar und kontrollierbar sind. Der Versuch, komplexe Anforderungen durch eine Erhöhung des Kontrollaufwands und durch Etablierung von rigiden Kontrollstrukturen beherrschbar zu machen, ist auf diesem Hintergrund eine Strategie, die nur geringe Erfolgschancen haben dürfte. Aussichtsreicher erscheint die Schaffung einer Vertrauenskultur in Unternehmen, da Vertrauen offenbar auf individueller und organisationaler Ebene eine wirksame Ressource zur Aufrechterhaltung und Stärkung von Handlungsfähigkeit bei der Auseinandersetzung mit Komplexität darstellt:

> Vertrauen befähigt, die Komplexität und Kontingenz menschlichen (und organisationalen) Handelns zu mindern. Vertrauen stärkt so die Handlungsfähigkeit von Akteuren und Institutionen. (Winand und Pohl 1998, S. 248)

> Wo es Vertrauen gibt, gibt es mehr Möglichkeiten des Erlebens und Handelns, steigt die Komplexität des sozialen Systems, also die Zahl der Möglichkeiten, die er (der Akteur) mit seiner Struktur vereinbaren kann, weil im Vertrauen eine wirksame Form der Reduktion von Komplexität zur Verfügung steht. (Luhmann 2000, S. 43)

Vertrauen überbrückt demnach Informations- und Kontrollierbarkeits-Leerstellen und reduziert so Unsicherheit und Komplexität auf ein handhabbares Maß, vor allem dann, wenn das Ausmaß sozialer Differenzierung und die Vielfalt der Verflechtung von wechselseitigen Abhängigkeiten in einer Gesellschaft anwachsen (vgl. Lantermann et al. 2009).

9.5.2 Abschließende Bemerkungen

Komplexität ist keine einfache Sache – aber auch kein Grund zur Kapitulation. Vielleicht könnte man so die zentrale Botschaft des Textes zusammenfassen, der versucht, einen Bogen zu spannen von der wissenschaftlichen Auseinandersetzung mit Komplexität innerhalb der psychologischen Forschung zur Realität moderner Unternehmen und den damit verbundenen Anforderungen. Auch wenn einfache Lösungen für komplexe Probleme mit einiger Wahrscheinlichkeit in Zukunft zunehmend versagen werden, so lassen sich doch Ansatzpunkte für die Veränderung von Unternehmen und die Weiterentwicklung von Führungskräften aufzeigen, die die Chancen für eine erfolgreiche Bewältigung komplexer Anforderungen verbessern und so zur Zukunftsfähigkeit von Unternehmen beitragen können.

Autorenbeschreibungen

Dr., Dipl.-Psych. Elke Döring-Seipel Geb. 1955. Studium der Psychologie an den Universitäten Marburg und Berlin. Wissenschaftliche Angestellte am Lehrstuhl für Persönlichkeits- und Sozialpsychologie des Instituts für Psychologie an der Universität Kassel. Arbeits- und Forschungsschwerpunkte: Emotion und Handeln in komplexen Problemfeldern, Emotionale Kompetenz und Emotionsregulation, Lehrergesundheit und Lehrerbelastung, Potenzialanalysen.

Ernst-Dieter Lantermann geb. 1945, Prof. für Persönlichkeits- und Sozialpsychologie an der Universität Kassel. Dipl.-Psych., Dr. phil. Arbeits- und Forschungsschwerpunkte: Emotion und Handeln in komplexen Problemfeldern, soziale Exklusion und Umgang mit unsicheren und prekären Lebenslagen.

Literatur

Ashby, W. R. (1956). *An introduction to Cybernetics*. London: Wiley.
Badke-Schaub, P. (1993). Denken und Planen als soziale Prozesse. In S. Strohschneider & R. von der Weth (Hrsg.), *Ja, mach nur einen Plan. Pannen und Fehlschläge – Ursachen, Bespiele, Lösungen* (S. 51–67). Bern: Huber.
Baecker, D. (1998). Einfache Komplexität. In H. W. Ahlemeyer & R. Königswieser (Hrsg.), *Komplexität managen, Strategien, Konzepte und Fallbeispiele* (S. 17–50). Frankfurt: FAZ.
Boos, M. (1998). „Einer für alle", „jeder für sich" oder „mit den Augen der anderen". Führung und Zusammenarbeit in Gruppenentscheidungen. In E. Ardelt-Gattinger, H. Lechner, & W. Schlögel (Hrsg.), *Gruppendynamik. Anspruch und Wirklichkeit der Arbeit in Gruppen* (S. 84–95). Göttingen: Hogrefe.
Daigeler, T., Hölzl, F., & Raslan, N. (2009). *Führungstechniken*. Freiburg: Haufe-Lexware.
Dörner, D. (1989). *Die Logik des Misslingens. Strategisches Denken in komplexen Situationen*. Hamburg: Reinbek.
Franke, G., & Selka, G. (2003). Strategische Handlungsflexibilität. (Bd. 2) *Komplexität erkennen und bewältigen – Training für komplexe berufliche Handlungssituationen*. Bonn: Bundesinstitut für Berufsbildung.
Funke, J. (2003). *Problemlösendes Denken*. Stuttgart: Kohlhammer.
Lantermann, E.-D., Döring-Seipel, E., Eierdanz, F., & Gerhold, L. (2009). *Selbstsorge in unsicheren Zeiten. Resignieren oder Gestalten*. Weinheim: Beltz PVU.
Luhmann, N. (2000). *Vertrauen. Ein Mechanismus zur Reduktion sozialer Komplexität*. Stuttgart: UTB.
Luhmann, N. (1970). Soziologische Aufklärung. In ders.: *Soziologische Aufklärung 1: Aufsätze zur Theorie sozialer Systeme* (S. 66–91). Opladen: Westdeutscher Verlag.
Otto, J. H., Döring-Seipel, E., & Lantermann, E.-D. (2002). Zur Bedeutung von subjektiven emotionalen Intelligenzkomponenten für das komplexe Problemlösen. *Zeitschrift für Differentielle und Diagnostische Psychologie, 23*(4), 417–433.
Schulz, S., & D. Frey. (1998). Wie der Hals in die Schlinge kommt: Fehlentscheidungen in Gruppen. In E. Ardelt-Gattinger, H. Lechner, & W. Schlögel (Hrsg.), *Gruppendynamik. Anspruch und Wirklichkeit der Arbeit in Gruppen* (S. 139–158). Göttingen: Hogrefe.
Schulz-Hardt, S. (1997). *Realitätsflucht in Entscheidungsprozessen. Vom Groupthink zum Entscheidungsautismus*. Göttingen: Hogrefe.
Strohschneider, S., & von der Weth, R. (1993). *Ja, mach nur einen Plan. Pannen und Fehlschläge – Ursachen, Bespiele, Lösungen*. Bern: Huber.
Wetzel, J. (1998). Problemlösen in Gruppen: miteinander ist besser als gegeneinander. In E. Ardelt-Gattinger, H. Lechner, & W. Schlögel (Hrsg.), *Gruppendynamik. Anspruch und Wirklichkeit der Arbeit in Gruppen* (S. 113–126). Göttingen: Hogrefe.
Wimmer, R. (1996). Die Zukunft von Führung. Brauchen wir noch Vorgesetzte im herkömmlichen Sinn? *Organisationsentwicklung, 4*(96), 46–57.
Winand, U., & Pohl, W. (1998). Die Vertrauensproblematik in elektronischen Netzwerken. In J. Link (Hrsg.), *Wettbewerbsvorteile durch Online Marketing* (S. 243–259). Stuttgart: Schäffer-Poeschel Verlag.

10 Management von Ungewissheit: zukünftige Zumutungen an die Führung

Martin Elbe

> **Zusammenfassung**
>
> In diesem Artikel wird Führung als Differenz zu Organisation entworfen. Hierzu bedarf es einer Unterscheidung von Herrschaft und Führung. Während Organisation als rationale Form der Herrschaft darauf ausgerichtet ist, Unsicherheit zu beherrschen, ist Führung darauf angelegt, Ungewissheit zu bewältigen. Durch Führung werden Ressourcen aktiviert, die Organisationsversagen kompensieren können. Der Artikel argumentiert entlang von zehn Thesen: 1) Führung ist eine Zumutung. 2) Führung erhebt einen Totalitätsanspruch, ist aber fragil. 3) Management verdrängt Führung. 4) Managementsysteme reduzieren Unsicherheit – und Innovation. 5) Management von Ungewissheit bedeutet Führung wieder zuzulassen. 6) Führung kompensiert Organisationsversagen. 7) Führung ist ein Spiel. 8) Im Führungsspiel wird Ungewissheit zur Ressource. 9) Nur durch Führung lassen sich Krisen bewältigen. 10) Die Führung der Zukunft fördert Resilienz und Salutogenese.

10.1 Einleitung

Mit dem Titel ‚Die Zukunft der Führung' stellt der Herausgeber die Autorinnen und Autoren dieses Bandes vor eine Sisyphos-Aufgabe: Zum einen soll ein Grundproblem menschlichen Zusammenlebens und -arbeitens behandelt werden (Wie koordinieren wir uns?) – zum anderen wird verlangt seherische Fähigkeiten zu zeigen und in die Zukunft zu blicken. Dem haftet etwas Absurdes an, denn mit dieser Aufgabe sind die Autorinnen und Autoren zum Scheitern verurteilt und müssen sich der Herausforderung doch stellen. Zum Scheitern verurteilt ist man in der Behandlung dieses Themas, da es eben ein Grundprob-

M. Elbe (✉)
Hochschule für Gesundheit und Sport, Vulkanstr. 1,
10367 Berlin, Deutschland
E-Mail: martin.elbe@my-campus-berlin.com

lem unseres sozialen Seins anspricht, Antworten hierauf also schon zuhauf vorliegen – was gibt es da schon Neues zu sagen? Darüber hinaus wird die Zukunft, unabhängig davon wie fern sie gedacht wurde, irgendwann zum heute und damit stellt sich die Frage erneut. Sich mit der Zukunft der Führung auseinander zu setzen hat also etwas Absurdes und die Sinnhaftigkeit der Auseinandersetzung mit dieser Absurdität findet sich darin, diese immer wieder anzunehmen. Wie der mythische Sisyphos müssen wir den Stein ‚zukünftiger Führung' immer wieder den Berg hinauf rollen, um dann festzustellen, dass, wenn die Zukunft zum heute geworden ist, die Frage erneut auftaucht, der Stein also wieder herunten liegt. Dieses Problem verbindet die Autoren des vorliegenden Bandes mit den Lesern. Die Metapher aufgreifend hat Albert Camus in der ‚Mythos des Sisyphos' seiner existenzialistischen Philosophie letztlich eine tröstliche Wendung gegeben: „Darin besteht die ganze verschwiegene Freude des *Sisyphos*. Sein Schicksal gehört ihm. Sein Fels ist seine Sache. […] Der absurde Mensch sagt Ja, und seine Mühsal hat kein Ende mehr." (Camus 1997, S. 127) Und genau daraus erwächst dann die Sinnhaftigkeit des Tuns: Es ist ein Tun um seiner selbst willen. „Wir müssen uns *Sisyphos* als einen glücklichen Menschen vorstellen." (Camus 1997, S. 128)

Camus ist damit seiner Zeit weit voraus, denn er erkennt bereits in der Mitte des 20. Jahrhunderts, dass die Moderne vorbei ist und die kommende Postmoderne keine ernsthaften Interpretationsangebote machen können wird, solange sie (wie verbrämt auch immer) letztlich doch einer Vorstellung der vollständigen Beherrschbarkeit augenblicklicher und zukünftiger Probleme anhängt. Diese Vorstellung ist eine Täuschung (wie die Täuschung des Sisyphos, dass der Stein auf dem Gipfel liegen bleiben könnte), die zwangsläufig eine Enttäuschung nach sich zieht (dass der Stein doch wieder herunter rollt). Bestenfalls erkennt der so Getäuschte im Zuge der Enttäuschung, dass die Lösung seiner Aufgabe Konsequenzen hat, die sich seiner Kontrolle entziehen, dass er aber doch zum Handeln verdammt ist und nimmt die Absurdität an, indem er sie verachtet. Dadurch erspart er sich zumindest die Enttäuschung und gewinnt das Glück. Im schlechteren Fall verweigert er sich der Erkenntnis, die Situation nicht vollständig beherrschen zu können und bleibt dadurch der andauernden Enttäuschung ausgesetzt – eben dies ist ja die eigentliche Strafe des mythischen Sisyphos. Dieser ist dem Arbeitnehmer zu vergleichen: „Heutzutage arbeitet der Werktätige sein Leben lang unter den gleichen Bedingungen, und sein Schicksal ist genauso absurd. Tragisch ist es aber nur in den wenigen Augenblicken, in denen der Arbeiter bewusst wird." (Camus 1997, S. 126) Doch wie der mythische Sisyphos bleibt der Arbeitnehmer im tag-täglichen ohnmächtig, in den Regeln des Arbeitsalltags gefangen.

An dieser Stelle setzt das Projekt *„Management von Ungewissheit"* (Böhle und Busch 2011) an: Anders als in den Ansätzen zur Postmoderne (vgl. Vester 1993) oder zur ‚Reflexiven Modernisierung' (vgl. Beck 1986; Bonß 1995; Beck und Bonß 2001) stellt das Management von Ungewissheit der Unsicherheitsreduktion durch Risikobeherrschung die Ohnmachtsvermeidung durch Ressourcenorientierung zur Seite und ersetzt das Paradigma der *Beherrschung* durch die Vorstellung der *Bewältigung* zukünftiger Herausforderungen. Hierfür bedarf es der Gewinnung neuer Ressourcen – diese zu entdecken und der Ohnmacht des tag-täglichen entgegen zu stellen, ist eine der zentralen Herausforderungen an die Führung in der Zukunft. Dies soll im Folgenden eingehender erläutert werden, wobei in einem ersten Schritt Führung als Institution (und in Abgrenzung zu Herrschaft) vorgestellt und anschließend in der Institutionalisierung des Managements die Entwicklung der jüngsten Vergangenheit nachgezeichnet wird. Im zweiten Schritt wird Führung als Sprachspiel konzipiert, in dem Ungewissheit selbst zur Ressource wird. Die Überlegungen zur Praxisrelevanz thematisieren aktuelle Entwicklungen und welche Ressourcen diesbezüglich aktiviert werden können. Die Argumentation in diesem Aufsatz wird durch 10 Thesen zugespitzt und abschließend im Ausblick verdichtet.

10.2 Hintergrund

10.2.1 Führung als Institution

These 1: Führung ist eine Zumutung Die Idee von *Führung* selbst ist bereits eine Zumutung, eine Zumutung der Geführten an die Führende oder den Führenden. Wenn wir von Führung sprechen, dann meinen wir nicht bloß die Ausübung von Macht in sozialen Beziehungen. Diese ist (wie wir spätestens seit Max Weber wissen) jeder sozialen Beziehung zu eigen und bleibt damit amorph: „Macht bedeutet jede Chance, innerhalb einer sozialen Beziehung den eigenen Willen auch gegen Widerstreben durchzusetzen, egal worauf diese Chance beruht." (Weber 1980, S. 28) Anders als Macht ist Führung aber nicht amorph, sondern hier besteht die Chance auf Willensdurchsetzung grundlegend auf Einverständnis und mehr noch: auf der Erwartungshaltung der Geführten eine Interpretationsleistung geboten zu bekommen, Sinnvermittlung zu erfahren und damit von der Ohnmacht, ggf. auch von der Verantwortung befreit zu werden, also Unsicherheitsabsorption zu erfahren (Luhmann 2000, S. 218). Führung ist somit nicht nur Chance auf Willensdurchsetzung, sondern vielmehr noch die *Verpflichtung zur Willensdurchsetzung*. Deswegen ist auch das ‚laissez-faire' nicht nur das Gegenteil von Führung, sondern geradezu die Enttäuschung von Führungserwartungen und erzeugt selbst Ohnmacht und Wut (vgl. hierzu die klassische Studie von Lewin et al. 1970). Führung wird damit zu einer spezifizierten Form von Machtbeziehung, die durch einen bestimmten Typ der Institutionalisierung gekennzeichnet ist und sich vom generellen Begriff der Herrschaft unterscheiden lässt. Dass diese Unterscheidung dringend notwendig ist merkte für die Sozial- und Organisationspsychologie bereits Pfeffer (1977) an. In der Soziologie wurde das Thema der Führung erst in den letzten Jahren aufgegriffen (Pongratz 2003; Pohlmann 2007) – hier besteht noch deutlicher Forschungsbedarf.

Nach Weber (1980, S. 28) ist *Herrschaft* durch die Chance, für einen bestimmten Befehl bei bestimmten Personen Gehorsam zu finden, geprägt. Hier liegt eine formell geregelte Unterordnungsbeziehung vor, die dadurch bestimmt wird, dass „[…] Erfolg und die Stabilität von Herrschaftsbeziehungen auf allgemeine und sanktionsgestützte Regeln […]" (Maurer 2004, S. 26) zurückgeführt werden. Zentraler Aspekt dieser Form der Unterordnungsbeziehung ist Verbindlichkeit, einerseits durch Zwangsandrohung (Sanktionen) und andererseits aufgrund von Dauerhaftigkeit (Stabilität). Die Frage nach der Stabilität verknüpft Weber (1980, S. 122 ff.) mit dem Glauben an die Legitimität einer Herrschaftsbeziehung. Dies unterscheidet Herrschaft von Führung, die letztlich von ‚oktroyierten Zielen' (Visionen) und deren Interpretation (Sinngebung) lebt (Weber 1980, S. 179). Während Herrschaft als institutionalisierte Form der Machtausübung in sozialen Beziehungen mit dem Zweck der Herstellung und Aufrechterhaltung von Ordnung gekennzeichnet werden kann, ist Führung ein funktionales Äquivalent hierzu, das sich nicht an Ordnung orientiert, sondern an Sinngebung.

Stabile Herrschaftssysteme müssen sich nicht durch Visionen bewähren, sie wirken durch den Glauben an die *Legitimität der Ordnung* an sich handlungsleitend und lassen sich deshalb in Regelungen fassen. Dies gilt in besonderem Maß für rational legitimierte Formen der bürokratischen Herrschaft, die durch diese Regeln, z. B. formelle Gesetze oder andere Formen gesatzter Regeln, wie im Qualitätsmanagement oder im Rahmen der Einführung und Aufrechterhaltung einer Balanced Scorecard, bestimmte Handlungen auslösen. Durch das Versprechen Sicherheit herzustellen, z. B. in Form von Prozesssicherheit beim Qualitätsmanagement oder durch Berücksichtigung unterschiedlicher Perspektiven in der Balanced Scorecard, wird die Ordnung aufrechterhalten und der Glaube an die Legitimität dieser Ordnung (hier also des Managementsystems in einer Organisation) bedient.

Führung hingegen ist gekennzeichnet durch die personalisierte Erfüllung der Zumutung Visionen vermittelt und Ziele gesetzt zu bekommen und dadurch Sinnvermittlung zu erfahren. Dies kann auch im Rahmen bestehender Herrschaftssysteme geschehen, und zwar immer dann, wenn Menschen, die Herrschaftspositionen inne haben, sich nicht auf regelkonforme Machtausübung beschränken, sondern darüber hinaus (besser gesagt: statt dessen) dem nachgeordneten Bereich Interpretationsangebote machen und Ziele formulieren, die das alltägliche Tun sinnvoll erscheinen lassen. Hieraus entstehen Verflechtungen zwischen Vorgesetzten und Untergebenen hinsichtlich formeller und informeller Abhängigkeiten, die insbesondere in der Funktion des Zwischenvorgesetzten zum tragen kommen (Luhmann 1964, S. 206 ff.). Die Führungsleistung von (Zwischen-) Vorgesetzten wird ermöglicht durch persönliche Loyalität der Geführten dem Vorgesetzten gegenüber und diese Loyalität wird nicht durch die formell hierarchische Beziehung erzeugt, sondern dadurch, dass der Vorgesetzte den Untergebenen regelwidrig Freiräume einräumt. Dies wird durch die exklusive Kommunikationshoheit des Vorgesetzten ermöglicht, nur er kommuniziert sowohl mit seinen nachgeordneten Mitarbeitern, wie auch mit der ihm selbst vorgesetzten nächst höheren Hierarchieebene. Durch diese selektive Kommunikationsmacht kann der Zwischenvorgesetzte sich einen Informationsvorteil verschaffen und diesen nutzen, um einerseits eben seinen Mitarbeitern Freiräume zu gewähren und diese in ihrem Regelbruch zu decken und andererseits kann er Loyalität erwarten, da die Mitarbeiter nun in seiner Schuld stehen. Hierdurch wird sowohl Kreativität erzeugt, als auch Leistungsbereitschaft freigesetzt, die das regelmäßig geforderte überschreitet (Marr und Elbe 2001, S. 380). Vorgesetzter und Mitarbeiter werden dadurch zu Komplizen, die (wenn auch nicht offen) gegen das Herrschaftssystem rebellieren. Dauerhaft trägt dieses Konstrukt allerdings nur, wenn es allen Beteiligten sinnvoll erscheint, wenn also der Zwischenvorgesetzte, der so zur Führungskraft geworden ist, ein langfristiges Sinnangebot machen kann und nicht durch Vorgesetzte höherer Ebenen des Führungspotenzials beraubt wird, indem diese selbst die Führungsleistung erbringen.

Solche Sinnangebote können natürlich auch durch Personen erfolgen, die keine Herrschaftspositionen innehaben, aber Teil des Systems sind (informelle Führung) oder die nicht Teil des bestehenden Herrschaftssystem sind und diesem ablehnend gegenüber stehen (Revolte). Letztlich entstehen Führungsleistungen immer in Konkurrenz zu Herrschaft. Herrschaft bedarf der Regeln, Führung der Personifizierung. Herrschaft bedarf der Ordnung, Führung der Rebellion. Herrschaft erzeugt Ohnmacht, Führung verspricht die Gewinnung neuer Handlungsoptionen, das eigene Schicksal selbst mitgestalten zu können – wenn man dem Führungsversprechen, der Vision folgt. Führung muss sich also bewähren (auch das unterscheidet sie – zumindest kurzfristig – von Herrschaft) und erzeugt Erfolgsdruck.

These 2: Führung erhebt einen Totalitätsanspruch, ist aber fragil Sowohl Führung als auch Herrschaft sind Formen der institutionalisierten Machtausübung in sozialen Systemen (Unternehmen, Verwaltungen, Vereinen), die sich zueinander funktional äquivalent verhalten – oder, wie Luhmann (1964, S. 207) formuliert: „Führung ist also ein funktionales Äquivalent zur Institutionalisierung von Normen." Während aber andere Institutionen soziales Handeln durch Normen und Regeln binden, die persönliche Aushandlungsprozesse reduzieren, ist dies bei der Führung anders: Führung bedarf der persönlichen Interaktion. Führung wird nur so lange von den Geführten akzeptiert, wie sie ihre Koordinationsfunktion erfüllt – sie ist somit fragil und verliert ihre Akzeptanz, wenn die Geführten den Glauben an die hierbei vermittelte Vision und den Erfolg verlieren. Das unterscheidet fragile von stabilen Institutionen (Elbe 2002). Führung ist aber nicht nur bloßes funktionales Äquivalent, sondern selbst eine Institution, da der Führungsvorgang in einer freiwilligen Gefolgschaft (in Unterschied zur Herrschaft) habitualisiert wird. Darüber hinaus erhebt Führung einen *Totalitätsanspruch* und tendiert dazu, Rollengrenzen zu überschreiten. Anders verhält es sich z. B. mit Verträgen; diese regeln Handeln in Lebensausschnitten durch die Vereinbarung von Regeln und bestimmen damit nur eine Rolle neben vielen (eben als Vertragspartner). Sie bedürfen nicht des Glaubens, da die Rechte und Pflichten der Akteure explizit festgelegt sind. Organisationen wiederum sind zwar in ihrer Existenz deutlich stabiler als Führung, aber auch sie fordern nur (ein meist vertraglich festgelegtes) partielles Rollenverhalten, z. B. als Mitarbeiter oder als Kunde.

Institutionen lassen sich also in einer Matrix aus Reichweite und (Dauer der) Existenz verorten, in der Führung als fragil-totale Institution erscheint (Abb. 10.1).

Herrschaft kann durch alle vier Institutionentypen, die hier aufgeführt wurden, begründet werden, allein die Führung ist aber davon gekennzeichnet, dass sie personalisiert und umfassend, dabei aber fragil und innovationsorientiert ist. Vor diesem Hintergrund wird eine Entwicklung verständlich, die in den letzten Jahrzehnten Unsicherheit durch zunehmend entpersonalisierte Führungssysteme zu beherrschen sucht. Das betriebliche Institutionensystem erfährt eine Verschiebung von Führung hin zu Organisation oder wie

Abb. 10.1 Führung im institutionellen Kontext. (In Anlehnung an Elbe 2000, S. 60)

Reichweite \ Existenz	Fragil	Stabil
Total	Führung	Religion
Partiell	Vertrag	Organisation

John Kotter es kritisch formulierte: Die Unternehmen sind ‚overmanaged but underled' (Kotter 1996). Wie es dazu kam soll im Folgenden erläutert werden.

10.2.2 Institution of Management

These 3: Management verdrängt Führung Mit Lean Management, Business Reengineering, Qualitätsmanagement, Shareholder Value und zuletzt der Balanced Scorecard wurden in den letzten vierzig Jahren nicht nur wechselnde Managementmoden (Kieser 1996) bedient, vielmehr sind dies Bausteine in einer Entwicklung, die eine Formalisierung der Steuerungsfunktion in Organisationen zum Ziel hat (Marr und Elbe 2001). Im Zuge dieser Entwicklung wurden:

- Hierarchiestufen abgebaut (Lean Management), was höhere Kontrollspannen und reduzierte Möglichkeiten des Einwirkens durch direkte Führung bewirkte,
- dementsprechend personengebundene Weisung durch gestraffte Prozesse (Business Reengineering) und normierte Verfahrensanweisungen (Qualitätsmanagement) ersetzt,
- Interessenpluralität in Unternehmen einer zunehmenden Orientierung am Shareholder Value untergeordnet und
- schließlich die so entpersonalisierten Steuerungssysteme einer programmierten Kontrolle zugänglich gemacht (Balanced Scorecard).

All diese Ansätze sollten den Unternehmen dazu dienen, Unsicherheiten zu reduzieren und Risiken zu beherrschen. Speziell die durch die Balanced Scorecard (Kaplan und Norton 1997) angestrebte Substitution personeller Führung durch rationalistisch-abgestimmte Kennzahlensysteme führt zu einer Aufwertung und Automatisierung betrieblicher Kontrollsysteme, die personalisierte Führung ersetzen sollen. Die Personenhierarchie wurde durch eine Programmhierarchie abgelöst, die eine Koppelung zwischen tatsächlich stattfindender Führungsleistung und hierarchischer Position zunehmend erschwerte, da sich der Zwischenvorgesetzte nun nicht mehr seines Informationsvorteils durch die Trennung kommunikativer Kreise bedienen konnte. Das hieraus entstehenden Problem liegt in der Loslösung der Führungsleistung (Leadership) von organisatorischen Herrschaftsprozessen (Management) und dem daraus resultierenden Verlust an Kreativitäts- und Innovationspotenzialen. Management selbst wurde zum dominanten Steuerungsprinzip und somit zum funktionalen Äquivalent für Führung. Die Veränderungen hin zum ‚Institution of Management' zeigt Abb. 10.2:

Abb. 10.2 Wandel der Herrschaftsform im ‚Institution of Management'. (In Anlehnung an Marr und Elbe 2001, S. 379)

Herrschaft ＼ Entwicklung	Autorisation	Institution of Management
Form	Ermächtigt-Persönlich	institutionell-unpersönlich
Ausübung	Manager →	Institution
Bereich	segmentiert-reduziert auf Arbeitsbeziehung	segmentiert-reduziert auf Institute
Beteiligung	Tarif-Partner	selektiv-individuell
Mechanismus	Bildung und Ermächtigung	partielle Anerkennung des Institutes
Legitimierung	Verträge bei relativer Ausgewogenheit	individuelle und befristete Verträge

Während in traditionellen Managementsystemen der Autorisation aufgrund der persönlichen Führungssituation die unterschiedlichen Motive und Handlungszwecke der Akteure durch den Vorgesetzten in einem moderierten Aushandlungsprozess gebündelt wurden, was für den Zwischenvorgesetzten sowohl Dilemma als auch Machtquelle bedeutete, wird dies im Institution of Management durch Kennzahlenerfüllung (z. B. in der persönlichen Balanced Scorecard) ersetzt. Der Interessenpluralismus personaler Herrschaft, den Führung ermöglichte, wird durch Interessenmonismus der Institution abgelöst, wodurch die unmittelbare, aus dem Shareholder Value abgeleitete, Zweckorientierung garantiert wird (Marr und Elbe 2001). Die Handlungsoptionen der Organisationsmitglieder werden in einem System institutionalisierter Herrschaft durch die Reduktion von Aushandlungsprozessen deutlich eingeengt. Letztlich entscheidet die Erfüllung der in der persönlichen Scorecard gesetzten Ziele über die Normenkonformität des Handelns der Organisationsmitglieder, Kreativität und Innovation haben hier keinen Platz (auch nicht in Innovation Scorecards, die nur Entwicklungsprozesse verwalten helfen). Für Mitarbeiter und Vorgesetzte bedeutet dies, dass die Effizienzsteigerung in den Vordergrund tritt, die Frage nach der Effektivität aber zunehmend der Beurteilung entzogen ist. Durch den Verlust von Handlungsoptionen bei gleichzeitiger Steigerung der Arbeitsintensität und der Kontrolle steigt das Gefühl der Ohnmacht und der Vereinzelung der Mitarbeiter, oder wie Ortmann es formulierte: „Organisation ist ein Deckel auf die Kreativität ihrer Mitglieder" (Ortmann 1992, S. 16).

Die Begrenzung von Innovationsfreudigkeit und Kreativität wird durch den Wandel der individuellen Arbeitsbeziehungen noch verstärkt: Sowohl die formellen als auch die informellen Vertragsbestandteile, die die Mitgliedschaft in Unternehmen regeln, sind deutlichen Veränderungen unterworfen. In dem Maß, in dem die Steuerungssysteme in der Institution of Management formalisiert wurden, wurden die vertragliche Bindung der Mitarbeiter an die Unternehmen durch die Arbeitgeberseite flexibilisiert. Damit stieg für die Mitarbeiter die Ungewissheit hinsichtlich der eigenen wirtschaftlichen und sozialen Position. Die Mitarbeiter passten dementsprechend auch ihr eigenes Verhalten, ihre Loyalitätsbereitschaft und insbesondere ihre Bereitschaft sich für Veränderungen einzusetzen an – vgl. hierzu den Ansatz zur Employography (Elbe 2011). Auf Manager bezogen hat dies Luhmann folgendermaßen formuliert: „Gesehen unter dem Gesichtspunkt von Unsicherheitsabsorption und auch unter dem Gesichtspunkt von Manager-Karrieren muss Innovation als ein ziemlich törichtes Verhalten beurteilt werden [...]." (Luhmann 2000, S. 218 ff.) Für die Führung rückt somit das Problem der Ungewissheit wieder in den Vordergrund.

10.2.3 Das Problem der Ungewissheit

These 4: Managementsysteme reduzieren Unsicherheit – und Innovation Beschrieben wurde bisher ein Prozess, der sowohl die Moderne, als auch die Postmoderne und die reflexive Moderne betrifft: Die zunehmende *Beherrschung* von Unsicherheit und Risiko als Ziel der Rationalisierung. Technisch-administrative Rationalisierung ist dabei nur *ein* Ausdruck der Rationalisierungstendenz, die alle Phasen der Moderne bis heute betrifft und die Max Weber grundsätzlich in drei Bereichen des Sozialen verortete: Rationalisierung der Weltbilder, Rationisierung der Institutionen und Rationalisierung der Lebensführung (Weber 1992a, b; vgl. hierzu den Zusammenhang zwischen Herrschaft und Rationalisierung bei Maurer 2004). Alle drei Formen der Rationalisierung dienen dazu, die physische und soziale Welt verständlicher und handhabbarer zu machen, wobei der zentrale Mechanismus der Handhabung die Beherrschung (also die traditionelle Auffassung der Aufgabe des Managements im Sinne von Planung, Steuerung und Kontrolle) ist. In dieser Konzeption wird die Unsicherheit als handlungslähmend empfunden, Unsicherheit gilt es also zu reduzieren (z. B. durch die Institutionalisierung von Normen) und wenn möglich anhand der Eintrittswahrscheinlichkeit und der Relevanz der Konsequenzen in ein kalkulierbares Risiko zu überführen. Diese Managementkonzeption ist durchaus vernünftig, werden dadurch doch Handlungsoptionen aufgezeigt und Irrationalitäten reduziert, allerdings um den Preis, sich auf die festgelegten Regeln verlassen zu müssen. Dies hat aber zwei zentrale Konsequenzen:

- Wie soll man sich verhalten, wenn die Regeln versagen, wenn Situationen eintreten, für die es keine geplanten Handlungsabfolgen oder Verfahrensanweisungen gibt? Wenn Flexibilität nicht Teil des bisherigen Managementsystems ist, dann kann sie hier auch nicht gezeigt werden.
- Regeln wirken nur dann unsicherheitsreduzierend, wenn ihre Anwendung auch sichergestellt ist (z. B. mittels Kontrollen und Sanktionen). Dies bedeutet aber auch, dass Handlungsalternativen eben nur sehr begrenzt zugelassen sind, Innovationen zuerst einmal als Regelverstöße gewertet und gemieden werden.

Der Versuch der Beherrschung von Unsicherheit hat somit zwar den Vorteil, rationale Handlungskonzepte anzubieten, zugleich aber den Nachteil grundsätzlich nicht innovationsförderlich zu sein und im Falle des Versagens (z. B. von Strategien oder Sicherheitskonzepten) keine Handlungsoptionen sowie entsprechende Ressourcen bereitstellen zu können. Durch die Institution of Management, wie sie oben geschildert wurde, erlangt dieses Problem zunehmend Bedeutung für alle Organisationen.

Die beschriebene Entwicklung findet ihren Ausgangspunkt in den privatwirtschaftlichen Unternehmen, die damit den Shareholder Value stärken, beeinflusst aber ebenso die Organisationen des staatlichen sowie des dritten Sektors (Elbe 2007). Die nicht-privatwirtschaftlichen Organisationen sehen sich einem zunehmenden Druck ökonomischer Legitimierung ausgesetzt, den sie durch die Übernahme von privatwirtschaftlichen Steuerungssystemen, z. B. der Balanced Scorecard, gerecht zu werden suchen (vgl. hierzu den neo-institutionalistischen Ansatz zum organisationalen Isomorphismus nach DiMaggio und Powell 1983). Dabei darf aber nicht vergessen werden, dass Organisationen des ersten und dritten Sektors in Differenz zu privatwirtschaftlichen Organisationen entworfen wurden und eben nicht marktwirtschaftlichen Prinzipien gehorchen, sondern das Versagen des Marktes in spezifischen Ausschnitten gesellschaftlichen Handelns kompensieren sollen. Ihr Erfolg und ihre Effizienz sind an anderen Kriterien als denen des Marktes zu messen, was nicht bedeutet, dass nicht auch sie grundlegenden Anforderungen an den Umgang mit ökonomischen Ressourcen zu genügen haben.

Es gilt für alle Organisationen: Die Institution of Management ist zum zentralen Mechanismus zur Vermeidung und Beherrschung von Unsicherheit geworden und damit treten die bereits beschriebenen Führungsprobleme (overmanaged but underled) in Organisationen aller Sektoren auf, wenn auch in unterschiedlicher Intensität.

These 5: Management von Ungewissheit bedeutet Führung wieder zuzulassen Diesem Problem stellt sich der Ansatz des „Managements von Ungewissheit" (Böhle und Busch 2011; Vorarbeiten für einen solchen Ansatz finden sich im Sammelband Jeschke et al. 2011; sowie bei Neuhaus 2006; Gross 2002). Schon in der Begriffswahl wird angedeutet, dass von der negativen Konnotation fehlender Sicherheit (wie im Begriff der Unsicherheit) Abstand genommen wird: Die Zukunft ist nicht primär unsicher, sie ist zuerst einmal ungewiss – während wir im Heute handeln, wissen wir nicht, was die Zukunft bringt. Hier taucht die Frage nach dem Nicht-Wissen auf, die aus Sicht der Theorie der ‚Reflexiven Moderne' nicht beantwortet wird (Beck 1996). Denn was Nicht-Wissen (Ungewissheit) von Wissen (Gewissheit) trennt, ist die Wahl eines Rahmens, eines Weltbildes, das selbst unhinterfragt bleibt (Wittgenstein 1984). Eben dieser Rahmen findet sich in der Rationalisierungsvorstellung, die die Moderne bis hin zur ‚Reflexiven Moderne' prägt: Unser Wissen ist geprägt von der Beherrschung der Unsicherheit und das erscheint dem Management zugänglich. Nicht zugänglich aber ist das Nicht-Wissen, die Ungewissheit: Es scheint so, als ließe es sich nicht managen, da es nicht beherrscht werden kann. Dem Weltbild der Unsicherheitsbeherrschung bleibt die Ungewissheit ein blinder Fleck und das Unkalkulierbare, das Regelwidrige wird ohnmächtig bestaunt.

Es ist aber genau das amorphe Nicht-Wissen, das die Zukunft offen erscheinen lässt, voller Unsicherheiten und Gefahren, aber ebenso voller Chancen und Optionen. Ein Management von Ungewissheit sollte für beide Varianten offen sein und Ressourcen bereitstellen. Diese Ressourcen finden sich in personalisierten Führungsprozessen und nicht in der Institution of Management. Management von Ungewissheit fordert dabei keinen Perspektiven*wechsel*, sondern eine Perspektiven*ergänzung*. Es geht nicht darum, organisationale Herrschaftssysteme und ihre unsicherheitsreduzierende Funktion zu negieren, sondern die lähmenden Faktoren zu reduzieren, Zukunftsangst abzulegen und Handlungsfähigkeit zu gewinnen, letztlich also die Ohnmacht zu besiegen, die schon dem klassischen Sisyphos anhaftete. Die Funktion der institutionellen Ausgestaltung sozialer Differenzierung durch Organisationen soll nicht in Zweifel gezogen werden und es geht auch nicht um Substitution organisationaler Regeln, sondern um deren Ergänzung und in diesem Sinn hat Becker recht, wenn er schreibt: „Man weiß inzwischen worauf das Experiment hinausläuft, nämlich auf die Wiedereinführung genau jener Ungewissheit in die Organisation, auf deren Absorption die Funktionsfähigkeit der Organisation bisher angewiesen war." (Becker, 1999, S. 15)

10.3 Beschreibung des Führungsansatzes

These 6: Führung kompensiert Organisationsversagen Aus der Perspektive des Managements von Ungewissheit erhält Führung somit eine spezifische Funktion: Führung kompensiert Organisationsversagen. Dies ist aber nur möglich, wenn die Fassade eines funktionierenden Regelsystems aufrechterhalten wird. Organisationale Strukturen und Hierarchien, Arbeitsteilung und geregelte Prozesse, Entscheidungs- und Weisungsbefugnisse bedürfen eines grundsätzlichen, von den Beteiligten geteilten Glaubens an ihre Gültigkeit, um die Organisation als Institution wirken lassen zu können. Nur so kann der Glaube aufrechterhalten werden, Unsicherheit zu beherrschen und rational zu handeln. Dies ist die Perspektive des Managements, hierdurch wird Komplexität reduziert und Unsicherheit beherrschbar gemacht. Zugleich bleibt dies Fassade und alle wissen, dass es eine Fassade ist. Neben den formellen Aspekten bedürfen soziale Systeme stets auch der informellen Aspekte, des Wissens darum, wieweit formelle Regeln übertreten werden dürfen, ohne den Kern der Institution ‚Organisation' zu verletzen und damit die eigene Mitgliedschaft in der Organisation in Frage zu stellen. Eben daraus gewinnt das System zusätzliche Handlungsoptionen: durch die Verfolgung partikulärer Interessen (bis zu einem gewissen Grad), durch die Negierung von Herrschaftsattitüden mittels Klatsch oder vorgetäuschtem Gehorchen (bis zu einem gewissen Grad), durch informelle Aushandlungsprozesse und Absprachen (bis zu einem bestimmten Grad). All diese Aspekte erfüllen wichtige Funktionen, da sie einerseits dem Individuum mit seinen vielfältigen Bedürfnissen Raum für die eigene Entfaltung geben, andererseits aber gleichzeitig Handlungsalternativen austesten, die ggf. zu neuen, besseren Regelungen führen können. Doch auch diese Prozesse bedürfen der Koordination und diese Koordinationsleistung erfüllt Führung.

These 7: Führung ist ein Spiel Führung ist immer informell, selbst wenn sie an eine Herrschaftsbeziehung angelagert ist, da sie nicht durch die hierarchische Überordnungsbeziehung erzeugt wird, sondern durch die Zumutung der Geführten an den Führenden, alternative Sinnangebote zu machen. Führung ist damit ein Spiel: das Spiel die informellen Beziehungen zu koordinieren, um Handlungsoptionen für die verbleibende Ungewissheit zu gewinnen. Ein Spiel deshalb, weil dabei so getan werden muss, als hätte Führung in der rational geregelten Organisation keine Bedeutung. Es treffen dabei zwei Weltbilder aufeinander: das Weltbild der Rationalisierung, das sich in der Organisation und ihren Regeln ausdrückt, und das Weltbild der individuellen Führungsleistungen. Für beide Weltbilder gilt: „Die Sätze, die dies Weltbild beschreiben, könnten zu einer Art Mythologie gehören. Und ihre Rolle ist ähnlich der von Spielregeln, und das Spiel kann man auch rein praktisch, ohne ausgesprochene Regeln, lernen." (Wittgenstein 1984, S. 139)

Führung als Spiel referiert zum einen auf den institutionellen Rahmen der Organisation, zum anderen hat Führung eigene Regeln, die beim Spiel zu beachten sind:

1. Führung ist eine Zumutung der Geführten an den Führenden, es entsteht ein Anspruch der Geführten, Führungsleistungen zu erhalten;
2. Führung muss Ziele (Visionen) aufzeigen und somit ein Erfolgsversprechen für die Zukunft abgeben;
3. Führung muss sich bewähren, also nachweisen, dass sie geeignet ist, Ungewissheit zu bewältigen und Handlungsoptionen über das formell geregelte Maß hinaus zu erzeugen.

Diese Anforderungen drücken sich im alltäglichen Führungsspiel aus, das als Kommunikation stattfindet, letztlich also ein *Sprachspiel* ist. „Das Wort »Sprachspiel« soll hier hervorheben, dass das Sprechen der Sprache ein Teil ist einer Tätigkeit, oder einer Lebensform." (Wittgenstein 1997, S. 250). Sprachspiele kennzeichnen Ausschnitte unserer Lebenswelt, sie stellen damit eine Lebensform dar, die von den Realitäten des Alltags geprägt sind und an denen wir uns beteiligen. Eben das bestimmt den Alltag von „Führen und geführt werden" bis hin zu „Führen und führen lassen" (Neuberger 2002): das ständige Ringen um das rechte Maß der Führung. Hierbei gilt es zum einen die Mitspieler zu aktivieren, also Macht auszuüben, und zum anderen diese Machtausübung so zu begrenzen, dass sie eben nicht Ohnmacht bei den Mitspielern erzeugt. Über Führung kann man lesen, man kann an Führungstrainings teilnehmen – Führung erfahren und selbst führen kann man aber nur im Alltag. Das Sprachspiel der Führung wird dadurch erlernt, dass man es spielt, dass man selbst Führung erfährt und sich im Führen ausprobiert. Und eben dieses ‚Ausprobieren' kennzeichnet das Spielerische: Während Herrschaft explizit ist, bleibt Führung implizit. Die Regeln sind vorhanden, aber sie werden nicht ausgesprochen. Man muss sie durch Teilnahme erlernen und wenn man das Spiel gut spielt, also die Regeln geschickt anwendet und so interpretiert, dass man erfolgreich ist, dann hat man den ‚Witz' des Spiels verstanden. Das gilt für Führer und Geführte. Damit wird auch klar, dass erfolgreiche Führung sich nicht auf Persönlichkeitseigenschaften begründet, sondern auf erfolgreichem sozialem Handeln, auf einem virtuosen *Führungsspiel* (vgl. hierzu in praktischer Anwendung im Sport das gleichnamige Buch von Peters et al. 2008).

Das Sprachspiel der Führung unterscheidet zwischen Unternehmens- und Personalführung, differenziert hierbei aber nicht zwischen Herrschaft und Führung – es wird einfach gehandelt, gespielt. Aus sozialpsychologischer Sicht beschäftigt sich Führung mit der zielgerichteten Beeinflussung von Menschen, es werden aber auch Systeme geführt und hier taucht die Frage auf: Gilt für die *oberste Leitung* (einer Organisation, eines Staates) dasselbe, wie für den Zwischenvorgesetzten? Schon Weber stellte hierzu fest, dass die Leitung rationaler Herrschaftssysteme (Bürokratie) anderen Regeln unterliegt, als die Bürokratie selbst (Weber 1980, S. 126, 554 f.). Luhmann führt dies weiter aus: „Man könnte postulieren, dass für die Führung nicht gilt, was für die anderen gilt: dass ein entweder nicht gesehenes oder für unwahrscheinlich gehaltenes Risiko im Falle des Schadenseintritts die Entscheidung diskreditiert. Selbst wenn man bei rückblickender Analyse Verständnis für die damalige Entscheidung aufbringen kann: die Führung haftet auch und gerade für Unschuld. Es geht hier nicht um Gerechtigkeit, sondern um Erfolg." (Luhmann 2003, S. 212) Hieraus lässt sich zweierlei ableiten: Zum einen unterliegt die Leitung eines rationalen Herrschaftssystems in der Legitimierung ihrer Herrschaft anderen Anforderungen, als der übrige Apparat und zum anderen ist im Herrschaftshandeln die Leitung ebenso auf Führung angewiesen, wie die Zwischenvorgesetzten, da sie sich bewähren muss. Aus Perspektive der Führung bedeutet dies, dass das Führungsspiel auch auf oberster Ebene fortgesetzt wird – hier verstärkt es sich sogar, da nun der Gesamterfolg zu verantworten ist.

These 8: Im Führungsspiel wird Ungewissheit zur Ressource Zentral für das Führungsspiel ist das alltägliche Tun. Warum sind die einen erfolgreichere Sprachspieler der Führung als andere? Während es Wittgenstein (1997, 1984) letztlich um die Entdeckung von Sprachspielen geht, rückt der Ansatz der Mikropolitik das interessengeleitete tägliche Tun in den Fokus (Neuberger 2002, S. 680 ff.) und gibt damit Auskunft über die Strategien im Führungsspiel. Mikropolitik meint den alltäglichen Einsatz von Macht in sozialen Beziehungen. Für die Führungsforschung sind dabei natürlich insbesondere soziale Beziehungen in Organisationen von Interesse. Besondere Bedeutung hat hierbei der Ansatz von Crozier und Friedberg (1979) erhalten, da auch diese mit einer Spielkonzeption arbeiten und auch bei ihnen das Spiel nicht als Metapher, sondern als tatsächliches Tun aufgefasst wird. Bereits weiter oben wurde angemerkt, dass Unsicherheitsabsorption Aufgabe der Herrschaft ist, wohingegen Führung Ungewissheit in der Organisation zu neuen Optionen und Handlungsalternativen bündelt. Im Ansatz von Crozier und Friedberg (1979, S. 13) wird Ungewissheit sogar zur grundlegenden Ressource jeder Verhandlungsbeziehung. Ungewissheit garantiert Freiräume für selbstbestimmtes Handeln und hieran haben die Akteure Interesse. Sie konkurrieren also um die Kontrolle über entsprechende Freiräume (das ist das Spiel) und hieraus lässt sich Macht ableiten. „Die Macht eines Individuums oder einer Gruppe, kurz eines sozialen Akteurs, ist so eine Funktion der Größe der Ungewissheitszone, die er durch sein Verhalten seinen Gegenspielern gegenüber kontrollieren kann." (Crozier und Friedberg, 1979, S. 43) Die bei Weber als amorph eingeführte Macht wird hier zur konkretisierten Mikropolitik und steht grundsätzlich allen Akteuren zur Verfügung. Es kommt aber darauf an, die Relevanz der Ungewissheitszone in Bezug auf das betriebliche Handeln zu vermitteln, dadurch wird die Ungewissheit zur Ressource für den einzelnen Akteur und kann als Grundlage eines Führungsanspruchs in das Spiel eingebracht werden. Umgekehrt wird das Erkennen der Definitionsmacht von relevanten Ungewissheitszonen auch Grundlage der Zuerkennung von Führungsfähigkeit durch die

Mitspieler und dann auch zur Zumutung diese Fähigkeit im Sinne der Geführten zu nutzen – eben dies begrenzt dann wieder die Handlungsfreiheit des Führenden. Nur wenn er weiterhin fähig ist Handlungsalternativen aufzuzeigen und die dauerhafte Kooperation im Sinn eines übergeordneten Ziels sicherzustellen, kann er die Ungewissheitszone des Führungsspiels als Ressource nutzen. Führung ist eben auch die Verpflichtung zur Willensdurchsetzung.

Die ultima Ratio und damit das Ende der Ungewissheit bestehen in der Fähigkeit, das Spiel zu beenden. Ähnlich Luhmann (2003) unterscheiden auch Crozier und Friedberg (1979) in ihrem mikropolitischen Ansatz nicht zwischen Führung und Herrschaft, sondern weisen der Führung die besondere Verfügungsgewalt über die Definition von Spielregeln sowie die Fähigkeit das Spiel zu beenden zu. Dies lässt sich freilich auch individuell für die anderen Mitglieder der Organisation (z. B. durch Kündigung) feststellen. Die Beendigung des Spiels, ob durch Kündigung oder durch Auflösung einer Organisation, erscheint allerdings nur dann als Option, wenn dies durch denjenigen, der diesen Spielzug vollzieht aufgrund von Ressourcen, die außerhalb des Spielraums liegen, kompensiert werden kann, wenn der Spieler also andere Spieloptionen als die Mitgliedschaft in der Organisation hat.

Der hier vorgestellte Ansatz des Führungsspiels konzipiert Führung als Sprachspiel, als mikropolitisches Handeln in Organisationen, mit dem Ziel der Wiedereinführung von Ungewissheit in die Organisation und deren Nutzung als Ressource für die Beteiligten (Führer und Geführte), zur Erlangung von Handlungsoptionen, die durch Herrschaft und Organisationen nicht bereitgestellt werden können.

10.4 Relevanz für die Praxis

These 9: Nur durch Führung lassen sich Krisen bewältigen Mit der Trennung von Führung und Herrschaft und der Konzeption des Führungsspiels können die negativen Folgen der Institution of Management kompensiert werden und das Management von Ungewissheit wird zu einer der wichtigsten Aufgaben zukünftigen Managements. Natürlich ist es eine Zumutung Organisationen, deren Funktion es ja ist, durch Koordinationsregeln Unsicherheit zu absorbieren, die Zulassung von Führung und damit von Ungewissheitszonen abzuverlangen. Aber eben hierdurch wird die Flexibilität und Innovationsfreudigkeit erzeugt, derer es bedarf, um zukünftige Herausforderungen bewältigen zu können. Diese zeichnen sich im Zeitalter des ‚Lebens in der Ungewissheit' (Bauman 2007) bereits ab:

1. *langfristige Entwicklungen:* Mit der zunehmenden Globalisierung werden wirtschaftliche und gesellschaftliche Asymmetrien immer deutlicher. Während beispielsweise in den Industrieländern die demographische Entwicklung zu einem deutlich reduzierten Arbeitskräftepotenzial führt, wächst die Weltbevölkerung weiter und viele Schwellenländer und Länder der sogenannten ‚dritten Welt' haben mit einem gewaltigen Überangebot insbesondere junger Arbeitsuchender zu kämpfen. Der Energie- und Rohstoffbedarf in den entwickelten Ländern wird weiterhin steigen, die zentralen

Ressourcen liegen aber in anderen Ländern. Die nicht-intendierten Folgen des modernen Lebens- und Wirtschaftsstils treffen insbesondere die Länder, die nur zu einem geringen Maß hiervon profitieren. Diese beispielhaft aufgeführten *Asymmetrien* sorgen für zunehmende Dynamik, die kaum als stabiles Wachstum erwartet werden darf, sondern vielfach Instabilität und wachsenden Ungewissheit mit sich bringt.

2. *Akute Krisen:* Die Folgen von eingetretenen Unsicherheiten, z. B. aufgrund terroristischer Bedrohungen (9/11 in den USA), aufgrund von Naturkatastrophen (Erdbeben und Tsunami in Japan), aufgrund wirtschaftlicher Krisen (2008 und in den Folgejahren), lassen sich mit Hilfe von institutionalisierten Sicherheitsregeln („asymmetrische Kriegsführung' in Afghanistan; Notfallplänen für den GAU in Fukushima; Stabilitätspakt für den EURO) nur bedingt kompensieren. Handlungsfähigkeit in krisenhaften Situationen entsteht letztlich nicht aus der Abarbeitung von Regeln, sondern aus dem kreativen Umgang mit der Situation, aus der Akzeptanz von Ungewissheit und der Fähigkeit trotz widriger Umstände Ressourcen aktivieren zu können. Die *Realisierung des Unvorhersehbaren* ist die Krise, die sich nur bedingt durch institutionalisierte Planungs- und Kontrollsysteme beherrschen lässt. Das Problem ist nicht die zu erwartende, sondern die absurde Situation, das trotz aller Planung Eintretende – welche Handlungsoptionen und welche Ressourcen hat man dann?

Die Zukunft der Führung liegt nicht in der Abarbeitung bekannter Routinen, sondern in der Bereitstellung von Ressourcen für die Bewältigung dauerhafter Ungewissheit, die sich aus langfristigen Asymmetrien ergibt und in akuten Krisen äußert. Hierauf müssen sich die Organisationen (privatwirtschaftliche, staatliche, wie auch des dritten Sektors) einstellen. Vorschläge zur Aktivierung von Ressourcen für ein Management von Ungewissheit finden sich insbesondere in Ansätzen zur organisationalen Resilienz und der Salutogenese von Organisationen.

These 10: Die Führung der Zukunft fördert Resilienz und Salutogenese Als psychologisches Konstrukt beschreibt Resilienz die Fähigkeit, „[…] Krisen und Rückschläge unbeschadet zu überstehen und sogar gestärkt aus ihnen hervorzugehen." (Heller et al. 2012) Hierfür sind sieben Faktoren ausschlaggebend: Optimismus, Akzeptanz, Lösungsorientierung, Vermeiden einer Opferrolle, Übernahme von Verantwortung, Netzwerkorientierung und Zukunftsplanung (Scharnhorst 2008). Lösungsorientierung und Zukunftsplanung sind dem institutionalisierten Management zugänglich, die anderen Faktoren hingegen werden durch informelle Prozesse in Organisationen beeinflusst, die nicht durch Herrschaft, sondern durch das Führungsspiel gefördert werden können. Um die organisationale Resilienz zu stärken, die Handlungsfähigkeit in Krisen zu bewahren und aus ihnen zu lernen, ist es insbesondere notwendig, mehr Führung zuzulassen.

Zur langfristigen Bewältigung von Ungewissheit und den daraus erwachsenden Anforderungen bedarf es darüber hinaus aber einer grundlegenden Innovationsoffenheit. Grundlage einer solchen Orientierung ist die *Salutogenese*, also das positive, gesundheitsförderliche Empfinden, das sich in Kohärenz ausdrückt und messen lässt. Mit Kohärenz beschreibt Antonovsky (1997) eine globale Orientierung, die einem die Welt vertraut erscheinen lässt. Ausschlaggebend hierfür sind die drei Faktoren Verstehbarkeit (‚die Welt und meine Mitmenschen erscheinen mir erklärbar'), Bedeutsamkeit (‚das was ich erlebe und tue ist relevant') und Handhabbarkeit (‚ich kann zukünftige Entwicklungen beeinflussen und habe hierfür Ressourcen zur Verfügung'). Um dies zu realisieren ist dem Institution of Management ein ‚verstehendes' Management von Ungewissheit zur Seite zu stellen, da sich nur durch die Förderung von Führung und die Aktivierung von Ressourcen, die nicht formellen Regelungsprozessen zugänglich sind, Innovationen und neue Handlungsoptionen realisieren lassen (Elbe 2011).

10.5 Ausblick

Wir müssen uns den Realitäten stellen: Die ‚flüchtige Moderne' Bauman (2007) mit all ihren Ungewissheiten führt zu einer kollektiven, sozialen Angst, zum Erleben der Gegenwart als unsicher und der Zukunft als risikobehaftet. Obwohl wir wissen, dass wir weder die Natur, noch die Technologie, nicht das Soziale und nicht einmal uns selbst beherrschen können, versuchen wir dies krampfhaft und steuern so auf eine neue Form des Totalitarismus, den „securitanism" (Bauman 2007, S. 84) zu. Und je mehr wir versuchen, die Kontrolle zu erlangen, desto schmerzhafter, verstörender empfinden wir das Scheitern an der Unsicherheit. Eben das ist auch das Problem der Institution of Management. Im Versuch Kontrolle durch Organisation zu erreichen steigern wir letztlich die Ohnmacht und stärken die Neurosen, die die Organisationsgesellschaft seit 100 Jahren begleiten (vgl. hierzu bereits Briefs, 1918). Sich von dieser Ohnmacht zu befreien und neue Handlungsoptionen im Management von Ungewissheit zu finden ist die Herausforderung an die Führung. Die in diesem Artikel aufgestellten 10 Thesen können hierzu als Leitfaden verstanden werden.

Auch der Sisyphos des Camus befreit sich von der Ohnmacht: In den Momenten, in denen er vom Berg herab steigt, um von neuem den Stein wieder hinauf zu wälzen und sich dessen auch noch bewusst ist, kann er nicht mehr enttäuscht werden, wenn er die Absurdität der Situation annimmt und verachtet. Eben das ist Rebellion: sich des Gefühls der Ohnmacht zu entledigen. Hier findet sich auch die Zumutung der Führung. Führung verlangt vom Führenden immer neue Interpretationsleistungen, Führung verlangt immer wieder die Absurdität des Augenblicks durch Handeln zu überwinden und dies auch noch als zielführend und sinnbehaftet zu erklären. Führung ist die Rebellion gegen das fatale Sicherheitsbedürfnis der Organisation, die sich in der Institution of Management ausdrückt. Die Zukunft der Führung ist eine Zumutung, insbesondere an die Führenden, denn sie verlangt von ihnen, den Geführten Sinnhaftigkeit des Handelns zu vermitteln. Das bedingt, die eigene Ohnmacht abzuschütteln, sich der Gefahr des Scheiterns zu stellen und aus eben dieser Zumutung resultieren die eigentliche Legitimation von Führung und ihr Potenzial bei der Bewältigung zukünftigen Herausforderungen.

Autorbeschreibung

Professor Dr. Martin Elbe Dipl.-Kfm., Dipl.-Soz., Hochschule für Gesundheit und Sport (Berlin). Arbeitsgebiete: Arbeit und Personal, Sozialisation und Salutogenese, Organisation und Organisationsberatung. Adresse: Hochschule für Gesundheit und Sport, Vulkanstr. 1, 10367 Berlin. Internet: www.my-campus-berlin.com. Email: martin.elbe@my-campus-berlin.com.

Literatur

Antonovsky, A. (1997). *Salutogenese. Zur Entmystifizierung der Gesundheit*. Tübingen.
Bauman, Z. (2007). *Flüchtige Zeiten. Leben in der Ungewissheit*. Hamburg.
Beck, U. (1986). *Risikogesellschaft. Auf dem Weg in eine andere Moderne*. Frankfurt a. M.
Beck, U. (1996). Wissen oder Nicht-Wissen? Zwei Perspektiven „reflexiver Modernisierung". In: U. Beck, A. Giddens, & S. Lash (Hrsg.), *Reflexive Modernisierung. Eine Kontroverse* (S. 289–315). Frankfurt a. M.
Beck, U., & Bonß, W. (2001). (Hrsg.), *Die Modernisierung der Moderne*. Frankfurt a. M.
Becker, D. (1999). *Die Form des Unternehmens*. Frankfurt a. M.
Böhle, F., & Busch, S. (2011). (Hrsg.), *Management von Ungewissheit. Neue Ansätze jenseits von Kontrolle und Ohnmacht*. Bielefeld.
Bonß, W. (1995). *Vom Risiko. Unsicherheit und Ungewissheit in der Moderne*. Hamburg.
Briefs, G. (1918). *Über das Organisationsproblem*. Berlin.
Camus, A. (1997). *Der Mythos von Sisyphos. Ein Versuch über das Absurde*. Hamburg.
Crozier, M., & Friedberg, E. (1979). *Die Zwänge kollektiven Handelns: über Macht und Organisation*. Königstein.
DiMaggio, P., & Powell, W. (1983). The iron cage revisited: Institutional isomorphism and collective rationality in organizational fields. *American Sociological Review, 48*, 147–160.
Elbe, M. (2002). *Wissen und Methode. Grundlagen der verstehenden Organisationswissenschaft*. Opladen.
Elbe, M. (2007). Werte verwerten? Zum Spannungsverhältnis zwischen Führung und Ökonomisierung am Beispiel der Balanced Scorecard. In: G. Richter (Hrsg.), *Die ökonomische Modernisierung der Bundeswehr* (S. 33–50). Sachstand, Konzeptionen und Perspektiven. Wiesbaden.
Elbe, M. (2011). Ungewissheit im institutionellen Wandel. Individuelle Ressourcen als Potenzial. In Jeschke, S., Isenhardt, I., Hees, F., & Trantow, S (Hrsg.), *Enabling Innovation. Innovationsfähigkeit – deutsche und internationale Perspektiven* (S. 87–98). Berlin.
Gross, P. (2002). *Kontingenzmanagement. Über das Management der Ungewissheit*. Management Zentrum St. Gallen. Forum 9.
Heller, J., Elbe, M., & Linsenmann, M. (2012). Unternehmensresilienz – Faktoren betrieblicher Widerstandsfähigkeit. In: F. Böhle, & S. Busch (Hrsg.), *Management von Ungewissheit* (S. 213–232). Bielefeld: Neue Ansätze jenseits von Kontrolle und Ohnmacht.
Jeschke, S., Trantow S., Hees, F., & Isenhardt, I. (2011). (Hrsg.). *Enabling Innovation. Innovationsfähigkeit – deutsche und internationale Perspektiven*, Berlin, Heidelberg.
Kaplan R., & Norton, D. (1997). *Balanced scorecard: Strategien erfolgreich umsetzen*. Stuttgart.
Kieser, A. (1996). Moden & Mythen des Organisierens. *Die Betriebswirtschaft, 1*(96), 21–39.
Kotter, J. (1996). *Leading change*. Harvard, Boston.
Lewin, K., Lippitt, R., & White, R. (1970). Patterns of aggressive behavior in experimentally created "Social Climates". In: P. Harriman (Hrsg.), *Twentieth century psychology: Recent developments in psychology* (S. 200–230). New York: Nachdruck.
Luhmann, N. (1964). *Funktion und Folgen formaler Organisationen*. Berlin.

Luhmann, N. (2000). *Organisation und Entscheidung.* Wiesbaden.
Luhmann, N. (2003). *Soziologie des Risikos.* Berlin.
Marr, R., & Elbe, M. (2001). Die Grenzen der Balanced Scorecard: Gedanken zu den Risiken eines kennzahlenorientierten Führungssystems. In H. Wüthrich, W. Winter, & A. Philipp (Hrsg.), *Grenzen des ökonomischen Denkens. Auf den Spuren einer dominanten Logik* (S. 365–386). Wiesbaden: Gabler.
Maurer, A. (2004). *Herrschaftssoziologie. Eine Einführung.* Frankfurt a. M.
Neuberger, O. (2002). Führen und führen lassen. Ansätze, Ergebnisse und Kritik der Führungsforschung (6. Aufl.), Stuttgart.
Neuhaus, C. (2006). *Zukunft im Management. Orientierungen für das Management von Ungewissheit in strategischen Prozessen.* Heidelberg.
Ortmann, G. (1992). Macht, Spiel, Konsens. In: W. Küpper & G. Ortmann (Hrsg.), Macht und Spiele in Organisationen. (2. Aufl., S. 13–26). Opladen.
Peters, B., Hermann, H., & Müller-Wirth, M. (2008). *Das Führungsspiel. Menschen begeistern, Teams formen, Siegen lernen – Nutzen Sie die Erfolgsgeheimnisse des Spitzensports.* München.
Pfeffer, J. (1977). The ambiguity of leadership. *The Academy of Management Review, 1,* 104–112.
Pohlmann, M. (2007). Management und Führung. Eine managementsoziologische Perspektive. *Sozialwissenschaften und Berufspraxis, 1,* 5–20.
Pongratz, H. (2003). *Die Interaktionsordnung von Personalführung. Inszenierungsformen bürokratischer Herrschaft im Führungsalltag.* Wiesbaden.
Scharnhorst, J. (2008). Resilienz – Neue Arbeitsbedingungen erfordern neue Fähigkeiten. In: BDP – Berufsverband deutscher Psychologinnen und Psychologen (Hrsg.), *Psychologie, Gesellschaft, Politik – 2008: Psychische Gesundheit am Arbeitsplatz in Deutschland* (S. 51–54). Berlin.
Vester, H.-G. (1993). *Soziologie der Postmoderne.* München.
Weber, M. (1980). *Wirtschaft und Gesellschaft. Grundriß der verstehenden Soziologie.* (5. Aufl.), Tübingen.
Weber, M. (1992a). Vorbemerkung zu den gesammelten Aufsätzen zur Religionssoziologie. In J. Winckelmann (Hrsg.), *Max Weber: Soziologie, Universalgeschichtliche Analysen, Politik* (S. 340–356) Stuttgart.
Weber, M. (1992b). Einleitung in die Wirtschaftsethik der Weltreligionen. In: J. Winckelmann (Hrsg.), *Max Weber: Soziologie, Universalgeschichtliche Analysen, Politik* (S. 398–440). Stuttgart.
Wittgenstein, L. (1997). Philosophische Untersuchungen. In: ders.: (Hrsg.), *Werkausgabe* (Bd. 1, 11. Aufl.) Tractatus logico-philosophicus [u.a.]. Frankfurt a. M.
Wittgenstein, L. (1984). Über Gewißheit. ders.: Werkausgabe (Bd. 8) Bemerkungen über Farben [u.a.]. Frankfurt a. M.

Meta-Führung – Besonderheiten bei der Führung von Führungskräften

Miriam Landes, Eberhard Steiner und Elisabeth von Hornstein

Zusammenfassung

Bisher fand das Thema „Führung von Führungskräften" in der deutschsprachigen Literatur wenig Beachtung. Die selten explizit thematisierten spezifischen Anforderungen, die mit der Führung von Führungskräften („Meta-Führung") verbunden sind, verlangen nach einer fundierten Auseinandersetzung mit diesem Themenbereich. In diesem Artikel werden die Unterschiede zwischen der Führung von Mitarbeitern mit und ohne Führungsaufgaben analysiert und die bekannten Führungsstile auf ihre Eignung für die Führung von Führungskräften untersucht. Mit dem Hemisphärenmodell der Führung von Führungskräften wird ein Schema vorgestellt, das die verschiedenen Anforderungen an Vorgesetzte von Führungskräften kategorisiert und in vier Teilbereiche einordnet: „Sinn stiften und Verständnis wecken", „Selbstführung anstoßen und zulassen", „zur Führung motivieren und delegieren" und „Führung ermöglichen und dulden". Dem Vorgesetzten kommen bei der Führung von Führungskräften in den beiden Hemisphären „Entwicklung" und „operatives Tun" zwei Aufgaben zu: Eine aktiv handelnde und eine stillhaltend ermöglichende. Abschließend werden Trends im Kontext der Meta-Führung beschrieben, die integraler Bestandteil der Management- und Leadership-Ausbildungen werden soll.

M. Landes (✉) · E. Steiner
Institut für Unternehmenssteuerung und Veränderungsmanagement (UVM),
Tristanstr. 4, 80804 München, Deutschland
E-Mail: miriam.landes@uvm-institut.de

E. Steiner
E-Mail: eberhard.steiner@uvm-institut.de

E. von Hornstein
Hornstein-Rosenstiel & Partner, Clemensstr. 78, 80797 München, Deutschland
E-Mail: evh@hornstein-rosenstiel.de

11.1 Einleitung

Forschung und Praxis beschäftigen sich intensiv mit der Führung von Mitarbeitern, wobei die Führung von Führungskräften in der deutschsprachigen Literatur relativ wenig Beachtung findet. Die Vernachlässigung dieses Themas verwundert nicht nur vor dem Hintergrund der Tatsache, dass praktisch alle größeren Unternehmen multihierarchisch aufgebaut sind und somit notwendigerweise ab einer gewissen Ebene Mitarbeiter mit Personalverantwortung zu führen sind. Insbesondere die selten explizit thematisierten (geschweige denn vermittelten) spezifischen Anforderungen, die mit der Führung von Führungskräften verbunden sind, verlangen nach einer fundierten Auseinandersetzung mit diesem Themenbereich.

Die eindeutige Zuordnung allgemeingültiger Differenzierungskriterien für diese spezielle Führungssituation und damit die Eingrenzung des Untersuchungsgegenstandes ist allerdings schwierig, was unter anderem daran liegt, dass

- es ein Unterschied ist, ob ein Meister einen Gruppenführer mit partiellen disziplinarischen Befugnissen führt oder ein Top-Manager einen Bereichsleiter, dessen Mitarbeiter wiederum ausschließlich Mitarbeiter mit Führungsaufgaben führen. Der organisatorische Einflussradius erhöht sich mit zunehmender Hierarchiestufe (vgl. Hornstein et al. 2011, S. 47),
- es ein Unterschied ist, ob es sich um ein Führungsteam handelt, das sich beispielsweise im Rahmen von Jours fixes regelmäßig trifft, oder ein international besetztes Team, dessen Interaktionen eher virtueller Natur sind,
- viele der überwiegend in der Personalauswahl, -entwicklung und -gewinnung geforderten und in der Praxis häufig unter „Managementkompetenzen" zusammengefassten Anforderungen ansatzweise und/oder in abgeschwächter Form auch auf Führungskräfte zutreffen, deren Mitarbeiter *keine* Personalverantwortung haben.

11.2 Hintergrund des Führungsansatzes

11.2.1 Vorgesetzter und Führungskraft

Mit steigender Hierarchiestufe nehmen die vertikalen und horizontalen wechselseitigen Beziehungen zu, was zu immer komplexeren Systemen führt, insbesondere wenn (wie im Fall einer Matrix-Organisation) sich noch zusätzliche Einflüsse durch Projekt-Führungskräfte, Produktlinien-Manager, Programm-Verantwortliche etc. ergeben (vgl. Einsiedler 2009, S. 276). Damit erhöht sich die Bedeutsamkeit des Führungshandelns enorm und der organisationale Einflussradius steigt.

In der Literatur werden verschiedene Führungsebenen unterschieden: First Line Manager (in Abgrenzung zum Supervisor), das Mittlere Management und das Executive

Management. Die nachfolgende Definition erfolgt in Anlehnung an die englischsprachige Literatur, die sich eingehender mit der Führung von Führungskräften beschäftigt hat.

First Line Manager repräsentieren die erste Managementstufe, an die Nicht-Manager berichten (vgl. Hales 2005, S. 473). Davon wird in Teilen der englischsprachigen Literatur der „Supervisor" unterschieden: Während der Supervisor in direktem persönlichen Austausch mit den Ausführenden steht, ist der First Line Manager nur indirekt durch den Supervisor mit ihnen in Kontakt. Dem First Line Manager steht eine Entscheidungsbefugnis zu, die dem Supervisor fehlt. Betrachtet man Verantwortlichkeit (responsibility) in den Einzelaspekten Rechenschaftspflicht (accountability) und Entscheidungsmacht (control), so fehlt dem Supervisor die Entscheidungsmacht bei gleichzeitiger Rechenschaftspflicht (vgl. Lowe, 1992, S. 150). In der Praxis sind Unterschiede allerdings fließend, wobei sich festhalten lässt, dass First Line Manager öfter über eine akademische Ausbildung verfügen, Managementtraining-Programme durchlaufen, für die Managementstelle über eine (externe) Stellenausschreibung eingestellt wurden und Aufstiegschancen in das Mittlere Management in Aussicht haben. First Line Manager sind oftmals Teamleiter oder Projektverantwortliche, während Supervisoren Leitungsfunktionen innerhalb des Teams einnehmen.

Executive Manager besitzen Entscheidungsmacht in strategischen Fragen, bestimmen die Finanz- und Geschäftspolitik des Unternehmens und haben das Recht, die Besetzung der Positionen im Mittleren Management vorzunehmen. Sie sind Vorgesetzte des Mittleren Managements. Auch innerhalb des Executive Managements können sich für den CEO Probleme der Führung von Führungskräften ergeben (vgl. Orlikoff und Totten 1999, S. 28; Spahn und Flanagan 2003, S. 47 f.). Executive Manager sind den Stakeholdern gegenüber verantwortlich und stehen mit diesen in direktem Austausch. Sie werden oftmals von den Aufsichts- und Kontrollgremien des Unternehmens berufen (Geschäftsführung). Executive Manager besitzen in der Regel einen Hochschulabschluss, häufig aber auch mehrere akademische Abschlüsse, werden in der Regel über eine (externe) Stellenausschreibung eingestellt und haben einen mehrjährigen Berufsweg hinter sich.

Das Mittlere Management lässt sich indirekt definieren: es steht zwischen dem Executive Management und dem First Line Management. Es berichtet in dieser Funktion an das Executive Management und erhält Berichte des First Line Managements. Das Mittlere Management führt Führungskräfte (First Line Manager) und wird selbst durch Executive Manager geführt.

Im Folgenden wird zur Abgrenzung der Rollen der Begriff „Führungskraft" für die Perspektive gewählt, in der Manager sowohl führen, als auch selbst geführt werden. Der Begriff „Vorgesetzter" wird für den Manager benutzt, an den berichtet wird (s. Abb. 11.1).

Die Frage „Wie führt man Führungskräfte?" ist somit im Executive Management und im Mittleren Management von Bedeutung. Die Bedeutung des Mittleren Managements als Forschungsgegenstand zeigt sich in zweierlei Hinsicht: Zum einen wird hier die „Sandwichposition" und die Doppelbelegung der funktionalen Rolle als Führungskraft und als Geführter besonders deutlich. Zum anderen spielt das Mittlere Management eine zentrale Rolle in Bezug auf die Strategieumsetzung in Organisationen.

Abb. 11.1 Führungsebenen

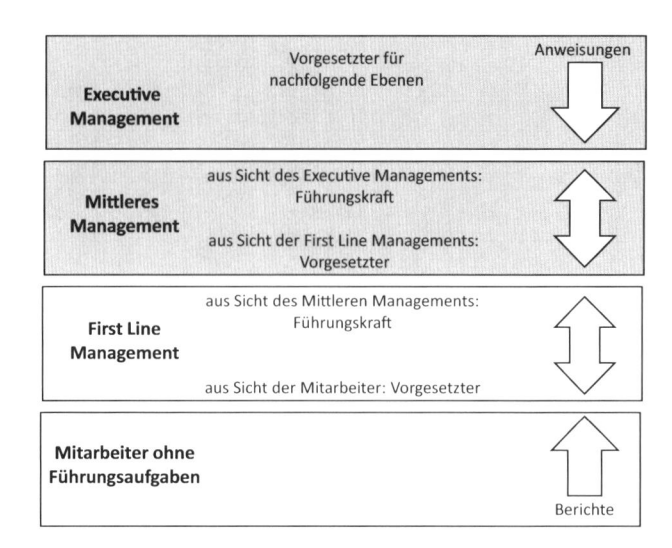

Executive Management	Vorgesetzter für nachfolgende Ebenen	Anweisungen ⬇
Mittleres Management	aus Sicht des Executive Managements: Führungskraft / aus Sicht der First Line Managements: Vorgesetzter	⬆⬇
First Line Management	aus Sicht des Mittleren Managements: Führungskraft / aus Sicht der Mitarbeiter: Vorgesetzter	⬆⬇
Mitarbeiter ohne Führungsaufgaben		⬆ Berichte

11.2.2 Aufgaben im Management

Zahlreiche Untersuchungen beschäftigen sich mit den Gemeinsamkeiten, die Managementaufgaben über die Ebenen hinweg aufweisen (vgl. Überblick bei Kraut et al. 2005, S. 122). Kraut et al. widmen sich in ihrem Aufsatz der unterschiedlichen Bedeutung von Führungsaufgaben in den drei Managementebenen (vgl. Kraut et al. 2005, S. 123–126). In einer Befragung bewerteten 1.412 Inhaber von Managementpositionen die Bedeutung von 57 Aufgaben aus ihrem beruflichen Kontext. Daraus wurden sieben wesentliche Aufgabenfelder im Management abgeleitet:

- Anweisen und Beaufsichtigen
  - Management individueller Leistungserbringung (u. a. Motivation, Feedback, Herstellung von Kongruenz persönlicher und unternehmerischer Ziele, Konfliktlösung)
  - Anweisungen erteilen (u. a. Information über Prozesse und Einteilungen, technische Unterstützung bei der Problemlösung, Einweisung in neue Techniken, tägliche Einsatzplanung)
- Koordinieren
  - Ressourcen planen und verteilen (u. a. Ziele definieren, Ressourcenbedarfe abschätzen, Kennzahlen für Leistungsbeurteilung definieren, Ressourcen zuweisen, Generalziele in konkrete Pläne überführen, Nutzen von Veränderungen sichtbar machen)
  - Koordination von unabhängigen Teams (u. a. Informationen aus dem Executive Management erhalten und analysieren, Informationen aus anderen Bereichen einholen, Unterstützung anderer Bereiche sicherstellen, Auswirkungen von Änderungen im eigenen Bereich auf andere abschätzen, Ziele anderer Bereiche kennen und mit eigenen koordinieren, andere Bereiche unterstützen und informieren)

- Management von Teamleistungen (u. a. Verantwortlichkeiten festlegen, Zielverfehlungen kommunizieren, Veränderungen vermitteln, Berichte über Produktivität erstellen, Leistungen der Teams kennen)
• Umfeldanalyse (u. a. Kontakt zur Managementebene der Kunden und Lieferanten, Mitwirkung bei der Suche nach neuen Geschäftsfeldern, Trends erfassen, neue Märkte erkennen, unternehmensweite Probleme behandeln)
• Repräsentation der Mitarbeiter (u. a. Kontakte zu Managern anderer Bereiche herstellen und Bedarfe anmelden, Informationen an andere Bereiche kommunizieren)

Über das Repräsentieren der Mitarbeiter hinaus erhält das Repräsentieren der Abteilung sowie das Gestalten von Netzwerken bei den CEOs eine besondere Bedeutung, wie die Studie von Nohria et al. (2003) zeigt. Zur empirischen Klärung haben Nitin Nohria und Co-Autoren eine umfassende Studie mit 50 führenden Experten an der Harvard University durchgeführt („Evergreen Project"). Dabei wurden 220 Erfolgsfaktoren („Erfolgsgeheimnisse") des Managements über zehn Jahre bei 160 Unternehmen untersucht. Das Ergebnis: Es besteht kein Zusammenhang zwischen den 30 getesteten Persönlichkeitsmerkmalen der Top-Manager (CEO) und dem langfristigen wirtschaftlichen Erfolg der Unternehmen. Es ist also irrelevant, ob der Geschäftsführer charismatisch, visionär, selbstsicher, geduldig, zurückhaltend oder detail-orientiert ist. Als wichtig erwies sich vielmehr die Fähigkeit, persönliche Beziehungen über alle Hierarchiestufen und Funktionen hinweg zu unterhalten sowie Probleme und Chancen etwas früher als andere zu erkennen (als „Intuition" bezeichnet; vgl. Nohria et al. 2003).

11.3 Klassische Führungsstile und ihre Eignung für die Führung von Führungskräften

Was unterscheidet die Führung von Führungskräften von der Führung von Mitarbeitern ohne Führungsaufgaben?

Bei den von Kraut et al. (2005) herausgearbeiteten Aufgabenfeldern zeigte sich, dass First Line Managern hauptsächlich „Management individueller Leistungserbringung" und „Anweisungen erteilen" zugeordnet wurden. Im Mittleren Management wird vor allem „Koordination" als essentielle Aufgabe betrachtet. Im Executive Management werden die Aufgaben hauptsächlich im Bereich „Umfeldanalyse" sowie in der „Koordination unabhängiger Teams" gesehen. Allen Managementebenen wird „Repräsentieren der Mitarbeiter nach außen" als Aufgabe zugeschrieben.

Es gibt nicht eine allgemeingültige Definition des Führungsbegriffes, was auch darin begründet liegt, dass unterschiedliche Disziplinen ihr eigenes Verständnis von Führung entwickelt haben. Allerdings lässt sich bei verschiedenen Definitionen herausarbeiten, dass „Führung" bedeutet Einfluss zu nehmen (vgl. Dörr 2008, S. 7). Weitere Charakteristika der Führung liegen in der Motivation und der Befähigung Ziele zu erreichen (vgl. Brodbeck et. al. 2002, S. 329 f.).

Einflussnahme kann durch ein Tun (aktives Handeln) erfolgen. Sie kann aber auch in einem Dulden, d. h. einem Zulassen der Handlung des Mitarbeiters und dem Unterlassen, also dem gewollten „Nichthandeln", wenn eigenes aktives Handeln möglich wäre, liegen.

Unabhängig davon, ob ein Vorgesetzter Führungskräfte oder Mitarbeiter führt, ist Motivation eine zentrale Führungsaufgabe. Gleiches gilt in der Befähigung zur Zielerreichung. Allerdings ändert sich der Fokus, wenn der Vorgesetzte Führungskräfte führt. Hier tritt neben die Motivation zum operativen Tun und der Befähigung zur Erfüllung des Sachziels die Motivation zur Übernahme der Führungsverantwortung und die Befähigung zur Erfüllung der Führungsaufgabe.

Ein weiterer Unterschied ergibt sich bei der Art der Einflussnahme. Bei der Führung von Mitarbeitern ohne Führungsaufgaben wird Einflussnahme öfter durch aktives Handeln auf der Ebene der Sachzielerfüllung stattfinden (z. B. durch Zuteilung von Aufgaben und der Reihenfolge ihrer Abarbeitung, Definition der Handlungsschritte zur Aufgabenerledigung, Eingreifen in den Handlungsablauf, Treffen von Entscheidungen etc.). Mit Zunahme der Verantwortungsübertragung nimmt auch das Dulden und Unterlassen von Handlungen durch den Vorgesetzten zu. Der Vorgesetzte definiert die Ziele und gewährt Entscheidungsmacht. Zieht er die Entscheidungsmacht wieder an sich (greift er also selbst in die Handlung ein), so trifft ihn auch die Rechenschaftspflicht: Damit sind beide Elemente der Verantwortungsübertragung (Entscheidungsmacht und Rechenschaftspflicht) wieder auf den Vorgesetzten übergegangen. Es fehlt der „Führungskraft" ein wesentliches Attribut und sie ist lediglich ein Erfüllungsgehilfe ohne eigenen Gestaltungsspielraum. Der Verzicht auf ein eigenes Handeln bei der Sachzielerfüllung ist ein wesentlicher Unterschied bei der Führung von Führungskräften im Vergleich zur Führung von Mitarbeitern ohne Führungsverantwortung.

Die Führung von Führungskräften ist auf jeder Ebene mit spezifischen Herausforderungen verbunden. Mit steigender Hierarchieebene wächst oft das Selbstvertrauen und die Selbstsicherheit der Geführten. Veränderungs- und Lernbereitschaft sowie die Bereitschaft, sich Kritik zu stellen, können hingegen manchmal abnehmen. Im Mittleren Management erscheint die mögliche Einmischung des Vorgesetzten in operative Belange und der damit verbundene Reputationsverlust der Führungskraft bei den Mitarbeitern ebenso eine denkbare Schwierigkeit, wie die begrenzten Entscheidungsbefugnisse und die Notwendigkeit sich Freigaben einzuholen.

Generell gilt, dass auf oberen Ebenen die direkten Eingriffe der Vorgesetzten abnehmen sollten und die Ermöglichungen zur eigenständigen Führung hingegen zunehmen müssten. Betrachtet man die Aufgabenbeschreibungen von Kraut et al., so ist „Koordination" eine vordringliche Aufgabe im Mittleren Management. Hier geht es nicht in erster Linie um die Einmischung in operative Tätigkeiten, sondern um die Zieldefinition und -vereinbarung, die Ressourcenzuweisung und die Unterstützung. In Bezug auf das Executive Management gilt dies ebenso, wobei hier die strategische Ausrichtung noch stärker in den Vordergrund tritt.

Ist der Führungsstil ein Produktionsmittel im Führungssystem der Unternehmung?

Neben der Beschreibung der Aufgaben steht die zentrale Frage, in welcher Art und Weise diese Aufgaben bearbeitet werden. Für den Vorgesetzten stellt sich damit die Frage der Wahl des Führungsstils. Stellen die Managementaufgaben den Output (die „Produkte") des Führungssystems einer Unternehmung dar, so kann der Führungsstil als „Produktionsmittel" verstanden werden. Die Wahl des Produktionsmittels ist dann abhängig von den zur Verfügung stehenden Produktionsfaktoren, also den Fähigkeiten, Kenntnissen und Fertigkeiten des Vorgesetzten und der Passung von gewünschtem Output und gewähltem Produktionsmittel. In einer Armee sind Befehl und Gehorsam als Produktionsmittel eher angebracht, um den gewünschten Output zu erreichen als in einem Unternehmen. Ähnlich verhält es sich mit der Führung von Führungskräften. Auch hier kommt es auf die Passung von Output und Produktionsmittel an, ohne die ein Ergebnis oft nicht optimal ist.

Wie geeignet sind klassische Führungsstile bei der Führung von Führungskräften?

Von den unterschiedlichen in der Wissenschaft diskutierten Führungsstilen eignet sich der autoritäre Führungsstil (vgl. Lewin et al. 1939, S. 271–299) kaum jemals zur Führung von Führungskräften. Dieser Führungsstil engt die Möglichkeiten der Führungskraft ein und reduziert deren Handlungsspielräume erheblich. Ein solcher Führungsstil ist rein im operativen Tun verhaftet und kaum fördernd orientiert. Eine Entwicklungsorientierung zeichnet diesen Führungsstil nicht aus.

Ein kooperativer Führungsstil ist grundsätzlich hierarchisch angelegt, auch wenn er durch Diskussion und Kooperation eine bessere Einbindung der Führungskräfte erlaubt und zu einer höheren Motivation führen kann. Eine Entwicklungsorientierung muss mit diesem Führungsstil jedoch nicht zwangsläufig verbunden sein. Sie mag sich zufällig ergeben, da Führungskräfte zu kritischem Denken angeregt werden und eigene Vorstellungen einbringen können, doch sie wird nicht systematisch gefördert und entwickelt.

Auf den ersten Blick erscheint der transaktionale Führungsstil (vgl. Avolio und Bass 2002, S. 3) bei der Führung von Führungskräften sinnvoll. Hier steht das Austauschverhältnis von Vorgesetztem und Führungskraft im Vordergrund. Durch die Vereinbarung von Zielen und die mit der Zielerreichung verbundenen Bonuszahlungen wird ein Transaktionsverhältnis geschaffen. Sofern die Ziele rein sachorientiert sind (z. B. Erfüllung bestimmter Renditeziele, Abschluss von Projekten), wohnt dem Ansatz keine Entwicklungsperspektive inne. Es findet dann keine gezielte Weiterentwicklung des Führungsverhaltens statt, sondern es handelt sich vielmehr um ein (materielles) Geben und Nehmen nur auf der Ebene der Sachzielorientierung. Die Zielvereinbarung kann zwar auch die Entwicklungsorientierung umfassen, wenn z. B. Weiterbildungsziele vereinbart werden; jedoch findet der Austausch dann in der Regel nicht durch eine entwicklungsorientierte Förderung i.S.e. Sinnstiftung statt. Dies mag im Bereich der Mitarbeiter ohne Führungsaufgaben hinreichend sein, für Führungskräfte ist es ein unzulänglicher Austausch.

Diesem wirkt der transformationale Führungsstil (vgl. Bass und Avolio 1994) entgegen, der ein besonderes Gewicht auf den Bereich der entwicklungsorientierten Förderung legt. Ein solcher Führungsstil scheint besonders geeignet für die Führung von Führungskräften. Allerdings steht die Frage im Raum, inwieweit Führungskräfte überhaupt „transformiert" werden wollen. Ist dafür gar keine Bereitschaft vorhanden, wird eine entwicklungsorientierte Förderung nicht nur ins Leere laufen, sondern kann zu einer Ablehnungsreaktion führen: Wer nicht begeistert werden will, reagiert auf entsprechende Versuche mit Zurückhaltung oder Ablehnung.

Durch den eingangs erwähnten hohen Einflussradius der Vorgesetzten kommt dem Konzept der symbolischen Führung eine besondere Bedeutung zu. Der Grundgedanke der symbolischen Führung besteht darin, dass der Glaube an die Bedeutung der Führung stabilisiert werden muss, um wirksam zu führen. Dies passiert durch symbolische Handlungen und Rituale. Dadurch kommt es zu einer Sicherstellung der Entscheidungsakzeptanz. Insbesondere mit Blick auf die vielen objektiven Widersprüche in den mehrdeutigen und komplexen Unternehmenswelten ist dies von enormer Wichtigkeit (vgl. Rosenstiel 2009, S. 23). In diesem Zusammenhang stößt man in der Praxis häufig auf den viel zitierten Begriff der „Authentizität". Darunter versteht man, dass ein Vorgesetzter volles Vertrauen genießt und ihm daher auch einmal Fehlentscheidungen nachgesehen werden. Das Ansehen und die Akzeptanz von Vorgesetzten, die keine oder nur sehr zögerliche Entscheidungen treffen, sind dagegen geringer.

Bezieht man in diese Überlegungen die Aussagen von Hersey und Blanchard (vgl. Hersey et al. 2008, S. 131 ff.) zum situativen Führungsstil mit ein, so wird deutlich, dass die *Eigenschaften des Geführten selbst* ein wichtiger Bestimmungsfaktor des Führungsstils sind. Allerdings unterscheiden Hersey und Blanchard unterschiedliche Reifegrade der Geführten. Nicht deren Wünsche sind bestimmend, sondern die Auffassung, die der Vorgesetzte von ihrer Reife hat.

Führung von Führungskräften über einen (impliziten) Kontrakt?

Geht man davon aus, dass sowohl der Vorgesetzte als auch die Führungskraft eine eigene Vorstellung vom Ausmaß der Führungs- und der Entwicklungsorientierung haben, so sollte eine – zumindest implizite – Einigung erfolgen. Weder eine Durchsetzung des Willens des Vorgesetzten, noch der Vorstellungen der Führungskraft zu Lasten des anderen erscheinen sinnvoll. Eine solche Kontraktorientierung ist in den klassischen Ansätzen nicht berücksichtigt, wenn man das Austauschverhältnis nicht nur auf die Sachzielerfüllung beschränkt. Die Führung von Führungskräften ist jedoch mehrdimensional, vielschichtig und muss auf die Eigenständigkeit und Verantwortlichkeit besondere Rücksicht nehmen.

Im Folgenden soll daher ein Modell aufgestellt werden, das die verschiedenen Anforderungen bei der Führung von Führungskräften kategorisiert und in vier Teilaspekte untergliedert, die sich zu zwei Hemisphären zusammenfassen lassen: Die Entwicklungs-Hemisphäre und die Hemisphäre der operativen Führung.

Aus Sicht des Vorgesetzten betrachtet ergeben sich daraus spezifische Anforderungen, die aus einem Tun (Bringschuld des Vorgesetzten) oder einem Abwarten (Holschuld der Führungskraft) bestehen. Dem zugrunde liegt der (implizite) Kontrakt über Ausmaß und Art der Führung zwischen den Polen der Bring- und Holschuld.

11.4 Relevanz für die Praxis

11.4.1 Hemisphären der Führung von Führungskräften

Der Begriff der Hemisphäre beschreibt hier zwei benachbarte Quadranten eines Koordinatensystems, die ober- bzw. unterhalb der Abszisse liegen und die jeweils eine Perspektive bei der Führung von Führungskräften beschreiben sollen: Die Entwicklungs-Hemisphäre

11 Meta-Führung – Besonderheiten bei der Führung von Führungskräften

```
                    Entwicklungs-Hemisphäre
                 Rolle Führungskraft: Geführt werden
                    Rolle Vorgesetzter: Führen
                    strategisch/langfristig/abstrakt

           Selbstführung              Sinn stiften und
           anstoßen und                 Verständnis
              zulassen                    wecken

Vorgesetzter:                                               Vorgesetzter:
Stillhalter         IV              III                     Handelnder
Zielbildung fördern                                         Zielerreichung fördern
Ermöglichung                                                Eigenes Tun

Rolle Führungskraft: II              I                      Rolle Vorgesetzter:
Holschuld                                                   Bringschuld

              Führung                (Zur) Führung
          ermöglichen und             motivieren und
              dulden                    delegieren

                     Führungs-Hemisphäre
                 Rolle Führungskraft: Führen
                 Rolle Vorgesetzter: Führen lassen
                    operativ/kurzfristig/konkret
```

Abb. 11.2 Hemisphären der Führung von Führungskräften nach Landes/Steiner

(Geführten-Hemisphäre) und die Hemisphäre der operativen Führung (Führungs-Hemisphäre).

Die Entwicklungs-Hemisphäre beschreibt den Bereich, in dem die Führungskraft selbst Objekt der Führung ist. Sie wird in den Quadranten III („Sinn stiften und Verständnis wecken") und IV („Selbstführung anstoßen und zulassen") abgebildet. Diese Hemisphäre ist entwicklungsorientiert und langfristig ausgerichtet, oftmals ist sie daher auch weniger konkret, als es die Führungs-Hemisphäre ist.

Die Führungs-Hemisphäre umfasst die Sachebene im operativen Tun, sie ist daher eher konkreter ausgerichtet. Diese Sachzielorientierung widmet sich der Bearbeitung der operativen Führungsaufgaben. Sie findet sich in den Quadranten I („zur Führung motivieren und delegieren") und II („Führung ermöglichen und dulden") (s. Abb. 11.2).

Dem Vorgesetzten kommen bei der Führung von Führungskräften in beiden Hemisphären zwei Aufgaben zu: Eine aktiv Handelnde und eine stillhaltend Ermöglichende. In der aktiv handelnden Sicht muss der Vorgesetzte die Zielerreichung fördern und eine Bringschuld erfüllen. In der stillhaltend ermöglichenden Sicht muss der Vorgesetzte die Zielbildung ermöglichen, das Handeln der Führungskraft dulden und ein Eingreifen unterlassen, solange die Führungskraft sich innerhalb der definierten Strukturen und Prozesse bewegt. Die Führungskraft befindet sich hier in einer Holschuld.

11.4.2 Hemisphäre der operativen Führung (Führungs-Hemisphäre): Aufgaben des Vorgesetzten

11.4.2.1 Quadrant I: Förderung des operativen Tuns der Führungskraft – Delegation und Motivation (Bringschuld)

Das in der sachorientierten Führungs-Hemisphäre beschriebene Handeln dient der Erfüllung der betrieblichen Aufgabe, d. h. der Erfüllung des Sachziels der Unternehmung. Im Bereich der Mitarbeiter ohne Führungsaufgaben schlägt sich dies im Zuweisen konkreter Aufgaben, der Vorgabe von Wegen der Aufgabenerfüllung sowie der Kontrolle der Zielerreichung nieder.

Die Bringschuld des Vorgesetzten bei der Führung von Führungskräften geht über das Zuweisen von Aufgaben und die Kontrolle der Ausführung weit hinaus. Im Vordergrund sachorientierter Führungsaufgaben steht nicht die Delegation von Aufgaben, sondern die Delegation von Verantwortlichkeit, d. h. von Entscheidungsmacht und Rechenschaftspflicht unter Vorgabe von Zielen, die sich aus der übergeordneten Strategie ableiten lassen.

Weitere Aufgabe des Vorgesetzten ist die Definition der Verantwortlichkeit:

- Wofür ist die Führungskraft verantwortlich?
- Welche Entscheidungskompetenzen gibt es?
- Welche Rechenschaftspflicht hat die Führungskraft?

Diese Rechenschaft kann in vielfältigen Bereichen erfolgen und z. B. in der Erfüllung von Qualitätszielen, der Erreichung von Produktions- oder Absatzzahlen, der Anzahl von Krankheitstagen der Mitarbeiter, Fluktuationszahlen oder in der Budgeteinhaltung bestehen. Sodann ist es eine Aufgabe des Vorgesetzten, eine Kontrolle der Zielerreichung vorzunehmen.

Der Vorgesetzte muss in der Lage sein, aus der Unternehmensstrategie konkrete Ziele abzuleiten und diese mit der Führungskraft zu vereinbaren. Weiterhin müssen Prozesse und Aufgaben so genau definiert sein, dass kein Führungsvakuum entsteht. Dies bedeutet nicht, dass der Vorgesetzte jeden einzelnen Prozessschritt definieren muss oder soll, was das Gegenteil von Verantwortungsübertragung und somit eine deutliche Überzeichnung darstellen würde. Die Führungskraft muss den Spielraum und die Grenzen kennen, innerhalb derer sie sich mit ihrer Führungsaufgabe bewegt.

In der Ausgestaltung der Zielerfüllung ist die Führungskraft dann innerhalb dieser vordefinierten Strukturen und Prozesse frei. Die Freiheitsgrade nehmen mit der Hierarchieebene zu. Werden Ziele definiert und Verantwortlichkeiten delegiert, so ist ein direkter Eingriff in konkrete Maßnahmen zur Zielerreichung nur in Ausnahmefällen möglich. Mit der Zunahme der Verantwortlichkeitsübertragung nimmt die Möglichkeit direkter Einflussnahme des Vorgesetzten ab. Vorgesetzte müssen daher ihr Führungsverhalten daran ausrichten und sich zurücknehmen können: Auch wenn ein Vorgesetzter andere Wege zur Zielerreichung gewählt hätte, verbieten sich in aller Regel direkte Eingriffe in die Planung und Umsetzung, da der Führungskraft die Verantwortung übertragen wurde. Verantwortung muss mit Entscheidungsmacht einhergehen, sonst verkümmert sie zur Fassade. Aus der möglichen Motivation durch eine Verantwortungsübertragung entwickelt sich in diesem Fall eine schleichende Demotivation aufgrund fehlender Entscheidungsmacht. Bewegt sich die Führungskraft innerhalb der definierten Strukturen und Prozesse, also innerhalb der Entscheidungsbefugnisse, so sollte es regelmäßig keinen Grund für einen Eingriff des Vorgesetzten geben. Andernfalls ist die Stelle durch die Führungskraft möglicherweise fehlbesetzt. Dies schließt nicht grundsätzlich den wohlmeinenden Rat und die Erfahrungspartizipation aus; damit bewegt sich der Vorgesetzte jedoch eher in der Entwicklungs-Hemisphäre.

Überzeichnungen lägen z. B.

- in der kleinteiligen Vorgabe von Detailzielen,
- in der Definition von vagen, unkonkreten Zielen,
- in der Definition von Verantwortungsbereichen außerhalb des Einflusses der Führungskraft oder
- in der Zielkontrolle in extrem kurzen oder extrem langen Zeitabständen.

Neben der Führungsdelegation ist auch die Motivation zur Wahrnehmung der Führungsaufgabe eine wesentliche Anforderung an den Vorgesetzten. Hierzu zählt das Setzen von Anreizen für die Übernahme der Verantwortlichkeit und die Zuweisung der nötigen Ressourcen für die Erfüllung der Führungsaufgabe. Weitere Felder sind das Vertreten von Fehlern nach außen, die Koordination unterschiedlicher Verantwortungsbereiche und das Lösen von Konflikten zwischen diesen Bereichen. Geben und Annehmen von Feedback (z. B. im Sinne des Aufwärtsfeedback) sind unterstützende Elemente.

Diese Bereiche werden bei der Führung von Mitarbeitern mit oder ohne Personalverantwortung als essentielle Führungsaufgabe betrachtet. Zeigen sich bei der Führung von Führungskräften in diesem Bereich Defizite, sind die Auswirkungen weitreichender, da sie sich kaskadenartig nach unten fortsetzen und im schlimmsten Fall unternehmenskulturprägend sind.

Generell geht es in dieser Perspektive darum, die Zielerreichung nachhaltig zu fördern. Führungsdelegation und Führungsmotivation stellen damit Anforderungen an das Handeln des Vorgesetzten in seiner eigenen Führungsrolle.

11.4.2.2 Quadrant II: Ermöglichen und Dulden des operativen Tuns der Führungskraft (Holschuld)

Die Führungskraft hat die **Holschuld**, sich vom Vorgesetzten die nötige Unterstützung, Mittel und Ressourcen zu sichern, die für eine zielgerichtete Erfüllung des Sachziels „Führung" nötig sind. Der Vorgesetzte muss diese Holschuld akzeptieren und selbst Führung durch Verzicht üben. Solange die Führungskraft im Sinne der Holschuld nichts einfordert, sollte sich der Vorgesetzte zurückhalten und nach dem Grundsatz „less is more" handeln: Je weniger Eingriffe in das operative Tun erfolgen müssen, desto besser ist dies. Der Vorgesetzte ist nun der Stillhalter, der die Führungskraft ihre Führungsaufgabe in eigener

Verantwortung erledigen lässt. Dies kann natürlich nur so lange gelten, bis Strukturen oder Prozessabläufe verletzt werden. Wird dies jedoch beachtet, so besteht die (passive) Aufgabe des Vorgesetzten darin, die Zielbildung zu fördern und die Zielerreichung zu kontrollieren, sowie Abweichungen zu analysieren. Der Vorgesetzte muss die Führung ermöglichen, nicht diese selbst übernehmen. Zudem ist es auch eine Holschuld der Führungskraft, die nötigen Qualifikationen zur Erledigung der Führungsaufgabe beim Vorgesetzten einzufordern.

11.4.3 Entwicklungs-Hemisphäre: Aufgaben des Vorgesetzten

11.4.3.1 Quadrant III: Fördern durch Sinnstiftung (Bringschuld des Vorgesetzten)

In der Entwicklungs-Hemisphäre ist der Vorgesetzte gefordert, Verständnis durch Sinnstiftung zu wecken. Dies ist die Bringschuld des Vorgesetzten auch bei der Führung von Mitarbeitern ohne Führungsverantwortung. Vorgesetzte müssen Sinn stiften, um Begeisterung wecken zu können. Durch die zunehmende Eigenverantwortung der Geführten, die Abnahme direkter Eingriffe und durch den strategischen Einfluss von Führungskräften kommt der Sinnstiftung bei der Führung von Führungskräften eine größere Bedeutung zu als bei der Führung von Mitarbeitern ohne Führungsaufgaben.

Im operativen Tun steht die Frage im Vordergrund, *was* getan werden soll. Die meisten Vorgesetzten sind in der Lage, diese Frage zu klären und durch Anweisungen und Zielvereinbarungen zu konkretisieren. Die Frage des „Was" ist somit in der Regel durch das Sachziel der Unternehmung und die daraus abgeleiteten Detailziele definiert. Auch wenn das Ziel klar ist, gibt es doch meist mehrere und zum Teil sogar viele und sich mitunter sogar widersprechende Wege zur Zielerreichung. Die Klärung der Frage, *wie* das Ziel erreicht werden soll, ist bereits weniger eindeutig. Während dem Mitarbeiter ohne Führungsaufgaben oftmals der Weg vorgeben werden wird, ist es Aufgabe der Führungskraft, diesen Weg innerhalb der Prozess- und Strukturvorgaben selbst zu definieren. Die Eingriffe in das operative Tun werden ersetzt durch die Übertragung von Verantwortlichkeit.

Wichtiger als das Klären von „Was" und „Wie" ist jedoch das Erläutern des „Warum". Erst durch die Schaffung von Verständnis für das „Warum" erschließt sich der Sinn und damit erklärt sich das Ziel und oftmals auch der Weg dorthin. Aufgabe des Vorgesetzten bei der Führung von Führungskräften ist in besonderem Maße die Stiftung von Sinn (vgl. Sinek 2009, S. 37 ff.). Erst durch die Einsicht in die Frage des „Warum?" können Höchstleistungen induziert werden. Die Bereitschaft zur Übernahme von Verantwortlichkeit geht einher mit dem Verständnis des „Warum".

Die erlebte Bedeutsamkeit der Arbeitsaufgabe weist eine positive Korrelation mit intrinsischer Motivation, positivem Emotionserleben, Arbeitszufriedenheit, Kreativität und Innovation (Hackman und Oldham 1976, S. 250–279) auf. Dieser Zusammenhang wurde in zahlreichen empirischen Studien nachgewiesen (zum Beispiel Saavedra und Kwun 2000, S. 131–146)).

Die Instrumente zur Sinnstiftung lassen sich aus dem unternehmerischen Kontext ableiten. So ist das Schaffen von Leitbild, Vision und Mission für Bereiche oder Abteilungen denkbar, wobei deren Kongruenz zum übergeordneten Leitbild des Unternehmens sichergestellt sein muss. Idealerweise wird daraus ein bereichsspezifisches Leitbild abgeleitet. In Bezug auf das Executive Management wird zur Sinnstiftung die Schaffung eines Wertekataloges gefordert (vgl. Thornbury 2003, S. 68 f; Grojean et al. 2004, S. 223 f.; zu den Auswirkungen ethischer Führung vgl. Ruiz et al. 2011). Einige Elemente entwicklungsorientierter Unterstützung finden sich im transformationalen Führungsverhalten wieder (vgl. Nielsen und Cleal 2011, S. 344 ff.). Es lässt sich zeigen, dass durch transformationales Führungsverhalten (z. B. Entwicklung von Vision und Mission, individuelle Unterstützung, Werben um das Verständnis für übergeordnete Ziele) das Vertrauen in den Vorgesetzten steigt (vgl. Pillai et al. 1999; MacKenzie et al. 2001). Der Vorgesetzte gestaltet aktiv die Kultur des Unternehmens bzw. der Bereiche und Abteilungen (vgl. George et al. 1999, S. 545 ff.).

Die beschriebenen Aufgaben stellen sich jedem Vorgesetzten, unabhängig davon ob er Mitarbeiter mit oder ohne Führungsverantwortung hat. Aufgabe eines jeden Vorgesetzten ist es, die übergeordneten Ziele zu erläutern und kritische Rückfragen zuzulassen. Vorgesetzte müssen in der Lage sein, Zielkonflikte zu lösen und bei Veränderungen Verständnis zu wecken. Adressatengerechte und situationsangemessene Kommunikation ist in diesem Kontext eine wesentliche Aufgabe des Vorgesetzten.

In der Führung von Führungskräften kommt diesem Aspekt eine noch größere Bedeutung zu. Führungskräfte müssen nicht nur in der Lage sein, die übergeordneten Ziele in ihre Handlungen zu integrieren, sondern diese auch ihren eigenen Mitarbeitern zu vermitteln, mit ihren eigenen Ideen und Interpretationen anzureichern und selbst wiederum Sinn zu stiften. Aus der Sinnstiftung erwächst im Idealfall eine Identitätsstiftung, so dass sich Führungskräfte mit Zielen und Maßnahmen identifizieren können und diese nicht nur mittragen, sondern auch fördern und ihren eigenen Mitarbeitern überzeugend kommunizieren können.

11.4.3.2 Quadrant IV: Ermöglichung der Selbstführung (Holschuld)

Entwicklungsorientierte Führungsaufgaben dienen der Erfüllung von Individualzielen der Führungskraft in Bezug auf die Weiterentwicklung des Führungsverhaltens. Aufgabe des Vorgesetzten ist auch hier die Ermöglichung durch Zurücknahme und Dulden. Die Holschuld der Führungskraft tritt in den Vordergrund. Es geht um das Festlegen der Ziele und die Definition der Erwartungen sowie die Ermöglichung der Selbstführung.

Dem Ansatz des „Super Leadership" von Manz und Sims (2001) liegt die Prämisse zugrunde, dass jeder, der Mitarbeiter führt, egal ob diese wiederum Führungsverantwortung besitzen oder nicht, diese dazu befähigen muss, eigenverantwortlich, selbständig und ergebnisorientiert zu arbeiten, sich selbst zu motivieren und selbst zu führen (vgl. Stock-Homburg 2010, S. 538). Durch diese Förderung und Unterstützung werden die Mitarbeiter (auch ohne Führungsverantwortung) generell zu Führungskräften, da sie sich selbst führen (Self-Leaders). Der Vorgesetze wird entlastet, da sich die Mitarbeiter mit ihren Aufgaben identifizieren können. Im Gegensatz zu anderen klassischen Führungstheorien wird keine

Einflussnahme auf das Verhalten der Mitarbeiter postuliert, sondern es soll durch Anwendung der Leitlinien die zielorientierte Selbststeuerung der Mitarbeiter herbeigeführt werden (vgl. Stock-Homburg 2011, S. 538).

Ein Super Leader versucht, Strategien des Self-Leadership bei den Mitarbeitern zu verstärken und diese in die Lage zu versetzen, sich selbst zu führen. Dadurch kann eine bessere Nutzung und Wertschätzung der Talente und Fähigkeiten des einzelnen Mitarbeiters gelingen. Dies führt zu einer Entwicklung der Mitarbeiterpersönlichkeit nicht nur in Bezug auf das Arbeitsleben. Als Nebeneffekte ergeben sich eine höhere Kreativität, langfristig stabile Leistungsbereitschaft und Commitment bei relativer Unabhängigkeit von der Person des Vorgesetzten.

Dieser Ansatz erscheint gerade dann von höchster Relevanz, wenn die Person des Geführten selbst Führungskraft ist.

Das Modell kann so interpretiert werden, dass dem Vorgesetzten fünf Rollen bzw. Aufgaben zukommen (Manz und Sims 2010, S. 212):

Fünf Rollen des Leaders:

- Bewahrer, Interpretierender und Lehrer der Prinzipien und Werte,
- Chief Advisor,
- nach einer getroffenen Entscheider die Verantwortung dafür übertragen,
- Cheerleader (Erfolge anerkennen, loben, feiern),
- im Konfliktfall Entscheidungsbefugnisse zuordnen.

In der Extremform angewendet, bedeutet das Führen nach diesem Konzept, möglichst viel Verantwortung zu delegieren. Dennis Bakke, Autor, Mitbegründer der AES Corporation (President und CEO von 1994 bis 2002 und President und CEO der Imagine Schools, USA) führte seiner eigenen Aussage zufolge gemäß folgender Maxime: „So my fifth role is to pick the person who will in fact make the ultimate decision. That goes back to the one decision I make a year." (Manz und Sims 2010, S. 212).

11.5 Ausblick und Trends: Was bedeutet „Führung von Führungskräften" für die Zukunft der Führung?

Für die Führung von Führungskräften müssen entsprechende Rahmenbedingungen geschaffen werden. Führung von Führungskräften stellt einen erhöhten Anspruch an die Schaffung von Rahmenbedingungen, die es den Geführten ermöglichen, ihre Ziele selbständig und effizient zu erfüllen. Daher gewinnt mit zunehmender Hierarchiestufe – neben den fünf genannten Rollen eines Leaders – die Fähigkeit an Bedeutung, unterschiedliche Ziel- und Werte-Welten von Vorgesetzten, von geführten Führungskräften sowie von Kollegen integrieren zu können, insbesondere in Unternehmenskontexten, in denen Change Management zum betrieblichen Alltag gehört.

Die dazu nötige Steuerung von Gruppen- und Intergruppenprozessen erfordert neben einem professionellen Umgang mit Widerständen auch ein sensibles Wahrnehmungsvermögen für die eigene Wirkung auf die unterschiedlichen Gruppen bzw. deren Mitglieder. Je komplexer das Beziehungsgeflecht, desto weniger direkte Reaktionsmöglichkeiten bestehen. Der Vorgesetzte muss daher die Fähigkeit zur Selbstreflexion und zur konstruktiven Auseinandersetzung mit Kritik haben. Neben der konsequenten Förderung einer entsprechenden Fehler- und Feedbackkultur, ist er aufgrund seiner hierarchischen Position auch mitverantwortlich für die Installierung derselben, beispielsweise im Rahmen eines Aufwärts- bzw. 360-Grad-Feedbacks.

Bisherige Führungsfeedbacks sind ungenügend und zu generisch formuliert. Im Rahmen des Aufwärts-Feedbacks sollten idealerweise mit zunehmender Hierarchiestufe andere Items abgefragt werden, die den Anforderungen dieser Managementebenen Rechnung tragen. Daher ist es empfehlenswert, in den Fragebogen zur Erfassung des Vorgesetztenverhaltens verstärkt Items zur strategischen Kompetenz, zum Kooperationsverhalten, zum Delegations- und Entscheidungsverhalten etc. auf zu nehmen.

In der Praxis zeigt sich, dass Items zur gezielten Mitarbeitermotivation und Mitarbeiterentwicklung mit zunehmender Hierarchiestufe als weniger relevant empfunden werden, da Motivation überwiegend vom Selbstbild her als Selbstmotivation vorausgesetzt und damit in der Eigenverantwortung gesehen wird. Vielmehr wird vom Vorgesetzten erwartet, dass die notwendigen Voraussetzungen geschaffen werden, damit die Führungskräfte ihre Ziele erreichen können. Mitarbeiterentwicklung wird weniger in der fachlichen Unterstützung gesehen, sondern in der gezielten Unterstützung beim Aufbau der Lösungskompetenz und sukzessiven Übertragung von Verantwortung.

Führung von Führungskräften muss mehr in den Fokus von Wissenschaft und Praxis rücken und Bestandteil von Führungskräfte-Entwicklungs-Programmen werden. Entscheidungs- und Delegationsmanagement, Kooperationsverhalten etc. gehören zu den integralen Bestandteilen von Managementausbildungen, da die Vorgesetzten in der Lage sein müssen, situationsspezifisch zu klären, wann Entscheidungen noch auf der Ebene der Betroffenen geklärt oder wann eine Ebene höher eingegriffen werden sollte. Erfolgt dies zu spät, eskaliert die Situation; greift der Vorgesetzte generell zu früh ein, kommt es zu dem häufig zu beobachtenden Phänomen der Rückdelegation. Das heißt, Führungskräfte delegieren Aufgaben und Verantwortung an die Vorgesetzten zurück, weil sie keine Verantwortung übernehmen können und/oder wollen. Hier ist es extrem wichtig, frühzeitig entgegenzuwirken.

In der Praxis gilt „Wer nicht führbar ist, kann auch nicht führen". Mit zunehmender Hierarchiestufe erfahren Manager immer weniger Führung von oben. Dieses Führungsdefizit muss daher systematisch durch Führungskonzepte der Selbstführung, lateralen Führung (Führung durch Kollegen) sowie Führung von unten (Führung durch Mitarbeiter) ausgeglichen werden.

Führungskompetenz muss bei Auswahl und Entwicklung von Führungskräften regelmäßig kritisch überprüft und kontinuierlich entwickelt werden. Um die genannten Anforderungen zu erfüllen, bedarf es neben einer stark ausgeprägten Führungsmotivation auch einer Führungskompetenz im Sinne des Heyse/Erpenbeckschen Kompetenzatlas. Führungskompetenz wird hier als Querschnittsfunktion der personalen, sozial-kommunikativen, Aktivitäts- und Handlungskompetenz sowie der Fach- und Methodenkompetenz definiert. Führungskompetenz bedeutet unter anderem Problemlöse- und Entscheidungsverhalten, Adaption der Unternehmensstrategie, ziel- und ergebnisorientierte Umsetzung, Berücksichtigung der individuellen sowie der intergruppenspezifischen Interessen (vgl. Erpenbeck 2007, S.498 f.; Heyse 2007, S. 512).

Führungskompetenz muss von der Auswahl des Führungskräftenachwuchses sowie bei jedem Sprung in die nächst höhere Hierarchiestufe immer wieder kritisch überprüft und systematisch gefördert werden. Nur Mitarbeiter mit ausgeprägter Führungsmotivation und Führungskompetenz dürfen die Führungslaufbahn einschlagen. Selbstverständlich müssen auch die anderen Kompetenzarten wie beispielsweise Fach- und Methodenkompetenz vorhanden sein, aber nicht in dem gleichen Ausmaß wie bei Experten. Dies gilt um so mehr bei der Führung von Führungskräften.

Führen durch Vorbild wird wichtiger: Da die geführten Führungskräfte selbst Mitarbeiter führen, beobachten sie das Führungsverhalten der Vorgesetzen genauer. In dem Prinzipienmodell der Führung von Frey, einem Rahmenmodell, das unterschiedliche Führungsmodelle integriert (1996a, b, 1998; Frey et al. 2001), ist das Prinzip des guten Vorbilds der Führungsperson beschrieben als Voraussetzung dafür, dass sich Mitarbeiter engagieren (vgl. Frey et al. 2006, S. 15 f.).

Führungskräfte haben im Regelfall zahlreiche Führungstrainings durchlaufen. Sie haben sich theoretisch und praktisch mit dem Thema Führung auseinandergesetzt und manche sind zu Experten in Sachen „Führung" geworden. Dadurch beobachten sie das Führungsverhalten des eigenen Vorgesetzen besonders genau und kritisch. In Führungstrainings und Coaching-Sequenzen kann man immer wieder beobachten, wie im Kontext des Themas Führung Forschungsergebnisse, Empfehlungen und Problemlösestrategien am Verhalten des eigenen Vorgesetzen gespiegelt werden. Der Vorgesetzte und sein Führungshandeln werden kritisch reflektiert und dienen als Referenzpunkt bei der Beurteilung von eigenen Verhaltensweisen.

Bisherige Gleichmacherei nach dem Prinzip „Einer für alle!" muss aufhören. Meta-Führungskompetenz muss gezielt gefördert werden. In Zukunft muss in der Gestaltung von Organisations- und Personalentwicklungs-Maßnahmen genau darauf geachtet werden, spezielle Rahmenbedingungen für Vorgesetzte, die Führungskräfte führen zu schaffen und individuelle Trainingsmaßnahmen anzubieten. Führung muss differenzieren. Unterschiedlichen Personen, Branchen und Kulturkreise bedürfen eines eigenen Führungsstils und Führungsverständnisses. Führung von Mitarbeitern mit und ohne Führungsaufgaben kann man nicht gleichsetzen. Führung „von der Stange in Konfektionsgrößen" gibt es nicht.

Man kann nicht davon ausgehen, dass eine Führungskraft, die sich als FLM bewährt hat, auch automatisch alle Führungs-Kompetenzen für eine Position im Mittleren Management entwickeln kann.

Nicht nur Führungskompetenz, sondern Meta-Führungskompetenz muss gezielt entwickelt werden. Aufbauend auf bestehende Programme zur Führungskräfte-Qualifizierung sollten spezielle Maßnahmen zur Entwicklung der Meta-Führungskompetenz ergänzt und zum Standard der Ausbildung von Führungskräften für Positionen im Mittleren Management und im Executive Management werden.

Das Balancemodell der Führung kann im Kontext der Führung von Führungskräften um eine Dimension erweitert werden. Es bleibt festzuhalten, dass in der Führung von Führungskräften neben dem operativen Tun besonderer Wert auf die Entwicklung der geführten Führungskraft hin zu einem selbstreflektierenden, eigenverantwortlich Handeln gelegt werden muss. Dies stellt für den Vorgesetzten eine besondere Herausforderung dar, da er sich in dem Spannungsfeld zwischen gezieltem Eingreifen zur Förderung und der bewussten Zurückhaltung im Sinne der Delegation von Verantwortung bewegt. Das Balancemodell der Führung (vgl. Grote et al. 2009) könnte im Kontext der Führung von Führungskräften um diese Dimension erweitert werden.

Autorbeschreibung

Miriam Landes Prof. Dr., Diplom-Psychologin und Humanbiologin, Professorin an der Fachhochschule für angewandtes Management, Studium der Psychologie an der Ludwigs-Maximilians-Universität, Lehr- und Forschungsgebiete sowie Beratungsschwerpunkte: Führung und Führungskräfte-Entwicklung, Change Management, Teamentwicklung, Organisationsentwicklung, Management-Coaching, Geschäftsführende Gesellschafterin des Instituts für Unternehmenssteuerung und Veränderungsmanagement (UVM) München.

Eberhard Steiner Prof. Dr. rer. pol., Dipl.-Kfm., Dipl.-Betriebswirt (FH), Professor an der Fachhochschule für angewandtes Management, Studium der Betriebswirtschaftslehre mit Nebenfach Wirtschaftspsychologie an der Ludwig-Maximilians-Universität und an der Hochschule München, Lehr- und Forschungsgebiete sowie Beratungsschwerpunkte: Rechnungswesen und Behavioral Accounting, Wertorientierte Unternehmensführung, Controlling, Organisational Behavior, Change Management, Strategie-Entwicklung, Geschäftsführender Gesellschafter des Instituts für Unternehmenssteuerung und Veränderungsmanagement (UVM) München.

Elisabeth v. Hornstein Prof. Dr., geb. 1963, Studium der Neueren deutschen Literatur, Psychologie und Neueren Geschichte sowie Promotion in Psychologie an der Ludwig-Maximilians-Universität München, Professorin der Fakultät Wirtschaftspsychologie an der Fachhochschule für angewandtes Management in Erding. Beratungs- und Forschungsschwerpunkten: Organisationsentwicklung und Change Management, Team- und Führungskräfteentwicklung, Kompetenz- und Retentionmanagement. Geschäftsführende Gesellschafterin von Hornstein-Rosenstiel & Partner München.

Literatur

Avolio, B. J., & Bass, B. M (Hrsg.). (2002). *Developing potential across a full range of leadership: Cases on transactional and transformational leadership*. Mahwah, USA: Lawrence Erlbaum Assoc Inc.

Bass, B. M., & Avolio, B. J. (1994). *Improving organizational effectiveness through transformational leadership*. Thousand Oaks, USA: SAGE Publications Inc.

Brodbeck, F., Mayer, G., & Frey, D. (2002). Führungstheorien. In D. Frey & M. Irle (Hrsg.), *Theorien der Sozialpsychologie* (S. 329–364). Bern, Schweiz: Verlag Hans Huber.

Dörr, S. (2008). *Motive, Einflussstrategien und transformationale Führung als Faktoren effektiver Führung*. München u. Mehring: Rainer Hampp Verlag.

Einsiedler, H. (2009). Führung von Führungskräften. In L. von Rosenstiel, E. Regnet & M. Domsch (Hrsg.), *Führung von Mitarbeitern – Handbuch für erfolgreiches Personalmanagement* (6. Aufl., S. 275–286). Stuttgart: Schäffer-Poeschel.

Erpenbeck J. (2007). KODE® – Kompetenz Diagnostik und – Entwicklung. In J. Erpenbeck, L. von Rosenstiel (Hrsg.), *Handbuch Kompetenzmessung* (2. Aufl., S. 498–503). Stuttgart: Schäffer-Poeschel.

Frey, D. (1996a). Psychologisches Know-how für eine Gesellschaft im Umbruch: Spitzenunternehmen der Wirtschaft als Vorbild. In C. Honegger, J. M. Gabriel, R. Hirsig, J. Pfaff-Czarnecka, & E. Poglia (Hrsg.), *Gesellschaften im Umbau: Identitäten, Konflikte, Differenzen* (S. 75–98). Zürich: Seismo-Verlag.

Frey, D. (1996b). Notwendige Bedingungen für dauerhafte Spitzenleistungen in der Wirtschaft und im Sport: Parallelen zwischen Mannschaftssport und kommerziellen Unternehmen. In A. Conzelmann, H. Gabler, & W. Schlicht (Hrsg.), *Soziale Interaktionen und Gruppen im Sport* (S. 3–28). Köln: bps-Verlag.

Frey, D. (1998). Center of Excellence: Ein Weg zu Spitzenleistungen. In P. Weber (Hrsg.), *Leistungsorientiertes Management: Leistungen steigern statt Kosten senken* (S. 199–233). Frankfurt a. M.: Campus.

Frey, D., Kerschreiter, R., & Mojzisch, A. (2001). Führung im Center of Excellence. In P. Friederichs & U. Althauser (Hrsg.), *Personalentwicklung in der Globalisierung – Strategien der Insider* (S. 114–151). Neuwied: Luchterhand.

Frey, D., Traut-Mattausch, E., Greitemeyer, T., & Streicher, B. (2006). *Psychologie der Innovationen in Organisationen*. Roman-Herzog-Institut Postition Nr. 1. München.

George, G., Sleeth, R., & Siders, M. (1999). Organizing culture: Leader roles, behaviors and reinforcement mechanisms. *Journal of Business & Psychology, 13*(4), 545–560.

Grojean, M., Resick, C., Dickson, M., & Smith, D. (2004). Leaders, values, and organizational climate: Examining leadership strategies for establishing an organizational climate regarding ethics. *Journal of Business Ethics, 55*(3), 223–241.

Grote, S., Kauffeld, S., & Frieling, E. (2009). *Handbuch Kompetenzentwicklung*, Stuttgart: Schäffer-Poeschel.

Hackman, J. R., & Oldham, G. R. (1976). Motivation through the design of work: Test of a theory. *Organizational Behavior and Human Performance, 16*, 250–279.

Hales, C. (2005). Rooted in supervision, branching into management: Continuity and change in the role of first-line manager. *Journal of Management Studies, 42*(3), 471–506.

Hersey, P., Blanchard, K., & Johnson, D. (2008). *Management of organizational behavior: Leading human resources*. (9. Aufl.) Upper Saddle River, USA: Pearson Prentice Hall.

Heyse V. (2007). KODE®X – Kompetenz-Explorer. In J. Erpenbeck & L. von Rosenstiel (Hrsg.), *Handbuch Kompetenzmessung* (2. Aufl., S. 504–514). Stuttgart: Schäffer-Poeschel.

Hornstein, E. von, Steiner, E., & Sporrle, M. (2011). Sag mir wie soll ich sie führen? Professionelle Begleitung von Führungskräften. *Wirtschaftspsychologie aktuell, 18*(1), 46–49.

Kraut, A., Pedigo, P., McKenna, D., & Dunnette, M. (2005). The role of the manager: What's really important in different management jobs. *Academy of Management Executive, 19*(4), 122–129.

Lewin, K., Lippitt, R., & White, R. K. (1939). Patterns of aggressive behavior in experimentally created „social climates". *Journal of Social Psychology, 10,* 271–299.

Lowe, J. (1992). Locating the line: The front line supervisor and human resource management. In P. Blyton & P. Turnbull (Hrsg.), *Reassessing human resource management* (S. 148–169). London: Sage.

MacKenzie, S., Podsakoff, P., & Rich, G. (2001). Transformational and transactional leadership and salesperson performance. *Journal of the Academy of Marketing Science, 29*(2), 115–134.

Manz, C. C., & Sims, H. P. (2001). *The new super leadership. Leading others to lead themselves.* San Francisco: Berrett-Koehler Publishers Inc.

Nielsen, K., & Cleal, B. (2011). Under which conditions do middle managers exhibit transformational leadership behaviors? — An experience sampling method study on the predictors of transformational leadership behaviors. *Leadership Quarterly, 22*(2), 344–352.

Nohria, N., Joyce, W., & Roberson, B. (2003). What really works. *Harvard Business Review, 81*(7), 42–52.

Orlikoff, J., & Totten, M. (1999). Leading the leaders: The role of the board chair. *Trustee Workbook, 52*(10), 28–32.

Pillai, R., Schriesheim, C. A., & Williams, E. (1999). Fairness perceptions and trust as mediators for transformational and transactional leadership: A two-sample study. *Journal of Management, 25*(6), 897–933.

Rosenstiel, L. v. (2009). Grundlagen der Führung. In L. von Rosenstiel, E. Regnet, & M. Domsch (Hrsg.), *Führung von Mitarbeitern – Handbuch für erfolgreiches Personalmanagement* (6. Aufl., S. 3–24). Stuttgart: Schäffer-Poeschel.

Ruiz, P., Ruiz, C., & Martínez, R. (2011). Improving the 'Leader-Follower' Relationship: Top manager or supervisor? The ethical leadership trickle-down effect on follower job response. *Journal of Business Ethics, 99*(4), 587–608.

Saavedra, R., & Kwun, S. K. (2000). Affective states in job characteristic theory. *Journal of Organizational Behavior, 21,* 131–146.

Sinek, S. (2009). *Start with why: How great leaders inspire everyone to take action*, New York, USA: Penguin Group.

Spahn, J., & Flanagan, K. (2003). The leading of leaders in the boardroom. *Directors & Boards, 27*(2), 47–50.

Stock-Homburg, R. (2010). *Personalmanagement: Theorien – Konzepte – Instrumente.* (2. Aufl.). Wiesbaden: Gabler Verlag.

Stock-Homburg, R., & Wolff, B. (2011). *Strategisches Personalmanagement*, Wiesbaden: Gabler Verlag.

Thornbury, J. (2003). Creating a living culture: The challenges for business leaders. *Corporate Governance: The International Journal of Effective Board Performance, 3*(2), 68–79.

Teil II
Ziele, Wirkungen und Nebenwirkungen von Führung

Führung und Innovation

12

Andreas Guldin

Zusammenfassung

Der nachfolgende Beitrag befasst sich mit der Verknüpfung von Führung und Innovation. Dabei wird zum einen diskutiert, inwieweit und wodurch Führung generell und spezifische Arten von Führung die Fähigkeit von Unternehmen, Innovationen zu erzielen, fördern oder hemmen, zum anderen wird beleuchtet, inwieweit auch Innovationen die Art von Führung, wie wir sie in der Vergangenheit und in der Gegenwart kennen gelernt haben, verändern wird bzw. schon verändert hat. Dabei ist zunächst wichtig zu verstehen, was „Innovation" im wirtschaftlichen Kontext bedeutet, denn nicht jede Idee qualifiziert als Innovation und nicht jede Innovation ist auch wirtschaftlich relevant – so ist die Innovation der Zwölftonmusik in der Kunst bahnbrechend, wirtschaftlich aber irrelevant. In diesem Kontext ist „Innovation" unweigerlich mit dem Individuum („Innovator") verknüpft, das seinerseits sich zumeist in einem strukturierten Arbeitsumfeld von Ressourcen, Abläufen und Entscheidungsprozessen seiner Arbeit hingibt („Organisation"). Insofern muss Führung als Führung von Menschen, den individuellen Innovatoren, und von Organisationen betrachtet werden. Durch die Wechselwirkung der verschiedenen Element innerhalb einer Organisation, die letztlich zum Output „Innovation" führen wird ein Innovationssystem im Sinne eines ganzheitlichen Organisationsmodells („House of Innovation") diskutiert und schließlich wird anhand eines Praxisbeispiels, der amerikanischen Firma IDEO, ein prototypisches Innovationssystem vorgestellt und abschließend ein Ausblick auf die Zukunft von Führung hin zu und beeinflusst durch Innovationen gewagt.

A. Guldin (✉)
Greenwich, CT, USA
E-Mail: andreas.guldin@t-online.de

12.1 Einleitung

Die Anfrage, an dem Herausgeber-Werk über die Zukunft der Führung in Form eine Beitrages mitarbeiten zu dürfen, hat mich naturgemäß sehr gefreut und zugleich motiviert, besonders weil der Herausgeber mir erlaubte, keinen typischen Sammelbandbeitrag im Sinne eines Überblicks über kaum Überblickbares zu verfassen, sondern eher eine pointierte Stellungnahme zu versuchen, die gespeist aus wissenschaftlichen Erkenntnissen, gepaart mit eigenem langjährigen Erfahrungswissen als Manager mit dieser Thematik, die Diskussion über „Führung" und „Innovation" in Praxis, Theorie und Forschung weiter zu stimulieren.

Dabei sei eines gleich vorab bemerkt: Die Begriffe „Führung" und „Innovation" sind für sich betrachtet gleichermaßen so breit und tief, sprachlich schillernd und wenig randscharf, wie dann auch äußerst positiv besetzt. Wer ist dieser Tage wirklich schon gegen „Innovation", außer wenn sie eigene Arbeitsplätze oder lieb gewonnene Lebensbedingungen im näheren Umfeld zerstören? Wer möchte nicht „gut" geführt werden, dies natürlich immer mit der Erwartungshaltung, dass die Güte jener Führung sich im Wesentlichen darin begründen soll, die Werthaltigkeit der eigenen Mitarbeit in dem Innovationsprozess jederzeit zu erkennen. Die leichte Ironie des Vorgenannten soll hier kein Selbstzweck sein, aber eine wichtige Botschaft vermitteln: Innovationen haben Folgen, diese Folgen können für die Beteiligten und Betroffenen keineswegs nur „angenehm" sein, insbesondere wenn wir darüber nachdenken, dass „fremde" Innovationen von Dritten dazu führen, dass sich durch diese Innovation die Zustandsbedingungen für Betroffene nachhaltig verändern und auch die „eigene" Innovation bedeutet nicht zwingend, dass es dadurch *allen* Beteiligten besser gehen wird.

Der Datentransfer im Internet, zweifelsohne eine kolossale Innovation der letzten Dekaden, hat ermöglicht, dass Datenbearbeitung global erfolgen kann – eine Segnung für alle Beteiligten auf dem Globus, aber ein Verlust von Arbeitsmöglichkeiten für diejenigen, die vor dem internetbasierten Datentransfer aufgrund raum-zeitlicher Abhängigkeiten alleinig in der Lage waren, die wertschöpfende Datenbearbeitung vorzunehmen. Die Überwindung von Zeit und Raum für Daten veränderte die Verteilung und die Größe der Wertschöpfung von Datenbearbeitung; die Innovation garantiert aber nicht, dass für diejenigen, die zum Zeitpunkt „v.I." („vor Innovation") an der Wertschöpfung beteiligt waren, zum Zeitpunkt „n.I." („nach Innovation") gleich oder besser hinsichtlich des absoluten wie relativen Wertes an der Wertschöpfung beteiligt sind. Das entspricht ganz dem Schumpeter'schen Grundprinzip der wirtschaftlichen Erneuerung, nämlich der konstruktiven Zerstörung (Schumpeter 1912) bestehender Input (=Ressource)-Output(=Güter)-Verknüpfungen. Insofern machen Innovationen nicht *immer* und für *alle* Menschen die Welt besser, sie sind ein Vehikel eines permanenten Prozesses der Neuverteilung von Wertschöpfung und damit auch direkt wie indirekt an der kontinuierlichen Neu- und Umverteilung von Wertschöpfung und Wohlstand (und Wohlbefinden) von Individuen beteiligt – oder vereinfacht gesagt: Aus Innovationen resultieren „Gewinner" und „Verlierer", dies können die Gleichen sein, wie vor einer Innovation, es kann aber auch zu einem Wechsel kommen.

Andererseits sind Innovationen über die Zeit gesehen unvermeidbar, gerade weil das Urprinzip wirtschaftlichen Wettbewerbs unweigerlich dazu führt, den Status Quo der bestehenden Verteilung von Wertschöpfung durch eigenes Handeln relativ zum Handeln der anderen Marktteilnehmer stets zum eigenen Vorteil zu verändern – oder auch hier vereinfacht gesagt: Selbst wenn man selbst nicht innovativ sein will, man wird ‚innoviert' durch das Handeln der Anderen, Resistenz gegenüber Innovationen ist somit keine überlebensfähige Strategie von Organisationen, Unternehmen und für Menschen, die dort arbeiten (Haber 2008).

Dementsprechend wird in Abschn. 2 dezidiert auf „Innovation" eingegangen, dabei wird zunächst eine Begriffsbestimmung geleistet, eine Vertiefung der „Innovation" in Abgrenzung zur „Kreativität" geleistet und abschließend Innovation in den Kontext von wirtschaftlich ausgerichteten Zweckverbänden – Unternehmen – gestellt.

Negativ formuliert kann man wohl sagen, dass man auf Dauer Innovationen nicht ausweichen kann, positiv formuliert bedarf es der Innovation, um langfristig sowohl als Organisation sowie auch als einzelnes Individuum im Arbeitskontext („Employability") konkurrenzfähig zu bleiben.

Beim Thema Führung ist dies letztlich auch nicht anders: Führung an sich kann man sich wohl auf Dauer im wirtschaftlichen Umfeld kaum entziehen: Um langfristig erfolgreich zu führen oder geführt zu werden, bedarf es der inneren Akzeptanz über das „Wie" und des „Wofür", um Erreichtes dann auch als „Erfolg" zu begreifen und die mit Motivationswirkung für „mehr Erfolg" in der Zukunft zu entfalten.

Von daher gilt es auch Führung unter verschiedenen Gesichtspunkten zu beleuchten (Abschn. 3). Naheliegend ist zunächst die Betrachtung von „Führung" als das direkte Verhalten zwischen Individuen, also zwischen Führenden und Geführten, und dabei die Frage, ob spezifisches Verhalten, in der Einzelbetrachtung oder im summarischen Sinne als „Führungsstil" für Innovationen förderlich oder hinderlich ist. Hierzu gesellen sich dann auch die Fragen, ob der oder die Führende selbst ein Innovator und/oder eine kreative Persönlichkeit sein sollte oder ob die Eigenschaft der Kreativität oder das kreative Verhalten in der Führungsrolle eher hinderlich ist, weil die innere Bindung zur eigenen Idee, ein wichtiges Merkmal eines kreativen Menschen, bei dem Führenden dann zu groß wird, um Anleitung von anderen Menschen zur Ideenfindung und Ideentransformation in eine marktfähige Innovation zu ermöglichen? Andererseits könnte auch ein Glaubwürdigkeitsproblem entstehen, wenn der Führende so gar nicht kreativ und inspirierend ist und dabei genau so charakterisierte Individuen vom Einfall bis zum (serienreifen) Innovationsprodukt/-service führen und anleiten soll.

Darüber hinaus ist „Führung" auch als abstraktes Aggregat verstehbar, das sich kristallisiert in den Regelungen von Arbeits-, Informations-, Entscheidungs- und Bewertungsprozessen und –bedingungen und damit „die Organisation" erschafft, in der Innovation stattfindet oder auch nicht. In dieser Betrachtung stellt sich die Frage nach der (geführten) Organisation für Innovation oder den innovationsförderlichen Arbeits- und Organisationsbedingungen.

Schließlich wird im Abschn. 4 auf die Frage näher eingegangen, wie Innovationen auch Führung verändern und was dies für die Zukunft, die ja voll von weiteren Innovationen sein wird, bedeuten wird.

12.2 Hintergrund des Führungsansatzes: Innovation

Die positive konnotative Besetzung von Innovation ist im wirtschaftlichen Kontext gepaart mit der schlichten Notwendigkeit zur Innovation für das langfristige Überleben von ökonomischen Zweckverbänden wie profit-orientierten Organisationen. Hilfreich ist in diesem Zusammenhang zunächst einmal eine Eingrenzung des Begriffs „Innovation" vor allem auch im Hinblick auf den hier interessierenden wirtschaftlichen Kontext vorzunehmen. Darauf aufbauend wird dann Innovation im Dualismus „Individuum und Organisation" diskutiert, denn das Individuum als Entität der Einfallsgenerierung und Konvertierung des Einfalls in eine Innovation spielt hier eine ausschlaggebende Rolle ebenso wie die Organisation als Gestalter und Bewahrer von Grundregeln des gemeinschaftlichen Handelns zum Zweck der Innovationsgestaltung.

12.2.1 Innovation – eine kurze Begriffsbestimmung

Wie bereits eingangs erwähnt, gibt es wenige Begriffe, die eine so positive Wirkung ausüben wie „Innovation" und dabei gleichsam recht unscharf sind. Sprachlich betrachtet stammt „Innovation" aus dem Lateinischen und umfasst „Neuerung", „Erneuerung" oder „Neuheit". Damit reicht das Spektrum von der Zwölftonmusik bis hin zum I-Phone und vom Gegenständlichen bis hin zum Ablauf- und Prozesshaften. In Abgrenzung zum Universum aller Innovationen konzentriert sich der folgende Beitrag auf wirtschaftliche Innovationen, d. h. solche Innovationen, die mit dem Zweck einer Wertschöpfung vom Innovator geschaffen und anderen zum Gebrauch angeboten werden und für die der Innovator von diesen Nutzern der Innovation auch – entsprechenden Marktregeln folgend – honoriert wird. Die wirtschaftliche Innovation ist somit an einen Zweck der Wertschöpfung gebunden; darüber hinaus hilft dieser Zweck, Innovationen zu differenzieren, nämlich in wirtschaftlich erfolgreiche und wirtschaftlich erfolglose, und für die Diskussion von „Führung und Innovation" sind wir nur an den wirtschaftlich erfolgreichen Innovationen interessiert, denn Regeln und gute Ratschläge, wie man Organisationen zu wirtschaftlich erfolglosen Innovationen hinführt, wären zwar humoristisch bereichernd, aber für die Lebenswirklichkeit der Leser dieses Beitrages wohl eher limitiert hilfreich.

Um Innovation auf wirtschaftlicher Ebene beschreiben zu können, sind die Dimensionen „Subjektivität", „Intention", „Objekt" und „Wertschöpfung" zentral (Staudt und Auffermann 1996; West und Farr 1992; zusammenfassend Guldin 2006).

Subjektivität von Innovationen. Die Neuheit einer Innovation ist stets relativ zum innovierenden Subjekt zu betrachten, d. h. die Erstmaligkeit wird durch das innovierende Subjekt definiert. Dieses Subjekt kann eine einzelne Person, ein Unternehmen, eine Industriebranche, eine Region, eine Volkswirtschaft oder die gesamte Menschheit (in diesem Fall handelt es sich quasi um eine „objektive" Innovation) sein. Bei einer betrieblichen Innovation ist die Unternehmenssicht maßgeblich, d. h. alle für das jeweilige Unternehmen neuartigen Objekte, Produkte, Abläufe, Schnittstellen etc. gelten als Innovationen.

Innovationsobjekt. Das Objekt der Innovation kann technischer, sozialer oder prozessualer Natur sein. Technische Objekte sind z. B. Produkt- oder Materialänderungen, unter sozialen Innovationsobjekten sind jene Änderungen des Arbeitsumfeldes zu verstehen, die das Individuum „Mitarbeiter" betreffen; prozessuale Objekte charakterisieren Neuerungen im Ablauf des Tätigkeitsflusses wie z. B. Just-in-Time-Lieferverhältnis. Die einzelnen Innovationsobjekte weisen in der Regel Wechselwirkungen auf, d. h. bei der Entwicklung und Einführung einen neues Produktes (technisches Objekt) werden oftmals auch neue Herstellungsverfahren (prozessuales Objekt) benutzt.

Intention von Innovationen. In Abgrenzungen zu zufälligen Änderungen sind Innovationen als beabsichtigte, mit zu Beginn des Innovationsprozesses definierte Verbesserungen für Anwender und Nutzer des Innovationsobjektes zu verstehen. Für die Definition ist entscheidend, dass die Erwartung einer Verbesserung zu Beginn des Prozesses der Innovation besteht, die tatsächliche Ausprägung kann hiervon sowohl in Qualität als auch im Ausmaß davon abweichen.

Wertschöpfung von Innovationen. Für wirtschaftliche Innovationen ist die Dimension der Wertschöpfung zentral. So ist z. B. die Zwölftonmusik zweifelsohne ein kreativer Beitrag mit hoher Originalität, ihre Nützlichkeit im wirtschaftlichen Kontext ist aber sehr gering. Von daher wird deutlich, dass kreative Leistungen im wirtschaftlichen Kontext stets mit der wirtschaftlichen Nützlichkeit zusammenhängen bzw. erst durch die Kombination des Originalitätsgrades mit der wirtschaftlichen Wirkung qualifiziert sich eine kreative Lösung mehr oder weniger zu einer wirtschaftlichen Innovation (Schuler und Görlich 2007). Im engeren wirtschaftlichen Sinne sollte die Wirkung darin bestehen, dass die Summe der Input-Ressourcen in ihrer Wertigkeit kleiner ist als der durch sie erzeugte Output, der als Kombination (nicht nur Summe!) der Inputgrößen verstehbar ist. Nur wenn die Wertigkeit des Outputs relativ zum Input gesteigert wird, tritt „Wertschöpfung" ein, wobei die Wertigkeit in aller Regel durch einen monetär spezifizierbaren Marktpreis ermittelt bzw. gemessen wird. Wirtschaftlich gesehen macht es ja auch keinen Sinn, Werte für ein Produkt oder einen Service zu verlangen, die unterhalb der eigenen Herstellungskosten liegen. Von daher kann eine kreative Idee, eine kreative Lösung nur dann in eine Innovation konvertiert werden, wenn dadurch Wertschöpfung geleistet wird. Dass in der praktischen Durchführung allerlei wichtige Parameter für die letztendliche Bestimmung der Wertschöpfungsermittlung notwendig sind, u. a. die Anzahl der zu verkaufenden Produkte/Serviceleistungen relativ zu den Inputgrößen („Break-Even Stückzahl", „Grenzkosten" bei Ausweitung der Produktsmenge) oder die potenzielle Abnahmemenge in Abhängigkeit der Preisstellungen („Elastizität"), steht außer Frage und bedarf der genauen Planung, um über einen sinnvollen, zuvor definierten Zeitraum die „Wertschöpfung" einer Innovation zu quantifizieren.

Die dargelegten Definitionskriterien erweisen sich in der praktischen Anwendung als nützlich und hilfreich, um Begrifflichkeiten im Umfeld der „Innovation" besser eingrenzen zu können. So kann anhand der dargelegten Kriterien beispielsweise eine gute Unterscheidung der Innovation von der Imitation geleistet werden. Bezogen auf das Kriterium „Subjektivität" kann eine neue Verfahrenstechnik X oder das Produkt Y, welches von Unternehmen A eingeführt wurde, eine Innovation bezogen auf das besagte Unternehmen und auch für die Branche/den Markt sein. Führt nun Unternehmen B auch die gleiche Verfahrenstechnik X bei sich ein oder bringt ein (fast identisches) Produkt Z auf den Markt, dann ist die Einführung der Verfahrenstechnik oder die Produktion des Produktes für das Referenzobjekt „Unternehmen B" eine Innovation, für das Referenzobjekt „Branche" und das Referenzobjekt „Markt (Kunde)" aber eine Imitation, weil nur ein Neuigkeitswert innerhalb des Unternehmens, nicht aber für die Branche und die Kunden besteht. Doch Vorsicht – die Wertschöpfungsdimension entscheidet dann letztlich über die Nachhaltigkeit bzw. „Überlebensfähigkeit" der Innovation, denn wie oben dargelegt, kann die „Imitation", sprich das Produkt Z, der „Innovation", also das Produkt Y, vom Markt verdrängen oder gar gänzlich substituieren. Das ist übrigens in vielen Industrien der Fall und Bestandteil des wirtschaftlichen Tuns, denn der Imitator hat im Vergleich zum Innovator den Vorteil, die Entwicklungs- und Entstehungskosten bis zur Erreichung eines marktfähigen Produktes nicht zu haben, was im Kern die wirtschaftliche Rechtfertigung ist, so genannte „Patente" und damit den urheberrechtlichen Schutz dem Innovator vor Imitatoren zu geben (Der Pharma-Markt ist hierfür besonders indikativ: „Orginal-Produkte" konkurrieren mit so genannten „Generika-Produkten").

Durch die Hinzuziehung des Kriteriums „Wertschöpfung" lässt sich auch eine vernünftige Abgrenzung zur kreativen Leistung vornehmen, denn die Idee „an sich" ohne entsprechende Wertschöpfung führt nicht zur Innovation. Von daher ist die Innovation auch stets als eine Fortführung der kreativen Ideen im Kontext und der Spielregeln des wirtschaftlichen Treibens zu verstehen, so dass im Hinblick auf Führung von Innovationen nicht nur die Kompetenz einer Organisation zur Entwicklung kreativer Ideen, sondern gerade und vor allem auch die Kompetenz der Organisation in der Fortentwicklung jener kreativen Ideen zur wirtschaftlichen Innovation von zentraler Bedeutung ist.

12.2.2 Innovation: Vom kreativen Einfall zum wertschöpfenden Produkt/Service

Die inhaltliche Verknüpfung von Innovation und Kreativität ist eng, dennoch bedarf es einer Weiterentwicklung der genuin kreativen Leistung hinein in die wirtschaftliche Nutzenerbringung, um von einer Innovation zu sprechen.

Trefflich lässt sich dies zum einen in der Erklärung von Thomas Alva Edison zu seinen genialen Erfindungen beschreiben, nämlich in seiner Aussage, dass Genie zu 1 % Inspiration und zu 99 % Transpiration sei, zum anderen in der griffigen Gleichung „Innovation = Inspiration + Transpiration + Kommunikation" (zusammenfassend Schuler und Görlich 2007; Schuler 1994), die verdeutlicht, dass neben dem eigentlichen Einfall (Inspiration) und der harten Arbeit in der Perfektionierung der praktischen Realisierung und Anwendung (Transpiration) auch die Vermittlung des Nutzens (Kommunikation), der erkannt und letztlich bezahlt werden muss (Wertschöpfungsdimension) und zwar innerhalb und außerhalb („in den Markt hinein") einer Organisation von Nöten ist.

Innerhalb von Organisationen und damit auch in der Relevanz von Führung bezüglich der Innovation, stellen sich somit zwei Kernfragen, nämlich (i) ob und inwieweit die Generierung von Einfällen gefördert werden kann (Inspiration) und (ii) ob und inwieweit der Prozess der Konvertierung des bloßen Einfalls über den Zwischenschritt des realisierte Produktes (oder Dienstleistung) bis hin zur Innovation im wirtschaftlichen Sinn förderlich gestaltet werden kann.

Die erste Kernfrage, die Generierung von Einfällen, lässt sich in einfacher Weise durch die Nutzung zweier wesentlicher Hebel praktisch adressieren: Zum einen sind eher solche Personen auszuwählen und sollten in der Organisation arbeiten, die relativ zur Gesamtpopulation mehr Einfälle als andere Individuen haben („kreative Persönlichkeiten") und zum anderen sollten diese kreativen Personen auch Arbeits- und Organisationsbedingungen vorfinden, die es ihnen erlauben, möglichst viele und qualitativ hochwertige Einfälle zu generieren.

Die zweite Kernfrage verdeutlicht zunächst, dass „Innovation" einerseits einen Produkt- und andererseits einen Prozesscharakter aufweist, denn es gilt den immateriellen Einfall durch einen weiteren Prozess von Arbeitsschritten in ein materielles Produkt (oder Abfolge von materiellen Elementen beinhaltende Handlungsabfolge – Serviceleistung) mit Wertschöpfung zu entwickeln. Zur Beschreibung des Innovationsprozesses gibt es vielfältige Vorschläge (u. a. Staudt und Auffermann 1996, zusammenfassend Guldin 2006), meist gliedern sich die ineinander übergehenden Phasen in i) die Orientierung und Generierung der Idee (Impuls, Problemdeckung, Informationssuche, Ideenfindung), ii) die Konkretisierung durch Ausarbeiten von Lösungsansätzen, Versuchen, Prototypen und Ähnliches, iii) der Anpassung und Umsetzung für eine Wert schöpfende Erstellung und der Vermarktung des konkretisierten Einfalls (Produktions- und Absatzvorbereitung, Beschaffungsquellen, Definition von Absatzmärkten und deren Erschließung, etc.) und schließlich iv) die Durchsetzung der Innovation im Markt selbst (Markteinführung, Marktverfolgung, Anpassung aus Gelerntem, etc.).

Die beiden Kernfragen zentrieren sich auch um unterschiedliche Fixpunkte in der Betrachtung von Innovation: Die erste Kernfrage stellt das Individuum und seine Fähigkeiten zur Generierung von Einfällen und Innovationen in den Vordergrund, die zweite Kernfrage fokussiert sich auf die Organisation als Gestalter und Bewahrer von Prozessen und Prozessketten zur Innovation.

Im Bezug auf Führung und Innovation bewegen wir uns hinsichtlich der Kernfragen personalpsychologisch gesehen im Bereich der Personalauswahl und der Personalentwicklung, wenn es um die Findung und Ausbildung von „(einfalls-)kreativen" und „(prozessorientiert-) innovierenden" Personen geht, organisationspsychologisch im Bereich der Organisationsgestaltung und -entwicklung mit der Zielsetzung, Arbeits- und Organisationsprozesse zu implementieren, welche die beschriebenen einzelnen Prozessphasen für sich gesehen und auch phasenübergreifend im praktischen Tun innerhalb einer Organisation möglichst effektiv und effizient gestalten. Dabei ist die Nähe zur Veränderung von Organisationen im Allgemeinen stark gegeben, denn Innovationen führen qua Definition zur Veränderung des bisherigen Status und sind insofern als eine Form der Organisationsveränderung (zusammenfassend Guldin 2004) und aufgrund der Ausrichtung auf eine verbesserte Wertschöpfung als die wohl (überlebens-)wichtigste Unterform zu verstehen.

12.2.2.1 Fokus Individuum: Kreativität und Innovation

Betrachtet man die Forschungserkenntnisse zur „kreativen Persönlichkeit" und zur „innovierenden Persönlichkeit", so wird deutlich, dass diese Persönlichkeiten durchaus mit verschiedenartigen Charakteristika und Verhaltensweisen belegt sind – oder anders formuliert: „Ein Erfinder macht noch keinen Innovator". Schuler und Görlich (2007) führen diesbezüglich sehr anschaulich wie folgt aus:

Personen mit Kreativitätspotenzial sind daran erkennbar, dass sie i) überdurchschnittlich intelligent sind, ii) wissensdurstig sind und sich um Bildung bemühen, iii) vielfältige Interessen zeigen und dabei Freude an Neuem haben und gerne neue Erfahrungen machen, iv) über Fantasie und Vorstellungskraft verfügen und Freude daran haben, kreativ zu denken und zu handeln, v) aus eigenem Antrieb schwierige Fragen beantworten, vi) sich um Einsicht und Erkenntnis bemühen, vii) ausdauernd und konzentriert an einer Sache arbeiten können, vi) eigenständiges Vorgehen zeigen und geschickt in der Beschaffung von Informationen sind, vii) sich um Unabhängigkeit bemühen, viii) unkonventionelle Meinungen äußern und begründen, anderen bereits Ratschläge gegeben haben, auf die diese nicht selbst gekommen wären, für ungewöhnliche Sachverhalte Erklärungen finden und ein unabhängiges und fundiertes Urteil zeigen, ix) bereit sind, Risiken einzugehen und zuversichtlich sind, auch künftig originelle und nützliche Einfälle zu haben und schließlich x) eher empfindsam und feinfühlig sind und über eine hohe Ambiguitätstoleranz (Vieldeutigkeit und Unsicherheit ertragen) verfügen.

Personen, die Ideen in Innovationen umsetzen und diese durchsetzen können, sind daran erkennbar, dass sie i) neuen Ideen gegenüber aufgeschlossen sind und nicht an bewährten Vorgehensweisen festhalten, ii) davon überzeugt sind, dass Erfolg von der eigenen Anstrengung abhängt, iii) kontaktfreudig, kommunikationsfähig und in der Lage sind, ihre Vorstellungen anderen gegenüber nachvollziehbar zu erklären, iv) überzeugungsfähig sind, d.h in der Vergangenheit haben sie andere Menschen von ihrer Meinung überzeugen können, v) eine hohe Flexibilität in der Anpassung ihrer Vorstellung an die gegebenen Umstände haben und damit verbunden eine Realitätssinn besitzen, für das, was „machbar" ist, vi) von anderen Personen um Rat gefragt werden, vii) nachweislich verkäuferisches Geschick und dementsprechende Erfolge aufweisen, viii) unternehmerisches Denken und Handeln zeigen und in der Vergangenheit bereits erfolgreich Verhandlungen geführt haben, ix) in der Lage sind, notwendige Ressourcen für die Realisierung der Innovation zu akquirieren („Mittel auftreiben"), Probleme in der weiteren Umsetzung zu antizipieren und die Fähigkeit zur Planung und zur Planungsausführung besitzen, x) Teams und Koalitionen bilden, in Gruppen aktiv sind und Vorschläge machen, dabei auch konkurrierende Ideen integrieren und xi) in der Lage sind, innerhalb von Organisationen „Networking" und „Mikropolitik" zum Wohle der Umsetzbarkeit der Ideen zu betreiben, xii) Freude daran haben, sich durchzusetzen und Einfluss auszuüben und xiii) Konflikten nicht ausweichen, sondern diese konstruktiv angehen.

Der Vergleich der Charakterisierungen verdeutlicht, dass die „innovierende Person" eine hohe Kompetenz im interpersonalen Bereich aufweisen sollte, eine offene Haltung gegenüber neuartigen Vorgehensweisen und Veränderungen sowie das unternehmerische Geschick, das „Machbare" zu erkennen und „machbar" zu machen, besitzen muss. So betrachtet fragt man sich zu Recht, was denn nun an dieser Beschreibung so anders ist im Vergleich zu „normalen" Managern, die nicht Innovationen managen bzw. führen sollen, denn all die genannten Fähigkeiten, Neigungen und Verhaltensweisen erscheinen auf den ersten Blick auch für das „normale" Führen hilfreich. Dies ist weniger als Kritik gemeint als ein Hinweis auf den fließenden Charakter zwischen „normaler" Führung und „Führung von Innovation", denn schließlich ist Innovation auch im betrieblichen Alltag nicht randscharf von der üblichen Art bestehender Organisationsprozesse abgrenzbar, schließlich findet Innovation nicht nur im Forschungs- und Entwicklungsbereich statt, sondern kann und soll ja auch prinzipiell in der gesamten Abfolge der Wertschöpfungskette auftreten, und gerade weil es diesen kontinuierlichen, fließenden Übergang von Routine zu Innovation und dann zur (neuen) Routine (bis zur nächsten Innovation) gibt, lassen sich auch die Beschreibungsmuster von Verhalten und Personen nur an den äußeren Rändern gut kontrastieren, in der Phase des „Überfließens" sieht man eine Mischung von Verhalten.

Dennoch bietet die Beschreibung der „kreativen" und der „innovierenden" Person vernünftige Anhaltspunkte für die Personalselektion, denn so ist es z. B. unwahrscheinlich, dass ein geringfügig intelligenter Mensch eine Vielzahl von brauchbaren Einfällen bei einer Problemstellung generieren könnte, oder, dass ein kommunikations- und konfliktscheuer Mensch die Prozessphasen der Innovation erfolgreich zu gestalten wüsste. Hinsichtlich des methodisch adäquaten Vorgehens bei der Selektion (Nutzung von Tests, Interviews, Assessment Center, usw.) sei an dieser Stelle auf andere Nachschlagewerke verwiesen (Schuler 2006; Schuler und Görlich 2007).

Aus dem Blickwinkel der Personalentwicklung stellt sich natürlich die Frage der Trainier- und Anleitbarkeit des notwendigen Verhaltens bei kreativen wie innovierenden Personen. Dabei zeigt sich, dass der historische Forschungsschwerpunkt auf der „kreativen" Person lag, so dass zum derzeitigen Betrachtungszeitpunkt die Publikationsmenge zur „kreativen" Person groß und zur „innovierenden" Person eher mikroskopisch klein ist. Während die Personalentwicklung von „innovierenden" Personen meist an „Führungsstilen" oder „Führungsverhalten", welches für Innovationen förderlich ist, festgemacht wird, ist sowohl die empirische Befundlage als auch die praktische Erprobung von diesbezüglichen (Trainings-, Entwicklungs-)Maßnahmen eher gering. Demgegenüber sind die Erkenntnisse zur „kreativen Person" vielfältiger. Dabei lassen sich für die Personalentwicklung zwei Pole der Betrachtung ausmachen. Auf der einen Seite steht die eigenschaftsbasierte Ansicht, die u. a. Eysenck (1995, S. 286) wie folgt vertritt: „It seems doubtful to me whether much could be done to make people more creative (in the trait sense)", auf der anderen Seite verspricht die vielfältige Selbsthilfeliteratur große Möglichkeiten der Steigerung des Einfallsreichtums (stellvertretend Emmerich 2002, S. 34): „Sie sollten sich als Erstes eine generell positive Einstellung für die Bewältigung des Alltags aneignen. Glauben Sie an eine positive Zukunft und vertrauen Sie auf Ihr Fähigkeiten, sie auch aus eigener Kraft positiv zu gestalten". Die Empfehlungen zur Förderung von Kreativität und Einfallsreichtum ranken sich meist um i) Motivationsförderung und „positives Denken" (Stärkung des Selbstvertrauens), ii) Übungsbeispiele/-aufgaben zur Aktivierung und Trainierung der kreativen Lösungskompetenz (z. B. die „Türme von Hanoi"-Aufgabe) und iii) Verwendung von spezifischen Arbeitstechniken (z. B. Brain Storming, Mind Mapping, Bewertungsmatrix, u. ä.). Hinsichtlich der Wirksamkeit dieser Maßnahmen stellen Schuler und Görlich (2007) zusammenfassend fest, dass der Nachweis für ein im Arbeitskontext wirksames, mit vertretbarem Aufwand durchführbares Training der Kreativität noch aussteht, Einzelerfolge aber auch empirisch belegt sind (Basadur et al. 1982).

12.2.2.2 Fokus Organisation: Arbeits-/Entscheidungsprozesse und Innovation

Die Förderung von kreativen Ideen und deren Konvertierung in innovative Leistungen (Produkte, Service) gelingt in Organisationen am besten, wenn Organisationen zum einen Bedingungen in den Arbeits-, Entscheidungs- und Umsetzungsprozessen bieten, die Innovationen erleichtern, und zum anderen eine ganzheitliche Steuerung in Form eines Innovationsmanagementsystems erfolgt, wobei der Kerngedanke hierbei ist, nicht „passiv" auf Verbesserungsvorschläge zu warten, sondern auf allen Ebenen der Organisation aktiv Maßnahmen zu ergreifen, die darauf abgestellt sind, innerhalb der gesamten Organisation Innovationen zu fordern, zu unterstützen, zu fördern und in Produkte und in Ablauf- und Erstellungsprozesse umzusetzen, denn wie bereits eingangs dargelegt, ist der kreative Einfall nur der Startpunkt zur Innovation, nicht aber die Innovation an sich (Guldin 2006).

Wie die konzeptionellen Bausteine eines solchen ganzheitlichen Systems aussehen könnten, illustriert das „House of Innovation" (Guldin 2010). Es besteht aus dem Fundament der Systematisierung des Prozesses „Idee zur Marktroutine", welches sich neben der Strukturiertheit des Prozesses auch durch die Wiederholungshäufigkeit und dem damit verbundenen Aufbau eines Portfolios von Innovationsinitiativen bildet. Die vier Kernsäulen des Hauses sind i) die angemessene organisatorischen Strukturen (wie obig ausgeführt), ii) das dauerhafte Screening von Märkten und Techniken, die für die geplante Innovation relevant sind, iii) praktische, aber kontrollierte Erprobung der Innovation in vitro und in vivo sowie iv) die faktische Markteinführung und -penetration. Das Dach für dieses Fundament und die Aktivitätssäulen bilden die Verankerung von „Innovation" in der Kultur, der Philosophie, der Strategie des Unternehmens, dies dann natürlich gepaart mit der adäquaten Ressourcenallokation, andernfalls sind Kultur, Philosophie und Strategie wohlfeile, aber unglaubwürdige Worte.

Zweifelsohne macht es die Forderung und wohl auch die Notwendigkeit nach der Ganzheitlichkeit eines Innovationskonzeptes nicht leicht, kausale Zusammenhänge zwischen den Einzelelementen und dem Erfolg „Innovationsfähigkeit" eines Unternehmens zu überprüfen. Die vielfältigen Spezifika der einzelnen Unternehmen führen dazu, dass zwar bei Betrachtung der jeweiligen unternehmensspezifischen ganzheitlichen Systeme durchaus Einzelelemente vorhanden sind, die gleichartig oder zumindest stark ähnlich auch in Systemen anderer Unternehmen zu finden sind (z. B. das Element „Vorschlagswesen"), so dass auf der Ebene der Einzelelemente entsprechende Samples gebildet und Verknüpfungen mit einer Erfolgsvariablen auch im statistischen Sinne solide überprüft werden können, i.S. der Heuristiken „Das Vorhandensein des Elementes X (z. B. „Vorschlagswesen") erhöht die Innovationsfähigkeit eines Unternehmens" oder „Bei innovativen Unternehmen sind häufiger Vorschlagswesen vorhanden wie bei wenig innovativen Unternehmen". Diese am einzelnen Element ausgerichtete Heuristik wird allerdings der Ganzheitlichkeit (Anzahl der Einzelelemente, interaktive Wirkung der Einzelelemente, Regelkreiswirkungen, etc.) jener Innovationssysteme wenig gerecht. Diese Systeme sind im Inter-Unternehmensvergleich letztlich Unikate und von daher ist der Anspruch einer Kausalanalyse wohl eher durch Intra-Unternehmens-Untersuchungen realisierbar, was methodisch letztlich Einzelfallanalysen sind.

Nur wenn man dieser „Unikat-These" nicht zustimmt, mag es berechtigt erscheinen, wenn z. B. Schuler und Görlich (2007) schlussfolgern: „Gleichwohl ist bei kausalen Interpretationen Vorsicht geboten, denn bis heute bietet diese Forschungsrichtung keine überzeugenden empirischen Belege für replizierbare Effekte" (S. 104). Trotz des Fehlens – oder besser der noch nicht entdeckten – Replizierbarkeit dieser Effekte erscheint die Gegenthese, dass die Fähigkeit von Unternehmen, kontinuierlich zu innovieren, ein Produkt des Zufalls ist, auch nicht sehr plausibel. Man denke nur an Apple als Jahrzehnte langer Innovator in Bereich der digitalen Kommunikation und Datennutzung, beginnend mit dem PC-Konkurrent Macintosh und dem hochaktuellen Produkt IPhone und IPad oder an Goldman Sachs, jene Investmentbank, die scheinbar aus jeder Krise und auch in jedem Boom als „Sieger" innerhalb ihrer Industrie hervorgeht, und ohne dabei auf die Usancen und ggf. ethischen Fragen der gerade erst durchlebten Finanzkrise einzugehen, ist dennoch festzuhalten, dass Goldman Sachs durch geschicktes, innovatives Handeln im Markt und beim Design entsprechender Finanzprodukte sehr wohl in der Lage war, relativ zu seinen Konkurrenten auch in der Krise nicht nur zu überleben, sondern gar zu gewinnen. Um auf die Kritik von Schuler und Görlich (2007) zurückzukehren, fällt es doch schwer den über Jahrzehnte hinweg bestehenden Erfolg von z. B. Apple und Goldman Sachs als „Zufallsphänomen" zu beschreiben, weil die jeweiligen Innovationssysteme dieser Unternehmen nicht unseren derzeitigen heuristischen Anforderungen zur Feststellung der Replizierbarkeit genügen. Replizierbarkeit würde Imitierbarkeit bedeuten, sprich die Fähigkeit, dass andere Unternehmen quasi nach Baukastenmuster ein gleichartig erfolgreiches Innovationssystem wie das von Apple oder Goldman Sachs aufbauen können. Wenn man diesen Gedanken ins Extreme durchdenkt, kommt beim „Nachbau" genau das gleiche Unternehmen heraus – Innovationssysteme sind nicht distinkte Subelemente eines Gesamtwerkes

„Unternehmen", Innovationssysteme „sind" das Unternehmen selbst und sind von daher auch eher als „Unikate" zu sehen, auch wenn sie funktional i.S. ihres Outputs „Innovationsleistung" vergleichbar sind. Teilt man diese „Unikat-These", so hilft die obige Kritik nicht, den entscheidenden Punkt, nämlich das methodische Forschungsdilemma, im Kontext von Innovationssystemen zu erkennen: Einerseits wird bei „Einzel-Element"-Betrachtung die ganzheitliche Wirkungsweise des Gesamtsystems eines Unternehmens bei der Innovation nicht adäquat abgebildet und von daher sind die Aussagen zur Kausalität verzerrt durch das Herauslösen der einzelnen Elemente aus einem interdependenten Wirkungssystem vieler Einzel-Elemente, andererseits lassen sich bei N = 1 Situationen kausale Effekte aber nur dann nachweisen, wenn man über die Zeit hinweg das Innovationssystem eines Unternehmens quasi einschaltet, dann ausschaltet und dann wieder einschaltet, um dann als Folge dieser bewusst herbeigeführten Zustandsänderung des Innovationssystems als Ergebnisvariable z. B. die Innovationsqualität/-quantität zu messen. Dies wäre aber in vivo gänzlich absurd, denn warum sollte ein Unternehmen ein funktionierendes Innovationssystem jemals abschalten, dies stünde gänzlich im Widerspruch seiner grundsätzlichen Strategie, Wertschöpfung kontinuierlich zu verbessern. Insofern bleibt wissenschaftlich gesehen die Kausalitätsfrage weiterhin eine knifflige. Abschließend mag es sowohl unter praktischen wie wissenschaftlichen Gesichtspunkten lohnen, Unternehmen und deren Innovationssysteme aus zwei Erkenntnisblickwinkeln zu beleuchten: Zum einen die Längsschnittbetrachtung von Unternehmen, d. h. welche Unternehmen waren nachweislich über einen längeren Zeitraum hinsichtlich der Ergebnisvariablen „Innovation" (z. B. operationalisiert durch den Prozentsatz jener Produkte am Gesamtportfolio vertriebener Produkte, die nicht älter als X Jahre sind [wobei sich X am besten am Durchschnitt der Industrie/des definierten Marktes kalibrieren lässt]) besser als die anderen Marktteilnehmer ihrer Industrie („Innovationsführer"), zum anderen die Betrachtung von Unternehmen die „Innovation" als Geschäftsmodell haben, d. h. Unternehmen, die als Geschäftszweck die Innovation haben und insofern die Gleichsetzung des eigenen Innovationssystems mit dem Geschäftsmodell realisieren, was eine Art Prototyp für Innovationssysteme liefert, da dieses System (es hat ja nur den Zweck der Innovation) frei ist von weiteren Kontextbindungen eines Unternehmens mit einem breiter aufgestellten Geschäftsmodell. In Abschnitt IV wird ein solches Unternehmen kurz beleuchtet.

12.3 Beschreibung des Führungsansatzes

Im Kontext der Innovationsförderung steht „Führung" in einer Mittel-Zweck-Beziehung zur Innovation, denn Führung ist das Mittel zum Zweck der Innovationsleistung. Von daher mag es in diesem Zusammenhang auch eher Sinn machen, mehr von „zweckdienlicher (weil innovationsfördernd)" als von „guter" oder „schlechter" Führung zu sprechen. Nachfolgend wird zunächst komprimiert auf Führungsformen und -verhalten eingegangen, welche als innovationsfördernd gelten, um abschließend einige Aspekte der Wechselwirkung zwischen Führung und Innovation zu beleuchten.

12.3.1 Innovationsfördernde Führungsformen: Über die Organisationsveränderung zur Innovation

Als innovationsrelevant werden zunächst jene Führungsverhaltensweisen angesehen, die i) dazu beitragen, dass die Geführten eine betriebliche Situation als veränderungsbedürftig (Ist-Soll Differenz ist groß genug, um zu verändern) und veränderungsfähig (Mitarbeiter sehen sich gegenüber der Situation nicht als Objekt, sondern als Subjekt) wahrnehmen und ii) die eine praktische Umsetzung und Durchsetzung der neuen Ideen ermöglichen (Gebert 2002). Bei der Wahrnehmung der Veränderungsbedürftigkeit sind diverse Trägheitsbarrieren (Snyder und Cummings 1998) zu überwinden, so z. B. niedriges Anspruchsniveau oder die Auswirkungen des Erfolges der derzeitigen Situation, da zunehmender Erfolg die Zufriedenheit von Managern steigert und den Glauben an die Angemessenheit der bisherigen Vorgehensweisen ebenso stärkt wie die Neigung zur Aufnahme kritischer Vorgehensweisen sinken lässt. Umgekehrt ist die Wahrnehmung von Wandel als Herausforderung und Chance umso stärker, je mehr die Situation als veränderungsbedürftig angesehen wird. So betrachtet, ist der Themenkreis „Innovation" und die damit verbundene Zweckdienlichkeit von Führung stark in den übergeordneten Zusammenhang von „Organisationsveränderung" (Guldin 2004) eingebettet, ein saubere Abgrenzung von Führung in Bezug auf „Innovation" und „Organisationsveränderung" gelingt kaum.

Dies ist zum einen konzeptionell bedingt, denn Innovation setzt immer eine Organisationsveränderung voraus, denn ohne jedwede Änderung des organisationalen Handelns kann nichts Neues entstehen, so dass Organisationsveränderung eine notwendige, aber keine hinreichende Bedingung für Innovation ist, zum anderen ergibt sich der Zustand „Innovation" nach getaner Organisationsveränderung aber erst durch das Ergebnis auf der Dimension der Wertschöpfung, denn natürlich kann man Organisationen verändern und dennoch keine verbesserte Wertschöpfung – sprich doch keine „Innovation" – realisieren.

Von daher ist „Führung" in diesem Zusammenhang wohl am besten zweistufig zu betrachten, nämlich erstens zweckdienlich für „Organisationsveränderung" und zweitens zweckdienlich für „Innovation", wobei die zweite Stufe das „add on" zur ersten Stufe darstellt, denn ohne die erste Stufe gibt es keine Zweite. Dabei ist die Tatsache, dass sich Organisationen verändern, faktisch aber nicht besser werden (i.S. einer verbesserten Wertschöpfung und damit auch nicht „innovativ" sind), ein viel diskutiertes und wohl auch häufigeres Ereignis als der positive Fall, in dem Unternehmen durch Veränderung besser/innovativer werden. Dies ist auch mit der Problematik verbunden, dass die eigene Veränderung eines Unternehmens zeitgleich mit Veränderung von anderen, konkurrierenden Unternehmen stattfindet, so dass trotz eigener Veränderung nach Ablauf eines bestimmten Zeitraums das eigene Unternehmen relativ zu sich selbst besser geworden ist, aber nicht relativ zu anderen Unternehmen – diese „Relativität von Organisationsveränderung" hat auch im Hinblick auf Innovationen erhebliche Implikationen, die an anderer Stelle konzeptionell diskutiert wurden (Guldin 2010).

Als Grundtypus für innovationsfördernde Führungsformen wird in den letzten Jahren die „transformationale Führung" (auch „visionär-charismatisch" genannt) diskutiert

(Gebert 2002). Basierend auf empirischen Untersuchungen (Avolio und Dodge 2001; Avolio et al. 1999) lässt sich die Art der Führung am besten durch folgende drei Skalen beschreiben:

(i) Charisma (Beispiel-Items: „Ich bin stolz darauf, mit ihm zusammen zu arbeiten"; „Ich habe volles Vertrauen in ihn")
(ii) Inspirierende Vision (Beispiel-Items: „Er führt begeisternde Gespräche mit mir"; „Er hat eine Zukunftsvision, die mich anspornt")
(iii) Intellektuelle Stimulierung (Beispiel-Items: „Er ermöglicht es mir, alte Probleme in einem neuen Licht zu sehen"; „Er hat Ideen, die mich dazu gebracht haben, eigene Ideen zu überdenken, die ich nie zuvor in Frage gestellt hatte")

In seiner praktischen Wirkung soll die transformationale Führung durch das Aufzeigen der Vision und das Hinterfragen des Status Quo, das Aufbrechen traditioneller Sichtweisen und das Aufzeigen von anderer Handlungs- und Denkalternativen die Wahrnehmung der Veränderungsbedürftigkeit und die Fähigkeit zur Veränderung stärken.

Etwas weniger konzeptionell und mehr pragmatisch beschreiben Schuler und Görlich (2007) zusammenfassend Führungsverhalten, das für Innovationen förderlich ist: i) Förderung der kreativen Potenziale der Mitarbeiter und Teams, ii) Betonung der Bedeutung für die Organisation und Belohnung kreativen Verhaltens, iii) Vereinbarung von anspruchsvollen Zielen, iv) Sinnstiftung und Ausrichtung auf gemeinsame Ziele, v) Förderung von Eigenständigkeit und selbstverantwortlichem Handeln, gepaart mit erkennbarer Wertschätzung, Ermunterung und Ansporn, vi) motivierende Gesprächsführung, Anregung und Inspiration, Interesse und Anerkennung für Ideen der Geführten, vii) die faktische Durchsetzung innovativer Ideen innerhalb der Organisation und im Markt, viii) Beschaffung erforderlicher Ressourcen, ix) gutes Projektmanagement und schließlich x) Förderung der Identifikation durch Vorbildwirkung.

Dazu ergänzend kann Führung auch durch die konkrete Steuerung und Ausrichtung von Arbeitsgruppen, in denen Innovationen konzipiert und realisiert werden, zweckdienlich sein. Diese Führung sollte ermöglichen, dass die nachfolgend dargelegten innovationsförderlichen Bedingungen innerhalb solcher Gruppen existieren: i) gleiches kognitives Niveau, aber verschiedener Erfahrungshintergrund der Gruppenmitglieder, ii) vertrauensvolle, offene Atmosphäre, iii) gegenseitige Unterstützung im Team und ein Umgang, der durch Wohlwollen, Respekt und Fehlen von Angst geprägt ist, dies gepaart mit positiver Emotionalität, Freude, Humor iv) leistungsorientierte Atmosphäre durch explizite Setzung von „Innovation" als Ziel sowie der Setzung von anspruchvollen (Sub- wie End-)Zielen mit gruppenbezogenen Anreizen und Belohnungen, v) Vermeidung von dysfunktionalen Gruppenprozessen wie „Gruppendenken" durch z. B. Wechsel von Gruppenmitgliedern, lebhafte sachliche Auseinandersetzung mit hoher Partizipation aller Gruppenmitglieder, aktiver Informationsbeschaffung und Einholen von Anregung und Kritik von Quellen außerhalb der Gruppe sowie vi) dem Vorhandensein von Regeln zur Konfliktbewältigung und Findung konstruktiver Lösungen von Unstimmigkeiten.

12.3.2 Wechselwirkung zwischen Innovation und Führung

Die Beziehung von Führung zu Innovation sollte in diesem Zusammenhang nicht nur im Zweckbezug von Führung zu Innovation betrachtet werden, sondern Innovationen bedingen auch Veränderungen in der Art und Weise, wie Führung ausgeübt werden kann und werden sollte. Schlaglichtartig werden nachfolgend drei Innovationsfelder herausgegriffen und hieran bereits faktisch eingetretene und ggf. künftig noch zu erwartende Folgen für Führung zu illustriert:

Internet und Kommunikationstechnologie. Die permanente Verfügbarkeit von Informationen zu jedem Zeitpunkt und letztlich auch an jedem Ort der Welt hat sowohl unsere Arbeitswelt wie auch die Welt der Führung revolutioniert. Wie bereits eingangs des Beitrags erwähnt, erlaubt dies Innovationen die Veränderung der Wertschöpfung über vielfältigste Arbeitsprozesse hinweg. Hierfür mag die Entwicklung von Software über 24 Stunden hinweg durch Nutzung der verschiedenen Zeitzonen und der damit verbundenen sukzessiven Weitergabe des letzten Entwicklungsstandes an den Partner der angrenzenden Zeitzone ebenso beispielhaft sein wie die Buchhaltung des deutschen Mittelständlers, die in Indien faktisch abgewickelt wird.

Unter Führungsgesichtspunkten ist diesbezüglich am augenfälligsten das Diktum der permanenten Erreichbarkeit und Reaktionsfähigkeit, denn heute besteht sehr wohl der Anspruch, dass Führende und Geführte jederzeit erreichbar und dann handlungs- und entscheidungsfähig sind. Dass damit verbunden eine massive Aufweichung der Grenzen zwischen „Arbeit und Erholung" von der Abgrenzung der verschiedenen Rollen eines Individuums („immer Manager") stattfindet, ist offensichtlich. Unter Führungsaspekten mindert dies bisweilen die Notwendigkeit zur Planung („es sind ja alle immer verfügbar") von Arbeits- und Entscheidungsschritten, der persönlichen Ansprache als wesentliche Kommunikationsform („per e-mail reicht aus") und die Selektivität in der Unterrichtung von Geführten, was einerseits an den nicht mehr vorhandenen Kosten in der Erstverbreitung von Informationen liegt und auch daran, dass die ungewollte Weiterverbreitung „only one click away" ist. In diesem Kontext ist dann auch die Fähigkeit von Führenden, ihre Informationspolitik zeitlich und empfängerorientiert zu steuern, nahezu verloren gegangen. Die Verbreitungsgeschwindigkeit von Informationen ist extrem hoch, während die Selektionsmöglichkeit des Empfängerkreises extrem niedrig ist, so dass letztlich Krisen (auch von Unternehmen, siehe Lehman Brothers Kollaps in 2008) heute weltweit kommuniziert werden während sie noch im Entstehen sind – wir erleben und führen sozusagen zeitgleich und „online".

Mitarbeiter (Geführte) sind somit besser informiert denn je, dies gilt auch für Kunden (z. B. bzgl. Preisen, Leistungsmerkmalen, Verfügbarkeit, Bewertungen von anderen Kunden, usw.), von daher kann man übersteigert von „totaler" Transparenz sprechen, was künftig mehr und mehr in Führung generell und von den Führenden im Spezifischen in ihren Handlungsintentionen und faktischen Handlungen einbezogen werden muss. Die Wirkung verstärkt sich durch die Wirkungsweise von Sozialnetzwerken wie Facebook, denn hier können auf scheinbar informeller Ebene, Meinungen zwischen „Freunden" gebildet und ausgetauscht werden, die dann wiederum faktisch auf die Gesamtheit einer Gruppe „meinungsbildend" wirken, eine Eigenschaft dieser Netzwerke, die sich Firmen innerhalb ihrer Marketingstrategien mehr und mehr zu Nutze machen. Wer weiß, wann man das erste facebook-artige Netzwerk zwischen Führenden und Geführten in einer Organisation realisieren wird – lange wird es sicherlich nicht mehr dauern.

Medizinische Innovation (Prävention, Therapie) zur Lebensverlängerung. Es ist wunderbar, dass wir alle älter werden können und auch immer mehr von uns – zumindest statistisch gesehen. Doch dies hat Folgen für die Führung, die Führenden und die Geführten weit über die Tatsache hinaus, dass eben beide älter werden. Betrachtet man beispielsweise, dass die kreativ-schöpferische Schaffenskraft nach bisherigen Forschungserkenntnissen nun doch mit dem Alter (ab dem 40.Lebensjahr) abnimmt (Schuler und Görlich 2007), so wäre eine Konsequenz daraus, dass mit dem älter werden auch der Führenden und Geführten die Innovationsfähigkeit abnimmt und dies sich selbst verstärkend, denn wer nicht mehr innovieren kann, kann auch nicht mehr jene Innovationen einleiten, die die Innovationsfähigkeit wieder steigern wird. Was heißt dies aber für Führung? Führung muss sich künftig viel mehr um die Erschließung kreativer und innovierender Potenziale kümmern, sei es i) in der gezielten Anwerbung von jüngeren Arbeitskräften aus anderen Gesellschaften, die nicht an der Überalterung leiden („Einwanderung des Einfalls") oder die deutlich bessere Einbindung von Frauen über ihre gesamte Lebenszeit in den Prozess wirtschaftlicher Wertschöpfung von Unternehmen („Warum sollten Frauen in Familien-/Mutterzeit unter Nutzung moderner Informationstechnologie nicht gezielt in Innovationsprozesse eingebunden werden?"), in der ii) deutlich stärkeren Stimulierung der bereits heute Geführten, sich kreativ und innovierend zu verhalten und dies aber auch nachhaltig zu belohnen und schließlich („Einfall erwünscht", „Vom Konservator zum Innovator"), und iii) schließlich den Versuch zu starten, die Gleichung „Alt = Unkreativ" zu ändern, in dem viel stärker altersbezogen die Fähigkeit von Einfallsgenerierung und innovierendem Verhalten analysiert, konzipiert und implementiert wird – gerade hierbei kann und sollte auch die psychologische Forschung einen wichtigen Beitrag leisten.

Mobilität und Globalisierung. Menschen können sich nicht nur schneller austauschen und in Kontakt treten, Menschen und das, was sie herstellen, wechseln auch immer schneller und häufiger ihre Orte, räumliche Distanzen werden insofern nicht nur virtuell, sondern auch physisch leichter und reibungsloser überwunden. Damit muss Führung auch die rasche Überwindbarkeit von räumlichen Grenzen berücksichtigen: Im positiven Sinne heißt das, dass die Definition von Märkten ganz anders zu fassen ist, im negativen Sinne hingegen, dass die eigene Position bedrohende Innovationen nicht nur im „Nachbarunternehmen", sondern an vielen Plätzen der Erde entstehen können und sich rasch verbreiten werden. Für Führende und Geführte besteht die große Herausforderung, ihre Wahrnehmung z. B. über Veränderungsnotwendigkeit deutlich über das räumlich Naheliegende auszudehnen, denn „was weit weg ist" ist nicht mehr „noch lange nicht da", diese kognitive Verknüpfung wird durch die vereinfachte Mobilität von Menschen und von Waren zunehmend abgebaut. Dies kann durch vielerlei Aktivitäten gelingen, so z. B. in der i) gezielten Informationssammlung und Interpretation dessen, was sich „woanders" tut, ii) in der Erhöhung der Diversität sowohl der Führenden wie der Geführten und der gezielten Nutzung eben jener Diversität in allen Gestaltungsprozessen von Innovation oder iii) die Mobilität des eigenen Unternehmens zu erhöhen und zwar in der Form von Ansiedlung von Aktivitäten überall dort, wo die Wahrscheinlichkeit künftiger Innovationsprozesse hoch ist (was u. a. mit den Marktpotenzialen zusammen hängt).

12.4 Relevanz für die Praxis

Für die praktische Umsetzung von Führung und Innovation und damit auch von Innovationssystemen mögen jene Firmen, deren eigentlicher Geschäftszweck die Erschaffung von Innovationen (für andere) ist, als gutes Anschauungsbeispiel dafür dienen, wie ein Prototyp „Innovationssystem" hinsichtlich Führung, Arbeits- und Entscheidungsprozesse sowie Organisation ausschaut, denn dieses Innovationssystem ist nicht eingebettet in ein übergeordnetes Geschäftsmodell, es ist das Geschäftsmodell selbst. Hier gibt das amerikanische Firma IDEO ein interessantes Beispiel. Deren erfolgreiches Geschäftsmodell besteht darin, „Innovation" für ihre Auftragsunternehmen herzustellen, oder anders formuliert: Das Geschäftsmodell von IDEO repräsentiert ein Managementsystem (Brown 2008), dessen Output „Innovation" ist, welche verkauft wird. Die jahrzehntelange Überlebensfähigkeit von IDEO sollte zumindest ein starkes Indiz (kein Beweis) für die Angemessenheit dieses Systems zur Erstellung von Innovationen sein, andernfalls gäbe es ja IDEO nicht mehr. Dass dieses operative Geschäftsmodell an den bisher dargelegten Elementen der Innovationsentwicklung ausgerichtet ist, zeigt bereits die kurze Darstellung des Unternehmens bezüglich Ihres Ansatzes („Our Approach" – IDEO-Website 2011):

> …There are three spaces to keep in mind: inspiration, ideation, and implementation. Inspiration is the problem or opportunity that motivates the search for solutions. Ideation is the process of generating, developing, and testing ideas. Implementation as the path that leads from the project stage into people's lives.
>
> Operating from this perspective, IDEO uses a mix of analytical tools and generative techniques to help clients see how their new or existing operations can look in the future — and build road maps for getting there. Our methods include business model prototyping, data visualization, innovation strategy, organizational design, qualitative and quantitative research, and IP liberation.

Betrachtet man des Weiteren auch die Arbeitsbedingungen bei IDEO, so wird eine große Übereinstimmung mit jenen aus der Forschung herausgearbeiteten innovationsförderlichen Bedingungen deutlich, wie z. B. i) Tätigkeiten, die personenspezifisch für entsprechende Fähigkeiten interessengemäß sind, ii) Arbeitsinhalte, die kaum bis gar nicht zergliedert sind, sondern in ihrer Gesamthaftigkeit erhalten bleiben, iii) es besteht eine explizite Orientierung am Ziel der Kreativität (bei IDEO die auftragsbezogene „Innovation"), iv) hohe, den Fähigkeiten angemessene, konkrete Leistungsziele, die in einem vorgegebenen Zeitrahmen erreicht werden müssen, v) sehr leichter Zugang zu internen und externen Informationsquellen inklusive gezielter, systematischer Beobachtungsmethodiken bei den Anwendern der „Innovation", vii) der Einsatz von Kreativitätstechniken, viii) der

Einsatz von Planungstechniken über die verschiedenen Phasen des Innovationsprozesses vom Einfall bis zum Produkt/Service, ix) das gezielte Herstellen von Prototypen der Innovation und x) das systematische Analysieren von „Fehlern" bei Prototypen etc., um eine iterative Verbesserung bis hin zur finalen Innovation zu ermöglichen. Dies alles findet bei IDEO in einer angenehmen Arbeitsumgebung statt, die Individualität erlaubt und dementsprechend auch individuelle Rückzugsmöglichkeiten und Freiräume bietet.

In Ergänzung zu den Arbeitsbedingungen erweisen sich bestimmte Merkmale von Organisationen ebenfalls als innovationsförderlich, die zusammenfassend Guldin (2006) und Schuler und Görlich (2007) wie folgt veranschaulichen: i) einfache, direkte Kommunikationswege, ii) geringe bürokratische Einschränkungen in der Kommunikation und Entscheidungsfindung, iii) vertrauensvolles, offenes Organisationsklima (Ekvall 1996), iv) ausgeprägtes Klima und erkennbare Wertschätzung des Lernens und der Innovation gepaart mit der Propagierung des Wertes von Innovation und ständiger Verbesserung z. B. in einer Unternehmensphilosophie/-strategie, v) angemessene Bereitschaft zur Investition in Kreativität und Innovation und die damit verbundene adäquate Gewährung von Ressourcen, vi) geringer Formalisierungsgrad der Organisation und in der praktischen Zusammenarbeit eine stark projektorientierte Ausrichtung der Organisation, vii) Förderung der Experimentierfreudigkeit, viii) aktives Einfordern von Verbesserungsvorschlägen und/oder ein aktives, organisationsweites Ideenmanagement mit der Zielsetzung der ständigen Verbesserung durch Innovation, ix) ein innovatives Verhalten stimulierendes Beurteilungssystem und schließlich x) die faktische Belohnung aller Ebenen für Innovationen als Endprodukt sowie alle hierfür notwendigen Vorstufen beginnend beim kreativen Einfall.

12.5 Ausblick: Was bedeutet das für die Zukunft der Führung?

Wagt man eine Zusammenfassung aus dem bisher Dargelegten, so lässt sich Führung mit dem hier relevanten Zweckbezug zur Innovation vielleicht am besten anhand der folgenden fünf Statements thematisch fassen:

I. „Innovation" hat als Ausgangspunkt den kreativen Einfall und als Endpunkt eine marktfähige Wertschöpfungsverbesserung in Form eines Produktes oder eines Services. Führung begleitet und gestaltet dabei diesen Gesamtprozess, im Wesentlichen bereits beginnend mit der Auswahl und der Ausbildung von Mitarbeitern und folgend in der Festlegung, Überwachung und Umsetzung von organisationalen Regeln und Strukturen für alle Phasen der Innovationserschaffung. Das beste Abbild in der organisationalen Realität von dieser Führung stellt ein ganzheitliches „Innovationsmanagement-System" dar.

II. Für den Innovationsprozess ist die kreative Leistung ebenso erforderlich wie die Leistung der Prozessgestaltung vom Einfall zum Produkt/Service. Vom Persönlichkeitsprofil sowie auch von den Verhaltensweisen gibt es nur eine kleinere Schnittmenge zwischen diesen beiden Leistungserbringern „kreativer Erfinder" und „prozessgestaltender Innovator". Von daher sollte bei innovationsfördernder Führung darauf geachtet werden, dass nicht die „eierlegende Wollmilchsau" gesucht oder ausgebildet wird, sondern dass vielmehr der Verschiedenartigkeit der Leistungsanforderungen auch durch verschiedene Personen und Funktionsträger Rechnung getragen wird – oder anders formuliert: Ein Erfinder macht noch keinen Innovator, aber ohne Erfinder keine Innovation! Es lohnt sich also, beide Gruppen der Leistungserbringer zu suchen und zu fördern. Dafür ist es leider nicht sehr hilfreich, dass die bisherige Forschung sehr „kreativitätslastig" ist, denn in einschlägigen Arbeiten stand „der Kreative" deutlich mehr im Vordergrund als „der Innovierende" i.S. des Prozessgestalters. Dies mag auch damit zusammen hängen, dass die Kompetenzen und Verhaltensweisen jenes Prozessgestalters generell für „erfolgreiches Führen" stehen und von daher weniger spezifisch für „Innovation" und deren spezifischen Gestaltungsprozess sind.

III. Der bisherige Forschungsstand liefert keine wirklich randscharfen Abgrenzungen der Führung zu anderen Aspekten der Veränderung von Organisationen. In der Regel ist all das, was bei „Führung" zweckdienlich für Innovation ist, auch zweckdienlich für die Veränderung von Organisationen, nur nicht jede Organisationsveränderung führt zu einer Innovation. Um aber „Innovationen" zu realisieren, treten noch weitere Elemente in der Führung hinzu, dies vor allem durch die zweckbezogenen Deutungen der Innovation als eine wertschöpfungserhöhende Veränderung bedingt, denn ohne durch die vom Markt honorierte Wertschöpfungsveränderung existiert letztlich keine Innovation im wirtschaftlichen Kontext. Von daher ist Führung für Innovationen immer auch am finalen Markterfolg ausgerichtet und die Antizipation dieses Erfolges beeinflusst die Form und Gestaltung der Arbeitschritte hin zum diesem Erfolg.

IV. Führung bedeutet immer die Aufteilung in Führende und Geführte. Die Geführten möchten in einer inspirierenden, anerkennenden, fördernden und fordernden Form geführt werden und dies augenscheinlich von Personen, zu denen man „aufschauen" kann, die als Vorbilder gelten. Dies sollte man aber nicht mit dem „Schmidt sucht Schmidtchen"-Prinzip verwechseln, d. h. das Vorbild des Führenden entsteht nicht dadurch, dass jener einfach mehr und besser das Gleiche kann oder repräsentiert wie der Geführte, sonst wäre ja der ideale Führende im Innovationsprozess stets der „Ober-Erfinder" oder der „Super-Kreative". Das Vorbildhafte entsteht erst durch den Zweckbezug zur Innovation, also alles, was Führende leisten, um über die verschiedenen Prozessabschnitte des Innovationsprozesses leistungsfördernd zu wirken, erhöht die Erfolgschancen der Innovation und eine erfolgreiche Innovation stärkt quasi retrograd die Glaubwürdigkeit des Durchlebten und wird handlungsleitend für die Führung bei Initiierung noch zu erbringender Innovationen.

Anschaulich formuliert kann man es mit Saint-Exupéry halten: „Wenn Du ein Schiff bauen willst, so trommle nicht Männer zusammen, um Holz zu beschaffen, Werkzeuge vorzubereiten, Aufgaben zu vergeben und die Arbeit einzuteilen, sondern lehre die Männer die Sehnsucht nach dem weiten endlosen Meer."

Doch Vorsicht: Sie müssen am Ende, wenn die Sehnsucht gelehrt ist, doch helfen, die Männer zusammen zu trommeln, das Holz beschaffen und die Werkzeuge vorbereiten usw. Inspiration *und* Transpiration sind notwendig, und die Leistung der Führung ist dabei beides, nämlich das Ermöglichen, das „Aussäen" der Inspiration und die praktische Organisation der Transpiration. Und schließlich bedarf es der Kommunikation, gerade und vor allem in den Markt hinein, in dem sich letztlich entscheidet, ob die Wertschöpfungsgenerierung gelingen wird, auch da ist Führung in Form der Organisation dieses Einführungs- und Entscheidungsprozesses zentral.

V. Führung führt zu Innovation, Innovation verändert Führung. Die Betrachtung von Führung kann heute und für die Zukunft nicht in einem Vakuum geschehen, dass nicht die Auswirkung von bedeutsamen Innovationen auf die heutige wie künftige Führung berücksichtigt. Internet, medizinischer Fortschritt, Mobilitätserhöhung und Globalisierung als Aggregate von Innovationsbereichen haben massive Auswirkung auf die Art und Weise, wie Führung in Organisationen heute und künftig im Allgemeinen, aber auch im Spezifischen mit Blick auf Innovation gestaltet werden muss. Die „totale Transparenz", die Verkürzung von Reaktionszeiten, die permanente Erreichbar- und Verfügbarkeit bestimmen Führung heute genauso wie die Tatsache, dass Menschen und alles, was mit ihnen assoziiert ist – Ideen, Waren, Dienstleistungen – räumliche Distanzen schneller, billiger und qualitativ besser überbrücken als vor 10 oder 20 Jahren, so dass „Innovationen" auch schneller „reisen" und sich verbreiten. Unsere eigene physische wie geistige Mobilität ist auch immer die Mobilität der anderen Menschen, von daher muss Führung im Kontext der Innovation ermöglichen, dass die Wahrnehmung von Veränderungsnotwendigkeit und –fähigkeit durch ein möglichst (räumlich wie gedanklich) weit reichendes Bild geprägt wird: Der Blick über den Tellerrand genügt nicht mehr, er muss künftig über die eigene Küche hinweg gehen.

Autorbeschreibung

Dr. Andreas Guldin geb. 1961, Studium der Psychologie an der Goethe-Universität in Frankfurt, MBA-Studium an der London Business School mit Aufenthalt am Massachusetts Institute of Technology (Boston), Promotion in Wirtschaftswissenschaften an der Universität Hohenheim (Stuttgart). Mehrjährige Tätigkeit als Unternehmensberater (Management- und Organisationsentwicklung, Unternehmensstrategie und operative Prozessabläufe), von 1995–2010 tätig als Geschäftsführer und Vorstandsmitglied in verschiedenen Unternehmen, (CFO der E. Breuninger GmbH, Co-CFO der Tengelmann-Unternehmensgruppe, Chief Strategy Officer bei A&P), seit 2011 CEO der amerikanischen Beteiligungsfirma Emil Capital Partners LLC. Langjährige Lehrbeauftragtentätigkeit an den Universitäten Stuttgart, Düsseldorf und Stuttgart Hohenheim, European Business School (Oestrich-Winkel) und Hochschule St. Gallen (HSG).

Literatur

Avolio, B. J., Bass, B. M., & Jung, D. I. (1999). Re-examining the components of transformational and transactional leadership using the Multifactor Leadership Questionnaire. *Journal of Occupational and Organizational Psychology, 43,* 837–853.

Avolio, B. J., & Dodge, G. E. (2001). E-leadership: Implications for theory, research, and practice. *Leadership Quarterly, 11,* 615–668.

Basadur, M., Green, G. B., & Green, G. (1982). Training in creative problem solving: Effects on ideation and problem solving in an industrial research organization. *Organizational Behavior and Human Performance, 30,* 41–70.

Brown, T. (2008). Design thinking. *Harvard Business Review,* 84–95.

Emmerich, F.-K. (2002). *Besser Im Job durch mehr Kreativität.* München: Verlag Moderne Industrie.

Ekvall, G. (1996). Organizational climate for creativity and innovation. *European Journal of Work and Organizational Psychology, 5,* 105–123.

Gebert, D. (2002). *Führung und Innovation.* Stuttgart: Kohlhammer.

Guldin, A. (2010). Innovationen im Handel – Produkte, Prozesse, Formate. In R. Gleich & P. Russo (Hrsg.), *Perspektiven des Innovationsmanagements* (S. 79–91). Berlin: LIT Verlag.

Guldin, A. (2004). Veränderung von Organisationen. In H. Schuler (Hrsg.), *Enzyklopädie der Psychologie. Organisationspsychologie, – Gruppe und Organisation* (Bd. 2, S. 701–771). Göttingen: Hogrefe.

Guldin, A. (2006). Förderung von Innovationen. In H. Schuler (Hrsg.), *Lehrbuch der Personalpsychologie* (S. 305–330). Göttingen: Hogrefe.

Haber, T. E. (2008). *Resistenz gegenüber Innovationen.* Wiesbaden. Gabler.

IDEO. (2011). Website. "Our Approach".

Schuler, H. (1994). Communication rather than inspiration and perspiration? On performance requirements in highly qualified occupations. In K. A. Heller & E. A. Hany (Hrsg.), *Competence and responsibilty* (Vol 2, S. 112–116). Seattle, WA: Hogrefe & Huber.

Schuler, H. (2006). *Lehrbuch der Personalpsychologie.* (2. Aufl.). Göttingen: Hogrefe.

Schuler, H., & Görlich, Y. (2007). Kreativität. Praxis der Personalpsychologie (Bd. 13) Göttingen: Hogrefe.

Schumpeter, J. A. (1912). *Theorie der wirtschaftlichen Entwicklung.* Leipzig: Barth.

Snyder, W. M., & Cummings, T. G. (1998). Organization learning disorders: Conceptual model and intervention hypotheses. *Human Relation, 71,* 873–895.

Staudt, E., & Auffermann, S. (1996). Der Innovationsprozess im Unternehmen – Eine erste Analyse des derzeitigen Stands der Forschung. Institut für Angewandte Innovationsforschung. (Heft 151) Bochum: Institut für Angewandte Innovationsforschung.

West, M. A., & Farr, J. L. (1992). *Innovation and creativity at work: Psychological and organizational strategies.* Chicester: Wiley.

Center of Excellence Kulturen sowie professionelle ethikorientierte Führung als Voraussetzung für ökonomischen Erfolg

Dieter Frey, Bernhard Streicher und Nilüfer Aydin

> **Zusammenfassung**
>
> Als Grundlage für den nationalen und internationalen Erfolg sozialer und kommerzieller Organisationen können so genannte Center of Excellence Kulturen dienen. Das sind Kulturen, die sich aus mehreren Subkulturen zusammensetzen und von erfolgreichen Teams, Abteilungen und Unternehmen praktiziert werden. Center of Excellence Kulturen ermöglichen Spitzenleistungen durch die Aktivierung der Mitarbeiter und hohe Innovativität. In diesem Beitrag beschreiben wir aus dem Pool der Center of Exellence Kulturen die wichtigsten Kulturen, die unseres Erachtens für die Führung der Zukunft besonders relevant sind, (z. B. Kundenorientierungskultur, Kulturen des kritischen Rationalismus, Zivilcouragekultur). Zusätzlich ist eine professionelle Unternehmens- und Mitarbeiterführung eine zentrale Grundlage, damit diese Kulturen überhaupt initiiert und aufrecht erhalten werden können. Wir postulieren hier unser Prinzipienmodell der Führung und Motivation, das letztlich auf ethikorientierte Führung hinausläuft.

13.1 Einleitung

Um mit dem hohen Lohnniveau in Deutschland konkurrenzfähig zu sein, brauchen wir auf dem Weltmarkt Produkte und Serviceleistungen, die gegenüber unseren Konkurrenten Vorteile ausweisen. Dies ist eine existentielle Herausforderung für unser Land. Wie erreicht man diese Ziele und was sind notwendige Bedingungen? Sowohl Innovationen als

---

D. Frey (✉) · B. Streicher · N. Aydin
Lehrstuhl für Sozialpsychologie, LMU München, Leopoldstr. 13, 80802 München, Deutschland
E-Mail: dieter.frey@psy.lmu.de

B. Streicher
E-Mail: streicher@psy.lmu.de

N. Aydin
E-Mail: Aydin@psy.lmu.de

auch erstklassige Dienstleistungen erfordern engagierte Mitarbeiter. Die Mitarbeiter müssen bereit sein, freiwillig Leistungen im Sinne des Unternehmens zu erbringen, die über ihre arbeitsrechtlichen Verpflichtungen hinausgehen. Freiwillig, also intrinsisch motiviert, vollbringen Menschen Leistungen dann, wenn sie damit vorrangig persönliche Bedürfnisse wie Freude und Spaß an der Tätigkeit, Sinnerfüllung und Entfaltung der eigenen Person verfolgen können (vgl. Maier et al. 2007). Unsere These ist, dass hierfür notwendige Bedingungen, so genannte Center-of-Excellence-Kulturen, sowie professionelle Führung (wir nennen diese ethikorientierte Führung) sind.

Die grundlegende Philosophie der Center-of-Excellence-Kulturen und der ethikorientierten Führung ist, dass Leistung immer mit Menschenwürde verbunden sein muss. Dadurch spielen „weiche Faktoren" im Führungsverhalten eine besondere Rolle. Diese Faktoren stehen, wie auch empirische Studien zeigen, im unmittelbaren Zusammenhang mit wirtschaftlichem Erfolg (vgl. Frey 2009). Dort, wo durch Unternehmenskultur und Führungsverhalten das Leistungsverhalten von Menschen nicht belohnt wird, wo gar Menschenwürde verletzt wird, wo der Mensch nur als Nummer gilt oder klein gemacht wird, ist natürlich die Belastbarkeit und Leistungsbereitschaft wesentlich geringer (Frey 1996a, b, 1998). Insofern hat jede Organisation durch ihre Unternehmenskultur und das vorherrschende Führungsverhalten einen unmittelbaren Einfluss darauf, inwieweit sich die Mitarbeiter im Unternehmen wohl fühlen und auch in schwierigen Situationen belastbar und engagiert sind.

13.2 Beschreibung des Führungsansatzes

Center of Excellence Kulturen Unter einem *Center of Excellence* verstehen wir Teams, Abteilungen oder ganze Unternehmen, die höchsten Standards verpflichtet und in diesen führend sind. Diese Spitzenleistung kann sich auf verschiedene Kriterien wie Serviceleistungen, innovative Produkte, oder die Adaptation an Marktveränderungen beziehen. Eine derartige Spitzenleistung korrespondiert mit der Ausprägung so genannter Center-of-Excellence-Kulturen, die wir im Folgenden kurz ausführen (s. Abb. 13.1).

Kundenorientierungskultur In einer Kundenorientierungskultur versteht sich jeder Mitarbeiter und jede Abteilung als Service-Center, welches das Ziel hat, mit seinen Produkten, Prozessen und Dienstleistungen höchste Kundenzufriedenheit zu erreichen. Letztlich erwartet der Kunde einen fairen Austausch: Für seinen Betrag (Input) möchte er ein entsprechendes Ergebnis (Output) erhalten. Ist die Fairness dieses Austausches aus Kundensicht nicht gegeben, so wird oftmals mit Verärgerung, Widerstand oder Auflösung des Austauschverhältnisses reagiert – dies belegen Forschungen im Rahmen sowohl der *Austauschtheorien* (vgl. Mikula 1985) als auch der *Equity-Theorie* (vgl. Müller und Hassebrauck 1993). Selbstverständlich kann nicht jede Kundenforderung erfüllt werden, wenn der Kunde nicht bereit ist, diese zu bezahlen. Es wird deshalb immer um Kosten Nutzen beziehungsweise Aufwands-Ertrags-Berechnungen gehen, wobei bei fairen Verhandlungen beiderseitige Zufriedenheit möglich ist.

Abb. 13.1 Kulturen für ein Center of Excellence nach Frey (1998)

- Kundenorientierungskultur
- Benchmark-Kultur
- Kommunikationskultur
- Unternehmerkultur
- Kulturen des Kritischen Rationalismus
  - Problemlösekultur
  - Fehlerkultur
  - Lern- und Zukunftskultur
  - Streit- und Konfliktkultur
  - Frage- und Neugierkultur
  - Phantasie- und Kreativitätskultur
- Offene Systemkultur
- Team- und Synergiekultur
- Implementierungskultur
- Rekreationskultur
- Zivilcouragekultur
- Ethikkultur

Benchmark-Kultur Mitarbeiter und Abteilungen einer Firma mit einer Benchmark-Kultur wissen, wo die eigenen Stärken und Schwächen liegen. Sie orientieren sich an den Besten der Konkurrenz oder innerhalb des Unternehmens, um zu erkennen, welche Prozesse und Produkte noch optimiert werden können (best practice). Dabei sollten immer folgende Grundsatzfragen im Vordergrund stehen: Was machen die innovativsten Unternehmen weltweit sowohl in der eigenen Branche als auch in fremden Branchen und die besten Abteilungen im eigenen Unternehmen; und was kann man von ihnen lernen?

Kommunikationskultur Notwendig für eine Kommunikationskultur ist Offenheit: Direkt sein anstatt hinten herum, unter vier Augen anstatt im gesamten Team. Entscheidend ist eine sachliche, emotionslose, oft schonungslose Kommunikation nach dem Motto „Tough on the issue, soft on the person". Wer auf Dauer seine Qualität und Innovationsfähigkeit bewahren möchte, wird also nicht umhin kommen, bei aller Hierarchie, eine offene hierarchiefreie und tabufreie Kommunikation zu leben. Denn nur dadurch besteht die Chance, dass Mängel, die an der Basis auftreten, nach oben transportiert werden, und dass genügend Zivilcourage herrscht, Probleme in der Aufbau- und Ablauforganisation, die letztlich für langfristige Markenqualität hinderlich sind, anzuprangern und einen ständigen Prozess der Verbesserung und Erneuerung am Leben zu halten.

Unternehmerkultur Nur wenn sich jeder einzelne Mitarbeiter als Unternehmer im Unternehmen fühlt und danach handelt, besteht auch die Chance alle Ideen, die zur Wahrung und zur Verbesserung der Markenqualität führen, in das Unternehmen hinein zu tragen. Unternehmerisches Denken und Handeln verlangt Ganzheitlichkeit und Weitsichtigkeit in den Entscheidungen (Einbezug vor- und nachgelagerter Prozesse), ständiges Informieren über den eigenen Aufgabenbereich hinaus (im Sinne von Informationen überbringen und Informationen einholen) sowie Eigeninitiative und die Bereitschaft, Verantwortung zu übernehmen. Wer sich in dieser Weise als Unternehmer im Unternehmen definiert, handelt aus autonomer Motivation heraus (und eben nicht aus von außen gesteuerter

Motivation) – dies macht sich in höherem Wohlbefinden, höherer Leistung und höherer Kreativität bemerkbar (vgl. Deci und Ryan 1985, 1987).

Kulturen des kritischen Rationalismus Diese Kulturen gehen auf die Lehre des Philosophen Karl Popper als Vertreter des kritischen Rationalismus zurück (Popper 1973a, b). Nach ihm darf Wissenschaft nicht am Verifikationsprinzip (Bestätigungsprinzip) orientiert sein, sondern muss dem Falsifikationsprinzip (Widerlegungsprinzip) folgen. Diese Grundidee kann auch auf Unternehmen übertragen werden. Das Ziel ist also nicht Bestehendes abzusichern (was gestern gut war, ist auch gut für morgen), sondern jeweils kritisch zu reflektieren, ob aufgrund veränderter Situationen, Märkte, Kunden- und Mitarbeiterbedürfnisse jeweils neuartige Problemlösungen initiiert werden müssen. Der kritische Rationalismus ist die Basiskultur par excellence für Innovationen. Aus dem kritischen Rationalismus lassen sich folgende Kulturen ableiten:

Problemlösekultur Jedes Mitglied eines Spitzenunternehmens muss sich deshalb als Problem*löser* und nicht nur als Problem*thematisierer* verstehen. Probleme sind Chancen und Herausforderungen zur Weiterentwicklung und dazu da, gelöst zu werden. Mitarbeiter müssen in Möglichkeiten, statt in Schwierigkeiten denken. Dabei sollen Sie sich nicht als Teil eines Problems, sondern als Teil einer Lösung verstehen. Jeder Mitarbeiter, der ein Problem definiert, soll möglichst auch formulieren, wie eine mögliche Lösung aussehen könnte. Eine solche Mentalität oder ein solches Selbstverständnis erhöht die Wahrscheinlichkeit, dass Probleme gelöst werden. Problemlösekultur richtig umgesetzt, bewirkt einen Prozess der kontinuierlichen Optimierung in Richtung Prozess-, Produkt- und Serviceinnovationen. Sicherlich muss es auch Ausnahmen geben, denn sonst besteht eine Gefahr darin, dass man sich bei der Problemdefinition sehr genau überlegt, ob man Ressourcen und Lust hat, auch Lösungswege anzugehen. Vor allem muss die Implementierung der Lösung von der Lösungsidee entkoppelt werden. Trotzdem gilt bei der Problemlösekultur, dass allein das Artikulieren von Problemen ohne Lösungsideen die Ausnahme bleiben muss.

Konstruktive Fehlerkultur Ohne konstruktive Fehlerkultur gibt es kein optimales Innovationsmanagement: Fehler sollten als Chance für die Entwicklung gesehen werden. Aus Fehlern kann man lernen und sie als Herausforderung betrachten. Das bedeutet allerdings, Fehler nicht zu vertuschen oder über Schuldzuweisungen auf andere Mitarbeiter abzuwälzen. Mit Fehlern sollte man sich aktiv und konstruktiv auseinandersetzen, sonst verspielt man leichtfertig die Nutzenseite des Irrtums, während die Kosten bereits bezahlt sind! Zu einer Fehlerkultur gehören sowohl ein Fehleranalysesystem (Führung einer Mängelliste) als auch ein Stärkenanalysesystem (Führung einer Positivliste). So können die Stärken der Abteilung beziehungsweise des Unternehmens möglicherweise ausgebaut werden. Man beschäftigt sich also nicht ausschließlich damit, die Schwachstellen zu verbessern.

Lern- und Zukunftskultur Nur wenn Erfahrungen permanent ausgewertet und in den eigenen Wissensschatz und Kompetenzbereich integriert werden, kann eine lernende

Organisation entstehen, die sich stetig weiter entwickelt (vgl. Senge 1994). Ohne eine basale Kultur in Richtung Lernen und Zukunft sind keine Innovationen zu erwarten (Scholl 2007). Wichtig ist daher, dass man ständig versucht, zu lernen: Lernen kann man aufgrund der eigenen Defizite und aufgrund der Stärken von anderen (Wie funktionieren Teams im Sport? Wie funktionieren biologische Organismen und Systeme?). Gelernt wird also nicht in erster Linie in Weiterbildungsseminaren, sondern durch Reflexion der Mängel in den Abläufen der Tages-, Wochen- und Monatsarbeit. Entscheidend ist, dass man das Konzept des lebenslangen Lernens verinnerlicht und die eigene Entwicklung nicht als abgeschlossen definiert.

Streit- und Konfliktkultur In einer Streit- und Konfliktkultur werden Konflikte positiv gesehen: Sie sind Motor des Wandels und der Optimierung im Ablauf. Die sozial- und organisationspsychologische Forschung zeigt konsistent, dass sachliche Konflikte die Qualität von Entscheidungsprozessen und Entscheidungen erhöhen (z. B. Cosier und Schwenk 1990; Schwenk 1988; Schulz-Hardt 1997; Tjosvold 1985). Auch wenn Personen, die abweichende Positionen vertreten, in der Sache nicht Recht haben sollten, so stimuliert doch alleine ihr Widerspruch divergentes Denken und bewirkt eine Steigerung der Kreativität und der Entscheidungsqualität (z. B. Nemeth 1992). In einer konstruktiven Konfliktkultur müssen daher Querdenken, Zivilcourage und konstruktiver Eigensinn gefordert und gefördert werden.

Frage- und Neugierkultur In einer Frage- und Neugierkultur werden Mitarbeiter ermutigt und aufgefordert, Fragen zu stellen. Keine Frage ist tabu – die gefragte Führungskraft entscheidet selbst, wie viel und was sie antwortet. Wichtig ist nur, dass sie ihre Antwort oder fehlende Antwort begründet. Frage- und Neugierkultur heißt aber auch „Führen durch Fragen". Da Innovationen immer mit Fragen beginnen, ist es wichtig, Fragen sowie Neugierde zuzulassen.

Phantasie- und Kreativitätskultur Wer an Qualität und Innovation interessiert ist, für den spielt natürlich die Kreativitätskultur eine zentrale Rolle. Flexibilität im Denken und Verhalten ist dringend erforderlich, denn starres Perfektionsstreben tötet Kreativität und Innovation. Es geht darum, Regeln zu minimieren, bei Vorschriften Ausnahmen zuzulassen und vorausschauenden Systemdenkern mehr Anerkennung zu geben. Eine solche Kultur kann zum Beispiel dadurch gelingen, dass Führungskräften und Mitarbeitern Kreativitätstechniken wie Brainstorming oder Synektiktechniken (z. B. Krause 1996) zur Problemanalyse und Ideenfindung vermittelt werden. Zudem können alle Beteiligten zu Gedankenexperimenten aufgefordert werden, in denen sie sich zum Beispiel überlegen sollen, wie sie denselben Output mit 50 % weniger Ressourcen, Kosten, Zeit und Manpower erzielen könnten. Eine weitere bewährte Strategie ist die Animierung zum Rollenwechsel: „Stellen Sie sich vor, der Kunde würde Ihre Arbeit und die Arbeit Ihrer Abteilung heute beobachten und müsste jeden Prozess und jede Tätigkeit sofort bar bezahlen. Was davon würde er bezahlen wollen, was nicht?" Solche Fragen bewirken, dass Defizite, Störungen und Fehlerquellen bewusst werden.

Offene Systemkultur Diese Kultur umfasst a) flache Hierarchien, b) geringe Bürokratisierung und Reglementierung sowie c) die Ermöglichung des Austausches zwischen verschiedenen Organisationseinheiten und Experten mit dem Ziel, dass Organisationen als offene, veränderungsbereite Systeme gestaltet werden.

(a) Hierarchien in Unternehmen sollten aus struktureller Sicht möglichst flach gehalten werden (Liepmann et al. 1995). Je hierarchischer eine Organisation ist, umso stärker versucht jeder Bereich seine Stellung und Macht zu halten und umso schwieriger ist die Durchlässigkeit von Informationen. All dieses geht zu Lasten von Flexibilität, Dynamik und Innovation.

(b) Darüber hinaus sollte Bürokratisierung und Reglementierung auf ein Mindestmaß reduziert werden (vgl. Maier et al. 2007). Dort, wo alle Prozesse und Abläufe bürokratisch und reglementiert ablaufen, wird jede Änderung zunächst auf Blockade stoßen und dies wird relativ schnell eine mentale Haltung erzeugen, sodass auch bei gravierenden Defiziten die Welten eher als unveränderbar gesehen werden. Das Innovationsmodell von Gebert (2007) besagt hier, dass die Wahrnehmung von Defiziten nicht ausreichend ist für innovative Prozesse, sondern diese müssen auch als veränderbar erlebt werden.

(c) Der möglichst ungehinderte Informationsfluss (Meißner 1989) als Unterstützungsfaktor für Innovation bezieht sich sowohl auf den Informationsaustausch innerhalb von Organisationen (z. B. zwischen Gruppen und Abteilungen) als auch über die Organisationsgrenzen hinweg (z. B. Kontakt zu wissenschaftlichen Einrichtungen, Kunden etc.). Eine funktionierende Kooperation innerhalb der Organisation zwischen dem Forschungs- & Entwicklungsbereich und dem Marketing ist dabei zentral für erfolgreiche Produktinnovationen (Griffin und Hauser 1996), und zwar deshalb, weil in beiden Abteilungen üblicherweise Informationen über zentrale Produktmerkmale vorhanden sind, die den Markterfolg bestimmen. Ein wichtiger Faktor ist in diesem Zusammenhang eine flache Hierarchie (s. o.), die es ermöglicht, den Informationsfluss direkt und effizient zwischen den Abteilungen, zum Kunden und auch zu Forschungseinrichtungen zu gewährleisten. Begegnungsstätten und informelle Treffpunkte fördern den Austausch von Informationen.

Team- und Synergiekultur Spitzenleistungen werden vor allem dann erbracht, wenn heterogene Talente in Teams ergänzend zusammenarbeiten. Dies bedeutet, dass Teammitglieder zwar hinsichtlich ihrer Ausbildung, Persönlichkeit und ihres Hintergrunds heterogen sind, sich aber gemeinsamen Werten und Spielregeln verpflichtet fühlen. Prototypische Zusammensetzungen umfassen vier Persönlichkeiten: Zum einen gibt es den Perfektionisten, der hundertprozentige Lösungen anstrebt und bemüht ist, alle Bestimmungen einzuhalten. Ihm entgegengesetzt ist der Macher-Typ, der sich für die schnelle Umsetzung von Ideen einsetzt. Weiterhin gibt es den Kreativling, der sich über Rahmenbedingungen hinwegsetzt, dessen Ideen für eine innovative Unternehmenskultur aber unersetzlich sind. Da die bisher genannten Persönlichkeitstypen sehr unterschiedliche

Ziele (z. B. perfekte Lösungen, schnelle Umsetzung oder Ideenvielfalt) anstreben und auch von ihrem Wesen her sehr verschieden sind, ist eine Person, die alle anderen zu einem Team integrieren kann, für das effiziente Arbeiten notwendig. Dies ist die Rolle des Partners. Der Partner-Typ besitzt besondere kommunikative und interpersonale Fähigkeiten, vermittelt bei Konflikten, bestärkt die gemeinsame Identität der anderen Team-Mitglieder und fördert dadurch Synergie-Effekte im Team (vgl. Lovelace etal. 2001).

Implementierungskultur Entscheidend für jegliche Veränderungs- und Optimierungsprozesse in Unternehmen ist das Vorhandensein einer Implementierungskultur. Diese beinhaltet klare Strukturen und Prozesse, wie Entscheidungen und neue Ideen umgesetzt werden sollen und wann und wie ihre Umsetzung zu einem späteren Zeitpunkt zu bewerten ist. Wichtig ist dabei, dass Transparenz darüber herrscht, wer für die Umsetzung einzelner Schritte verantwortlich ist. Die Generierung von neuen Ideen ist das eine, die Implementierung das andere. Deshalb ist eine basale Implementierungskultur notwendige Bedingung, dass insgesamt neue Ideen auch umgesetzt werden.

Rekreationskultur Der Mensch muss, wie bereits betont, als Ganzes gesehen und wertgeschätzt werden. Er darf daher nicht als Instrument oder als Maschine betrachtet werden, die man (mit bestimmten Wartungsintervallen) pausenlos laufen lassen kann. Keine Führungskraft und kein Mitarbeiter verfügt über unbegrenzte Energie; wer ständig nach Verbesserungen und Spitzenleistungen strebt, der leert damit auch seine körperliche und geistige Batterie. Hier müssen zum einen Freiräume zur Regenerierung geschaffen werden, um *Sättigungseffekte* (vgl. Schulz-Hardt et al. 2001) zu minimieren. Zusätzlich ist aber auch wichtig, dass Mitarbeiter Erfolgserlebnisse haben: Erfolg führt Energie zu und Erfolg nährt den Erfolg. Die gemeinsame Lösung schwieriger Probleme verschafft Teams neue Motivation und Stolz. Es gilt zu reflektieren, was man geleistet hat und welche nächsten Herausforderungen man angehen möchte.

Zivilcouragekultur Ein zentraler Aspekt von Center of Excellence ist Zivilcourage. Darunter versteht man die Motivation und Fähigkeit seine Meinung auch bei drohenden Nachteilen zu artikulieren und danach zu handeln. Dies kann bedeuten den Mut zu haben, quer zu denken; Dinge, die schief laufen sowohl in der Menschenführung als auch in der Unternehmensführung zu artikulieren, oder Verbesserungsvorschläge gegen die gängige Meinung vorzubringen. Das bedeutet letztlich auch, dass es keine Tabus gibt, dass es keine so genannten „Königreiche" gibt, sondern dass es immer genügend Leute gibt, die auf Missstände hinweisen, insbesondere dort, wo Fairness und Aspekte von Menschenwürde verletzt werden, aber ebenso wo Prozesse und Strukturmerkmale ineffizient sind. Die Umsetzung von Zivilcouragekulturen hängt eng mit Innovation und Erfolg zusammen, d. h. man braucht Leute, die den Mut haben sich zu positionieren, zu widersprechen und eigene Verbesserungsvorschläge zu machen.

Sicherlich ist das Wort Zivilcourage heute in aller Munde. Jeder spricht davon wie zivilcouragiert er handelt bzw. handeln würde. Wenn man aber die alltäglichen, kleinen

Situationen anschaut, sowohl innerhalb eines Betriebes oder innerhalb der Gesellschaft, gibt es nur ganz wenige Menschen, die tatsächlich so handeln.

Ethikkultur Die Ethikkultur ist eine übergeordnete Kultur, die über allen Kulturen steht. Entscheidend ist, dass ethische Standards berücksichtigt werden, sowohl in der Menschenführung wie in der Unternehmensführung. In der Unternehmensführung beinhaltet dies einen fairen Umgang mit Lieferanten und Wettbewerbern und das Prinzip der Unbestechlichkeit. In der Menschen- bzw. Mitarbeiterführung bedeutet dies insbesondere die Umsetzung humanitärer Prinzipien am Arbeitsplatz wie Sinnvermittlung, Wertschätzung, Transparenz, Fairness und Vertrauen. Verletzungen dieser Prinzipien müssen sanktioniert werden: Zunächst bleiben die Center of Excellence Kulturen ja nur ein Leitbild und eine schöne Idee. Wenn die Verletzung der Kulturen und der Prinzipien keine Konsequenzen hat, werden sie nicht leben. Konsequenzen muss nicht unbedingt bedeuten „Rübe ab", weil sonst die Menschen zu sehr in Verteidigungshaltung gehen. Aber es muss eine Dialogkultur dergestalt stattfinden: wo werden die Prinzipien und Kulturen eingehalten? Wo werden sie verletzt? Durch diese Ist-/Sollspiegelung besteht die Chance einer kontinuierlichen Verbesserung. Natürlich wird es immer auch Führungsaufgabe bleiben, Extrem-Verletzungen auch negativ zu sanktionieren bis hin zur Kündigung.

13.3 Relevanz für die Praxis und Umsetzung: Die Umsetzung ethikorientierter Führung durch das Prinzipienmodell der Führung

Zentral für die erfolgreiche Umsetzung der oben aufgeführten *Center of Excellence*-Kulturen ist ein entsprechendes Führungsverhalten. Gute Führung ist deswegen so wichtig, weil sie einen unmittelbaren Einfluss auf arbeitsrelevante Einstellungen und das Verhalten von Mitarbeitern – und damit auch auf ökonomischen Erfolg – hat (Peus etal. 2004). In unseren Ausführungen zu Führung konzentrieren wir uns im Wesentlichen auf den Bereich Mitarbeiterführung. Auf den Bereich der Unternehmensführung, die Wahrnehmung von Marktchancen und –problemen gehen wir hier nicht näher ein.

Wir behaupten, dass die Umsetzung der Center of Excellence Kulturen von professioneller bzw. ethikorientierter Führung abhängig ist. Diese ist einerseits darauf ausgerichtet die Sehnsüchte von Mitarbeitern zu erkennen, gleichzeitig aber Führungsprinzipien umzusetzen, die letztlich intrinsische Motivation steigern, wie wir das in unserem Prinzipienmodell der Führung (Frey 1996a, b) formuliert haben.

Sehnsüchte der Mitarbeiter Wer die Sehnsüchte seiner Mitarbeiter nicht kennt, wird sie nicht erreichen. Wichtig ist deshalb, die Sehnsüchte zu ermitteln. Typischerweise nennen Mitarbeiter auf die Frage, was ihnen wichtig sei, Dinge wie: Sinn erklären, Transparenz, Mitgestaltungsmöglichkeiten, Wertschätzung. Hierin spiegelt sich die fundamentale Veränderung der Bedeutung von Arbeit vom reinen Broterwerb hin zur sinnstiftenden

Prinzipienmodell der Führung von Frey

- Prinzip der Sinn- und Visionsvermittlung
- Prinzip der Transparenz durch Information und Kommunikation
- Prinzip der Autonomie und Partizipation
- Prinzip der konstruktiven Rückmeldung (Lob und konstruktive Kritik)
- Prinzip der optimalen Stimulation durch Zielvereinbarung
- Prinzip des persönlichen Wachstums
- Prinzip der positiven Wertschätzung
- Prinzip der Fairness (Ergebnisfairness, prozedurale, informationale & interaktionale Fairness)
- Prinzip der Passung und Eignung
- Prinzip der situativen Führung und des androgynen Führungsstils
- Prinzip des guten Vorbildes der Führungsperson (menschlich, fachlich)

Abb. 13.2 Grundsätze des Prinzipienmodells nach Frey (1998).

Tätigkeit (Opaschowski 1987). Diese Veränderung muss sich auch in den Führungsprinzipien widerspiegeln, damit Mitarbeiter sich verstanden und wertgeschätzt fühlen. Wobei selbstverständlich ist, dass nicht alle Sehnsüchte erfüllbar sind. Neben der Ermittlung der Sehnsüchte der Mitarbeiter gilt es auch, den Mitarbeitern wiederum die Sehnsüchte der Organisation, des Kunden, des Lieferanten sowie der Konkurrenz zu vermitteln. Durch einen Perspektivenwechsel soll so der Mitarbeiter die Qualität, Flexibilität und den Erfolg seiner Arbeit erhöhen. Letztendlich stecken hinter der Berücksichtigung der Sehnsüchte aller beteiligten Akteure die genannten Center-of-Excellence-Kulturen.

Das Prinzipienmodell der Führung Das Prinzipienmodell der Führung von Frey (1996a, b, 1998; Frey et al. 2001) ist ein Rahmenmodell, das unterschiedliche Führungsmodelle integriert. Es stellt unseres Erachtens neben den Center-of-Excellence-Kulturen eine zweite Grundlage für die Generierung und Implementierung von neuen Ideen in Organisationen dar. In Abb. 13.2 sind die Prinzipien des Modells aufgeführt. Die Umsetzung der Prinzipien beeinflusst sowohl innovationsbezogene Einstellungen und Motive (z. B. Arbeitszufriedenheit, Leistungsmotivation) als auch das Verhalten der Mitarbeiter (z. B. Absentismus, Kreativität, Organizational Citizenship Behavior) (vgl. Colquitt etal. 2001; Peus etal. 2004).

Das Prinzipienmodell der Führung stellt Anforderungen an den Vorgesetzten, die über die von anderen Führungsmodellen geforderten Fähigkeiten und Fertigkeiten weit hinausgehen. Mit der Grundannahme, dass die Führungskraft den Mitarbeitern ein hohes Maß an Partizipationsmöglichkeiten gewähren und sie als Coach und Mentor fördern sollte, wird das Prinzipienmodell den Forschungsarbeiten dem genannten Wertewandel gerecht. Wir gehen davon aus, dass die Verwirklichung ethikorientierter Führungsprinzipien sowohl die Einstellung als auch das Verhalten der Mitarbeiter beeinflusst, indem Belastungsfreiheit, Betriebsverbundenheit, Arbeitszufriedenheit, Leistungsmotivation und Selbständigkeit der Mitarbeiter steigen, ein positiveres Betriebsklima herrscht und auf der Verhaltensseite geringerer Absentismus, geringere Fluktuation, höhere Kreativität sowie höhere Leistung resultieren. All dies trägt zum unternehmerischen Erfolg bei. Die nun ausgeführten Führungsprinzipien sind aus psychologischen Theorien und psychologischer Forschung abgeleitet.

Das Prinzip der Sinn- und Visionsvermittlung Das Prinzip der Sinn- und Visionsvermittlung beinhaltet, dass die Führungsperson einerseits den Mitarbeitern die Möglichkeit eröffnen muss, ihre Arbeit als sinnvoll bzw. bedeutsam zu erleben; andererseits sollte sie eine Vision vermitteln im Sinne eines gemeinsamen Ziels und einer klaren Orientierung, wohin sich das Unternehmen und jede einzelne Abteilung entwickeln soll. Der Mitarbeiter muss seine Arbeit in ein übergeordnetes Ganzes einordnen können. Es gilt die Aussage: Nichts hat Bestand, was nicht gut begründet werden kann. Wer Leistung oder Veränderung fordert, muss Sinn bieten.

Das Prinzip der Transparenz durch Information und Kommunikation Eng mit dem vorigen verbunden ist das Prinzip der Transparenz: Die Führungskraft muss ihre Mitarbeiter über ihren Arbeitsbereich hinaus (!) informieren und mit ihnen über Unklarheiten und Fragen im Dialog sein, denn nur wer ausreichend informiert ist, kann sich zukunftsorientiert und verantwortlich verhalten. Nur durch Transparenz über den Tellerrand hinaus sind Innovationen möglich.

Das Prinzip der Autonomie und Partizipation Transparenz alleine wird auf Dauer nicht viel bewirken können, wenn den Mitarbeitern nicht auch Möglichkeiten der Mitwirkung gegeben werden. Analog hierzu hat die kontrolltheoretische Forschung gezeigt, dass die Erklärbarkeit von Ereignissen nur wenig positive Effekte hervorbringt, wenn keine Beeinflussbarkeit gegeben ist (vgl. Frey und Jonas 2002). Besteht jedoch die Möglichkeit der Partizipation, so erhöht sich die Identifikation (Antoni 1999). Ferner kann Autonomie durch eine offene Formulierung der Arbeitsaufgaben gefördert werden (vgl. Staw und Boettger 1990). Partizipationsmöglichkeiten erhöhen zugleich die Akzeptanz für die gefundenen Problemlösungen.

Dabei bedeutet Autonomie und Partizipation zum einen Prozesspartizipation (vor der Entscheidung werden die Mitarbeiter ermuntert Entscheidungsalternativen zu eruieren oder ihre Pro und Kontras zu bestehenden Entscheidungsalternativen abzugeben). Entscheidungspartizipation würde bedeuten, dass die Mitarbeiter mitentscheiden können (was eher die Ausnahme ist, aber unter bestimmten Bedingungen kann auch dies der Fall sein, z. B. Urlaubspläne etc.) und schließlich ist auch Implementierungspartizipation wichtig, d. h. dass die Menschen große Handlungsspielräume in der Art der Umsetzung der Entscheidung haben. Es ist wichtig die Menschen im Vorfeld genau zu informieren, was Partizipation genau bedeutet, was es nicht bedeutet, wo Partizipation sinnvoll und möglich ist und wo nicht. Unrealistische Erwartungen oder gar schein-demokratisches Verhalten werden eher innere Kündigung erzielen.

Das Prinzip der konstruktiven Rückmeldung Die Gewährung von Autonomie und Freiräumen bedeuten natürlich nicht, die Mitarbeiter sich selbst zu überlassen – ganz im

Gegenteil: Führungskräfte müssen einerseits den Mut aufbringen, Kritik klar und konstruktiv zu äußern, auf der anderen Seite aber auch ihre Fähigkeit zum richtigen Loben einsetzen. Nur so können Mitarbeiter ein Gefühl von Kompetenz entwickeln und erkennen, wo sie an sich arbeiten können und sollen. Die motivierenden beziehungsweise demotivierenden Effekte richtigen beziehungsweise falschen Feedbackgebens zeigen beispielsweise deutlich die Forschungen im Rahmen der Austauschtheorien (vgl. Mikula 1985) und Lerntheorien (vgl. Skinner 1938, 1971).

Das Prinzip der optimalen Stimulation durch Zielvereinbarung Durch gemeinsame Zielvereinbarung soll chronische Unter- oder Überforderung vermieden und die Produktivität und Weiterentwicklung des Mitarbeiters gefördert werden. Die Arbeiten von Locke und Latham (2002) zum „Goal-Setting-Ansatz" belegen, dass Ziele anspruchsvoll, realistisch, konkret, zeitlich begrenzt und messbar formuliert sein müssen, damit Spitzenleistungen erreicht werden können. Führen durch Zielvereinbarungen (nicht Zieldiktat) bedeutet, dass jeder Mitarbeiter die Messlatte kennt, und die Oberziele des Unternehmens in spezifische Ziele für die Abteilung, die Gruppe, den Einzelnen usw. transformiert werden. Weiß der Mitarbeiter nicht, was wirklich von ihm erwartet wird, so spricht das für ein Versagen der Führungskraft.

Prinzip des persönlichen Wachstums (Kompetenzerweiterung und Karriere) Mitarbeiter möchten jedoch nicht ständig nur vereinbarte Ziele erfüllen; sie möchten sich dabei auch in ihren Kompetenzen weiterentwickeln (*Bedürfnis nach Kompetenz*) und, wenn sie die Ziele erfüllen oder übererfüllen, auch Aufstiegsmöglichkeiten besitzen. Jeder Mitarbeiter sollte daher die Möglichkeit erhalten, sich seinen Fähigkeiten, persönlichen Talenten und Interessen entsprechend weiterzuentwickeln. Bei entsprechender Qualifikation und Leistung sollte ein Aufstieg im Unternehmen ermöglicht werden oder – weil dies durch die Verflachung von Hierarchien immer schwieriger wird – eine Kompetenz- beziehungsweise Verantwortungserweiterung möglich sein.

Prinzip der positiven Wertschätzung Das Prinzip der positiven Wertschätzung geht zurück auf die Ideen der humanistischen Schule von Rogers (1959). Menschen haben eine Sehnsucht nach Achtung, Respektierung und positiver Wertschätzung, zumindest von solchen Personen, die sie selbst gerne wertschätzen möchten. Die Bedeutung, die dem Prinzip der Wertschätzung auch in der aktuellen Führungsforschung entgegengebracht wird, drückt sich u. a. darin aus, dass individuelle Wertschätzung eine der vier Grundkomponenten der transformationalen Führung ist (Bass 1985, 1998). Mittlerweile haben über 100 empirische Studien Hinweise darauf geliefert, dass dieses Führungskonzept einen positiven Einfluss auf die Einstellungen und Leistungen der Mitarbeiter hat. Da aber nur Führungskräfte, die ein gesundes Selbstwertgefühl besitzen, Wertschätzung ihren Mitarbeitern gegenüber ausdrücken können, ist es wichtig, den Führungskräften ihrerseits sehr viel Selbstvertrauen durch Kommunikation, Partizipation, Zielvereinbarung und Lob zu vermitteln. Es gilt das Prinzip: Wertschöpfung durch Wertschätzung.

Das Prinzip der Fairness In der Fairnessliteratur wird zwischen vier verschiedenen Arten von Fairness unterschieden: Ergebnisfairness, prozedurale Fairness, informationale Fairness und interaktionale Fairness (vgl. Colquitt et al. 2001). Nach der Ergebnisfairness wird ein Ergebnis dann als fair wahrgenommen, wenn das eigene Input-Output-Verhältnis proportional ist zu demjenigen relevanter Bezugspersonen (z. B. Kollegen). Prozedurale Fairness umfasst die Möglichkeit innerhalb von Entscheidungsprozessen seine Meinung artikulieren zu können und den Eindruck zu haben, dass die Entscheidungsträger (z. B. der Vorgesetzte) neutral sind und alle Aspekte angemessen berücksichtigen. Demnach wird ein Ergebnis dann als gerecht erlebt, wenn die Prozesse, die zu diesem Ergebnis geführt haben, als fair erlebt werden. Informationale Fairness umfasst die rechtzeitige, angemessene und umfassende Information, insb. die Begründung von Entscheidungen. Unter interaktionaler Fairness wird ein respektvolles, höfliches und korrektes Verhalten der Führungskraft gegenüber den Mitarbeitern verstanden. Die Einhaltung der Prinzipen der Fairness ist neben ethisch-moralischen Argumenten auch aus betriebswirtschaftlicher Sichtweise sinnvoll: Menschen reagieren hoch sensibel auf Ungerechtigkeitserfahrungen mit schlechterer Arbeitsleistung, Rückzug und geringerer emotionaler Bindung an die Organisation. Dabei werden zum Ausgleich der Ungerechtigkeit auch Verhaltensweisen gezeigt, die zum eigenen Nachteil sein können wie Kündigungen oder Diebstahl (Greenberg 1990). Entscheidend ist insgesamt nicht die formale Anwendung von Fairnessprinzipien ohne innere Überzeugung, sondern die Wahrnehmung auf Seiten der Mitarbeiter.

Prinzip der Passung und Eignung Auch eine vollständige fachliche und soziale Einbindung nützt wenig, wenn die Fähigkeiten und Fertigkeiten des Mitarbeiters auf der einen und die Anforderungen und Gegebenheiten des Arbeitsplatzes auf der anderen Seite nicht zusammenpassen (fehlender *Person Environment Fit*): Oft sitzen hervorragende Mitarbeiter und Mitarbeiterinnen am falschen Platz oder im falschen Team und können ihre Fähigkeiten nicht optimal umsetzen. Dadurch kommt es zu Gefühlen von Unter- oder Überforderung und zu Unzufriedenheit auf Seiten der Mitarbeiter und der Vorgesetzten. Deshalb ist darauf zu achten, dass der Mitarbeiter ein Team und einen Arbeitsplatz besetzt, die seinen Neigungen und Interessen entsprechen. Hier lassen sich häufig Arbeitsplätze einfacher als man zunächst denkt, so verändern, dass die gewünschte Passung entsteht. Dabei ist die Führungskraft gefordert, indem sie mit dem Mitarbeiter reflektiert, welche Ärgernisse, Störquellen und Konflikte optimales und innovatives Arbeiten blockieren und wie diese Probleme gelöst werden können. Dies setzt allerdings die vorhin bereits angesprochene Fähigkeit von Personalchefs oder Vorgesetzten voraus, Fragen zu stellen und auch kritische Kommentare zu akzeptieren.

Das Prinzip der situativen Führung und des androgynen Führungsstils Führungspersonen müssen lernen, nicht einen starren Führungsstil zu vertreten, sondern *situativ* zu führen. Unter situativer Führung wird ein der Situation, den jeweiligen Zielen und insbesondere den Persönlichkeitseigenschaften und Bedürfnissen des Gegenüber angepasstes Führungsverhalten verstanden. Dazu gehört auch die Umsetzung *androgynen* Führungsverhaltens (unter androgyn versteht man jemanden, der sowohl typisch weibliche wie typisch männliche Führungsverhaltensweisen zeigt). Zu den typisch maskulinen Führungsverhaltensweisen zählen z. B.: Härte zeigen können, Nein sagen können, Durchsetzungsvermögen. Zu den typisch femininen Führungsverhaltensweisen gehören z. B.: Fragen stellen können, Zuhören können, andere groß werden lassen können, sich selbst zurückstellen können, Gefühle positiver und negativer Art zeigen können, sich als Mentor fühlen. Berth (1998) hat festgestellt: Je mehr feminine Führungseigenschaften in Dienstleistungsunternehmen umgesetzt wurden, desto höher war das Innovationspotential. Da durch die Globalisierung immer neue Anforderungen an Führungskräfte gestellt werden, ist die Vielseitigkeit des Führungsstils für den Erfolg entscheidend. Nur eine androgyne Führungspersönlichkeit führt ein Team zum Erfolg, vor allem dann, wenn die Mitarbeiter ein Höchstmaß an Mündigkeit gewohnt sind.

Das Prinzip des guten Vorbildes der Führungsperson Führungspersonen müssen sich ihrer Funktion als Vorbild im Sinne hoher fachlicher Kompetenz und menschlicher Integrität bewusst sein. Nur dadurch können sie ein Klima des Vertrauens schaffen. Dazu gehören Aufrichtigkeit und die Fähigkeit, Wort und Tat in Übereinstimmung zu bringen. Nur dort, wo ein menschliches Vorbild vorhanden ist, wird der Mitarbeiter sich letztlich engagieren. Es ist nie nur eine Sache (der Arbeitsinhalt), die intrinsisch motiviert, sondern es sind Personen, die begeistern und motivieren. Insbesondere die *Theorie des sozialen Lernens* beziehungsweise des *Modellernens* (Bandura 1977a, b) zeigt, wie wichtig die Vorbildfunktion ist; denn viele wichtige Aspekte des eigenen Verhaltensrepertoires lernt man von anderen. Das Gleiche gilt für Werte und Wertesysteme. Menschen haben dabei durchaus ein Bedürfnis nach Vorbildern, an denen sie sich orientieren können. Hält die Führungsperson von Verbesserungsideen nichts und gibt zum Beispiel nonverbale Signale, die ihr Missfallen gegenüber solchen Ideen unterstreichen, so werden keine Verbesserungen stattfinden.

Messung des Status quo sowie der Umsetzung Sowohl die Center-of-Excellence-Kulturen als auch die Führungsprinzipien können relativ einfach durch folgende Leitfragen gemessen werden:

- Wie sehr setzen Sie das jeweilige Führungsprinzip/Center of Excellence Kultur persönlich um?
- Wie sehr wird das jeweilige Führungsprinzip/Center of Excellence Kultur in Ihrer Organisation umgesetzt?
- Für wie wichtig halten Sie das Führungsprinzip/die Center of Excellence Kultur und wie sehr sind Sie bereit, sich für deren Umsetzung zu engagieren?

Dabei kann man nach mindestens zwei Schwerpunkten vorgehen. Entweder man impliziert die Prinzipien oder die Kulturen wo das größte Defizit und damit der meiste Handlungsbedarf ist, oder aber man identifiziert die Prinzipien oder Kulturen, von denen man glaubt, die schnellsten Erfolge erzielen zu können. Egal nach welchem Prinzip man verfährt, kann man entsprechend des so genannten Stellschraubenansatzes postulieren, dass wenn nur ein Prinzip oder eine Kultur geändert wird, dieses auch Folgekonsequenzen auf die anderen Prinzipien bzw. Kulturen hat.

Wir glauben, dass die Umsetzung der vorhandenen Kenntnisse über Innovation und Kreativität für die sozialen und kommerziellen Organisationen auf der einen sowie für die Volkswirtschaft und die Politik auf der anderen Seite ein großes Potenzial darstellt. Gerade in einem Land, das auf den Rohstoff Geist angewiesen ist, bedeutet die Vernachlässigung vorhandener Erkenntnisse der Forschung ein großes Defizit.

Erkennen von Veränderungsnotwendigkeiten/Realitätsdefiziten und die Wahrnehmung von Veränderungsfähigkeiten als zentrale Führungsaufgabe Notwendige Bedingung für Innovationen und Veränderungen sind nach Gebert (2007) die Wahrnehmung von Veränderungsnotwendigkeiten/Realitätsdefiziten und die Wahrnehmung von Veränderungsfähigkeiten. Dabei geht es nicht um objektive Realitäten, sondern um den subjektiven Eindruck des Mitarbeiters.

Unternehmenskulturen und Führungsstile leisten hierbei einen entscheidenden Beitrag, ob Veränderungspotentiale erkannt werden oder nicht. So konnte beispielsweise gezeigt werden, dass ein fairer und wertschätzender Führungsstil das Innovationspotential sowie Motivationspotential der Mitarbeiter fördert (Streicher et al. 2009) (vgl. Cohen-Charash und Spector 2001). Wichtig ist, dass Führungskräfte ihre Mitarbeiter inspirieren kritisch über bisherige Vorgehensweisen nachzudenken und Mängel anzusprechen, oder den Mitarbeitern organisationale Visionen aufzeigen und sie für die Realisierung dieser Visionen gewinnen (Elkins und Keller 2003).

13.4 Ausblick: Was bedeutet das für die Zukunft der Führung?

Was bedeutet dieses für die Zukunft der Führung? Um national und international erfolgreich zu sein und zu bleiben, besteht die einzige Chance darin, den wichtigsten Rohstoff, den wir in Deutschland haben, nämlich die Menschen und deren Motivations- und Kreativitätspotential zu aktivieren. Das geschieht aber nur durch professionelle Führung. Was heißt dies?

Es bedeutet, dass Führungspersonen in Kindergärten, Schulen, Betrieben, Universitäten zunächst die Menschen dort abholen müssen, wo sie sind. Man kann Menschen nur begrenzt verändern. Man muss Rücksicht nehmen auf ihre Sehnsüchte, Bedürfnisse, Interessen und Ängste. Daher muss man verstehen, in welchen Kategorien Menschen, die man führen will, denken und von welchen Sehnsüchten ihr Handeln geleitet werden.

Sehnsüchte von Mitarbeitern sind z. B. Sinnvermittlung, Wertschätzung, Zielklarheit und Fairness. Erstaunlicher Weise werden diese relativ banalen Bedürfnisse häufig von Führungspersonen übergangen. Daher sollte sich die Führungsperson regelmäßig über folgende Leitfragen vergewissern: Sind die Ziele klar? Ist dem Mitarbeiter klar, was erwartet wird? Wird genügend Sinn vermittelt im Sinne von wer Leistung fordert, muss Sinn bieten? Besteht genügend Wertschätzung im Sinne von Wertschöpfung durch Wertschätzung? Fühlt sich der Mitarbeiter fair behandelt? Das ist eine alltägliche Herausforderung. Gleichzeitig muss der Mitarbeiter natürlich auch die Sehnsüchte kennen, die die Führungskraft und der Kunde haben, und das spiegelt sich in vielen Center of Excellence Kulturen wieder: Besteht genügend Kundenorientierung, sodass der Kunde eine langfristige Bindung eingeht? Besteht eine Fehlerkultur und lernt man aus Fehlern? Verbindet man Probleme mit Lösungen, dass man sich als Problemlöser definiert?

Damit werden an Führung nicht nur fachliche, sondern mehr noch menschliche und charakterliche Anforderungen gestellt. Es geht um nichts weniger als die Quadratur des Kreises zu schaffen, nämlich Excellence, Spitzenleistungen, Innovation auf der einen Seite (was für die Firma und den Kunden wichtig ist) mit Menschenwürde wie Wertschätzung, Sinnvermittlung, Fairness und Vertrauen, also den Sehnsüchten und Bedürfnissen der Mitarbeiter zu verbinden.

Dabei darf und muss die Führungsperson bei der Umsetzung dieser Aspekte alle Arten von Führungsstilen umsetzen. Sie darf und muss manchmal sehr direktiv sein und klare Anweisungen geben (direktiv im Sinne von autoritativ „ich will und muss mich zur Führung bekennen" was aber nicht gleichzusetzen ist mit autoritär, weil autoritär immer auch kleinmachen bedeutet). Unter anderen Bedingungen (z. B. je höher der Bildungsgrad ist) ist es sinnvoll partnerschaftlich, kommunikativ und konsensual zu führen, d. h. den Mitarbeiter mitzunehmen. Es gibt aber auch viele Bedingungen, wo Führung bedeutet, sehr unsichtbar zu sein und dem Team oder dem einzelnen Mitarbeiter nur Rahmenbedingungen zu geben, aber ihn dann selbst aktiv gestalten zu lassen. Also einen laissez-fairen Stil im positiven Sinn zu praktizieren, der sich aber natürlich klar von desinteressierter Gleichgültigkeit abgrenzt. Sicherlich wird Führen im Sinne des Prinzipienmodells immer auch bedeuten Vorbild zu sein und zu begründen oder im Sinne des transformationalen Führungsstils sich für intellektuelle Stimulation zu verbürgen, für individuelle Wertschätzung, für Aufforderung an neue Ufer zu gehen usw. Aber sie wird auch viele so genannte transaktionale Teile haben wie Klarheit von Zielen, Klarheit der Konsequenzen, also Belohnungen bis hin zu Negativsanktionen.

Die Herausforderung ist einerseits den im Prinzipienmodell der Führung postulierten ethikorientierte Führungsstil zu leben und zu praktizieren sowie die Center of Excellence Kulturen zu transportieren, gleichzeitig aber je nach Situation und Person das gesamte Repertoire an unterschiedlichen Führungsstilen zu pflegen. Wir müssen also Abschied nehmen von der Vorstellung, dass es *den einen richtigen und immer erfolgreichen* Führungsstil gibt. Da wir aber die Grundlagen kennen, wie man intrinsische Motivation fördert (siehe Prinzipienmodell der Führung) und was geschehen muss, damit ein Center of Excellence entsteht, sollte die Führung der Zukunft sich einen flexiblen Führungsstil entwickeln, der den genannten Prinzipien verpflichtet ist.

Viele namhafte, erfolgreiche Firmen richten ihr Verhalten an den von uns genannten Center-of-Excellence-Kulturen und Führungsprinzipien aus. Sie haben erkannt, dass

Wertschöpfung nur durch Wertschätzung und Wertzuwachs nur durch werteorientierte Personalpolitik zustande kommt. Mitarbeiterorientierte oder werteorientierte Personalpolitik ist bei diesen Firmen kein Lippenbekenntnis, sondern wird aus kaufmännischen Gründen umgesetzt. Damit zeigt sich, dass die Umsetzung humanitärer Prinzipien am Arbeitsplatz, das heißt auch die Berücksichtigung menschlicher Werte und Sehnsüchte (wie z. B. Sehnsüchte nach Sinn, Wertschätzung, Selbstverwirklichung, Transparenz, Partizipation) der entscheidende Ausgangspunkt ist, den Wettbewerbsvorteil zu halten und auszuweiten (vgl. Peus et al. 2004).

Übertragung unserer Erkenntnisse über Innovation auf den Makrobereich von Politik, Wirtschaft, Verbänden und Gesellschaft – Universität als Multiplikator Die meisten der hier besprochenen Prozesse und Techniken können auch auf der Makroebene von Politik, Wirtschaft und Gesellschaft angewandt werden. Diese Anwendung erscheint deshalb wichtig, weil die Bundesrepublik Deutschland mit einem vergleichsweise hohen Lohnkostenniveau auf Innovationen angewiesen ist. Die Förderung von Innovationen in Deutschland fängt u. a. damit an, sowohl in den Schulen und Universitäten als auch den gesellschaftlichen Akteuren (z. B. Top-Führungskräften) flächendeckend das vorhandene Wissen zu innovations- und engagementförderlichen Bedingungen zu vermitteln, was momentan nicht geschieht. Ferner müssen Führungskräfte auch in entsprechenden Handlungskompetenzen ausgebildet werden. Dabei impliziert Kennen noch nicht Können und Können impliziert noch nicht Wollen. Hier sieht man, dass noch ein langer Weg besteht, vom Wissen auf der einen, zum Umsetzen auf der anderen Seite.

Autorbeschreibung

Prof. Dr. Dieter Frey
Geb. 1946
Professor für Sozialpsychologie, LMU München
Studium in Mannheim und Hamburg
Promotion 1973 zum Dr. phil
Habilitation 1978
Von 1978–1993 Professur für Sozial- und Organisationspsychologie an der Universität Kiel
1988/1989 Theodor Heuss Professur an der Graduate Faculty der New School for Social Research in New York
Seit 1993 Professur für Sozial- und Wirtschaftspsychologie an der LMU München
1998 Deutscher Psychologiepreisträger
Seit 2003 Akademischer Leiter der Bayerischen Elite-Akademie
Seit 2008 Leiter des LMU-Center for Leadership and People Management
Mitglied der Bayerischen Akademie der Wissenschaften
Forschungsgebiete:
Entstehung und Veränderung von Einstellungen und Werten; Rahmenbedingungen von Innovationen und Spitzenleistungen; Anwendung sozialpsychologischer Theorien auf den Bereich der Wirtschaft.

Dr. Bernhard Streicher
Geb. 1967
Universitätsassistent am Lehrstuhl für Sozialpsychologie, LMU München
Studium in München
Promotion 2005 zum Dr. phil.
Langjährige freiberufliche Tätigkeit im Bereich Führungskräftetraining und Teamentwicklung
Forschungsgebiete:
Gerechtigkeit in Organisationen; Bedingungen für innovatives Verhalten von Mitarbeitern; Wirkungen unterschiedlicher Führungsstile.

Dr. Nilüfer Aydin
Geb. 1980
Wissenschaftliche Assistentin am Lehrstuhl für Sozialpsychologie (Prof. Dr. Dieter Frey), LMU München
Studium in München
Promotion 2009 zum Dr. phil
Habilitation 2011
Von 2006–2009 Promotion am Lehrstuhl für Sozialpsychologie (Prof. Dr. Dieter Frey), LMU
2009 Promotionspreis der Universitätsgesellschaft München
Forschungsgebiete:
Folgen sozialer Exkludierung auf Individual- und Gruppenebene; Medien (Computerspiele und Aggression); Determinanten von pro- und anti-sozialem Verhalten (Zivilcourage, Rassismus); Forschung zu interkulturellen Copingprozessen; Soziale Urteils- und Entscheidungsfindung

Literatur

Antoni, C. (1999). Konzepte der Mitarbeiterbeteiligung: Delegation und Partizipation. In D. Frey & C. G. Hoyos (Hrsg.), *Arbeits- und Organisationspsychologie* (S. 569–583). Weinheim: Psychologie Verlags Union.
Bandura, A. (1977a). *Social learning theory*. Englewood Cliffs, NJ: Prentice-Hall.
Bandura, A. (1977b). Self-efficacy: toward a unifying theory of behavioral change. *Psychological Review, 84*, 191–215.
Bass, B. M. (1985). *Leadership and performance beyond expectations*. New York: Basic.
Bass, B. M. (1998). *Transformational leadership: Industry, military, and educational impact*. Mahwah, NJ: Lawrence Erlbaum.
Berth, R. (1998). *Der Große Innovationstest*. Düsseldorf: Econ.
Cohen-Charash, Y., & P. E. Spector. (2001). The role of justice in organizations: A meta-analysis. *Organizational Behavior and Human Decision Processes, 86*, 278–321.
Colquitt, J. A., Conlon, D. E., Wesson, M. J., Porter, C. O. L. H., & Ng, K. Y. (2001). Justice at the Millennium: A meta-analytic review of 25 years of organizational justice research. *Journal of Applied Psychology, 86*, 425–445.
Cosier, R. A., & Schwenk, C. R. (1990). Agreement and thinking alike: Ingredients for poor decisions. *Academy of Management Executive, 4*, 69–74.
Deci, E. L., & Ryan, M. R. (1985). *Intrinsic motivation and self-determination in human behavior*. New York: Plenum Press.
Deci, E. L., & Ryan, M. R. (1987). The support of autonomy and the control of behavior. *Journal of Personality and Social Psychology, 53*, 1024–1037.

Elkins, T., & Keller, R. T. (2003). Leadership in research and development organizations: literature review and conceptual framework. *Leadership Quarterly, 14,* 587–606.

Frey, D. (1996a). Psychologisches Know-how für eine Gesellschaft im Umbruch -Spitzenunternehmen der Wirtschaft als Vorbild. In C. Honegger, J. M. Gabriel, R. Hirsig, J. Pfaff-Czarnecka, & E. Poglia (Hrsg.), *Gesellschaften im Umbau. Identitäten, Konflikte, Differenzen* (S. 75–98). Zürich: Seismo-Verlag.

Frey, D. (1996b). Notwendige Bedingungen für dauerhafte Spitzenleistungen in der Wirtschaft und im Sport: Parallelen zwischen Mannschaftssport und kommerziellen Unternehmen. In A. Conzelmann, H. Gabler, & W. Schlicht (Hrsg.), *Soziale Interaktionen und Gruppen im Sport* (S. 3–28). Köln: bps-Verlag.

Frey, D. (1998). Center of excellence-ein Weg zu Spitzenleistungen. In P. Weber (Hrsg.), *Leistungsorientiertes Management: Leistungen steigern statt Kosten senken.* Frankfurt: Campus.

Frey, D. (2009). Partnerschaftliche Unternehmensführung und Erfolg. *Unveröffentlichtes Manuskript.* Universität München.

Frey, D., & Jonas, E. (2002). Die Theorie der kognizierten Kontrolle. In D. Frey & M. Irle (Hrsg.), *Theorien der Sozialpsychologie: Band III. Motivations-, Selbst- und Informationsverarbeitungstheorien* (S. 13–50). Bern: Huber.

Frey, D., Kerschreiter, R., & Mojzisch, A. (2001). Führung im Center of Excellence. In P. Friederichs & U. Althauser (Hrsg.), *Personalentwicklung in der Globalisierung – Strategien der Insider* (S. 114–151). Neuwied: Luchterhand Verlag.

Gebert, D. (2007). Psychologie der Innovationsgenerierung. In D. Frey & L. v. Rosenstiel (Hrsg.), *Enzyklopädie der Psychologie: Wirtschaftspsychologie* (S. 783–808). Göttingen: Hogrefe.

Greenberg, J. (1990). Employee theft as a reaction to underpayment inequity: The hidden costs of pay cuts. *Journal of Applied Psychology, 75,* 561–568.

Griffin, A., & Hauser, J. R. (1996). Integrating R&D and Marketing: a review and analysis of the literature. *Journal of Product Innovation Management, 13,* 191–215.

Krause, R. (1996). *Unternehmensressource Kreativität: Trends im Vorschlagswesen, erfolgreiche Modelle, Kreativitätstechniken und Kreativitäts-Software.* Köln: Wirtschaftsverlag Bachem.

Liepmann, D., Koenig, F., Stuebig, J., & Marggraf, C. (1995). Innovation und Innovations- management als kreative Konzepte. In C. Marggraf (Hrsg.), *Soziale Kompetenz und Innovation* (S. 137–163). Frankfurt a. M.: Lang.

Locke, E. A., & Latham, G. P. (2002). Building a practically useful theory of goal setting and task motivation. *American Psychologist, 57,* 705–717.

Lovelace, K., Shapiro, D. L., & Weingart, L. R. (2001). Maximizing cross-functional new product teams' innovativeness and constraint adherence: A conflict communications perspective. *Academy of Management Journal, 44,* 779–793.

Maier, G. W., Streicher, B., Jonas, E., & Frey, D. (2007). Kreativität und Innovation. In D. Frey & L. von Rosenstiel (Hrsg.), *Enzyklopädie der Psychologie: Wirtschaftspsychologie* (S. 809–855). Göttingen: Hogrefe.

Meißner, W. (1989). *Innovation und Organisation. Die Initiierung von Innovationsprozessen in Organisationen* Stuttgart: Verlag für Angewandte Psychologie.

Mikula, G. (1985). Psychologische Theorien des sozialen Austausches. In D. Frey & M. Irle (Hrsg.), *Theorien der Sozialpsychologie. Band II: Gruppen und Lerntheorien* (S. 273–305). Bern: Hans Huber Verlag.

Müller, G. F., & Hassebrauck, M. (1993). Gerechtigkeitstheorien. In D. Frey & M. Irle (Hrsg.), *Theorien der Sozialpsychologie.: Kognitive Theorien* (Bd. 1, S. 217–240). Hans Huber: Verlag.

Nemeth, C. J. (1992). Minority dissent as a stimulant to group performance. In S. Worchel, W. Wood, W., & Simpson, A. J (Hrsg.), *Group process and productivity* (S. 95–111). Newbury Park, CA: Sage.

Opaschowski, H. W. (1987). Von der Geldkultur zur Zeitkultur. Neue Formen der Arbeitsmotivation für zukunftsorientiertes Management. In G. Schanz (Hrsg.), *Handbuch Anreizsysteme in Wirtschaft und Verwaltung* (S. 32–52). Stuttgart: Schäffer-Poeschel.

Peus, C., Traut-Mattausch, E., Kerschreiter, R., Frey, D., & Brandstätter, V. (2004). Ökonomische Auswirkungen professioneller Führung. In M. Dürndorfer & P. Friederichs (Hrsg.), *Human capital leadership* (S. 193–207). Hamburg: Murmann.

Popper, K. (1973a). *Objektive Erkenntnis: Ein evolutionärer Entwurf*. Hamburg: Hoffmann & Campe.

Popper, K. (1973b). *Die offene Gesellschaft und ihre Feinde*. (Bd. 1 und Bd. 2). Bern: Francke.

Rogers, C. R. (1959). A theory of therapy, personality, and interpersonal relationships, as developed in the client-centered framework. In S. Koch (Hrsg.), *Psychology: A study of a science*. New York: McGraw-Hill.

Scholl, W. (2007). Innovationen – Wie Unternehmen neues Wissen produzieren und etablieren. In H. Hof & U. Wengenroth (Hrsg.), *Innovationsforschung – Ansätze, Methoden, Grenzen und Perspektiven* (S. 271–300). Münster: LIT.

Schulz-Hardt, S. (1997). *Realitätsflucht bei Entscheidungsprozessen. Von Groupthink zum Entscheidungsautismus*. Bern: Hans Huber Verlag.

Schulz-Hardt, S., Meinken, I., Rott, A., & Frey, D. (2001). Psychische Sättigung: Eine neue experimentelle Untersuchung zu einem alten Konstrukt. *Zeitschrift für Experimentelle Psychologie, 48,* 188–200.

Schwenk, C. R. (1988). Effects of devil's advocacy on escalating commitment, *Human Relations, 41,* 769–782.

Senge, P. M. (1994). *The fifth discipline fieldbook*. New York: Currency Doubleday.

Skinner, B. F. (1938). *The behavior of organisms: an experimental analysis*, New York: Appleton-Century.

Skinner, B. F. (1971). *Beyond freedom and dignity*. New York: Knopf.

Staw, B. M., & Boettger, R. D. (1990). Task revision: A neglected form of work performance. *Academy of Management Journal, 33,* 534–559.

Streicher, B., Frey, D., Jonas, E., & Maier, G. W. (2009). Der Einfluss organisationaler Gerechtigkeit auf innovatives Verhalten. In E. H. Witte & C. H. Kahl (Hrsg.), *Sozialpsychologie der Kreativität und Innovation: Tagungsband zum 24. Hamburger Symposium* (S. 101–119). Lengerich: Papst.

Tjosvold, D. (1985). Implications of controversy research for management. *Journal of Management, 11,* 21–37.

Führung und Strategie

14

Hans H. Hinterhuber, Birgit Renzl und Christian H. Werner

Zusammenfassung

Eine exzellente Führung, eine gute Strategie, taktische Maßnahmen mit rasch spürbaren Wirkungen, die richtigen Mitarbeiter und Glück sichern das Überleben des Unternehmens, machen es langfristig stärker und fügen es in eine Perspektive des Gemeinwohls ein, die über das Unternehmen hinausreicht. Dieser Beitrag behandelt die Verbindung zwischen Führung und Strategie. Zentrale Ergebnisse sind: Führungsexzellenz ist zentral, denn die Frau oder der Mann an der Spitze einer Organisation bestimmen weitgehend deren Erfolg. Strategie ist ein Gesamtkonzept zur Erreichung von Zielen. Eine gute Strategie besteht aus folgenden vier Dimensionen: klare Definition der Wettbewerbsarena, klare Definition von Wettbewerbsvorteilen, Kundenwert versus Kosten und die Human-Resources-Politik. Die Qualität einer Strategie kann gemessen werden. Zur Verbindung von Führung und Strategie ist eine Leadership-Strategie notwendig, die angibt, welche Führungskräfte für nachhaltiges Wachstum und die langfristige Überlebensfähigkeit eines Unternehmens benötigt werden. Ein Vorgehen zur Auswahl und Beurteilung der Führungskräfte wird vorgestellt. Die Ausführungen verstehen sich als Appell an Unternehmer und oberste Führungskräfte, mehr Mitarbeiter als heute zu Führenden mit unternehmerischer Geisteshaltung zu machen.

H. H. Hinterhuber (✉)
Hinterhuber&Partners – Strategy/Pricing/Leadership Consultants,
Falkstrasse 16, A-6020 Innsbruck, Österreich
E-Mail: hans@hinterhuber.com

B. Renzl · C. H. Werner
Privatuniversität Schloss Seeburg, Seeburgstrasse 8,
A-5201 Seekirchen am Wallersee/Salzburg, Österreich
E-Mail: birgit.renzl@uni-seeburg.at

C. H. Werner
E-Mail: christian.werner@uni-seeburg.at

14.1 Einleitung

Führung und Strategie sind die elementaren Bestandteile der Strategischen Unternehmensführung. Der Strategiebegriff wird in den 50er Jahren in den USA von den Professoren der Harvard Business School in den „Business Policy"-Kursen eingeführt (Christensen et al. 1987) und ist seither ein wichtiger Eckpfeiler in der Managementausbildung. Unternehmensstrategie beinhaltet die Festlegung der langfristigen Ziele eines Unternehmens, die Politiken und Richtlinien sowie die Mittel und Wege zur Erreichung der Ziele. Eine wirksame Führung und eine gute Strategie sind die Grundvoraussetzungen für den nachhaltigen Erfolg von Unternehmen (Hinterhuber 2010, S. 82). Ein Unternehmen kann nur überleben und sich entwickeln, wenn es zur Lösung gesellschaftlicher Probleme beiträgt. Die gesellschaftliche Verantwortung der Unternehmen der Zukunft liegt darin, das Unternehmen als ein wertsteigerndes Umwandlungssystem von Ressourcen zu verstehen (Hinterhuber 2011, S. 20 ff). Wenn ein Unternehmen in wirtschaftlich schwierigen Zeiten den Kunden einen Mehrwert bieten und durch engagierte Mitarbeiter seinen Wert steigern will, muss es Altes konsequent überprüfen, eingefahrene Geleise aufbrechen, vieles anders, besser, schneller oder vielfältiger machen und Barrieren zwischen den Individuen, Verantwortungsebenen, Geschäftseinheiten, Funktionsbereichen und regionalen Einheiten aufbrechen. Es geht, mit anderen Worten, weniger darum, schneller als die Konkurrenten Arbeitsplätze wegzurationalisieren und Produktionen in Niedriglohnländer zu verlagern, sondern vielmehr darum, alle Kräfte im Unternehmen zu mobilisieren und Strategien zu entwickeln, die die Produktivität erhöhen und zukünftige Entwicklungen einleiten.

Auf der Grundlage der Analyse der bestehenden Literatur, persönlichen Erfahrungen, Expertengesprächen mit herausragenden Unternehmern und Führungskräften, in denen sie gebeten wurden, ihre Sicht von Führung, Strategie, Taktik und Mitarbeiterführung in wirtschaftliche schwierigen Zeiten zu teilen, zeigt sich folgendes Bild: Unternehmen sichern ihr Überleben unter schwierigsten Rahmenbedingungen und in Märkten, deren Attraktivität dramatisch zurückgegangen ist und können erfolgreich in die Zukunft geführt werden, wenn fünf Voraussetzungen gegeben sind (Abb. 14.1) (Hinterhuber 2010):

- eine exzellente Führung,
- eine gute Strategie,
- taktische Maßnahmen mit rasch spürbaren Wirkungen,
- die richtigen Mitarbeiter und
- Glück.

Diese fünf Voraussetzungen sind wichtiger als die wirtschaftlichen Rahmenbedingungen und die Attraktivität der Märkte, in denen die Unternehmen operieren; persönliche Erfahrungen, Interviews mit herausragenden Unternehmern und Führungskräften sowie das Forschungsprojekt zu Best Practices (Hinterhuber 2010) zeigen, dass diese fünf Voraussetzungen zu etwa 80 % den nachhaltigen Erfolg eines Unternehmens bestimmen, die wirtschaftlichen Rahmenbedingungen nur mit etwa 20 % zum nachhaltigen Erfolg beitragen.

14 Führung und Strategie

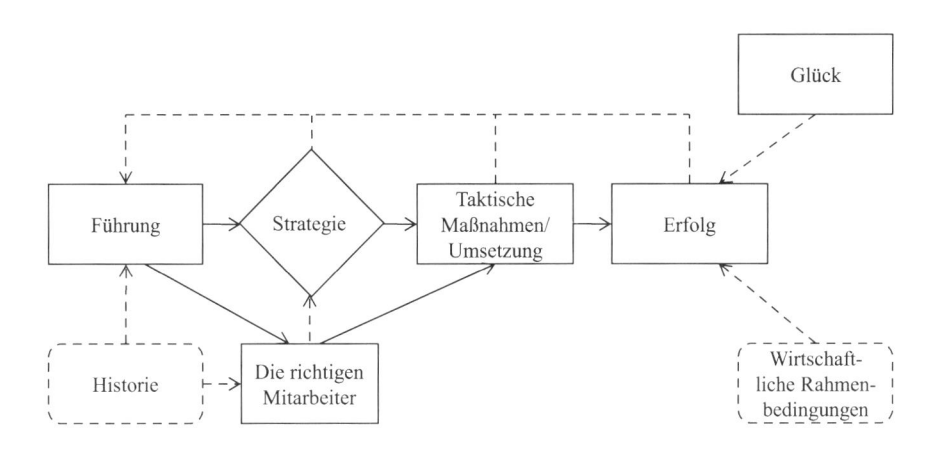

Abb. 14.1 Die Determinanten des unternehmerischen Erfolges. (Hinterhuber 2010)

Der vorliegende Beitrag behandelt die Verbindung von Führung und Strategie. Die Hauptergebnisse sind:

1. Die Frau oder der Mann an der Spitze einer Einrichtung bestimmen weitgehend deren Erfolg.
2. Eine gute Strategie hat vier Komponenten, eine daran ist die HR-Politik. Die Qualität einer Strategie kann gemessen werden.
3. Zur Verbindung von Führung und Strategie ist eine Leadership-Strategie notwendig.
4. Die Ausführungen verstehen sich als Appell an Unternehmer und oberste Führungskräfte, mehr Mitarbeiter als heute zu Führenden mit unternehmerischer Geisteshaltung zu machen.

14.2 Hintergrund der unternehmerischen Führung

14.2.1 Empirische Evidenz in der Führungsforschung

Jede Organisation ist der verlängerte Schatten des Mannes oder der Frau an der Spitze. Exzellente Führung ist zentral für die nachhaltige Entwicklung eines Unternehmens. In den letzten fünfzig Jahren haben sich unterschiedliche Theorien in der Führungsforschung etabliert, sodass von einem Theorienpluralismus gesprochen wird (Glynn und Raffaelli 2011). Weniger heterogen sind die in der Führungsforschung verwendeten Methoden. Es sind hauptsächlich Umfragen und Dokumentenanalysen, die Auskunft darüber geben, was exzellente Führung auszeichnet. Es folgen Beispiele für die empirische Evidenz.

Jedes Jahr verlieren etwa 15 % der CEO's der weltweit größten Unternehmen ihre Stelle; in rund einem Drittel der Fälle erfolgt die Trennung wegen schlechter Performance. Dafür gibt es zwei Gründe: Entweder haben die Aufsichtsräte die falschen CEO's ausgewählt oder diese waren nicht in der Lage, gute Strategien zu entwickeln und umzusetzen. Neuere Studien und unsere Erfahrungen zeigen, dass weniger schlechte Entscheidungen der Aufsichtsräte als vielmehr die Komplexität im Wettbewerbsumfeld und im Unternehmen die Ursache dafür ist, dass viele, oft außergewöhnliche Führungskräfte mit ihren Strategien scheitern. (Stadler und Hinterhuber 2005).

Trennt sich ein Unternehmen von seinem CEO, so liegt das in der Regel an seiner Inkompetenz. Es ist deshalb nicht verwunderlich, wenn sich die Wirtschaftsergebnisse des Unternehmens nach der Trennung verbessern. Bennedsen et al. (2008) haben in einer Longitudinalstudie dänischer Unternehmen zwischen 1992 und 2003 untersucht, wie sich der Tod des CEO auf den Gewinn des Unternehmens auswirkt. Es zeigt sich, dass das Wirtschaftsergebnis eines Unternehmens mit dem Tod des CEO sinkt. Der Tod eines Familienmitglieds des CEO führt ebenfalls zu einem Rückgang des Gewinns des Unternehmens, da dieser zwangsläufig dadurch von seiner Führungsverantwortung abgelenkt wird. Die Studie zeigt somit, dass der Tod des CEO oder eines seiner Familienmitglieder negative Folgen für das Unternehmen hat. Der Tod eines Mitgliedes des Führungsteams hat dagegen keine nennenswerten Auswirkungen auf den Erfolg des Unternehmens.

Baruch Lev (2009), Professor an der Stern School of Business, New York University, weist in einer groß angelegten Longitudinalstudie nach, dass die „managerialability" die wichtigste Triebkraft für den nachhaltigen Erfolg eines Unternehmens ist; er zeigt auf der Basis von Bilanzdaten börsennotierter US-Unternehmen, dass langfristig überdurchschnittliche Ergebnisse auf das Wirken des CEO und seines Führungsteams zurückzuführen sind. Der CEO spielt deshalb eine wichtige Rolle für das Unternehmen. Je schwieriger die wirtschaftlichen Rahmenbedingungen sind, desto wichtiger ist somit eine exzellente Führung des Unternehmens. Grund für das Scheitern ist aber häufig nicht nur inkompetente Führung, sondern auch unethische Führung (Malmendier und Tate 2009; Wassermann 2010).

14.2.2 Exzellente Führung ist unternehmerische Führung

Ein Unternehmer ist, so Nicolas G. Hayek, der kürzlich verstorbene Präsident und Delegierter des Verwaltungsrates der Swatch Group AG, nicht nur der Inhaber eines Unternehmens, der sein Kapital riskiert; ein Unternehmer ist der, dessen Geisteshaltung und Einstellung alle unternehmerischen Eigenschaften umfasst (Hayek & Bartu 2005; Hayek 2008; Hinterhuber und Renzl 2004). Unternehmer sein ist eine Lebensform. Jeder kann nach dieser Lebensform denken und handeln, jeder kann eine unternehmerische Mentalität haben, sei er ein Professor, ein Projektmanager, ein Beamter, Philosoph oder Abteilungsleiter – wenn er es will und die Situation es verlangt.

14.2.3 Woran erkennt man einen Führenden?

Führung betrifft jeden in einer Organisation, sei es an der Spitze des Unternehmens, einer Abteilung oder eines Teams. Es ist jeder in der Führungsposition, der das Verhalten

Ein Leader/Unternehmer:	Trifft zu　　　　Trifft nicht zu
Sieht was zu tun ist.	1　2　3　4　5
Denkt *ganzheitlich*.	1　2　3　4　5
Versteht die Kräfte und Bedingungen, die in einer bestimmten Situation eine Rolle spielen.	1　2　3　4　5
Schafft eine *innovationsfreundliche* Organisation.	1　2　3　4　5
Beeinflusst das Verhalten anderer im positiven Sinn so, dass sie sich engagiert für die Kunden einsetzen.	1　2　3　4　5
Hat den *Mut*, Aktionen zu ergreifen, die die Dinge besser machen.	1　2　3　4　5
Lebt die Werte, die er predigt.	1　2　3　4　5
Entwickelt seine Mitarbeiter.	1　2　3　4　5
Liefert Ergebnisse.	1　2　3　4　5
Wer nicht alle Fragen mit „1" beantworten kann, sollte keine Führungsposition einnehmen.	

Abb. 14.2 Die Beurteilung von Leadership/unternehmerischem Verhalten. (Modifiziert nach Clawson 2009)

anderer auf einen gemeinsamen Zweck hin im positiven Sinn beeinflusst (Hinterhuber 2010). Es geht also um die Fähigkeit, Menschen im positiven Sinn so zu beeinflussen, dass sie sich engagiert für die Erreichung der gemeinsamen Ziele und Aufgaben einsetzen.

Es gibt unterschiedliche Sichtweisen im Unternehmen (Clawson 2009):

Die Sicht des Angestellten:	Was erwartest du, dass ich mache?
Die Sicht des Bürokraten:	Das ist nicht meine Aufgabe. Unsere Verfahren erlauben das nicht.
Die Sicht des Verwalters:	Wie haben wird das das letzte Mal gemacht?
Die Sicht des Negativisten:	So wird das nie funktionieren. Wir haben das bereits versucht.
Die Sicht des Leaders/Unternehmers:	Nimmt die Veränderung vorweg, zieht daraus Nutzen für das Unternehmen, gestaltet die Zukunft und übernimmt die Verantwortung.

Abbildung 14.2 zeigt ein Modell, wie unternehmerisches Verhalten/Leadership beurteilt werden kann.

14.3 Beschreibung der Strategie als integrierendes Konzept zur Erreichung von Zielen

14.3.1 Die empirische Evidenz

Empirische Untersuchungen zeigen, dass in 3 von 4 Fällen eine Strategie verfolgt wird, die schlecht ist oder ihren Namen nicht verdient („Schein-Strategie") (Hinterhuber 2010). Die Untersuchungen basieren auf einer Studie von mehr als 230 Geschäftseinheiten von 50 Unternehmen weltweit. Werden schlechte Strategien verfolgt, schwächt das ein Unternehmen bis zur Zerschlagung, Verkauf oder sogar Konkurs. Gute Strategien schaffen die Basis für nachhaltigen Erfolg und die langfristige Überlebensfähigkeit eines Unternehmens.

Strategie ist relevant – nicht nur für Mitglieder des Vorstandes. Wer für einen Geschäftsbereich, eine Abteilung, eine Vertriebsorganisation, eine Produktlinie, eine Tochtergesellschaft eines Konzerns, ein Kundensegment verantwortlich ist, muss sich die Fragen stellen: Ist die von mir verantwortete Unternehmenseinheit heute so erfolgreich, wie sie es bestenfalls sein könnte – schöpfe ich heute ausreichend Potenzial aus? Und zweitens: Wohin geht die Reise – wie stelle ich sicher, dass ich auch morgen noch über ausreichend Wachstumsperspektiven verfüge?

Strategie ist auch dann relevant, wenn das Unternehmen oder die Geschäftseinheit heute bereits erfolgreich ist. Unternehmen wie Hoechst AG, Schering AG, Mannesmann AG, Amoco, Mobil, Gillette, AT&T, Aventis SA und andere waren „erfolgreich" im Sinn, dass keines von ihnen in einer finanziellen Krise stand und dass diese Unternehmen die Kapitalkosten erwirtschafteten, also Wert schufen. Dennoch verschwanden alle diese Unternehmen vom Markt – ausnahmslos. Der Grund? Es fehlte eine Strategie und es gab jemanden – einen neuen Eigentümer – der davon überzeugt war, dass das betroffene Unternehmen mit einer neuen Strategie und unter neuen Eigentümern besser dastehen würde als zuvor. Gute Strategien sichern also Gegenwart und Zukunft eines Unternehmens. Schlechte Strategien gefährden die Existenz eines Unternehmens, selbst wenn dieses heute erfolgreich ist.

14.3.2 Die vier Dimensionen der Strategie

Strategie hilft, die Wahrscheinlichkeit für langfristig überdurchschnittlichen Erfolg zu erhöhen, sowohl beim Wettbewerb auf existierenden Märkten als auch bei der Schaffung neuer Märkte. Im ersten Fall ermöglicht eine Strategie es, die Ausgangslage zu verbessern, indem Entscheidungen getroffen werden, die das Potenzial in sich tragen, nachhaltiger und profitabler zu sein als konkurrierende Entscheidungen. Im zweiten Fall ermöglicht eine Strategie es, rascher und besser zu lernen und damit die unvorhersehbare Marktdynamik besser zu eigenen Zwecken zu nutzen als Wettbewerber. Welche Bausteine enthält also eine Strategie?

Abb. 14.3 Der Strategiediamant. (Quelle: Hinterhuber und Partners)

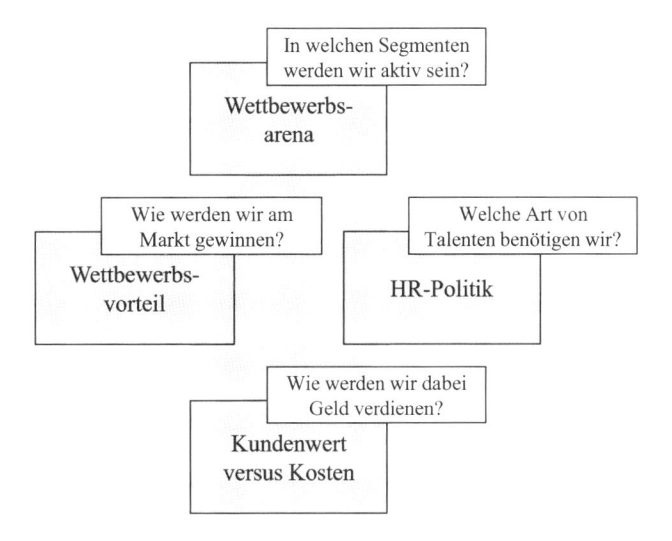

```
                    ┌─────────────────────┐
                    │ In welchen Segmenten│
                    │ werden wir aktiv sein?│
                    └─────────────────────┘
                         Wettbewerbs-
                            arena

   ┌──────────────────┐              ┌──────────────────┐
   │ Wie werden wir am│              │   Welche Art von │
   │  Markt gewinnen? │              │Talenten benötigen wir?│
   └──────────────────┘              └──────────────────┘
       Wettbewerbs-                        HR-Politik
         vorteil

                    ┌─────────────────────┐
                    │ Wie werden wir dabei│
                    │   Geld verdienen?   │
                    └─────────────────────┘
                         Kundenwert
                        versus Kosten
```

Gute Strategien zeichnen sich dadurch aus, dass sie entlang vier Dimensionen klare Antworten geben (s. Abb. 14.3) (Hinterhuber 2010).

14.3.2.1 Klare Definition von Wettbewerbsvorteilen

Wettbewerbsvorteile sind die Antwort auf die Frage „Wie werden wir am Markt gewinnen?". In den Worten von Jack Welch: „If you don't have a competitive advantage, don't compete."

Überdurchschnittliche Renditen sind nur dann möglich, wenn das Unternehmen über Fähigkeiten, Ressourcen, Prozesse oder Beziehungen verfügt, die nicht imitierbar und schwer substituierbar sind.

14.3.2.2 Klare Definition der Wettbewerbsarena

Hier geht es um die Antwort auf zwei Fragen: „Wie segmentieren wir den potenziellen Markt?" und „Auf welchen dieser Marktsegmente wollen wir für unsere Kunden der bevorzugte Partner sein?"

14.3.2.3 Klare HR-Politik

Eine Strategie ist nichts ohne Organisation, eine Strategie ist nichts, ohne in Form einer klaren HR-Politik an das „Wer?" und „Wie?" der Umsetzung zu denken. HR-Politik beantwortet also die Frage: „Welche Art von Talenten brauchen wir, um in Zukunft überdurchschnittlichen Erfolg zu erreichen?". Antworten auf diese Frage finden sich im nächsten Abschnitt.

14.3.2.4 Kundenwert versus Kosten

Hier geht es um die Beantwortung der Frage: „In welchem Verhältnis stehen geschaffener Kundennutzen zu Gestehungskosten des Unternehmens?" bzw. „Schafft das Unternehmen

Wie wissen Sie, dass Ihre Business Unit eine gute Strategie hat?	
Die folgenden Fragen können helfen, zu erkennen, ob eine Geschäftseinheit eine gute Strategie hat:	
1. *Wettbewerbsvorteile*	Trifft nicht zu Trifft zu
Sind die Wettbewerbsvorteile der Business Unit klar definiert?	1 2 3 4 5 6 7 ☐☐☐☐☐☐☐
Kann jede Führungskraft die Frage beantworten: „Wie werden wir im Markt gewinnen?"	1 2 3 4 5 6 7 ☐☐☐☐☐☐☐
2. *Wettbewerbsarena*	
Ist die Marktsegmentierung kundenorientiert und reflektiert sie die Stärken des Unternehmens?	1 2 3 4 5 6 7 ☐☐☐☐☐☐☐
Sind die Marktsegmente klar definiert, in denen den Kunden ein höherer Mehrwert geboten werden kann als die Konkurrenz?	1 2 3 4 5 6 7 ☐☐☐☐☐☐☐
Hat das Marktsegment ein Potenzial, das uns erfolgreich in die Zukunft tragen kann?	1 2 3 4 5 6 7 ☐☐☐☐☐☐☐
3. *HR-Politik*	
Wissen wir, welche Arten von Talenten benötigt werden, um in bestehenden Märkten noch erfolgreicher zu sein?	1 2 3 4 5 6 7 ☐☐☐☐☐☐☐
Wissen wir, welche Arten von Talenten benötigt werden, um neue Märkte zu erschließen?	1 2 3 4 5 6 7 ☐☐☐☐☐☐☐
Ziehen wir die richtigen Talente an?	1 2 3 4 5 6 7 ☐☐☐☐☐☐☐
4. *Kundenwert versus Kosten*	
Schafft die Business Unit ausreichend Wert für die Kunden in den oben definierten Marktsegmenten, um überdurchschnittlich profitabel zu sein?	1 2 3 4 5 6 7 ☐☐☐☐☐☐☐
Ist der Unterschied zwischen Kosten und Kundennutzen signifikant und nachhaltig positiv?	1 2 3 4 5 6 7 ☐☐☐☐☐☐☐

60+:   Gute Strategie
           Stellen Sie Unterstützung für eine erfolgreiche Umsetzung sicher
40–59:   Ausreichendes Strategie-Potenzial
           Schärfen Sie das Profil der Strategie anhand des Strategie-Diamanten
Unter 40: Großes Strategie-Defizit: Gefahr, eine Schein-Strategie zu verfolgen
           Nehmen Sie ein weißes Blatt Papier und setzen Sie die Strategie neu auf	

Abb. 14.4 Selbstbeurteilungs-Übung zur Strategie. (Hinterhuber 2010)

ausreichend Wert in den vorher definierten Marktsegmenten, um überdurchschnittlich profitabel agieren zu können?"

14.3.3 Die Messung der Qualität einer Strategie

Wir laden Unternehmer und Führungskräfte ein, die Qualität der Strategie ihrer Unternehmenseinheit zu testen (Abb. 14.4) (Hinterhuber 2010).

14.4 Relevanz für die Praxis: Verbindung von Führung und Strategie

14.4.1 Die Führungskräfteauswahl und -entwicklung auf die Strategien ausrichten

In diesem Abschnitt geht es darum, Führung und Strategie zu verbinden. Die gewählten Strategien sind ausschlaggebend für die Führungskräfteentwicklung. Die Auswahl und Entwicklung der Führungskräfte hat eine lange Tradition (Hinterhuber und Renzl 2004). Vorstände und Aufsichtsräte sind sich bewusst, dass eine gute Führung eine unverzichtbare Voraussetzung zur nachhaltigen Wertsteigerung des Unternehmens ist. Das heißt allerdings noch nicht, dass die Auswahl und Entwicklung der Führungskräfte für das Senior Management auch schon überall fest und systematisch etabliert wären. Wir kennen erfolgreiche Unternehmer, Vorstands- und Aufsichtsratsmitglieder, die auf ihren patriarchalischen Führungsstil schwören, ohne sich bewusst zu sein, dass sie in den Augen ihrer Führungskräfte schon längst als Relikt empfunden werden.

Die entscheidenden Fragen für die Zukunft eines jeden Unternehmens lauten:

- Welche Führungskräfte brauchen wir für das nachhaltige und profitable Wachstum des Unternehmens?
- Mit welchen Führungskräften wollen wir unsere Wachstumsstrategien umsetzen?
- Woher kommen sie?
- Wie sollen sie auf ihre zukünftige Führungsverantwortung vorbereitet werden?
- Wie kommunizieren wir die Reputation unseres Unternehmens so nach außen, dass klar wird, dass die Qualität unseres Führungsteams ein Schlüsselfaktor für den zukünftigen Erfolg ist?

Diese und ähnlich wichtige Fragen werden häufig mit informellen Ansätzen beantwortet. Schlüsselpersonen, die gegenwärtige oder potenzielle Leiter von wichtigen Unternehmenseinheiten sind, werden beobachtet und ihre Leistungen erfasst und bewertet. Je nach den sich im Unternehmen ergebenden Möglichkeiten werden diese Führungskräfte mit zunehmend wichtigeren Aufgaben betraut. Unsere Erfahrungen zeigen allerdings, dass dieser Beurteilungsprozess abgebrochen wird, sobald nach Jahren mehr oder weniger genauer Bewertung festgestellt wird, dass diese ihr höchstes Leistungspotenzial erreicht hat. Dadurch gehen dem Unternehmen wichtige Kandidaten für zukünftige Führungspositionen verloren. Die Erfahrung zeigt, dass die Entwicklung von oberen und obersten Führungskräften nicht vor drei bis fünf Jahren zu konkreten Ergebnissen führt. Die zukünftige Organisationsstruktur ist deshalb wichtiger als die heutige. Das bedeutet, dass die Strategien des Unternehmens die Grundlagen sind, um Art und Umfang der Managemententwicklungsprozesse zu bestimmen. Es sind die Strategien, die die Organisationsstruktur und somit die Anforderungen an die Führungskräfte bestimmen. Kurzfristig muss ein Unternehmen zwar von den verfügbaren Führungskräften geführt werden. Wenn diese der idealen Organisation aber nicht entsprechen, bleibt nichts anderes übrig, als die Organisation anzupassen. Die Führungskräfteentwicklung sollte jedoch immer auf die beste zukünftige Organisation ausgerichtet sein, die man realistischer Weise verwirklichen kann.

14.4.2 Entwicklung einer Leadership-Strategie

Die zuverlässige Entwicklung von qualifizierten Führungskräften für Wachstumsstrategien ist vordringlich und ebenso wichtig wie die Ausschöpfung gegenwärtiger Gewinnpotenziale des Unternehmens. Jedes Unternehmen braucht eine Leadership-Strategie, d. h. ein integriertes Gesamtkonzept zur Nachwuchsauswahl und –förderung, das auf die Geschäftsstrategien ausgerichtet ist. Die Leadership-Strategie beschreibt die verschiedenen Maßnahmen, mit denen Wachstumsstrategien unterstützt werden und enthält die Anforderungsprofile, die für Wachstumsstrategien erwünscht sind. Das bewährte Prinzip des Sich-hoch-Dienens von funktionaler Verantwortung zur Leitung von Geschäftseinheiten und regionalen Gesellschaften wird auch in Zukunft als Reservoir brauchbarer Führungskräfte beibehalten werden. „Lernen aus Fehlern" geschieht auf den unteren Verantwortungsebenen. Auf dem Weg zu den oberen und obersten Führungspositionen muss aber eine intensive Führungskräfteschulung stattfinden. Die Erfolgsformel von General Electric für das Gewinnen des „Krieges um Talente" ist einfach: Stelle die besten Talente ein, gib ihnen die Möglichkeit, zu wachsen, schaffe in der Organisation eine Leistungskultur, erstelle ein Ranking deiner Führungskräfte, prüfe rigoros und systematisch ihre Leistung und Beförderungsfähigkeit, differenziere in Gehalt und Aufstiegsmöglichkeiten zwischen den besten und den am wenigsten effektiven Führungskräften, verkaufe Karrieren, nicht Arbeitsplätze (Hinterhuber et al. 2006; Hinterhuber 2010).

14.4.3 Auswahl und Beurteilung der Führungskräfte

Jedes erfolgreiche Unternehmen ist eine Meritokratie. Unternehmer und Führungskräfte verwenden ihre Zeit als Belohnung derjenigen, die die vereinbarten Ziele erreichen, ja vielleicht übertreffen und dies auf Wegen tun, die mit den Führungswerten des Unternehmens übereinstimmen. Der beste Prädiktor für die zukünftige Leistung eines Menschen ist sein Verhalten in der Vergangenheit. Führungskräfte und Mitarbeiter, die in der Vergangenheit ihre Leistungsfähigkeit unter Beweis gestellt haben, erhalten deshalb in der Regel mehr Aufmerksamkeit, mehr Zeit und Unterstützung zu wachsen und sich weiterzuentwickeln als schwächere Führungskräfte und Mitarbeiter. Denn von ihnen können die größten Verbesserungen und Erschließungen von neuen Möglichkeiten erwartet werden.

In einer kompetitiven Führungskultur, wie sie für die USA typisch ist und sich in schwierigen Zeiten auch in Europa durchsetzt, wird von den Vorgesetzten verlangt, dass sie ihre Führungskräfte und Mitarbeiter in drei Gruppen einteilen:

- die $\pm 25\,\%$ „high talent people" (Top 25 %)
- die $\pm 65\,\%$ „high potentials" (Highly Effective People 65 %)
- die $\pm 10\,\%$ „less effective people"

Abb. 14.5 Die Beurteilung von Führungskräften. (Quelle: General Electric Company)

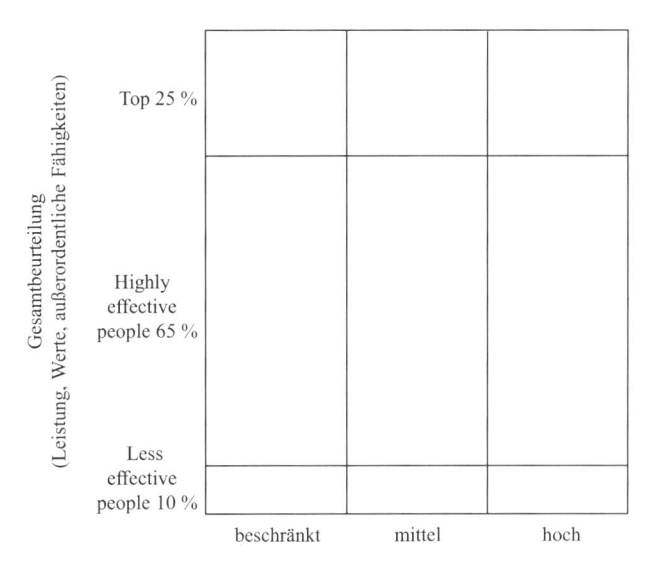

Gesamtbeurteilung (Leistung, Werte, außerordentliche Fähigkeiten)

- Top 25 %
- Highly effective people 65 %
- Less effective people 10 %

Beförderungswürdigkeit: beschränkt | mittel | hoch

Ähnliche Klassifizierungen finden sich zunehmend auch in europäischen Unternehmen.

Diese Klassifizierungen sind problematisch, die Grundidee ist richtig. Unkritisch angewandt, ist dieses Beurteilungssystem der Führungskräfte und Mitarbeiter eine der schlimmsten Management-Innovationen des vergangenen Jahrhunderts. Es kann die Führungskultur und die Moral zerstören, Teamgeist durch Neid und Rücksichtslosigkeit ersetzen sowie unproduktive Rivalitäten und schrankenlosen Egoismus fördern. Richtig angewandt, soll das System helfen, dass sich die Mitarbeiter mit sich selbst vergleichen, nicht mit den anderen; es soll, mit anderen Worten den Mitarbeitern einen Spiegel vorhalten.

Richtig und mit Diskretion angewandt, wenn die Gründe untersucht werden, warum jemand die erwartete Leistung nicht bringt und wenn den „less effective people" geholfen wird, ihr Bestes zu geben und sie auch langfristig motiviert sind, führt das System zu einer Meritokratie – wie sie jedes Unternehmen sein sollte.

General Electric hat aufgrund dieser Klassifizierung ein Raster entwickelt (Abb. 14.5), mit dem Führungskräfte beurteilt werden. Die Kerngedanken dieser Beurteilung sind:

1. Von den ± Top 25 % wird erwartet, dass sie:
   - auf exemplarische Weise die Führungswerte leben und vorleben,
   - herausragende Leistungen zur Sicherung und Weiterentwicklung der laufenden Geschäftstätigkeiten erbringen,
   - offen sind für neue Möglichkeiten und daraus Nutzen für die Zukunft des Unternehmens bringen.
2. Von den ± 10 % der Führungskräfte, die die Leistung nicht erbringen, die Führungswerte nicht leben oder Trittbrettfahrer sind, trennt sich das Unternehmen, wobei die Gründe für die ungenügende Leistung untersucht und in Betracht gezogen werden.

3. Die Führungskräfte auf jeder Verantwortung des Unternehmens sind für die Entwicklung ihrer Mitarbeiter verantwortlich.
4. Spitzenführungskräfte werden sowohl „in der Seele als auch in der Geldtasche" belohnt.

14.5 Ausblick: Was bedeutet das für die Zukunft der Führung?

Der Beitrag knüpft an die klassischen Konzepte der Strategischen Unternehmensführung (Hinterhuber 2011) an und stellt die Bedeutung von Führung und Strategie und die Verbindung dieser beiden Elemente im Rahmen einer Leadership Strategie dar. Er zeigt, wie wichtig die unternehmerische Führung gerade in wirtschaftlich turbulenten Zeiten ist und wie an dieser Führungsexzellenz systematisch im Sinne einer Leadership Strategie gearbeitet werden kann und soll.

Kein Unternehmen kann andere Ergebnisse erwarten, wenn es die gleichen Dinge tut wie bisher. In schwierigen Zeiten wird von Führungskräften erwartet, dass sie ein Gespür haben, wohin sich der Markt entwickelt, welche Produkte und Dienstleistungen die Kunden wirklich wollen und dass sie alle Energien in sich selbst und in den Mitarbeitern mobilisieren. Voraussetzungen dafür sind eine exzellente Führung und die richtige Strategie.

Die Kernaussagen des vorliegenden Beitrags lassen sich folgendermaßen zusammenfassen:

1. Eine exzellente Führung ist der wichtigste Faktor für den Erfolg einer jeden Organisation.
2. Exzellente Führung ist unternehmerische Führung. Ein Unternehmer ist nicht nur der Inhaber eines Unternehmens, der sein Kapital riskiert. Ein Unternehmer ist der, dessen Geisteshaltung und Einstellung alle unternehmerischen Eigenschaften umfasst. Diese Geisteshaltung und Einstellung können gemessen werden.
3. Die Strategie ist ein Gesamtkonzept zur Erreichung von Zielen in einer turbulenten Umwelt und hat vier Dimensionen. Es wird gezeigt, wie die Qualität einer Strategie gemessen werden kann.
4. Die Verbindung von Führung und Strategie erfolgt über eine Leadership-Strategie. Diese gibt an, welche Führungskräfte für das nachhaltige und profitable Wachstum sowie für die Existenzsicherung des Unternehmens benötigt werden. Ein Vorgehen zur Auswahl und Beurteilung der Führungskräfte wird vorgestellt.

Die technische, wirtschaftliche und soziale Kreativität des Unternehmens und seine strategischen Fähigkeiten sind notwendige Bedingungen für nachhaltigen Erfolg. Entscheidend sind letzten Endes die Persönlichkeit und der Charakter der Führungskräfte, ihre Werte und Einstellungen sowie das Klima, das sie schaffen. Die zentrale Rolle des Faktors Mensch wird hier einmal mehr betont.

Autorbeschreibung

Hans H. Hinterhuber Chairman, Hinterhuber & Partners, Strategy/Pricing/Leadership Consultants, Innsbruck-Peking. Bis 2006 Vorstand des Instituts für Strategisches Management, Marketing und Tourismus, Universität Innsbruck. Verfasser oder Herausgeber von über 40 Büchern und über 400 wissenschaftlichen Arbeiten im Gesamtbereich der Strategischen Unternehmungsführung und des Leadership. Veröffentlichungen in der *Harvard Business Review, Long Range Planning, International Journal of Production Economics, Strategic Change, TIBR und anderen Journalen*. Träger des Österreichisches Ehrenkreuz für Wissenschaft und Kunst 1. Klasse. Mitglied in verschiedenen Aufsichträten, Editorial Boards und wissenschaftlichen Vereinen.

Birgit Renzl Professorin für Strategie & Organisation und Dekanin für Betriebswirtschaftslehre an der Privatuniversität Schloss Seeburg in Seekirchen am Wallersee/Salzburg. Studium der „Internationalen Wirtschaftswissenschaften" an der Universität Innsbruck und an der Universität Göteborg/Schweden. Promotion und Habilitation an der Universität Innsbruck im Bereich Wissensmanagement. Forschungsaufenthalte an der University of Strathclyde/Schottland und an der Universität St. Gallen/Schweiz. Verfasserin von über 50 Artikeln und Buchbeiträgen im Bereich der Strategischen Unternehmensführung, insbesondere im Wissens- und Innovationsmanagement und Entrepreneurship.

Christian H. Werner Professor und Rektor an der Privatuniversität Schloss Seeburg in Seekirchen am Wallersee/Salzburg. Studium der Betriebswirtschaftslehre und der Politischen Wissenschaften in Hagen, Landshut und München. Promotion in Wirtschaftswissenschaften an der Wirtschaftsuniversität Budapest und in Pädagogischer Psychologie an der Ludwig Maximilians Universität in München. Langjährige Tätigkeit als Unternehmensberater insbesondere in den Bereichen Strategisches Management und Führung. Akademischer Leiter mehrerer internationaler Summer Schools in Peking und Moskau. Mitglied in verschiedenen Beiräten und Editorial Boards. Präsident von IUNworld, einem internationalen Netzwerk von Hochschulen.

Literatur

Bennedsen, M., Pérez-Gonzáles, F., & Wolfenzon, D. (2008). Do CEO's matter? Copenhagen/NYU Working Paper, No. FIN-06-032.

Christensen, C. R., Andrews, K. R., Bower, J. L., Hamermesh, R. G., & Porter, M. E. (1987). *Business policy_ Text and cases* (6. Aufl.). Homewood: Irwin.

Clawson, J. G. (2009). *Level three leadership. Getting below the surface* (4. Aufl.). Upper Saddle River, NJ: Pearson Prentice Hall.

Glynn, M. A., & Raffaelli, R. (2011). Uncovering mechanisms of theory development in an academic field: Lessons from leadership research. *The academy of management annals, 4*(1), 359–401.

Hayek, N. G., & Bartu, F. (2005). *Nicolas G. Hayek im Gespräch mit Friedemann Bartu. Ansichten eines Vollblutunternehmers*. Zürich: Nzz Libro.

Hayek, N. G. (2008). Verantwortung der Schweizer Unternehmer in einer globalisierten Welt. Referat gehalten am "Tag der Wirtschaft" der Economiesuisse in Baden am 05.09.2009.

Hinterhuber, H. H. (2011). *Strategische Unternehmensführung, I. Strategisches Denken*. 8. neu bearb. und erweit. Aufl. Berlin: ESV.

Hinterhuber, H. H. (2010). *Die 5 Gebote für exzellente Führung*. Frankfurt a. M.: F.A.Z.

Hinterhuber, H. H., & Renzl, B. (2004). Der Unternehmer als Innovator und Erkenntnistheoretiker. In: E. Schwarz (Hrsg.), *Nachhaltiges Innovationsmanagement* (S. 3–28). Wiesbaden: Gabler.

Hinterhuber, H. H., & Renzl, B., & Matzler, K. (2006). The leadership company - Leadership as core competency in the firm of the future. In: M. T. del Val Nuñez, J. Sánchez, M. Yolanda, & C. García Grewe (Hrsg.), *Economy, entrepreneurship, science and society in the XXI century* (S. 543–561). Alcalá de Henares: Universidad de Alcalá.

Lev, B. (2009). Managerial-ability – The Ultimate intangible: The measurement and uses of top managers' ability. Vortrag gehalten auf der 32. Jahrestagung der AIDEA, Ancona (Italien). Zugegriffen: 24 Sep 2009.

Malmendier, U., & Tate, G. A. (2009). Superstar CEOs. *The Quarterly Journal of Economics, 124*(4), 1593–1638.

Stadler, Ch., & Hinterhuber, H. H. (2005). Shell, Siemens and DaimlerChrysler: Leading change in companies with strong values. *Long Range Planning, 38,* 467–484.

Wassermann, N., Anand, B. & Nohria, N. (2010). When does leadership matter? A contingent opportunities view of CEO leadership. In N. Nohria, R. Khurana (Hrsg.), *Handbook of leadership theory and practice* (S. 27–63). Boston: Harvard Business Press.

Die dunkle Seite der Führung: Negatives Führungsverhalten, dysfunktionale Persönlichkeitsmerkmale und situative Einflussfaktoren

Zukunft der Führung

Prisca Brosi und Matthias Spörrle

> **Zusammenfassung**
>
> Trotz der weitreichenden Konsequenzen von negativem Führungsverhalten, hat sich die Führungsliteratur bis vor circa 15 Jahren weitestgehend auf die Untersuchung von positivem Führungsverhalten beschränkt. Dieses Kapitel beleuchtet schlaglichtartig die noch junge Forschungsliteratur zu negativem Führungsverhalten, sowie dessen wichtigste Antezedenzien: dysfunktionale Persönlichkeitsmerkmale und situative Einflüsse. Negatives Führungsverhalten wird dabei weit umfassend als den Mitarbeitenden und/oder dem Unternehmen schadendes Führungsverhalten definiert. Nach einer Übersicht über die bisher noch sehr heterogene Landschaft unterschiedlicher Definitionen negativen Führungsverhaltens (d. h., beleidigende, tyrannische, aversive, despotische, und destruktive Führung), werden die drei wichtigsten dysfunktionalen Persönlichkeitsmerkmale in Bezug auf negative Führung vorgestellt: Narzissmus, Hybris und Machiavellianismus. Anschließend werden situative Einflüsse auf negatives Führungsverhalten untergliedert in Merkmale der Mitarbeitenden und Umwelteinflüsse diskutiert. Die Relevanz der Ergebnisse der Forschung zu negativer Führung wird im Hinblick auf die Einführung von Corporate Governance Richtlinien, Unternehmensinitiativen und einzelne Führungskräfte sowie der aktuellen wirtschaftlichen Gesamtsituation näher betrachtet. Zum Abschluss werden drei wichtige zukünftige Trends in Bezug auf negative Führung – die Rolle der Medien, die Virtualisierung der Arbeit, sowie die Globalisierung – vorgestellt und deren Auswirkungen im Hinblick auf negative Führung diskutiert.

P. Brosi (✉)
Lehrstuhl für Strategie und Organisation, Technische Universität München,
Leopoldstr. 139, 80804 München, Deutschland
E-Mail: brosi@tum.de

M. Spörrle
Fachhochschule für angewandtes Management (FHAM),
Am Bahnhof 2, 85435 Erding, Deutschland
E-Mail: matthias.spoerrle@fham.de

15.1 Einleitung

Gemäß einer Umfrage von Gallup Consulting im Jahr 2010 haben in Deutschland bereits 20 % aller Arbeitnehmer einmal daran gedacht, ihr Unternehmen aufgrund ihres direkten Vorgesetzten zu verlassen (Gallup 2011). Nach Schätzungen derselben Studie entstehen in Deutschland jährlich Kosten in Höhe von rund 3,7 Mrd. € durch Fehlzeiten sowie 6,0 Mrd. € durch Fluktuation – (schlechte) Führung wird als eine der wichtigsten Ursachen für beides angesehen. Im Hinblick auf diese Zahlen und der Tatsache, dass die Konsequenzen von negativer Führung auch von Führungskräften der mittleren und oberen Führungsebene als extremer beschrieben werden als die Konsequenzen von positiver Führung (Schilling 2007), ist es überraschend, dass sich die wissenschaftliche Führungsforschung bis in die heutige Zeit zu großen Teilen auf die positiven Folgen von Führung konzentriert hat. Während sich die Forschung über die positiven Aspekte von Führung seit ihrem Beginn mit der Great Man Theorie im Jahre 1840 sehr produktiv entwickelt hat (Judge et al. 2009), hat die wissenschaftliche Untersuchung zu negativer Führung erst innerhalb der letzten 15 Jahre begonnen (Tepper 2007).

Diese Entwicklung ist insbesondere deswegen kritisch (und auch überraschend), weil Macht inhärent mit Führung verbunden ist (Galinsky et al. 2003) und bereits gezeigt wurde, dass allein die formale Zuweisung von Macht (z. B., im Rahmen einer Führungsrolle) dysfunktionale Auswirkungen auf die Wahrnehmung derer, denen Macht zugewiesen wurde, haben kann. Die Zuweisung von Macht führt beispielsweise dazu, dass Personen Dinge, die außerhalb ihrer Kontrolle liegen, als durch sie kontrollierbar empfinden (Fast et al. 2009) und stärker auf sich selbst fixiert sind (Galinsky et al. 2006). So kann es zu Fehlentscheidungen kommen, wenn eine Führungskraft beispielsweise Finanzmarktbewegungen für kontrollierbar hält oder die Bedürfnisse ihrer Mitarbeitenden nicht erkennt.

Im nächsten Abschnitt werden wir zunächst einen kurzen Überblick über den Hintergrund der Entwicklung der Forschung zu negativer Führung geben. Anschließend wird die aktuelle Forschung zu negativer Führung schlaglichtartig beleuchtet werden. Diese Betrachtung gliedert sich in die Vorstellung von negativem Führungsverhalten, dem Einfluss von dysfunktionalen Persönlichkeitsmerkmalen auf negative Führung sowie die Vorstellung von situativen Einflußfaktoren auf die Entstehung von schlechter Führung. Im Anschluss an die Vorstellung der aktuellen Forschung werden wir die Relevanz dieser Erkenntnisse für die Praxis aufzeigen, sowie zum Abschluss auf die Implikationen von zukünftigen Trends auf die weitere Entwicklung von negativer Führung eingehen.

15.2 Hintergrund von negativer Führung

In den letzten Jahren hat die Untersuchung von negativer Führung zunehmend Aufmerksamkeit erfahren. So wurden die Antezedenzien, Verhaltensmerkmale und Konsequenzen von negativer Führung (d. h., Führungsverhalten, das für die Mitarbeitenden und/oder die Organisation negative Konsequenzen hat) bereits in mehreren Literaturübersichten zusammen gefasst (Judge et al. 2009; Padilla et al. 2007; Tepper 2007). Während diese Übersichten sich entweder auf die Untersuchung von Verhalten (Tepper 2007), auf den Einfluss von Persönlichkeit (Judge et al. 2009; Padilla et al. 2007) oder die Identifikation von Situationen, die das Auftreten von negativer Führung beeinflussen (Padilla et al. 2007), konzentriert haben, wird dieses Kapitel schlaglichtartig alle diese Aspekte beleuchten, um einen breiten Überblick in diese noch vergleichsweise junge Forschungsrichtung zu bieten.

Im Einklang mit bisherigen Forschungsarbeiten verwenden wir an dieser Stelle einen weit gefassten Führungsbegriff, der sowohl die Führung von anderen Personen als auch die Führung von Institutionen (Judge et al. 2009; Padilla et al. 2007) abdeckt. Im Folgenden werden wir die Begriffe schlechte und negative Führung synonym verwenden und uns mit diesen auf kein spezifisches Führungskonstrukt, sondern generell auf Führungsverhalten beziehen, das den Mitarbeitenden (z. B., aggressives oder beleidigendes Verhalten) und/oder Organisationen (z. B., Geschäftsentscheidungen, die eigenen Interessen anstatt denen der Organisation nutzen) schadet, beziehen. Eine genaue Abgrenzung dieser beiden Dimensionen (d. h., der Führung von Personen und der von Institutionen) wird noch erfolgen.

15.3 Beschreibung von negativem Führungsverhalten, dysfunktionalen Persönlichkeitsmerkmalen und situativen Einflüssen

In der positiven Führungsliteratur wurde Führung insbesondere entlang der drei grundlegenden Forschungsrichtungen Führungsverhalten, Persönlichkeitsmerkmale sowie situative Einflüsse untersucht (House und Aditya 1997). Im folgenden sollen alle drei Forschungsrichtungen in Bezug auf negative Führung näher beleuchtet werden.

15.3.1 Negatives Führungsverhalten

Die noch junge Literatur zu negativem Führungsverhalten ist im Vergleich zur Literatur über positives Führungsverhalten sehr heterogen. So wurde eine Vielzahl an unterschiedlichem, jedoch oftmals sehr ähnlichem negativem Führungsverhalten definiert, welches mit unterschiedlichen Skalen, jedoch meist durch Befragung der Mitarbeitenden untersucht wurde. Im Folgenden soll ein Überblick über die existierenden Definitionen von negativem Führungsverhalten, sowie deren wissenschaftlich untersuchten Antezedenzien und Konsequenzen gegeben werden. Neben negativem Führungsverhalten wurden in der Literatur weitere dysfunktionale Verhaltensweisen zwischen Mitarbeitenden allgemein untersucht. Beispiele hierfür sind soziale Unterminierung (Duffy et al. 2002), Bullying (Salin 2003), und aggressives Verhalten am Arbeitsplatz (Barling et al. 2009). Im Gegensatz zu diesen eher breit gefassten Handlungen konzentriert sich die folgende Übersicht auf Verhaltensweisen in Organisationen, die explizit als nur von Führungskräften ausgehend, postuliert und im Führungskontext untersucht wurden.

15.3.1.1 Beleidigendes Führungsverhalten (*Abusive Leadership*)

Beleidigendes Führungsverhalten ist darüber definiert, wie sehr Mitarbeitende anhaltend feindseliges verbales und nichtverbales Verhalten mit Ausnahme von physischem Kontakt bei ihrer Führungskraft beobachten (Tepper 2007). Somit ist bei der Definition von beleidigendem Führungsverhalten die Wahrnehmung der Mitarbeitenden von entscheidender Bedeutung. Eine Person nimmt die Führungsperson beispielsweise als beleidigend war, wenn sich die Führungskraft (vor anderen) über sie lächerlich macht, sie anschreit, einschüchtert und ihre Arbeit nicht anerkennt. Die Definition bezieht sich explizit auf die subjektive Wahrnehmung, so dass es vorkommen kann, dass das gleiche Verhalten einer Führungsperson von verschiedenen Mitarbeitenden unterschiedlich gesehen und bewertet wird (Tepper 2000).

Führungskräfte, die sich selbst ungerecht behandelt fühlen, zeigen in der Tendenz mehr beleidigendes Führungsverhalten als Führungskräfte, die sich nicht ungerecht behandelt fühlen (Tepper et al. 2006). Dieser Zusammenhang kann laut der Autoren teilweise dadurch erklärt werden, dass Führungskräfte selbst auf Grund von erfahrener Ungerechtigkeit Depressionen erleben, die wiederum zu beleidigendem Führungsverhalten führen. Die Autoren nehmen an, dass in Depressionen beinhaltete Feindseligkeit diesen Effekt erklärt. Des weiteren wurde gezeigt, dass Führungskräfte, die sich selbst in ihrer Führungsfunktion als inkompetent einschätzen, stärker zu beleidigendem Verhalten tendieren als Führungskräfte, die sich selbst als kompetent einschätzen (Fast und Chen 2009).

Mitarbeitende, die beleidigendes Führungsverhalten erfahren, fühlen sich eher ungerecht behandelt, wodurch sie tendenziell häufiger kündigen, sich ihrem Arbeitgeber weniger verpflichtet fühlen, mit ihrer Arbeit und ihrem Leben allgemein unzufriedener sind, und mehr Konflikte zwischen ihrer Arbeit und ihrem Privatleben erfahren (Tepper 2000). Diese negativen Konsequenzen können verstärkt werden, wenn Mitarbeitende keine Möglichkeiten sehen, die Arbeitsstelle zu wechseln. Darüber hinaus wurde gezeigt, dass das Erleben von beleidigendem Führungsverhalten zu Alkoholproblemen führen kann (Bamberger und Bacharach 2006). Es wurde jedoch auch gezeigt, dass Mitarbeitende ihr Arbeitsverhalten auf Grund von beleidigendem Führungsverhalten ändern. Mitarbeitende reagieren passiv indem sie weniger häufig freiwilliges Arbeitsverhalten gegenüber anderen Mitarbeitenden (z. B., Hilfeverhalten) und dem Unternehmen (z. B., nicht gewissenhaftes Arbeiten) zeigen (Aryee et al. 2007; Zellars et al. 2002). Sie können aber auch aktiv reagieren indem sie gegenüber dem Unternehmen (z. B., durch Arbeitsvermeidung), und gegenüber anderen Mitarbeitenden und der Führungskraft selbst (z. B., durch Beschimpfungen) Fehlverhalten zeigen (Mayer et al. 2012; Mitchell und Ambrose 2007). Diese negativen Konsequenzen können verstärkt werden, wenn Mitarbeitende, die beleidigendes Führungsverhalten erfahren, Unsicherheit in Bezug auf ihre eigenen Kompetenzen empfinden (Mayer et al. 2012). Allerdings werden die Konsequenzen von beleidigendem Führungsverhalten auch teilweise gemindert. Beleidigendes Führungsverhalten wird tendenziell durch externe Umwelteinflüsse erklärt (vgl. Schilling 2009), während Mitarbeitende positives Führungsverhalten sich selbst zuschreiben (Yagil 2005). Dennoch sind die Auswirkungen von beleidigendem Führungsverhalten wie beschrieben weit reichend.

15.3.1.2 Tyrannische Führung (*Petty Tyranny*)

Als tyrannische Führung wird die Tendenz, die eigene Macht gegenüber anderen Personen zu missbrauchen, definiert (Ashforth 1994). Merkmale von tyrannischer Führung sind das Ausüben von Willkür, die Herabsetzung von Mitarbeitenden, fehlende Rücksichtnahme, erzwungene Konfliktlösung, das Entmutigen von Initiative der Mitarbeitenden, sowie willkürliche Bestrafung (Ashforth 1994). In der Literatur wurden drei Einflussfaktoren auf tyrannische Führung gezeigt: Niedrige Toleranz der Führungskraft gegenüber Ungewissheit, Präferenz der Führungskraft für eine bürokratische Arbeitsweise, und der Glaube, dass Mitarbeitende generell nicht motiviert sind. Als Konsequenzen von tyrannischer Führung wurden die verminderte Unterstützung der Führungskraft durch die Mitarbeitenden, erhöhte Hilflosigkeit und Entfremdung von der Arbeit der Mitarbeitenden, sowie ein niedrigerer Zusammenhalt der gesamten Arbeitsgruppe in einer Studie empirisch bestätigt (Ashforth 1997).

15.3.1.3 Aversive Führung (*Aversive Leadership*)

Mit aversiver Führung wird Führungsverhalten bezeichnet, das auf Macht durch Bestrafung basiert (Pearce und Sims 2002). Dieses Verhalten umfasst die Einschüchterung und Maßregelung von Mitarbeitenden. Bei Befragungen von Mitarbeitenden zeigt sich, dass aversive Führung zu schlechterer Leistung in Teams (Pearce und Sims 2002), zu reduzierter Arbeitszufriedenheit und zum Widerstand gegenüber dem Vorgesetzten führen kann (Bligh et al. 2007). Ein vergleichbarer Zusammenhang zwischen aversiver Führung und Konsequenzen für die Mitarbeitenden konnte jedoch nicht bestätigt werden, wenn die Führungskraft selbst die Arbeitsleistung und das freiwillige Arbeitsverhalten ihrer Mitarbeitenden einschätzte. Die aus Sicht der Mitarbeitenden bestehenden negativen Konsequenzen aversiver Führung konnten somit im Urteil der Führungskräfte nicht nachgewiesen werden. Die Autoren interpretieren dieses Ergebnis in dem Sinne, dass die negativen Folgen von aversiver Führung stärker durch die Mitarbeitenden attribuiert werden als sie in Wirklichkeit existent sind (Bligh et al. 2007).

15.3.1.4 Despotische Führung (*Despotic Leadership*)

Despotische Führung wird als autoritäres Verhalten, das den Eigeninteressen der Führungsperson dient, selbstverherrlichend und unsensibel ist, sowie andere Personen ausbeutet, definiert (De Hoogh und Den Hartog 2008). Als eine Antezedens von despotischer Führung wurde das soziale Verantwortungsgefühl von Führungskräften – gemessen durch das Vorhandensein von moralischen Standards, Pflichtgefühl, Besorgnis um andere sowie negative Konsequenzen und kritische Reflexion der eigenen Person – bestätigt. Allerdings konnte in dieser Studie nicht gezeigt werden, dass despotische Führung zu negativen Konsequenzen in Form von verminderter Leistung von Arbeitsgruppen führt.

15.3.1.5 Destruktive Führung (*Destructive Leadership*)

In jüngerer Zeit wurden zwei Beiträge zu negativer Führung veröffentlicht, die unabhängig voneinander den Begriff der destruktiven Führung verwendet haben (Einarsen et al. 2007;

Padilla et al. 2007). In beiden Beiträgen wird destruktive Führung weiter gefasst als in bisherigen Definitionen von negativem Führungsverhalten. In einem der beiden Beiträge wurde destruktive Führung als systematisches und wiederholtes Verhalten von Führungskräften definiert, welches das rechtmäßige Interesse von Unternehmen verletzt, indem es Ziele, Aufgaben und Ressourcen des Unternehmens, sowie die Leistungsfähigkeit und/oder Motivation, Wohlbefinden und Arbeitszufriedenheit von Mitarbeitenden unterminiert oder sabotiert (Einarsen et al. 2007). Die Autoren unterscheiden dementsprechend zwei unterschiedliche Dimensionen destruktiven Führungsverhaltens: gegen Mitarbeitende gerichtetes destruktives Führungsverhalten und gegen das Unternehmen gerichtetes destruktives Führungsverhalten. Destruktiv handelnde Führungskräfte können nach diesen Dimensionen in drei unterschiedlichen Weisen handeln: gegen Mitarbeitende, aber für die Organisation (bezeichnet als tyrannisches Führungsverhalten; ein Beispiel hierfür wäre eine Führungsperson, die ihre Mitarbeitenden ausbeutet um ein gutes Ergebnis zu erzielen), für Mitarbeitende, aber gegen die Organisation (bezeichnet als unterstützend-disloyales Führungsverhalten; ein Beispiel wäre eine Führungskraft, die sich um ihre Mitarbeitenden bemüht, aber dem Unternehmen Ressourcen in Form von Zeit, Material oder Geld stiehlt) oder gegen Mitarbeitende und gegen die Organisation (bezeichnet als entgleistes Führungsverhalten; ein Beispiel für dieses Verhalten wären Führungspersonen, die mit Fokus auf ihre eigene Karriere zum Nachteil ihres Unternehmens und ohne Rücksicht auf ihre Mitarbeitenden agieren) (Einarsen et al. 2007). Die Trennung entlang dieser Dimensionen ist insbesondere in Bezug auf tyrannisches Führungsverhalten kritisch zu hinterfragen. Zwar ist das Beispiel der Führungsperson, die durch Ausbeutung ihrer Mitarbeitenden ein gutes Ergebnis erzielt und somit für die Organisation handelt eingehend, jedoch stellt sich die Frage, ob dieses Ergebnis nachhaltig ist. Tyrannisches Führungsverhalten kann auf lange Sicht auch dem Unternehmen schaden, wenn es beispielsweise zu höheren Fluktuationsraten und langfristig zu Leistungsminderungen führt.

Der zweite Beitrag definiert destruktive Führung im Vergleich zu früheren Definitionen ebenfalls sehr umfassend (Padilla et al. 2007). So beinhaltet auch diese Definition explizit, dass destruktives Führungsverhalten sowohl auf Mitarbeitende als auch Organisationen negative Auswirkungen haben kann. Vergleichbar zu früheren Definitionen von negativem Führungsverhalten, beispielsweise die tyrannische Führung (Ashforth 1994), sind die Kontrolle und Zwang von Mitarbeitenden sowie die Eigennützigkeit der Führungsperson zentrale Bestandteile. Im Gegensatz zur Definition von beleidigendem Führungsverhalten (Tepper 2000) schließen die Autoren darüber hinaus auch physisch schadendes Verhalten nicht aus.

Insgesamt lassen sich auf Basis der vorgestellten Formen negativen Führungsverhaltens vier wichtige Dimensionen erkennen. Erstens, ist negatives Führungsverhalten auf den Vorteil der eigenen Person bedacht (De Hoogh und Den Hartog 2008). Zweitens, beinhaltet negatives Führungsverhalten den Missbrauch der durch die Führungsposition auf die Person übertragenen Macht (Ashforth 1994; Pearce und Sims 2002). Drittens, schadet negatives Führungsverhalten unmittelbar den Mitarbeitenden (De Hoogh und Den Hartog 2008; Einarsen et al. 2007; Padilla et al. 2007; Tepper 2000). Darüber hinaus beinhalten rezente Definitionen von negativem Führungsverhalten auch den Schaden für Organisationen (Einarsen et al. 2007; Padilla et al. 2007).

15.3.2 Dysfunktionale Persönlichkeitseigenschaften

Persönlichkeitseigenschaften sind als zeitlich überdauernde, verhaltensrelevante, nichtkrankhafte und individuelle Eigenschaften definiert (vgl. Asendorpf 2007). In der Literatur haben sich insbesondere fünf Persönlichkeitseigenschaften herauskristallisiert, welche die hervorstechendsten Dimensionen menschlichen Verhaltens widerspiegeln. Diese werden als die Big Five der Persönlichkeitsmerkmale bezeichnet und umfassen Extraversion (d. h., die Tendenz kontaktfreudig, durchsetzungsfähig und aktiv zu sein), emotionale Stabilität (d. h., die Tendenz emotional ausgeglichen zu sein, sowie wenig negative Emotionen zu empfinden), Verträglichkeit (d. h., die Tendenz vertrauensvoll, nachgiebig und sanftmütig zu sein), Gewissenhaftigkeit (d. h., die Tendenz leistungsorientiert und verlässlich zu sein) und Offenheit für Erfahrungen (d. h., die Tendenz andere Ideen und Werte zu akzeptieren und sich auf neue Situationen einzulassen) (Goldberg 1990; Judge et al. 2002; Costa und McGrae 1995). In einer umfangreichen Meta-Analyse zum Einfluss der Big Five auf Führungseffektivität wurde der substantielle Einfluss der Big Five Persönlichkeitsmerkmale empirisch bestätigt (Judge et al. 2002). Extraversion hatte in dieser Studie den stärksten positiven Einfluss auf Führungseffektivität (d. h., die Leistung der Führungskraft ihre Ziele zu erreichen), gefolgt von Gewissenhaftigkeit und Offenheit für Erfahrungen. Insbesondere in Studien, die im Unternehmenskontext durchgeführt wurden, war Offenheit für Erfahrung nach Extraversion der zweitstärkste, positive Prädiktor. Emotionale Stabilität zeigte einen direkten positiven Zusammenhang mit Führungseffektivität, der jedoch insignifikant wurde, wenn auf die anderen Big Five Persönlichkeitsmerkmale kontrolliert wurde. Verträglichkeit hatte am wenigsten Einfluss auf Führungseffektivität (Judge et al. 2002). Es wurde jedoch auch bereits postuliert, dass die Big Five Persönlichkeitseigenschaften in ihrer Extremform zu negativem Führungsverhalten führen können. So wurde angenommen, dass zu hohe Extraversion zu aggressivem und selbstherrlichem Verhalten, zu hoch ausgeprägte Gewissenhaftigkeit zu übervorsichtigem Verhalten, zu hohe Offenheit für Erfahrungen zu stabilitätszerstörendem Verhalten, zu hohe emotionale Stabilität zu reserviertem Verhalten und zu hohe Verträglichkeit zu Konfliktvermeidung führen können (Judge et al. 2009).

Die Big Five sind sowohl als Persönlichkeitsmerkmal der Führungsperson, als auch in Bezug auf die Passung mit Mitarbeitenden und der Organisation an sich von Bedeutung (Bekk und Spörrle 2012). Allerdings repräsentieren die Big Five sehr breit gefasste Persönlichkeitsmerkmale, so dass enger definierte Persönlichkeitsmerkmale in bestimmten Kontexten einen detaillierteren Einblick in bestimmte Verhaltensweisen und deren Einfluss auf Führung geben können (Judge et al. 2009). Drei dieser enger definierten Persönlichkeitsmerkmale die in der bisherigen Literatur insbesondere im Kontext negativer Führung diskutiert wurden, sind: Narzissmus, Hybris und Machiavellianismus. Die Befundlage zu diesen drei Persönlichkeitsmerkmalen wird im Folgenden skizziert.

15.3.2.1 Narzissmus

In der griechischen Mythologie wird die Geschichte von Narcissus erzählt, der sich in sein eigenes Spiegelbild verliebt hat. Das an diese Sage angelehnte Persönlichkeitsmerkmal Narzissmus kann unspezifisch als übersteigerte Wahrnehmung der Bedeutung der eigenen Person definiert werden (Judge et al. 2006). Es umfasst ein erhöhtes Autoritäts- und Überlegenheitsgefühl, Selbstgenügsamkeit, Prahlerei, Ausbeutung, Eitelkeit sowie Anspruch auf die Aufmerksamkeit anderer (Raskin und Terry 1988).

Die Betrachtung von Narzissmus im Kontext von Unternehmen hat sowohl in der öffentlichen Aufmerksamkeit als auch der wissenschaftlichen Forschung in den letzten Jahren stark zugenommen (Campbell et al. 2010). Insbesondere in Bezug auf Führung resultieren aus der wissenschaftlichen Forschung sehr relevante Erkenntnisse. So wurde bereits gezeigt, dass sich Narzissten selbst für sehr gute Führungspersonen halten, während sie anderen Personen Führungsleistung absprechen (Judge et al. 2006). Untersuchungen des Führungsverhaltens von Führungskräften mit hoher Narzissmus-Ausprägung zeigen jedoch im Widerspruch zu dieser Selbstwahrnehmung, dass sie insbesondere die Teamleistung erschweren können (Nevicka et al. 2011), da sie tendenziell den Austausch notwendiger Informationen unterdrücken. Des weiteren wurde gezeigt, dass narzisstische Führungspersonen auf Grund ihres erhöhten Selbstfokus tendenziell weniger um die Interessen ihrer Mitarbeitenden bemüht sind und dass das Risiko besteht, dass sie vorschnell und ohne ausreichende Informationsbasis Entscheidungen fällen (Kets De Vries und Miller 1985). Im Kontext der Führung von Organisationen wurde zudem gezeigt, dass Narzissten zu hohen Investitionen, welche zu hohen Gewinnen, aber auch hohen Verlusten führen können, neigen (Chatterjee und Hambrick 2007). Auf Grund ihres übersteigerten Selbstwertempfindens und der Abwertung anderer Personen, wird angenommen, dass narzisstische Führungskräfte Organisationen nachhaltig schaden können (Lubit 2002).

Diese Ergebnisse wären für die Praxis wenig beunruhigend, wenn Menschen mit narzisstischen Persönlichkeitszügen selten in Führungspositionen wären. Leider spricht die Literatur jedoch dafür, dass narzisstische Personen auf Grund ihres Machtstrebens leichter in Führungspositionen gelangen (Lubit 2002) als nicht-narzisstische Personen. Sie werden durch Teammitglieder entsprechend ihrer Selbsteinschätzung oftmals als gute Führungspersonen eingeschätzt (Nevicka et al. 2011) und gelangen in Arbeitsgruppen schneller als nicht-narzisstisch veranlagte Personen an Führungspositionen (Brunell et al. 2008). Narzisstische Führungspersonen werden zudem häufig als besonders charismatisch empfunden (Sankowsky 1995), was die Einnahme einer Führungsrolle weiter erleichtert.

Zusammenfassend lässt sich sagen, dass Mitarbeitende mit narzisstischen Persönlichkeitszügen leichter in organisationale Führungspositionen gelangen und dass sie die damit verbundene Macht unter Umständen sowohl in der Führung von anderen als auch in der Führung des Unternehmens ausnutzen: In der Führung von anderen neigen sie dazu, die Leistung ihrer Mitarbeitenden zu mindern indem sie Teamleistung blockieren oder Leistung anderer generell nicht anerkennen. In der Unternehmensführung neigen sie zu Entscheidungen, die primär ihre eigene Grandiosität unterstreichen sollen.

15.3.2.2 Hybris

Hybris entstammt, wie Narzissmus, der griechischen Mythologie, in der sie als Kapitalsünde des Menschen betrachtet wurde. Im Kontext von Führung wird sie als Überschätzung der eigenen Fähigkeiten definiert (Hayward und Hambrick 1997). Es wird angenommen, dass der Hybris eine grundsätzlich positive Selbstbewertung zugrunde liegt. Diese wird als die Schnittmenge der Persönlichkeitsmerkmale Selbstvertrauen (d. h., die globale Bewertung des eigenen Selbstwertes), emotionale Stabilität (d. h., die Abwesenheit von insbesondere negativen Emotionen), Selbstwirksamkeit (d. h., den Glauben in die eigene Fähigkeit Aufgaben erfolgreich ausführen zu können) und Kontrollüberzeugung (d. h., den Glauben darüber, wer oder was das Auftreten von Ereignissen im Leben bestimmt) definiert (Hiller und Hambrick 2005). Diese Persönlichkeitsmerkmale sind generell funktional in Bezug auf Verhalten gegenüber anderen Personen; so wurde beispielsweise bereits gezeigt, dass Personen mit hohem Selbstwert in gleichgeschlechtlichen Personalentscheidungen die zu bewertende Person weniger für Attraktivität bestrafen (Agthe et al. 2011). Personen, die ihren eigenen Wert nicht anzweifeln, können demnach objektivere (Personal-)Entscheidungen fällen.

Obwohl diese Eigenschaften somit grundsätzlich positiv und funktional sind, können sie in der als Hybris definierten zu starken Ausprägung zu negativem oder riskantem Verhalten der Führungskraft führen. Es wird angenommen, dass Führungspersonen des höheren Managements zu Beginn ihrer Karriere bereits über ein hohes Maß all jener Persönlichkeitsmerkmale verfügen, das im Laufe ihrer Karriere auf Grund des mit dem Aufstieg verbundenen positiven Feedbacks weiter zunimmt (Hiller und Hambrick 2005). Hybris wurde insbesondere im Zusammenhang mit strategischer Führung als Persönlichkeitsmerkmal von Vorständen untersucht. Im Gegensatz zu Narzissmus wird Hybris bisher nicht über Selbstauskünfte, sondern über indirekte Messungen wie beispielsweise die Überschätzung der Unternehmensleistung oder Attraktivität von neuen Produkten (Li und Tang 2010; Simon und Houghton 2003) oder das Halten von übermäßig hohen Anteilen an Unternehmensaktien in persönlichen Aktienportfolios (Malmendier und Tate 2005, 2008) gemessen. Sie wurde als treibende Kraft hinter nicht wertsteigernden Akquisitionstätigkeiten von Unternehmen identifiziert (Roll 1986) und als solche empirisch bestätigt (Hayward und Hambrick 1997; Malmendier und Tate 2008). Vorstände mit übermäßigem Selbstvertrauen tendieren zu Überinvestitionen, wenn sie über freies Eigenkapital verfügen (Malmendier und Tate 2005) und zu hohen Risiken bei der Einführung von neuen Produkten (Simon und Houghton 2003). Darüber hinaus konnte gezeigt werden, dass Hybris bei Vorständen zu erhöhtem Risikoverhalten führen kann (Li und Tang 2010).

15.3.2.3 Machiavellianismus

In Anlehnung an Niccolo Machiavellis Überlegungen zur Macht, welche die Legitimität aller vorhandenen Mittel zur Erreichung der eigenen Ziele und die Freistellung von ethischen Prinzipien beinhalten, ist Machiavellianismus als Misstrauen gegenüber anderen, unmoralische Manipulation von anderen, sowie dem Streben nach Kontrolle über andere und einem hohen Status für die eigene Person konzeptualisiert (Dahling et al. 2009).

Bisherige Studien weisen einen Zusammenhang zwischen Machiavellianismus und ökonomischem Opportunismus nach (Sakalaki et al. 2007). Außerdem wurde gezeigt, dass Führungspersonen mit hohen Machiavellianismuswerten tendenziell autoritärer führen und weniger Interesse für einzelne Mitarbeitende zeigen (Drory und Gluskinos 1980). Andererseits wurde bei externen Ratings aller amerikanischen Präsidenten von Washington bis Reagan ein positiver Zusammenhang zwischen Machiavellianismus einerseits und zugeschriebenem Charisma als auch Leistung andererseits gezeigt (Deluga 2001). Der Autor dieser auf Dokumentenanalyse basierenden Studie schreibt hierbei insbesondere Machiavellianismus und Charisma gemeinsame Merkmale zu. So sind beide durch Ausstrahlung von Selbstbewusstsein und bewusstem Umgang mit Emotionen charakterisiert. Personen mit hohem Machiavellianismus sind gemessen in Machterreichung durchaus erfolgreiche Führungskräfte, jedoch besagt bereits die Definition von Machiavellianismus, dass dieser Erfolg mit unethischem und negativem Verhalten gegenüber anderen verbunden ist.

15.3.2.4 Weitere dysfunktionale Persönlichkeitsmerkmale

Im Folgenden soll ein kurzer Überblick über dysfunktionale Persönlichkeitsmerkmale gegeben werden, die zusätzlich zu den detailliert beschriebenen Persönlichkeitsmerkmalen interessant sind. Eines dieser Persönlichkeitsmerkmale ist negative Affektivität, welche als stabile Eigenschaft Dinge negativ zu betrachten konzeptualisiert ist (Glomb und Liao 2003). Es wurde bereits gezeigt, dass negative Affektivität generell zu schadhaftem Verhalten (sowohl in Form von Arbeitsverweigerung als auch negativem Verhalten gegenüber Kollegen) in Unternehmen führen kann (Aquino et al. 1999). Außerdem wurde gezeigt, dass auch Persönlichkeitsmerkmale, die eher passives Verhalten beschreiben, wie beispielsweise Zaghaftigkeit und Gemächlichkeit, einen negativen Einfluss auf Führungsleistung haben können, wenn diese zu sehr ausgeprägt sind (Benson und Campbell 2007). Ein weiteres wichtiges, bisher jedoch noch nicht im Führungskontext betrachtetes Persönlichkeitsmerkmal, ist irrationales Denken, da bereits gezeigt wurde, dass irrationales Denken und emotionale Intelligenz in negativem Zusammenhang zueinander stehen (Spörrle et al. 2008) und Mitarbeitende emotional intelligente Führungspersonen besser bewerten (Mayer et al. 2004). Der Umkehrschluss führt zu der Hypothese, dass irrationales Denken negatives Führungsverhalten fördert.

Darüber hinaus wird auch angenommen, dass ursprünglich positiv konzeptualisierte Persönlichkeitseigenschaften zu negativer Führung führen können (Judge et al. 2009). Es wurde nicht nur gezeigt, dass Charisma mit negativen Konsequenzen verbunden sein kann (Deluga 2001; Sankowsky 1995); es wird außerdem angenommen, dass charismatische Führungskräfte auf Grund ihrer nicht auf Vertrauen basierenden Sogwirkung auf Mitarbeitende ein Risiko darstellen (Malik 2006). Darüber hinaus stehen, wie bereits dargestellt, Selbstwert, emotionale Stabilität, Selbstwirksamkeit und Kontrollüberzeugung (Hiller und Hambrick 2005) in Zusammenhang mit dunklen Persönlichkeitseigenschaften. Trotz deren positiven Eigenschaften, wie beispielsweise der positive Einfluss von Selbstwirksamkeit auf Lebenszufriedenheit (Strobel et al. 2011), wird angenommen, dass ein Übermaß dieser sonst als positiv angesehenen Persönlichkeitsmerkmale zu Hybris führt (Hiller und

Hambrick 2005). Darüber hinaus wurde bereits gezeigt, dass beispielsweise das kurzfristige Streben nach Selbstwert mit egoistischem Verhalten und Ignoranz gegenüber anderen – zwei Merkmale negativer Führung – einhergehen kann (Crocker und Park 2004).

15.3.3 Situative Einflüsse

Negative Führung ist nicht vollständig durch dysfunktionale Persönlichkeitsmerkmale der Führungskraft erklärbar. Vergleichbar zu positivem Führungsverhalten (Niedermeyer und Postall 2010; Schreyögg und Koch 2007) wird auch angenommen, dass situational-kontextuelle Variablen die Entstehung negativer Führung beeinflussen. In der Literatur wurden bisher insbesondere zwei grundlegende situative Aspekte identifiziert, die das Auftreten negativer Führung beeinflussen: Eigenschaften von Mitarbeitenden und Umwelteinflüsse (Padilla et al. 2007). Im Folgenden werden wir diese beiden Faktoren näher beleuchten und hierbei die zugehörige aktuelle Befundlage darstellen.

15.3.3.1 Persönlichkeitsmerkmale der Mitarbeitenden

Mitarbeitenden wird in der Literatur zu negativem Führungsverhalten eine hohe Bedeutung zugewiesen. So wird ihnen bereits eine Begünstigung von negativem Führungsverhalten zugeschrieben, wenn sie sich nur passiv verhalten (Padilla et al. 2007). Im Gegensatz dazu wird in der Literatur zu positiver Führung angenommen, dass Führungskräfte auch ohne Unterstützung der Mitarbeitenden positiv führen können, solange sie auf die unterschiedlichen Bedürfnisse der Mitarbeitenden Rücksicht nehmen (Withauer 2011). Es werden außerdem zwei Arten von Mitarbeitenden identifiziert, die das Auftreten von negativem Führungsverhalten zulassen oder sogar fördern: sich an negative Führung anpassende Mitarbeitende und konspirierende Mitarbeitende (Padilla et al. 2007). Es wird postuliert, dass sich an negative Führung anpassende Mitarbeitende ein niedriges Selbstbewusstsein, niedrige Selbstwirksamkeit, sowie einen niedrigen persönlichen Reifegrad besitzen, und denken, dass andere ihre Umgebung kontrollieren, wohingegen sie selbst keinen Einfluss zu haben glauben. Dementsprechend wird angenommen, dass sie sich aus Angst negativem Führungsverhalten fügen. Sie dulden somit negatives Führungsverhalten anstatt es zu verhindern.

Im Gegensatz dazu werden konspirierende Mitarbeitende als ambitioniert, unsozial, sowie ziel- und wertekonform mit ihren negativ führenden Vorgesetzten beschrieben. Es wird angenommen, dass sie das negative Führungsverhalten ihres Vorgesetzten unterstützen um beispielsweise schneller befördert zu werden (Padilla et al. 2007). Ein solches Verhalten seitens der Mitarbeitenden bestärkt die Führungskraft in ihrem negativem Führungsverhalten, da sie durch diese Mitarbeitende nicht nur nicht von ihrem Verhalten abgehalten wird sondern darüber hinaus eine positive Rückmeldung zu ihrem Verhalten erhält.

Neben den Eigenschaften von Mitarbeitenden, die negatives Führungsverhalten tolerieren oder sogar unterstützen, können jedoch auf Basis der generellen Literatur zu negativem und aggressivem Verhalten in Unternehmen, auch Eigenschaften von Personen identifiziert werden, die negatives (Führungs-)verhalten erfahren. Diese Literatur untersucht explizit, ob es Eigenschaften gibt, die Personen mit höherer Wahrscheinlichkeit zum Ziel von aggressivem Verhalten werden lässt. Ein wichtiger Aspekt dieser Untersuchungen ist, dass durch die Identifizierung dieser Merkmale den Opfern von aggressivem Verhalten keine Schuld zugesprochen werden soll. Vielmehr soll ein besseres Verständnis darüber entwickelt werden, wie es zu aggressivem Verhalten kommen kann (Aquino und Bradfield 2000). So wurde gezeigt, dass Personen, die mehr negative Emotionen erleben, aggressiv sind, einen niedrigen Status haben oder der Meinung sind, dass sie wenig Selbstbestimmung über ihre Arbeit haben, sich tendenziell öfter selbst in Opferrollen sehen (Aquino und Bradfield 2000; Aquino et al. 1999). Basierend auf diesen Beobachtungen wurden zwei unterschiedliche Opferrollen postuliert: die provozierende Opferrolle, die durch aggressives Verhalten geprägt ist, sowie die unterwürfige Opferrolle, die durch niedriges Selbstbewußtsein, fehlendes Durchsetzungsvermögen, hohe Introversion und soziale Angst charakterisiert wurde (Aquino und Lamertz 2004). Diese Rollen können ebenfalls auf negatives Führungsverhalten übertragen werden. In gleicher Weise erscheint es plausibel, dass Mitarbeitende die selbst entweder aggressives oder unterwürfiges Verhalten zeigen, das Ziel von negativem Verhalten durch ihren Vorgesetzten werden können. Allerdings wird in diesem Zusammenhang der Einfluss von negativen Emotionen kritisch diskutiert (Aquino und Thau 2009). Bisher wurde der kausale Zusammenhang, dass eine Person, die mehr negative Emotionen empfindet, öfter zum Opfer von aggressivem Verhalten wird, noch nicht gezeigt. Dies nachzuweisen ist insbesondere deswegen notwendig, weil die entgegengesetzte Relation, welche besagt, dass Personen, die öfter zum Opfer von aggressivem Verhalten wurden, generell zu mehr negativen Emotionen in ihrem Leben neigen, ebenfalls sehr plausibel ist (Aquino und Thau 2009).

Des weiteren wurde untersucht, ob Mitarbeitende abhängig von ihrer Persönlichkeit unterschiedlich auf negatives Führungsverhalten reagieren. Mitarbeitende können generell in funktionaler Weise (indem sie beispielsweise den Dialog mit ihrem Vorgesetzten suchen und versuchen den betreffenden Sachverhalt zu klären) oder dysfunktionaler Weise (indem sie beispielsweise Aufgaben nicht erledigen oder absichtlich zu spät kommen) auf negatives Führungsverhalten reagieren. Es wurde bereits gezeigt, dass insbesondere Mitarbeitende mit niedriger Verträglichkeit und niedriger Gewissenhaftigkeit zu dysfunktionalem Widerstand neigen (Tepper et al. 2001). Außerdem wurde gezeigt, dass die Beziehung zwischen Führungskraft und Mitarbeitenden eine wichtige Rolle im Auftreten von negativem Führungsverhalten spielt. Wenn die Führungskraft Mitarbeitende als sehr unterschiedlich in Bezug auf beispielsweise Werte, Ziele und Arbeitsweisen wahrnimmt, kann dies zu Konflikten in der Beziehung zwischen Führungskraft und Mitarbeitenden führen, die wiederum zu negativem Führungsverhalten führen können (Tepper et al. 2011). Der positive Einfluss von empfundenem Beziehungskonflikt zwischen Führungskraft und Mitarbeitenden auf negatives Führungsverhalten ist zudem tendenziell stärker, wenn die Leistung der Mitarbeitenden durch die Führungskraft als niedrig bewertet wird.

15.3.3.2 Umwelteinflüsse

Als zweiter situationaler Einflussfaktor von negativem Führungsverhalten werden Umwelteinflüsse genannt. So wurden instabile Umweltsituationen (z. B., Krisen in Ländern oder Organisationen), empfundene Bedrohung (z. B., durch schlechte Behandlung aber auch wirtschaftlich oder sozial bedrohliche Situationen), und die Abwesenheit von organisational institutionalisierten Kontrollfunktionen als wichtige Einflussfaktoren postuliert (Padilla et al. 2007). Nicht alle genannten Einflussfaktoren konnten bisher in der Forschung bestätigt werden. Wir werden im Folgenden vertieft auf die Faktoren eingehen, die bereits empirisch bestätigt wurden: der Einfluss von empfundener Bedrohung, sowie die Abwesenheit von Kontrollfunktionen.

Es konnte bereits bestätigt werden, dass Personen, die sich physisch bedroht fühlen, charismatische Führungspersonen (dargestellt durch die Kommunikation von hohen Erwartungen an die geführten Personen, hohe Zuversicht in die Fähigkeiten der geführten Personen, riskantes aber kalkuliertes Verhalten und die Betonung einer Vision und Identität) beziehungsorientierten Führungspersonen (dargestellt durch mitfühlendes und respektvolles Verhalten gegenüber geführten Personen, der Betonung von Zuhören als Kommunikationsinstrument mit geführten Personen, das Zeigen von Vertrauen und Zuversicht in die geführten Personen und die Anerkennung und Wertschätzung von geführten Personen) vorziehen (Cohen et al. 2004). Als weitere Evidenz für den Einfluss von Bedrohung auf die Akzeptanz von negativem Führungsverhalten kann Forschung zu Terrorismus herangezogen werden. Diese Forschung zeigt, dass Personen, die an den Tod erinnert wurden, aggressive Anti-Terrorismus-Politik stärker unterstützten, als Personen, die nicht an den Tod erinnert wurden (Landau et al. 2004). Nach dem gleichen Wirkungszusammenhang präferierten iranische Studierende, wenn sie an den Tod erinnert wurden, Kommilitonen, die Selbstmordattentäter unterstützen, während sie Kommilitonen, die Selbstmordattentäter ablehnen, präferierten, wenn sie nicht an den Tod erinnert wurden (Pyszczynski et al. 2006). Diese Studien sind ein wichtiger Indikator dafür, dass auch Angestellte, die sich beispielsweise von einem möglichen Verlust des Arbeitsplatzes bedroht fühlen, zu Unterstützung von negativem Führungsverhalten neigen können. Jedoch gibt es nicht nur Indikatoren dafür, dass Mitarbeitende, die sich bedroht fühlen, negatives Führungsverhalten stärker unterstützen (Cohen et al. 2004; Landau et al. 2004; Pyszcznski et al. 2006). Es wurde auch gezeigt, dass Führungspersonen, die sich in ihrer Führungsrolle bedroht fühlen, stärker zu aggressivem Verhalten neigen (Fast und Chen 2009). In Zeiten von externer Bedrohung zeigen Führungskräfte demnach tendenziell mehr negatives Führungsverhalten, während gleichzeitig Mitarbeitende dazu neigen, Führungskräften zu folgen, die negatives Führungsverhalten zeigen.

Zur Untersuchung von Kontrollfunktionen im Zusammenhang mit negativer Führung wurde in einer umfassenden Studie in China der Einfluss von organisationalen Kontrollfunktionen auf den Zusammenhang zwischen Hybris und negativem Verhalten in der Führung von Organisationen untersucht (Li und Tang 2010). Es wurde gezeigt, dass Hybris einen positiven Einfluss auf das Eingehen von Risiken haben kann. Dieser Einfluss war tendenziell stärker wenn Vorstände mit hoher Hybris nicht von organisationalen

Funktionen kontrolliert wurden (d. h., wenn die Position des Vorstandes und des kontrollierenden Aufsichtsrates von einer Person besetzt und die Kontrollfunktion des Aufsichtsrates somit ausgeschaltet war) als wenn sie von organisationalen Funktionen kontrolliert wurden (d. h., wenn die Positionen des Vorstandes und des kontrollierenden Aufsichtsrates von zwei Personen besetzt waren) (Li und Tang 2010). Außerdem wurden in dieser Studie zwei weitere, bisher noch nicht genannte Einflussfaktoren auf den positiven Einfluss von Hybris auf Risikoverhalten untersucht: das Marktwachstum und die Komplexität des Marktes (gemessen in der Anzahl der in einer Industrie konkurrierenden Unternehmen). Es wurde gezeigt, dass in stark wachsenden und in komplexen Märkten der positive Einfluss von Hybris auf das Risikoverhalten stärker ist als in weniger stark wachsenden Märkten und Märkten in denen nur wenige Unternehmen konkurrieren (Li und Tang 2010).

Zusammenfassend lässt sich sagen, dass sowohl die Eigenschaften von Mitarbeitenden als auch Umwelteinflüsse das Auftreten von negativem Führungsverhalten begünstigen können. Allerdings sind die einzelnen Einflussfaktoren bisher noch unzureichend beforscht, so dass die Darstellungen bisher nur indikativen Charakter haben. Des weiteren gibt es situative Einflüsse, wie beispielsweise den Einfluss von Emotionen auf Managemententscheidungen (Welpe et al. 2011), welche die Führung von Organisationen und von Mitarbeitern beeinflussen können und in der bisherigen Literatur noch keine Beachtung gefunden haben.

15.4 Relevanz für die Praxis

Im letzten Abschnitt wurden die Verhaltensmerkmale von negativer Führung, dysfunktionale Persönlichkeitsfaktoren und situative Einflüsse seitens der Mitarbeitenden, der Organisation und der Wirtschaftslage generell als Determinanten negativen Führungsverhaltens betrachtet. Entlang dieser Faktoren wurde gezeigt, dass negatives Führungsverhalten von unterschiedlichen Persönlichkeitsmerkmalen beeinflusst wird, in unterschiedlicher Weise zu Schaden für Mitarbeitende und das Unternehmen selbst führt und insbesondere von Merkmalen der Mitarbeitenden, sowie Markteinflüssen und Unternehmensstruktur beeinflußt wird. Wie eingangs beschrieben ist negatives Führungsverhalten mit substantiellen Kosten, die insbesondere durch Fehlzeiten und Fluktuation entstehen, für Unternehmen verbunden. Darüber hinaus zeigt sich in der Presse ein höheres Bewußtsein für negative Führung. So gerieten insbesondere Discounter-Ketten in den letzten Jahren wegen schlechter Mitarbeiterführung beispielsweise durch Überwachung der Mitarbeiter und das Führen von schwarzen Listen über Mitarbeiter, die sich gegen Arbeitsbedingungen wehren, in die Schlagzeilen. Persönlichkeitsmerkmale wie Hybris und Narzissmus wurden nicht nur im Zusammenhang mit der Finanzkrise sondern auch in Bezug auf (gescheiterte) Unternehmensübernahmen genannt. Die vorgestellten Ergebnisse der aktuellen Forschung zu negativer Führung weisen darauf hin, dass diese Berichterstattung nicht nur durch interessante Geschichten motiviert ist, sondern einen substantiellen, realen Kern hat.

Die Legislative hat in mehreren Ländern bereits auf negatives Führungsverhalten, das direkt den Unternehmen schadet, mit der Einführung von strengeren Corporate Governance Richtlinien reagiert. So wurde in den USA im Jahr 2002 der *Sarbanes-Oxley Act* (Sarbanes-Oxley Act 2002) und in Deutschland im Jahr 2007 der *Deutsche Corporate Governance Kodex* (Regierungskommission Deutscher Corporate Governance Index 2010) eingeführt. Beide Richtlinien beinhalten insbesondere Offenlegungspflichten und klare Zuweisungen von Verantwortung (zwischen Vorständen, Aufsichtsräten und Anteilseignern), durch die das Verhalten von Vorständen stärker kontrollierbar werden soll. Allerdings sind diese Corporate Governance Richtlinien auf börsenkotierte Unternehmen beschränkt und betreffen somit nur einen Teil aller Unternehmen (Hilb 2006). Trotzdem stellen sie – vorausgesetzt dass sie in der Praxis auch wirksam umgesetzt werden – ein erstes Instrument dar, welches negatives Führungsverhalten eingrenzen soll.

In Bezug auf negatives Führungsverhalten, das Mitarbeitenden schadet, fehlen noch wissenschaftliche Interventionsstudien, die wirkungsvolle Ansätze zeigen, wie dies verhindert werden kann. Die Entwicklung aller Führungskräfte eines Unternehmens – nicht nur des Top Managements – ist für jedes Unternehmen von strategischer Bedeutung (Eck et al. 2010). In dem Maße, in dem das Humankapital eines Unternehmens durch zunehmende Qualifikationsniveaus und fehlende qualifizierte Bewerber an Bedeutung gewinnt (vergleiche auch Scholz 2011), wird es für Unternehmen in Zukunft immer wichtiger werden, durch formale und klar definierte Qualitätsanforderungen an die Führungskräfte negatives Führungsverhalten explizit zu adressieren und zu reduzieren (vergleiche Bruch et al. 2006). Unternehmen des deutschen DAX-30-Aktienindex wie Bayer und Linde werben in ihrer Außenwirkung bereits mit guter Mitarbeiterführung. So beinhaltet beispielsweise das von Bayer definierte Wertesystem LIFE (eine Abkürzung, die für Leadership, Integrität, Flexibilität und Effizienz steht) unmittelbare Handlungsempfehlungen wie gute Führung in der Praxis aussehen sollte, wie z. B. *„sich für Mitarbeiter engagieren und Leistung fördern"* und *„andere fair und mit Respekt behandeln"* (Bayer 2010), während Linde *„Employee Empowerment"* in den Unternehmenswerten und *„Integrität"* in den Grundprinzipien des Unternehmens verankert hat (Linde 2011).

Unabhängig von der Einführung von gesetzlichen Richtlinien und unternehmensweiten Initiativen, sind diese Ergebnisse insbesondere für Führungskräfte auf allen Unternehmensebenen relevant. Studien zeigen, dass Führungskräfte nicht nur im Umgang mit anderen als Rollenvorbild wahrgenommen werden, sondern auch beispielweise der Umgang mit eigenen Fehlern die Wahrnehmung, ob eine Führungskraft als ethisch angesehen wird, formt (Weaver et al. 2005). Es ist demnach notwendig, nicht nur das eigene Führungsverhalten in direkter Interaktion mit Mitarbeitern sondern in allen Arbeitsbereichen zu prüfen und zu verbessern. Darüber hinaus zeigt die Forschung, dass Verhaltensveränderungen am effektivsten durch die Kombination aus Feedback von Außenstehenden und Selbstreflektion erreicht werden können (Anseel et al. 2009). Führungskräfte sind demnach gut beraten, kontinuierlich Feedback sowohl über ihr Führungsverhalten als auch ihr generelles Arbeitsverhalten von Außenstehenden wie Vorgesetzten, Kollegen aber auch Mitarbeitern einzuholen und dieses Feedback als auch das eigene Verhalten zu reflektieren, um negativen Konsequenzen, wie sie in diesem Kapitel dargestellt wurden, vorzubeugen.

Zusätzlich zu den bereits genannten Beispielen und Entwicklungen, welche die vorhandene Sensibilität für negative Führung und erste Maßnahmen seitens Legislative und Unternehmen verdeutlichen, kann jedoch auf Basis der vorgestellten Forschungsergebnisse auch davon ausgegangen werden, dass sich die Relevanz des Themas in den nächsten Jahren noch steigern wird. Die Gesellschaft an sich ist bereits durch den Wegfall von traditionellen Werten und sozialer Sicherungssysteme (z. B. Familie, Kirche und Vereine) durch zunehmende Unsicherheit geprägt (Pinnow 2011). Darüber hinaus hat in den letzten Jahren die Unsicherheit in der gesamtwirtschaftlichen Situation zugenommen. Die Finanzkrise sowie die aktuell unsichere Situation in der Europäischen Union, hervorgerufen insbesondere durch die aktuellen Entwicklungen in Griechenland, erhöhen die empfundene Unsicherheit von Arbeitnehmern. Wie bereits gezeigt wurde können unsichere wirtschaftliche Situationen, insbesondere wenn diese als Bedrohung empfunden werden, zu negativem Führungsverhalten führen. Führungspersonen, die sich bedroht fühlen, neigen zu negativem Führungsverhalten. Darüber hinaus tendieren Mitarbeitende dazu, wenn sie sich bedroht fühlen, Führungspersonen, die negatives Verhalten zeigen, zu bevorzugen. Ein zweiter Wirkungsmechanismus könnte der mit wirtschaftlichen Krisen verbundene wahrgenommene Kontrollverlust sein. Dieser kann dazu führen, dass Mitarbeitende negatives Führungsverhalten von Vorgesetzten stärker hinnehmen.

Zusammenfassend lässt sich sagen, dass die aktuellen Schätzungen der verbundenen Kosten sowie Beispiele die hohe Relevanz von negativem Führungsverhalten, das den Mitarbeitenden und/oder der Organisation schadet, zeigen. Darüber hinaus führt die aktuelle gesamtwirtschaftliche Situation dazu, dass Faktoren, wie Unsicherheit und Bedrohung, die wie gezeigt, das Auftreten von negativem Führungsverhalten begünstigen, erhöht sind und unter Umständen in Zukunft noch weiter erhöht werden.

15.5 Ausblick auf die Zukunft

In Bezug auf die Zukunft möchten wir darüber hinaus noch drei weitere Trends diskutieren. Einer dieser Trends ist die Rolle der Medien, die zunehmend an Bedeutung gewinnen. Mit der Vergabe von Managementpreisen einhergehend werden Vorstände zunehmend durch die Medien gehuldigt. Es wurde bereits gezeigt, dass sich ein mit hoher Presseaufmerksamkeit einhergehender Superstar-Status von Vorständen negativ auf den Unternehmenswert auswirkt (Malmendier und Tate 2009). Als Faktoren für diesen Zusammenhang wurde gezeigt, dass sich diese Vorstände mehr mit Dingen außerhalb des Unternehmens (z. B. Innehalten von Aufsichtsratspositionen und Schreiben von Büchern) beschäftigen als auch höhere Gehaltsansprüche haben. Die Aufmerksamkeit der Presse stellt somit insbesondere für Narzissten, die durch Eitelkeit und ein erhöhtes Verlangen nach Aufmerksamkeit charakterisiert sind, einen zusätzlichen Anreiz dar, Führungspositionen anzustreben. Bei Erreichen dieser Positionen neigen Narzissten jedoch zu negativer Führung und können somit unter Umständen diesen Unternehmen schaden. Wie dargestellt wurde bereits hypothesiert, dass Hybris grundsätzlich positive Persönlichkeitsmerkmale wie Selbstbewußtsein und Selbstwirksamkeit zugrunde liegen, welche sich im Laufe einer Managementkarriere zu negativen Formen steigern können. Inwieweit Medien diese Steigerung beeinflussen und ob Medien auch eine abfedernde Wirkung durch negative Berichterstattung haben, muss die zukünftige Forschung jedoch noch zeigen.

Ein zweiter Trend ist die zunehmende Virtualisierung sowohl der Arbeit als auch in sozialen Kontexten. Durch die Entwicklung des Internets und durch die Entstehung von Social Media Plattformen sind die Möglichkeiten zur Selbstdarstellung angestiegen. Narzissten sind auf Social Media Plattformen tendenziell aktiver und neigen auf ihren persönlichen Seiten zu Selbstdarstellung (Buffardi und Campbell 2008). Die technische Weiterentwicklung und Entstehung von weiteren Plattformen lässt sich schwer abschätzen, jedoch scheint sich der Trend tendenziell zu weiteren Möglichkeiten der Selbstdarstellung im virtuellen Kontext zu entwickeln. Diese gestiegenen Möglichkeiten zur Selbstdarstellung können auf der einen Seite zu einem selbstverstärkenden Effekt führen und so Narzissmus insgesamt fördern. Auf der anderen Seite erhöht sich mit der Virtualisierung die Flexibilität von einzelnen Mitarbeitenden. Der mit der Virtualisierung verbundene Wegfall der Ortsgebundenheit ermöglicht nicht nur eine freiere Gestaltung der eigenen Arbeit, sondern auch das Eingehen von Teilzeitarbeit und Multi-Arbeitgeberverhältnissen. Dies kann dazu führen, dass Mitarbeitende höhere Autonomie und Kontrolle empfinden und entsprechend negatives Führungsverhalten weniger tolerieren. In all diesen Bereichen ist jedoch zusätzliche Forschung notwendig, um die aufgezeigten Zusammenhänge besser zu verstehen.

Der dritte wichtige Trend ist die Globalisierung und die mit ihr einhergehende Entwicklung zu multinationalen Konzernen. Im Kontext der aus der Globalisierung resultierenden zukünftigen Herausforderungen an Führungskräfte wird meist auf die Notwendigkeit des Einbezugs von interkulturellen Unterschieden verwiesen (z. B. Schreyögg und Koch 2007). Darüber hinaus sind jedoch insbesondere in Bezug auf negative Führung weitere Faktoren von Bedeutung. Wie bereits gezeigt wurde, fördern Persönlichkeitsmerkmale wie Narzissmus und Hybris die Tendenz zu Akquisitionen und hohen Investitionen (Chatterjee und Hambrick 2007; Hayward und Hambrick 1997; Malmendier und Tate 2008). Das Erreichen eines multinationalen Imperiums scheint somit einen hohen Anreiz für Personen mit diesen Persönlichkeitsmerkmalen darzustellen. Dysfunktionale Persönlichkeitseigenschaften können in Konsequenz als eine treibende Kraft hinter der Globalisierung identifiziert werden und können insbesondere dazu führen, dass die Bildung von multinationalen Konzernen unter zu hohem Risiko vorangetrieben wird, was im Falle eines Scheiterns zu hohen Kosten führt. Ein oft genanntes Negativbeispiel ist der von Daimler und Chrysler geträumte Traum vom Weltkonzern, dessen Scheitern insbesondere für Daimler mit sehr hohen Kosten verbunden war. Darüber hinaus sind durch die Globalisierung entstehende internationale Unternehmen meistens weitverzweigt. Sie arbeiten in unterschiedlichen Märkten mit unterschiedlichen Legislativen. In Konsequenz erhöht sich für global agierende Unternehmen nicht nur die Komplexität ihres Umfeldes, sondern es erhöhen sich darüber hinaus auch die Erwartungen seitens einer gestiegenen Anzahl von Stakeholdern (z. B. Regierungen, Öffentlichkeit und Mitarbeiter) (Hess 2010). Wie bereits gezeigt wurde, kann die daraus resultierende Komplexität ebenfalls zu negativem Verhalten in der Führung von Organisationen führen. Zusätzliche Forschung ist notwendig, um den Einfluss von Unternehmensmerkmalen wie beispielsweise Multinationalität und Komplexität der Verflechtungen auf negatives Führungsverhalten zu untersuchen.

Zusammenfassend lässt sich sagen, dass auch wenn mit diesen Trends einzelne positive Aspekte verbunden sind, die in Zukunft negativer Führung entgegenwirken können, die diskutierten Zukunftstrends insgesamt eher dazu führen werden, dass in Zukunft der Einfluss von negativer Führung noch steigen wird. Dies unterstreicht noch einmal die Relevanz der noch jungen Literatur zu negativem Führungsverhalten, sowie die Bedeutung der weiteren Forschung in diesem Bereich.

Autorbeschreibung

Prisca Brosi ist Doktorandin und wissenschaftliche Mitarbeiterin am Lehrstuhl für Strategie und Organisation der Technischen Universität München (TUM). Nach dem Studium des Wirtschaftsingenieurwesens an der Technischen Universität Karlsruhe, war Frau Brosi drei Jahre lang als Beraterin der Boston Consulting Group tätig, bevor sie 2009 mit der Promotion begann. In ihrer Forschung beschäftigt sich Frau Brosi mit dem Einfluss von Emotionen auf Führungsprozesse und Entscheidungsfindung, sowie der Auswahl und Beurteilung von Führungskräften. Neben ihrer Arbeit am Lehrstuhl ist Frau Brosi als Co-Trainerin am Executive Education Center der TUM School of Management unter anderem zu den Themen Führung, Strategie, sowie Ethik und Verantwortung tätig.

Matthias Spörrle ist Professor für Methodenlehre und Statistik an der Fachhochschule für angewandtes Management (FHAM), Erding. Darüber hinaus ist er als Assistant Professor an der Privatuniversität Schloss Seeburg im Bereich Wirtschaftspsychologie tätig und als Fellow Professor mit dem Lehrstuhl für Strategie und Organisation der Technischen Universität München (TUM) assoziiert. In seiner Forschung, die er in zahlreichen Beiträgen unter anderem im Personality and Social Psychology Bulletin, im Journal of Experimental Social Psychology und in Entrepreneurship Theory and Practice veröffentlicht hat, beschäftigt er sich insbesondere mit dem Einfluss von Emotionen, Persönlichkeit und Kognitionen auf Führungs-, Personal- und Managemententscheidungen. Neben seiner wissenschaftlichen Tätigkeit konzipiert Professor Spörrle Personalentwicklungsmaßnahmen und Evaluationsverfahren für Führungskräfte in Großunternehmen und im Mittelstand und ist als Trainer für Führungskräfte tätig.

Literatur

Agthe, M., Spörrle, M., & Maner, J. K. (2011). Does being attractive always help? Positive and negative effects of attractiveness on social decision making. *Personality and Social Psychology Bulletin, 37*, 1042–1054.

Anseel, F., Lievens, F., & Scholaert, E. (2009). Reflection as a strategy to enhance task performance after feedback. *Organizational Behavior and Human Decision Processes, 110*, 23–35.

Aquino, K., & Bradfield, M. (2000). Perceived victimization in the workplace: The role of situational factors and victim characteristics. *Organization Science, 11*, 525–537.

Aquino, K., Grover, S. L., Bradfield, M., & Allen, D. G. (1999). The effects of negative affectivity, hierarchical status, and self-determination on workplace victimization. *Academy of Management Journal, 42,* 260–272.

Aquino, K., & Lamertz, K. (2004). A relational model of workplace victimization: Social roles and patterns of victimization in dyadic relationships. *Journal of Applied Psychology, 89,* 1023–1034.

Aquino, K., Lewis, M. U., & Bradfield, M. (1999). Justice constructs, negative affectivity, and employee deviance: A proposed model and empirical test. *Journal of Organizational Behavior, 20,* 1073–1091.

Aquino, K., & Thau, S. (2009). Workplace victimization: Aggression from the target's perspective. *Annual Review of Psychology, 60,* 717–741.

Aryee, S., Sun, L.-Y., Chen, Z. X., & Debrah, Y. A. (2007). Antecedents and outcomes of abusive supervision: Test of a trickle-down model. *Journal of Applied Psychology, 92,* 191–201.

Asendorpf, J. B. (2007). *Psychologie der Persönlichkeit* (4. Aufl.). Heidelberg: Springer Medizin Verlag.

Ashforth, B. E. (1994). Petty tyranny in organizations. *Human Relations, 47,* 755–778.

Ashforth, B. E. (1997). Petty tyranny in organizations: A preliminary examination of antecedents and consequences. *Canadian Journal of Administrative Sciences, 14,* 126–140.

Bamberger, P. A., & Bacharach, S. B. (2006). Abusive supervision and subordinate problem drinking: Taking resistance, stress and subordinate personality into account. *Human Relations, 59,* 723–752.

Barling J., Dupré K. E., & Kelloway E. K. (2009). Predicting workplace aggression and violence. *Annual Review of Psychology, 60,* 671–692.

Bayer (2010). *Geschäftsbericht 2010.* http://www.geschaeftsbericht2010.bayer.de/de/bayer-geschaeftsbericht-2010.pdfx. zugegriffen: 23 Nov. 2011.

Bekk, M., & Spörrle, M. (2012). Nicht nur eine Frage der Person: Persönlichkeitskonzepte im organisationalen Führungskontext. In S. Grote (Hrsg.), *Zukunft der Führung.* Heidelberg: Springer Verlag.

Benson, M. J., & Campbell, J. P. (2007). To be, or not to be, linear: An expanded representation of personality and its relationship to leadership performance. *International Journal of Selection and Assessment, 15,* 232–249.

Bligh, M. C., Kohles, J. C., Pearce, C. L., Justin, J. E., & Stovall, J. F. (2007). When the romance is over: Follower perspectives of aversive leadership. *Applied Psychology: An international Review, 56,* 528–557.

Bruch, H., Vogel, B., & Krummaker, S. (2006). In H. Bruch, S. Krummaker, & B. Vogel (Hrsg.), *Leadership – Best Practices und Trends* (S. 301–308). Wiesbaden: Gabler Verlag.

Brunell, A. M., Gentry, W. A., Campbell, W. K., Hoffman, B. J., Kuhnert, K. W., & DeMarree, K. G. (2008). Leader emergence: The case for the narcissistic leader. *Personality and Social Psychology Bulletin, 34,* 1663–1676.

Buffardi, L. E., & Campbell, W. K. (2008). Narcissism and social networking web sites. *Personality and Social Psychology Bulletin, 34,* 1303–1314.

Campbell, W. K., Hoffman, B. J., Campbell, S. M., & Marchisio, G. (2010). Narcissism in organizational contexts. *Human Resource Management Review, 21,* 268–284.

Chatterjee, A., & Hambrick, D. C. (2007). It's all about me: Narcissistic chief executive officers and their effects on company strategy and performance. *Administrative Science Quarterly, 52,* 351–386.

Cohen, F., Solomon, S., Maxfield, M., Pyszczynski, T., & Greenberg, J. (2004). Fatal attraction: The effects of mortality salience on evaluation of charismatic, task-oriented, and relationship-oriented leaders. *Psychological Science, 15,* 846–851.

Costa, P. T., Jr., & McCrae, R. R. (1995). Domains and facets: Hierarchical personality assessment using the revised NEO personality inventory. *Journal of Personality Assessment, 64,* 21–50.

Crocker, J., & Park, L. E. (2004). The costly pursuit of self-esteem. *Psychological Bulletin, 130,* 392–414.

Dahling, J. J., Whitaker, B. G., & Levy, P. E. (2009). The development and validation of a new machiavellianism scale. *Journal of Management, 35,* 219–257.

De Hoogh, A. H. B., & Den Hartog, D. N. (2008). Ethical and despotic leadership, relationships with leader's social responsibility, top management team effectiveness and subordinates' optimism: A multi-method study. *The Leadership Quarterly, 19,* 297–311.

Deluga, R. J. (2001). American presidential machiavellianism: Implications for charismatic leadership and rated performance. *The Leadership Quarterly, 12,* 339–363.

Drory, A., & Gluskinos, U. M. (1980). Machiavellianism and leadership. *Journal of Applied Psychology, 65,* 81–86.

Duffy, M. K., Ganster, D. C., & Pagon, M. (2002). Social undermining in the workplace. *Academy of Management Journal, 45,* 331–351.

Eck, C. D., Leidenfrost, J., Küttner, A., & Götz, K. (2010). Management-development. In C. Negri (Hrsg.), *Angewandte Psychologie für die Personalentwicklung: Konzepte und Methoden für Bildungsmanagement, betriebliche Aus- und Weiterbildung* (S. 349–411). Berlin: Springer Verlag.

Einarsen, S., Aasland, M. S., & Skogstad, A. (2007). Destructive leadership behavior: A definition and conceptual model. *The Leadership Quarterly, 18,* 207–216.

Fast, N. J., & Chen, S. (2009). When the boss feels inadequate: Power, incompetence, and aggression. *Psychological Science, 20,* 1406–1413.

Fast, N. J., Gruenfeld, D. H., Sivanathan, N., & Galinsky, A. D. (2009). Illusory control: A generative force behind power's far-reaching effects. *Psychological Science, 20,* 502–508.

Galinsky, A. D., Gruenfeld, D. H., & Magee, J. C. (2003). From power to action. *Journal of Personality and Social Psychology, 85,* 453–466.

Galinsky, A. D., Magee, J. C., Inesi, M. E., & Gruenfeld, D. H. (2006). Power and perspectives not taken. *Psychological Science, 17,* 1068–1074.

Gallup. (2011). Engagement Index Deutschland 2010, Pressegespräch. http://eu.gallup.com/berlin/118645/gallup-engagement-index.aspx. Accessed 23 Nov 2011.

Glomb, T. M., & Liao, H. (2003). Interpersonal aggression in work groups: Social influence, reciprocal, and individual effects. *Academy of Management Journal, 46,* 486–496.

Goldberg, L. R. (1990). An alternative „description of personality": The big-five factor structure. *Journal of Personality and Social Psychology, 59,* 1216–1229.

Hayward, M. L. A., & Hambrick, D. C. (1997). Explaining the premiums paid for large acquisitions: Evidence for CEO hubris. *Administrative Science Quarterly, 42,* 103–127.

Hess, U. (2010). Eine globale Welt im Wandel erfordert neue Führungskompetenzen. In N. Mohr, N. Büning, U. Hess, & A. M. Fröbel (Hrsg.), *Herausforderung Transformation* (S. 135–144). Berlin: Springer Verlag.

Hilb, M. (2006). Integrierte strategische Führung und Erfolgskontrolle: New corporate governance. In H. Bruch, S. Krummaker, & B. Vogel (Hrsg.), *Leadership – Best Practices und Trends* (S. 239–250). Wiesbaden: Gabler Verlag.

Hiller, N. J., & Hambrick, D. C. (2005). Conceptualizing executive hubris: The role of (hyper-)core self-evaluations in strategic decision-making. *Strategic Management Journal, 26,* 297–319.

House, R. J., & Aditya, R. N. (1997). The social scientific study of leadership: Quo vadis? *Journal of Management, 23,* 409–473.

Judge, T. A., Bono, J. E., Ilies, R., & Gerhardt, M. (2002). Personality and leadership: A qualitative and quantitative review. *Journal of Applied Psychology, 87,* 765–780.

Judge, T. A., LePine, J. A., & Rich, B. L. (2006). Loving yourself abundantly: Relationship of the narcissistic personality to self and other perceptions of workplace deviance, leadership, and task and contextual performance. *Journal of Applied Psychology, 92,* 762–776.

Judge, T. A., Piccolo, R. F., & Kosalka, T. (2009). The bright and dark sides of leader traits: A review and theoretical extension of the leader trait paradigm. *The Leadership Quarterly, 20,* 855–875.

Kets de Vries, M. F. R., & Miller, D. (1985). Narcissism and leadership: An object relations perspective. *Human Relations, 38,* 583–601.

Landau, M. J., Solomon, S., Greenberg, J., Cohen, F., Pyszczynsky, T., Arndt, J., Miller, C. H., Ogilvie, D. M., & Cook, A. (2004). Deliver us from evil: The effects of mortality salience and reminders of 9/11 on support for president George W. Bush. *Personality and Social Psychology Bulletin, 30,* 1136–1150.

Li, J., & Tang, Y. (2010). CEO hubris and firm risk taking in China: The moderating role of managerial discretion. *Academy of Management Journal, 53,* 45–68.

Linde (2011). Unternehmenshomepage. http://www.the-linde-group.com/de/about_the_linde_group/the_linde_spirit/index.html. zugegriffen: 23 Nov. 2011.

Lubit, R. (2002). The long-term organizational impact of destructively narcissistic managers. *Academy of Management Executive, 16,* 127–138.

Malik, F. (2006). Leadership in Unternehmen – Trends und Perspektiven. In H. Bruch, S. Krummaker, & B. Vogel (Hrsg.), *Leadership – Best Practices und Trends* (S. 285–297). Wiesbaden: Gabler Verlag.

Malmendier, U., & Tate, G. (2005). CEO overconfidence and corporate investment. *Journal of Finance, 60,* 2661–2700.

Malmendier, U., & Tate, G. (2008). Who makes acquisitions? CEO overconfidence and the market's reaction. *Journal of Financial Economics, 89,* 20–43.

Malmendier, U., & Tate, G. (2009). Superstar CEOs. *The Quarterly Journal of Economics, 4,* 1593–1638.

Mayer, D. M., Salovey, P., & Caruso, D. R. (2004). Emotional intelligence: Theory, findings, and implications. *Psychological Inquiry, 15,* 197–215.

Mayer, D. M., Thau, S., Workman, K. M., Van Dijke, M., & De Cremer, D. (2012). Leader mistreatment, employee hostility, and deviant behaviors: Integrating self-uncertainty and thwarted needs perspectives on deviance. *Organizational Behavior and Human Decision Processes, 117,* 24–40.

Mitchell, M. A., & Ambrose, M. L. (2007). Abusive supervision and workplace deviance and the moderating effects of negative reciprocity beliefs. *Journal of Applied Psychology, 92,* 1159–1168.

Nevicka, B., Ten Velden, F. S., De Hoogh, A. H. B., & Van Vianen, A. E. M. (2011). Reality at odds with perceptions: Narcissistic leaders and group performance. *Psychological Science, 22,* 1259–1264.

Niedermeyer, R., & Postall, N. (2010). *Effektive Mitarbeiterführung*. Berlin: Springer Verlag.

Padilla, A., Hogan, R., & Kaiser, R. B. (2007). The toxic triangle: Destructive leaders, susceptible followers, and conducive environments. *The Leadership Quarterly, 18,* 176–194.

Pearce, C. L., & Sims, H. P. (2002). The relative influence of vertical vs. shared leadership on the longitudinal effectiveness of change management teams. *Group Dynamics, 6,* 172–197.

Pinnow, D. F. (2011). *Führen: Worauf es wirklich ankommt*. Wiesbaden: Gabler Verlag.

Pyszczynski, T., Abdollahi, A., Solomon, S., Greenberg, J., Cohen, F., & Weise, D. (2006). Mortality salience, martyrdom, and military might: The great satan versus the axis of evil. *Personality and Social Psychology Bulletin, 32,* 525–537.

Raskin, R., & Terry, H. (1988). A principal-components analysis of the narcissistic personality inventory and some further evidence of its construct validity. *Journal of Personality and Social Psychology, 54,* 890–902.

Regierungskommission Deutscher Corporate Governance Index (2010). *Deutscher Corporate Governance Index (in der Fassung vom 26. Mai 2010)*. http://www.corporate-governance-code.de/ger/download/kodex_2010/D_CorGov_Endfassung_Mai_2010.pdf. zugegriffen: 23 Nov. 2011.

Roll, R. (1986). The hubris hypothesis of corporate takeovers. *Journal of Business, 59,* 197–216.

Sarbanes-Oxley Act. (2002). *A guide to the Sarbanes-Oxley Act*. http://www.soxlaw.com/. zugegriffen: 23 Nov. 2011.

Sakalaki, M., Richardson, C., & Thépaut, Y. (2007). Machiavellianism and economic opportunism. *Journal of Applied Social Psychology, 37,* 1181–1190.

Salin, D. (2003). Bullying and organisational politics in competitive and rapidly changing work environments. *International Journal of Management and Decision Making, 4,* 35–46.

Sankowsky, D. (1995). The charismatic leader as narcissist: Understanding the abuse of power. *Organizational Dynamics, 23,* 57–71.

Schilling, J. (2007). Leaders' romantic conceptions of the consequences of leadership. *Applied Psychology: An International Review, 56,* 602–623.

Schilling, J. (2009). From ineffectiveness to destruction: A Qualitative study on the meaning of negative leadership. *Leadership, 5,* 102–128.

Scholz, C. (2011). Zukunfsorientierung in der Personalwirtschaft? Eine partielle Ernüchterung! In V. Tiberius (Hrsg.) *Zukunftsorierung in der Betriebswirtschaftslehre* (S. 263–276). Wiesbaden: Gabler Verlag.

Schreyögg, G., & Koch, J. (2007). *Grundlagen des Managements.* Wiesbaden: Gabler Verlag.

Simon, M., & Houghton, S. M. (2003). The relationship between overconfidence and the introduction of risky products: Evidence from a field study. *Academy of Management Journal, 46,* 139–149.

Spörrle, M., Welpe, I. A., Ringenberg, I., & Försterling, F. (2008). Irrationale Kognition als Korrelate emotionaler Kompetenzen aus dem Kontext emotionaler Intelligenz und individueller Zufriedenheit am Arbeitsplatz. *Zeitschrift für Personalpsychologie, 7,* 113–128.

Strobel, M., Tumasjan, A., & Spörrle, M. (2011). Be yourself, believe in yourself, and be happy: Self-efficacy as a mediator between personality factors and subjective well-being. *Scandinavian Journal of Psychology, 52,* 43–48.

Tepper, B. J. (2000). Consequences of abusive supervision. *Academy of Management Journal, 43,* 178–190.

Tepper, B. J. (2007). Abusive supervision in work organizations: Review, synthesis, and research agenda. *Journal of Management, 33,* 261–289.

Tepper, B. J., Duffy, M. K., Henle, C. A., & Lambert, L. S. (2006). Procedural injustice, victim precipitation, and abusive supervision. *Personnel Psychology, 59,* 101–123.

Tepper, B. J., Duffy, M. K., & Shaw, J. D. (2001). Personality moderators of the relationship between abusive supervision and subordinates' resistance. *Journal of Applied Psychology, 86,* 974–983.

Tepper, B. J., Moss, S. E., & Duffy, M. K. (2011). Predictors of abusive supervision: Supervisor perceptions of deep-level similarity, relationship conflict, and subordinate performance. *Academy of Management Journal, 54,* 279–294.

Weaver, G. R., Treviño, L. G., & Agle, B. (2005). Somebody I look up to: Ethical role models in organizations. *Organizational Dynamics, 34,* 313–330.

Welpe, I. M., Spörrle, M., Grichnik, D., Michl, T., & Audretsch, D. B. (2011). Emotions and opportunities: The interplay of opportunity evaluation, fear, joy, and anger as antecedent of entrepreneurial exploitation. *Entrepreneurship Theory and Practice,* vorzeitige Online Publikation.

Withauer, K. F. (2011). *Führungskompetenz und Karriere.* Wiesbaden: Gabler Verlag.

Yagil, D. (2005). Employees' attribution of abusive supervisory behaviors. *The International Journal of Organizational Analysis, 13,* 307–326.

Zellars, K. L., Tepper, B. J., & Duffy, M. K. (2002). Abusive supervision and subordinates' organizational citizenship behavior. *Journal of Applied Psychology, 87,* 1068–1076.

Führung aus Sicht der Geführten verstehen: Denn wem nicht gefolgt wird, der führt nicht

Matthias M. Graf und Niels Van Quaquebeke

Zusammenfassung

Vertreter[1] der organisationalen Praxis und klassischen Führungsforschung sind von Konstrukten wie Führungspersönlichkeit oder Führungsverhalten sprichwörtlich verzaubert. In der Tat wird Führungserfolg fast ausschließlich auf das eine oder das andere zurückgeführt. Dabei wird jedoch die entscheidende Rolle, die Mitarbeiter in Führungsprozessen einnehmen, kaum beachtet. Um besser verstehen zu können, unter welchen Bedingungen Führung effektiv ist, stellen moderne Führungstheorien daher eher die Mitarbeiter in den Mittelpunkt ihrer Betrachtungen.

In diesem Kapitel führen wir die Leser in diese Geführtenperspektive auf den Führungsprozess ein, indem wir beschreiben, wie Mitarbeiter mit Hilfe sogenannter impliziter Führungstheorien das Wirken ihrer Führungskräfte wahrnehmen und schlussendlich auf dieser Basis auf diese reagieren. Anschließend leiten wir anhand von verschiedenen Beispielen aus der Praxis Konsequenzen der Geführtenperspektive für die Gestaltung von Führungsprozessen und der Führungskultur von Unternehmen ab.

---

[1] Aus Gründen der Verständlichkeit (für unsere männlichen Leser, s. Braun et al. 2007) verwenden wir im Folgenden nur das generische Maskulinum (z. B. Mitarbeiter oder Angestellter), möchten darin aber beide Geschlechterformen eingeschlossen wissen.

M. M. Graf (✉)
Kienbaum Management Consultants GmbH,
Human Resource Management, Hohe Bleichen 19,
20354 Hamburg, Deutschland
E-Mail: matthias.graf@kienbaum.de

N. Van Quaquebeke
Kühne Logistics University,
Brooktorkai 20, 20457 Hamburg, Deutschland
E-Mail: niels.quaquebeke@the-klu.org

16.1 Einleitung

Klassische Ansätze der Führungsforschung haben in den vergangenen Dekaden immer wieder versucht zu erklären, welche Faktoren erfolgreiche Führung ausmachen. Diese Bemühungen haben sich dabei vor allem auf Führungspersönlichkeit oder Führungsverhalten konzentriert (Yukl 2005). Damals wie heute wird von Forschern aber immer wieder in Frage gestellt, ob die Persönlichkeit oder das Verhalten von Führungskräften tatsächlich direkte Einflussfaktoren erfolgreicher Führungsprozesse darstellen (Hollander 1964; Lord et al. 1986). Dabei argumentieren die Kritiker dieser Ansätze, dass die klassische Führungsforschung es überwiegend versäumt, Mitarbeiter als Mediatoren (also als Mittler) innerhalb des Führungsprozesses zu verstehen. Mit anderen Worten: ob Angestellte folgen und entsprechend Leistung zeigen, hängt vor allem davon ab, wie sie Führungsprozesse wahrnehmen, insbesondere ob sie ihre Führungskräfte als qualifiziert für die Führungsposition und in dem Sinne legitimiert für ihren Anspruch auf Einfluss ansehen (Kenney et al. 1996).

Die wiederholten Bedenken an den klassischen Ansätzen haben in den letzten Jahren zu einem Paradigmenwechsel in der Führungsforschung geführt. Hat sich die Forschung in der Vergangenheit vor allem auf die Perspektive der Führungskräfte konzentriert, fokussiert sie heutzutage stärker auf die Perspektive der Geführten und argumentiert, dass das Verständnis von Führungsprozessen ein Verständnis von kognitiven Prozessen bei Mitarbeitern voraussetzt (Lord und Brown 2003; Schyns und Meindl 2005; Shamir et al. 2006; Van Quaquebeke 2008). Dieser Paradigmenwechsel lässt sich am besten durch die Aussage von Robert G. Lord und Cynthia G. Emrich (2000, S. 551) zusammenfassen, die anmerken: „Wenn Führung zumindest zu einem gewissen Anteil in den Köpfen der Mitarbeiter stattfindet, dann ist es geboten aufzudecken, was diese denken."

16.2 Hintergrund des Führungsansatzes

Die meisten Menschen sind in Gruppen aufgewachsen und beispielsweise in Kindergärten, Schulen, Sportvereinen oder Freundeskreisen sozialisiert worden. In diesen Gruppen ist Führung meist ein ganz natürliches Phänomen. Deshalb beinhaltet diese Art der Sozialisierung, dass Menschen von frühester Kindheit an implizite Vorstellungen über Führungsprozesse und Führungskräfte entwickeln. Diese Vorstellungen sind kognitive Schemata, die beschreiben, was (gute) Führung ausmacht, und werden in der Forschung implizite Führungstheorien genannt (engl. „Implicit Leadership Theories", Kenney et al. 1996; Lord und Maher 1991).

So könnte man die Leser unseres Buchkapitels beispielsweise zu ihren Vorstellungen von Führung befragen. Die meisten von ihnen werden dabei eine durchaus durchdachte Antwort liefern können, welche Faktoren und Attribute gute Führungsprozesse und Führungskräfte für sie ausmachen. Ihre Antworten werden sich darüber hinaus wahrscheinlich sogar sehr stark gleichen. Befasst man sich näher mit den kognitiven Prozessen, die solchen Vorstellungen zugrunde liegen, ist diese Tatsache nicht weiter verwunderlich. Implizite Führungstheorien ähneln sich, da sie zu einem großen Teil auf gemeinsam gemachten Erfahrungen basieren und durch dieselben Medien oder vergleichbare Institutionen beeinflusst werden (Lord und Maher 1991).

Im Kontext von Führung ist es jedoch wichtig zu verstehen, dass diese kognitiven Schemata nicht ohne Konsequenz für den tatsächlichen Führungsprozess sind. Sie dienen Mitarbeitern als Interpretationshilfen, um ihre Führungskräfte im Hinblick auf ihre Qualifikationen und damit auch auf ihre Legitimation zu bewerten. Anders gesagt stellen implizite Führungstheorien ein Mittel dar, durch das sich Personen die organisationale Welt um sich herum erschließen (Weick 1995). Dabei verlaufen diese Prozesse weitestgehend implizit und durchwirken Wahrnehmungen, ohne dass dies den wahrnehmenden Personen bewusst wäre oder von diesen hinterfragt werden würde. Dass diese Prozesse automatisch ablaufen, bedeutet aber auch, dass sie kognitiv sehr ressourcenschonend sind.

Aus dieser Sichtweise ergibt sich, dass die Qualität von Führungskräften, und somit auch ihr Erfolg, zu einem großen Teil von der Wahrnehmung und Interpretation ihrer Mitarbeiter unterworfen sind. Deshalb konstatieren viele Forscher heutzutage auch, dass Führung im sprichwörtlichen „Auge des Betrachters" liegt (Nye 2002). Dieser Logik folgend fokussiert die Geführten-zentrierte Erforschung von Führungsprozessen darauf, wie Informationen über Führungskräfte und -prozesse von Mitarbeitern aufgenommen und verarbeitet werden (Lord und Maher 1991). In diesem Sinne bilden Führungsprozesse also keine Realität in Form tatsächlicher Eigenschaften und Verhaltensweisen von Führungskräften ab, sondern eine Realität, die von Mitarbeitern kognitiv konstruiert wird. Demnach könnte man sogar sagen, dass moderne Führungsforschung eine fast konstruktivistische Sichtweise auf Führung einnimmt (von Foerster 1985; von Glasersfeld 1996): Sie stellt nicht heraus, was gute oder schlechte Führung im Einzelnen ausmacht, sondern, wie gute oder schlechte Führung durch die Mitarbeiter konstruiert wird.

16.3 Beschreibung des Führungsansatzes

Um nachzuvollziehen, was effektive Führung ausmacht, muss man verstehen, wie Personen ihre impliziten Führungstheorien konstruieren und für die Aufnahme und Verarbeitung von Informationen nutzen. Lord und Maher (1991) unterscheiden dabei zwischen zwei fundamentalen Prozessen: 1) Kognitive Prozesse der Informationsverarbeitung, die auf Wiedererkennung basieren und 2) kognitive Prozesse der Informationsverarbeitung, die auf Schlussfolgerungen beruhen. Beide Prozesse dienen Mitarbeitern dazu, Führung zu verstehen und in Führungsprozessen adäquat zu agieren. Sie werden im Folgenden in Abb. 16.1 in ihrem Zusammenhängen dargestellt und anschließend einzeln näher betrachtet.

16.3.1 Kognitive Prozesse der Wiedererkennung

Interessanterweise können bereits Kinder im Grundschulalter „Anführer" von „keine Anführer" unterscheiden und dabei Faktoren benennen, die Anführer anders machen oder

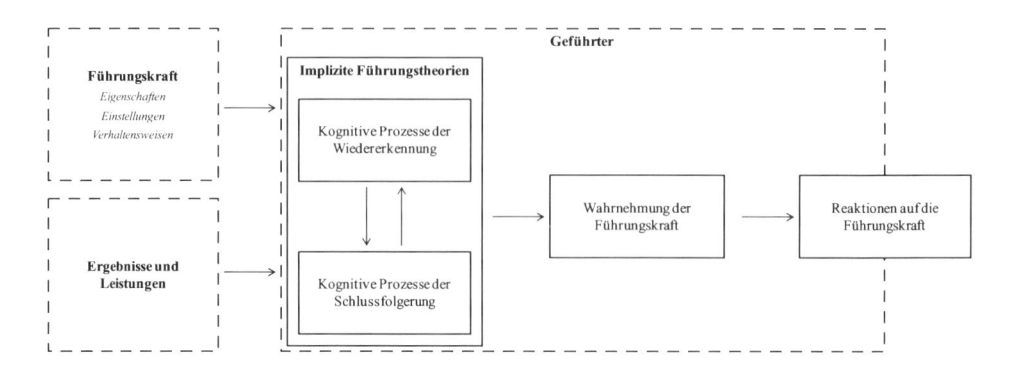

Abb. 16.1 Kognitive Prozesse der Wiedererkennung und Schlussfolgerung sind Teil von impliziten Führungstheorien, die die Informationsverarbeitung über und Reaktion auf Führungskräfte beeinflussen

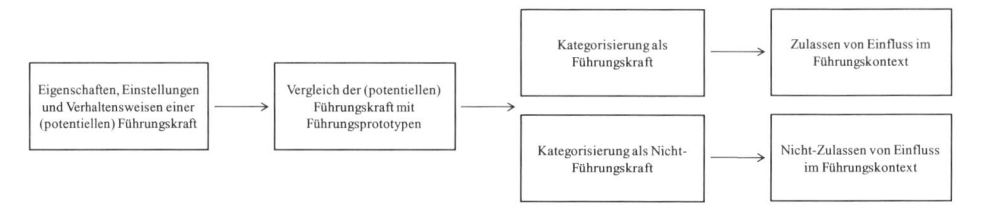

Abb. 16.2 Kognitive Prozesse der Wiedererkennung im Verlauf

in denen sie anders sind. Das bedeutet, dass Menschen in diesem Alter also bereits ein kognitives Schema für Führungskräfte entwickelt haben.

Diese Abstraktion setzt sich im Zuge der Sozialisation immer weiter fort, so dass sich nach und nach aus einem zu Anfang vielleicht etwas diffusen Schema ein immer klarerer Führungsprototyp verfestigt. Im Rahmen der Erforschung von impliziten Führungstheorien wird angenommen, dass diese Führungsprototypen nicht nur inhaltlich präsent sind, sondern durch ihre zentrale Funktion in der Wahrnehmung auch praktische Relevanz entfalten, indem sie bestimmen, wer als Führungskraft überhaupt (an)erkannt wird. Diesem Prozess unterliegt folgende Logik: je stärker Führungskräfte dem kognitiv repräsentierten Führungsprototyp ihrer Mitarbeiter ähneln, desto leichter fällt es letzteren, ihre Führungskräfte auch tatsächlich als Führungskräfte zu erkennen. Dieser Prozess ist noch einmal in Abb. 16.2 veranschaulicht.

Psychologische Reaktionszeitexperimente belegen beispielsweise, dass Personen im Allgemeinen schneller Informationen zu Führungskräften verarbeiten, die ihren Prototypen ähnlich sind, und entsprechend langsamer auf Personeninformationen reagieren, die dem Führungsprototyp unähnlich ist (Lord et al. 1984). Darüber hinaus fällt es Mitarbeitern schwerer, Eigenschaften und Verhaltensweisen ihrer Führungskräfte als Führungsattribute zu kategorisieren, wenn sie Diskrepanzen zwischen ihren Vorgesetzten und ihrem Führungsprototypen wahrnehmen (Scott und Brown 2006). Mit anderen Worten: Führungsprototypen stellen so etwas wie eine Schublade (im Sinne des Schubladendenkens) dar, in die eine tatsächliche Führungskraft erst einmal passen muss, damit ein Mitarbeiter diese auch (an)erkennt. Dieser kognitive Prozesse der Informationsverarbeitung wird auch Führungskräftekategorisierung genannt (engl. „Leader Categorization"), da eine Zielperson (bspw. eine formale Führungskraft) der kognitiven Kategorie Führungskraft zugeordnet wird oder nicht (Van Quaquebeke und Brodbeck 2008).

Während in jungen Jahren diese Form der Kategorisierung einen Einfluss auf die Wahlen von Klassensprechern oder Fußballkapitänen haben mag, so ist diese später im organisationalen Kontext nicht nur von sozialer, sondern auch von wirtschaftlicher Brisanz. Eine Führungskraft kann beispielsweise für die Leitung eines Teams formal eingesetzt worden sein, ist aber nur dann erfolgreich, wenn ihre Mitarbeiter sie auch als Vorgesetzten anerkennen. Deshalb ist es aus Sicht von Unternehmen absolut notwendig nachzuvollziehen, wie die Führungsprototypen ihrer Mitarbeiter inhaltlich beschaffen sind und wie sie diese als Benchmark nutzen, um zu bestimmen, ob sie Einfluss durch ihre Führungskräfte zulassen sollen oder nicht.

Weil Führungsprototypen für Organisationen von so großer Bedeutung sind, haben sich viele Forscher in den vergangenen Jahren vor allem darauf fokussiert, ihre Struktur und Inhalte zu untersuchen (Chokar et al. 2007; Offermann et al. 1994). Zusammenfassend konnte dabei gezeigt werden, dass Führungsprototypen sozial geteilte Repräsentationen sind, die bestimmen, wie Führungskräfte sein sollten. Diese Repräsentationen können in Abhängigkeit von unterschiedlichen gesellschaftlichen Bereichen wie Politik, Wirtschaft oder Sport (Lord et al. 1984) oder unterschiedlichen Kulturen variieren (Interkulturelle Erhebungsinstrumente für Führungsprototypen finden sich dabei bei Chokar et al. 2007, ausführliche Messinstrumente für Deutschland sind bei Van Quaquebeke und Brodbeck 2008, zu finden).

Abseits des reinen Wiedererkennungsprozesses geht die Logik der Führungskraftkategorisierung allerdings über die bloße kognitive Kategorisierung von Führungskräften hinaus. Insbesondere wird argumentiert, dass Mitarbeiter eher bereit sind, Einfluss von ihren Führungskräften zuzulassen, je stärker sie diese als Führungskräfte kategorisieren können. Dieser Logik nach hat die prototypische Kategorisierung von Führungskräften beispielsweise zur Folge, dass diese bessere Beziehungen zu ihren Mitarbeitern aufbauen und aufrechterhalten können. Prototypische Führungskräfte stärken weiterhin nachweislich auch das organisationale Commitment, die Identifikation mit der Firma oder aber auch generell die Zufriedenheit ihrer Mitarbeiter mit ihren Teams (Epitropaki und Martin 2005; Van Quaquebeke und Brodbeck 2008). Die Kategorisierung entlang eines impliziten Führungsprototyps bedeutet aber beispielsweise auch, dass es weibliche Führungskräfte immer noch vergleichsweise schwierig haben, ab einer bestimmten Hierarchiestufe als ebenso qualifiziert wahrgenommen zu werden wie ihre männlichen Kollegen (Eagly und Karau 2002). Nicht weil sie nicht entsprechend qualifiziert wären, sondern weil zu viele Attribute mit dem impliziten Führungsprototyp nicht übereinstimmen (siehe hierzu die Diskussion und mögliche Interventionen in Van Quaquebeke und Schmerling 2010).

Zusammenfassend lässt sich sagen, dass Mitarbeiter von Personen, die sie als prototypisch kategorisieren (können), mehr Einfluss und damit Führung zulassen als von Personen, die ihren Führungsprototypen nicht entsprechen (Van Quaquebeke 2008).

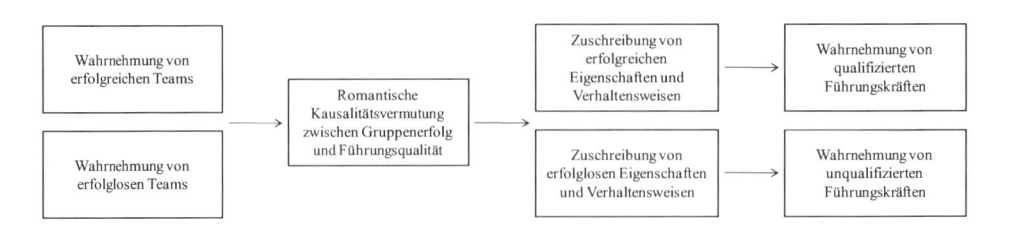

Abb. 16.3 Kognitive Prozesse der Schlussfolgerung im Verlauf

16.3.2 Kognitive Prozesse der Schlussfolgerung

Kognitive Prozesse der Informationsverarbeitung, die auf Schlussfolgerungen basieren, beziehen sich nicht auf kognitive Kategorien, sondern beruhen auf kognitiven Attributionsnetzwerken, die Ereignisse mit der Vergangenheit im Sinne einer Zuschreibung kausal verknüpfen.

Überlegen Sie beispielsweise mal, wie Sie den Trainer eines besonders erfolgreichen Fußballteams im Vergleich mit dem Trainer einer besonders erfolglosen Mannschaft beschreiben würden. Oder beschreiben Sie Geschäftsführer besonders erfolgreicher Unternehmen im Vergleich mit Geschäftsführern besonders erfolgloser Unternehmen. Oder Generäle nach erfolgreichen Schlachten versus Generäle nach verlorenen Schlachten. Was Sie feststellen werden, ist dass Sie dazu tendieren, den Trainern, Geschäftsführern oder Generälen dieser Beispiele eine große Kausalität für das Ergebnis zuzuweisen, ohne zu wissen, ob die Attribute, die Sie zu Erklärung heranziehen, auch wirklich mit dem Ergebnis zusammenhängen. Die Zuschreibung dieser Eigenschaften und Verhaltensweisen spiegelt vielmehr Ihre implizite Führungstheorie wieder, dass bestimmte Führungsattribute oder -Verhaltensweisen kausal mit dem Resultat zusammenhängen müssen (Meindl 1995).

Diese Art der Attribution wird von James Meindl und Kollegen daher auch als Romantisierung von Führung bezeichnet. Der entsprechende Prozess ist in Abb. 16.3 schematisch dargestellt.

Personen nutzen im Allgemeinen alle zusätzlich zur Verfügung stehenden Informationen, um sich das Wirken von Führungskräften zu erklären – besonders dann, wenn Führungskräfte nicht eindeutig kategorisiert werden können (siehe obigen Abschnitt zu Kognitive Prozesse der Wiedererkennung, Lord und Maher 1991). Die zugrundeliegenden kognitiven Prozesse der Schlussfolgerung basieren darauf, dass Menschen annehmen, dass die Funktion von Führungskräften vor allem darin besteht, es ihren Teams zu ermöglichen, ihre auferlegten Ziele zu erreichen, sei es die Fußballmeisterschaft, die Erschließung eines neuen Geschäftsfelds oder der Sieg in einer Schlacht. Führungskräfte, denen das gelingt, werden üblicherweise als qualifizierte Führungskräfte eingeschätzt. Schaffen sie es dagegen nicht, werden sie als unqualifizierte Führungskräfte angesehen (Nye 2005). Mit anderen Worten: gewinnt das Team, wird der Trainer gefeiert, verliert es, wird er gefeuert.

Judith Nye (2005) ist der Ansicht, dass die kognitive Verbindung von erfolgreichen Teams und erfolgreichen Führungskräften so stark in der schlussfolgernden menschlichen

Informationsverarbeitung verankert ist, dass Teamerfolg und Führungsqualität als zwei Seiten derselben Medaille angesehen werden können. Sogar die eigenen Mitarbeiter – also Personen, die fast uneingeschränkten Zugang zu allen relevanten Informationen über die Ursachen von Erfolg und Misserfolg haben – nehmen ihre Führungskräfte oftmals in dieser verzerrten Weise wahr. Wenn eine Führungskraft einmal als Ursache für den Erfolg oder den Misserfolg eines Teams ausgemacht worden ist, nutzen Personen ihre impliziten Führungstheorien in Folge sogar, um Informationslücken über ihre Eigenschaften und Verhaltensweisen zu schließen. Das bedeutet, dass sie ihr zum Beispiel im Nachhinein Attribute wie etwa Charisma zuschreiben, die zwar ihren idealen Führungsprototypen entsprechen aber nicht unbedingt bei der Führungskraft tatsächlich vorhanden sind (Schyns et al. 2007).

Natürlich verschließen Menschen gegenüber etwaigen situationalen Einflüssen auf den Erfolg oder Misserfolg von Teams nicht die Augen. Im Gegenteil: wenn sie dieser Faktoren gewahr werden, sind Personen weit weniger versucht, allein der Führungskraft die Verantwortung für Erfolge oder Misserfolge ihrer Teams zuzuschreiben. Dennoch haben zahlreiche Untersuchungen immer wieder belegen können, dass Personen eher Menschen als Ursache für Ergebnisse verantwortlich machen als eventuelle situative Einflüsse. Diese Verzerrung in der Wahrnehmung wird fundamentaler Attributionsfehler genannt und ist im menschlichen Denken so verwurzelt, dass situationale Faktoren wirklich außergewöhnlich stark sein müssen, um Menschen in ihrer kognitiv kausalen Verbindung zwischen Erfolg und Führungsqualität zu „stören".

16.4 Relevanz für die Praxis

Aus praktischer Sicht könnte man sich nun fragen, warum die Geführtenperspektive in Führungsprozessen überhaupt wichtig ist. Führungskräfte sind doch schließlich dazu da, Entscheidungen zu treffen und Maßnahmen für deren Umsetzung zu initiieren. Mitarbeiter werden im Gegenzug dafür bezahlt, diese mitzutragen und umzusetzen. Diese Argumentation mag vielleicht zutreffen, lässt aber die Potenziale, die sich aus einer stärkeren Berücksichtigung der Geführtenperspektive ergeben, ungenutzt.

Aus systemtheoretischer Sicht (Luhmann 1984; Willke 2000) lässt sich in diesem Zusammenhang argumentieren, dass ein Team intelligent genug ist, selbständig bestimmen zu können, was für Führungskräfte es braucht, um den unterschiedlichen Herausforderungen während seiner Evolution erfolgreich begegnen zu können (van Vugt 2006; Williams und Levitt 1947). Diese Anforderungen dürften sich auch relativ konkret in den idealprototypischen Erwartungen an eine Führungskraft wiederfinden.

Vor diesem Hintergrund verwundert es, dass Verantwortliche aus der Geschäftsführung, dem Personalmanagement oder externer Beratungen intelligenter als ein zu führendes Team sein sollen, um den besten Vorgesetzten zu bestimmen. In der Tat spielen Mitarbeiter in den meisten Auswahlprozessen keine aktive Rolle. Es wird einfach davon ausgegangen, dass sie die für sie getätigte Auswahl akzeptieren werden. Wenn man anerkennt, dass dies definitiv kein systemimmanenter Prozess ist, dann sollte man auch nicht überrascht sein, dass viele Führungskräfte von ihren Angestellten nicht akzeptiert werden und somit auch an ihren Aufgaben scheitern – vor allem in Zeiten von Krisen, in denen Führungskräfte den Rückhalt und Unterstützung ihrer Mitarbeiter am meisten benötigen.

Anstatt diese Logik an einer organisationalen Fallstudie zu erläutern, möchten wir an dieser Stelle vorerst auf ein sicherlich nicht alltägliches, aber aus unserer Sicht äußerst passendes Beispiel verweisen. Vor einigen Jahren strahlte der schottische Ableger des britischen Fernsehsenders BBC eine Reality Show – Castaway 2000 – aus. Dieses Format war eine Art wissenschaftlich begleitete und elaboriertere Version der bekannten Big Brother Serie. Die BBC überließ 36 Personen, die aus allen sozialen Schichten der britischen Gesellschaft ausgewählt worden waren, für einen Zeitraum von mehreren Monaten auf einer einsamen Insel vor Großbritannien sich selbst. Wie bei Big Brother wurden die Teilnehmer nicht nur dabei beobachtet, wie sie ihr alltägliches Leben führten, sondern mussten auch zahlreiche verschiedene Aufgaben meistern, die ihnen der Sender immer wieder auftrug.

Was in den nächsten Monaten zu beobachten war, erwies sich aus Führungssicht als äußerst interessant. Zu Anfang passten sich die Teilnehmer an die ungewöhnliche Situation an, indem sie versuchten, ihr gewohntes Leben unter möglichst ähnlichen Umständen weiter zu führen. Manager, Anwälte und Ärzte nahmen auf eine selbstverständliche Art die Rolle der Führungskräfte der Gruppe ein. Die anderen Teilnehmer, die sich an die Gesamtsituation erst gewöhnen mussten, waren damit vorerst einverstanden. Schließlich waren sie an solche Führungskräfte gewohnt. Nach einer gewissen Zeit begannen sie aber zu realisieren, dass die formalen Führungsstrukturen auf der Insel keinen Bestand hatten. Und es dauerte nicht lange, da begannen sie, die selbst ernannten Führungskräfte zu hinterfragen.

In der darauf folgenden Zeit ließen sich Aufruhr und ein Verlust an Orientierung beobachten. Zeitgleich begann aber ein Teilnehmer sich mehr und mehr den Respekt der anderen zu verdienen. Nicht, weil er ein ganz besonderes Führungsverhalten aufzeigte oder eine ganz besondere Führungseigenschaft hatte, sondern weil er ein wesentlich komplexeres Bild einer Führungskraft darstellte: je nach Art der Situation und Anforderung unterstützte er andere Teilnehmer, traf Entscheidungen, suchte in der Gruppe nach Unterstützung oder hielt besonders charismatische Reden. Interessant ist, dass dieser Teilnehmer 26 Jahre alt war und in seinem gewohnten Leben als Fotopraktikant in London arbeitete. Aber auf der Insel erwies er sich tatsächlich als derjenige, den die meisten Teilnehmer respektierten und dem sie gerne folgten, wenn sie nach Führung suchten (Van Quaquebeke et al. 2007). Dabei wies er einfach Eigenschaften und Verhaltensweisen auf, die die Gruppe auf der Insel in ihrer Situation von einer Führungskraft erwartete, die also ihrem idealen Führungsprototyp für die Situation entsprachen.

Einige Leser sind sicherlich der Auffassung, dass dieses Beispiel nicht allzu viel mit Führungssituationen in Unternehmen zu tun hat. Dennoch trägt es unserer Ansicht nach zur Erklärung von Führungsprozessen bei, da es deutlich macht, dass diese zu einem großen Teil aus der Perspektive der Geführten betrachtet und verstanden werden müssen.

Studien der National Aeronautics and Space Administration (NASA) können hier weiteres Anschauungsmaterial liefern. Diese zeigen, dass Mitglieder eines Spaceshuttles bei Notfällen wie dem plötzlichen Verlust von Treibstoff oder dem unerwarteten Abfall von Druck in der Kabine nicht automatisch auf denjenigen hören würden, der am Ranghöchsten ist, sondern auf denjenigen, dem sie in diesen Extremsituationen am ehesten die schnelle Lösung des Problems zutrauen (Connors et al. 1985). Die NASA Forscher formulieren diplomatisch, dass Space Shuttle Commander zwar mit Belohungs- und Bestrafungsmacht qua Amt ausgestattet werden können, dass diese formal gebundenen Machtquellen allerdings immer weniger zählen, desto weiter sich das Raumschiff von der Erde entfernt. Denn wenn man 3.000 km von der Erde entfernt ist und auf eine potentiell lebensbedrohliche Krise reagieren muss, dann ist es einem im Zweifel ziemlich egal, wie viele Sterne auf der Epaulette eines jeden Crewmitglieds stehen.

Die gefühlte Unsicherheit in solcherart Notfällen ist natürlich extrem, da die beschriebenen Situationen wie der Verlust von Treibstoff akut lebensbedrohlich sind und die Mitglieder des Shuttles sich der Konfrontation nur schwer entziehen können. Mitarbeiter eines Unternehmens, meinen wir, erleben allerdings häufig ein ebensolche, wenngleich wahrscheinlich nicht ganz so starke Unsicherheit in ihrem Arbeitsalltags. Zum Beispiel, wenn sie sich mit der drohenden Übernahme des eigenen Unternehmens durch einen Wettbewerber konfrontiert sehen oder ein neu eingeführtes Produkt zu scheitern droht. Angenommen, Sie (unser Leser) wären ein Angestellter in einem solchen Unternehmen. Wem würden Sie folgen? Und genau darauf will die Erforschung von Führungsprozessen aus der Perspektive der Mitarbeiter Antworten geben.

In solchen Situationen ist es besonders wichtig, dass Führungskräfte den Führungsprototypen ihrer Mitarbeiter entsprechen. Erst wenn die Mitarbeiter wahrnehmen, dass ihre Vorgesetzte ihren Vorstellungen einer Führungskraft gleichen, öffnen sie sich für den Einfluss, den diese auf sie ausüben. Führungskräfte, die den Prototypen dagegen nicht entsprechen, werden es als schwierig empfinden, als qualifiziert und legitimiert wahrgenommen zu werden. Daher ist es von großer Bedeutung, Vorgesetzte für die kognitiven Prozesse, die den impliziten Führungstheorien ihrer Angestellten unterliegen, zu sensibilisieren und mit den Dynamiken vertraut zu machen, die sich aus einem Vergleich ihrer Funktion mit den Führungsprototypen eines bestimmten Unternehmens, eines spezifischen Bereiches oder bestimmter Mitarbeiter ergeben (Lord und Maher 1991; Van Quaquebeke et al. 2011).

16.4.1 Anwendung des Führungsansatzes auf die unternehmerische Praxis

Da Teams üblicherweise mit den Inhalten und Abläufen ihres Arbeitsalltags sehr vertraut sind, haben Mitarbeiter die nötige Expertise und Erfahrung, um bestimmen zu können, welche Attribute eine Führungskraft aus ihrer Sicht aufweisen sollte, um erfolgreich zu sein. Deshalb sollten Mitarbeiter an Auswahlprozessen von Führungskräften beteiligt werden. Mehr noch, da eine Führungskraft, die trotz aller offiziellen Qualifikationen in den Augen ihrer Angestellten nicht kompetent ist, es schwer haben wird, diese zu führen, sollte auf die Perspektive der Mitarbeiter auch eingegangen werden. Dass diese Beteiligung für Unternehmen Vorteile hat, möchten wir anhand von drei Beispielen aus der unternehmerischen Praxis verdeutlichen.

Bei der Drogeriemarktkette dm-Drogerie markt GmbH+Co. KG können die Angestellten auf die Auswahl und Einstellung von Führungskräften Einfluss nehmen. Der Geschäftsführung ist es wichtig, dass Mitarbeiter ihre Führungskräfte von Anfang an akzeptieren und unterstützen. Deshalb lernen Mitarbeiter einer Filiale alle Bewerber für Führungsfunktionen persönlich kennen und nehmen an einer offenen Diskussion ihrer Vor- und Nachteile teil. Anschließend sprechen sie Empfehlungen aus, die bei der Auswahl zu gleichen Teilen berücksichtigt werden (Pfläging 2006).

Einen etwas weniger offenen, aber nichtsdestotrotz sehr mitarbeiterzentrierten Ansatz der Führungskräfteauswahl fährt der Motorradzubehörteilelieferant Louis GmbH. Hier werden potentielle Filialleiter zwar vorher von der zentralen Geschäftsführung durchgecheckt, müssen sich dann aber in einer sogenannten „Schnupperwoche" in der zu führenden Filiale selbst bewähren. Danach werden die Mitarbeiter der Filiale gefragt, ob sie sich vorstellen können, unter diesem Vorgesetzten zu arbeiten und ob sie glauben, dass dieser die Filiale gut führen wird. Das Menschenbild, was hier von der Geschäftsleitung implizit kommuniziert wird, ist ein menschenpositives: Mitarbeiter wollen gut und sinnvoll arbeiten. Sie werden daher schon den besten Kandidaten aussuchen – und nicht denjenigen, bei dem sie gegebenenfalls weniger arbeiten müssen, aber dies letztendlich der Filiale, damit der Firma und letzten Endes sich selbst schaden würde. Der Zeitraum von einer Woche ist dabei gut bemessen, um beiden Seiten einen relativ authentischen Einblick zu gewähren, ohne sich den Nachteil des „Sunk Cost Effects" einzuhandeln (Effekt, dass, wenn man viel investiert hat, Folgeinvestitionen vergleichsweise gering erscheinen), wie er bei einem halben Jahr Probezeit üblich ist.

Das Solartechnikunternehmen Wagner & Co. Solartechnik GmbH befindet sich sogar im Besitz seiner Mitarbeiter. Diese fungieren als Gesellschafter des Unternehmens und nehmen ebenfalls Einfluss auf die Besetzung ihrer Führungskräfte. Die Geschäftsführer werden nach Vorschlag des Aufsichtsrates von Vertretern der Gesellschafter ausgewählt und für zwei Jahre in ihrer Position bestätigt. Die Abteilungsleiter werden sogar von den eigenen Angestellten der Abteilung direkt ausgewählt und besetzt. Bei der Auswahl der Führungskräfte wird unter anderem darauf geachtet, dass sich die Bewerber stark mit dem Unternehmen identifizieren (Maier 2009). Da sich die Identität eines Unternehmens in seiner Führungskultur und den Führungsprototypen seiner Mitarbeiter wiederspiegelt, zeigt sich einmal mehr, welche bedeutende Rolle die mitarbeiterzentrierte Perspektive bei der Besetzung von Führungspositionen haben kann und wie viel zerstört werden kann, wenn nach augenscheinlich logischen Kriterien von außen rekrutiert wird.

Auf ihre je eigene Art gelingt es allen drei Unternehmen, Führungskräfte zu besetzen, die von ihren Mitarbeitern als besonders prototypisch wahrgenommen werden. Wie wir bereits dargelegt haben, sind Angestellte unter diesen Umständen besonders offen für den Einfluss ihrer Vorgesetzten. Das hat zahlreiche positive Implikationen. Alle drei genannten Unternehmen agieren besonders erfolgreich am Markt.

Eine weitere Möglichkeit, die grundlegend andere Logik einer mitarbeiterzentrierte Sicht auf Führung für die Praxis nutzbringend anzuwenden, besteht in Rahmen von Führungskräfteentwicklungen. Da Angestellte bestimmte Vorstellungen darüber haben, welche Attribute aus ihrer Perspektive eine gute Führungskraft ausmachen, sollten diese Erwartungen in der Ausarbeitung von einzelnen Entwicklungsmaßnahmen berücksichtigt werden. So könnten beispielsweise die Mitarbeiter bestimmte Kompetenzen definieren, die ihre Führungskräfte lernen sollten. Ein solches Unterfangen sollte natürlich nicht überborden und Führungskräfte gänzlich dem Diktat ihrer Mitarbeiter unterwerfen, aber die Autoren des vorliegenden Kapitels sind zumindest der Meinung, dass ein kleines „Gegensteuern" in einer derzeit unserer Meinung nach zu sehr Führungskraft-zentrierten Organisationswelt sehr sinnvoll sein dürfte.

Während obige Plädoyers eher auf den Prozess der Führungskräftekategorisierung abzielen und veranschaulichen, welches Potenzial hierüber für Organisationen gehoben werden könnte, beinhaltet die im theoretischen Teil dargestellten kognitiven Prozesse der Informationsverarbeitung, die auf Schlussfolgerungen basieren, ein ebenfalls weitestgehend unerschlossenes Potenzial. Allerdings bezieht sich dieses Potenzial weniger auf die Ausschöpfung von ungenutzten Ressourcen als vielmehr auf die Vermeidung eines unnötigen Verbrauchs von Ressourcen.

Wie in der Einleitung dargestellt, bringen Menschen Erfolge und Misserfolge von Teams vor allem mit dem Wirken der jeweiligen Führungskraft in Verbindung. Ebenso haben wir ausgeführt, dass diese Verbindung so nicht immer kausal haltbar ist. In der Ableitung dieser Erkenntnis für die organisationale Praxis scheint es uns daher angebracht, darauf hinzuweisen, dass Führungskräfte weder vorschnell gefeiert noch vorschnell gefeuert werden sollten.

Erinnert man sich etwa an das Beispiel der Fußballvereine, genießen Trainer erfolgreicher Mannschaften in vielen Fällen einen geradezu kulthaften Status und werden von Spielern, Vertretern des Vereins oder den Medien beispiellos hochgejubelt. Trainer erfolgloser Mannschaften werden dagegen vorschnell als Sündenböcke für Niederlagen ausgemacht und von denselben Gruppen beispiellos niedergemacht. Dieser Vergleich verdeutlicht, dass Führungskräfte im Allgemeinen damit umgehen müssen, dass sie von ihren Mitarbeitern und anderen Vertretern eines Unternehmens als zentrale Figuren ihres Teams angesehen werden. In Fällen von Erfolg und Misserfolg wird ihr Wirken als Ursache ausgemacht, ohne situationale Faktoren in der Analyse von Zusammenhängen zwischen der Performanz eines Teams und den Ergebnissen wirklich zu betrachten. Selbige erfolgreiche Trainer haben dann nämlich auch häufig beim nächsten Verein überhaupt kein glückliches Händchen mehr, und selbige erfolglose Trainer gewinnen später die Meisterschaft oder den Pokal.

In Organisationen scheint es daher angebracht, Führungskräften die verlässliche Möglichkeit zu geben, sich über einen längeren Zeitraum in ihrer Funktion beweisen zu können. Auch könnten Unternehmen beispielsweise Regelprozesse einführen, die sich mit dem Wirken der Führungskräfte im Kontext von Erfolg und Misserfolg auseinandersetzen, um somit allen Beteiligten ein besseres Bild der Lage und vor allem der Kausalitäten zu vermitteln. Zwar würde so auch der Nimbus der allmächtigen Führungskraft zerstört werden, aber immerhin auch die Sündebockfunktion für selbige. Beide Prozesse schaden bisher einer objektiven Sicht auf die Dinge und damit auch der adäquaten Reaktionsfähigkeit von Organisationen. So werden beispielsweise Millionbeträge für Gehälter von „Star" Managern ausgegeben, die häufig dann doch nur ein „One Trick Pony" waren. Führungskräfte, die aber einmal gescheitert sind, werden häufig geschasst, ohne davon zu profitieren, dass diese durch diesen Fehler wahrscheinlich gerade einen großen Entwicklungssprung gemacht haben.

Als Beispiel der Praxis sei einmal mehr auf dm hingewiesen. Hier sind die Führungskräfte beispielsweise dazu angehalten, sich beinahe täglich mit ihren Mitarbeitern auszutauschen. Die Inhalte dieses Austauschs gehen über die Ziele formaler Entwicklungsgespräche weit hinaus und thematisieren unter anderem regelmäßig Ursachen von gemeinsamen Erfolgen und Misserfolgen. Auf diese Art sind die Angestellten über alle Faktoren, die Filialergebnissen zugrunde liegen, informiert. Um die Ursachen von Erfolgen oder Misserfolgen einer Filiale nachvollziehen zu können, schafft dm darüber hinaus größtmögliche Transparenz. Alle Angestellten erhalten systematischen Zugang zu relevanten Kennzahlen ihrer Filiale. Des Weiteren finden auf Ebene der Filialleiter regelmäßige Austauschrunden statt, in denen ihnen ihre Vorgesetzten laufende Geschäftsprozesse im Detail darstellen und erläutern (Pfläging 2006; Werner 2009). Durch diese Lernkultur werden Vorurteile abgeschafft und Betriebszusammenhänge wirklich durchschaut – mit der Konsequenz, dass einzelne Führungskräfte weniger zur alleinigen Rechenschaft gezogen werden, wodurch es zu einer niedrigen Fluktuation im Führungspersonal aber auch zu wertvollem Verbesserungslernen auf allen Ebenen kommt.

16.4.2 Einschränkungen des Ansatzes

Auch wenn die stärkere Berücksichtigung der Mitarbeiterperspektive wie dargestellt nachhaltige Potenziale bietet, lassen sich auch Einschränkungen des Ansatzes feststellen, die wir hier offen adressieren wollen. Dabei wollen wir vor allem auf zwei Nachteile eingehen, die sich aus der Relevanz von impliziten Führungstheorien für die Praxis ergeben.

Erstens besagt die Logik der prototypischen Kategorisierung von Führungskräften, dass Mitarbeiter offener für Einfluss sind, wenn ihre Vorgesetzten ihren Prototypen ähnlich sind. Dabei lässt sich aber im Allgemeinen hinterfragen, ob Führungskräfte im unternehmerischen Sinne auch immer effektiver handeln, wenn sie den Prototypen ihrer Angestellten entsprechen. Wissenschaftliche Untersuchungen haben sich bisher noch nicht damit auseinandergesetzt, ob prototypische Vorgesetzte auch bessere Entscheidungen treffen. Es ist nämlich auch vorstellbar, dass Führungskräfte, die den Prototypen ihrer Mitarbeiter entsprechen, kritische oder unbeliebte Entscheidungen nur widerwillig treffen – selbst wenn sie unternehmerisch sinnvoll sind – weil sie Angst davor haben, nicht mehr uneingeschränkt von ihren Angestellten unterstützt zu werden (Hollander 1964). So ist für die Geschäftsführer und die Abteilungsleiter bei Wagner die Ausübung ihrer Aufgaben manchmal schwer: einerseits müssen sie auf die Interessen ihrer Mitarbeiter Rücksicht nehmen, andererseits sind sie aber auch manchmal dazu gezwungen, kurzfristig unbeliebte Entscheidungen zu treffen und damit ihre Wiederwahl zu riskieren (Maier 2009).

Zweitens müssen Unternehmen fähig sein, sich an Krisen und Wettbewerb anzupassen, um auf dem Markt bestehen zu können. Gerade vor einem solchen Hintergrund kann es damit auch von Nachteil sein, wenn ein Unternehmen überwiegend über prototypische Führungskräfte verfügt und Nicht-Prototypikalität offen in Frage stellt. Bei dm kommt es beispielsweise immer wieder vor, dass extern eingestellte Führungskräfte das Unternehmen wieder verlassen, weil es ihnen schwerfällt, sich in die vorherrschende Kultur zu integrieren und deshalb an ihren Aufgaben scheitern (Werner 2009). Das kann in Zeiten des Wandels und aus der Notwendigkeit heraus, innovativ zu sein, aber zu einem Einbruch in der unternehmerischen Originalität und Kreativität führen.

Auch ungeachtet der Marktsituation kann es manchmal Sinn machen, Führungskräfte zu besetzen, die den Führungsprototypen ihrer Mitarbeiter gerade nicht entsprechen, um neue Impulse zu kreieren oder sozialen Wandel zu unterstützen. Deshalb fördern viele Unternehmen beispielsweise gezielt weibliche Führungskräfte. Eine solche Förderung von Vielfalt auf Führungsebenen stößt zwar kurzfristig unweigerlich auf Akzeptanzprobleme unter Mitarbeitern, dennoch sind wir der festen Überzeugung, dass sie langfristig die Veränderungsbereitschaft und Flexibilität eines Unternehmens erhöht. Unternehmen wie dm, Louis und Wagner sind auch deshalb erfolgreich, weil sie regelmäßig ihre Prozesse hinterfragen und nicht immer nur auf die gleichen eingespielte Eigenschaften oder Verhaltensweisen setzen.

16.5 Ausblick

Das Fazit dieses Kapitels sollte sein, dass es keine Führungskräfte ohne Geführte gibt. Wenn keiner folgt, führt auch keiner. Warum jemand folgt oder nicht, versuchen moderne Führungstheorien aufzudecken. Dabei erklären sie diesen Prozess maßgeblich über die Kognitionen von denjenigen, die geführt werden sollen. Eine Perspektive, die sich zwar langsam in der Forschung immer mehr durchsetzt, allerdings in weiten Teilen der Praxis, trotz ihrer erschlagenden Logik, sträflich missachtet wird. Ausgewählte positive Beispiele machen jedoch deutlich, dass es hier beträchtliches Potenzial zu heben gibt.

Eine Mitarbeiter-zentrierte Perspektive auf Führung bedeutet dabei nicht, dass hierarchische Strukturen in Unternehmen abgeschafft werden sollen. Bei dm oder Louis werden Entscheidungen immer noch von der Geschäftsführung oder den Führungskräften getroffen. Es wurden allerdings in beiden Unternehmen Prozesse geschaffen, die ungehobenen Potenziale heben und das Verschwenden von Führungsressourcen vermeiden.

Wichtig an dieser Art des Denkens ist, dass es eine undogmatische Sicht und vor allem Diskussion über gute Führung zulässt. In der Tat wird in diesem Paradigma nicht argumentiert, was objektiv gute oder schlechte Führung ist, vielmehr wird konstatiert, dass dies immer im Auge des Betrachtes liegt. Somit passt es in einen anderen derzeitigen revitalisierten Trend der Führungsforschung, dass nämlich Führungsstile immer situationsangepasst sein müssen (Pillai und Meindl 1998; Shamir und Howell 1999).

Autorbeschreibung

Dr. Matthias M. Graf arbeitet als Senior Consultant im Bereich Human Resource Management bei der Kienbaum Management Consultants GmbH. Zudem ist er Mitglied der mehrfach ausgezeichneten RespectResearchGroup an der Universität Hamburg. Seine Beratungs- und Forschungsschwerpunkte liegen in den Bereichen HR Strategie und Organisation sowie Talent Management und Leadership Development.

Dr. Niels Van Quaquebeke ist Professor of Leadership and Organizational Behavior an der Kühne Logistics University. Darüber hinaus arbeitet er als Researcher am Erasmus Centre for Leadership Studies an der Rotterdam School of Management und ist als Executive Education Fellow an der Bucerius Law School tätig. Zudem leitet er die mehrfach ausgezeichnete RespectResearchGroup an der Universität Hamburg. In seiner Forschung fokussiert er auf die Frage, wann Führungskräfte aufrichtig respektiert werden. Zu diesem Thema lehrt und berät er als Partner bei re|spic|ere unterschiedlichste Organisationen.

Literatur

Braun, F., Oelkers, S., Rogalski, K., Bosak, J., & Sczesny, S. (2007). „Aus Gründen der Verständlichkeit…": Der Einfluss generisch maskuliner und alternativer Personenbezeichnungen auf die kognitive Verarbeitung von Texten. *Psychologische Rundschau, 58,* 183–189.

Chokar, J. S, Brodbeck, F. C., & House, R. J. (Hrsg.). (2007). *Culture and leadership across the world: The GLOBE book of in-depth studies of 25 societies.* Mahwah, NJ: Lawrence Erlbaum Associates.

Connors, M. M., Harrison, A. A., & Akins, F. R. (1985). *Living aloft: Human requirements for extended spaceflight.* http://history.nasa.gov/SP-483/cover.htm.

Eagly, A. H., & Karau, S. J. (2002). Role congruity theory of prejudice toward female leaders. *Psychological Review, 109,* 573–598.

Epitropaki, O., & Martin, R. (2005). From ideal to real: A longitudinal study of the ideal role of implicit leadership theories on leader-member exchanges and employee outcomes. *Journal of Applied Psychology, 90,* 659–676.

Hollander, E. P. (1964). *Leaders, groups, and influence.* Oxford, UK: Oxford University Press.

Kenney, R. A., Schwartz-Kenney, B. M., & Blascovich, J. (1996). Implicit leadership theories: Defining leaders described as worthy of influence. *Personality & Social Psychology Bulletin, 22,* 1128–1143.

Lord, R. G., & Brown, A. D. (2003). *Leadership processes and follower self-identity.* Mahwah, NJ: Lawrence Erlbaum Associates.

Lord, R. G., de Vader, C. L., & Alliger, G. M. (1986). A meta-analysis of the relation between personality traits and leadership perceptions: An application of validity generalization procedures. *Journal of Applied Psychology, 71,* 402–410.

Lord, R. G., & Emrich, C. G. (2000). Thinking outside the box by looking inside the box: Extending the cognitive revolution in leadership research. *Leadership Quarterly, 11,* 551–579.

Lord, R. G., Foti, R. J., & de Vader, C. L. (1984). A test of leadership categorization theory: Internal structure, information-processing, and leadership perceptions. *Organizational Behavior & Human Performance, 34,* 343–378.

Lord, R. G., & Maher, K. J. (1991). *Leadership and information processing: Linking perceptions and performance*. Boston, MA: Unwin Hyman.

Luhmann, N. (1984). *Soziale Systeme: Grundriss einer allgemeinen Theorie*, Frankfurt a. M., DE: Suhrkamp.

Maier, J. (2009). *Unternehmen in Arbeiterhand. Wenn Mitarbeiter ihre Chefs wählen*. http://www.fr-online.de/in_und_ausland/wirtschaft/dossiers/dossier_kapital_in_arbeiterhand/1819021_Unternehmen-in-Arbeiterhand-Wenn-Mitarbeiter-ihre-Chefs-waehlen.html.

Meindl, J. R. (1995). The romance of leadership as a follower-centric theory: A social constructionist approach. *Leadership Quarterly, 6*, 329–341.

Nye, J. L. (2002). The eye of the follower: Information processing effects on attributions regarding leaders of small groups. *Small Group Research, 33*, 337–360.

Nye, J. L. (2005). Implicit theories and leadership perceptions in the thick of it: The effects of prototype matching, group setbacks and group outcomes. In B. Schyns, & J. R. Meindl (Hrsg.), *Implicit leadership theories: Essays and explorations* (S. 3–25). Greenwich, CT: Information Age Publishing.

Offermann, L. R., Kennedy, J. K., & Wirtz, P. W. (1994). Implicit leadership theories: Content, structure, and generalizability. *Leadership Quarterly, 5*, 43–58.

Pillai, R., & Meindl, J. R. (1998). Context and charisma: A "meso" level examination of the relationship of organic structure, collectivism, and crisis to charismatic leadership. *Journal of Management, 24*, 643–671.

Pfläging, N. (2006). *Führen mit flexible Zielen: Beyond budgeting in der Praxis*. Frankfurt a. M., DE: Campus Verlag.

Schyns, B., Felfe, J., & Blank, H. (2007). Is charisma hyper-romanticism? Empirical evidence from new data and a metanalysis. *Applied Psychology: An International Review, 56*, 505–527.

Schyns, B., Meindl, J. R. (Hrsg.). (2005). *Implicit leadership theories: Essays and explorations*. Greenwich, CT: Information Age Publishing.

Scott, K. A., & Brown, D. J. (2006). Female explorations, first, leader second? Gender bias in the encoding of leadership behavior. *Organizational Behavior and Human Processes, 101*, 230–242.

Shamir, B., & Howell, J. M. (1999). Organizational and contextual influences on the emergence and effectiveness of charismatic leadership. *Leadership Quarterly, 10*, 257–283.

Shamir, B., Pillai, R., Bligh, M., & Uhl-Bien, M. (Hrsg.). (2006). *Follower-centered perspectives on leadership*. Greenwich, CT: Information Age Publishing.

Van Quaquebeke, N. (2008). *Respect & leadership: A psychological perspective*. Berlin, DE: Wissenschaftlicher Verlag Berlin.

Van Quaquebeke, N., & Brodbeck, F. C. (2008). Entwicklung und erste Validierung zweier Instrumente zur Erfassung von Führungskräfte-Kategorisierung im deutschsprachigen Raum. *Zeitschrift für Arbeits- und Organisationspsychologie, 52*, 70–80.

Van Quaquebeke, N., Henrich, D. C., & Eckloff, T. (2007). "It's not tolerance I'm asking for, it's respect!" A conceptual framework to differentiate between tolerance, acceptance and respect. *Gruppendynamik und Organisationsberatung, 38*, 185–200.

Van Quaquebeke, N., & Schmerling, A. (2010). Kognitive Gleichstellung: Wie die bloße Abbildung bekannter weiblicher und männlicher Führungskräfte unser implizites Denken zu Führung beeinflusst. *Zeitschrift für Arbeits- und Organisationspsychologie, 54*, 3, 1–14.

Van Quaquebeke, N., van Knippenberg, D., & Brodbeck, F. C. (2011). More than meets the eye: The role of subordinates' self-perceptions in leader categorization processes. *The Leadership Quarterly, 10*, 367–382.

Van Vugt, M. (2006). Evolutionary origins of leadership and followership. *Personality and Social Psychology Review, 10*, 354–371.

von Foerster, H. (1985). *Sicht und Einsicht. Versuche zu einer operativen Erkenntnistheorie*. Braunschweig, DE: Vieweg.

von Glasersfeld, E. (1996). *Radical constructivism: A way of knowing and learning.* London: Falmer Press.

Weick, K. E. (1995). *Sensemaking in organizations.* Thousand Oaks, CA: Sage.

Werner, G. W. (2009). Best practice: Der Humanist. *Focus, 1,* 66–69.

Williams, S. E., & Leavitt, H. J. (1947). Group opinion as a predictor of military leadership. *Journal of Consulting Psychology, 11,* 283–291.

Willke, H. (2000). *Systemtheorie I: Grundlagen,* (6th Ed.). Stuttgart, DE: Lucius & Lucius.

Yukl, G. A. (2005). *Leadership in organizations* (6th Ed.). Upper Saddle River, NJ: Prentice Hall.

Gesundes Führen für effiziente Organisationen der Zukunft

17

Oliver Sträter, Meike Siebert-Adzic und Ellen Schäfer

Zusammenfassung

Die psychologischen Aspekte einer guten Führung sind seit Jahrzehnten recht gut erforscht. Beispielsweise ist bekannt, dass der Entscheidungsspielraum ein wichtiges Kriterium für Arbeitszufriedenheit und Produktivität ist (z. B. Ulich 1994). Dennoch ändert sich – trotz zahlreicher Seminare zum Führungsverhalten, welche die derzeitigen Erkenntnisse zusammenfassen – in den Organisationen hinsichtlich der Führungsqualität nur wenig. Dies zeigt sich in einer Reihe von empirischen Befunden (Zusammenfassungen z. B. in Kromm und Frank 2009). Insbesondere weist der Gesundheitsreport des Bundesverbands der Betriebskrankenkassen seit 2009 mehr als 10 % der Arbeitsunfähigkeitstage von Mitarbeitern und Führungskräften über alle Berufssparten dem Aspekt schlechter Führung zu. Krankheit ist jedoch nur die Spitze des Eisberges einer ineffizienten Organisation; ungesunde Führung hat für einen Betrieb hinsichtlich Motivation, Produktivität und Qualität bereits weitaus früher Folgen. Vor diesem Hintergrund befasst sich der Artikel zunächst mit den kognitiven Gründen für ineffiziente Führung und der Verbindung von Führung und Gesundheit. Er zeigt auf Basis dieser Zusammenhänge ein kognitiv-emotionales Erklärungsmodell, warum wir als Menschen immer wieder in ungesundes Führungsverhalten verfallen.

- Warum tun wir uns so schwer im Umgang mit dem System ‚Mensch'?
- Warum gelingt es uns offensichtlich nicht, effizientes Führen und gesundes Führen durch einfaches Lernen von Verhaltensregeln in Führungskräftetrainings umzusetzen?

O. Sträter (✉) · M. Siebert-Adzic
Arbeits- und Organisationspsychologie, Fachbereich Maschinenbau,
Universität Kassel, Heinrich-Plett-Strasse 40, 34132 Kassel, Deutschland
E-Mail: straeter@uni-kassel.de

M. Siebert-Adzic
E-Mail: siebert-adzic@uni-kassel.de

E. Schäfer
UNIKIMS GmbH, Geschäftsbereich EAO, Mönchebergstr. 7, 34125 Kassel, Deutschland
E-Mail: ellen.schaefer@uni-kassel.de

Über die Erklärung, in welcher Weise Emotionen in den kognitiven Verarbeitungsmechanismus des Menschen eingebunden sind und welche Auswirkungen ein fehlender Umgang mit (positiven wie negativen) Emotionen für Mitarbeiter, Führungskräfte sowie Unternehmen im Hinblick auf Abwesenheitsstatistiken haben kann, wird ein Ansatz abgeleitet, wie sowohl auf der individuellen als auch auf der organisatorischen Ebene gesünder bzw. effizienter geführt werden kann und welche Möglichkeiten zur Prävention bzw. zum Umgang mit negativen Emotionen bestehen.

17.1 Einleitung

Einstellungen, Verhaltensweisen sowie die Gestaltung von Arbeitsbeziehungen zwischen Vorgesetzten und Mitarbeitern beeinflussen Faktoren wie Unzufriedenheit, Arbeitsleistung, psychische und physische Belastungen am Arbeitsplatz und Wohlbefinden der Beschäftigten (vgl. Badura et al. 1998). Insbesondere konfliktbehaftete Interaktionen zwischen Vorgesetzten und Mitarbeitern, die negative Emotionen erzeugen, spielen in diesem Zusammenhang eine wichtige Rolle.

Dies geht deutlich aus dem Gesundheitsreport des Bundesverbands der Betriebskrankenkassen (BKK 2009) hervor: Der Anteil der psychischen Belastungen am Arbeitsplatz ist in den letzten Jahren erheblich angestiegen (Abb. 17.1). Derzeit sind mehr als 10 % der Arbeitsunfähigkeitstage von Mitarbeitern und Führungskräften über alle Berufssparten diesem Aspekt zuzuschreiben. Der Gesundheitsreport bescheinigt eine Verdreifachung der psychischen Erkrankungen seit Anfang 1990. Besonders relevant aus Unternehmenssicht erscheint in diesem Zusammenhang die Dauer der Ausfalltage mit durchschnittlich 22,6 Tagen je Krankheitsfall, die psychisch erkrankte Mitarbeiter vom Arbeitsplatz fernbleiben. Diese Krankheitsdauer übersteigt sogar die Anzahl der Ausfalltage aufgrund von Herz-Kreislauf- oder Muskel-Skelett-Erkrankungen.

Belastungen am Arbeitsplatz können neben Problematiken im Rahmen der Arbeitsaufgabe oder den Umgebungsbedingungen durch konfliktbehaftete soziale Verhältnisse (z. B. in Arbeitsbeziehungen zu Vorgesetzten oder Kollegen) hervorgerufen werden (Stadler 2006). Eine genauere Betrachtung des Gesundheitsreports zeigt, dass ca. 50 % dieser psychischen Erkrankungen in Verbindung mit gesundem Führen zu sehen sind. Als Ursache psychischer Belastungen und Fehlbelastungen werden demzufolge konfliktbehaftete soziale Verhältnisse oder emotionale Belastungen im Zusammenhang mit Vorgesetzten und Kollegen genannt (siehe hierzu z. B. die Studie: „Was ist gute Arbeit?", des BMAS/ INQA; Stadler 2006; Fuchs 2006). Gleiches weist eine Studie des „TÜV Süd" zum Thema „Psychische Belastungen am Arbeitsplatz" aus (TÜV Süd 2009). Befragte Mitarbeiter benennen als Belastungsfaktoren insbesondere Konflikte mit Vorgesetzten und Kollegen, Mobbing sowie fehlende Anerkennung von Leistungen.

Das ist nur die Spitze des Eisbergs an Produktivitätseinbußen aufgrund von Führungsverhalten. Weitere, indirekt mit Führung zusammenhängende Auswirkungen sind Pro-

Abb. 17.1 Psychisch Erkrankte (stationäre Behandlung) je 1.000 Versicherte. (BKK 2009)

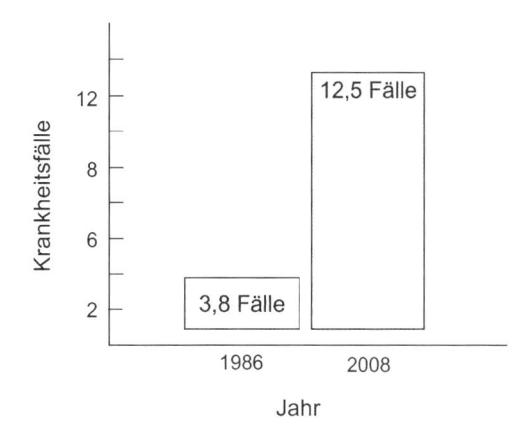

duktivitätsausfälle aufgrund von Erkrankungen des Verdauungssystems, Herz-Kreislauf- oder Muskel-Skelett-Erkrankungen. Diese sind zu einem gewissen – wenn auch numerisch nicht genau bestimmbaren – Anteil auf das Führungsverhalten zurückzuführen. Hinzu kommen die alltäglichen psychischen Reaktionen auf schlechte Führung wie der Dienst nach Vorschrift, Mobbing oder innere Kündigung von Mitarbeitern, die ebenfalls zu Produktivitätseinbußen oder Absentismus führen können. Spitzenreiter in der Statistik sind Organisationen, in denen tendenziell rigidere Führungsmechanismen eingesetzt werden, wie z. B. öffentlicher Dienst und Verwaltung, Gesundheitswesen, Versicherungsgewerbe.

Die Effekte von „rigiden" Führungsmechanismen sind bekannt. Sie haben eine Reihe von Auswirkungen auf unterschiedlichen Ebenen:

- Auf der individuellen Ebene sind insbesondere mangelnde Kreativität und Motivation, innere Kündigung oder Depressionen bekannte psychologische Auswirkungen.
- Auf der betriebswirtschaftlichen bzw. organisationalen Ebene können sich diese in Qualitätseinbußen, mangelnder Flexibilität der Organisationen auf Änderungen zu reagieren oder sogar in Insolvenzen äußern.
- Auf der volkswirtschaftlichen bzw. gesellschaftlichen Ebene ist davon auszugehen, dass sich diese negativ auf die Wettbewerbsfähigkeit und Anpassungsfähigkeit einer Gesellschaft auswirken (z. B. Generationenkonflikte im demographischen Wandel).

Insgesamt wird deutlich, dass Führungskräfte mit ihrem Verhalten einen wesentlichen Einfluss auf die Erzeugung positiver sowie negativer Emotionen der Mitarbeiter haben. Dies sind z. B. Angst vor Machteinsatz der Führungskraft, Angst vor Arbeitsplatzverlust und Veränderungen im Betrieb, Enttäuschung über die fehlende Anerkennung von Leistungen, aber auch Stolz, zu einer erfolgreichen Projektgruppe zu gehören oder Freude über ein positives Arbeitsergebnis. Emotionen als „… Reaktionen auf z. B. Rückschläge oder Erfolg…" haben „…einen starken Einfluss auf das Arbeitsleben. Angst, Neid, Missgunst, Wut. Glücksgefühl, Erfolgsgefühl, Stolz und Erleichterung wirken sich in verschiensten

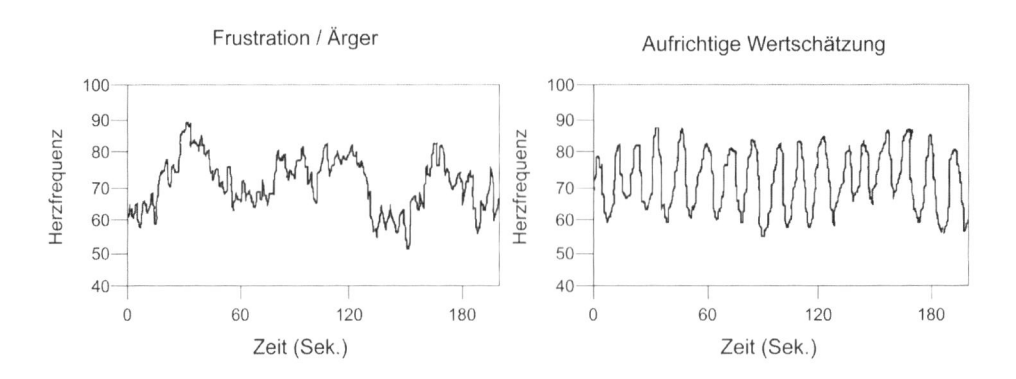

Abb. 17.2 Variabilität der Herzfrequenz aufgrund von Frustration/Ärger und aufrichtiger Wertschätzung; links Stress-erzeugender Herzrhythmus, rechts harmonischer Herzrhythmus. (Aus Childre 2000)

Bereichen der Organisation, vor allem hinsichtlich der Kommunikation, aus. Führungskräfte nutzen die Macht von Gefühlen häufig, um Mitarbeiter zu motivieren oder einzuschüchtern" (Weinert 2004, S. 145).

Dauerhaft negative emotionale Zustände können auf Verhaltensebene einerseits zu unternehmensschädlichem Verhalten führen (z. B. Dienst nach Vorschrift, geringes Arbeitsengagement, negative Propaganda für das Unternehmen); andererseits wirken sich positive Emotionen gegenteilig für Unternehmen aus (Spector und Fox 2002). Auf physischer Ebene können andauernde negative Emotionen zu Stress führen, die die Leistungsfähigkeit einer Person negativ beeinflussen und zu Ermüdung, Erschöpfung oder psychosomatischen Beschwerden führen. Erste emotionale Reaktionen können die Ursache für psychische Erkrankungen sein, wenn eine Person diesen längerfristig ausgesetzt ist. Häufig gehen körperliche Veränderungen in Form eines veränderten Herzrhythmus oder einer variierenden Hormonausschüttung einher mit ungesunden Führungssituationen (vgl. Schmidt 2010). So zeigt ein Stress erzeugender Herzrhythmus aufgrund von Frustration und Ärger ein uneinheitliches, inkohärentes Zackenmuster (Abb. 17.2; Childre 2000); ein harmonischer Herzrhythmus hingegen weist aufgrund aufrichtiger Wertschätzung eine einheitliche und kohärente Variabilität der Herzfrequenz auf.

Erkenntnisse aus der Führungsforschung zeigen, dass die emotionale Grundlage des Führungsverhaltens sowie das Managen von Beziehungen als Führungsfunktion zunehmend an Bedeutung (Felfe 2009) gewinnen. Brief et al. (1995) haben in einer Studie einen Zusammenhang zwischen Emotionen und Arbeitszufriedenheit festgestellt und Hatfield et al. (1994) stellen fest, dass Emotionen (d. h. positive und negative) sowie Stimmungen einer Führungskraft für andere wahrnehmbar sind und „anstecken" wirken. Ähnliche Ergebnisse anderer Studien weisen in dieselbe Richtung: Fischbach (2009) stellt einen positiven Zusammenhang zwischen der wahrgenommen Häufigkeit positiver Emotionen der Führungskraft und dem selbst erlebten Arbeitsengagement fest. Dem gegenüber wurde ein solcher Zusammenhang ebenfalls zwischen dem Ausdruck negativer Emotionen durch die Führungskraft und der erlebten resignativen Arbeitszufriedenheit der Mitarbeiter (Fischbach 2009) festgestellt.

Daneben gibt es weitere Untersuchungsergebnisse der Auswirkungen von Emotionen auf Leistung und damit auf das betriebswirtschaftliche Unternehmenswohl. So zeigten Sy et al. (2005), dass Gruppen „… mit einem positiv gestimmten Führer eine bessere Koordinationsleistung bei der Bearbeitung einer Gruppenaufgabe unter Zeitdruck…" erreichten als Gruppen „ … mit einem negativ gestimmten Führer" (Fischbach 2009, S. 40). Abschließend soll an dieser Stelle noch angeführt werden, dass Spector und Fox (2002) nachwiesen, dass negative Emotionen bei Mitarbeitern die Tendenz zu unternehmensschädlichen Verhaltensweisen erhöhen (z. B. kontraproduktives Arbeitsverhalten), wohingegen das Gegenteil beim Erleben positiver Emotionen eintritt.

Das Wohlbefinden von Mitarbeitern ist somit geprägt durch das Empfinden positiver Gefühle, häufig einhergehend mit der Befriedigung emotionaler Bedürfnisse (Weinert 2004). Unwohlsein – mit emotionaler Spannung einhergehend – ist mit negativen Gefühlen verbunden. Warum wird „gute Führung" dann so selten umgesetzt? Oder wird sie richtig umgesetzt, jedoch die Grundregeln sind unzureichend, um in Organisationen gute Führung zu implementieren? Zur Beantwortung dieser Fragen müssen wechselseitige Abhängigkeiten innerhalb einer Organisation und einer Organisation im gesellschaftlichen Kontext diskutiert werden:

- Auf der individuellen Ebene ist davon auszugehen, dass die Inhalte von Führungskräftetrainings nicht gleichermaßen von Teilnehmern verinnerlicht werden.
- Nach einem Führungstraining kommt die Führungskraft in das gewohnte Arbeitssystem zurück und kann damit schnell in alte kognitive Muster zurückfallen (so wie man sich zu Beginn eines Jahres vornimmt, gewisse Gewohnheiten abzuschaffen und feststellt, dass dies nicht gelingt).
- Neben der kognitiven Ebene erweisen sich die im Training gelernten Verhaltensweisen ggf. als unpassend in der vorhandenen Betriebskultur bzw. in tradierten eher betriebswirtschaftlich-orientierten organisationalen Strukturen.
- Innerbetriebliche Konfliktpotenziale der hierarchischen Ordnung oder unklare Rollenzuweisungen können ungesundes Führungsverhalten verstärken, da dies bei Führungskräften gerade im mittleren Management Verlust- und Versagensängste auslöst.
- Führungskräfte selbst sind wiederum in ökonomische Gesamtzusammenhänge eingebettet. Sie müssen eigene hochemotionale Zustände verarbeiten und geben ggf. äußeren Druck (z. B. durch Wettbewerber, Börsennotationen, politische Druck oder ähnliches) auf die eigenen Mitarbeiter in der Organisation weiter.

Eine Veränderung in Richtung gesunde Führung kann deshalb nur erfolgreich sein, wenn neben der Qualität einer Führungskraft auch die Qualität der Führungskultur von der obersten Leitungsebene aus berücksichtigt wird und klare Rollenzuweisungen in den Managementebenen vorhanden sind. Insgesamt gesehen muss eine „systemische" Sichtweise eingenommen werden, d. h. nicht die Führungskraft und Mitarbeiter, sondern die gesamte

Organisation ist in den Führungsansatz einzubeziehen. Die entscheidenden Schaltstellen der Organisationen müssen gesunde Führungsprinzipien anerkennen und umsetzen *wollen*. Dies ist zunächst ein Schritt der Selbsterkenntnis, der darauf basieren muss, die Art und Weise der Informationsverarbeitung von sich selbst und anderen Personen zu verstehen:

- Was läuft eigentlich in meinem Kopf ab, wenn ich als Führungskraft agiere?
- Wie hängt der Gesundheitszustand der Mitarbeiter mit meinem Führungsverhalten zusammen?

Antworten auf den Zusammenhang von organisationaler Effizienz, personeller Gesundheit und Führung gibt der Einblick in den menschlichen Informationsverarbeitungszyklus, der im folgenden kurz erläutert wird.

17.2 Hintergrund des kognitiv emotionalen Führungsansatzes – Der menschliche Informationsverarbeitungszyklus

17.2.1 Der Mensch als kognitiv emotionales System

Gewöhnlich wird in der Psychologie zwischen kognitiven, motivationalen und sozialen Aspekten menschlichen Verhaltens unterschieden. Es wird versucht, diese drei Forschungsrichtungen gegeneinander abzugrenzen statt deren gemeinsames Wirken zu betrachten. Solche (fehlerhaften) Abgrenzungen führen zu dramatischen Fehlschlüssen über den Zusammenhang von Kognition, Motivation und Führungsverhalten und bedürfen dringender Revision in der Forschung zum Thema. Unterschätzt wird vor allem die vegetative Steuerung des Menschen durch das emotionale/ kognitive System, denn in der Tat wirken kognitive, motivationale und soziale Prozesse im Verarbeitungszyklus eines Menschen eng zusammen (Sträter 2005), wie in Abb. 17.3 überblicksartig gezeigt wird.

Der Grundmechanismus des menschlichen Informationsverarbeitungszyklus ist relativ einfach und besitzt ein einheitliches, konstantes Muster: Nach Auftreten eines Signals dauert es ca. 50 Millisekunden, bis dieses in das limbische System gelangt. Das limbische System stellt einen zentralen Vergleicher dar, der *alle* von außen kommenden Information mit den Gedächtnisinhalten abgleicht. Hierfür wird die Information vom limbischen System ausgehend an das kortikale System geschickt. Dort werden die im Gedächtnis gespeicherten Erfahrungen und Konzepte aktiviert, die ihre Aktivierung wiederum an das limbische System zurückmelden. Hier findet ein Vergleich der vom Gedächtnis aktivierten Inhalte und der Wahrnehmung statt. Der zentrale Vergleicher (das limbische System) bewertet die von außen kommende Information und greift immer dann ein, wenn eigene Erfahrungen und Konzepte gewinnen oder verlieren. Auf Basis des Vergleiches schüttet das limbische System dazu entsprechende Neurotransmitter aus, die den Körper vegetativ auf die Ungleichheit einstimmen.

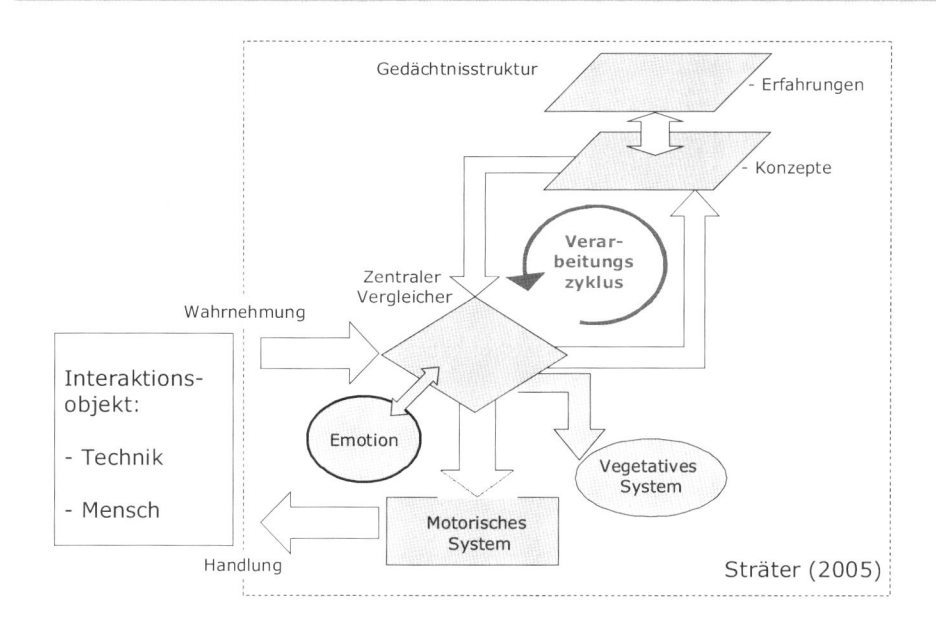

Abb. 17.3 Verarbeitungszyklus eines Menschen. (Sträter 2005)

Bei Ungleichheit mit positiver Bilanz für die eigenen Erfahrungen und Konzepte oder deren erfolgreicher Anwendung bzw. Weiterentwicklung werden positiv auf den Körper wirkende Neurotransmitter ausgeschüttet, die sogenannten Glückshormone (im wesentlichen Serotonin, Dopamin). Bei Ungleichheit mit negativer Bilanz für die eigenen Erfahrungen und Konzepte oder deren Einschränkung werden negativ auf den Körper wirkende Neurotransmitter ausgeschüttet, die sogenannten Angsthormone (im Wesentlichen Adrenalin, Noradrenalin). Der gesamte Verarbeitungszyklus wird durch das ARAS (Aufsteigendes retikuläres Aktivierungssystem) synchronisiert und dauert ca. 100 ms. Im Anschluss wird über das motorische System eine Handlung ausgelöst, wenn passende Handlungsmuster zur Wahrnehmung existieren.

Dieser Mechanismus wirkt im geführten Personal und in den Führungskräften sowie in allen Führungssituationen und auf allen Führungsebenen. Die Grundregeln des zentralen Vergleichers lassen sich auf kognitiver Ebene durch die Mechanismen der kognitiven Dissonanz beschreiben (Festinger 1957).

Wichtig für den Zusammenhang des kognitiv-emotionalen Systems zum Thema Führung ist der Umstand, dass Unterschiede zwischen Wahrnehmungen, abgespeicherten Erfahrungen und Handlungskonzepten über den zentralen Vergleicher (dem limbischen System) Emotionen und vegetative Zustände auslösen. Dieses Faktum ist entscheidend für das Verhalten von Führungskräften sowie geführten Personen. Es erklärt auch, warum psychische Probleme oft mit vegetativ getriggerten organischen Problemen (Herz/Kreislauf; Muskelverspannungen oder Problemen mit inneren Organen) zusammenhängen, denn das vegetative System beeinflusst die in den sogenannten Head'schen Zonen angesprochenen Organe (maßgeblich Zwerchfell, Herz, Magen, Darm, Leber, Harnblase, Nieren).

Schauen wir uns diesen Grundmechanismus und seine Bedeutung für Führungssituationen genauer an, können fünf Thesen abgeleitet werden.

Das interne Milieu bzw. die innere Welt dominiert die externe Welt: Der zentrale Vergleicher (das limbische System) bewertet von außen kommende Information hinsichtlich ihrer Bedeutung für die persönlichen Erfahrungen und Konzepte. Erfahrungen bezeichnen hier die jeweils gemachten Erfahrungen von Personen im Laufe ihres Lebens. Konzepte fassen die aus den Erfahrungen kondensierten Handlungsregeln (Skripts), Schemata sowie auch deren Weiterentwicklungen und den damit verbundenen Zielen einer Person für die eigene Fortentwicklung zusammen. Konzepte sind handlungsleitend. Den Eingriff des zentralen Vergleichers beobachten wir regelmäßig in Führungssituationen. Eine zentrale Regel für gute Führung ist Lob und Anerkennung, denn diese vermitteln, dass die gemachten Erfahrungen und Konzepte des Mitarbeiters relevant sind und bestätigen dem Mitarbeiter, dass ‚seine Welt' gültig ist.

Das kognitiv emotionale System ist primär unter emotionaler, nicht unter kognitiver Kontrolle: Der Mechanismus ist so konzipiert, dass Wahrnehmungsinhalte (neue Information) nicht kognitiv, sondern emotional kontrolliert mit im System vorhandenen Erfahrungen und Konzepten verglichen werden. Jede Information, die innerhalb des kognitiven Systems verarbeitet werden soll, muss zunächst das limbische System passieren und wird dort dahingehend bewertet, ob sie für den inneren Zustand des Systems von Bedeutung ist (die Stabilität des inneren Systems gefährdet).

Das kognitiv emotionale System ist schnell: Der Mechanismus wird durch das ARAS getriggert und ist in seinem Verhalten sehr schnell. Die emotionale Bewertung der ersten Sachinformation, die an das kognitive System herangetragen wird, passiert gleichzeitig mit der Verarbeitung des ersten Verarbeitungszyklusses, also nach ca. 150 ms. Bei einem Satz der ca. 3 s Sprechzeit benötigt und von einer negativ besetzten Person geäußert wird, kommt also nur die im ersten 1/20 übermittelte Information beim Empfänger unbewertet an. Der Rest der Aussage wird emotional bewertet, bevor die gesamte Sachaussage verarbeitet worden ist. Innerhalb einer Führungssituation bedeutet dies, dass bereits emotionale Bewertungen stattfinden, bevor die Information rational verarbeitet wird. In ungesunden, negativ belasteten Führungssituationen bemerkt man deshalb oft das Phänomen des ‚Nicht Ausreden lassen' oder des ‚Ins Wort Fallens', lang bevor die Sachaussage getätigt ist.

Das kognitiv-emotionale System ist auf negative Bewertung von außen kommender und abweichender Information ausgelegt: Wird mein Vorschlag als Führungsperson positiv vom Mitarbeiter aufgenommen, fühle ich mich als gute Führungskraft und bestätigt. Das emotionale System entwickelt positive Stimmung über meine Leistung (Stolz, Zufriedenheit, Glück). Argumentiert der Mitarbeiter jedoch gegen meinen Vorschlag, meldet mein limbisches System eine negative Bilanz. Es werden Angsthormone ausgeschüttet, schon bevor ich kognitiv eine Bewertung vorgenommen habe. Diese Ausschüttungen äußern sich im einfachsten Falle z. B. als Erstaunen über die Meinung des Mitarbeiters (was bereits eine emotionale Reaktion ist, keine rein kognitive). Dieser in der Natur sehr effiziente Mechanismus ist in Führungsaufgaben problematisch. Die Meinung des Mitarbeiters wird intuitiv als Angriff verstanden, die Sachinformation vom limbischen System unterdrückt und der Mitarbeiter als potentiell gefährlich für die eigene Position beurteilt. Das Resultat sind Gefühle des Mangels an Kontrolle der Situation, der Angst vor dem Mitarbeiter als zukünftigem Konkurrenten. Typische Gegenreaktionen einer Führungskraft können die Erhöhung der Kontrolle und Unterdrückung der Meinung des Mitarbeiters sein. Auf Seiten des Mitarbeiters kann diese unbewusst ablaufende Gegenreaktion ebenfalls Konsequenzen haben, denn auch hier kann vom limbischen System die Abwehr der Meinung als ‚Angriff' bewertet werden. Der Mitarbeiter fühlt sich nicht bestätigt und sieht eingeschränkte Anwendungs- und Entwicklungsmöglichkeiten. Der Führungsansatz kann als rigide interpretiert, der Vorgesetzte negativ bewertet und das vegetative System belastet werden.

Das kognitiv-emotionale System führt implizit zur Tendenz, tautologische Gruppen zu bilden: Einem Mitarbeiter, der schon als negativ (bzw. „gefährlich") eingestuft wurde, weil er eine andere Meinung geäußert hat, wird kritischer begegnet als einem Mitarbeiter, der die Führungskraft in einer vorhergehenden Erfahrung zu positiver Stimmung gebracht hat. Insbesondere deshalb bilden Führungskräfte oft tautologische Organisationsformen, in denen sie sich selbst ‚klonen', also in der ersten Untergliederungsstufe Gleichgesinnte bzw. Gleichdenkende allokieren. Dies dient dem Schutz der eigenen Welt und reduziert die Ausschüttung von Angsthormonen. Auch auf Ebene der Mitarbeiter entwickeln sich tautologische Gruppen (Gruppen von Gleichgesinnten), indem andere Mitarbeiter bei Konflikten „auf die eigene Seite gezogen" werden. So entstehen Subkulturen im Unternehmen, die unabhängig von der Aufbau- oder Ablauforganisation agieren.

17.2.2 Führung als Interaktion kognitiv-emotionaler Systeme

In einer Führungssituation sind zumindest zwei solcher kognitiv-emotionalen Systeme, nämlich das der Führungskraft und das des Mitarbeiters, beteiligt. Die Grundmechanismen können eine unheilvolle Entwicklung in Gang setzen, die den Beteiligten nicht bewusst wird.

Ein Beispiel: Eine Führungskraft gibt einen Arbeitsauftrag (Handlung) an einen Mitarbeiter. Dieser gleicht den Auftrag mit seinen Erfahrungen ab und stellt dabei fest, dass diese dem Auftrag entgegenstehen – z. B. weiß der Mitarbeiter aus seiner Erfahrung, dass der Auftrag so nicht durchführbar ist. Dies teilt er dem Vorgesetzten mit. Der Vorgesetzte nimmt die Bedenken wahr (Wahrnehmung) und gleicht die Aussagen des Mitarbeiters mit seinen eigenen ab. Da er selbst die Erfahrung nicht gemacht hat, wird er einen Widerspruch zwischen seinem Arbeitsauftrag und den Aussagen des Mitarbeiters feststellen. Nun hat der zentrale Vergleicher des Vorgesetzten zwei Möglichkeiten: Im ersten Fall wird er entscheiden, den Widerspruch zu verstehen und den Mitarbeiter fragen, warum er die Bedenken hat oder was man aus seiner Sicht tun kann (also die Erfahrungen des Mitarbeiters aufnehmen). Im zweiten Fall wird er seine Erfahrungen über die des Mitarbeiters stellen und den Mitarbeiter anweisen, den Auftrag so auszuführen, wie es von ihm gefordert wurde.

Der erste Fall wäre der Fall einer „gesunden Führung", denn Vorgesetzter und Mitarbeiter gleichen ihre Diskrepanzen miteinander ab, lösen Widersprüche zwischen ihren Erfahrungen auf und gelangen so zu einer gemeinsamen besseren Lösung, ohne dass das jeweilige limbische System in eine negative Bewertungsschleife gerät. Allerdings kostet dieses Vorgehen Zeit. Auch verlangt es vom Vorgesetzten das Verständnis, nicht alle Probleme überblicken zu können und Lösungen zu akzeptieren, die nicht zu 100 % den eigenen Vorstellungen genügen. Jedoch arbeiten fast alle Führungskräfte unter Zeitdruck. Zudem haben Vorgesetzte nicht selten Probleme damit, den Mitarbeiter als Wissensträger anzuerkennen, da dies ihrem Führungsverständnis widerspricht. Vorgesetzte wenden also oft den zweiten Fall an und instruieren ihre Mitarbeiter, die dann die Anweisungen aufgrund der bestehenden Machtverhältnisse umsetzen.

Im Sinne des gesunden Führens ist der zweite Fall ungünstig für das Vorgesetzten-Mitarbeiter Verhältnis, denn er hat weitere Konsequenzen für das kognitive System des Mitarbeiters: der (innere) Widerspruch des Mitarbeiters ist nach wie vor gegeben und muss von ihm anderweitig verarbeitet werden. Als zweiten Ausweg kann er den Widerspruch an sein vegetatives System ableiten – quasi wie ein Blitzableiter in sich selbst. Ein mögliches Resultat wäre, dass sich der Mitarbeiter über seinen Vorgesetzten ärgert, seine Herzrate steigt und er möglicherweise schlaflose Nächte etc. hat. Bei zukünftigen Widersprüchen wird er möglicherweise nicht weiter versuchen diese aufzulösen, sondern den Auftrag – wider besseren Wissens – ohne Widerspruch bearbeiten. Er wird ggf. anfangen, seinen „Frust" bei Kollegen kundzutun und sich indirekt über den Vorgesetzten beschweren, weil er seine Widersprüche ja irgendwie auflösen muss. So kann eine unheilvolle Spirale in Gang gesetzt werden, in der sich der Geführte immer weiter zurückzieht bis in die innere Kündigung oder Krankheit. Der Vorgesetzte hingegen kann Misstrauen gegenüber dem Mitarbeiter entwickeln, da dieser vermeintlich unloyal ist und andere Mitarbeiter aufwiegelt.

Sowohl Mitarbeiter als auch Führungskraft geraten in einen emotionalen Zustand, denn sie können ihren intern vorhandenen Widersprüchen nur noch vegetativ begegnen; die Situation wird für beide gesundheitlich stark belastend. Greift das emotionale System ein, kann das kognitive System nur noch bewertend vorgehen – die Information wird allein danach bewertet, ob sie zur Stabilisierung des eigenen kognitiven Systems dienen kann. Tut sie das nicht, erfolgt eine Abwertung der Information.

Wie das obige Beispiel zeigt, sind also sowohl die emotionale Bewertung des Mitarbeiters durch die Führungskraft als auch die emotionale Bewertung der Führungskraft durch den Mitarbeiter essentielle Faktoren, damit eine Führungssituation erfolgreich gelingt. Zwei prinzipielle Situationen sind zu unterscheiden: negative und positive Rückkopplung beider kognitive Systeme (vgl. Abb. 17.4).

Der erste Fall der negativen Rückkopplung zweier kognitive Systeme beginnt mit einer Diskrepanz zwischen Erfahrungen und Konzepten der jeweiligen Kommunikationspartner. Eine Person A sagt etwas, was Person B nicht in die eigenen Konzepten einordnen kann. Person B muss nun, um das eigene innere Milieu konstant zu halten, emotional reagieren, also die Aussage abwehren. Dies kann geschehen durch emotionale Belastung des eigenen vegetativen Systems oder durch eine Abwehrreaktion gegen den ‚vermeintlichen'

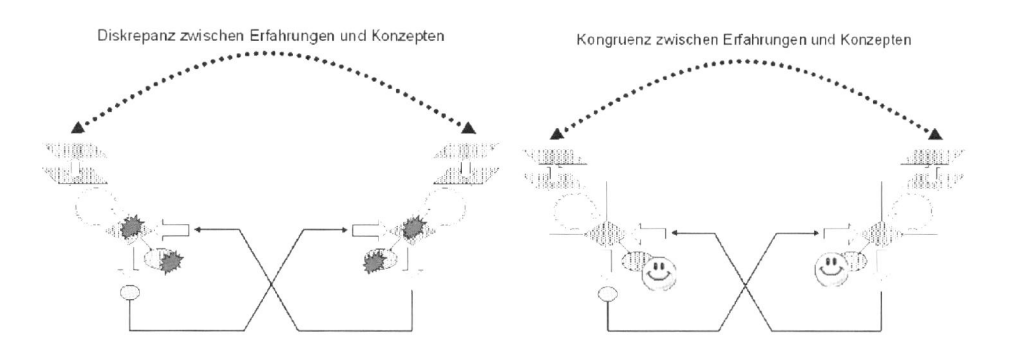

Abb. 17.4 Rückkopplung zweier kognitiver Systeme. (*Links:* negative Rückkopplung; *rechts* positive Rückkopplung)

Verursacher (vermeintlich deshalb, weil der Widerspruch in einem selbst aufkommt). Durch eine Abwehrreaktion stellt Person B mit seiner Gegenreaktion die Konzepte von Person A in Frage, was wiederum zu einer emotionalen Belastung der Person A führt. Eine Konfliktspirale setzt sich in Gang – nicht weil es nicht anders geht, sondern weil unser Informationsverarbeitungszyklus so aufgebaut ist wie er ist. Es handelt sich quasi um automatische Reaktionen unseres Verarbeitungszyklusses.

Ein besonderer Fall negativer Rückkopplung ist der Konflikt zweier Personen bei weitestgehend gleichen Erfahrungen und Konzepten, aber nur eingeschränkten Entwicklungsmöglichkeiten beider in einer Organisation (z. B. ist ein Abteilungsleiterposten vakant, den beide Personen anstreben zu besetzen). Auch in diesem Fall können negative Rückkopplungen entstehen, allerdings auf einer hierarchisch gleichberechtigten Ebene. Zur Lösung eines solchen Konfliktes müssen die im folgenden Kapitel aufgeführten Strategien auf der nächsthöheren Führungsebene umgesetzt werden.

Der zweite Fall der positiven Rückkopplung zweier kognitive Systeme startet mit einer Kongruenz zwischen Erfahrungen und Konzepten der jeweiligen Kommunikationspartner. Personen mit positiven Emotionen verbindet man häufig mit Leichtigkeit, Heiterkeit, einer ungezwungenen Atmosphäre, einem angeregten Gespräch oder Diskussion, Angstfreiheit, Zufriedenheit, Motivation, Erfolg u. a. Gern erinnern sich Menschen an Situationen „positiver Emotionen".

Betrachtet man den Fall der positiven Rückkopplung, so ist leicht nachvollziehbar, dass solche Verhaltensweisen vielmehr einem demokratisch orientiertem Führungsverhalten zuzuordnen sind als einem autoritären, das die Wege von Aufgabenerfüllungen vorschreibt bzw. eine soziale Distanz zur Mitarbeitergruppe aufrecht erhält. Bei einem demokratisch orientierten Führungsverhalten kann man davon ausgehen, dass der Krankenstand um ca. 20 % geringer ist als in autokratisch geführten Systemen.

Der Grund dafür ist aus dem kognitiven Verarbeitungszyklus einfach herleitbar: Es werden positive Empfindungen ermöglicht, welche mit dem positiven Erleben einer (Arbeits-)Situation verbunden sind. Die Wichtigkeit positiver Emotionen und Erlebnisse im Arbeitskontext mit Blick auf Motivation, Führungs- und Arbeitserfolg unterstreichen

z. B. Urban (2008, S. 1 ff.) und Csikszentmihalyis und Schiefele (1993), die diese als wesentliche Vorbedingung zur Herstellung eines „Flow" bezeichnen, also der selbstmotivierten Erhöhung der Leistungsfähigkeit und Leistungsbereitschaft eines Mitarbeiters.

17.3 Beschreibung des kognitiv-systemischen Führungsansatzes

17.3.1 Grundlage des Ansatzes

Der o. g. Verarbeitungszyklus sowie die Interaktion kognitiv-emotionaler Systeme bilden die Grundlage für den kognitiv-systemischen Führungsansatz. Das Ziel dieses Ansatzes ist, den unheilvollen Mechanismus (negative Rückkopplung) abzustellen bzw. durch „gesunde" Mechanismen zu ersetzen. Dabei muss das Verständnis von (klassischer) Führung als Instruktion und Kontrolle einem den dargestellten Mechanismen Rechnung tragenden Verständnis von Führen als Regelaufgabe weichen.

Grundgedanke des kognitiv-systemischen Führungsansatzes ist, dass negative Rückkopplung durch Differenzen von Erfahrungen und Konzepten der Beteiligten zustande kommt und diese emotional besetzt werden. Wesentliches Ziel ist der Abbau solcher Differenzen bzw. ein vernünftiger Umgang damit. Dies muss so geschehen, dass das emotionale System des Gegenübers nicht in einen negativen Reaktionsmodus verfällt bzw. gegenüber dem Vorgesetzten oder der Organisation nicht negativ besetzt wird. Werden Differenzen nachhaltig vermieden bzw. vorhandene beseitigt, können positive Emotionen durch Förderung (Coaching und Mentoring) ausgebaut werden, um die Leistungsbereitschaft der Mitarbeiter und die Effizienz der Organisation zu stärken.

Der kognitiv-systemische Führungsansatz ist abgekoppelt von einer starren Hierarchie im System. Es gibt kein ‚oben' oder ‚unten'. Im kognitiv-systemischen Führungsansatz kann also ein organisatorisch „Untergebener" durchaus die Führungsrolle für ein bestimmtes Problem übernehmen – ähnlich wie ein Projektleiter. Die Kernfrage lautet: Wer ist in der gegebenen Situation in der besten Position, das Problem zu lösen?

Wenn auch in vielen Fällen ein demokratischer Führungsstil im kognitiv-systemischen Führungsansatz der beste Ansatz ist, gibt der kognitiv-systemische Führungsansatz keinem Führungsstil (demokratisch, partizipativ, charismatisch, autoritär, laissez-faire, …) per se den Vorrang. So kann es beispielsweise auch sein, dass bei Gelegenheit sogar ein autoritärer Führungsstil angebrachter ist, um positive Rückkopplung zu erzeugen. Inwieweit dies der Fall ist, hängt von der Problemsituation, den Persönlichkeitseigenschaften der Personen und den Erfahrungen und Konzepten der Teammitglieder ab. Beispielsweise ist bekannt, dass Operationsteams in Krankenhäusern oder Feuerwehrteams, in denen in Ruhephasen positive Rückkopplung erzeugt wurde, in kritischen Einsätzen bereit sind, autoritär geführt zu werden.

Die Führungskraft definiert sich in diesem Ansatz dadurch, dass sie positive Rückkopplungsprozesse in Gang bringt bzw. am Laufen hält. Die Vorgehensweise ist ergebnisorientiert, d. h. der Erfolg des Teams bestimmt die Qualität der Führungskraft, nicht die eigene Position oder das eigene Fortkommen. Die Führungskraft muss hierzu eigene

Ängste überwinden und anerkennen, dass es Situationen oder Probleme gibt, in denen sie nicht in der Führungsposition ist und ggf. die Führungsrolle rechtzeitig delegieren. Hiermit haben viele Führungskräfte Probleme, denn oft wird die Führungsrolle durch die eigene Entscheidungsbefugnis definiert. Daneben muss die Führungskraft die oben angesprochene Tendenz des eigenen kognitiv-emotionalen Systems, ein Kontrollbedürfnis bei unbefriedigenden Arbeitsergebnissen zu entwickeln, so im Griff haben, dass diese nicht zu negativer Rückkopplung führt.

Gelingt es der Führungskraft nicht, eigene Ängste und ein sich entwickelndes Kontrollbedürfnis für sich zu beherrschen, lässt sich oft beobachten, dass ein stark an der eigenen Person festgemachtes Selbstverständnis der Führungsrolle verfolgt wird. Dann ist es durchaus üblich, dass eine Führungskraft ein Führungsverhalten aufbaut, um die eigenen Ängste zu kompensieren: Unethisches oder politisierendes Verhalten gegenüber Mitarbeitern; unangebrachtes autoritäres Verhalten aufgrund der eigenen Angst vor ‚interner Konkurrenz' oder vor dem Verlust eigener Führungskompetenz bzw. Kontrollverlust; Rechthaberei; Ausüben der Machtposition, ohne Sachargumente verstehen zu wollen etc. Hierbei handelt es sich um Symptome von Verlustängsten der eigenen Führungsrolle.

Auch Reaktanz von Führungskräften gegenüber Entscheidungen, bei denen vermeintlich die Führungsposition verloren geht (das so genannte „am Sessel kleben"), kombiniert mit Angst vor Übernahme durch andere („über den Tisch ziehen") und Eigensinn („alle denken nur an sich, nur ich, ich denk an mich") sind typische Symptome, die sich aus einem negativen Bewertung des limbischen Systems innerhalb von Führungskräften ergeben, aber diesen nicht notwendigerweise bewusst sind. Führungskräfte nehmen in Situationen, in denen solche Symptome zu beobachten sind, nicht wahr, dass gerade durch diese Ängste bzw. Reaktionen die eigentliche Führungskompetenz (im Sinne von Zuständigkeit) verloren geht. Mit solchen Ängsten behaftete Führungskräfte sind deshalb oft im mittleren Management zu finden.

Im kognitiv-systemischen Führungsansatz müssen also neue Wege gefunden werden, damit das kognitiv-emotionale System der Führungskraft Bestätigung findet und Angstreaktionen der Führungskrsaft unterbleiben. Organisationen müssen sich hierzu so ausrichten, dass ihren Führungskräften entsprechende Verlustängste genommen werden. Hierzu bedarf es der Einführung einer Reihe von Prinzipien eines gesunden und effizienten Führens in einer Organisation.

17.3.2 Prinzipien eines gesunden und effizienten Führens

Um gesundes Führen im Unternehmen zu etablieren, müssen zum einen die o. g. kognitiven und emotionalen Prozesse verdeutlicht werden; zum anderen muss das Verständnis von Führung als Instruktion und Kontrolle einem Verständnis von Führen als Regelaufgabe weichen. Dies kann über folgende „Grundpfeiler" unterstützt werden.

Vertrauen und Toleranz: Erfahrungen von Mitarbeitern sind ein wertvolles Gut; dies manifestieren alle Trainer im Bereich der Führungskräfte. Es wird aber oft nicht von den

Führungskräften umgesetzt, wenn sie zurück in ihre Betriebe gehen. Warum? Zeitdruck, Druck vom eigenen Vorgesetzten oder mangelnde Bereitschaft, sich mit vermeintlich Unwichtigem zu beschäftigen verleiten dazu, das Know-How der Beschäftigten nicht entsprechend zu nutzen und den unheilvollen Mechanismus einzusetzen, auf ein weiteres weit verbreitetes Handlungskonzept zurückzugreifen: „Ich bin der Vorgesetzte, weil ich erfahrener bin, also spielen die Erfahrungen der Mitarbeiter eine untergeordnete Rolle".

Fördern und Entwickeln: Führen wird oft mit Kontrolle verwechselt. Fördern und Entwickeln bedeutet jedoch, das Wissen und die Konzepte der Mitarbeiter mitzunehmen statt dagegen anzugehen. Dies erfolgt am besten so, dass der Mitarbeiter besser wird als man selbst. Hier haben viele Führungskräfte das größte Problem, denn dies wird oft missverstanden als „die eigene Führungsrolle aufgeben" bzw. „Anderen in die Position eines möglichen Konkurrenten zu verhelfen". Führung als Förderung zu verstehen widerspricht dem alten Rollenmodell und lässt Ängste entstehen, selbst keinen (besonderen) Wert in der Organisation mehr zu haben. Das Gegenteil ist jedoch der Fall. Viele Ansätze, diese Angst des Führenden abzubauen, sind sogar bereits in fortschrittlichen Konzepten des Qualitätsmanagements oder zur Betriebskultur für die Führungsebene verknüpft – beispielsweise in dem sog. EFQM-System (European Foundation for Quality Management). Dort werden Methoden wie Coaching oder die Entwicklung von Mitarbeitern als qualitätssteigernd erkannt und als Anforderung an die Vorgesetzten explizit genannt. Allerdings sind Aspekte des gesunden Führens auch in EFQM-qualifizierten Organisationen nicht oder nur unzureichend realisiert, weil entsprechende Schulungen allein das Führungsverhalten nicht wirksam verändern oder systemische Probleme gegen eine wirksame Umsetzung sprechen.

Zug statt Druck: Wie das obige Beispiel zeigt, ist gesunde Kommunikation das zentrale Mittel gesunder Führung. Was bedeutet gesunde Kommunikation? Zwischen Führenden und Geführten muss eine positive Rückkopplung in Gang gesetzt werden. Statt eigene Erfahrungen und Konzepte in den Vordergrund zu stellen (also Druck auf den Mitarbeiter auszuüben, der im schlimmsten Fall über das vegetative System abgeführt und gesundheitlich belastend werden muss), ist der zentrale Ansatz darin zu sehen, die Erfahrungen und Konzepte des Anderen zu verstehen und erst dann mit den eigenen Wünschen und Zielen abzugleichen. Man „zieht" also quasi den Mitarbeiter über seine eigenen Ziele in das gewünschte Verhalten. Damit müssen Widersprüche nicht über das vegetative System abgefangen werden und Mitarbeiter wie Führungskraft befinden sich in einem (dauerhaft) gesünderen Zustand.

Oft wird Druck durch einen engen und auch hochfrequenten Korridor von Kontrollaktivitäten begleitet (vgl. Abb. 17.5). Dies führt zu Reibungsverlusten innerhalb der Organisation und zu einer langsamen, sich latent entwickelnden Abnahme der Leistungsbereitschaft des unter Druck stehenden Mitarbeiters. Aus Sicht der Führungskraft ist die Druckstrategie dagegen eine vermeintlich funktionierende Strategie, denn die Leistungsfähigkeit wird, gemessen an ‚objektiven' Parametern, gesteigert. Führungskräfte sehen sich deshalb in ihrer Strategie bestätigt („Mitarbeiter brauchen Druck!") und sind nicht selten sehr erstaunt, wenn sie durch Mitarbeiterbefragungen, durch Fluktuation oder Anstieg des Krankenstandes erfahren, dass die Leistungsbereitschaft de facto verloren gegangen ist.

Abb. 17.5 Leistungsfähigkeit und Leistungsbereitschaft von Druck- oder Zugstrategien

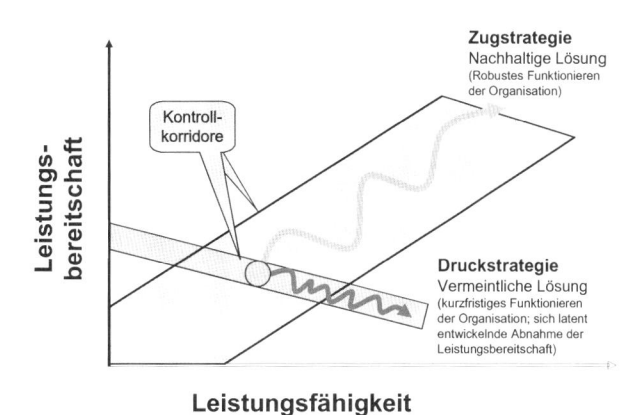

Komplexe Systeme sind besser durch breite Reglungskorridore und geringe Steuerungseingaben beherrschbar (Dörner 1997). „Es ist also nicht so, dass ‚neue Besen besonders gut kehren', sondern besonnene Eingriffe in existierende Organisationen wesentlich nachhaltiger sind."

Der Grund für unheilvolles Führen (z. B. Zeitdruck) ist oft ein systemisches Problem, welches nicht allein durch Führungskräftetrainings gelöst werden kann. Finanzintensive Trainings ändern nichts an der Führungsqualität, wenn Hemmnisse zur Umsetzung in der Organisation vorliegen. Gesundes Führen heißt: die gesamte Organisation muss ihre Führungsprinzipien überdenken. Im ersten Schritt gehören hierzu Vertrauen in die Mitarbeiter und Toleranz gegenüber anderen Sichtweisen von Erfordernissen zur Organisationsverbesserung. Selbst wenn das Verhalten von Mitarbeitern auf den ersten Blick scheinbar den von der Führungskraft gewünschten Zielen widerspricht, unterschätzen viele Führungskräfte die tatsächliche Loyalität der Mitarbeiter sowie deren Bestreben, das Beste für das Unternehmen zu tun. Durch den o. g. unheilvollen Mechanismus verlieren sie demgegenüber sehr schnell die Loyalität und das Potential der Mitarbeiter, indem sie eigene Ziele ohne Rücksicht auf Erfahrungen und Erfordernisse umzusetzen versuchen.

17.4 Relevanz für die Praxis: Effizienz von Organisationen durch kognitiv-systemische Führung

17.4.1 Zusammenhang von Führungsqualität, Gesundheit und Effizienz von Organisationen

Menschen können die in ihnen wohnenden Mechanismen des limbischen Systems nicht grundsätzlich überlisten. Es ist also ‚normal', wenn eine Führungskraft sich über die (mangelnde) Leistung eines Mitarbeiters aufregt bzw. ärgert. Führungspersönlichkeiten müssen jedoch erkennen, dass sie durch ihre eigene emotionale Reaktion Teil eines Problems werden. Weil sie ihre Kompensationsmechanismen des emotionalen Systems jedoch als

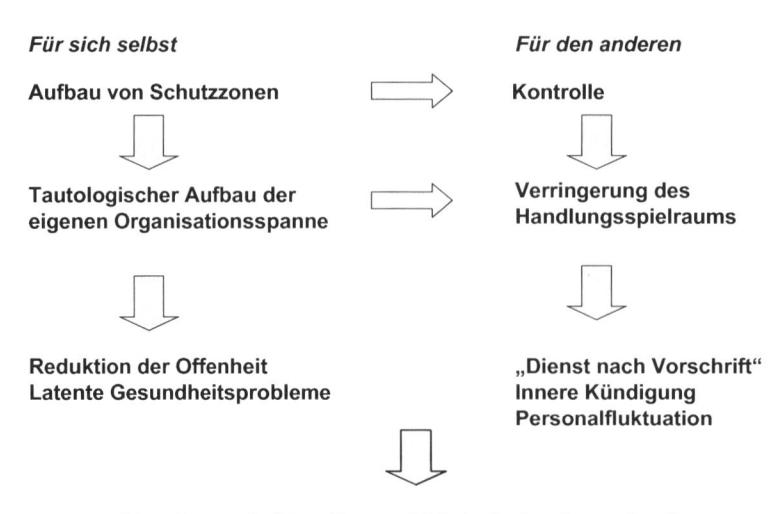

```
Für sich selbst                          Für den anderen

Aufbau von Schutzzonen        ⇒         Kontrolle
         ⇓                                   ⇓
Tautologischer Aufbau der      ⇒         Verringerung des
eigenen Organisationsspanne              Handlungsspielraums
         ⇓                                   ⇓
Reduktion der Offenheit                  „Dienst nach Vorschrift"
Latente Gesundheitsprobleme              Innere Kündigung
                                         Personalfluktuation
                         ⇓

           Abnehmende Handlungsfähigkeit der Organisation
```

Abb. 17.6 Typische Entwicklung von Organisationen mit negativer Rückkopplung durch die Führungskraft

legitim erachten bzw. die Emotionalität der eigenen Reaktion gar nicht bewusst als emotional wahrnehmen, werden negative Rückkopplungen ausgelöst, ohne dies zu erkennen.

Das obige Beispiel der negativen Rückkopplung ist deshalb leider eine ganz typische Entwicklung in Führungssituationen. Man kann davon ausgehen, dass in ca. 70 % aller Fälle der unheilvolle Mechanismus in Gang gesetzt, d. h. ungesund geführt wird (s. Dierig et al. 2007). Negative Rückkopplung führt zunächst dazu, dass Mitarbeiter nicht mehr aktiv an der Entwicklung einer Organisation oder Abteilung mitwirken („Warum soll ich einem Vorgesetzten, der mich nicht wertschätzt, kritisiert, gar ausschimpft, sagen, was er an seiner Organisation verbessern kann?"), einen „Dienst nach Vorschrift" absolvieren und sodann entweder die Haltung der ‚inneren Kündigung' einnehmen oder – wenn möglich – den Betrieb verlassen, was sich in der Personalfluktuation niederschlägt. Neben der inneren Kündigung, die relativ konstant seit Jahren im Bundesdurchschnitt auf ca. 24 % der Belegschaft beziffert wird (Schwarz 2002), sind bei Fortsetzung negativer Rückkopplungen stärkere Formen des Konfliktes zwischen Mitarbeitern oder Mitarbeitern und Vorgesetzten zu beobachten. Dies ist seitens der Führungskräfte überzogene Kontrolle, die sich in extremen Fällen bis hin zu Datenskandalen oder sogenannten ‚Frikadellenprozessen' entwickeln kann. Andere wichtige Symptome sind Mobbing, Lästern oder Zynismus zwischen Mitarbeitern, zwischen Führungskräften oder zwischen Mitarbeitern und Führungskräften. Die körperliche „ultima ratio" kann als Flucht aus der Situation, entweder durch Fluktuation oder Krankheit, aufgrund psychischer Belastung beschrieben werden. Solche Entwicklungen basieren auf der sich iterativ verstärkenden negativen Rückkopplung kognitiver Systeme. Organisatorisch ergibt sich hieraus eine abnehmende Handlungsfähigkeit einer Organisation (vgl. Abb. 17.6).

17.4.2 Praktische Umsetzung des Ansatzes zum gesunden Führen

Für Mitarbeiter (sowie Führungskräfte) ist es wesentlich angenehmer und erstrebenswerter, in einer Arbeitsgruppe tätig zu sein, die von positiven Emotionen, Wertschätzung und sozialem Kontakt geprägt ist, als in einer permanent mit Diskrepanzen behafteten Arbeitssituation tätig zu sein. In einer solchen Arbeitsgruppe ist zu erwarten, dass die Mitglieder motivierter und zufriedener sind und dadurch bessere Arbeitsergebnisse erzielen, als solche in Arbeitsgruppen mit negativ geprägten Emotionen. Die in Zusammenhang mit dem Arbeitserfolg erzeugten positiven Emotionen führen dazu, dass Mitarbeiter bestrebt sind, eine solche Situation aufrecht zu erhalten bzw. wieder zu erzeugen (was deutlich wird, wenn man an eigene persönlich erlebte Situationen mit positiven Emotionen denkt). Damit wäre eine Kreislaufsituation erreicht, die sich selbst positiv „fortpflanzt".

Die Führungsperson hat die wesentliche Aufgabe, eine positive emotionale Spirale zu entwickeln. Der Grund liegt darin, dass sie sowohl in der organisationalen Verantwortung steht, dass die Mitarbeiter effektiv sind, als auch in der entsprechenden Machtposition ist, um Änderungen zu bewirken. Für einen gesunden Führungsansatz sind drei Grundpfeiler erforderlich:

1. Verstehen des kognitiv-emotionalen Systems in Selbst- und Fremdwahrnehmung
2. Effiziente positive Kopplung
3. Geeigneter organisatorischer Rahmen

(1) Verstehen der kognitiv-emotionalen Systeme in Selbst- und Fremdwahrnehmung: Da der (positiv wie negativ besetzte) emotionale Zustand die Filterfunktion des limbischen Systems aktiviert, ist es zunächst erforderlich den eigenen emotionalen Zustand zu erkennen und für die Führungssituation einzuplanen: Bin ich z. B. selbst ärgerlich über einen Mitarbeiter, so ist die Wahrscheinlichkeit groß, dass ich die Wichtigkeit seiner Aussagen unterschätze und Fehlentscheidungen vornehme. Solche Fehlentscheidungen sind üblicherweise in vielen Unfallszenarien vorzufinden, so z. B. bei dem Unglück des Challenger Space Shuttles (Leveson 2002). Auch positive emotionale Zustände können dazu führen, dass wichtige Informationen unterdrückt werden und viel zu spät in die Entscheidungsfindung gelangen. So ist z. B. ein bekanntes Phänomen in Organisationsentwicklungen, dass in guten Geschäftsphasen keinerlei Handlungsbedarf gesehen wird, obwohl genau in solchen Zeiten bereits erste Steuerimpulse für die Zukunft des Unternehmens zu stellen sind, um nachhaltig Erfolg zu haben.

Der erste Schritt eines Führungskräftetrainings zur gesunden Führung besteht darin die Wirkungsweise des kognitiv-emotionalen Systems zu verstehen. Abbildung 17.7 zeigt, wie sich die Filterfunktion des limbischen Systems stufenweise in einer negativen Rückkopplungssituation entwickelt. Die Entwicklung von der ersten Stufe eines negativen Gedankens bis hin zu offensichtlichen körperlichen Reaktionen kann sich teilweise über Monate oder Jahre hinziehen. Die Selbstwahrnehmung kann durch Trainings der eigenen Körperwahrnehmung, der Selbstfürsorge und der emotionalen Kompetenz ergänzt werden. Darauf aufbauend ist der Erkenntnisschritt zu leisten, dass auch die geführte Person

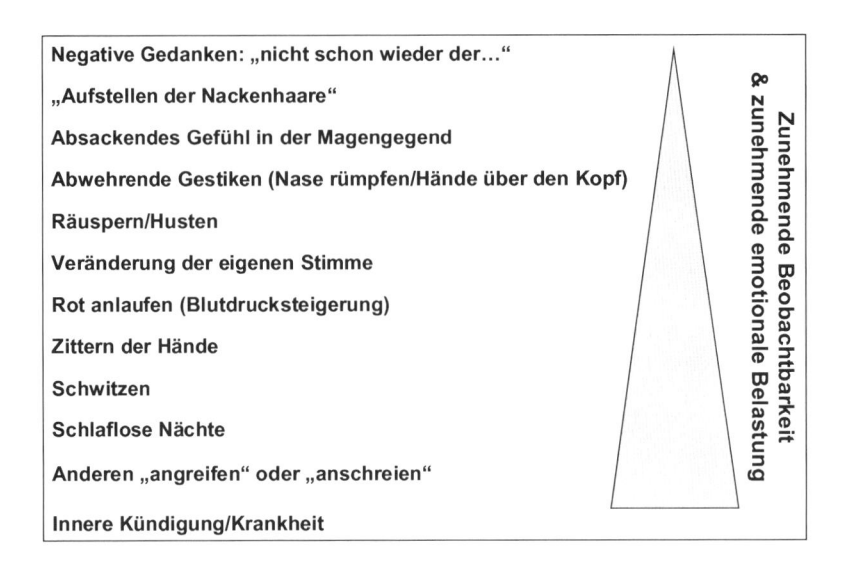

```
Negative Gedanken: „nicht schon wieder der…"
„Aufstellen der Nackenhaare"
Absackendes Gefühl in der Magengegend
Abwehrende Gestiken (Nase rümpfen/Hände über den Kopf)
Räuspern/Husten
Veränderung der eigenen Stimme
Rot anlaufen (Blutdrucksteigerung)
Zittern der Hände
Schwitzen
Schlaflose Nächte
Anderen „angreifen" oder „anschreien"
Innere Kündigung/Krankheit
```

Zunehmende Beobachtbarkeit & zunehmende emotionale Belastung

Abb. 17.7 Stufenweise Entwicklung der Filterfunktion des limbischen Systems in einer negativen Rückkopplungssituation

nach denselben Gesetzen des kognitiv-emotionalen Systems funktioniert. Eine entsprechende Fremdwahrnehmung des emotionalen Zustandes des anderen ist erforderlich, um gesund führen zu können. Dabei ist anzuerkennen, dass die Mechanismen des anderen sich exakt gleich entwickeln, da dieser dasselbe kognitive System zur Verarbeitung hat.

Aufbauend auf Selbst- und Fremdwahrnehmung ist als zweiter wesentlicher Schritt zu erkennen, dass das eigene kognitiv-emotionale System *immer* Teil jeglichen Führungsproblems ist und dass es die tragende Rolle der Führungskraft ist, die eigenen emotionalen Komponenten zu verstehen und so einzuordnen, dass sie nicht zu negativer Rückkopplung führen. Eine negative Rückkopplung ist kein Ereignis, an dem nur der Geführte „schuld" hat. Es ist vielmehr das Ergebnis beider kognitiver Systeme. Der einzige Unterschied besteht darin, dass der Führende in seiner Rolle seinen „aktiven Beitrag" zur negativen Rückkopplung ausschließen muss, um seiner Führungsrolle gerecht zu werden.

Für Führungskräfte ist es oft schwierig zu akzeptieren, dass die Unzufriedenheit von Mitarbeitern das Resultat der eigenen Führungsaktivitäten ist und nicht den Beschäftigten angelastet werden kann. Dieser Schritt der Selbsterkenntnis ist jedoch essentiell, um gesundes Führen zu etablieren.

(2) Das eigene kognitiv-emotionale System positiv einsetzen und das des anderen situationsgerecht angehen: Um Differenzen zwischen beiden kognitiven Systemen psychologisch vernünftig abzubauen, ist die Führungskraft in der Verantwortung, diese festzustellen und Abhilfe zu schaffen. Gesunde Interaktion bedeutet, die emotionalen Hürden systematisch anzugehen und dauerhafte Lösungen für die emotionalen Belange des Mitarbeiters zu finden. Dies gelingt nur, wenn die Interaktion unter Berücksichtigung der

17 Gesundes Führen für effiziente Organisationen der Zukunft

Goals
Ziele der Person erfragen

Reality
Ziele einordnen

Options
Optionen im organisatorischen Kontext entwickeln

dabei
- Ziele berücksichtigen
- Realität berücksichtigen

Will
Handlungen festlegen

Abb. 17.8 Ansatz des GROW-Modells zur Schaffung positiver Rückkopplung und gesunder Führung

emotionalen Zustände des anderen und der eigenen emotionalen Zustände stattfindet, da ansonsten das limbische System Sachinformation emotional negativ bewertet. Das Schaffen einer positiven Arbeitsatmosphäre ist erforderlich, um nicht (erneut) in eine negative Rückkopplung zu gelangen – etwa mit den bekannten Maßnahmen wie demokratischorientiertes Führungsverhalten, vertrauensstärkendes Verhalten, Authentizität (wirklich etwas für den Mitarbeiter tun zu wollen) etc.

Im Rahmen der Kommunikation eignet sich besonders das sogenannte GROW-Modell (Goals-Reality-Options-Will; Whitmore 1994; Abb. 17.8). Zunächst werden die Erfahrungen und Bedenken eines Mitarbeiters erfragt und in die organisationale Realität eingeordnet, um darauf aufbauend für *beide* Seiten relevante Optionen zu entwickeln, die gemeinsam verbindlich festgelegt werden. Innerhalb des GROW-Modells ist aktives Zuhören essentiell, um die tatsächlichen Ziele (und Emotionen) des anderen herauszuhören und verstehen zu können. Das GROW-Modell erlaubt auch bei negativ besetzten emotionalen Zuständen in eine positive Rockkopplung zu kommen, da es sowohl den bewertenden als auch den vegetativen Aspekt des limbischen Systems berücksichtigt. Das Konzept bereitet zunächst eine Öffnung des limbischen System des anderen vor („G"). Die innere Welt wird erfragt und damit wertgeschätzt. Das limbische System wird in einen positiven Modus versetzt und verfällt nicht in eine Abwehrhaltung. Erst dann werden reale Umstände diskutiert („R"), die auf der Sachebene übermittelt werden und ankommen. Die logische Sequenz aus „G->R" ergibt sich also aus dem kognitiven Verarbeitungszyklus, da Sachinformationen ansonsten durch eine (negative) Bewertung des limbischen Systems abgewertet würden. Anschließend werden die gemeinsamen Ziele definiert, die die gewünschten Optionen beider Seiten ernsthaft in dem gegebenen Kontext entwickeln („O") und ein gemeinsames Vorgehen festgelegt („W").

Das Prinzip der Schaffung positiver Rückkopplung in der Kommunikation zwischen Personen ist eine Anforderung an alle Mitglieder einer Organisation. Für den gesunden Umgang ist weiterhin erforderlich, dass die Leitung bzw. das obere Management eine gesunde Betriebskultur schaffen. Man kann sicher behaupten, dass Führungskräftetrainings auch deshalb so ineffektiv sind, weil organisatorische Rahmenbedingungen für gesundes Führen fehlen. Trainings können nur einzelnen Personen die Führungsprinzipien vermitteln; ob diese angewendet werden, hängt von den in der Organisation herrschenden Rahmenbedingungen ab.

Eine gute Führungspersönlichkeit nutzt einer Organisation also nur dann, wenn diese einen organisationalen Kontext vorfindet, in dem die Prinzipien des gesunden Führens anerkannt und praktiziert werden. Deshalb ist der Erfolg gesunder Führung immer in Verbindung zum Verhalten auf den oberen Führungsebenen, dem Betriebsklima und den Betriebsführungsinstrumenten zu sehen.

Auch die Organisation, in der die Führungsperson agiert, muss die Führungsprinzipien als maßgeblich für die Führungsqualität definieren. Das EFQM-Modell stellt hier bereits eindeutige Anforderungen auf, um gesundes Führen umzusetzen. Organisationen, die allein über Führungskräfteschulungen versuchen, die Führungsqualität zu verbessern, ohne den Kontext der gesamten Organisation zu betrachten, müssen scheitern. Schulungskonzepte können nur insofern eine effektive Verhaltensmodifikation erlauben, als sie mit entsprechenden strategischen Planungen kombiniert werden, um systemische Hindernisse in den Organisationen zu beseitigen. Beispielsweise müssen entsprechende Führungsprinzipien in den Leitlinien des Unternehmens verankert und ein entsprechendes Änderungsmanagement unternehmensweit geplant und durchgezogen werden.

17.5 Ausblick: Was bedeutet das für die Zukunft der Führung?

Der Aspekt der psychischen Belastungen und Beanspruchungen ist in den letzten Jahren drastisch angestiegen, sowohl in den Gesundheitsdaten als auch in der Diskussion, welche Faktoren die Effizienz eines Unternehmens bestimmen. Die Qualität der Führung wird hier immer wieder als wesentlicher Faktor thematisiert.

Der Artikel hat einen kognitiv-emotionalen Zusammenhang aufgezeigt, warum Menschen sich mit dem gesunden Umgang miteinander so schwer tun. Zwei wesentliche Pfeiler sind herausgearbeitet worden:

- Entwicklung eines kognitiv-emotionalen Erklärungsansatzes: Welche kognitiven und emotionalen Prozesse der menschlichen Informationsverarbeitung führen dazu, positiv bzw. negativ miteinander umzugehen?
- Entwicklung von psychologischen Interventionsstrategien: Wie ist das organisatorische Umfeld herzustellen und welche Interventionsmaßnahmen sind zielgerichtet?

Ein Blick auf die gesellschaftlichen Entwicklungen der letzten Jahre und die weiter zunehmende Globalisierung zeigt, dass dieser Faktor weiter an Bedeutung gewinnen wird. Die Entwicklungen auf den verschiedenen gesellschaftlichen Ebenen können als Symptome der diskutierten psychologischen Grundmechanismen gesehen werden. Fragen von Mitarbeitern wie

- „Warum sollte ich mein Engagement in eine Organisation einbringen, wenn ich nur kontrolliert und reglementiert werde?"
- „Warum sollte ich für die Veränderung der Firma arbeiten, wenn diese meine eigenen Entwicklungsziele nur einschränkt?"
- „Warum sollte ich für jemanden Rentenbeiträge oder Pflegedienste erbringen, der nichts für meine Ausbildung getan hat?"

sind auf dieselben kognitiv-emotionalen Grundmechanismen zurückzuführen. Ein wesentlicher Beitrag zur Lösung zukünftiger Probleme kann also dadurch gelingen, dass man den Menschen als kognitiv emotionales System auffasst. Hierzu müssen Führungskräfte primär ihr eigenes kognitiv emotionales System beherrschen lernen. Dies schließt die Erkenntnis ein, wie das Zusammenspiel der kognitiven und emotionalen Aspekte die subjektive Bewertung der Situationen und anderer Personen bestimmt. Von den organisatorischen Rahmenbedingungen gesehen, muss konsequenterweise ein Ziel sein, die Grundmechanismen des kognitiv emotionalen Systems auf allen Ebenen einer gesellschaftlichen Planung zu berücksichtigen.

Autorbeschreibung

Prof. Dr. habil. Oliver Sträter ist seit 2008 Leiter des Fachgebiets Arbeits- und Organisationspsychologie an der Universität Kassel, Fachbereich Maschinenbau. Das Fachgebiet lehrt und forscht zur menschengerechten Gestaltung von Arbeitplätzen, Organisationen und Produkten. Schwerpunkte sind die Gestaltung technischer Systeme hinsichtlich kognitiver Eigenschaften des Menschen, menschliches Verhalten in komplexen Systemen, Arbeitsfehler und Sicherheitsbewertungen, Effizienz von Managementsystemen, gesundes Führen, Einfluss kultureller Unterschiede, Wissensmanagement zu menschlichen Leistungsparametern, Integration von arbeits- und organisationspsychologischen Aspekten in Kosten-Nutzen Analysen.

Zuvor war er bei der europäischen Flugsicherheit in Brüssel im Rahmen der Vereinheitlichung des Europäischen Luftraums für ergonomische und sicherheitstechnische Fragestellungen verantwortlich, nachdem er bei der Gesellschaft für Anlagen- und Reaktorsicherheit zur Beurteilung menschlicher und organisationaler Faktoren in der kerntechnischen Sicherheit promovierte und gutachterlich tätig war. Er studierte Psychologie an der RWTH Aachen und promovierte und habilitierte an der TU München.

Dipl. Oec. Meike Siebert-Adzic ist seit 2009 wissenschaftliche Mitarbeiterin des Fachgebiets Arbeits- und Organisationspsychologie der Universität Kassel, Fachbereich Maschinenbau. Ihre Schwerpunkte sind die Bereiche Personal- und Organisationsentwicklung, Führung und systemische Beratung. Im Rahmen von Forschungsprojekten beschäftigt sie sich mit der Bedeutung von Emotionen im Kontext gesunder Führung.

Vor ihrer Tätigkeit an der Universität Kassel arbeitete sie in der Automobil- und Energiebranche in den Bereichen Personalentwicklung und Managementberatung. Sie studierte Wirtschaftswissenschaften an der Universität Kassel und der University of Cardiff.

Dr. Ellen Schäfer Jahrgang 1972, Berufsausbildung zur Bürokauffrau, Studium der Wirtschaftswissenschaften an der Universität Kassel, Abschluss Dipl. Oec.

Von 1999 bis 2008 wissenschaftliche Mitarbeiterin am Fachgebiet Arbeits- und Organisationspsychologie der Universität Kassel. Mitarbeit in verschiedenen Praxisprojekten zur Personal- und Organisationsentwicklung, u. a. vierjährige Tätigkeit in einem Großunternehmen der Pharmabranche im Rahmen des Forschungsprojekts „Umsetzung innovativer Kompetenzentwicklung in der Praxis". Promotion zum Dr. rer. pol. in 2006.

Seit 2008 freiberufliche Beratungstätigkeit, Gründung der EAO-Consulting mit Prof. Sträter und Prof. Frieling, Durchführung verschiedener Beratungsprojekte in Kooperation mit dem Fachgebiet A & O, Arbeitsschwerpunkte: Organisationsentwicklung, Mitarbeiterbefragungen, Einführung neuer Managementkonzepte alternsgerechte Arbeitsgestaltung, Personalmanagement, Personal- bzw. Kompetenzentwicklung

Lehrbeauftragte an der Universität Kassel, Fachbereich Maschinenbau zu den Themen Personal- und Organisationsentwicklung, Konfliktmanagement und Teamentwicklung sowie Dozentin an der Kasseler Management School (UNIKIMS) und Koordinatorin des Studiengangs Personalmanagement.

Literatur

AOK. (2009). AOK Presse-Information, Februar 2009.

Badura, B., Münch, E., & Ritter, W. (1998). *Partnerschaftliche Unternehmenskultur und betriebliche Gesundheitspolitik – Fehlzeiten durch Motivationsverlust?*. Gütersloh, Bertelsmann Verlag.

BKK Gesundheitsreport. (2009). Gesundheit in Zeiten der Krise.

Brief, A. P., et al. (1995). Cookies, disposition, and job attitude: The effects of positive mood-inducing events and negative affectivity on job satisfaction in a field experiment. *Organizational Behavior and Human Decision Processes*. April, 55–62. In A. Weinert. (2004). Organisations- und Personalpsychologie (S. 145). Lehrbuch. Weinheim, Basel. Beltz-Verlag.

Childre, D. (2002). „Die Herzintelligenz entdecken"; VAK-Verlag, Kirchzarten. In: Kinesiologie-Journal 04: Die Entdeckung der Herzintelligenz (S. 58). Mit positiven Gefühlen im Herzen lebt es sich leichter und gesünder.

Cohn, R. (1975). Von der Psychoanalyse zur themenzentrierten Interaktion. Von der Behandlung einzelner zu einer Pädagogik für alle. Klett-Cotta, Stuttgart 1975, ISBN 3-608-95288-8.

Csikszentmihalyis, M., & Schiefele, U. (1993). Die Qualität des Erlebens und der Prozess des Lernens. *Zeitschrift für Pädagogik, 39*, 207–221. In R. Vollmeyer, J. Brunstein.: Motivationspsychologie und ihre Anwendung (S. 50). (2005), Kohlhammer.

Dierig, S., U. Witschi, & R. Wagner. (2007). Welches Projekt braucht welches Management? Sechs Dimensionen zur Projektdifferenzierung. Beitrag für das 24. Internationale Deutsche PM-Forum 2007 vom 16. Zugegriffen: 17. Oct. 2007. Kassel.

Dörner, D. (1997). *Die Logik des Mißlingens, Strategisches Denken in komplexen Situationen*. Rowohlt:, Hamburg.

Felfe, J. (2009). *Mitarbeiterführung*. Praxis der Personalpsychologie. Göttingen: Hogrefe Verlag.

Festinger. L. (1957). *A theory of cognitive dissonance*. Stanford University Press.: Stanford.

Fischbach, A. (2009) *Viele Mythen, erste Befunde und offene Fragen*. Personalführung, 6, 36–47.

Fischer, L. (1991). Arbeitszufriedenheit. Stuttgart, Angewandte Psychologie. In H. Schuler. (Hrsg.) (2006). *Lehrbuch der Personalpsychologie* (S. 32). 2. Überarbeitete Auflage, Hogrefe, Göttingen.

Fuchs, T. (2006). Was ist gute Arbeit? Anforderungen aus Sicht von Erwerbstätigen. INQA Bericht 19. Hier in: Richter, G.: Gesundheitsförderliche Aspekte der Arbeit. In D. Windemuth, u. a. (2010), Praxishandbuch psychische Belastungen im Beruf, Universum Verlag,

Glasl, F. (1999). *Konfliktmanagement. Ein Handbuch für Führungskräfte, Beraterinnen und Berater*. 6., erg. Aufl. Bern – Stuttgart.

Hatfield, E., et al. (1994). Emotional contagion. New York. In: Fischbach, A.: „Viele Mythen, erste Befunde und offene Fragen", in *Personalführung, 6,* 36–47.

Hersey, P., & Blanchard K. H. (1987). *Management of organizational behaviour: Utilizing human ressources.* Englewood Cliffs N. J.

Kromm, W., & Frank, G. (Hrsg.). (2009). *Unternehmensressource Gesundheit. Die neue Führungskunst.* Symposion Verlag: Düsseldorf.

Leveson, N. (2002). *System safety engineering: Back to the future.* Massachusetts Institute of Technology: Boston.

Malsburg, C., von. (1986). Am I thinking in assemblies? In G. Palm, & A. Aertsen. (1982). *Brain Theory.* Springer-Verlag: Berlin.

Maslow, A. H. (1943). A theory of human motivation, *Psychological Review, 50,* 370–396.

Maslow, A. H. (2002). Motivation und Persönlichkeit. Rowohlt Tb., Reinbek 2002, ISBN 3499173956.

Netta, F. (2009). Gesunde Mitarbeiter – gesunde Bilanz. In W. Kromm, & G. Frank (Hrsg.), *Unternehmensressource Gesundheit. Die neue Führungskunst* (S. 71). Syposion Verlag: Düsseldorf.

Neuberger, O., & Allerbeck, M. (1978). Messung und Analyse der Arbeitszufriedenheit. Bern, Huber. In H. Schuler. (Hrsg.) (2006), *Lehrbuch der Personalpsychologie* (S. 32). 2. Überarbeitete Aufl. Hogrefe: Göttingen.

Norman, D. A. (1986). New views on Information Processing: Implications for Intelligent Decision Support Systems. In: E. Hollnagel, G. Mancini, & D. D. Woods (Hrsg.), *Intelligent Decision Support in Process Environments.* Springer: Berlin.

Poeck, K. (1987). *Neurologie.* Berlin: Springer.

Puppe, F. (1988). *Einführung in Expertensysteme.* Springer: Berlin.

Rojas, R. (1993). *Theorie der Neuronalen Netze: Eine systematische Einführung.* Springer.

Schein, E. H. (1985). Organizational cultur and leadership: A dynamic view. San Francisco, Jossey-Bass. In H. Schuler (Hrsg.). (2006): *Lehrbuch der Personalpsychologie* (S. 675). 2. Überarbeitete Aufl. Hogrefe: Göttingen.

Schmidt, M. (2010). Das Konzept emotionaler Gesundheit aus psychosomatischer Sicht und seine Bedeutung für Führungskultur, Gesundheitsakademie Bad Wilhelmshöhe, Vortrag zur Kolloquiumsreihe am Fachgebiet Arbeits- und Organisationspsychologie, Universität Kassel.

Schmidt, R. F., & G. Thews. (1987). *Physiologie des Menschen.* (23. Aufl.). Springer: Heidelberg.

Schuler, H. (1995). (Hrsg.). *Lehrbuch Organisationspsychologie.* Hans Huber: Bern.

Schwarz, M. (2002). Die innere Kündigung von Arbeitnehmern – empirische Daten, Phänomene, Gegenmaßnahmen. Books on demand: Norderstedt.

Spector, P. E, & Fox, S. (2002). An emotion centered model of voluntary work behavior: Some parallels between counter productive work behavior and organizational behavior. *Human Resource Management Review, 12*(2). (Hier in: Fischbach (2009). Viele Mythen, erste Befunde und offene Fragen. In Personalführung 6/2009, S. 36–47).

Stadler, P. (2006). *Psychische Belastungen am Arbeitsplatz – Ursachen, Folgen und Handlungsfelder der Prävention.*

Sträter, O. (2005). Cognition and safety—An integrated approach to systems design and performance assessment. Ashgate. Aldershot. (ISBN 0754643255)

Sy, T. (2005). A contagious leader: Impact of the leader's mood on the mood of group members, group affective tone and group processes. *Journal of Applied Psychology, 90*(2), 295–305. (Hier in: Fischbach, A.: „Viele Mythen, erste Befunde und offene Fragen", in Personalführung 6/2009, S. 36–47.)

Tannenbaum, R., & Schmidt, W. H. (1958). How to choose a leadership pattern. *Harvard Business Review, 36,* 95–102. (Hier in: Steinmann, H., Schreyögg, G. (2005). *Management. Grundlagen der Unternehmensführung* (6. Aufl.). Gabler.)

TÜV Süd. (2009). Gesundheitsmanagement 2010. *PERSONAL Spezial, 06*(2010).

Ulich, E. (1994). *Arbeitspsychologie. Hochschulverlag AG an der ETH Zürich.* Zürich; Schäffer-Poeschel: Stuttgart. ISBN 3-7281-2034-0 und ISBN 3-7910-0803-X.

Urban, F. Y. (2008). *Emotionen und Führung* (S. 1 ff.). Gabler.

Weinert, A. (2004). *Organisations- und Personalpsychologie* (S. 145). Lehrbuch: Weinheim, Basel. Beltz-Verlag.

Whitmore, J. (1994). Coaching für die Praxis – Eine klare, prägnante und praktische Anleitung für Manager, Trainer, Eltern und Gruppenleiter. Frankfurt a. M.: Campus.

Zapf, D., Frese, M., & Brodbeck, F. C. (1999). Fehler und Fehlermanagement. In C. Hoyos & D. Frey (Hrsg.), *Arbeits- und Organisationspsychologie. Ein Lehrbuch* (S. 398–411). Weinheim: Beltz Psychologie Verlags Union.

Prinzipien der Fairness als Führungskultur der Zukunft

Bernhard Streicher und Dieter Frey

Zusammenfassung

Erfolgreiche Führung muss sich an den sich wandelnden Arbeitsanforderungen orientieren. Dabei sind Unternehmen in immer stärkerem Maße vom Engagement ihrer Mitarbeiter abhängig. Diese führen in großer Eigenverantwortung zunehmend komplexere Arbeitsschritte in Kooperation mit Kollegen mit unterschiedlichsten beruflichen und kulturellen Hintergründen aus. Gleichzeitig erwarten hochqualifizierte Mitarbeiter eine sinnstiftende Tätigkeit und ein Arbeitsumfeld, das ihren Selbstverwirklichungsbedürfnissen entspricht. Führung, die sich allein auf die fachspezifische Steuerung einzelner Mitarbeiter beschränkt, greift hier zu kurz. Vielmehr muss Führung in Zukunft einen Rahmen schaffen, mit dem sich auch alle Mitarbeiter eines global agierenden Unternehmens identifizieren können und der diese zu hohem Engagement für den Unternehmenserfolg anregt. Wir argumentieren, dass eine faire Führung, die auf den Prinzipien distributiver, prozeduraler, interpersonaler und informationaler Fairness beruht, die ideale Grundlage für eine solche identitätsstiftende und engagementfördernde Führungskultur darstellt. Mitarbeiter, die sich von ihrer Führungskraft fair behandelt fühlen, identifizieren sich stärker sowohl mit der Führungskraft als auch mit dem Unternehmen, vertrauen diesen mehr und engagieren sich in der Folge mehr für die Unternehmensziele. Gleichzeitig bildet Fairness als Wert, der allen Menschen wichtig ist, ein Kulturen übergreifendes Unternehmens- und Führungsleitbild.

B. Streicher (✉) · D. Frey
Lehrstuhl für Sozialpsychologie, LMU München,
Leopoldstr. 13, 80802 München, Deutschland
E-Mail: streicher@psy.lmu.de

D. Frey
E-Mail: dieter.frey@psy.lmu.de

18.1 Einleitung

Um dauerhaft erfolgreich zu sein, müssen Unternehmen Leistungen anbieten, die gegenüber den Leistungen von Mitbewerbern Vorteile aufweisen. Diese Vorteile können technischer Natur, aber auch beispielsweise ein besonders guter Kundenservice sein. Sowohl technische Innovationen als auch erstklassige Dienstleistungen erfordern engagierte Mitarbeiter. Die Mitarbeiter müssen bereit sein, freiwillig Leistungen im Sinne des Unternehmens zu erbringen, die über ihre arbeitsrechtlichen Verpflichtungen hinausgehen. Freiwillig, also intrinsisch motiviert, vollbringen Menschen Leistungen dann, wenn sie damit vorrangig persönliche Bedürfnisse wie Freude und Spaß an der Tätigkeit, Sinnerfüllung und Entfaltung der eigenen Person verfolgen können (vgl. Maier et al. 2007). Daher ist eine zentrale Frage für die Förderung unternehmerischen Erfolges, unter welchen Bedingungen sich gleichzeitig Mitarbeiter entfalten können und dies in Form von freiwilligem Extra-Rollenverhalten zum Wohle des Unternehmens geschieht. Die Grundidee dabei ist, dass partnerschaftliche Führung und ein kooperatives Miteinander nicht nur dem Entfaltungsbedürfnis der Mitarbeiter entspricht, sondern diese sich dann auch stärker mit ihrer Arbeitsaufgabe und dem Unternehmen identifizieren. Identifikation, sich also als Teil des Unternehmens zu empfinden, wirkt sich wiederum positiv auf die Zufriedenheit, die Leistung und das Engagement und negativ auf Kündigungen und Krankheitsquoten aus. Diese Faktoren stehen, wie auch empirische Studien zeigen, in unmittelbaren Zusammenhang mit wirtschaftlichem Erfolg (Frey 2009).

Die zunehmende Abhängigkeit langfristigen Unternehmenserfolgs vom Engagement der Mitarbeiter hängt mit einem kontinuierlichen Wandel der Arbeitsanforderungen zusammen. Im letzten Jahrhundert hat sich Erwerbstätigkeit zunehmend von der Erfüllung von, oft anstrengenden, Routinetätigkeiten, deren erfolgreiche Ausführung leicht und unmittelbar kontrolliert werden konnte, gewandelt hin zu teils hochkomplexen Tätigkeiten verbunden mit einem hohen Maß an Eigenverantwortung und Interdependenz mit der Tätigkeit von Kollegen. Mit der zunehmenden Komplexität von Arbeit, insbesondere der zum Teil globalen Vernetzung einzelner Arbeitnehmer und dem komplizierten Zusammenwirken von Tätigkeiten zur Erreichung eines Ergebnisses, der Betonung eines guten Betriebsklimas, der Bedeutung der Mitarbeiterbeziehungen untereinander und den Interessen von Mitarbeitern im Allgemeinen haben sich kontinuierlich über die letzten Jahrzehnte die Arbeitsanforderungen und das Bild vom Mitarbeiter gewandelt. Einige Merkmale dieses Wandels sind, dass notwendiges Fachwissen über viele Mitarbeiter verteilt ist und nicht allein bei der Führungskraft angesiedelt ist; dass Arbeit nicht allein dem Broterwerb dient, sondern der Erfüllung eines Lebenssinns, dem persönlichen Wachstum, der Pflege sozialer Beziehungen und einem wertschätzenden, respektvollen und kollegialen Miteinander von Arbeitgebern und Arbeitnehmern; und dass die Globalisierung der Warenströme die enge Zusammenarbeit von Menschen mit unterschiedlichen beruflichen und kulturellen Hintergründe notwendig macht.

Mit der Veränderung sowohl der Bedürfnisse von Mitarbeitern als auch der Arbeitsanforderungen muss sich auch die Vorstellung wandeln, wie Arbeitnehmer idealerweise zu führen seien. Wir argumentieren, dass ein Führungsinstrumentarium, dass sowohl dem Unternehmenserfolg, den globalisierten Markanforderungen als auch den Bedürfnissen der Mitarbeiter verpflichtet ist, möglichst kulturunabhängig sein sollte und einen Rahmen bietet, mit dem sich alle Mitarbeiter eines Unternehmens identifizieren können. Unserer Erachtens können die Rahmenbedingungen für ein solches Führungsinstrumentarium aus den psychologischen Studien zu Gerechtigkeit in Organisationen abgeleitet werden.

18.2 Hintergrund der Führung nach Fairnessprinzipien

Ansätze, die Wirkungen von Gerechtigkeitsbedingungen[1] in Organisationen zu erklären, werden unter dem Begriff der organisationalen Gerechtigkeit zusammengefasst (z. B. Folger und Cropanzano 1998; Greenberg und Colquitt 2005). Die bisherige Forschung konnte starke Effekte von organisationaler Gerechtigkeit auf unterschiedliche Dimensionen arbeitsrelevanter Einstellungen und Verhaltensweisen wie beispielsweise kooperatives Arbeitsverhalten, Organizational Citizenship Behavior, affektive Bindung, Vertrauen, Identifikation und Arbeitsleistung belegen (im Überblick: Cohen-Charash und Spector 2001; Colquitt et al. 2001; Greenberg und Colquitt 2005). Ferner sind Menschen auch eher bereit, für sie nachteilige Entscheidungen zu akzeptieren, wenn sie sich fair behandelt fühlen. Umgekehrt hat sich gezeigt, dass wahrgenommene Unfairness zu negativen Reaktionen wie emotionalem Rückzug (z. B. Dailey und Kirk 1992), Fehlzeiten im Beruf, Diebstahl (Greenberg 1990, 1993a), Unpünktlichkeit, Widerstand gegen Veränderungen (Shapiro und Kirkman 2001) und zu Vergeltungsmaßnahmen gegenüber der Organisation (z. B. Skarlicki et al. 1999) führt. Dementsprechend ist die organisationale Gerechtigkeit ein viel beachteter situationaler Faktor nicht nur innerhalb der arbeitsrelevanten psychologischen Forschung geworden. Organisationale Gerechtigkeit kann in vier Dimensionen – distributive, prozedurale, interpersonale und informationale – unterteilt werden, die im Folgenden näher beschrieben werden.

18.3 Die Prinzipien fairer Führung

18.3.1 Distributive Gerechtigkeit/Ergebnisfairness

Psychologische Studien zu Gerechtigkeit konzentrierten sich zunächst auf die wahrgenommene Gerechtigkeit von Ergebnissen wie die Verteilung von Gütern. Da Ressourcen (z. B. Arbeitsplätze, Prämien, hierarchische Stellung) nicht in beliebigem Umfang zur Verfügung stehen, stellt sich die Frage, wie eine gerechte Verteilung gewährleistet werden kann. Diese Form der Gerechtigkeit wird als distributive Gerechtigkeit bzw. Verteilungsgerechtigkeit, manchmal auch als Ergebnisgerechtigkeit bezeichnet. Demnach liegt eine faire Verteilung dann vor, wenn die Ergebnisse unter Berücksichtigung bestimmter Regeln zustande gekommen sind. Das von Adams (1963, 1965) postulierte Equity-Modell bezieht sich dabei auf Theorien des sozialen Austausches (Thibaut und Kelley 1959) und besagt, dass ein Ergebnis dann als fair eingeschätzt wird, wenn das Verhältnis des eigenen Inputs (z. B.

---

[1] Die Begriffe Gerechtigkeit und Fairness werden in der psychologischen Literatur meist synonym verwendet (vgl. Colquitt et al. 2001; Greenberg und Colquitt 2005).

kreative Idee) zum eigenen Output (z. B. Prämie) dem entspricht, was relevante Bezugspersonen (z. B. Arbeitskollegen) für entsprechende Leistungen erhalten. Andere Autoren (Deutsch 1975; Leventhal 1976) haben neben dem Equity-Modell die Berücksichtigung von Gleichheit (*equality*), Bedürftigkeit (*need*) oder nach Anrecht (z. B. Dauer der Betriebszugehörigkeit) als Prinzipien fairer Verteilungsprozesse aufgestellt. Die Anwendung der vier genannten Prinzipien ist unter anderem vom Kontext abhängig: *equity* wird bevorzugt in kooperativen Beziehungen ökonomischer Produktivität angewandt, *equality* bei der Aufrechterhaltung angenehmer sozialer Beziehungen, *need* bei kooperativen Beziehungen der persönlichen Entwicklung oder des persönlichen Wohlergehens (Deutsch 1975) und das Anrechtsprinzip vorwiegend in stark hierarchisch strukturierten Systemen.

18.3.2 Prozedurale Gerechtigkeit verbunden mit *voice*

Da die verschiedenen Verteilungsgerechtigkeitsmodelle die Reaktionen auf wahrgenommene Ungerechtigkeit nur unvollständig erklären und vorhersagen, verschob sich das Forschungsinteresse in Richtung der Betrachtung der Entscheidungsprozesse, die zu bestimmten Ergebnissen führen. Dieses Konzept wird als Prozessgerechtigkeit, prozedurale Gerechtigkeit oder Verfahrensgerechtigkeit bezeichnet. Verschiedene Ansätze definieren ähnliche Kriterien für die Erfüllung prozedural fairer Bedingungen (Leventhal 1980; Thibaut und Walker 1975, 1978; Tyler 2000). Demnach ist ein Vorgehen insbesondere dann fair, wenn 1) die verwendeten Regeln und Entscheidungsprozesse gleichermaßen auf alle Personen und die gesamte Dauer angewendet werden (personelle und zeitliche Konsistenz); 2) die Entscheidung nicht durch persönliches Selbstinteresse oder Voreingenommenheit der Entscheidungsträger beeinflusst wird (Unvoreingenommenheit/Neutralität); 3) fehlerhafte oder unangemessene Entscheidungen geändert werden können (Korrigierbarkeit); 4) die Bedürfnisse und Meinungen aller betroffenen Parteien berücksichtigt werden (Repräsentativität); und 5) die Betroffenen die Möglichkeit haben, ihre Meinung kund zu tun und Gehör zu finden (*voice*).

Bei den Bedingungen prozeduraler Gerechtigkeit handelt es sich um hinreichende Bedingungen für die faire Gestaltung von Entscheidungsprozessen. Dabei hat sich die Möglichkeit, die eigene Meinung zu äußern (*voice*), als bedeutendste Bedingung etabliert. *Voice* wird hierbei nicht im Sinne von Partizipation verstanden, d. h. es geht nicht um die tatsächliche Mitbestimmung im Sinne einer Abstimmung bei Entscheidungen, sondern lediglich um die Möglichkeit, seinen Standpunkt zu vertreten. Wie keine andere Bedingung vermittelt das Geben von *voice* die Botschaft: „Deine Meinung wird berücksichtigt, du bist ein wichtiges Mitglied dieser Organisation!"

18.3.3 Interpersonale Gerechtigkeit

Interpersonale Gerechtigkeit ist definiert als der respektvolle, freundliche und würdevolle Umgang mit den Betroffenen durch den Entscheidungsträger. Die Gewährleistung der interpersonalen Gerechtigkeit erfolgt üblicherweise durch empathische Kommunikation, d. h. durch das Aufgreifen von Sorgen und Befürchtungen, einer Berücksichtigung des Standpunktes des Gegenüber und der Vermittlung von Verständnis und Unterstützung (Greenberg 1993b). Menschen wollen unabhängig vom Kontext und der konkreten Situation respektvoll behandelt werden. In der betrieblichen Praxis erleichtert die Einhaltung der Bedingungen interpersonaler Gerechtigkeit die Auseinandersetzung mit den Sachthemen. Die Verletzung dieser Bedingung führt dagegen schnell zu einer Konzentration auf persönliche Befindlichkeiten. Als Spielregel bei Auseinandersetzungen sollte daher gelten: notfalls hart in der Sache, aber immer fair gegenüber den Personen.

18.3.4 Informationale Gerechtigkeit

Informationale Gerechtigkeit umfasst die Qualität und Quantität der Informationen, die den Betroffenen über das Vorgehen in Form von akkuraten, zeitgerechten, ehrlichen und angemessenen Erklärungen gegeben werden. Dies beinhaltet eine umfassende und detaillierte Information der Betroffenen zu verschiedensten Aspekten einer Entscheidung (Greenberg 1993b). So zeigte sich, dass die Akzeptanz eines Rauchverbotes in einer Firma bei den rauchenden Mitarbeitern dann am höchsten war, wenn das Verbot sowohl interpersonal gerecht (z. B. um Verständnis werbend) als auch informational gerecht (z. B. aufklärend über persönliche Gesundheitsrisiken) durch den Vorstand vermittelt wurde (Greenberg 1994).

Informationale Gerechtigkeit ist besonders wichtig in unsicheren Situationen wie ein anstehender Veränderungsprozess. Ein zentraler Aspekt informationaler Gerechtigkeit ist, dass Mitarbeiter sich darauf verlassen können, dass mögliche negative und unpopuläre Maßnahmen früh kommuniziert werden, auch wenn sie noch nicht eingetreten sind, sondern nur die Möglichkeit besteht. Desweiteren ist zu beachten, dass mit den Mitarbeitern besprochen wird, wie die Auswirkungen der möglichen negativen Informationen minimiert werden können. Es hat sich gezeigt, dass Personen, die zweiseitig informiert werden, also bei denen die schlechten genauso wie die guten Nachrichten vermittelt werden, mit den negativen Episoden besser umgehen können und die Glaubwürdigkeit der Führungskraft dadurch nicht in Frage gestellt wird. Ferner werden die Mitarbeiter den Veränderungsprozess als weniger verunsichernd erleben, wenn sie ihre Zweifel aufgrund einer fairen Informationspolitik erklären können (Abb. 18.1).

18.4 Relevanz für die Praxis

18.4.1 Distributive Gerechtigkeit/Ergebnisfairness

Obwohl die Formulierung von Beurteilungsrelationen zur Herstellung distributiver Gerechtigkeit Objektivität vermittelt, handelt es sich um einen rein subjektiven Bewertungsprozess: Menschen beurteilen die Fairness von Ergebnissen in Relation zu relevanten

Bislang gibt es verschiedene (komplementäre) Erklärungsansätze, warum sich ein fairer Führungsstil positiv auf die Einstellungen und das Verhalten von Mitarbeitern auswirkt. Dabei dominieren folgende fundamentale Erklärungsmodelle:

Instrumentelles Modell

Das Modell beruht auf einem ressourcenbasierten Ansatz, der von der Grundannahme eines an der Maximierung des eigenen Vorteils interessierten Individuums ausgeht. Dies findet sich in mehreren sozialpsychologischen Theorien wieder, wie z. B. auf Gruppenebene bei der Theorie des realistischen Gruppenkonflikts und auf Individualebene bei der Theorie des sozialen Austausches (Thibaut und Kelley 1959). Faire Bedingungen werden nach dem instrumentellen Modell deshalb bevorzugt, weil hierdurch langfristig am ehesten ökonomisch vorteilhafte Ergebnisse gewährleistet werden (Thibaut und Walker 1975). Bei dem Verlust der eigenen, direkten Kontrolle an eine Autorität erhöht *voice* beispielsweise die Wahrscheinlichkeit, eine Entscheidung zu eigenen Gunsten zu beeinflussen. Alternativ kann dieser Ansatz mit einem Bedürfnis nach psychologischer Kontrolle erklärt werden.

Relationales Modell

Demnach ist Fairness wichtig, weil Personen hierdurch Informationen über ihre sozialen Beziehungen zur Gruppe („group value"-Modell; Lind und Tyler 1988) und zu den Entscheidungsautoritäten der Gruppe, wie etwa der Führungskraft („relational model of authority"; Tyler und Lind 1992), erhalten. Wird man fair behandelt, symbolisiert dies, dass man eine positive, respektierte Position innerhalb der Gruppe hat. Es beinhaltet außerdem, dass man stolz auf die eigene Gruppenmitgliedschaft sein kann. Dieses Modell bezieht sich dementsprechend vor allem auf identitätsbasierte Theorien, wonach Personen in ihren Interaktionen mit anderen primär durch ihr Bedürfnis nach positiver Bewertung bzw. Identität gesteuert werden.

Fairness als moralischer Wert

Menschen handeln fair aufgrund allgemeiner moralischer Verhaltensregeln (z. B. religiöse Überzeugungen, humanistische Prinzipien), und zwar unabhängig von persönlichen Interessen. Ein Missverhältnis zwischen dem Verhalten Dritter (z. B. Vorgesetzter) und dem eigenen (höheren) moralischen Standard führt zur Wahrnehmung von Unfairness. Durch dieses Modell kann erklärt werden, wieso Reaktionen zur Wiederherstellung von Gerechtigkeit nach empfundener Unfairness (z. B. Diebstahl nach unangemessener Gehaltskürzung) zum Teil auch massive persönliche Nachteile (z. B. mögliche Kündigung) beinhalten können (Cropanzano et al. 2003).

Abb. 18.1 Erklärungsansätze: Warum ist Fairness wichtig für Menschen?

Vergleichspersonen. Insbesondere die Neigung von Personen, die eigene Leistung selbstwertdienlich zu überschätzen bzw. die Leistung anderer systematisch zu verzerren (vgl. Lilli und Frey 1993), führt zu dem Problem der distributiven Gerechtigkeitstheorien, die Einschätzung von Ergebnissen als fair vorherzusagen. Ferner hängt das Ausmaß wahrgenommener distributiver Gerechtigkeit stark vom Ausmaß des persönlichen Vorteils ab (Folger und Konovsky 1989). So erwiesen sich überbezahlte Personen als weniger unzufrieden als unterbezahlte Personen (z. B. Tyler et al. 1997). Außerdem zeigte sich, dass je nach Kontext und persönlichen Motiven unterschiedliche Verteilungsregeln aktiviert werden und sich deshalb einerseits Prinzipien fairer Verteilungen nur schwer verallgemeinern lassen und andererseits die Vorhersage im Feld erschweren (Deutsch 1975). Gerade die gerechte Verteilung von Ressourcen birgt daher in Organisationen erhebliches Konfliktpotential (z. B. bei der Einführung einer neuen Prämienregelung). Für die Führungskraft ist es daher entscheidend, durch stetes Austarieren und Verhandeln eine für alle Betroffenen akzeptable Lösung zu finden. Bei erlebter distributiver Unfairness empfiehlt es sich im Sinne einer Konfliktlösung die zugrunde liegenden Verteilungserwartungen zu explorieren: Welches der vier genannten Prinzipien (equity, equality, need und Anrecht) empfinden die Mitarbeiter als fair (vgl. Streicher 2010)? In einem weiteren Schritt kann dann nach einem Verteilungsprinzip gesucht werden, dem alle Betroffenen zustimmen können. Güter lassen sich auch nach Kombinationen der vorgestellten Verteilungsprinzipien verteilen: Bezogen auf das Gleichheits- und Leistungsprinzip kann man beispielsweise einen gewissen Anteil (z. B. 80 %) nach dem einen und den Rest (Hier: 20 %) nach dem anderen Prinzip verteilen. Dabei gilt, dass je stärker ein Prinzip betont wird, desto geringer wird der Einfluss des anderen Prinzips. Diese integrierte Kombination von unterschiedlichen Verteilungsprinzipien lässt sich auch mathematisch ausdrücken (vgl. Fisek und Hysom 2008).

Letztendlich geht es hier um die Frage, welche Form(en) der Verteilung alle Betroffenen gerecht finden. Führungskräfte sollten daher regelmäßig erheben, ob Mitarbeiter sich benachteiligt fühlen und das Verhältnis zwischen eigenem Input (d. h. Leistung, Engagement usw.) und erlebtem Output (d. h. Bezahlung, Prämien, Entwicklungsmöglichkeiten, aber auch Anerkennung) als angemessen empfinden. Bei bestehender Ungerechtigkeit sollte versucht werden, einen Ausgleich zu schaffen, z. B. durch immaterielle oder symbolische Wertschätzung wie öffentliche Belobigungen, Auszeichnungen oder Anerkennungen. Materieller Ausgleich (z. B. Gehaltssteigerung) sollte defensiv eingesetzt werden, da sich sonst andere Mitarbeiter distributiv unfair behandelt fühlen.

18.4.2 Prozedurale Gerechtigkeit

Es hat sich gezeigt, dass Menschen sogar dann positiv auf prozedurale Gerechtigkeit reagieren, wenn sie überzeugt sind, durch ihre Meinungsäußerung keinen oder einen nur sehr geringen Einfluss auf die Entscheidung haben zu können (Lind et al. 1983; Tyler et al. 1985). Entscheidungen in Unternehmen sind meist dadurch gekennzeichnet, dass Mitarbeiter nicht direkt Entscheidungen treffen bzw. kontrollieren können. Daher sollten

Führungskräfte bei der Gestaltung von Entscheidungsprozessen besonders auf die Umsetzung der Bedingungen prozeduraler Gerechtigkeit achten. Insbesondere sollten…

- … die Mitarbeiter die Möglichkeit haben, ihre Meinung kund zu tun und Gehör zu finden (*voice*). Diese Möglichkeit kann über regelmäßige Treffen oder Kommunikationsplattformen fest installiert werden. Hierzu gehört auch, dass Mitarbeiter ihren Ärger und ihre Enttäuschung mitteilen können und dies von den Führungskräften unterstützt wird.
- … die verwendeten Regeln und Entscheidungsprozesse gleichermaßen auf alle Personen und die gesamte Dauer angewendet werden (personelle und zeitliche Konsistenz).
- … die Entscheidung nicht durch persönliches Selbstinteresse oder Voreingenommenheit der Entscheidungsträger beeinflusst wird (Unvoreingenommenheit/Neutralität).
- … korrekte und genaue Informationen gesammelt und bei der Entscheidungsfindung angemessen berücksichtigt werden (Akkuratheit).
- … fehlerhafte oder unangemessene Entscheidungen geändert werden können (Korrigierbarkeit).
- … das Vorgehen den persönlichen Wertvorstellungen der Betroffenen bzw. fundamentalen ethischen Werten entspricht (Moral/Ethik).
- … die Bedürfnisse und Meinungen aller Betroffenen berücksichtigt werden (Repräsentativität).
- … die Mitarbeitermeinungen bei der Entscheidungsfindung berücksichtig werden indem die Entscheidungsfindung ausgesprochen transparent und nachvollziehbar gestaltet bzw. kommuniziert wird.

Die Umsetzung prozeduraler Gerechtigkeit darf natürlich nicht zu einer formalisierten Regelanwendung verkommen, indem beispielsweise Meinungsboxen im Intranet eingerichtet werden, deren Inhalte nie bei Entscheidungen berücksichtigt werden. Mitarbeiter dürfen nicht das Gefühl haben, dass die Möglichkeit zur Meinungsäußerung nur dazu dient, sie zu beschwichtigen, aber ihre Vorschläge und Bedenken de facto in einem schwarzen Loch verschwinden. Dadurch fühlen sich Mitarbeiter nicht ernst genommen und werden mit Widerstand reagieren. Vielmehr ist wichtig, dass Mitarbeiter sowohl im persönlichen Umgang wertgeschätzt werden, als auch, dass sie alle relevanten Informationen erhalten, um sich überhaupt am Entscheidungsfindungsprozess zu beteiligen.

Prozedural faires Führungsverhalten kann als ein Führungsstil verstanden werden, der Mitarbeiter ermutigt, ihre Meinung kund zu tun und so bestehende Probleme und Verbesserungsmöglichkeiten anzusprechen. Ferner sollte prozedurale Fairness Mitarbeitern die Gewissheit geben, dass ihre Ideen respektiert werden, und Mitarbeiter motivieren, sich persistent für die Umsetzung gruppendienlicher Ziele wie Innovationen einzusetzen. Dementsprechend wirkten sich in Laborstudien sowohl *voice*, ein würde- und respektvoller Umgang als auch die umfassende Weitergabe von Informationen auf alle Dimensionen individuellen innovativen Verhaltens aus. Unter fairen Bedingungen zeigten Versuchspersonen sowohl mehr Aufgabenveränderung, kreativere Ideen bzw. Produkte und auch mehr

Persistenz bei der Bearbeitung von Innovationsaufgaben bzw. eine höhere Bereitschaft in einem Innovationsprozess zu verweilen im Vergleich zu unfairen Bedingungen (z. B. keine *voice*) (vgl. Streicher et al. 2009). So produzierten Versuchspersonen beispielsweise bei der Verbesserung einer Werbebroschüre unter fairen Bedingungen mehr kreative Ideen zum Layout oder neuen Inhalten und wichen häufiger von der nahe liegenden Aufgabenstellung, nämlich lediglich Rechtschreibfehler zu verbessern, ab. Insgesamt zeigt sich ein zweiseitiger Fairnesseffekt: Im Vergleich zu einer Kontrollgruppe erhöhte das Gewähren von *voice* innovatives Verhalten, während das Verweigern von *voice* dieses reduzierte. Diese Fairnesseffekte wurden sowohl über relationale (Identifikation) als auch instrumentelle Faktoren (Entscheidungskontrolle) vermittelt. Das heißt, nicht nur prozedurale Unfairness hat eine destruktive Wirkung auf das Verhalten von Mitarbeitern, sondern gewünschte, kooperative und unternehmensdienliche Verhaltensweisen von Mitarbeitern können durch einen prozedural fairen Führungsstil gefördert werden.

18.4.3 Interpersonale Gerechtigkeit

Neben der Einhaltung der oben beschriebenen Bedingungen interpersonaler Fairness können sich Führungskräfte an folgenden Überlegungen und Leitfragen orientieren:

- Bedenken von Mitarbeitern sind nicht notwendigerweise in deren schwierigen Persönlichkeiten begründet („Nörgler"), sondern durch die Unsicherheit, die durch intransparente Entscheidungsprozesse verursacht wird („Bedürfnis nach Information, Beteiligung und Wertschätzung"). Diese Sichtweise erleichtert interpersonale Fairness.
- Fühlen sich die Führungskräfte angemessen in die persönlichen Befindlichkeiten der Mitarbeiter ein und stehen sie für Fragen bereit (z. B. offene Tür-Philosophie)?
- Sind die Führungskräfte ausreichend auf schwierige Gesprächssituationen vorbereitet (z. B. durch Verhaltenstrainings)?
- Wird mit allen Beteiligten gleichermaßen wertschätzend und respektvoll umgegangen?
- Wie kann interpersonale Fairness kontinuierlich auch bei indirekter, nicht persönlicher Kommunikation gewährleistet werden?

18.4.4 Informationale Fairness

Zur Gewährleistung informationaler Fairness können folgende Leitfragen dienen:

- Ist der Zeitpunkt und die Art der Bekanntgabe brisanter Informationen gut vorbereitet? Werden die Informationen gegeben, bevor Gerüchte aufkommen („Agieren statt reagieren")?
- Werden die Informationen akkurat, zeitnah, ehrlich und angemessenen vermittelt?
- Werden wirklich alle relevanten Informationen an die Betroffenen weitergegeben?

- Werden bei nachhaltigen Entscheidungen betroffene Mitarbeiter kontinuierlich über wichtige Entwicklungen informiert und sind entsprechende Kommunikationsplattformen mit der Möglichkeit der Rückfrage eingerichtet?
- Wird auch über mögliche negative Konsequenzen gesprochen und werden die Mitarbeiter auf den Umgang mit möglichen negativen Auswirkungen vorbereitet?
- Wenn wichtige Informationen zurückgehalten werden müssen (z. B. aus Wettbewerbsgründen), wann und wie werden diese dann vermittelt? Sollte eine verzögerte Informationsweitergabe notwendig sein, dann diese Entscheidung ausführlich (prozedurale Fairness) und wertschätzend (interpersonale Fairness) begründen.

18.5 Betriebliche Fallbeispiele

18.5.1 Fallbeispiel I: Faire Führungsprinzipien reduzieren Diebstahl nach Gehaltskürzung

Wenn Mitarbeiter sich unfair behandelt fühlen, sind sie bemüht einen subjektiven Ausgleich für die erlittene Ungerechtigkeit herzustellen. Dabei werden durchaus massive eigene Nachteile wie z. B. eine fristlose Kündigung bewusst in Kauf genommen. Die daraus entstehenden ökonomischen Schäden für die betroffenen Organisationen durch inneren Rückzug, Sabotage, Diebstahl oder Kündigungen können beträchtlich sein. So hat Greenberg (1990) in einer Studie untersucht, wie sich die prozedural und informational faire Vermittlung einer temporären Gehaltskürzung im Vergleich zu einer unfairen Vermittlung auf das Verhalten von Mitarbeitern auswirkt. In dem untersuchten Industrieunternehmen beschloss das Management wegen einer Vertragsauflösung eine auf 10 Wochen befristete Gehaltskürzung von 15 % für alle Mitarbeiter zweier Betriebe des Unternehmens.

Im ersten Betrieb wurde den Mitarbeitern die Gehaltskürzung fair vermittelt. In einer Mitarbeiterversammlung begründete der Firmenchef die Maßnahme ausführlich. Die Hintergründe der Gehaltskürzung und die Entscheidungsprozesse der Firmenleitung wurden erklärt und die finanziellen Auswirkungen der Vertragskündigungen auf die Firma wurden dargelegt. Die Firmenleitung bedauerte ausdrücklich, dass alle in Betracht gezogenen Alternativen nicht umsetzbar waren. Ferner wurden die Mitarbeiter darüber informiert, dass alle Mitglieder des Betriebes gleichermaßen von der Gehaltskürzung betroffen waren. Die Mitarbeiter wurden um Verständnis für die Maßnahme gebeten. Die Informationen wurden insgesamt in einem respektvollen Ton gegeben und Fragen wurden ausführlich beantwortet. Im zweiten Betrieb wurde dagegen lediglich die Information einer anstehenden Gehaltskürzung durch den Vizepräsidenten in einem kurzen Treffen mitgeteilt. Dieser teilte den Mitarbeitern nur die Höhe und den Zeitraum der Gehaltskürzung mit. Zur Begründung wurde als alleinige Information kurz angeführt, dass die Auflösung von Verträgen diesen Schritt notwendig machte, ohne aber darüber Hintergrunddetails zu nennen. Weder wurde den Mitarbeitern der Entscheidungsprozess oder bedachte Alternativen mitgeteilt noch das Bedauern über die Maßnahme ausgedrückt oder um Verständnis geworben. Fragen wurden kaum zugelassen und nur kurz beantwortet. Ein dritter Betrieb, der bezüglich seiner Struktur und Mitarbeiterzusammensetzung mit den anderen beiden vergleichbar war, diente als Kontrollbedingung. Da dieser Betrieb von den gekündigten Verträgen nicht betroffen war, kam es dort auch zu keinen Gehaltskürzungen.

Über drei Messzeitzeitpunkte (vor, während und nach der Gehaltskürzung) wurden die Diebstahlquote, die Kündigungen, die Kündigungsabsichten und das Fairnessempfinden der Mitarbeiter erhoben. Die Ergebnisse zeigen, dass während der Gehaltskürzung in der unfairen Konstellation die Diebstahlquote ungefähr doppelt so hoch war wie in der fairen Konstellation. Allerdings war die Diebstahlquote in der fairen Konstellation gegenüber der Kontrollgruppe ebenfalls signifikant erhöht. Vor und nach der Gehaltskürzung gab es keinen Unterschied zwischen den drei Gruppen. Ferner war in der unfairen Konstellation die berichtete Kündigungsabsicht gegenüber den beiden anderen Konstellationen erhöht und 12 der 13 Mitarbeiter, die während der temporären Gehaltskürzung kündigten, stammten dementsprechend aus der unfairen Konstellation. Interessanterweise zeigten die Mitarbeiter in der fairen Konstellation, die eine ausführliche Erklärung erhalten hatten und die nachfragen konnten, im Vergleich zu der unfairen Konstellation keine Unterschiede in der Beurteilung der Ungerechtigkeit der Bezahlung im Vergleich zu einer Kontrollgruppe. Dagegen nahmen Mitarbeiter in der unfairen Konstellation am stärksten Ungerechtigkeiten in der Bezahlung wahr. Daraus kann man folgern, dass die sich unfair behandelt fühlenden Mitarbeiter versucht haben, die Unfairness zu kompensieren. Die faire Vermittlung hat dagegen dazu geführt, dass die Gehaltskürzung eher akzeptiert wurde und die Mitarbeiter ein geringeres Bedürfnis hatten, diese ausgleichen zu wollen. An diesem Praxisbeispiel wird deutlich, dass Menschen eher bereit sind, für sie nachteilige ökonomische Folgen zu akzeptieren und sich weiterhin kooperativ zu verhalten, wenn sich fair geführt fühlen.

18.5.2 Fallbeispiel 2: Wie ein Training in fairer Führung stressbedingte Schlaflosigkeit bei Mitarbeitern reduziert

In einer weiteren Feldstudie konnte Greenberg (2006) zeigen, dass Krankenschwestern nach einer de facto Gehaltskürzung weniger stressbedingte Schlafstörungen berichteten, wenn sie sich von ihrer Führungskraft fair behandelt fühlten. Das Besondere an dieser Studie ist, dass die Führungskräfte dieser Krankenschwestern nach der Gehaltskürzung ein Führungskräftetraining zu den Prinzipien fairer Führung mit einem Fokus auf interpersonaler und informationaler Fairness erhielten. Im Vergleich dazu litten Krankenschwestern, deren Führungskräfte an keinem Fairnesstraining teilnahmen, selbst 6 Monate nach der Gehaltskürzung noch signifikant häufiger unter Schlafstörungen. Neben dem Wohlbefinden der Mitarbeiter stellen stressbedingte Schlafstörungen auch einen erheblichen ökonomischen Faktor für Unternehmen dar: Der daraus resultierende wirtschaftliche Schaden wird für die U.S.A. auf 100 Mrd. $ jährlich geschätzt (Stoller 1994). Ein faires Führungsverhalten hilft Mitarbeitern mit bedrohlichen Arbeitssituationen umzugehen, da sie von der Führungskraft sowohl emotional unterstützt werden als auch alle notwendigen Informationen erhalten.

Andere Studien konnten ebenfalls zeigen, dass faire Führung trainiert werden kann und sich positiv auf die Bindung an das Unternehmen und das Organizational Citizenship Behavior von Mitarbeitern auswirkt (im Überblick: Skarlicki und Latham 2005). In unserer Arbeitsgruppe (Streicher et al. 2011) konnten wir zeigen, dass Gruppen, deren Leiter ein Training in fairer Führung absolviert hatte, bei der Lösung einer Aufgabe bessere Gruppenleistungen erzielten, als Gruppen, deren Leiter an einem Training zu zielorientierten Führung oder einem Moderationstraining teilnahmen. Ein Fairnesstraining vermittelt weniger spezifische Fertigkeiten (z. B. wie effektive Zielvereinbarungen gestaltet werden), sondern eher ein allgemeines Wertesystem. Unserer Meinung nach ist dies ein zentraler Vorteil im Gegensatz zu anderen Formen von Führungskräftetrainings: Fairnessprinzipien können sowohl für einen spezifischen Kontext als auch als allgemeine Einstellung und Verhaltensweise trainiert werden. Wie die Forschung zu Gerechtigkeit in Organisationen nachhaltig gezeigt hat, beeinflusst die Erhöhung der Fairnesswahrnehmung auf Mitarbeiterseite wiederum eine Vielzahl von arbeitsrelevanten Einstellungen und Verhaltensweisen (Cohen-Charash und Spector 2001; Colquitt et al. 2001). Im Gegensatz dazu zielen andere Formen von Führungskräftetrainings häufig darauf ab, Kompetenzen oder Fertigkeiten zu erhöhen, die die Führungskraft nur bei spezifischen Aufgaben oder Situationen anwenden kann (Collins und Holton 2004). Führungskräfte in den Prinzipien fairer Führung zu trainieren ist deswegen von Vorteil, weil die vermittelten Inhalte daher für eine Vielzahl von Führungssituationen anwendbar sind und so eine effektive und kostengünstige Form von Führungskräftetrainings darstellen.

18.6 Ausblick: Die Bedeutung von Fairness für die Zukunft der Führung

Zukünftige Führung muss sich den Veränderungen der Arbeitswelt anpassen, um erfolgreich zu sein. Wir sehen zentrale Herausforderung darin, dass Führung einen Rahmen schaffen muss, mit dem sich Mitarbeiter mit unterschiedlichsten kulturellen und beruflichen Hintergründen identifizieren können und der diese zu hohem Engagement für Unternehmensziele anregt. Fairnessprinzipien können dabei als Grundlage für eine solche identitätsstiftende Führungskultur dienen. Gerechtigkeit ist wichtig für Menschen: Sie reagieren positiv auf eine faire und negativ auf eine unfaire Behandlung. Mitarbeiter reagieren zum einen aus Selbstinteresse positiv auf Fairness, weil sie dadurch einen gewissen Einfluss auf Entscheidungsprozesse erhalten, indem sie beispielsweise ihre Meinung äußern können. Ferner garantieren faire Bedingungen eine gerechte Verteilung von Ressourcen und damit langfristig ein möglichst optimales Ergebnis für jeden einzelnen innerhalb einer Organisation. Bedeutsamer ist für Mitarbeiter aber die positive Erfahrung, die durch eine faire Behandlung vermittelt wird; nämlich, dass man ein wertvolles, respektiertes Mitglied des Unternehmens ist und die eigene Meinung bedeutsam ist. Stellt der Mitarbeiter fest, dass fair mit ihm umgegangen wird, verhält er sich gemäß der Reziprozitätsnorm ebenso fair gegenüber dem Unternehmen. Durch eine faire Behandlung lernen Mitarbeiter, dass sie ihrem Vorgesetzten bzw. dem Unternehmen vertrauen können und nicht benachteiligt werden. Dadurch wird eine positive, vertrauensvolle Beziehung zwischen Mitarbeiter und Arbeitgeber nachhaltig gestärkt (vgl. Streicher et al. 2008).

Insgesamt zeigt die Forschung, dass die einzelnen Gerechtigkeitsdimensionen in der Praxis aber oft nur schwer zu trennen und in ihrer Anwendung interdependent miteinander verwoben sind. So hilft die distributiv gerechte Verteilung von Ressourcen wenig, wenn die Verteilungskriterien nicht gleichzeitig informational gerecht vermittelt werden und die Betroffenen nicht von der Neutralität der Entscheidungsträger überzeugt sind. Die Bedeutung der Anwendung von Fairnessprinzipien wird noch deutlicher, wenn man die Reaktionen auf wahrgenommene Ungerechtigkeit betrachtet. Diese reichen von Schuldgefühlen über Resignation bis zu hohem Stress. Auf der Verhaltensebene drückt sich dies unter anderen durch passiven Widerstand bis hin zu Sabotage, schlechtere Arbeitsleistung, erhöhtem Diebstahl und Fehlzeiten aus. Dagegen wirken Fairnessprinzipien als Unternehmens- und Führungskultur integrativ und leistungsfördernd. Daher sollten sie nicht nur im Führungsbereich sondern auf allen Organisationsebenen umgesetzt werden. Dies reicht vom alltäglichen Umgang miteinander über die Gestaltung von Prämiensystemen oder dem Vorschlagswesen bis hin zur Organisationsstruktur. So können sowohl die strukturellen Bedingungen beispielsweise auf eine systematische Benachteiligung bestimmter Mitarbeitergruppen oder Probleme bei der Informationsweitergabe hin überprüft werden. Ebenso kann die Qualität und Effektivität von Steuerungsinstrumenten wie das betriebliche Vorschlagswesen durch die Erhöhung der wahrgenommenen Fairness verbessert werden; das heißt konsequent und umfassend Wissen, Handlungskompetenzen und Werte zu transportieren, die die Bedeutung organisationaler Gerechtigkeit und ihre konkrete Umsetzung vermitteln. Zur Messung fairen Führungsverhaltens bestehen validierte, deutschsprachige Fragebögen, die das Ausmaß der einzelnen Fairnessdimensionen in unterschiedlichen Situationen (z. B. spezifische Situation oder allgemeine Einschätzung) sowohl im Selbst- als auch im Fremdbericht erheben können (Maier et al. 2007; Streicher et al. 2008). Ferner ist es möglich, Führungskräfte systematisch in der Ausübung organisationaler Gerechtigkeit zu trainieren. Sowohl im Unternehmens- als auch im Mitarbeiterinteresse sollte auf die Einhaltung der Prinzipien organisationaler Gerechtigkeit geachtet werden. Werden Mitarbeiter fair behandelt, erleben sie unter anderem weniger Stress, leider seltener an psychosomatischen Erkrankungen, haben weniger Fehltage, engagieren sich mehr und sind somit deutlich produktiver: Dies alles kommt wiederum unmittelbar dem Erfolg des Unternehmens zugute.

Autorbeschreibung

Bernhard Streicher Ludwig-Maximilians-Universität München, streicher@psy.lmu.de
Dr. Bernhard Streicher
Geb. 1967
Universitätsassistent am Lehrstuhl für Sozialpsychologie, LMU München

Studium in München
Promotion 2005 zum Dr. phil. Habilitation 2011
Langjährige freiberufliche Tätigkeit im Bereich Führungskräftetraining und Teamentwicklung

Forschungsgebiete:
Gerechtigkeit in Organisationen; Bedingungen für innovatives Verhalten von Mitarbeitern; Wirkungen unterschiedlicher Führungsstile; Risikoeinschätzung und -verhalten.

Dieter Frey Ludwig-Maximilians-Universität München, dieter.frey@psy.lmu.de
Prof. Dr. Dieter Frey
Geb. 1946
Professor für Sozialpsychologie, LMU München

Studium in Mannheim und Hamburg
Promotion 1973 zum Dr. phil.
Habilitation 1978
Von 1978–1993 Professur für Sozial- und Organisationspsychologie an der Universität Kiel
1988/1989 Theodor Heuss Professur an der Graduate Faculty der New School for Social Research in New York
Seit 1993 Professur für Sozial- und Wirtschaftspsychologie an der LMU München
1998 Deutscher Psychologiepreisträger
Seit 2003 Akademischer Leiter der Bayerischen Elite-Akademie
Seit 2008 Leiter des LMU-Center for Leadership and People Management
Mitglied der Bayerischen Akademie der Wissenschaften

Forschungsgebiete:
Entstehung und Veränderung von Einstellungen und Werten; Rahmenbedingungen von Innovationen und Spitzenleistungen; Anwendung sozialpsychologischer Theorien auf den Bereich der Wirtschaft.

Literatur

Adams, J. S. (1963). Towards an understanding of inequity. *Journal of Abnormal and Social Psychology, 67,* 422–436.
Adams, J. S. (1965). Inequity in social exchange. In L. Berkowitz (Hrsg.), *Advances in experimental social psychology* (Bd. 2, S. 267–299). New York: Academic Press.
Cohen-Charash, Y., & P. E. Spector. (2001). The role of justice in organizations: A meta-analysis. *Organizational Behavior and Human Decision Processes, 86,* 278–321.
Collins, D. B., & Holton, E. F. (2004). The effectiveness of managerial leadership development programs: A meta-analysis of studies from 1982–2001. *Human Resource Development Quarterly, 15,* 217–248.
Colquitt, J. A. (2001). On the dimensionality of organizational justice: A construct validation of a measure. *Journal of Applied Psychology, 86,* 386–400.
Colquitt, J. A., Conlon, D. E., Wesson, M. J., Porter, C. O. & Ng, K. Y. (2001). Justice at the millennium: A meta-analytic review of 25 years of organizational justice research. *Journal of Applied Psychology, 86,* 425–445.
Cropanzano, R., Goldman, B., & Folger, R. (2003). Deontic justice: The role of moral principles in workplace fairness. *Journal of Organizational Behavior, 24,* 1019–1024.

Dailey, R. C., & Kirk, D. J. (1992). Distributive and procedural justice as antecedents of job dissatisfaction and intent to turnover. *Human Relations, 45,* 305–317.

Deutsch, M. (1975). Equity, equality, and need: What determines which value will be used as the basis of distributive justice? *Journal of Social Issues, 31,* 137–149.

Fisek, M. H., & Hysom, S. J. (2008). Status characteristics and reward expectations: A test of a theory of justice in two cultures. *Social Science Research, 37,* 769–786.

Folger, R., & Cropanzano, R. (1998). *Organizational justice and human resource management.* Thousand Oaks, CA: Sage.

Folger, R., & Konovsky, M. K. (1989). Effects of procedural and distributive justice on reactions to pay raise decisions. *Academy of Management Journal, 32,* 115–130.

Frey, D. (2009). *Partnerschaftliche Unternehmensführung und Erfolg.* Unveröffentlichtes Manuskript. München: Universität München.

Greenberg, J. (1990). Employee theft as a reaction to underpayment inequity: The hidden costs of pay cuts. *Journal of Applied Psychology, 75,* 561–568.

Greenberg, J. (1993a). Stealing in the name of justice: Informational and interpersonal moderators of theft reactions to underpayment inequity. *Organizational Behavior and Human Decision Processes, 54,* 81–103.

Greenberg, J. (1993b). The social side of fairness: Interpersonal and informational classes of organizational justice. In R. Cropanzano (Hrsg.), *Justice in the workplace: Approaching fairness in human resource management* (S. 79–103). Hillsdale, NJ: Erlbaum.

Greenberg, J. (1994). Using socially fair treatment to promote acceptance of a work site smoking ban. *Journal of Applied Psychology, 79,* 288–297.

Greenberg, J. (2006). Losing sleep over organizational injustice: Attenuating insomniac reactions to underpayment inequity with supervisory training in interactional justice. *Journal of Applied Psychology, 91,* 58–69.

Greenberg, J., & Colquitt, J. (2005). *Handbook of organizational justice.* Mahwah, NJ: Lawrence Erlbaum Associates.

Leventhal, G. S. (1976). The distribution of rewards and resources in groups and organizations. In L. Berkowitz & W. Walster (Hrsg.), *Advances in experimental social psychology* (Bd. 9, S. 91–131). New York: Academic Press.

Leventhal, G. S. (1980). What should be done with equity theory? New approaches to the study of fairness in social relationships. In K. J. Gergen, M. S. Greenberg, & R. H. Willis (Hrsg.), *Social exchange: Advances in theory and research* (S. 27–55). New York: Plenum Press.

Lilli, W., & Frey, D. (1993). Die Hypothesentheorie der sozialen Wahrnehmung. In D. Frey & M. Irle (Hrsg.), *Theorien der Sozialpsychologie. Bd. 1: Kognitive Theorien* (S. 49–79). Bern: Huber.

Lind, E. A., & Tyler, T. R. (1988). *The social psychology of procedural justice.* New York: Plenum Press.

Lind, E. A., Lissak, R. E. & Conlon, A. E. (1983). Decision control and process control effects on procedural fairness judgments. *Journal of Applied Social Psychology, 4,* 338–350.

Maier, G. W., Streicher, B., Jonas, E., & Frey, D. (2007). Kreativität und Innovation. In D. Frey & L. von Rosenstiel (Hrsg.), *Enzyklopädie der Psychologie: Wirtschafts-, Organisations- und Arbeitspsychologie* (Bd. 6, S. 809–855). Göttingen: Hogrefe.

Maier G. W., Streicher, B., Jonas, E., & Woschée, R. M. (2007). Gerechtigkeitseinschätzungen in Organisationen: Die Validität einer deutschsprachigen Fassung des Fragebogens von Colquitt (2001). *Diagnostica, 53,* 97–108.

Shapiro, D. L., & Kirkman, B. L. (2001). Anticipatory injustice: The consequences of expecting injustice in the workplace. In J. Greenberg & R. Cropanzano (Hrsg.), *Advances in organizational justice* (S. 152–178). Stanford, CA: Stanford University Press.

Skarlicki, D. P., Folger, R. & Tesluk, P. (1999). Personality as a moderator in the relationship between fairness and retaliation. *Academy of Management Journal, 42,* 100–108.

Skarlicki, D. P., & Latham, G. P. (2005). How can training be used to foster organizational justice? In J. Greenberg & J. Colquitt (Hrsg.), *Handbook of organizational justice* (S. 499–522). Mahwah, NJ: Lawrence Earlbaum Associates.

Stoller, M. K. (1994). Economic effects of insomnia. *Clinical Therapy, 16*, 873–897.

Streicher, B. (2010). Gerechtigkeit in Konfliktsituationen und in der Mediation. *Zeitschrift für Konfliktmanagement, 13*, 100–103.

Streicher, B., Frey, D, Jonas, E., & Maier, G. W. (2009). Der Einfluss organisationaler Gerechtigkeit auf innovatives Verhalten. In E. H. Witte & C. H. Kahl (Hrsg.), *Sozialpsychologie der Kreativität und Innovation: Tagungsband zum 24. Hamburger Symposion* (S. 101–119), Lengerich: Papst.

Streicher, B., Jonas, E., & Frey, D. (2011). *Enhancing group performance by a leadership training in organizational justice in comparison to conventional trainings*. Manuscript submitted for publication.

Streicher, B., Jonas, E., Maier, G. W., Frey, D., Woschée, R., & Waßmer, B. (2008). Test of the construct validity and criteria validity of a German measure of organizational justice. *European Journal of Psychological Assessment, 24*, 131–139.

Streicher, B., Maier, G. W., Jonas, E. & Reisch, L. (2008). Organisationale Gerechtigkeit und Qualität der Führungskraft-Mitarbeiter-Beziehung. *Wirtschaftspsychologie, 10*, 54–64.

Thibaut, J. W., & Kelley, H. H. (1959). *The social psychology of groups*. New York: Wiley.

Thibaut, J. W., & Walker, L. (1975). *Procedural justice: A psychological analysis*. Hillsdale, NJ: Erlbaum.

Thibaut, J. W., & Walker, L. (1978). A theory of procedure. *California Law Review, 66*, 541–566.

Tyler, T. R. (2000). Social justice: Outcome and procedure. *International Journal of Psychology, 35*, 117–125.

Tyler, T. R., Boeckmann, R. J., Smith, H. J., & Huo, Y. J. (1997). *Social justice in a diverse society*. Boulder, CO: Westview Press.

Tyler, T. R., & Lind, E. A. (1992). A relational model of authority in groups. In M. Zanna (Hrsg.), *Advances in experimental social psychology* (Bd. 25, S. 115–191). New York: Academic Press.

Tyler, T. R., Rasinski, K. A., & Spodick, N. (1985). Influence of voice on satisfaction with leaders: Exploring the meaning of process control. *Journal of Personality and Social Psychology, 48*, 72–81.

Navigation in unbekannten Welten – Dekonstruktion als zukünftige Führungsaufgabe

19

Bernhard Hauser

Zusammenfassung

Mit dem beschleunigten Wandel und der Zunahme von Komplexität verändert sich auch die Führungsaufgabe in post-bürokratischen Organisationen. Mentale Modelle, die aus Erfahrungen in der Vergangenheit abgeleitet sind, können leicht zu einer Barriere werden. Führungskräfte stehen zunehmend vor der Notwendigkeit, mentale Konzepte zu dekonstruieren, um Raum für neue Sichtweisen zu schaffen. Genutzt wird dabei das Konzept der „boshaften Probleme" (Grint 2008), weil gerade sie sich einer sorgfältigen Planung und detaillierten Prozesshandbüchern entziehen und hartnäckig Aufmerksamkeit beanspruchen. Solche „boshaften Probleme" gehören immer mehr zu den Herausforderungen im Alltag von Führungskräften und erfordern kollektives Lernen. Dem liegt die Annahme zu Grunde, dass es für „boshafte Probleme" aufgrund ihrer Neuheit oder Besonderheit des Einzelfalls weder eine Lösung noch Experten gibt. Daher können prinzipiell alle Betroffenen an einer Lösungsfindung beteiligt werden (Pedler et al. 2010). Es wird ein Modell der Dekonstruktion vorgestellt, das zeigt, welcher Bereich besondere Aufmerksamkeit benötigt, um Raum für neue Denkweisen zu eröffnen. Das Konzept des Critical Action Learning (Trehan 2011; Marsick und ONeill 1999) bietet einen Weg, die Rahmenbedingungen für eine systematische Dekonstruktion zu schaffen und neue Sichtweisen zu entwickeln. Es fördert die Selbstverantwortung der Beteiligten und schafft gleichzeitig ein gemeinsames Verständnis für den Umgang mit neuartigen Problemen.

B. Hauser (✉)
bhcg.impact.network, Nachtigalstr. 29, 80638 München, Deutschland
E-Mail: bernhard.hauser@bhcg.biz

19.1 Einleitung

Die Bedeutung mentaler Konstruktionen für menschliches Erkennen und Handeln wird in der natur-, geistes- und sozialwissenschaftlichen Literatur schon seit Längerem diskutiert (Maturana und Varela 2009; Luhmann 1987; von Glasersfeld 1997; Pörksen 2011). Diese Diskussion hat auch in der Literatur zu Management und insbesondere Organisationsberatung einen Widerhall gefunden (z. B. Kirsch 1997; Wimmer 2011).

Befragt man Führungskräfte nach dem Einfluss mentaler und emotionaler Faktoren auf den Erfolg einer Veränderung, so wird dieser regelmäßig als sehr hoch eingeschätzt (meist bis zu 80 % und manchmal sogar höher). Dies kontrastiert jedoch auffällig mit dem Stellenwert, der mentalen Faktoren in der Tagesarbeit von denselben Führungskräften zugeschrieben wird, nämlich ca. 20 %. Als Ursachen dafür werden vor allem fehlende Kompetenzen und Ausbildung auf diesem Gebiet, der Mangel an eigener Erfahrung mit der Bearbeitung mentaler Faktoren, geäußerte Erwartungen an Führungskräfte sowie Zeitdruck beschrieben.

Es besteht also offenbar eine deutliche, wenn auch bisweilen noch diffuse Erkenntnis bei vielen Führungskräften, dass es für den Erfolg ihres Führungshandelns in Zeiten zunehmender Veränderung erforderlich ist, Mitarbeiter auf der mentalen und emotionalen Ebene zu erreichen und auf den Weg der Veränderung mitzunehmen. Auf diesem Weg müssen Blockierungen bearbeitet und aufgelöst werden, die Mitarbeiter davon abhalten mitzugehen. Gleichzeitig betonen viele Führungskräfte dafür über kein entsprechendes Handlungsrepertoire zu verfügen. Interessanterweise ist dieser Effekt auch bei den Unternehmen zu beobachten, die sehr viel Zeit und Budget in klassische Führungskräfteseminare investieren.

In diesem Beitrag wird die Führungsaufgabe thematisiert, die mentalen Bedingungen für erfolgreiche Veränderungen zu schaffen. Mentale Voraussetzungen zu schaffen bedeutet insbesondere, Blockaden zu bearbeiten, die neuen Sichtweisen im Weg stehen. Eine Sichtweise der Realität wird hier als mentale Konstruktion aufgefasst. Dieser Begriff impliziert, dass wir nicht die Wirklichkeit an sich wahrnehmen, sondern Annahmen über die Wirklichkeit treffen und dadurch unsere Sicht der Realität konstruieren. Mentale Konstruktionen sind allgegenwärtig und stellen eine Steuerungsebene für unser Handeln dar. Eine Führungskraft, die den wiederholten Widerspruch eines Mitarbeiters als Angriff auf die eigene Autorität konstruiert, wird also vermutlich andere Entscheidungen treffen als eine Führungskraft, die den Widerspruch als Hinweis auf eine potenziell hilfreiche Sichtweise interpretiert, die es zu explorieren gilt. Um Raum für neue Sichtweisen zu schaffen, müssen bisherige mentale Konstruktionen in ihrer Bedeutung relativiert oder aufgelöst werden. Mentale Konstruktionen werden von den Betroffenen oft nicht als (subjektive) Konstruktionen angesehen, sondern mit der Wirklichkeit verwechselt, da sie sich sehr real und „logisch" anfühlen. Schon einfache Kippbilder wie „alte Frau – junges Mädchen" zeigen, dass derselbe Datensatz ganz unterschiedlich interpretiert und vom Gehirn als einzig „wahr" konstruiert werden kann. In komplexen, sozialen Situationen kommt dazu, dass die Wahrnehmung selektiv und die Interpretation oft verzerrt ist. Obwohl unser gesamtes

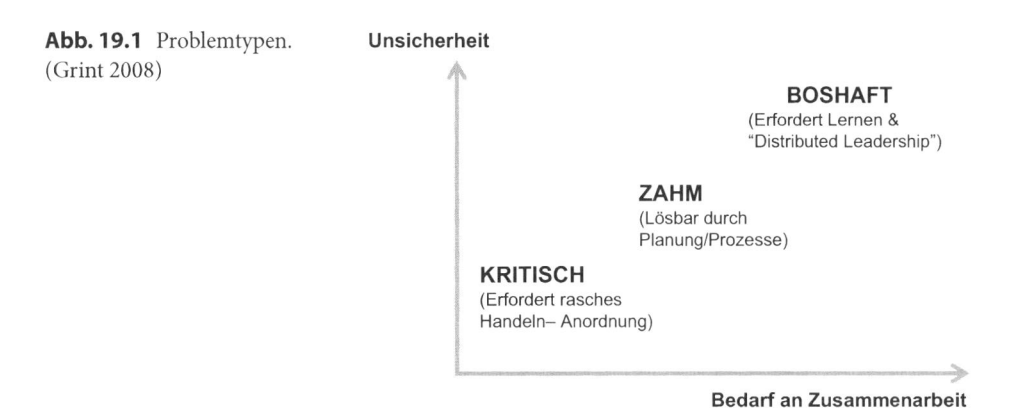

Abb. 19.1 Problemtypen. (Grint 2008)

```
Unsicherheit
    ▲
    |                                    BOSHAFT
    |                                 (Erfordert Lernen &
    |                                 "Distributed Leadership")
    |
    |                      ZAHM
    |                   (Lösbar durch
    |                   Planung/Prozesse)
    |
    |    KRITISCH
    |  (Erfordert rasches
    |  Handeln– Anordnung)
    |
    +----------------------------------------▶
                              Bedarf an Zusammenarbeit
```

Denken aus mentalen Konstruktionen besteht, entfalten manche Konstruktionen, wenn sie erst einmal gesetzt sind, eine besonders hohe Deutungskraft. Ihre Dekonstruktion ist daher kein trivialer Vorgang, sondern kann Führungskräfte vor große Herausforderungen stellen. Der Prozess der Dekonstruktion wird im nächsten Abschnitt zur Verdeutlichung in einem Modell dargestellt.

Das Anliegen einer dekonstruktiven Führung ist es, Bedingungen zu schaffen, die neue Erfahrungen ermöglichen und ein systematisches Hinterfragen derzeit verwendeter Annahmen fördern, um im Rahmen der Ziele bzw. einer Vision neue Sichtweisen zu entwickeln und Blockierungen zu überwinden. Ein Vorgehen dazu stellt Critical Action Learning dar, das weiter unten skizziert wird.

19.2 Hintergrund des Führungsansatzes

Wenn es stimmt, dass sich Unternehmen einem zunehmenden Veränderungsbedarf in einer rasch sich wandelnden Umwelt gegenüber sehen, dann sind Erfahrungen aus der Vergangenheit immer seltener ein verlässlicher Wegweiser für die Zukunft. Mentale Konstruktionen sind aber vor allem ein Extrakt vergangener Erfahrungen. Während sie in stabilen Umwelten Sicherheit und Orientierung geben, werden sie in sich verändernden Umwelten immer mehr zu einer Begrenzung, die der Bearbeitung bedarf. Nur eine kritische Überprüfung kann Aufschluss geben, welche Erfahrungen der Vergangenheit weiter Gültigkeit besitzen (sollen) und welche verändert werden müssen.

Der beschleunigte Wandel verändert auch die Probleme, denen sich Unternehmen gegenübersehen. in Abb. 19.1 werden verschiedene Problemtypen unterschieden (Grint 2008):

Die X-Achse bezeichnet das Ausmaß an Zusammenarbeit, welches für eine Problemlösung erforderlich ist, während die Y-Achse das Ausmaß an Unsicherheit beschreibt. Der Problemtyp „kritisch" erfordert rasches Handeln und Durchgriff der Führungskraft. Die Lösung liegt auf der Hand, die Unsicherheit ist relativ gering. Der Problemtyp „zahm" ist dadurch gekennzeichnet, dass die bei zunehmender Unsicherheit sich häufenden kritischen Probleme durch sorgfältige Planung und funktionierende Prozesse aufgefangen, also „gezähmt" werden können. Der dritte Problemtyp hingegen wird als „boshaft" bezeichnet. Dies bezeichnet hartnäckige Probleme, die trotz aller Planung und Prozesse immer wieder auftauchen, also nicht gezähmt werden können. Das verstärkte Auftreten dieses Problemtyps erfordert Lernen und Teilhabe an Führung und Verantwortung („Distributed Leadership"). Hier besteht ein Bezug zu den „echten" Problemen im Action Learning (Pedler 2008). Diese zeichnen sich im Gegensatz zu Rätseln oder „Puzzles" dadurch aus, dass es bislang noch keine Lösung für das Problem gibt. Da es noch keine Lösung gibt, sind neue Lösungen gefordert. Mentale Konstruktionen aus der Vergangenheit helfen in diesen Fällen nur begrenzt weiter oder können sogar Lösungen verhindern.

Die philosophischen Vorläufer der konstruktivistischen Ansätze können bis in die Philosophie der Skeptiker in der Antike (von Glasersfeld 1992) zurückverfolgt werden, die die prinzipielle Unmöglichkeit herausgearbeitet haben, eine Wahrnehmung mit einer noch unverzerrten Realität zu vergleichen, da der einzige Zugang zu dieser Realität eben die Wahrnehmung ist. Aber auch in anderen Kulturkreisen gab es ähnliche Erkenntnisse, wie dieser Siddhartha Gautama, genannt Buddha, zugeschriebene Satz belegt: „Alles, was wir sind, entsteht aus unseren Gedanken. Mit unseren Gedanken formen wir die Welt."

Aus einer neurobiologischen Perspektive beschäftigen sich Maturana und Varela (2009) mit menschlicher Erkenntnis. Pörksen (2011) sieht Maturana als eigentlichen Begründer des Konstruktivismus. Die Kybernetik zweiter Ordnung (von Foerster 1985) hat die konstruktivistische Systemtheorie von Luhmann (1987) stark beeinflusst. In der psychologischen Theoriebildung tauchen konstruktivistische Ansätze bereits ab der Mitte des vergangenen Jahrhunderts auf. (Pörksen 2011). Die Literatur zu diesem Thema ist inzwischen sehr reichhaltig und kann daher nur beispielhaft referiert werden. Wichtige Vertreter sind Piaget, der sich mit der Entstehung von Wirklichkeitsmodellen im Kindesalter beschäftigte (von Glasersfeld 2011) und die Palo Alto-Schule (Müller 2011), die Interventionen für krankmachende Kommunikationsmuster entwickelte.

Hinweise auf mentale Konstruktionen, die für die Führung in Organisationen von Bedeutung sind, finden sich in zahlreichen Modellen und Theorieansätzen, die sowohl Dysfunktionalitäten beschreiben als auch Gestaltungshinweise geben. Defizite und Dysfunktionalitäten der Entscheidungsfindung in Gruppen werden beispielsweise schon früh mit dem Ansatz des Gruppendenkens (Janis 1982) thematisiert. Mit dem Konzept der sozialen Abwehr (Hirschhorn 1988) wird gezeigt, wie Unsicherheit und Angst zu einer Umdefinition der Führungsaufgabe führen können, die Risiko zwar vermeidet, gleichzeitig aber nachhaltigen Erfolg gefährdet. Mit dem Konzept der Organisationskultur wird schon seit Längerem der Blick von der mechanistischen Ausformung der Organisationsstruktur auf die Gestaltung der mentalen Ausrichtung einer Organisation gelenkt. In der Organisationskultur manifestiert sich die Erfahrung der Vergangenheit in Form von Werten, Normen, Ritualen und anderen Artefakten (Schein 1995). Bei veränderten Anforderungen an die Organisation richtet sich die Aufmerksamkeit auf die Bedingungen eines Kulturwandels mit mentalen Konstruktionen, die ein erfolgreiches Agieren unter den veränderten

Bedingungen erwarten lassen. Senge (1996) hat mit der Thematisierung der Lernfähigkeit von Organisation wichtige Impulse gesetzt: „Eine lernende Organisation ist ein Ort, an dem Menschen kontinuierlich entdecken, dass sie ihre Realität selbst erschaffen." (S. 417). Als zentrale Herausforderung für das Management beschreibt er Systemdenken. Kantor und Lehr (1985) sowie Kantor und Lonstein (1996) nutzen Erkenntnisse aus der systemischen Familientherapie zum Verständnis mentaler Konstruktionen in Organisationen. Mit dem Reflecting Team bietet Andersen (1991) schon früh ein Verfahren an, mit dem Annahmen (als Hypothesen über die Wirklichkeit) gezielt hinterfragt werden können, um neue Konstruktionen zu ermöglichen. Die Methode hat in zahlreichen Führungsverhaltenstrainings einen Niederschlag gefunden. Königswieser und Exner (2009) beschäftigen sich mit systemischen Interventionen in der Organisation, um als Berater Unterschiedlichkeit zu generieren und dadurch Reflexions- und Entwicklungsprozesse zu unterstützen.

Die gezielte Verknüpfung von Handlung und Reflexion wird in aktionsorientierten Ansätzen vertreten. Raelin nennt diese Gruppe von Ansätzen „action modalities" und sieht die Arbeit von Kurt Lewin als gemeinsame Quelle (Raelin 2009 a, b). Die wichtigsten dieser handlungsorientierten Ansätze sind Action Research (Aktionsforschung – Reason und Bradbury 2006). Action Science (Argyris und Schön 2008) und Action Learning (Revans 1998). Action Research ist heute ein weit ausdifferenzierter Ansatz und wird im Ursprung direkt Kurt Lewin zugeschrieben (Wimmer 2011). Action Science hingegen hat mit Argyris und seinen Kollegen eindeutige Begründer und thematisiert innere oder implizite Theorien, aus denen handlungsleitende Annahmen resultieren. Für neuartige Lösungen wird „Doppelschleifenlernen" (double loop learning) empfohlen, um die handlungsleitenden Theorien selbst hinterfragen und verändern zu können.

Action Learning (Revans 1998; Donnenberg 1999; Hauser 2012) ist zunächst unabhängig von den beiden anderen Strömungen entstanden. Es nutzt Handlungen und deren systematische Reflexion als Ausgangspunkt für kollektive und prinzipiell selbstgesteuerte Lernprozesse in Organisationen. Der Begriff entstand in den siebziger Jahren des letzten Jahrhunderts und hat im Rahmen der Ansätze zu einer lernenden Organisation neue Aktualität erfahren. In jüngerer Zeit sind grundlegende Weiterentwicklungen dieses Ansatzes erkennbar (Pedler et al. 2005). Eine praktisch bedeutsame Weiterentwicklung ist Virtual Action Learning (Caulat und De Haan 2006; Dickenson et al. 2010; Hauser 2010), welches Action Learning in räumlich verteilten virtuellen Teams unter Nutzung moderner Kommunikationsmedien ermöglicht. Virtual Action Learning erweitert so den Anwendungsbereich von Action Learning entsprechend der sich wandelnden Team- und Kommunikationsstrukturen.

Eine grundlegende Weiterentwicklung des Konzepts Action Learning stellt dem gegenüber Critical Action Learning dar (Willmott 1997; Marsick und O'Neill 1999; Hauser 2008; Bourgoyne 2009; Trehan und Pedler 2009; Ram und Trehan 2010). Der Zusatz „kritisch" bezieht sich darauf, dass das Handeln und die inneren Theorien des Problemlösers selbst hinterfragt und in Bezug zu relevanten Umwelten gestellt werden, in denen Action Learning praktiziert wird. Critical Action Learning stellt dadurch eine Anschlussfähigkeit an konstruktivistische und systemische Denkweisen her. Innerhalb der Action Modalities

```
                                        Raum für
Verwendete        Prozess der          alternative
 mentale         Dekonstruktion       Konstruktionen
Konstruktion
       │                │                    │
       ▼                                     ▼
Unangemessenheit/                     „Augenblick
Veränderungsbedarf                    der Wahrheit"
wird von jemand
    erkannt
       ──────▶    ──────────────▶  ──────────────▶
                                                      t
```

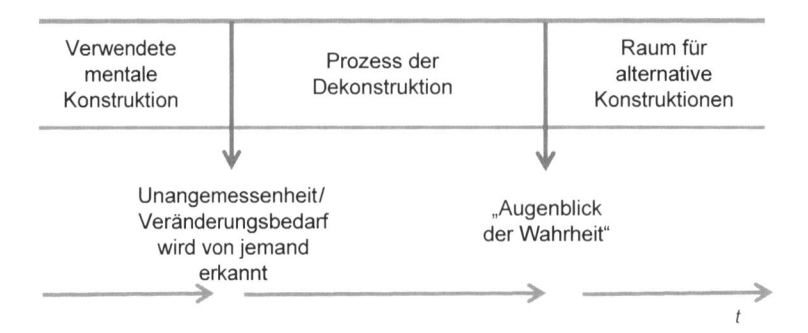

Abb. 19.2 Der Prozess der Dekonstruktion

entsteht auch eine deutliche Nähe zum Action Science als einem kritischen Hinterfragen handlungsleitender Annahmen. Ein weiterer aktueller Ansatz mit konzeptioneller Nähe zum Critical Action Learning ist die Theorie U (Scharmer 2009). Auch in diesem Ansatz wird im Überwinden von Annahmen der Vergangenheit eine Voraussetzung gesehen, um eine Öffnung für neue Entwicklungen zu erreichen.

Wimmer (2011) betont, dass es einen deutlichen Unterschied gibt in der Entwicklung der Organisationsberatung einerseits und dem in Organisationen vorherrschenden Führungsverständnis andererseits. Mit der systemisch-konstruktivistischen Organisationsberatung ist ein professionelles Feld für Reflexion und Begründung des eigenen Handelns in einem systemischen Kontext von wechselseitiger Bedingtheit entstanden. Führung hingegen wird häufig immer noch in einer Denktradition gesehen, die das soziale Phänomen des Führens primär als die Sache von Personen mit ihren besonderen Fähigkeiten und Eigenschaften gesehen hat. Die Integration einer kritischen Perspektive in das Führungsverständnis, wie es Critical Action Learning fordert, stellt dem gegenüber einen Weg dar, kollektive Prozesse der Selbstreflexion und Dekonstruktion in das Führungshandeln zu integrieren.

19.3 Beschreibung der dekonstruktiven Führung

Bei hohem und ansteigendem Veränderungsdruck entsteht im Management ein Bedarf, mentale Konstruktionen zu bearbeiten, um auf neue Entwicklungen angemessen zu reagieren und sie gestalten zu können. Der Ansatz der dekonstruktiven Führung stellt einen Beitrag dazu dar, wie dieses Anliegen im Management aufgegriffen werden kann. Der Vorgang der Dekonstruktion soll zunächst anhand eines Modells verdeutlicht werden. Diesem Modell liegen folgende Annahmen zugrunde (vgl. Abb. 19.2):

1. In sozialen Kontexten wie z. B. einer Führungssituation bilden Menschen Annahmen über das, was gerade abläuft, d. h. sie interpretieren die Situation. Eine solche Interpretation wird als mentale Konstruktion bezeichnet.

2. Entscheidungen und das Verhalten richten Menschen nicht nach einer wie immer gearteten „objektiven" Wirklichkeit, sondern nach ihren Annahmen über diese Wirklichkeit.
3. Die Regeln nach denen Menschen diese Annahmen treffen, stellen Erfahrungswerte aus der Vergangenheit dar, z. B. „immer wenn der Chef anruft, gibt es zusätzliche Arbeit".

Mentale Konstruktionen dienen Personen zur Orientierung in sozialen Situationen. Solche Konstruktionen können von mehreren Personen, in Gruppen oder auch Organisationen geteilt werden und erhalten dann den Charakter einer kollektiven sozialen Realität. In der Abbildung wird dies als (derzeit) „verwendete mentale Konstruktion" bezeichnet, um dies zum Ausdruck zu bringen.

Ein bedeutsames Ereignis entsteht, wenn jemand die Unangemessenheit einer sozialen Konstruktion thematisiert, häufig als Erstaunen, Irritation oder Rückmeldung, dass „die Dinge sich anders verhalten", als bislang von einer Person oder Gruppe angenommen. Geäußert werden kann eine solche Irritation von jedem Stakeholder, z. B. einem Mitarbeiter, einer Führungskraft, einem Außenstehenden, einem Experten oder einem Facilitator, etc.

Mit dem Infragestellen der Angemessenheit der derzeitigen Sicht der Dinge und der Mitteilung dieses Infragestellens durch eine Person oder Gruppe beginnt ein sozialer Prozess der Irritation, der hier als "Dekonstruktion" (Willmott 1997) bezeichnet wird. Dieser kann vielfältige Formen aufweisen, z. B. Abwehr, Verteidigung, Irritation, aber auch aufmerksames Zuhören und Dialog. Auch eine Kombination unterschiedlichster Reaktionen ist denkbar.

Der Prozess der Dekonstruktion zielt darauf ab, aus eingefahrenen Denk-, Erlebensund in der Folge Verhaltensmustern auszusteigen und Raum für Neues zu schaffen. Dieser Prozess hat die Qualität eines Bewusstheitsprozesses oder eines "Entlernens". Der Prozess der Dekonstruktion schafft Raum für alternative Konstruktionen der Realität, die die Chance bieten für eine bestimmte Situation besser geeignet zu sein, d. h. bessere Lösungen zu bieten, als die zuvor verwendete Konstruktion.

Wenn dieser Prozess gelingt, entsteht Raum für neue Interpretationen einer Situation, d. h. alternative und potenziell hilfreichere mentale Konstruktionen können gebildet oder verwendet werden. Die Dekonstruktion ist abgeschlossen, wenn eine Einsicht entsteht, manchmal begleitet von einer kreativen Phase. Der Endpunkt der Dekonstruktion wird von Betroffenen häufig als anregend oder „Aha-Erlebnis" beschrieben („Stunde der Wahrheit", die natürlich selbst auch wieder eine – potenziell nützlichere – Konstruktion ist), gelegentlich aber auch als Enttäuschung und Verlust von Orientierung und Sicherheit.

Die Dekonstruktion muss allerdings keineswegs immer gelingen, sie ist im Gegenteil durchaus gefährdet. Die Folge können dann Konflikte, Reibungen und Verhärtungen sein, die sehr viel Energie binden. Die Frage stellt sich daher, inwieweit Führungskräfte Bedingungen schaffen können, die Dekonstruktionsprozesse begünstigen.

Watzlawick (1976) hat die berühmte Frage gestellt, wie „wirklich die Wirklichkeit" ist. Tatsächlich scheint es einen grundlegenden Realitätsfehler zu geben, der die Dekonstruktion erschwert. Menschen neigen manchmal dazu, ihre eigenen mentalen Konstruktionen mit der Realität zu verwechseln. Unter bestimmten Umständen verstärkt sich diese Tendenz. Dazu im Folgenden einige Thesen:

- *Scheinrealität.* Eigene dysfunktionale mentale Konstruktionen sind für die Betroffenen oft nicht ganz leicht zu entdecken, obwohl (und vielleicht auch weil) sie uns ständig begleiten und steuern. Sie geben sich dem Wachverstand nicht als Konstruktionen zu erkennen, sondern operieren als scheinbar selbstverständliche Wahrheiten. Viele Führungskräfte, die generell der Annahme zustimmen, dass unsere Sicht der Wirklichkeit eine Konstruktion darstellt, verwechseln dennoch ihre persönlichen Einschätzungen manchmal mit der Realität. (Muster: Der Mitarbeiter *ist* so wie er auf mich wirkt.)
- *Echtzeit.* Mentale Konstruktionen operieren sehr schnell, quasi in Echtzeit. Sensorische Signale werden im Gehirn mit Erfahrungswerten verknüpft. Storch (2003) spricht vom "Hirn-Google" unserer gesammelten Erfahrungen („Eine Frage – eine Million Treffer, der wahrscheinlichste zuerst."). Problematisch wird dies immer dann, wenn es noch keine persönliche Erfahrung zu der jeweiligen Frage gibt oder die Voraussetzungen sich geändert haben.
- *Emotion.* Häufig haben mentale Konstruktionen eine emotionale Qualität, die ihnen ein besonderes Gewicht gibt („wir fühlen wie die Dinge sind"). Befürchtungen und Hoffnungen geben Anlass, die Interpretation der Realität entsprechend zu färben.
- *Sinn.* Die Konstruktion von Sinn ist ein außerordentlich wirksames Mittel, um zufällige, widersprüchliche und auch manchmal auch schwer zu akzeptierende Ereignisse zu ordnen, zu erklären und zu bewältigen. Sinn, der einmal konstruiert worden ist, wird von den Betroffenen leicht mit „Wahrheit" verwechselt.
- *Orientierung.* Mentale Konstruktionen geben Sicherheit und Orientierung in dem sie die Komplexität der Realität reduzieren. Häufig speisen sie sich aus einer gemeinsamen Vorgeschichte eines Teams oder auch aus individuellen Erfahrungen einzelner Mitarbeiter.
- *Status.* Mentale Konstruktionen werden nicht nur hinsichtlich der inhaltlichen Bewertung von Vorgängen gemacht, sondern auch in Bezug auf den sozialen Status und den Einfluss bzw. die Macht anderer Akteure, die ihre Konstruktionen kommunizieren („wer bestimmt, was hier bedeutsam ist?").
- *Zugehörigkeit.* Andere Menschen in der Bezugsgruppe scheinen die Dinge ähnlich wahrzunehmen, mentale Konstruktionen stiften daher auch eine Qualität der Zugehörigkeit, sozialen Identität und Geborgenheit. So können sie beispielsweise zum Gründungsmythos eines Teams oder einer sozialen Gruppe werden (z. B. „man muss Physiker sein, um hier mitreden zu können"). Diese mentalen Konstruktionen erhalten immer wieder Bestätigung aus dem Umfeld und verstärken dadurch ihren „gefühlten" Realitätsgehalt. Bestimmte zentrale Konstruktionen in Frage zu stellen kann potenziell die Zugehörigkeit zur Gruppe gefährden.
- *Veränderungsresistenz.* Wenn eine soziale Konstruktion als Widerstand gegen eine Veränderung erst einmal entstanden ist, ist sie in ihrem Kern oft sehr beständig und resistent, ihre Veränderung oder Überwindung ist meist mit erheblichem Aufwand verbunden.

Unter der Bedingung zunehmenden Wandels sehen sich Führungskräfte in wachsendem Ausmaß mit „boshaften Problemen" konfrontiert, die nicht aufgrund von Erfahrungen aus der Vergangenheit gelöst werden können. Lernen und die Entwicklung alternativer mentalen Konstruktionen eröffnen prinzipiell die Möglichkeit, neue Wege zu gehen und Begrenzungen zu überwinden. Im Wege stehen dem zum einen der oben beschriebene „Realitätsfehler", der darin besteht, dass mentale Konstruktionen mit der Wirklichkeit verwechselt werden können, sowie die Resistenz einmal gebildeter Konstruktionen gegen Dekonstruktion.

Für die Führung in Umwelten, die neuartig oder von starken Veränderungen gekennzeichnet sind, stellt sich daher die Herausforderung, nachhaltig Bedingungen zu schaffen, die eine kritische Überprüfung mentaler Konstruktionen fördert. Führungskräfte äußern häufig, dass sie nicht über das Handlungsrepertoire verfügen, um die mentale Seite von Veränderungen angemessen zu bearbeiten (und dass sie darüber hinaus bislang daran auch nicht gemessen werden). Es stellt sich daher die Frage, wie Dekonstruktion zur Bearbeitung mentaler Blockaden und zur Öffnung für die Entwicklung alternativer Konstruktionen zukünftig in das Führungshandeln stärker integriert werden kann. Ein Hinweis zur Beantwortung dieser Frage findet sich in der Literatur zum Change Management: Ein zentrales Prinzip im Change Management ist die Beteiligung der davon Betroffenen an einer Veränderung (Doppler und Lauterburg 2008; Gerkhardt und Frey 2006). Dieses generelle Prinzip gilt umso mehr, wenn es um die Veränderung mentaler Konstruktionen und Einstellungen geht. Gefordert sind daher Möglichkeiten, mentale Konstruktionen unter Einbezug der davon Betroffenen einer kritischen Überprüfung zu unterziehen und bei Bedarf neu zu bewerten.

Mit Critical Action Learning steht für die Führung in Organisationen ein Ansatz zur Verfügung, der es gestattet, dieser Forderung nachzukommen. Betroffene werden bei diesem Vorgehen in den Prozess der Überprüfung mentaler Konstruktionen eingebunden, um dadurch kollektive Lernprozesse in Gang zu setzen, die Raum für neue Sichtweisen und Lösungen schaffen. Action Learning stellt eine systematische Verknüpfung von Aktion und Reflexion dar. Dies bedeutet, Handeln wird genutzt, um daraus zu lernen, Lernen und Reflexion wiederum sollen in (verbesserten) Handlungen münden. In der Form des Erfahrungslernens (Kolb 1984) werden systematische Rückkoppelungsschleifen eingerichtet. Lösungsschritte können so rasch in der Praxis erprobt werden. Aufgrund der bei der Umsetzung gemachten Erfahrungen wird anschließend das Lösungskonzept weiterentwickelt. Schon bei diesem Vorgehen adressieren die Beteiligten die mentale Seite in Form der Überprüfung und Weiterentwicklung von Lösungskonzepten, der Fokus liegt dadurch allerdings einseitig auf dem Blick nach außen.

Critical Action Learning erweitert das Erfahrungslernen um die kritische Perspektive. „Action Learner" unterziehen bei diesem Vorgehen ihr eigenes Verhalten und ihre mentalen Konstruktionen einer kritischen Selbstreflexion, um auch in diesem Bereich Lernen in Gang zu setzen und beschäftigen sich mit kollektiven Emotionen und Machtdynamiken.

Critical Action Learning befindet sich in einem spannenden Stadium der Entwicklung und Ausdifferenzierung (Vince 2008; Trehan 2011; O'Neill und Marsick 2007). Dies entspricht im besten Sinne der Intention von Revans, der eine prinzipielle Offenheit für neue Entwicklungen im Lernen gefordert hat. Marsick und O'Neill (1999) nennen wesentliche Aspekte der kritischen Perspektive zu denen die Reflexion des Problemverständnisses des

Problemlösers, die Reflexion des Umfelds im Unternehmen und seiner Normen sowie Widersprüche zwischen Werten und Normen der Organisation und des Problemlösers gehören. In diesem Prozess können auch lange praktizierte und tief verwurzelte Denkgewohnheiten einer Überprüfung und Dekonstruktion unterzogen werden. Trehan (2011) betont die kollektive Dimension der Veränderung, die durch das kritische Vorgehen im Action Learning eröffnet wird. Critical Action Learning ist daher oft auch mit nachhaltiger Entwicklung nicht nur des Individuums, sondern auch des Teams, der Organisation oder des Systems verknüpft.

19.4 Relevanz für die Praxis

Führungskräfte stehen immer häufiger vor der Herausforderung, neue Wege zu gehen und mit ihren Mitarbeitern sicher durch unbekannte Welten zu navigieren. Erfahrungswerte der Vergangenheit taugen unter solchen Bedingungen nur noch bedingt als Gradmesser. Ein Beleg für die praktische Relevanz von Action Learning ist das zunehmende Interesse und die zunehmende Anwendung sowohl international als auch im deutschsprachigen Bereich. Eine wichtige Begründung dafür ist der Bedarf an Auseinandersetzung mit der mentalen Seite von Veränderungen zur Handhabung „boshafter Probleme". Action Learning als kritische Reflexion mit einer starken Umsetzungsorientierung, wie sie im Critical Action Learning vertreten wird, stellt hierfür einen Weg dar.

Bei diesem Vorgehen organisieren sich Manager in kleinen Gruppen, die als Sets bezeichnet werden. Aufgabe dieser Sets ist die kritische Reflexion der Situation und der Stakeholder so wie der eigenen Interventionen und Annahmen. In der Anfangsphase benötigen diese Sets einen Berater, der als Facilitator den Rahmen für ein Setting setzt, welches die Teilnehmer gleichzeitig unterstützt und kritisch hinterfragt. Aufgabe des Facilitators ist es, dem Set Sicherheit bei der Navigation in dieser zunächst risikoreich erscheinenden Welt zu geben und den Blick für die Besonderheiten der kritischen Reflexion zu öffnen. Ziel ist es aber, dass die Sets nach einer gemeinsamen Entwicklungsstrecke zunehmend in der Lage sind, selbstgesteuert zu operieren und sich nur noch bei Bedarf Unterstützung zu organisieren. Die eigene Erfahrung mit kritischer Reflexion erleichtert es Führungskräften, auch ihre Mitarbeiter zu kritischer Reflexion als Voraussetzung der Dekonstruktion zu ermutigen.

Das Wesen von Critical Action Learning ist die Verknüpfung von Handeln und Reflexion unter Einschluss handlungsleitender Konstruktionen. Die Intention von Action Learning greift klar über das einzelne Set hinaus und möchte in der Organisation Veränderungen von Verhalten und Einstellungen bewirken. Critical Action Learning ist in erster Linie eine Haltung und erst in zweiter Linie eine Methodik. Als Haltung steht es für eine wertschätzende und zugleich kritische Reflexion und Dekonstruktion, sowie die Erprobung der (veränderten) Annahmen in der Realität. Einer Führung, die den Anspruch hat, ihr Handeln und ihre handlungsleitenden mentalen Konstruktionen einer fortlaufenden Selbstreflexion bzw. Dekonstruktion zu unterziehen, steht mit Critical Action Learning ein Weg zur Verfügung, dies im eigenen Bereich zu realisieren.

Methodisch ist Critical Action Learning dagegen eine Art Querschnittstechnologie, d. h. es hat Bezüge zu ganz unterschiedlichen Arbeitsfeldern, wie Change Management, Kompetenzaufbau und Supervision, ist anschlussfähig an zahlreiche weitere Arbeitsfelder und Methoden und kann daher in unterschiedlichen Konstellationen (als Einzelmaßnahme einer Führungskraft, aber auch z. B. in Kombination mit Führungsverhaltenstraining oder Coaching) erfolgreich praktiziert werden.

Das anschließende Fallbeispiel zu Critical Action Learning in einem Führungskräfteprogramm zeigt, wie Action Learning sich durch die Erfahrung von Teilnehmern weiter in der Organisation verbreiten kann. Eine Führungskraft, die selbst Teilnehmerin an einem Action-Learning-Set war, setzte in diesem Fall die Philosophie und Methodik von Action Learning ein, um kritische Reflexion auch bei ihren Mitarbeitern zu verankern (vgl. Box 19.1).

Box 19.1 Beispiel aus einem Führungskräfteprogramm mit Critical Action Learning: Die neue Führungskraft einer internen IT-Service-Abteilung sah sich mit der unbefriedigenden Situation konfrontiert, dass anspruchsvolle Aufgaben an externe Dienstleister vergeben und nur noch einfache Routineaufgaben intern erledigt wurden. Dies führte zu einem zweifachen Effekt: die Kosten durch externe Dienstleister stiegen immer weiter, während intern die Lösungskompetenz immer geringer wurde. Um sich einen fundierten, fachlichen Überblick zu verschaffen, übernahm die Führungskraft zunächst die Leitung aller Projekte persönlich. In einer Reflexionsrunde im Rahmen des Führungskräfteprogramms erarbeitete die Führungskraft, dass ihre persönliche Kontrollneigung den Effekt des Kompetenzabbaus bei den Mitarbeitern noch weiter verstärkte und die Motivation zusätzlich absinken ließ. Als Konsequenz aus dieser Reflexion und durch das Action-Learning-Set ermutigt und unterstützt entschied sie sich daher, ihr Kontrollverhalten zu reduzieren und die Mitarbeiter am Prozess der Lösung dieses „boshaften Problems" zu beteiligen. Dazu richtete sie interne Reflexionsrunden mit ihren Mitarbeitern ein. Für diese Runden nutzte sie dasselbe Vorgehen Critical Action Learning, welches sie im Führungskräfteprogramm auch selbst praktizierte. Die Mitarbeiter erarbeiteten nun eigenständig Konzepte zum strategischen Aufbau von Lösungskompetenz im Unternehmen und realisierten sie in Abstimmung mit der Führungskraft. In der Folge konnten spezielle IT-Aufgaben intern übernommen werden, Routineaufgaben hingegen wurden zunehmend nach extern vergeben. Die Kosten sanken, während gleichzeitig die Motivation der Mitarbeiter stieg.

Das Fallbeispiel betrachtete die Wirkungsweise von Action Learning aus der Perspektive einer einzelnen Führungskraft. Betrachtet man hingegen die Einführung von Critical Action Learning im Kontext eines ganzen Unternehmens oder eines größeren Unternehmensbereichs, ist es erforderlich zu prüfen, inwieweit Action Learning in der derzeitigen

Situation der Organisation geeignet ist. Geeignet ist Action Learning besonders für Organisationen, in denen neue Ideen willkommen sind, offene Kommunikation auch über Hierarchiegrenzen hinweg praktiziert wird und eine hohe Lernbereitschaft und Flexibilität herrschen. Diese Elemente können mit Action Learning aber auch erst entwickelt oder weiter gestärkt werden. Voraussetzung ist aber die Unterstützung des Top Managements und die Bereitschaft, die bislang vielleicht ungewohnte Unruhe, die durch kritisches Hinterfragen entsteht, zu zu lassen, auch wenn dies für manchen zunächst unbequem sein mag und in der Anfangsphase vielleicht noch nicht sofort erkennbar ist, ob die Unruhe produktiv sein wird (Pedler 2008).

Im nachfolgenden Beispiel (Box 19.2) wurde Critical Action Learning anlässlich eines umfassenden Veränderungsprozesses in einem mehrstufigen Prozess in einer Organisation eingeführt, die zunächst nur eine geringe Eignung für Action Learning mitbrachte, außer der Entschlossenheit der Führung, die mentalen Voraussetzungen für Veränderung zu schaffen. Sie war bereit zu diesem Zweck eine offene Auseinandersetzung und Feedbackkultur zu ermutigen und die damit verbundene Unruhe in Kauf zu nehmen. Action Learning wurde in mehreren Stufen eingeführt. Dies bot der Führung die Möglichkeit der Überprüfung der Fortschritte und der Selbstvergewisserung über den Nutzen des eingeschlagenen Wegs.

Box 19.2 Beispiel für Critical Action Learning in einem komplexen Veränderungsprojekt: Ein großer regionaler Energieversorger, der wie ein Großteil der Branche aus der Tradition der öffentlichen Verwaltung kam, sah sich durch die Eingriffe der Regulierungsbehörde mit immer schärferen Markt- und Wettbewerbsbedingungen konfrontiert. Im Unternehmen führte dies zu tiefgreifenden Restrukturierungen, für den Service einen eigenen großen Bereich zu schaffen. Die Folge waren einschneidende Veränderungen in den gewachsenen Strukturen und Prozessen und dadurch beträchtliche Herausforderungen für die Mitarbeiter. Die meist älteren Mitarbeiter reagierten mit Ängsten und Denkblockaden, die sich als Widerstand gegen die anstehenden Veränderungen äußerten, begleitet von unbegründeten Befürchtungen, ausgegliedert zu werden oder ihre bereits erworbenen Altersansprüche zu verlieren. Die Situation war durch eine Vielzahl „boshafter Probleme" gekennzeichnet, die sich trotz aller Planung und Kommunikation immer wieder in den Vordergrund schoben.

In dieser Situation entschied sich die Leitung, zur Unterstützung des Prozesses Action-Learning-Sets einzurichten, die nach Hierarchieebenen, Funktionen und Standorten gemischt waren, um den Veränderungsprozess aus der Organisation heraus zu unterstützen. Eines dieser Teams konstituierte sich als zentrales Changeteam. Es traf sich einmal im Monat zu einer moderierten Sitzung und reflektierte in einem Prozess, der als Critical Action Learning angelegt war, die Situation im Unternehmen aus unterschiedlichen Perspektiven, um Handlungsempfehlungen an die Leitung auszuarbeiten oder selbst Aktionen in Gang zu setzen. Es zeigte sich, dass dieses moderierte zentrale Changeteam nach einer eher abwartenden Anfangsphase sehr erfolgreich arbeitete und zunehmend Verantwortung für den eigenen Prozess übernahm. Reflexionen und Handlungen führten zu einer Dekonstruktion zahlreicher mentaler Konstrukte. So konnte das Gefälle zwischen den Hierarchieebenen oder zwischen Zentrale und Hierarchie dekonstruiert werden, um Raum für partnerschaftliche Zusammenarbeit und gemeinschaftliche Verantwortung für das Gelingen der Veränderung zu geben. Am Ende dieser Phase war das Team in der Lage, selbstgesteuert zu arbeiten. Die nicht moderierten Teams hingegen kamen nur schwer oder gar nicht in Gang und wurden schließlich eingestellt.

Die nächste Phase war dadurch gekennzeichnet, dass die Prozesse des neugeschaffenen Bereichs an allen Standorten bereinigt werden sollten. Für die Umsetzung wurden neben einem Fachteam dezentrale Action-Learning-Sets eingerichtet, die intern moderiert wurden und alle Standorte umfassten. Diese Teams arbeiteten vernetzt, so dass in dem ursprünglich stark hierarchischen und zentralisierten Unternehmen nunmehr alle Bereiche und Standorte mitsteuern konnten, was die Dekonstruktion lange bestehender Vorurteile begünstigte. Die fortlaufende Begleitung und Reflexion des Veränderungsprozesses wurde durch das zentrale Changeteam geleistet.

Jede Stufe dauerte etwa ein Jahr und ermöglichte der Organisation intensive eigene Erfahrungen mit Critical Action Learning zu sammeln. Im Anschluss an diese Erfahrung fiel die Entscheidung, im gesamten Unternehmen Führungskräfte für Critical Action Learning zu qualifizieren, um auch in zukünftigen Veränderungen die Betroffenen daran zu beteiligen, die mentalen und inhaltlichen Voraussetzungen für erfolgreiche Veränderung zu schaffen.

Einer dekonstruktiven Führung, die die Notwendigkeit der kritischen Selbstreflexion anerkennt, steht mit Critical Action Learning ein Vorgehen zur Verfügung, das das kritische Lösungspotenzial der Mitarbeiter fördert und das sich mit der Evolution der Organisation weiterentwickelt. Einige wichtige Erfahrungen, die bei der Einführung von Critical Action Learning in Unternehmen gemacht wurden, betreffen die folgenden Punkte:

- *Unterstützung des Top Managements*. Kritische Fragen führen zur Beseitigung von Schwachstellen und Öffnung für neue Entwicklungen. Insbesondere in der Anfangsphase, wenn dieses Vorgehen noch ungewohnt ist, können unbequeme Fragen gestellt werden, die manche als störend empfinden und für die es dann die Erlaubnis und Rückendeckung der Leitung braucht.
- *Freiwillige Teilnahme*. Critical Action Learning ist nur möglich, wenn die Teilnehmer bereit sind, sich darauf einzulassen. Mit einer freiwilligen Teilnahme ist sichergestellt, dass diejenigen Mitarbeiter dabei sind, die die Bereitschaft haben, mit zu gestalten und

neue Wege zu beschreiten. Dadurch besteht die Chance, dass sich in der Organisation eine Sogwirkung entfaltet.
- *Anspruchsvolle Aufgaben*, die als „boshafte Probleme" wirklich gelöst werden müssen. Reine Analysen und Scheinaufgaben führen nicht dazu, dass das Set die Beharrungskräfte der Organisation zu spüren bekommt und sein kritisches Potenzial voll entfaltet.
- Ein *Auftraggeber*, der am Ergebnis eines Action-Learning-Sets interessiert ist. Ein solcher Auftraggeber ist bereit, das Set zu Höchstleistung zu fordern, notwendige Ressourcen zur Verfügung zu stellen und als Förderer und Unterstützer zu wirken.
- *Perspektivenvielfalt*. Die Teilnehmer eines Action-Learning-Sets sollten gut gemischt sein, um eine Vielfalt an Meinungen, Erfahrungen und Kenntnissen zusammen zu führen. Dies erleichtert das Erkennen und die Dekonstruktion mentaler Konstruktionen, um neue Lösungen zu kreieren.
- Ein *Facilitator*, der die Einführung von Critical Action Learning begleitet, die Eignung der Organisation gemeinsam mit den Verantwortlichen abklärt und Vereinbarungen über die geeigneten Prozessschritte herbeiführt. Der Facilitator unterstützt die Selbststeuerung, seine Aufgabe ist daher zeitlich begrenzt.

19.5 Ausblick: Was bedeutet das für die Zukunft der Führung?

Die Auseinandersetzung mit der mentalen Seite von Veränderungen wird für Führungskräfte immer wichtiger, um in unbekannten Welten, die durch eine zunehmende Veränderungsrate und Komplexität gekennzeichnet sind, sicher zu navigieren. Navigation in unbekannten Welten ist dabei sowohl in einem eher beschreibenden als auch in einem mehr provokativen Sinne gemeint. Es bedeutet zum einen, dass die für ein Unternehmen relevanten Umwelten sich in teilweise dramatischen Veränderungen befinden, in denen die Erfahrungen der Vergangenheit nur noch begrenzt zur Navigation taugen. Diese Erkenntnis wurde bereits vielfach beschrieben und wird auch von vielen Führungskräften geteilt.

Navigation in unbekannten Welten bedeutet aber vor allem auch, dass sich Führung in einem übertragenen Sinne in unbekannte Welten begibt, wenn sie sich, im Unterschied zur heutigen Praxis, konsequent der mentalen Seite von Veränderung und Entwicklung zuwendet, die mit Ängsten, Hoffnungen, Unsicherheit und Vorbehalten zu tun hat, um nur einige Aspekte zu nennen, die Führungskräften häufig Unwohlsein bereiten und Vermeidungsimpulse auslösen.

Sichere Navigation in diesem Sinne bedeutet, eine systematische Selbstreflexion und die Dekonstruktion handlungsleitender Annahmen zu einem Teil des professionellen Verständnisses der Führung zu machen und dadurch Bedingungen für organisationales Lernen zu schaffen.

In diesem Beitrag wurde dazu das Konzept der „dekonstruktiven Führung" skizziert. Mentale Konstruktionen, die manchmal wie selbstverständliche „Wahrheiten" erscheinen, an die sich das Denken bereits lange gewöhnt hat, können auf diese Weise hinterfragt werden, um einen Raum für Lernen und die Entwicklung neuer mentaler Konstruktionen zu eröffnen, die helfen „boshafte Probleme" erfolgreich zu bewältigen. Diese können sowohl in einer relevanten Umwelt der Organisation auftreten (z. B. als ein plötzlich verändertes Kundenverhalten oder als ein innovatives Produkt eines Wettbewerbers) als auch innerhalb der Organisation.

Sogar das klassisch-hierarchische Führungsmodell selbst hat sich in der Praxis oft zu einem „boshaften Problem" entwickelt, das einer Dekonstruktion unterzogen werden muss, da es häufig mehr Probleme schafft als löst, indem es Motivation zerstört, Denkverbote erteilt, Handlungsspielräume willkürlich beschränkt, und persönliche Entfaltung unnötig behindert. Dekonstruktive Führung bedeutet dem gegenüber, die Rahmenbedingungen dafür zu schaffen, dass organisationales Lernen stattfinden kann und diejenigen Mitarbeiter, die dazu bereit und in der Lage sind, aktiv in Prozesse der Dekonstruktion und Neugestaltung einzubeziehen. Mitarbeiter prägen dadurch die Evolution des Unternehmens im Sinne einer Teilhabe an Verantwortung mit, wie dies im Konzept des „distributed leadership" gefordert wird.

Führungskräfte benötigen dazu Erfahrung und Übung in Selbstreflexion. Herkömmliche Führungstrainings können im günstigen Fall einen Anstoß geben, sofern sie die Möglichkeit bieten, eigenes Verhalten und darüber hinaus die eigenen handlungsleitenden Annahmen zu reflektieren. Führungstrainings bleiben allerdings häufig auf der Ebene des sichtbaren Verhaltens stehen. Die Beweggründe hingegen, die zu einem Verhalten führen, werden eher nicht thematisiert. Aber selbst im günstigsten Fall können Trainings alleine den notwendigen Transfer der Selbstreflexion aus der Kunstsituation des Seminars in den Führungsalltag nicht bewirken.

Erforderlich ist dazu eine kontinuierliche Selbstreflexion, die handlungsbegleitend über einen längeren Zeitraum als Übungsstrecke erfolgt. Gutes Coaching kann dies für einzelne Führungskräfte leisten. Der Vorteil ist der erfahrene Coach, der als Sparringspartner aus einer Außenperspektive unterstützt. Im Transfer in das Führungshandeln, welches über das Individuum, das Coaching erhält, hinausgeht, ist jedoch auch dieser Ansatz begrenzt. Anders ausgedrückt: Durch Coaching ändert sich der gemeinsame Mindset im Unternehmen nicht, da es als Einzelmaßnahme angelegt ist.

Dekonstruktive Führung benötigt daher „Communities of reflection", die gemeinsam die Praxis auswerten, Selbstreflexion leisten und daraus gezieltes Handeln ableiten. Nur eine auf Dauer angelegte Reflexionsarbeit führt dazu, Selbstreflexion als Haltung und geschäftsfördernden Wert in der Organisation zu vergemeinschaften. Für Führungskräfte bedeutet dies, Lernen und kritische Reflexion in ihrem Verantwortungsbereich zu fördern. Kritische Reflexion der Mitarbeiter führt aber unweigerlich auch zu kritischen Fragen an die Führungskraft. Führungskräfte der Zukunft benötigen daher eine hohe Dialogfähigkeit und die Bereitschaft, ihr Handeln von mündigen Mitarbeitern kritisch hinterfragen und dekonstruieren zu lassen. Um Sicherheit im Umgang mit der mentalen Seite von Veränderungen zu gewinnen, ist es erforderlich, dass dieser Bereich einen wesentlich größeren Stellenwert in der Entwicklung von Führungskräften bekommt. Critical Action Learning bietet einen Weg, dekonstruktive Führung und Öffnung für Neues in Form solcher „Communities of reflection" nachhaltig in die Führungspraxis zu integrieren.

Autorbeschreibung

Bernhard Hauser Dipl.-Kfm., Dipl.-Psych., Dr. phil., ist als Gründer des bhcg.impact.network in München international als Berater, Facilitator und Coach tätig. Er hat Action Learning in zahlreichen Organisationen implementiert, um nachhaltige Entwicklungs- und Veränderungsprozesse in Gang zu setzen und zu unterstützen. Eingebunden in ein internationales Experten-Netzwerk engagiert er sich für die Weiterentwicklung von Action Learning und reflexionsorientiertem Leadership, initiiert Erfahrungsaustausch in Workshops und Konferenzen und führt Qualifizierungsprogramme zum Action-Learning-Facilitator durch. Außerdem ist er Professor für Change Management und Action Learning an der Fachhochschule für angewandtes Management in Erding. Er ist Autor der Fachbücher *Action Learning: das Workbook mit Praxistipps, Anleitungen und Hintergrundwissen für Trainer, Berater und Facilitators* (2012) und *Action Learning im Management Development* (2008). Seine Forschungsschwerpunkte sind Action Learning, Leadership und Change Management.

Literatur

Andersen, T. (1991). *The reflecting team: Dialogues and dialogues about the dialogues*. New York: Norton.

Argyris, C., & Schön, D. A. (2008). *Die Lernende Organisation: Grundlagen, Methode, Praxis* (3. Aufl.). Stuttgart: Klett-Cotta.

Burgoyne, J. (2009). Issues in action learning: A critical realist interpretation. *Action Learning: Research and Practice*, 6(2), 149–161.

Caulat, G., & De Haan, E. (2006). Virtual peer consultation: How virtual leaders learn. *Organisation & People*, 13(4), 24–32.

Dickenson, M., Burgoyne, J. & Pedler, M. (2010). Virtual action learning: Practices and challenges. *Action Learning: Research and Practice, 7(1)*, 59–72.

Donnenberg, O. (1999). *Action Learning. Ein Handbuch*. Stuttgart: Klett-Cotta.

Doppler, K., & Lauterburg, C. (2008). *Change management: Den Unternehmenswandel gestalten* (12. Aufl.). Frankfurt: Campus.

Foerster, H. v. (1985). *Sicht und Einsicht: Versuche zu einer operativen Erkenntnistheorie*. Braunschweig, Wiesbaden: Vieweg.

Gerkhardt, M., & Frey, D. (2006). Erfolgsfaktoren und psychologische Hintergründe in Veränderungsprozessen: Entwicklung eines integrativen psychologischen Modells. *Zeitschrift für Organisationsentwicklung, 25(4)*, 48–59.

Glasersfeld, E. v. (1992). Konstruktion der Wirklichkeit und des Begriffs der Objektivität. In H. Gumin & H. Meier (Hrsg.), *Einführung in den Konstruktivismus* (S. 9–39). München: Piper.

Glasersfeld, E. v. (1997). *Radikaler Konstruktivismus: Ideen, Ergebnisse, Probleme*. Frankfurt: Suhrkamp.

Glasersfeld, E. v. (2011). Theorie der kognitiven Entwicklung: Das Werk Piagets – Einführung in die Genetische Epistemologie. In B. Pörksen (Hrsg.), *Schlüsselwerke des Konstruktivismus* (S. 92–107). Wiesbaden: Springer.

Grint, K. (2008). *Leadership, management & command – Rethinking D-Day*. Basingstoke: Palgrave.

Hauser, B. (2008). *Action Learning im Management Development: Eine vergleichende Analyse von Action-Learning-Programmen zur Entwicklung von Führungskräften in drei verschiedenen Unternehmen* (2. Aufl.). Mering: Hampp.

Hauser, B. (2010). Practising virtual action learning at university. *Action Learning: Research and Practice, 7(2)*, 229–235.

Hauser, B. (2012). *Action Learning: Ein Workbook für Trainer, Berater und Facilitators*. Bonn: managerseminare.
Hirschhorn, L. (1988). *The workplace within: Psychodynamics of organizational life*. Cambridge: MIT Press.
Janis, I. L. (1982). *Groupthink: Psychological studies of policy decisions and fiascoes* (2. Aufl.). New York: Noughton Mifflin.
Kantor, D., & Lehr, W. (1985). *Inside the family: Toward a theory of family process*. San Francisco: Jossey-Bass.
Kantor, D., & Lonstein, N. H. (1996). Die Neurahmung von Teambeziehungen: Wie die Grundsätze der ‚strukturellen Dynamik' einem Team dabei helfen können, mit seiner ‚dunklen Seite' umzugehen. In P. Senge et al. (Hrsg.), *Das Fieldbook zur Fünften Disziplin* (472–483). Stuttgart: Klett.
Kirsch, W. (1997). *Kommunikatives Handeln, Autopoiese und Rationalität – Kritische Aneignungen im Hinblick auf eine evolutionäre Organisationstheorie* (2. überarbeitete und erweiterte Aufl.). Wartaweil: Barbara Kirsch.
Königswieser, R., & Exner, A. (2009). *Systemische Intervention. Architekturen und Designs für Berater und Veränderungsmanager* (9. Aufl.). Stuttgart: Klett-Cotta.
Kolb, D. (1984). *Experiential learning: Experience as the source of learning and development*. Englewood Cliffs: Prentice Hall.
Luhmann, N. (1987). *Soziale Systeme: Grundriss einer allgemeinen Theorie*. Frankfurt: Suhrkamp.
Maturana, H. R., & Varela, F. J. (2009). *Der Baum der Erkenntnis: Die biologischen Wurzeln menschlichen Erkennens*. Frankfurt: Fischer.
Marsick, V. J., & O'Neill, J. (1999). The many faces of action learning. *Management Learning, 30(2)*, 159–176.
Müller, A. (2011). Das Muster das verbindet: Gregory Batesons Geist und Natur. In B. Pörksen (Hrsg.), *Schlüsselwerke des Konstruktivismus* (S. 124–139). Wiesbaden: Springer.
O'Neill, J., & Marsick, V. J. (2007). *Understanding action learning: Theory into practice*. New York: AMACOM.
Pedler, M., Burgoyne, J., & Brook, C. (2005). What has action learning learned to become? *Action Learning: Research and Practice, 2(1)*, 49–68.
Pedler, M., Bourgoyne, J., & Boydell, T. (2010). *A manager's guide to leadership* (2. Aufl.). Maidenhead: Mcgraw-Hill.
Pedler, M. (2008). *Action learning for managers* (2. Aufl.). Aldershot: Gower.
Pedler, M. (2011). *Action learning in practice* (4. Aufl.). Aldershot: Gower.
Pörksen, B. (2011). Schlüsselwerke des Konstruktivismus. Wiesbaden: Springer.
Raelin, J. A. (2009a). Action learning and related modalities. In S. J. Armstrong & C. V. Fukami (Hrsg.), *The handbook of management learning, education and development* (Kap. 22, 419–438). London: Sage.
Raelin, J. A. (2009b). Seeking conceptual clarity in the action modalities. *Action Learning: Research and Practice*, 6(1), 17–24.
Ram, M., & Trehan, K. (2010). Critical action learning, policy learning and small firms: An inquiry. *Management Learning, 41(4)*, 415–428.
Reason, P., & Bradbury, H. (2006). *Handbook of action research*. Los Angeles: Sage.
Revans, R. W. (1998). *ABC of action learning*. London: Lemos and Crane.
Scharmer, C. O. (2009). *Theorie U. Von der Zukunft her führen: Presencing als soziale Technik*. Heidelberg: Carl-Auer-Systeme.
Schein, E. H. (1995). *Unternehmenskultur: Ein Handbuch für Führungskräfte*. Frankfurt: Campus.
Senge, P. M. (1996). *Die fünfte Disziplin: Kunst und Praxis der lernenden Organisation* (2. Aufl.). Stuttgart: Schäffer-Poeschel.
Storch, M. (2003). *Das Geheimnis kluger Entscheidungen: Von somatischen Markern, Bauchgefühl und Überzeugungskraft*. Zürich: Pendo.

Trehan, K., & Pedler, M. (2009). Animating critical action learning: process-based leadership and management development. *Action Learning: Research and Practice*, 6(1), 35–49.

Trehan, K. (2011). Critical action learning. In M. Pedler (Hrsg.), *Action learning in practice* (4. Aufl.). Aldershot: Gower.

Vince, R. (2008). Learning-in-action and learning inaction: Advancing the theory and practice of critical action learning. *Action Learning: Research and Practice, 5(2)*, 93–104.

Watzlawick, P. (1976). *Wie wirklich ist die Wirklichkeit: Wahn, Täuschung, Verstehen*. München: Piper.

Willmott, H. (1997). Critical management learning. In J. Burgoyne & M. Reynolds (Hrsg.), *Management learning: Integrating perspectives in theory and practice* (S. 161–176). London: Sage.

Wimmer, R. (2011). Die Steuerung des Unsteuerbaren: Konstruktivismus in der Organisationsberatung und im Management. In B. Pörksen (Hrsg.), *Schlüsselwerke des Konstruktivismus* (S. 520–547). Wiesbaden: Springer.

Führungskräfteentwicklung im 21. Jahrhundert – Wo stehen wir und wo müssen (oder wollen) wir hin?

20

Björn Michaelis, Christoph Nohe und Karlheinz Sonntag

Zusammenfassung

Führungskräfte sehen sich der Herausforderung gegenüber, Potentiale ihrer Mitarbeiter abzurufen sowie Veränderungen in immer kürzeren Zyklen aktiv mitzugestalten. Transformationalen Führungskräften gelingt es in besonderem Maße diese Anforderungen zu bewältigen. Daher werden in diesem Beitrag Methoden zur Entwicklung von transformationalen Führungskräften vorgestellt. Zunächst wird ein Überblick über verschiedene theoretische Modelle und Ansätze der Führungsforschung gegeben. Anschließend wird das Konzept der transformationalen Führung näher erläutert, positive Auswirkungen dieses Führungsstils beschrieben sowie Befunde zur Trainierbarkeit transformationaler Führung vorgestellt. Daraufhin werden klassische Methoden der Führungskräfteentwicklung wie 360° Feedback und Coaching dargestellt und erläutert wie diese im Rahmen der Entwicklung von transformationalen Führungskräften eingesetzt werden können. Des Weiteren werden jüngere Methoden der Führungskräfteentwicklung beschrieben, wie beispielsweise das Training mentaler Modelle und die Verwendung kunstbasierter Methoden. Die Zukunft der Führungskräfteentwicklung wird diskutiert sowie Thesen zu ihrer Entwicklung aufgestellt.

B. Michaelis (✉) · C. Nohe · Kh. Sonntag
Universität Heidelberg und Goethe-Universität Frankfurt, Hauptstraße 47–51,
69117 Heidelberg, Deutschland
E-Mail: bjoern.michaelis@uni-hd.de

C. Nohe
E-Mail: christoph.nohe@psychologie.uni-heidelberg.de

Kh. Sonntag
E-Mail: Karlheinz.Sonntag@psychologie.uni-heidelberg.de

20.1 Einleitung

Führungskräfte im 21. Jahrhundert müssen aufgrund kontinuierlichen Wandels und ständigen Veränderungen in der Lage sein, ihre Mitarbeiter zu fördern, deren Potentiale abzurufen und Veränderungsprozesse aktiv zu gestalten. Aus diesem Grund wurde in den letzten dreißig Jahren vermehrt der Ansatz der *transformationalen Führung* in der Managementforschung untersucht und diskutiert (Avolio et al. 2009; Bass 1985, 1990). Nach Felfe (2006b) gelingt es „transformationalen Führungskräften [...] in besonderem Maße, Veränderungen und herausragende Leistungen zu erzielen. Sie motivieren ihre Mitarbeiter unter anderem dadurch, dass sie attraktive Visionen vermitteln, überzeugend kommunizieren, wie Ziele gemeinsam erreicht werden können, selbst als Vorbild wahrgenommen werden und die Weiterentwicklung ihrer Mitarbeiter unterstützen" (S. 163). Die Effektivität dieses Führungsansatzes scheint unumstritten zu sein. Zahlreiche Studien und Metaanalysen bestätigen dies (vgl. jüngst Wang et al. 2011).

Doch wie sieht es mit der Trainierbarkeit transfomationaler Führung aus? Gibt es Möglichkeiten Managern und Führungskräften einen solchen Führungsstil beizubringen oder wird einem die Fähigkeit transformational zu führen „in die Wiege" gelegt? Der vorliegende Beitrag versucht diesen Fragen nachzugehen und zu klären, ob und wie Mitarbeiter zu transformationalen Führungskräften ausgebildet werden können.

Bevor auf den transformationalen Führungsstil und dessen Trainierbarkeit eingegangen werden soll, wird zunächst ein kurzer Überblick über die Entwicklung der theoretischen Modelle und Ansätze in der Führungsforschung gegeben. Dieser Abschnitt soll außerdem verdeutlichen, warum den Autoren die transformationale Führung als theoretisches Modell besonders geeignet für die Führungskräfteentwicklung im 21. Jahrhundert erscheint.

20.2 Hintergrund des Führungsansatzes

20.2.1 Theoretische Modelle und Ansätze in der Führungsforschung

Die frühen Anfänge der Führungsforschung sind mit dem „Trait Approach" zu charakterisieren, der zu Beginn dieses Abschnitts beschrieben wird. Danach folgt eine Beschreibung eines zweiten großen Trends in der Führungsforschung, dem „Leadership Style Approach", bevor dann die „Contingency Approaches" näher beleuchtet werden sollen. Abschließend werden im letzten Abschnitt dieses Kapitels neue Führungsansätze beschrieben und das Konzept der transformationalen Führung in die Entwicklungen der Führungsforschung eingebunden.

20.2.1.1 Trait Approach

Die frühen Anfänge der Führungsforschung waren durch die Suche nach dem „great man" gekennzeichnet (Den Hartog und Koopman 2001). Der grundlegende Gedanke dieser Forschungsrichtung war, dass persönliche Charakteristika die Führungseffektivität determinieren und dass Führungskräfte eher geboren und weniger „gemacht" werden. Forscher dieser Zeit versuchten bestimmte Eigenschaften zu identifizieren und zu messen, die Führungskräfte ausmachen oder effektive von ineffektiven Führungskräften unterscheiden (Hollander und Offermann 1990).

Da bei diesem Ansatz nach dem „great man" gesucht wurde, etablierten Forscher drei Hauptkategorien der persönlichen Charakteristika der Führungskraft: 1) physische Eigenschaften wie zum Beispiel Größe, Erscheinung und Alter, 2) Eigenschaftscharakteristiken wie Intelligenz, Wissen und Sprachfluss und 3) Persönlichkeitseigenschaften wie Dominanz, emotionale Kontrolle und Expressivität sowie Intraversion versus Extraversion (Bryman 1992). Für den „Trait Approach" ließ sich allerdings keine empirische Evidenz finden.

20.2.1.2 Leadership Style Approach

Der „Leadership Style Approach" wechselte den Fokus der Forschung von „wie Führungskräfte sind (Eigenschaften)" hin zu „was Führungskräfte tun (Verhaltensweisen)". Die grundlegende Annahme dieser Forschungsrichtung war, dass Führungseffizienz vom verwendeten Führungsstil abhängt. Im Gegensatz zum „Trait Approach", welcher auf stabile persönliche Charakteristika fokussierte und annahm, dass diese angeboren und nicht trainierbar waren, impliziert der „Style Approach", dass effektive Führung von Verhaltensmustern abhängt, die erlernbar sind (Den Hartog und Koopman 2001). Daher spielt der „Style Approach" eine weitaus größere Rolle für die Führungskräfteentwicklung als der zuvor beschriebene „Trait Approach". Sosik und Jung (2010, S. 26) beschreiben dies wie folgt: „These behavior-based theories make leadership development more promising because behaviors are lot more changeable and thus trainable than personal attributes proposed in the trait theory discussed earlier."

Ein Großteil der Forschung zum „Style Approach" wurde durch die Ohio State University und die University of Michigan durchgeführt. Ausgehend von einer Serie fragebogenbasierter Studien kamen die Forscher der Ohio State University zu dem Schluss, dass Führungsstile am besten als Variation zwischen den zwei Dimensionen „consideration" und „initating structure", beschrieben werden können (z. B. Fleishman und Harris 1962). Die Ergebnisse der Studien, welche von der University of Michigan durchgeführt wurden, zeigten ähnliche Verhaltensmuster auf. So fanden die Forscher hier drei Typen der Führung, wobei sie zwischen aufgabenorientiertem Verhalten, beziehungsorientiertem Verhalten und partizipativem Verhalten differenzierten (Katz und Kahn 1952).

Allerdings erwiesen sich der „Style Approach" wie auch der „Trait Approach" als nicht erfolgreich darin, effektive von ineffektiven Führungskräften zu unterscheiden, was wahrscheinlich an einer Vernachlässigung der situationalen Charakteristika lag. Versuche, diese situationalen Charakteristika als mögliche Moderatoren einzubinden, führten zum nächsten großen Trend in der Führungsforschung, dem „Contigency Approach".

20.2.1.3 Contigency Approach

„Contigency Approaches" stellten einen Versuch dar, die Defizite der im Vorherigen geschilderten Ansätze abzubauen (Smith und Peterson 1988). Die grundlegende Annahme dieses Führungsansatzes ist, dass die Effizienz eines bestimmten Führungsstils durch die jeweilige Situation bedingt ist, davon ausgehend, dass bestimmte Verhaltensweisen der Führungskraft in manchen Situationen effizient sein würden und in anderen eher nicht. Besonders einflussreiche Theorien unter den „Contingency Leadership Approaches" war zum einen die Theorie von Fiedler (1967): Zum anderen ist Hersey und Blanchard's (1969) „situational leadership theory" (SLT) zu nennen, welche eine populäre Basis für Führungskräftetrainings darstellt und postuliert, dass Führungskräfte ihr Verhalten an das Entwicklungsniveau ihrer Mitarbeiter und Teams anpassen sollten; zudem das normative „decision-making model" von Vroom und Yetton (1973); sowie die „path-goal theory of leadership" von House (1971; House und Mitchell 1974), welche Führung als dyadischen Prozess beschreibt und die Frage aufwirft, wie Führungskräfte die Motivation und Zufriedenheit ihrer Angestellten beeinflussen können.

Da „Contingency Approaches" grundsätzlich davon ausgehen, dass Führungskräfte keine Möglichkeiten haben ihren Führungsstil zu modifizieren oder zu trainieren, sondern dass die Situation für die Effektivität eines bestimmten Führungsstils verantwortlich ist, erscheint dieser Ansatz weniger geeignet als theoretische Grundlage für die Führungskräfteentwicklung. Daher soll im Folgenden auf den „New Leadership Approach" eingegangen werden, der davon ausgeht, dass Führung erlernbar und trainierbar ist und somit zahlreiche Ansätze für die Führungskräfteentwicklung bietet.

20.2.1.4 New Leadership Approach

Die Theorien des „New Leadership Approach" waren ein Versuch zu erklären, wie bestimmte Führungskräfte außergewöhnliche Niveaus von Motivation, Bewunderung, Engagement, Respekt, Vertrauen, Hingabe, Loyalität und Leistung bei ihren Angestellten erreichen. Darüber hinaus war das Ziel dieser Theorien zu klären, wie manche Führungskräfte erfolgreich ihre Organisationen führen oder Arbeitseinheiten zu außergewöhnlichen Leistungen „antreiben" (House et al. 1998). Diese neuen Führungskräfte wurden als transformational, charismatisch, transformierend, inspirierend, visionär oder wertorientiert beschrieben. Der am meisten akzeptierte Begriff in der Führungsliteratur, welcher diesen Führungsansatz beschreibt, beinhaltet die transformationale Führung (z. B. Judge et al. 2006; Hunt und Conger 1999), die im Folgenden näher beschrieben und von den Autoren als theoretisches Modell für eine erfolgreiche Führungskräfteentwicklung im 21. Jahrhundert zugrunde gelegt werden soll.

20.3 Beschreibung des Führungsansatzes

20.3.1 Das Konzept der transformationalen Führung im organisationalen Kontext

Der Ansatz der *transformationalen Führung* wurde erstmalig von dem amerikanischen Politikwissenschaftler James Mac Gregor Burns (1978) systematisiert und dargestellt.

Dabei hat Burns die *transformationale* von der *transaktionalen Führung* abgegrenzt, wobei es sich hierbei allerdings um politische Führung und nicht um Führung in Organisationen handelte. Die Überführung dieses Konzepts auf organisationsrelevante Fragestellungen erfolgte schließlich u. a. durch die Arbeiten von Bass und Avolio (1994) sowie Bass (1990). Bass' (1985) Konzeptualisierung von *transformationaler* und *transaktionaler Führung* beinhaltete sieben Faktoren: „Charisma, inspirational stimulation, intellectual stimulation, individualized consideration, contingent reward, management-by-exception and laissez-faire leadership" (Bass et al. 1993, S. 49). Bereits drei Jahre später machte Bass allerdings darauf aufmerksam, dass *charismatische* und *inspirationale Führung* zwar verschiedene Konstrukte darstellen, sich aber empirisch nicht unterscheiden ließen. Daher reduzierte er sein Originalmodell auf zunächst sechs Faktoren. In der aktuellen Version des Multifactor Leadership Questionnaire (MLQ-5X) werden schließlich vier Dimensionen *transformationaler Führung* mit Idealized Influence, Inspirational Motivation, Intellectual Stimulation und Individual Consideration operationalisiert (Bass et al. 2003).

20.3.1.1 Die Dimensionen transformationaler Führung und deren Messung

Am häufigsten wird *transformationale Führung* mit Hilfe des Multifactor Leadership Questionnaire (MLQ), mit dem Mitarbeiter ihre direkten Führungskräfte einschätzen, gemessen (Felfe 2006b; Judge und Piccolo 2004). Der MLQ wurde von Bass (1985) konstruiert und über die letzten Jahrzehnte weiterentwickelt und validiert (Avolio et al. 1999). Neben *transformationaler* misst der MLQ ebenfalls *transaktionale Führung* sowie passives Führungsverhalten im Sinne von *Laissez-Faire* (Felfe und Goihl 2002) und bildet so einen „Full Range of Leadership" (ebd., S. 3) ab. Die ersten validierten deutschsprachigen Versionen wurden von Felfe und Goihl (2002) sowie Rowold und Heinitz (2007) entwickelt. Beide Versionen lehnen sich an die ökonomische Kurzform des aktuellen MLQ-5X short an. Das Konzept der *transformationalen Führung*, das die theoretische Grundlage für den MLQ bildet, wurde bereits Mitte der achtziger Jahre entwickelt (Bass 1985) und ist bis heute in seinen Grundzügen beibehalten worden (Avolio et al. 1999; Judge et al. 2006). Der empirische Nutzen sowohl des Instruments als auch des Konzepts der *transformationalen Führung* konnte auch in Metaanalysen bestätigt werden (Lowe et al. 1996).

Transformationale Führung lässt sich zusammenfassend wie folgt charakterisieren: Im Zentrum stehen die sogenannten vier „Is": 1) *Idealized Influence*, 2) *Inspirational Motivation*, 3) *Intellectual Stimulation* und 4) *Individualized Consideration* (Bass und Avolio 1994). Für eine ausführliche Beschreibung der Dimensionen transformationaler Führung sei an dieser Stelle auf das Kapitel von Nerdinger und Pundt in diesem Band verwiesen.

20.3.1.2 Aktuelle Befunde zur transformationalen Führung

Die Forschung zur transformationalen Führung hat in den vergangenen drei Jahrzehnten eine Vielzahl an Studien hervorgebracht. Hier soll auf drei Aspekte dieser Forschung näher eingegangen werden, indem exemplarisch Befunde zu den positiven Wirkungen transformationaler Führung dargestellt, sowie deren vermittelnden Mechanismen und Rahmenbedingungen erläutert werden. Für einen umfassenderen Überblick zum Stand der Forschung sei auf Felfe (2006a) und Wang et al. (2011) verwiesen.

In der Literatur herrscht weitestgehend Einigkeit über die positive Wirkung transformationaler Führung auf verschiedene unternehmensrelevante Variablen (z. B. Avolio et al. 2009). Da die Theorie der transformationalen Führung besonders auf die Veränderung von Einstellungen, Werten und Motivation der Mitarbeiter abhebt, sollten sich positive Folgen insbesondere für die Verbundenheit (*Commitment*) mit dem Unternehmen und der Leistung der Mitarbeiter zeigen (Felfe 2006a). Der Zusammenhang zur (affektiven) Verbundenheit mit dem Unternehmen wurde besonders intensiv beforscht und konnte empirisch wie auch metaanalytisch belegt werden (vgl. Meyer et al. 2002). Die positive Wirkung auf Leistung zeigt sich in einer Vielzahl von unterschiedlichen Leistungskriterien, wie beispielsweise der Bereitschaft sich zusätzlich zu engagieren (*Organizational Citizenship Behavior*) oder dem Verkaufserfolg bei Mitarbeitern von Finanzdienstleistern (Geyer und Steyrer 1998; Howell und Hall-Merenda 1999; Mackenzie et al. 2001). Die kürzlich erschienene Metaanalyse von Wang und Kollegen (2011) verdeutlicht die Wirkung auf Leistung besonders eindrucksvoll. Ihre Analyse von 113 Studien ergab einen positiven Zusammenhang zwischen transformationaler Führung und der Leistung von Individuen ($r = .22$), Gruppen ($r = .42$) und Organisationen ($r = .19$). In jüngerer Zeit fand die positive Wirkung transformationaler Führung im Rahmen von Innovation und Veränderung vermehrt Beachtung. Beispielsweise erhöht transformationale Führung die Akzeptanz und Nutzung von Innovationen (sog. *Innovation Implementation Behavior*) bei Mitarbeitern (Michaelis et al. 2010). Aufgrund der Ergebnisse der letzten drei Jahrzehnte kann wohl der Schluss gezogen werden, dass transformationale Führung positive Wirkungen auf eine Reihe relevanter organisationaler Variablen hat.

Angesichts der positiven Wirkungen transformationaler Führung stellt sich die Frage, welche vermittelnden Mechanismen dieser Wirkung zugrundeliegen. Dieser Frage wurde in den letzten Jahren vor allem für den Zusammenhang zwischen transformationaler Führung und Leistungsmaßen nachgegangen (Avolio et al. 2009). Beispiele für zugrunde liegende Mechanismen für den Zusammenhang zwischen transformationaler Führung und Leistung sind das Vertrauen der Mitarbeiter in ihre Führungskraft (Wang et al. 2005), die Selbstwirksamkeitserwartung der Mitarbeiter (Liao und Chuang 2007), ihre Motivation und Verbundenheit gegenüber dem Unternehmen sowie Merkmale der Tätigkeit wie Vielfalt, Bedeutsamkeit und Autonomie (Piccolo und Colquitt 2006). Der Frage, welche vermittelnden Mechanismen der positiven Wirkung transformationaler Führung zugrunde liegen, wurde auch im Kontext von Innovation und Veränderung nachgegangen. So konnten Michaelis et al. (2010) zeigen, dass der Zusammenhang zwischen transformationaler Führung und Akzeptanz und Nutzung von Innovationen durch die Verbundenheit gegenüber organisationaler Veränderung (*Commitment to change*) vermittelt wird.

Nicht nur die zugrundeliegenden Mechanismen transformationaler Führung, sondern auch die Rahmenbedingungen, unter denen transformationale Führung ihre positive Wirkung entfalten kann, stellen einen wichtigen Gegenstand der heutigen Forschung dar.

Beispielsweise stellt die Kontakthäufigkeit zwischen Führungskraft und Mitarbeiter eine Rahmenbedingung dar, von deren Gegebenheit die positive Wirkung transformationaler Führung auf individuelle Leistung abhängt (Howell und Hall-Merenda 1999; Pundt et al. 2006). Auch im Kontext von Innovation und Veränderung konnten Rahmenbedingungen identifiziert werden. Beispielweise hängt der Zusammenhang zwischen transformationaler Führung und Nutzung von Innovationen von einem positiven Unternehmensklima für Initiative ab (Michaelis et al. 2010). Die erwähnten Befunde unterstreichen die Bedeutung von Rahmenbedingungen für den Zusammenhang zwischen transformationaler Führung und organisationalen Variablen und bieten direkte Implikationen für die Förderung transformationaler Führung in Organisationen.

20.3.1.3 Trainierbarkeit transformationaler Führung

Um transformationale Führung zu fördern, stellen Trainings eine mögliche Methode dar. Hier stellt sich die grundlegende Frage, ob transformationale Führung überhaupt erlernbar ist oder ob wenigen „auserwählten" Personen diese Gabe „in die Wiege gelegt" worden ist. Die Ergebnisse verschiedener Studien sprechen für die Trainierbarkeit transformationaler Führung. Die wohl einflussreichste Arbeit hierzu stammt von Barling et al. (1996). Wie Barling und Kollegen (1996) berichten, konnten durch die Trainingsmaßnahmen eine Veränderung des Führungsverhaltens erzielt werden: Mitglieder der Trainingsgruppe wurden nach den Trainingsmaßnahmen von ihren Mitarbeitern als transformationaler eingeschätzt als Mitglieder der Kontrollgruppe. Hingegen bestand vor dem Training kein solcher Unterschied. Zudem berichten Barling und Kollegen (1996), dass sich die Trainingsmaßnahmen positiv auf das Commitment der direkten Mitarbeiter sowie die Verkaufszahlen auswirkten (vgl. Infobox).

Infobox: Training transformationaler Führung
Die von Barling und Kollegen (1996) verwendeten Maßnahmen zum Training transformationaler Führung sollen hier näher dargestellt werden. Die Autoren teilten 20 Filialleiter einer großen kanadischen Bank in zwei Gruppen auf. Die Mitglieder der einen Gruppe (Trainingsgruppe) nahmen an einem eintägigen Workshop zu transformationaler Führung teil. Zudem wurden mit ihnen in Einzelsitzungen die Einschätzungen ihrer Mitarbeiter hinsichtlich ihres transformationalen Führungsstils besprochen sowie spezifische Entwicklungsziele vereinbart. Für Mitglieder der anderen Gruppe (Kontrollgruppe) fanden weder ein Workshop noch Einzelsitzungen statt. Die Wirksamkeit des Trainings wurde auf zwei Arten gemessen. Erstens wurde erfasst, inwieweit sich das Führungsverhalten der Teilnehmer veränderte. Hierzu wurde der transformationale Führungsstil der 20 Teilnehmer durch ihre direkten Mitarbeiter vor und nach dem Training eingeschätzt. Zweitens wurde erfasst, in wie weit sich die Trainingsmaßnahmen auf organisationale Variablen auswirkte. Dazu wurde die Bindung der Mitarbeiter ans Unternehmen (*Commitment*)

sowie Verkaufszahlen (Anzahl verkaufter Kreditkarten und Vergabe privater Darlehen) vor und nach dem Training erfasst.

Eintägiger Workshop
Das Ziel des eintägigen Workshops besteht darin, die Teilnehmer mit den Inhalten transformationaler Führung bekannt zu machen und darüber zu diskutieren, wie transformationale Führung im Arbeitskontext umgesetzt werden kann. Der Ablauf kann in zwei Teile untergliedert werden:
Erster Teil: Die Teilnehmer nennen Merkmale von „guten" und „schlechten" Führungskräften. Ein Trainer ordnet die genannten Merkmale dem transformationalen, transaktionalen oder dem laissez-faire Führungsstil zu. Anschließend erhalten die Teilnehmer ausführlichere Informationen zu Inhalt und Wirkung der drei Führungsstile.
Zweiter Teil: Die Teilnehmer führen praktische Übungen in Kleingruppen durch und diskutieren anschließend ihre Erfahrungen in der großen Runde. Die Übungen in Kleingruppen beinhalten beispielsweise das Erarbeiten von persönlichen Zielen hinsichtlich der Umsetzung des eigenen transformationalen Führungsstils. Aber auch Rollenspiele zur Erprobung neuer Verhaltensweisen sind Bestandteil der praktischen Übungen.

Vier Einzelsitzungen
Erste Einzelsitzung: Im Rahmen der ersten Einzelsitzung erhält der Teilnehmer Rückmeldung zu seinem transformationalen Führungsstil. Grundlage hierfür bilden seine MLQ-Werte, wie sie von ihm selbst (Selbstbild) und seinen direkten Mitarbeitern (Fremdbild) eingeschätzt wurden. Außerdem werden Handlungspläne für die nächsten Monate erarbeitet und Ziele zu deren Erreichung vereinbart.
Zweite, dritte und vierte Einzelsitzung: Die weiteren drei Einzelsitzungen dienen dazu, die Umsetzung des Handlungsplans zu begleiten und diesen wenn notwendig anzupassen.

Aufbauend auf den eben geschilderten Ergebnissen gingen Kelloway und Barling (2000) der Frage nach, welche der von Barling und Kollegen (1996) eingesetzten Trainingsmaßnahmen – Workshop oder Einzelsitzungen – die Verhaltensänderung der Führungskräfte bewirkt hatten. Hierzu teilten Sie 40 Führungskräfte eines Krankenhauses vier verschiedenen Gruppen zu. Jede Gruppe erhielt verschiedene Trainingsmaßnahmen: Mitglieder der Trainingsgruppe A nahmen an einem eintägigen Workshop teil. Mitglieder der Trainingsgruppe B erhielten ein 30-minütiges Beratungsgespräch und Mitglieder der Trainingsgruppe C nahmen sowohl an dem Workshop als auch an dem Beratungsgespräch teil. Mitglieder der Kontrollgruppe nahmen weder an dem Workshop teil noch erhielten sie ein Beratungsgespräch. Um die Wirksamkeit der verschiedenen Trainingsmaßnahmen zu evaluieren, wurde erfasst, in wie weit sich das Führungsverhalten der Teilnehmer verändert hatte. Hierzu wurde der transformationale Führungsstil der 40 Teilnehmer durch ihre direkten Mitarbeiter vor und sechs Monate nach den Trainingsmaßnahmen eingeschätzt. Wie von den Autoren erwartet, konnten sowohl durch Workshops als auch durch individuelle Beratungsgespräche Veränderungen des Führungsverhaltens bewirkt werden: Mitglieder aller drei Trainingsgruppen wurden nach den Trainingsmaßnahmen von ihren Mitarbeitern als transformationaler eingeschätzt als Mitglieder der Kontrollgruppe. Hingegen bestand vor dem Training kein solcher Unterschied zwischen Kontroll- und Trainingsgruppen.

Die Trainierbarkeit transformationaler Führung wurde auch in neueren Studien belegt. Fitzgerald und Schutte (2010) konnten zeigen, dass sich ein Training zur Steigerung der Selbstwirksamkeitserwartung hinsichtlich des eigenen transformationalen Führungsstils positiv auf das selbsteingeschätzte transformationale Führungsverhalten auswirkt. Auch im Kontext von Arbeitssicherheit und -schutz finden Trainings zur transformationalen Führung ihre Anwendung. So gingen Mullen und Kelloway (2009) der Frage nach, ob auf Sicherheit (d. h. Einhaltung von Sicherheitsvorschriften, Vermeidung von Arbeitsunfällen etc.) fokussierte transformationale Führung durch entsprechende Trainings gesteigert werden kann. Ihre Ergebnisse zeigen, dass sich ein entsprechendes Training positiv auf sicherheitsfokussiertes transformationales Führungsverhalten auswirkt.

Obgleich die dargestellten Befunde für die Trainierbarkeit transformationaler Führung sprechen, sind angesichts der wenigen vorhandenen Studien weitere Anstrengungen notwendig, um die Generalisierbarkeit der dargestellten Ergebnisse zu untermauern.

20.4 Relevanz für die Praxis der Führungskräfteentwicklung

20.4.1 Klassische Formen und Techniken der Führungskräfteentwicklung

Im Rahmen der Führungskräfteentwicklung wird eine Vielzahl an Methoden eingesetzt. Auf einige Methoden, die häufig in der Praxis verwendet werden und die bei der Entwicklung transformationaler Führungskräfte eingesetzt werden können, soll im Folgenden näher eingegangen werden. In Anlehnung an Ryschka et al. (2005) können die im Folgenden dargestellten Methoden in drei Ansätze unterteilt werden. 1) Beratungs- und betreuungsorientierte Ansätze der Führungskräfteentwicklung unterstützen einzelne Führungskräfte individuell in ihrem arbeitsbezogenen Entwicklungsprozess. Hierzu wird auf 360° Feedback, Coaching, Mentoring sowie Assessment Center eingegangen. 2) Arbeitsintegrierte Ansätze der Führungskräfteentwicklung beinhalten Maßnahmen, die eine Weiterentwicklung der Führungskraft über die Gestaltung der Arbeitsaufgabe verfolgen. Hierzu wird auf Erfahrungslernen und Aktionslernen eingegangen. 3) Spezialtechniken der Führungskräfteentwicklung werden beispielsweise in Simulationen dargestellt. Zudem wird auf die Technik des Behavior Modeling Trainings eingegangen. Für eine ausführlichere Darstellung der Methoden der Personal- und Führungskräfteentwicklung sei auf Sonntag (2006), Yukl (2006) sowie auf Ryschka und Kollegen (2005) verwiesen.

20.4.2 360° Feedback

Eine weitverbreitete Methode der Führungskräfteentwicklung stellt das 360° Feedback dar. Im Rahmen eines 360° Feedback wird eine Führungskraft von „allen Seiten" eingeschätzt. Dabei erfolgt die Einschätzung meist anhand standardisierter Fragebögen, die von der Führungskraft selbst, Mitarbeitern, Vorgesetzten und teilweise auch von Zulieferern oder Kunden ausgefüllt werden (Ryschka et al. 2005, Seifert und Yukl 2010). Dabei sollen insbesondere Diskrepanzen zwischen Selbst- und Fremdeinschätzung der Führungskraft wichtiges Feedback zur eigenen Person liefern (Solansky 2010). Ziel ist es hierbei Stärken sowie Entwicklungsfelder für einzelne Führungskräfte zu identifizieren. Meist beinhalten 360° Fragebogen verhaltens- und kompetenzbezogene Einschätzungen, können aber je nach Zielsetzung in ihren Anteilen variieren. Zur Entwicklung eines transformationalen Führungsstils kann in diesem Rahmen der oben beschriebene MLQ verwendet werden. Die Ergebnisrückmeldung an die Führungskraft erfolgt anhand eines Ergebnisberichts, der die Selbsteinschätzungen der Führungskraft mit den Einschätzungen der anderen Personen vergleicht. Dabei hängt die Wirksamkeit von 360° Feedbackprogrammen von der Genauigkeit der Einschätzungen sowie der Art und Weise, wie die Ergebnisse rückgemeldet werden, ab. Die Genauigkeit der Einschätzungen kann durch eine Abfrage von im Vorfeld als relevant identifizierten und leicht beobachtbaren Verhaltensweisen erhöht werden. Zudem werden die Einschätzungen verlässlicher, wenn alle Beteiligten im Vorfeld über Vorgehen und Zweck des 360° Feedbacks informiert wurden und die Ergebnisse ausschließlich im Rahmen von Entwicklungsmaßnahmen verwendet werden und nicht gleichzeitig Teil der formalen Leistungsbewertung sind (Yukl 2006). Hinsichtlich der Art und Weise, wie die Ergebnisse rückgemeldet werden, stellt ein Ergebnisworkshop mit einem Prozessbegleiter eine effektive Form dar, um die betreffenden Führungskräfte bei der Interpretation ihres Ergebnisberichts zu unterstützen (Seifert et al. 2003). Trotz der weiten Verbreitung von 360° Feedbacks in der Praxis gibt es bis Dato wenig empirische Belege für deren Wirksamkeit.

20.4.3 Coaching

Der Begriff Coaching beschreibt eine Methode der Führungskräfteentwicklung, bei der ein professioneller Coach und eine Führungskraft (Coachee) Sitzungen abhalten, um den Coachee in seiner beruflichen Entwicklung zu unterstützen (Haan et al. 2010). Im Rahmen der Sitzungen kann es beispielsweise darum gehen, die Fertigkeiten des Coachees hinsichtlich Kommunikation, Beziehungsaufbau, Umgang mit Konflikten oder der Einleitung von Veränderungsmaßnahmen zu verbessern. Das Erlernen der transformationalen Führung kann durch Coaching unterstützt werden. Führungskräfte können mit ihrem Coach beispielsweise Schwierigkeiten bei der Umsetzung der vier Dimensionen transformationaler Führung thematisieren. Im Vergleich zu einem Mentor handelt es sich bei einem Coaching um eine Begleitung über einen kürzeren Lebens- oder Karriereabschnitt (Sonntag 2004), die in ihrer Dauer zwischen einer einmaligen Sitzung bis hin zu mehreren Jahren variieren kann. Coaching bietet Führungskräften die Möglichkeit, sich im Vertrauen über berufsbezogene Themen zu unterhalten und Lösungen zu erarbeiten. Neben der hohen Vertraulichkeit bietet Coaching den Vorteil, dass es im Vergleich zu Gruppenseminaren flexibler einsetzbar ist und individueller an den Bedürfnissen des Coachees ausgerichtet werden kann (Yukl 2006). Ein Nachteil liegt in den vergleichsweise hohen Kosten, weshalb Coaching meist nur bei leitenden Führungskräften eingesetzt wird. Bisher gibt es nur wenige empirische Studien zur Wirksamkeit von Coaching. Diese wenigen Studien sprechen jedoch für positive Auswirkungen von Coaching auf die Leistung der Führungskraft (Cortvriend et al. 2008; Olivero et al. 1997) sowie auf die Aneignung neuer Fertigkeiten (Hall et al. 1999; Kombarakaran et al. 2008). Levenson (2009) gibt einen Überblick zu Studien, die sich mit der Wirksamkeit von Coaching beschäftigt haben.

20.4.4 Mentoring

Der Begriff Mentoring bezeichnet eine Beziehung zwischen zwei Personen, die sich hinsichtlich Ihrer Erfahrung unterscheiden; die an Erfahrung reichere Person hat die Rolle eines Mentors inne und unterstützt die andere Person (Protegé) bei ihrer arbeitsbezogenen Entwicklung (Blickle et al. 2010; Sonntag und Schaper 2006). Der Mentor bekleidet üblicherweise eine höhere Position als der Protegé und ist nicht dessen direkter Vorgesetzter (Allen et al. 2008; McCauley und Douglas 2004). Im Vergleich zu Coaching steht beim Mentoring stärker die langfristige Persönlichkeitsentwicklung im Vordergrund und nicht die Aufgabe und deren Bewältigung (Sonntag und Schaper 2006). Nach Kram und Kollegen (Kram 1983; Kram 1985; Kram und Isabella 1985) kann die Funktion von Mentoren in karrierebezogene Unterstützung (z. B. Übergabe herausfordernder Aufgaben, Erhöhung der Sichtbarkeit des Protegés im Unternehmen) und psychosoziale Unterstützung (z. B. Ratgeber, Akzeptanzvermittler) unterteilt werden. Mehrere Metaanalysen konnten belegen, dass sich Mentoring für Protegés in Form von schnellerem Aufstieg im Unternehmen sowie höherer Arbeits- und Karrierezufriedenheit auszahlt (Allen et al. 2004; Ng et al. 2005; Underhill 2006). Obwohl es keine empirischen Befunde zur Wirksamkeit von Mentoring hinsichtlich der Entwicklung transformationaler Führungskräfte gibt, kann davon ausgegangen werden, dass insbesondere ein Mentor, der transformational führt, die Entwicklung seines Protegé hin zu einer transformationalen Führungskraft fördert.

20.4.5 Assessment Center

Im Kontext der Führungskräfteentwicklung steht der Begriff Assessment Center für ein Verfahren bei dem verschiedene Methoden kombiniert werden, um aktuelle Kompetenzen und Entwicklungsfelder einer Führungskraft zu identifizieren (Schuler und Görlich 2006; Thornton und Krause 2009). Assessment Center können darüber Aufschluss geben, inwiefern eine Führungskraft in der Lage ist die vier Dimensionen transformationaler Führung in alltäglichen Situationen anzuwenden. Elemente eines Assessment Centers sind beispielsweise Selbstvorstellungen, Einzelinterviews, Gruppendiskussionen, Präsentationen, Simulationen sowie Leistungs- und Persönlichkeitstests (Schuler und Görlich 2006). Zur Entwicklung transformationaler Führungskräfte können Übungen in ein Assessment Center integriert werden, die sich besonders zur Beobachtung der vier Dimensionen transformationaler Führung eignen, wie beispielsweise Mitarbeitergespräche und Präsentationen. Das Verhalten der teilnehmenden Führungskraft wird üblicherweise von mehreren unabhängigen Beobachtern eingeschätzt und auf Grundlage der so gewonnenen Informationen das Führungspotential sowie Entwicklungsfelder der teilnehmenden Führungskraft abgeleitet. Üblicherweise dauern Assessment Center einen oder mehrere Tage lang und können mehrere Teilnehmer umfassen. Während in den vergangenen Jahren Assessment Center überwiegend zur Personalauswahl eingesetzt wurden, gewinnen sie in jüngerer Zeit für die Führungskräfteentwicklung immer mehr an Bedeutung. In zwei älteren Studien (Engelbrecht und Fischer 1995; Papa und Graham 1991) konnte belegt werden, dass Assessment Center die Leistung von Führungskräften erhöhen, wobei hier neben Assessment Centern zusätzliche Entwicklungsmaßnahmen wie Coaching und Aktionslernen Verwendung fanden, wodurch die eindeutige Interpretation der Ergebnisse allerdings erschwert wird.

20.4.6 Erfahrungslernen

Neben formalen Programmen kann die reguläre Arbeitstätigkeit lernintensive Erfahrungen beinhalten, die zur Weiterentwicklung einer Führungskraft beitragen (De Rue und Wellman 2009). Vor diesem Hintergrund spielt die Zuweisung von Projektaufgaben als entwicklungsförderliche Maßnahme eine besondere Rolle. Durch begleitende Maßnahmen wie Coaching und Mentoring kann die Führungskraft darin unterstützt werden ihre Erfahrungen zu reflektieren und sich neue Fertigkeiten anzueignen (Yukl 2006). Bestimmte Merkmale einer (Projekt-) Aufgabe begünstigen Erfahrungslernen in besonderem Maße (Sonntag und Stegmeier 2007). Zu diesen Merkmalen gehören beispielsweise herausfordernde und vielfältige Aufgaben sowie Rückmeldung zur eigenen Arbeit. Herausfordernde Aufgaben sind beispielsweise die Initiierung organisationaler Veränderung, der Umgang mit großer Verantwortung und grenzübergreifendes Arbeiten (Brutus et al. 2000; DeRue und Wellman 2009). Durch herausfordernde Aufgaben können sich Führungskräfte neue Fertigkeiten aneignen und bei erfolgreicher Bewältigung ihr Selbstvertrauen stärken (Ohlott 2004). Vielfältige Aufgaben ermöglichen es einer Führungskraft eine große Bandbreite an unterschiedlichen Lernerfahrungen zu machen, wodurch sie sich ein breites Repertoire an relevantem Verhalten und Fertigkeiten aneignen kann. Beispielsweise können Führungskräfte ihr erlerntes transformationales Führungsverhalten in verschiedenen Situationen und Settings erproben und festigen. Vielfältige Aufgaben können beispielsweise im Rahmen herausfordernder Projektaufgaben oder Auslandsentsendungen an Führungskräfte herangetragen werden (Yukl 2006).

20.4.7 Aktionslernen

Aktionslernen ist eine Methode der Führungskräfteentwicklung, bei der mehrere Personen die Lösung für ein unternehmensrelevantes Problem gemeinsam erarbeiten, wobei Lernen insbesondere aus der Interaktion mit den anderen Teilnehmern resultieren soll (Raelin 2006). Dementsprechend liegt das Ziel weniger in der Vertiefung von Fachwissen als vielmehr in der Steigerung sozialer und analytischer Fertigkeiten. Für die Dauer des Projekts stehen den Teilnehmern professionelle Prozessbegleiter bei, mit denen im Rahmen von Gruppentreffen Erfahrungen reflektiert sowie mögliche Schwierigkeiten und das weitere Vorgehen besprochen werden (Raelin 2006).

Aktionslernen kann mit formalen Entwicklungsmaßnahmen kombiniert werden. Beispielsweise kann Coaching begleitend eingesetzt werden, um den Teilnehmern dabei zu helfen ihre Erfahrungen zu reflektieren (Leonard und Lang 2010). Als Alternative zur Kombination des Aktionslernens mit formalen Entwicklungsmaßnahmen schlägt Smith (1990) einen Prozess gegenseitigen Coachings der Projektgruppenmitglieder vor (vgl. auch Lu 2010). Hierbei identifizieren die Teilnehmer selbstständig eigene Lernbedarfe und formulieren Lernziele für sich selbst und andere. Die Teilnehmer unterstützen sich über dies gegenseitig während regelmäßiger Treffen, bei denen der Stand der Arbeit präsentiert und Problemlöseansätze diskutiert werden. Leonard und Lang (2010) beschreiben wie verschiedene Organisationen Aktionslernen in ihre Programm zur Führungskräfteentwicklung integrieren. Die empirischen Befunde zur Wirksamkeit von Aktionslernen sind nicht einheitlich. Als möglichen Grund nennt Yukl (2006) den Mangel an objektiven Bewertungskriterien, da bisher nur Selbstberichte zu den Auswirkungen des Trainings erhoben worden seien. Hier besteht daher noch Forschungsbedarf, insbesondere unter der Verwendung objektiver Maße der Lernzuwächse und Verhaltensänderung.

20.4.8 Simulationen

Durch eine Simulation wird ein (künstlicher, der Realität nachempfundener) Erfahrungsraum geschaffen, dessen Elemente und Relationen ein Lerner explorieren und/oder kontrollieren soll (vgl. Sonntag und Stegmaier 2010; Sonntag 2004). Meist geht es bei Simulationen darum komplexe Probleme zu analysieren und Entscheidungen zu treffen, wie mit der Situation umgegangen werden soll. Eine weitverbreitete Simulationstechnik zum Training spezifischer Managementfähigkeiten und -verhaltensweisen sind Unternehmensplanspiele bzw. Business Games (vgl. Fortmüller 2009). Es handelt sich dabei um eine Simulation eines Wirtschaftsbetriebes, in dem die Teilnehmer Funktionen einer Führungskraft aus-

Tab. 20.1 Entwicklungsbereiche der beschriebenen Maßnahmen (in Anlehnung an McCauley und Hezlett 2001)

Entwicklungsbereich Maßnahme	Identifikation von Entwicklungsfeldern	Steigerung der Selbstwirksamkeit	Neue Erfahrungen	Verbesserung der Reflektionsfähigkeit	Erlernen neuer Verhaltensweisen
360° Feedback	✓			✓	✓
Coaching	✓	✓		✓	
Mentoring	✓			✓	
Assessment Center	✓				
Erfahrungslernen		✓	✓		✓
Aktionslernen		✓	✓		✓
Simulationen		✓	✓		
Behavior Modeling Training		✓			✓

üben. In der Praxis verwendet beispielsweise die Firma IBM zur Führungskräfteentwicklung eine Kombination aus Simulation, Coaching und E-Learning. Empirische Studien zur Wirksamkeit von Simulationen basieren häufig auf subjektiven Einschätzungen der Teilnehmer (Sonntag 2004). Daher besteht Forschungsbedarf zur Wirksamkeit, insbesondere unter Einbezug harter, objektiver Kriterien.

20.4.9 Behavior Modeling Training

In den letzten Jahren wurde das sogenannte Behavior Modeling Training zunehmend als Technik der Personal- und Führungskräfteentwicklung eingesetzt und erprobt (Bausch et al. 2010; Sonntag 2006; Sonntag und Stegmaier 2010). Dieser Ansatz baut auf der Theorie des sozialen Lernens von Bandura (1977) auf und geht davon aus, dass menschliches Verhalten überwiegend durch Beobachtung an aktuellen oder symbolischen Modellen gelernt wird. Aufmerksamkeitsprozesse (Wahrnehmung relevanter Merkmale des Modellverhaltens und der Situation), Gedächtnisprozesse (sprachlichen oder bildhaften Kodierung des wahrgenommenen Modellverhaltens), motorische Reproduktionsprozesse (aktives Erproben neu erworbener Verhaltensweisen) und motivationale Prozesse (bezogen auf Erwartungen von Verstärkungen oder Bestrafung neuer Verhaltensweisen) sind entscheidend für den erfolgreichen Lernprozesse. Der Ablauf eines Behavior Modeling Trainings gliedert sich klassisch in folgende Schritte (Sonntag und Stegmaier 2010; Taylor et al. 2005): 1) Einführung in den Problembereich durch einen Trainer, 2) Formulierung von Lernpunkten bzw. -zielen, meist in Form von Verhalten, 3) Filmdarbietung des Verhaltensmodells, 4) Gruppendiskussion über die Effektivität des Verhaltensmodells, 5) Einübung der Lernziele im Rollenspiel und 6) Rückmeldung zum Rollenspiel durch die Gruppe. Burke und Day (1986) weisen in ihrer Metaanalyse Behavior Modeling als eine der effektivsten Trainingsmethoden aus. Eine jüngere Metaanalyse von Taylor et al. (2005)

zeigt, dass Behavior Modeling Trainings große Effekte auf die Aneignung von (deklarativem und prozeduralem) Wissen hat. Auch sind Auswirkungen auf harte Kriterien wie Verkaufserfolg (Meyer und Raich 1983) oder Absentismus und Fluktuation (Porras und Anderson 1981) belegt worden. Behavior Modeling bietet sich daher in besonderem Maße an, im Rahmen von Trainings zur Aneignung transformationalen Führungsverhaltens eingesetzt zu werden. Tabelle 20.1 stellt zusammenfassend dar, auf welche Entwicklungsbereiche die beschriebenen Maßnahmen abzielen.

20.5 Ausblick: Was bedeutet das für die Zukunft der Führungskräfteentwicklung?

Neue(re) Formen der Führungskräfteentwicklung Der vorliegende Beitrag hat neben dem Aufzeigen klassischer Formen und Techniken bei der Führungskräfteentwicklung ebenfalls das Ziel neue(re) und damit weniger bekannte Formen der Führungskräfteentwicklung darzustellen. Diese sollen zum einen dabei helfen praktische Implikationen und Handlungsempfehlungen für die Führungskräfteentwicklung abzuleiten, zum anderen sollen sie aber auch dazu dienen, weitere Forschung und eine kritische Auseinandersetzung mit dem Thema anzuregen.

20.5.1 Selbstwahrnehmung und Selbstbeobachtung

Selbstwahrnehmung und Selbstbeobachtung gewinnen zunehmend an Bedeutung als Instrumente der Führungskräfteentwicklung. Zahlreiche Autoren unterstreichen, dass Führungskräfte in der Lage sein sollten, sowohl ihre Führungsstärken als auch ihre -schwächen zu erkennen und diese aus- bzw. abzubauen (z. B. Seifert et al. 2003). Untersuchungen zeigen, dass die Wahrnehmung des eigenen Selbstkonzepts und der eigenen Identität (Hanges et al. 2000), die eigenen Ziele und Ambitionen (Lord et al. 1999; Sosik 2000) sowie die familiäre Situation (Carlson et al. 2011; Simonton 1994; Sonntag et al. im Druck) der Führungskraft maßgeblich auf ihr Verhalten und ihren Einfluss auf die Mitarbeiter einwirken. Führungskräfte sollten daher in der Lage sein, sich selber wahrzunehmen, zu beobachten, aber auch Aspekte des eigenen Selbstkonzepts und der eigenen Identität zu akzeptieren, denn nur so werden sie in der Lage sein, angemessen auf ihre Mitarbeiter einzugehen und effektiv mit ihnen zu kommunizieren (Goleman 2005; Haslam et al. 2011; Kets de Vries 1988).

Das im vorherigen Abschnitt beschriebene 360° Feedback, welches es aufgrund der Einbeziehung zahlreicher Informationsquellen, wie Vorgesetze, Kollegen und Mitarbeiter erlaubt, eine realistische Einschätzung des eigenen Führungsverhaltens zu erhalten, gewinnt dadurch zunehmend an Bedeutung. Erfolgreiche Führung in Organisationen erfolgt also nur, wenn es Führungskräften gelingt ihr tägliches Handeln wahrzunehmen, kritisch zu reflektieren und gegebenenfalls zu verändern.

20.5.2 Mentale Modelle

Effektive Führungskräfte sind nicht nur erfolgreich, weil sie mehr Wissen oder Erfahrung als ihre Kollegen haben, sondern weil sie effizientere und effektivere Lösungswege verwenden, komplexen Aufgabenstellungen und Herausforderungen zu begegnen. Der Unterschied zwischen erfolgreichen und weniger erfolgreichen Führungskräften liegt demnach in ihren mentalen Modellen oder Bedeutungsstrukturen, also der Art und Weise, wie sie ihre Welt sehen, wahrnehmen und dementsprechend handeln. Mentale Modelle beschreiben natürliche, kognitive Repräsentationen der Realität (Johnson 2008). Sobald Individuen ein neues Phänomen wahrnehmen, sammeln sie Informationen über dieses Phänomen in einem mentalen Modell, welches eine vereinfachte Repräsentation dieses Phänomens darstellt. Dieses Model wird dann zur Basis ihrer Wahrnehmung und Analysen sowie ihrem Verständnis und Verhalten gegenüber dem jeweiligen Objekt bzw. Gegenstand. Individuen denken und handeln also aufgrund der Repräsentation ihrer mentalen Modelle.

Erstaunlicherweise wurden mentale Modelle (abgesehen von wenigen Ausnahmen) bisher nicht in der Forschung und Praxis verwendet. Führungskräfteentwicklung geschieht traditionell dadurch, dass Trainingsteilnehmer neue Informationen durch Trainingsprogramme, Workshops, Konferenzen oder besonders simpel durch direktive Vorgaben lernen. Diese klassischen Strategien zur Wissensvermittlung sind durchaus sinnvoll, allerdings gelingt es mit ihnen nicht mentale Modelle nachhaltig zu verändern.

Das Wissen darüber, wie sich mentale Modelle entwickeln und verändern lassen ist allerdings sehr begrenzt. Studien von Mezirow (1991) und Kegan (2000) über informationelles und transformatives Lernen zeigen, dass informationelles Lernen „darauf abzielt unseren Fundus an Wissen, unser Repertoire an Fähigkeiten zu vergrößern oder bereits etablierte kognitive Kapazitäten auf ein neues Gebiet auszuweiten" (Kegan 2000, S. 48–49). Im Gegensatz dazu zielt transformatives Lernen darauf ab, die Bedeutungsstruktur oder das mentale Modell selbst zu verändern, anstatt Ressourcen an einem bestehenden Modell hinzufügen.

Beide Arten des Lernens, sowohl informationelles als auch transformatives Lernen, sind kritisch für die Führungskräfteentwicklung. Informationelles Lernen ergänzt vorhandene mentale Modelle mit Tiefe und Komplexität, was in einer erhöhten Effizenz der Führungskraft resultiert. Transformatives Lernen hingegen erhöht die Effizienz der Führungskraft, indem neue mentale Modelle entwickelt werden, die besser geeignet sind mit neuen und komplexen Phänomenen umzugehen. Beide Lernformen sind daher essentiell für die Entwicklung transformationaler Führungskräfte.

20.5.3 Kunstbasierte Methoden

Als eine in den letzten Jahren stärker „in Mode" gekommene Art der Führungskräfteentwicklung kann die kunstbasierte Methode genannt werden. Bei dieser Form der Führungskräfteentwicklung wird versucht „Kunst" für die Führungskräfteentwicklung zu nutzen und mit ihrer Hilfe Veränderungsprozesse bei den Führungskräften hervorzurufen. An der Virgina Commonwealth University beispielsweise erprobten Teilnehmer von ärztlichen Weiterbildungen Theaterfähigkeiten, um ihre klinische Empathie zu steigern (Dow et al. 2007). Bei der LEGO Gruppe in Dänemark bauten Manager dreidimensionale Repräsentationen ihrer Firmenstrategie mit Hilfe von Legosteinen nach (Roos et al. 2004). Führungskräfte in der U.S. Army schauen sich den Film „Twelve O'Clock High" an, um Schlüsselelemente von Führung zu erkennen und zu erlernen (Bognar 1998). Dies sind vier Beispiele, wie Kunst in der Führungskräfteentwicklung genutzt werden kann. Obwohl diese Methoden als kunstbasiert kategorisiert werden, kann angenommen werden, dass sie durch verschiedene Wirkmechanismen geleitet werden, d. h. sie basieren auf verschiedenen Annahmen von Kunst und wie diese zur menschlichen Entwicklung beitragen.

Mit der Zunahme der Nutzung kunstbasierter Methoden haben Forscher begonnen zu untersuchen, wie und warum diese Methoden zu Veränderungen bei Führungskräften führen (z. B. Darso 2004; Nissley 2004; Taylor 2008). Derzeit scheint es allerdings sehr schwierig in einer kohärenten Weise von „kunstbasierten Methoden" zu sprechen, da es eine große Bandbreite von Ansätzen gibt, welche verschiedene Ziele und Ergebnisse aufweisen. Außerdem bleibt zu klären, ob kunstbasierte Methoden aufgrund ihrer „Andersartigkeit" im Vergleich zu klassischen Führungsentwicklungsformen tatsächlich Anwendung und Akzeptanz in der unternehmerischen Praxis finden werden.

20.5.4 Outdoor-Trainings

Outdoor-Trainings beinhalten physische Aktivitäten, welche von den Trainingsteilnehmern in freier Umgebung durchgeführt werden (Galagan 1987; Jones und Oswick 2007). Das typische Programm besteht aus einer Abfolge von zunehmend herausfordernden physischen Aktivitäten, welche Vertrauen und Kooperation der Gruppenmitglieder erfordern. Ein erfahrener Trainer führt in die Aktivitäten ein, gibt Hilfestellungen, ermutigt und hilft den Teilnehmern den Zusammenhang zwischen ihren Erfahrungen im Outdoor-Training und ihrem beruflichen Leben herzustellen.

Ein Beispiel für eine Aktivität beim Outdoor-Training ist das sogenannte „Mast klettern". Hierbei muss jeder Teilnehmer einen acht Meter hohen Mast auf eine kleine Plattform hochklettern und von dort zu einem vier Meter entfernten Trapez springen. Auch wenn die Übung objektiv betrachtet sehr sicher ist, wird sie von den Teilnehmern zumeist als sehr riskant wahrgenommen. Obwohl die Teilnehmer einen Helm und Gurtzeug tragen, über welches sie mit einem Seil von ihren Teammitgliedern gesichert werden, äußern viele Teilnehmer große Angst, wenn sie auf der kleinen Plattform des wankenden Mastes stehen. Die Teamkameraden am Boden beobachten die Person auf dem Mast, geben kontinuierliche Unterstützung und teilen das Gefühl der Bewältigung nach einem erfolgreichen Sprung. In manchen Outdoor-Trainings reisen die Gruppen in echte Wildnis-Areale, um Trainingsaktivitäten wie zum Beispiel das Abseilen von einer Klippe oder Wildwasser-Rafting, durchzuführen.

Der Zweck von Outdoor-Trainings besteht in der Persönlichkeitsentwicklung der Trainingsteilnehmer und im „Teambuilding" (Conger 1993; Shivers-Blackwell 2004). Persönliches Wachstum soll aufgrund eines erhöhten Bewusstseins für die eigenen Kognitionen, Emotionen und Handlungen entstehen. Outdoor-Aktivitäten werden also mit dem Ziel entwickelt, Selbstvertrauen, Selbstkontrolle, Risikobereitschaft und Vertrauensfähigkeit der Trainingsteilnehmer zu steigern. „Teambuilding" soll durch Übungen gefördert werden, die den Teilnehmern helfen die Bedeutung von gegenseitigem Vertrauen und Kooperation zu verstehen. Eine Serie von Übungen, wie sie oben beschrieben wurden und die über einen Zeitraum von mehreren Tagen durchgeführt werden, soll hierbei für sogenannte „Bonding"-Erfahrungen sorgen, die in einer größeren Identifikation mit der Gruppe und Kohäsion innerhalb der Gruppe resultieren.

Nur wenige Studien haben allerdings die Effektivität von Outdoor-Trainings als Entwicklungstechnik zur Verbesserung von Führungsfähigkeiten untersucht (Williams et al. 2003). Marsh et al. (1986) zum Beispiel entdeckten langfristige Verbesserungen des Selbstkonzepts von Managern, welche an einem Outdoor Training teilnahmen. Baldwin et al. (1991) verglichen die Einstellungen von Trainingsteilnehmern mit solchen, die kein solches Training absolviert hatten, drei Monate nach dem Outdoor Training und fanden keinen signifikanten Unterschied bezüglich positiver Selbstkonzepte oder Vertrauensfähigkeit bei den Teammitgliedern. Allerdings fanden sie eine erhöhte Wahrnehmung von Teamwork und individuellem Problemlösen bei Teilnehmern des Outdoor-Trainings. Jones und Oswick (2007) konnte dagegen positive Effekte von Outdoor-Trainings auf die Einstellung von Führungskräften zeigen. **Die Befundlage zu Outdoor-Trainings ist also insgesamt inkonsistent** und weitere Forschung zur Klärung der Effektivität dieser Trainingsart erscheint notwendig, um abschließend beurteilen zu können, ob Outdoor-Trainings tatsächlich zu den gewünschten Verbesserungen der Führungsfähigkeiten in realen alltäglichen Arbeitssituationen beitragen.

20.6 Ausblick: Was bedeutet das für die Zukunft der Führung?

Der vorliegende Beitrag verdeutlicht die Wichtigkeit professioneller Formen und Techniken zur Entwicklung von Führungskräften. Ebenso wichtig ist die Formulierung eines Führungsstils als Ziel entwicklungsförderlicher Maßnahmen. Angesichts sich ständig wandelnder Rahmenbedingungen und der damit einhergehenden Anforderung an Führungskräfte, Veränderungsprozesse zu gestalten sowie ihre Mitarbeiter zu fördern und ihre Potentiale abzurufen, stellt der transformationale Führungsstil ein empfehlenswertes Leitbild zur Führung in Organisationen dar. Während Formen der Führungskräfteentwicklung wie 360° Feedback und Coaching in vielen Organisationen zum Einsatz kommen, findet die Formulierung eines übergreifenden Führungsstils meist weniger Beachtung. Es wäre daher gerade in Zeiten unruhiger und turbulenter Märkte wichtig, transformationale Führung als Leitbild zu formulieren und entsprechende HR-Maßnahmen zur Führungskräfteentwicklung daran auszurichten. Abschließen wollen wir unseren Beitrag mit drei Thesen zur Zukunft der Führung:

1. Die Entwicklung transformationaler Führungskräfte ist einer der zentralen Erfolgsfaktoren für die Wettbewerbsfähigkeit von Unternehmen.
2. Technische und fachliche Kompetenzen werden an Relevanz verlieren und Fähigkeiten, wie Selbstwahrnehmung und – beobachtung werden stärker über den Erfolg und Misserfolg von Führungskräften und damit deren Unternehmen entscheiden.
3. Nur wenn es gelingt, moralisch verantwortungsvolle und gleichzeitig weitsichtige transformationale Führungskräfte auszubilden, wird es möglich sein das gegenwärtige Gesellschafts- und Wirtschaftssystem für weitere Generationen aufrecht zu erhalten.

Autorbeschreibung

Dr. Björn Michaelis ist wissenschaftlicher Assistent am UBS-Stiftungslehrstuhl für BWL, insb. Strategisches Management an der Goethe-Universität Frankfurt am Main. Herr Dr. Michaelis ist desweiteren als Vertretungsprofessor im Bereich Führung, Management und Organisation an der Universität Heidelberg tätig. Seine Forschung, Lehre und Beratungstätigkeiten fokussieren sich auf die Führung von Innovations- und Veränderungsprozessen sowie den Einfluss der Unternehmensführung auf den Wertzuwachs von Firmen bei Mergern und Akquisitionen (M&A). Herr Dr. Michaelis studierte an der Universität Göttingen und promovierte an der Universität Heidelberg. Darüber hinaus war er Gaststudent an der Ecole Supérieure de Commerce International in Fontainebleau und am Collin County College in Dallas.

Dipl.-Psych. Christoph Nohe Studium der Psychologie in Eichstätt-Ingolstadt, Trier und Cincinnati (USA). 2009 Diplom in Psychologie an der Universität Trier. Seit 2009 wissenschaftlicher Mitarbeiter der Abteilung Arbeits- und Organisationspsychologie an der Universität Heidelberg. Mitarbeiter im vom Bundesministerium für Bildung und Forschung (BMBF) und Europäischen Sozialfonds (ESF) geförderten Verbundprojet „Work-Life-Balance (WLB): Wege zur nachhaltigen Verankerung von Work-Life-Balance in der Kultur von Unternehmen und Organisationen. Arbeitsschwerpunkte: Führung, Arbeitsleistung, Arbeitsstress und Gesundheit.

Prof. Dr. Karlheinz Sonntag, geb. 1950, ist Professor für Arbeits- und Organisationspsychologie und zurzeit Prorektor für Qualitätsentwicklung an der Universität Heidelberg. Er studierte Betriebswirtschaftslehre und Psychologie an den Universitäten Augsburg und München und promovierte im Hauptfach Psychologie an der Ludwig-Maximilians-Universität München, seine Habilitation erfolgte an der Universität Kassel.

Seine Arbeitsschwerpunkte sind: Personalentwicklung und Trainingsforschung, Bewältigung von Veränderungsprozessen, Kompetenz- und Gesundheitsmanagement.

Zudem hatte er verschiedene Gastprofessuren; am Psychologischen Institut der Universität Bern und am Department für Change Management an der Wirtschaftsuniversität Wien sowie an der Université de Fribourg, Department Arbeits- und Organisationspsychologie.

Literatur

Allen, T. D., Eby, L. T., O'Brien, K. E., & Lentz, E. (2008). The state of mentoring research: A qualitative review of current research methods and future research implications. *Journal of Vocational Behavior, 73*(3), 343–357.

Allen, T. D., Eby, L. T., Poteet, M. L., Lentz, E., & Lima, L. (2004). Career benefits associated with mentoring for proteges: A meta-analysis. *Journal of Applied Psychology, 89*(1), 127–136.

Avolio, B. J., Bass, B. M., & Jung, D. I. (1999). Re-examining the components of transformational and transactional leadership using the Multifactor Leadership Questionnaire. *Journal of Occupational and Organizational Psychology, 72*(4), 441–462.

Avolio, B. J., Walumbwa, F. O., & Weber, T. J. (2009). Leadership: Current theories, research, and future directions. *Annual Review of Psychology, 60,* 421–449.

Baldwin, T. T., Wagner, R. J., & Roland, C. C. (1991). Effects of Outdoor Challenge Training on Group and Individual Perceptions. Conference Paper. Society for Industrial & Organisational Psychology.

Bandura, A. (1977). Self-efficacy: Toward a unifying theory of behavioral change. *Psychological Review, 84*(2), 191–215.

Barling, J., Weber, T., & Kelloway, E. K. (1996). Effects of transformational leadership training on attitudinal and financial outcomes: A field experiment. *Journal of Applied Psychology, 81*(6), 827–832.

Bass, B. M. (1985). *Leadership and performance beyond expectation*. New York: Free Press.

Bass, B. M. (1990). *Bass & Stoddill's handbook of leadership: Theory, research, and managerial applications* (3rd ed.). New York: Free Press.

Bass, B. M., & Avolio, B. J. (1994). *Improving organizational effectiveness through transformational leadership*. Thousand Oaks, CA: Sage Publications.

Bass, B. M., Avolio, B. J., Chemers, M. M., & Ayman, R. (1993). *Transformational leadership: A response to critiques leadership theory and research: Perspectives and directions*. San Diego, CA: Academic Press.

Bass, B. M., Avolio, B. J., Jung, D. I., & Berson, Y. (2003). Predicting unit performance by assessing transformational and transactional leadership. *Journal of Applied Psychology, 88*(2), 207–218.

Bausch, S., Sonntag, Kh., Stegmaier, R., & Noefer, K. (2010). Können Ältere mit neuen Medien lernen? Gestaltung und Evaluation eines e-Learning Behavior Modeling Trainings für verschiedene Altersgruppen. *Zeitschrift für Arbeitswissenschaft, 3,* 239–251.

Blickle, G. (2000). Influence tactics used by subordinates: An empirical analysis of the Kipnis and Schmidt subscales. *Psychological Reports, 86*(1), 143–154.

Bognar, A. J. (1998). Tales from twelve O'Clock high: Leadership lessons for the 21st century. *Strategor Consultants*.

Bono, J. E., & Judge, T. A. (2003). Self-concordance at work: Toward understanding the motivational effects of transformational leaders. *Academy of Management Journal, 46*(5), 554–571.

Brutus, S., Ruderman, M. N., Ohlott, P. J., & McCauley, C. D. (2000). Developing from job experiences: The role of organization-based self-esteem. *Human Resource Development Quarterly, 11*(4), 367–380.

Bryman, A. (1992). *Charisma & Leadership in Organizations*. Newbury Park, CA: Sage.

Burns, J. M. (1978). *Leadership*. Oxford: Harper & Row.

Burke, M., & Day, R. D. (1986). A cumulative study of the effectiveness of managerial training. *Journal of Applied Psychology, 71,* 232–245.

Carlson, D. S., M. Ferguson, Kacmar, K. Grzywacz, M., & Whitten D. (2011). Pay it forward: The positive crossover effects of supervisor work—family enrichment. *Journal of Management, 37*(3), 770–789.

Chao, G. T., Walz, P. M., & Gardner, P. D. (1992). Formal and informal mentorships: A comparison on mentoring functions and contrast with nonmentored counterparts. *Personnel Psychology, 45*(3), 619–636.

Conger, J. A. (1993). Training leaders for the twenty-first century. *Human Resource Management Review, 3*(3), 203–218.

Cortvriend, P., C. Harris, & Alexander, E. (2008). Evaluating the links between leadership development coaching and performance. *International Coaching Psychology Review, 3*(2), 164–179.

Darso, L. (2004). *Artful Creation. Learning-Tales of Arts-in-Business*. Copenhagen: Samfundslitteratur.

de Haan, E., Bertie, C., Day, A., & Sills, C. (2010). Critical moments of clients and coaches: A direct-comparison study. *International Coaching Psychology Review, 5*(2), 109–128.

Den Hartog, D. N. & Koopman, P. L. (2001). *Leadership in Organizations.* In: Anderson, N., Ones, D. S., Kepir – Sinangil, H. & Viswesvaran, C. (Hrsg.). Handbook of industrial, work and organizational psychology, (2. Auflage). London: Sage.

De Pater, I. E., Van Vianen, A. E. M., Humphrey, R. H., Sleeth, R. G., Hartman, N. S., & Fischer, A. H. (2009). Individual task choice and the division of challenging tasks between men and women. *Group & Organization Management, 34*(5), 563–589.

DeRue, D., & Wellman, N. (2009). Developing leaders via experience: The role of developmental challenge, learning orientation, and feedback availability. *Journal of Applied Psychology, 94*(4), 859–875.

Dow, A., D. Leong, Anderson, A., & Wenzel, R. (2007). Using theater to teach clinical empathy: A pilot study. *Journal of General Internal Medicine, 22*(8), 1114–1118.

Engelbrecht, A. S., & Fischer, A. H. (1995). The managerial performance implications of a developmental assessment center process. *Human Relations, 48*(4), 387–404.

Felfe, J. (2006a). Transformationale und charismatische Führung – Stand der Forschung und aktuelle Entwicklungen. *Zeitschrift für Personalpsychologie, 5*(4), 163–176.

Felfe, J. (2006b). Validierung einer deutschen Version des ‚Multifactor Leadership Questionnaire' (MLQ Form 5x Short) von Bass und Avolio (1995). *Zeitschrift für Arbeits- und Organisationspsychologie, 50*(2), 61–78.

Felfe, J., & Goihl, K. (2002). Deutsche überarbeitete und ergänzte Version des Multifactor Leadership Questionnaire (MLQ). In A. Glöckner-Rist (Hrsg.), *ZUMA – Informationssystem. Elektronisches Handbuch sozialwissenschaftlicher Erhebungsinstrumente. Version 5.00.* Mannheim: Zentrum für Umfragen, Methoden und Analysen.

Fiedler, F. E. (1967). A Theory of Leadership Effectiveness, New York: McGraw-Hill.

Fitzgerald, S., & Schutte, N. S. (2010). Increasing transformational leadership through enhancing self-efficacy. *Journal of Management Development, 29*(5), 495–505.

Fleishman, E. A., & Harris, E. F. (1962). Patterns of leadership behavior related to employee grievances and turnover. *Personnel Psychology, 15*(2), 43–56.

Fortmüller, R. (2009). Learning through business games. Simulation & Gaming, 40(1), 68–83.

Galagan, P. (1987). Between two trapezes. *Training & Development Journal, 41*(3), 40–48.

Geyer, A. L. J., & Steyrer, J. M. (1998). Transformational leadership and objective performance in banks. *Applied Psychology: An International Review, 47*(3), 397–420.

Goleman, D. (2005). What makes a leader?. In R. L. Taylor, W. E. Rosenbach, R. L. Taylor, & W. E. Rosenbach (Hrsg.), *Military leadership: In pursuit of excellence* (5th ed., S. 53–68). Boulder, CO: Westview Press.

Goodstein, L. D., & Lanyon, R. I. (1999). Applications of personality assessment to the workplace: A review. *Journal of Business and Psychology, 13*(3), 291–322.

Hall, D. T., Otazo, K. L., & Hollenbeck, G. P. (1999). Behind closed doors: What really happens in executive coaching. *Organizational Dynamics, 27*(3), 39–53.

Hanges, P. J., Lord, R. G., & Dickson, M. W. (2000). Am information-processing perspective on leadership and culture: A case for connectionist architecture. *Applied Psychology: An International Review, 49*(1), 133–161.

Haslam, S. A., Reicher, S. D. & Platow, M. J. (2011). *The new psychology of leadership: Identity, influence and power.* New York, NY: Psychology Press.

Hersey, P., & Blanchard, K. H. (1969). Life cycle theory of leadership. *Training & Development Journal, 23*(5), 26–34.

Hollander, E. P. & Offermann, L. R. (1990). Power and leadership in organizations: Relationships in transition. *American Psychologist, 45*(2), 179–189.

House, R. J. (1971). A path goal theory of leader effectiveness. *Administrative Science Quarterly, 16*(3): 321–339.

House, R. J., & Mitchell, T. R. (1974). Path-goal theory of leadership. *Journal of Contemporary Business, 3*(4), 81–97.

House, R. J., Delbecq A., & Taris., T. W. (1998). Value based leadership: An integrated theory and an empirical test. *Internal Publication.*

Howell, J. M., & Hall-Merenda, K. E. (1999). The ties that bind: The impact of leader-member exchange, transformational and transactional leadership, and distance on predicting follower performance. *Journal of Applied Psychology, 84*(5), 680–694.

Hunt, J. G., & Conger, J. A. (1999). From where we sit: An assessment of transformational and charismatic leadership research. *Leadership Quarterly, 10*(3), 335–343.

Johnson, H. H. (2008). Mental models and transformative learning: The key to leadership development?. *Human Resource Development Quarterly, 19*(1), 85–89.

Jones, P. J., & Oswick, C. (2007). Inputs and outcomes of Outdoor Management Development: Of design, dogma and dissonance. *British Journal of Management, 18*(4), 327–341.

Judge, T. A., Woolf, E. F., Hurst, C., & Livingston, B. (2006). Charismatische und transformationale Führung: Ein Überblick und eine Agenda für zukünftige Forschungsarbeiten. *Zeitschrift für Arbeits- und Organisationspsychologie, 50*(4), 203–214.

Judge, T. A., & Piccolo, R. F. (2004). Transformational and transactional leadership: A meta-analytic test of their relative validity. *Journal of Applied Psychology, 89*(5), 755–768.

Katz, D., & Kahn, R. L. (1952). Some recent findings in human relations research, In E. Swanson, T. Newcombe & E. Hartley (Hrsg.), Readings in social psychology, NY: Holt, Reinhart and Winston.

Kegan, R. (2000). What form transforms? In J. Mezirow (Hrsg.), *Learning as transformation.* San Francisco: Jossey-Bass.

Kelloway, E. K., & Barling, J. (2000). What we have learned about developing transformational leaders. *Leadership & Organization Development Journal, 21*(7), 355–362.

Kets de Vries, M. F. (1988). Prisoners of leadership. *Human Relations, 41*(3), 261–280.

Kombarakaran, F. A., Yang, J. A., Baker, M. N., & Fernandes, P. B. (2008). Executive coaching: It works!. *Consulting Psychology Journal: Practice and Research, 60*(1), 78–90.

Korotov, K. (2008). Citius, altius, fortius: Challenges of accelerated development of leadership talent in the Russian context. *Organizational Dynamics, 37*(3), 277–287.

Kram, K. E. (1983). Phases of the mentor relationship. *Academy of Management Journal, 26*(4), 608–625.

Kram, K. E. (1985). Improving the mentoring process. *Training & Development Journal, 39*(4), 40–43.

Kram, K. E., & Isabella, L. A. (1985). Mentoring alternatives: The role of peer relationships in career development. *Academy of Management Journal, 28*(1), 110–132.

Leonard, H., & Lang, F. (2010). Leadership development via action learning. *Advances in Developing Human Resources, 12*(2), 225–240.

Levenson, A. (2009). Measuring and maximizing the business impact of executive coaching. *Consulting Psychology Journal: Practice and Research, 61*(2), 103–121.

Liao, H., & Chuang, A. (2007). Transforming service employees and climate: A multilevel, multi-source examination of transformational leadership in building long-term service relationships. *Journal of Applied Psychology, 92*(4), 1006–1019.

Lord, R. G., Brown, D. J., & Freiberg, S. J. (1999). Understanding the dynamics of leadership: The role of follower self-concepts in the leader/follower relationship. *Organizational Behavior and Human Decision Processes, 78*(3), 167–203.

Lowe, K. B., Kroeck, K. G., & Sivasubramaniam, N. (1996). Effectiveness correlates of transformation and transactional leadership: A meta-analytic review of the MLQ literature. *Leadership Quarterly, 7*(3), 385–425.

Lu, H.-L. (2010). Research on peer coaching in preservice teacher education—A review of literature. *Teaching and Teacher Education, 26*(4), 748–753.

Mackenzie, S. B., Podsakoff, P. M., & Rich, G. A. (2001). Transformational and transactional leadership and salesperson performance. *Journal of the Academy of Marketing Science, 29*(2), 115.

Marsh, H. W., Richards, G. E., & Barnes, J. (1986). Multidimensional self-concepts: The effect of participation in an Outward Bound Program. *Journal of Personality and Social Psychology, 50*(1), 195–204.

McCauley, C. D., & Douglas, C. A. (2004). Developmental relationships. In C. D. McCauley & E. V. Velsor (Hrsg.), *The center for creative leadership handbook of leadership development* (2nd ed.). San Francisco, CA: Jossey-Bass.

McCauley, C. D., & Hezlett, S. A. (2001). Individual development in the workplace. In N. Anderson, D. S. Ones, H. K. Sinangil & C Viswesvaran (Hrsg.), Handbook of industrual, work and organizational psychology: Personnel psychology (Bd. 1, S. 313–335). London: Sage.

McCauley, C. D., Lombardo, M. M., & Usher, C. J. (1989). Diagnosing management development needs: An instrument based on how managers develop. *Journal of Management, 15*(3), 389–403.

McWhorter, R. R., Lynham S. A., & Porter, D. E. (2008). Scenario planning as developing leadership capability and capacity. *Advances in Developing Human Resources, 10*(2), 258–284.

Meyer, H., & Raich, M. S. (1983). An objective evaluation of a behavior modeling training program. *Personnel Psychology, 36,* 755–761.

Meyer, J. P., Stanley, D. J., L. Herscovitch, L., & L. Topolnytsky, L. (2002). Affective, continuance, and normative commitment to the organization: A meta-analysis of antecedents, correlates, and consequences. *Journal of Vocational Behavior, 61*(1), 20–52.

Mezirow, J. (1991). *Transformative dimensions* of *adult learning*. San Francisco: Jossey Bass.

Michaelis, B., Stegmaier, R., & Sonntag, K. (2010). Shedding light on followers' innovation implementation behavior: The role of transformational leadership, commitment to change, and climate for initiative. *Journal of Managerial Psychology, 25*(4), 408–429.

Moats, J. B., Chermack, T. J., & Dooley, L. M. (2008). Using scenarios to develop crisis managers: Applications of scenario planning and scenario-based training. *Advances in Developing Human Resources, 10*(3), 397–424.

Mullen, J. E., & Kelloway, E. (2009). Safety leadership: A longitudinal study of the effects of transformational leadership on safety outcomes. *Journal of Occupational and Organizational Psychology, 82*(2), 253–272.

Ng, T. H., Eby, L. T., Sorensen, K. L., & Feldman, D. C. (2005). Predictors of objective and subjective career success. A meta-analysis. *Personnel Psychology, 58*(2), 367–408.

Nissley, N. (2004). The ‚Artful Creation' of positive anticipatory imagery. Appreciative Inquiry: Understanding the ‚Art Of' appreciative inquiry as aesthetic discourse. *Advances in Appreciative Inquiry, 1,* 283–307.

Ohlott, P. J. (2004). Job assignments. In C. McCauley & E. V. Velsor (Hrsg.), *The center for creative leadership handbook of leadership development* (2. Aufl., S. 151–182). San Francisco: Jossey-Bass.

Olivero, G., Bane, K., & Kopelman, R. E. (1997). Executive coaching as a transfer of training tool: Effects on productivity in a public agency. *Public Personnel Management, 26*(4), 461–469.

Papa, M. J., & Graham, E. E. (1991). The impact of diagnosing skill deficiencies and assessment-based communication training on managerial performance. *Communication Education, 40*(4), 368–384.

Piccolo, R. F., & Colquitt, J. A. (2006). Transformational leadership and job behaviors: The mediating role of core job characteristics. *Academy of Management Journal, 49*(2), 327–340.

Porras, J., & Anderson, B. (1981). Improving managerial effectiveness through modelling-based trainng. *Organzational Dynamics, 9*, 60–77.

Pundt, A., Böhme H., & Schyns, B. (2006). Moderatorvariablen für den Zusammenhang zwischen Commitment und transformationaler Führung: Führungsdistanz und Kommunikationsqualität. *Zeitschrift für Personalpsychologie, 5*(3): 108–120.

Raelin, J. (2006). Does action learning promote collaborative leadership? *Academy of Mangement Learning and Education, 5*, 152–168.

Roos, J., Victor, B., & Statler, M. (2004). Playing seriously with strategy. *Long Range Planning, 37*(6), 549–568.

Rowold, J., & Heinitz, K. (2007). Transformational and charismatic leadership: Assessing the convergent, divergent and criterion validity of the MLQ and the CKS. *Leadership Quarterly, 18*(2), 121–133.

Ryschka, J., Solga, M., & Mattenklott, A. (Hrsg.). (2005). *Praxishandbuch Personalentwicklung. Instrumente, Konzepte, Beispiele*. Wiesbaden: Gabler.

Schuler, H., & Görlich, Y. (2006). Ermittlung erfolgsrelevanter Merkmale von Mitarbeitern durch Leistungs- und Potenzialbeurteilungen. In Kh. Sonntag (Hrsg.), *Personalentwicklung in Organisationen*, (3. Aufl., S. 235–269). Göttingen: Hogrefe Verlag.

Seifert, C. F., Yukl, G., & McDonald, R. A. (2003). Effects of multisource feedback and a feedback facilitator on the influence behavior of managers toward subordinates. *Journal of Applied Psychology, 88*(3), 561–569.

Seifert, C. F., & Yukl, G. (2010). Effects of repeated multi-source feedback on the influence behavior and effectiveness of managers: A field experiment. *The Leadership Quarterly, 21*(5): 856–866.

Shivers-Blackwell, S. L. (2004). Reactions to outdoor teambuilding initiatives in MBA education. *Journal of Management Development, 23*(7), 614–630.

Simonton, D. K. *Greatness: Who makes history and why*. New York: Guilford Press, 1994.

Singh, R., Ragins, B. R., et al. (2009). What matters most? The relative role of mentoring and career capital in career success. *Journal of Vocational Behavior, 75*(1), 56–67.

Smith, P. B., & Peterson M. F. (1988). *Leadership, organizations and culture: An event management model*. Thousand Oaks, CA: Sage Publications, Inc.

Smith, T. E. (1990). Time and academic achievement. *Journal of Youth and Adolescence, 19*(6), 539–558.

Sonntag, Kh. (2004). Personalentwicklung. In: H. Schuler (Hrsg.), *Organisationspsychologie – Grundlagen und Personalpsychologie*. Themenbereich D, (Bd. 3, S. 827–890). Göttingen u. a. 2004.

Sonntag, Kh., Becker, P. R., Nohe, C., & Spellenberg, U. (im Druck). Die Führungskraft als Vorbild. Zeitschrift Führung und Organisation.

Sonntag, Kh., Schaper, N. (2006). Förderung beruflicher Handlungskompetenzen. In Kh. Sonntag (Hrsg.), Personalentwicklung in Organisationen (S. 270–311). Göttingen: Hogrefe.

Sonntag, Kh., & Stegmeier, R. (2007). Arbeitsorientiertes Lernen. Stuttgart: Kohlhammer.

Sonntag, Kh., & Stegmaier, R. (2010). Trainingsgestaltung. In U. Kleinbeck & K.-H. Schmidt (Hrsg.), *Enzyklopädie der Psychologie Arbeitspsychologie* (Bd. 1, S. 821–868). Göttingen: Hogrefe.

Sosik, J. J. (2000). Meaning from within: Possible selves and personal meaning of charismatic and non-charismatic leaders. *Journal of Leadership Studies, 7*(2), 3–17.

Sosik, J. J., & Jung, D. I. (2010). *Full range leadership development: Pathways for people, profit, and planet*. New York, NY US: Routledge/Taylor & Francis Group.

Taylor, P. J., Russ-Eft, D. F., & Chan, D. L. (2005). A meta-analytic review of behavior modeling training. *Journal of Applied Psychology, 90*(4), 692–709.

Thornton, G., & Krause, D. E. (2009). Selection versus development assessment centers: An international survey of design, execution, and evaluation. *The International Journal of Human Resource Management, 20*(2), 478–498.

Underhill, C. M. (2006). The effectiveness of mentoring programs in corporate settings: A meta-analytical review of the literature. *Journal of Vocational Behavior, 68*(2), 292–307.

Vroom, V. H., & Yetton P. W. (1973). *Leadership and decision-making.* Pittsburgh, PA: University of Pittsburgh Press.

Wang, G., Oh, I., Courtright, S. H., & Colbert, A. E. (2011). Transformational leadership and performance across criteria and levels: A meta-analytic review of 25 years of research. *Group & Organization Management, 36*(2), 223–270.

Wang, H., Law, K. S., Hackett, R. D., Wang, D., & Chen, Z. X. (2005). Leader-member exchange as a mediator of the relationship between transformational leadership and followers' performance and organizational citizenship behavior. *Academy of Management Journal, 48*(3), 420–432.

Williams, S. D., Graham, T. S., & Baker, B. (2003). Evaluating outdoor experiential training for leadership and team building. *Journal of Management Development, 22*(1), 45–59.

Yukl, G. A. (2006). *Leadership in organizations* (6 ed.). Upper Saddle River, NJ: Pearson, Prentice Hall.

Wissensgewinnung durch Führung – die Vermeidung von Informationspathologien durch Kompetenzen für Mitarbeiter (Empowerment)

Wolfgang Scholl, Carsten Schermuly und Ulrich Klocke

Zusammenfassung

In der Arbeitswelt muss immer mehr und schneller Wissen erworben, weitergegeben, genutzt und neu produziert werden. Das klappt oft nicht so recht, es gibt entsprechende Informationspathologien, die entweder auf unangemessene Vorstellungen von Wissen, auf mangelndes Problembewusstsein, auf Wunschdenken, auf Verständigungsprobleme und am häufigsten auf Machtausübung zurückgeführt werden können. Aus einer Reihe von Experimenten und Feldstudien werden typische Fehlerquellen bei Informationsverarbeitung und Kommunikation aufgezeigt. Um solche Informationspathologien so weit wie möglich zu vermeiden, bietet sich Empowerment als Führungskonzept an. Es beinhaltet mehr Selbstbestimmung und größeren Einfluss für die Mitarbeiter, die durch mehr Kompetenz im Sinne einer Übertragung von Befugnissen und einer Weiterentwicklung von Fähigkeiten realisiert werden, verbunden mit einem partizipativen Führungsstil. Neuere Studien zeigen, dass Empowerment eine Reihe von positiven Konsequenzen hat, zu denen besonders auch die Vermeidung von Informationspathologien und die Gewinnung besseren Wissens gehören. Da sich Empowerment nur langsam verbreitet trotz nachgewiesener positiver Effekte, werden abschließend praktische Umsetzungsprobleme ausführlich erörtert.

W. Scholl (✉) · U. Klocke
Institut für Psychologie, Sozial- und Organisationspsychologie,
Humboldt-Universität zu Berlin, Rudower Chaussee 18, 12489 Berlin, Deutschland
E-Mail: schollwo@cms.hu-berlin.de

C. Schermuly
SRH University Berlin, Ernst-Reuter-Platz 10 10587 Berlin, Deutschland
E-Mail: carsten.schermuly@shr-hochschule-berlin.de

U. Klocke
E-Mail: klocke@hu-berlin.de

21.1 Einleitung

Wissensgewinnung ist eine zentrale Führungsaufgabe, die immer wichtiger geworden ist und noch wichtiger wird, je weiter die Transformation von der Industrie- zur Wissensgesellschaft vorangeht. Doch wie kommt man an dieses Wissen? Das ist für den konkreten Einzelfall schwer zu sagen, weil es sehr viele verschiedene Möglichkeiten gibt (Scholl 2004, 2010). Leichter ist es zu sagen, wie es nicht gehen soll, welche typischen Informationspathologien, d. h. Mängel in der Kommunikation und Informationsverarbeitung existieren. Wenn Führungskräfte für solche Informationspathologien Sensibilität und Aufmerksamkeit entwickeln, dann gelingen wissensintensive Arbeiten sehr viel besser. Ein Beispiel aus dem Innovationsbereich soll das verdeutlichen (Scholl 2004).

Endlich einmal „Erster" sein…: Es geht um die Entwicklung und Markteinführung eines Akku-betriebenen Schleifgerätes für Handwerker, mit dem an die Erfolge anderer Akku-betriebener Werkzeuge angeknüpft werden sollte. Mit dem Gerät wurden mehrere Ziele verfolgt: a) Man wollte die erste Firma auf dem Markt mit einem solchen Gerät sein; b) das Werkzeug war als die „Pflichtinnovation" des Unternehmensbereichs pro Jahr gedacht; c) es sollte gleichzeitig die eigene Akku-Fertigung damit ausgelastet werden; d) und schließlich sollte das Gerät natürlich innerhalb der erwarteten Absatzzahlen seinen Beitrag zum Betriebsergebnis bringen. Aufs Ganze gesehen ist keines dieser Ziele erreicht worden; es handelt sich vielmehr um einen grandiosen Misserfolg. Was ging da schief?

Neben den üblichen Kinderkrankheiten war das Hauptmanko des Geräts, dass die Betriebszeit viel zu kurz war; nach 20 min musste der Akku 10 Stunden wieder geladen werden. Erstaunlich ist zunächst, dass es einer hochkarätigen Gruppe von Entwicklungs-, Vertriebs- und Marketing-Experten nicht gelang, diese Nutzungsfrage in den Mittelpunkt der Überlegungen zu stellen. Der Entwicklungsleiter wollte aber unbedingt an die Erfolge des Akkuschraubers anknüpfen und sich an die Spitze des Trends zu akkubetriebenen Geräten setzen. Als ein Mitarbeiter, ein Vertriebsmann, Zweifel äußerte, weil die Betriebszeit zu kurz und die Absatzzahlen zu hoch gegriffen seien, wurde das vom Entwicklungsleiter strikt zurückgewiesen („Ich bekam noch eins oben drauf" sagte der Vertriebsmann im Interview). Zwar wurde die Akkuzeit von 15 auf 20 min hochgeschraubt, aber auch das reichte bei weitem nicht für normale Schleifaufgaben. Hinzu kam, dass die Kunden auch ein Akkuladegerät dazu kaufen mussten, da der Akku so ausgelegt war, dass er nicht zu einem eventuell bereits erworbenen Ladegerät, z. B. von einem Akkuschrauber, passte, was das ganze Gerät erheblich verteuerte.

Anscheinend waren hier einige Informationspathologien im Spiel, denn prinzipiell hätte man das alles vorher bedenken und wissen können. Doch was ist genau mit dem Begriff der „Informationspathologien" gemeint?

21.1.1 Informationspathologien als Alltagsproblem der Wissensarbeit

Dass menschliche Information und Kommunikation nicht fehlerfrei funktionieren, ist eine Binsenweisheit, die man bereits im Kinderspiel „Stille Post" lernen kann. Eine Reihe

Abb. 21.1 Definition von Informationspathologien

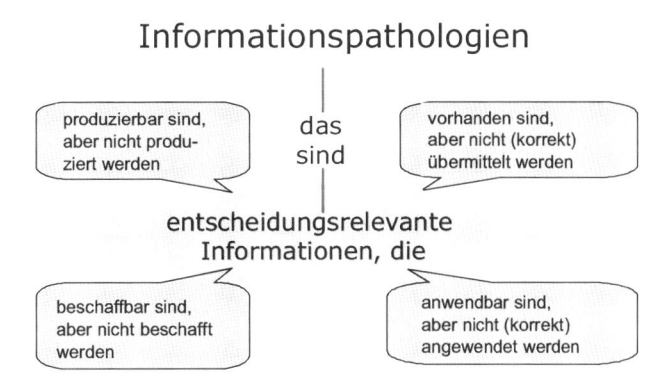

Informationspathologien

das sind entscheidungsrelevante Informationen, die

- produzierbar sind, aber nicht produziert werden
- vorhanden sind, aber nicht (korrekt) übermittelt werden
- beschaffbar sind, aber nicht beschafft werden
- anwendbar sind, aber nicht (korrekt) angewendet werden

typischer Fehler, Mängel und Schwächen von Information und Kommunikation hat Wilensky (1967) wohl als erster systematisch zusammengestellt und analysiert und sie mit dem auch hier verwendeten Begriff „Informationspathologien" bezeichnet. Er erläutert Informationspathologien, indem er auf verschiedene ungünstige Verläufe verweist.

> Es gibt unzählige Fehlerquellen: Die Information ist oft nicht richtig, nicht klar, nicht rechtzeitig oder nicht relevant; aber selbst wenn sie das alles ist, wird sie u. U. falsch zusammengefasst, verzerrt oder völlig blockiert auf dem Weg zwischen Sender und Empfänger. Und wenn sie ankommt und in Handlungen umgesetzt werden könnte, wird sie vom Empfänger u. U. nicht beachtet, weil sie nicht zu seinen vorgefassten Meinungen paßt, weil er die Quelle für nicht vertrauenswürdig hält, weil sie in problematisches oder irrelevantes Material eingebettet ist oder einfach weil der Empfänger von zu vielen Mitteilungen überlastet ist. (Wilensky 1967, S. 41, unsere Übersetzung)

Natürlich stellt sich die Frage, ob sich Informationspathologien überhaupt vermeiden lassen, wenn man die begrenzte Rationalität des Menschen ernst nimmt. Maßstab der Funktionsstörung kann daher nicht das utopische Ideal ökonomischer Rationalität bzw. vollkommener Information sein. Definitorisch geht es vielmehr um *vermeidbare Fehler in der sozialen Informationsverarbeitung*, d. h. um produzierbare Informationen, die nicht produziert werden, beschaffbare Informationen, die nicht beschafft werden, vorhandene Informationen, die nicht oder verzerrt übermittelt werden und um vorliegende Informationen, die falsch verstanden oder nicht verwendet werden, die jedoch alle entscheidungsrelevant wären (s. Abb. 21.1).

Im obigen Fallbeispiel wurde die Meinung des Vertriebsmannes in den Wind geschlagen anstatt sie zu überprüfen, d. h. eine vorhandene Information wurde nicht verwendet. Er bekam vielmehr „eine oben drauf" wurde also dauerhaft zum Schweigen gebracht, weil abweichende Informationen unerwünscht waren. Anscheinend haben sich die anderen Beteiligten von vorneherein zurückgehalten im Wissen um den Willen des Entwicklungsleiters, denn es ist unwahrscheinlich, dass niemand sonst irgendwelche Zweifel hatte. In der Literatur wird dieses Phänomen einer scheinbaren Übereinstimmung unter den Entscheidern „Groupthink" genannt, im Anschluss an Analysen zu gravierenden Fehlentscheidungen der US-Regierung (Janis 1982). Eine ausführlichere Befragung potenzieller Kunden hätte überdies die zentralen Probleme schnell ans Tageslicht gebracht, d. h. produzierbare Informationen wurden nicht produziert. Eine gewisse Rolle spielte schließlich auch die bürokratische Verordnung einer „jährlichen Innovation", die erst Ideen bremst („wir haben dieses Jahr schon eine") und dann wieder unnötigen Druck ausübt („jetzt muss eine her"), wobei dann kritische Überlegungen eher unpassend zu sein scheinen.

21.1.2 Wissensgewinnung als Führungsaufgabe

Ein mögliches Problem im geschilderten Fall war vielleicht auch das Selbstverständnis des Entwicklungsleiters zu seiner Aufgabe als Führungskraft. Vermutlich wirkt immer noch das kulturelle Selbstverständnis nach, dass Führungskräfte die Arbeit und ihre Anforderungen besser kennen als ihre Mitarbeiter, sie im Zweifelsfall zu belehren haben und auf ihren Rat nicht angewiesen sind; auf diese Weise überschätzen sie ihr eigenes Wissen (Pfeffer et al. 1998). Während das ggf. zu früheren Handwerkszeiten einigermaßen realistisch war, wo der Meister mehr Erfahrung als der Geselle und der mehr als der Lehrling hatte, trifft das auf hierarchische Beziehungen in der Wissensgesellschaft nur noch selten zu. Die benötigten Kenntnisse und Erfahrungen ändern sich immer schneller. Learning-by-doing ist zentral, so dass ein zum Vorgesetzten Beförderter schon bald viele Teilprobleme weniger gut kennt als seine Mitarbeiter; dabei weiß er nicht einmal genau, bei welchen Teilproblemen das der Fall ist und bei welchen nicht. Offe (1970) nennt dies eine „diskontinuierliche Aufgabenstruktur", Vorgesetzte wissen und können nicht automatisch mehr, sondern anderes als ihre Mitarbeiter. In der Wissensgesellschaft weiß und kann tendenziell jeder etwas anderes, unabhängig vom hierarchischen Rang. Daher ist wechselseitiger Wissensaustausch kreuz und quer, in und außerhalb der Organisation notwendig, nicht etwa Rapport nach oben und Belehrung nach unten. Erst wenn die „Untergebenen" genauso selbstverständlich ihrem „Vorgesetzten" widersprechen können wie umgekehrt, wobei jeweils die Erfahrung des Anderen zu achten ist, ist man in der Wissensgesellschaft richtig angekommen.

Eine zentrale Führungsaufgabe besteht also darin, die Zusammenarbeit so zu gestalten, dass eine optimale Wissensgewinnung für alle möglich wird, um sowohl gemeinsam bessere Entscheidungen zu treffen als auch die Qualität der Einzelarbeit zu fördern. Dazu ist es notwendig, den Mitarbeitern genügend Handlungsspielraum bzw. Kompetenzen zu geben, sowie Ihnen genauso wie sich selbst ausreichende Fortbildungsmöglichkeiten bzw. Kompetenzentwicklung zu gewähren, um eine gute Basis für das weitere Learning-by-doing zu haben. Dieser Doppelsinn von „Kompetenz" als Befugnis und als Fähigkeit ist der Kern von „Empowerment", ein geeignetes Führungskonzept für wissensintensive Arbeit und für die Vermeidung von Informationspathologien. Auf Empowerment wird im Folgenden detaillierter eingegangen, nach einer genaueren Befassung mit Informationspathologien, Information, Kommunikation und Wissen.

21.2 Hintergrund des Führungsansatzes

Um besser zu verstehen, welche Art von Führung benötigt wird, ist es vorteilhaft, sich genauer mit Wissensprozessen auseinanderzusetzen, die Eigenart von „Wissen" zu klären, typische Fehlerquellen zu betrachten und dann nach einem geeigneten Führungskonzept zu fragen.

21.2.1 Wissen als eigentümliche Ressource

Die Vorstellungen darüber, „was Wissen ist" bzw. wie man am besten Wissen definiert, klaffen weit auseinander. Ohne diese Diskussion aufzurollen, gehen wir hier von folgenden Annahmen aus: Wissen betrifft die Verhältnisse in der Welt; es wird von Menschen entwickelt und gebraucht, um sich darin besser zurechtzufinden. Daher ist Wissen mehr als bloße Vermutung oder als gefestigter Glaube; es unterscheidet sich von beiden darin, dass man im Prinzip Belege anführen kann, wie und wo es sich bewährt hat.

Bei *Wissen* ist zu unterscheiden zwischen *Erkenntnis* (explizitem Wissen) und *Erfahrung* (implizitem Wissen, Know-how, Können), die unterschiedlich erworben werden und auch unvereinbar sein können, d. h. Menschen tun ab und zu Dinge, die ihren durch explizites Wissen geleiteten Intentionen nicht entsprechen. (Er-)Kenntnisse sind sprachlich mitteilbar, erlauben gedankliche Operationen und können in Büchern oder Computern gespeichert werden. Erfahrungen sind in gelungenen gelernten Reaktionen enthalten und entweder gar nicht oder nur ungenau mitteilbar. Zu Erfahrung und Könnerschaft gehören nicht nur physische Fertigkeiten, sondern auch zutreffende Ahnungen, Intuition, Kreativität und „Gefühl", d. h. nicht genau begründbare Einschätzungen. Um Erkenntnisse anderer wirklich zu verstehen und anwenden zu können, reicht explizites Wissen nie aus, es gehört immer ein gewisses Maß an implizitem Wissen dazu.

Explizites und implizites Wissen sind nicht nur individuell, sondern auch kollektiv in Organisationen vorhanden: *Kollektives Wissen* ist explizit aus Dokumenten, Handbüchern, Datenbanken, Programmen und Plänen zu rekonstruieren; das Rechnungswesen ist eine der wichtigsten Formen. Implizites Wissen steckt in bewährten Praktiken und Routinen, in abgestimmter Arbeitsteilung, in der zunehmenden Beherrschung von arbeitsteiligen Prozessen durch Fehlerbeseitigung und Vereinfachung (vgl. das Konzept der Erfahrungskurve, Henderson 1984). Tatsächlich ist unser individuelles Wissen zum allergrößten Teil eine fehleranfällige Aneignung kollektiven Wissens, d. h. einer sozialen Konstruktion, die über Generationen erarbeitet, ausprobiert, erweitert und verbessert wurde. Wir definieren daher: *Wissen ist eine mehr oder minder gut bewährte Repräsentation unserer Welt.*

Wissen ist vermutlich die wichtigste Ressource, damit Unternehmen und andere Organisationen gegenüber den Ansprüchen ihrer verschiedenen Interessentengruppen bestehen können. Zugleich ist sie eine ganz andere Ressource als Boden, Kapital oder leicht ausführbare Arbeit. Das Wissen von Personen kann man nicht (be)greifen, nicht abzählen, sondern bestenfalls abschätzen anhand von Taten und Berichten über Taten, zu denen Ausbildungen gehören. Auch die Personen selbst können ihr eigenes Wissen nur unvollkommen beschreiben, denn es ist weit verästet und teilweise implizit, so dass ein vollständiger Überblick unmöglich ist. Vieles kann man nur dann aus dem Gedächtnis abrufen, wenn verbundene Assoziationen zufällig hervorgerufen werden, was am ehesten in der vertrauten Arbeitssituation selbst passiert.

Diese Betrachtung des Wissen als mehr oder minder gut bewährte, z. T. implizite Repräsentation unserer Welt macht deutlich, dass es bei den Informationspathologien nicht um Abweichungen von vollkommener Rationalität geht, die es nicht geben kann, sondern um vermeidbare Fehler. Das Problem des menschlichen Wissens besteht darin, dass wir für die Anleitung unseres Handelns gerne Sicherheit haben und daher die Begrenztheit und Unvollkommenheit unseres Wissens gerne beschönigen und uns im Glauben wiegen, dass wir schon das Wesentliche richtig erfassen. Dies macht es noch schwerer, sich mit Menschen anderer Meinung und ganz anderen Wissenskonstruktionen zu verständigen und das jeweilige Wissen zusammenzufügen, weil es die Kluft zwischen unterschiedlichen Interessen, Kulturen, Ausbildungen und/oder Wertorientierungen vertieft, die die Repräsentationen der Welt prägen. Im Folgenden sollen einige typische Fehlerquellen in der Verständigung mit anderen Menschen näher beschrieben werden.

21.2.2 Fehlerquellen bei Information und Kommunikation

Die experimentelle Forschung hat eine Reihe häufiger Fehlerquellen identifiziert, die bei gemeinsamen Entscheidungen in der Kommunikation auftreten. Im Folgenden werden vier Arten solcher Fehlerquellen vorgestellt: 1. die Neigung, an vorhandenen Meinungen festzuhalten, 2. die Vernachlässigung einzigartiger Informationen, 3. das Streben nach schnellem Konsens und 4. die Beschönigung vorhandener Informationen gegenüber Höhergestellten.

1. Wir nutzen eine Vielzahl kreativer Möglichkeiten, um unsere liebgewonnenen Überzeugungen nicht ändern zu müssen (Review bei Brodbeck et al. 2007). Wir suchen gezielt nach neuen Informationen, die unsere Meinung unterstützen und vermeiden solche, die sie widerlegen könnten. Werden wir dennoch, z. B. in einer Diskussion, mit Gegenargumenten konfrontiert, so hinterfragen wir die Glaubwürdigkeit der Quelle und die Relevanz der Information für die Entscheidung. So war der Entwicklungsleiter im Anfangsbeispiel derart überzeugt von der Idee eines akkubetriebenen Schleifgerätes, dass er die Meinung nicht ernst nahm, dass vielen Kunden 15–20 min Betriebslaufzeit eines Akku-Schleifers zu kurz sein könnten. Erhalten wir hingegen Informationen, die unsere Auffassung stützen, so akzeptieren wir sie bereitwillig, ohne deren Glaubwürdigkeit oder Relevanz anzuzweifeln. In einer Diskussion versuchen wir, die anderen mit Argumenten für unsere Position zu überzeugen. Informationen, die unserer Meinung zuwiderlaufen, halten wir gezielt zurück oder vergessen sie. Aus diesen Gründen

entscheiden sich die meisten Gruppen auch nach einer intensiven Diskussion nur für Alternativen, die bereits vor der Diskussion von der Mehrheit oder den tonangebenden Mitgliedern bevorzugt wurden.

2. Im Vergleich zu Informationen, die allen oder mehreren Gruppenmitgliedern vorliegen (geteilte Informationen) vernachlässigen wir Informationen bei der Entscheidung, die nur einem Mitglied vorliegen (ungeteilte Informationen, Review bei Brodbeck et al. 2007). Die Wahrscheinlichkeit, dass ungeteilte Informationen genannt werden, ist geringer, weil sie von der Erinnerung und Motivation eines einzelnen Mitglieds abhängen, während es bei geteilten Informationen auch andere gibt, die sie nennen können. Doch selbst wenn ungeteilte Informationen genannt werden, werden sie weniger ernst genommen, da die Glaubwürdigkeit und Relevanz geteilter Informationen höher eingeschätzt wird. Die Vernachlässigung ungeteilter Informationen bei Gruppenentscheidungen ist fatal, weil gerade die Nutzung des einzigartigen Wissens der Mitglieder Gruppen dazu befähigt, bessere Entscheidungen zu fällen als es bei einer sofortigen Abstimmung ohne Diskussion möglich wäre.

3. Wir bevorzugen es, mit Menschen zusammenzuarbeiten, die wir mögen und die uns ähnlich sind (s. auch Kap. 20 zu Dialektischer Führung in diesem Buch). Diese Neigung kann Vorteile für die Leistung haben, weil Sympathie die Motivation zur Kooperation erhöht und wir dadurch reibungsloser Entscheidungen fällen und umsetzen können. Sie hat allerdings einen entscheidenden Nachteil. Die hohe Ähnlichkeit der Mitglieder führt dazu, dass kaum abweichende Meinungen vorkommen, die oft auf ungeteilten Informationen aufgrund anderer Erfahrungen und Interessen beruhen. Selbst wenn sie vorkommen, werden sie entweder nicht geäußert oder schnell an die Meinungen der anderen angeglichen, um den Konsens nicht zu stören (Groupthink, Janis 1982). Je homogener die Gruppe ist, desto stärker ist die Tendenz, an vorhandenen Meinungen festzuhalten und desto geringer ist die Entscheidungsqualität in Situationen, bei denen es auf die Nutzung einzigartigen Wissens ankommt (Schulz-Hardt et al. 2008). Der Gruppe gelingt es zwar, schnell zu einer Entscheidung zu kommen, jedoch unter Einbußen in der Entscheidungsqualität.

4. Wir verzerren unsere Informationsweitergabe nicht nur im Sinne unserer Meinungen, sondern versuchen auch, damit bei anderen einen guten Eindruck zu erzeugen. Schlechte Nachrichten hingegen werden bei ihrer Weitergabe oft beschönigt (Larson und King 1996), insbesondere wenn sie von höher gestellten Empfängern als Versagen des Senders interpretiert werden könnten (Jablin 1979). Die Angst vor Bestrafung führt dabei auch zur Zurückhaltung von Informationen über Risiken für Unternehmen oder Umwelt. So ist die Explosion der „Deepwater Horizon" im April 2010 laut eines Berichts der New York Times (21. Juli 2010) auch durch Ängste der Arbeiter, Sicherheitsprobleme zu melden, verursacht worden. Und der Druck der Firmenleitung im Anfangsbeispiel, jedes Jahr eine Innovation einzuführen, hat sicher dazu beigetragen, dass der Projektleiter und erst recht dann die meisten Mitarbeiter die Risiken für den Absatz des Akku-Schleifers verharmlost haben.

Die experimentelle Forschung demonstriert also, dass beschaffbare Informationen oft nicht beschafft werden, z. B. weil sie der eigenen Meinung widersprechen. Sie belegt, dass vorhandene Informationen oft nicht übermittelt werden, z. B. weil sie die Gruppenmeinung in Frage stellen oder sich ungünstig auf die eigene Reputation auswirken können. Und sie demonstriert, dass vorliegende Informationen nicht korrekt verarbeitet werden, z. B. weil sie nur von einer Person genannt und daher als weniger glaubwürdig oder relevant bewertet werden.

21.2.3 Harold Wilenskys Ansatz zu „Organizational Intelligence"

Wie oben bereits dargestellt, war Wilensky (1967) der erste und lange der einzige, der sich nicht auf die Untersuchung einzelner Fehlerquellen beschränkt hat, so wie sie im vorigen Abschnitt exemplarisch dargestellt wurden, sondern der versucht hat, die Gesamtheit der relevantesten Fehlerquellen und Mängel bei Information und Komnmunikation in Organisationen zu betrachten und ihre Ursachen zu erforschen. Anhand einer Reihe praktischer Beispiele – vorwiegend aus Politik und Wirtschaft – belegt er, was aufgrund von Blockierungen des Informationsflusses und Verzerrungen der Informationsinhalte alles schiefgehen kann. Die beobachteten Phänomene werden zum einen auf die drei strukturellen Merkmale hierarchische Strukturen, Spezialisierung und Zentralisierung des Fachwissens in Organisationen zurückgeführt und zum anderen auf irreführende Anschauungen über Wissen als gesicherte Fakten. Eine *Betonung der Hierarchie* durch viele Ebenen, Prozeduren und Symbole führt nach Wilensky zu Blockierungen und Verzerrungen in der aufwärtsgerichteten Kommunikation, zur kostspieligen Erzeugung von Loyalität statt kritischer Debatte und zur Isolierung der Experten von den Entscheidern. Eine *hohe organisatorische Spezialisierung* führt zu Engstirnigkeit, zu mangelndem Einfluss der Experten auf die Entscheider oder – als Abhilfe gegen mangelnden Einfluss – zu abgestimmten Beurteilungen zwischen den beteiligten Einheiten, die jedoch Probleme und mögliche Alternativen verdecken. Eine *Überzentralisierung der Experten* in Stabseinheiten führt dazu, dass die Organisationsspitze zu wenig von den wahren Problemen erfährt, dass griffige Zusammenfassungen Illusionen statt besseres Wissen fördern und die Spitze trotzdem mit Entscheidungen überlastet wird. Anschauungen, die *Wissen als Fakten* sehen, führen dazu, dass die Entscheider die Interpretationsbedürftigkeit von Informationen und ihren eigenen Interpretationsprozess nicht sehen und sich in einseitigen Weltsichten verrennen. Diese naive Gleichsetzung von Fakten-Information und Wissen ist auch ein typischer Fehler der Informatik-getriebenen Ansätze von Management-Informations-Systemen (MIS), Decision Support Systems (DSS) und vieler Datenbank-gestützten Wissensmanagementansätze.

Das Interessante am Konzept der Informationspathologien ist die Sichtbarmachung der Wissensprozesse von der – besonders relevanten – negativen Seite her, während die Unzahl positiver Wissensprozesse nur schwer erfassbar ist (als Möglichkeit vgl. Scholl 2006, 2007, sowie www.vertrauenskultur-innovation.de). Während Wilenskys Konzept gelegentlich in der Betriebswirtschaftslehre besprochen wird (z. B. Kirsch und Klein 1977), gibt es die ersten methodisch ausgewiesenen empirischen Analysen dazu im Rahmen eines Forschungsprojekts zu Innovationen von Scholl (1999, 2004). Deren Ergebnisse werden in Kap. 4.1 und 4.2 dargestellt. Aufbauend auf diesen Untersuchungen und auf generellen Überlegungen zum Wissensmanagement ist ein erweitertes Untersuchungsinstrument entwickelt worden, der Fragebogen zur Identifikation von Wissensbarrieren in Organisationen (Hopf 2009). Dieser gut getestete Fragebogen wird gerade bei einer Reihe von KMU eingesetzt, um Verbesserungsmöglichkeiten in den organisatorischen Wissensprozessen zu identifizieren und um ihren Einfluss auf den Unternehmenserfolg zu bestimmen. Da diese Untersuchung noch nicht abgeschlossen ist, wird Kap. 4.1 und 4.2 nur über die Ergebnisse aus dem Innovationsprojekt berichtet. Zuvor soll jedoch noch das Führungskonzept näher vorgestellt werden, das u. E. am besten zur Vermeidung von Informationspathologien geeignet ist.

21.2.4 Empowerment als geeignetes Führungskonzept in der Wissensgesellschaft

Der Begriff Empowerment ist in der Forschung wie in der Praxis sehr populär. Eine Mehrheit der amerikanischen Unternehmen gibt an, bereits eine Empowermentinitiative gestartet zu haben (Spreitzer 2007). Es existieren zwei Betrachtungen von Empowerment: eine sozio-strukturelle und eine psychologische. Der sozio-strukturelle Ansatz geht von Machtdifferenzen in der Organisation aus, die Konsequenzen für die Verteilung und den Erwerb von Belohnungen haben (Conger und Kanungo 1988). Zentral ist die Idee der Machtteilung zwischen Management und Mitarbeitern und damit die Delegierung und Weiterleitung von Entscheidungen, Informationen und Verantwortung an untere Hierarchieebenen. Diese sozio-strukturelle Seite als Rahmenbedingung für Führungsprozesse wird in Kap. 5.2 näher beleuchtet werden. Beim psychologischen Ansatz werden stärker das Individuum und sein Erleben ins Zentrum gerückt. Im Brennpunkt steht, wie Mitarbeiter ihre Arbeit erfahren und welche persönlichen Überzeugungen sie bezüglich ihrer Arbeitsrolle besitzen. Zum breiten Durchbruch verhalf der psychologischen Perspektive Spreitzer (1995).

Nach Spreitzer sind vier Variablen für das Erleben von Empowerment der Mitarbeiter besonders wichtig: Bedeutsamkeit, Kompetenz, Selbstbestimmung und Einfluss. *Bedeutsamkeit* wird als der Wert der Aufgabe im Verhältnis zu den persönlichen Idealen und Werten des Individuums definiert. Informationen zu produzieren, sie zu beschaffen, zu übermitteln und anzuwenden ist meist mit hohem Aufwand verbunden. Dafür ist es wichtig, dass ein Mitarbeiter die Aufgabe als bedeutsam erlebt und motiviert ist. Bei *Kompetenz* handelt es sich um die Einschätzung, mit den eigenen Fähigkeiten die Arbeitstätigkeiten gekonnt ausführen zu können. Hätte der Vertriebsmitarbeiter mehr Vertrauen in seine Kompetenz empfunden, z. B. weil seine Kompetenz mehr anerkannt worden wäre, so hätten seine begründeten Bedenken die Innovation retten können. *Selbstbestimmung* repräsentiert das Gefühl der Autonomie und Kontrolle über den Arbeitsprozess.

Individuen, die hohe Selbstbestimmung erleben, nehmen Wahlmöglichkeiten bei der Initiierung und Regulierung ihrer Aufgaben wahr. *Einfluss* wird als der Grad verstanden, in dem strategische, administrative und operative Ergebnisse durch das Individuum beeinflusst werden können (Spreitzer 1995). Eine gestärkte Position der Mitarbeiter gegenüber dem Entwicklungsleiter, d. h. sowohl mehr Selbstbestimmung als auch höherer Einfluss, hätte dem im Eingangsbeispiel beschriebenen Innovationsprozess geholfen. Durch die Mitbestimmungsmöglichkeiten und die Kontrolle über den Prozess hätten die Mitarbeiter frühzeitig ihr Wissen einfließen lassen und somit dysfunktionale Entwicklungspfade verhindern können.

Die Feldforschung zeigt eine Vielzahl positiver Zusammenhänge von Empowerment mit wichtigen Effektivitätskriterien. Empowerment-orientierte Führung von Teams (s. Kap. 4.3) ist mit mehr Wissensaustausch und Selbstwirksamkeit assoziiert, welche wiederum die Leistung der Teams vorhersagen (Srivastava et al. 2006). Empowerment ist weiterhin positiv mit der Innovationsleistung (Burpitt und Bigoness 1997), der Produktivität (Kirkman und Rosen 1999) und der Teameffektivität (Chen et al. 2007) verbunden. Darüber hinaus sind Beschäftigte nach Empowerment zufriedener (Schermuly und Meyer, 2011) und verhalten sich proaktiver, d. h. sie starten häufiger Initiativen (Spreitzer und Quinn 1996). Daher ist es besonders wichtig, dass Führungskräfte Empowerment praktizieren, d. h. ihren Mitarbeitern Kompetenzen übertragen und ihre Kompetenz fördern.

21.3 Beschreibung des Führungsansatzes

Zunächst beschreiben wir die Praxisprobleme der Wissensgewinnung anhand der in der Innovationsuntersuchung festgestellten Informationspathologien, um anschließend anhand einer neuen empirischen Untersuchung exemplarisch aufzuzeigen, welche Rolle Führung beim Entstehen oder beim Vermeiden von Informationspathologien spielt.

21.3.1 Informationspathologien in der Praxis

In einem DFG-geförderten Forschungsprojekt wurden von Scholl (2004) unter Mitarbeit von Hans-Christof Gierschner und Lutz Hoffmann 42 Fallstudien zu ge- und misslungenen Innovationsprozessen aus 16 Unternehmen durchgeführt. Dabei wurden durchschnittlich fünf Beteiligte interviewt und anschließend füllten etwa vier der fünf Befragten noch einen standardisierten Fragebogen aus. Die aus den Interviews rekonstruierten Fallgeschichten (23 davon sind in Scholl 2004, abgedruckt) waren die Grundlage für das Aufspüren von Informationspathologien im Sinne der obigen Definition der vier vermeidbaren Fehler und ihrer vermutlichen Ursachen. Die Anzahl der Informationspathologien pro Innovation konnte relativ zuverlässig ermittelt werden. Die Kategorisierung erfolgte durch qualitative Analysen der verfügbaren Aussagen und Indizien aus den Fallgeschichten (s. Scholl 2004, S. 30 ff.). Die folgende Abb. 21.2 zeigt die Ergebnisse.

Abb. 21.2 Informationspathologien und Innovationserfolg

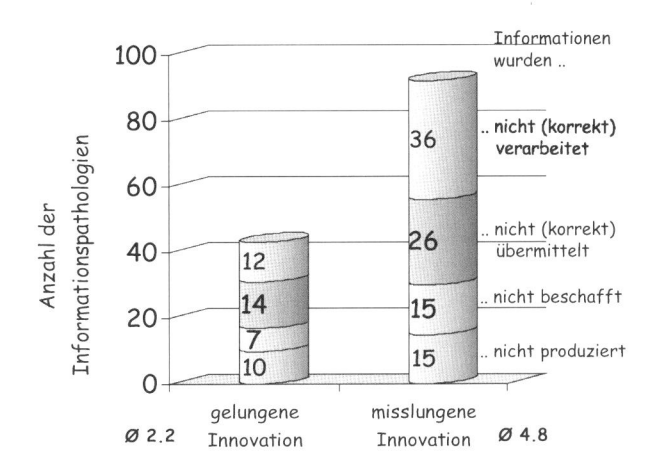

Zwei Dinge fallen zuerst auf: Wie erwartet, gab es bei den misslungenen Innovationen deutlich mehr Informationspathologien, im Schnitt pro Fall 4.8, als bei den gelungenen mit durchschnittlich 2.2. Dieser Unterschied ist signifikant ($p < .01$) und der Effekt sehr groß (mit $d = 1.5$ fast doppelt so groß wie ein großer Effekt von 0.8). Allerdings gab es auch bei den gelungenen Innovationen alle Arten von Informationspathologien, was die begrenzte Rationalität von Menschen und Organisationen deutlich macht. Dass Informationen *nicht produziert* werden, lag z. T. an Behinderungen durch andere Organisationsmitglieder (8 Fälle), z. T. an fehlenden Grundkenntnissen (6) oder an Betriebsblindheit (4) sowie an mehreren Einzelaspekten. Die *mangelnde Beschaffung* von Informationen lag vor allen an fehlender Partizipation der unmittelbar Betroffenen (10), die eben Spezialwissen haben, aber auch an unzureichender Suche (7) und der fehlenden Erkundigung bei anderen, die solche Prozesse schon durchgeführt haben (5). Noch häufiger als bei den beiden ersten Arten von Informationspathologien kamen Fälle vor, wo Informationen *nicht oder nicht korrekt übermittelt* wurden. Dies lag am häufigsten an Ressortegoismus (8), aber auch die Hierarchie erwies sich, wie schon Wilensky fand, als Hindernis: Von oben nach unten wurden Ziele verschleiert (6), vermutlich um einen Machtvorsprung zu behalten, und von unten nach oben wurden schlechte Nachrichten beschönigt (6). Und es gab viele weitere Formen wie z. B. Geheimhaltung (5) oder Informationsblockade (5) etc. Es mag zunächst überraschen, aber am häufigsten wurden vorhandene Informationen nicht oder nicht korrekt verarbeitet; nach den in Kap. 3.2 besprochenen experimentellen Ergebnissen zu unserer Neigung, an vorhandenen Meinungen festzuhalten, ist das allerdings weniger verwunderlich. Wunschdenken (8) und interessenbedingte Verzerrungen (7) führen hier die Hitliste an, aber nicht selten war auch das aus der Forschung gut bekannte „Not-invented-here-Syndrom" anzutreffen (5), wo man zur Selbstwertsteigerung selber alles besser zu können glaubt und von anderen nichts übernimmt.

Abb. 21.3 Ursachen der Informationspathologien

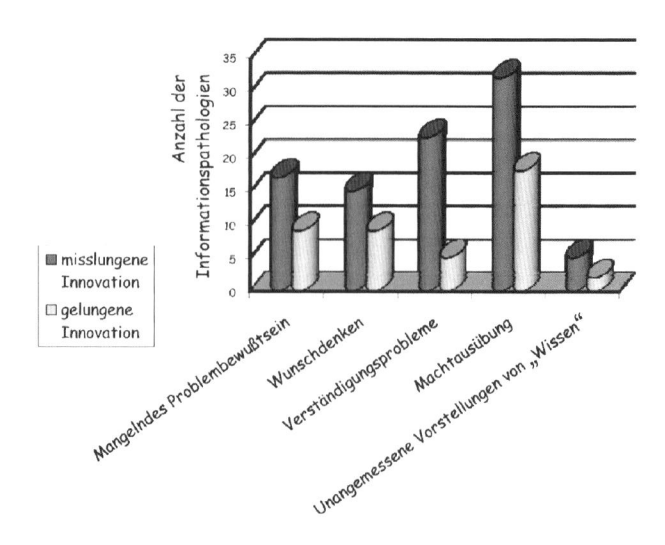

21.3.2 Ursachen von Informationspathologien

Die definitionsbasierte Identifizierung von Informationspathologien im vorigen Abschnitt hat schon einige vermutliche Ursachen aufscheinen lassen. Anhand der vorhandenen Indizien aus den Fallgeschichten wurden die insgesamt 135 Informationspathologien nach den wahrscheinlichen Ursachenbereichen neu kategorisiert, vgl. Abb. 21.3.

Die ersten beiden Kategorien sind eher individueller Natur. *Mangelndes Problembewusstsein* beförderte in 17 der 26 Fälle (2/3) den Misserfolg. Diese Kategorie beinhaltet vor allem unzureichende Informationssuche, mangelnde Grundkenntnisse und Betriebsblindheit. Vermutlich hätte regelmäßige und breit orientierte Fortbildung manche dieser Informationspathologien verhindert. *Wunschdenken* trug in 15 der 24 Fälle (etwa 2/3) zum Misserfolg bei; dazu zählen selektive, verzerrte Informationsaufnahme, die Abwertung anderer, gerade auch beim „Not-Invented-Here-Syndrom", sowie Aspekte der Selbstüberschätzung, die mit einer Unterschätzung des Problems oder der Meinung anderer einhergehen. Die Fälle von Wunschdenken veranschaulichen in der Praxis die „Vielzahl kreativer Möglichkeiten, um unsere liebgewonnenen Überzeugungen nicht ändern zu müssen", die in Kap. 3.2 als Ergebnis experimenteller Forschung herausgestellt wurden. Aber auch mangelndes Problembewusstsein dürfte z. T. damit zusammenhängen. Bei beiden Kategorien fehlte offensichtlich auch das Korrektiv anderer Meinungen der weiteren Innovationsbeteiligten; insofern handelt es sich auch hier nicht um rein individuelle Probleme. Meistens waren es die Führungskräfte selbst, bei denen mangelndes Problembewusstsein oder Wunschdenken vorlag. Hier hätte vermutlich eine offene, intensive Diskussionskultur dazu geführt, dass Mitarbeiter und Kollegen mitdenken und alternative Sichtweisen einbringen.

Verständigungsprobleme trugen in 23 von 28 Fällen zum Misserfolg bei; nur in 5 Fällen bzw. 18 % haben sie nicht stärker geschadet. Zu den Verständigungsproblemen gehören

Ressortegoismen, persönliche Antipathie, einfache Missverständnisse, unzureichende Konsensbildung, die Trennung von Informationsverarbeitung und Entscheidung und zu lange Informationswege mit vielen Zwischenstationen; die letzten beiden Unterkategorien sowie Ressortegoismen waren bereits von Wilensky (1967) genannt worden. Die häufigste Ursache von Informationspathologien mit insgesamt 50 Fällen war *Machtausübung*, d. h. die Durchsetzung eigener Vorstellungen gegen die Bedenken und Interessen anderer; in 32 bzw. 2/3 der Fälle machte sie den Misserfolg wahrscheinlicher. Zu den Informationspathologien, deren Ursache Machtausübung ist, gehören die Behinderung der Informationsgewinnung, mangelnde Partizipation, die Beschönigung schlechter Nachrichten nach oben in der Hierarchie, die eine Reaktion auf vermutete Machtausübung der Vorgesetzten ist, die versuchte Interessendurchsetzung durch Zielverschleierung und die Ignoranz der Meinung Untergebener. Am häufigsten kam jedoch die Nichtweitergabe bzw. Zurückhaltung von Informationen vor, die sich auch besonders einfach und unauffällig bewerkstelligen lässt. Interessanterweise war sie die einzige Unterkategorie, die bei den gelungenen Innovationen häufiger vorkam als bei den misslungenen, nämlich in 8 der 11 Fälle. Hier haben Untergebene gegen Richtlinien und Anweisungen ihrer Vorgesetzten, meist richtig konspirativ, an Innovationen gearbeitet und sie so zum Erfolg geführt. Machtausübung wird begünstigt durch hierarchisches Denken, auf dessen schädliche Wirkung für die Wissensgewinnung schon Wilensky hingewiesen hatte. Die Macht von unten wird z. T. als Abhilfe gegen dieses hierarchische Denken ausgeübt.

Die letzte Kategorie, auf die auch Wilensky schon hingewiesen hatte, beinhaltet *unangemessene Vorstellungen von „Wissen"*, die in 5 von 7 Fällen den Misserfolg begünstigten. Hierzu gehört, dass die Erfahrung der Älteren gegen die (Universitäts-)Erkenntnisse der Jüngeren ausgespielt wird und umgekehrt, dass Wissen als objektiv verstanden wird (vorzugsweise das eigene Wissen), sein interessenbezogener, politischer Zuschnitt nicht erkannt wird und dass durch eine Kultur der Fehlervermeidung das Lernen durch Ausprobieren gehemmt wird.

Wenn wir Wissensgewinnung als zentrale Aufgabe von Führung ansehen, dann stellt sich die Frage, wie solche Informationspathologien verhindert werden können. Das kann und muss sicher nicht perfekt geschehen – Menschen sind zu fehleranfällig dafür – aber wenn sich ein guter Teil vermeiden lässt, dann können organisatorische „Immunreaktionen" die restlichen „Pathologien" heilen. Ein offenes, nicht-hierarchisches, verständigungsorientiertes Klima kann da Wunder wirken, denn wo einer blind ist, sehen andere, wo einer Informationen nicht weitergibt, tut es vielleicht ein anderer usw. Was Führung dazu beitragen kann, wird im Folgenden näher beleuchtet.

21.3.3 Empowerment statt direktiver Führung

Empowerment kann über Führungsverhalten gewährleistet oder verhindert werden (Schermuly 2010). Dabei sind zwei Merkmale besonders zentral, partizipative im Gegensatz zu direktiver Führung, die sich durch das Ausmaß an Entscheidungsbeteiligung, das

Tab. 21.1 Empowermentorientierte und direktive Führungsverhaltensweisen bei Teamentscheidungen. (Nach Schermuly 2010)

Empowermentorientierte Verhaltensweisen	Direktive Verhaltensweisen
Die Führungskraft macht Vorschläge wie das Teamtreffen ablaufen könnte. Die Mitarbeiter ergänzen Tagesordnungspunkte und haben auch während des Treffens die Möglichkeit auf das Vorgehen Einfluss zu nehmen (z. B.: „Ich glaube, es ist wichtig noch einmal über die Betriebszeit zu reden.")	Die Führungskraft bestimmt, wie die Sitzung abzulaufen hat und lässt sich das auch nicht während der Sitzung aus der Hand nehmen (z. B.: „Über die Betriebszeit reden wir ggf. nächste Woche.")
Die Führungskraft ist die letzte Person des Teams, die ihre konkrete Meinung kommuniziert (z. B.: „Was sind ihre Meinungen bezüglich einer weiteren Innovation in diesem Jahr?").	Die Führungskraft ist die erste Person der Gruppe, die ihre konkrete Meinung kommuniziert (z. B.: „Daran geht kein Weg vorbei, wir brauchen auch in diesem Jahr eine Innovation.")
Die Führungskraft versucht jeden Mitarbeiter und sein Wissen während der Diskussion anzuregen und zu berücksichtigen (z. B.: „Herr Meier, Sie als Vertriebsexperte, wie lange muss ein Akku für einen Durchschnittskunden halten?").	Wenn die Führungskraft glaubt, dass ein Beitrag des Mitarbeiters unbrauchbar ist, dann unterbricht er diesen sofort (z. B.: „Die Betriebszeit reicht, dafür braucht man keine Kundenbefragung machen.").
Die Führungskraft sorgt dafür, dass jeder Mitarbeiter sich an der Entscheidung beteiligen kann (z. B.: Frau Schmidt, Sie haben sich lange nicht zu Wort gemeldet. Was denken Sie?").	Die Führungskraft setzt sich mit ihrer Meinung durch (z. B.: „Das Schleifgerät kommt und ich weiß, dass es ein Erfolg werden wird.").
Die Führungskraft vermeidet ihre eigene Meinung einfach durchzudrücken („Ok, ich denke, am meisten spricht für den Akkubetrieb. Ich will aber trotzdem noch einmal nachfragen: Gibt es dazu irgendwelche Bedenken?").	Nachdem sich die Führungskraft die Meinungen der Mitarbeiter angehört hat, entscheidet die Führungskraft alleine (z. B.: „Gut, jetzt weiß ich Bescheid, ich schicke ihnen morgen eine Mail, wie ich mich bezüglich des Schleifgeräts entschieden habe.").

den Geführten zugestanden wird, unterscheiden (Neuberger 2002). Führungskräfte, die empowerment-orientiert führen, lassen ihren Mitarbeitern mehr Einfluss auf die Organisation und Koordination ihrer Tätigkeiten. Dabei ist ein solcher Führungsstil nicht laissez-faire. Die Führungskräfte treten nicht von ihren Steuerungsfunktionen zurück, sondern führen diese anders aus. Z. B. kann über die gemeinsame Vereinbarung von Zielen Einfluss auf das Verhalten der Mitarbeiter genommen werden. Die konkreten Wege der Zielrealisierung bleiben aber den Mitarbeitern überlassen. Besonders wichtige Projekte werden zumeist in Teams bearbeitet. Tabelle 21.1 führt konkrete Führungsverhaltensweisen bei Teamentscheidungen auf, die Einfluss auf das Empowerment der Beschäftigten und die Entscheidungsgüte haben (Schermuly 2010).

Partizipative Führung beeinflusst insbesondere das Erleben von Selbstbestimmung und Einfluss, doch wirkt sie sich auch auf das Kompetenzerleben der Mitarbeiter aus. Die Kompetenz der Mitarbeiter kann weiterhin durch ein adäquates Feedback (Hackman und

Oldham 1980) sowie Coaching beeinflusst werden. Regelmäßige Mitarbeitergespräche sind dafür notwendig. Eine Erhöhung der Aufgabenbedeutung kann z. B. durch transformationale Führung (s. Kap. 2 dieses Buches; Schermuly et al. 2011) oder die individuelle Zuweisung von Aufgaben, die die Mitarbeiter als bedeutsam wahrnehmen, erreicht werden. Voraussetzung ist eine Kenntnis ihrer Neigungen und Bedürfnisse aus gemeinsamen Gesprächen.

21.3.4 Empowerment als Mittel gegen Informationspathologien

Viele Informationspathologien können durch Empowerment verhindert werden. Bestimmt die Führungskraft vollkommen alleine, wie die Tagesordnung einer Teamsitzung auszusehen hat (s. Tab. 21.1), so droht die Gefahr, dass wichtige Punkte zu spät oder gar nicht diskutiert werden. Wird dagegen die Tagesordnung offen besprochen und erhalten die Mitarbeiter dadurch Einfluss, so erhält die Sitzung einen aktuelleren Charakter (Schermuly 2010). Kommuniziert die Führungskraft bei einer Entscheidungssitzung als letzte ihre Präferenz, so verhindert dies, dass die Mitarbeiter ihre Informationen und Meinungen an der Präferenz der Führungskraft orientieren können und so ungeteilte Informationen eher eingebracht werden (Maier 1967). Unterbricht die Führungskraft ihre Mitarbeiter sofort, wenn sie glaubt, dass die Beiträge zu wenig passend sind, so behindert dies den offenen Meinungsaustausch. Aus Angst vor Ablehnung werden Informationen oder Bedenken zurückgehalten, was die Diskussionsintensität vermindert. Informationen, die vorhanden sind, werden nicht übermittelt. Es droht eine vorschnelle und qualitativ niedrige Entscheidung. Ermuntert die Führungskraft jeden Mitarbeiter, sein Wissen einzubringen, so werden einzigartige Informationen stärker berücksichtigt. Entscheidet die Führungskraft alleine, so besteht die Gefahr, dass auch Informationen, die ausgetauscht wurden, keinen Einfluss auf die Entscheidung haben.

Schermuly (2010) ließ 65 Triaden eine Personalauswahlentscheidung treffen. Die Informationen, die für die Lösung der Aufgabe notwendig waren, wurden über alle Gruppenmitglieder gleichmäßig verteilt. Dabei wurden drei Empowermentfaktoren manipuliert: Führungsstil (partizipativ versus direktiv), Bedeutsamkeitserleben der Mitarbeiter (hoch versus niedrig) und Kompetenzerleben der Mitarbeiter (hoch versus niedrig). Alle Diskussionen wurden Akt für Akt mit dem Instrument zur Kodierung von Diskussionen (IKD, Schermuly und Scholl 2011) kodiert. Das IKD ist ein neues Verfahren mit dem Interaktionsprozesse zeitökonomisch und softwarebasiert kodiert werden können. Neben dem interpersonalen Ausdruck einer Aussage auf den Dimensionen Dominanz und Freundlichkeit wird die Funktion jeder Aussage kodiert. Dabei konnte festgestellt werden, dass insbesondere der Führungsstil massiven Einfluss auf den Informationsaustausch hat. Partizipativ geführte Mitarbeiten brachten deutlich mehr Informationen in den Diskussionsprozess ein als autoritär geführte. Dieser Effekt wurde durch das Bedeutsamkeitserleben verstärkt. Mitarbeiter, die die Aufgabe als bedeutsam wahrnahmen und partizipativ geführt wurden, lieferten die meisten Informationen. Weiterhin entsprach die Entscheidung, die die direktiven Führer nach der Diskussion für die Gruppe alleine treffen sollten, in 53 % der Fälle der persönlichen Präferenz der Führungskräfte vor der Diskussion. In der partizipativen Bedingung trat dieser Effekt nicht auf. Hier wurde das Wissen nicht nur adäquater beschafft und diskutiert, sondern auch angewendet, d. h. als Grundlage für die Entscheidung genutzt. Daher war die Leistung unter partizipativer Führung deutlich besser. Weiterhin hatte der Führungsstil auch Konsequenzen auf die Gruppenatmosphäre. Unter autoritärer Führung handelten die Mitarbeiter feindlicher, sprachen weniger Zustimmungen und mehr Ablehnungen aus. Auch das belastete soziale Klima kann langfristig dazu führen, dass Informationspathologien auftreten (z. B. werden falsche Informationen übermittelt, weil man der Führungskraft schaden will).

21.4 Relevanz für die Praxis

Was folgt aus den dargestellten Forschungsergebnissen für die Praxis? Wir wollen im Folgenden verschiedene Umsetzungsprobleme und Chancen beleuchten. Doch zuerst soll die Analyse der Situationsbedingungen von Wissensgewinnung und Führung noch etwas vertieft werden.

21.4.1 Wissensentwicklung und Wandel der Arbeitsteilung

Die Geschichte der Menschheit bis hin zur Globalisierung wird vor allem von der kulturellen Evolution des Wissens bestimmt, die sich sowohl in der Entwicklung immer raffinierterer Werkzeuge und Gebrauchsgegenstände als auch in immer komplexeren Formen und Institutionen der Arbeitsteilung zeigt. Dieser Prozess läuft nicht linear, sondern exponentiell: Die genannten Entwicklungen verliefen über Millionen Jahre extrem langsam und nahmen erst mit dem konsequenten Übergang zum Ackerbau allmählich Fahrt auf. Der Ackerbau ermöglichte wirtschaftliche Überschüsse, die verwaltet werden mussten, dadurch die Entwicklung von Schrift stimulierten und damit zu den ersten „Wissensarbeitern" führten. Mit der Entwicklung zur Industriegesellschaft gab es eine weitere Beschleunigung der Wissensentwicklung und der Arbeitsteilung und in der heutigen Wissensgesellschaft ist eine sich immer noch steigernde weltweite Wissensexplosion zu konstatieren. Noch ist ein Ende dieser Dynamik nicht abzusehen, aber die Konsequenzen für die Arbeitsteilung jetzt und in den kommenden Jahrzehnten zeichnen sich deutlich ab.

Parallel zu der geschilderten Wissensentwicklung wurden die Ausbildungszeiten länger, Schulbesuch wurde eingeführt, zur primären Ausbildung kam die sekundäre und dann die tertiäre Ausbildung an den Hochschulen. Inzwischen ist bereits lebenslanges Lernen angesagt und es ist nicht mehr zu prognostizieren, welches Wissen sich Arbeitskräfte auf fast allen Ebenen in den jeweils nächsten 10 Jahren aneignen müssen. Trotz lebenslangen Lernens wird die Kluft zwischen individuellem und kollektivem Wissen immer größer und obwohl immer mehr Arbeit von Wissenschaftlern, Beratern, Computerspezialisten,

Medienleuten usw. darauf gerichtet wird, Wissen zusammenzufassen, in verdauliche Häppchen zu verpacken und anderen zugänglich zu machen, dürfte es immer weniger möglich sein, einen ausgewogenen Überblick in seinen Arbeitsfeldern zu behalten, ganz zu schweigen von entsprechenden Detailkenntnissen.

Auch die Organisation der Zusammenarbeit ändert sich zwangsläufig unter diesen Bedingungen. Die pyramidenförmige bürokratische Organisation, noch von Max Weber (1972) als „formal rationalste Form der Herrschaftsausübung" beschrieben, kann diese dynamische Wissensentwicklung nicht mehr absorbieren, die mit neuen wissenschaftlichen Erkenntnissen und Technologien, veränderten Kundenbedürfnissen und Marktstrukturen, globalen Ressourcenknappheiten und Finanzschwankungen, geänderten gesetzlichen Rahmenbedingungen und weltweiten politischen Veränderungen etc. irgendwie mithalten muss, möglichst besser als die Konkurrenten, die ja generell nicht dümmer sind. An die Stelle hierarchischer Organisation treten flexiblere Netzwerke innerhalb und zwischen Organisationen. Die Unternehmen werden zunehmend netzwerkartige Wertschöpfungsgemeinschaften, in die Zulieferer, Kunden, Forschungsinstitute, Berater, Zeitarbeitsfirmen und Telearbeiter je nach Bedarf ebenso einbezogen sind wie Arbeitnehmer und Führungskräfte. Die rechtliche Zugehörigkeit ist nicht mehr so wichtig wie die qualifizierte Arbeit an einem gemeinsamen Projekt, zu der jeder seine Kenntnisse und Erfahrungen sowie seine Kontakte zu Dritten beisteuern muss. Die Möglichkeiten des Internet(zes) verstärken diesen Trend zur vernetzten Arbeit. Die Beachtung der in Kap. 2.2 besprochenen „diskontinuierlichen Aufgabenstruktur" (Offe 1970) wird unumgänglich, denn hierarchische Macht findet ihre Grenze an der Ohnmacht des eigenen Nicht-(so-genau)-Wissens. Wird sie trotzdem zur Durchsetzung eigener Vorstellungen genutzt, dann steigt die Wahrscheinlichkeit des Scheiterns, weil die Machtausübenden sich dann vom Wissen der anderen abschneiden (Scholl 2004, 2007a; Scholl und Riedel 2010).

Die weitere Entwicklung von Führung in Richtung Empowerment oder ähnlicher Konzepte erscheint aus dieser Perspektive unausweichlich. Dabei benötigt Empowerment eine passende organisatorische Einbettung, ein Führungstraining allein würde schnell verpuffen.

21.4.2 Arbeitsgestaltung und Organisationskultur

Über verschiedene Maßnahmen kann das Erleben von Empowerment bei den Mitarbeitern gesteigert werden, um damit u. a. Informationspathologien einzuschränken. Dazu gehören klassische Arbeitsgestaltungsmechanismen wie Arbeitsbereicherung (Job Enrichment), Arbeitserweiterung (Job Enlargement), Arbeitswechsel (Job Rotation) und teilautonome bzw. selbststeuernde Gruppen. Bei Arbeitserweiterung und Arbeitswechsel handelt es sich um primär horizontale Arbeitsgestaltungsmaßnahmen, die vor allem die Bedeutsamkeitsdimension betreffen, indem sie Arbeit abwechslungsreicher und interessanter machen. Dagegen haben Arbeitsbereicherung und selbststeuernde Gruppen auch einen vertikalen Charakter, indem höherwertige, anspruchsvollere Aufgabenelemente integriert werden; dazu erhalten die Mitarbeiter mehr Kompetenzen aus höheren Hierarchiebenen und mehr Eigenverantwortung. Informationen können so eigenverantwortlich und schneller produziert, übermittelt und angewandt werden. Eindrucksvoll waren die Konsequenzen dieser Eigenverantwortung und der damit einhergehenden Wissensgewinnung schon beim ersten organisationspsychologischen Vergleich von traditioneller (tayloristischer) Einzelarbeit und teilautonomer Gruppenarbeit im englischen Kohlebergbau (vgl. Emery und Trist 1960): Die Unfälle gingen drastisch zurück, so dass die Abwesenheit wegen Unfall von 6,8 auf 3,2 % der Schichten sank. Die Produktivität stieg von 78 auf 95 %, vor allem weil weniger Hilfsdienste benötigt wurden (0,03 anstelle von 1,32 Stunden pro Mann und Schicht) und weil der Arbeitsrückstand von 69 auf 5 % sank. Hauptgrund für diese Verbesserungen war offensichtlich die direkte bessere und schnellere Weitergabe und Nutzung des bei den Arbeitern vorhandenen Wissens.

Ergänzt werden sollte Arbeitsbereicherung durch ein betriebliches Vorschlagswesen, das die Produktion von neuem Wissen belohnt. Eine empirische Erhebung aus dem Jahr 2006 durch das Deutsche Institut für Betriebswirtschaft zeigt starke Branchenunterschiede in der Zahl der Verbesserungsvorschläge: Während es in Krankenhäusern (stark hierarchisierten Organisationen!) nur 3 Vorschläge pro 100 Arbeitnehmer gab, waren es in der Elektroindustrie 161 und in der Kautschukindustrie sogar 209, d. h. von jedem Mitarbeiter kamen hier durchschnittlich 2 Verbesserungsvorschläge pro Jahr (Küfner et al. 2008). Natürlich gibt es auch von Unternehmen zu Unternehmen Unterschiede und vielfach sinkt das Vorschlagswesen nach kurzer Blütezeit in eine Art Winterschlaf. Als Hauptfaktor für ein gelingendes Vorschlagswesen gilt allgemein eine offene Unternehmenskultur, bei der jeder Vorschlag schnell und unbürokratisch positiv gewürdigt wird; selbst wenn er sich bei der anschließenden Prüfung als zu problematisch für eine Umsetzung erweist, vertieft seine Prüfung oft das vorhandene Wissen.

Das betriebliche Vorschlagswesen ist Teil des Ideen- und Wissensmanagements. Auch hier gilt eine offene, unterstützende Kultur als Hauptfaktor für das Gelingen (Mertins et al. 2003). Dabei sollte das Wissensmanagement nicht primär die Bereitstellung von Informationen in Datenbanken zum Ziel haben, auch wenn das in gewissem Maße helfen kann, sondern vor allem einen offenen, persönlichen Informationsfluss gewährleisten, bei dem die Produktion, Beschaffung und Weitergabe von neuem Wissen ganz selbstverständlich werden (Scholl et al. 2004). An dieser Stelle ist das Konzept der Informationspathologien als Diagnoseinstrument nützlich; anstatt ein fast nie funktionierendes ideales Wissensmanagementsystem zu erstellen, kann man mit der Diagnose spezifischer Informationspathologien und den dazu erfragten Vorschlägen gezielt Verbesserungen erreichen.[1] Mit dem eingangs angesprochenen „Fragebogen zur Identifikation von Wissensbarrieren in Organisationen" (Hopf 2009) steht ein erprobtes Diagnoseinstrument zur Verfügung.

---

[1] Popper (1965) empfiehlt solche schrittweisen Verbesserungen unter dem Namen „Stückwerktechnologie" anstatt ideale Systeme zu entwerfen, die nie funktionieren, weil unser Wissen nicht ausreicht, um alle Faktoren und ihre Wechselwirkungen zu erfassen.

21.4.3 Personalmaßnahmen

Im Rahmen der Personalentwicklung ist die bestehende Mitarbeiterschaft kontinuierlich zu qualifizieren, damit sie sich als kompetent erlebt und den ständigen Veränderungen und Ansprüchen an das bestehende und zu entwickelnde Wissen gerecht werden kann. Dabei sollten nicht nur fachliche, sondern auch überfachliche Kompetenzen (Methodenkompetenz, Sozialkompetenz, Selbstkompetenz) Berücksichtigung erfahren. Der Umgang mit Wissen, Informationen und Informationspathologien sollte ein fester Bestandteil der Qualifikation sein. Eigeninitiative und Risiken, die notwendig für Innovationen sind, müssen belohnt werden. Dafür brauchen die Mitarbeiter Sicherheit und müssen ihrer Führungskraft und dem Unternehmen insgesamt vertrauen (Dirks und Ferrin 2002).

Für die Führungskräfteschulung benennen Arnold et al. (2000) fünf Faktoren, die zentral für eine empowerment-orientierte Führung sind: Coaching, Informing, Leading by example, Showing Concern/Interacting with the Team und Participative Decision-Making. Führungskräfte sollten den Mitarbeitern die Wichtigkeit ihrer Arbeitsaufgaben im Zusammenhang mit einer übergeordneten Vision und der arbeitsteiligen Vernetzung verdeutlichen, um ihnen die Bedeutung ihrer Arbeit erlebbar zu machen. Um all dies zu gewährleisten, ist regelmäßiger Kontakt und eine wertschätzende Kommunikation zwischen den Führungskräften und ihren Mitarbeitern wichtig. Die Mitarbeiter müssen unterstützt, informiert und ernst genommen werden. Letztlich stehen vor allem die obersten Führungskräfte in der Verantwortung Empowerment bei den Mitarbeitern zu gewährleisten; sie müssen den nachgeordneten Führungskräften als Vorbild dienen und partizipativ führen.

Weiterhin sollte Empowerment nicht nur in der Personalentwicklung, sondern bereits bei der Personalauswahl berücksichtigt werden. Um das Kompetenzerleben der Mitarbeiter zu sichern, muss eine Passung zwischen den Anforderungen der Stelle und den Fähigkeiten der Bewerber hergestellt werden. Damit zukünftige Mitarbeiter ihre Arbeit als bedeutsam erfährt, muss eine möglichst hohe Übereinstimmung zwischen ihren Bedürfnissen und dem Befriedigungspotential der jeweiligen Stelle bestehen, was auch auf die oben dargestellte Arbeitsgestaltung verweist. Hier ist eine gezielte Personaldiagnostik notwendig, die über die Nutzung eines unstrukturierten Einstellungsinterview hinaus geht. Auch sollte schon bei der Auswahl der zukünftigen Mitarbeiterschaft die Neigung zu Informationspathologien ein Thema sein. Auf Mitarbeiter, die während der Gruppendiskussion eines Assessmentcenters Informationen zurückhalten oder nicht korrekt übermitteln, um einen kurzfristigen persönlichen Vorteil zu erhalten, sollte verzichtet werden. Eine kooperative Grundhaltung ist für die Eindämmung von Informationspathologien unbedingt notwendig.

Im Rahmen der Personalbeurteilung kann besonders ein 360-Grad Feedback helfen Empowerment zu stärken, weil nun auch die Mitarbeiter ihre Führungskräfte beurteilen. In diesem Feedback können die bewährten Fragebögen zu Empowerment (Spreitzer 1995; Adolf et al. 2009) eingesetzt werden, zusätzlich zu einem der üblichen Führungsstilfragebögen.

21.4.4 Umsetzungsprobleme

Verschiedene Gründe können benannt werden, warum Initiativen, die auf Empowerment zielen, oftmals scheitern. Zunächst einmal ist die Praktizierung von Empowerment mit Aufwand verbunden (s. z. B. die fünf Faktoren von Arnold et al.). Es reicht nicht den Mitarbeitern mehr Kompetenzen zu übertragen, sondern sie müssen für die neuen Verantwortungsbereiche auch qualifiziert werden. Und sie benötigen Orientierung, denn Empowerment-orientierte Führung ist keine Laissez-faire-Führung. Empowerment heißt nicht zuletzt regelmäßiger Kontakt zwischen Führungskraft und Mitarbeiterin und wechselseitige Beratung über alle anstehenden Fragen, wobei die Führungskräfte bei manchen Fragen, bei denen sie erkennbar mehr Erfahrung haben, eine Mentorenrolle einnehmen.

Weiterhin gilt, dass Führungskräfte, die selbst Empowerment erfahren, sehr viel leichter Empowerment praktizieren können. Erlebt sich eine Führungskraft aus dem mittleren Management aufgrund der Vorgaben des höheren Managements als wenig selbstbestimmt und einflussreich, so kann diese Führungskraft auch kaum ihren Mitarbeitern ein Gefühl von Empowerment vermitteln. Ebenfalls wichtig ist ein kooperatives, vertrauensvolles Klima. Wenn dagegen „Herrsche und teile" die Devise ist, die zu vermehrtem politischem Taktieren führt, dann hat Empowerment keine Chance, weil man dann nicht nur vom Vorgesetzten, sondern auch noch von allen anderen Führungskräften indirekt abhängig ist und noch weniger selbstbestimmt agieren kann. Empowerment zu praktizieren ist somit eine Maßnahme, die das ganze Unternehmen und dessen Kultur betrifft.

Wegen der traditionell hierarchischen Führung haben viele Führungskräfte Empowerment nicht gelernt und kennen keine Vorbilder. Dabei sind diese besonders wichtig, da die eigene Erfahrung als Mitarbeiterin die Ausführung adäquater Verhaltensweisen als Führungskraft erleichtert. Auch fürchten Führungskräfte durch die Abgabe von Verantwortung einen Kontroll- und Machtverlust; in extremen Fällen fürchten sie sogar überflüssig zu werden. Noch tiefer verwurzelt ist die mangelnde Bereitschaft zu Empowerment jedoch in traditionellen Auffassungen von Führung und einer generellen Tendenz zur Selbstwertsteigerung. Pfeffer et al. (1998) haben dies in einem interessanten Experiment bestätigt um zu erklären, warum Empowerment nicht stärker verbreitet ist trotz aller positiven Studien. Sie konnten zeigen, dass Menschen automatisch erwarten, dass stärkere Führungseingriffe bessere Resultate erzielen, so dass sie identische Resultate besser bewerten, wenn es stärkere Führungseingriffe gab. Bei den Führungskräften im Versuch, die sich selbst ja mitbewerteten, waren diese Unterschiede noch größer als bei externen Beobachtern.

Eine andere Möglichkeit, die kulturelle Erwartung an Führungskräfte zu ermitteln, ist mit der Affect Control Theory (Heise 2007; Schröder und Scholl 2009) gegeben. Nimmt man das von Tobias Schröder erstellte Lexikon affektiver Einschätzungen deutscher Wörter, das im Internet verfügbar ist (http://tschroeder.eu/computersimulation/interact.html), dann kann man folgende unterschiedlichen Handlungserwartungen ableiten: Eine <Führungskraft> wird einem <Mitarbeiter> wahrscheinlich <widersprechen> und <Leistung fordern>. Sieht sich die Führungskraft als <Manager>, dann würde der sich eher <ereifern über> den <Mitarbeiter>, mit ihm <streiten> und ihn <zur Eile antreiben>. Mit einem <Kollegen> würde die <Führungskraft> dagegen eher <debattieren> oder <verhandeln>. Als Fazit aus beiden Betrachtungen ergibt sich, dass von Führungskräften aufgrund der kulturellen Rollenerwartung kein Empowerment erwartet wird. Besonders vorbildlich ist hier das Vorgehen von Gore Associates, einer sehr innovativen Firma, die keine Vorgesetzten haben, sondern Sponsoren, die ihre – ggf. jüngeren – Kollegen (Teilhaber) unterstützen und ihnen so prinzipielle Gleichwertigkeit zubilligen (vgl. http://www.gore.com/de_de/aboutus/culture/corporate_culture.html); für Empowerment ist das angemessen. Ein Blick zur Affect Control Theory zeigt an, dass von einem <Sponsor> erwartet wird, dass er einen <Kollegen> <begrüßt> und mit ihm <fachsimpelt>.

21.5 Ausblick: Was bedeutet das für die Zukunft der Führung?

Die Ausführungen in Kap. 5.1 haben deutlich gemacht, dass ein gleichberechtigter Wissensaustausch immer unvermeidlicher wird, um die wachsende Aufgabenkomplexität, die sich vor allem in ständigen Veränderungen vieler relevanter Parameter zeigt, einigermaßen zu bewältigen. Jeder, der eine Zeit lang an etwas arbeitet, erwirbt spezifisches Wissen durch die Arbeitserfahrung, das diejenigen nicht haben, die nicht das Gleiche tun, und das sind nicht nur Kollegen aus anderen Bereichen, sondern auch die eigenen Vorgesetzten. Wie Thomas (1984) schon bei den einfachsten taylorisierten Arbeitsgängen gezeigt hat, ist das bei der Arbeit erworbene Wissen unentbehrlich: „Ein Betrieb, in dem ab morgen die Arbeiter nur noch das täten, wozu sie der Ordnung nach verpflichtet sind, würde aufhören zu funktionieren", denn trotz größter Einengung durch die Zeitvorgaben beheben sie unvorhergesehene Störungen und Mängel selbst. Diese Kompensationsleistung wird jedoch meist weder zur Kenntnis genommen noch honoriert, denn „was die Arbeiter … über Ordnung und Kommando hinaus tun, das tun sie in vielen Fällen *gegen* Ordnung und Kommando" (Thomas 1984, S. 47). Wieviel mehr muss das für qualifizierte Arbeit gelten, mit der es die meisten Führungskräfte jetzt und erst recht in Zukunft zu tun haben?

Alle angeführten Belege und die Einsicht in die besondere Ressource Wissen besagen: Während man die Sammlung von Informationen beauftragen kann, ergibt sich daraus nicht automatisch Wissen; Wissen lässt sich nicht kommandieren. Angesichts der Komplexität der meisten heutigen und zukünftigen Aufgaben ist es entscheidend, dass alle Beteiligten unabhängig von hierarchischer Position, von fachlicher Ausbildung und Studium, von demografischer Herkunft und betrieblicher Erfahrung vorurteilsfrei zusammenarbeiten, ihre Informationen austauschen und abklären, um ihr Wissen zu erweitern. Nur so sind gravierendere Informationspathologien zu vermeiden. Die in Kap. 4.2 dargestellten Ursachen von Informationspathologien lassen sich zu einem erheblichen Teil vermeiden durch

- Einsicht in die besondere Ressource Wissen – gegen unangemessene Vorstellungen,
- kontinuierliche Fortbildung – gegen mangelndes Problembewusstsein,
- eine kooperative Grundhaltung – gegen Verständigungsprobleme,

- Abbau hierarchischen Denkens und politischen Taktierens – gegen Machtausübung,
- ein Rollenverständnis von Führungskräften als Förderspezialisten (Sponsoren) – gegen besserwisserisches Wunschdenken.

Damit dies möglich wird, ist eine offen und kooperative Unternehmenskultur notwendig sowie ein Führungsverständnis von ganz oben bis ganz unten, das den Mitarbeitern weitgehende rechtliche Kompetenzen überträgt und ihre fachliche Kompetenz fördert, also Empowerment praktiziert.

Literatur

Adolf, J., Dix, A., Kadel, J., Kretschmann, J., Übelhör, I., & Scholl, W. (2009). Entfremdung und Empowerment: Struktur und Zusammenhang der Konstrukte auf Basis einer deutschsprachigen Messung. Humboldt-Universität zu Berlin: *Forschungsprojektbericht*.
Arnold, J. A., Arad, S., Rhoades, J. A., & Drasgow, F. (2000). The Empowering Leadership Questionnaire: The construction and validation of a new scale for measuring leader behaviors. *Journal of Organizational Behavior, 21,* 249–269.
Brodbeck, F. C., Kerschreiter, R., Mojzisch, A., & Schulz-Hardt, S. (2007). Group decision making under conditions of distributed knowledge: The information asymmetries model. *Academy of Management Review, 32,* 459–479.
Burpitt, W. J., & Bigoness, W. J. (1997). Leadership and innovation among teams: The impact of empowerment. *Small Group Research, 28,* 414–423.
Chen, G., Kirkman, B. L., Kanfer, R., & Allen, D. (2007). A multilevel study of leadership, empowerment, and performance in teams. *Journal of Applied Psychology, 92,* 331–346.
Conger, J. A., & Kanungo, R. N. (1988). The empowerment process: Integrating theory and practice. *Academy of Management Review, 13,* 471–482.
Dirks, K. T., & Ferrin, D. L. (2002). Trust in leadership: Meta-analytic findings and implications for research and practice. *Journal of Applied Psychology, 87,* 611–628.
Emery, F. E., & Trist, E. L. (1960). Socio-technical systems. In C. W. Churchman & M. Verhulst (Hrsg.), *Management science. Models and techniques* (Bd. 2., S. 83–97). Oxford: Pergamon.
Hackman, J. R., & Oldham, G. R. (1980). *Work redesign*. Reading, MA: Addison-Wesley.
Heise, D. R. (2007). *Expressive order. Confirming sentiments in social actions*. Berlin: Springer.
Henderson, B. D. (1984). *Die Erfahrungskurve in der Unternehmensstrategie* (2. Aufl.). Frankfurt: Campus.
Hopf, S. (2009). Fragebogen zur Identifikation von Wissensbarrieren in Organisationen (WiBa). Dissertation, Humboldt-Universität zu Berlin.
Jablin, F. M. (1979). Superior-subordinate communication: The state of the art. *Psychological Bulletin, 86,* 1201–1222.
Janis, I. L. (1982). *Groupthink* (2nd ed.). Boston: Houghton-Mifflin.
Kirkman, B. L., & Rosen, B. (1999). Beyond self-management: Antecedents and consequences of team empowerment. *Academy of Management Journal, 42,* 58–74.
Kirsch, W., & Klein, H. K. (1977). *Management-Informationssysteme II: Auf dem Weg zu einem neuen Taylorismus?*. Stuttgart et al.: Kohlhammer.
Küfner, S., Genz, H. O., & Kummer, A. (2008). *Betriebliches Vorschlagswesen als Ideenmanagement*. Hamburg: BGW.
Larson, F. W., & King, J. B. (1996). The systemic distortion of information: An ongoing challenge to management. *Organizational Dynamics, 24*(3), 49–61.
Maier, N. R. F. (1967). Assets and liabilities in group problem solving. *Psychological Review, 74,* 239–249.

Mertins, K., Heisig, P., & Vorbeck, J. (2003). *Knowledge management. Best practices in Europe* (2nd ed.). Berlin: Springer.

Neuberger, O. (2002). *Führen und führen lassen: Ansätze, Ergebnisse und Kritik der Führungsforschung* (6. Aufl.). Stuttgart: Lucius und Lucius.

Offe, C. (1970). *Leistungsprinzip und industrielle Arbeit. Mechanismen der Statusverteilung in Arbeitsorganisationen der industriellen „Leistungsgesellschaft"*. Frankfurt: Suhrkamp.

Pfeffer, J., Cialdini, R. B., Hanna, B., & Knopoff, K. (1998). Faith in supervision and the self-enhancement bias: Two psychological reasons why managers don't empower workers. *Basic and Applied Social Psychology, 20*, 313–321.

Schermuly, C. C. (2010). *Das Instrument zur Kodierung von Diskussionen – Untersuchung der psychometrischen Qualität und experimenteller Einsatz zur Prüfung des Empowermentkonstrukts*. Dissertation, Humboldt Universität zu Berlin.

Schermuly, C. C., Schermuly, R. A., & Meyer, B. (2011). Effects of vice-principals' psychological empowerment on job satisfaction and burnout. *International Journal of Educational Management, 25*, 252–264.

Schermuly, C. C., & Scholl, W. (2011). *Instrument zur Kodierung von Diskussionen (IKD)*. Göttingen: Hogrefe.

Scholl, W. (1999). Restrictive control and information pathologies in organizations. *Journal of Social Issues, 55*, 101–118.

Scholl, W. (2004). *Innovation und Information. Wie in Unternehmen neues Wissen produziert wird* (Unter Mitarbeit von Lutz Hoffmann und Hans-Christof Gierschner). Göttingen: Hogrefe.

Scholl, W. (2006). Evolutionäres Ideenmanagement. In T. Sommerlatte, G. Beyer, & G. Seidel (Hrsg.), *Innovationskultur und Ideenmanagement* (S. 163–193). Düsseldorf: Symposion.

Scholl, W. (2007). Innovationen – Wie Unternehmen neues Wissen produzieren und etablieren. In H. Hof & U. Wengenroth (Hrsg.), *Innovationsforschung – Ansätze, Methoden, Grenzen und Perspektiven* (S. 271–300). Münster: LIT.

Scholl, W. (2007a). Einfluss nehmen und Einsicht gewinnen – gegen die Verführung der Macht. *Wirtschaftspsychologie aktuell, 14*(4), 15–22.

Scholl, W., & Riedel, E. (2010). Using high or low power as promotive or restrictive control – differential effects on learning and performance. *Social Influence, 5*, 40–58.

Scholl, W., König, C., Meyer, B., & Heisig, P. (2004). The future of knowledge management – An international delphi study. *Journal of Knowledge Management, 8*, 19–35.

Schröder, T., & Scholl, W. (2009). Affective dynamics of leadership: An experimental test of affect control theory. *Social Psychology Quarterly, 72*, 180–197.

Schulz-Hardt, S., Mojzisch, A., & Vogelgesang, F. (2008). Dissent as a facilitator: Individual- and group-level effects on creativity and performance. In C. K. W. De Dreu & M. J. Gelfand (Hrsg.), *The psychology of conflict and conflict management in organizations* (S. 149–177). New York, NY: Taylor & Francis/Erlbaum.

Spreitzer, G. M. (1995). Psychological empowerment in the workplace: Dimensions, measurement, and validation. *Academy of Management Journal, 38*, 1442–1465.

Spreitzer, G. M. (2007). Taking stock: A review of more than twenty years of research on empowerment at work. In C. Cooper & J. Barling (Eds.), *The Handbook of Organizational Behavior* (S. 57–72). Thousand Oaks: Sage.

Spreitzer, G., & Quinn, R. E. (1996). Empowering middle managers to be transformational leaders. *Journal of Applied Behavioral Science, 32*, 237–261.

Srivastava, A., Bartol, K. M., & Locke, E. A. (2006). Empowering leadership in management teams: Effects on knowledge sharing, efficacy, and performance. *Academy of Management Journal, 49*, 1239–1251.

Thomas, K. (1984). *Die betriebliche Situation der Arbeiter*. Stuttgart: Enke.

Weber, M. (1972). *Wirtschaft und Gesellschaft* (5. Aufl.). Tübingen: Mohr-Siebeck. (Erstausgabe 1921).

Wilensky, H. L. (1967). *Organizational intelligence: Knowledge and policy in government and industry*. New York: Basic Books.

LEAD® – Entwicklung eines evidenzbasierten Kompetenzmodells erfolgreicher Führung

22

Stefan Dörr, Marion Schmidt-Huber und Günter W. Maier

Zusammenfassung

„In der Führungsforschung gibt es nichts, was es nicht gibt" (Nerdinger 1994, S. 301). Trotz der fast nicht mehr zu überblickenden Anzahl von wissenschaftlichen und praxisorientierten Ansätzen zu „erfolgreicher Führung" fehlt im deutschsprachigen Raum bislang weitgehend ein umfassendes evidenzbasiertes Modell effektiver Führung. Der folgende Beitrag versucht, diese Lücke zu schließen und beschreibt die Entwicklung und Validierung eines ganzheitlichen Kompetenzmodells erfolgreicher Führung (LEAD® – Leadership Effectiveness and Development). Nach einer kurzen Hinführung zur Bedeutung des Ansatzes des evidenzbasierten Managements stellen wir die theoretische Verankerung des LEAD®-Kompetenzmodells sowie die zentralen Ergebnisse der empirischen Überprüfung vor. Anschließend beschreiben wir die praktische Relevanz für die Führungskräfteentwicklung an Hand eines Fallbeispiels. Insgesamt zeigen wir, dass mit LEAD® ein validiertes, ökonomisches und praxisrelevantes Führungsinstrument vorliegt, das von Unternehmen sowohl für die Führungsdiagnostik als auch die Führungskräfteentwicklung nutzbringend eingesetzt werden kann.

S. Dörr (✉) · M. Schmidt-Huber
A47 Consulting, Fachhochschule für angewandtes Management,
Lange Zeile 10, 85435 Erding, Deutschland
E-Mail: stefan.doerr@a47-consulting.de

M. Schmidt-Huber
E-Mail: marion.schmidt@a47-consulting.de

G. W. Maier
Universität Bielefeld, Universitätsstraße 25, 33615 Bielefeld, Deutschland
E-Mail: ao-psychologie@uni-bielefeld.de

22.1 Einleitung

In Zeiten des rasanten Wandels ist die effektive Mitarbeiterführung noch mehr zum Schlüsselfaktor für den Erfolg von Unternehmen in einer globalisierten Wirtschaftswelt geworden. Führungskräfte sind als „Peoplemanager" in der Verantwortung, ihre Mitarbeiter zu befähigen, dass sie Innovations- und Veränderungsprozesse erfolgreich bewältigen können. Verschiedene Studien belegen den hohen monetären Einfluss effektiver Führung auf den Unternehmenserfolg. Sträter (2010) berichtet beispielsweise von 30 % Produktivitätseinbußen bei nur durchschnittlichen Führungskräften im Vergleich zu effektiven Führungskräften, bei performanceschwachen Führungskräften sogar von 70 %. Deshalb ist es für Unternehmen essentiell, die vorhandenen Führungskompetenzen ganzheitlich zu bewerten und ein nachhaltiges und systematisches Vorgehen in der Führungskräfteentwicklung zu etablieren (Sarges 2006; Schorp und Heuer 2008).

Die immer wieder geforderte Nachhaltigkeit kann durch die Umsetzung des Ansatzes des evidenzbasierten Managements gelingen, indem konsequent wissenschaftliche Erkenntnisse bei der Entwicklung von Konzepten, der Etablierung von Prozessen und bei der Entscheidungsfindung herangezogen werden (Rousseau und McCarthy 2007; Ryans et al. 2007).

> Evidence-based management means translating principles based on best evidence into organizational practices. Through evidence-based management, practicing managers develop into experts who make organizational decisions informed by social science and organizational research—part of the zeitgeist moving professional decisions away from personal preference and unsystematic experience toward those based on the best available scientific evidence. (Rousseau 2006, S. 256)

Dieser Ansatz des evidenzbasierten Managements wird bereits in verschiedenen Disziplinen wie der Medizin, Pädagogik und auch Psychologie erfolgreich umgesetzt. So werden auch im Feld der Arbeits- und Organisationspsychologie, insbesondere in der praktischen Eignungsdiagnostik, durch die Berücksichtigung wissenschaftlicher Erkenntnisse valide und damit nachhaltige Selektionsentscheidungen getroffen (vgl. Schmidt und Hunter 1998).

Vor diesem Hintergrund ist es umso verwunderlicher, dass der Ansatz eines evidenzbasierten Managements in der Führungskräfteentwicklung im deutschsprachigen Raum kaum aktiv umgesetzt wird. Dabei verfügt die Führungsforschung über eine jahrzehntelange Forschungstradition, die zahlreiche praxisrelevante Erkenntnisse und Befunde hervorgebracht hat, die jedoch in der Praxis kaum Beachtung finden: „Viele Erkenntnisse aus der Führungsforschung werden in der Praxis als „zu „akademisch" oder „praxisfern" abgetan" (Brodbeck et al. 2002, S. 359).

Das in diesem Beitrag vorgestellte evidenzbasierte Kompetenzmodell effektiver Führung (LEAD®-Modell[1]) zeigt auf, wie Unternehmen die Erkenntnisse aus der Führungs-

---

[1] Beim LEAD® Modell handelt es sich um ein geschütztes Kompetenzmodell von A47-Consulting. Zur einfacheren Lesbarkeit wird das geschützte Modell im Folgenden ohne Markenschutz- oder Copyright-Kennzeichnung bezeichnet.

forschung nutzen und für die Diagnose und Entwicklung von Führungskompetenzen einsetzen können.

22.2 Hintergrund des Führungsansatzes

In der deutschen Führungslandschaft kann in Bezug auf die Diagnose von Führungsverhalten bislang noch kein systematisches evidenzbasiertes Vorgehen in der Praxis festgestellt werden. Unter 23 analysierten psychologischen Kompetenzmodellen und Instrumenten in Deutschland gab es kaum Ansätze zur Erfassung effektiven Führungsverhaltens, die explizit als evidenzbasiertes Modell und Instrument entwickelt wurden (Schmidt-Huber 2011). Nur in Einzelfällen konnte eine Untermauerung der Praxiskonzepte durch bestehende Führungstheorien festgestellt werden (z. B. Balance-Inventar der Führung BALI-F, Grote und Kauffeld 2007; !Response 360°-Feedback, Scherm 2001 zitiert nach Sarges und Wottawa 2004).

Die Mehrzahl der *praxisorientierten* Modelle und Instrumente der Führungsentwicklung gehen auf eine sehr situationsspezifische Perspektive zurück. Die Modelle weisen zwar oftmals eine hohe praxisrelevante inhaltliche Validität auf, sie basieren jedoch zumeist auf rein qualitativ erfassten Anforderungen für einen spezifischen Führungskontext, der zum Zeitpunkt der Konzeption im Unternehmen relevant ist. Den Praxismodellen fehlt demnach häufig der Bezug zu situationsunabhängigen Führungsdimensionen, die in Wissenschaft und Forschung bereits als erfolgsentscheidend bestätigt sind. So werden in Führungskulturen von Unternehmen, die beispielsweise eine „charismatische Führung" als Erfolgsfaktor favorisieren, oftmals einseitig visionäre und emotionalisierende Führungsstrategien hervorgehoben. Gleichzeitig wird die Notwendigkeit von rationalen, stabilisierenden und nachhaltigen Führungsstrategien vernachlässigt.

Im Gegensatz zu den praxisorientierten Modellen weisen *forschungsorientierte* Instrumente zwar klare theoretische Bezüge auf, sie berücksichtigen jedoch meist zu wenig die praxisrelevanten Anforderungen und sind aufgrund ihres spezifischen Theoriebezugs sehr eng gefasst. Beispielsweise können wissenschaftliche Ansätze, wie der „Multifactor Leadership Questionnaire" (Bass und Avolio 1995) oder das „Transformational Practices Inventory" (Podsakoff et al. 1990) aufgrund ihres Fokus auf transformationale oder charismatische Führung nicht flexibel und umfassend genug an unterschiedliche Führungskulturen in Unternehmen angepasst werden. Hinzu kommt, dass die oben genannten Ansätze und Instrumente auf angloamerikanischen Konzepten basieren und daher für ein deutschsprachiges Kompetenzmodell der Führung nicht eins zu eins übertragbar sind.

Die vorgenommene Gegenüberstellung der verschiedenen Kompetenzmodelle der Führung zeigt damit eine weitestgehende Trennung der beiden Disziplinen „Forschung und Praxis".

Mit der LEAD-Forschungsstudie wurde ein erster Schritt unternommen, diese Lücke zwischen Theorie und Praxis durch einen evidenzbasierten Ansatz zu schließen: Mit dem LEAD-Führungsmodell ist ein neues, integriertes Kompetenzmodell und Instrument für die Diagnose und Entwicklung effektiven Führungsverhaltens in Organisationen auf Basis zentraler verhaltensorientierter Führungstheorien entwickelt und validiert worden.

22.3 Beschreibung des Führungsansatzes

Im Gegensatz zu gängigen Führungstheorien, wie z. B. der transformationalen/transaktionalen Führung (Bass 1999) handelt es sich beim LEAD-Ansatz nicht um eine spezifische neue Führungstheorie, sondern um ein theoriebasiertes, praxisorientiertes und modular anwendbares Modell effektiver Führung: Das LEAD-Kompetenzmodell bietet einen wissenschaftlich fundierten und für die Praxis flexibel umsetzbaren Orientierungsrahmen für effektives Führungsverhalten. Neben der Evidenzbasierung wurden drei weitere Prämissen für die Entwicklung des LEAD-Kompetenzmodells zu Grunde gelegt: Kompetenzorientierung, Kontextbezug und die instrumentelle Umsetzbarkeit.

1. *Kompetenzorientierung*: Der Kompetenzbegriff wird allgemein als die erfolgreiche Bewältigung von Aufgaben in herausfordernden Situationen verstanden. Führungskompetenzen im Speziellen umschreiben die Fähigkeiten, die zur erfolgreichen Bewältigung von herausfordernden Führungsaufgaben, unabhängig von der Hierarchieebene, Tätigkeit oder Branche, erforderlich sind (vgl. Spencer und Spencer 1993). Damit ist Führungskompetenz mehr als die Summe verschiedener Anforderungen. Sie zeichnet sich durch ein erfolgs- und performanceorientiertes Handeln aus, das auch als „Selbstorganisationsfähigkeit" definiert wird (vgl. Heyse und Erpenbeck 2009). So bedeutet beispielsweise die Führungskompetenz „Entscheidungsfähigkeit", dass eine Führungskraft in einem herausfordernden Umfeld, z. B. in einem dynamischen Veränderungsprozess, mit unterschiedlichen Erwartungen der unterschiedlichen Interessensgruppen adäquat umgehen, akzeptierte Entscheidung treffen und die Entscheidung erfolgreich umsetzen kann.
2. *Kontextbezug*: Erfolgreiches Führungshandeln ist stets kontextgebunden. Der unternehmerische Kontext für das Führungsverhalten „nach außen" sind der Markt und die Kundenbedürfnisse, „nach innen" die Führungskultur und das Wertesystem der Organisation für den Umgang mit Kunden, Mitarbeitern und Kollegen. Das LEAD-Kompetenzmodell bedarf einerseits einer hohen Anschlussfähigkeit an die Unternehmensstrategie zur Erreichung der Geschäftsziele. Andererseits muss erfolgreiche Führung mit den Werten, Spielregeln und Normen des Unternehmens in Einklang gebracht werden. Im LEAD-Kompetenzmodell soll effektive Führung somit nicht nur auf das „Wie" einzelner Managementtechniken reduziert werden, wie z. B. effektiv Ziele vereinbaren und Feedback geben, sondern soll auch gezielt am „Wozu", dem Unternehmenszweck und den -werten ausgerichtet sein.
3. *Instrumentelle Umsetzbarkeit*: Die Praxistauglichkeit des LEAD-Modells wird dadurch errreicht, dass aus dem Kompetenzmodell unternehmensspezifische Instrumente zur Füh-

rungsdiagnose (z. B. Führungsfeedback bzw. -Assessment) und der Führungsentwicklung (z. B. Führungstraining, bzw. -coaching) abgeleitet werden können. Effiziente Führungsentwicklung wird somit als selektions- und entwicklungsorientiert verstanden – es gilt die „richtigen" Führungskräfte auszuwählen und sie dann „richtig" zu fördern.

Angesichts dieser Prämissen orientierte sich die Entwicklung des LEAD-Kompetenzmodells an folgenden Konstruktionsschritten:

- *Theoriebasierte* Ableitung und Verankerung von Kompetenzen der Führung aus zentralen Erkenntnissen der Führungsforschung
- *Praxisbezogene* Erweiterung des Kompetenzmodells mittels einer Anforderungsanalyse (qualitative Interviewstudie mit Führungskräften)
- *Empirische* Überprüfung und Validierung (Konstrukt-, Kriteriums- und inkrementelle Validität) des formulierten Kompetenzmodells sowie
- *Praktische* Anwendung und Überprüfung des LEAD-Kompetenzmodells in einem Unternehmensprojekt zur Führungskräfteentwicklung

Damit entspricht das Vorgehen der Kompetenzmodellierung und -überprüfung einem Hybrid-Ansatz (Briscoe und Hall 1999), bei dem wechselseitig praxis- und wissenschaftsorientierte Strategien miteinander kombiniert werden, so dass ein für die Praxis umsetzbares Kompetenzmodell entsteht (vgl. hierzu auch Campion et al. 2011).

22.3.1 Die theoriebasierte Entwicklung des LEAD-Modells

Das LEAD-Führungsmodell entstand in seiner ersten Version im Zuge der Forschungsarbeit von Dörr (2008) sowie aus den Erkenntnissen verschiedener Beratungsprojekte zur Führungs- und Organisationsentwicklung. Auf Basis bestehender theoretischer Modelle wurden „Dimensionen effektiver Führung" entwickelt und praxistauglich aufbereitet. Im Sinne des evidenzbasierten Vorgehens wurden alle Dimensionen auf Basis verhaltensorientierter Führungstheorien in fünf LEAD-Faktoren eingeordnet: 1) Strategieorientierung, 2) Ergebnisorientierung, 3) Mitarbeiter-/Interaktionsorientierung, 4) Veränderungsorientierung sowie 5) Werteorientierung.

Um den Umfang des Modells einzugrenzen, wurden zunächst zu jedem der fünf Faktoren drei erfolgskritische Dimensionen aus Theorien und der Beratungspraxis abgeleitet (vgl. Abb. 22.1). Es wurden gezielt solche Dimensionen ausgewählt, die einen Bezug zu verschiedenen Theorien aufweisen und damit ansatzübergreifend als besonders erfolgskritische Verhaltensweisen bezeichnet werden können.

Faktor I – Strategieorientierung: Die Dimensionen *Marktchancen erkennen, Zukunftsperspektiven formulieren* und *Strategie entwickeln* gehen auf die Ansätze der strategischen

Abb. 22.1 Theoretisch hergeleitete LEAD-Faktoren und LEAD-Dimensionen

> Faktor I – Strategieorientierung:
> Marktchancen erkennen, Zukunftsperspektive formulieren, Strategie entwickeln
>
> Faktor II – Ergebnisorientierung:
> Ziele vereinbaren, Verantwortung übertragen, Ergebnisse bewerten
>
> Faktor III – Mitarbeiterorientierung:
> Mitarbeiter coachen, Feedback geben, Team entwickeln/Konflikte managen
>
> Faktor IV – Veränderungsorientierung:
> Veränderungsbedarfe ableiten, Innovationen treiben, Veränderungen umsetzen
>
> Faktor V – Werteorientierung:
> Selbstvertrauen vermitteln, gestaltenden Einfluss üben, Authentizität vermitteln

Führung sowie der transformationalen und charismatischen Führung zurück. Metaanalytische Befunde (z. B. Greenley 1994; Miller und Cardinal 1994) zeigen, dass strategisches Führungsverhalten positive Effekte auf den Unternehmens- und Organisationserfolg aufweist. Je turbulenter das Umfeld der Organisation dabei ist, desto bedeutsamer wird strategische Planung für den Unternehmenserfolg (Brews und Purohit 2007).

Faktor II – Ergebnisorientierung: Die Dimensionen *Ziele vereinbaren, Verantwortung übertragen* und *Ergebnisse bewerten* basieren auf den Konstrukten der Aufgabenorientierung sowie der transaktionalen Führung. Verschiedene Autorengruppen fanden bedeutsame positive Zusammenhänge dieser Konstrukte mit Führungserfolgskriterien, wie z. B. Leistungsmotivation und -verhalten sowie ökonomischem Erfolg (z. B. Judge et al. 2004; Yukl et al. 2002).

Faktor III – Mitarbeiterorientierung: Die Dimensionen *Mitarbeiter coachen, Feedback geben, Team entwickeln und Konflikte managen* beruhen auf der transformationalen Führung sowie auf dem Konstrukt der Mitarbeiterorientierung. Metaanalytische Befunde zeigen bedeutsame positive Zusammenhänge der Mitarbeiterorientierung und der transformationalen Führung mit verschiedenen Erfolgskriterien wie Leistung, Zufriedenheit, Commitment oder Wohlbefinden (z. B. Judge et al. 2004; Judge und Picollo 2004; Kuoppola et al. 2008).

Faktor IV – Veränderungsorientierung: Die Dimensionen *Veränderungsbedarfe erkennen, Innovationen treiben* und *Veränderungen umsetzen* beziehen sich auf Ansätze der transformationalen und charismatischen Führung. Metaanalytische Befunde verweisen auf bedeutsame positive Zusammenhänge transformationaler und charismatischer Führung mit verschiedenen Erfolgsmaßen wie erhöhter Veränderungsbereitschaft, Akzeptanz für Innovation und Commitment (z. B. Felfe 2006; Judge und Piccolo 2004; Yukl et al. 2002).

Faktor V – Werteorientierung: Die Dimensionen *gestaltenden Einfluss üben, Selbstvertrauen vermitteln* und *authentisch sein* orientieren sich aufgrund der Vielzahl von in Frage kommenden Merkmalen eng am Verständnis von Führung als einem zielgerichteten Einflussprozess, bei dem die Führungskraft eine gestaltende Rolle einnimmt. Hierfür sind insbesondere das Selbstvertrauen der Führungskraft (House 1977; Yukl 2006), die Glaubwürdigkeit und das Empowerment der Mitarbeiter (Podsakoff et al. 1990; Sashkin und Sashkin 2003; Yukl 2006) von Bedeutung.

Die theoretische Herleitung der Führungsdimensionen stellt die Basis der LEAD-Modellentwicklung dar und ist ein erstes Differenzierungsmerkmal gegenüber den bisher entwickelten praxisorientierten Kompetenzmodellen der Führung im deutschsprachigen Raum. Um neben der theoretischen Verankerung die angestrebte Praxisrelevanz der Modellinhalte zu erreichen, wurde im nächsten Schritt der Kompetenzmodellierung ein systematischer Praxistest mit Managern verschiedener Unternehmen im Rahmen einer Anforderungsanalyse mittels Behavioral Event-Interviews (McClelland 1998) durchgeführt. Damit sollte auf eventuelle Lücken im Modell – praxisrelevante aber bislang fehlende Aspekte effektiver Führung – geschlossen werden.

22.3.2 Praxisbezogene Modellerweiterung durch eine Anforderungsanalyse

Die Anforderungsanalyse wurde als zweistufiger Prozess umgesetzt. Zunächst wurden qualitative Interviews mit 14 Führungskräften des unteren (Teamleiter), mittleren (Abteilungsleiter) und oberen (Vorstände und Geschäftsführer) Managements aus unterschiedlichen Branchen geführt. Die Führungskräfte wurden nach ihren wichtigsten und erfolgskritischen Führungs- und Managementsituationen, ihrem Vorgehen bei der Bewältigung dieser Situationen sowie nach dem Handlungsergebnis befragt (Behavioral Event-Interview, McClelland 1998). In den Interviews wurden 145 erfolgskritische Führungs- und Managementsituationen gewonnen und im Rahmen von Expertengesprächen mit dem bestehenden LEAD-Modell verglichen. Mit diesem Vorgehen konnten einige „praktische" Lücken des theoriebasierten LEAD-Modells identifiziert und insgesamt fünf neue Modelldimensionen eingefügt werden. Dabei handelte es sich um 1) Probleme analysieren, 2) Ressourcen bereitstellen, 3) Arbeitsbeziehungen gestalten, 4) Effektiv kommunizieren und 5) Ambiguitäten managen. Daneben wurde die Dimension Teamentwicklung/Konfliktmanagement in zwei separate Dimensionen aufgeteilt (s. auch Tab. 22.2).

Die theoretische Verortung und praxisorientierte Herkunft der Modelldimensionen ist abschließend in Tab. 22.1 zusammengefasst. Dabei wurden die anforderungsbezogenen und neu in das LEAD-Modell integrierten Dimensionen durch einen Vergleich mit drei Taxonomien zu Führungs- und Managementkompetenzen aus der Führungsforschung (Borman und Brush 1993; Fleishman et al. 1991; Tett et al. 2000) verglichen. Für alle Dimensionen des LEAD-Modells konnten bei mindestens zwei der Taxonomien inhaltsverwandte Dimensionen festgestellt werden. Damit weisen alle LEAD-Dimensionen klare Bezüge zu empirischen Führungsansätzen auf.

Zusammenfassend lässt sich festhalten, dass das LEAD-Kompetenzmodell auf verhaltensorientierten Führungstheorien und aktuellen Forschungsbefunden basiert. Der Anspruch der Praxis nach einem integrierten Ansatz, in dem verschiedene Anforderungen der Führung abgebildet sind, wird durch die Ausbalancierung der einzelnen Kompetenzen

Tab. 22.1 Theoretische Verortung des LEaD-Modells anhand wissenschaftlicher Taxonomien

LEaD-Dimension	Leaders[a]	Managers[a]	Aufgaben-orientierung	Mitarbeiter-orientierung	Veränderungs-orientierung	Trans-aktional	Trans-formational	Charis-matisch	Personen-merkmale	Strategische Führung	Praxis-anforderung (Vorstudie)
Marktchancen	✓							✓		✓	
Zukunftsperspektive	✓							✓		✓	
Strategie		✓			✓		✓			✓	
Ziele		✓	✓			✓					
Probleme		✓	✓				✓	✓			✓
Ergebnisse		✓	✓			✓					
Verantwortung		✓									
Coaching		✓		✓			✓	✓			
Feedback		✓				✓	✓				
Teamentwicklung				✓							
Konflikte		✓	✓								
Kommunikation		✓	✓								✓✓
Ressourcen		✓									✓✓
Arbeitsbeziehungen		✓		✓			✓				
Veränderungsbedarfe	✓				✓		✓	✓			
Innovation	✓				✓		✓	✓			
Veränderung	✓				✓		✓				
Einfluss	✓							✓	✓		
Selbstvertrauen	✓							✓	✓		
Authentizität	✓							✓	✓		
Ambiguitäten		✓									✓

Validierung des LEAD-
Modells & Fragebogens

Psychometrische Prüfung
zur Reduktion des Fragenpools

Prototypizitätsstudie
zur Reduktion des Fragenpools

Fragepoolentwicklung
(Fragenpool mit 320 Fragen)

**Evidenzbasierte
Modellentwicklung**

Abb. 22.2 Die LEAD-Forschungsstrategie

innerhalb der dynamischen Spannungsfelder wie „Aufgabenorientierung vs. Mitarbeiterorientierung", „transaktionale vs. transformationale Führung", „Leadership vs. Management", „strategische vs. personale/charismatische Führung" deutlich. Dadurch wird der oftmals zu spezifische Fokus einzelner Forschungsansätze der Führung erweitert.

In einem weiteren Schritt wurde der Mehrwert und Nutzen des LEAD-Modells für die Praxis überprüft, indem die Modellinhalte zunächst in ein Messinstrument transformiert (LEAD-Fragebogen) und daraufhin validiert wurden.

22.3.3 Empirische Überprüfung und Validierung

Der LEAD-Fragebogen wurde als ein diagnostisches Instrument entwickelt, das als valides, verständliches und ökonomisches Führungsinstrument in Unternehmen eingesetzt werden kann. Der vierstufige Entwicklungsprozess berücksichtigte theoretische, empirische wie auch praxisrelevante Gesichtspunkte (rationale Konstruktionsstrategie – vgl. Abb. 22.2, 22.3, Schmidt-Huber 2011).

1. *Entwicklung des Fragepools*: Es wurden, angelehnt an die LEAD-Dimensionen und auf Basis der Interviewbefunde und Praxiserfahrungen, ca. 320 Items generiert und den LEAD-Dimensionen zugeordnet. Die Basis dafür bildeten die in einem ersten Schritt

> Die Validierungsstichprobe (N = 720) setzt sich aus Teilnehmern unterschiedlichster Branchen, Hierarchieebenen und Tätigkeitsfeldern zusammen. Die Ergebnisse der Validierung zeigen neben guten Reliabilitätswerten (.79 < α < .91), die eine zuverlässige Erfassung der LEAD-Inhalte indizieren, verschiedene Indikatoren, die auf ein konstrukt- und kriteriumsvalides Modell und Instrument hinweisen:
>
> - Die *inhaltliche Validität* und damit die inhaltliche Relevanz wurde durch die iterative Entwicklungsstrategie erreicht: Für die einzelnen LEAD-Dimensionen wurden verhaltensnahe und differenzierte Fragen aus dem theoretischen Fundus und den Experteninterviews mit den Managern operationalisiert.
> - Auch die *Konstruktvalidität*, d. h. dass durch LEAD tatsächlich effektive Führung zuverlässig erfasst werden kann, konnte belegt werden: Die fünffaktorielle Struktur des LEAD-Modells wurde empirisch im Rahmen von konfirmatorischen Faktorenanalysen bestätigt. Die Dimensionen effektiver Führung wurden weiterhin von den Teilnehmern von ineffektiven Verhaltensweisen ihrer Führungskräfte klar abgegrenzt. Die substantiell höheren Zusammenhänge der Dimensionen mit inhaltsnahen Skalen von Messinstrumenten mit einer ähnlichen Zielsetzung (Transformational Leadership Inventory (TLI), Podsakoff et al, 1990; Managerial Practices Survey (MPS), Yukl, 1998) belegen die Konstruktvalidität des Modells und Fragebogens.
> - Die Befunde zur *Kriteriumsvalidierung* zeigen, dass mit dem LEAD-Modell Erfolgskriterien der Führung zuverlässig prognostiziert werden können: Für die Kriteriumsvalidität des LEAD-Fragebogens sprechen die substantiellen Zusammenhänge mit verschiedenen subjektiven Erfolgsvariablen, wie z. B. Extra-Anstrengung, Zufriedenheit mit der Führungskraft, Effektivität der Führungskraft, affektives Commitment, Gruppenleistung, Innovationsverhalten. Auch mit objektiven Erfolgsvariablen, wie z. B. Fehlzeiten und variabler Vergütung, resultieren teilweise signifikante Zusammenhänge.
> - Schließlich konnte gezeigt werden, dass die LEAD-Dimensionen im Vergleich zu bereits bestehenden validierten Instrumenten (TLI und MPS) *inkrementelle* Varianzanteile aufklären, d. h. hinsichtlich verschiedener Erfolgsmaße der Führung einen höheren Prognosewert liefern. Damit weisen die LEAD-Dimensionen neben der inhaltlich breiteren Ausgestaltung des Modells auch einen empirischen Mehrwert bei der Erklärung verschiedener Erfolgsmaße auf.

Abb. 22.3 Zusammenfassung der Ergebnisse der Validierungsstudie

identifizierten theoretischen Führungsmodelle, die Befunde aus den Behavioral Event-Interviews und die Erkenntnisse aus langjähriger Beratertätigkeit.

2. *Prototypizitätsstudie*: Auf der Grundlage umfassender unabhängiger Experteneinschätzungen wurden die inhaltlich relevantesten und verständlichsten Items jeder LEAD-Dimension ausgewählt.
3. *Psychometrische Überprüfung*: der Items: Bei der Prüfung der Qualität und Güte der Fragen wurden die Items mit den besten psychometrischen Eigenschaften selektiert. Der Fragenpool wurde damit auf 115 Items reduziert.
4. *Validierungsstudie*: Im ersten Gütetest des LEAD-Modells und LEAD-Fragebogens (reduziert auf 54 Items) wurde die konvergente, kriteriumsbezogene und inkrementelle Validität ermittelt (Schmidt-Huber 2011).

Insgesamt zeigen die Befunde der ersten LEAD-Validierungsstudie ein konstrukt- und kriteriumsvalides Modell und Instrument mit guten psychometrischen Eigenschaften der Reliabilität, Objektivität, Ökonomie und Nützlichkeit.

Als Ergebnis der Validierungsstudie ist ein neues Kompetenzmodell erfolgreicher Führung für den deutschsprachigen Raum entstanden, das ein breites und dennoch übersichtliches Kompetenzspektrum der Führung beinhaltet. Die Effektivität der Führung richtet

Tab. 22.2 Übersicht des LEAD-Modells und Beschreibung der LEAD-Dimensionen

LEAD-Dimension	Beschreibung der Dimension
Strategieorientierung	
Marktchancen erkennen	Reflexion marktbezogener Entwicklungen und Bedeutung für den eigenen Verantwortungsbereich, Analyse von Risiken und Potenzialen, um die Unternehmensziele zu erreichen
Zukunftsperspektive formulieren	Entwicklung einer herausfordernden und inspirierenden Zukunftsperspektive, Entwicklung strategischer Initiativen
Innovationen treiben	Kritisches Hinterfragen bestehender Prozesse und Abläufe, Identifikation von Treibern für Innovationen, Motivation von Mitarbeitern zur Entwicklung neuer Ideen
Ergebnisorientierung	
Ziele vereinbaren	Formulierung klarer Verantwortlichkeiten und Erwartungen, Führen durch Ziele
Probleme analysieren	Vernetztes Denken und differenzierte Problemanalyse, Entwicklungen von Lösungen
Ergebnisse bewerten	Nachhaltiges Monitoring von Arbeitsergebnissen und -prozessen, Feedback zu Arbeitsfortschritten, Ermöglichung des Lernens aus Fehlern
Mitarbeiterförderung	
Verantwortung übertragen	Empowerment und Fördern der Eigenverantwortung der Mitarbeiter, Delegation von Verantwortung und Handlungsspielräumen
Mitarbeiter coachen	Aufzeigen von Entwicklungsperspektiven, Verbesserung von Kompetenzen „on the job" und Unterstützung der beruflichen Weiterentwicklung
Feedback geben	Aktives Feedback durch Anerkennung von Leistungen und konstruktiver Kritik für die persönliche und aufgabenbezogene Entwicklung, angemessene Belohnung der Leistungen
Perspektiven übernehmen	Interpersonelle Kompetenz durch Perspektivenwechsel, aktives Zuhören und individuelle Wertschätzung
Interaktionsgestaltung	
Effektiv kommunizieren	Frühzeitige, aktive und zielgruppengerechte Information und Kommunikation
Ressourcen bereitstellen	Bereitstellung notwendiger Ressourcen und Strukturen für die geforderte Aufgabenerfüllung
Konflikte managen	Offener Umgang mit Konflikten, Unterstützung der Mitarbeiter, selbst Lösungen zu entwickeln, Konfliktmoderation und Fokussierung auf Lösungen
Veränderungen umsetzen	Förderung von Veränderungsbereitschaft, lösungsorientierter Umgang mit Unsicherheit und Widerständen, transparente Prozesskommunikation, nachhaltige Umsetzung von Maßnahmen und Sichtbarmachen von Erfolgen
Arbeitsbeziehungen gestalten	Gestaltung effektiver Arbeitsbeziehungen mit Mitarbeitern, Kollegen, Vorgesetzten und Kunden, lösungsorientiertes Vorgehen
Werteorientierung	
Selbstvertrauen vermitteln	Aktive soziale Einflussnahme durch Vermittlung von Selbstvertrauen, Optimismus und Begeisterungsfähigkeit, um Herausforderungen zu meistern

Tab. 22.2 (Fortsetzung)

LEAD-Dimension	Beschreibung der Dimension
Authentizität vermitteln	Glaubwürdiges und authentisches Handeln, Überzeugungen vorleben und als zuverlässiger Partner agieren
Ambiguitäten managen	Lösungsorientierter Umgang mit Paradoxien, Widersprüchlichkeiten und unsicheren Situationen, konstruktiver Umgang mit anderen Meinungen und Wertvorstellungen

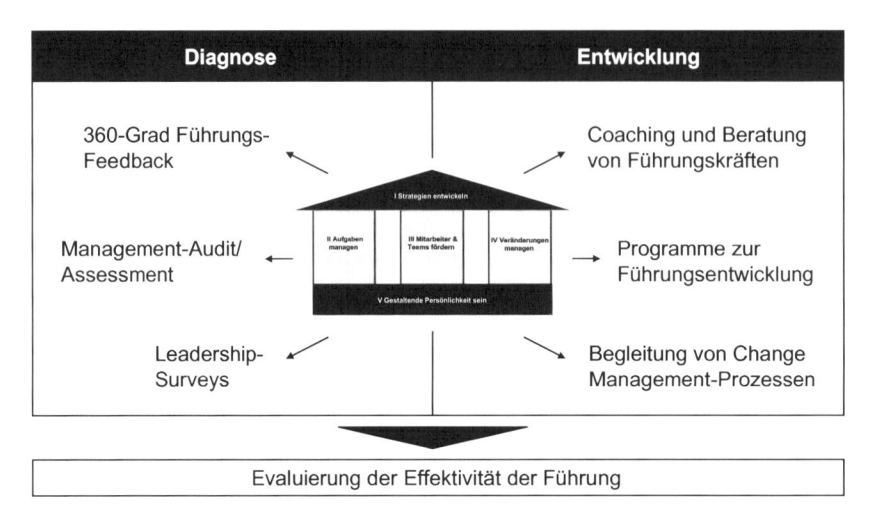

Abb. 22.4 LEAD-Instrumente zur Diagnose, Entwicklung und Steuerung von Führungskompetenzen

sich an dem „Wozu" (Strategieorientierung) und an dem „Wie" des Führungshandelns (Ergebnis-, Mitarbeiter- und Interaktionsorientierung) sowie an den Werten der Führungspersönlichkeit aus.

Das LEAD-Modell ist mit seinen 18 Dimensionen, strukturiert in 5 Faktoren in Tab. 22.2 dargestellt.

22.4 Relevanz für die Praxis

Das LEAD-Kompetenzmodell hebt sich durch die Evidenzbasierung, Praxisorientierung, Kontextbezogenheit und der instrumentellen Umsetzung von bestehenden deutschen Kompetenzmodellen effektiver Führung ab. Ein weiterer wichtiger Erfolgsfaktor bei der Umsetzung von LEAD ist es, die Inhalte des Modells an der jeweiligen Unternehmensstrategie und den bestehende Human Resources-Steuerungsinstrumenten auszurichten (vgl. Campion et al. 2011). Nachfolgend werden Beispiele für die Anwendung des LEAD-Modells in der Führungsentwicklung in Unternehmen dargestellt.

Abb. 22.5 Das 7-Stufenprogramm zur Führungsentwicklung von LEAD

1. Untersuchung „impliziter Führungstheorien"
2. Bearbeitung von Fallbeispielen z.B. zu „transaktionaler" und „transformationaler" Führung
3. 90- bis 360-Grad Feedback (LEAD)
4. LEAD-Profilanalyse und Ableitung von Maßnahmen, z.B. zur Verbesserung „transformationaler Führung"
5. „3 monatige Praxisphase" zur Umsetzung der Maßnahmenpläne optional: begleitendes LEAD-Coaching und -Training
6. „Follow-up": Reflexion, Fallberatung, Verhaltenstraining
7. Wiederholungsmessung mit LEAD

22.4.1 Anwendungsfelder von LEAD in der Managemententwicklung

LEAD wurde für die Diagnose und Entwicklung von Führungsverhalten auf organisationaler und individueller Ebene konzipiert (s. Abb. 22.4).

Der Einsatz des LEAD-Modells auf *organisationaler Ebene* dient dazu, um

- erfolgsrelevantes Führungsverhalten gezielt an den strategischen und operativen Zielen der Organisation auszurichten,
- das gewünschte Führungsverhalten als Soll-Anforderungen zu beschreiben und das Managementpotenzial z. B. mit Assessment-Centern oder Management Audits zu diagnostizieren,
- die Managemententwicklung, wie z. B. Trainings- und Entwicklungsprogramme an einem einheitlichen Kompetenzmodell auszurichten,
- den Status Quo der gelebten Führungskultur zu evaluieren und durch gezielte Organisationsentwicklungsmaßnahmen zu verbessern sowie als
- Steuerungsinstrument für Human-Resources zur Nachfolgeplanung, Personalbeurteilung und -management (z. B. Vergütungssysteme).

Der Einsatz des LEAD-Modells auf *individueller Ebene* kann als

- differenziertes Feedbackinstrument (90°-/180°-/360°-Feedback) für das individuelle Führungsverhalten sowie die Übereinstimmung des Selbst- und Fremdbilds genutzt werden,
- Leitfaden und Toolbox für ein Führungskräfteentwicklungs-Programm herangezogen werden, indem Potenziale und Entwicklungsbedarfe identifiziert und gezielt trainiert werden,
- zusätzliche Informationsquelle bei Potenzialeinschätzungsverfahren und Development Centern verwendet werden, um die prognostische Validität der Verfahren zu steigern sowie als
- Instrument für die Veränderungsmessung der Führungskompetenz, zum Beispiel zur Erfolgskontrolle bei Entwicklungsmaßnahmen oder Veränderungsprozessen eingesetzt werden.

- Das Unternehmen verfügt über eine auf Ihren Marktbedingungen und Kundenbedürfnisse abgestimmte **Leadership-Marke**:
  → „Was zeichnet unsere Führungskräfte aus, damit wir am Markt für unsere Kunden erfolgreich sind"?

- Mit einem klaren **Leadership-Statement** wird der Unterschied zum Wettbewerb aufgezeigt:
  (1) Was will unser Unternehmen für ihre Kunden verkörpern?
  (2) Was bedeutet das für unsere Führungskultur?
  (3) Was sind die zentralen erforderlichen Führungsfähigkeiten und Führungsverhaltensweisen?

- LEAD spezifiziert für das Unternehmen ein **Leadership-Modell**, das auf fünf elementare Führungskompetenzen basiert:
  (1) Marktorientierung und Strategie,
  (2) ziel- und ergebnisorientiertes Handeln
  (3) motivierende Mitarbeiterentwicklung
  (4) Veränderungen managen
  (5) persönliche Kompetenz und Glaubwürdigkeit

- Mit LEAD-Instrumenten erhalten Manager ein individuelles **Führungs-Feedback** zur Standortbestimmung.

- Mit LEAD steht ein an zentralen Kundenbedürfnissen und der Leadershipmarke orientiertes **Führungskräfte-Entwicklungsprogramm** zur Verfügung.

- LEAD überprüft die **Nachhaltigkeit** der Umsetzung.

Abb. 22.6 Von der Leadership-Marke zur nachhaltigen Führungskräfteentwicklung

Anwendungsbeispiele

Beispiel Führungskräfteentwicklung: Für die Führungskräfteentwicklung kann das LEAD-Modell in einem kombinierten Stufenprogramm zur Diagnose und Entwicklung eingesetzt werden (vgl. Abb. 22.5, in Anlehnung an Bass 1999). Dabei wird nach einer Reflexion impliziter Führungstheorien eine Ist-Analyse des wahrgenommen Führungsverhalten mittels eines 360-Grad-Feedbacks durchgeführt. In einer darauf folgenden Stärken-Schwächenanalyse, die von einem erfahrenen Führungscoach begleitet wird, entwickeln die Teilnehmer einen individuellen Entwicklungsplan mit konkreten Maßnahmen zur Verbesserung der eigenen Führungskompetenz. Der Schwerpunkt liegt dabei auf Entwicklungsmaßnahmen „on the job", wie z. B. der Umsetzung von „Führen durch Ziele" oder Coaching einzelner Mitarbeiter zur Leistungsverbesserung. Die Umsetzungsphase wird durch ein professionelles Coaching begleitet und kann durch geeignete Trainingsmaßnahmen ergänzt werden. Ein ähnliches Stufenprogramm wurde z. B. zur Verbesserung der Führungskompetenz von Professoren/innen an einer Eliteuniversität eingesetzt, denn „Exzellenz in der Forschung braucht Exzellenz in der der Mitarbeiterführung" (Peus et al. 2010).

Beispiel Entwicklung und Umsetzung einer Leadership-Marke: Ein neuerer Ansatz von Ulrich und Smallwood (2007) geht noch weiter. Die Autoren empfehlen Unternehmen, eine eigene „Leadership- Marke" aufzubauen, mit dem Ziel, den Marktauftritt mit den Managementkompetenzen zu verknüpfen: Ausgehend von dem Leistungsversprechen gegenüber den Stakeholdern wird eine unternehmensspezifische „Leadership-Marke" entwickelt und ein „Leadership-Statement" formuliert. Aus der „Leadership-Marke" werden dann die zentralen Führungskompetenzen definiert und ein passendes Entwicklungsprogramm konzipiert.

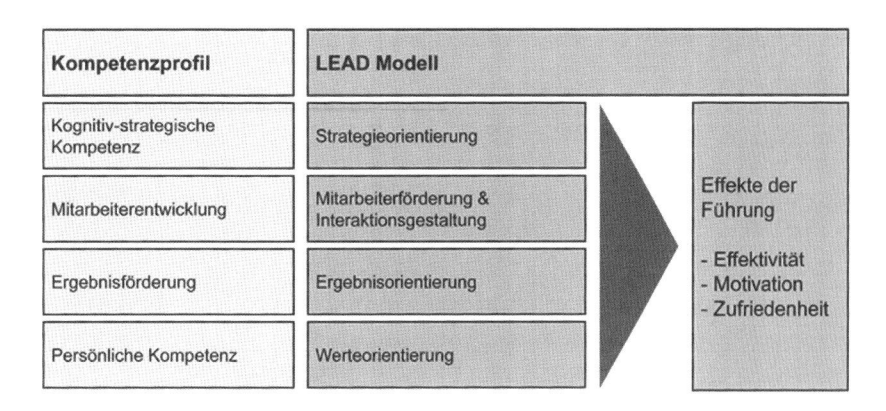

Abb. 22.7 Unternehmensspezifisches Kompetenzmodell der Führung eines international tätigen Unternehmens

Das LEAD-Kompetenzmodell setzt an dem Konzept der „Leadership-Marke" an und verbindet die Erwartungen des Marktes mit den gewünschten Verhaltensweisen der Führungskräfte. Im Rahmen der Managementdiagnostik werden diese Anforderungen an die Führungskräfte gemessen und in einem Führungsentwicklungsprogramm trainiert. Über mehrere Messzeitpunkte hinweg wird das vom Markt erwartete Führungsverhalten evaluiert und damit die nachhaltige Umsetzung der „Leadership-Marke" erreicht (vgl. Abb. 22.6).

22.4.2 Fallbeispiel für LEAD-Führungsfeedback in einem Dienstleistungsunternehmen

Ausgangslage: In einem international agierenden Unternehmen der Finanzdienstleistungsbranche wurde eine Niederlassung an einem osteuropäischen Standort gegründet. Zur Entwicklung des Managementpotenzials wurde das LEAD-Modell im Rahmen eines Leadership-Programms eingesetzt. Die Zielsetzung war, die Linienmanager beim Aufbau der neuen Geschäftsstruktur und -prozesse gezielt in ihrer Führungskompetenz zu entwickeln. Mit Hilfe von LEAD wurde ein unternehmensspezifisches Kompetenzmodell der Führung konzipiert, ein entsprechend maßgeschneidertes Führungsfeedback zur Selbst- und Fremdeinschätzung durchgeführt, individuelle Coaching –und Trainingsmaßnahmen initiiert und aus der weiterführenden und aggregierten Analyse der Ergebnisse strategische Hinweise zur Managemententwicklung am Standort abgeleitet.

Konzeption: In der Konzeptionsphase bestätigte sich, dass durch den ganzheitlichen Ansatz und die modulare Flexibilität von LEAD, die Unternehmenswerte und das Führungsleitbild ohne Schwierigkeiten in die Dimensionen des LEAD-Modells übersetzt und weiter entwickelt werden konnten (vgl. Abb. 22.7).

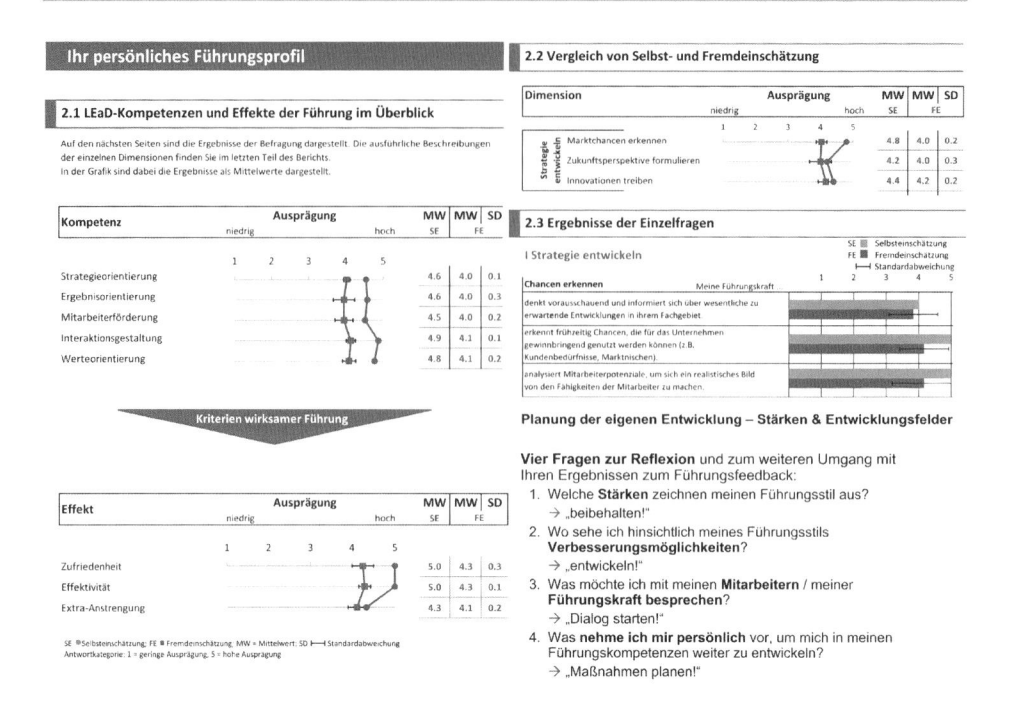

Abb. 22.8 Führungsfeedback: Stärken- und Schwächenprofil und individuelle Entwicklungsplanung

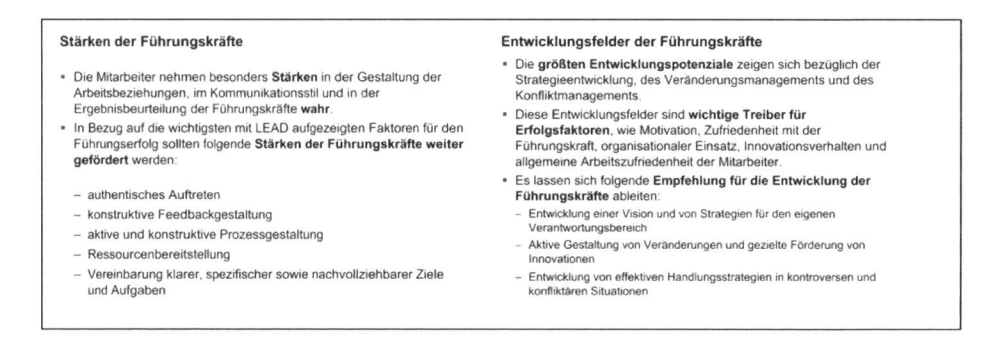

Abb. 22.9 Management-Audit: Stärken- und Schwächenanalyse und Entwicklungsfelder

Durchführung: Die Führungskräfte erhielten ein individuelles LEAD-Führungsprofil in Form eines Ergebnisberichts zu ihrem Selbst- und Fremdbild (vgl. Abb. 22.8). In einem Einzelcoaching erfolgte eine Profilauswertung zu Stärken und Schwächen, woraus ein individueller Entwicklungsplan abgeleitet wurde. Dieser wurde mit einem internen Personalentwickler im Rahmen eines Umsetzungsplans zur Transfersicherung konkretisiert. Die individuellen Ergebnisse wurden danach in moderierten Teamworkshops für die Teamentwicklung genutzt, um die Kommunikation, Zusammenarbeit und Teameffektivität zu verbessern. In einem aggregierten Ergebnisbericht über alle teilnehmenden Führungskräfte wurden konkrete Empfehlungen für die Personalentwicklung und die weitere Schwerpunktsetzung in der Managemententwicklung abgeleitet.

Ergebnisse zur Organisationsentwicklung: Aus der Analyse der Gesamtergebnisse des Führungsfeedbacks konnten im Sinne eines Managementaudits (vgl. Klebl 2006) wichtige Ableitungen für die Führungskräfteentwicklung der Niederlassung getroffen werden (vgl. Abb. 22.9). Als Stärken der Führungskultur zeichneten sich – passend zur „Pionierphase" der Standortgründung – eine generelle hohe Eigenmotivation, ein gutes Teamklima und eine sachliche Ergebnisorientierung ab. Schwächer ausgeprägt waren die Kompetenzen „strategische Orientierung", „Innovations- und Veränderungskompetenz" und „Konfliktmanagement". Aus den erkannten Defiziten wurden konkrete Initiativen zur Verbesserung abgeleitet, wie z. B. neue Module für die interne Führungsqualifizierung (z. B. Change- und Innovations-Management) und Foren zur Intensivierung des „Strategischen Dialogs". Durch die Umsetzung von LEAD konnte damit die Kompetenzentwicklung auf der individuellen (Führungsfeedback und Coaching) und auf der organisationalen Ebene (Führungsprogramm und Strategiedialog) angestoßen werden. Die Veränderung der Kompetenzentwicklung und Nachhaltigkeit der Personalentwicklungsmaßnahmen soll durch eine „Follow-up-Messung" evaluiert werden.

22.5 Ausblick: Warum ist ein evidenzbasierter Ansatz wichtig für die Zukunft der Führung?

Wie wir zu Beginn unseres Beitrags feststellten, fehlte bislang trotz einer fast nicht mehr zu überblickenden Anzahl von wissenschaftlichen und praxisorientierten Ansätzen zu effektivem Führungsverhalten ein ganzheitliches evidenzbasiertes Kompetenzmodell für den deutschsprachigen Raum. Die Ausgangslage für die LEAD-Studie war deshalb Fragestellung von Managern aus der Praxis an die Führungsforschung: Welche Kompetenzen benötigen Führungskräfte in Zeiten des rasanten Wandels, um ihre Mitarbeiter erfolgreich zu führen und wie können diese diagnostiziert und entwickelt werden? Als Antwort auf diese Fragestellung wurde das LEAD-Kompetenzmodell mit den darauf basierenden Instrumenten entwickelt.

Für die Managementpraxis bietet das LEAD-Kompetenzmodell einen ganzheitlichen Orientierungs- und Handlungsrahmen für erfolgreiche Führung durch

- *Markt- und Kundenorientierung* als strategischen Rahmen, um die Anforderungen an die Führungskompetenz zu definieren und eine „Leadership-Marke" umzusetzen
- die *flexible* und anforderungsbezogene *Anpassung* an unternehmensspezifische *Führungskulturen*
- die Integration der Pole „*Management und Leadership*" zur Umsetzung eines ganzheitlichen Führungsverständnisses

- eine klare *Handlungsorientierung* mittels ausgeprägter Verhaltensnähe, denn Führung ist lern- und entwickelbar
- die Integration *der Personen-* und *Werteorientierung* als einer „inneren Haltung" der Führungskraft verbunden mit einer hohen Lösungsorientierung
- die Konzeption *adaptierbare Instrumente* für die Diagnose und Entwicklung der Führungskompetenzen

Aus der Forschungsperspektive unterscheidet sich das LEAD-Kompetenzmodell durch seine Evidenzbasierung bei der Modellentwicklung. Im Vergleich zu anderen praxisorientierten Modellen ist es

- *theoretisch verankert* und integriert verschiedene verhaltensorientierte Führungsansätze,
- einerseits *breit konzipiert* (18 Dimensionen) und dennoch *ökonomisch* (54 Items),
- umfassend validiert sowie
- explizit auf *praktische Anforderungen* effektiven Führungsverhaltens ausgerichtet.

Damit bildet das LEAD-Kompetenzmodell durch seinen evidenzbasierten Ansatz eine Brücke zwischen „Theorie und Praxis". LEAD ist vielseitig in der Führungsdiagnose und -entwicklung einsetzbar und weist durch seine modulare Flexibilität eine hohe Adaptionsfähigkeit an bestehende Führungswerte und –leitbilder in Unternehmen auf. Das LEAD-Modell unterstützt Unternehmen, eine individuelle, auf ihre Marktpositionierung und ihr Leistungsversprechen ausgerichtete „Leadership-Marke" zu entwickeln und gezielt in einem Führungskräfteprogramm umsetzen. Denn erfolgreiche Führung ist die Basis für den Unternehmenserfolg.

Was lässt sich für die „Zukunft der Führung" aus der Perspektive der LEAD-Forschungsstudie ableiten? Kann nach den Paradigmen von „charismatic, transformational oder authentic leadership" eine neue Managementtheorie in die Galerie der Führungstheorien eingereiht werden? Nein, das sicherlich nicht.

Aus Sicht der Autoren bietet das LEAD-Kompetenzmodell jedoch eine neue Perspektive für die Praxis, indem es eine ganzheitliche, integrative und balancierte Perspektive der Führung aufzeigt: Jeder Manager ist täglich aufs Neue gefordert, Sachfragen zu bewerten, Entscheidungen zu treffen und in Kooperation mit verschiedensten Menschen, Veränderungsprozesse für die Organisation zu steuern. Der Erfolg ist eng an die Fähigkeit geknüpft, sich flexibel auf die unterschiedlichsten und teilweise auch widersprüchlichen Anforderungen einzustellen und darauf schnell und professionell reagieren zu können: Gefordert sind dabei Führungskompetenzen, die eine ständige Ausbalancierung zwischen strategischen und operativen Herausforderungen in einem mehr oder weniger dynamischen Umfeld, zwischen Sach- und Beziehungsebene im virtuellen oder persönlichen Kontakt, häufig sogar im internationalen Kontext, ermöglichen.

In diesem Sinne vollbringen Führungskräfte heute einen ständigen Balanceakt. Sie sind Manager *und* Leader, „Grenzgänger" zwischen den realen Gegebenheiten und innovativen

Chancens, um täglich neue unternehmerische Lösungen zu kreieren. Das LEAD-Kompetenzmodell bietet ihnen dazu einen balancierten Handlungsrahmen.

In diesem Sinne ist „*Balanced Leadership*" die Herausforderung für die Zukunft der Führung.

Autorbeschreibung

Prof. Dr. Stefan Dörr ist Wirtschafts- und Organisationspsychologe sowie zertifizierter Eignungsdiagnostiker und Organisationsentwickler. Nach seinem Studium der Psychologie in München war er fast 10 Jahre in einem internationalen Konzern der Finanzdienstleistungsbranche für Change Management, Führungskräfte-Entwicklung, Potenzial-Assessment-Center und Post-Merger-Integration-Prozesse verantwortlich. 1999 gründete er mit zwei Partnern die Beratungsfirma A47 Consulting für Unternehmensentwicklung und Managementdiagnostik. Seine Beratungsschwerpunkte liegen heute in den Bereichen Führungsentwicklung, Changemanagement, Performance Management sowie Managementdiagnostik und – coaching. Er ist Professor für Wirtschaftspsychologie an der Fachhochschule für angewandtes Management in Erding, forscht im Bereich der Führungsmotivation und transformationalen Führung und publizierte zu Themen im Qualitäts- und Fusionsmanagement und der Führung.

Dr. Marion Schmidt-Huber ist Beraterin bei A47 Consulting in München und wissenschaftliche Mitarbeiterin und Trainerin am Center for Leadership and People Management der LMU München. Nach ihrem Studium der Betriebswirtschaft mit dem Schwerpunkt Bankwesen an der Berufsakademie in Heidenheim studierte sie Psychologie an den Universitäten Trier und Mannheim.

Seit 2007 arbeitet sie bei A47 Consulting vor allem in den Bereichen der Managementdiagnostik, Personal- und Führungskräfteentwicklung. In der Forschung beschäftigt sie sich mit Themenstellungen zu effektivem Führungsverhalten, Führungskompetenzen sowie zur Führungskräfteentwicklung und zu Feedbackprozessen.

Prof. Dr. Günter W. Maier ist als Professor für Arbeits- und Organisationspsychologie an der Universität Bielefeld beschäftigt. Nach dem Abitur studierte er Psychologie, Pädagogik, Soziologie und Arbeitsrecht in Gießen und München. Im Jahr 1992 übernahm er zunächst eine Stelle als wissenschaftlicher Mitarbeiter im Forschungsprojekt „Selektion und Sozialisation des Führungsnachwuchses" der LMU München und war danach dort am Lehrstuhl für Organisations- und Wirtschaftspsychologie als wissenschaftlicher Assistent beschäftigt. Seit 2003 hat er die Professur an der Universität Bielefeld. In der Forschung beschäftigt er sich schwerpunktmäßig mit Fragestellungen zur Personalauswahl, zur Bedeutung von Persönlichkeitsmerkmalen im Arbeitsleben, zu organisationaler Gerechtigkeit und innovativem Verhalten sowie zu persönlichen beruflichen Zielen.

Literatur

Bass, B. M. (1999). Two decades of research and development in transformational leadership. *European Journal of Work and Organizational Psychology, 8*, 9–32.

Bass, B. M., & Avolio, B. J. (1995). *MLQ Multifactor Leadership Questionnaire: Technical report*. Redwood City, CA: Mind Garden.

Borman, W. C., & Brush, D. H. (1993). More progress toward a taxonomy of managerial performance requirements. *Human Performance, 6*, 1–21.

Brews, P., & Purohit, D. (2007). Strategic planning in unstable environments. *Long Range Planning, 40*, 64–83.

Briscoe, J. P., & Hall, D. T. (1999). Grooming and picking leaders using competency frameworks: Do they work?. *Organizational Dynamics, 28*(2), 37–52.

Brodbeck, F. C., Maier, G. W., & Frey, D. (2002). Führungstheorien. In D. Frey & M. Irle (Hrsg.), *Theorien der Sozialpsychologie* (S. 329–364). Bern: Verlag Hans Huber.

Campion, M. A., Fink, A. A., Ruggeberg, B. J., Carr, L., Phillips, G. M., & Odman, R. B. (2011). Doing competencies well: Best practices in competency modeling. *Personnel Psychology, 64*, 225–262.

Dörr, S. (2008). *Motive, Einflussstrategien und transformationale Führung als Faktoren effektiver Führung*. München: Rainer Hampp Verlag.

Felfe, J. (2006). Transformationale und charismatische Führung – Stand der Forschung und aktuelle Entwicklungen. *Zeitschrift für Personalpsychologie, 4*, 163–176.

Fleishman, E. A., Mumford, M. D., Zaccaro, S. J., Levin, K. Y., Korotkin, A. L., & Hein, M. B. (1991). Taxonomic efforts in the description of leader behavior: A synthesis and functional interpretation. *Leadership Quarterly, 2*, 245–287.

Greenley, G. E. (1994). Strategic planning and company performance: An appraisal of the empirical evidence. *Scandinavian Journal of Management, 10*, 383–396.

Grote, S., & Kauffeld, S. (2007). Stabilisieren oder dynamisieren: Das Balance-Inventar der Führung. In: J. Erpenbeck & L. Rosenstiel (Hrsg.), *Handbuch Kompetenzmessung. Erkennen, verstehen und bewerten von Kompetenzen in der betrieblichen, pädagogischen und psychologischen Praxis*. Stuttgart: Schäffer-Poeschel.

Heyse, V., & Erpenbeck, J. (2009). *Kompetenztraining. Informations- und Trainingsprogramme*. Stuttgart: Schäffer-Poeschel.

House, R. J. (1977). A 1976 theory of charismatic leadership. In J. G. Hunt & L. L. Larson (Hrsg.), *Leadership: cutting the edge* (S. 189–207). Carbondale: Southern Illinois University Press.

Judge, T. A., & Piccolo, R. F. (2004). Transformational and transactional leadership: A meta-analytic test of their relative validity. *Journal of Applied Psychology, 89*, 755–768.

Judge, T. A., Piccolo, R. F., & Illies, R. (2004). The forgotten ones? The validity of consideration and initiating structure in leadership research. *Journal of Applied Psychology, 89*, 36–51.

Klebl, U. (2006). Management Audit. *Organisationsentwicklung, 3*, 78–81.

Kuoppala, J., Lamminpää, A., Liira, J., & Vaino, H. (2008). Leadership, job well-being, and health effects – A systematic review and meta-analysis. *Journal of Occupational & Environmental Medicine, 50*, 904–915.

McClelland, D. C. (1998). Identifying competencies with behavioral-event interviews. *Psychological Science, 9*, 331–339.

Miller, C. C., & Cardinal, L. B. (1994). Strategic planning and firm performance: A synthesis of more than two decades of research. *Academy of Management Journal, 37*, 1649–1665.

Nerdinger, F. W. (1994). *Zur Psychologie der Dienstleistung*. Stuttgart: Schäffer-Poeschel.

Peus, C., Braun, S., Weisweiler, S., & Frey, D. (2010). Kompetent führen, führend forschen? Professionalisierung der Führungskompetenz an deutschen Universitäten. *OrganisationsEntwicklung, 29*(1), 38–45.

Podsakoff, P. M. (1990). Transformational leader behaviors and their effects on followers' trust in leader, satisfaction, and organizational citizenship behaviors. *Leadership Quarterly, 1*, 107–142.

Rousseau, D. M. (2006). Is there such a thing as „evidence-based management"?. *Academy of Management Review, 31*, 256–269.

Rousseau, D. M., & McCarthy, S. (2007). Educating managers from an evidence-based perspective. *Academy of Management Learning & Education, 6*, 84–101.

Ryans, S. L., Giluk, T. L., & Brown, K. G. (2007). The very seperate worlds of academic and practitioner periodicals in human resource management: Implications for evidence-based management. *Academy of Management Journal, 50*, 987–1008.

Sarges, W. (2006). Management-Diagnostik. In F. Petermann & M. Eid (Hrsg.), *Handbuch der Psychologischen Diagnostik*. Göttingen: Hogrefe.

Sarges, W., & Wottawa, H. (Hrsg.). (2004). *Handbuch wirtschaftspsychologischer Testverfahren. Band I: Personalpsychologische Instrumente*. Lengerich: Pabst Science Publisher.

Sashkin, M., & Sashkin, M. G. (2003). *Leadership that matters*. San Fransisco: Berrett-Koehler Publishers.

Schmidt, F. L., & Hunter, J. E. (1998). The validity and utility of selection methods in personnel psychology: Practical and theoretical implications of 85 years of research findings. *Psychological Bulletin, 124*, 262–274.

Schmidt-Huber, M. (2011). *Entwicklung und Validierung eines Kompetenzmodells und Instruments zur Erfassung von effektivem Führungsverhalten*. Dissertation vorgelegt an der Universität Bielefeld.

Schorp, S. C., & Heuer, S. (2008). Führungskräfteentwicklung in der Praxis. In M. T. Meifert (Hrsg.), *Strategische Personalentwicklung. Ein Programm in acht Etappen* (S. 419–456). Berlin: Springer Verlag.

Spencer, L. M., & Spencer, S. M. (1993). *Competence at work*. New York: Wiley.

Sträter, O. (2010). Schlechte Führung kostet Unternehmen mehr als die Krise. *Immobilien Zeitung, 44*, 14.

Tett, R. P., Guterman, H. A., Bleier, A., und Murphy, P. J. (2000). Development and content validation of a „hyperdimensional" taxonomy of managerial competence. *Human Performance, 13*, 205–251.

Ulrich, D., & Smallwood, N. (2007). Leadership zur Marke machen. *Harvard Business Manager, 10*, 122–135.

Yukl, G. (2006). *Leadership in organizations*. New Jersey: Pearson Education.

Yukl, G., Gordon, A., & Taber, T. (2002). A hierarchical taxonomy of leadership behavior: Integrating a half century of behavior research. *Journal of Leadership and Organizational Studies, 9*, 15–32.

Interkulturelle Führung

23

Jürgen Kaschube, Rosina Maria Gasteiger
und Elisabeth Oberhauser

Zusammenfassung

Führung im interkulturellen Kontext hat in den letzten Jahrzehnten durch Veränderungen in der Arbeitswelt stark an Bedeutung gewonnen. Dies hat auch die wissenschaftliche Erforschung gefördert. In diesem Artikel wird auf zwei relevante Themenfelder für die Formen interkulturelle Führungsforschung, die Kulturen vergleichende Strategie (cross-cultural) sowie auf die interkulturelle Perspektive (intercultural) eingegangen. Erstere wird am Beispiel der GLOBE-Studie mit der aufwändigen Erarbeitung und Messung von Werte-Dimensionen zur Beschreibung von Länderkulturen sowie der Suche nach universell gültigen Führungsdimensionen vorgestellt; letztere mit Blick auf Vorbedingungen für kulturell effektive Führung am Beispiel interkultureller Kompetenz und ‚Cultural Intelligence' beschrieben. Diese Ansätze gehen darauf ein, dass ein übergreifendes kulturelles Verständnis in komplexen interkulturellen Überschneidungssituationen wichtig ist und Eigenschaften wie kulturelle Kompetenz und ‚Cultural Intelligence' den Umgang mit der und die Anpassung an die Fremdkultur ermöglichen. In der Praxis der Führungsausbildung wird dem durch den Einsatz diagnostischer Instrumentarien zur Messung kulturelle Kompetenz sowie durch strukturierte Auswahlinterviews und Assessment-Center Rechnung getragen. Des Weiteren sind interkulturelle Trainings für Führungskräfte auf das Erlernen kulturspezifischer Attributions- und Interpreta-

---

J. Kaschube (✉)
Privatuniversität Schloss Seeburg, Seeburgstrasse 8, 5201 Seekirchen am Wallersee, Österreich
E-Mail: juergen.kaschube@uni-seeburg.at

R. M. Gasteiger
Morawitzkystrasse 4, 80803 München, Deutschland
E-Mail: r-gasteiger@web.de

E. Oberhauser
PerformDencom Salzburg, Warwitzstrasse 9–11, 5123 Salzburg, Österreich
E-Mail: elisabeth.oberhauser@performdencom.com

tionsformen und die Verhaltensmuster der Zielkultur ausgerichtet. Zuletzt geben die Autoren einen Ausblick auf wesentliche Probleme der zukünftigen Erforschung interkultureller Führung und Herausforderungen für die Personalpraxis. Sie zweifeln an, dass bisherige Forschungsstrategien ausreichen, um die Komplexität interkultureller Führungssituationen adäquat abzubilden. Darüber hinaus sprechen sie sich für eine Zunahme begleitender Personalentwicklungsmaßnahmen wie zum Beispiel Coachings anstatt interkultureller Vorbereitungstrainings aus, die eine bessere Reflexion interkultureller Führungssituationen ermöglichen können.

23.1 Einführung: Zur wachsenden Bedeutung interkultureller Führung

Die Betrachtung interkultureller, Kulturen vergleichender oder kulturübergreifender Fragestellungen in der Psychologie hat in den letzten Jahren rasant an Bedeutung gewonnen (Chen et al. 2009): im Bereich der Organisationspsychologie und insbesondere der Führungsforschung lässt sich dies zumindest teilweise aus der Entwicklung von länderübergreifenden Kontakten im Rahmen einer globalisierten Wirtschaftswelt heraus erklären. Einige Beispiele dafür:

- Immer mehr Unternehmen suchen sich Absatzmärkte in unterschiedlichen Ländern und sind in diesen Ländern mit eigenen Organisationen vertreten. Dies führt zu einer zumindest temporären Auslandsentsendung von Mitarbeitern mit Führungsverantwortung oder einer Aufnahme von Mitarbeitern aus der Auslandsgesellschaft in das Stammunternehmen.
- Durch Firmenzusammenschlüsse und Firmenaufkäufe (M&A: Mergers & Acquisitions) werden Organisationen oft zu einem Konglomerat nicht nur verschiedener Organisationskulturen, sondern auch verschiedener nationaler Kulturen, die in einer Organisation zusammentreffen.
- Parallel dazu hat sich durch eine Internationalisierung vor allem der universitären Ausbildungssysteme und einer wachsenden Freizügigkeit der Arbeitsmärkte eine schrittweise Vergrößerung interkultureller Begegnungen auf der Organisationsebene entwickelt.

Die Perspektive auf solche Entwicklungen hat sich deutlich geändert. Auf der wirtschaftlichen Ebene wurde die Existenz westlich geprägter Business Standards (gesetzliche, vertragliche und verhaltensorientierte Kodizes) postuliert, denen sich alle Partner unabhängig von der nationalen Herkunft anzupassen hätten, um im Wirtschaftskontext zu arbeiten. Zusätzlich wurde auf der persönlichen Ebene im Rahmen beschriebener Migrationsprozesse oft entweder eine schnelle Anpassung oder Integration der ‚Neu Dazugekommenen' an die vorherrschende Kultur angenommen oder verlangt, z. B. in den USA im Gedanken des ‚Melting Pot' oder bei der Anwerbung von Gastarbeitern in

Deutschland in den 50er und 60er Jahren, in denen Fragen nach dem Umgang unterschiedlicher Kulturen miteinander mit dem Verweis auf die zeitliche Befristetheit des Aufenthalts oder Kontaktes hintangestellt wurden. Hinter dieser Betrachtungsweise steckt die implizite Annahme, dass sich Menschen in eine jeweils dominante Kultur geräuschlos zu integrieren hätten. So wurde eine internationale Ausbildung geradezu als Garantie dafür angesehen, dass eine Anpassung der Studierenden an Standards des ausbildenden Systems erfolgen würde.

Diese Betrachtungsweise hat sich deutlich geändert. Ein nicht unerheblicher Teil der Auslandsentsendungen von Mitarbeitern scheitert, weil eine problemlose Integration in eine andere Kultur nicht geleistet werden kann (Kühlmann 2004). Bei M&A-Prozessen hat die oft schmerzhafte Erkenntnis, dass ein Scheitern nicht zuletzt aufgrund kultureller Unterschiede einzugestehen ist (Cartwright 2005), zu einer stärkeren Einbeziehung der interkulturellen Unterschiede und deren Auswirkungen in die alltägliche Personalarbeit geführt. Aufgrund derartiger negativer Erfahrungen ist die Frage nach dem gravierenden Ausmaß von Kulturunterschieden zwischen Gesellschaften und Menschen sowie den Einflussmöglichkeiten, die Führungskräfte auf Erfolg oder Misserfolg im Sinne organisationaler Leistung nehmen können, zunehmend ins Bewusstsein von Wissenschaftlern und Praktikern gerückt.

23.2 Hintergrund: Interkulturelle Führung

Die Breite der Forschung zu interkultureller Führung (vgl. u. a. House et al. 1997; Dickson et al. 2003) macht es nahezu unmöglich, einen kompletten Überblick über das Forschungsfeld zu geben. Vielmehr erscheint es gelegentlich so, als ob neuerdings prinzipiell jede Forschungsfrage unter der Prämisse kultureller Unterschiede betrachtet würde und damit eher forschungsstrategische als tatsächlich inhaltliche Ziele verfolgt würden. Daher soll eine strikte Eingrenzung der Thematik auf zwei speziell relevante Themenfelder erfolgen. Zusätzlich wird der Begriff Kultur kurz definiert.

23.2.1 Formen interkultureller Führungsforschung

Für die Erforschung und die praktische Beschäftigung mit Führung im Kontext verschiedener Kulturen sind vor allem zwei Perspektiven in den letzten Jahren dominant gewesen:

- Erstens eine Kulturen vergleichende Strategie (*cross-cultural*), in der unterschiedliche Arten der Führung gegenüber gestellt werden bzw. in der eine nationale Führungskultur ausführlich in ihrer Einzigartigkeit beschrieben wird. Hier liegt der Schwerpunkt darauf, dass verschiedene Aspekte der Führung in Abhängigkeit von der jeweiligen nationalen Kultur unterschiedlich zu anderen gelebt werden.

- Zweitens eine interkulturelle Perspektive (*intercultural*), in der das Aufeinandertreffen von Menschen mit unterschiedlichem kulturellen Hintergrund ins Zentrum gerückt wird und vor allem der ‚Erfolg' einer solchen Interaktion in Form positiver Beziehungen oder Erfüllung einer Aufgabe überprüft wird.

Während unter beiden Perspektiven in der Organisationspsychologie zunächst ursprünglich eine bilaterale Betrachtungsweise dominierte (Vergleich zweier Kulturen oder Interaktion von Menschen aus zwei Kulturen), ist inzwischen eine Erweiterung der Forschung zu beobachten: der Vergleich vieler unterschiedlicher Kulturen sowie die Notwendigkeit der Interaktion mit Menschen aus unterschiedlichen Kulturkreisen.

Aus jedem dieser Bereiche soll im Abschn. 23.3 ein zentraler Forschungsansatz vorgestellt werden und hinsichtlich seiner Bedeutung für die Praxis der Personalarbeit beurteilt werden.

23.2.2 Der Begriff der Kultur

Der Begriff ‚Kultur' hat durch seine Verankerung in verschiedenen Disziplinen (u. a. Ethnologie, Kommunikationswissenschaften, Soziologie und Psychologie) eine Vielzahl unterschiedlicher Definitionsversuche erfahren (vgl. zusammenfassend House et al. 1997; Kumbruck und Derboven 2005). Kultur kann als ein System gemeinsamer Erfahrungen und Erlebnisse beschrieben werden, bei denen sich die Mitglieder einer Kultur als diejenigen definieren, die diese Erfahrungen (z. B. langes gemeinsames Arbeiten in einer Organisation) teilen. Alternativ oder ergänzend wird Kultur über geteilte Einstellungen oder geteilte Wahrnehmungen auf mehreren Ebenen definiert, insbesondere über:

1. *Werte und Normen* als abstrakte Ideale und Vorstellungen bzw. als Regeln, denen Menschen innerhalb eines kulturellen Umfeldes folgen oder sie zumindest als Ankerpunkte ihres Handelns wahrnehmen, und
2. *Praktiken und Artefakte* als materielle Güter und übliche Verhaltensweisen wie Mode und viele direkte oder medial vermittelte Kommunikationsformen

Werte und Praktiken können durchaus unterschiedlich abgeleitet werden: so zeigten Hofstede und Kollegen (1990) am Beispiel eines internationalen Konzerns, dass die Werte der Mitarbeiter durch die Nationalkultur bestimmt waren, während die wahrgenommenen Praktiken deutlich durch die Organisationskultur determiniert wurden. Kulturen unterscheiden sich generell hinsichtlich der Verbindlichkeit der Werte und Praktiken in einer Organisation. Während monolithische Kulturen kaum Abweichungen zulassen, ermöglichen pluralistische Kulturen zum Beispiel die parallele Existenz mehrerer Wertesysteme. Als Aufgabe von Führungskräften wird es grundsätzlich angesehen bei Wertkonflikten zu moderieren und einen Ausgleich zu schaffen.

23.3 Interkulturelle Führung: Zwei zentrale Ansätze der Forschung

Zwei verschiedene Ausrichtungen der Forschungsaktivitäten innerhalb der Thematik interkultureller Führung sollen exemplarisch dargestellt werden: zunächst der Kulturen vergleichende Ansatz am Beispiel der GLOBE-Studie, danach der Versuch der Beschreibung kultureller Kernkompetenzen von Führungskräften.

23.3.1 Kulturvergleichende Führungsforschung am Beispiel der GLOBE-Studie

Die GLOBE-Studie (Global Leadership and Organizational Behavior Effectiveness Project) wurde Anfang der 90er Jahre von Robert House (für eine Gesamtdarstellung der Ergebnisse sei auf House et al. 2004, sowie auf Chokhar et al. 2007, verwiesen) angestoßen: sein ursprüngliches Interesse konzentrierte sich auf den Ansatz der charismatischen Führung, deren Bedeutung er in unterschiedlichen Ländern untersuchen wollte. Diese enge Konzeption wurde zum Versuch erweitert, weltweit gültige Führungsstandards zu beschreiben. Am Ende umfasste die GLOBE-Stichprobe mehr als 17.000 Führungskräfte aus 62 Ländern der Erde, die dort mit gleichen Instrumenten in mehreren identischen Branchen untersucht wurden. Inhaltlicher Kern war die Beschreibung der Eigenschaften und des Verhaltens als gut wahrgenommener Führungskräfte sowie die Werte und Praktiken in den Länderkulturen.

Zur Beschreibung der Länderkulturen wurden aus bisherigen Forschungsarbeiten neun Dimensionen extrahiert (vgl. Javidan et al. 2004):

- Machtdistanz: Bereitschaft zur Akzeptanz ungleicher Machtverteilung in der Gesellschaft
- Unsicherheitsvermeidung: Existenz von Normen und Regeln, die zukünftige Entwicklungen zu kontrollieren helfen
- Humanorientierung: Belohnung von Altruismus, Fürsorge und Fairness in der Gesellschaft
- (Individualismus vs.) Kollektivismus: getrennt in Kollektivismus mit Bezug auf Institutionen (Institutionen übernehmen Handeln und Ressourcenverteilung in der Gesellschaft) und auf Gruppen (Stolz und Loyalität in Bezug auf Familien oder Organisationen)
- Bestimmtheit: Erlaubnis für bestimmtes, konfrontatives, auch aggressives Verhalten innerhalb der Gesellschaft
- Gleichheit der Geschlechter: Verringerung von Geschlechterunterschieden und unterschiedlicher Behandlung von Männern und Frauen
- Zukunftsorientierung: Planung und Vorsorge für die Zukunft
- Leistungsorientierung: Förderung individueller Leistung und Entwicklung innerhalb der Gesellschaft

Diese Dimensionen wurden getrennt nach Werten der Gesellschaft ('so sollte es sein') und Praktiken der Organisation ('so ist es') abgefragt. Die Auswertung erfolgte auf der Basis einzelner Länder und auf Ebene von zehn Kultur-Clustern miteinander verwandter Kulturen: Anglo, Latein-Amerika; Latein-Europa, Germanisch, Nordisch, Ost-Europa, Mittlerer Osten, Sub-Sahara-Afrika, Konfuzianisches Asien, Südliches Asien. Zwischen den Kultur-Clustern ließen sich signifikante Unterschiede in der Bewertung der Kulturdimensionen feststellen, aber auch klare Gemeinsamkeiten: Leistungsorientierung und auf Gruppen bezogener Kollektivismus werden auf der Werteskala überall positiv gesehen, Machtdistanz wird in allen Kulturen eher als niedrig gewünscht – wenn auch durchaus als hoch erlebt; besonders klare Wert-Unterschiede zwischen Kulturen zeigen sich insbesondere bei Bestimmtheit, Unsicherheitsvermeidung und Zukunftsorientierung. Gesellschaftliche Werte erklären durchgehend einen signifikanten Anteil der Varianz in den Praktiken, selbst wenn die Mittelwerte wie bei Machtdistanz zum Teil deutlich auseinanderklaffen.

Auf der Ebene der Wahrnehmung gewünschter Führungseigenschaften (CLT = Culturally Endorsed Leadership Theory) sollten die Befragten Führungsverhalten (dargeboten in Form von Adjektiven) danach einstufen, ob sie Teil des Verhaltensspektrums herausragender und effektiver Führungskräfte seien. Sechs universal gültige Führungsdimensionen konnten zusammengefasst werden:

- Charismatische/wertebasierte Führung: Betonung u. a. von Visionen, Inspiration, Integrität und Leistungsorientierung
- Teamorientierte Führung: Berücksichtigung der Bedürfnisse und Kompetenzen bei der Gestaltung der Arbeitsabläufe
- Partizipative Führung: starke Einbeziehung der Mitarbeiter in Entscheidungen
- Human orientierte Führung: Betonung u. a. von Bescheidenheit und Mitgefühl
- Autonomieorientierte Führung: Betonung von Individualismus und Unabhängigkeit
- Am Selbstschutz orientierte Führung (self-protective): Betonung der eigenen Bedürfnisse, hohes Statusbewusstsein

Im Bereich aller Führungsdimensionen sind Unterschiede zwischen den beteiligten Ländern feststellbar, wobei die ersten beiden in allen Kulturen als sehr förderlich für effektives Führen wahrgenommen wurden sowie Partizipation und mit leichten Abstrichen Humanorientierung im Wesentlichen als effektiv eingestuft wurden. Hohe Autonomieorientierung einer Führungskraft wird in vielen Ländern als eher behindernd eingeschätzt und am Selbstschutz orientierte Führung insgesamt als ineffizient angesehen, wenn es zum Verhaltensspektrum einer Führungskraft gehört. Diese Bewertung lässt sich eher auf die regionale Wahrnehmung von guter Führung und die landestypischen Werte zurückführen als auf die Gepflogenheiten innerhalb der Organisationen.

Zusammenfassend hat die GLOBE-Studie die Thematik der interkulturellen Führung im Bewusstsein der internationalen Forschung verankert. Sie bietet 'Landkarten des Führungsverständnisses', die die Unterschiede und Gemeinsamkeiten guter Führung zu beschreiben vermögen. Im Kern lassen sich durchaus deutliche Gemeinsamkeiten feststellen, wenn Kriterien guter Führung beschrieben werden: vertrauenswürdige Führungskräfte mit Zielen und Ideen, die ihre Mitarbeiter einbinden und weiterentwickeln, sind universell gefragt. Allerdings ist das Spektrum der Bewertung eines einzelnen Führungsstils in verschiedenen Ländern breit differenziert: in vielen Analysen konnte belegt werden, dass im Detail erhebliche Unterschiede zwischen Ländern aus verschiedenen Kultur-Clustern, aber auch zwischen benachbarten Staaten aus einem Cluster bzw. auf einem Kontinent wie Europa beschrieben werden konnten. Die GLOBE Studie hat eine Vielzahl von Detailauswertungen des Datenmaterials unter verschiedenen Perspektiven angestoßen, die erst nach und nach veröffentlicht werden.

Kritische inhaltliche Anmerkungen zur GLOBE-Studie beziehen sich auf zwei wesentliche Punkte, die bei interkulturellen Studien generell beachtenswert sind (vgl. Dickson et al. 2003):

- Erstens wurde nur ein Teil des Führungshandelns operationalisiert: der Blick wurde vor allem auf die Elemente von Führung gelenkt, die wie charismatische Führung oder Partizipation in dominanten Führungstheorien der westlichen Kulturen verankert sind; andere Elemente, die im arabischen oder asiatischen Raum von hoher Bedeutung sein könnten, sind nicht zwingend ausreichend berücksichtigt worden.
- Zweitens kann aus einer ähnlich positiven Bewertung einer Eigenschaft einer Führungskraft, wie zum Beispiel Integrität, nicht darauf geschlossen werden, dass die Verhaltensweisen mit denen identisch sind, mit denen Integrität den Geführten demonstriert wird.

Aus der Beschreibung der Situation lässt sich aus effektiv wahrgenommener Führung heraus ableiten, dass sich Führungskräfte im interkulturellen Kontext zwar auf interkulturell ähnliche Standards guter Führung berufen können, trotzdem aber sehr flexibel in ihrem Führungsverhalten sein müssen, wenn sie mit Menschen mit unterschiedlichem kulturellen Erfahrungshintergrund kooperieren müssen.

23.3.2 Vorbedingung kulturell effektiven Handelns: Interkulturelle Kompetenz und ‚Cultural Intelligence'

Alternativ oder ergänzend zur Kultur vergleichenden Perspektive der GLOBE-Studie wurde die Frage formuliert, welche Kompetenzen Führungskräfte mitbringen müssen, um unterschiedliche kulturelle Situationen zu verstehen und in ihnen erfolgreich zu agieren. Die ehemals weit verbreitete bikulturelle Strategie der Vorbereitung und Schulung für einen Kontakt mit einer anderen Kultur, z. B. im Rahmen der Vorbereitung für eine Auslandsentsendung, in der meist Sprache, Landeskunde und das Einüben spezifischer Handlungsmuster im Vordergrund stehen, stößt an die Grenze ihrer Möglichkeiten, da rein bikulturelle Begegnungen immer seltener dem Aufgabenprofil von Führungskräften entsprechen. Interkulturelle Überschneidungssituationen sind wesentlich komplexer als monokulturelle Settings und stellen an die Beteiligten zusätzliche Anforderungen. Daher rücken Konzepte in den Vordergrund, die ein übergreifendes kulturelles Verständnis thematisieren und globale Managementkompetenzen identifizieren und beschreiben: interkulturelle Kompetenz(en) (‚intercultural competence'; vgl. Bird et al. 2010; Bücker und Poutsma 2010) oder ‚Cultural Intelligence' (Ng und Earley 2006; Thomas et al. 2008).

Der Begriff der interkulturellen Kompetenz hat viele Definitionsversuche erfahren, wobei ein häufiger Wandel der verwendeten Begrifflichkeiten es erschwert, einen klaren Kern herauszuarbeiten. Die Breite der Thematik reicht von der Fähigkeit einer Führungskraft, in einem Auslandseinsatz Mitarbeiter aus einer anderen Kultur direkt zu führen bis hin zur Beschreibung globaler Managementkompetenzen, die auch die strategische Entwicklung und Gestaltung von Geschäftsfeldern und den unternehmerischen Aufbau einer Organisation im Ausland einschließen (Bird et al. 2010). Sowohl bei solchen inhaltlich weiter gefassten Kompetenzen als auch bei personaler Führung wird nicht angenommen, dass die vertrauten Verhaltens- und Denkmuster einfach aus der gewohnten Arbeitsumgebung auf das neue Umfeld übertragen werden können. In ihrer Zusammenfassung konzentrieren sich Bird und Kollegen auf drei Bereiche, die im Kern der Mehrzahl der Definitionsversuche stehen:

- Perception Management: vorurteilsfreies Denken, aktives Einbeziehen der gemachten Beobachtungen in die eigenen Denkschemata, Ambiguitätstoleranz, kosmopolitisches Denken und das Vermeiden vorschneller und enger Kategorisierungen der gemachten Erfahrungen.
- Relationship Management: Interesse an neuen Kontakten und Beziehungen, Bereitschaft zur Investition in solche Beziehungen, Einfühlungsvermögen und Sensitivität, Selbsterkenntnis und Selbstaufmerksamkeit bezüglich der eigenen Entwicklung sowie soziale Verhaltens flexibilität.
- Self Management: Optimismus, Selbstvertrauen und Selbstbewusstsein, emotionale Belastbarkeit, Stressresistenz und der Besitz von Stressverarbeitungsmechanismen sowie eine ausgeprägte Flexibilität der eigenen Interessen im Bereich Beruf und Freizeit.

Trotz der Konzentration auf drei übergeordnete Bereiche ist ersichtlich, dass hier ein vielfältiger Strauß einzelner Persönlichkeitseigenschaften oder Kompetenzen zusammengebunden wird, für die in vielen Studien Zusammenhänge mit dem erfolgreichen Absolvieren eines Auslandsaufenthaltes belegt werden konnten.

Eine andere Akzentuierung haben vor allem Ng und Earley (2006) sowie David Thomas und Kollegen (2008) unter dem Begriff der ‚Cultural Intelligence' gewählt. Sie definieren dieses Konstrukt folgendermaßen.

„We define cultural intelligence as a system of interacting knowledge and skills, linked by cultural metacognition, that allows people to adapt to, select, and shape the cultural aspects of their environment. (Thomas et al. 2008, S. 127)".

Der effektive Umgang mit Menschen aus einem anderen kulturellen Hintergrund ist in diesem Verständnis eine spezielle Form von Intelligenz. Diese bezieht sich auf die Reflexion von Wissen über die eigene und andere Kulturen sowie aus den gezielt gemachten Erfahrungen und deren Vorstellungen. Daraus wird ein geeigneter Verhaltenskanon entwickelt, der nicht nur effektives Handeln innerhalb der Umwelt, sondern auch deren Gestaltung ermöglicht. Der Schwerpunkt des Ansatzes liegt auf den kulturellen Meta-Kognitionen, dem Nachdenken über Kultur und die eigene Rolle in ihr. Earley und Mosakowski (2004) differenzieren drei Komponenten der ‚Cultural Intelligence': Die kognitive Komponente bezieht sich auf Lernstrategien um kulturelle Elemente zu analysieren und diese im eigenen Verhalten zu nutzen. Die physische Komponente beinhaltet das Spiegeln von Angewohnheiten, Körperhaltungen, dem Klang der Stimme etc. von Personen einer anderen Kultur. Mit der emotional-motivationalen Komponente wird auf das individuelle Gefühl, kulturelle Unterschiede wirksam bewältigen zu können, Bezug genommen. Führungskräfte weisen typischerweise unterschiedliche Stärken in diesen Bereichen der ‚Cultural Intelligence' auf.

Der Besitz und Einsatz sozialer Kompetenzen wie Einfühlungsvermögen ist die Vorbedingung und gleichzeitig die Folge des Reflektionsprozesses. Die zielführende Interaktion mit Personen unterschiedlicher kultureller Herkunft erfordert sowohl ein ausgeprägtes Wahrnehmungsvermögen als auch die Fähigkeit, sich entsprechend anpassen zu können. Nach Earley und Mosakowski (2004) ist unter ‚Cultural Intelligence' eine scheinbar natürliche Fähigkeit, die nicht vertrauten, mehrdeutigen Gesten einer Person so zu interpretieren, wie es ihre Landsleute und Kollegen tun würden oder gar diese widerzuspiegeln. ‚Cultural Intelligence' befähigt eine Person, kulturell bedingtes Verhalten von universalem und rein individuellem Verhalten zu unterscheiden und von der kulturellen Vielfalt von Personen mit unterschiedlichem Hintergrund zu profitieren. Sie unterscheidet sich nach Earley und Mosakowski (2004) von ‚Intelligenz' und ‚Emotionaler Intelligenz', da letztere nicht ausreichen um mit kultureller Diversität effektiv umgehen zu können. Die kulturelle wie auch die emotionale Intelligenz haben demnach ein wichtiges Element gemeinsam: die Neigung Beurteilung aufzuschieben – erst zu denken und dann zu handeln.

Interkulturelle Kompetenz oder ‚Cultural Intelligence' kann zusammengefasst entweder als ein Bündel von Eigenschaften und Kompetenzen verstanden werden, die die Anpassung an andere Kulturen erleichtern, oder als spezielle Form der Intelligenz, die dabei hilft, sich neue kulturelle Situationen zu erarbeiten. Der Blick kann dabei auf individuelle Vorbedingungen gerichtet werden oder auf den Prozess des Kompetenzerwerbs und die Verarbeitung der aufgenommenen Informationen. In beiden Fällen spielen Wissen über Kulturen und Kulturunterschiede, soziale Kompetenzen und eine ausgeprägte Motivation zur Auseinandersetzung mit der kulturell unterschiedlichen Situation eine wichtige Rolle; im Konzept der kulturellen Intelligenz sind sie aber deutlich stärker auf den Prozess der Meta-Kognition ausgerichtet und sind dabei Treiber eines möglichen Entwicklungsprozesses.

23.4 Relevanz für die Praxis: Personalpsychologische Ansätze

Interkulturelle Führung besitzt in der Unternehmenspraxis eine hohe Bedeutung, da immer mehr Organisationen ihre Führungskräfte in verschiedenen interkulturellen Situationen einsetzen. Daher ist die Antwort auf die Frage, ob und wie Auswahl oder Training die Effizienz des Handelns in solchen Situationen zu steigern vermögen, von hohem Interesse.

Wie sieht die Antwort vor dem Hintergrund der oben präsentierten Ansätze aus? Ausgehend von den Ergebnissen der GLOBE-Studie könnte zunächst auf das Einüben eines der Führungsstile verwiesen werden, die in allen beteiligten Ländern ein positives Echo erfahren. Solche basalen Führungstrainings sind sicherlich eine wesentliche Grundvoraussetzung, aber angesichts der kulturellen Führungsunterschiede zwischen sehr vielen Ländern nicht ausreichend. Eine Eignungsfeststellung und/ oder eine Trainingsmaßnahme sind sicher zwingend erforderlich.

Diagnose interkultureller Kompetenz

In den letzten Jahren sind nahezu alle Ansätze der beruflichen Diagnostik auch auf den Bereich interkultureller Kompetenzen und interkultureller Führung übertragen worden. So wurden strukturierte Auswahlinterviews oder Assessment Center explizit bei der Auswahl für den Auslandseinsatz adaptiert (u. a. Volmer und Staufenbiel 2006; Mertesacker 2010). Im Sinne einer hohen sozialen Validität können hier einerseits verhaltensnah und erfahrungsbezogen Kompetenzen überprüft und andererseits mit Blick auf Auslandsentsendungen eine realistische Tätigkeitsvorschau integriert werden, die es den Ausgewählten ermöglicht, sich mit den Anforderungen und Belastungen eines Auslandsaufenthaltes auseinander zu setzen.

Parallel hierzu ist eine Vielzahl von standardisierten Instrumenten entwickelt worden, die unterschiedliche Facetten interkultureller Kompetenz zu messen vermögen, die oft deutlich an Persönlichkeitsfragen angelehnt sind wie der Multicultural Personality Questionnaire (Van der Zee und Van Oudenhoven 2000) oder ein breites Bild unterschiedlicher Kompetenzen zeichnen wie das Global Competencies Inventory (Mendenhall et al. 2008).

Förderung interkulturell kompetenten Führungsverhaltens

Die erfolgreiche Trainierbarkeit einer Anpassung an das Leben in einer fremden Kultur ist hinreichend belegt (Morris und Robie 2001), insbesondere wenn die wissens- und verhaltensbezogenen Anteile betrachtet werden. Ziel solcher Trainings ist es, die interkulturelle Kompetenz von Mitarbeitern zu stärken und sie so auf effizientes Handeln unter fremdkulturellen Bedingungen vorzubereiten. Die Inhalte interkultureller Trainings zielen entweder darauf ab, allgemein für interkulturelle Situationen zu sensibilisieren (kulturallgemeine Trainings) oder im Hinblick auf eine bestimmte Kultur vorzubereiten (kulturspezifische Trainings), z. B. im Zusammenhang mit einem Auslandseinsatz. Während in klassischen Trainings der Wissensanteil (Landeskunde, Sprache, Kulturstandards) eine hohe Bedeutung hatte, nehmen heute erfahrungsorientierte Teile größeren Raum ein.

So beruht der ‚Culture Assimilator' (Bhawuk 2001) auf den Prinzipien des programmierten Lernens. Um Trainingsteilnehmer für kulturspezifische Denk- und Verhaltensweisen anhand von Beispielen zu sensibilisieren, werden bei der Verwendung von ‚Culture Assimilators' kurze landestypische interkulturelle Situationen mit einem kritischen Ereignis geschildert (Herfst et al. 2008). Die Trainingsteilnehmer müssen sich zwischen vorgegebenen Antwortalternativen, warum Personen der anderen Kultur in der jeweiligen Interaktionssituation auf bestimmte Art und Weise gehandelt haben, entscheiden. Anschließend erhalten die Teilnehmer eine Bewertung der von ihnen gewählten Antwort sowie eine Erklärung, welche Verhaltensoption in der Zielkultur wahrscheinlich oder angemessen gewesen ist. Ziel ist es, dass die Trainingsteilnehmer Ereignisse so erklären können, wie es die Mehrheit der Angehörigen der Kultur tun würde, d. h. das Erlernen von kulturspezifischen Attributions- und Interpretationsmustern in bestimmten Situationen. Die Stärken dieser Methode liegen in ihrer einfachen Anwendbarkeit; ‚Culture Assimilators' sind kostengünstig bei relativ kurzem Zeitaufwand einsetzbar. Allerdings ist der Erkenntnisgewinn überwiegend kognitiver Art. Zudem besitzen die bearbeiteten Beispielsituationen nicht immer unmittelbare Relevanz für den Trainierten in der fremden Kultur. Für den Trainingserfolg ist es jedoch unerlässlich, eine Auswahl jener Situationen und Rollen zu treffen, die für eine erfolgreiche interkulturelle Zusammenarbeit des Trainierten von Bedeutung sind. Im Unterschied zu ‚Culture Assimilators' wird anhand von ‚Contrast Culture Trainings' versucht, die Trainierten dabei zu unterstützen, ein Orientierungssystem aufzubauen, das es ihnen ermöglicht, sich situations-, funktions- und aufgabengerecht in einer anderen Kultur zurecht zu finden.

Interkulturelle Trainings im Vorfeld einer Maßnahme scheinen allerdings nicht auszureichen. Tarique und Caligiuri (2009) schlagen vor, wesentlich stärker auf die Begleitung in der interkulturell relevanten Situation durch Coaching oder durch Follow-Ups der Trainingsmaßnahmen zu setzen. Für eine gezielte Förderung von Meta-Kognitionsprozessen ist wohl besonders an Peer-Coachings zu denken, um Führungskräften die Auseinandersetzung mit möglichst vielen verschiedenen interkulturellen Situationen zu ermöglichen. Dies gilt insbesondere mit Blick auf die Entwicklung von ‚Cultural Intelligence' (Ng, van Dyne und Ang 2009), die gerade erst durch die Begleitung der Metakognition im Feld deutlich gefördert werden kann. Allerdings liegen hier noch zu wenige validierte Messmethoden vor, um klare Aussagen zur Effizienz einzelner Ansätze zu machen.

23.5 Ausblick und Fazit: Zukünftige Fragestellungen

In der Forschung zur interkulturellen Führung gibt es zwei wesentliche Stränge: der eine befasst sich mit den kulturellen Unterschieden und Gemeinsamkeiten im Führungsverhalten in verschiedenen Kulturen und auf die Frage, ob es eine universelle Idealform der Führung gibt; der andere fokussiert sich stärker auf das Wissen und die Kompetenzen, die Führungskräfte mitbringen müssen, um interkulturelle Arbeitssituationen zu bewältigen.

Sind diese Forschungsstränge in ihren Ideen miteinander vereinbar oder widersprüchlich?

Sind sie beide gleichermaßen für die Praxis der Führung und Führungskräfteentwicklung nützlich? Einige Anmerkungen und Fragen dazu sind angebracht.

Betrachtet man kulturvergleichende Führungsstudien, so ist die Frage berechtigt, ob universelle Führungsprinzipien, die in einer länderübergreifenden Studie zum Zwecke des Vergleichs im Mittelpunkt stehen müssen, wirklich ausreichen, um das Führungshandeln in einer bestimmten Kultur verlässlich zu beschreiben. Daher ist für Forscher eine zusätzliche Betrachtung aus dem Blickwinkel des jeweiligen Kulturkreises eine zwingend notwendige Ergänzung, um eigenständige Führungsprinzipien einer Kultur, inhaltliche feine Unterschiede oder unterschiedliche Konnotationen ähnlich erscheinenden Führungsverhaltens valide zu erkennen. Als weiterer bedeutender Mangel vieler Vergleichsstudien ist festzustellen, dass nicht interkulturelle Begegnungen untersucht werden, sondern dass die Erwartungen einheimischer Mitarbeiter eines Landes an ihre einheimische Führungskraft mit einer ähnlichen Konstellation in einem anderen Land verglichen werden. Aus etwaigen Unterschieden wird als Anforderung an eine ausländische Führungskraft abgeleitet, ihr Verhalten im Kontakt mit Vertretern der anderen Kultur anzupassen. Diese Logik setzt voraus, dass die Erwartungen an eine Führungskraft aus einer anderen Kultur identisch sind mit denen an eine Führungskraft aus der eigenen Kultur. Gerade in Zeiten vermehrten Austausches unter den Kulturen muss dieser Ansatz hinterfragt werden. Möglicherweise verändert sich in der Praxis die Erwartung an das Verhalten einer ausländischen Führungskraft in Kenntnis deren kulturellen Hintergrundes oder es findet eine Anpassung des eigenen Geführtenverhaltens statt. Hier besteht weiterer Forschungsbedarf.

Vielleicht sind die Fragen nach sehr spezifischen Führungskulturen auch längst überflüssig und in einer globalisierten Welt findet tatsächlich eine generelle Angleichung der Führungsstile statt, die lokale Gegebenheiten als folkloristische Details erscheinen lässt. Wie stark und wie schnell wandeln sich aber dann Führungskulturen und wie groß sind die Unterschiede in verschiedenen Alterskohorten der Geführten? Welche Erwartungen richten zum Beispiel jüngere asiatische Mitarbeiter an ihre Führungskräfte, wenn sie selbst in einem westlich orientierten Bildungssystem ausgebildet wurden? Es gilt zu überprüfen, ob dort, wo viele interkulturelle Kontakte gepflegt werden, sich nicht ein eher universeller Führungsstil entwickelt und viele kulturelle Unterschiede sich langsam auflösen. Dies würde zwar kein Aufgeben traditioneller Werte bedeuten, aber eine spürbare Anpassung auf der Verhaltensebene. Für Führungskräfte wird die Aufgabe des Führens von Mitarbeitern aus anderen Kulturen dadurch nicht unbedingt leichter, da die Unterschiede innerhalb einer Kultur sich deutlich erhöhen würden.

Insgesamt wird die Breite kultureller Begegnungen, denen sich Führungskräfte gegenüber sehen, nicht adäquat in der Forschung abgebildet. Auslandsentsendungen dominieren weiterhin die Forschungslandschaft, während alltägliche Formen der kulturellen Begegnung, wie zum Beispiel die Führung zugewanderter Mitarbeiter, kaum untersucht werden. Hinzu kommen interkulturelle Begegnungen, in denen sich zwar keine nationalen Kulturen aber Organisationskulturen gegenüberstehen und in denen gleichfalls unterschiedliche Werte und Praktiken in Firmenzusammenschlüssen aufeinanderprallen können.

Aus praktischer Sicht stellen sich drei Fragen.

1) Ist es überhaupt möglich, global kompetente und kulturell universell intelligente Führungskräfte auszubilden und sollen Organisationen auf eine globale Ausrichtung ihrer

Führungskräfte hinarbeiten, indem sie ihnen möglichst viele interkulturelle Lernchancen bieten? Wenn sich Führungskräfte nicht kulturell intelligent in viele Führungssituationen hineinfinden können, wären sie von der Aufgabe, permanent mit Menschen aus sehr unterschiedlichen Kulturkreisen zusammenzuarbeiten, heillos überfordert. Das Konzept der ‚Cultural Intelligence' vermag noch keine befriedigende Antwort auf die Frage zu geben, wie flexibel Führungskräfte sein können und wo der kulturellen Intelligenz quantitative Grenzen gesetzt sind. Skepsis, dass eine Vielzahl von Führungskräften dieser Situation gewachsen sein wird, ist sicher angebracht.

2) Wie sollten international agierende Organisationen insgesamt ihre Führungs- und Belohnungssysteme strukturieren? Soll ein gemeinsames zentrales System um einen universellen Kern der Führung gebildet werden oder soll eher die Vielfalt der Kulturen ermöglicht und erhalten werden?

3) Wie kann auch eine optimale Ausbildung für interkulturelle Führungssituationen gestaltet werden? Die Übertragung und Verfeinerung klassischer Trainingsformen vermag eine Vorbereitung auf bikulturelle Situationen gut ermöglichen. Wie in der gesamten Personalentwicklung geht die Bedeutung solcher Lernformen zugunsten arbeitsplatznaher und beratungsorientierter Lernsituationen zurück. Coaching und Mentoring-Prozesse werden für ein vertieftes Lernen und den Erwerb komplexer Kompetenzen wie ‚Cultural Intelligence' immer wichtiger. Unter der Prämisse, dass sich tatsächlich in einer globalisierten Welt die Anzahl und die Komplexität kultureller Austauschsituationen weiter erhöht, bleibt zu überlegen, ob nicht Seminare als Vorbereitung auf interkulturelle Begegnungen weitgehend nutzlos werden und auf ein Minimum zur Steigerung kultureller Sensibilität reduziert werden. Der eigentliche begleitete Lernprozess müsste dann fast ausschließlich in die Auseinandersetzung und Reflexion des Erlebens in der interkulturellen Führungssituation verlagert werden.

Autorbeschreibung

Prof. Dr. Jürgen Kaschube Studium der Kommunikationswissenschaften, Psychologie und Politologie an der Ludwig-Maximilians-Universität München. Promotion und Habilitation in Psychologie an der Fakultät für Psychologie und Pädagogik der Ludwig-Maximilians-Universität München. Jürgen Kaschube ist heute Professor für Personal und Wirtschaftspsychologie an der Privatuniversität Schloss Seeburg in Salzburg. Seine Forschungsinteressen gelten der Auswahl und Entwicklung von Führungskräften, insbesondere Potentialanalyseverfahren, Kompetenzmanagement und Laufbahngestaltung. Zusätzlich forscht er auf dem Feld der beruflichen Leistung von Mitarbeitern mit und ohne Führungsverantwortung und widmet sich dem eigenverantwortlichen Handeln von Mitarbeitern in dynamischen und innovativen Situationen wie zum Beispiel Reorganisationsprozessen.

Dr. Rosina Maria Gasteiger Studium der Psychologie mit Vertiefung Organsations- und Wirtschaftspsychologie an der Ludwig-Maximilians-Universität München. Durch ein Stipendium geförderte Promotion in Psychologie an der Fakultät für Psychologie und Pädagogik der Ludwig-Maximilians-Universität München. Anschließend Forschungsaufenthalt an der University of Amsterdam Business School. Seitdem Tätigkeit im Bereich der internationalen Führungskräfteentwicklung.

Ihre Forschungsinteressen liegen im Bereich der Protean Career Orientation sowie der internationalen Entwicklung von Führungskräften und der interkulturellen Führungsforschung.

Dipl.-Psych. Elisabeth Oberhauser Studium der Psychologie mit Schwerpunkt Arbeits-, Betriebs- und Organisationspsychologie; an der Paris-Lodron-Universität Salzburg. Derzeit Promotion in Psychologie an der Fakultät für Psychologie und Pädagogik der Ludwig-Maximilians-Universität München.

Ihre Forschungsinteressen liegen im Bereich der Evaluation von Dienstleistungstrainings (Beschwerdemanagement) sowie in der Entwicklung und Evaluation von Führungskräftetrainings und in der Erforschung interkultureller Führungskompetenzen.

Literatur

Bhawuk, D. (2001). Evolution of culture assimilators: Toward theory-based assimilators. *International Journal of Intercultural Relations, 25*, 141–163.

Bird, A., Mendenhall, M., Stevens, M., & Oddou, G. (2010). Defining the content domain of intercultural competence for global leaders. *Journal of Managerial Psychology, 25*(8), 810–828.

Bücker, J., & Poutsma, E. (2010). Global management competencies: A theoretical foundation. *Journal of Managerial Psychology, 25*(8), 829–844.

Cartwright, S. (2005). Mergers and acquisitions: An update and appraisal. *International Review of Industrial and Organizational Psychology, 20*, 1–38.

Chen, Y.-R., Leung, K., & Chen, Ch., C. (2009). Bringing national culture to the table: Making a difference with cross-cultural differences and perspectives. *Academy of Management Annals, 3*, 217–249.

Chokhar, J. S., Brodbeck, F. C., & House, R. J. (Hrsg.) (2007). *Culture & Leadership across the world.* NewYork: Lawrence Erlbaum.

Dickson, M. W., Den Hartog, D., & Mitchelson, J. K. (2003). Research on leadership in a cross-cultural context: Making progress, and raising new questions. *Leadership Quarterly, 14*, 729–768.

Earley, P. C., & Mosakowski, E. (2004). ‚Cultural Intelligence'. *Harvard Business Review*, 139–146.

Herfst, S., van Oudenhoven, J. P., & Timmerman, M. E. (2008). Intercultural Effectiveness Training in three Western immigrant countries: A cross-cultural evaluation of critical incidents. *International Journal of Intercultural Relations, 32*, 67–80.

Hofstede, G., Neuijen, B., Ohayv, D. D., & Sanders, G. (1990). Measuring organizational cultures: A qualitative and quantitative study across twenty cases. *Administrative Science Quarterly, 35*, 286–316.

House, R. J., Wright, N. S., & Aditya, R. M. (1997). Cross-cultural research on organizational leadership. A critical analysis and a proposed theory. In P. Ch. Earley & M. Erez (Hrsg.), *New perspectives on international industrial/organizational Psychology* (S. 535–625). San Francisco: The New Lexington Press.

House, R. J., Hanges, P. J., Javidan, M., Dorfman, P. W., & Gupta, V. (Hrsg.) (2004). *Culture, leadership, and organizations: the GLOBE study of 62 societies.* Thousand Oaks: Sage.

Javidan, M., House R. J., & Dorfman, P. W. (2004). A non-technical summary of GLOBE findings. In R. J. House, et al. (Hrsg.), *Culture, leadership, and organizations: the GLOBE study of 62 societies.* Thousand Oaks: Sage.

Kühlmann, T. (2004). *Auslandsentsendung von Mitarbeitern.* Göttingen: Hogrefe-VAP.

Kumbruck, Ch., & Derboven, W. (2005). *Interkulturelles Training.* Berlin: Springer

Mendenhall, M., Osland, J., Bird, A., Oddou, G., & Maznevski, M. (2008). *Global leadership: Research, Practice, and Development.* New York: Routledge.

Mertesacker, M. (2010). *Interkulturelle Kompetenz im Internationalen Human Resource Management.* Lohmar: Eul.

Morris, M., & Robie, C. (2001). A meta-analysis of the effects of cross-cultural training on expatriate performance and adjustment. *International Journal of Training and Development, 5*(2), 112–125.

Ng, K.-Y., & Earley, P. Ch. (2006). Culture & intelligence: Old constructs, New Frontiers. *Group & Organization Management, 31,* 4–19.

Ng, K.-Y., van Dyne, L., & Ang, S. (2009). From experience to experiential learning: ‚Cultural intelligence' as a learning capability for global leader development. *Academy of Management Learning & Education, 8,* 511–526.

Tarique, I., & Caligiuri, P. (2009). The role of cross-cultural absorptive capacity in the effectiveness of in-country cross-cultural training. *International Journal of Training & Development, 13*(3), 148–164.

Thomas, D., et al. (2008). ‚Cultural intelligence'. Domain & assessment. *International Journal of Cross-Cultural management, 8,* 123–143.

Van Der Zee, K. I., & Van Oudenhoven, J. P. (2000). The multicultural personality questionnaire: A multidimensional instrument for multicultural effectiveness. *European Journal of Personality, 14,* 291–309.

Volmer, J., & Staufenbiel, T. (2006). Entwicklung und Erprobung eines Interviews zur internationalen Personalauswahl. *Zeitschrift für Arbeits- und Organisationspsychologie, 50*(1), 17–22.

24 Auch in Zukunft nicht nur eine Frage der Person: Persönlichkeitskonzepte im organisationalen Führungskontext

Magdalena Bekk und Matthias Spörrle

Zusammenfassung

Persönlichkeit, als die Zusammenfassung zeitlich stabiler Eigenschaften einer Person oder einer Organisation, hat sich im organisationalen Führungskontext als sehr relevant erwiesen. Das vorliegende Kapitel beschäftigt sich mit dem Einfluss, den die Persönlichkeit sowohl der Führungskraft selbst als auch ihres Umfeldes (d. h. der Organisation, der Mitarbeitenden und des Teams) auf das Führungsverhalten der Führungskraft und die Reaktionen der Mitarbeitenden auf dieses Verhalten ausübt. Es werden sowohl Befunde aufgezeigt welche Persönlichkeitsdimensionen mit einer erfolgreichen Führung zusammenhängen und somit bei der Auswahl von zukünftigen Führungskräften berücksichtigt werden sollten, als auch wann sich eine Ähnlichkeit der Führungskraft mit ihrer Umwelt hinsichtlich bestimmter Persönlichkeitsdimensionen positiv auf das Verhalten in der Organisation auswirkt. Am Ende des Kapitels wird die Relevanz der Befunde für die Praxis sowie Implikationen für die Zukunft gegeben.

24.1 Einleitung

24.1.1 Persönlichkeit in Organisationen

Die Frage, was eine erfolgreiche Führungskraft ausmacht, beschäftigt sowohl Wissenschaftler als auch Praktiker seit vielen Jahren. Zahlreiche Studien konnten zeigen, dass

---

M. Bekk (✉)
Universität zu Köln, Cologne Graduate School in Management,
Economics and Social Sciences, Seminar für Marketing und Markenmanagement,
Albertus-Magnus-Platz, 50923 Köln, Deutschland
E-Mail: bekk@wiso.uni-koeln.de

M. Spörrle
Fachhochschule für angewandtes Management (FHAM), Am Bahnhof 2, 85435 Erding, Deutschland
E-Mail: matthias.spoerrle@fham.de

Kompetenzen wie beispielsweise die emotionale und soziale Kompetenz positiv mit der Leistungsbeurteilung der Führungskraft zusammenhängen (Hopkins und Bilimoria 2008; Law et al. 2004; O'Boyle et al. 2011). Diese Kompetenzen stellen, da sie zumindest zu einem gewissen Grade erlernbar sind (s. z. B. zur Entwicklung eines emotionalen Kompetenztrainings Grovers et al. 2006), zentrale Variablen in der organisationalen Personalentwicklung dar. So konnte beispielsweise gezeigt werden, dass ein Training der emotionalen Kompetenz der Führungskraft zu weniger Stress bei der Führungskraft führte (Slaski und Cartwright 2003) sowie zu mehr Arbeitszufriedenheit bei deren Mitarbeitenden (Sy et al. 2006).

Die Leistung und das Verhalten von Personen in einer Organisation hängen jedoch nicht nur von solchen erlernbaren Kompetenzen ab, sondern werden auch von stabilen und vergleichsweise schwerer trainierbaren Eigenschaften maßgeblich mitbestimmt. Eine stabile Eigenschaft kann dabei beispielsweise die kognitive Intelligenz sein. So zeigte sich, dass eine hohe verbale (aber nicht mathematische) Intelligenz mit einer hohen Effektivität der Führungskraft zusammenhängt (Offerman et al. 2004).

Auch die Persönlichkeit eines Menschen ist als eine solche eher zeitstabile Eigenschaft anzusehen. In gleichem Maße wie die zuvor angesprochenen variablen und damit trainierbaren Kompetenzen einer Führungskraft von entscheidender Bedeutung für die Personalentwicklung sind, spielen diese dispositionalen und damit vergleichsweise zeitstabilen Persönlichkeitsmerkmale der Führungskraft insbesondere für die Personalselektion eine maßgebliche Rolle.

Interessanterweise ist das Konzept der Persönlichkeit im Organisationskontext auch jenseits der Mitarbeitenden und Führungskräfte eines Unternehmens bedeutsam: Nicht nur die Persönlichkeit von Personen kann erfasst werden, in der Regel per Selbstbeurteilung mittels Fragebogen (für objektive Persönlichkeitsmessung ohne Fragebogeninstrumente vgl. Schnabel et al. 2006; für Persönlichkeitsmessung durch fragebogenbasierte Fremdbeurteilung vgl. Mount et al. 1994); auch die Organisation an sich kann (z. B. von Kunden oder Mitarbeitenden) hinsichtlich ihrer Persönlichkeit beurteilt werden (Anderson et al. 2010; Slaughter et al. 2004). Beachtenswert ist hierbei, dass es nicht notwendig ist, die Organisation als lebenden komplexen Organismus anzusehen, der diese Persönlichkeit tatsächlich „besitzt". Im Fokus steht vielmehr die allgemeine Wahrnehmung der Organisation durch eine Person (z. B. Kunden oder Mitarbeitende), beispielsweise auf Grund von Employer Branding Maßnahmen (Davies 2008), von der dann die Persönlichkeitszuschreibung erfolgt.

Im vorliegenden Kapitel werden wir in dem – dieser Einleitung folgenden – zweiten Abschnitt „Hintergrund von Persönlichkeitskonzepten im organisationalen Führungskontext" zuerst auf die Organisationspersönlichkeit eingehen und hierbei ausführen, was die Persönlichkeit einer Organisation ist und wie sie sich auf Einstellungen und Verhalten von Personen im organisationalen Kontext auswirkt. Danach werden wir die Betrachtung weg von der Organisation und ihrer Persönlichkeit hin zur Persönlichkeit der Führungskraft im Einzelnen lenken und darstellen, welche Implikationen die Persönlichkeit der Führungskraft sowohl für die Führungskraft selber als auch für ihre Mitarbeitenden hat.

Auch wenn eine solche getrennte Betrachtung von Person und Organisation sinnvoll und wissenschaftlich ertragreich ist, stellt sich doch die Frage, ob nicht auch die Passung (also beispielsweise eine Ähnlichkeit hinsichtlich) der Persönlichkeit der Führungskraft mit der der Organisation eine wichtige Determinante der Führungsleistung ist. Daher werden wir im anschließenden dritten Abschnitt „Beschreibung der persönlichkeitsbasierten Passung zwischen Person und Umwelt" auf die Passung der Persönlichkeit der Führungskraft mit ihrer organisational-sozialen Umwelt eingehen. Hierbei wird neben der Organisation als Ganzes auch die Passung der Führungskraft zu anderen organisationalen sozialen Einheiten (z. B. ihre Mitarbeitenden und ihr Team) hinsichtlich der Ähnlichkeit der Persönlichkeiten betrachtet.

Es wurden unterschiedliche Arten der Messung dieser Ähnlichkeit oder Passung in bisheriger Forschung entwickelt. Diese erscheinen in unterschiedlichen Situationen in ihrer Anwendung im organisationalen Kontext sinnvoll. Diese Arten der Messung werden wir in einer Infobox kurz beleuchten. Im vierten Teil dieses Kapitels, „Relevanz für die Praxis", werden wir Anwendungsmöglichkeiten und Relevanz der Befunde in der Praxis darstellen. Am Ende werden wir im fünften Teil einen Ausblick geben, was diese Befunde für die Zukunft der Führung bedeuten.

24.2 Hintergrund von Persönlichkeitskonzepten im organisationalen Führungskontext

24.2.1 Persönlichkeit von Organisationen

Die Zuschreibung von Persönlichkeit zu nicht-menschlichen Entitäten, wie beispielsweise Objekten, Organisationen, Marken oder auch Orten, wird seit langer Zeit empirisch untersucht. Bereits Heider und Simmel (1944) stellten fest, dass animierte einfache geometrische Figuren von Menschen automatisch als belebte und intentional agierende Entitäten wahrgenommen werden. Somit ist es nicht weiter erstaunlich, dass Menschen Persönlichkeitsattribute nicht nur menschlichen Entitäten zuschreiben, beispielsweise Personen, die eine Marke bewerben (Bekk und Spörrle 2010), sondern auch Urlaubsorten (Ekinci und Hosany 2006), Marken (Aaker 1997) sowie eben auch Organisationen (Slaughter et al. 2004). Solche zeitstabilen Persönlichkeitszuschreibungen können als eine wesentliche Facette des Images solcher Entitäten angesehen werden (vgl. z. B. hinsichtlich des Markenimages: Sattler und Völckner 2007).

Die Organisationspersönlichkeit wird definiert als ein Set von menschlichen Persönlichkeitseigenschaften, welches auf Grund der Vorstellung, die die beurteilende Person von der Organisation hat, konsistent und vergleichsweise zeitstabil mit der Organisation in Verbindung gebracht wird (vgl. Slaughter et al. 2004). Für Forschung und Praxis in gleicher Weise relevant sind dabei zwei Fragen: Erstens, welche Persönlichkeitsdimensionen Organisationen zugeschrieben werden. Und zweitens, welche Bedeutung das Persönlichkeitsprofil einer Organisation für das Verhalten hat, das auf die Organisation bezogen ist, beispielsweise das Verhalten am Arbeitsplatz.

Welche Persönlichkeitsdimensionen werden nun einer Organisation zugeschrieben? Slaughter et al. (2004) konnten zeigen, dass Organisationen auf teilweise anderen Dimensionen gesehen und bewertet werden als Menschen: Es haben sich hierbei die Dimensionen Hilfsbereitschaft (engl. Boyscout, Beispielitems: ehrlich, zuvorkommend), Innovation (engl. Innovativeness, Beispielitems: kreativ, einzigartig), Dominanz (engl. Dominance, Beispielitems: erfolgreich, groß), Sparsamkeit (engl. Thrift, Beispielitems: nachlässig, einfach) und Stil (engl. Style, Beispielitems: modern, zeitgemäß) zur Messung der Organisationspersönlichkeit herauskristallisiert.

24.2.2 Persönlichkeit und Führungserfolg

Neben der Organisationspersönlichkeit spielt selbstredend auch die Persönlichkeit der Führungskräfte eine wichtige Rolle für die berufsbezogene Einstellung und das organisationale Verhalten von Mitarbeitern und Führungskräften. Der Führungserfolg einer Person ist somit neben Einflüssen aus der Umwelt auch abhängig von ihrer eigenen Persönlichkeit (vgl. Paschen und Dihsmaier 2011; Pinnow 2006; Schreyögg und Koch 2010). Beim Menschen als Persönlichkeit definiert sind seine zeitlich überdauernden, nicht-krankhaften, verhaltensrelevanten, individuellen Eigenschaften (vgl. Asendorpf 2007), die sowohl die Wahrnehmung durch andere Personen beeinflussen (McCrae und Costa 1989) als auch das Verhalten dieser Person (neben beispielsweise situationalen Einflüssen) mitbestimmen. Die Persönlichkeit stellt dabei ein mehrdimensionales Konzept dar, dessen am weitesten verbreitetes Modell die Big Five Persönlichkeitsfaktoren sind: Neurotizismus, Extraversion, Offenheit, Gewissenhaftigkeit und Verträglichkeit (McCrae und Costa 1989).

Die Persönlichkeit einer Führungskraft hat einen stabilen Einfluss auf ihre Effektivität. Die Führungseffektivität stellt dabei die Leistung der Führungskraft dar, die ihr gesetzten Ziele zu erreichen (Judge et al. 2002). Hierbei hat sich gezeigt, dass von den Big Five Persönlichkeitsdimensionen Extraversion am stärksten mit einer starken Führungsleistung einhergeht, gefolgt von Gewissenhaftigkeit, Neurotizismus und Offenheit (Judge et al. 2002). Dies hat sich auch im interkulturellen Vergleich bestätigt (Silverthorne 2001): Führungskräfte, die besonders extravertiert, gewissenhaft, emotional stabil und offen für neue Erfahrungen sind, erbringen bessere Führungsleistungen als Führungskräfte, die in ihrer Persönlichkeit beispielsweise stark introvertiert ausgeprägt sind.

Im Bereich untergeordneter Persönlichkeitseigenschaften erwiesen sich Geselligkeit und Dominanz (Facetten der Extraversion), sowie Erfolg und Zuverlässigkeit (Facetten der Gewissenhaftigkeit) und das Selbstwertgefühl der Führungskraft (Facette des Neurotizismus) als relevante Einflussfaktoren der Führungseffektivität (Judge et al. 2002).

In Bezug auf negative, sogenannte „dunkle" Persönlichkeitseigenschaften der Führungskraft, wie beispielsweise Zaghaftigkeit (engl. Cautious) und Gemächlichkeit (engl. Leisurely), zeigte sich eine umgekehrte U-Funktion im Zusammenhang mit ihrer Führungsleistung: Bis zu einem moderaten Level dieser Persönlichkeitsdimensionen stieg die Führungsleistung an, aber ab einem gewissen Punkt, bei zu starker Ausprägung dieser Persönlichkeitsdimensionen, sank sie wieder ab (Benson und Campbell 2007; für einen Überblick über negative Persönlichkeitseigenschaften und negative Führung s. Brosi und

Spörrle 2012). Dieser Rückgang der Führungsleistung trifft auch auf zu starke Ausprägungen auf den Big Five Persönlichkeitsdimensionen zu (Judge et al. 2009). Beispielsweise wird eine hoch verträgliche Führungskraft eher versuchen, Konflikten aus dem Weg zu gehen, was dazu führen kann, dass sie wichtige Entscheidungen aufschiebt, da diese möglicherweise andere Personen, wie ihre Mitarbeitenden, gegen sie aufbringen könnten. Eine sehr stark extravertierte Führungskraft wird hingegen ihre Mitarbeitenden gar nicht erst zu Wort kommen lassen, da sie selbst zu jedem Zeitpunkt im Mittelpunkt stehen will.

Es lässt sich festhalten, dass die Persönlichkeit der Führungskraft einen wesentlichen Einfluss auf die Effektivität der Führungskraft hat. Organisationen ist zu raten, bereits bei der Personalauswahl auf die Persönlichkeit der potentiellen Führungskräfte zu achten: Personen, die extravertiert, gewissenhaft, emotional stabil und offen sind, erscheinen auf Basis des gegenwärtigen Forschungsstands eher geeignet, effektiv in ihrer Führungsrolle zu arbeiten.

Eines der relevantesten Verhaltenscharakteristika einer Führungskraft ist der Führungsstil. Hierunter ist ein zeitstabiles Führungshandeln zu verstehen, welches anhand von Einzelmerkmalen beschrieben werden kann (vgl. Rosenstiel 2007). Dies bezieht sich beispielsweise auf die Art, wie die Führungskraft mit ihren Mitarbeitenden umgeht, Aufgaben vergibt und diese supervidiert. Hierbei lassen sich insbesondere zwei relevante Führungsstile unterscheiden: 1) der transformationale Führungsstil und 2) der transaktionale Führungsstil (vgl. Bono und Judge 2004; Rosenstiel 2007). Der transformationale Führungsstil zeichnet sich dadurch aus, dass die Führungskraft häufig charismatisch ist und dabei gewisse moralische und ethische Standards gegenüber ihren Mitarbeitenden vertritt. Zusätzlich hat sie eine starke Vision für die Zukunft des Unternehmens. Sie fördert innovatives Denken, stimuliert ihre Mitarbeitenden intellektuell und stellt ihnen Möglichkeiten zur Weiterentwicklung bereit. Die Mitarbeitenden handeln hierdurch eher aus altruistischen, also uneigennützigen und selbstlosen, Motiven.

Demgegenüber basiert die transaktionale Führung auf einem rationalen Tauschgeschäft zwischen Führungskraft und Mitarbeitendem: Die Führungskraft stellt dabei ihren Mitarbeitenden Anreize in Aussicht, die diese erhalten, wenn sie die Aufgaben, die ihnen von der Führungskraft übertragen wurden, erfolgreich erledigt haben. Die Führungskraft nimmt hierbei eine eher kontrollierende und passive Rolle ein (vgl. Bono und Judge 2004; Rosenstiel 2007).

In Bezug auf diese beiden Führungsstile zeigt sich, dass diese mit der Persönlichkeit der Führungskraft zusammenhängen. Hierbei stehen insbesondere Extraversion und Neurotizismus in Zusammenhang mit einem transformationalen Führungsstil (Bono und Judge 2004): So legen insbesondere extravertierte und emotional stabile (d. h. wenig neurotische) Führungskräfte einen transformationalen Führungsstil an den Tag. Im Gegensatz dazu scheint der transaktionale Führungsstil weniger stark durch die Persönlichkeit der Führungskraft beeinflusst zu werden (Bono und Judge 2004).

Die Persönlichkeit der Führungskraft beeinflusst jedoch nicht nur die Leistung und den Führungsstil der Führungskraft selbst sondern darüber hinaus auch die Einstellungen und Leistung ihrer Mitarbeitenden und ihres Teams und damit die Gesamtleistung der Organisation. So zeigte sich, dass sich die Persönlichkeit von Führungskräften auf die

Zufriedenheit der Mitarbeitenden, sowohl mit der Führungskraft als auch mit der Arbeit an sich, sowie auf das affektive Commitment und auf die Kündigungsabsichten auswirkt (Smith und Canger 2004): Insbesondere sehr verträgliche Führungskräfte hatten zufriedenere Mitarbeiter, wohingegen die Mitarbeiter von extravertierten Führungskräften weniger häufig Kündigungsabsichten hatten. Wenig gewissenhafte Führungskräfte wiederum hatten Mitarbeitende mit besonders stark ausgeprägtem affektivem Commitment. Dies könnte nach den Autoren ein Indikator für eine vielleicht weniger erfolgreiche aber dafür beliebte Führungskraft sein. Im Anwendungskontext der Luftfahrt zeigte sich ein weiterer positiver Effekt der Persönlichkeit der Führungskraft, in diesem Fall des Flugkapitäns, auf das Team, in diesem Fall die Crew: So machte eine Crew dann am wenigsten Fehler, wenn der Kapitän hoch verträglich und emotional stabil in seiner Persönlichkeit war (Chidester et al. 1991).

Des weiteren wirkte sich die Persönlichkeit von CEOs auf die Gruppendynamik des Top Management Teams aus, welches wiederrum in Beziehung zu der Leistung der Organisation als Ganzes steht (Peterson et al. 2003): Ein hohes Ausmaß an Gewissenhaftigkeit und Verträglichkeit des CEOs hing mit einem erhöhten Bedürfnis nach Legalität und einem stärkeren Gefühl der Kontrolle über die eigene Umwelt, beispielsweise das eigene Team, zusammen. Dies verdeutlicht gerade im Kontext von Korruptionsvorgängen die wichtige Signalfunktion des CEOs für das Top Management. Ein hohes Ausmaß an Verträglichkeit des CEOs hing zudem mit einer Dezentralisierung der Macht im Top Management Team zusammen. Ein emotional sehr stabiler und für neue Erfahrungen offener CEO wiederum hing mit intellektueller Flexibilität des Teams zusammen, also der Fähigkeit des Teams Probleme von mehreren Seiten zu betrachten und die eigene Meinung auf Basis neuer Evidenz zu ändern. Zusätzlich war ein hohes Ausmaß an Offenheit des CEOs mit einer stärkeren Tendenz zum Risiko beim Top Management Team verbunden. Ein stark extravertierter CEO wurde schließlich als dominantere Führungsperson angesehen als ein introvertierter CEO.

24.3 Beschreibung der persönlichkeitsbasierten Passung zwischen Personen und Umwelt (Person-Environment Fit)

Im folgenden Teil soll die Ähnlichkeit oder Passung zwischen der Persönlichkeit der Führungskraft und der Persönlichkeit anderer Entitäten, wie die Mitarbeitenden, das Team und die Organisation beleuchtet werden. Der Führungserfolg hängt nicht von der Persönlichkeit der Führungskraft allein ab, sondern ist maßgeblich durch die soziale Umwelt innerhalb der Organisation, beispielsweise die Mitarbeitenden der Führungskraft, mitbestimmt. Dies wird in der Theorie des Person-Environment Fit verdeutlicht. Der Person-Environment Fit wird dabei als Kompatibilität zwischen einer Person und ihrer sozialen Umwelt definiert, die aus der Passung (d. h. einer Kongruenz oder Ähnlichkeit) zwischen dieser Person und ihrer sozialen Umwelt resultiert (Ahmad 2008; Kristof-Brown et al. 2005). Diese Passung zwischen Person und Umwelt beeinflusst maßgeblich die Einstellungen und das Verhalten der Person. Die Passung kann dabei in Bezug auf verschiedene Eigenschaften ermittelt werden, wie beispielsweise den Wertvorstellungen, den Zielen und der Persönlichkeit (Kristof-Brown et al. 2005). Als Elemente der sozialen Umwelt sind in Bezug auf die Führungskraft sowohl die Mitarbeitenden als einzelne Individuen, als auch das Team ihrer Mitarbeitenden sowie auch die Organisation als Ganzes relevant. Auf diese Umweltelemente soll mit Blick auf die Passung der Persönlichkeiten im Folgenden etwas detaillierter eingegangen werden.

> **Messung der persönlichkeitsbasierten Passung**
> Insgesamt kann die Passung der Persönlichkeit zwischen Person und Elementen ihrer Umwelt auf drei Arten bestimmt werden (vgl. Edwards et al. 2006): 1) Die erste Herangehensweise, die sogenannte *atomistische* Methode, erfasst die wahrgenommenen Persönlichkeiten einer Person und einer sozialen Umwelt nacheinander. So wird beispielsweise die Führungskraft zuerst gefragt, wie sie sich selbst auf bestimmten Persönlichkeitseigenschaften einstufen würde (z. B. ehrlich, hilfsbereit; s. Slaughter et al. 2004). Erst danach wird sie gefragt wie sie ihr Unternehmen auf denselben Persönlichkeitseigenschaften (in diesem Fall: ehrlich, hilfsbereit) einstufen würde. Aus diesen Angaben wird im Nachhinein ein Ähnlichkeitsmaß, beispielsweise mittels Differenzwert (Schaubroeck und Lam 2002) oder Polynomregression (Edwards und Parry 1993) gebildet. Dabei kann die Einschätzung von Person und sozialer Umwelt beide Male von derselben Person vorgenommen werden oder aber durch unterschiedliche Personen (z. B. durch die Führungskraft und ihre Mitarbeitenden). Da sich die Ausfüllenden bei dieser Methode keine direkten Gedanken über die Passung machen, sondern die Person und das andere Element der sozialen Umwelt getrennt einschätzen, wird diese Methode häufig als indirekter Fit bezeichnet (Arthur et al. 2006).
> 2) Bei der zweiten Herangehensweise, der sogenannten *molekularen* Methode, wird im Gegensatz zur ersten Methode beispielsweise die Führungskraft gebeten, die wahrgenommene Diskrepanz zwischen Person und sozialer Umwelt auf einer Skala anzugeben (z. B. „Meine Organisation ist: ‚−1 = weniger‘, ‚0 = gleich stark‘ oder ‚+1 = sehr viel‘ hilfsbereiter als ich."). Da die Führungskraft hierbei ihre Einschätzung der Diskrepanz direkt angibt, wird von einer direkten Messung gesprochen.
> 3) Auch bei der dritten Herangehensweise, der sogenannten *molaren* Methode, handelt es sich um eine direkte Messung, bei der nun nicht die Diskrepanz, sondern die wahrgenommene Passung zwischen Person und Umwelt direkt erfasst wird (z. B. „Ich passe in meiner Persönlichkeit gut zu der Persönlichkeit meiner Organisation"). Somit besteht der Unterschied zwischen der molekularen und molaren Methode darin, dass bei ersterer die wahrgenommene Diskrepanz und bei letzterer die wahrgenommene Passung zwischen Person und sozialer Umwelt gemessen wird. Zudem ist die molare Methode meistens auf die globale Passung, beispielsweise hinsichtlich

der Persönlichkeit generell, ausgerichtet, wohingegen die molekulare Methode – wie auch die atomistische Methode – auch auf einzelne Dimensionen oder Facetten der Persönlichkeit ausgerichtet sein kann.

24.3.1 Passung zwischen Führungskraft und Mitarbeitenden (Person-Supervisor Fit)

Als erstes Element der sozialen Umwelt der Führungskraft soll auf die Mitarbeitenden der Führungskraft und ihre Passung zur Führungskraft (engl. Person-Supervisor Fit) eingegangen werden. Die Passung zwischen der Persönlichkeit von Führungskraft und Mitarbeitenden hat dabei einen Einfluss auf die Mitarbeitenden: Je ähnlicher sich die Persönlichkeit von Führungskraft und Mitarbeitenden waren, desto höher war die Zufriedenheit der Mitarbeitenden mit der Führungskraft sowie mit der Arbeit im Spezifischen und dem Job an sich (Ahmad 2008). Auch die Beziehung zur Führungskraft verbesserte sich mit zunehmender Ähnlichkeit zwischen Führungskraft und Mitarbeitenden und die wahrgenommene Leistung, sowohl der Mitarbeitenden als auch der Führungskraft selbst, stieg an (Kristof-Brown et al. 2005; Strauss et al. 2001). Auch in Bezug auf Beförderungsentscheidungen erwies sich die Ähnlichkeit der Persönlichkeit als relevanter Prädiktor: Führungskräfte entscheiden sich eher für eine Beförderung von Mitarbeitenden, die ihnen in ihrer Persönlichkeit ähnlich sind, als von Mitarbeitenden, die ihrer eigenen Persönlichkeit nicht entsprechen (Schaubroeck und Lam 2002). Dieser Effekt war in kollektivistischen Kulturen noch stärker ausgeprägt als in individualistischen Kulturen (Schaubroeck und Lam 2002).

24.3.2 Passung zwischen Führungskraft und Team (Person-Group Fit)

Doch nicht nur die Passung zu einem bestimmten Mitarbeitenden, sondern auch die Passung zum gesamten Team der Mitarbeitenden hat sich als im Führungskontext als relevant erwiesen (engl person-group fit). So konnten Kristof-Brown, Zimmerman und Johnson (2005) in einer Metaanalyse zeigen, dass eine (auch auf der Persönlichkeit basierende) Passung der Person mit dem Team, in dem diese Person arbeitet, zu einer höheren Zufriedenheit mit den Kollegen, der Führungskraft und der Arbeit führt, sowie zu einer gesteigerten Leistung der Person. Zusätzlich reduziert eine hohe Passung die Absicht der Person ihren Job zu kündigen. Diesen Befunden entsprechend führt eine wahrgenommene Unähnlichkeit zwischen der Persönlichkeit der Person auf der einen und der des Teams auf der anderen Seite zu einer negativen Einstellung zur Arbeit, zu einer geringeren Bereitschaft anderen im Team zu helfen und zu einer erhöhten Rückzugsrate (Liao et al. 2006).

24.3.3 Passung zwischen externen und internen Personen mit der Organisation (Person-Organization Fit)

Die Wahrnehmung der Organisationspersönlichkeit wird auch durch die Persönlichkeit der Person beeinflusst, die die Organisation beurteilt (Nolan und Harold 2010; Rentsch und McEwen 2002; Schreurs et al. 2009; Slaughter und Greguras 2009): Personen bewerten eine Organisation als attraktiver, wenn sie in ihrer Persönlichkeit der Persönlichkeit der Organisation ähnlich sind. Die Ähnlichkeit erhöhte auch die Wahrscheinlichkeit, dass die Personen ein Jobangebot annahmen. Diese Befunde sprechen somit dafür, dass eine Passung zwischen Organisation und Person (engl. person-organization fit) vor und während der Personalauswahl relevant ist.

Neben dem bereits angesprochenem Einfluss der Mitarbeitenden und des Teams wird die Leistung der Führungskraft, zusätzlich durch die Passung zur Organisation selbst beeinflusst und erweist sich als relevant: Fragt man Personen nach der Persönlichkeit der für sie idealen Organisation sowie nach der Persönlichkeit der für sie unattraktivsten Organisation, so stellt sich heraus, dass ihre eigene Persönlichkeit der Persönlichkeit ihrer idealen Organisation ähnlicher ist, als der für sie unattraktivsten Organisation (Tom 1971). So führt dann auch eine hohe persönlichkeitsbasierte Passung zwischen Person und Organisation zu einer höheren Arbeitszufriedenheit (Kristof-Brown et al. 2005) und verstärkt die Intention der Personen in dieser Organisation auch in Zukunft arbeiten zu wollen (Westerman und Cyr 2004).

24.4 Relevanz für die Praxis

Im folgenden Teil werden die oben berichteten Befunde noch einmal kurz zusammengefasst und ihre Relevanz und Anwendung in der Praxis dargestellt.

24.4.1 Persönlichkeit von Organisationen

Die Relevanz der wahrgenommenen Organisationspersönlichkeit für das Verhalten im organisationalen Kontext zeigt sich bereits lange vor Beginn der Personalauswahl. Noch bevor sich eine Person bei einer Organisation überhaupt bewirbt, spielt die Persönlichkeit, die dieser potentielle Bewerber der Organisation zuschreibt, eine entscheidende Rolle (Anderson et al. 2010; Slaughter und Greguras 2009), wie in Tab. 24.1 (mittlere Spalte) dargestellt: Sie bestimmt mit, ob die Organisation für die Person als potentieller Arbeitgeber überhaupt attraktiv ist und wie das Prestige der Organisation als Arbeitgeber angesehen wird. Somit ist es für ein Unternehmen nicht nur relevant auf Aspekte bei der Gestaltung des Marken- oder Unternehmensnamen zu achten (Spörrle et al. 2008), sondern auch eine ansprechende Persönlichkeit zu kommunizieren. Zudem beeinflusst die zugeschriebene Persönlichkeit das Verhalten von Personen auch im Hinblick darauf, ob diese ein Jobange-

Tab. 24.1 Einfluss der Organisationspersönlichkeit auf organisationsexterne und -interne Personen

	Organisationsexterne Personen (z. B. Bewerber)	Organisationsinterne Personen (Mitarbeitende)
Einfluss der Organisationspersönlichkeit	Attraktivität der Organisation	Verbundenheit mit der Organisation
	Prestige der Organisation	Zufriedenheit
	Annahme eines Jobangebotes	Loyalität
		Leistung
		Differenzierung zu anderen Organisationen

bot dieser Organisation annehmen würden. Somit gilt insbesondere für das Top Management, im Rahmen des Employer Brandings eine Organisationspersönlichkeit aufzustellen und zu kommunizieren, die für ihre jeweilige Zielgruppe an zukünftigen Mitarbeitenden relevant und attraktiv ist. Auch spezifisch für Führungskräfte kann sich die Organisationspersönlichkeit auf die Attraktivität der Organisation auswirken. So ist es denkbar, dass eine Organisationspersönlichkeit in starker Weise führungsrelevante Persönlichkeitseigenschaften aufweist und bestimmte Führungsleitbilder prägt. Dies erscheint insbesondere für solche Organisationen erstrebenswert und sinnvoll, deren Arbeit sehr führungsintensiv ist, wie beispielsweise Beratungen, die ihre Mitarbeitenden als unterstützende Führungskräfte in anderen Unternehmen einsetzen. Diese Organisationen werden durch eine führungsausgerichtete Persönlichkeit somit für Personen, die nach Führungsverantwortung streben, besonders attraktiv.

Auch nach den frühen Bewerbungsphasen erweist sich die Organisationspersönlichkeit als bedeutsam, da sie die Einstellungen und das Verhalten von Personen mit beeinflusst, die bereits in der Organisation arbeiten (s. Tab. 24.1 rechte Spalte). So zeigte sich ein signifikanter Einfluss der wahrgenommenen Organisationspersönlichkeit auf die Zufriedenheit, Verbundenheit und Loyalität der Mitarbeitenden (Davies 2008). Die Organisationspersönlichkeit hilft dabei den Mitarbeitenden sich von anderen Organisationen zu differenzieren und sich so dem Unternehmen stärker zugehörig zu fühlen. Auch erwies sich eine Unterstützung signalisierende Organisationspersönlichkeit als leistungsförderlich (Barney 1986). Somit ist nicht nur die organisationale Energie – also die Kraft, mit der Unternehmen zielgerichtet Dinge bewegen – für die Leistung relevant (Bruch et al. 2006), sondern auch die Persönlichkeit der Organisation.

24.4.2 Persönlichkeit und Führungserfolg

In Bezug auf die Persönlichkeit der Führungskraft lässt sich zusammenfassend sagen, dass diese sowohl ihre eigenen Leistungen und ihren eigenen Führungsstil als auch die Einstellungen und das Verhalten ihrer Mitarbeitenden beeinflusst. Insbesondere Führungskräfte, die stark extravertiert sind, wirken sich organisational positiv aus, da sie eher einen transformationalen Führungsstil anwenden und bessere Führungsleistungen erbringen als Führungskräfte, die eher introvertiert sind; stark extravertierte Führungskräfte haben zudem weniger Kündigungsabsichten bei ihren Teammitgliedern. Zusätzlich ist es von Vorteil wenn die Führungskraft verträglich und emotional stabil ist, da insbesondere dann die Mitarbeitenden zufriedener sind und weniger Fehler im Team gemacht werden. Besonders bei Führungskräften in hohen Leitungspositionen sind die beiden Persönlichkeitsdimensionen Verträglichkeit und emotionale Stabilität als besonders positiv in ihrem Einfluss auf das Führungsverhalten und das Top Management Team anzusehen.

24.4.3 Messung der persönlichkeitsbasierten Passung in der Praxis

Für die Praxis stellt die indirekte Messmethode besonders Vorzüge in der Anwendung in der Personalauswahl dar. So kann es in der Personalauswahl eher von Nutzen sein, ein indirektes Maß zu verwenden, um festzustellen wie ähnlich der Bewerber in seinen Persönlichkeitsmerkmalen den von der Organisation vertretenen Merkmalen ist. Beispielsweise kann hier von den oberen Führungskräften ein Profil der Organisationspersönlichkeit aufgestellt werden. Bewerber, die ein ähnliches Persönlichkeitsprofil aufweisen, sollten besser zu dieser Organisation passen und sich positiver gegenüber der Organisation verhalten als Bewerber mit einem stark abweichenden Persönlichkeitsprofil. Das indirekte Maß zeigt auf, welche Bewerber dem aktuellen Organisationsprofil entsprechen und gibt zudem die Möglichkeit zu erkennen, auf welchen Dimensionen vielleicht auch eine Neuausrichtung der Organisationspersönlichkeit angebracht wäre. Der Nachteil an diesem Verfahren ist jedoch, dass es häufig nicht sehr ökonomisch ist, da Person und soziale Umwelt getrennt erfasst werden müssen und aus den dabei gewonnenen Werten Ähnlichkeitsmaße errechnet werden müssen.

24.4.4 Passung zwischen Führungskraft und Mitarbeitenden (Person-Supervisor Fit)

Es lässt sich sagen, dass eher solche Personen befördert und damit eher zu Führungskräften werden, die in ihrer Persönlichkeit der Führungskraft entsprechen. Möglicherweise handelt es sich hier zumindest teilweise um eine systematische Verzerrungstendenz. Die Personalbeurteilung scheint somit nicht nur beeinflusst zu werden von peripheren Personenmerkmalen wie Geschlecht und Attraktivität (vgl. Agthe und Spörrle 2010; Agthe et al. 2010, 2011), sondern auch von der persönlichkeitsbasierten Ähnlichkeit zwischen Mitarbeiter und Beurteiler. Sicherlich spielt hierbei aber auch eine Rolle, dass eine hohe Passung die Leistung des Mitarbeitenden erhöht und somit die Aufstiegschancen verbessert: Liegt eine hohe Passung der Persönlichkeit der Führungskraft mit der der Mitarbeitenden vor, so wird auch die Beziehung zwischen Führungskraft und Mitarbeitenden besser sein und die Mitarbeitenden sowohl mit ihrer Führungskraft als auch mit ihrer Arbeit und ihrem Job zufriedener sein. Mitarbeitende, die zufrieden mit ihrer Arbeitssituation sind, werden wiederum wahrscheinlich eher bessere Leistungen erbringen (vgl. Judge et al. 2001), was nicht nur den Erfolg des Mitarbeitenden und der Führungskraft aufzeigt, sondern sich auch positiv auf den Erfolg der Organisation auswirkt.

24.4.5 Passung zwischen Führungskraft und Team (Person-Group Fit)

Doch nicht nur die Passung zwischen Führungskraft und einzelnen Mitarbeitenden, sondern auch die Passung zum gesamten Team hat sich als relevanter Einflussfaktor auf die Einstellungen und das Verhalten der Person im organisationalen Kontext erwiesen. Eine hohe Passung zum Team führte dabei zu mehr Zufriedenheit der Person mit ihren Kollegen, ihrer Führungskraft und ihrer Arbeit an sich, sowie zu gesteigerter Leistung der Person. Eine niedrige Passung dem gegenüber führte in der Tat auch zu negativen Effekten, wie beispielsweise einer erhöhten Rückzugsrate und weniger Bereitschaft anderen Teammitgliedern zu helfen. Diese Befunde gelten dabei nicht nur für Mitarbeitende ohne Führungsbefugnis in Teams, sondern auch für Teams von Führungskräften, beispielsweise im mittleren Management. Viele Unternehmen setzen auf Heterogenität in Teams, beispielsweise durch Teammitglieder unterschiedlichen Geschlechts oder Ethnie. Dies steht jedoch nicht im Widerspruch zur Erkenntnis, dass Mitglieder eines Teams besser miteinander arbeiten können, wenn sie ähnliche Persönlichkeitsmerkmale aufweisen. Im Sinne der Globalisierung kann es beispielsweise sehr nützlich sein interkulturelle Teams zu bilden. Gleichzeitig sollte die Führungskraft jedoch darauf achten, dass sich ihre Teammitglieder, auch wenn sie aus unterschiedlichen Kulturen stammen, in ihrer Persönlichkeit – die interkulturell stabil ist – ähnlich sind.

24.4.6 Passung zwischen externen und internen Personen mit der Organisation (Person-Organization Fit)

Da besonders solche Bewerber, die der Organisation in ihrer Persönlichkeit ähnlich sind, diese als Arbeitgeber attraktiv finden und sich somit dort bewerben werden, ist es den Unternehmen zu raten, die eigene Organisationspersönlichkeit so aufzubauen und zu kommunizieren, dass sie der Persönlichkeit der idealen Führungskraft und des idealen Mitarbeiters entspricht. Auf diese Art und Weise werden bereits Personen angesprochen, die ein entsprechendes Persönlichkeitsprofil besitzen.

In Bezug auf Führung lässt sich festhalten, dass eine Passung der Persönlichkeit der Führungskraft zu ihrer Organisation relevant ist, da diese Führungskräfte mehr Einfluss auf andere Personen, beispielsweise Personen in ihrem Team, haben werden. Zusätzlich zeigen Führungskräfte, die hinsichtlich ihrer Persönlichkeit zu ihrer Organisation passen, weniger Kündigungsabsichten. Dies ist in Anbetracht der Tatsache, dass Organisationen häufig viele Ressourcen in die Entwicklung ihrer Führungskräfte investieren, ein ökonomisch wichtiger Punkt: Es ist ratsam für Organisationen zunächst die Passung der Personen zur Organisation zu bestimmen, bevor eine Entscheidung getroffen wird, welche Personen zu Führungskräften ausgebildet werden sollen.

24.5 Ausblick: Was bedeutet das für die Zukunft der Führung?

Unser Arbeitsumfeld und die Anforderungen verändern sich bereits jetzt auf Grund bestimmter Faktoren, wie beispielsweise der Globalisierung, Digitalisierung und Virtualisierung sowie dem demographischen Wandel (Mohn 2006). Diese Faktoren werden in Zukunft eine noch stärkere Rolle spielen und Einfluss auf das Verhalten in Organisationen haben. Die bisher in diesem Kapitel angesprochenen Zusammenhänge bekommen daher mit Blick auf die Zukunft eine neue Relevanz. Diese soll im Folgenden angesprochen werden.

24.5.1 Persönlichkeit von Organisationen

Es wurde bereits angesprochen, dass die Organisationspersönlichkeit mitbestimmt für welche Personen die Organisation als Arbeitgeber attraktiv ist. Dies wird umso wichtiger, wenn man die kommenden Veränderungen der Arbeitswelt in Betracht zieht: So gehen wir auf einen demographischen Wandel zu, in dem Personen zukünftig bis zu einem höheren Alter arbeiten und insbesondere auch Frauen einen großen Anteil der Arbeitskräfte darstellen werden (vgl. Hogan et al. 1994). An diese Mitarbeiterzielgruppen sind allerdings die Persönlichkeiten vieler traditioneller Organisationen nur wenig angepasst. Hier wird es die Aufgabe der Führung sein, die Organisationspersönlichkeit an diese veränderten Bedingungen und neuen Zielgruppen anzupassen, um weiterhin als Arbeitgeber attraktiv zu sein.

Mit Bezug auf die zukünftig zunehmende Globalisierung von Unternehmen ergibt sich aus diesen Befunden eine wichtige Implikation für Unternehmen: Soll das Unternehmen weltweit eine einheitliche Organisationspersönlichkeit vertreten? Oder soll es länderspezifische Präferenzen berücksichtigen und somit in verschiedenen Ländern unterschiedliche Organisationspersönlichkeiten vertreten? Diese Fragen sollten sich insbesondere die oberen Führungskräfte einer Organisation stellen, um dann die Persönlichkeit der Organisation „aufzustellen". Abhängig davon, welche Organisationspersönlichkeit das Unternehmen jeweils kommuniziert, wird es in den unterschiedlichen Ländern für unterschiedliche Zielgruppen an Bewerbern attraktiv werden und auch von den in der Organisation beschäftigten Personen unterschiedlich gesehen werden.

24.5.2 Persönlichkeit und Führungserfolg

In Zukunft werden insbesondere Führungskräfte mit transformationalem Führungsstil benötigt werden, da Produktlebenszyklen immer kürzer werden und Organisationen somit immer schneller eine Vielzahl an innovativen Ideen auf den Markt bringen müssen, um dem Wettbewerb stand halten zu können. Organisationen nutzen ihre eigenen Visionen sowie das Potential ihrer Mitarbeitenden, um Innovationen zu generieren. Somit kann es in Bezug auf das zukünftig sicherlich noch stärker verlangte Innovationspotenzial einer Organisation ratsam sein, bereits in der Personalauswahl der Führungskräfte auf Persönlichkeitsmerkmale zu achten, die einen transformationalem Führungsstil ermöglichen. Gerade innovationsintensive Organisationen sollten somit auf hoch extravertierte und emotional stabile Führungskräfte in der Personalauswahl und Beförderung achten.

24.5.3 Messung der persönlichkeitsbasierten Passung

Da besonders in Zukunft bestimmte Persönlichkeitsdimensionen der Führungskräfte in Zusammenhang mit ihrer Passung auf diesen Dimensionen zu Teilen oder der ganzen Organisation relevant sein werden, bietet die Erfassung der indirekten, also gemessenen, Passung eine gute Möglichkeit bereits in der Personalauswahl von neuen Führungskräften auf diese Persönlichkeitseigenschaften und die Passung zu achten. Beispielsweise kann man hierbei ein Persönlichkeitsprofil der Organisation aufstellen und messen, welche Bewerber in ihrer Persönlichkeit diesem Profil am ähnlichsten sind.

Die Messung der Passung stellt jedoch auch für Führungskräfte direkt ein gutes Instrument beispielsweise zur Evaluation ihrer Teams dar. Insbesondere in virtuellen Teams, die auf Grund der fehlenden face-to-face Interaktion und interkulturellen Unterschieden Schwierigkeiten haben können, auf Grund zu hoher Divergenz zwischen den Persönlichkeiten einzelner Teammitglieder, kann es sinnvoll sein, die Passung zwischen den Teammitgliedern zu erfassen. Dies kann sowohl zu evaluativen Zwecken, beispielsweise zur Messung des Teamklimas, geschehen als auch bei Personalentscheidungen, beispielsweise bei der internen Besetzung einer Position durch eines der Teammitglieder, innerhalb der Teams.

Für zukünftige Forschung bleibt insbesondere zu untersuchen, wann welcher Ansatz der Messung am geeignetsten ist sowie wie die einzelnen Messansätze zusammenhängen (vgl. Edwards et al. 2006; Kristof-Brown et al. 2005).

24.5.4 Passung zwischen Führungskraft und Mitarbeitenden (Person-Supervisor Fit)

Insbesondere in Bezug auf die Globalisierung und die damit verbundene örtliche Flexibilität und die daraus resultierende Distanz wird sich die Passung einer Person zu ihrer Führungskraft zwischen verschiedene Managementebenen als relevant erweisen. Besonders Personen im Top Management befinden sich auf Grund der Globalisierung immer häufiger auf Auslandsreisen und immer seltener an „ihrem" Arbeitsplatz. Damit jedoch in ihrem Führungsteam eine gute Leistung erbracht wird, ist es wichtig, dass die Mitglieder des mittleren

Managements zu ihren Vorgesetzen aus dem Top Management passen. Liegt hier nur eine niedrige Passung vor, würde dies zu Unzufriedenheit im mittleren Management und damit zu geringerer Leistung führen. Dies ist insbesondere in Hinblick auf die Tatsache relevant, dass Unzufriedenheit von unten sowie Anforderungen von oben bei Personen des mittleren Managements häufig zu Stress und Anspannung und damit Unzufriedenheit führen. Diese negativen Effekte können durch eine Passung zur Führungskraft abgeschwächt werden.

Zusätzlich können zwei weitere Arten der räumlichen Distanz auftreten, bei denen eine Passung zwischen Person und Führungskraft und die daraus resultierende Zufriedenheit der Person von Vorteil sein können um negative Effekte abzuschwächen. Dies kann erstens eine Distanzführung im Rahmen einer Auslandsentsendung des Mitarbeitenden und zweitens eine Distanzführung über Standorte hinweg sein, wenn eine Führungskraft beispielsweise von einem Land aus die Leitung von Standorten in anderen Ländern übernimmt (Eichenberg 2006).

Zukünftige Forschung könnte einen stärkeren Fokus auf Hierarchieebenen in Unternehmen bei der Untersuchung des Fits berücksichtigen. So könnte es interessant sein zu untersuchen wie ein niedriger Fit zwischen Top-Management und einer Führungskraft des mittleren Managements sich nach unten auf die Mitarbeitenden der Führungskraft des mittleren Managements auswirkt. Zusätzlich könnte die dyadische Beziehung stärker berücksichtigt werden und Studien in Zukunft verstärkt die Passung sowohl aus der Sicht der Führungskraft als auch aus der Sicht des Mitarbeitenden gleichzeitig beachten.

24.5.5 Passung zwischen Führungskraft und Team (Person-Group Fit)

In Bezug auf die moderne Arbeitswelt und die Anforderungen an die Führung ergibt sich dabei die Problematik, dass immer häufiger virtuelle Teams gebildet werden, deren Mitglieder über den ganzen Globus verteilt sind. Somit ergibt sich nicht nur die wahrgenommene Unähnlichkeit auf Grund verschiedener kultureller Hintergründe, die im Hinblick auf Diversity in interkulturellen Teams teilweise gewünscht ist. Es ergibt sich auch das Problem, dass eine einheitliche Passung der Führungskraft zum Team schwieriger zu gestalten ist. Dies kann damit zusammenhängen, dass sich auf Grund der räumlichen Distanz die Teammitglieder weniger intensiv als in anderen Teams kennenlernen und bei der Zusammenstellung der Teams teilweise eher auf für diese Teamgestaltung relevante Kompetenzen geachtet wird, beispielsweise die Medienkompetenz der Teammitglieder. Somit kann eine einheitliche Teampersönlichkeit bei international distribuierten Teams schwieriger zu erreichen sein. Ein funktionierendes Team zu haben, stellt allerdings den Schlüssel zum Erfolg einer Führungskraft dar (Hogan et al. 1994). Es wird daher die Aufgabe der Führungskräfte der Zukunft sein, virtuelle Teams aufzubauen und zu pflegen, die in Eigenschaften, die für das Team und für die zu bearbeitenden Projekte wichtig sind, zusammenpassen. Somit kann die Schaffung von Ähnlichkeiten im Team als Interventionsmaßnahme für eine erfolgreiche Arbeit in virtuellen Teams angesehen werden.

Zukünftige Forschung sollte sich hierbei insbesondere mit interkulturellen und virtuellen Teams beschäftigen und untersuchen auf welchen Eigenschaften Kongruenz und auf welchen Eigenschaften Inkongruenz zu einer erfolgreichen Teamarbeit führt.

24.5.6 Passung zwischen externen und internen Personen mit der Organisation (Person-Organization Fit)

Wie oben angesprochen empfinden Personen eine Organisation als Arbeitgeber attraktiv wenn die Organisation ihnen ähnliche Persönlichkeitsmerkmale aufweist. Es lohnt sich somit für die Organisation mehr Ressourcen in zukünftige Führungskräfte zu stecken, die der Organisation ähnlich sind, da diese mit einer höheren Wahrscheinlichkeit länger in der Organisation verbleiben werden. Diese Ergebnisse zeigen allerdings im Umkehrschluss auch ein Problem auf, welches häufig bei Unternehmensfusionen zu beobachten ist. Sobald sich die Persönlichkeit der Organisation ändert, beispielsweise weil zwei Unternehmen fusionieren oder ein Unternehmen von einem anderen aufgekauft wird, kann sich die Passung zwischen Führungskraft und Organisation verändern. Dies hat häufig zur Folge, dass die Führungskräfte in dieser Organisation nicht mehr zufrieden sind und ihre Arbeitsstelle wechseln. Es sollte daher Aufgabe von Führungskräften sein, die für die Fusionierung und Integration zweier Organisationen in eine neue Organisation zuständig sind, darauf zu achten, dass sie beide Organisationspersönlichkeiten hinreichend bei der Integration und der Kreierung einer neuen Organisationspersönlichkeit berücksichtigen. Dies ist insbesondere im Hinblick auf die hohen Folgekosten, die durch eine Inkongruenz der beiden Organisationen entstehen können, relevant.

Ein weiteres Problem ergibt sich auf Grund der sich in Zukunft noch verstärkenden Globalisierung der Organisationen und den damit verbundenen Entsendungen von Führungskräften und Mitarbeitern in andere Länder. Hierbei wird häufig nur auf die Kompetenzen, beispielsweise die kulturelle Kompetenz geachtet. In vielen Fällen wird dabei die Passung beispielsweise der Führungskraft zu ihren neuen Mitarbeitenden sowie der spezifischen Organisationspersönlichkeit des Standorts in diesem Land nicht beachtet. Es ist jedoch plausibel anzunehmen, dass sich kulturbedingt die Organisationspersönlichkeit zwischen den Standorten in verschiedenen Ländern unterscheidet. Da meistens die Mitarbeitenden einer Organisation dieser ähnlicher sind als anderen Organisationen wird sich dadurch auch die Persönlichkeit der Mitarbeitenden in diesen Organisationen kulturbedingt unterscheiden. Dies wird noch verstärkt, wenn die Organisation länderspezifische Kommunikation durch Werbemaßnahmen betreibt und damit zwischen den Ländern unterschiedliche Persönlichkeitsmerkmale hervorhebt.

So war beispielsweise bei Toyota in Deutschland lange Zeit „nichts unmöglich", wohingegen das Unternehmen in den USA ein „gutes Gefühl" vermitteln wollte. Dies führt dazu, dass ein globales Unternehmen, wie beispielsweise Toyota, keine global einheitliche Organisationspersönlichkeit hat. Somit kann es passieren, dass Mitarbeitende aus Deutschland, die beispielsweise in die USA entsendet werden, nicht das Gefühl haben, zu der dort vorherrschenden Organisationspersönlichkeit zu passen. In diesem Fall kann es passieren, dass die entsandte Person an ihrer Arbeitsstelle in den USA nicht zufrieden ist und weniger Leistung erbringt als erhofft. So kann die Entsendung der Organisation möglicherweise nicht den erhofften Erfolg bringen. Es wird somit in Zukunft noch stärker die Aufgabe der Führungskräfte in Zusammenarbeit mit den personalverantwortlichen Personen werden, bei Auslandsentsendungen von Führungskräften und Mitarbeitenden die Passung der Persönlichkeit der entsandten Person mit der kulturspezifischen Organisationspersönlichkeit zu berücksichtigen, um somit die Einstellungen und das Verhalten der entsandten Person positiv zu beeinflussen.

Autorbeschreibung

Dipl.-Psych. Magdalena Bekk ist seit 2011 Doktorandin am Seminar für Allgemeine BWL, Marketing und Markenmanagement an der Universität zu Köln, sowie Promotionsstipendiatin an der Cologne Graduate School in Management, Economics and Social Sciences. Zuvor hat Frau Bekk ihr Studium der Psychologie und Statistik an der Ludwig-Maximilians-Universität München absolviert. Ihre Forschungsschwerpunkte sind stark interdisziplinär ausgerichtet. Frau Bekk beschäftigt sich schwerpunktmäßig mit der Persönlichkeit unterschiedlicher Entitäten sowie mit dem Konzept des Fits in angewandten Kontexten, besonders im Marketing und der Wirtschaftspsychologie. Neben ihrer wissenschaftlichen Tätigkeit besitzt Frau Bekk Erfahrung in der Erstellung und Auswertung von Evaluationsverfahren für Führungskräfte.

Prof. Dr. Matthias Spörrle ist Professor für Methodenlehre und Statistik an der Fachhochschule für angewandtes Management (FHAM), Erding. Darüber hinaus ist er als Assistant Professor an der Privatuniversität Schloss Seeburg im Bereich Wirtschaftspsychologie tätig und als Fellow Professor mit dem Lehrstuhl für Strategie und Organisation der Technischen Universität München (TUM) assoziiert. In seiner Forschung, die er in zahlreichen Beiträgen unter anderem im Personality and Social Psychology Bulletin, im Journal of Experimental Social Psychology und in Entrepreneurship Theory and Practice veröffentlicht hat, beschäftigt er sich insbesondere mit dem Einfluss von Emotionen, Persönlichkeit und Kognitionen auf Führungs-, Personal- und Managemententscheidungen. Neben seiner wissenschaftlichen Tätigkeit konzipiert Professor Spörrle Personalentwicklungsmaßnahmen und Evaluationsverfahren für Führungskräfte in Großunternehmen und im Mittelstand und ist als Trainer für Führungskräfte tätig.

Literatur

Aaker, J. L. (1997). Dimensions of brand personality. *Journal of Marketing Research, 34*, 347–356.
Agthe, M., & Spörrle, M. (2010). Was die Entscheidung verfälscht. *Personalmagazin, 12*(11), 16–18.
Agthe, M., Spörrle, M., & Maner, J. K. (2010). Don't hate me because I'm beautiful: Anti-attractiveness bias in organizational evaluation and decision making. *Journal of Experimental Social Psychology, 46*, 1151–1154.
Agthe, M., Spörrle, M., & Maner, J. (2011). Does being attractive always help? Positive and negative effects of attractiveness on social decision-making. *Personality and Social Psychology Bulletin, 37*, 1042–1054.

Ahmad, K. Z. B. (2008). Relationship between leader-subordinate personality congruence and performance and satisfaction in the UK. *Leadership and Organization Development Journal, 29*, 396–411.

Anderson, M. H., Haar, J., & Gibb, J. (2010). Personality trait inferences about organizations and organizational attraction: An organizational-level analysis based on a multi-cultural sample. *Journal of Management & Organization, 16*, 140–150.

Anderson, C., Spataro, S. E., & Flynn, F. J. (2008). Personality and organizational culture as determinants of influence. *Journal of Applied Psychology, 93*, 702–710.

Arthur, W., Bell, S. T., Villado, A. J., & Doverspike, D. (2006). The use of person–organization fit in employment decision making: An assessment of its criterion-related validity. *Journal of Applied Psychology, 91*, 786–801.

Asendorpf, J. B. (2007). *Psychologie der Persönlichkeit* (4. Aufl.). Heidelberg: Springer Medizin Verlag.

Barney, J. B. (1986). Organizational culture: Can it be a source of sustained competitive advantage? *The Academy of Management Review, 11*, 656–665.

Bekk, M., & Spörrle, M. (2010). The influence of perceived personality characteristics on positive attitude towards and suitability of a celebrity as a marketing campaign endorser. *The Open Psychology Journal, 3*, 54–66.

Benson, M. J., & Campbell, J. P. (2007). To be, or not to be, linear: An expanded representation of personality and its relationship to leadership performance. *International Journal of Selection and Assessment, 15*, 232–249.

Bono, J. E., & Judge, T. A. (2004). Personality and transformational and transactional leadership: A meta-analysis. *Journal of Applied Psychology, 89*, 901–910.

Brosi, P., & Spörrle, M. (2012). Die dunkle Seite der Führung: Dysfunktionale Persönlichkeitsmerkmale, Verhaltensweisen und situative Einflussfaktoren im Führungskontext. In S. Grote (Hrsg.), *Zukunft der Führung*. Heidelberg: Springer.

Bruch, H., & Vogel, B. (2006). Organisationale Energie: Wie Führungskräfte das Potenzial ihres Unternehmens ausschöpfen können. In H. Bruch, S. Krummaker, & B. Vogel (Hrsg.), *Leadership – Best Practices und Trends* (S. 181–192). Wiesbaden: Gabler.

Chidester, R., Helmreich, R. L., Gregorich, S. E., & Geis, C. E. (1991). Pilot personality and crew coordination: Implications for training and selection. *International Journal of Aviation Psychology, 1*, 25–44.

Davies, G. (2008). Employer branding and its influence on managers. *European Journal of Marketing, 42*, 667–681.

Edwards, J. R., Cable, D. M., Williamson, I. O., Lambert, L. S., & Shipp, A. J. (2006). The phenomenology of fit: Linking the person and environment to the subjective experience of person–environment fit. *Journal of Applied Psychology, 91*, 802–827.

Edwards, J. R., & Parry, M. E. (1993). On the use of polynomial regression equations as an alternative to difference scores in organizational research. *The Academy of Management Journal, 36*, 1577–1613.

Eichenberg, T. (2006). Führung auf Distanz in internationalen Unternehmen: Auslöser und Dimensionen. In H. Bruch, S. Krummaker, & B. Vogel (Hrsg.), *Leadership – Best Practices und Trends* (S. 87–94). Wiesbaden: Gabler.

Ekinci, Y., & Hosany, S. (2006). Destination personality: An application of brand personality to tourism destinations. *Journal of Travel Research, 45*, 127–139.

Fulmer, I. S., & Barry, B. (2004). The smart negotiator: Cognitive ability and emotional intelligence in negotiation. *The International Journal of Conflict Management, 15*, 245–272.

Grovers, K. S., McEnrue, M. P., & Shen, W. (2006). Developing and measuring the emotional intelligence of leaders. *Journal of Management Development, 27*, 225–250.

Heider, F., & Simmel, M. (1944). An experimental study of apparent behavior. *The American Journal of Psychology, 57*, 243–259.

Hogan, R., Curphy, G. J., & Hogan, J. (1994). What we know about leadership: Effectiveness and personality. *American Psychologist, 49*, 493–504.

Hopkins, M. M., & Bilimoria, D. (2008). Social and emotional competencies predicting success for male and female executives. *Journal of Management Development, 27*, 13–35.

Judge, T. A., Bono, J. E., Ilies, R., & Gerhardt, M. W. (2002). Personality and leadership: A qualitative and quantitative review. *Journal of Applied Psychology, 87*, 765–780.

Judge, T. A., Piccolo, R. F., & Kosalka, T. (2009). The bright and dark sides of leader traits: A review and theoretical extension of the leader trait paradigm. *The Leadership Quarterly, 20*, 855–875.

Judge, T. A., Thoresen, C. J., Bono, J. E. & Patton, G. K. (2001). The job satisfaction-job performance relationship: A qualitative and quantitative review. *Psychological Bulletin, 127*, 376–407.

Kristof-Brown, A. L., Zimmerman, R. D., & Johnson, E. C. (2005). Consequences of individuals' fit at work: A meta-analysis of person-job, person-organization, person-group, and person-supervisor fit. *Personnel Psychology, 58*, 281–342.

Law, K. S., Wong, C.-S., & Song, L. J. (2004). The construct and criterion validity of emotional intelligence and its potential utility for management studies. *Journal of Applied Psychology, 89*, 483–496.

Liao, H., Chuang, A., & Joshi, A. (2006). Perceived deep-level dissimilarity: Personality antecedents and impact on overall job attitude, helping, work withdrawal, and turnover. *Organizational Behavior and Human Decision Processes, 106*, 106–124.

McCrae, R. R., & Costa, P. T. (1989). The structure of interpersonal traits: Wiggins's circumplex and the five-factor model. *Journal of Personality and Social Psychology, 56*, 586–595.

Mohn, L. (2006). Unternehmenskultur und Führung: Erfolgsfaktoren zur Gestaltung der Zukunft in Wirtschaft und Unternehmen. In H. Bruch, S. Krummaker, & B. Vogel (Hrsg.), *Leadership – Best Practices und Trends* (S. 209–218). Wiesbaden: Gabler.

Mount, M. K., Barrick, M. R., & Strauss, J. P. (1994). Validity of observer ratings of the big five personality factors. *Journal of Applied Psychology, 79*, 272–280.

Nolan, K. P., & Harold, C. M. (2010). Fit with what? The influence of multiple self-concept images on organizational attraction. *Journal of Occupational and Organizational Psychology, 83*, 645–662.

O'Boyle, E. H., Humphrey, R. H., Pollack, J. M., Hawver, T. H., & Story, P. A. (2011). The relation between emotional intelligence and job performance: A meta-analysis. *Journal of Organizational Behavior, 32*, 788–818.

Offerman, L. R., Bailey, J. R., Vasilopoulos, N. L., Seal, C., & Sass, M. (2004). The relative contribution of emotional competence and cognitive ability to individual and team performance. *Human Performance, 17*, 219–243.

Paschen, M., & Dihsmaier, E. (2011). *Psychologie der Menschenführung*. Heidelberg: Springer.

Peterson, R. S., Smith, D. B., Martorana, P. V., & Owens, P. D. (2003). The impact of chief executive officer personality on top management team dynamics: One mechanism by which leadership affects organizational performance. *Journal of Applied Psychology, 88*, 795–808.

Pinnow, D. F. (2006). *Führen – Worauf es wirklich ankommt* (2. Aufl.). Wiesbaden: Gabler.

Rentsch, J. R., & McEwen, A. H. (2002). Comparing personality characteristics, values, and goals as antecedents of organizational attractiveness. *International Journal of Selection and Assessment, 10*, 225–234.

Rosenstiel, L. von (2007). *Grundlagen der Organisationspsychologie* (6. Aufl.). Stuttgart: Schäffer-Poeschel Verlag.

Sattler, H., & Völckner, F. (2007). *Markenpolitik* (2. Aufl.). Stuttgart: W. Kohlhammer GmbH.

Schaubroeck, J., & Lam, S. K. (2002). How similarity to peers and supervisor influences organizational advancement in different cultures. *The Academy of Management Journal, 45*, 1120–1136.

Schnabel, K., Banse, R., & Asendorpf, J. B. (2006). Assessment of implicit personality self-concept using the implicit association test (IAT): Concurrent assessment of anxiousness and angriness. *British Journal of Social Psychology, 45*, 373–396.

Schreurs, B., Druart, C., Proost, K., & De Witte, K. (2009). Symbolic attributes and organizational attractiveness: The moderating effects of applicant personality. *International Journal of Selection and Assessment, 17*, 35–46.

Schreyögg, G., & Koch, J. (2010). *Grundlagen des Managements* (2. Aufl.). Wiesbaden: Gabler.

Silverthorne, C. (2001). Leadership effectiveness and personality: A cross cultural evaluation. *Personality and Individual Differences, 30*, 303–309.

Slaski, M., & Cartwright, S. (2003). Emotional intelligence training and its implications for stress, health and performance. *Stress and Health, 19*, 233–239.

Slaughter, J. E., & Greguras, G. J. (2009). Initial attraction to organizations: The influence of trait inferences. *International Journal of Selection and Assessment, 17*, 1–18.

Slaughter, J. E., Zickar, M. J., Highhouse, S., & Mohr, D. C. (2004). Personality trait inferences about organizations: Development of a measure and assessment of construct validity. *Journal of Applied Psychology, 89*, 85–103.

Smith, M. A., & Canger, J. M. (2004). Effects of supervisor „Big Five" personality on subordinate attitudes. *Journal of Business and Psychology, 18*, 465–481.

Spörrle, M., Tumasjan, A., Becker, F., & Moser, K. (2008). „…but the name will never be forgotten" – Eine Bestandsaufnahme der Psychologie des Markennamens. *Wirtschaftspsychologie, 4*, 5–14.

Strauss, J. P., Barrick, M. R., & Connerley, M. L. (2001). An investigation of personality similarity effects (relational and perceived) on peer and supervisor ratings and the role of familiarity and liking. *Journal of Occupational and Organizational Psychology, 74*, 637–657.

Sy, T., Tram, S., & O'Hara, L. A. (2006). Relation of employee and manager emotional intelligence to job satisfaction and performance. *Journal of Vocational Behavior, 68*, 461–473.

Tom, V. R. (1971). The role of personality and organizational images in the recruiting process. *Organizational Behavior and Human Performance, 6*, 573–592.

Westerman, J. W., & Cyr, L. A. (2004). An integrative analysis of person–organization fit theories. *International Journal of Selection and Assessment, 12*, 252–261.

Teil III
Perspektiven der Führung

Postheroische Führung

25

Dirk Baecker

Zusammenfassung

Postheroisches Management ist die Wiedereinführung der Differenz von Organisation und Wirtschaft in die Organisation. Postheroische Führung ist die Wiedereinführung der Differenz von Organisation und Gesellschaft in die Organisation. Beide beruhen darauf, dass das Unternehmen im Besonderen wie die Organisation im Allgemeinen spätestens im 20. Jahrhundert damit begonnen haben, die Mechanismen der Absorption von Ungewissheit, die es ihnen bis dato erlaubt hatten, Entscheidungen effizient und effektiv zu technisieren, zu ökonomisieren und zu routinisieren, in die Organisation wieder einzuführen und dort ihrerseits zum Gegenstand der Entscheidung zu machen. Postheroisches Management wie Führung laufen daher letztlich darauf hinaus, der Organisation die Selbstreferenz ihrer Gestaltung, Lenkung und Kontrolle wieder zugänglich zu machen, die ihr im Zuge der Durchsetzung eher disziplinärer Konzepte ihrer Etablierung und Institutionalisierung zumindest thematisch verweigert worden waren, auch wenn ihre jeweilige Praxis ohne Selbstreferenz nicht zu denken ist. Im Unterschied zum Management referiert Führung nicht nur auf das jeweilige Funktionssystem, in dem die Organisation primär operiert, sondern auf die Gesellschaft insgesamt. Postheroische Führung stellt der Organisation eine Selbstreferenz zur Verfügung, die es dieser erlaubt, laufend an ihrer Kompetenz, ihrem Profil und ihrer Disziplin in der Auseinandersetzung mit gesellschaftlichen Nachfragen, Möglichkeiten und Gelegenheiten zu arbeiten.

D. Baecker (✉)
Zeppelin University, Am Seemooser Horn 20, 88045 Friedrichshafen, Deutschland
E-Mail: dirk.baecker@zeppelin-university.de

25.1 Einleitung

Postheroische Führung ist eine Führung, die ein Team, ein Projekt, eine Abteilung, ein Unternehmen, ein Land nicht nur nach Außen repräsentiert und nach Innen eint, sondern darüber hinaus Repräsentation und Einheit nicht miteinander verwechselt, sondern so voneinander unterscheidet, dass das Innen und das Außen variiert werden können, ohne die Existenz des Teams, des Projektes, der Abteilung, des Unternehmens oder des Landes aufs Spiel zu setzen. Postheroische Führung findet dort statt, wo eine Übersetzung des Außens in das Innen oder umgekehrt des Innens in ein Außen nicht möglich ist und diese Unmöglichkeit in immer wieder neue Strategien und Taktiken der Auseinandersetzung umgesetzt wird. Postheroische Führung ist daher nicht nur situativ, inkrementalistisch und improvisiert, sondern auch in der Hinsicht prozessorientiert, dass immer wieder neu überprüft wird, mit welchen Ideen, Diagnosen, Kompetenzen und Ressourcen man unter welchen Umständen welche Erfahrungen gemacht hat.

Heroische Führung besteht darin, sich diese Arbeit einer postheroischen Führung zu ersparen und stattdessen eine Idee, ein Ziel, einen Angriff an die Stelle dieser Arbeit zu setzen, um mit diesem einen Ansatz entweder zu triumphieren oder unterzugehen. Heroische Führung bietet nicht nur den Vorteil der Arbeitsersparnis, sondern auch den Vorteil, Recht behalten zu können. Im Fall des Triumphs liegt das auf der Hand, im Fall des Untergangs scheiterte man am Unverständnis der Welt oder an der Inkompetenz der Mitarbeiter. Die heroische Führung kennt zwar ebenfalls einen Unterschied zwischen Team, Projekt, Abteilung, Unternehmen oder Land auf der einen Seite und dem Rest der Welt auf der anderen Seite, aber dieser Unterschied wird nicht genutzt, um ihn zu erhalten und zu pflegen, sondern er wird genutzt, um ihn zu streichen: Die erfolgreiche heroische Führung unterwirft die Welt der eigenen Organisation, die erfolglose lässt die eigene Organisation in der Welt verschwinden.

Die Welt der heroischen Führung ist einfach. Sie kennt nur Gewinne und Verluste. Und sie preist ihre Helden dafür, dass sie eine klare Orientierung bieten und mit leuchtendem Beispiel, das heißt mit Siegeswillen und Opferbereitschaft, vorausgehen. So oder so wird man im Anschluss etwas zu erzählen haben, wenn man denn die Sache überlebt. Die Welt der postheroischen Führung ist komplex. Sie kennt Gewinne, Verluste und darüber hinaus nicht nur deren Ununterscheidbarkeit, sondern auch die Schnelligkeit, mit der das eine sich als das andere herausstellen kann. Sie muss auf Helden verzichten und dennoch immer wieder neu Orientierung schaffen. Zu erzählen hat sie fast nichts, sieht man davon ab, dass dennoch dauernd Geschichten erzählt werden, denen jedoch auf eine immer wieder enttäuschende Art und Weise die Pointe zu fehlen scheint.

Eine so eindeutige Unterscheidung zwischen heroischer und postheroischer Führung, wie wir sie hier konstruieren, ist ihrerseits heroisch. Sie macht die Dinge zu einfach. Stattdessen wird man es in der Realität immer mit Heroen zu tun haben, die wissen, wann sie auf eine postheroische Intelligenz umstellen müssen, um einen neuen Ansatz zu finden, wenn der alte sich nicht bewährt. Und man wird es immer mit einer postheroischen Führung zu tun haben, die ab und an Helden auszeichnet, wenn es darauf ankommt, an jene heroischen Affekte zu appellieren, die man zuweilen braucht, um eine unmögliche Entscheidung zu treffen.

Die schwierigste Aufgabe von allen besteht daher vermutlich darin, sich der Einheit der Differenz von heroischer und postheroischer Führung bewusst zu sein und auch für diese Einheit eine Formulierung zu finden. Mit einem sehr alten Begriff könnten wir von einer „klugen" Führung sprechen, wenn unter einer politischen Klugheitslehre, wie sie die alten Chinesen ebenso vertraten wie die europäische frühe Neuzeit (Jullien 1999; Machiavelli 1978; Gracián 1978; vgl. Baecker 1995, 2008), eine Lehre verstanden werden darf, die mit Komplexität rechnet, um nicht unbedingt einfache, aber doch unscheinbar wirkungsvolle Entscheidungen zu treffen. Politisch klug ist, wer Unterscheidungen nicht nur anbieten, sondern sie auch verschwinden lassen kann, um dort, wo andere in ihr Verderben rennen, ein neues Spiel eröffnen zu können.

25.2 Hintergrund

Konzepte einer postheroischen Führung wurden wiederentdeckt, als bestimmte Annahmen der Moderne, die darauf hinausliefen, Organisationen als die rationale Form der Umsetzung von Zielen und Aufträgen in dazu passende Mittel und Wege zu verstehen, fragwürdig wurden. Die Moderne hatte dazu geneigt, heroische Führungskonzepte zu pflegen, weil mit ihrer Hilfe die Spitze von Hierarchien ausgezeichnet und so nach außen sichtbar und nach innen auf Distanz gebracht werden konnte. Das ermöglichte es, nach Außen Einheit und Kontrolle zu signalisieren und nach Innen jene mal lose, mal feste Kopplung von Hierarchie und Prozess einzurichten, unter der das tägliche Arbeiten nur möglich ist (Chandler 1977; Parsons 1960; Luhmann 1977). Mit dem Auslaufen moderner Hoffnungen auf Vernunft und mit der Entdeckung, dass Organisationen in enger Abstimmung mit ihrer sozialen Umwelt weniger an ihren Zielen und Aufträgen als vielmehr an der Maximierung der Ressourcen, auf die sie Zugriff haben, interessiert sind (Meyer und Rowan 1977; Perrow 1978), werden Heroismen jedoch zunehmend dysfunktional. Sie attrahieren zu viel Aufmerksamkeit für insgesamt zu verdächtige Sachverhalte und Prozesse. Die Helden werfen ein schlechtes Licht auf die Wirklichkeit, die von ihnen abweicht. Konnte man sich dies einst leisten, weil die Wirklichkeit hochgradig konventionalisiert war und sich in ihrer Alltäglichkeit weder ändern musste noch ändern konnte, so kippt die einst beruhigende Alltäglichkeit der Wirklichkeit um in ihre Fragwürdigkeit, sobald sie sich laufend ändern kann und ändern muss. Postheroische Führung wird erforderlich, wenn die Varianz der Arbeitsprozesse steigt und sowohl die lose als auch die feste Kopplung zwischen Hierarchie und Prozess gesteigert werden müssen.

Nicht zufällig führt Charles Handy das Konzept der postheroischen Führung in einem Buch mit dem Titel *The Age of Unreason* ein: Wenn gefordert werden muss, dass sich der postheroische Führer bei jeder seiner Handlungen und Entscheidungen fragt, „how every problem can be solved in a way that develops other people's capacity to handle it" (Handy 1990, S. 166), dann geht es nicht mehr nur um klassische Fragen der Ausbildung und des

Trainings der Kompetenzen der Mitarbeiter, sondern darüber hinaus darum, die Fähigkeit zur Lösung von Problemen nicht mehr an der Spitze einer Organisation zu monopolisieren, sondern sie an die Organisation zu delegieren und in ihr zu diffundieren. Wohlgemerkt, es sollen nicht nur gefundene und definierte Problemlösungen von der Organisation effizient und routiniert exekutiert werden, so dass jeder Arbeiter, jeder Lehrer, jeder Beamte, jeder Krankenhausarzt, jeder Hochschullehrer, jeder Priester und jeder Offizier weiß, was er, später auch sie, zu tun hat. Sondern es soll die Fähigkeit zur Problemlösung verteilt und verallgemeinert werden. Und dies schließt, wie man vielleicht zu spät gemerkt hat, die Fähigkeit zur Identifikation eines Problems als Problem, das heißt die Fähigkeit zur Problemstellung und daher auch zur Problemverschiebung, mit ein. Allgemeine Appelle an die zwangsläufig einheitliche Vernunft der Dinge, ihren Sachzwang, können diese Diffusion der Fähigkeit zur Problemlösung wie Problemstellung nur behindern. Hier kommt man nur weiter mit der Anerkennung einer Differenz der aus unterschiedlichen Perspektiven beteiligten Rationalitäten.

Man hat das oft genug beschrieben (Burns und Stalker 1961; Weick 1985; Baecker 1994): Wenn Organisationen keine Maschinen mehr sind, deren Abläufe man wie von Außen definieren und kontrollieren kann, und deren wirtschaftliche Effizienz und technische Effektivität darauf beruht, dass ihre Routinen laufend optimiert werden können, sondern zu sozialen Systemen werden, in die Management und Führung als Orientierungspunkte für Interpretation und Reinterpretation eingeschlossen sind und für die daher Routinen der Veränderung von Routinen entwickelt werden müssen, dann muss die Führung postheroisch werden und dann können und dürfen Heroismen nur noch fallweise vorkommen, als Opium fürs Volk.

Die Organisationstheorie, die sich von der Betriebswirtschaftslehre durch ihre Rationalitätsskepsis unterscheidet, konzipiert Organisationen daher nicht mehr als zieldefinierte, sondern als zielsuchende Systeme (Simon 1997; March und Simon 1993; March 1988; Luhmann 1995, 2000). Und das klassische Bild der Organisation, demgemäß in einem sorgsam nach Außen abgeschotteten Bereich, im Klassenzimmer, im Büro, in der Werkstatt, im Krankenzimmer, in der Feldübung, im Beichtstuhl, die Arbeit gemacht wird, während sich die Spitze um die Definition und Kontrolle der Aufgaben und eine mittlere Managementebene um die Koordination der arbeitsteilig aufgestellten Organisation kümmern (Parsons 1960; Thompson 1967), weicht einem postklassischen Bild, demgemäß die Organisation auf der Ebene ihrer Arbeitsprozesse (also „unten") in Wertschöpfungsketten verknüpft ist, die über die Grenzen der Organisation hinaus flussaufwärts und flussabwärts zu Lieferanten und Abnehmern reichen, während sich die Spitze darum kümmert, jene *corporate identities* herzustellen, die es den eigenen Mitarbeitern, dem Kapitalmarkt, den Aufsichtsorganen und der kritischen Öffentlichkeit ermöglichen, eine Einheit der Organisation zu unterstellen und zu erkennen, und die mittleren Managementebenen damit beschäftigt sind, *corporate cultures* zu pflegen, die jene Werte bereitstellen, die für die technische, ökonomische, soziale und emotionale Koordination zunehmend diverser Prozesse nach wie vor erforderlich sind (Nohria und Eccles 1992; Grabher 1993; DiMaggio 2001). Die post heroische Führung korrespondiert einer postklassischen Organisation, wenn unter dieser postklassischen Organisation nicht zuletzt eine Organisation verstanden wird, die dort ihre Unentscheidbarkeiten hegt und pflegt (Smith und Plotnitsky 1995), wo die klassische Organisation nur Entscheidungen kannte: bei der Trennung hierarchischer Ebenen, bei der Ziehung von Abteilungsgrenzen, bei der Einrichtung der Arbeitsteilung, bei der Zuweisung von Kompetenzen und nicht zuletzt bei der Kontrolle von Erfolg und Misserfolg. Postheroische Führung besteht darin, ihrer Organisation bei der Suche nach jenen Zielen zu helfen, die nicht vorab definiert sind, sondern gesetzt, getestet und verantwortet werden müssen.

25.3 Der Ansatz

Postheroisches Management ist die Wiedereinführung der Differenz von Organisation und Wirtschaft in die Organisation (Baecker 1994). Postheroische Führung ist die Wiedereinführung der Differenz von Organisation und Gesellschaft in die Organisation (Baecker 2009). Beide beruhen darauf, dass das Unternehmen im Besonderen wie die Organisation im Allgemeinen spätestens im 20. Jahrhundert damit begonnen haben, die Mechanismen der Absorption von Ungewissheit, die es ihnen bis dato erlaubt hatten, Entscheidungen effizient und effektiv zu technisieren, zu ökonomisieren und zu routinisieren, in die Organisation wieder einzuführen und dort ihrerseits zum Gegenstand der Entscheidung zu machen (Baecker 1993, 1999, 2003). Postheroisches Management wie Führung laufen daher letztlich darauf hinaus, der Organisation die Selbstreferenz ihrer Gestaltung, Lenkung und Kontrolle wieder zugänglich zu machen, die ihr im Zuge der Durchsetzung eher disziplinärer Konzepte ihrer Etablierung und Institutionalisierung zumindest thematisch verweigert worden waren (Foucault 1969, 1976; Goffman 1962), auch wenn ihre jeweilige Praxis ohne Selbstreferenz nicht zu denken ist.

Die Verfügung über Mechanismen der Absorption von Ungewissheit, so hatten James G. March und Herbert A. Simon entdeckt (March und Simon 1993), sind die Voraussetzung dafür, dass Entscheidungsprozesse eingerichtet werden können, in denen jede einzelne Entscheidung sich auf vorherige Entscheidungen verlässt und nicht jeweils von Neuem beginnt, Zielsetzung, Ressourcenzugriff, Arbeitsteilung und Kundenangebot zu überprüfen. Stattdessen wirkt jede Entscheidung als Prämisse der ihr folgenden Entscheidung und können darüber hinaus generalisierte Prämissen wie Programme, Kommunikationswege und Personalkompetenzen eingerichtet werden, die der einzelnen Entscheidung einen erheblichen Teil ihrer Ungewissheit abnehmen und es ihr damit erlauben, sich auf den verbleibenden und nach Möglichkeit überschaubaren Teil zu konzentrieren (Simon 1997; Luhmann 2000). Diese Prämissen treten an die Stelle der reflexiv nach Belieben unklaren Selbstreferenz der Organisation, geben ihr eine Geschichte, eine Zukunft und ein Gedächtnis und ermöglichen es ihr so, ihren fallweise auftretenden Entscheidungsbedarf abzuarbeiten.

Das postheroische Management – und ernsthaft gibt es kein anderes – adressiert diese Mechanismen der Absorption von Ungewissheit für den Fall der Unterscheidung von Organisation und Wirtschaft, die postheroische Führung – und auch hier gibt es ernsthaft keine andere – für den Fall der Unterscheidung von Organisation und Gesellschaft. Das Modell für diese Denkfigur liefert Erich Gutenberg, der in seiner Habilitationsschrift zur Begründung der Betriebswirtschaftslehre gezeigt hat, dass Management nur möglich ist, wenn es die Komplexität der Organisation einklammert (man denke an Husserls *epoché*) und statt der komplexen Organisation, die als perfekt und zugleich plastisch gestaltbar vorausgesetzt wird, den „Betrieb" technischen Anforderungen an Effektivität und wirtschaftlichen Anforderungen an Effizienz unterwirft (Gutenberg 1929). Gutenberg wurde zum Begründer der Betriebs*wirtschafts*lehre, aber er hätte, wenn man der Idee seines Ansatzes folgt, auch zum Begründer einer Betriebs*technik*lehre werden können. Erstere hat sich an den Universitäten weltweit unter verschiedenen Namen etablieren können, letztere gibt es nicht als einheitliches Fach, sondern nur in der Summe höchst unterschiedlicher ingenieurwissenschaftlicher Ansätze, wie sie in Deutschland auch durch die Fraunhofer Institute vertreten werden.

Gutenbergs Idee jedenfalls bestand darin, die Komplexität der Organisation, von der man zu seiner Zeit dank zahlreicher technologischer, soziologischer, psychologischer, biologischer und philosophischer Ansätze durchaus wusste, nicht etwa zu negieren, sondern sie im Wissen um ihre Existenz zu neutralisieren (Gutenberg 1929, S. 26), das heißt als ebenso gegeben wie willig gestaltbar vorauszusetzen, um im Anschluss an diese Neutralisierung mit aller Strenge nur noch Kosten/Nutzen-Fragen (beziehungsweise Zweck/Mittel-Fragen) zu stellen und den Betrieb aus dieser Bewirtschaftung (beziehungsweise Technisierung) der Organisation zu gewinnen.

Die Pointe aus dieser Operation verschweigt uns Gutenberg. Sie begleitete den Aufbau und den Siegeszug der Betriebswirtschaftslehre allenfalls unter dem Namen „Praxisschock". Diese Pointe besteht darin, dass die neutralisierte Komplexität nicht etwa stillhält, während der Betriebswirt seine Kosten/Nutzen-Kalküle und der Betriebstechniker seine Zweck/Mittel-Überlegungen anstellen, sondern unruhig wird, sich zu Wort meldet und ihrerseits gewürdigt und gepflegt werden will. Diese Komplexität ist materieller, technischer, sozialer, intellektueller, emotionaler und ökologischer Art. Sie kann nicht als Quelle eigener Probleme ausgeschaltet werden, wie Gutenberg sich das vorstellte, ganz zu schweigen davon, dass sie in keinem Moment perfekt funktioniert.

Postheroisches Management besteht seither darin, von der Komplexität der Managementaufgaben auszugehen. Und es profitiert davon, dass dieses Management die Organisation eben nicht wie von Außen kommend in einen Betrieb verwandeln kann, um ihn dann dem ökonomischen Kalkül zu unterwerfen, sondern dass dieses Management selbstverständlich *in* der Organisation arbeitet und wirkt und daher selbst ein Teil der Komplexität dieser Organisation ist. Es leistet willentlich wie unwillentlich, als Beobachter und als Beobachtetes, wesentliche Beiträge zum Aufbau und zur Pflege jener Komplexität der Organisation, die anschließend neutralisiert wird, um sie den ökonomischen und technischen Rationalitäten zu unterwerfen. Es verfolgt Eigeninteressen, Karrieren und Leidenschaften, es blockiert Initiativen, sabotiert Strategien und unterläuft Taktiken ganz genau so, wie es der Rest der Organisation auch tut oder spätestens dann tut, wenn es dieser Rest vom Management lernt, wie das geht.

Der Ansatz, den wir hier verfolgen, besteht daher darin, diese Komplexität nicht mehr auszuklammern, sondern in das Zentrum der Managementlehre zu stellen, ohne allerdings den Unterschied, den Gutenberg so präzise gesetzt hat, dabei aus den Augen zu verlieren. Wir konzipieren das Management komplex, indem wir es als ein Paar zweier komplexer Variablen beziehungsweise, in der Notation von George Spencer-Brown (2008), als die Form einer Unterscheidung formulieren:

$$\text{Management} = \overline{\text{Organisation} \,|\, \text{Wirtschaft}} \qquad \text{(PM)}$$

Die hier gewählte Notation hat viele Vorteile, auf die wir hier nicht eingehen können (Baecker 2002, 2005a). Die für uns wichtigsten sind, dass sie es erlaubt, a) Unterscheidungen zu notieren, deren jede einzelne von einem als (organisches, psychisches, soziales oder künstliches) System ausdifferenzierten Beobachter realiter getroffen werden muss, um eine Rolle spielen zu können, b) diese Unterscheidungen als Formen von Zusammenhängen zu notieren, da jede Form die Innenseite einer Unterscheidung, ihre Außenseite, die Trennung dieser beiden Seiten und den von der Unterscheidung hervorgebrachten Raum der Unterscheidung umgreift, und c) auf den Seiten dieser Unterscheidung ihrerseits komplexe Variable zu notieren, die gleichsam nur auf ihre weitere Auflösung in der Form weiterer Unterscheidungen warten.

Jede Form besteht damit aus mindestens einem Paar komplexer Variablen, die um weitere Variable ergänzt werden können, wenn man hinreichende empirische Anhaltspunkte dafür hat, dass es Beobachter gibt, die so beobachten. In unserem Fall genügt ein einziges Paar. Aus der Mathematik weiß man im Übrigen, dass ein solches Paar komplexer Variablen für eine imaginäre, das heißt zwischen positiven und negativen Zahlen oszillierende (oder auch: zur Achse reeller Zahlen orthogonal stehende), Zahl steht (Stillwell 2002, S. 383 f.).

Gleichung *PM* bringt zum Ausdruck, dass (postheroisches) Management darin besteht, den Unterschied zwischen Organisation und Wirtschaft zu treffen und in den Raum der Unterscheidung wieder einzuführen. Praktisch bedeutet dies, dass ein guter Manager beide Seiten der Unterscheidung stärkt, sowohl die Komplexität der Organisation als auch die Komplexität der Wirtschaft bedient, um dann ebenso selektiv wie konstruktiv (das heißt systemtheoretisch: durch Reduktion von Komplexität; und mathematisch: durch Entscheidung des Unentscheidbaren) Organisation und Wirtschaft aufeinander zu beziehen und Entscheidungen zu treffen, die Programme, Abteilungen und Kontrollen, Produkte, Märkte und Preise betreffen (Eccles und White 1986). Jede umgangssprachliche Rede von „Wirtschaft", die so tut, als könnten Unternehmen und Märkte irgendwie gleichgesetzt werden, führt in die Irre. Tatsächlich stehen Organisation und Wirtschaft im Fall des Unternehmens wie erst recht jeder anderen Organisation orthogonal, das heißt inkommensurabel und aufeinander unreduzierbar zueinander. Der Manager bedient beide Seiten der Unterscheidung und er tut dies in ihrem Zusammenhang. Daraus beziehen seine Entscheidungen ihre imaginative Qualität (Shackle 1979): Er muss jeweils erfinden, was sich unter Umständen bewährt; und er muss, soll sich die Erfindung bewähren, die verteilte Intelligenz sowohl der Organisation als auch der Märkte nutzen, um sie vorab, im Vollzug und im Anschluss zu testen.

Das müssen wir hier nicht vertiefen, weil es bekannt ist. Allenfalls kann man unterstreichen, dass dem Aspekt des immer mitlaufenden Testens und den davon abhängigen Reversibilitätsgewinnen trotz irreversibler Entscheidungen möglicherweise bislang zu wenig Aufmerksamkeit gezollt wurde. Immerhin können aus der Notwendigkeit, Möglichkeiten des Testens sowohl vorzuhalten als auch nach Bedarf fokussieren zu können, möglicherweise weit reichende Schlussfolgerungen für den Aufbau und den Ablauf einer Organisation, verstanden als Engführung und Unterbrechung positiver und negativer Rückkopplungen, getroffen werden (Beer 1981; Malik 1996).

Wichtiger jedoch ist uns hier die Übersetzung der Gutenbergschen Gedankenfigur in Fragen einer postheroischen Führung. Wenn Führung nicht gleich Management ist, im Deutschen ebenso wenig wie im Englischen und in anderen Sprachen, dann können es nicht dieselben komplexen Variablen sein, die die Führung definieren. In der Literatur findet man allenfalls Andeutungen. Nimmt man jedoch die Anregung von Edgar Henry Schein ernst, Führung und Organisationskultur zusammen zu denken (Schein 1985; vgl. Baecker 1999, S. 102 ff., S. 113 ff.), und liest man sein Verständnis von Kultur als Medium der Kopplung der Organisation mit ihren durch Diversität gekennzeichneten gesellschaftlichen Umfeldern, lässt sich vielleicht die Vermutung begründen, dass die Führung einer Organisation es nicht primär mit wirtschaftlichen, sondern primär mit gesellschaftlichen Fragen zu tun hat, an denen die wirtschaftlichen zwar Teil haben, jedoch nur einen Aspekt unter anderen ausmachen. Das hieße, dass wir es mit folgender Gleichung zu tun bekommen.

$$\text{Führung} = \text{Organisation}\overline{|\text{Gesellschaft}|} \qquad (PF)$$

Wir würden demnach wieder davon ausgehen, dass auch die Führung ausklammert, nämlich die Komplexität der Organisation, wenn sie „Gesellschaft", und die Komplexität der Gesellschaft, wenn sie „Organisation" beobachtet, dieses Ausklammern jedoch nur betreibt, um es gleich anschließend selektiv und konstruktiv wieder aufzuheben.

(Postheroische) Führung unterscheidet die Organisation von der Gesellschaft, um Letztere in Ersterer selektiv und konstruktiv zum Tragen zu bringen (Baecker 2005b). „Gesellschaft" heißt hierbei im Sinne der soziologischen Theorie Reflexion auf die Fortsetzungsbedingungen von Kommunikation unter globalen Bedingungen, das heißt unter den Bedingungen laufender Variation politischer, wirtschaftlicher, rechtlicher, wissenschaftlicher, religiöser, pädagogischer Bedingungen und technischer, ökologischer und psychologischer Risiken und Gefahren (Luhmann 1997; Baecker 2007). „Gesellschaft" heißt, dass man nicht weiß, wie es weitergeht, und dennoch und gerade deshalb darauf Rücksicht nehmen muss, wie es weitergeht. „Gesellschaft" ist ein Begriff für die Erwartbarkeit von Überraschungen unter den Bedingungen der turbulenten Gestaltung der Lebensbedingungen der Menschen durch das Zusammenleben der Menschen. Jede Organisation ist dazu ein Beitrag. Und jede Organisation muss darauf Rücksicht nehmen, so sehr sie ihre eigenen Überlebensbedingungen nur sichern kann, wenn sie gegenüber dieser Gesellschaft durch die Einrichtung von Inseln der Erwartbarkeit von Arbeit und Hierarchie, Produkten und Programmen, Kompetenzen und Karrieren, Zeithorizonten und Fristen einen Unterschied macht.

Gleichung PF formuliert die Trope, aus der die Rhetorik der Führung gewonnen werden kann, wenn man Jurij M. Lotmans Idee folgt, dass jede Kommunikation solche Tropen voraussetzt und jede Trope aus einem Paar miteinander unvereinbarer, aber dennoch aufeinander bezogener, wechselseitige Übersetzungen herausfordernder bedeutungstragender Elemente besteht (Lotman 2010, S. 53 ff.). Ein solches Paar ist die kleinste denkbare semiotische Einheit (ebd., S. 10). Sie formuliert eine Spannung, aus der alles Weitere gewonnen und auf die alles Weitere bezogen werden kann. Im Anschluss daran kann man fragen, wo und wie die Führung die Differenz von Organisation und Gesellschaft in der Organisation etabliert, pflegt und fruchtbar werden lässt.

25.4 Relevanz

Jeder gesellschaftliche Sachverhalt, auf den sich eine Organisation beziehen mag, kann zum Komplement einer solchen Trope werden, deren andere Paarhälfte immer die Organisation selber ist. Ausgehend davon kann man fragen, in welchen Tropen sich die Führung einer Organisation bewegt, das heißt, wie es ihr gelingt, politische und wirtschaftliche, rechtliche und religiöse, technische und massenmediale Problemstellungen der Gesellschaft in der Organisation sinnstiftend zum Tragen zu bringen, aufeinander zu beziehen, gegeneinander abzuwägen und hinreichend auf Distanz zu halten. Niklas Luhmann hat dies am Beispiel des Erziehungssystems und seiner Umwelten einmal durchgespielt (Luhmann 1996). Hier werden die Außenbeziehungen eines Systems zwar nicht durch Tropen, sondern durch Paradoxien rekonstruiert und über wechselnde Auflösungen der Paradoxie intern verfügbar gemacht, doch die analytische Problemstellung ist dieselbe.

Angefangen bei der Gesellschaft selber, Einheit einer Vielfalt, Vielfalt einer Einheit, würde man jeden gesellschaftlichen Bezug, den die Führung einer Organisation aufgreift und intern adressierbar macht, als eine Trope beschreiben, die eine Inkommensurabilität darstellt, die die Organisation zwingt, von Eins-zu-Eins-Übersetzungen gesellschaftlicher Anforderungen in organisationale Antworten Abstand zu nehmen und statt dessen eigene Interpretationen und Strategien auszuprobieren, die dank ihrer unreduzierbaren Problematik immer im Kontext von Alternativen und dank ihres Risikos immer im Wettbewerb mit diesen Alternativen innerhalb und außerhalb der Organisation stehen. Man wird daher mit populationsökologischen Redundanzen der Absicherung der Führung einer Organisation an Usancen der Führung anderer Organisationen rechnen dürfen (Hannan und Freeman 1977), ohne doch jede einzelne Führung aus der Pflicht entlassen zu können, eine eigene und organisationsspezifische Lösung für das Problem zu finden. Die schlichte

Imitation der Lösungswege anderer Organisation würde die eigene Organisation aus der Trope entlassen. Die Führung würde keinen Rückhalt mehr in der eigenen Organisation suchen und damit darauf verzichten, Führung zu sein. Sie wäre nichts anderes als ein mehr oder minder technisches Signal an die Organisation, welche Restriktionen im Umgang mit gesellschaftlichen Bezügen zu beachten sind, und würde die Organisation zwingen, unterhalb dieser an ihrer Aufgabe versagenden Führungsstruktur eine zweite Führung zu suchen und zu installieren, die den beiden Seiten der Trope gerecht wird.

Nicht zuletzt könnte man an dieser Stelle auf die Governance-Diskussion Bezug nehmen (Mayntz 2005; Willke 2007), die man als einen Versuch rekonstruieren kann, die Komplexität der Gesellschaft so zu fraktionieren, dass sie in einem Mehr-Ebenen-System der wechselseitigen und indirekten Kontrolle von Organisationen (Power 1997) handhabbar gemacht werden kann. Interessant wäre daran der Versuch, die fraktale, selbstähnliche Struktur der Tropen zu überprüfen, die durch eine solche Fraktionierung nicht etwa zum Verschwinden gebracht, sondern vielfältig entfaltet und praktisch handhabbar gemacht wird. Die Problemperspektive der Governance verarbeitet die Differenz von Organisation und Gesellschaft in ein heterarchisches Netzwerk von Steuerungsebenen, die von der Fertigung über Wertschöpfungsketten mit Lieferanten und Kunden und betriebliche Hierarchien bis zu Vorständen, Aufsichtsräten, Kapitaleignern, Aufsichtsorganen und Regulierungsbehörden reichen. Jede einzelne Steuerungsebene arbeitet nicht nur mit der Trope von Organisation und Wirtschaft, sondern auch mit der Trope von Organisation und Gesellschaft. Karl E. Weicks Ideen zum *sensemaking* innerhalb der Prozesse des Organisierens finden hier ihre strukturelle Verankerung (Weick 1995, 2000).

Um die Relevanz unseres Ansatzes zu testen, greifen wir hier jedoch eine andere Überlegung auf, die jüngeren Datums ist und die von der Erkenntnis ausgeht, dass sich menschliche Gesellschaften durch Prozesse der Gruppenbildung auszeichnen, die sich nicht nur an der Größe des Neocortex des Menschen zu orientieren scheinen, sondern darüber hinaus einen interessanten skalaren Faktor aufweisen, demgemäß die Größe der jeweils kleinsten Gruppe, die sich in verschiedenen historischen Gesellschaften und verschiedenen gesellschaftlichen Tätigkeitsbereichen auffinden lassen, zwar variiert, der Multiplikationsfaktor jedoch, der die Anzahl der Mitglieder der nächstgrößeren Gruppe jeweils angibt, konstant ist. Dieser Faktor liegt bei knapp unter 3, so dass sich in Stammesgesellschaften, städtischen Nachbarschaften, Armeeeinheiten, Team- und Abteilungsgrößen in Behörden, Firmen und anderen Organisationen etwa folgende Gruppengrößen ergeben (Zhou et al. 2005): 3–5 Individuen in einer *support clique*, die sich bei schweren emotionalen und finanziellen Belastungen hilft, 12–20 Individuen in einer *sympathy group*, mit denen man spezielle Bindungen unterhält und die man mindestens einmal im Monat trifft, 30–50 Individuen in einer *band*, mit denen man etwa ein Nachtlager aufschlagen würde (gegeben die Gelegenheit), 150 Individuen in *clans* oder *regional groups*, aus denen die *bands* jeweils ausgewählt werden können, 500 Individuen in einer *megaband* und schließlich 1.000–2.000 Individuen in einem *tribe*, einer linguistischen Einheit. Ausgegangen war Robin Dunbar seinerzeit von der Beobachtung, dass es bei maximal 149 Individuen möglich ist, dass jedes einzelne Individuum zu jedem anderen persönlich spezifizierte Beziehungen unterhält (Dunbar 1992, 2004).

Bestätigt wird diese Beobachtung von einer anthropologischen Forschung, die die Mechanismen untersucht, mit deren Hilfe bei verschiedenen Gruppengrößen Redundanzen in den Strukturen der Gruppe aufrechterhalten werden können. Ein wichtige Rolle spielen dabei etwa Stars, die Redundanzen unter ihren Fans ermöglichen (Colson 1978), oder Restriktionen von Freiheitsgraden möglichen Verhaltens, die begrüßt werden, weil sie Integration ermöglichen (Anderson 1960).

Bezieht man diese Forschung einerseits auf die klassischen Überlegungen zu einer funktionsfähigen Kontrollspanne von Führung (Simon 1946) und andererseits auf jüngere Überlegungen dazu, dass Führung ihrerseits besser durch Teams als durch Einzelpersonen ausgeübt wird (Manz und Sims 1993; Wimmer 1996; Rockenbach et al. 2007; Wimmer und Schumacher 2009), und dies nicht zuletzt, um auf diese Art und Weise besser in die Komplexität und Kontingenz der Organisation verwoben werden zu können (Neuberger 2002; Simon 2004; Krusche 2008; Seliger 2008), stellt sich die Frage, ob (postheroische) Führung nicht vor allem darin besteht, am konstanten Multiplikationsfaktor von Gruppengrößen anzusetzen, um sicherzustellen, dass in jeder einzelnen Gruppe eine jeweils andere Facette derselben Trope von Organisation und Gesellschaft adressiert wird.

Führung besteht danach darin, arbeitsfähige Einheiten von 3–5 Leuten, Aufgaben definierende Einheiten von 12–20 Leuten, Vertrauensgemeinschaften von 30–50 Leuten, Unternehmensgrößen (in denen jeder jeden kennt) von etwa 150 Leuten, Netzwerkgrößen von 500 Leuten und Milieugrößen von 1.000–2.000 Leuten zu definieren, die jeweiligen Einheiten voneinander zu unterscheiden und sicherzustellen, dass innerhalb jeder Einheit eine Führung stattfindet, die um die Existenz und die Rolle aller anderen Einheiten weiß. Wir reden hier von „Arbeit", „Aufgabe", „Vertrauen", „Unternehmen", „Netzwerk" und „Milieu" nur zu illustrierenden Zwecken. Es ist auffällig, dass es zwar Vokabeln gibt, die die gemeinten Sachverhalte einigermaßen treffen, aber keine eingeführte Nomenklatur. Entscheidend sind die Proportionen. Und entscheidend ist, dass wir es hier mit einer strikt gesellschaftlichen Vorgabe, orientiert an Strukturen menschlicher Gesellschaften, zu tun haben, die weder wirtschaftlichen Effizienz- noch technischen Effektivitätsvorgaben entspringen, sondern ihrerseits deren Randbedingungen definieren.

Es sei nur am Rande bemerkt, dass wir Dunbars These der mit der Größe des Neocortex des Menschen definierten Verhältniszahl von Gruppengrößen nicht folgen, um damit einer neurophysiologischen Determination sozialer Strukturen das Wort zu reden. Stattdessen gehen wir mit Darwin und einer Reihe jüngerer Forschungsansätze davon aus, dass Neocortex, Bewusstsein und Gesellschaft des Menschen Produkte einer Koevolution sind, in der weder die kognitive noch die psychische noch die soziale Ebene die Führung haben, sondern wechselseitige Spielräume der Überforderung jeweils Anpassungsversuche stimulieren. So scheint die Größe des Neocortex nicht zuletzt damit korreliert zu sein, dass der Mensch sowohl mit der Komplexität sozialer Beziehungen (in denen jedes Individuum, mit dem es ein Ego zu tun hat, zugleich Adressat von mehr oder minder bekannten Dritten ist) als auch mit der Sprache und ihren Möglichkeiten der Täuschung zurecht kommen muss. Vermutlich sind hier weitere Paarbildungen komplexer Variablen (Tropen) zu konstruieren, um diesen Verhältnissen auf die Spur zu kommen.

In der zitierten Forschung ist es unklar, wie die fraktale Konstanz des Multiplikationsfaktors von knapp unter 3 erklärt werden kann (Zhou et al. 2005, S. 443). Im Anschluss an Georg Simmels Überlegungen zur quantitativen Bestimmtheit der Gruppe und der besonderen Rolle, die der Dritte in diesen Überlegungen spielt (Simmel 1992, S. 63 ff., inbes. S. 114 ff., 124 ff.), kann man jedoch vermuten, dass dieser Multiplikationsfaktor von knapp unter 3 beide ihrerseits komplexen Möglichkeiten der Intimität und der Gesellschaft auf eine komplexe, aufeinander verweisende und voneinander unterschiedene Art und Weise präsent hält und auf jeder neuen Ebene einer Gruppenbildung wiederholt. Der Dritte als Individuum wie auf den höheren Ebenen der Gruppenbildung als gleichsam mitlaufende Alternative zur jeweiligen Form der Vergemeinschaftung hält die Möglichkeit der Gesellschaft aufrecht. Ihn auszuschließen heißt jedoch, sich auf eine Intimität einzulassen, die man auch nicht lange aushält.

Der Dritte verunsichert, weil er vereindeutigt. Er vergemeinschaftet, wenn er sich vereinnahmen lässt, ruft jedoch im selben Moment einen neuen Dritten auf den Plan, der zu der gerade gefundenen Gemeinschaft mit Verweis auf Gesellschaft Alternativen präsentiert. Gleichzeitig ist der Dritte immer auch Ansatzpunkt für stabile Hierarchiebildungen, weil zwei Ebenen analog zum Herr/Knecht-Schema nicht stabil gehalten werden können, sondern je nach situativen Bedingungen „revolutionär" umgedreht werden können. Eine dritte Ebene jedoch hält die obere Ebene oben, weil ihre Leute dorthin wollen, und die untere unten, weil ihre Leute deren Konkurrenz fürchten.

(Postheroische) Führung heißt demnach, auf einen kürzesten Nenner gebracht, Gruppen (inklusive der Gruppen von Führungskräften) so zu konstituieren, dass sie durch die Präsenz eines Dritten fruchtbar beunruhigt werden können. Im Verweis auf den verunsichernden Dritten beziehungsweise die verunsichernde Alternative liegt dann auch das, was man zu Recht als die Macht der Führung beschrieben hat (Crozier und Friedberg 1993). Denn Macht resultiert daraus, in einer Organisation und für diese Organisation in einem Raum der Ungewissheit und damit Unentscheidbarkeit jene Chancen zur daher unabdingbaren Willkür bereitzustellen, die mit Verweis auf das, was wir hier „Gesellschaft" genannt haben, die Einheit der Vielfalt anderer Möglichkeiten, gerechtfertigt werden können (Baecker 2009).

25.5 Ausblick

Wir haben den Begriff der postheroischen Führung und die durch diesen Begriff rekonstruierbare Führungsforschung mit den vorstehenden Überlegungen in die Nachbarschaft einer Theorie komplexer Systeme gerückt. Komplexität wird hier nach wie vor als paradoxe Einheit einer Vielfalt verstanden (Luhmann 1990; Baecker 1999, S. 169 ff.), doch werden zusätzlich mathematische und semiotische Möglichkeiten genutzt, diese Komplexität auf ihre Verankerung in Paaren komplexer Variablen beziehungsweise in Tropen hin durchsichtig zu machen. Wir kommen damit Überlegungen zur Beherrschung von Komplexität nicht entgegen, sondern gehen weiterhin davon aus, dass Strategien des Umgangs mit Komplexität nur als Strategien der Selbstkontrolle verstanden und entworfen werden können (Ashby 1958; von Foerster 1993).

Aber diese Strategien der Selbstkontrolle, der Führung durch Vorbild, wie man umgangssprachlich vielleicht sagen kann, können erheblich besser als gegenwärtig üblich dadurch informiert und unterfüttert werden, dass man sie daraufhin überprüft, mit welchem Verständnis welcher Tropen sie arbeiten, um im Anschluss daran genau dieses Verständnis sachlich zu differenzieren und mit Zeit- und Sozialhorizonten seiner Entfaltung auszustatten. Eine ihrerseits entsprechend informierte Beratung wird dabei eine Rolle spielen müssen, weil spätestens dann, wenn der Kanon des Führungswissens um gesellschaftliche Fragen des genannten Typs erweitert wird, die Kompetenzen des Personals nahezu jeder Organisation überfordert sind und man Berater braucht, die es der Organisation und ihrer Führung ermöglichen, an ihrer ihnen unverfügbaren, weil in ihre Arbeitsprozesse vielfach integrierten, eher an ihren Prozessen als an ihren Resultaten erkennbaren Intelligenz zu arbeiten (Wimmer 2010). Für die Diagnose von Prozessen jedoch braucht man Fachleute, die es gewohnt sind, sich dort mithilfe von Verlangsamungen und Beschleunigungen Prozesse anzuschauen, wo alle Beteiligten nur entweder zufrieden oder nicht zufrieden stellende Ergebnisse sehen.

Die hier vorgestellten Überlegungen legen einen nicht unerheblichen Forschungsbedarf offen, der Organisationen aller Art auf die von ihnen verwendeten Tropen und auf die in ihnen vorherrschenden Gruppengrößenverhältnisse hin untersucht und nach betriebswirtschaftlicher Art nach Erfolg und Misserfolg sortiert. Diese Forschung wird interdisziplinär vorgehen müssen, weil die aufgeworfenen Problemstellungen nur durch eine Kombination soziologischer, psychologischer, ökonomischer und anthropologischer Theorien und Methoden bearbeitet werden können. Und sie wird sich an Supertheorien wie der Systemtheorie, der Semiotik und der Mathematik orientieren müssen, um mit Konzepten arbeiten zu können, die der Komplexität der Sach-, Zeit- und Sozialverhalte gewachsen sind.

Die Stichwörter der postheroischen Führung wie des postheroischen Managements werden im Anschluss an die Anregung von Charles Handy zu Synonymen einer Kunst der Problemdefinition, die nur fallweise an Lösungen interessiert ist, ein viel größeres Interesse jedoch daran hat, Probleme als Katalysatoren der immer neuen Herausforderung kreativer Lösungen nicht nur zu begreifen, sondern auch zu konstruieren. Postheroische Führung und Management werden mit Blick auf Gesellschaft und Wirtschaft als Aufgabenstellungen eines Designs von Organisationen verstanden, das diesen ein Problem verschreibt, das unlösbar ist, aber zur Suche nach immer wieder neuen Lösungen genutzt werden kann. Unternehmerische Initiative ist dort gefordert, wo es gilt, diese passenden Probleme zu finden und zu implementieren.

Autorbeschreibung

Professor Dr. Dirk Baecker Soziologe, Lehrstuhl für Kulturtheorie und Analyse an der Zeppelin University in Friedrichshafen. Arbeitsgebiete: soziologische Theorie, Kulturtheorie, Wirtschaftssoziologie, Organisationsforschung und Managementlehre.

Literatur

Anderson, R. (1960). Reduction of variants as a measure of cultural integration. In E. D. Gertrude & L. C. Robert (Hrsg.), *Essays in the science of culture in honor of Leslie A. White* (50–62). New York: Crowell.

Ashby, W. R. (1958). Requisite variety and its implications for the control of complex systems. *Cybernetica, 1*, 83–99.

Baecker, D. (1993). *Die Form des Unternehmens*. Frankfurt a. M.: Suhrkamp.

Baecker, D. (1994). *Postheroisches management: Ein Vademecum*. Berlin: Merve.

Baecker, D. (1995). Themen und Konzepte einer Klugheitslehre. In Akademie Schloss Solitude (Hrsg.), *Klugheitslehre: militia contra malicia* (S. 54–74). Berlin: Merve.

Baecker, D. (1999). *Organisation als System: Aufsätze*. Frankfurt a. M.: Suhrkamp.

Baecker, D. (2002). *Wozu Systeme?* Berlin: Kulturverlag Kadmos.

Baecker, D. (2003). *Organisation und Management: Aufsätze*. Frankfurt a. M.: Suhrkamp.

Baecker, D. (2005a). *Form und Formen der Kommunikation*. Frankfurt a. M.: Suhrkamp.

Baecker, D. (2005b). Wer rechnet schon mit Führung? *Organisationsentwicklung, 24*(2), 62–69.

Baecker, D. (2007). *Wozu Gesellschaft?* Berlin: Kulturverlag Kadmos.

Baecker, D. (2008). Der Umweg über China. In J. François, J. Philippe, K. Wolfgang, & P. Peter (Hrsg.), *Kontroverse über China: Sino-Philosophie* (S. 31–47). Berlin: Merve.

Baecker, D. (2009). *Die Sache mit der Führung*. Wien: Picus.

Beer, S. (1981). *Brain of the firm*, (2nd ed.). Chichester: Wiley.

Burns, T., & George M. S. (1961). *The management of innovation*. London: Tavistock Institute.

Chandler, A. D., Jr. (1977). *The visible hand: The managerial revolution in American Business*. Cambridge.: Harvard University Press.

Colson, E. (1978). A redundancy of actors. In B. Fredrik (Hrsg.), *Scale and social organization* (S. 150–162). Oslo: Universitetsforlaget.

Crozier, M., & Erhard F. (1993). *Die Zwänge kollektiven Handelns: Über Macht und Organisation*, Neuausgabe Bodenheim: Athenäum.

DiMaggio, P. (Hrsg.). (2001). *The twenty-first century firm: Changing economic organization in international perspective*. Princeton, NJ: Princeton University Press.

Dunbar, R. (1992). Neocortex size as a constraint on group size in primates. *Journal of Human Evolution, 20*, 469–493.

Dunbar, R. (2004). *The human story: A new history of mankind's evolution*. London: Faber.

Eccles, R. G., & Harrison C. W. (1986). Firm and market interfaces of profit center control. In L. Siegwart, S. C. James, & N. Stefan (Hrsg.), *Approaches to social theory* (S. 203–220). New York: Russell Sage.

Foucault, M. (1969). *Wahnsinn und Gesellschaft: Eine Geschichte des Wahns im Zeitalter der Vernunft, aus dem Französischen von Ulrich Köppen*. Frankfurt a. M.: Suhrkamp.

Foucault, M. (1976). *Überwachen und Strafen: Die Geburt des Gefängnisses, aus dem Französischen von Walter Seitter*. Frankfurt a. M.: Suhrkamp.

Goffman, E. (1962). *Erving Goffman, Asylums: Essays on the social situation of mental patients and other inmates*. Chicago: Aldine.

Grabher, G. (Hrsg.). (1993). *The embedded firm: On the socio-economics of industrial networks*. London: Routledge.
Gracián, B. (1978). *Handorakel und Kunst der Weltklugheit, aus dem Spanischen von Arthur Schopenhauer, mit einer Einleitung von Karl Voßler*. Stuttgart: Kröner.
Gutenberg, E. (1929). *Die Unternehmung als Gegenstand betriebswirtschaftlicher Theorie*. Berlin: Spaeth & Linde.
Handy, C. (1990). *The age of unreason*. Boston: Harvard Business School Press.
Hannan, M. T., & John F. (1977). The Population ecology of organizations. *American Journal of Sociology, 82*, 929–964.
Jullien, F. (1999). *Über die Wirksamkeit, aus dem Französischen von Gabriele Ricke und Ronald Vouillé*. Berlin: Merve.
Krusche, B. (2008). *Paradoxien der Führung: Aufgaben und Funktionen für ein zukunftsfähiges Management*. Heidelberg: Carl Auer.
Lotman, J. M. (2010). *Die Innenwelt des Denkens: Eine semiotische Theorie der Kultur, aus dem Russischen von Gabriele Leupold und Olga Radetzkaja, hrsg. und mit einem Nachwort von Susi K. Frank, Cornelia Ruhe und Alexander Schmitz*. Frankfurt a. M.: Suhrkamp.
Luhmann, N. (1977). *Zweckbegriff und Systemrationalität: Über die Funktion von Zwecken in sozialen Systemen, Neuausgabe*. Frankfurt a. M.: Suhrkamp.
Luhmann, N. (1990). Haltlose Komplexität, in: ders., Soziologische Aufklärung 5: Konstruktivistische Perspektiven (S. 59–76). Opladen: Westdeutscher Verlag.
Luhmann, N. (1995). *Funktion und Folgen formaler Organisation*, (4. Aufl.), mit einem Epilog 1994. Berlin: Duncker & Humblot.
Luhmann, N. (1996). Das Erziehungssystem und seine Umwelten. In E. S. Karl (Hrsg.), *Zwischen System und Umwelt: Fragen an die Pädagogik* (S. 14–52). Frankfurt a. M.: Suhrkamp.
Luhmann, N. (1997). *Die Gesellschaft der Gesellschaft*. Frankfurt a. M.: Suhrkamp.
Luhmann, N. (2000). *Organisation und Entscheidung*. Opladen: Westdeutscher Verlag.
Machiavelli, N. (1978): *Der Fürst, aus dem Italienischen von Rudolf Zorn*. Stuttgart: Kröner.
Malik, F. (1996). *Strategie des Managements komplexer Systeme: Ein Beitrag zur Management-Kybernetik evolutionärer Systeme*, 5. erw. und erg. Aufl. Bern: Haupt.
Manz, C. C., & Henry P. S. (1993). *Business without bosses: How self-managing teams are building high-performing companies*. New York: Wiley.
March, J. G. (1988). *Decisions and organizations*. Cambridge.: Blackwell.
March, J. G., & Herbert A. S. (1993). *Organizations*, (2nd ed.). Cambridge: Blackwell.
Mayntz, R. (2005). Governance Theory als fortentwickelte Steuerungstheorie. In F. S. Gunnar (Hrsg.), *Governance-Forschung: Vergewisserung über Stand und Entwicklungslinien* (S. 11–20). Baden-Baden: Nomos.
Meyer, J. W., & Brian R. (1977). Institutionalized organizations: Formal structure as myth and ceremony. *American Journal of Sociology, 83*, 340–363.
Neuberger, O. (2002). *Führen und führen lassen: Ansätze, Ergebnisse und Kritik der Führungsforschung*, 6. völlig neu bearb. und erw. Aufl. Stuttgart: Lucius & Lucius.
Nohria, N., & Robert G. E. (Hrsg.). (1992). *Networks and organizations: Structure, form, and action*. Boston: Harvard Business School Press.
Parsons, T. (1960). A sociological approach to the theory of organizations. In ders., *structure and process in modern societies* (S. 16–58). New York: Free Press.
Perrow, C. (1978). Demystifying Organizations. In C. S. Rosemary & H. Yeheskel (Hrsg.), *The management of human services* (S. 105–120). New York: Columbia University Press.
Power, M. (1997). *The audit society: Rituals of verification*. Oxford: Oxford University Press.
Rockenbach, B., Abdolkarim, S., & Barbara, M. (2007). Teams take the better risks. *Journal of Economic Behavior & Organization, 63*, 412–422.
Schein, E. H. (1985). *Organizational culture and leadership*. San Francisco: Jossey-Bass.

Seliger, R. (2008). *Das Dschungelbuch der Führung: En Navigationssystem für Führungskräfte*. Heidelberg: Carl Auer.
Shackle, G. L. S. (1979). Information, formalism, and choice. In J. R. Mario (Hrsg.), *Time, uncertainty, and disequilibrium: Exploration of Austrian themes* (S. 19–31). Lexington: Lexington Books.
Simmel, G. (1992). *Soziologie: Untersuchungen über die Formen der Vergesellschaftung*. In von O. Rammstedt (Hrsg.). Frankfurt a. M.: Suhrkamp.
Simon, F. B. (2004). *Gemeinsam sind wir blöd!? Die Intelligenz von Unternehmen, Managern und Märkten*. Heidelberg: Carl Auer.
Simon, H. A. (1946). The proverbs of administration. *Public Administration Review, 6,* 53–67.
Simon, H. A. (1997). *Administrative behavior: A study of decision-making processes in adminstrative organization*. (4th ed.). New York: Free Press.
Smith, B. H., & Plotnitsky, A. (1995). Networks and symmetries, decidable and undecidable. In H. S. Barbara, & P. Arkady (Hrsg.), *South atlantic quarterly 94, special issue on mathematics, science, and postclassical theory* (Bd. 2, S. 371–388). Durham, NC: Duke University Press.
Spencer-Brown, G. (2008). *Laws of form*. Lübeck: Bohmeier.
Stillwell, J. (2002). *Mathematics and its history*. (2nd ed.). New York: Springer.
Thompson, J. D. (1967). *Organizations in action: Social science bases of administrative theory*. New York: McGraw-Hill.
von Foerster, H. (1993). Prinzipien der Selbstorganisation im sozialen und betriebswirtschaftlichen Bereich. In (Hrsg.), *Wissen und Gewissen: Versuch einer Brücke* (S. 233–268). Frankfurt a. M.: Suhrkamp.
Weick, K. E. (1985). *Der Prozeß des Organisierens, aus dem Amerikanischen von Gerhard Hauck*. Frankfurt am Main: Suhrkamp.
Weick, K. E. (1995). *Sensemaking in organizations*. Thousand Oaks: Sage.
Weick, K. E. (2000). *Making sense of the organization*. Oxford: Blackwell Business.
Willke, H. (2007). *Smart governance: Governing the global knowledge society*. Frankfurt a. M.: Campus.
Wimmer, R. (1996). Kann man Führung lernen? *Professionalisierungschancen in veränderter wirtschaftlicher Situation, 2*(4), 15–18.
Wimmer, R. (2010). *3. Modus der Beratung, Diskussionspapier der osb-Akademie*. Wien: osb.
Wimmer, R., & Schumacher, Th. (2009). Führung und Organisation. In W. Rudolf, O. M. Jens, & W. Patricia (Hrsg.), *Praktische Organisationswissenschaft: Lehrbuch für Studium und Beruf* (S. 169–193). Heidelberg: Carl Auer.
Zhou, W.-X., Sornette, D. Hill, R. A., & Dunbar, R. I. M. (2005). Discrete hierarchical organization of social group sizes. *Proceedings of the Royal Society, B 272,* 439–444.

Dialektische Führung: Förderung von Dissens als Führungsaufgabe

26

Ulrich Klocke und Andreas Mojzisch

Zusammenfassung

Die meisten Führungsansätze betrachten die Anpassung der Geführten an die Führungskraft als wesentliches Erfolgskriterium. Der hier beschriebene Ansatz der dialektischen Führung beleuchtet hingegen die Probleme einer schnellen Anpassung der Geführten für die Qualität von Entscheidungen. Die zentrale Aufgabe dialektischer Führungskräfte besteht darin, Dissens (d. h. Meinungsverschiedenheit) bei Entscheidungsprozessen in Teams zu fördern. Der Ansatz basiert auf Forschungsbefunden, nach denen Dissens zu tieferer und ausgewogenerer Informationsverarbeitung führt und dadurch kreativere Ideen und hochwertigere Entscheidungen hervorbringt. Vor dem Hintergrund zunehmend komplexer Probleme ist damit zu rechnen, dass dialektische Führung in Zukunft relevanter wird. „Dialektische Führungskräfte" können das Auftreten von Dissens fördern, indem sie Teams aus extravertierten Mitgliedern unterschiedlicher Meinungen und Expertisen zusammensetzen, externe Experten zu Rate ziehen, Wechsel der Teammitglieder initiieren oder dialektische Entscheidungsmethoden (z. B. den Advocatus Diaboli) einsetzen. Damit abweichende Meinungen und Informationen in die eigene Sichtweise integriert werden und nicht zu Beziehungskonflikten führen, sollte die Führungskraft dafür sorgen, dass eine vertrauensvolle Atmosphäre im Team herrscht, sich alle Mitglieder gleichmäßig an der Diskussion beteiligen und die vorhandenen Alternativen zwar kontrovers, aber anhand übereinstimmender Zielkriterien diskutiert werden. Während Dissens die *Qualität* von Entscheidungen verbessern kann,

U. Klocke (✉)
Institut für Psychologie, Sozial- und Organisationspsychologie, Humboldt-Universität zu Berlin, Rudower Chaussee 18, 12489 Berlin, Deutschland
E-Mail: klocke@hu-berlin.de

A. Mojzisch
Institut für Psychologie, Sozialpsychologie, Universität Hildesheim,
Marienburger Platz 22, 31141 Hildesheim, Deutschland
E-Mail: mojzisch@uni-hildesheim.de

ist bei der *Umsetzung* der Entscheidung Konsens wichtig, den die Führungskraft durch Beteiligung aller Mitglieder aber auch durch charismatisches Verhalten fördern kann.

26.1 Einleitung

Stellen Sie sich vor, Sie sind gemeinsam mit einer Mitarbeiterin und einem Mitarbeiter dabei, für eine freie Stelle in ihrem Team eine/n von mehreren Bewerber/inne/n auszuwählen. Der Mitarbeiter und Sie haben sich schnell für eine Bewerberin entschieden. Ihre Mitarbeiterin hingegen zweifelt die Kompetenzen der Bewerberin an und favorisiert einen anderen Bewerber. Auch nachdem Sie ihr noch einmal ihre Argumente genannt haben, bleibt sie bei ihrer Meinung und findet immer neue Stärken des von ihr favorisierten Bewerbers. Es gibt also offensichtlich einen Dissens darüber, wer der oder die Geeignetste für die freie Stelle wäre. Was glauben Sie, was Sie in dieser Situation fühlen, denken und tun würden? Erleben Sie diesen Dissens als störend und versuchen ihn so schnell wie möglich zu beseitigen, zum Beispiel indem Sie ihrer Mitarbeiterin deutlich machen, dass sie sich der Mehrheit oder Ihrer Entscheidung als Führungskraft beugen muss? Oder versuchen Sie, ihn als Bereicherung zu erleben und steigen erneut in eine Diskussion über die Bewerber/innen ein?

Wie soll eine erfolgreiche Führungskraft mit Dissens umgehen? Der Führungsforscher Keith Grint hat diese Frage wie folgt zu beantworten versucht: „The most successful leaders appear to be those who cultivate the least compliant followers, for when leaders err – and they always do – the leader with compliant followers will fail" (Grint 2000, S. 419 f.). Diese Analyse erscheint zunächst irritierend. Sie steht gängigen Führungskonzepten diametral entgegen, da dort „Compliance", zu Deutsch „Folgebereitschaft", oft als unmittelbares Erfolgskriterium von Führung betrachtet wird (z. B. Schwarzwald et al. 2001). Erfolgreiche Führungskräfte seien diejenigen, die effektiv Einstellungen und Verhalten ihrer Geführten beeinflussen, dadurch hohe Leistungen von Individuen und Arbeitsgruppen erzeugen, die wiederum der Organisation dabei hilft, ihre Ziele zu erfüllen. Wenn hingegen eine Mitarbeiterin beharrlich eine abweichende Meinung äußert oder gar offen gegen die Pläne der Führungskraft Widerstand leistet, kommt dies einem Scheitern der Führungskraft gleich. Die Führungskraft wird das Problem wahrscheinlich bei der Mitarbeiterin suchen und diese als „schwierig" oder als „Querulantin" bezeichnen. Die Ratgeberliteratur ist daher voll von Ratschlägen, wie die Akzeptanz hierarchischer Entscheidungen durch die Geführten sichergestellt werden kann (z. B. Begemann 2005; Faerber et al. 2006).

Nicht nur in hierarchischen Gruppen, sondern generell wird Dissens von den meisten Menschen nicht als Bereicherung, sondern eher als störend erlebt. Äußert eine Person eine abweichende Meinung, ist unsere Sympathie für sie gefährdet (Byrne 1997) und wir verringern den Kontakt. Gleicher Meinung zu sein, wird dagegen als angenehm und stimmig erlebt. Aus diesem Grund gibt es auch ohne eine Führungskraft in Gruppen eine Angleichung von Einstellungen und Verhalten. Zudem gelangen bevorzugt Menschen in eine Gruppe oder Organisation, die bereits vorher den anderen ähnlich sind. Bei der

Betrachtung der Bewerbungsunterlagen fällt unser Blick zuerst meist auf das Foto und wir fragen uns: „Passt er oder sie in unser Team?" Und auch der Bewerber selbst wird sich diese Frage bei der Wahl seines Arbeitgebers stellen.

Ohne Zweifel hat Konsens Vorteile: Er hilft dabei, schnelle Entscheidungen zu fällen und einmal gefällte Entscheidungen koordiniert umzusetzen. Unter Zeitdruck und bei einfachen und wenig weit reichenden Entscheidungen kann Konsens daher zur Zielerreichung von Vorteil sein. Von Konsens kann aber auch eine große Gefahr ausgehen, insbesondere wenn er durch Druck auf Abweichler zustande kommt oder dadurch, dass die Geführten die Führungskraft derartig bewundern, dass sie sich schnell und ohne viel nachzudenken ihrer Meinung anpassen. Bewundert werden Führungskräfte unter anderem dann, wenn sie es schaffen, die Geführten durch emotional anregende Kommunikation und aktive Sinnstiftung von einer attraktiven Vision zu überzeugen – mit anderen Worten, wenn sie charismatisch führen.

Der Energiekonzern Enron setzte daher charismatische Führung strategisch ein (Tourish und Vatcha 2006). Vor seiner Insolvenz wurde Enron unter anderem von der Harvard Business School als Modellunternehmen gepriesen. An seiner Eingangstür demonstrierte es seine Vision auf einem riesigen Banner: „From The World's Leading Energy Company—To the World's Leading Company". Briefe an die Aktionäre betonten die Stärke des Unternehmens in einer kriegerischen Sprache. Der Vorstandsvorsitzender Jeffrey Skilling war intern als „Darth Vader" bekannt. Den Beschäftigten wurde vermittelt, dass sie zu den cleversten und besten der Welt gehörten und es im Unternehmen zu großem Reichtum bringen könnten. Andererseits sorgte ein perfides Bewertungssystem für die dauernde Gefahr, als „Loser" abgestempelt zu werden. Zweimal im Jahr wurden die Beschäftigten anhand der Bewertungen in drei Gruppen eingeteilt. Wer zweimal hintereinander zur Gruppe der schwächsten 15 % gehörte, musste das Unternehmen verlassen. Da die Bewertungen subjektiv waren, war es dem Management leicht möglich, mit Hilfe des Bewertungssystems blinde Loyalität zu belohnen und Meinungsabweichler zu bestrafen. Die Vision, durch Höchstleistungen und Loyalität zu Geld und Macht zu gelangen, gepaart mit der Aussicht auf persönliches Scheitern bei negativer Bewertung ließ die Beschäftigten davor zurück schrecken, abweichende Meinungen zu äußern oder gar illegales Verhalten wie Bilanzfälschungen in Frage zu stellen.

Generell führt die Sanktionierung von abweichenden Sichtweisen bzw. Fehlern nicht unbedingt zur Akzeptanz der Meinung der Führungskraft bzw. zu weniger Fehlern. Wahrscheinlicher sind versteckte oder indirekte Formen des Widerstands, beispielsweise Krankmeldungen, Langsamkeit, Rückzug oder die Zurückhaltung und Manipulation von Informationen (Scott 1985). Ironischerweise ist dieser Zusammenhang vielen Führungskräften nicht bewusst. Dies zeigen die Erfahrungen des Führungsforschers David Collinson bei einer Präsentation der Ergebnisse seiner Untersuchung zur Arbeitssicherheit auf Ölplattformen in der Nordsee (Collinson 2005). Die Vorstandsmitglieder eines Unternehmens waren ganz überrascht, dass ihre Mitarbeiter statt der offiziell propagierten „Sicherheitskultur" in Wirklichkeit eine „Vorwurfskultur" wahrnahmen und befürchteten, dass die Offenbarung unfallbezogener Informationen ungünstige Effekte auf ihre

Leistungsbewertung, Bezahlung und Arbeitsplatzsicherheit haben würde. Die Angst, offen Kritik zu äußern, könnte sogar ursächlich in Zusammenhang mit der Explosion der Ölplattform „Deepwater Horizon" im April 2010 stehen, die zur größten Umweltkatastrophe in der Geschichte der USA führte. Einem Bericht der New York Times (21. Juli 2010) zufolge beschwerten sich einige Arbeiter über eine mangelnde Verlässlichkeit der Anlage. Wie die New York Times berichtet, hätten sich die Arbeiter aber aus Angst vor einem Jobverlust nicht getraut, offene Kritik zu äußern.

Welche Alternative gibt es zu einer Führerfigur, deren primäres Ziel darin besteht, ihre Mitarbeiterinnen und Mitarbeiter „auf Linie zu bringen"? Ist es sinnvoll, Dissens im Team zu tolerieren oder gar aktiv herbei zu führen, oder sollte die Führungskraft froh sein, wenn schnell ein Konsens gefunden wurde? Zur Beantwortung dieser Fragen werden wir in diesem Kapitel ein neues Führungskonzept vorstellen – das der dialektischen Führung. Unter Dialektik verstehen wir hier eine Methode, durch Denken in Gegensatzbegriffen (These und Antithese) zur Erkenntnis und zur Überwindung der Gegensätze (Synthese) zu gelangen. Dieses Verständnis von Dialektik spiegelt sich auch in der so genannten dialektischen Entscheidungsmethode wider. Darunter versteht man eine Diskurstechnik, die auf die Erhöhung von Dissens zur Verbesserung von Entscheidungen abzielt (Mason 1969). Angelehnt an die dialektische Entscheidungsmethode definieren wir *dialektische Führung* als die Förderung von Dissens zur Verbesserung von Entscheidungen. In diesem Sinne wurde der Begriff erstmalig verwendet von Schulz-Hardt, Mojzisch und Vogelgesang (2008). Unser Hauptargument lautet dabei, dass eine zentrale Aufgabe von Führungskräften darin besteht, Dissens zu fördern, weil Dissens nachweislich die Qualität von Gruppenentscheidungen und die Kreativität erhöht.

26.2 Hintergrund des Führungsansatzes

Klassische Forschung in Organisationen befasste sich nicht mit den günstigen Folgen von Dissens, sondern ihrem Gegenteil, den ungünstigen Folgen von schnellem Konsens. Irving Janis untersuchte dieses Streben nach Konsens in Gruppen ausführlich (Janis 1982) und nannte es *Groupthink*, in gewollter Ähnlichkeit zu George Orwells Kunstsprache *Neusprech*. Er entwickelte sein Modell anhand von Fallstudien dramatischer Fehlentscheidungen politischer Gremien, z. B. des Beraterstabs von US-Präsident Nixon in der Watergate-Affäre. Laut Janis zeigt sich Groupthink anhand verschiedener Symptome. Beispielsweise haben die Mitglieder einer Gruppe zwar durchaus Zweifel an den Plänen der Gruppe, sie äußern sie jedoch nicht, da jeder vermutet, der einzige Zweifler zu sein. Durch diese Selbstzensur verstärkt sich eine Illusion der Einstimmigkeit, also die Überschätzung des tatsächlichen Konsens. Äußert dennoch jemand eine abweichende Meinung, so wird Druck auf ihn ausgeübt. In den von Janis untersuchten 17 Fällen geht dieses Streben nach Konsens mit teils dramatischen Fehlentscheidungen einher, die Janis damit erklärt, dass die Gruppen unter Groupthink in ihrer Informationsverarbeitung beschränkt sind. So legen sie sich schnell auf eine Entscheidungsalternative fest und vernachlässigen bei deren

Bewertung abweichende Informationen. Auch aktuellere Fehlentscheidungen in Politik und Wirtschaft lassen sich möglicherweise zumindest zum Teil durch Groupthink erklären, beispielsweise die Entscheidung der Bush-Administration für den Krieg gegen den Irak (Kunz 2007).

Haben Führungskräfte Einfluss darauf, ob Groupthink auftritt oder nicht? Janis geht in seinem Modell davon aus und auch empirische Befunde sprechen für diese Annahme – beispielsweise ein Experiment an 208 Studierenden der Wirtschaftswissenschaften (Leana 1985). Die Studierenden sollten in Vierergruppen entscheiden, welche Beschäftigten einer in die Krise geratenen Druckerei entlassen werden sollen. Je ein Mitglied pro Gruppe bekam die Rolle des Vizepräsidenten, der die Gruppe leiten sollte. In einer Hälfte der Gruppen wurde der Vizepräsident instruiert, direktiv zu führen, d. h. seine eigene Position früh in die Diskussion einzubringen, die Diskussion abweichender Positionen zu verhindern und die Wichtigkeit von Konsens zu betonen. In der anderen Hälfte der Gruppen wurde der Vizepräsident instruiert, partizipativ zu führen, d. h. seine eigene Position erst zu äußern, nachdem das bereits alle anderen Mitglieder in der Gruppe getan haben, zur Diskussion alternativer Lösungen zu ermutigen – ein wichtiger Aspekt dialektischer Führung – und die Wichtigkeit einer korrekten Entscheidung durch die Erkundung aller vorhandenen Informationen zu betonen. Im Einklang mit Janis' Modell schlugen die Gruppen mit partizipativem Vizepräsidenten mehr Problemlösungen vor und diskutierten diese Lösungen intensiver. Sie übernahmen seltener den Vorschlag des Vizepräsidenten, waren hingegen mit der gewählten Lösung am Ende zufriedener. Die Qualität der Entscheidung wurde nur anhand dieser subjektiven Bewertungen durch die Gruppen selbst gemessen. Zu Beginn des folgenden Kapitels werden wir hingegen ein Experiment darstellen, in dem die Entscheidungsqualität objektiver gemessen werden konnte.

26.3 Beschreibung des Führungsansatzes

In diesem Kapitel werden wir aktuelle Forschung zusammenfassen, die günstige Effekte von Dissens demonstriert. Daraufhin werden wir zeigen, welche Probleme durch Dissens entstehen können, um abschließend zu verdeutlichen, dass sich Führung folglich in einem Spannungsfeld der Förderung von Dissens und Konsens bewegen muss.

26.3.1 Welchen Nutzen bringt Dissens mit sich?

Das Groupthink-Modell von Janis hat große Bekanntheit erlangt, steht jedoch empirisch auf tönernen Füßen. So gibt es zwar zahlreiche Einzelfälle, die rückwirkend analysiert und als Belege des Modells angeführt werden. Es gibt aber wenig systematische experimentelle Manipulationen der postulierten Randparameter, die zu Groupthink und zu schlechten Entscheidungen führen sollen. In neueren Studien wurde daher die Heterogenität von Meinungen (Dissens vs. Konsens) experimentell manipuliert, um ihren kausalen Effekt auf den Prozess und die Qualität von Gruppenentscheidungen prüfen zu können (Brodbeck et al. 2002; Klocke 2007; Schulz-Hardt et al. 2006). Diese Studien betrachten Situationen, in denen die Mitglieder teilweise ungeteilte Informationen besitzen, d. h. Informationen, die nur einem Mitglied nicht aber den anderen vorliegen. Solche Situationen sind bei Gruppenentscheidungen in der Praxis die Regel. In den Studien werden nun die ungeteilten Informationen so über die Mitglieder verteilt, dass diese nur dann die beste Entscheidung finden können, wenn sie die ungeteilten Informationen berücksichtigen (sogenannte *Hidden Profile*-Situationen). Die Ergebnisse dieser Studien zeigen, dass Gruppen, deren Mitglieder unterschiedlicher Meinung darüber sind, welche Alternative die beste ist, bessere Entscheidungen fällen als Gruppen, deren Mitglieder einer Meinung sind.

Infobox: Wie wurden die Folgen von Dissens im Labor untersucht? Das Experiment von Schulz-Hardt et al. (2006)

149 Gruppen aus jeweils drei Studierenden bekamen die Aufgabe, gemeinsam zu entscheiden, welcher von vier Bewerbern am Geeignetsten für die Stelle eines Piloten ist. Vor der Gruppendiskussion bekamen die Mitglieder unterschiedliche Informationen über die vier Bewerber. Wie so oft bei Gruppenentscheidungen lagen einige Informationen allen Mitgliedern vor (geteilte Informationen), andere Informationen jedoch nur einem der drei Mitglieder (ungeteilte Informationen). Die ungeteilten Informationen stellten gewissermaßen das Spezialwissen der einzelnen Gruppenmitglieder dar. Auf Basis der Gesamtinformation gab es einen eindeutig besten Bewerber. Die Informationen waren allerdings so über die Mitglieder verteilt, dass 90 % der Mitglieder auf der Basis ihrer anfänglichen Informationen einen suboptimalen (d. h. falschen) Bewerber bevorzugten. Erst bei der Gesamtbetrachtung aller Informationen konnten die Gruppen entdecken, welcher der Bewerber am meisten erwünschte und am wenigsten unerwünschte Merkmale aufwies.

Eine derartige Informationsverteilung wird als *Hidden Profile* bezeichnet, da die beste Alternative anfangs vor den Mitgliedern versteckt ist (Stasser und Titus 1985). Hidden Profiles sind deshalb so relevant für die Untersuchung von Gruppenentscheidungen, weil Gruppen hier potenziell bessere Entscheidungen fällen können als einzelne Individuen. Mit anderen Worten: Bei einem Hidden Profile kann die richtige Lösung nur dann gefunden werden, wenn die Gruppenmitglieder ihr Spezialwissen während der Gruppendiskussion austauschen. Überraschenderweise tun sich Gruppen aber sehr schwer damit, in Hidden Profile-Situationen die beste Alternative zu identifizieren. Dies liegt u. a. daran, dass die Mitglieder vor allem über ihre geteilten Informationen diskutieren (d. h. das Spezialwissen der einzelnen Gruppenmitglieder fließt zu wenig in die Diskussion ein) und häufig an ihren anfänglich präferierten Entscheidungsalternativen hängen bleiben (Brodbeck et al. 2007; Mojzisch und Schulz-Hardt, in press). Im oben angesprochenen Experiment erkannten z. B. insgesamt nur 34 % der Gruppen den besten Bewerber, obwohl ihnen alle dafür notwendigen Informationen vorlagen, und meist liegt die Lösungsrate sogar noch deutlich niedriger.

Wie wurde nun in diesem Experiment der Einfluss von Dissens auf die Entscheidungsqualität untersucht? Zunächst erhielt jedes der drei Gruppenmitglieder schriftliche Informationen zu den vier Bewerbern. Die Gruppenmitglieder saßen zu Beginn noch getrennt voneinander und sollten sich individuell auf Basis ihrer jeweiligen Informationen für einen der vier Bewerber entscheiden. Anhand dieser anfänglichen Präferenzen für einen der Bewerber wurden die Gruppen unterschiedlich zusammengesetzt: In die Konsensbedingung gelangten drei Studierende, die alle den gleichen falschen Bewerber bevorzugten. Lediglich 7 % dieser Konsens-Gruppen identifizierten durch die Diskussion den richtigen Bewerber. In die Dissensbedingung gelangten drei Studierenden, die unterschiedliche Bewerber bevorzugten. Dabei gab es in etwa der Hälfte dieser Dissens-Gruppen ein Mitglied, das den besten Bewerber bevorzugte. Von diesen Dissens-Gruppen identifizierten 62 % durch die Diskussion den besten Bewerber. Dieses Ergebnis ist nicht sonderlich überraschend, da in Diskussionen häufig vor allem über Entscheidungsalternativen diskutiert wird, die zumindest von einem der Mitglieder bevorzugt werden. Erstaunlicher ist das Ergebnis der anderen Hälfte der Dissensgruppen, in denen alle drei Mitglieder vor der Diskussion einen falschen Bewerber bevorzugten. 26 % dieser Gruppen identifizierten in der Diskussion den besten Piloten und damit signifikant mehr als die 7 % der Konsens-Gruppen. „Mit anderen Worten, bei Dissens ist es möglich, dass drei Blinde gemeinsam sehen können" (Schulz-Hardt et al. 2008, S. 155, Übersetzung durch die Autoren).

Wie lassen sich diese positiven Effekte von Dissens erklären? Menschen neigen dazu, von sich auf andere zu schließen und die Ähnlichkeit anderer Menschen, insbesondere wenn sie ihnen nahe stehen, zu überschätzen (Krueger 1998). Wenn eine andere Person eine Meinung äußert, die unserer widerspricht, sind wir daher meist überraschter als wenn sie uns in unserer Meinung zustimmt. Überraschung durch das Eintreten unerwarteter Ereignisse mobilisiert unsere Aufmerksamkeit (Petty et al. 2001). Aus diesem Grund motiviert uns die abweichende Meinung einer anderen Person, dieser Abweichung auf den Grund zu gehen. Wir fragen uns vielleicht: „Warum vertritt sie eine falsche Überzeugung? Oder liege ich selbst daneben? Irren wir uns etwa beide und müssen noch mal genauer über die Entscheidung nachdenken?" Dissens führt also dazu, dass wir intensiver über ein Problem nachdenken und ausführlicher in einer Gruppe darüber diskutieren als wenn sich von Anfang an alle einig sind. So brachten im oben beschriebenen Experiment von Schulz-Hardt und Kollegen die Mitglieder der Dissens-Gruppen im Durchschnitt 71 % aller vorhandenen Informationen in die Diskussion ein, Mitglieder der Konsens-Gruppen jedoch nur 54 %. Die eingebrachten Informationen wurden in den Dissens-Gruppen im Durchschnitt etwa zweimal wiederholt, in den Konsensgruppen im Durchschnitt nur etwa einmal. Die Dissens-Gruppen diskutierten die Bewerberauswahl außerdem durchschnittlich etwa 26 min, die Konsens-Gruppen nur etwa 15 min. Schulz-Hardt und Kollegen konnten schließlich statistisch zeigen, dass die intensiveren Diskussionen in den Dissens-Gruppen der Grund für ihre höhere Entscheidungsqualität war.

Dissens führt aber nicht nur dazu, dass wir die Sachargumente intensiver verarbeiten (d. h. länger diskutieren und mehr Informationen austauschen), sondern auch dazu, dass unsere Verarbeitung und Bewertung der Informationen ausgewogener wird. Ausgewogen bedeutet, dass wir auch Informationen, die nur ein Gruppenmitglied kennt (ungeteilte Informationen) oder die unserer Meinung zuwiderlaufen (präferenzinkonsistente Informationen), wertschätzen und in unsere Entscheidung einbeziehen. Während die Konsens-Gruppen des genannten Experiments vor allem geteilte und präferenzkonsistente Informationen diskutierten (also solche Informationen, die ihre falsche Anfangspräferenz bestätigten), diskutierten die Dissens-Gruppen auch häufiger ungeteilte und präferenzinkonsistente Informationen. Gerade in Hidden Profile-Situationen verbessert eine solche ausgewogene Berücksichtigung von Informationen, auch wenn sie der eigenen Anfangsmeinung zuwiderlaufen, die Qualität der Entscheidung (Greitemeyer und Schulz-Hardt 2003; Klocke 2007). Dissens verbessert also sowohl die Quantität als auch die Qualität des Informationsaustausches. Zusammengefasst führt Dissens dazu, dass unsere Voreingenommenheit durch lieb gewonnene Überzeugungen aufgebrochen wird, wir mehr Informationen berücksichtigen, diese ausgewogener beurteilen und dadurch zu Entscheidungen von höherer Qualität gelangen.

Dissens verbessert aber nicht nur die Qualität von Entscheidungen, sondern kann auch kreativer machen. Dies zeigt u. a. ein Experiment an 35 Studentinnen, die die Aufgabe hatten, die Farbe und Helligkeit von 20 Farbdias zu beurteilen (Nemeth und Kwan 1985). Zwar waren alle Dias in verschiedenen Blautönen gehalten, zweidrittel der Studentinnen wurden jedoch mit den scheinbaren Urteilen weiterer Versuchsteilnehmerinnen konfrontiert, die diese Dias zu 80 bzw. zu 20 % als grün beurteilt hätten. Anschließend wurden alle Studentinnen gebeten, möglichst viele Assoziationen zum Wort „blau" zu notieren. Die Studentinnen, die mit abweichenden Meinungen konfrontiert worden waren, nannten mehr Assoziationen, insbesondere wenn sie glaubten, dass die abweichenden Meinungen nur von einer Minderheit von 20 % vertreten wurden. Darüber hinaus waren die Assoziationen der Studentinnen, die mit abweichenden Minderheitenmeinungen konfrontiert wurden, kreativer als die der Studentinnen, die sich einer abweichenden Mehrheit gegenüber sahen oder die keine Informationen über die Urteile anderer bekommen hatten. Das heißt, nach Minderheitendissens nannten sie nicht nur gängige Assoziationen wie z. B. „Himmel", sondern auch ungewöhnliche Assoziationen wie z. B. „Jazz" (dabei ist zu beachten, dass es sich um eine englischsprachige Stichprobe handelte: daher ist „sky" eine konventionelle, „jazz" dagegen eine kreative Assoziation zum Wort „blue"). Das heißt, selbst wenn abweichende Meinungen falsch sind, erhöhen sie unsere Kreativität.

Schließlich wirkt sich Dissens auch darauf positiv aus, wie wir nach neuen Informationen suchen. Dies konnte in einer Studie von Schulz-Hardt et al. (2000) nachgewiesen werden. Wie in der oben beschriebene Hidden-Profile-Studie sollten die Versuchspersonen zunächst getrennt voneinander ihre Präferenz für eine von zwei Entscheidungsalternativen angeben, danach wurden sie auf Basis ihrer Anfangspräferenz in Konsens- und Dissens-Gruppen eingeteilt. Die Gruppen sollten nun den Entscheidungsfall diskutieren und sich auf eine Entscheidungsalternative einigen. In den ersten beiden Experimenten der Studie sollten sich die Gruppen beispielsweise entscheiden, ob ein Unternehmen in der Chemie-Branche einen bestimmten Betrag in ein Entwicklungsland investieren sollte oder nicht. Danach – und jetzt kommt der entscheidende Punkt – hatte die Gruppen die Gelegenheit, zusätzliche Informationen zu dem Entscheidungsfall zu lesen. Diese Zusatzinformationen wurden zumeist als Stellungnahmen von Experten deklariert. Als Grundlage für die Informationsauswahl diente ein Überblicksblatt, auf dem jede Stellungnahme in einer Kernthese zusammengefasst war. Aus dieser These ging eindeutig hervor, inwieweit die jeweilige Zusatzinformation unterstützend oder widersprechend zur zuvor getroffenen Entscheidung sein würde. Die Gruppenmitglieder sollten sich darauf einigen, welche von zehn Zusatzinformationen sie lesen wollten. Die Ergebnisse zeigen zusammengefasst, dass Konsens-Gruppen (d. h. Gruppen, in denen alle Mitglieder die gleiche Entscheidungsalternative favorisierten) vor allem solche Informationen lesen wollten, die ihre Meinung bestätigten. Dagegen suchten Dissens-Gruppen weitgehend ausgewogen sowohl nach meinungsbestätigenden als auch nach meinungswidersprechenden Informationen. Dieses Ergebnismuster konnte in mehreren Experimenten sowohl für studentische Versuchspersonen als auch für Manager nachgewiesen werden. Dissens verbessert also nicht nur den Informationsaustausch während einer Gruppendiskussion und die Entscheidungsqualität, sondern auch die Ausgewogenheit der Informationssuche.

26.3.2 Welche Probleme kann Dissens mit sich bringen?

Warum wird Dissens in Organisationen so wenig wertgeschätzt, wenn er doch so günstige Wirkungen hat? Wie bereits in der Einleitung angesprochen, bevorzugen die meisten Menschen die Nähe zu Personen, die ihnen ähnlich sind und sie daher in ihren Meinungen bestätigen. Dementsprechend zeigt eine Metaanalyse von 24 Studien einen negativen Zusammenhang zwischen Aufgabenkonflikten und der Zufriedenheit der Mitglieder in Arbeitsgruppen (De Dreu und Weingart 2003). Aus unserer subjektiven Aversion gegen Dissens können jedoch ganz objektive negative Konsequenzen resultieren. Diese betreffen weniger die Qualität von Entscheidungen als vielmehr ihre Umsetzung. Wenn eine Mitarbeiterin uns widerspricht, so kann dies unsere Sympathie für sie beeinträchtigen, insbesondere wenn es sich um eine uns wichtige Überzeugung handelt (Byrne 1997). Kritik an unserer Meinung verstehen wir häufig als Kritik an unserer Kompetenz. Wir fühlen uns von der Mitarbeiterin abgewertet und reagieren möglicherweise verärgert. So kann Dissens, z. B. darüber welcher von mehreren Bewerber/inne/n für eine freie Stelle ausgewählt werden sollte, zu einem Beziehungskonflikt führen. Dementsprechend zeigt die oben angesprochene Metaanalyse einen deutlichen Zusammenhang zwischen Aufgabenkonflikten und Beziehungskonflikten (De Dreu und Weingart 2003). Beziehungskonflikte wiederum erschweren die Zusammenarbeit im Team und verringern die Akzeptanz von Gruppenentscheidungen. Die Qualität der Entscheidung mag verbessert worden sein, ihre Umsetzung wird jedoch beeinträchtigt, z. B. weil ein Mitglied der Auswahlkommission dem neu eingestellten Bewerber das Leben schwer macht. Dies lässt sich auch am Beispiel eines Fußballteams veranschaulichen: Im Vorfeld eines Spiels mag Dissens einen äußerst positiven Effekt auf das Finden der richtigen Taktik im Spiel haben. Hat das Spiel aber einmal begonnen, sollte sich das Team einig sein, welche Taktik es einsetzt. Unabhängig von der Umsetzung der Entscheidung dauern Entscheidungsprozesse zudem länger, wenn die Beteiligten sich über die beste Alternative zunächst uneinig sind, wie auch das in der Infobox geschilderte Experiment von Schulz-Hardt und Kollegen (2006) gezeigt hat. Auch aus diesem Grund sind die Zuständigen in Organisationen oft froh, wenn sich früh ein Konsens einstellt.

26.3.3 Führen im Spannungsfeld von Dissens und Konsens

Betrachtet man einerseits den Nutzen von Dissens für eine hohe Entscheidungsqualität und andererseits die Probleme für die Umsetzung von Entscheidungen, so stellt sich die Frage, welches Ziel von Führungskräften angestrebt werden soll. Offenbar handelt es sich um ein Spannungsfeld von zwei wichtigen Zielen, die im Organisationsalltag jeweils neu ausbalanciert werden müssen. Solche Spannungsfelder werden auch im Balance-Inventar der Führung (BALI-F) angenommen (Grote und Kauffeld 2006). Führungskräfte haben demnach die Aufgabe, gegensätzlichen Anforderungen gerecht zu werden (z. B. Nähe vs. Distanz zu den eigenen Mitarbeiter/inne/n zu schaffen). Die Anforderungen lassen sich danach ordnen, ob sie die Organisation stabilisieren oder dynamisieren. Den von Grote und Kauffeld (2006) postulierten acht Spannungsfeldern könnte ein neuntes Spannungsfeld *Entscheidungsqualität vs. Entscheidungsumsetzung* hinzugefügt werden. Während Dissens, z. B. durch dialektische Führung, vorhandene Denkmuster aufbricht (dynamisiert) und dadurch die Entscheidungsqualität verbessert, erhöht Konsens die Entscheidungsakzeptanz (stabilisiert) und erleichtert dadurch die Entscheidungsumsetzung. Wie Führungskräfte mit diesem Spannungsfeld umgehen sollten, wird im folgenden Kapitel thematisiert.

26.4 Relevanz für die Praxis

In diesem Kapitel werden wir zunächst darstellen, unter welchen Bedingungen Dissens hilfreich ist. Anschließend werden wir zeigen, was dialektische Führungskräfte daraus für sich ableiten können, also durch welches Verhalten sie Dissens fördern und nutzbar machen können.

26.4.1 Wann ist Dissens hilfreich?

Wie im letzten Kapitel gezeigt, ist Dissens nützlich für die Entscheidungsqualität, kann aber Probleme bei der Entscheidungsumsetzung mit sich bringen. Daher liegt es nahe, dass sein relativer Nutzen von weiteren Bedingungen abhängig ist. Im Folgenden werden wir auf Merkmale der Organisation, der Aufgabe und des Teams eingehen, die den Nutzen von Dissens beeinflussen.

26.4.1.1 Einfluss der Organisation

Lichtenstein und Plowman (2009) gehen davon aus, dass Führungskräfte vor allem dann Konflikte aufdecken und Kontroversen stimulieren sollten, wenn ihre Organisation sich in einem Ungleichgewicht befindet, z. B. aufgrund einer Krise oder einer unbeabsichtigten Veränderung. Durch die Offenheit für unterschiedliche Meinungen wird es wahrscheinlicher, dass die Organisation neue Problemlösungen generiert. Sie belegen ihre These anhand mehrerer Fallstudien. Unter anderem beschreiben sie eine Kirchengemeinde, die 50 Jahre lang mit zurückgehenden Mitgliederzahlen zu kämpfen hatte. Nach zwei erfolglosen neuen Pfarrern in vier Jahren stellte der Kirchenvorstand ein Pfarrers-Ehepaar ein, das die Gemeinde gemeinsam führen wollte. Anstatt die Konflikte und Probleme, die den Mitgliederrückgang verursacht hatten, zu leugnen oder schnell zu beseitigen, sorgten die beiden dafür, dass diese schonungslos offen gelegt wurden. So gaben sie jedem Gemeindemitglied ein Buch, in dem die Merkmale „ungesunder" Kirchen beschrieben wurden. Sie forderten die Gemeindemitglieder auf, damit die Ursachen ihres eigenen Verfalls zu analysieren und diese offen zu diskutieren. Zudem initiierten sie Aktivitäten, die zu kontroversen Auseinandersetzungen in der Gemeinde führten. Beispielsweise öffneten sie die Kirche auch wochentags für die Öffentlichkeit, hießen Lesben und Schwule willkommen und luden kontroverse Redner/innen ein. Kurzfristig führten diese Maßnahmen dazu, dass die Mitgliederzahlen noch schneller zurückgingen; bis schließlich die neuen Freiräume dazu führten, dass eine Gruppe junger Mitglieder die Idee hatte, den Obdachlosen der Umgebung Frühstück zu servieren. Die Pfarrer waren in diese Idee nicht involviert, akzeptierten und förderten sie jedoch, so dass innerhalb weniger Wochen „Café Corazon" mehr als 200 Frühstücke pro Woche servierte. In den darauf folgenden fünf Jahren ließen sich weitere Gemeindemitglieder begeistern, boten kostenlose medizinische Untersuchungen an und eröffneten schließlich eine Klinik. Die Kirche schaffte dadurch eine bedeutsame Wende hin zu einer florierenden Institution. Wenn sich eine Organisation in einer Krise befindet, kann also das Fördern von Dissens zu neuen Ideen führen, die aus der Krise führen.

26.4.1.2 Einflüsse der Aufgabe

Wie im letzten Kapitel dargelegt, hat Dissens vor allem positive Konsequenzen für die Entscheidungs*qualität*, kann jedoch Schwierigkeiten bei der Entscheidungs*umsetzung* mit sich bringen. Bei wichtigen Entscheidungen mit weit reichenden Konsequenzen für die Gruppe oder die Organisation kommt es mehr auf die Entscheidungsqualität an als bei weniger wichtigen Entscheidungen mit kurzfristigen Konsequenzen. Daher sind bei wichtigen, langfristigen Entscheidungen unterschiedliche Meinungen nützlicher.

Neben der Wichtigkeit einer Entscheidung beeinflusst auch ihre Komplexität, wie hilfreich Dissens für die Lösungsqualität ist. Wenn das Wissen einer oder weniger Personen zur Lösung nicht ausreichend ist, da es viele spezifische Fachkenntnisse gibt, sind die oben beschrieben Hidden Profile-Situationen wahrscheinlicher. Die Gefahr, dass einzelne Personen mit ihren anfänglichen Lösungsvorschlägen „daneben" liegen, nimmt zu. Im Einklang mit dieser Annahme zeigt sich in Feldstudien ein positiverer Zusammenhang zwischen Aufgabenkonflikten und Gruppenleistung, wenn die Aufgabe komplex ist (Jehn 1995). Bei komplexen Aufgaben sollte also mehr Wert auf Meinungsvielfalt gelegt werden als bei einfachen Aufgaben.

26.4.1.3 Einflüsse des Teams

Andere Bedingungen dafür, dass sich Dissens positiv auswirken kann, beziehen sich nicht auf die Organisation oder die Aufgabe, sondern auf die Arbeitsgruppe selbst. Abweichende Meinungen können sich nur dann positiv auswirken, wenn die Mitglieder sie nicht für sich behalten, sondern sie offen äußern. Wichtig ist daher, dass im Team eine Norm der Offenheit herrscht (Jehn 1995; Lovelace et al. 2001), d. h. dass die Teammitglieder sich frei fühlen, Zweifel offen zu äußern. Damit sich die Mitglieder diese Freiheit nehmen, ist Vertrauen nötig (Dooley und Fryxell 1999), auch die Erwartung von Vertrauen bei den anderen Gruppenmitgliedern. Wenn ein Mitglied erwartet, dass ein anderes Mitglied Kritik an dessen Meinung nicht als Kritik an dessen Kompetenz betrachtet, wird es sich eher zutrauen, diese Kritik zu äußern. Wenn ein Mitglied hingegen bereits erleben musste, dass die Führungskraft nach der Äußerung einer abweichenden Meinung gereizt reagiert hat, ist dieses Vertrauen beeinträchtigt. Vertrauen ist ebenfalls nötig, damit die Informationen, mit denen ein Abweichler seine Meinung begründet, nicht in ihrer Qualität abgewertet, sondern ernst genommen werden (Dooley und Fryxell 1999).

Nachdem eine abweichende Meinung im Team geäußert wurde, ist es wichtig, dass diese Meinung nicht einfach abgelehnt oder angenommen wird, sondern dass sie kritisch und konstruktiv analysiert wird. Diese Analyse abweichender Meinung ist besonders wirksam, wenn sich möglichst viele Teammitglieder daran beteiligen. Dazu passend verbesserte in einer Feldstudie an 21 selbststeuernden Teams eines Postunternehmens Dissens nur dann die Innovativität, wenn die Beteiligung aller Teammitglieder hoch war (De Dreu und West 2001).

Hilfreich ist es zudem, wenn die Mitglieder bei der Bewertung abweichender Meinungen bewusst darüber reflektieren, was die Ziele des Teams sind und wie diese erreicht werden sollen. Diese Reflexivität hilft dabei, dass sachliche Kritik nicht als persönlicher Angriff erlebt wird und dass zur Bewertung eines Vorschlags nicht der Status des Fürsprechers, sondern der Nutzen für Team und Organisation herangezogen wird. Im Einklang mit dieser Annahme verbesserte in einer Feldstudie an 32 teilautonomen Teams verschiedener Organisationen Dissens nur dann die Innovativität und Effektivität, wenn die Reflexivität der Teams hoch war (De Dreu 2002).

Zudem muss der Umgang mit abweichenden Meinungen bei Entscheidungsprozessen gelernt sein. So zeigt ein Experiment an 120 Managern in 30 Vierergruppen, dass schon bei der wiederholten Anwendung von Diskurstechniken, die den Dissens erhöhen, kein negativer Effekt auf die Akzeptanz der Gruppenentscheidung mehr nachzuweisen ist (Schweiger et al. 1989).

26.4.2 Was folgt daraus für Führungskräfte?

Dissens kann also unter den genannten Bedingungen die Teamleistung verbessern. Der dialektischen Führungskraft kommen daher zwei Aufgaben zu. Erstens kann sie darauf hinwirken, dass in ihrem Team unterschiedliche Meinungen auftreten und danach auch geäußert und wahrgenommen werden. Oder anders formuliert: Führungskräfte können die Wahrscheinlichkeit von Dissens erhöhen. Das Auftreten von Dissens allein reicht aber nicht. Wichtig ist auch, dass die Meinung der Abweichler tatsächlich gehört und integriert wird. Nur dann kann Dissens seine positive Wirkung entfalten. Daher ergibt sich eine zweite wichtige Aufgabe für Führungskräfte: Sie müssen dafür sorgen, dass wahrgenommener Dissens wirklich zu tieferer und ausgewogenerer Verarbeitung der entscheidungsrelevanten Informationen führt und dadurch die Qualität von Entscheidungen verbessert. Im Folgenden werden wir diese zwei Aufgaben von Führungskräften näher betrachten.

26.4.2.1 Wie kann die Führungskraft Dissens stimulieren?

Eine Führungskraft kann durch die Gestaltung der Rahmenbedingungen und durch ihr eigenes Verhalten in der Kommunikation mit ihren Mitarbeiterinnen und Mitarbeitern unterschiedliche Meinungen im Team stimulieren. Was die Rahmenbedingungen betrifft, kann sie das Team gezielt zusammensetzen, bei wichtigen Entscheidungen externe Experten zu Rate ziehen und für einen gelegentlichen Wechsel der Teammitglieder sorgen. Die Förderung von Dissens beginnt also bereits bei der Personalauswahl und der Teamzusammenstellung.

1. **Teamzusammensetzung:** Feldstudien haben gezeigt, dass in Teams aus Mitgliedern mit heterogenem Wissen (z. B. aufgrund unterschiedlicher Ausbildungen oder Funktionen) mehr Aufgabenkonflikte auftreten, als in funktional homogenen Teams (Pelled et al. 1999). Wenn die Führungskraft dafür sorgt, dass nicht nur eine Heterogenität des Wissens sondern auch der Meinungen herrscht, erhöht sich die Wahrscheinlichkeit, dass das heterogene Wissen auch tatsächlich diskutiert und berücksichtigt wird. Soll also beispielsweise ein Projektteam gebildet werden, das eine Entscheidung über zukünftige Forschungsinvestitionen vorbereiten soll, so ist es sinnvoll, Fürsprecher unterschiedlicher inhaltlicher Schwerpunktsetzungen dort hinzuschicken. Zu bevorzugen ist es, nicht nur zwei, sondern möglichst viele unterschiedliche Meinungen vertreten zu haben (Schulz-Hardt et al. 2008). Zum einen wird es dadurch wahrscheinlicher, dass eines der Mitglieder schon zu Beginn die beste oder zumindest eine gute Alternative bevorzugt.

Zum anderen wird die Bildung zweier verfeindeter Subgruppen verhindert. Ob Mitglieder bereit sind, ihre abweichende Meinung auch tatsächlich zu äußern, hängt unter anderem von ihrer Persönlichkeit ab, vor allem von ihrer Extraversion, aber auch von ihrer Gewissenhaftigkeit (LePine und Van Dyne 2001). Wenn eine abweichende Meinung also nur durch ein Teammitglied vertreten werden soll, ist es ratsam, eine Person zu wählen, die selbstsicher auftreten kann und sich einer hohen Entscheidungsqualität verpflichtet fühlt. Wichtig ist in jedem Fall, dass die Führungskraft bei der Personalauswahl und der Zusammenstellung des Teams über ihren eigenen Schatten springt: Wie bereits oben dargestellt, neigen wir dazu, Menschen sympathisch zu finden, die uns ähnlich sind. Gerade dies führt dazu, dass Führungskräfte Teams aus solchen Mitgliedern zusammenstellt, die mit ihnen in wesentlichen Dingen der gleichen Meinung sind. Führungskräfte sollten aber zur Förderung von Dissens auch ganz gezielt solche Mitarbeiterinnen und Mitarbeiter ins Boot holen, die ihnen nicht ähnlich sind.

2. **Externe Experten:** Eine zweite Möglichkeit, für Meinungsheterogenität zu sorgen, ist es, die eigene Arbeit durch unabhängige externe Expert/inn/en beurteilen zu lassen. Diese Funktion kommt in Unternehmen häufig Unternehmensberatungen zu, die bei Problemen Missstände aufdecken und Änderungsvorschläge machen sollen. Selbstverständlich ist dabei wichtig, dass die externen Berater auch tatsächlich ihre eigene Meinung vertreten – ein Faktor, der sich häufig allerdings nur schwer beeinflussen lässt.

3. **Wechsel von Gruppenmitgliedern:** Die Zusammensetzung eines Teams kann auch während seines Bestehens geändert werden, wenn einzelne Mitglieder von einem in ein anderes Team wechseln oder ihre Mitgliedschaft tauschen. Ein solcher Wechsel von Gruppenmitgliedern erhöht die Kreativität eines Teams (Choi und Thompson 2005). Der Einfluss der neuen Mitglieder hängt dabei vom bisherigen Erfolg der Gruppe ab (Choi und Levine 2004): Wenn eine Gruppe vor dem Eintreffen der neuen Mitglieder viel Erfolg gehabt hat, ist sie weniger bereit, sich durch die Neulinge beeinflussen zu lassen. Hat die Gruppe dagegen eher Misserfolg gehabt, so werden die Vorschläge der Neulinge einen beträchtlichen Einfluss haben.

4. **Kommunikation mit den Geführten:** Neben der Gestaltung der Rahmenbedingungen kann eine dialektische Führungskraft in der direkten Kommunikation dafür sorgen, dass ihre Geführten auch Informationen und Meinungen äußern, die der Meinung der Führungskraft oder anderer Geführter widersprechen. Dabei bietet sich folgendes Vorgehen an:
   a. **Die Geführten zuerst:** Die Führungskraft lässt zunächst die Geführten zu Wort kommen und stellt erst anschließend ihre eigene Sichtweise dar. Auch bei einem vertrauensvollen Verhältnis mit den Geführten ist die Gefahr groß, dass diese sich sonst voreilig der Meinung der Führungskraft anpassen und mögliche Probleme oder Alternativvorschläge ausblenden. Die Führungskraft erläutert also zunächst nur die Frage und bittet die Geführten darum, Entscheidungsalternativen zu nennen (wenn diese nicht bereits feststehen). Dabei fragt sie die zurückhaltendsten Mitglieder zuerst nach ihrem Wissen, da diese nach langen Beiträgen der Vielredner den falschen Eindruck haben könnten, dem nichts mehr hinzufügen zu können.

b. **Informationen vor Präferenzen:** Anschließend werden zu den vorhandenen Alternativen möglichst viele Informationen gesammelt, die entweder für oder gegen eine Alternative sprechen. Währenddessen legen weder die Führungskraft noch die Geführten dar, welche der Alternativen sie bevorzugen. Wenn in einer Gruppe früh über die Entscheidungspräferenzen der Mitglieder gesprochen wird, leidet die Entscheidungsqualität, weil die vorhandenen Informationen weniger intensiv und ausgewogen verarbeitet werden (Mojzisch und Schulz-Hardt 2010). Erst nachdem alle relevanten Informationen auf dem Tisch liegen, werden die vorhandenen Entscheidungsalternativen bewertet. Dabei bittet die Führungskraft wieder zunächst die zurückhaltendsten Geführten um ihre Bewertungen.
c. **Würdigung von Kritik:** Wenn die Führungskraft ihre eigene Position darstellt, stellt sie diese als Meinung zur Diskussion und präsentiert sie nicht wie eine Tatsache. Dadurch trauen sich die Geführten eher zu, die Meinung der Führungskraft zu kritisieren. Wenn es zu einer solchen Kritik kommt, ist es wichtig, dass die Führungskraft nicht nur verbal, sondern auch nonverbal signalisiert, dass die Kritik erwünscht ist, z. B. durch einen freundlichen zugewandten Gesichtsausdruck. Da es sich um eine kritische Situation handelt, werden die Geführten der Reaktion der Führungskraft besondere Aufmerksamkeit widmen und sich an ihr in ihrem zukünftigen Diskussionsverhalten ausrichten. Wenn die Führungskraft zwar zu einer Mitarbeiterin sagt „Danke, das ist ein wichtiger Einwand", dabei aber einen gereizten Gesichtsausdruck macht, könnte es die letzte Kritik der Mitarbeiterin gewesen sein.
d. **Hart in der Sache, weich zu den Personen:** Wenn sich in der Gruppe unterschiedliche Meinungen zu den vorhandenen Alternativen zeigen, interpretiert eine dialektische Führungskraft dies explizit als eine Bereicherung, da die verschiedenen Sichtweisen die Wahrscheinlichkeit erhöhen, am Ende die beste Lösung zu finden. Sie ermuntert zu einer kontroversen Debatte, achtet aber gleichzeitig darauf, dass Meinungen kritisiert werden und nicht Menschen. Das bedeutet z. B., dass sie bei unbegründeter Kritik nach Argumenten fragt und persönliche Beleidigungen unterbricht, ganz nach dem Motto „Hart in der Sache, weich zu den Personen". Um die Wahrscheinlichkeit zu erhöhen, dass abweichende Meinungen und Argumente geäußert und ernst genommen werden, kann die Führungskraft bei wichtigen Entscheidungen eine Einstimmigkeitsregel aufstellen. In diesem Fall ist für eine Entscheidung die Mehrheit der Mitglieder oder ein „Machtwort" der Führungskraft nicht ausreichend, sondern es muss ein Konsens zwischen allen Mitgliedern gefunden werden. Dadurch ist die Mehrheit gezwungen, sich mit der Position der Minderheit auseinanderzusetzen, was alle Beteiligten motiviert, sich stärker in die Diskussion einzubringen.
e. **Advocatus Diaboli:** Wenn sich bei einer wichtigen Frage sehr schnell ein Konsens einstellt, kann sich eine dialektische Führungskraft als Advocatus Diaboli (Teufelsanwalt) betätigen oder jemanden im Team mit dieser Rolle explizit beauftragen. Der Advocatus Diaboli hat die Aufgabe, nach möglichen Problemen der gewählten Alternative zu suchen und diese der Gruppe zu präsentieren. Es ist möglich, dass die

Geführten gute Argumente finden, die Einwände zu entkräften, so dass die Gruppe bei ihrer Entscheidung bleiben kann. Auch möglich ist, dass die Einwände nicht entkräftet werden können und klar wird, dass tatsächlich eine andere Alternative besser zu bewerten ist.

26.4.2.2 Wie kann die Führungskraft die Verarbeitung von Dissens verbessern?

Was kann eine dialektische Führungskraft tun, damit Dissens wirklich zu tieferer und ausgewogenerer Verarbeitung und damit zu besseren Entscheidungen führt. Wie oben erläutert sind dazu Vertrauen, gleichmäßige Partizipation und Reflexivität nötig. Das Vertrauen zwischen den Mitgliedern steigt in dem Maße, in dem jedes Mitglied die Ziele der anderen Mitglieder als übereinstimmend zu den eigenen Zielen erlebt. Vertrauen wird also durch die Betonung gemeinsamer Ziele erhöht und durch die Betonung gegensätzlicher Ziele reduziert. Einige Führungskräfte glauben jedoch, dass Konkurrenz zwischen ihren Mitarbeiter/inne/n nützlich ist, weil sie sie zu mehr Leistung anspornt. Sie betonen daher die Leistungsunterschiede zwischen ihren Mitarbeiter/inne/n und dass nur die Besten Belohnungen, zum Beispiel eine Gehaltserhöhung oder ein begehrtes Projekt, erhalten können. Dies mag die individuelle Leistung erhöhen, wenn jeder für sich alleine arbeiten kann, es reduziert jedoch die Gruppenleistung, da die Mitglieder sich nicht gegenseitig unterstützen, sondern behindern (Johnson und Johnson 1989). Insbesondere bei nicht übereinstimmenden Meinungen (Dissens) sind übereinstimmende Ziele wichtig. Sie führen dazu, dass die Teammitglieder Kritik an ihren Ideen nicht als Illoyalität oder als Kritik an ihrer Kompetenz wahrnehmen, sondern als Versuch, die gemeinsamen Ziele zu erreichen. Dadurch können sie abweichende Meinungen und Argumente ernsthafter in Erwägung ziehen (Van Blerkom und Tjosvold 1981) und generieren nicht sofort Gegenargumente, um durch die Verteidigung ihrer Position scheinbar auch ihr eigenes Ansehen zu verteidigen. Es gelingt dem Team daher eher, eine Entscheidung zu treffen, die die Argumente der gegensätzlichen Positionen integriert. Daraus lässt für eine dialektische Führungskraft Folgendes ableiten:

1. **Gemeinsame Ziele betonen:** Um Dissens konstruktiv zu nutzen, betonte die Führungskraft die gemeinsamen Ziele aller Teammitglieder. Anstatt alle Aufgaben in Teilaufgaben zu zerlegen und diese dann jeweils an einzelne Mitglieder zu delegieren, könnte sie größere Aufgabenzusammenhänge dem gesamten Team oder aber wechselnden Kleingruppen zuteilen. Anstatt die Leistung einzelner Mitglieder herauszuheben, könnte sie die Leistung des gesamten Teams betonen. Für das Erreichen wichtiger Teamziele könnte sie Gruppenbelohnungen in Aussicht stellen, beispielsweise eine gemeinsame Reise oder Feier.

2. **Gleichmäßige Partizipation:** Die Führungskraft achtet auf eine gleichmäßige Beteiligung aller Mitgliederin der Diskussion, damit abweichende Meinungen und Argumente tief verarbeitet und ausgewogen bewertet werden. Dazu ist es sinnvoll, immer wieder „stillere Mitglieder" zu fragen, ob sie weitere Informationen und Argumente

äußern möchten. Die Führungskraft sollte jedoch darauf achten, dass sich die stilleren Mitglieder nicht vorgeführt fühlen, sondern ihre Frage als ein Angebot wahrnehmen. Gerade die Beiträge von schüchternen Mitarbeiter/inne/n sollten explizit wertgeschätzt werden, um sie kontinuierlich zu steigern.
3. **Orientierung auf die Ziele:** Zudem kommt der Führungskraft die Aufgabe zu, die Ziele und Bewertungskriterien der aktuellen Fragestellung zu betonen, um die oben angesprochene Reflexivität zu gewährleisten. Bei Dissens besteht sonst die Gefahr, dass sich die Diskussion auf Nebenschauplätze verlagert. Es werden dann Vor- und Nachteile von Entscheidungsalternativen thematisiert, die für die zentralen Ziele des Teams und der Organisation irrelevant sind. Im Eifer des Gefechts bemerken die Kontrahenten dies nicht, so dass der Führungskraft hier die Aufgabe zukommt, für Orientierung zu sorgen.
4. **Kein zu hohes need for closure:** Die intensive Auseinandersetzung mit abweichenden Meinungen scheint auch mit einer Persönlichkeitsdisposition zu tun haben, die als *need for cognitive closure* (Bedürfnis nach kognitiver Geschlossenheit) bezeichnet wird und sich mit Fragebögen erfassen lässt (Kruglanski und Webster 1996). Personen mit einem hohen need for closure neigen dazu, sich in Urteilssituationen schnell auf eine eindeutige Antwort festzulegen und Ambiguität zu vermeiden. In einem Team, in dem alle Mitglieder ein hohes need for closure aufweisen, werden daher Mitglieder, die von der Mehrheitsmeinung abweichen, nur wenig Gehör finden (Kruglanski et al. 2006). Daher empfiehlt es sich, bei der Zusammenstellung eines Teams durch den Einsatz entsprechender Fragebögen sicherzustellen, dass die Mitglieder ein eher geringes need for closure aufweisen (oder dass es zumindest eine ausgewogene Mischung aus Mitgliedern mit geringem und mit hohem need for closure gibt).

26.4.2.3 Zusammenfassung

Wenn eine Führungskraft die Qualität von Grupppenentscheidungen erhöhen will, hat sie also folgende Möglichkeiten: a) Sie kann Dissens fördern, indem sie Teams aus extravertierten, gewissenhaften Mitgliedern mit geringem need for cognitive closure zusammenstellt, die unterschiedlicher Meinung sind und/oder unterschiedliches Fachwissen aufweisen. b) Im Entscheidungsprozess kann die Führungskraft den Austausch von anfänglichen Entscheidungspräferenzen zunächst unterbinden und das Team dazu bringen, relevante Informationen zu den vorhandenen Alternativen zusammen zu tragen. c) Ihre eigene Meinung sollte die Führungskraft erst zur Diskussion stellen, nachdem die Geführten ihre Meinungen einbringen und diskutieren konnten. d) Sollte sich zu schnell ein Konsens einstellen, kann sich die Führungskraft als Advocatus Diaboli betätigen oder externe Expert/inn/en zu Rate ziehen. e) Damit Dissens wirklich zu intensiverer und ausgewogenerer Verarbeitung und damit zu besseren Entscheidungen führt, sollte die Führungskraft das Vertrauen im Team durch die Wertschätzung individueller Kompetenzen und die Betonung gemeinsamer Ziele erhöhen, für eine gleichmäßige Beteiligung aller Mitglieder sorgen und darauf achten, dass in der Auseinandersetzung eine Orientierung an relevanten Bewertungskriterien erfolgt.

26.5 Ausblick: Was bedeutet das für die Zukunft der Führung?

Da Dissens die Qualität von Entscheidungen verbessert, aber auch die Kosten des Entscheidungsprozesses (Zeit, Umsetzung, Beziehungsqualität) erhöht, lohnt er sich vor allem bei wichtigen Entscheidungen mit langfristigen Konsequenzen. Damit ist die Förderung von Dissens vor allem in Projektgruppen relevant, in denen zentrale Unternehmensentscheidungen vorbereitet werden sollen. Projektgruppen stellen die in Organisationen am häufigsten verwendete Art von Gruppenarbeit dar mit weiter steigender Tendenz (Antoni 2000). Das ist nicht verwunderlich, da die Probleme, mit denen sich Organisationen konfrontiert sehen, aufgrund von Globalisierung und der Zunahme vorhandenen Expertenwissens komplexer werden. Man denke beispielsweise an die strategische Entscheidung für oder gegen eine Unternehmensfusion (z. B. die Entscheidung zur Fusion von VIAG und VEBA zum Energieriesen E.ON. sowie zur Übernahme der Mannesmann AG durch Vodafone) oder an die Berücksichtigung nationaler und europäischer Gesetzgebung bei der Entwicklung und Vermarktung eines Produkts. Es ist daher damit zu rechnen, dass die Förderung und Nutzung gegensätzlicher Meinungen in Zukunft für Führungskräfte wichtiger werden wird.

Derzeit wird insbesondere die US-amerikanische Führungsforschung vom Konzept der transformationalen Führung (Bass 1985; Burns 1978) dominiert, einer Erweiterung des klassischen Konzepts charismatischer Führung nach Max Weber. Das anfänglich geschilderte Beispiel von Enron legt nahe, dass sich charismatische Führung nicht so einfach mit der Förderung von Dissens vereinbaren lässt. Charismatische Führungskräfte verfügen über ein hohes Machtmotiv. Es fällt ihnen leicht, ihre Mitarbeiter/innen von der eigenen Kompetenz und den eigenen Zielen zu überzeugen, da sie über hohe verbale Fähigkeiten verfügen. Sie sprechen ideologische Ziele aus. Und sie schlagen ungewöhnliche Wege ein, um ihre Visionen auch tatsächlich zu erreichen (House et al. 1991). Es geht ihnen in erster Linie darum, ihre eigene Meinung und Vision zu äußern und die Geführten durch ihr charismatisches Auftreten von dieser Meinung zu überzeugen. Diese Eigenschaften scheinen auf den ersten Blick inkompatibel zu sein mit einer Führungskraft, die darum bemüht ist, die Geführten zum Widerspruch zu ermutigen und Abweichlern Gehör zu verschaffen. Anderen Ansätzen zufolge wird transformationale Führung jedoch als ein mehrdimensionales Konstrukt betrachtet, das neben den klassischen Merkmalen von Charisma – Kommunikation einer Vision und Begeisterungsfähigkeit – auch die intellektuelle Stimulation und die individuelle Unterstützung und Förderung beinhaltet (Bass 1985). Nahe liegend ist, dass diese verschiedenen Facetten von transformationaler Führung unterschiedlich auf die Äußerung von Dissens wirken. Und in der Tat zeigt eine Feldstudie an über tausend Beschäftigten eines kanadischen Krankenhauses, dass die Betonung einer gemeinsamen Vision durch die Führungskraft mit weniger Dissens unter den Geführten einhergeht, die intellektuelle Stimulation, z. B. durch das Infrage stellen grundlegender Annahmen, hingegen mit mehr Dissens (Doucet et al. 2009).

Auch die Artikulation einer Vision durch die Führungskraft muss unseres Erachtens nicht zwangsläufig Dissens verhindern. Entscheidend erscheint dabei, wie die Vision entsteht und welchen Inhalt sie hat. So ist einerseits denkbar, dass allein das Management bei ihrer Entwicklung relevanten Einfluss hatte, und die Vision, wie im Falle Enrons, ausschließlich wirtschaftliche Interessen, z. B. das führende Unternehmen der Welt zu werden, beinhaltet. Andererseits ist denkbar, dass es sich um eine gemeinsam entwickelte Vision handelt, bei deren Entstehung auch die Interessen der Beschäftigten, der Gesellschaft und der Umwelt berücksichtigt werden. Entscheidend erscheint insbesondere, ob nur Werte der Einigkeit kommuniziert werden oder ob auch ein konstruktiver Umgang mit abweichenden Meinungen, Kritik und Kontroversen in der Vision enthalten ist. Wenn es der Führungskraft gelingt, den Wert von Dissens überzeugend zu kommunizieren und auch Kritik an ihrer Position als Geschenk und nicht als Illoyalität zu betrachten, scheuen die Geführten wahrscheinlich nicht davor zurück, engagiert und kontrovers zu diskutieren.

Gleichwohl bleibt die Frage, wie das Charisma der Führungskraft auf die Geführten wirkt, sobald ihre Position deutlich wird. Anzunehmen ist, dass Menschen sich einer charismatischen Führungskraft noch schneller in ihren Meinungen anpassen als sie das schon bei einem „gewöhnlichen Vorgesetzten" tun würden. Möglich ist daher, dass kein Dissens geäußert wird, weil kein Dissens mehr vorhanden ist. Dieses Problem kann eine charismatische Führungskraft dadurch umgehen, dass sie sich insbesondere bei wichtigen Fragen zunächst der Stimme enthält und ihre eigene Position erst äußert, nachdem die Geführten bereits Zeit hatten, ihre Argumente auszutauschen. Entscheidend ist also, dass die Führungskraft trotz der Verlockung, sich an der Bewunderung durch die Geführten zu berauschen, bescheiden genug ist, nicht selbst im Mittelpunkt stehen zu müssen.

Wenn ein Team dann von der Entscheidungsfindung in die Entscheidungsumsetzung geht (siehe Spannungsfelder der Führung in Kap. 26.3.3), kann die Führungskraft ihr Charisma einsetzen, die sich widersprechenden Teammitglieder wieder zu vereinen. Durch Betonung der gemeinsamen Vision, wird der Zusammenhalt der Gruppe sichergestellt, der notwendig ist, wenn alle Mitglieder bei der Entscheidungsumsetzung an einem Strang ziehen müssen.

Unsere Schlussfolgerung lautet daher, dass sich dialektische Führung und charismatische Führung im Idealfall ergänzen. Die Führungskraft nutzt dann ihr Charisma, um bei zu hohem Konsens durch intellektuelle Stimulation eingefahrene Denkmuster aufzubrechen und um nach kontroverser Diskussion durch die Betonung der gemeinsamen Vision eine effiziente Entscheidungsumsetzung sicherzustellen.

Autorbeschreibung

Dr. Ulrich Klocke ist wissenschaftlicher Mitarbeiter am Institut für Psychologie, Professur Sozial- und Organisationspsychologie, der Humboldt-Universität zu Berlin. Er hat 2004 zu den Folgen von Machtausübung und Einflussnahme in Kleingruppen promoviert. Derzeit forscht er schwerpunktmäßig zu der Frage, wie sich Dissens, Meinungsaustausch und Sympathie auf Gruppenentscheidungen auswirken. Darüber hinaus befasst er sich mit dem individuellen Bedürfnis nach Widerspruchsfreiheit (Konsistenzmotiv), mit den Folgen sozialer Kategorisierungen für die Personenbewertung und mit Interventionen zum Abbau von Stereotypen und Vorurteilen.

Kontakt: Dr. Ulrich Klocke, Institut für Psychologie, Sozial- und Organisationspsychologie, Humboldt-Universität zu Berlin, Rudower Chaussee 18, 10099 Berlin (E-Mail: klocke@hu-berlin.de)

Prof. Dr. Andreas Mojzisch ist Professor für Sozialpsychologie am Institut für Psychologie der Universität Hildesheim. Er hat 2003 an der Ludwig-Maximilians-Universität München promoviert und 2009 an der Georg-August-Universität Göttingen habilitiert. Seit März 2011 leitet er die Arbeitsgruppe Sozialpsychologie an der Universität Hildesheim. Zu seinen Forschungsschwerpunkten zählen Entscheidungsprozesse und Führung in Gruppen, Stress am Arbeitsplatz sowie neuronale und hormonelle Grundlagen sozialer Interaktionen.

Literatur

Antoni, C. H. (2000). *Teamarbeit gestalten*. Weinheim: Beltz.
Bass, B. M. (1985). *Leadership and performance beyond expectations*. New York: Free Press.
Begemann, P. (2005). *Der erste Führungsjob: Wie Sie sich durchsetzen – wie Sie Fehler vermeiden*. Frankfurt a. M.: Eichborn.
Brodbeck, F. C., Kerschreiter, R., Mojzisch, A., Frey, D., & Schulz-Hardt, S. (2002). The dissemination of critical, unshared information in decision-making groups: The effects of pre-discussion dissent. *European Journal of Social Psychology, 32*, 35–56.
Brodbeck, F. C., Kerschreiter, R., Mojzisch, A., & Schulz-Hardt, S. (2007). Group decision making under conditions of distributed knowledge: The information asymmetries model. *Academy of Management Review, 32*, 459–479.
Burns, J. M. (1978). *Leadership*. Oxford England: Harper & Row.
Byrne, D. (1997). An overview (and underview) of research and theory within the attraction paradigm. *Journal of Social and Personal Relationships, 14*, 417–431.
Choi, H.-S., & Levine, J. M. (2004). Minority influence in work teams: The impact of newcomers. *Journal of Experimental Social Psychology, 40*(2), 273–280.
Choi, H.-S., & Thompson, L. (2005). Old wine in a new bottle: Impact of membership change on group creativity. *Organizational Behavior and Human Decision Processes, 98*, 121–132.
Collinson, D. (2005). Dialectics of leadership. *Human Relations, 58*, 1419–1442.
De Dreu, C. K. W. (2002). Team innovation and team effectiveness: The importance of minority dissent and reflexivity. *European Journal of Work & Organizational Psychology, 11*(3), 285–298.
De Dreu, C. K. W., & Weingart, L. R. (2003). Task versus relationship conflict, team performance, and team member satisfaction: A meta-analysis. *Journal of Applied Psychology, 88*, 741–749.
De Dreu, C. K. W., & West, M. A. (2001). Minority dissent and team innovation: The importance of participation in decision making. *Journal of Applied Psychology, 86*, 1191–1201.
Dooley, R. S., & Fryxell, G. E. (1999). Attaining decision quality and commitment from dissent: The moderating effects of loyalty and competence in strategic decision-making teams. *Academy of Management Journal, 42*, 389–402.
Doucet, O., Poitras, J., & Chênevert, D. (2009). The impacts of leadership on workplace conflicts. *International Journal of Conflict Management, 20*, 340–354.
Faerber, Y., Turck, D., & Vollstädt, O. (2006). *Umgang mit schwierigen Mitarbeitern*. Freiburg: Haufe.
Greitemeyer, T., & Schulz-Hardt, S. (2003). Preference-consistent evaluation of information in the hidden profile paradigm: Beyond group-level explanations for the dominance of shared information in group decisions. *Journal of Personality & Social Psychology, 84*, 322–339.
Grint, K. (2000). *The arts of leadership*. Oxford: Oxford University Press.
Grote, S., & Kauffeld, S. (2006). Stabilisieren oder dynamisieren: Das Balance-Inventar der Führung (BALI-F). In Erpenbeck (Ed.).

House, R. J., Spangler, W. D., & Woycke, J. (1991). Personality and charisma in the U.S. presidency: A psychological theory of leader effectiveness. *Administrative Science Quarterly, 36*(3), 364–396.
Janis, I. L. (1982). *Groupthink* (2nd ed.). Boston: Houghton-Mifflin.
Jehn, K. A. (1995). A multimethod examination of the benefits and detriments of intragroup conflict. *Administrative Science Quarterly, 40,* 256–282.
Johnson, D. W., & Johnson, R. T. (1989). *Cooperation and competition: Theory and research.* Edina. Interaction Book.
Klocke, U. (2007). How to improve decision making in small groups: Effects of dissent and training interventions. *Small Group Research, 38,* 437–468.
Krueger, J. (1998). On the perception of social consensus. *Advances in Experimental Social Psychology, 30,* 163–240.
Kruglanski, A. W., Pierro, A., Mannetti, L., & DeGrada, E. (2006). Groups as epistemic providers: Need for closure and the unfolding of group centrism. *Psychological Review, 13,* 84–100.
Kruglanski, A. W., & Webster, D. M. (1996). Motivated closing of the mind: „Seizing" and „freezing." *Psychological Review, 103,* 263–283.
Kunz, F. (2007). *Der Weg zum Irak-Krieg: Groupthink und die Entscheidungsprozesse der Bush-Regierung.* Wiesbaden: Verlag für Sozialwissenschaften.
Leana, C. R. (1985). A partial test of Janis' groupthink model: Effects of group cohesiveness and leader behavior on defective decision making. *Journal of Management, 11,* 5–17.
LePine, J. A., & Van Dyne, L. (2001). Voice and cooperative behavior as contrasting forms of contextual performance: Evidence of differential relationships with Big Five personality characteristics and cognitive ability. *Journal of Applied Psychology, 86,* 326–336.
Lichtenstein, B. B., & Plowman, D. A. (2009). The leadership of emergence: A complex systems leadership theory of emergence at successive organizational levels. *The Leadership Quarterly, 20,* 617–630.
Lovelace, K., Shapiro, D. L., & Weingart, L. R. (2001). Maximizing cross-functional new product teams' innovativeness and constraint adherence: A conflict communications perspective. *Academy of Management Journal, 44,* 779–793.
Mason, R. O. (1969). A dialectical approach to strategic planning. *Management Science, 15,* B403–B414.
Mojzisch, A., & Schulz-Hardt, S. (2010). Knowing others' preferences degrades the quality of group decisions. *Journal of Personality and Social Psychology, 98,* 794–808.
Mojzisch, A., & Schulz-Hardt, S. (in press). Process gains in group decision-making: A conceptual analysis, preliminary data, and tools for practitioners. *Journal of Managerial Psychology.*
Nemeth, C. J., & Kwan, J. L. (1985). Originality of word associations as a function of majority vs. minority influence. *Social Psychology Quarterly, 48,* 277–282.
Pelled, L. H., Eisenhardt, K. M., & Xin, K. R. (1999). Exploring the black box: An analysis of work group diversity, conflict, and performance. *Administrative Science Quarterly, 44,* 1–28.
Petty, R. E., Fleming, M. A., Priester, J. R., & Feinstein, A. H. (2001). Individual versus group interest violation: Surprise as a determinant of argument scrutiny and persuasion. *Social Cognition, 19,* 418–442.
Schulz-Hardt, S., Brodbeck, F. C., Mojzisch, A., Kerschreiter, R., & Frey, D. (2006). Group decision making in hidden profile situations: Dissent as a facilitator for decision quality. *Journal of Personality and Social Psychology, 91,* 1080–1093.
Schulz-Hardt, S., Frey, D., Lüthgens, C., & Moscovici, S. (2000). Biased information search in group decision making. *Journal of Personality and Social Psychology, 78,* 655–669.
Schulz-Hardt, S., Mojzisch, A., & Vogelgesang, F. (2008). Dissent as a facilitator: Individual- and group-level effects on creativity and performance. In C. K. W. De Dreu & M. J. Gelfand (Eds.), *The psychology of conflict and conflict management in organizations* (S. 149–177). New York, NY: Taylor & Francis Group/Lawrence Erlbaum Associates.

Schwarzwald, J., Koslowsky, M., & Agassi, V. (2001). Captain's leadership type and police officers' compliance to power bases. *European Journal of Work and Organizational Psychology, 10*, 273–290.

Schweiger, D. M., Sandberg, W. R., & Rechner, P. L. (1989). Experiential effects of dialectical inquiry, devil's advocacy, and consensus approaches to strategic decision making. *Academy of Management Journal, 32*, 745–772.

Scott, J. C. (1985). *Weapons of the Weak*. New Haven, CT: Yale University Press.

Stasser, G., & Titus, W. (1985). Pooling of unshared information in group decision making: Biased information sampling during discussion. *Journal of Personality & Social Psychology, 48*, 1467–1478.

Tourish, D., & Vatcha, N. (2006). Charismatic leadership and corporate cultism at Enron: The elimination of dissent, the promotion of conformity, and organizational collapse. *Cultic Studies Review, 5*(1), 87–124.

Van Blerkom, M., & Tjosvold, D. (1981). Effects of social context and other's competence on engaging in controversy. *Journal of Psychology: Interdisciplinary and Applied, 107*, 141–145.

Synergetische Führung – die Steuerung eines zukunftsfähigen Mikrosystems

27

Nele Graf und Erich H. Witte

Zusammenfassung

Steigende Komplexität, immer schnellere Veränderungsprozesse, wandelnde Arbeitsanforderungen und unsichere Zukunft: die Arbeitswelt ist heute eine andere als noch vor 15 Jahren – und damit auch die Anforderungen an die Führungskräfte. Dennoch haben sich die Führungskonzepte in den letzten Jahren in ihrer Systematik kaum verändert. Grundsätzlich wird immer noch das Führungsverhältnis zwischen Führungskraft und Mitarbeiter in den Fokus gestellt. Doch diese personenbezogenen, elementaristischen Ansätze können den oben genannten Herausforderungen kaum adäquat begegnen. In diesem Kapitel wird die synergetische Führung vorgestellt. Auf Basis einer vereinfachten Systemtheorie erhält die Führungsaufgabe ein neues Verständnis: der Fokus wird von einer personenbezogenen auf eine organisationsbezogene (synergetische) Perspektive geändert. Es steht somit nicht mehr die individuelle Führung von Mitarbeitern durch Vorgesetzten im Zentrum der Aufgabenbewältigung, sondern das zielorientierte Funktionieren eines Mikrosystems. Bei der synergetischen Führung werden alle Elemente zu einer Synthese verbunden, um das gemeinsame Ziel zu erreichen.

27.1 Einleitung

„Wenn Führung stört" – so hieß im Jahr 2003 ein Artikel in der Zeitschrift managerSeminare (Bittelmeyer 2003). Damals hatten Praktiker bereits erkannt, dass das klassische Führungsverhalten wenig erfolgsversprechend erscheint.

N. Graf (✉)
Wilhelm-Bode-Straße 38, 38106 Braunschweig, Deutschland
E-Mail: ng@mentus.de

E. H. Witte
Universität Hamburg, Hamburg, Deutschland

Konkret lassen sich mindestens zwei Positionen in der Führungsforschung unterscheiden:

1. Eine *elementaristische* Konzeption, die auf dem Kausalprinzip des Einflusses durch Führungsverhalten basiert und
2. Eine *synergetische* Konzeption, die durch die Förderung und Kontrolle der notwendigen Systemfunktionen auf dem Prinzip der Steuerung eines Mikrosystems basiert.

Im ersten Fall wird Führung definiert, „andere Personen zu beeinflussen, zu motivieren oder in die Lage zu versetzen, zum Erreichen kollektiver Ziele in Gruppen und Organisationen beizutragen" (Brodbeck et al. 2002). Im Zentrum steht die Führungsperson, die Mitarbeiter so beeinflusst, dass diese ein gewünschtes Verhalten zeigen. Generell basiert das traditionelle Führungsverhalten auf solchen theoretischen Grundlagen, die elementaristisch ausgerichtet sind. Es werden das Verhalten und die Persönlichkeit der Führungsperson bzw. die Dyade Vorgesetzter-Mitarbeiter fokussiert. Einen ersten Übergang von elementaristischer zu synergetischer Führung stellt das Konzept der Führung als Identitätsmanagement einer Gruppe dar (Haslam et al. 2011), ohne jedoch wirklich eine synergetische Konzeption zu erreichen.

Im zweiten Fall wird Führung definiert als eine Steuerung eines Mikrosystems (s. a. Wegge 2004). Die Grundannahme ist, dass keine einfachen Kausalwirkungen existieren: Die Anweisung einer Führungskraft an einen Mitarbeiter wird zum einen nie zu 100 % nach den Vorstellungen der Führungskraft umgesetzt, und zum anderen hat jede Anweisung Auswirkungen auf zukünftige Handlungen im Team. Die synergetische Führung beruht also nicht auf den einzelnen Personen, sondern auf der nächsthöheren Ebene, der Arbeitsgruppe als Einheit – dem Mikrosystem.

Mit diesem Beitrag wird die ganzheitliche Sicht der Führung ins Zentrum gerückt, die sich auf die Arbeitsgruppe/Abteilung als Mikrosystem bezieht. Die üblichen Differenzierungen nach Personen sind nach unserer Sicht damit nachgeordnet. Sie erhalten ihre Bedeutung daraus, dass Personen Teil eines Mikrosystemprozesses sind und sie nicht isolierbar von dem Gesamtprozess im Mikrosystem betrachtet werden können.

Wenn man das System in den Vordergrund stellt, so ist man sofort mit weiteren Fragen konfrontiert: Wer oder was ist Teil dieses Mikrosystems?

Der erste, praktische Gedanke ist natürlich, die formale, vom Unternehmen vorgegebene Zuordnung anzunehmen. Diese Zuordnung hat aber wenig mit den real ablaufenden, psychischen Prozessen zu tun. Die formale Zugehörigkeit zu einem Team (Mikrosystem) sagt wenig über die Umwelt aus, die aus anderen Mikrosystemen, einer Einbettung in ein übergeordnetes Mesosystem (z. B. Unternehmen) und anderen nicht weiter geordneten externen Einflüssen, wie z. B. die wirtschaftliche Gesamtsituation der Konkurrenzmarkt etc. besteht. Zusätzlich spiegelt diese Zuordnung wenig die individuelle Teilhabe des Mitglieds an diesem Mikrosystem wieder. Jedes Mitglied hat auch persönliche Anteile, die nicht in das Team eingebracht werden wollen und können, wie z. B. Familie, Freunde, Freizeitinteressen, Religion oder künstlerische Begabungen. Diese Anteile nennt man Innenumwelt eines Mitglieds (Willke 2000). Diese Innenumwelt beschreibt Persönlichkeitsaspekte, die

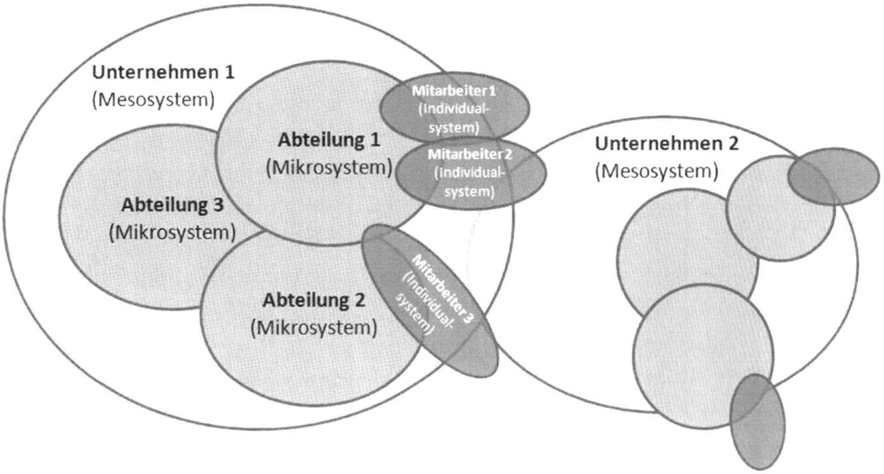

Abb. 27.1 Die Systemebenen und ihre Überschneidungen und Abgrenzungen

außerhalb der Arbeitsgruppe liegen und nicht dauerhaft Gegenstand der Arbeitsgruppe als fokales System sind, aber durchaus auf das individuelle Verhalten und somit das Mikrosystem erheblichen Einfluss nehmen können (vgl. Abb. 27.1).

Die Existenz einer der Führungskraft zum Teil unbekannten Innenumwelt bedeutet, dass wir die Annahme revidieren müssen, dass Führung sich direkt und ausschließlich auf das Verhalten des Mitarbeiters linear auswirken kann. Dieser direkte Einflussprozess verkürzt die Führungsaufgabe fälschlicherweise auf eine kausal bestimmte Beziehung zwischen zwei Elementen. Vielmehr geht es darum, die Führungsinteraktionen unter der Bedeutung für das Mikrosystem als Einheit zu betrachten.

Wenn sich Mitarbeiter als Teile eines Teams empfinden, dann kann es Wechselwirkungen mit den internen Anteilen der einzelnen Personen (die man als Individualsysteme erfassen kann) geben. Somit ist in den meisten Fällen die Wirkung einer Interaktion zwischen zwei Individuen aufgrund von nicht erfassbaren, intraindividuellen Abläufen nicht vorhersagbar. Was ein Mitarbeiter aus einer Führungsinteraktion „macht" und wie diese Interaktion sich wiederum auf die gesamte Gruppe auswirkt, ist als konkreter Effekt nicht prognostizierbar. Ein praktisches Beispiel nicht linear zu folgernder Auswirkungen wäre, einen Vorgesetzten zu nennen, der einen Mitarbeiter aufgrund von hoher Arbeitsbelastung des Teams aus einer Weiterbildung holen lässt. Dies kann u. a. Auswirkungen auf die Motivation des Mitarbeiters, auf seine Leistung (wenn wir davon ausgehen, dass die Weiterbildung notwendig war), ggf. auf seine individuelle Gehaltsentwicklung (negativ wegen fehlender Weiterbildung oder positiv wegen besonderem Arbeitseinsatzes) und auf seine zukünftige Wichtigkeits-einschätzung von Weiterbildung haben, was wiederum die Abgrenzung zwischen der Mitarbeiterrolle und seiner eigenen Innenumwelt verändern kann. Zudem beobachten andere Mitarbeiter des Teams die Situation und werden ihrerseits eventuell Schlüsse daraus ziehen. Ggf. hat diese Entscheidung sogar Auswirkungen auf vorhandene (Macht-) Strukturen, wenn der Mitarbeiter trotz fehlender Weiterbildung abteilungsintern aufsteigt.

Führungsinterventionen können also unabschätzbare Auswirkungen haben, die sich nicht sofort äußern, aber das System nachhaltig beeinflussen.

Somit ist das klassische Kausalprinzip der direkten, individuellen Führung als Umgangsform mit Mitarbeitern aufzugeben. Es gilt, eine konkrete Alternative zu finden, die in der Praxis als hilfreich erlebt werden. Im Zentrum unserer Betrachtung steht die gemeinsame Einbettung sowohl des Vorgesetzten als auch der Mitarbeiter in eine Einheit, die mit den entsprechenden Abhängigkeiten aller Teile (Mitarbeiter und Vorgesetzte) bezogen auf die konkrete Zielsetzung des Mikrosystems existiert. Mit dieser theoretischen Konstruktion wollen wir der praktischen Realität näher kommen. Nur wenn wir mit den „richtigen" theoretischen Konzepten Führung neu interpretieren, kommen wir auch zu praktisch verwertbaren Interventionen, ohne dass – wie eingangs beschrieben – Führung stört.

27.2 Hintergrund des Ansatzes

Zurzeit bekommen soziale Prozesse häufig das Adjektiv „systemisch" zugeordnet (Achouri 2011). Die Systemtheorie scheint in gleichem Maße viele Menschen anzuziehen und abzustoßen, und sie ist kein Garant für eine angemessene Theorie sozialer Prozesse (Witte 1995). Dasselbe gilt für den elementaristischen Ansatz mit einfachen Kausalannahmen. Wenn man auf den bisherigen Wegen kaum akzeptable Lösungen zum Thema Führung gefunden hat, dann kann ein Wechsel der wissenschaftlichen Perspektive vielleicht hilfreich sein. Weibler (2004) stellt in diesem Zusammenhang sogar die Klärung der Frage, was genau unter „Führung" zu verstehen sei, in den Mittelpunkt der modernen Führungsforschung, um neue Denkmodelle zu ermöglichen.

Birgt die hier vorgestellte Sicht auf das Thema Führung einen Erkenntnisgewinn, dann sollte man in der Führungsforschung diese neue Sichtweise weiter diskutieren und die Konsequenzen erörtern, die sich für Führungsverhalten in der Praxis und Führungskräfteentwicklung ergeben.

Das erste Bewertungskriterium in Bezug auf den Erkenntnisgewinn sollte die Neuartigkeit der Sichtweise sein: Führt diese veränderte Grundkonzeption zur Entdeckung neuer relevanter Phänomene?

Das zweite Bewertungskriterium erfolgt aus der Nachvollziehbarkeit und Übertragbarkeit der Überlegungen für die Praxis: Sind die Ableitungen für die Praxis durch die Erfahrung von Trainern und Führungskräften abgesichert?

Wenn beide Kriterien positiv beantwortet werden, dann liegt ein weiteres Verständnis von Führung vor, das hoffentlich die seit Jahrzehnten andauernde Führungsdiskussion anschiebt und manche vereinfachenden, aber unrealistischen Positionen überwinden hilft.

Als erstes sei festgestellt, dass der synergetische Ansatz auf Basis der Systemtheorie neu ist, aber nicht im luftleeren Raum ohne Bezüge zu Vorläufern steht (Witte 2000). Insbesondere ist zu beachten, dass es keine einheitliche Systemtheorie gibt. Die natur- und sozialwissenschaftlichen Ansätze unterscheiden sich erheblich. Manche sind eher formalisiert und andere eher durch die verbale Beschreibung von formalisierten Modellen und daraus abgeleiteten Ergebnissen gekennzeichnet (Witte 1990). Einen guten Überblick über die bisherigen – leider noch sehr theoretischen – Ansätze, die Systemtheorie in die Führungsforschung zu übertragen, bietet eine Bertelsmann-Studie (Stippler et al. 2011).

Wir verwenden hier eine Theorie sozialer Systeme, die sowohl Bezug auf die Soziologie (Willke 2000) als auch auf die Sozialpsychologie (Witte 1994) nimmt und die Ergebnisse auf die praxisbezogene Führungsforschung adaptiert. Aus dieser Übertragung ist das Konzept der synergetischen Führung entstanden, wie wir es hier darstellen. Konkrete empirische Forschung zu diesem Konzept existiert noch nicht. Bisher ist es nur am Erfahrungswissen von Führenden und Geführten validiert worden.

Wir werden uns in diesem Beitrag bemühen, die in der Systemtheorie übliche Terminologie durch gebräuchlichere Begriffe zu ersetzen, um eine Ablehnung des Konzepts der synergetischen Führung aufgrund von unverständlichen Begrifflichkeiten zu vermeiden. Gerade diese unverständliche Terminologie hat bisher viele Praktiker von der Beschäftigung mit der Systemtheorie abgeschreckt. Nicht immer kann diese „Geheimsprache" jedoch umgangen werden, weil in den systemtheoretischen Begriffen auch Phänomene erfasst werden, die mit der üblichen Beobachtungssprache nicht erklärbar sind.

Ferner werden systemtheoretische Vorstellungen in diesem Beitrag soweit konkretisiert, dass man zu praktischen Hinweisen bei dem Verständnis von Führung und der Weiterbildung in Führungstrainings kommt. Ansonsten ist das hier vorgeschlagene Basis-Konzept in der näheren Zukunft weiter auszubauen und empirisch zu prüfen.

27.3 Beschreibung des Ansatzes

Ein Perspektivenwechsel, der eine neue Einheit (das Mikrosystem) und eine neue Vorgehensweise (die Selbststeuerung des Systems) in den Fokus der Aufmerksamkeit stellt, wird auf ungewohnte Phänomene stoßen und unbekannte Verhaltensweisen von Führungskräften und Mitarbeitern fordern müssen. Ferner sind verschiedene ineinander verschachtelte Ebenen zu unterscheiden, wenn man das unternehmerische Handeln im sozialen Kontext betrachtet. Wir unterscheiden in Anlehnung an Witte (1994) folgende Systemebenen (vgl. Abb. 27.2).

Unabhängig von der Systemart und -größe existieren allgemeingültige Merkmale für alle sozialen Systeme (Willke 2000):

1. Es existiert immer eine Grenze zwischen Umwelt (anderen Systemen) und dem betrachteten System selbst.
2. Es gibt immer ein Steuerungsziel für jedes System, das abhängig von der Systemebene sehr unterschiedlich umgesetzt werden kann. Fundamental gilt immer als Systemziel, dass sich Systeme selber erhalten wollen.
3. Es gibt eine interne System-Struktur.

Individualsystem	Einzelperson	Aus einer systemischen Perspektive und nicht nur als konstante Persönlichkeiten: als z.B. Ehepartner, Katholik oder Mitarbeiter
Mikrosystem	Team / Kleingruppe	Beispiele von Kleingruppen sind Familien, Sportmannschaften und Projektteam
Mesosystem	Unternehmen	Organisationen, die aber nicht mehr durch persönliche Bekanntheit der Mitglieder gekennzeichnet sind: Unternehmen, Vereine, Parteien
Makrosystem	z.B. Bildungssystem	Abstrakte Funktionseinheiten einer Gesellschaft: z.B. das Rechtssystem, das Gesundheitssystem, das Bildungssytem
Größeres Makrosystem	Bundesrepublik Deutschland	Eine definierte Gesamtgesellschaft als größtes Makrosystem
Supra-nationale System	EU	Bei der internationalen Verflechtung haben wir dann weitere supra-nationale Systeme bis hin zur gesamten Menschheit.

Abb. 27.2 Eigene Grafik der Systemordnung nach dem Umfang nach Witte (1994)

4. Es gibt über die Zeit ablaufende Prozesse.
5. Es müssen Ressourcen für den Erhalt des Systems zur Verfügung gestellt werden.
6. Das System selber muss eine Vorstellung darüber entwickeln, wie es funktioniert, um eine Selbststeuerung vornehmen zu können.
7. Bei einer Überlastung des Systems muss dieses in der Lage sein, aus sich heraus ein weiteres System zu generieren, das Teilaufgaben übernimmt und diese dann eigenständig bewältigt.

Diese sieben Merkmale sind generell für alle sozialen Systeme von Bedeutung und prägen die Qualität eines Systems. Deswegen werden wir diese Merkmale in den nächsten Kapiteln auf die Führungsaufgabe übertragen und Handlungsfelder ableiten. Dabei konzentrieren wir uns auf das Führen von Mikrosystemen (z. B. Projektteams und Abteilungen) und lassen die Führung von Mesosystemen (z. B. Unternehmen) und Makrosystemen (z. B. Bundesrepublik Deutschland) unberücksichtigt.

27.3.1 Das Konzept des Führens von Mikrosystemen – synergetische Führung

Die synergetische Führung eines Systems beinhaltet die eben vorgestellten sieben Funktionen, die aufeinander aufbauen und nur gemeinsam eine Organisationsstruktur gewährleisten, die sich auf alle wirtschaftlichen und organisationalen Veränderungen einstellen und ein Aufgabe konsequent und effizient verfolgen kann. Ziel ist es, die Flexibilität des

Abb. 27.3 Die Führungsaufgaben der synergetischen Führung

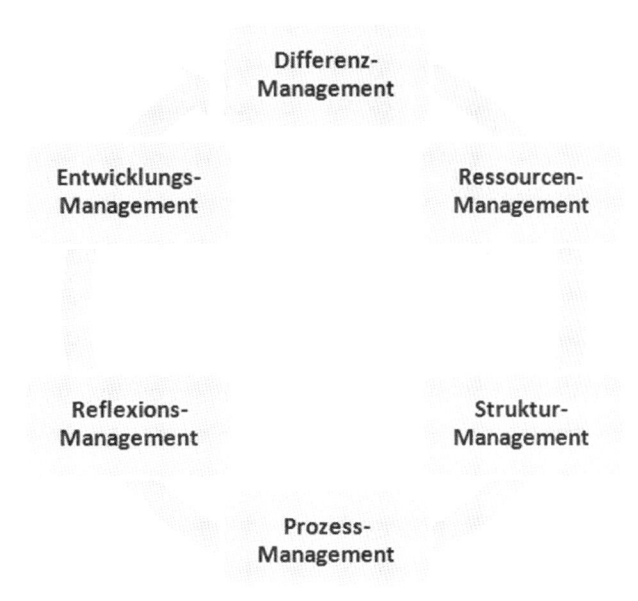

- Differenz-Management
- Ressourcen-Management
- Struktur-Management
- Prozess-Management
- Reflexions-Management
- Entwicklungs-Management

Systems zu gewährleisten und somit gegenüber der Umwelt neue Freiheitsgrade zu erreichen (Willke 2000).

Dabei sind zwei Merkmale so eng miteinander verbunden, dass die Merkmale Grenzbildung und Zielsetzung eine funktionale Einheit bilden und gemeinsam angegangen werden müssen. Ohne Zielsetzung des Mikrosystems ist keine Abgrenzung nach außen möglich und ohne Abgrenzung ist keine interne Zielsetzung denkbar.

Unserer Einschätzung nach gehören – angelehnt an Willkes Zusammenfassung der Systemfunktionen – sechs Prozessschritte zu einer synergetischen Führung (vgl. Abb. 27.3).

27.3.1.1 Differenz-Management

Die Differenzierung bezieht sich auf die ersten beiden Merkmale von Systemen (der Existenz einer Grenze zu umliegenden Systemen und einem Systemziel) und bedarf eines Managements. Dabei hat die Führungskraft zwei Funktionen:

1. Die Zugehörigkeit der Mitarbeiter zu dem System zu fördern und erlebbar zu machen um die Grenze wahrnehmbar zu machen.
2. Die Zielsetzungen des Systems zu transportieren und anzupassen.

Grenzbildung Primär ist eine Führungskraft dafür verantwortlich, dass sich jedes Mitglied dem System zugehörig fühlt. Dabei ist die formale Zugehörigkeit nur ein Ausgangspunkt, der mit der Einbettung in ein Mesosystem (Unternehmen) zu tun hat. Sie spielt jedoch kaum eine Rolle bei der individuellen Identifikation mit dem System. Ein Ziel der Führung ist somit die vorgegeben Zugehörigkeit im Umgang mit anderen Mikrosystemen

(Abteilungen), dem Mesosystem und anderen Umweltelementen (Kunden) aber auch systemintern (eigene Abteilung) zu managen und in eine empfundene Zugehörigkeit zu überführen.

Ob die Systemmitglieder systemintern oder mit externen Personen interagieren, wird durch die Quantität und die Qualität der Interaktionen unterschieden. Das gilt für alle Mitglieder des Systems und bedeutet in der Praxis eine einheitliche Vertretung aller nach außen. So sollten zum Beispiel ähnliche Kundenanfragen von unterschiedlichen Mitarbeitern gleich im Sinne des Systems beantwortet und das Auftreten nach außen synchronisiert werden. Das gilt auch für die Führungskraft, die durch eine verstärkte formale Außenbeziehung für ihre Arbeitsgruppe im gesamten Mesosystem Verantwortung übernimmt. Neudeutsch redet man hier von dem Ansatz der „Corporate Identity" (Haslam et al. 2011) – diesmal jedoch bezogen auf die eigene Abteilung und nicht das gesamte Unternehmen.

Neben der Umwelt im Mesosystem und der damit verbundenen Führungsaufgabe (Corporate Identity und Zielverfolgung) sollte noch eine weitere Umwelt berücksichtigt werden: die bereits erwähnte Innenumwelt. Jedes Systemmitglied stellt nur einige Anteile ihrer Person (Individualsystem) der Arbeitsgruppe zur Verfügung. Andere Anteile wie Familie, Freunde, Freizeit, aber auch persönliche Fähigkeiten werden in der Arbeitsgruppe nicht abgerufen bzw. nicht eingebracht. Diese Abgrenzung zum Privatbereich ist flexibel und nur wenn die Einheit Arbeitsgruppe Angebote macht, die die Mitarbeiter als persönlich bedeutsam erleben können, wird die Integration aller relevanten Anteile der individuellen Innenumwelt in das Mikrosystem ausreichend gelingen. Das Spektrum dieser Führungsaufgabe reicht von Motivationsthemen (Wahrnehmen von Interessen und Ambitionen) über Förderung (Erkennen von Kompetenzen) bis hin zu gewünschten Korrekturen oder Toleranz der Gruppe gegenüber Auswirkungen auf die Leistung von z. B. Eheproblemen. Die gemanagte Vereinbarkeit von der Systemrolle und der „privaten" Person ist elementar um Motivation zu erzeugen, eine Work-Life-Balance zu ermöglichen und Phänomenen wie Burn-out vorzubeugen.

Differenz-Management bezieht sich also sowohl auf die Grenze zum Unternehmen als auch auf die individuellen Mitarbeiter!

Übrigens gibt es in dieser Situation die paradoxe Beziehung, dass man als Vorgesetzter darauf achten muss, dass auch die eigene Innenumwelt und die Beziehung zur Gruppe gesteuert wird, weil man sonst selber „ausbrennt" bzw. nicht mehr seine Rolle adäquat ausfüllen kann. Hierfür sollte man die Mitarbeiter anleiten zu erkennen, dass man auch Teil der Gruppe ist. Diese Abhängigkeit der Führungsperson von dem Mikrosystem und dem Funktionieren der Gruppe muss man sich als Führungsperson selber verdeutlichen und den Blick der Mitarbeiter auf die Führungsperson als ein Teil ihres Mikrosystems ist durch die Führungsperson zu schärfen. Hier sind manchmal auch Coaching-Ansätze für die Führungsperson hilfreich. Patriarchentum oder machtbezogene Führung führen bereits hier zum Identifikationsverlust der Mitarbeiter mit ihrem Mikrosystem.

Zuletzt ist es im Differenz-Management wichtig zu erkennen, dass sich sowohl die Außenumwelt des Systems (von Finanzkrise bis neuer Kundenkontakt) als auch die Innenumwelten der Mitarbeiter (Bereitschaft für Jobwechsel, Familie etc.) ständig verändern.

Die Führungskraft muss dieses erkennen und entscheiden, ob und wann eine Intervention bei diesen Abgrenzungsprozessen nötig ist.

Interne Zielverfolgung Als zweite Funktion im Differenz-Management sollte die Führungskraft intern die gemeinsame Zielsetzung immer wieder vor Augen führen und alle Mitarbeiter für das Ziel in die Verantwortung nehmen. Für die Zielerreichung ist zwar nach außen formal die Führungsperson verantwortlich, für Realisierung jedoch die gesamte Gruppe. Dazu gehört, dass die Informationen aus der Umwelt ausreichend zur Verfügung gestellt werden. Das betrifft formale Inhalte genauso wie informelle Mitteilungen. Ferner ist die Thematisierung der Konkurrenzsituation mit anderen Arbeitsgruppen um knappe Ressourcen Bestandteil der internen Zielverfolgung. Die knappen Ressourcen müssen eingeworben werden, wobei nicht die Einwerbung im Zentrum steht, sondern nur das Thema der Verteilung. (Die Organisation der Einwerbung von Ressourcen selber wird unter dem nachfolgenden Punkt besprochen.)

Die Bindung der Personen an die Gruppenaufgabe muss herausgearbeitet und die Wechselwirkungen sollten betont werden. Diese Aufgabenerledigung ist das wesentliche Ziel des Mikrosystems, d. h. jeder Mitarbeiter sollte als Teil des Systems eine bedeutungsvolle Bindung an das Ziel erleben. Dieses Ziel muss als sinnvoll, befriedigend und erreichbar erlebt werden – dafür ist die Führungskraft verantwortlich.

Das Differenz- Management besteht zusammenfassend aus der gemeinsamen Außenkontaktsteuerung durch eine einheitliche Strategie sowie eine individualisierte Steuerung der Grenzen zur Innenumwelt jedes Mitgliedes. Diese individualisierte Steuerung führt zu einer Spezialisierung der Mitarbeiter innerhalb der Arbeitsgruppe, die der Führungskraft eine zusätzliche Integrationsleistung abverlangt.

27.3.1.2 Ressourcen-Management

Die gewünschte Spezialisierung der Mitarbeiter gemäß den Systemzielen und den individuellen Kompetenzen führt zu mehr Komplexität im Team und damit auch zu größerem Abstimmungsaufwand innerhalb des Systems. Durch die Verteilung von Verantwortung aufgrund der Spezialisierung entsteht ein interner Kampf der Systemelemente (Mitarbeiter) und ein externer zwischen den Mikrosystemen der Organisation um knappe Ressourcen. Dabei sind mit Ressourcen sowohl Mitarbeiterkapazitäten als auch finanzielle und materielle Mittel aber auch Informationen und Aufmerksamkeit z. B. in Form von Weiterbildung und Boni gemeint.

Die Führungskraft hat die Aufgabe, Ressourcen zu generieren bzw. zu halten und dem Systemziel entsprechend zu verteilen. Dies ist ein ständiger Prozess, da die Arbeitsbelastung der Mitarbeiter systemintern jederzeit variiert. Leider existiert sowohl in der Führungsetage als auch bei Mitarbeitern noch immer das Phänomen des Besitzdenkens. Ursprung dieses kontraproduktiven Verhaltens ist häufig die mangelnde Aufmerksamkeit der Führungskraft auf die Gruppenzugehörigkeit (bei dem Differenz-Management) der Mitarbeiter. Denn die Mitarbeiter sollten bei einer synergetischen Führung davon ausgehen können, dass ein Team wirklich als Team fungiert und ihnen die Ressourcen nach Bedarf zur Verfügung gestellt werden bzw. sie Ressourcen bei Nichtnutzung freiwillig abgeben. Leider ist die interne Verteilung von Ressourcen häufig Anlass für Ungerechtigkeitsgefühle. Diese können jedoch vermieden werden, indem alle Systemmitglieder gemeinsam Pläne zur internen Ressourcenverteilung erarbeitet (z. B. bzgl. der Weiterbildung). Transparenz und Diskussionen über Verteilungsschlüssel sind die Basis für gerechte Entscheidungen. Alles, was als wertvolle Ressource betrachtet werden kann, sollte in einen gemeinsamen Verteilungsplan aufgenommen werden. Da die Bewertung von Ressourcen inter-individuell sehr unterschiedlich ist, ergeben sich manchmal unerwartete Ausgleichmöglichkeiten. Das Ressourcen-Management sollte kontinuierlich im Fokus stehen um als Führungskraft zeitnah auf Veränderungen reagieren zu können. Das „Bunkern" von Ressourcen (insbesondere Wissen) als Machtfaktor ist ein Indiz für ein veraltetes Führungsverständnis und Missmanagement auf Systemebene so wie mangelnden Fokus auf das davorliegende Differenz-Management.

27.3.1.3 Struktur-Management

Klassische Führung versteht die (einmalige) Zuordnung von Mitarbeitern und Aufgaben anhand der vorhandenen und erforderten Kompetenzen.

Im Sinne der synergetischen Führung teilt sich die Aufgabe eine Systemstruktur zu managen in zwei Bereiche:

1. Die Verteilung der Aufgaben zur Erreichung des *Leistungsziels*
2. Die Verteilung der Teamrollen zur Abstimmung in der Gruppe als *Beziehungsziel*

Die Aufgabenstrukturierung unter dem Leistungsziel ist von der konkreten Aufgabe abhängig und sollte gemäß den vorhandenen Kompetenzen der Mitarbeiter differenziert werden. Eine inhaltliche Differenzierung bedarf als notwendige kompensatorische Maßnahme einer beziehungsorientierten Integration der Systemaufgaben und -elemente, da im Prozess die differenzierten Teile wieder zusammengefügt werden müssen: Je mehr sachliche Differenzierung desto mehr Integrationsleistung ist zum Erhalt des Mikrosystems notwendig.

Nimmt man ebenfalls das Beziehungsziel ernst, das eine hohe Qualität des Leistungsziels auf Dauer erst ermöglicht, dann kommt zu den konkreten Aufgaben noch eine Teamförderungs-aufgabe auf alle Systemmitglieder dazu. Erst wenn Leistungserstellung *und* Teamförderung im Blick aller Mitarbeiter sind, können ohne viel Aufwand Veränderungen, Konflikte oder Fragen schnell und erfolgreich geklärt werden.

Für diese Managementaufgabe kann man z. B. die allgemeine Rollentheorie von Belbin (2010) als Basis nehmen. Sie differenziert insgesamt neun Rollen: drei Kategorien mit jeweils drei Rollen, die komplementär zueinander sind. Beim Struktur-Management ist es Aufgabe der Führungsperson, diese Rollen (z. B.: handlungsorientierter Perfektionist, kommunikationsorientierter Integrator, wissensorientierter Beobachter) auch mit Personen zu besetzen. Nach Möglichkeit sollten alle Rollen besetzt sein und der Fokus auf den „zwischenmenschlichen" Aufgabenbereich allen Gruppenmitgliedern bekannt sein und

Handlungsorientierte Rollen	Macher (Shaper)	Umsetzer (Implementor)	Perfektionist (Completer)
Kommunikationsorientierte Rollen	Integrator (Co-ordinator)	Mitspieler (Teamworker)	Wegbereiter (Resource Investigator)
Wissensorientierte Rollen	Erfinder (Plant)	Beobachter (Monitor Evaluator)	Spezialist (Specialist)

Abb. 27.4 Die Teamrollen nach Belbin (2010)

gelebt werden. Das Team benötigt somit analog den üblichen Vorstellungen von Teams mindestens drei Personen, die jeweils eine Rolle pro Kategorie übernehmen (Abb. 27.4).

Die Verteilung der Rollen sollte genau wie bei der Rollenverteilung der Leistungserstellung zu den Kompetenzen der Personen (Differenz-Management Innenumwelt) und ihren Leistungsaufgaben passen. Die Ausübung dieser Rollenfunktionen ist zu organisieren, zu kontrollieren und zu fördern.

Ein funktionierendes Struktur-Management ist zudem wichtig bei der Ressourcen-Verteilung, um alle Mitglieder und ihre Bedürfnisse wahrzunehmen. Es ist für eine Führungskraft unmöglich, diese Aufgabe alleine zu bewältigen. Als Team können jedoch durch die verschiedenen Rollen Sichtweisen ausgetauscht und beständige Kompromisse geschlossen werden. Der Blick auf die Strukturen eines Systems ist meistens eine punktuelle Bestandsaufnahme und vernachlässigt dadurch die Veränderung über die Zeit – eine Führungsaufgabe, der wir uns als nächstes widmen.

27.3.1.4 Prozess-Management

Da Tätigkeiten parallel oder hintereinander als Prozess verlaufen, müssen wegen der hohen Komplexität diese Abläufe systemintern gesteuert werden. Die Arbeitsgruppe kann sich zur Orientierung einen Standard-Prozess erarbeiten, der für alle Standardfälle (Routine) Anwendung findet. Eine solche Reduktion der Komplexität auf eine gewisse Routine ist für alle entlastend. Der Standardprozess ist aber nur ein Hilfsmittel zur Vereinfachung der Anforderungen und um Unsicherheit zu reduzieren.

Gleichzeitig muss der Prozess die Möglichkeit bieten, individuell modifiziert zu werden, um sich als Mitarbeiter wiederzufinden und seine Selbstorganisation steuern zu können.

Gegenstand der Führungsaufgabe ist es hierbei nicht, diese Routineprozesse zu überwachen! Die elementare Aufgabe der Führungskraft im Sinne der synergetischen Führung ist die Förderung des prozessualen Denkens der Mitarbeiter. Es geht also um die Frage, ob die Mitarbeiter die Prozesssteuerung für sich thematisiert haben und die Wechselwirkungen mit anderen Mitarbeitern und Systemen beim Ablauf der Prozesse berücksichtigen: Wer ist mein Kunde? Welche Informationen benötige ich wann von wem um effizient arbeiten zu können? Welche Kettenreaktion löst es aus, wenn ich z. B. fehlerhafte Daten von meinem „Lieferanten" übernehme?

Das Prozess-Management thematisiert also die Wirkungen des eigenen Handelns auf das Handeln der Gruppenmitglieder um die gegenseitige Einflussnahme von Handlungen zu verstehen und zu leben. Diese Abstimmungsleistungen zu fördern und zu kontrollieren, ist die Aufgabe der Führungskraft. Dabei müssen natürlich sowohl der Prozess der Förderung als auch der Kontrolle gemanagt werden.

Jede Spezialisierung hat neben den Abhängigkeiten untereinander zur Folge, dass zu unterschiedlichen Zeiten im Prozess unterschiedliche Anforderungen an Ressourcen durch die Rollenvertreter gebraucht werden. Diese flexible, über die Zeit variierende Verteilung von Ressourcen (Ressourcen-Management) bedeutet wie bereits beschrieben dauerhaft eine Umverteilung im Team und eine Veränderung des Einsatzes, was die Grenzziehung zur Innenumwelt des Mitarbeiters zur Folge hat (Differenz-Management). Es geht nun beim Prozess-Management nicht darum, diese Umverteilung vorzunehmen, sondern diese über die Zeit variierende Umverteilung als Prozessaufgabe der Gruppe zum Gegenstand der internen Selbststeuerung zu machen.

Wenn die Gruppenmitglieder erfahren und erkennen, dass sie ihre Prozesse durch die gemeinsame Abstimmung auf die Erreichung von Leistungs- und Beziehungszielen besser ausrichten können, dann wird dieser interne Verteilungskampf wahrscheinlich mit weniger Konflikten ablaufen und eine gegenseitige Unterstützung erreichbar sein.

Diese Prozesssteuerung ist bei variablen Umwelten (Innen- und Außenumwelten) ein kontinuierliches Problem, das gemanagt werden sollte. Die Führungsperson hat die Aufgabe, dieses Problem zu überwachen und zu thematisieren, wenn sie es für nötig hält. Da aber nicht nur die Sichtweise der Führungsperson von Bedeutung ist, muss systemintern eine Überwachungsfunktion etabliert werden, die auf Störungen reagieren kann: das Reflexions-Management.

27.3.1.5 Reflexions-Management

Ein System ist nur solange überlebensfähig bzw. effizient, wie es in der Lage ist, sich selbst zu steuern (vom Differenz-Management bis Prozess-Management). Diese Selbststeuerung setzt allerdings eine Diagnose der eigenen Funktionalität voraus. Diese Diagnose sollte durch alle Mitglieder erstellt werden und muss von der Führungsperson angeregt und gefördert werden. Das kann in einfachen Fällen durch Routinebesprechungen passieren (Witte und Putz 2002), ansonsten sind hier auch strukturierte Evaluationsverfahren angebracht. Jede Arbeitsgruppe kann sich hierfür eine eigene Vorgehensweise ausdenken. Neben der Diagnose muss natürlich auch eine Korrektur der Abläufe, der Strukturen und der Ziele etc. möglich sein. Dabei sollte die Reflexion beiden Aufgabengebiete (Erreichung des Leistungs- und des Beziehungsziels) sowie deren Wechselbeziehung erfolgen.

Für die Form der Diagnose sollte zuerst ein Konzept entwickelt werden, da sonst Diagnosen eher spontanen, emotionalen Bewertungen entsprechen und damit weder zuverlässig noch valide sind. Nach der IST-Diagnose ist der nächste Schritt die Umsetzung des diagnostizierten IST-Zustandes in den Zielzustand. Hier ist ebenfalls die Bereitschaft der Mitarbeiter wichtig, entsprechende Vorschläge gemeinsam zu erarbeiten (Stichwort Ideenmanagement). Reflexions-Management ist wie alle bisherigen Führungsaufgaben eine kontinuierliche Aufgabe und sollte nicht nur bei Schwierigkeiten zum Tragen kommen. Die Reflexion der Erfolge ist für die Integration der Mitarbeiter in die Gruppe (Mikrosystem) höchst wertvoll, da hier die Beteiligung an der Steuerung des Systems am deutlichsten ist.

Wichtig sind beim Reflexions-Management die *gemeinsame* Erarbeitung von IST-Zuständen im Team und die daraus abzuleitenden Konsequenzen. Wenn eine Prozesssteuerung nicht mehr ausreicht bzw. zu suboptimalen Lösungen führt, die korrigiert werden sollten, dann muss gemeinsam an den Störungen gearbeitet werden. Aber auch die positive Betrachtung des Mikrosystems durch die Mitglieder hat seine Funktion – die stärkere Bindung an das Leistungs- und Beziehungsziel.

Das Nachdenken über die eigenen Tätigkeiten im System und über die Zielsetzungen ist von großer Bedeutung. Dieses Nachdenken muss vorbereitet, gemanagt und in seinen Konsequenzen überwacht werden. Das alles ist Aufgabe der Führungsperson. Ein solcher Reflexionsprozess kann als Ergebnis haben, dass die Ziele innerhalb des existierenden Mikrosystems nicht mehr erfüllt werden können, weil die „Komplexität" zu groß ist, sie nicht mehr bewältigt werden kann. Dann gibt es zwei Möglichkeiten: erstens die Ziele zu verändern oder zweitens an der konkreten Auslagerung von Zielen in ein anderes System zu arbeiten (Outsourcing), das eventuell zusätzlich aufgebaut werden muss. Hier setzt dann das Entwicklungs-Management an.

27.3.1.6 Entwicklungs-Management

Es ist zwar immer das Ziel eines Systems sich zu erhalten, aber es existieren auch Anforderungen von außen, die das System nicht mehr bewältigen kann. Eine solche Arbeitsüberlastung kann evtl. nicht mehr innerhalb des Systems aufgefangen werden. Aus Gründen des Selbsterhalts sollten daran gearbeitet werden, Aufgaben in ein neu zu gründendes System abzugeben, das gezielt aus dem alten Ursprungssystem entwickelt wird. Diese Neu-Entwicklung geschieht auf Basis des Ursprungsystems und wird von diesem angeleitet, so dass auch die funktionale Differenzierung eine Entlastung des Ursprungsystems und sein Erhalt darstellt und nicht als Konkurrenz um knappe Ressourcen betrachtet wird. Diese Option der gezielten Abgabe von Aufgaben wird selten von Führungspersonen betrieben, da sie um ihre Machtposition fürchten könnten. Man sollte an dieser Stelle nur daran denken, dass die eigene Macht an der Erreichung der Systemziele hängt, denn die Führungsperson ist ja Mitglied des Mikrosystems und nicht etwa ein Außenstehender. Diese Aufgabe bedeutet jetzt eine neue Form des Differenz-Managements, nämlich nicht die Abgrenzung von außen, sondern die Differenzierung nach außen, wegen interner Überforderung durch die Umwelt bzw. das übergeordnete Mesosystem. Die erkannte Überlastung des Mikrosystems muss zu seiner Aufrechterhaltung bearbeitet werden. Eine wesentliche Form dieser Bearbeitung ist die weitere Ausdifferenzierung des bestehenden Mikrosystems durch Bildung eines neuen Mikrosystems, das gezielt diese Überlastung auffängt.

27.3.1.7 Integration der Management-Funktionen

Alle sechs Management-Funktionen sind für einen Führer eines Mikrosystems als Steuerungsaufgabe unverzichtbar. Sie lassen sich in eine Ordnung von außen nach innen bringen, und können nach der hier vorgestellten Abfolge von einem Vorgesetzten so abgearbeitet werden: Differenzen-, Ressourcen-, Struktur-, Prozess-, Reflexion- und Entwicklungs-Management. Damit ist nicht gemeint, dass zu jeder Zeit alle vorgestellten Management-Aufgaben gleich intensiv behandelt werden sollten. Manche können in gewissen Stadien übersprungen werden. Man sollte allerdings stets alle sechs im Blick haben, weil man vorher nicht wissen kann, welche Management-Aufgabe in welchem Umfang angegangen werden muss. Wenn man die synergetische Führung als Steuerung eines Mikrosystems über die Zeit begreift, dann ist hierfür die Analogie einer Spiralentwicklung nicht unangemessen. Es wird im Laufe der Zeit ein immer besseres Niveau im Mikrosystem erreicht, um die Anforderungen von außen bewältigen zu können. Voraussetzung dafür ist aber, dass die sechs Systemfunktionen laufend gefördert und kontrolliert werden, damit keine Einflüsse von außen eine Entwicklung behindern, die die beiden Aufgaben (Leistung und Beziehung) nicht mehr angemessen verfolgen lässt. An diesen komplexen Management-Aufgaben erkennt man auch die Schwierigkeit der Führung und die Notwendigkeit der kontinuierlichen Weiterbildung der Führungskräfte in den beschriebenen Handlungsfeldern.

27.4 Relevanz für die Praxis

Bisher wurde die synergetische Führung als theoretische Basis für die Führungsaufgaben noch nicht stringent umgesetzt. Wir sehen aber, dass die bisherige Führungspraxis ins Straucheln gerät, insbesondere wenn größere oder mehrere Veränderungen auf das System zukommen. Von Mitarbeiterwechseln bis hin zu einem M&A-Projekt gilt immer die gleiche Frage: Ist das System reif genug, erfolgreich mit der Veränderung umzugehen?

Bisher sind Führungskräfte meist nach einem elementaristischen-orientierten Konzept geschult worden, das auf kausalistischen Einflüssen basiert und sich auf die Führung der Mitarbeiter konzentriert. Erfahrenen Führungspersonen ist diese Verkürzung immer schon aufgefallen und sie haben aufgrund ihrer eigenen subjektiven Theorie ihr Verhalten gesteuert (Seelheim und Witte 2007). Diese subjektive Führungstheorie kann aber nicht zur Grundlage für die Weiterbildung genutzt werden, solange diese individuellen Konzeptionen nicht in ein theoretisches Konzept abgebildet werden.

Nur ein Konzept, das allgemein darstellbar ist, kann Grundlage für die Weiterbildung und ein gemeinsames Verständnis von Führung sein. („Nichts ist praktischer als eine gute Theorie".) Man kann leicht nachvollziehen, dass Führung störend wirken kann wenn man sie nicht aus einer mikrosystemischen Ebene ohne einfache kausalistische Einflussprozesse betrachtet.

Synergetische Führung dagegen versteht Führung als einen kontinuierlichen Veränderungsprozess eines reagierenden Mikrosystems, mit der auch auf gravierende Veränderungen aufgrund eines durchdachten System-Managements kurzfristig und effizient reagiert werden kann. Veränderung wird hier als kontinuierlicher Prozess wahrgenommen und somit wird das beliebte Spezialthema „Führen in Veränderungssituationen" obsolet.

27.5 Ausblick: Was bedeutet das für die Zukunft der Führung?

Am Ende soll noch einmal komplexer auf das Konzept der Führung geschaut und die einzelnen bekannten Führungsansätze in ihrer besonderen Stellung zueinander dargestellt werden. Man kann das am besten dadurch, dass man die Betrachtungsebene für die

27 Synergetische Führung – die Steuerung eines zukunftsfähigen Mikrosystems

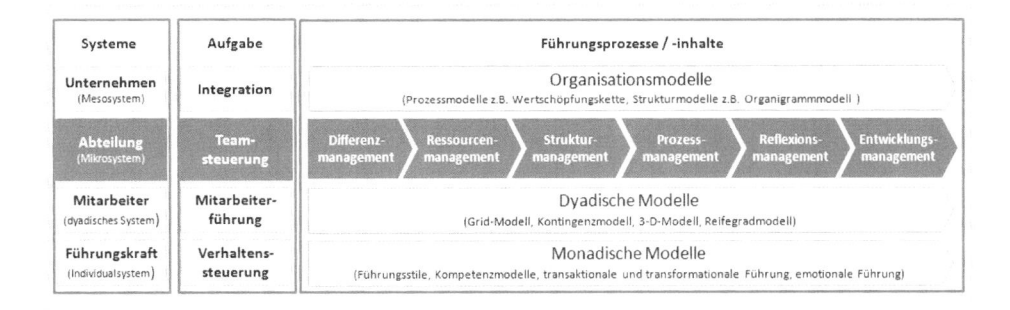

Systeme	Aufgabe	Führungsprozesse / -inhalte
Unternehmen (Mesosystem)	Integration	Organisationsmodelle (Prozessmodelle z.B. Wertschöpfungskette, Strukturmodelle z.B. Organigrammmodell)
Abteilung (Mikrosystem)	**Team-steuerung**	Differenzmanagement › Ressourcenmanagement › Strukturmanagement › Prozessmanagement › Reflexionsmanagement › Entwicklungsmanagement
Mitarbeiter (dyadisches System)	Mitarbeiterführung	Dyadische Modelle (Grid-Modell, Kontingenzmodell, 3-D-Modell, Reifegradmodell)
Führungskraft (Individualsystem)	Verhaltenssteuerung	Monadische Modelle (Führungsstile, Kompetenzmodelle, transaktionale und transformationale Führung, emotionale Führung)

Abb. 27.5 Differenzierung der Systemebenen und ihre Zuordnung zu Führungskonzeptionen

einzelnen Ansätze herausarbeitet. Die eher klassischen monadischen und dyadischen Ansätze sind Voraussetzung für den hier gewählten mikrosystemischen Ansatz der synergetischen Führung. Die generelle Managementtätigkeit ist noch immer an das Verhalten der Führungsperson und ihr Umgang mit den Mitarbeitern gebunden.

Jedoch sind die Managementaufgaben mit diesen beiden Ebenen nicht wirklich erfasst. Die beiden klassischen Positionen betonen das WIE im Verhalten der Führungsperson, die synergetische Führung konkretisiert das WAS und das WARUM bei der Fokussierung auf die Arbeitsgruppe als Mikrosystem. Diese neuen Managementaufgaben ergeben sich aus der erweiterten Bezugsebene und der systemischen Konzeption. Das Managementverhalten selber muss aber auf einer niedrigeren Ebene der Dyade und der Führungsperson betrachtet werden. „Managen" ist immer noch an diese beiden Ebenen des persönlichen Vorgehens und der konkreten Dyade gebunden, weil es sich um Einflussprozesse über individuelles Verhalten handelt. Allerdings ist das Zentrum der Führungsaufgabe für (wirtschaftlich) agierende Systeme ein anderes: die synergetische Führung.

Sie stellt das Bindeglied zwischen dem Unternehmen und der individuellen Person dar.

Das Unternehmen (aber auch Vereine, Parteien und Kirchen) haben ein Unternehmenszweck, den es möglichst (effizient) zu verfolgen gilt.

Um dies zu gewährleisten, werden Prozesse und Strukturen geschaffen sowie Ressourcen bereit gestellt.

Als Strukturen kommen Funktionseinheiten wie Projektteams oder Abteilungen mit jeweils spezifischen Zielen heraus (was eine Differenzierung des übergeordneten Systems bedeutet, weil es seine Aufgabe nicht mehr angemessen erfüllen kann). Deren Führungskräfte stellen den Bezug zu den höheren Zielen und Erwartungen des Mesosystems her wie z. B. Unternehmenswerte, Strategie, Ausrichtung etc. Genau wegen dieser besonderen Aufgaben gibt es überhaupt die Führungskraft als Rollenträger. Sie hat innerhalb der ausdifferenzierten Mikrosysteme die integrierende Prozesssteuerung und die Erhaltung der jeweiligen Mikrosysteme zur Aufgabe (vgl. Abb. 27.5).

Das Mikrosystem muss in diesem übergeordneten System existieren (Grenzbildung). Die Aufgabe der Führungskraft ist, das eigene System so zu fördern und zu steuern, dass es flexibel mit Veränderungen und komfortabel mit Komplexität umgehen kann.

Teile ihres Systems sind die Mitarbeiter, die neben ihrer Systemrolle noch eine „private Person" sind. Um mit den Mitarbeiter angemessen umgehen zu können, sind die Instrumente der elementaristischen Führung hilfreich und eine gute Basis.

Schlussendlich ist es wichtig als Führungskraft auch seine eigene Systemrolle zu beleuchten und ggf. zu verändern. Führungsstile und Kompetenzmodelle geben eine Hilfestellung für die eigene Reflexion und mögliche Handlungswege. Sie bieten jedoch keine Lösung bei der Klärung der eigenen Aufgaben aus systemischer Sicht.

Erst die vier Betrachtungsebenen (Unternehmen, Abteilung, Mitarbeiter und Führungspersönlichkeit) lassen eine erfolgreiche Systemsteuerung auf der Mikrosystem-Ebene zu, die den Schwerpunkt des neuen Führungsansatzes der synergetischen Führung bildet.

Durch diesen ganzheitlichen Ansatz der synergetischen Führung auf Basis der Systemtheorie und der Sozialpsychologie können die am Anfang beschriebenen Herausforderungen der Gegenwart und Zukunft (z. B. steigende Komplexität, immer schnellere Veränderungsprozesse, wandelnde Arbeitsanforderungen und unsichere Zukunft) systematisch und gemeinsam von allen Beteiligten bewältigt werden.

Autorbeschreibung

Nele Graf Prof. für Personal und Organisation, Dipl.-Kffr., Dr. rer. pol., geb. 1977. Studium der Betriebswirtschaftslehre und Organisationspsychologie an den Universitäten Hamburg und Uppsala (Schweden). 2010 Promotion im Bereich Personalentwicklung. Von 2001–2009 selbständige Beraterin im Bereich Personalentwicklung. Seit 2009 geschäftsführende Gesellschafterin der Mentus GmbH, einer Beratung für Führungskräfteentwicklung und Mentoring. Ernennung zur Professorin in der Fakultät BWL an der FH für angewandtes Management; Forschungsschwerpunkte: Zukunft der Personalentwicklung. Kontakt: Prof. Dr. Nele Graf, Mentus GmbH, Wilhelm-Bode-Straße 38, 38106 Braunschweig (E-Mail: ng@mentus.de)

Erich H. Witte Univ.-Prof. für Wirtschafts- und Sozialpsychologie, Dipl.-Psych., Dr. phil., geb. 1946. Studium der Psychologie, Mathematik und Philosophie an der Universität Hamburg. Seit 1993 Leiter des Arbeitsbereiches Sozial-, Medien- und Wirtschaftspsychologie an der Universität Hamburg. Forschungsschwerpunkte: Wirtschaftspsychologie, Sozialbeziehungen, Kleingruppen, Personale und soziale Identität, empirische Ethikforschung, Gruppenmoderationstechniken.

Literatur

Achouri, C. (2011). *Wenn Sie wollen, nennen Sie es Führung*. Hamburg: Gabal.
Belbin, R. M. (2010). *Management teams: Why they succeed or fail*. (3rd ed.). Oxford: Butterworth Heinemann.
Bittelmeyer, A. (2003). *Wenn Führung stört. managerSeminare*, 65, 18–27.
Brodbeck, F. C., Maier, G. W., & Frey, D. (2002). Führungstheorien. In: D. Frey & M. Irle (Hrsg.), *Theorien der Sozialpsychologie* (Bd. II, S. 329–365).
Haslam, S. A., Reicher, S. D., & Platow, M. J. (2011). *The new psychology of leadership*. Hove: Psychology Press.

Seelheim, T., & Witte, E. H. (2007). Teamfähigkeit und Performance. *Gruppendynamik und Organisationsberatung, 38,* 73–95.

Stippler, M.; Moore, S.; Rosenthal, S., & Dörffer, T. (2011). Führung – Überblick über Ansätze, Entwicklungen, Trends. Gütersloh: Bertelsmannverlag.

Wegge, J. (2004). *Führung von Arbeitsgruppen.* Göttingen: Hogrefe.

Weibler, J. (2004). New perspectives on leadership research. Zeitschrift für Personalforschung – German. *Journal of Human Resource Research, 18,* 3, 257–261.

Willke, H. (2000). *Systemtheorie I: Grundlagen* (6. Aufl.). Stuttgart: UTB.

Witte, E. H. (1990). *Sozialpsychologie und Systemtheorie.* Braunschweig: Braunschweiger Studien.

Witte, E. H. (1994). *Sozialpsychologie. Ein Lehrbuch.* München: Psychologie Verlags Union.

Witte, E. H. (1995). Vorwort. In: W. Langthaler & G. Schiepek (Hrsg.), *Selbstorganisation und Dynamik in Gruppen* (S. VIII–XI). Münster: LIT-Verlage.

Witte, E. H. (2000). Das Mikrosystem Paarbeziehung: Funktionsmodell und Forschungsprogramm. In: E. H. Witte (Hrsg.), *Sozialpsychologie der Paarbeziehungen* (S. 185–199). Lengerich: Pabst.

Witte, E. H., & Putz, C. (2002). Routinebesprechungen: Deskription, Intention, Evaluation und Differenzierung. *Wirtschaftspsychologie, 4,* 34–44.

Wenn man mit Hierarchie nicht weiterkommt: Zur Weiterentwicklung des Konzepts des Lateralen Führens

28

Stefan Kühl und Kai Matthiesen

Zusammenfassung

In Organisationen gibt es immer mehr Anlässe, in denen hierarchische Weisungsbefugnisse nicht mehr (oder nur sehr begrenzt) zur Verfügung stehen. Hier greift das Konzept des Lateralen Führens, mit dem die Organisation von Verständigungsprozessen, die Bildung von Machtarenen und der Aufbau von Vertrauens- (bzw. Misstrauens-) beziehungen gefördert werden kann. Nach dem dieses Konzept des Lateralen Führens inzwischen breit als Trainingskonzept, als Analyseschemata in Veränderungsprozessen und als Tool in Coachings- und Supervisionsprozessen eingesetzt wird, werden hier mögliche Weiterentwicklungen des Konzeptes aufgezeigt.

28.1 Einleitung

Natürlich wäre es naiv, Hierarchie insgesamt als ein „auslaufendes Modell" zu beschreiben (vgl. Gebhardt 1991, S. 133) oder gar davon auszugehen, dass Hierarchien „abgerissen, auseinandergebaut und zerstückelt werden" (vgl. Peters 1993, S. 198). Weder die Konzepte der Lernenden Organisation und des Wissensmanagements noch die Überlegungen zur Dezentralisierung der Organisation haben den Hierarchien einen „Todesstoß" versetzt (vgl. Schmidt 1993, S. 22). Man kann mit guten Gründen davon ausgehen, dass es, solange es Organisationen gibt, auch Hierarchien geben wird. Kein Mechanismus in Organisationen scheint so gut wie die Hierarchie geeignet zu sein, schnelle Entscheidungen zu treffen, permanente Machtkämpfe zu verhindern und Konflikte auf unteren Ebenen ruhig zu stellen.

S. Kühl (✉) · K. Matthiesen
Metaplan, Goethestraße 16, 25451 Quickborn, Deutschland
E-Mail: StefanKuehl@metaplan.com

K. Matthiesen
E-Mail: kaimatthiesen@metaplan.com

Aber der Eindruck von Managern, dass hierarchische Steuerung in Entscheidungsprozessen nur noch begrenzt wirkt, kann nicht ohne weiteres zurückgewiesen werden. In den Kooperationen über Wertschöpfungsketten hinweg gibt es häufig nur noch begrenzte Möglichkeiten, in Konfliktfällen den Vorgesetzten einzuschalten. Denn je stärker die Hierarchien abgeflacht werden, desto weniger steht die Hierarchin oder der Hierarch zur Verfügung, um die Koordinationsprobleme zwischen Untergebenen mit einem „Machtwort" aufzulösen. In Kollektivorganen – man denke an Betriebsräte oder Vorstände von Aktiengesellschaften, in Projektgruppen und in Steuerungsgruppen entlang von Wertschöpfungsprozessen – wird auf eine hierarchische Koordination häufig verzichtet. Der „Leiter" hat häufig nur eine koordinierende Funktion und kann Konfliktsituationen in der Regel nicht mit dem Verweis auf seine herausgehobene Stellung auflösen. Besonders deutlich werden die Grenzen der hierarchischen Koordination in der Kooperation zwischen verschiedenen Organisationen. Häufig sind die Mitarbeiter von verschiedenen Unternehmen gezwungen, eine Sache voranzubringen, ohne dass sie davon ausgehen können, dass die Details ihrer Kooperation durch Verträge geklärt sind oder gar ihre Vorgesetzten bereit sind, jedes kleine Problem am Rande einer Konferenz oder – um ein Klischee zu bedienen – einer Golfpartie zu klären.

Das Konzept des *Lateralen Führens* greift diese Problematik auf und entwickelt Führungsansätze jenseits der Hierarchie. Der Begriff des *Lateralen Führens* (des Führens zur Seite) mag auf den ersten Blick irritierend klingen – denn wie kann man *führen*, wenn man keine Weisungsbefugnis hat? Mit dem Begriff des Lateralen Führens wählen wir bewusst ein Oxymoron – eine Zusammenstellung aus zwei sich widersprechenden Begriffen in einer rhetorischen Figur –, um deutlich zu machen, dass es bei dem Konzept darum geht, zwei widersprüchliche Anforderungen miteinander in Einklang zu bringen. Genauso wie der Begriff „bittersüß" darauf verweist, dass eine Speise zwei entgegengesetzte Geschmacksnerven anspricht, kommt es beim Konzept des Lateralen Führens darauf an, einerseits keine hierarchische Weisungsbefugnis zu haben, andererseits aber führen zu können.

Laterales Führen basiert – und dieser Gedanke ist zentral für das Konzept – auf drei Mechanismen der Einflussnahme – Verständigung, Macht und Vertrauen. Bei *Verständigung* geht es darum, die Denkgebäude des Gegenübers so zu verstehen, dass beispielsweise über die Erweiterung von Perspektiven in der Diskussion, die Veränderung des Komplexitätsniveaus oder die Einbringung neuer, „unverbrauchter" Worte neue Handlungsmöglichkeiten erschlossen werden. *Vertrauen* wird aufgebaut, wenn eine Seite einseitig in Vorleistung geht (indem sie ein Risiko eingeht) und die andere Seite dies nicht für einen kurzfristigen Vorteil ausnutzt, sondern dieses Vertrauen später erwidert. *Macht* spielt bei Lateralem Führen eine wichtige Rolle – nicht in der Form hierarchischer Anweisungen, sondern aufbauend auf andere Machtquellen, wie die Kontrolle der internen, häufig informellen Kommunikation, der Einsatz von Expertenwissen oder die Nutzung von Kontakten zur Umwelt der Organisation (vgl. grundlegend Kühl et al. 2004).

Ziel dieses Artikels ist es, die bisherige Erfahrung mit dem Konzept des Lateralen Führens zu resümieren und das Konzept an einigen zentralen Aspekten weiter voranzutreiben.

Die Herausforderung besteht dabei darin, das klassische Schisma der Führungslehre zu vermeiden. Die eine – durch die klassische Betriebswirtschaftslehre geprägte – Richtung der Führungslehre hat sich stark auf die Formalstruktur der Organisation bezogen, darüber jedoch die informellen Mechanismen der Führung vernachlässigt. Die andere, durch die Human-Relations-Schule geprägte Führungslehre, die sich früh schon für die Frage der „Führung für Machtlose" interessiert hat, hat nur unzureichend die Rückbindung an die Formalstrukturen der Organisation gesucht. Auch wenn das Konzept des Lateralen Führens auf den ersten Blick Ähnlichkeiten mit dieser auf das Informelle gerichteten Führungslehre hat, so kann dieses Konzept nur seine volle Erklärungskraft entwickeln, wenn die Formalstruktur der Organisation mit in die Betrachtung einbezogen wird.

Im folgenden 1) ersten Abschnitt wird die Entwicklung des Konzeptes des Lateralen Führens nachgezeichnet, verschiedene Anwendungsfelder dargestellt und nach Gründen für die Popularität des Konzeptes gesucht. 2) Im zweiten Abschnitt geht es dann darum, systematischer als bisher geschehen darzustellen, wie die drei Einflussmechanismen Verständigung, Macht und Vertrauen zusammenhängen. In dem teilweise konfliktträchtigen Zusammenspiel zwischen diesen drei Mechanismen liegt unserer Meinung nach der Kern des Konzepts. Dessen Möglichkeiten sind bisher aber nicht ansatzweise ausgeschöpft worden. 3) Der dritte Abschnitt widmet sich der Einbettung von Verständigungs-, Vertrauens- und Machtspielen in die formalen Strukturen von Organisationen. Laterales Führen ist ein Konzept, das erst einmal Handlungsmöglichkeiten eröffnet, ohne dass die formalen Strukturen eines Unternehmens, einer Verwaltung oder eines Verbandes grundlegend geändert werden müssen. Aber alles, was im Rahmen des Lateralen Führens möglich ist, findet vor dem Hintergrund der Formalstrukturen einer Organisation statt. Wie so etwas aussieht, versuchen wir hier in ersten Ansätzen zu skizzieren. 4) Im vierten Abschnitt geht es um den Einsatz des Konzeptes in Veränderungsprozessen – also beispielsweise bei der Entwicklung von Strategien oder bei der Neugestaltung von Organisationsstrukturen. 5) Der abschließende fünfte Abschnitt gibt einen kurzen Überblick über weitere Entwicklungsmöglichkeiten des Konzepts.

28.2 Hintergrund des Führungsansatzes

28.2.1 Macht, Vertrauen und Verständigung in Organisationen – die Zusammenführung unter dem Begriff des Lateralen Führens

Organisationsmitglieder registrieren mit großem Interesse die subtilen Taktiken, kleinen Praktiken oder mehr oder minder geschickten Manöver, die im Schatten der Hierarchie angewandt werden. Da sind z. B. die kleinen Kniffe, die Interaktionen in Organisationen vereinfachen und mit denen man auch ohne Weisungsbefugnisse etwas durchsetzen kann. Man denke nur an den Takt, mit dem man sich unter gleichgestellten Kollegen begegnet, die kleinen Neckereien und Scherze in Kooperationsbeziehungen, den übertrieben dargestellten Respekt gegenüber einflussreichen Personen, die kleinen freiwilligen Sonderleistungen, mit denen man Wohlgefallen zu produzieren sucht, oder die Dankbarkeit, die man zum Ausdruck bringt, obwohl sie innerhalb der formalen Organisation ja gar nicht nötig ist (zu diesen Themen immer noch unübertroffen Luhmann 1964, S. 331–372).

Man kann diese Taktiken, Praktiken und Manöver vorrangig unter dem Gesichtspunkt einer flüssigeren, störungsfreieren Gestaltung der Interaktion in Organisationen ansehen. Wenn man die unzähligen Managementseminare über effiziente Gesprächsführung, interkulturelle Kommunikation, schlagfertige Argumentation, strategische Verhandlungsführung, erfolgreiche Mitarbeitermotivation, emotionale Führung oder diplomatisches Konfliktmanagement betrachtet, dann erkennt man, dass der Schwerpunkt dieser Seminare auf der Verbesserung des Manövriergeschicks in diesen alltäglichen Interaktionen liegt. Es stehen die Fragen im Mittelpunkt, wie man Dynamiken in Gesprächen steuern kann, wodurch Konflikte in Interaktionen gekennzeichnet sind und wie man diese reduzieren kann, wie man in Gesprächen mit der eigenen Persönlichkeit überzeugen kann oder wie man im alltäglichen Umgang die intrinsische Motivation anderer erkennt und stimuliert.

Mit der Fokussierung auf Macht, Vertrauen und Verständigung wird der Fokus auf die Einflussmechanismen gelenkt, die sich häufig hinter diesen Kniffen der Interaktion verstecken. Takt, Höflichkeit und Freundlichkeit mögen einerseits in Interaktionen erwartet und in Führungstrainings eingeübt werden, sie beeinflussen maßgeblich aber auch die Macht-, Vertrauens- und Verständigungsprozesse in Organisationen. Necken und Scherzen dient sicherlich einerseits zur Entspannung von Interaktionen, aber häufig hat es andererseits auch eine Funktion in der Erhaltung oder Veränderung der existierenden Macht-, Vertrauens- und Verständigungsverhältnisse. Hilfe und Dank spielen einerseits in vielen Interaktionen in Organisationen eine Rolle, auch wenn es aus der Perspektive auf die Formalstruktur der Organisation dafür eigentlich keinen Anlass gibt. Das Helfen und Danken ist aber andererseits häufig nur vor dem Hintergrund der Macht-, Vertrauens- und Verständigungsprozesse zu begreifen.

Wir nutzen den Begriff des Lateralen Führens, um die Wirkungsweise von Macht, Vertrauen und Verständigung im Schatten der Hierarchie mit einer griffigen Formel zu fassen. Sicherlich: Macht, Vertrauen und Verständigung spielen nicht nur in lateralen, sondern auch in hierarchischen Kooperationsbeziehungen eine wichtige Rolle. Schließlich müssen auch Hierarchen gegenüber ihren Untergebenen häufig andere Machtquellen einsetzen als die Androhung von Sanktionen bei Nichtbefolgung von Anweisungen. Die Kunst hierarchischer Führung besteht auch darin, Vertrauen zu Untergebenen aufzubauen, um beispielsweise Informalitäten oder gar Illegalitäten der Organisation decken zu können. Bei lateralen Beziehungen spielen jedoch diese Einflussmechanismen eine besondere Rolle, weil hier nur sehr begrenzt auf die Hierarchie der Organisation zurückgegriffen werden kann.

28.2.1.1 Zur Anwendung des Konzeptes

In Unternehmen, Verwaltungen, Krankenhäusern, Nichtregierungsorganisationen, Parteien oder Vereinen wird, so unsere Behauptung, immer auch lateral geführt – auch wenn das Wort „Lateralität" nicht zum Wortschatz der meisten Akteure gehört. Gespräche, E-Mails oder Briefe an Kollegen sind häufig auch Prozesse der Verständigung – Versuche, andere

Tab. 28.1 Zentrale Leitfragen bei der Analyse der Ressourcen, der Strukturen und der Intentionen bei den Einflussmechanismen Macht, Vertrauen und Verständigung

	Analyse der Ressourcen	Analyse der Strukturen	Interventionen
Macht	Über welche Machtquellen verfügen die Kooperationspartner?	Welche Machtspiele laufen immer wieder ab?	Wie lassen sich die Machtspiele verändern?
Vertrauen	Mit welchen Ressourcen können die Akteure Vertrauensmechanismen aufbauen?	Welche Prozesse der Vertrauens- (oder Misstrauens-)pflege finden sich?	Wie lassen sich die Vertrauens- (oder Misstrauens)prozesse verändern?
Verständigung	Welche Denkgebäude bestimmen die einzelnen Kooperationspartner?	Welche Verständigungsprozesse laufen immer wieder ab?	Wie können neuartige Verständigungen zwischen den Kooperationspartnern aufgebaut werden?

von der eigenen Position zu überzeugen und manchmal (wenn auch selten) Versuche, den anderen zu verstehen. Ähnlich ist es auch mit Vertrauen. Mit fast jeder Entscheidung, mit vielen Handlungen und sogar manchmal mit einer Aussage in einer Konferenz baut man zu Kollegen eine Vertrauens- oder Misstrauensbeziehung auf. Auch dienen die vielen kleine Strategien in Kooperationsbeziehungen dazu, gegenüber Kollegen Machtquellen anzudeuten, die eigenen Machtpositionen zu verteidigen oder gar die eigenen Machtressourcen auszubauen.

Mit dem Konzept des Lateralen Führens werden diese alltäglich in Organisationen ablaufenden Vertrauens-, Verständigungs- und Machtprozesse bewusst und damit auch in Grenzen veränderbar gemacht. Das Konzept des Lateralen Führens soll dabei konkretes Handwerkszeug an die Hand geben, um die Verständigungs-, Macht- und Vertrauensressourcen der einzelnen Kooperationspartner sowie die vorhandenen Verständigungs-, Macht- und Vertrauensverhältnisse systematisch zu analysieren. Aufbauend auf diese Analyse können dann verschiedene „Werkzeuge" eingesetzt werden, um die Verständigung, die Vertrauensverhältnisse oder die Machtspiele voranzubringen. Die „Werkzeuge" brauchen dabei unseres Erachtens nicht primär den Anspruch der Originalität zu erfüllen. „Wechselseitige Pro-Contra-Debatten", die „Verfremdung von Situationen", das „Durchdenken von Konsequenzen" oder das „Einrichten von Macht-Tauschbörsen" gehören sicherlich bereits zum Repertoire vieler Manager und Berater. Das Konzept des Lateralen Führens bietet jedoch die Möglichkeit, das Instrumentarium in einen übergeordneten Rahmen einzuordnen und zu identifizieren, in welcher Situation welches „Werkzeug" eingesetzt werden sollte (Tab. 28.1).

Das Konzept des Lateralen Führens ist auf verschiedenen Ebenen operationalisiert worden. Das klassische Anwendungsfeld des Konzeptes sind *Trainings* für Fach- und Führungskräfte, die in komplexeren Handlungsfeldern Kooperationen managen müssen, ohne selbst hierarchische Weisungsbefugnisse zu haben. In den Trainings zum Lateralen Führen lernen die Teilnehmer sowohl die Analyse- als auch die Interventionsinstrumente kennen, bekommen die Wirkungsweise dieser Instrumente anhand von Beispielen vorgestellt und wenden diese auf eigene Kooperationsbeziehungen an. Das Training bietet nicht nur die Möglichkeit, die Instrumente unter Anwendungsbedingungen kennenzulernen, sondern die Teilnehmer haben auch Gelegenheit, die Philosophie hinter dem Konzept ausführlich zu durchdenken.

Das Konzept des Lateralen Führens hat sich auch in *Coachings* unter vier Augen, in Gruppen von Personen aus unterschiedlichen Organisationen oder in permanent zusammenarbeitenden Teams bewährt. Die Analysen werden im Rahmen einer personenorientierten Beratung in mehreren Sitzungen durchgeführt, und geeignete Analyseinstrumente werden entwickelt. Gerade in Coachings gibt es eine Tendenz, Probleme zu personifizieren. Aufgrund der systematischen Rückbindung aller Analyse- und Interventionsinstrumente an die Organisationsstrukturen ist es mit dem Konzept des Lateralen Führens besser möglich, die organisatorischen Ansatzpunkte zu identifizieren, als mit anderen Herangehensweisen.

Die Entwicklung in den letzten Jahren ist zunehmend in die Richtung gegangen, das Konzept für das Anwendungsfeld der Führung in *Veränderungsprozessen* zu spezifizieren. Dabei ging es vorrangig darum, die Spezifik von Macht, Vertrauen und Verständigung bei der Gestaltung von Organisationsstrukturen, der Entwicklung von Strategien oder der Erarbeitung von Leitbildern herauszuarbeiten und somit Managern und Beratern eine passgenauere Vorgehensweise zu ermöglichen.

28.2.1.2 Zur Popularität und zur Weiterentwicklung von Lateralem Führen

Schon in den 1950er Jahren wurde herausgearbeitet, dass Führen nicht nur von oben nach unten stattfindet, sondern auch zur Seite und sogar von unten nach oben – in der Form der „Unterwachung des Vorgesetzten". Unter Begriffen wie der „Lateralen Beziehung" (vgl. z. B. Strauss 1962), der „Lateralen Kooperation" (vgl. z. B. Klimecki 1984); dem „Lateralen Kooperationsstil" (vgl. z.B. Wunderer 1974), „Lateraler Beeinflussung" (vgl. z. B. Yukl und Falbe 1990), „Lateraler Steuerung" (vgl. z. B. Schreyögg und Conrad 1994) oder „Lateraler Führung" (vgl. z. B. Fisher und Sharp 1998) gab es immer wieder Versuche, auch praxisnahe Herangehensweisen für die Führung ohne Weisungsbefugnisse zu entwickeln.

Aber seit der letzten Jahrhundertwende hat Laterales Führen nicht nur in der Managementpresse, sondern auch durch den Einsatz in vielfältigen Anwendungsfeldern und durch die Entwicklung unterschiedlicher Seminarkonzepte eine beachtliche Popularität erhalten. Seit unserer Entwicklung eines damals von der Dramaturgie her noch ziemlich holprigen Pilotseminars vor zehn Jahren haben inzwischen allein im deutschsprachigen Raum weit über fünfundzwanzig Anbieter versucht, sich mit einem Angebot im Lateralen Führen zu positionieren (vgl. zur Popularisierung des Konzepts Bittelmeyer 2007).

Womit hängt die Popularität des Konzeptes des Lateralen Führens zusammen?

1. Unser Eindruck ist erstens, dass Organisationsmitglieder immer stärker auf der Suche nach Einwirkungsmöglichkeiten sind, bei denen sie nicht auf die Hierarchie zurückgreifen müssen. Auch wenn es den Trend zur Abflachung von Hierarchien – und damit die Suche nach alternativen Steuerungsmechanismen zur Hierarchie – bereits beispielsweise in den zwanziger Jahren des vorigen Jahrhunderts gegeben hat, so stabilisiert sich bei vielen Managern der Eindruck, dass sich Führungskräfte vermehrt in Situationen wiederfinden, in denen sie Entscheidungen treffen müssen, ohne jedoch über die entsprechenden hierarchischen Weisungsbefugnisse zu verfügen. Laterales Führen stellt eine Alternative zu vielen Führenstechniken dar, weil es nicht vorrangig auf der Ebene persönlicher Führungsfertigkeiten ansetzt, sondern systematisch an die Organisation und ihre Strukturen rückgebunden wird. Insofern ist Laterales Führen Teil eines Trends zum „postheroischen Management", in dem nicht mehr die charismatische Führungskraft im Mittelpunkt steht, sondern eine systematisch in eine Organisationsanalyse eingebundene Vorgehensweise von Organisationsmitgliedern.
2. Zweitens ist man als Berater – fast noch stärker als die Mitglieder in einer Organisation – darauf angewiesen, Einflussmechanismen jenseits der hierarchischen Weisung zu nutzen. Dementsprechend gehören die Organisation von Verständigungsprozessen, das Wissen um Machtspiele und der Aufbau von Vertrauensprozessen zu den grundlegenden beraterischen Fertigkeiten. Das Konzept des lateralen Führens ermöglicht es, diese im beraterischen Know-how immer schon vorhandenen Ansatzpunkte systematisch miteinander in Verbindung zu setzen. Insofern mag das Konzept für interne und externe Berater einerseits eine willkommene Nachrationalisierung dessen sein, was man sowieso schon immer getan hat, aber andererseits ermöglicht es auch die Aneignung eines Rahmens, mit dem Macht, Vertrauen und Verständigung systematisch miteinander in Bezug gesetzt werden können.
3. Drittens hat es seit einigen Jahrzehnten in der Organisationsforschung eine Vielzahl interessanter Erklärungsansätze gegeben, wie Verständigungen in Organisationen ablaufen, wie sich Machtspiele entwickeln oder wie sich Misstrauen oder Vertrauen in Organisationen aufbaut. Verwiesen sei nur auf die Überlegungen der zurzeit in der Organisationswissenschaft dominierenden verhaltenswissenschaftlichen Entscheidungstheorie, Mikropolitik, Systemtheorie und Rational-Choice-Theorie. Diese über wissenschaftliche Texte nicht immer einfach zugänglichen Theorien können für Praktiker gerade deswegen interessant sein, weil sie grundlegende (und jedenfalls in der Wissenschaft inzwischen breit akzeptierte) Zweifel sowohl an den zweckrationalen Organisationskonzepten der klassischen Betriebswirtschaftslehre als auch an manchen auf herrschaftsfreien Diskurs setzenden Organisationsentwicklungsansätzen geweckt haben. Das Konzept des Lateralen Führens stellt eine Möglichkeit dar, die modernen Ansätze der Organisationsforschung praxisnah zu vermitteln und Überlegungen aus der Organisationsforschung – wenigstens teilweise – in Analyse- und Interventionsinstrumente zu überführen.

Der Paradigmenwechsel im Konzept des Lateralen Führens – Von Tricks und Tipps bei der Gesprächsführung zur Führung im Kontext der Organisation

In der Organisationsforschung wurde sehr früh bemerkt, dass in Unternehmen, Verwaltungen, Krankenhäusern oder Nichtregierungsorganisationen nicht nur hierarchische, sondern vielfach zur Seite gerichtete Führungsprozesse eine zentrale Rolle spielen. Mit dem Begriff der „lateralen Organisationsbeziehungen" wurde ab den sechziger Jahren des zwanzigsten Jahrhunderts auch ein Begriff gefunden, mit dem diese Beziehungen jenseits von Hierarchien bezeichnet werden konnten (vgl. Prominent Walton 1966).

In einer Vielzahl von Fallstudien wurde damals gezeigt, dass laterale Kooperationsbeziehungen ganz verschiedene Organisationstypen prägten (vgl. guten Überblick bei Stättner 2005, S. 6). Für ein US-amerikanisches Textilunternehmen konnte beispielsweise nachgewiesen werden, dass ein großer Teil der Koordination auf lateraler Ebene stattfindet (vgl. Simpson 1959). Eine Studie über die Koordination von zwei Abteilungen einer Einrichtung der sozialen Hilfe konnte belegen, dass die Koordination trotz anderer formaler Anweisungen in der Regel ohne Einschaltung der Hierarchie ablief (vgl. Blau und Scott 1962, S. 159 ff.). Selbst für Armeen, eigentlich Prototypen hierarchisch strukturierter Organisationen, konnte aufgezeigt werden, dass bei komplexeren Anforderungen häufig auf laterale Koordinationsmechanismen gesetzt wird (vgl. Janowitz 1959).

Die frühe theoretische Auseinandersetzung mit lateralen Kooperationsbeziehungen war geprägt durch den damals dominierenden Kontingenzansatz, in dessen Mittelpunkt die Suche nach der richtigen Passung zwischen Umweltbedingungen und Organisationsstruktur stand. Je vielfältiger das Umfeld der Organisation, je schneller die Veränderung von Märkten, von Wissensbeständen und politischen Rahmenbedingungen, desto stärker müssten Organisationen sich dezentralisieren, desto schwächer würden hierarchische Einwirkungsmöglichkeiten, und desto stärker würden sich laterale Kooperationsbeziehungen ausbilden (vgl. charakteristisch für den Ansatz Burns und Stalker 1961; Lawrence und Lorsch 1967).

Die Begrenzung des kontingenztheoretischen Ansatzes bestand darin, dass lediglich (teilweise empfehlende) Aussagen über die Anzahl und die Intensität lateraler Kooperationsbeziehungen getroffen werden konnten. Viel weiter als zur Aussage „Je komplexer die Umwelt, desto mehr Lateralität in der Organisation" ist der Ansatz bei allen Bemühungen nie gekommen. Es mangelte offensichtlich an Einsichten, wie sich laterale Kooperationsbeziehungen ausbilden, welche Mechanismen in ihnen wirkten, und erst recht fehlte es an Ideen, wie man diese verändern kann.

Versuche, Laterales Führen für die organisatorische Praxis greifbar zu machen, setzten dann häufig primär an individuellen Empfehlungen für eine verbesserte Verhandlungsführung an. Das Motto war: „Verbessern Sie Ihre Fähigkeiten, sich als lateraler Führer in die Gruppe einzubringen, indem Sie Ihre persönlichen Fähigkeiten weiterentwickeln". Die konkreten Handlungsempfehlungen kamen dann in Form von Leitsätzen wie „Beteiligen Sie Ihre Kollegen an der Planung von Veränderungen", „Aufnahmebereit bleiben", „Bitten Sie Ihre Kollegen, ihre Gedanken einzubringen", „Stellen Sie echte Fragen" oder „Bieten Sie Ihre Gedanken an" (vgl. Fisher und Sharp 1998, S. 23 ff.; siehe aber auch für eine ähnliche, wenn auch betriebswirtschaftlich orientierte Herangehensweise Wunderer 1974).

Der Paradigmenwechsel im Konzept des Lateralen Führens – und damit auch der Unterschied beispielsweise zu Kommunikationsseminaren, Präsentationstrainings oder Teamworkshops – bestand darin, das Konzept stärker an Prozesse der Organisation anzubinden. Die am Lateralen Führen beteiligten Personen werden dabei als Rollenträger in der Organisation begriffen. Ihre Interessen und Denkgebäude sind – so die Annahme – vorrangig Ausdruck ihrer organisationalen Position, und das Konzept des Lateralen Führens muss deswegen konsequent an der organisationalen Eingebundenheit der „lateralen Führer" ansetzen. Die drei Koordinationsmechanismen „Verständigung", „Macht" und „Vertrauen" werden nicht als Persönlichkeitsmerkmale analysiert, sondern aus den beobachteten Organisationsstrukturen abgeleitet.

Bei der Fokussierung auf die drei Einflussmechanismen „Verständigung", „Macht" und Vertrauen" wird an Überlegungen der Steuerungstheorie angeknüpft (siehe früh schon, aber mit einer Beschränkung auf Macht, Klimecki 1984). Das Bestreben dieses Ansatzes ist es, verschiedene Mechanismen auszubuchstabieren, mit denen die Wahrscheinlichkeit, dass etwas passiert, erhöht wird (vgl. für uns wichtig Zündorf 1986).

28.3 Beschreibung des Führungsansatzes

28.3.1 Die drei Säulen des Konzeptes des Lateralen Führens: Verständigung, Macht und Vertrauen

Mit der Aussage, dass bei Lateraler Führung die drei Einflussmechanismen Verständigung, Macht und Vertrauen wirken, lehnen wir uns ziemlich weit aus dem Fenster. Die Fokussierung auf Verständigung, Macht und Vertrauen suggeriert, dass bei lateralem Führen genau diese drei Mechanismen zur Anwendung kommen und dementsprechend die Kunst des lateralen Führens in der Anwendung genau dieser drei Mechanismen besteht.

Auf den ersten Blick könnte man sich bei der Aneinanderreihung von Verständigung, Macht und Vertrauen an die Liste aus der chinesischen Enzyklopädie erinnert fühlen, von der der argentinische Schriftsteller Jorge Luis Borges (1999, S. 299 ff.) berichtete. In dieser vermeintlich historisch überlieferten, in Wirklichkeit jedoch von Borges lediglich erfundenen Liste werden die Tiere in China wie folgt gruppiert: a) Tiere, die dem Kaiser gehören, b) einbalsamierte Tiere, c) gezähmte, d) Milchschweine, e) Sirenen, f) Fabeltiere, g) herrenlose Hunde, h) in diese Gruppe gehörige, i) die sich wie tolle Hunde gebärden, k) die mit einem ganz feinen Pinsel aus Kamelhaar gezeichnet sind, l) und so weiter, m) die den Wasserkrug zerbrochen haben, n) die von weitem wie Fliegen aussehen.".

Ist die Aneinanderreihung von Verständigung, Macht und Vertrauen vielleicht genau so eine Liste – eine nahezu beliebige Aneinanderreihung von Konzepten und Überlegungen? Was ist das Gemeinsame von Verständigung, Macht und Vertrauen in Organisationen? Warum wählen wir genau diese drei Mechanismen aus und nicht völlig andere? Wie hängen diese drei Mechanismen miteinander zusammen? Was gewinnt man dadurch, dass man genau diese drei Mechanismen wählt?

Um die Arbeit mit diesen drei Mechanismen zu rechtfertigen, muss gezeigt werden, dass sich Verständigung, Vertrauen und Macht voneinander abgrenzen lassen, dass keiner dieser drei Mechanismen die anderen beiden dominiert und dass diese Mechanismen sich – wenigstens teilweise – gegenseitig ersetzen können.

28.3.1.1 Zur gleichzeitigen Wirkungsweise von Macht, Verständigung und Vertrauen

Man kann einen unter Organisationsforschern beliebten Witz nutzen, um zu illustrieren, wie Mechanismen von Macht, Vertrauen und Verständigung in Kooperationssituationen wirken: „Während der sowjetischen Stalin-Ära war ein Dirigent mit dem Zug zu seinem nächsten Auftritt unterwegs und schaute sich einige Partituren an, die er am Abend dirigieren sollte. Zwei KGB-Beamte beobachten ihn dabei, und weil sie meinten, dass es sich bei den Musiknoten um einen Geheimcode handeln müsse, verhafteten sie den Mann als Spion. Der protestierte, erklärte, dass es sich bei den Aufzeichnungen nur um ein Violinkonzert von Tschaikowski handele, aber es half alles nichts. Am zweiten Tag der Inhaftierung kam der verhörende Beamte siegessicher herein und sagte: „Sie erzählen uns besser alles. Wir haben Ihren Freund Tschaikowski ebenfalls erwischt, und er hat bereits ausgepackt." (vgl. Dixit und Nalebuff 1997, S. 15 ff.).

Die beiden Gefangenen des KGB – der Dirigent und Tschaikowski – befinden sich in dem erstmals von Albert Tucker ausgearbeiteten und inzwischen auch bei Praktikern beliebten Gefangenendilemma. Zwei Angeklagte werden beschuldigt, das gleiche Verbrechen begangen zu haben. Sie müssen entscheiden, ob sie gestehen oder nicht, ohne die Entscheidung des jeweils anderen zu kennen. Gesteht nur ein Gefangener – der Dirigent oder Tschaikowski – so erhält dieser die Kronzeugenregelung und geht straffrei aus. Der andere wandert für zehn Jahre ins Gefängnis. Gestehen beide, erhalten beide eine fünfjährige Gefängnisstrafe. Wenn keiner gesteht, werden sie nur wegen Nutzung einer geheimen Notensprache zu einem Jahr verurteilt.

B (Tschaikowski.) A (Dirigent)	Kooperation mit A (Dirigent) (Leugnen)	Nichtkooperation mit A (Dirigent) (Gestehen)
Kooperation mit B (Tschaikowski) (Leugnen)	−1, −1	−10, −0
Nichtkooperation mit B (Tschaikowski) (Gestehen)	−0, −10	−5, −5

Auf den ersten Blick scheint es für beide vorteilhaft, auszusagen. Der Dirigent kann sich denken: Falls Tschaikowski auch gesteht, dann reduziere ich meine mögliche Strafe von zehn auf fünf Jahre, schweigt der andere gar, dann kann ich sogar als Kronzeuge straflos ausgehen. Gestehen scheint für Tschaikowski die sinnvolle Strategie zu sein, obwohl es für beide unter dem Strich am besten wäre, zu leugnen – also miteinander zu kooperieren (vgl. Rapoport und Chammah 1965 für eine erste frühe ausführliche Beschreibung des Gefangenendilemmas).

Das Gefangenendilemma – in welcher Fassung auch immer – ist für unsere Zwecke interessant, weil es zeigt, wie in dieser Situation die drei Koordinationsmechanismen Verständigung, Macht und Vertrauen wirken (können). Kommt es zwischen den beiden Gefangenen zur Verständigung – beispielsweise dadurch, dass sie gemeinsam verhört werden – fällt es den beiden leicht, die für sie kooperative Strategie des Leugnens einzuschlagen. Herrscht tiefes, über mehrere Jahre aufgebautes Vertrauen zwischen den beiden Gefangenen, können beide davon ausgehen, dass jeweils auch der andere schweigen wird. Auch wenn die eine Seite starke Macht über die andere ausübt, kann es zu einer kooperativen Strategie zwischen den Gefangenen kommen. Der italienischen Mafia ist es bekannterweise trotz Isolierung der Gefangenen und angeboter Kronzeugenregelungen gelungen, über Jahre das Schweigen der Inhaftierten sicherzustellen, indem man ihren Familien drohte.

Das Gefangenendilemma wird überhaupt nur deswegen zum Dilemma, weil alle drei möglichen Kooperationsmechanismen zwischen den beiden Gefangenen – Verständigung, Macht und Vertrauen – von externen Kräften unterbunden werden und schon die Wirkung einer dieser drei Mechanismen ausreichen würde, um das Dilemma aufzulösen.

In der Realität von Kooperationen spielen fast immer alle drei Mechanismen eine Rolle. Dabei laufen Verständigungs-, Macht und Vertrauensprozesse in der Organisation (und nicht nur dort) immer gleichzeitig ab. Häufig ist in einem Gespräch nicht zu erkennen, was da eigentlich gerade stattfindet: Versucht der Projektleiter gerade eine neue Finte in einem Machtspiel, geht es ihm darum, eine Verständigung über die einzelnen Positionen herzustellen, oder versucht er sich in einer „vertrauensbildenden Maßnahme"?

28.3.1.2 Gleichrangigkeit der drei Mechanismen – Weswegen man Verständigung, Macht und Vertrauen nicht priorisieren kann

In der Managementliteratur – aber auch in der wissenschaftlichen Organisationsforschung – gibt es immer wieder Versuche, einem der drei Einflussmechanismen einen höheren Rang einzuräumen. Je nach Geschmack, Erfahrungen oder Wertekatalog wird dann entweder Verständigung, Macht oder Vertrauen zum zentralen Steuerungsmechanismus in einer Organisation erklärt. Besonders prägnant wird dies bei den auch öffentlich propagierten Managementkonzepten.

Mit Begriffen wie „diskursives Unternehmen" oder dem „konsensuellen Management" wird beispielsweise *Verständigung* zur zentralen Steuerungsform in und zwischen Organisationen erhoben. Die Idee hinter diesen Konzepten ist, dass man über Verständigung immer zu einem Einvernehmen innerhalb der Organisation darüber kommen kann, wie eine bestimmte Aufgabe gelöst werden soll. Die Vorteile, die mit einer Steuerung über Verständigung verbunden werden, liegen auf der Hand: Es werden die Ansichten, Erfahrungen und Interessen vieler Akteure mobilisiert. Man erhofft sich, dadurch die Qualität der Lösung für eine bestimmte Aufgabe zu erhöhen. Durch Verständigungs- und Verhandlungsprozesse reduzieren sich außerdem die Motivations- und Kontrollprobleme des Managements. Die Mitarbeiter wählen einen bestimmten Weg zur Bearbeitung eines Problems, weil sie sich mit allen Beteiligten auf diesen Weg geeinigt haben, und nicht, weil sie sich aufgrund von Anweisungen dazu gezwungen sehen. Damit können, so die Hoffnung, Maßnahmen zur Motivation und Kontrolle entfallen.

Auch die verbreitete Hochstilisierung von Vertrauen zum zentralen Steuerungsmechanismus verdeutlicht die verklärte Sichtweise vieler Manager: Die Abschaffung der „Misstrauensorganisation" gehört zu ihren Wunschträumen. „Vertrauen führt" (Sprenger 2002) oder „Vertrauen siegt" (Höhler 2005) sind zentrale Schlagwörter in der aktuellen Managementdiskussion. Je größer die wahrgenommenen Verunsicherungen in Organisationen, desto häufiger lassen sich Versuche beobachten, die Zusammenarbeit zwischen verschiedenen Einheiten über Vertrauen zu koordinieren. Die breite Propagierung der „Vertrauensorganisation" und einer auf Vertrauen basierenden Unternehmenskultur kann als Indiz für eine „Moralisierung des betrieblichen Sozialzusammenhangs" gedeutet werden.

Aber auch *Macht* findet sich häufig im Mittelpunkt von Managementkonzepten. Sowohl die Biographien „großer Unternehmensführer" als auch Ratgeber à la „Machiavelli für die Managerin" begreifen Organisationen als eine Löwengrube, in der die Mitspieler sich gegenseitig mit allen möglichen Tricks bekämpfen. Kooperationen in Organisationen und die Kooperation zwischen Organisationen erscheinen dann als der Schauplatz großer Machtkämpfe. Selbst in der eher wissenschaftlich orientierten Literatur gibt es die Vorstellung, die „Mikropolitik" – die alltäglich ablaufenden Machtspiele – zum zentralen Mechanismus in Organisationen zu erklären (siehe tendenziell Crozier und Friedberg 1977, S. 65 ff.; eine explizite Ausarbeitung im Verhältnis zu Verständnis und Vertrauen bei Stättner 2005).

Die Priorisierung eines dieser drei Mechanismen entspricht der Logik von Managementdiskursen. Je nach aktuellem Zeitgeist scheint es für Management-Gurus Sinn zu machen, den einen oder den anderen Mechanismus zu puschen. Setzt sich auf gesamtgesellschaftlicher Ebene eine Vorstellung von „Demokratie wagen" durch, dann kann man in der Managementliteratur beobachten, wie Berater und Manager mit auf Verständigung setzenden Konzepten daran parasitieren. Verschärft sich die Lage in Unternehmen, Verwaltungen oder Parteien, dann sind in der Öffentlichkeit Konzepte en vogue, die das Spielen mit „harten Bandagen" propagieren und den Umgang mit Macht als zentrales Erfolgsgeheimnis darstellen. Als Gegenreaktion zu dieser „Vermachtung" von Organisationen wird dann ein paar Jahre später, manchmal von denselben Management-Gurus, der vertrauensvolle Umgang miteinander als Erfolgsrezept propagiert.

Um nicht missverstanden zu werden: Sowohl diejenigen, die für Verständigung eintreten, als auch die Befürworter von Macht und die Agitatoren für Vertrauen treffen einen Punkt – schließlich spielt jeder dieser drei Mechanismen in der Koordination in Organisationen und zwischen Organisationen eine wichtige Rolle. In der Realität von Kooperationen in und zwischen Organisationen kann man beobachten, dass jedoch, häufig wechselnd, immer einer dieser Mechanismen in Führung geht. Mal kann man sehr schnell erkennen, dass eine Kooperation auf einem über lange Zeit gewachsenen Vertrauensverhältnis basiert, mal stellt man fest, dass eine Kooperation darüber vorangebracht wird, dass die Akteure sich verständigen können, und dann wiederum kann man erkennen, dass in einer Kooperationsbeziehung vorrangig mehr oder minder geschickt eingesetzte Machtspiele dominieren. Aber es gibt keinen Meta-Mechanismus – außer in den Wunschvorstellungen von Management-Gurus – die einen Mechanismus dominanter erscheinen lässt als den anderen.

Die Konsequenz dieses Gedankens ist, dass es zweitrangig ist, ob man bei der Analyse einer Kooperationsbeziehung mit den Macht-, Vertrauens- oder Verständigungsprozessen beginnt, ob in einem Training zuerst der Mechanismus Macht, Vertrauen oder Verständigung herausgearbeitet wird, oder welcher dieser drei Mechanismen in einem Veränderungsprozess als Ansatzpunkt gewählt wird.

28.3.1.3 Zum Zusammenspiel von Macht, Vertrauen und Verständigung

Für die alltäglichen Kooperationen in Organisationen ist es hilfreich, dass nicht immer deutlich wird, welche Form der Koordination – Verständigung, Vertrauensaufbau oder Machtspiel – gerade abläuft. Dadurch entsteht ein größerer Handlungsspielraum, weil man Sätze und Handlungen auf verschiedene Art und Weise interpretieren kann. Für die Systematisierung des Prozesses des Lateralen Führens ist es jedoch wichtig, zu erkennen, wie Verständigung, Macht und Vertrauen zusammenhängen.

Häufig greifen Macht, Vertrauen und Verständigung so ineinander, dass sie sich gegenseitig stützen. Wenn man sich vertraut, fällt häufig auch die Verständigung leichter. Man geht zunächst einmal davon aus, dass der andere einen nicht über den Tisch ziehen will und dass es ihm darauf ankommt, unterschiedliche Einschätzungen auszutauschen. Wenn man in einer Beziehung viel Macht hat, kann man andere zwingen, die eigenen Gedanken anzuhören – z. B. dadurch, dass man die anderen zu einer Sitzung „bittet". Ob sie sich dann auch auf einen intensiven Verständigungsprozess einlassen, ist natürlich eine zweite Frage. Wenn man sich in einem Verständigungsprozess befindet und einmal Einblicke in die Zwänge des anderen gewonnen hat, kann es leichter fallen, von einem Misstrauens- in ein Vertrauensverhältnis überzugehen.

Aber Verständigungs-, Macht- und Vertrauensprozesse können sich auch gegenseitig behindern. Das Aufbrechen von Denkgebäuden bringt Informationen ans Licht, die andere in Machtspielen nutzen können. Das überdeutliche Signalisieren, dass man eine für den anderen zentrale Unsicherheitszone beherrscht, kann den Aufbau von Vertrauensbeziehungen einschränken. Wenn man sich in dem Aufbau einer Vertrauensbeziehung befindet, kann es schwierig sein, eigene Interessen mit Macht durchzusetzen.

die drei Handlungsfelder des Lateralen Führens stehen in einem Spannungsverhältnis

wenn man ein Feld nutzt, wirkt dies sich anderswo aus

bitte blitzen oder ergänzen Sie die Aussagen

Verständigung

wenn man in einer Beziehung Macht hat,

kann man andere dazu bewegen, die eigenen Gedanken anzuhören

durch Verständigung kann man auf Machtspiele Einfluß nehmen

Offenheit für gegensätzliche Argumente weckt Vertrauen

wenn man sich verständigt, geht man Gefahren ein

in dem man ihn zu einer Sitzung 'bittet'

mit Macht kann man verfestigte Auffassungen nicht überwinden

die anderen können die Informationen für Machtspiele nutzen

wer vertraut, muss die Denkgebäude des anderen nicht im Detail verstehen

das vereinfacht Verständigung und Zusammenarbeit

Macht

aber blindes Vertrauen läßt sich leicht instrumentalisieren

Machtspiele können etwas bewegen, wenn die Sache festgefahren ist

wenn andere einem vertrauen, stärkt das die eigene Machtposition

Vertrauen geht kaputt, wenn man die Machtspiele zu aggressiv spielt

bleibt für Vertrauensaufbau keine Zeit, werden Macht und Verständigung wichtiger

Vertrauen

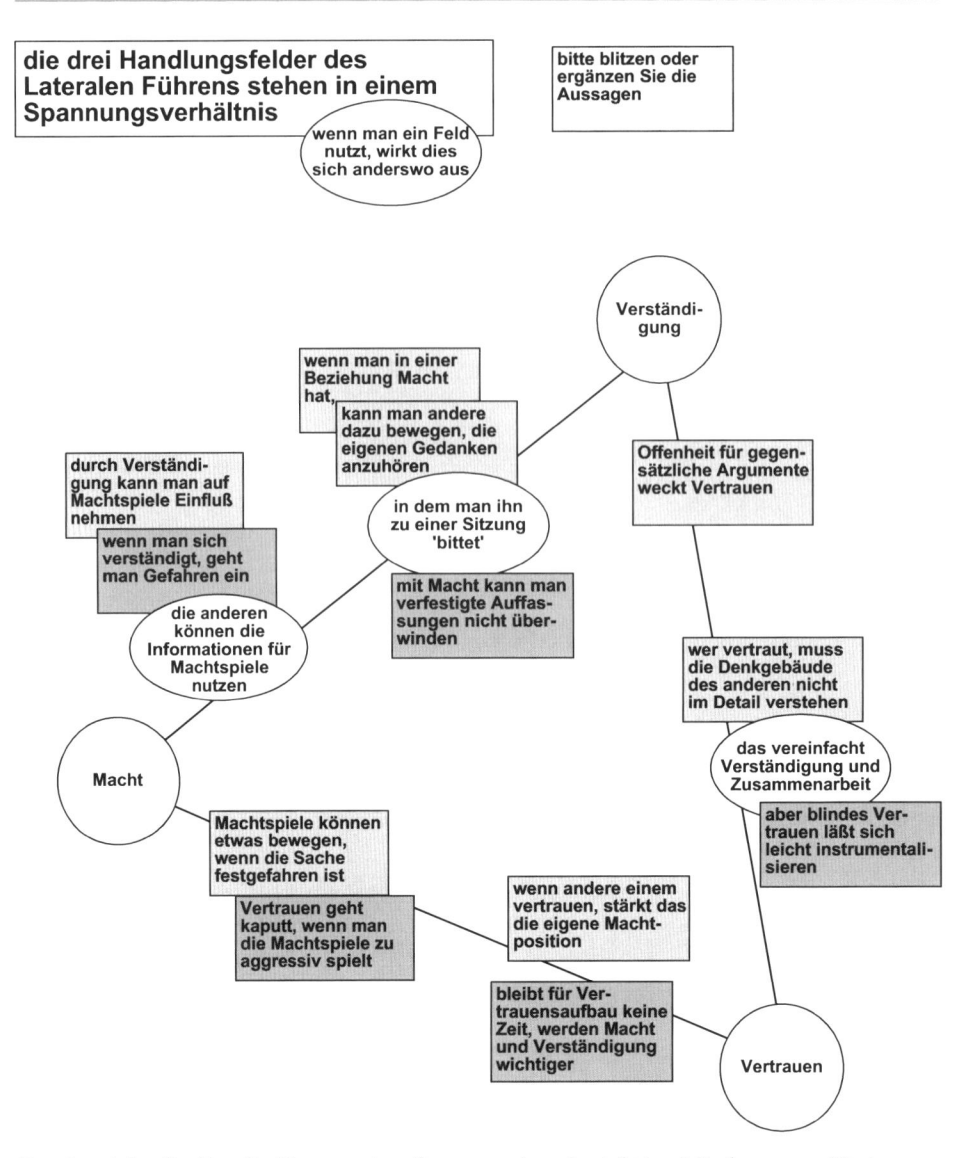

Es gibt nicht die für alle Kooperationsformen geltende richtige Mischung aus Vertrauen, Macht und Verständigung. Aber im Laufe der Analyse der Vertrauens-, Macht- und Verständigungsprozesse kann sich (vielleicht) der Mechanismus auspendeln, über den in der konkreten Kooperationsbeziehung ein Effekt erzeugt werden kann. Genau in dieser situationsabhängigen Schwerpunktsetzung liegt der Clou.

28.3.1.4 Gegenseitige Ersetzbarkeit – Wie sich Verständigung, Macht und Vertrauen ersetzen lassen?

Für den Prozess des Lateralen Führens ist es besonders interessant, dass sich die Verständigungs-, Macht- und Vertrauensprozesse gegenseitig wenigstens teilweise ersetzen können.

Wenn sich Misstrauen in eine Kooperationsbeziehung einschleicht, dann kann es notwendig sein, neue Machtspiele zu entwickeln, mit denen man Dinge vorantreibt. Wenn man sich vertraut, braucht man nicht auch die Denkgebäude des anderen zu verstehen. Man kann in Vorleistung gehen, ohne sich im Einzelnen darüber klar zu sein, was genau den anderen treibt.

Konkret heißt dies, dass man im Lateralen Führen nach so genannten funktionalen Äquivalenten Ausschau halten kann. Man sucht nach Prozessen, die ähnliches leisten können wie der Prozess, mit dem man im Moment nicht weiterzukommen scheint. Wenn man es mit einem eingefahrenen Machtspiel zu tun hat, kann ein Kooperationspartner durch Diskussionsführung versuchen, geschlossene Denkgebäude zu öffnen und so Verständigung statt Machtauseinandersetzungen zu erzielen. Dies kann entweder dazu führen, dass die Rationalität einer Entscheidung erhöht wird oder dass als Kompromiss neue Spielregeln entstehen. Wenn ein Kooperationspartner erkennt, dass er über Verständigungsprozesse nicht weiterkommt, weil die lokalen Rationalitäten sich zu sehr unterscheiden, kann er über die Hinzuziehung neuer Akteure, durch Tauschbörsen oder durch die Schaffung neuer Regeln neue Machtspiele eröffnen, wodurch eventuell die eine Seite sich durchsetzen kann.

28.4 Relevanz für die Praxis

28.4.1 Wie führt man lateral in Veränderungsprozessen? Anwendungen des Konzeptes

Zum Einsatz von Macht, Vertrauen und Verständigung kommt es in Organisationen in unterschiedlichen Situationen: beispielsweise bei bereichsübergreifenden Projekten, entlang der Prozessketten in Unternehmen, in Kollektivorganen wie Unternehmensvorständen oder Betriebsräten, innerhalb der Matrixstruktur von Organisationen oder bei der Abstimmung zwischen Kooperationspartnern unterschiedlicher Organisationen. In all diesen Situationen unterliegt der Einsatz von Macht, Vertrauen und Verständigung jeweils eigenen Gesetzmäßigkeiten.

Ein besonderer Anwendungsfall des Konzeptes des Lateralen Führens sind Prozesse des geplanten Wandels von Organisationen (also das, was man früher Organisationsentwicklung nannte und was heute häufig auch im deutschsprachigen Kontext hochtrabend als Change Management bezeichnet wird). In vielen Organisationen lassen sich Reorganisationen nicht allein über die Hierarchie durchsetzen. Häufig besitzt die Spitze der Organisation gar nicht die Informationen, um eine Anpassung von Organisationsstrukturen vorzunehmen, und ist deswegen zur Einbindung subalterner Mitarbeiter gezwungen. Häufig können aber auch die Organisationsmitglieder im operativen Bereich die von Expertenberatern ersonnenen und von der Hierarchie abgesegneten neuen Organisationsstrukturen im organisatorischen Alltag zerreiben und die Konzepte so zu reinen Papiertigern verkommen lassen. Auch deswegen werden Mitarbeiter breit an der Planung der neuen Veränderungsprozesse beteiligt.

In diesen Fällen greift das Konzept des Lateralen Führens, weil es zwar die zentrale Funktion von Hierarchien in Organisationen anerkennt, auf hierarchische Steuerung aber weitgehend verzichtet. Somit können, wenn Eingriffe von Hierarchien eher selten möglich sind, auch Reorganisationen vorangebracht werden. Gleichzeitig ist aber dieser Anwendungsfall besonders problematisch, weil hier nicht nur die Routinen des alltäglichen Arbeitens beeinflusst werden, sondern vor allem deswegen, weil die Rahmenbedingungen, unter denen kooperiert wird, verändert werden. Der Wandel von Abteilungszuschnitten, hierarchischen Zuordnungen oder Standardprozeduren führt auch zu einer Veränderung der lokalen Rationalitäten. Damit verändern sich – wenn auch langsam – sowohl die Denkgebäude als auch die Interessen der Akteure. Dadurch verändern sich *Verständigungs*prozesse. Ferner werden durch den Wandel der Formalstruktur die Machttrümpfe neu verteilt. Abteilungen gewinnen oder verlieren Zugänge zu Wissensressourcen, zu wichtigen externen Spielern oder zu Kommunikationskanälen innerhalb der Organisation. Die Ausgangsbasis für zukünftige *Macht*spiele wird gelegt. Weiterhin gibt es noch keine Erfahrungen mit den geplanten neuen Zuständen der Organisation. *Vertrauen* muss sich unter diesen Bedingungen teilweise erst wieder neu bilden. Für die betroffenen Mitglieder einer Organisation steht bei diesen Reorganisationen also besonders viel auf dem Spiel.

Es wäre naiv, die Planung neuer Strukturen von Organisationen einzig und allein mit den Kategorien von Verständigung, Macht und Vertrauen erfassen zu wollen. Bei der Planung neuer Organisationsstrukturen – also bei der Entscheidung über die Prämissen zukünftiger Entscheidungen – spielen auch ganz andere Fragen eine Rolle. Es geht auch (und man könnte behaupten vorrangig) darum, wie die Kommunikationswege, die Programme und das Personal der Organisation zukünftig ineinander greifen sollen, welche Aufgaben zukünftig ausschließlich innerhalb der Organisation und welche in Kooperation mit anderen Organisationen erledigt werden sollen, und welche neuen Kooperationsformen sich zwischen den Beteiligten ausbilden sollen. Aber mit den Kategorien Macht, Vertrauen und Verständigung kann man den Blick auf einige Aspekte von Veränderungsprozessen öffnen (Tab. 28.2).

28.4.1.1 Die Ausgangssituation: Die Innovations- und Routinelogiken in Organisationen

Die sich aus den „alten" Organisationsstrukturen ergebenden lokalen Rationalitäten spielen eine wichtige Rolle bei der Analyse von Macht-, Vertrauens- und Verständigungsprozessen im Zuge der Veränderung von Organisationsstrukturen. Die unterschiedlichen Denkgebäude, die die Verständigung untereinander erschweren oder erleichtern, ergeben sich aus den bestehenden Organisationsstrukturen. Das Vertrauen (oder Misstrauen) hat sich auf der Basis dieses Status quo ausgebildet. Die Machttrümpfe sind häufig das Resultat von Kompetenzzuweisungen innerhalb der Organisation. Aber diese eher auf den Status quo gerichtete Analyse von Macht-, Vertrauens- und Verständigungsprozessen wird noch durch unterschiedliche Logiken in den Veränderungsprozessen ergänzt, erweitert und teilweise sogar überlagert.

Die Anführer von Veränderungsprozessen in Organisationen arbeiten häufig mit einem relativ einfachen Differenzierungsschema: Auf der einen Seite stehen die „Innovatoren", die ein Unternehmen, eine Verwaltung oder ein Krankenhaus zu neuen Ufern führen wollen,

Tab. 28.2 Eine zugegebenermaßen karikaturistische Gegenüberstellung unterschiedlicher Ansätze in der Organisationsentwicklung

	Klassische Vorgehensweise im Management von Veränderung	Vorgehensweise im Rahmen des Konzepts des Lateralen Führens beim Management von Veränderung
Phase: Analyse der Ist-Situation	Identifizierung von „Widerständlern" und Entwicklung von Strategien im Umgang mit ihnen	Verzicht auf das Konzept des „Widerstandes" gegen Wandel - Routinelogik ist, genauso wie Innovationslogik, lediglich eine lokale Rationalität innerhalb der Organisation
Phase: Gestaltung von Interaktionen	Diskursive Aufdeckung der bestehenden Macht-, Verständigungs- und Vertrauensverhältnisse	Akzeptanz der Latenz von Macht-, Verständigungs- und Vertrauensverhältnissen
Phase: Implementierung von Lösungen	Offenhaltung lediglich in der Phase der Problemlösung und der Lösungserarbeitung. Danach Schließung der Kontingenz und Umsetzung der verabschiedeten Lösungen	Offenhalten von Kontingenz - Erprobungen, bevor zu Ende gedacht wurde

Personen also, die einem Wandel aufgeschlossen gegenüberstehen. Auf der anderen Seite befinden sich die „Widerständler", die für den „Status quo" stehen und die Organisation um den notwendigen Wandel bringen. Diesen Personen wird dann häufig eine anerzogene, wenn nicht sogar angeborene Neigung zur Stabilität unterstellt. Bei dieser Herangehensweise handelt es sich aber lediglich um eine Verabsolutierung der spezifischen lokalen Rationalität, die dann durch Vorträge und Veröffentlichungen von „Change Agents", „Veränderungsmanagern" oder von „Gurus des Wandels" ideologisch abgesichert wird.

Für ein laterales Führen in Veränderungsprozessen ist es jetzt notwendig, mit der gleichen Sorgfalt, mit der beispielsweise die jeweiligen lokalen Rationalitäten von unterschiedlichen Funktionsbereichen rekonstruiert werden, auch die lokalen Rationalitäten von verschiedenen Interessengruppen in Veränderungsprozessen zu analysieren. Erst auf der Basis der Rekonstruktion dieser lokalen Rationalitäten können dann die Vertrauensroutinen, die Verständigungsprozesse und die Machtspiele verstanden werden. Es fällt dann schnell auf, dass der Drang zum geplanten Wandel keine quasi naturgegebene Notwendigkeit der Organisation ist, sondern dass sich die positive Haltung zum geplanten Wandel vielmehr aus der Position innerhalb der Organisation ergibt.

Die Logik der Innovation wird häufig von bestimmten Bereichen innerhalb von Organisationen vorangetrieben – vom Topmanagement, von den Stabsstellen für Strategie und Organisation und natürlich von den für die Durchführung von Veränderungen eingekauften und an deren erfolgreicher Umsetzung gemessenen Beratern. Diese Personen sind dann innerhalb der Organisation „Symbole des Wandels" – der „dauernde Hinweis darauf, dass man es auch anders machen könnte" (vgl. Baecker 1999, S. 256). In dieser Logik der

Innovation dominieren Vorstellungen von der Veränderung bestehender Routinen, von großen umfassenden Konzepten und von deren konfliktfreier, standardisierter Implementation. Diese Logik der Innovation wird noch verschärft durch die für die „Innovatoren" charakteristischen Vorstellungen „professionellen Arbeitens", durch monetäre Gratifikationen für „erfolgreich abgeschlossene Wandlungsprozesse" und durch Belohnungen in Form von Karrieresprüngen.

Dem gegenüber steht die Logik von Routinen, die häufig von den Organisationsmitgliedern im operativen Bereich verfolgt wird. Ihnen liegt besonders die Stabilisierung der alltäglichen Arbeitsabläufe beispielsweise in der Materialwirtschaft, in der Produktionssteuerung, in der Fertigung und Montage oder im Vertrieb am Herzen. Ihre Vorstellungen von Professionalität, ihre Gratifikationen und ihre Karrierechancen sind – aller Managementrhetorik des Wandels zum Trotz – zu erheblichen Teilen an die erfolgreiche Aufrechterhaltung dieser Routinen gebunden. Insofern vertreten sie eher eine Logik der inkrementalen Verbesserungen, der Sicherheit der Prozesse und der Beachtung von Bereichsspezifika (vgl. Ortmann 1995, S. 66).

Es gibt jetzt keinen Anlass, die Logik der Innovatoren besser einzuschätzen als die Logik der Routine-Vertreter. Die Diskriminierung der Routine-Vertreter als „Widerständler" oder „Low-Performer" mag für die Stabilisierung innerhalb einer Gruppe von Innovatoren vielleicht eine wichtige Rolle spielen, verbaut aber letztlich Chancen, die lokalen Rationalitäten in einem Veränderungsprozess genau zu begreifen und damit Ansatzpunkte für die Verschiebung von Macht-, Vertrauens- und Verständigungsprozessen zu liefern.

Auf dem Terrain der Veränderungsprojekte treffen häufig die Vertreter einer Rationalität der Innovation und die Vertreter einer Rationalität der Routine aufeinander. In den Veränderungsprojekten findet dann ein „Transmissionsspiel" der Vertreter mit ihren unterschiedlichen Logiken statt (vgl. Ortmann 1995, S. 64). Erst dieses häufig konfliktreiche „Transmissionsspiel" ermöglicht es, dass die Innovationen nicht ein Hirngespinst von Topmanagern, Stabsstellen oder Beratern bleiben, sondern – wenn auch in veränderter Form – Niederschlag in den alltäglichen Praktiken der Organisation finden.

28.4.1.2 Die Besprechungsphase: Die Latenz lateraler Kooperationsbeziehungen

In der Change-Management-Literatur wird häufig die „schonungslose Analyse" und „diskursive Aufdeckung" der bestehenden Situation in der Organisation gefordert. Erst auf der Basis einer genauen Aufdeckung der Macht-, Vertrauens- und Verständigungsprozesse in der Organisation sei es möglich, Veränderungsimpulse gezielt zu setzen.

Es wird dabei jedoch übersehen, dass Macht-, Vertrauens- und Verständigungsprozesse latent sind (Luhmann 1984, S. 457). Mit Latenz soll dabei nicht vorrangig, wie etwa in der Psychologie Sigmund Freuds, die Unbewusstheit eines Prozesses bezeichnet werden. Es kann sehr wohl sein, dass die Macht-, Vertrauens- und Verständigungsprozesse den beteiligten Kooperationspartnern nicht bewusst sind (die Bewusstseinslatenz), viel wichtiger ist jedoch, dass selbst bei bewusster Wahrnehmung dieser Prozesse diese nicht (oder jedenfalls nicht ohne weiteres) kommuniziert werden können (die Kommunikationslatenz).

Ein wichtiger Unterschied zwischen der Formalstruktur einer Organisation und den bei Lateraler Führung wirksamen Macht-, Vertrauens- und Verständigungsprozessen besteht in der Möglichkeit bzw. in der Unmöglichkeit, in Diskussionsprozessen Bezug darauf zu nehmen. Aspekte der Formalstruktur – die offiziellen Kommunikationswege, die verabschiedeten Programme und die verkündeten Personalentscheidungen – sind in Organisationen in der Regel problemlos ansprechbar. Man kann auf seinen hierarchischen Status verweisen, um eine Entscheidung durchzusetzen oder sich auf die Zielsetzungen oder Wenn-Dann-Regeln der Organisation beziehen. Viele Macht-, Vertrauens- und Verständigungsprozesse laufen jedoch eher in der Informalität der Organisation ab, können sich nicht auf formale Abstützungen der Organisation berufen und sind deswegen nicht ohne weiteres offen ansprechbar.

Die Kommunikationslatenz hat dabei die Funktion des „Strukturschutzes" für die eher in der Informalität ablaufenden Macht-, Vertrauens- und Verständigungsprozesse (vgl. Luhmann 1984, S. 459). Der Aufbau von Vertrauen zwischen Personen wird eher dadurch behindert, wenn dieses Vertrauen offen ausgesprochen wird („ich vertraue dir") oder gar offen eingeklagt wird („vertrau mir doch"). Machtspiele verändern sich, wenn diese offen thematisiert werden, und Machtquellen, die nicht durch die Formalstruktur abgesichert sind, können an Kraft verlieren, wenn sie für alle sichtbar aufgedeckt werden. Auch die informellen Verständigungsprozesse in Organisationen können häufig nur deswegen ablaufen, weil – jedenfalls offiziell – niemand anderes davon weiß.

Wie soll mit dieser Latenz vieler Vertrauens-, Macht- und Verständigungsprozesse in Veränderungsprozessen umgegangen werden?

Die existierenden Macht-, Vertrauens- und Verständigungsprozesse zwischen unterschiedlichen Kooperationspartnern lassen sich in der Regel im Gespräch mit lediglich einem dieser Kooperationspartner noch gut erschließen. Selbstverständlich: Auch innerhalb einer Abteilung (oder auch beispielsweise in einem Gespräch zwischen einer Beraterin und einer Abteilungsleiterin) ist das Gespräch über die existierenden Vertrauens-, Macht- und Verständigungsprozesse mit anderen Kooperationspartnern häufig nicht ganz einfach, es bestehen aber nicht die gleichen Kommunikationsschwellen wie bei der Anwesenheit des häufig mit anderen Interessen ausgestatteten Kooperationspartners.

Auch zwischen Kooperationspartnern sind die existierenden Macht-, Vertrauens- und Verständigungsprozesse ansprechbar. Kommunikationslatenz (mit ihrer Funktion als Strukturschutz) bedeutet ja nicht, dass den Beteiligten die ablaufenden Prozesse nicht bewusst sind, sondern lediglich, dass im Gespräch existierende Erwartungshaltungen verletzt werden. Die Verletzung dieser Latenz hat dann beispielsweise zur Folge, dass das Thematisieren eines besonderen Vertrauensverhältnisses mit einem genervten Gesichtsausdruck quittiert wird oder die Existenz einer nicht durch die Formalstruktur abgedeckten Machtquelle geleugnet wird. Die Gestalter von Veränderungsprozessen werden also sehr gut überlegen, ob sie existierende Vertrauens-, Macht- oder Verständigungsprozesse aufdecken oder nicht.

Als Berater erhält man deswegen häufig nur dann einen guten Einblick in die existierenden Macht-, Vertrauens- und Verständigungsprozesse, wenn man zwischen Gesprächen mit Personen mit weitgehend homogenen Auffassungen (z. B. Vertreter nur einer Abteilung) oder Gesprächen mit Personen mit sehr heterogenen Auffassungen (z. B. Vertreter unterschiedlicher Abteilungen oder Organisationen) hin- und herwechseln kann. Gerade bei letztem Gesprächstypus ist das Ansprechen der latenten Macht-, Vertrauens- und Verständigungsprozesse eine riskante Intervention, auf die häufig mit Negierung, Abweisung oder Aggression reagiert wird.

28.4.1.3 Zur Anlage von Veränderungsprozessen: Der Nutzen der Kontingenz

Im klassischen zweckrationalen Organisationsmodell, das lange Zeit auch die Organisationsentwicklung dominierte, ist die Anlage von Veränderungsprozessen relativ übersichtlich. Aus einer klaren Definition des Zwecks einer Organisation lasse sich – nach einer genauen Bestimmung der Umweltbedingungen – das Ziel eines Veränderungsprozesses – die „beste Lösung" für die Organisation – definieren. Unter Beteiligung möglichst vieler Betroffener sei dieses Ziel dann in die durch verschiedene Subeinheiten handhabbaren Unterziele zu zerlegen. Veränderungsprojekte müssten dabei, so die Annahme, in abgrenzbare Projektphasen wie Problemdiagnose, Konzeption, Spezifikation und Implementierung unterteilt werden. Unter einer Phase wird dabei in der Regel ein in sich abgeschlossener Arbeitsabschnitt verstanden, der mit einem überprüfbaren Meilenstein endet.

Diese idealtypisch propagierte Vorgehensweise wird dann aber häufig schon in der organisatorischen Praxis nicht durchgehalten. Schon die Einigung darauf, was eigentlich die „beste Lösung" ist, fällt schwer. Die „beste Lösung" fällt in der Regel unterschiedlich aus – je nachdem, aus welcher Perspektive innerhalb der Organisation man auf das vermeintliche Problem schaut. Niemand – auch die Hierarchie nicht – kann „neutral" beurteilen, welche Lösung besser ist als die andere. Selbst wenn offiziell eine gemeinsame Lösung verkündet wird, dann wird diese häufig noch in der Implementierungsphase zerrieben, weil sie sich nicht in die existierenden Machtverhältnisse einzupassen scheint.

Angesichts solcher Gegebenheiten empfiehlt sich eine Vorgehensweise, die auf eine vergleichsweise lange Offenhaltung der „Kontingenz" basiert. Unter Kontingenz versteht man dabei, dass ein Ereignis nicht notwendig ist, sondern auch anders möglich wäre (vgl. Luhmann 1973e, S. 327). Aus der Analyse eines Problems A ergibt sich nicht zwangsweise die Lösung X, sondern möglicherweise auch die Lösung Y oder die Lösung Z.

Häufig wird der Fehler gemacht, dass frühe Festlegungen getroffen werden, die einer späteren Kooperation im Wege stehen. Durch frühe Festlegungen entstehen zwar Konzepte, zu denen alle Beteiligten Lippenbekenntnisse ablegen, die sich dann aber allzu schnell als Planungsruinen entpuppen.

Die Kontingenz in Veränderungsprozessen kann man darüber sichtbar halten, dass Lösungen lediglich als Erprobungen eingeführt werden. Bei der Erprobung können mehrere unvollständige, auch widersprüchliche Konzepte gleichzeitig angestoßen werden. Schließlich gehört es zu den Stärken der Organisation, dass sie auch widersprüchliche Herangehensweisen verkraften kann.

Der Vorteil der Erprobungen besteht darin, dass sich in einem durch das „Signum der Vorläufigkeit" geschützten Raum neuartige Verständigungs-, Vertrauens- und Machtprozesse entwickeln. Das häufig neu zusammengewürfelte Personal im reorganisierten Feld kann im Rahmen der veränderten Kommunikationswege und Programme Erfahrungen miteinander machen und gegenseitiges Vertrauen (oder auch Misstrauen) entwickeln. Häufig bilden sich durch die wenn auch nur probeweise übernommenen neuen Positionen andere Rationalitäten aus, über die neuartige Verständigungsmöglichkeiten entstehen. Weil sich in dem als Probe ausgeflaggten Kooperationsfeld auch die Machtquellen neu verteilen, können sich auch Machtprozesse zwischen den Kooperationspartnern neu gestalten.

Durch das Ausprobieren verschiedener Lösungen kann die eine oder andere „abstürzen", wenn sie sich als nicht tragbar erweist. Eine Lösung kann aber auch durch die Erprobung an Qualität gewinnen, wenn die Umsetzung Erfolg versprechend ist. Manchmal entstehen durch die Erprobung auch neue Stoßrichtungen, die bislang nicht beachtet wurden. Geeignete Lösungen kristallisieren sich heraus.

28.5 Ausblick

28.5.1 Ausblick – Zusätzliche „Suchfelder" für die Weiterentwicklung des Konzepts des Lateralen Führens

Das Konzept des Lateralen Führens ist in seinen Grundzügen entwickelt. Es wird deutlich, weswegen es sich auf Macht, Vertrauen und Verständigung als zentrale Mechanismen der Einflussnahme stützt, lässt aber gleichzeitig die Erweiterung der Liste offen. Im Gegensatz zu anderen Führungskonzepten wird deutlich, dass es sich nicht nur um kleine Taktiken im informellen Bereich der Organisation handelt, sondern die Rückbindung an die Formalstruktur wird systematisch entwickelt. Bei der Durchführung von Veränderungsprozessen lassen sich, wie gezeigt, einige Besonderheiten des Konzepts des Lateralen Führens schon jetzt identifizieren.

Welche Entwicklungslinien des Lateralen Führens zeichnen sich jetzt ab? Welche Spezifikationen müssen in nächster Zeit vorgenommen werden? Im Folgenden seien abschließend einige Aspekte aufgeführt, die näher ausgearbeitet werden müssen.

28.5.1.1 Das Design von lateralen Kooperationsbeziehungen

Häufig steht es Organisationen frei, in welchem Ausmaß sie Kooperationsbeziehungen lateral gestalten. Bei Einrichtung von Fertigungs- und Montageteams kann durch Managemententscheidungen festgelegt werden, ob diese aus gleichberechtigten Teammitgliedern bestehen oder ob es in den Teams einen formal Vorgesetzten gibt. Bei der Aufstellung von Projektteams ist es möglich, eine eher hierarchische oder eine eher laterale Struktur einzurichten, indem man die Weisungsbefugnisse des Projektleiters entsprechend festlegt. Bei der Aufstellung von gemischten Führungsteams, beispielsweise in der Entwicklungshilfe, gibt es verschiedene Gestaltungsmöglichkeiten dahingehend, ob es Weisungsbefugnisse der ausländischen Experten gegenüber den einheimischen Mitarbeitern geben soll oder ob durch „Twinning" einheimische und ausländische Führungskräfte hierarchisch gleichgestellt sein sollen.

Unter dem Begriff des „Shared Leadership" wird in der Managementliteratur zurzeit die Einrichtung „lateraler Führungsstrukturen" als Erfolgsrezept propagiert (vgl. z. B. Pearce und Sims 2002; Ensley et al. 2003; Carson et al. 2007). Gerade in Teams, so der generelle Tenor, korreliere der Grad an formaler Gleichberechtigung – also letztlich „Lateralität" in den Organisationsstrukturen – positiv mit der Effektivität dieser Teams. Hier scheint sich unter einem neuen Begriff eine Renaissance alter, hierarchiekritischer Ansätze durchzusetzen.

Unserer Meinung nach gibt es für eine pauschale Propagierung von lateralen Kooperationsbeziehungen keinen Grund. Es scheint unseres Erachtens wichtig zu sein, eine Entscheidung für laterale oder hierarchische Kooperationsbeziehungen genau vor dem Hintergrund der organisatorischen Situation zu bestimmen. Welche Effekte auf die Macht-, Vertrauens- und Verständigungsprozesse zeichnen sich ab? Wie verändern sich Konfliktlinien durch die Entscheidung für eine laterale oder hierarchische Kooperationsbeziehung?

28.5.1.2 Einbindung in das Konzept von Hierarchie in Organisationen

Das Konzept des Lateralen Führens wurde in sehr unterschiedlichen Situationen erprobt und beschrieben: beispielsweise in Prozessketten in einem großen internationalen Telekommunikationskonzern, bei der SAP-Einführung in einem Konzern der Lebensmittelchemie, bei der Durchführung komplexer Bauvorhaben durch Immobilienfonds, bei der Abstimmung zwischen Produktmanagern und Content-Entwicklern bei einem weltweit agierenden Internetunternehmen, aber auch bei der Abstimmung zwischen den Betriebsräten in einem internationalen Führungskonzern oder bei der Abstimmung an der Spitze einer großen Partei.

Bei der Analyse wurde deutlich, dass zwar in all diesen Prozessen einerseits die Weisungskraft der Hierarchie nicht ausreiche, um Prozesse in Gang zu setzen oder auch nur maßgeblich zu entscheiden, dass aber andererseits die Hierarchie nach wie vor als Referenzpunkt dient. Auch wenn laterale Kooperationspartner zurückhaltend damit sind, die Hierarchie einzuschalten, so sind doch der Ablauf von Machtspielen, der Aufbau von Vertrauensverhältnissen und die Verständigungsprozesse (auch) durch die prinzipiell mögliche Einschaltung der Hierarchie geprägt.

Daraus ergibt sich eine Reihe von Fragen sowohl für anwendungsorientierte Wissenschaft als auch für Praktiker über die Einbindung von Hierarchie bei dem Einsatz der Mechanismen Macht, Vertrauen und Verständigung. Wie wird in Prozessen des Lateralen Führens innerhalb einer Organisation auf Hierarchie Bezug genommen? Welcher Einsatz von Analyse- und Interventionsinstrumenten des Lateralen Führens eignet sich auch bei der Führung von oben nach unten? Was verändert sich, wenn diese Herangehensweise bei der „Unterwachung" – der „Kunst, Vorgesetzte zu leiten" – eingesetzt wird?

28.5.1.3 Laterales Führen über Organisationsgrenzen hinweg – was ist das Besondere daran?

Ein häufig vorkommender Sonderfall des Lateralen Führens ist das Führen von Kooperationspartnern aus mehreren Organisationen. Beispiele hierfür sind die Versuche von

Automobilkonzernen, ihre Systemzulieferer dazu zu bringen, bei der Entwicklung von neuen Produkten in eine Vorleistung zu gehen, die Koordination von Netzwerken zwischen Hochschulinstituten und kleinen Produktionsunternehmen in der Nanotechnologie oder die Steuerung von mehreren Wachstumsunternehmen eines Risikokapitalgebers.

Die Rahmenbedingungen für den Prozess des Lateralen Führens mit Beteiligten unterschiedlicher Organisationen unterscheiden sich dabei grundlegend von Prozessen des Lateralen Führens innerhalb einer Organisation. Innerhalb eines Unternehmens, einer Verwaltung, eines Krankenhauses oder einer Non-Profit-Organisation schimmert immer, wenn auch nur von Ferne, die Hierarchie der Organisation durch. Dies ist bei lateralen Beziehungen zwischen Organisationen nicht der Fall, hier sind die Rahmenbedingungen des Lateralen Führens viel stärker durch Verträge zwischen den Organisationen beeinflusst, ohne dass jedoch alle Aspekte der Kooperation vertraglich geregelt werden können.

Dementsprechend ist es für den Prozess des Lateralen Führens zwischen Organisationen notwendig, mit einem ganz eigenen Fragenkatalog zu arbeiten: Welche Exit-Möglichkeiten hat ein Kooperationspartner in der Beziehung? Würden sich Konflikte mit anderen Kooperationspartnern in der gleichen Rolle ähnlich oder anders gestalten? Wie hoch sind die Eskalationsbereitschaften der verschiedenen Konfliktpartner?

Autorbeschreibung

Professor Dr. Stefan Kühl studierte Soziologie, Geschichts- und Wirtschaftswissenschaft an der Universität Bielefeld, der Johns Hopkins University und der Oxford University. Er ist seit 1994 Berater bei der Unternehmensberatung Metaplan und seit 2007 Professor für Soziologie an der Universität Bielefeld. Seine Forschungsgebiete umfassen Gesellschaftstheorie, Organisationssoziologie sowie Industrie- und Arbeitssoziologie. Von ihm sind unter anderem erschienen „Wenn die Affen den Zoo regieren. Die Tücken der flachen Hierarchien" und „Organisationen eine sehr kurze Einführung".

Dr. Kai Matthiesen ist Geschäftsführender Partner der Unternehmensberatung Metaplan Quickborn, für die er seit 2001 tätig ist. Zudem ist er Lehrbeauftragter für Handlungskompetenz an der Universität St. Gallen. Bevor er zu Metaplan kam, war er für Bertelsmann, im Familienunternehmen und in der New Economy in verschiedenen Führungspositionen tätig. Er studierte Betriebswirtschaftslehre und Philosophie an der Universität Passau und promovierte in Wirtschaftsethik an der Universität St. Gallen.

Literatur

Informationsblock Literatur zum Lateralen Führen

Literatur Laterales Führen – Neuere Arbeiten
Kühl, S. (2002). Sisyphos im Management. *Die verzweifelte Suche nach der optimalen Organisationsstruktur*. Weinheim et al.: Wiley.
Kühl, S., Thomas, S., & Wolfgang, S. (2004). Führen ohne Führung. *HarvardBusinessManager*, *1*(2004), 71–79.

Kühl, S., Thomas, S., & Franz-Josef, T. (2004). Lateral leadership: An organizational approach to change. *Journal of Change Management, 5,* 177–189.

Kühl, S., & Wolfgang, S. (2005). Laterales Führen. In: J. Aderhold, M. Matthias, R. W. Meyer (Hrsg.), *Modernes Netzwerkmanagement. Anforderungen – Methoden – Anwendungsfelder* (S. 185–212). Wiesbaden: Gabler.

Kühl, S., & Thomas, S. (2009). Führen ohne Hierarchie. Macht, Vertrauen und Verständigung im Prozess des Lateralen Führens. *Organisationsentwicklung, 2*(2009), 51–60.

Neubauer, W., & Bernhard, R. (2006). *Führung, Macht und Vertrauen in Organisationen.* Stuttgart: Kohlhammer.

Stättner, J. (2005). *Mikropolitische Prozesse in Organisationen–eine Erweiterung um Vertrauen und Verständigung.* Hamburg: unveröff. Ms.

Literatur Laterale Kooperationsbeziehungen in Organisationen – „Klassiker"

Blau, P. M., & W. Richard Scott (1962): *Formal organizations.* San Francisco: Chandler.

Burns, T., & George, M. S. (1961). *The management of innovation.* London: Tavistock.

Fisher, R., Alan, S. (1998). *Getting it done. How to lead when you're not in charge.* New York: Harper Business Press.

Janowitz, M. (1959). Changing patterns of organizational authority. The military establishment. *Administrative Science Quarterly, 3,* 473–493.

Klimecki, R. (1984). *Laterale Kooperation–Grundlagen eines Analysemodells in horizontaler Arbeitsbeziehungen in funktionalen Systemen.* Bern: Paul Haupt.

Landsberger, H. A. (1961). The horizontal dimension in bureaucracy. *Administrative Science Quarterly, 6,* 299–332.

Lawrence, P. R., & Jay, W. L. (1967). *Organization and environment. Managing differentiation and integration.* Homewood, IL: Irwin.

Simpson, R. L. (1959). Vertical and horizontal communication in formal organizations. *Administrative Science Quarterly, 4,* 188–196.

Strauss, G. (1962). Tactics of lateral relationship: The purchasing agent. *Administrative Science Quarterly, 7,* 161–186.

Walton, R. E. (1966). Theory of conflict in lateral organizational relationships. *Operational Research and the Social Sciences,* 409–428.

Walton, R. E., & John, M. D. (1969). The management of interdepartmental conflict: A model and review. *Administrative Science Quarterly, 1,* 73–86.

Wunderer, R. (1974). Lateraler Kooperationsstil. *Personal, 8,* 166–170.

Yukl, G. A., & Cecilia, F. (1990). Influence tactics and objectives in upward, downward, and lateral influence attempts. *Journal of Applied Psychology, 75,* 132–140.

Schreyög, G., & Peter, C. (Hrsg.). (1994). *Managementforschung 4. Dramaturgie des Managements. Laterale Steuerung.* Berlin, New York: de Gruyter.

Zündorf, L. (1986). Macht, Einfluß, Vertrauen und Verständigung. Zum Problem der Handlungskoordinierung in Arbeitsorganisationen. In: R. Seltz, M. Ulrich, & H. Eckart (Hrsg.), *Organisation als soziales System* (S. 33–48). Berlin: Sigma.

Neuere Arbeiten zu Shared Leadership in Teams

Carson, J. Y., Paul, E. T., & Jennifer, A. M. (2007): Shared leadership in teams: An investitgation of antecedent conditions and performance. *Academy of Management Journal, 50,* 1217–1234.

Ensley, M. D., Allison, P., & Craig, L. P. (2003). Top management team process, shared leadership, and new venture performance: A theoretical model and research agenda. *Human Resource Management Review, 13,* 329–346.

Pearce, C. L., & Henry, P. S. (2002). Vertical versus shared leadership as predictors of the effectiveness of change management teams: An examination of aversive, directive, transactional, transformational, and empowering leader behaviors. *Group Dynamics, 6,* 172–197.

Zu Vertrauen, Macht und Verständigung im Gefangenendilemma

Dixit, A. K., & Barry, J. N. (1997). *Spieltheorie für Einsteiger. Strategisches Know-how für Gewinner.* Stuttgart: Schäffer-Poeschel.

Rapoport, A., & Albert, M. C. (1965). *Prisoner's dilemma: A study in conflict and cooperation.* Ann Arbor: University of Michigan Press.

Literatur zu Macht als Einflussmechanismus

Crozier, M., & Erhard, F. (1977). *L'acteur et le système. Les contraintes de l'action collective.* Paris: Seuil.

Luhmann, N. (1975). *Macht.* Stuttgart: Enke.

Neuberger, O. (1995). *Mikropolitik. Der alltägliche Aufbau und Einsatz von Macht in Organisationen.* Stuttgart: Enke.

Schnelle, W., & Stefan, K. (2001). „Macht gehört zur Organisation wie die Luft zum Leben." *Hernsteiner, 2,* 16–20.

Literatur zu Verständigung als Einflussmechanismus:

Bergstermann, J. (1990). Zum Verhandlungscharakter projektgruppenförmiger Planungsprozesse. In J. Bergstermann, B.-B. Ruth (Hrsg.), *Systemische Rationalisierung als sozialer Prozeß* (S. 83–100). Bonn: Dietz Nachf.

Hahn, A. (1988). Verständigung als Strategie. In M. Haller, J. Hans, N. Hoffmann, Z. Wolfgang (Hrsg.), *Kultur und Gesellschaft* (S. 346–359). Frankfurt a. M. New York: Campus.

Luhmann, N. (1971). Diskussion als System. In J. Habermas, L. Niklas (Hrsg.), *Theorie der Gesellschaft oder Sozialtechnologie* (S. 316–341). Frankfurt a. M.: Suhrkamp.

Luhmann, N. (2000). Was ist Kommunikation. In: N. Luhmann (Hrsg.), *Short cuts* (S. 41–62). Frankfurt a. M.: Zweitausendundeins.

Luhmann, N. (2004). Vorsicht vor zu raschem Verstehen. In W. Hagen (Hrsg.), *Warum haben Sie keinen Fernseher, Herr Luhmann? Letzte Gespräche mit Niklas Luhmann* (S. 49–78.). Berlin: Kadmos.

Parge, M. (2004). Steuerung durch Verständigung. *Zur Bedeutung „kommunikativen Handelns" in neuen Arbeitsformen.* Berlin: Edition Sigma.

Literatur zu Vertrauen als Einflussmechanismus:

Drepper, T. (2006). Vertrauen, organisationale Steuerung und Reflexionsangebote. In K. Götz (Hrsg.), Vertrauen in Organisationen (S. 185–204). München: Hampp.

Kühl, S. (2003). Die Grenzen des Vertrauens. *HarvardBusinessManager, 4,* 112–113.

Höhler, G. (2005). *Warum Vertrauen siegt?* Berlin: Ullstein.
Luhmann, N. (2000). *Vertrauen. Ein Mechanismus zur Reduktion der sozialen Komplexität.* (4. Aufl.). Stuttgart: Lucius und Lucius.
Reemtsma, J. P. (2008). *Vertrauen und Gewalt. Versuch über eine besondere Konstellation der Moderne.* Hamburg: Hamburger Edition.
Sprenger, R. K. (2002). *Vertrauen führt.* Frankfurt a. M.: New York: Campus.

Managementliteratur die eine Krise der Hierarchie postuliert

Gebhardt, Eike (1991). *Abschied von der Autorität. Die Manager der Postmoderne.* Wiesbaden: Gabler.
Peters, T. J. (1993). Jenseits der Hierarchien. *Handelsblatt Junge Karriere*, Zugegriffen: 23. Apr. 1993.
Schmidt, J. (1993). Die sanfte Organisations-Revolution. *Von der Hierarchie zu selbststeuernden Systemen.* Frankfurt a. M.: New York: Campus.

Allgemeine Arbeiten zur Organisation

Baecker, D. (1999). *Organisation als System.* Frankfurt a. M.: Suhrkamp.
Borges, J. L. (1999). The analytical language of John Wilkins. In J. L. Borges (Hrsg.), *Selected nonfictions: Jorge Luis Borges* (S. 299–232). New York: Penguin Books.
Luhmann, N. (1964). *Funktionen und Folgen formaler Organisation.* Berlin: Duncker & Humblot.
Luhmann, N. (1969). *Unterwachung. Oder die Kunst, Vorgesetzte zu lenken.* Bielefeld: unveröff. Ms.
Luhmann, N. (1973). Zurechnung von Beförderungen im öffentlichen Dienst. *Zeitschrift für Soziologie, 2,* 326–351.
Luhmann, N. (1984). *Soziale Systeme.* Frankfurt a. M.: Suhrkamp.
Ortmann, G. (1995). *Die Form der Produktion. Organisation und Rekursivität.* Opladen: WDV.
Parsons, T. (1964a). Die jüngsten Entwicklungen in der strukturell-funktionalen Theorie. *Kölner Zeitschrift für Soziologie und Sozialpsychologie, 16,* 30–49.
Simon, H. A. (1976). Administrative behavior. A study of decision-making processes in administrative organizations. (3. Aufl.). New York: Free Press.
Thompson, J. D. (1967). *Organizations in action.* New York et al.: McGraw-Hill.

Geteilte Führung in Arbeitsgruppen – ein Modell für die Zukunft?

Annika Piecha, Jürgen Wegge, Lioba Werth und Peter G. Richter

Zusammenfassung

Wer meint, nur Vorgesetzte führen in Gruppen, dem bietet dieses Kapitel einen erweiterten Blickwinkel. Denn neben der klassischen Führung von oben, sollten die Dynamik in der Arbeitsgruppe und das Potenzial einer geteilten Führung durch die Gruppenmitglieder nicht missachtet bleiben. Ein Modell für die Zukunft? – Ganz gewiss! Denn die aktuelle Forschung zeigt, dass die neue Form der Führung eine gewinnbringende Ressource für verschiedene Erfolgsparameter der Arbeitsgruppe sein kann. Im folgenden Kapitel wird dem Leser das Konzept der geteilten Führung näher gebracht. Nach einem Überblick über die aktuelle Forschung werden zusätzlich Hinweise für die erfolgreiche Implementierung dieser Führungsform gegeben.

29.1 Einleitung

Verschiedene Führungsaktivitäten sind in Organisationen unerlässlich, um Tätigkeiten einzelner Arbeitnehmer in eine gewünschte Richtung zu lenken und so unternehmerische Ziele zu erreichen. Heutzutage sehen sich Unternehmen vermehrt Problemstellungen

---

A. Piecha (✉) · J. Wegge · P. G. Richter
Technischen Universität Dresden, Professor für Arbeits- und Organisationspsychologie,
Dresden, Deutschland
E-Mail: piecha@psychologie.tu-dresden.de

J. Wegge
E-Mail: wegge@psychologie.tu-dresden.de

L. Werth
Universität Hohenheim, Lehrstuhl für Wirtschafts- und Organisationspsychologie,
Stuttgart, Deutschland
E-Mail: lioba.werth@uni-hohenheim.de

P. G. Richter
E-Mail: peri@architekturpsychologie-dresden.de

gegenüber, die durch eine hohe Komplexität und Dringlichkeit gekennzeichnet sind. Eine Bewältigung solcher Aufgaben durch die Delegation auf einzelne, voneinander unabhängig arbeitende Mitarbeiter ist aber kaum noch möglich, weil hierfür das synergetische Zusammenwirken verschiedener personaler Kompetenzen gefordert ist. Insbesondere wissensbasierte Arbeit wird daher heutzutage in Unternehmen teamorientiert gestaltet, sodass Perspektiven, Fähigkeiten und Kenntnisse der Mitarbeiter angemessen ausgeschöpft und die Effizienz und letztlich auch die Überlebensfähigkeit von Organisationen nachhaltig gestärkt werden. Die vermehrte Nutzung von Teamarbeit stellt jedoch auch neue Herausforderungen an die Führung in Organisationen, weil allein durch die Gründung von Teams noch keine Garantie für produktive Leistungen besteht. Aus diesem Grund gewinnt das Thema der effizienten *Führung von Gruppen* in der Führungsforschung zunehmend an Bedeutung (Wegge 2004).

Die Palette erforderlicher Führungsaufgaben bei Teamarbeit ist vielfältig, wie die nachfolgenden Ausführungen zum Konzept der verteilten Führung genauer belegen werden. Ein wesentlicher Grundgedanke solcher Modelle ist, dass die Führungskraft das Streben der Mitarbeiter nach Bedeutung, Verantwortung und Autonomie als eine solide Basis dafür betrachtet, die Teammitglieder an den Führungsfunktionen in ihrer Arbeitsgruppe kontinuierlich zu beteiligen. Gruppenführung kann und sollte daher eher als ein kollektives Bemühen begriffen werden, das durch geteilte, aber auch rotierende Führungsrollen charakterisiert ist. Im Einklang mit dieser Auffassung definieren wir Führung „als Sammelbegriff für Interaktionsprozesse, in denen eine absichtliche Einflussnahme von Personen auf andere Personen zur Erfüllung gemeinsamer Aufgaben im Kontext einer strukturierten Arbeitssituation zugrunde liegt" (Wunderer und Grunwald 1980, S. 62). Diese Definition trägt der Dynamik von Beeinflussungsprozessen in Gruppensituationen Rechnung. Das Auftreten von Führung ist nicht, wie oft irrtümlich in der Praxis aber ebenso in der Forschung vereinfachend angenommen, an formale Positionen geknüpft. Die Machtbefugnisse, die eine Person durch eine hierarchische Ordnung hat, fördern lediglich die Durchsetzungskraft der Führungshandlungen. Wir unterlägen jedoch einer Illusion, würden wir Vorgesetzte als alleinige Quelle von Führung in Organisationen betrachten. Führung erfolgt vielmehr aus verschiedenen Richtungen: von oben (Führungskraft) nach unten (Mitarbeiter), aber genauso von unten nach oben und lateral zwischen Organisationsmitgliedern auf gleicher Ebene. Das im Folgenden beschriebene Modell der geteilten Führung greift diesen Gedanken auf. In diesem Ansatz liegt die Führung nicht mehr allein in den Händen des Vorgesetzten, sondern ist verteilt auf alle Mitglieder einer Gruppe.

29.2 Hintergründe des Führungsansatzes

Bereits in der älteren Führungsliteratur lassen sich verschiedene Ansätze finden, welche die Dynamik von Beeinflussungsprozessen in Gruppen thematisieren und ein Umdenken auf einen weitgefassten Führungsbegriff begründen. Zumindest die folgenden Theorien und Befunde bekräftigen, dass die Fähigkeiten der Gruppenmitglieder und die sich daraus ergebende Dynamik in der Gruppe eine potenziell sehr wertvolle Ressource für die Führung durch Vorgesetzte darstellt. Darüber hinaus zeigen sie, dass es Grenzen der Führung durch den Vorgesetzten gibt.

Der sozialen Austauschtheorie (Thibaut und Kelly 1959) liegt die Annahme zugrunde, dass Personen miteinander Austauschbeziehungen eingehen, um Ziele, die sie selbstständig nicht erreichen können, zu realisieren. Dieser Austausch entspricht einem Geben und Nehmen und wird solange aufrechterhalten, wie sich die Austauschpartner eine Maximierung ihres eigenen Nutzens versprechen. Überwiegen für eine Seite die Kosten dieser Beziehung, werden die Investitionen von dieser Seite minimiert oder gänzlich eingestellt. Eine Schlussfolgerung daraus ist, dass Personen ihre Beziehungen stets untereinander regulieren, unabhängig davon, ob ihnen eine zentrale Führung übergeordnet ist.

Studien zur spontanen Übernahme von Führung durch einzelne Personen in ursprünglich führerlosen Gruppen belegen das Phänomen der emergenten Führungsperson in Gruppen (Hollander 1978). Von formal festgelegten Vorgesetzten unterscheidet sich eine derartige Führungskraft insofern, dass diese keine formale Autorität über die Gruppe hat. Der Wille der Gruppe, sich von ihr führen zu lassen, kann daher jederzeit enden. In dem Fall kann ein anderes Gruppenmitglied die informelle Führung fortsetzen. Das Auftreten verschiedener solcher Führungskräfte im Leben einer Gruppe wird als Fundament einer geteilten Führung in Gruppen betrachtet (Pearce und Sims 2002).

Ferner zeigt die Forschung zu partizipativer Entscheidungsfindung, dass es Situationen gibt, in denen bessere Ergebnisse erzielt werden, wenn Mitarbeiter in den Prozess der Entscheidungsfindung einbezogen werden (vgl. Wegge 2004; Wegge et al. 2010). Dieses ist besonders der Fall, wenn das für hochwertige Entscheidungen nötige Fachwissen in der Gruppe verteilt liegt und die Akzeptanz der Entscheidung durch die Gruppe nötig ist.

Andere Ansätze verdeutlichen ebenfalls, dass Vorgesetztenführung in Arbeitsgruppen keine zwingend notwendige Maßnahme darstellt, da die Vorgesetztenführung zumindest teilweise ersetzbar ist und es Situationen gibt, in denen es angebracht ist, Entscheidungen mit den Geführten zu treffen. Die Theorie der Führungssubstitute (Kerr und Jermier 1978) besagt, dass strukturelle und organisationale Bedingungen (z. B. professionelle Standards) die Aufgaben von Führung übernehmen können. Auch eine adäquate Selbstführung der Gruppenmitglieder kann sich zu einem Substitut der Vorgesetztenführung etablieren. Selbstführung ist eine Voraussetzung dafür, dass eine Person andere erfolgreich führen kann. Es kann daher genauso argumentiert werden, dass das Teilen der Führungsfunktionen unter den Gruppenmitgliedern die Führung durch den Vorgesetzten übernehmen kann.

Die beschriebenen Ansätze verdeutlichen, dass es eine Vielzahl an Vorläufern gibt, die zur Entwicklung des Konzepts der geteilten Führung, also dem gegenseitigen Führen durch die Mitglieder einer Gruppe, beigetragen haben. Obwohl in der Führungsforschungsliteratur dessen Bedeutung im Verlaufe des 20. Jahrhunderts gelegentlich Erwähnung findet, wurden gezielte Untersuchungen des Konzeptes erst seit Ende der 90er Jahre vorgenommen. Gegenwärtig erfreut sich das Konzept in der Führungsforschung jedoch großer Beliebtheit. Ursache hierfür ist u. a., dass Pearce und Sims (2002) ein neues Instrument entwickelt und publiziert haben, welches geteilte Führung in Teams messbar macht. Dieses wird im Folgenden näher erläutert.

29.3 Was ist geteilte Führung?

29.3.1 Abgrenzung der geteilten Führung vom herkömmlichen Führungsbegriff

Nach Pearce und Sims (2002), den Begründern des hier erörterten Führungsansatzes, können im Gruppenkontext immer zwei Quellen von Führung identifiziert werden. Neben der herkömmlichen Führung durch Vorgesetzte gibt es eine weitere Quelle von Beeinflussungsprozessen, die unmittelbar in der Gruppe selbst liegt. Pearce und Sims (2002) entwickelten als erste einen Ansatz, der beide Führungsquellen beschreibt und es zudem ermöglicht, die Bedeutung dieser beiden Führungsformen zueinander ins Verhältnis zu setzen.

Das traditionelle Verständnis von Führung bezeichnen die Autoren als *vertikale Führung*. Dieser Begriff spiegelt die Rolle des Vorgesetzten wieder, der hierarchisch über der Arbeitsgruppe steht und abwärtsgerichtet die Gruppe lenkt. Aufgrund seiner Position hat der Vorgesetzte die formale Autorität über die Gruppe und ist verantwortlich für deren Prozesse und Ergebnisse. Aus diesem Grund gehört zu den vorschriftsmäßigen Aufgaben eines vertikalen Führers das Treffen strategischer Entscheidungen, die dem Erreichen der Organisationsziele dienen. Anschließend steuert er die Gruppe derart, dass die getroffenen Entscheidungen effektiv realisiert und die Organisationsziele erreicht werden.

Von der vertikalen Führung kann die *geteilte Führung* abgegrenzt werden, die direkt aus der Gruppe hervor geht und lateral unter Kollegen auf gleicher Ebene stattfindet.

▶ **Definition** der geteilten Führung (Pearce und Conger 2003, S. 1, Anmerkung: Übersetzung durch die Autoren)
Geteilte Führung ist ein dynamischer, interaktiver Beeinflussungsprozess zwischen Individuen in Gruppen mit dem Ziel, sich gegenseitig zu führen, um Gruppen- oder Organisationsziele oder beides zu erreichen. Die Führung ist breit auf verschiedene Individuen verteilt, anstatt zentralisiert in der Hand eines einzelnen Individuums zu liegen, das in der Rolle eines Vorgesetzten handelt.

Bei der geteilten Führung wird die Führungsverantwortung kollektiv von der Gruppe getragen, so dass die einzelnen Aktivitäten von den Kollegen innerhalb dieser Gruppe dirigiert werden. Abbildung 29.1 veranschaulicht in einem Modell die unterschiedlichen Wirkungsrichtungen der vertikalen und geteilten Führung.

Während die Gruppenmitglieder bei vertikaler Führung ausschließlich als Empfänger charakterisiert werden, senden und empfangen diese bei geteilter Führung die Führung gleichermaßen. Eine Voraussetzung dafür ist, dass die Gruppe relevantes Wissen, aber auch die Führungsfähigkeiten besitzt, andere erfolgreich zu leiten. Genauso muss die Gruppe ein gemeinsames Problemverständnis und Vertrauen zu einander aufweisen, denn

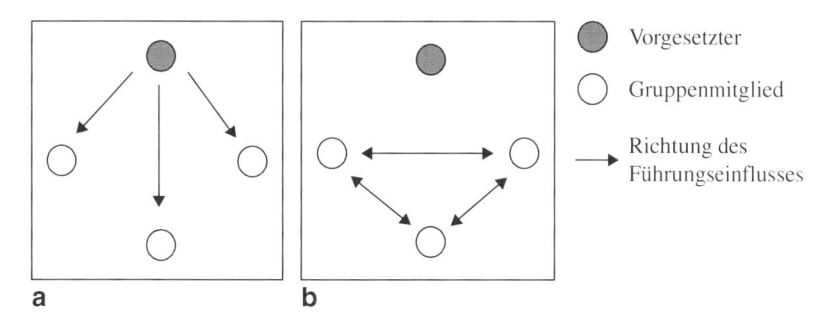

Abb. 29.1 Darstellung der (**a**) vertikalen und der (**b**) geteilten Führung

die Gruppenmitglieder sollten sich nicht nur der Verantwortung bewusst sein, Führungsverhalten zu zeigen, sondern ebenfalls die Führung von Personen auf gleicher Ebene wohlwollend akzeptieren.

Es stellt sich bei dieser Konzeption die Frage, welches Gruppenmitglied zu einem bestimmten Zeitpunkt die Rolle der Führung übernimmt. Entscheidend hierfür – so Pearce und Sims – sind die Erfordernisse der jeweiligen Situation. Dasjenige Gruppenmitglied, welches für die Lösung einer Aufgabe das entscheidende Wissen und die Erfahrung besitzt, übernimmt die Führungsverantwortung und gibt diese wieder ab, wenn ein anderer sich als geeigneter für die jeweiligen Anforderungen erweist. Es sei auch darauf hingewiesen, dass die geteilte Führung die vertikale Führung nicht ersetzen soll. Vielmehr ist eine Führung von innerhalb und außerhalb der Gruppe sinnvoll (Wegge 2004). Das Potenzial, welches eine Teilung der Führung verbirgt, sollte im Führungskontext nicht ungeachtet bleiben.

29.3.2 Messung von Führungsverhaltensweisen im Rahmen geteilter Führung

Grundsätzlich können der geteilten Führung die gleichen möglichen qualitativen Ausprägungen von Führung zugeschrieben werden, wie sie auch von Vorgesetzten gezeigt werden. Die Verschiedenheit der beiden Führungsformen liegt nicht in den spezifischen Führungsverhaltensweisen. Lediglich der Ursprung und die Richtung des Einflusses unterscheiden sich. Es sind fünf Führungsverhaltensweisen zu nennen, die ebenfalls in der Literatur zu finden sind, die sich mit der Führung durch Vorgesetzte befasst. Aus diesem Grund haben Pearce und Sims (2002) ein Instrument entwickelt, das es ermöglicht, die gleiche Spannbreite möglichen Verhaltens geteilter und vertikaler Führung abzubilden. Die erfassten Dimensionen sind die ermächtigende Führung, die transformationale Führung, die transaktionale Führung, die direktive Führung und die aversive Führung. Die durch die Gruppe geteilten Führungsverhaltensweisen werden in Anlehnung an Pearce und Sims (2002) im Folgenden kurz erläutert.

Ermächtigende Führung zielt auf die Entwicklung von Selbstführung und das Ermutigen der Teammitglieder, Selbstführungsstrategien zu nutzen. Zur Erreichung dieses Ziels eingesetzte Verhaltensweisen sind das Ermutigen zu unabhängigen Handlungen und Hindernisse als Chance zu sehen. Außerdem werden Gruppenarbeit und Selbstentwicklung, partizipative Zielsetzung und Selbstbelohnung gefördert.

Transformationale Führung fokussiert auf eine Transformation der Motive der Geführten und auf die Förderung eigenständigen Denkens. Führungsverhaltensweisen sind das Vermitteln von Visionen und Idealismus, das inspirierende Kommunizieren, das Stellen hoher Erwartungen an die Kollegen, das Bieten geistiger Anregungen und das Hinterfragen fester Strukturen.

Transaktionale Führung beschreibt die Beeinflussung durch die strategische Ausgabe von Verstärkern, die an der Leistung des Einzelnen oder der Gruppe orientiert ist. Daher sind typische Verhaltensweisen das Verteilen von Lob und materieller Belohnung sowie die Führung nach dem Ausnahmeprinzip, d. h. dem Eingreifen, wenn Probleme auftreten.

Direktive Führung resultiert hauptsächlich aus der Positionsmacht einer Person und umfasst aufgabenorientierte Anweisungen und Vorschriften sowie das Festlegen von Zielen zum Zwecke der Organisation und Koordination der Gruppenaktivitäten.

Aversive Führung nutzt die Macht der Bestrafung, um das Auftreten unerwünschter Verhaltensweisen zu verringern. Zu den Verhaltensweisen zählen Bestrafung, Drohung und Einschüchterung.

Trotz einer derartigen Klassifikation von Führungsverhaltensweisen sind Personen jedoch nicht auf eine Führungsfacette festgelegt. Es wird vielmehr das gesamte Spektrum an Führungsverhalten im Prozess ausgeschöpft. So bedient sich eine eher transformational führende Person auch anderer Verhaltensweisen. Wenn die Situation es fordert, geht sie mit Kollegen Austauschbeziehungen ein oder verzichtet zeitweise gar auf ihren Einfluss. Entscheidend für die Effektivität der Führung ist dabei die Gewichtung der einzelnen Führungsfacetten (Bass und Avolio 1995).

29.3.3 Aktuelle Befunde zur Effizienz geteilter Führung in Teams

Besondere Aufmerksamkeit ließ die Führungsforschung bisher der Wirkung geteilter Führung auf eine der bedeutsamsten Kennzahlen von Organisationen zuteilwerden, der Effektivität von Arbeitsgruppen (Überblick in Wegge et al. 2010). Eine Untersuchung, die sich der Wirkung geteilter Führung auf die Leistung von Prozessoptimierungsteams widmete (Pearce und Sims 2002), lieferte anhand der gewonnenen Daten interessante Erkenntnisse: Je mehr geteilte Führung die Prozessoptimierungsteams zeigten, desto höher fielen die Beurteilungen der Teammitglieder über die Effektivität ihrer Ergebnisse aus. Doch nicht nur die Teammitglieder beurteilten ihre erzielten Ergebnisse als besonders erfolgreich. Auch deren Vorgesetzte und sogar die Kunden dieser Teams nahmen diese Arbeitsgruppen als erfolgreicher wahr. Jedoch bedarf dieses einer differenzierten Betrachtung, da die Führungsverhaltensweisen nicht gleich effektiv waren. Während ermächtigende und transformationale Führung eine positive Wirkung auf die Effektivitätsbeurteilung hatte, wurde für aversive und direktive Führung eine negative Wirkung festgestellt. Für die transaktionale Führung in den Arbeitsgruppen konnte keine eindeutige Wirkungsrichtung bestimmt werden.

Die Analysen zeigten darüber hinaus, dass die geteilte Führung insgesamt sogar eine größere Bedeutung für die Effektivität dieser Teams hatte als die Führung durch den Vorgesetzten. In erfolgreicheren Arbeitsgruppen zeichnete sich ab, dass die Häufigkeit der geteilten Führung das Auftreten der Führung durch den Vorgesetzten überwog. In weniger erfolgreichen Teams überwog die vertikale Führung. Letzterer Befund zeigte sich auch in anderen Studien (Ensley et al. 2006; Pearce et al. 2004).

Gründe für die leistungsförderliche Wirkung geteilter Führung: Wie kommt es, dass sich die geteilte Führung in Arbeitsgruppen so erfolgversprechend darstellt? Hierfür lassen sich verschiedene Gründe finden. Zum einen begünstigt geteilte Führung leistungsförderliche affektive und motivationale Prozesse. Es liegen Studienbefunde vor, dass die Teilung von Führungsaufgaben in der Arbeitsgruppe sich positiv auf die Arbeitszufriedenheit der Geführten, die Gruppenmotivation und das Vertrauen der Teammitglieder in ihre Abteilung auswirkt (Avolio et al. 1996; Shamir und Lapidot 2003; Solansky 2008). Zentral für die geteilte Führung ist eine erweiterte Autonomie und Partizipation der Geführten. Der förderliche Einfluss beider Aspekte auf affektive und motivationale Prozesse von Arbeitnehmern ist seit langem in der Forschung gut dokumentiert (vgl. Spector 1986). Die Übernahme der Führungsverantwortung durch die Gruppe wirkt ebenfalls auf das Vertrauen der Geführten in die Fähigkeiten ihrer Arbeitsgruppe, die geforderten Arbeitsaufgaben zu erledigen (Pearce et al. 2004, Solansky 2008). Diese Zuversicht führt wiederum zu höheren Arbeitsleistungen (Gully et al. 2002). Wenn in Arbeitsgruppen mit geteilter Führung ein großes Vertrauen in die Fähigkeiten der Gruppe vorliegt, ist es nachvollziehbar, dass Mitglieder dieser Gruppen stärker gewillt sind, zusätzliche Anstrengungen zu investieren (Avolio et al. 1996) und Aufgaben übernehmen, die nicht vertraglich vorgeschrieben sind und auch Networking-Verhalten in ihrer Arbeitsgruppe zeigen (Pearce 1997).

Geteilte Führung vermag es weiterhin, potenzielle negative Effekte von Gruppenarbeit zu verringern. Gruppen neigen beispielsweise dazu, vorrangig Wissen zu kommunizieren, das allen Teammitgliedern bekannt ist, obwohl es oftmals für die Lösung eines Problems vorteilhafter wäre, ungeteiltes Wissen in den Vordergrund einer Diskussion zu stellen (Wegge 2004). Die bei geteilter Führung laut Definition auftretende Interaktion und Kommunikation in der Gruppe führt zu einem Austausch von Informationen, der ein weitreichendes transaktives Wissenssystem in der Gruppe schafft. Ein transaktives Wissenssystem umfasst die Kenntnis einer Person über das Wissen der anderen Personen in einer Arbeitsgruppe sowie die sozialen und kommunikativen Prozesse, die zwischen diesen Personen stattfinden und überbrückt somit die Wissens-Diversität einer Gruppe (Überblick in Brauner 2003). Geteilte Führung kann also eine intelligente, leistungsförderliche Informationsverarbeitung in der Arbeitsgruppe fördern, wodurch die Problemlösefähigkeit und die Kreativität der Gruppe erhöht werden. Diese förderliche Wirkung geteilter Führung auf transaktive Wissenssysteme wurde in einer Laboruntersuchung mit Daten gestützt (Solansky 2008). Der Vorteil dieser Informationsverarbeitung kommt besonders zum Tragen, wenn es sich um sehr komplexe Arbeitsaufträge handelt, die das Zusammenwirken verschiedener Perspektiven, Erfahrungen und KnowHow notwendig machen.

Bekannt ist in der Gruppenarbeit auch der sogenannte soziale Müßiggang von Personen in Arbeitsgruppen (Harkins et al. 1980). Dieses Phänomen beschreibt den Rückgang der eigenen Arbeitsmotivation in einer Situation, in der die eigenen Leistungsbeiträge zum Gesamtergebnis der Gruppe nicht oder nur gering feststellbar sind. Dieser Vorgang basiert nicht zwangsläufig auf einer bewussten Intention die Arbeitsmotivation zu verringern, sondern vielmehr auf geringen Fähigkeiten, sich selbst zu führen (Wegge 2004). Derzeit liegen noch keine Studienbefunde diesbezüglich vor, wie jedoch in Abschn. 29.4.2 näher erläutert wird, geht dem Auftreten von geteilter Führung der Erwerb verschiedener Selbstführungsfähigkeiten voraus, weshalb das Auftreten dieses leistungshinderlichen Phänomens in Arbeitsgruppen mit geteilter Führung per se geringer ausfallen sollte. Hinzu kommt, dass die Kollegen über eine breite Spanne möglicher Führungsverhaltensweisen verfügen, das leistungsförderliche Verhalten ihrer Teamkollegen zu forcieren und sozialen Müßiggang zu verhindern. So können die Kollegen durch transformationale Führung die Arbeitsmotivation fördern (Judge und Piccolo 2004). Wie in Abschn. 29.3.2 erwähnt, können sie aber auch z. B. direktive Führung in bestimmten Situationen zweckmäßig einsetzen, um die Arbeitsleistung eines Einzelnen anzuregen.

29.4 Hinweise für die Praxis

29.4.1 Welche Faktoren beeinflussen die Wirkung geteilter Führung?

Die im vorigen Abschnitt beschriebenen Vorteile durch den Einsatz geteilter Führung begründen eine Förderung dieser Führung in Gruppen in verschiedenen Kontexten. Zur Sicherung des Eintretens der beabsichtigten Wirkung der geteilten Führung sollten jedoch vor und während der Implementierung Aspekte betrachtet werden, die darüber entscheiden, ob geteilte Führung zu einem Gewinn für die Gruppe führt oder nicht. Die Aspekte lassen sich den folgenden drei Merkmalsbereichen zuordnen:

1. Aufgabencharakteristika
2. Gruppencharakteristika
3. Organisationale Bedingungen

Zu den relevanten *Aufgabencharakteristika* gehört zum einen die Komplexität der von der Gruppe zu erledigenden Aufgabe. Komplexe Aufgaben zeichnen sich dadurch aus, dass sie dynamisch sind, häufig mehrere Ziele gleichzeitig zu verfolgen sind, hinsichtlich der

Aufgabenerledigung eine hohe gegenseitige Abhängigkeit zwischen den Gruppenmitgliedern vorliegt und zur erfolgreichen Bewältigung der Aufgabe verschiedene Kompetenzen integriert werden müssen. Da geteilte Führung den Austausch von Kompetenzen fördert, ist geteilte Führung zur Bewältigung komplexer Aufgaben ein geeignetes Mittel. Weniger komplexe Aufgaben benötigen hingegen oftmals keine Integration von Wissen verschiedener Personen, weshalb geteilte Führung hier nicht zwangsläufig zu einer Steigerung des Erfolgs beitragen wird. Auch der mit der Aufgabe einhergehende Zeitdruck wirkt auf den Erfolg von geteilter Führung. Wenn Entscheidungen unter sehr hohem Zeitdruck getroffen werden müssen, kann es von Vorteil sein, eine eher vertikale Form der Führung zu nutzen, die die Zeit der Selbststeuerung der Gruppe gering hält. Anschließend sollte in Zeiten, in denen die Qualität von Lösungen im Vordergrund steht, wieder auf geteilte Führung zurückgegriffen werden.

Der Zeitfaktor greift auch auf Ebene der *Gruppencharakteristika*. Nach der Entscheidung für eine Implementierung geteilter Führung benötigt deren vollständige Ausbildung Zeit. Denn bevor die Gruppenmitglieder beginnen, sich gegenseitig zu führen, müssen sie Gruppenstrukturen und Vertrauen zueinander aufbauen. Unterstützen kann dabei die Vereinbarung von Grundregeln für die Zusammenarbeit (vgl. Praxisbeispiel). Aufgrund dieser Voraussetzung sollten Arbeitsgruppen, die eine Stabilität hinsichtlich ihrer personalen Zusammensetzung erleben, mit höherer Wahrscheinlichkeit geteilte Führung aufweisen. In einer frühen Phase der Teamentwicklung (z. B. nach einer Neugründung) ist hingegen eher eine starke vertikale Führung für den Erfolg einer Gruppe zielführend. Weiterhin bedingt die Kompetenz der Gruppenmitglieder die Resultate der geteilten Führung. Gruppenmitglieder, die Kompetenz für die Erfüllung der Gruppenaufgabe besitzen, werden mit höherer Wahrscheinlichkeit Führung innerhalb der Gruppe übernehmen. Andererseits werden Gruppenmitglieder Führung eher von Kollegen entgegennehmen, die sie als fähig für die Problemlösung einschätzen. Besitzt nur ein geringer Anteil der Gruppenmitglieder entsprechende Kompetenz, besteht Gefahr, dass sich nur einzelne Führungspersonen herausbilden und geteilte Führung ausbleibt. Auch der Besitz geeigneter Führungsfähigkeiten ist innerhalb der Gruppe nicht per se gegeben. Zwar kann ein Gruppenmitglied die nötige Aufgabenkompetenz besitzen, bei fehlenden Führungsfähigkeiten bleibt dieses Potenzial jedoch ungenutzt. Daher gilt es, Führungsfähigkeiten gezielt zu fördern.

Organisationale Bedingungen, wie die Organisationskultur sind bei der Implementierung ebenfalls zu betrachten. Damit geteilte Führung auf lange Sicht erfolgreich sein kann, sollte geteilte Führung grundsätzlich in der Organisation erwünscht sein. Werden vorrangig hierarchische Strukturen präferiert, wird die Anerkennung von geteilter Führung gering sein. Betrachtet werden kann an dieser Stelle auch, ob Selbstständigkeit, Verantwortungsübernahme oder auch unterschiedliche Perspektiven der Angestellten in der Organisation wertgeschätzt werden und die Selbstführung gefördert wird, anstatt dass Konformität und Gehorsam unterstützt werden. Auch Belohnungssysteme sollten auf geteilte Führung abgestimmt werden. Individuelle Belohnungen können zu Konkurrenz führen und dadurch das Zusammenwirken der Gruppe behindern.

Neben den hier genannten gibt es zahlreiche weitere Faktoren, von denen angenommen werden kann, dass sie bedeutend für das Auftreten und den Erfolg geteilter Führung sind. Die Bedeutung dieser Aspekte für die Implementierung geteilter Führung und die Aufgaben der Führungskraft werden im folgenden Kapitel und dem Praxisbeispiel weiter betrachtet.

Praxisbeispiel
Einführung von Teamarbeit und geteilter Führung in der Finanzverwaltung Baden-Württemberg
Ausgangslage Die Finanzverwaltung in Baden-Württemberg hat die Hochschule für öffentliche Verwaltung Kehl im Jahr 2000 beauftragt, bei der Einführung eigenverantwortlicher Teamarbeit zu helfen. Die wesentlichen Ziele des Projekts waren die Steigerung der Flexibilität, Effizienz und Qualität der Sachbearbeitung bei eher ungünstigen Rahmenbedingungen (z. B. Personalabbau, viele Teilzeitkräfte, demografischer Wandel, steigende Komplexität des Steuerrechts) sowie die Erhöhung der Zufriedenheit der Sachbearbeiter und der Sachgebietsleiter.
Entwicklungsschritte In sechs Finanzämtern wurden im Rahmen eines Pilotprojekts Modelle, die für den Kontext der öffentlichen Verwaltung passend sind, mit allen Akteuren diskutiert und spezifiziert, die für den Kontext der öffentlichen Verwaltung passend sind. Ergebnis war das „Kehler Modell der Teamarbeit", in dem u. a. vier zentrale Bedingungen für Teamarbeit formuliert sind:
1. Abgestimmte Aufgabenverteilung im Team (z. B. bzgl. Fallverteilung, Rotation, Durchlaufzeiten, Vertretungsregeln, Absprachen über fachliche Zuständigkeiten der Teammitglieder)
2. Selbststeuerungsfunktionen im Sinne der Übernahme von Führungsaufgaben durch die Teammitglieder (z. B. mit Blick auf die Urlaubs- und Vertretungsregeln, die Organisation von Teambesprechungen, die Verfolgung von Zielen oder die Kontakte zu anderen Teams), abgestimmt mit hierarchischen Führungsaufgaben der Sachgebietsleiter
3. Vereinbarung von Grundregeln der Zusammenarbeit (Teamcharta) mit Blick auf Teambesprechungen, Entscheidungsregeln, Ziele und Regeln für die Anerkennung und Kritik und den Umgang mit Regelverstößen.
4. Regelmäßige Reflexion und Revision der Zusammenarbeit durch externe Teambegleitung auf Basis regelmäßiger (intranetbasierter) Teamdiagnostik und Coachingangeboten.

Diese Prinzipien und hiermit verknüpfte Werkzeuge wurden in 202 Schulungen mit 573 Teams (3500 Personen), in verschiedenen Schulungen mit Sachgebietsleitern und in mehreren „Open-Space" Veranstaltungen über einen Zeitraum von mehreren Jahren umgesetzt.
Aktuelle Ergebnisse und „Lessons Learned" Die erzielten Ergebnisse bei der Umsetzung des Projekts wurden auf einer Fachtagung im Februar 2010 ausführlich dargestellt und erörtert (Feuerstein und Fischer 2010). Die Ergebnisse der Begleitforschung bei 105 Teams zeigen u. a., dass in Teams mit stark ausgeprägter geteilter Führung (i.S. von klarer Aufgabenverteilung und häufigem Treffen gemeinsamer Entscheidungen)

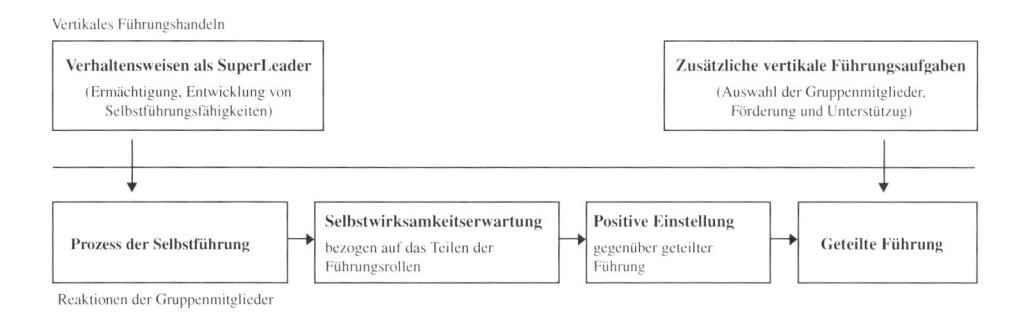

29 Geteilte Führung in Arbeitsgruppen – ein Modell für die Zukunft?

Abb. 29.2 Die Förderung von geteilter Führung durch den Vorgesetzten. (Nach Houghton et al. 2003)

weniger Konflikte und mehr Zufriedenheit erlebt werden. Die Einführung von teilautonomer Teamarbeit und geteilter Führung in der Verwaltung ist daher sinnvoll und effektiv, sie erfordert aber a) ein langfristiges Engagement aller Beteiligten, b) gezielte Schulungsaktivitäten sowohl bei Teammitgliedern als auch bei Teamleitern, c) die Neudefinition der Führungsrolle in flachen Hierarchien und d) eine kontinuierliche Reflexion und Begleitung der Teams auf Basis einer angemessenen Diagnostik und Rückmeldung von zentralen Teamprozessen sowie eines Coachings für Führungskräfte.

29.4.2 Wie kann die Führungskraft das Auftreten geteilter Führung fördern?

Im vorigen Kapitel wurden Faktoren beschrieben, die sich auf den Erfolg und das Auftreten geteilter Führung auswirken. Diese Einflussgrößen können vom Vorgesetzten reguliert werden, weshalb er als Katalysator für geteilte Führung dienen kann. Houghton et al. (2003) stellen in einem Modell die zentralen Möglichkeiten zusammen, wie der Vorgesetzte ihrer Meinung nach die geteilte Führung in der Gruppe fördern kann (s. Abb. 29.2). Zum einen beeinflusst der Vorgesetzte die geteilte Führung *direkt* durch Aufgaben wie:

- die Auswahl von Gruppenmitgliedern hinsichtlich benötigten Fachwissens und Führungsfähigkeiten,
- die Förderung der Entwicklung nötiger Führungsfähigkeiten in der Gruppe,
- die Unterstützung, falls nötige Fähigkeiten in der Gruppe nicht vorhanden sind und
- die gezielte Grenzregulation zwischen der Gruppe und der sie umgebenden Organisationseinheiten.

Wie im vorigen Kapitel beschrieben, kommt besonders der Verteilung von Fachwissen und Führungsfähigkeiten eine entscheidende Rolle zu. Houghton et al. messen jedoch der *indirekten* Förderung von geteilter Führung eine weitaus größere Bedeutung bei. Indirekt kann der Vorgesetzte geteilte Führung durch die Förderung von Empowerment (Ermächtigung) in der Gruppe stärken. *Empowerment* umfasst Aktivitäten, die die Delegation von Autorität und Verantwortung auf die Teammitglieder involviert. Volles Empowerment in Gruppen bedeutet, dass sie die Autorität und Macht besitzen, gruppenrelevante Entscheidungen eigenständig zu treffen und sich selbst zu steuern. Geteilte Führung setzt Empowerment in Gruppen voraus. Sie übersteigt Empowerment jedoch insofern, dass sie durch eine aktive Beteiligung am Führungsprozess ausgezeichnet ist.

Andererseits stärkt der Vorgesetzte die geteilte Führung durch die Förderung von Selbstführungsfähigkeiten der Gruppenmitglieder. *Selbstführung* betrachten Houghton et al. als wesentliche Grundlage erfolgreicher *geteilter Führung*, da die Individuen zunächst die Fähigkeit entwickeln müssen, sich selbst zu führen, bevor sie die Verantwortung für eine erfolgreiche Führung der Kollegen übernehmen können. Durch den Einsatz entsprechender Selbstführungsstrategien erhöhen die Geführten ihre Selbstwirksamkeitserwartung, also ihr Vertrauen in ihre Fähigkeiten, Führungsaufgaben und Verantwortung in der Gruppe ausführen zu können. Vermittelt über eine positive Einstellung gegenüber geteilter Führung bestärkt diese Selbstwirksamkeitserwartung das Verlangen, selbst Führung zu übernehmen.

Die primäre Aufgabe des Vorgesetzten ist daher, als sogenannter *SuperLeader* zu agieren, der andere dazu befähigt, sich eigenständig zu führen und sie dazu ermutigt, die Selbstführungsfähigkeiten effektiv zu nutzen. Der Vorgesetzte beeinflusst die geteilte Führung daher indirekt durch:

- die Entwicklung von Selbstführungsfähigkeiten der Gruppenmitglieder,
- die Einforderung des Gebrauchs von Selbstführungsfähigkeiten,
- die Vermeidung von Bestrafung und die Befürwortung von Lernen aus Fehlern,
- das Formulierung von Fragen, statt Antworten zu liefern,
- die Förderung von Initiative und Kreativität,
- die Reduzierung des Formulierens von Befehlen,
- die Schaffung von Interdependenz und
- die Förderung von Entscheidungsfindungen auf Individual- und Gruppenebene.

Bei der Fülle an Aufgaben des Vorgesetzten wird deutlich, dass geteilte Führung die Bedeutung der Führung von oben nicht aufhebt. Dem Vorgesetzten kommt insbesondere eine entscheidende Rolle in der Bildung und Erhaltung der geteilten Führung zu. Die Notwendigkeit der Entwicklung und Unterstützung der Teammitglieder durch Schulungen und Leitlinien wurde im Praxisbeispiel hervorgehoben.

29.5 Die Bedeutung des Ansatzes für die Zukunft der Führung – ein Ausblick

Was bedeutet geteilte Führung nun für die Zukunft der Führung im Allgemeinen? Kann auf Führung von oben verzichtet werden? Nein – zur Erreichung unternehmerischer Ziele ist jede Form von Führung ein wichtiges Instrument. Die Eingrenzung des Führungsbegriffs auf einen Vorgesetzten ist jedoch, wie dargestellt, im Gruppenkontext zu einseitig und missachtet die Dynamik, die durch das Zusammenwirken verschiedener Personen auftritt. Wie in Abschn. 29.3.3 aufgeführt, zeichnen sich erfolgreiche Gruppen insbesondere dadurch aus, dass sie ihre Aktivitäten nicht ausschließlich von oben dirigieren lassen, sondern sich ihre Mitglieder selbst in den Führungsprozess einbringen. Zahlreiche Befunde befürworten, der Arbeitsgruppe Verantwortung für den Führungsprozess zu übertragen und sich von Kontrolle und Koordination von oben zu lösen. Geteilte Führung sollte jedoch nicht als Allheilmittel zur Optimierung von Gruppenleistungen missverstanden werden (vgl. Abschn. 29.4.1).

Neue Rolle der Führung Vor der Implementierung von geteilter Führung sollten daher insbesondere Besonderheiten der Gruppenaufgabe, aber auch die Rahmenbedingungen der Organisation betrachtet werden. Zu erkennen, wann geteilte Führung eine Ressource darstellen kann, liegt in der Obhut des Vorgesetzten. Ihm kommt in der Förderung und im Aufrechterhalt der Führung durch die Gruppe eine sehr entscheidende Rolle zu, wodurch sich auch sein Aufgabenbereich verändert. Zum einen werden Führungsbefugnisse an die Gruppenmitglieder abgegeben, zum anderen übernimmt der Vorgesetzte Verantwortung, die Funktionen eines SuperLeaders zu erfüllen (vgl. Abschn. 29.4.2), so dass geteilte Führung erfolgreich sein kann.

Gesundheit der Mitarbeiter Zu untersuchen bleibt noch, inwieweit geteilte Führung nicht nur eine Ressource für den Gruppenerfolg ist, sondern ebenfalls die Funktion einer Ressource für die Gesundheit der Gruppenmitglieder und des Vorgesetzten einnehmen kann. Durch die Verteilung der Verantwortung und das selbstständige Vorantreiben der Aufgabenerledigung durch die Gruppenmitglieder kann sich einerseits die Führungslast des Vorgesetzten verringern. Die erhöhte Verantwortung und Entscheidungsbefugnis wird hingegen auf Seiten der Mitarbeiter als gesundheitsförderliche Ressource betrachtet (Demerouti et al. 2001). Ob dieses auch für das komplexe Konzept der geteilten Führung gilt, ist derzeit noch offen und bleibt zu untersuchen. Schließlich kann ebenfalls argumentiert werden, dass die zusätzliche Übernahme von Verantwortung die Arbeitslast erhöht, insbesondere, wenn Gruppenmitglieder ein eher geringes Bedürfnis nach Verantwortungsübernahme haben. Die Forschung ist in diesem Bereich noch lange nicht abgeschlossen.

Berücksichtigung des laissez-faire Führungsstils Es sollten weitere Befunde zu den verschiedenen Auswirkungen geteilter Führung auf die Gruppe und ihre Mitglieder geliefert werden. Dazu muss jedoch eine weitere Differenzierung des Konzepts geteilter Führung vorgenommen werden. Die Einteilung der Führungsverhaltensweisen von den Autoren Pearce und Sims (2002) ist bereits sehr umfassend. In der einschlägigen Führungsliteratur lässt sich u. E. allerdings noch ein weiteres, bei Teamarbeit weit verbreitetes Führungsverhalten der Teammitglieder benennen, welches in der Auflistung von Pearce und Sims (2002) leider keine Berücksichtigung findet: das *laissez-faire* Führungshandeln. Dieses Verhalten beschreibt den weitgehenden Verzicht auf Führung. Eine Person kommt also

Tab. 29.1 Beispielaussagen des Kurzfragebogens zu geteilter Führung. (Piecha und Wegge, in prep.)

Führungsverhalten	Beispielaussagen
Ermächtigende Führung	Meine Teamkollegen geben mir die nötige Befugnis, Entscheidungen zu treffen, die den Arbeitsablauf verbessern
Transformationale Führung	Meine Teamkollegen bringen mich dazu, Probleme aus vielen verschiedenen Blickwinkeln zu betrachten
Transaktionale Führung	Meine Teamkollegen zeigen mir Zufriedenheit, wenn ich die Erwartungen erfülle
Direktive Führung	Meine Teamkollegen schreiben mir vor, für welche Arbeitsaufgaben ich verantwortlich bin
Aversive Führung	Meine Teamkollegen sind unverschämt zu mir
Laissez-faire Führung (umgekehrt)	Meine Teamkollegen sind immer da, wenn ich sie brauche

ihren Führungsverantwortlichkeiten *nicht* nach und verursacht dadurch in der Regel selbst Probleme für die Gruppe (z. B. Bass und Avolio 1995). Wir regen hiermit an, auch dieses Verhalten bei der Analyse und Messung von geteilter Führung in Zukunft zu berücksichtigen. Auf Grundlage dieses Gedankens erstellten Piecha und Wegge (in prep.) ein Messinstrument in Form eines Fragebogens, der dieser Breite von Führungsverhalten Rechnung trägt (für Beispielaussagen siehe Tab. 29.1).

Durch die Integration der laissez-fairen Führung in das Spektrum der geteilten Führungsverhaltensweisen wäre allerdings dann nicht mehr allein das allgemeine Auftreten geteilter Führung in Teams zu verstärken. Um optimale Gruppenergebnisse zu erzielen wäre vielmehr die Förderung von geteilter ermächtigender, transformationaler, transaktionaler und direktiver Führung anzustreben und der geteilten aversiven und laissez-faire Führung im Team entgegenzuwirken. Hinweise dafür liefern auch die Ergebnisse von Pearce und Sims (2002), die in Abschn. 29.3.3 dargestellt werden.

Autorbeschreibung

Dipl.-Psych. Annika Piecha ist wissenschaftliche Mitarbeiterin in der Arbeitsgruppe Wissen-Denken- Handeln und der Professur für Arbeits- und Organisationspsychologie an der Technischen Universität Dresden, wo sie derzeit promoviert. In ihrer Promotion befasst sie sich mit den gesundheitlichen Effekten geteilter Führung auf Mitarbeiter und Führungskräfte. In der wissenschaftlichen Arbeit interessiert sie sich weiterhin für die Bereiche Führung, alter(n)sgerechte Arbeitsgestaltung, Diversität im Team und Emotionen in Organisationen sowie für die Entwicklung und Evaluation von Trainingsmaßnahmen in den genannten Bereichen. Einen weiteren Schwerpunkt Ihrer Tätigkeit stellt die Analyse von Anforderungen von Tätigkeiten dar. E-mail: piecha@psychologie.tu-dresden.de

Prof. Dr. Jürgen Wegge ist Professor für Arbeits- und Organisationspsychologie an der Technischen Universität Dresden (Promotion 1994 und Habilitation 2003 an der Universität Dortmund). Er ist Präsident der Fachgruppe Arbeits- und Organisationspsychologie der DGPs und Mitglied von AOM, SIOP, IAAP, EAWOP und weiteren psychologischen Gesellschaften. Wegge ist im editorial board folgender Zeitschriften: Journal of Occupational and Organizational Psychology, Journal of

Management and Organization, Zeitschrift für Arbeit- und Organisationspsychologie, Zeitschrift für Personalpsychologie und Zeitschrift für Personalforschung. Seine Arbeitsschwerpunkte liegen im Bereich Arbeitsmotivation, Führung, Arbeit und Gesundheit sowie Spitzenleistungen in Organisationen. Zu diesen Themen hat er vier Bücher, 52 Zeitschriftenartikel und 84 Buchkapitel publiziert. E-mail: wegge@psychologie.tu-dresden.de

Prof. Dr. Lioba Werth ist Professorin für Wirtschafts- und Organisationspsychologie an der Universität Hohenheim (Promotion 1998 an der Universität Trier und Habilitation an der Universität Würzburg, 2007–2012 Professorin für Wirtschafts-, Organisations- und Sozialpsychologie an der Technischen Universität Chemnitz). Ihre Arbeitsschwerpunkte liegen im Bereich Führung sowie Leistung, Motivation und Wohlbefinden von ‚Menschen in Räumen'. Zu letzterem leitet sie ein interdisziplinäres Promotionskolleg (www.people-inside.de). 1999 gründete sie das Zentrum für Training und Weiterbildung (mit Sitz in Tegernsee; www.ztw.de) und ist seit dem als Trainerin, Coach und Beraterin in verschiedensten Branchen der Wirtschaft sowie wissenschaftlichen Einrichtungen tätig. Zu all den o.g. Themen hat sie sechs Bücher, 32 Zeitschriftenartikel und 8 Buchkapitel publiziert. E-mail: lioba.werth@psychologie.tu-chemnitz.de

Prof. Dr. Peter G. Richter studierte nach mehrjähriger Tätigkeit als Maschinenbauer Psychologie an der Technischen Universität Dresden, in welchem er anschließend promovierte (1982). Seine Habilitation (1989) verfasste er zum Thema Belastung und Beanspruchung bei geistiger Arbeit. An Universitäten in Prag, Moskau und Budapest absolvierte er Forschungsaufenthalte. Außerdem arbeitete er mehrere Jahre bei Designprojekt Dresden. Seit 1990 ist er wissenschaftlicher Mitarbeiter an der Technischen Universität Dresden mit zusätzlichen Lehraufträgen an den Universitäten Jena, Hamburg und Leipzig. Seit 1993 apl. Professor mit den Schwerpunkten: Arbeits- und Organisationspsychologie, Wirtschaftspsychologie und Architekturpsychologie. E-mail: peri@architekturpsychologie-dresden.de

Literatur

Avolio, B. J., Jung, D., Murry, W., & Sivasubramaniam, N. (1996). Building highly developed teams: Focusing on shared leadership processes, efficacy, trust and performance. In M. M. Beyerlein, D. A. Johnson, & S. T. Beyerlein (Hrsg.), *Advances in interdisciplinary study of work teams* (Bd. 3, S. 173–209). Greenwich: JAI Press.

Bass, B. M., & Avolio, B. (1995). *MLQ multifactor leadership questionnaire. technical report.* Redwood City, CA: Mind Garden.

Brauner, E. (2003). Informationsverarbeitung in Gruppen: Transaktive Wissenssysteme. In S. Stumpf & A. Thomas (Hrsg.), *Teamarbeit und Teamentwicklung* (S. 57–83). Göttingen: Hogrefe.

Demerouti, E., Bakker, A. B., Nachreiner, F., & Schaufeli, W. B. (2001). The job demands-resources model of burnout. *Journal of Applied Psychology, 86*, 499–512.

Ensley, M. D., Hmieleski, K. M., & Pearce, C. L. (2006). The importance of vertical and shared leadership within new venture top management teams: Implications for the performance of startups. *The Leadership Quarterly, 17*, 217–231.

Fischer, J., & Feuerstein, H.-J. (2010). Dokumentation zum Symposium: Teamkonzepte für die öffentliche Verwaltung, Linx, Februar 1010 (unveröff. Manuskript).

Gully, S. M., Incalcaterra, K. A., Joshi, A., & Beaubien, J. M. (2002). A meta-analysis of team efficacy, potency, and performance: Interdependence and level of analysis as moderators of observed relationships. *Journal of Applied Psychology, 87*, 819–832.

Harkins, S. G., Latané, B., & Williams, K. (1980). Social loafing: Allocating effort or taking it easy? *Journal of Experimental Social Psychology, 16*, 457–465.

Hollander, E. P. (1978). *Leadership dynamics: A practical guide to effective relationships*. New York: Free Press.

Houghton, J. D., Neck, C. P., & Manz, C. C. (2003). Self-leadership and superleadership: The heart and art of creating shared leadership in teams. In C. L. Pearce & J. A. Conger (Hrsg.), *Shared leadership: Reframing the hows and whys of leadership* (S. 123–140). Thousand Oaks, CA: Sage.

Judge, T. A., & Piccolo, R. F. (2004). Transformational and transactional leadership: A metaanalytic test of their relative validity. *Journal of Applied Psychology, 89*, 755–768.

Kerr, S., & Jermier, J. M. (1978). Substitutes for leadership: Their meaning and measurement. *Organizational Behavior and Human Performance, 22*, 375–403.

Pearce, C. L. (1997). *The determinants of change management team effectiveness: A longitudinal investigation*. Unpublished doctoral dissertation. University of Maryland-College Park.

Pearce, C. L., & Conger, J. A. (2003). All those years ago: The historical underpinnings of shared leadership. In C. L. Pearce & J. A. Conger (Hrsg.), *Shared leadership: Reframing the hows and whys of leadership* (S. 1–18). Thousand Oaks, CA: Sage.

Pearce, C. L., & Sims, H. P. (2002). Vertical versus shared leadership as predictors of the effectiveness of change management teams: An examination of aversive, directive, transactional, transformational and empowering leader behaviors. *Group Dynamics: Theory, Research, and Practice, 6*, 172–197.

Pearce, C. L., Yoo, Y., & Alavi, M. (2004). Leadership, social work, and virtual teams: the relative influence of vertical versus shared leadership in the nonprofit sector. In R. Riggio, & S. S. Orr (Hrsg.), *Improving leadership in nonprofit organizations* (S. 180–203). San Francisco, CA: Jossey-Bass.

Piecha, A., & Wegge, J. (in prep.). Validation of short scales for assessing vertical and shared leadership in teams.

Shamir, B., & Lapidot, Y. (2003). Shared leadership in the management of group boundaries: A study of expulsions from officers' training courses. In: C. L. Pearce & J. A. Conger (Hrsg.), *Shared leadership: Reframing the hows and whys of leadership*. (S. 235–249). Thousand Oaks, CA: Sage.

Solansky, S. (2008). Leadership style and team processes in self-managed teams. *Journal of Leadership & Organizational Studies, 14*, 332–341.

Spector, P. E. (1986). Perceived control by employees: A meta-analysis of studies concerning autonomy and participation at work. *Human Relations, 39*, 1005–1016.

Thibaut, J., & Kelley, H. H. (1959). *The social psychology of groups*. New York: Wiley.

Wegge, J. (2004). *Führung von Arbeitsgruppen*. Göttingen: Hogrefe.

Wegge, J., Jeppesen, H.-J., Weber, W. G., Pearce, C. L., Silva, S., Pundt, A., Jonsson, T., Wolf, S., Wassenaar, C. L., Unterrainer, C., & Piecha, A. (2010). Promoting work motivation in organizations: Should employee involvement in organizational leadership become a new tool in the organizational psychologists' armory? *Journal of Personnel Psychology, 9*, 154–171.

Wunderer, R., & Grunwald, W. (1980). *Führungslehre*. Berlin: de Gruyter.

30 Umgang mit Risiko als Führungsaufgabe – Lernen von Hochleistungsteams

Monika Küpper und Uta Wilkens

Zusammenfassung

Umgang mit Risiken und die Verantwortung risikobehafteter Entscheidungen sind Anforderungen, denen Wirtschaftsorganisationen gegenüberstehen. In diesem Beitrag werden Antworten auf den Umgang mit Risiken aus den Untersuchungen zu Hochleistungssystemen abgeleitet. Hochleistungssysteme, wie z. B. Rettungs- und OP-Teams, Feuerwehrmannschaften oder auch Sondereinsatzkommandos der Polizei streben unter extremen Risikobedingungen nach Verlässlichkeit ihres Handelns. Auf Basis des derzeitigen Forschungsstandes sind die Führungs-, Organisations- und Lernprinzipien dieser Organisationen auch für Wirtschaftsbetriebe von Interesse, um ihren Umgang mit Risiken zu reflektieren. Die Ursprünge der Hochleistungsforschung und die Prinzipien von Hochleistungssystemen werden vorgestellt und ihre Übertragungsmöglichkeit auf Wirtschaftsorganisationen aufgezeigt.

30.1 Einleitung

Risiko ist ein Merkmal, das für nahezu alle betriebswirtschaftlichen Entscheidungsfelder kennzeichnend ist. Entscheidungen müssen unter begrenzten Informationen und der daraus resultierenden Unsicherheit über ihre genauen Konsequenzen gefällt werden. Dies ist kein neues Phänomen, sondern mit dem Hinweis auf begrenzte Rationalität (March und Simon 1958) ein Kerngegenstandsbereich der betriebswirtschaftlichen Forschung.

Zugleich sind die unerwarteten und nicht intendierten Handlungsfolgen vorausgegangener Entscheidungen etwas, was in der öffentlichen Wahrnehmung angesichts von Ereignissen der jüngsten Vergangenheit präsent ist und die Frage der Verantwortung an

---

M. Küpper (✉) · U. Wilkens
IAW, Ruhr-Universität Bochum, Bochum, Deutschland
E-Mail: Kuepper@iaw.ruhr-uni-bochum.de

U. Wilkens
E-Mail: uta.wilkens@iaw.rub.de

die Entscheidungsträger und handelnden Akteure rückspiegelt. So die 2008 einsetzende Finanzmarktkrise eine Folge risikobehafteter Entscheidungen von Marktteilnehmern unter gleichzeitigem Versagen von Kontrollsystemen über Finanztransaktionen. Die Ölkatastrophe im Golf von Mexiko war die Folge falscher Risikobewertungen des BP-Konzerns über Tiefseebohrungen. Auch die Toten der Loveparade 2010 waren die tragische Folge falscher Risikoeinschätzungen von Veranstaltern kommerzieller kultureller Events und fehlender Koordination zwischen unterschiedlichen Entscheidungs- und Verantwortungsträgern. Diese Liste der Ereignisse, die zu einer öffentlichen Erschütterung geführt haben und mit einer entsprechenden Empörung verbunden sind, wie derartige Fehlentscheidungen zustande kommen konnten, lässt sich beliebig fortsetzen.

Die ausgewählten Beispiele sollen verdeutlichen, dass der Umgang mit Risiko und die Verantwortung risikobehafteter Entscheidungen ein Kernbestandteil von Führungshandeln ist. Nicht immer sind die Folgen derart drastisch; aber durch eine Verkettung von Umständen kann gleichwohl der angenommene *worst case* noch übertroffen werden.

Wie können nun Führungskräfte verantwortlich mit Risiko in Entscheidungsprozessen umgehen? Die Managementforschung hat dazu zwei unterschiedliche Richtungen hervor gebracht, die Gestaltungsfragen adressieren. In der normativen Entscheidungsforschung werden Modelle zur Optimierung von Entscheidungsprozessen und Entscheidungsunterstützungssystemen erarbeitet. Hier wird versucht, die Rationalität des Entscheidungsfindungsprozesses zu erhöhen, Risikofaktoren zu spezifizieren und darüber das Folgerisiko zu minimieren (vgl. Laux 2005). Eine zweite Richtung stellt auf Verhaltensprinzipien in Führungsteams ab, inwieweit diese Komponenten reflexiven verantwortlichen Handelns aufweisen, um sowohl in den Ausgangsentscheidungen als auch in den Handlungsverläufen Risikofaktoren zu minimieren. Diese Ansätze finden in der neueren Managementforschung Beachtung und werden in der Regel als Führung von Hochleistungsteams beschrieben. Von Hochleistung wird dabei gesprochen, weil Teams im Untersuchungsfokus stehen, die unter extremen Risikobedingungen arbeiten und an der Verlässlichkeit der Handlung gemessen werden. Fehlentscheidungen und Fehlhandlungen dieser Teams haben häufig lebensbedrohliche Folgen für Menschen, die von der Handlung betroffen sind. Dazu zählen beispielsweise Rettungs- und OP-Teams, Feuerwehrmannschaften oder auch Sondereinsatzkommandos der Polizei.

In diesem Untersuchungsfeld werden die Arbeits- und Organisationsprinzipien heraus gestellt, die den Unterschied zwischen einer durchschnittlichen Leistung und einer herausragenden Leistung begründen. Das ist möglich, weil es sich um Untersuchungsfelder handelt, in denen das Ergebnis der Arbeit unmittelbar der Arbeitshandlung der beteiligten Akteure zugeschrieben werden kann. Dies gelingt in Wirtschaftsorganisationen aufgrund der Komplexität des Gesamtgeschehens in der Regel nicht. Handlung und Ergebnis stehen aber in einem unmittelbaren Zusammenhang, wenn die Arbeit einsatzbezogen erfolgt, wie z. B. bei Rettungs- und OP-Teams. Hier ist die Rahmenhandlung zeitlich begrenzt, erfordert Höchstkonzentration während des Einsatzes und hat ein klar bewertbares Ergebnis. Fehler innerhalb der Handlung sind identifizier- und zuschreibbar. Da sich die Zielerreichung unmittelbar auf den Wirkungsgrad der menschlichen Handlung – individuell und kollektiv – zurückführen lässt, sind die Befunde aus diesen Untersuchungsfeldern von hohem Interesse für andere Arbeitsbereiche (Wilkens und Externbrink 2011).

Nachfolgend werden die Ursprünge der verlässlichkeitsorientierten Hochleistungsforschung skizziert, um darauf aufbauend die Hauptmerkmale der Führung in Hochleistungsteams zu erläutern. Im Anschluss werden Fragen zur Übertragbarkeit auf Wirtschaftsorganisationen aufgegriffen und Implementierungshinweise gegeben. Denn bislang hat sich diese Forschung auf non-profit-Organisationsformen konzentriert. Der abschließende Ausblick hält die gewonnenen Anregungen für die Führungspraxis fest.

30.2 Hintergrund der verlässlichkeitsorientierten Hochleistungsforschung

Die Ursprünge der Forschung, die sich mit der Minimierung von Risiko unter Bedingungen der Unsicherheit befasst hat, liegen in zwei parallel entstandenen Forschungsrichtungen, der Normal Accident-Forschung und der High Reliability-Forschung, die unter den Begriff der Hochrisiko-Forschung subsumiert werden können. In beiden Strömungen geht es darum, die Faktoren im Arbeitshandeln zu eruieren, durch die Verlässlichkeit im Arbeitsvollzug erreicht werden kann. Die Untersuchungsfrage lautet, von welchen Determinanten es abhängt, wenn in Organisationen, „die ständig unter sehr schwierigen Bedingungen arbeiten […] weit weniger Unfälle und Störungen auftreten, als statistisch zu erwarten wäre" (Weick und Sutcliffe 2003, S. 15). Hieran zeigt sich, dass das Leistungsziel in dieser Forschungsrichtung nicht primär an ökonomischen Kriterien gemessen wird, sondern am Aufbau und Erhalt der Verlässlichkeit und Sicherheit unter Hochrisikobedingungen. Organisationen gelten als erfolgreich, wenn es ihnen gelingt, „unter extrem veränderlichen, überraschenden Bedingungen zuverlässige Leistungen (zu) erbringen" (Weick und Sutcliffe 2003, S. 104). Hochrisiko-Organisationen sind durch eine starke technologische Ausrichtung, die interaktive Komplexität und die enge Kopplung verschiedener Teilsysteme gekennzeichnet – Merkmale, die ein hohes Gefahrenpotential darstellen. Hier können „bereits kleinste Fehler in Teilsystemen leicht zu Zwischenfällen im Gesamtsystem führen" (Mistele 2007, S. 32).

Die Rolle des Fehlers für die Verlässlichkeit wird in den beiden oben genannten Forschungsrichtungen unterschiedlich beurteilt. Die Normal Accident-Forschung (Perrow 1992) geht davon aus, dass sich Fehler beim Einsatz komplexer Technologien nicht verhindern lassen und als „normal" angesehen werden müssen. In ex-post-Untersuchungen der Unfälle in dem Kernkraftwerk Three Miles Island und dem Chemiewerk in Bhopal wurden die Einflussfaktoren identifiziert, die für die Systemanfälligkeit verantwortlich sind. Durch das Zusammenspiel komplexer technischer Systeme und Systemkomponenten, die in enger räumlicher Anordnung kontinuierlich genutzt werden, entstehen in Folge latenter Fehler unvorhersehbare Betriebsstörungen, die auch von spezialisierten Mitarbeitern nicht vorausgesehen und verhindert werden können. Systemunfälle (normal accidents) sind demnach unvermeidbar. Der Kritikpunkt an dieser vorwiegend Fallstudien-basierten Forschungsrichtung ist, dass sie bislang kaum konkrete Lösungsansätze hervor gebracht hat.

Die High Reliability-Forschung teilt die Annahme, dass Fehler in komplexen und eng gekoppelten technologischen Systemen nicht vermieden werden können. Sie widmet sich allerdings weniger einer retrospektiven Betrachtung von Unfällen. In den Feldstudien des interdisziplinären Forscherteams der University of California at Berkeley (vgl. Roberts 1990a, b; La Porte und Rochlin 1994; Weick et al. 1999) in Organisationen der Flugsicherung, der Energieversorgung sowie der Kriegsmarine konnten Faktoren und Maßnahmen eruiert werden, die der Vermeidung von Fehlern und Sicherstellung einer hohen Verlässlichkeit dienen. Die dabei identifizierten verlässlichkeitsbeeinflussenden Faktoren betreffen die technische, organisational-strukturelle und personelle Ebene gleichermaßen. Mitarbeiter in Hochverlässlichkeitsorganisationen sind sich der eigenen Fehlbarkeit und potentieller Gefahren bewusst und nehmen über schwache Signale schon frühzeitig Abweichungen wahr. Der Fehlervermeidung dient der Aufbau von strukturellen, personellen und technischen Redundanzen. Dies geschieht bspw. durch Back-up-Systeme, die Doppelbesetzung von Positionen, durch überlappende Tätigkeiten und Vier-Augen-Prinzipien. Bestehende hierarchische Strukturen werden bei komplexen Aufgaben oder unvorhergesehenen Situationen verändert. Entscheidungen werden unabhängig von der hierarchischen Position von denjenigen Mitarbeitern getroffen, die nahe am tatsächlichen Geschehen und mit der Situationen oder den Problemen besonders gut vertraut sind (vgl. Weick und Sutcliffe 2003, S. 90). Ziele und Handlungssituationen werden möglichst an alle Mitarbeiter kommuniziert, so dass ein gemeinsames Bild der Gesamtzusammenhänge entsteht und die Mitarbeiter ihre eigenen Tätigkeiten und Situationswahrnehmungen einordnen und interpretieren können. Verlässliche Organisationen verfügen über eine Organisationskultur, die sicherheits- und verlässlichkeitsrelevante Werte und Normen in den Vordergrund stellt und einen Bezugsrahmen bietet, der einen offenen und verantwortungsbewussten Umgang mit Fehlern begünstigt und zu einer hohen Klarheit und der Identifikation mit den grundsätzlichen Zielen der Organisationen beiträgt. Sie verfügen über eine permanente Aufmerksamkeit, die es ihnen erlaubt, komplexe und eng gekoppelte Systeme sicher und zuverlässig zu betreiben (Mistele 2007).

Das Konzept der gemeinsamen Achtsamkeit (collective mindfulness) ist in der Hochverlässlichkeitsforschung zentral. Dabei handelt es sich um eine grundlegende Denkweise und mentale Haltung, die mit Aufmerksamkeit und Bewusstsein des Handelns einhergeht. Sie erlaubt es Organisationen, Unerwartetes zu antizipieren und auf Umweltveränderungen, Anomalien und Fehler flexibel zu reagieren (Weick und Sutcliffe 2003). Fünf Dimensionen sind für die außerordentliche Aufmerksamkeit, Flexibilität und Anpassungsfähigkeit von Hochleistungsorganisationen verantwortlich (vgl. Mistele 2007, S. 56):

- die Sensibilität für betriebliche Abläufe,
- die Konzentration auf Fehler,
- die Abneigung gegen vereinfachende Interpretationen,
- ein kontinuierliches Streben nach Flexibilität und
- der Respekt vor fachlichem Wissen und Können.

Im deutschen Kontext wurden die Ergebnisse der Hochverlässlichkeitsforschung an der TU Chemnitz unter der Perspektive der Hochleistungssysteme weiterentwickelt. Als

Hochleistungssysteme werden Organisationen, Einheiten oder Gruppen bezeichnet, „die trotz struktureller und personeller Restriktionen in der Lage sind, auch in unübersehbaren Situationen innerhalb kürzester Zeit zu entscheiden sowie flexibel und situationsgerecht zu handeln" (Pawlowsky et al. 2008c). Dazu zählen medizinische Rettungsdienste, Feuerwehreinheiten oder Spezialeinheiten der Polizei, also Arbeitskontexte, in denen im Team einsatzbezogen gearbeitet wird und das Arbeitsergebnis der Arbeitshandlung dem einzelnen oder dem Team als Einheit zugerechnet werden kann. Hochleistungssysteme agieren in Hochrisikoumwelten, auch wenn ein geringes technologisches Risiko besteht. Maßgeblich sind hier die gravierenden Handlungsfolgen, die bei Fehlhandlungen zu verzeichnen sind und darüber die Risikokomponente definieren. Aufgaben sind komplex und unter Unsicherheit auszuführen, da jederzeit unvorhergesehene Ereignisse eintreten können. Mitarbeiter haben es mit der Bewältigung einer außergewöhnlichen, also nicht durchschnittlichen Problemsituation zu tun und tragen eine hohe ethisch/moralische Verantwortung (Mistele 2007). In der Ausübung dieser Verantwortung lässt sich eine durchschnittliche von einer überdurchschnittlichen Leistung unterscheiden und auf Determinanten rückführen. Auf die Spezifikation dieser Determinanten und die menschlichen Informationsverarbeitungsprozesse sind die empirischen Arbeiten der Forschergruppe an der TU Chemnitz ausgerichtet. Dabei wird bislang qualitativ-deskriptiv geforscht.

30.3 Beschreibung der Hauptmerkmale von Hochleistungssystemen

Die Auseinandersetzung mit Determinanten, die Hochleistung begründen, hat zur Konkretisierung von Führungs-, Organisations- und Lernprinzipien geführt, über die Hochleistungsteams Risiken vermeiden und Verlässlichkeit sichern können (Mistele 2007; Pawlowsky und Mistele 2008; Wilkens und Externbrink 2011).

Das wichtigste *Führungsprinzip* ist die Klarheit über Ziele und Kriterien, an denen die Zielerreichung gemessen wird. Alle Mitglieder eines Hochleistungssystems haben eine gemeinsame Vorstellung von der Zielsetzung und der zu erbringenden Leistung, die von ihnen erwartet wird. Ziele in Hochleistungssystemen sind transparent und werden von allen Mitarbeitern akzeptiert. Bei Situationsänderungen können Ziele durch die Führung angepasst und neu definiert werden. Die Orientierung bleibt erhalten, weil das Handeln von Mitarbeitern in Hochleistungssystemen weniger durch Regeln als vielmehr durch Prinzipien – d. h. durch übergeordnete Ziele, die in der Kultur eines Hochleistungssystems verankert sind und immer gelten – gesteuert wird. Individuelle Interessen verschmelzen mit den Interessen des Hochleistungssystems. Die hohe Einsatzbereitschaft resultiert primär aus der Identifikation mit der Aufgabe (Pawlowsky et al. 2008). Sie folgt intrinsischen Motiven und bedarf dann keiner Verstärkung durch materielle Anreize.

Ein weiteres Führungsprinzip ist die Führung nach Deutungshoheit. Das heißt, dass die Person die Einsatzführung übernimmt, deren mentales Modell die treffendste Deutung der komplexen Situation verspricht, weil Vorerfahrungen über vergleichbare Aufgaben und Ereignisse gegeben sind. In der Regel sind dies formale Vorgesetzte, weil sie über einen hohen Erfahrungsschatz verfügen. Ebenso kann aber die Einsatzleitung mit der formalen Über-Unterordnung auseinanderfallen, wenn ein anderes Mitglied der Gruppe ein differenzierteres mentales Modell der Gesamtsituation aufweist. Die periphere, d. h. dezentrale Kompetenz wird bewusst genutzt, um situationsadäquat reagieren zu können (Pawlowsky et al. 2008). Dieses Prinzip wird in der High Reliability-Forschung als „koordinierte Führung" (Weick und Sutcliffe 2003, S. 91) bezeichnet, die den Respekt vor fachlichem Wissen und Können unterstreicht.

Korrespondierend zur Führung nach Deutungshoheit benötigen die Teammitglieder eine Folgefähigkeit gegenüber unterschiedlichen Einsatzleitungen. Sie müssen in der Lage sein, sich ohne Koordinationsverluste auf eine neue Führung einzustellen. Diese Folgefähigkeit setzt ein gemeinsames mentales Modell aller Gruppenmitglieder voraus und wird durch ein klares, akzeptiertes Rollenkonzept und ein rollenkonformes Verhalten der Rolleninhaber unterstützt (vgl. Mistele 2007, S. 159). Diese Folgefähigkeit lässt sich auch als „Schwarmintelligenz" charakterisieren, da ähnlich wie in einem Vogelschwarm unter einer neuen Spitze eine Formation gebildet werden kann, ohne dass dabei Koordinationsverluste auftreten. Redundante Basiskompetenzen und definierte Rollenkonzepte unterstützen die Handlungsfähigkeit der Gruppenmitglieder und damit die Einsatzführung.

Zu den wesentlichen *Organisationsprinzipien* zählen flache Organisationsstrukturen, da starke Hierarchisierungen eine kompetenzbasierte Einsatzleitung erschweren würden. Es darf keine hohe Machtdistanz unter den Gruppenmitgliedern geben. Die Teams müssen dezentrale Selbstorganisationsfähigkeiten mit entsprechenden Entscheidungs- und Verantwortungsmechanismen haben. Flexible Einsatzstrukturen unterstützen das in der High Reliability-Forschung formulierte organisationale Streben nach Flexibilität. Sie erfordern dabei entsprechende Mitarbeiterkompetenzen, unterschiedliche Rollen innerhalb des Teams einnehmen zu können (Mistele 2007).

Teamarbeit stellt ein Kernorganisationsprinzip dar, das für die Ausbildung gemeinsamer mentaler Modelle konstitutiv ist, damit unter Teammitgliedern auch dann noch gemeinsame Handlungen vollzogen werden können, wenn eine verbale Kommunikation aufgrund extremer Umstände unterbrochen ist. Alle Mitglieder haben ein gemeinsames Verständnis und Bild von den Handlungsvollzügen. Das setzt Teamspirit voraus und kann nur über die systematische Erprobung von Einsatzvarianten und die offene Klärung wechselseitiger Verhaltenserwartungen erzielt werden (Mistele 2007).

Damit werden auch die wesentlichen *Lernprinzipien* von Hochleistungsteams offensichtlich. Das Einüben und Training von Routinen für Einsätze ist konstitutiv für die gemeinsame Handlung; insbesondere erhöht die Routinisierung die für Hochleistung besonders bedeutsame Durchführungseffizienz. Dahingehend ist auch die Wertschätzung von Erfahrungsträgern ausgeprägt und die Ausbildung eines Multi-Rollen-Konzeptes, damit mehrere Gruppenmitglieder bestimmte Aufgabenvollzüge übernehmen können (Koch 2008).

Das Pendant zur Routinisierung ist das Prinzip der Achtsamkeit, die Sensibilität für „schwache Signale". Denn die reine Routinehandlung kann zu gravierenden Fehlern führen, wenn die Abweichung vom Standard nicht erkannt und damit ein erprobtes Handlungsmuster unreflektiert aktiviert wird. Durch das Prinzip der Achtsamkeit gelangt man von der Durchführungseffizienz zur Erneuerung der Handlung. Dahinter stehen bestimmte Lernprinzipien, insbesondere das Reflexionslernen in der Handlung. Dabei wird während des Handlungsvollzuges immer wieder geprüft, ob die aktivierte Routine angemessen ist, oder Variationen vorgenommen werden müssen (Koch 2008; Geithner und Krüger 2008).

Die Weiterentwicklung des Handlungsrepertoirs findet außerdem und besonders intensiv über eine Erfassung und systematische Auswertung von Zwischenfällen und Fehlern nach Abschluss der Handlung statt. Dafür ist ein Incident Reporting erforderlich, das eine wichtige Grundlage für die Reflexion über die Handlung bietet. Während des Reflexionslernens werden wiederum die Grundlagen für neue Routinen gelegt (Hofinger et al. 2008; Geithner und Krüger 2008). Der Nachbereitung und Reflexion des Handelns wird ein hohes Lernpotenzial zugeschrieben. Sie sind daher zentraler Bestandteil von Übungen und Trainings (Mistele 2007).

Die aufgezeigten Führungs-, Organisations- und Lernprinzipien gelten als konstitutiv, damit Teams auch unter Extrembedingungen und starker Unsicherheit und Dynamik erfolgsorientiert auf ein gemeinsames Ziel hinarbeiten können. Daher bilden diese Prinzipien ein Desiderat für die Arbeits- und Organisationsgestaltung, auch in betriebswirtschaftlichen Arbeitskontexten. Inwieweit dieser Transfer möglich ist, wird im anschließenden Abschnitt diskutiert.

30.4 Relevanz für die Praxis: Transfer und Implementierung in Wirtschaftsorganisationen

Die Übertragung der aufgezeigten Führungs-, Organisations- und Lernprinzipien ist an strukturelle, personelle und kulturelle Voraussetzungen gebunden:

- die Implementierung einer projektförmigen Arbeitsorganisation,
- die Kompetenzentwicklung der beteiligten Akteure und
- die kulturelle Verankerung der Routinisierung, gepaart mit einer Haltung der Achtsamkeit.

Für Arbeiten, die projektförmig angelegt sind, kann die Verfolgung der in Hochleistungssystemen geltenden Prinzipien eine wichtige Weichenstellung für die Verbesserung der Systemleistung und der Effizienz sein. Zwar sind Projekte nicht mit Einsätzen, wie in der Hochleistungsforschung untersucht, vollständig vergleichbar, aber es wird ein zeitlich begrenzter Rahmen geschaffen, der eine spezifische Aufgabenkonzentration fördern kann und eine Ergebniszuschreibung zu den handelnden Akteuren erlaubt. Durch die Schaffung interdisziplinärer Projektteams, in denen erfahrene Experten und Nachwuchskräfte zusammenarbeiten, können dann Prinzipien wie Zielklarheit, Teamarbeit mit dezentralen Selbstorganisationsmechanismen, die Führung nach Deutungshoheit sowie das Üben und Training von Routinen als selbstverständliches Alltagshandeln erprobt und gestärkt werden.

Die sorgfältige Auftragsklärung, das Abstecken sachlicher und zeitlicher Rahmenbedingungen in Projektplänen und das Erstellen von alternativen Handlungsmodellen sind heute Bestandteil des Projektmanagements in Wirtschaftsorganisationen. Die in Hochleistungssystemen bedeutsame Zielklarheit und Orientierung kann durch Partizipation bei der Zielbildung, Kommunikation der Ziele und regelmäßiges Feedback über die Zielerreichung unterstützt werden.

Der Kompetenz im Sinne einer situationsübergreifenden Handlungs- und Problemlösungsfähigkeit der handelnden Akteure kommt eine besondere Bedeutung zu. Führungskräfte, Mitarbeiter und Teams sollten ihr Expertenwissen durch die Entwicklung nichtfachlicher Fähigkeiten ergänzen. Formelle und informelle Feedback- und Reflexionsprozesse helfen, die Wahrnehmungs- und Entscheidungsfähigkeit zu verbessern. Dies kann durch Übung und Training (Simulationen und Planspiele) unterstützt werden. Die Konzeption von Kompetenzentwicklungsmaßnahmen sollte sich vor diesem Hintergrund stärker an betrieblichen Beispielen orientieren, Ergebnisse von Reflexionsprozessen aufnehmen und damit auch ökonomischen Aspekten Rechnung tragen. In Mentoren-Modellen und Coaching-Partnerschaften können wichtige Gestaltungsansätze liegen, die im Team und in der Zusammenarbeit mit erfahrenen Mitarbeitern die Reflexion über Handlungsroutinen erhöhen und das Lernen aus Fehlern unterstützen können. Die dafür notwendigen Freiräume sollten in der Projektplanung antizipiert werden.

Die Stärkung der dezentralen Kompetenz und der Selbstorganisationsprinzipien in Projekt-Teams stellen hohe Anforderungen an die Führung. Austauschforen auf Führungsebene und das Instrument der kollegialen Fallberatung können die regelmäßige Evaluation der Team- und Führungs-Leistung, die gemeinsame Analyse von Systemproblemen und die Erprobung neuer Lösungsansätze unterstützen. Damit wird eine Plattform für gemeinsames Reflexionslernen geschaffen, die Offenheit im Umgang mit Fehlern wird gefördert und die Sensibilität für schwache Signale gestärkt. Durch fachliche und moralische Vorbildfunktion wird dabei Modelllernen für Mitarbeiter und Teams ermöglicht. Dies kann zugleich ein Weg sein, um sich auch den im betrieblichen Kontext noch wenig vertrauten Feldern der Führung nach Deutungshoheit statt formaler Überordnung und dem Einüben von Routinen zu öffnen. Die „koordinierte Führung" (Weick und Sutcliffe 2003, S. 91) stellt an die Projektleitung besondere Anforderungen, da Macht bewusst geteilt werden muss. Ebenso bedarf es zeitlicher Freiräume für die Übungsprozesse, die dann aber an anderer Stelle durch Effizienzgewinne wieder ausgeglichen werden.

Die unternehmenskulturelle Verankerung einer Haltung der Achtsamkeit wird als elementare Grundlage der Hochleistungsfähigkeit beschrieben und als organisationale Kompetenz angesehen (Weick 1987; Mistele 2007). Aus dem in High Reliability Organisationen praktizierten Konzept der Achtsamkeit (Weick und Sutcliffe 2003) lassen sich auf Organisationsebene konkrete Prinzipien und Standards für kulturelle Rahmenbedingungen ableiten und in Leitlinien verankern. Die Haltung der Achtsamkeit, die mit dem Respekt vor fachlichem Wissen und Können, flexiblen Strukturen, der Ablehnung vereinfachender Interpretationen, der Aufmerksamkeit und dem Bewusstsein des Handelns einhergeht, lässt sich gezielt in einem Kulturveränderungsprozess (weiter-) entwickeln.

Dieses Prinzip setzt voraus, dass Routinen und Standards erarbeitet und systematisch erprobt werden. Denn ohne Routine können Abweichungen gar nicht erkannt und thematisiert werden. Das Prinzip der Achtsamkeit kann sich ohne Routine nicht entfalten.

In projektorientierten Arbeitsformen können Mitarbeiter unabhängig von ihrer hierarchischen Position befähigt und ermutigt werden, schwache Signale wahrzunehmen, Fehler und Prozessabweichungen zu kommunizieren, Handlungsalternativen zu entwickeln und entsprechend zu handeln. Eindeutige Kommunikationsroutinen bei der Auftragsklärung und Projektübergabe, kontinuierliche Feedbackschleifen im Prozess der Zielerreichung und ein Reporting-System, das kritische Ereignisse für die gemeinsame Reflexion unter einer wertungsfreien Perspektive bereitstellt, können sich positiv auf die Motivation und Leistungsfähigkeit der Akteure auswirken. Gemeinsame Handlungs-Prinzipien und Ziele unterstützen die Fähigkeit, komplexe und sich schnell verändernde Situationen bewältigen zu können. Eine Verankerung der Hochleistungs-Prinzipien in der Unternehmenskultur und ihre Erprobung in projektförmigen Arbeitsorganisationen ermöglichen best-practice-Beispiele, die den Veränderungsprozess stützen und organisationsweit zur Nachahmung anregen können.

Beispiel

Eine Übertragung der Führungs-, Organisations- und Lernprinzipien aus Hochleistungssystemen in den industriellen Kontext lässt sich am Beispiel des Projektmanagements auf Kundenbaustellen, dem sogenannten Baustellenmanagement eines Maschinen- und Anlagenbauers aufzeigen.

Die Baustellenorganisation stellt besondere Anforderungen an die Verantwortlichen, sei es hinsichtlich vorausschauender Planung und Risikomanagement, des Umgangs mit Planabweichungen, Flexibilität im Falle kritischer Ereignisse und der vernetzten Führung von eigenem und Kunden-Personal. Dabei hat die Bau- und Montagephase vor Ort beim Kunden einen wesentlichen Einfluss auf die Vermeidung von Pönalen und damit die Wertschöpfung von Projekten im Industrieanlagenbau. Eine sorgfältig geplante und professionell durchgeführte Vorbereitung, Abwicklung und Nachbereitung des Baustelleneinsatzes ist daher unabdingbar für den Projekterfolg.

Das Baustellenmanagement ist in die Phasen Einsatzvorbereitung, Montage und Inbetriebnahme sowie Einsatznachbereitung gegliedert und wird als zeitlich abgeschlossenes Handeln bezogen auf ein bestimmtes Ziel und eine konkrete Aufgabe verstanden. Es erfordert eine ausgeprägte Zielklarheit und Orientierung aller Beteiligten vor Einsatzbeginn. Im Rahmen der Einsatzvorbereitung wird das Baustellenteam umfassend und auf Basis früherer kritischer Ereignisse über den Auftrag und seine Besonderheiten informiert. In dieser Phase werden Prinzipien ausgehandelt, es entstehen gemeinsame mentale Modelle. Die Baustellen-Führung wird einem erfahrenen Monteur übertragen, eine Nachwuchskraft übernimmt die Stellvertretung. Auf diese Weise wird unter anderem Modelllernen ermöglicht. Während der Einsatzdurchführung stellen wöchentliche Einsatzberichte an den Projektmanager sicher, dass Kommunikationsroutinen zwischen internen und externen Stellen eingehalten werden. Zusätzlich werden in einem Baustellen-Tagebuch Problemsituationen, Fehler und Verbesserungspotentiale dokumentiert. Dieses Tagebuch dient bei der Einsatznachbereitung als Grundlage ausgeprägter Feedback-, Reflexions- und Lernprozesse. Es wird daher auch im Trainingsbereich und für die Ausbildung neuer Mitarbeiter eingesetzt. Baustelleneinsätze in industriellen Großprojekten erfordern ein gemeinsam koordiniertes Vorgehen unter Integration verschiedener Kenntnisse, Fähigkeiten und Kulturen.

Hochleistungssysteme agieren effizient und effektiv in dynamischen und unbekannten Situationen. Für den Transfer in Wirtschaftsorganisationen bieten Hochleistungssysteme Gestaltungshinweise, die zur Steigerung der Leistungsfähigkeit und Verlässlichkeit herangezogen werden können.

30.5 Ausblick

Der Umgang mit Risiken und unerwarteten Handlungsfolgen vorausgegangener Entscheidungen ist in Wirtschaftsorganisationen alltäglich. So gesehen werden im Wirtschaftskontext handelnde Akteure mit Anforderungen konfrontiert, die denen in Hochverlässlichkeitsorganisationen vergleichbar sind. Durch ihre außerordentliche Zielklarheit und Zielorientierung, die systematische Erprobung und Verankerung von Routinen, die ausgeprägte Wahrnehmungskompetenz und Sensibilität für schwache Signale, flexible Strukturen, ein akzeptiertes Rollenkonzept und eine in der Kultur verankerte Achtsamkeit handeln Hochleistungssysteme auch in neuen und unbekannten Umweltsituationen effektiv und effizient. Für Wirtschaftsunternehmen gibt es Ansatzpunkte für den Transfer: Projektorientierte Arbeitsformen, eine hohe Zielorientierung, regelmäßige Feedback- und Reflexionsrunden, Maßnahmen zur Kompetenzentwicklung (Wilkens 2009) und darauf aufbauende Entscheidungsautonomie beinhalten das Potenzial zur Leistungsverbesserung. Durch eine Routinisierung gepaart mit einer Haltung der Achtsamkeit und Wahrnehmungsfähigkeit von schwachen Signalen wird die Fähigkeit ausgebildet, neue Situationen bewältigen und Unerwartetes handhaben zu können. Die Erkenntnisse der Hochleistungsforschung bieten Anregungen für die Führungspraxis, indem sie

- in risikobehafteten, strategisch bedeutsamen Entscheidungsprozessen ein mentales Modell liefern,
- die Bedeutung von Routinen und Standards als Basis der Verlässlichkeit bewusst machen,
- auf die notwendige Erprobung des Ernstfalles hinweisen,
- durch den Hinweis auf Achtsamkeit und schwache Signale Möglichkeiten schaffen, für die Organisation bedeutsame Trends verlässlicher zu erkennen,
- die Akteure bei der Bewältigung von Komplexität und Dynamik durch eine klare Zielorientierung und Feedbackkultur unterstützen,
- durch Führungsentscheidungen und -handlungen, die sich konsequent an den gewählten Prinzipien ausrichten, eine Vorbildfunktion und Veränderung durch Modelllernen ermöglichen.

Die Führung eines Systems zur verlässlichen Hochleistung erfordert eine ganzheitliche ebenenübergreifende Betrachtungsweise. Das gilt für die Analyse, die Ableitung und Umsetzung von Maßnahmen und ihre Evaluation. Für die notwendige Kompetenzentwicklung auf der Ebene der Organisation, der Teams, der Mitarbeiter und Führungskräfte stellt die Kompetenzforschung Instrumente zur Verfügung, die Führungshandeln unter Risikobedingungen und Unsicherheit auf der Basis wissenschaftlicher Erkenntnisse absichern können.

Autorbeschreibung

Diplom-Betriebswirtin Monika Küpper ist wissenschaftliche Mitarbeiterin und Doktorandin des Lehrstuhls Arbeitsmanagement und Personal am Institut für Arbeitswissenschaft (IAW) der Ruhr-Universität Bochum. Nach dem Studium der Betriebswirtschaftslehre an der Hochschule Bochum war sie von 1993 bis 2008 Personalleiterin und Prokuristin eines mittelständischen Maschinenbauunternehmens. Nach Abschluss ihres berufsbegleitenden Studiums zum Master of Organizational Management (MOM) am Institut für Arbeitswissenschaften übernahm sie 2008 im Unternehmen die Leitung der Personalentwicklung. Gegenwärtig ist sie im betrieblichen Kontext verantwortlich für ein Projekt zum Kulturwandel in Folge eines M&A-Prozesses sowie Lehrveranstaltungen in der wissenschaftlichen Weiterbildung.

Prof. Dr. Uta Wilkens (Jg. 1967) ist seit 2005 Inhaberin des Lehrstuhls Arbeitsmanagement und Personal am Institut für Arbeitswissenschaft (IAW) der Ruhr-Universität Bochum und seit 2008 dort auch Prorektorin für Lehre, Weiterbildung und Medien. Zwischen 2006 und 2008 hatte sie die Geschäftsführende Leitung des IAW inne. Von 2004 bis 2005 war Uta Wilkens Professorin für Betriebswirtschaftslehre, insbesondere Personalmanagement und Organisation an der Wissenschaftlichen Hochschule Lahr (WHL). Ihre Promotion und Habilitation in den Wirtschaftswissenschaften absolvierte sie an der Technischen Universität Chemnitz, an der sie zwischen 1994 und 2004 als wissenschaftliche Mitarbeiterin bzw. Assistentin tätig war. Zuvor war sie wissenschaftliche Mitarbeiterin an der FU Berlin, an der ihre akademische Laufbahn nach dem Abschluss des dortigen Studiums als Diplom-Kauffrau und Diplom-Handelslehrerin begann. In 1995 erfolgte ein Forschungsaufenthalt am Economic Policy Institute in Washington, D.C. und am MIT, in 2000 eine Kurzzeitdozentur am Japan Advanced Institute of Science and Technology. In der Forschung setzt Uta Wilkens ihre Schwerpunkte in der Kompetenzerfassung, in neuen Beschäftigungsformen und psychologischen Vertragsbeziehungen sowie in der Hochleistung von Teams.

Literatur

Geithner, S., Krüger, V. (2008). Hochleistungsteams: Lernen durch Reflexion. In P. Pawlowsky & P. Mistele (Hrsg.), *Hochleistungsmanagement. Leistungspotenziale in Organisationen gezielt fördern* (S. 133–149). Wiesbaden: Gabler.

Hofinger, G., Horstmann, R., & Waleczek, H. (2008). Das Lernen aus Zwischenfällen lernen: Incident Reporting im Krankenhaus. In P. Pawlowsky & P. Mistele (Hrsg.), *Hochleistungsmanagement. Leistungspotenziale in Organisationen gezielt fördern* (S. 207–224). Wiesbaden: Gabler.

Koch, J. (2008). Routinen in Hochleistungssystemen – Zwischen Perfektionierung und Mindfulness. In P. Pawlowsky & P. Mistele (Hrsg.), *Hochleistungsmanagement. Leistungspotenziale in Organisationen gezielt fördern* (S. 97–110). Wiesbaden: Gabler.

La Porte, T., & Rochlin, G. (1994). A rejoinder to Perrow. *Journal of Contingencies and Crisis Management*, 2(4), 221–227.

Laux, H. (2005). *Entscheidungstheorie. 6. durchges. Aufl.* Berlin u. a.: Springer.

March, J. G., & Simon, H. A. (1958). *Organizations*. New York: Wiley.

Mistele, P. (2007). *Faktoren des verlässlichen Handelns. Leistungspotenziale von Organisationen in Hochrisikoumwelten*. Wiesbaden. Gabler.

Pawlowsky, P. (2008a). Führung in Hochleistungssystemen. In S. Sackmann (Hrsg.). (2008). *Mensch und Ökonomie. Wie sich Unternehmen das Innovationspotenzial dieses Wertespagats erschließen* (S. 303–316). Wiesbaden. Gabler.

Pawlowsky, P., & Mistele, P. (2008b). Über den Tellerrand schauen. In P. Pawlowsky, & P. Mistele (Hrsg.), *Hochleistungsmanagement. Leistungspotenziale in Organisationen gezielt fördern* (S. 1–17). Wiesbaden: Gabler.

Pawlowsky, P., Mistele, P., & Geithner, S. (2008c). Auf dem Weg zur Hochleistung. In P. Pawlowsky & P. Mistele (Hrsg.), *Hochleistungsmanagement. Leistungspotenziale in Organisationen gezielt fördern* (S. 19–31). Wiesbaden: Gabler.

Perrow, C. (1992). *Normale Katastrophen: Die unvermeidbaren Risiken der Großtechnik*. (2. Aufl.). Frankfurt, New York.

Roberts, K. H. (1990a). Some characteristics of one type of high reliability organization. *Organizational Science*, 1(2), 160–176.

Weick, K. E. (1987). Organizational culture as a source of high reliability. *California Management Review*, 24, 112–127.

Weick, K. E., & Sutcliffe, K. M. (2003). *Das Unerwartete Managen. Wie Unternehmen aus Extremsituationen lernen*. Stuttgart

Weick, K. E., Sutcliffe, K. M., & Obstfeld, D. (1999). Organizing for high reliability: Processes of collective mindfulness. *Research in Organizational Behavior*, 1, 81–123.

Wilkens, U. (2009). Kompetenzmanagement. In C. Scholz (Hrsg.), *Vahlens Großes Personallexikon* (S. 597–598). München.

Wilkens, U., & Externbrink, K. (2011). Führung in Veränderungsprozessen. In W. Busse von Colbe, A. G. Coenenberg, P. Kajüter, U. Linnhoff, & B. Pellens (Hrsg.), *Betriebswirtschaft für Führungskräfte. Eine Einführung für Ingenieure, Naturwissenschaftler, Juristen und Geisteswissenschaftler* (4. Aufl.).Stuttgart: Schäffer Pöschel, 209–233.

Passion meets Profession – erfolgreiche Führung von Fußballteams und Ballettensembles

Dagmar Abfalter, Julia Müller, Melanie E. Zaglia und Linda Fitz

Zusammenfassung

Die Führung von Expertenteams ist eine zentrale Herausforderung in Unternehmen ebenso wie im Sport- und Kunstbereich. Mitglieder von Expertenteams werden häufig als schwierig, temperamentvoll und egozentrisch charakterisiert. Zusätzlich erschwert wird die Führungsaufgabe, wenn – wie im Fall von Fußballspielen und Ballettaufführungen – der Coach bzw. Choreograph während des Leistungserstellungsprozesses nicht direkt eingreifen kann. Diese spezielle Situation wurde bisher in der Führungsliteratur nicht aufgegriffen. **Daher wurden 17 narrative Interviews geführt und mit GABEK®-WinRelan®** ("GAnzheitliche BEwältigung von Komplexität") analysiert. Mit Hilfe der Darstellung der Metastruktur der Interviews mit Choreographen und Fußballtrainern konnten wir die vorherrschenden Charakteristika, Aufgaben und Rollen in diesen Teams identifizieren und besser verstehen. Darüber hinaus konnten wir Einblicke in die Beziehungen zwischen Führenden und Geführten sowie Determinanten des Führungserfolgs gewinnen, die Rückschlüsse auf generelle Fragen der Führung von Expertenteams zulassen.

D. Abfalter (✉) · L. Fitz
Universität Innsbruck, Institut für Strategisches Management,
Marketing & Tourismus, Universitätsstraße 15,
6020 Innsbruck, Österreich
E-Mail: Dagmar.Abfalter@uibk.ac.at

J. Müller
Martin-Luther-Universität Halle-Wittenberg, Große Steinstr. 73,
06108 Halle/Saale, Deutschland
E-Mail: julia.mueller@wiwi.uni-halle.de

M. E. Zaglia · L. Fitz
Universität Innsbruck, 6020 Innsbruck, Österreich
E-Mail: melanie.zaglia@uibk.ac.at

L. Fitz
E-Mail: linda.fitz@live.at

31.1 Einleitung

Samstagabend, im Theater und am Fußballplatz. Der Vorhang hebt sich erneut. Unter tosendem Applaus verbeugt sich der Choreograph des Stadttheaters mit seinem Ensemble vor dem Publikum, während das lokale Fußballteam im Siegestaumel seinen Trainer auf die Schultern nimmt und gemeinsam mit den Fans jubelt. Obwohl der Trainer und der Choreograph den Erfolg ihrer Teams nur von den Zuschauerplätzen aus verfolgen durften, sind sie zu Recht stolz auf die Leistung ihrer Teams und ihren Führungserfolg. Die Führung solcher (Experten-)Teams stellt eine besondere Herausforderung dar (vgl. „herding cats" von Henry Mintzberg), da Mitglieder von Expertenteams häufig als schwierig, temperamentvoll und egozentrisch beschrieben werden und sie in ihrer Arbeit häufig nicht linear, sondern heuristisch und unberechenbar vorgehen. Die Ansprüche an die Führung steigen noch, wenn die Teamleiter zum Zeitpunkt der Leistungserstellung – während des Matches oder der Aufführung – keinen Einfluss mehr ausüben können. Wie können Führungskräfte in diesem Spannungsfeld zwischen notwendiger Autonomie und Kontrolle ihre Teams zum Erfolg führen? Forschung darüber, wie Führungskräfte in solchen Situationen erfolgreich sein können, ist begrenzt. Daher beleuchten wir in diesem Beitrag die Führung spezieller Expertenteams am Beispiel von Fußballteams und Ballettensembles und schaffen Einblicke für analoge Teams im Wirtschaftsbereich indem wir folgende Fragen beantworten:

- Was macht erfolgreiche Expertenteam-Leader in diesem Kontext aus?
- Was sind ihre wichtigsten Aufgaben?
- Welche Art der Beziehung bauen Leader und Teammitglieder zueinander auf?
- Welcher Führungsstil ist für diese Form der Expertenteams zielführend?

31.2 Hintergrund des Führungsansatzes: Expertenteams

Das wirtschaftliche Umfeld fokussiert zunehmend auf einen Wettbewerb um die seltene Ressource „Talent". Expertenteams, also Gruppen mehr oder weniger gleichberechtigter und unabhängig denkender Experten, werden im Unternehmensalltag immer wichtiger. Expertenteams, auch virtuose oder All-Star Teams genannt (Boynton und Fischer, 2007), zeichnen sich durch ein hohes Maß an Spezialisierung und Training sowie das Erzielen von Höchstleistungen aus. Die hier untersuchten Expertenteams setzen sich aus Personen mit hohem Wissensniveau und Expertise auf einem bestimmten Gebiet zusammen – Personen mit einem gewissen „Marktwert". Dabei handelt es sich jedoch nicht um eine willkürliche Zusammenstellung individueller Talente, sondern eine Zusammenstellung handverlesener „Performer", die spezifische Schlüsselrollen einnehmen sollen. Talent allein ist kein Garant für Erfolg und dies trifft auf Teams noch stärker zu, da die einzelnen Spezialisten sich koordinieren, interagieren und Handlungen sowie ihre kognitive Arbeit in Einklang bringen müssen, um ein gemeinsames Ziel zu erreichen. Experten in Fachbereichen wie Musik, Tanz oder Sport vertrauen häufig auf ihren Körper und Routinen ihres kinästhetischen Gedächtnisses. Körperliches Wissen vereint Denken und Handeln (Stevens und McKechnie, 2005) und ermöglicht die nötige Flexibilität in dynamischen Kontexten.

31.2.1 Besonderheiten von Fußballteams

Professionelle Sportler zeichnen sich durch außergewöhnliche motorische (Allard und Starkes 1991) sowie kognitive und perzeptive Fähigkeiten (Ward und Williams 2003) in ihrem speziellen Bereich aus. Im Mannschaftssport wie Fußball, Handball oder Basketball aber auch im Einzelsport wie Leichtathletik oder Eiskunstlauf trainieren die Athleten hart um punktgenau während des Wettbewerbs Höchstleistungen zu erbringen. Mental „starke" Fußballspieler werden als intrinsisch motiviert, entschlossen zu siegen und aufgabenorientiert beschrieben und verfügen über ein hohes Niveau an Arbeitsethos und Disziplin. Wirtschaft und Sport ähneln sich in der Bedeutung des effizienten und systematischen Einsatzes der seltenen Ressource Talent, in der Fokussierung auf Talente als Hauptakteure der Leistungserstellung und in der Bedeutung der zentralen Figur des Managers/Trainers. Er ist letztlich für die gesamte Strategie des Teams verantwortlich und wird ausschließlich anhand der Leistung des Teams beurteilt (Brady et al. 2008).

31.2.2 Besonderheiten von Ballettensembles

Die Arbeit mit Künstlern wird häufig als besondere Herausforderung betrachtet. Künstler oder begabte Personen allgemein werden immer wieder als neurotisch und instabil beschrieben (Zaleznik 1992). Darstellende Künstler zeichnen sich durch gute interpretative und Gedächtnisleistungen aus. Tänzer nutzen diese zur Markierung von Bewegungssequenzen, um sich an lange und komplexe Abläufe erinnern zu können. Bewegungen werden mit Symbolen versehen, die abgespeichert, verkörperlicht und mit emotionalen Ausdrücken kombiniert werden, sodass ein persönlicher Stil entsteht (Kogan 2002). Die Kreation ebenso wie die Aufführung von Tanz scheint dadurch sowohl prozedurales als auch deklaratives Wissen zu vereinen (Stevens und McKechnie 2005). Ensembles der Darstellenden Künste teilen dieselben Ähnlichkeiten mit Wirtschaftsteams, wie wir sie für Fußballteams identifiziert haben. Der Dirigent wird häufig als Beispiel und Metapher für herausragende Führungspersonen verwendet. Dabei haben manche Führungskräfte mehr Ähnlichkeiten mit Künstlern als mit Managern (Zaleznik 1992; Abfalter und Hinterhuber 2006). Dennoch kann das Bild des Helden am Podium, der die Situation vollständig kontrolliert irreführen – denn wie im Sport wird die Hauptarbeit *vor* der Leistungserstellung erbracht (Mintzberg 1998).

31.3 Beschreibung des Führungsansatzes: Führung von Expertenteams

Erfolg oder Misserfolg von Unternehmen werden in der öffentlichen Wahrnehmung häufig auf das Verhalten und die Entscheidungen der obersten Führungskräfte zurückgeführt. Führung selbst wird dabei auf unterschiedliche Weise definiert. Manche Definitionen orientieren sich an der grundlegenden Dichotomie zwischen Leadership und Management (Zaleznik 1992; Hinterhuber 2007), wobei Leadership bedeutet, die richtigen Dinge im Sinne von strategischen Entscheidungen und persönlichen Beziehungen zu tun und Management heißt, die Dinge richtig zu tun. Die meisten Leadershiptheoretiker sehen Führung als interaktiven Prozess zwischen Führenden und Geführten, der als Austauschbeziehung in einem Gruppenkontext stattfindet. In der Folge hängt der Erfolg des Teams von der Kooperation der Führungskraft mit ihrem Team zusammen. In Expertenorganisationen fördern die hohe intrinsische Motivation der Mitglieder und visionäre, passionierte und einnehmende Führungskräfte (Hunt et al. 2004) den Erfolg. Hier beruht Führung nicht auf formalen Hierarchien, sondern kann auf jeder Ebene gefunden werden (Pearce 2004). Schließlich ist effektive Führung situationsabhängig und verlangt von den Führungskräften entsprechende Sensibilität (Antonakis et al. 2003). Die besonderen Gegebenheiten im Kontext von Expertenteams erhöhen hierbei die strukturellen und situativen Herausforderungen an erfolgreiche Führung.

31.3.1 Führungsmodelle

Besonders in älteren Werken über Führung finden wir den Hinweis, dass Führung nicht erlernt werden kann, sondern dass es sich um angeborene Fähigkeiten handelt. In Kultur und Sport treffen wir freilich immer noch auf Überreste dieser „Great Man"-Ansätze, die in der Forschung inzwischen heftiger Kritik ausgesetzt sind (z. B. Alimo-Metcalfe und Alban-Metcalfe 2001). Jüngere Forschung im Bereich des Team-Leadership fokussiert auf symbolisches Führungsverhalten. Die Führungskraft inspiriert und motiviert das Team mit ihrer Vision, ein bestimmtes Ziel zu erreichen, und bietet hierfür Richtung und Unterstützung. Authentizität wird als wichtige Führungsqualität erkannt, und Emotionen/Gefühle ergänzen die ästhetischen Leadershipkomponenten (Hansen et al. 2007).

Expertenteams sind insofern speziell, als ihre Mitglieder einen hohen Grad an Autonomie benötigen und häufig feste Strukturen verweigern, um frei arbeiten und kreativ sein zu können (Mumford et al. 2002). Die kreative Natur der Aufgabe von Kunstensembles oder Sportteams würde demnach einen nicht-direktiven Führungsstil erfordern. Dennoch kann diese Freiheit in der Strategie-/Choreographie-Entwicklung deutlich eingeschränkt werden, vor allem wenn der Termin für Wettbewerb/Aufführung naht. Die Führungskraft muss dem Team mit einer Kombination aus Autorität und Charisma Vertrauen schenken und Verantwortung übergeben (Boerner et al. 2004). Demnach ist das „Shared Leadership"-Modell nicht auf alle Hochleistungsteams anwendbar (Pearce 2004). Soziale Distanz bzw. Unterschiede in Status, Rang, Autorität und Macht beeinflussen den Grad sozialer Intimität und sozialen Kontakts, der sich zwischen Geführten und ihren Führungskräften entwickelt, und wird als wichtig für die Teamleistung erkannt, insbesondere in Expertenteams. Folglich sind auch im Team klar abgegrenzte Führungsrollen wie jene des Spielmachers oder Solotänzers zu definieren.

Diese Herausforderungen werden in den sogenannten „neuen" Leadership-Ansätzen berücksichtigt, die visionäre und charismatische, situative, transformative und authentische Modelle umfassen. „The leader gives a sense of direction and purpose through the articulation of a compelling world-view […], the active promotion of values which provide shared meanings about the nature of organization" (Bryman 1992, S. 276). Die Führungskräfte befähigen die Geführten durch die Förderung ihrer persönlichen Entwicklung und die Stärkung der Beziehungen zwischen dem Individuum und der Gruppe (Bass 1985). Effektive Führung hängt davon ab, wie die Anforderungen einer bestimmten Situation verstanden werden und welche Form der Partizipation als erfolgsversprechend beurteilt wird (Vroom und Jago 1998). Empfehlungen beinhalten eine Übereinstimmung von Worten und Taten, was den Ruf nach authentischen Leadern verstärkt. Das Konstrukt Authentizität verlangt, sich selbst gegenüber ehrlich zu sein sowie Ernsthaftigkeit und Integrität. Für effektive Führung sollten Führungskräfte in der Lage sein, unterschiedlichen Zielgruppen verschiedene Gesichter zu zeigen und dabei auf ihrer erfahrungsgestützten Intuition aufzubauen (z. B. Avolio et al. 2004).

31.3.2 Auswirkungen von Führung auf Teamleistung

Zaccaro et al. (2001) identifizieren vier interdependente Faktoren für die Effektivität von Teams. *Führungsprozesse* beeinflussen die Faktoren geteilte mentale Modelle, kollektive Informationsverarbeitung und die Metakognition des Teams, die wiederum Auswirkungen auf dessen Effektivität haben. Effektives Führungsverhalten hängt von der Fähigkeit einer Führungskraft ab, schlecht definierte, komplexe, neuartige und soziale Probleme in Organisationen zu lösen. Die Schaffung eines gemeinsamen Verständnisses der operativen Umwelt gehört zur Verantwortung der Führenden. Durch *geteilte mentale* Modelle sind Expertenteams in der Lage, ihr Verhalten auch ohne Kommunikation abzustimmen. Geteiltes Wissen in Teams ermöglicht es, Hinweise ähnlich zu interpretieren, kompatible Entscheidungen zu treffen und entsprechende Handlungen vorzunehmen. So ist Wissen um die Spielregeln und Rollen auf jeder Position des Spielfeldes unumgänglich, um zu siegen. Jeder Spieler muss wissen, wann die Kollegen einbezogen werden müssen, wann er eingreifen muss, wann Hilfe angebracht ist und wann das eigene Verhalten in Hinblick auf das Team angepasst werden muss. Vision und gemeinsame Ziele schaffen die Basis zur Zusammenarbeit. *Kollektive kognitive Prozesse* basieren auf den gemeinsamen mentalen Modellen auf der Teamebene. Gemeinsame Momente, zum Beispiel der Kreativität im Orchester, können zu Spitzenleistungen führen. *Kollektive Metakognition* schließlich vereint Wissen und Reflexion darüber, wie einzelne Mitglieder und das Team Probleme wahrnehmen Lösungsmöglichkeiten beurteilen und Lösungen implementieren. Führung kann also nicht nur als Input, sondern auch als Ergebnis der Teamprozesse gesehen werden.

Häufig wird frühere Führungserfahrung als Auswahlkriterium für Führungspositionen gewählt. Bereits vor vierzig Jahren hat Fiedler (1970) den positive Zusammenhang zwischen Führungserfahrung und Führungserfolg untersucht. Diese Beziehung wurde besonders in Sportteams wie Baseball oder Basketball bestätigt (Avery et al. 2003). Voraussetzungen für den Teamerfolg sind frühere Führungserfahrung ebenso wie Erfahrung in der Rolle des Geführten und die Vertrautheit mit Extremsituationen (Avery et al. 2003). Da jedes einzelne Teammitglied einen hohen Grad an Expertise und Professionalität benötigt, wird dasselbe von der Führungskraft erwartet, um ihr Respekt entgegen zu bringen (Mumford et al. 2002): Expertise, Kompetenz, professionelles Training und Verständnis für die spezifische Situation der Geführten.

31.4 Relevanz für die Praxis: Eine Studie

31.4.1 Methodik

Der Analogieschluss hat Tradition in der Leadershipforschung – Sportteams und Künstlerensembles wurden bereits häufig als Vorbild für effektives Führungsverhalten in der Wirtschaft verwendet. In unserem Fall wurden zwei Beispiele für Expertenteams ausgewählt: Fußballteams und Ballettensembles. Diese Teams teilen folgende Merkmale:

- Es finden sich hohe Niveaus an Expertise bei Leadern und jedem einzelnen Teammitglied.
- Die Zusammenarbeit im Team ist Voraussetzung für Erfolg.
- Bei Führungskräften und Teammitgliedern handelt es sich um (zumeist) starke Charaktere.
- Führungskräfte werden für gute und schlechte Leistungen des Teams verantwortlich gemacht, haben allerdings keine Möglichkeit während der eigentlichen Leistungserstellung (mit Ausnahme der Pausen) Einfluss zu nehmen.
- Es gibt eine klare Hierarchie bzw. Führungsposition des Coaches/Choreographen (was einen potentiellen Unterschied zu virtuosen Teams darstellt).

Die empirische Grundlage dieses Beitrags bilden Interviews aus dem Jahr 2008 über Führungserfahrungen und -prinzipien mit neun Fußballtrainern erfolgreicher österreichischer Fußballclubs der ersten und zweiten Liga sowie acht Choreographen an erfolgreichen österreichischen und deutschen B-Theatern. Das Sample ist strukturell männlich dominiert, drei Choreographen sind weiblich. Da es kaum publizierte Forschungsergebnisse zu dieser speziellen Form der Expertenorganisation gibt, haben wir eine induktive qualitative Herangehensweise gewählt.

Die 17 narrativen Interviews wurden mit GABEK®-WinRelan® („GAnzheitliche BEwältigung von Komplexität") analysiert. Durch eine Reihe regelgeleiteter Analyseschritte kann das ungeordnete aber potentiell signifikante Wissen der Befragten zu einem Wissensgebiet über eine oder mehrere Organisationen hinweg gesammelt und systematisiert werden. Hierbei werden sowohl Syntax als auch Semantik der natursprachlichen Texte berücksichtigt. Durch die Indexierung sowie die Darstellung von konzeptuellen Strukturen, Kausalannahmen und sprachlichen Gestalten wird ein Verständnis für konkrete Probleme geschaffen (Zelger und Oberprantacher 2002; Raich et al. 2012).

In den folgenden Abschnitten geben wir eine detaillierte Beschreibung der Ergebnisse zu den eingangs gestellten Forschungsfragen. Die konzeptuellen Strukturen werden in Form von Assoziationsgraphiken dargestellt, um den spezifischen sozialen Kontext auf Grundlage der verbalen Information herauszuarbeiten. Hierbei dienen die Schlüsselkonzepte als Knotenpunkte. Die Graphiken zeigen lediglich Verbindungen, die innerhalb einer Sinneinheit und über das Sample hinweg öfters genannt wurden. Zum besseren Verständnis werden kurze Texte in Originalsprache, welche die Metastruktur der Graphiken wiedergeben, angefügt.

31.4.2 Ergebnisse

Die Führung von Expertenteams in Fußball oder Ballett erfordert spezielle Führungsfähigkeiten. Wir haben insbesondere Faktoren, die den Führungserfolg zum Zeitpunkt der Leistungserstellung, die spezifischen Führungsaufgaben und -rollen sowie die Beziehung zu den Teammitgliedern hinsichtlich geeigneter Führungsstile darstellen, untersucht.

31.4.2.1 Eine Passion für Erfolg

Wie erwartet haben sowohl die Fußballtrainer als auch die Choreographen eine starke Passion für ihren Beruf zum Ausdruck gebracht (Hunt et al. 2004). In den Interviews wurde explizit nicht nach Freude am Beruf gefragt, die folgenden Statements wurden jeweils selbständig von den Interviewten als Teil ihrer Erzählungen genannt:

> Es ist jedes Mal ein unglaubliches Gefühl ... also ich bin zwar keine Frau und werde nie Kinder kriegen, aber ich glaube, dass dieser Moment, wenn man da zum ersten Mal sein Stück mit Licht, Kostüm und Originalchoreographie auf der Bühne sieht, das ist meistens zur ersten Komplettprobe, das ist ein irres Gefühl [...] Das ist glaub ich mit der schönste Moment, jedes Mal. (Dc1, Choreograph)

> Die Aufgabe des Trainers, dass es ein erfolgreiches Team ist und erfolgreiche Spiele absolviert, ist meiner Meinung nach hauptsächlich, dass du sie den Spaß am Fußball nicht verlieren lässt, dass sie wirklich auch Spaß haben. Ich sag immer zu meinen Spielern: Habt ihr Spaß? Auch wenn es das wichtigste Spiel in der Saison ist, du musst Spaß haben. (Jb2, Fußballtrainer)

Die Persönlichkeiten von Tänzern und Fußballspielern werden häufig als schwierig zu führen beschrieben. Charaktereigenschaften wie Egoismus und Narzissmus gemeinsam mit hoher professioneller Expertise und Enthusiasmus stellen eine besondere Herausforderung dar:

> Es ist immer ein Problem. Jeder Tänzer ist narzisstisch. Ein Tänzer will immer derjenige sein, der am meisten tanzt, derjenige, der besser aussieht als der andere. Also wenn man weiß, dass man 10 Tänzer vor sich hat und ein Tänzer tanzt mehr als die anderen, dann fühlen sich die anderen nicht so gut. Es ist also sehr schwirig, das richtig zu organisieren. (Cb8, Choreograph)

> Dadurch, dass jeder seine Situation auch immer subjektiv beurteilt, entstehen gewisse Konflikte. Auf dem Niveau, auf dem wir uns bewegen, ist jeder Spieler sehr selbstbewusst und es passiert dann immer wieder, dass sich Leute ungerecht behandelt vorkommen -das ist eigentlich Gang und Gebe in diesem Geschäft. Wir haben einen Kader von 24 Spielern, die alle Profis sind und die ein gewisses Niveau haben und da geht jeder davon aus, dass er unter den 11 Spielern ist. Es geht nicht anders, es sind immer nur 11 Spieler und da entstehen schon manchmal soziale Konflikte. (Pb8, Fußballtrainer)

Die Gründe, ein professioneller Spieler oder Trainer bzw. Tänzer oder Choreograph zu werden, sind ebenso wie die Motivation weiterzumachen, intrinsischer Natur. Häufig wurde diese Entscheidung bereits in jungen Jahren getroffen:

> Schon im Kinderballett habe ich die Choreographien meiner Meisterin umgeändert. Das fand sie gar nicht lustig. Ich habe also ziemlich früh angefangen, mit zehn Jahren oder so… (Ba1, Choreograph)

> In unserer Familie herrscht eine große Fußballtradition. Mein Großvater war Gründer des FC XX, mein Vater war viele Jahrzehnte Sektionsleiter und Betreuer beim FC, die ganze Familie ist eigentlich auf dem Fußballplatz aufgewachsen. Unsere Heimat ist der Fußballplatz, hier sind wir auch aufgewachsen. Es hat sich so weiterentwickelt. Mein Sohn spielt auch Fußball und es wird immer so weitergehen. (Ia3, Fußballtrainer)

Führungskraft eines Profi-Teams zu werden, ist häufig eine logische Konsequenz im Karrierepfad (Kogan 2002):

> Ich habe die 8-jährige Ballettschulausbildung gemacht und dann 10 Jahre an verschiedenen Theatern getanzt […] Parallel dazu habe ich schon so kleine Choreographien gemacht. Dieser Übergang ist ziemlich nahtlos gewesen, weil ich mich immer schon für das, was neben dem Tanz noch möglich ist, interessiert habe - Theater. (Da2, Choreograph)

> Ich hatte das Alter, um mit Fußballspielen aufzuhören und eine Verletzung. Darum ist mir die Entscheidung relativ einfach gefallen. Weil ich schon lange bei dem Verein gewesen bin, auch Kapitän gewesen bin, habe ich dann ein Angebot bekommen. Ich konnte im Verein bleiben und auch noch mit Profis zusammenarbeiten. (Ja2, Fußballtrainer)

31.4.2.2 Der Einfluss der Führungskraft auf den Teamerfolg

Wie Abb. 31.1 zeigt, befinden sich Coach/Choreograph in einer schwierigen Situation. Der Fokus der Aufmerksamkeiten von Fans, Publikum, Kritikern und Medien liegt auf dem Zeitraum der Leistungserstellung. Das Potential der Führungskraft, Einfluss zu nehmen, beschränkt sich auf die Vorbereitungsphase, in der sie ihre Ziele und Vision für die Aufführung oder das Match vermittelt. Während dieser Vorbereitungsphase können Führungskräfte das Team unterstützen, Anweisungen geben und motivieren. Während Fußballtrainer zumindest in der Halbzeit noch eine Chance auf ein Gespräch mit dem Team haben und Spieler auswechseln können, verzichten Choreographen in der Regel darauf. Bei beiden liegt die Verantwortung nun bei den Spielern/Tänzern.

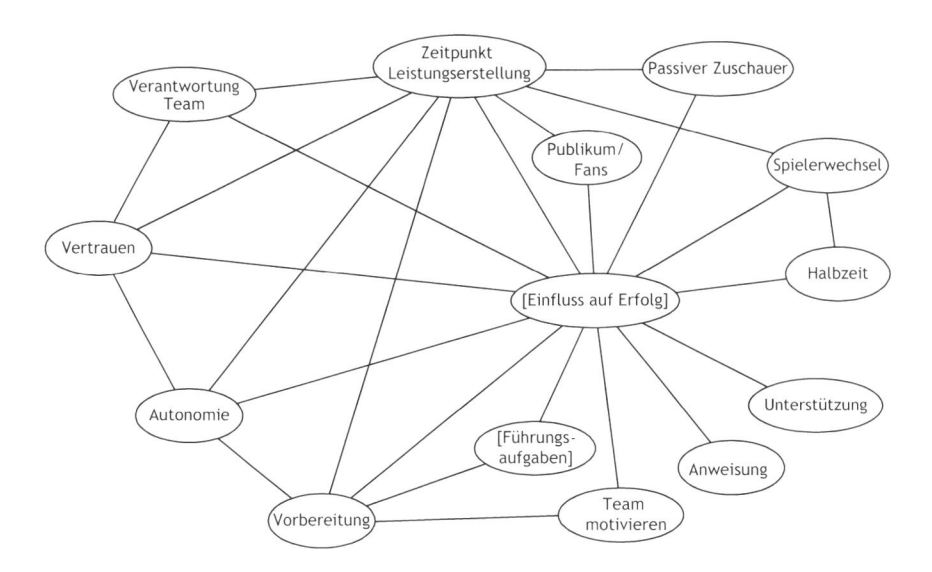

Abb. 31.1 Netzwerkgraphik, Einfluss der Führungskraft auf den Teamerfolg, n ≥ 4

> Ich versuche zu motivieren, indem ich meine ganze Energie in die Proben gebe und sie merken, dass ich alles gebe - und dann werden sie motiviert. Wenn am Abend der Vorhang aufgeht und es viel Applaus gibt, und dann wissen sie, wir haben es recht gemacht und gut gearbeitet. (Eb5, Choreograph)

> Sie sind auf die Position, die sie spielen, vorbereitet worden und das Ergebnis sieht man dann nach dem Spiel. Während des Spiels beeinflusse ich eigentlich wenig. (Id5, Fußballtrainer)

> Ich bin ab und zu doch sehr emotional, aber ich bin nicht der Typ, der alle 5 Minuten aufspringt, von der einen zur anderen Platzseite rennt und jedem Spieler zuruft, wo er wie reinlaufen soll. Ich versuche sie im Training darauf vorzubereiten, selbständig zu arbeiten, selbständig spielen zu können, weil ich aus meiner aktiven Karriere einfach weiß, dass man das einfach nicht hört. Wenn du mit Puls 180 am Platz herumrennst und der Trainer schreit hinein: ‚Kämpf ein bisschen mehr!', da kannst du fast nichts machen. (Je2, Fußballtrainer)

Während der Aufführung bzw. des Spiels werden die Choreographen und Trainer zu passiven Beobachtern, so dass die Fans bzw. das Publikum zu diesem Zeitpunkt einen stärkeren Einfluss auf den Erfolg ausüben als sie. Sind die Spieler bzw. Tänzer auf dem Spielfeld oder der Bühne, ist eine Vertrauensbeziehung zwischen Führenden und Geführten von größter Bedeutung (Crossan et al. 2008). Daher sehen Führungskräfte ihre Aufgabe in der Vorbereitung des Teams auf die Aufführung bzw. das Spiel und geben den Teammitgliedern vollständige Autonomie für die Leistungserstellung.

> Aber faktisch (…) hat man keinen Einfluss. Dieses Vertrauen muss man dann auch in die Tänzer haben, dass man sagt: „Ok, wir haben bis hierher gearbeitet und jetzt gehört das Stück euch." Und wenn man das spürt, dann kann man sich natürlich viel entspannter zurücklehnen, als wenn man merkt, dass die Tänzer diesen Punkt noch nicht erreicht haben, dann ist es eben noch wichtiger, dass man präsent ist und sie auch noch bei der zehnten Aufführung unterstützt. (Db2, Choreograph)

> Wenn man längere Zeit mit jemandem zusammenarbeitet, merkt man natürlich, wenn es einem Spieler gut geht oder nicht. Man kennt die Spieler ja auch schon privat, und wenn einer über einen längeren Zeitraum schlecht drauf ist, eine Woche oder so, dann ist das auch eine Pflicht, dass man da mal nachfragt, ob es etwas Privates oder Gesundheitliches ist, weil das mindert dann auch immer wieder die Leistung. (…) Es ist halt unheimlich wichtig, dass die Leute von selbst kommen, dann hat man schon gewonnen. Dann hat man schon Vertrauen gewonnen und darf es dann auch nicht missbrauchen. (Kb1, Fußballtrainer)

31.4.2.3 Führungserfolg

Für die Führungskräfte ist das Streben nach Erfolg die treibende Kraft. Deshalb wird in Abb. 31.2 das Konzept Führungserfolg genauer betrachtet. Erfolgserlebnisse sind die schönsten Momente im Beruf, während Misserfolge oder verlorene Spiele oft nur schwer zu ertragen sind/waren. Beide Situationen – Erfolg und Misserfolg – sind emotionsgeladen:

> Alles was ich mache zielt auf Erfolg ab. Natürlich kann man es nicht vorprogrammieren, weil man kann ja immer nur das machen, was man für richtig hält, wo man dahinter steht und was man vertreten kann, wo man sich auch selbst ins Gesicht blicken kann. Das macht man und wenn es gut ist, dann wird das auch so honoriert aber man kann nicht sagen ‚Ich mach jetzt mal ein Erfolgsstück.' (Bb1, Choreograph)

> Ich bin ein Typ, der nicht verlieren kann und das hadert in mir unglaublich, aber trotzdem weiß ich, dass Niederlagen nicht nur zum Job gehören, sondern auch in der Persönlichkeitsentwicklung sehr wichtig sind. (Kc1, Fußballtrainer)

> Ich muss gewinnen. Es heißt ja normalerweise, wenn das Team gut spielt, dann war das das Team und wenn das Team verliert, dann war das der Trainer. (Na8, Fußballtrainer)

Während der Aufführung bzw. des Spiels schaffen Publikum und Fans einen Eindruck von Erfolg, zum Beispiel durch ihren Beifall. Gleichzeitig beeinflussen die Ergebnisse ebenso wie externe Stakeholder (bspw. der Verein) die Erfolgswahrnehmung. Ein starkes Team und ein Gefühl von Gemeinschaft und Zusammengehörigkeit werden zum Erreichen dieser Ergebnisse benötigt (Manz et al. 2009). Ein Teil der Erfolgswahrnehmung ist allerdings weniger ergebnis- als kontextabhängig. **Die Führungskräfte fühlen sich selbst erfolgreich, wenn ihr Team alles gibt und die Mitglieder ihr ganzes Potential ausgeschöpft haben:**

> Wenn ich merke, dass die Leute zusammen atmen, wenn ich merke, dass die vielen Körper zu einem Organismus verschmolzen sind und dass sie synchronisiert sind und dass sie mit einer Seele denken, fühlen und atmen, mit allen Individuen, die da sein müssen und mit allen individuellen Kräften, es muss immer jemanden geben, der meckert, es muss immer jemanden geben, der eigentlich keine Lust hat, das gehört auch dazu, aber insgesamt muss der Organismus leben. (Db3, Choreograph)

> Am erfolgreichsten bin ich immer, wenn ich sehe, dass die Mannschaft ihr gesamtes Potential ausgeschöpft hat, egal, ob wir dann gewonnen haben, unentschieden gespielt haben oder verloren haben. (Jc6, Fußballtrainer)

> Ich würde sagen, wenn ich das Potential jedes Einzelnen voll ausschöpfen kann. Wenn ich weiß, der Spieler kann mehr, weil viele Spieler mehr können, aber ich schaffe es nicht, das aus ihm herauszukitzeln, dann habe ich als Trainer versagt. (Kb4, Fußballtrainer)

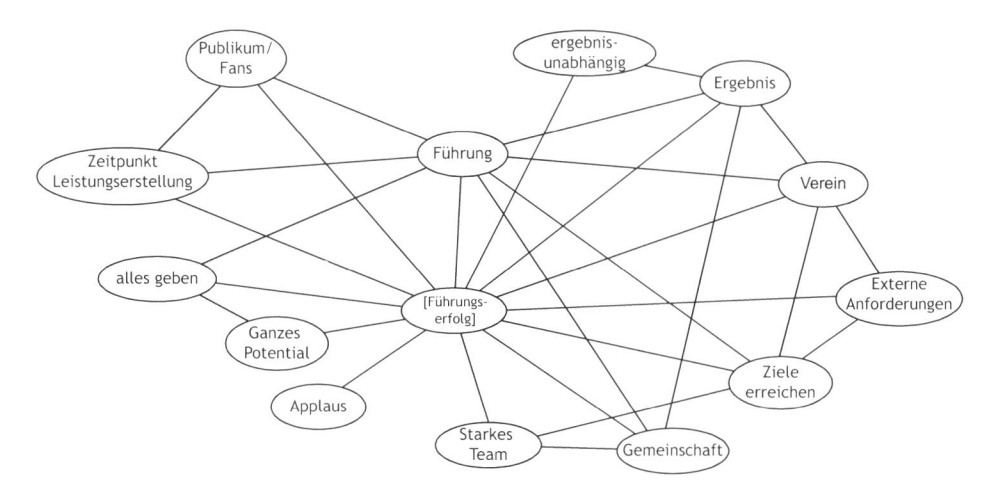

Abb. 31.2 Netzwerkgraphik – Führungserfolg, n ≥ 3

Abb. 31.3 Netzwerkgraphik – Führungsaufgaben, n ≥ 4

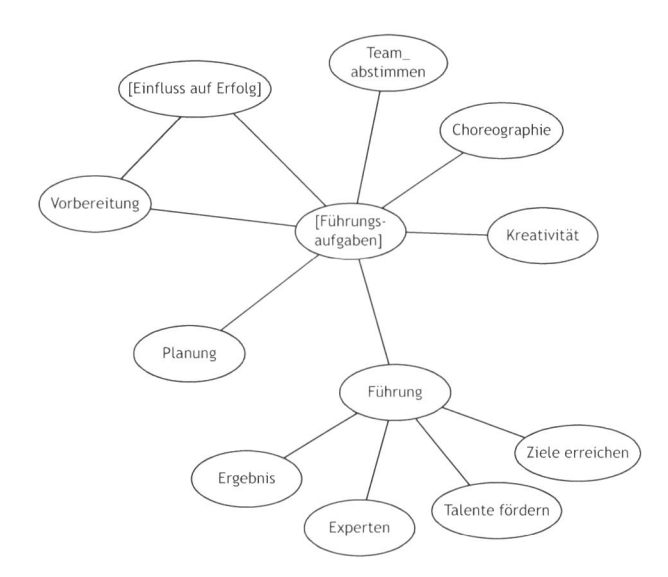

31.4.2.4 (Führungs-)Aufgaben

Die Vorbereitung des Teams auf den Zeitpunkt der Leistungserstellung ist die Hauptaufgabe der befragten Fußballtrainer und Choreographen (s. Abb. 31.3). Es gilt, in einem kreativen Akt die Team-Strategie bzw. Choreographie zu entwickeln und zu planen. Die Auswahl und Zusammenstellung der einzelnen Mitglieder für ihre individuelle Rolle oder Funktion anhand ihrer Expertise und Fähigkeiten ist ein Kernelement der Führungsarbeit. Führung wird als wichtigste Aufgabe definiert, insbesondere da es sich um die Führung von Experten handelt, und stellt das wichtigste Instrument zur Erreichung von Zielen und der Förderung von Talenten dar:

Abb. 31.4 Netzwerkgraphik – Beziehung Führende - Geführte, n ≥ 4

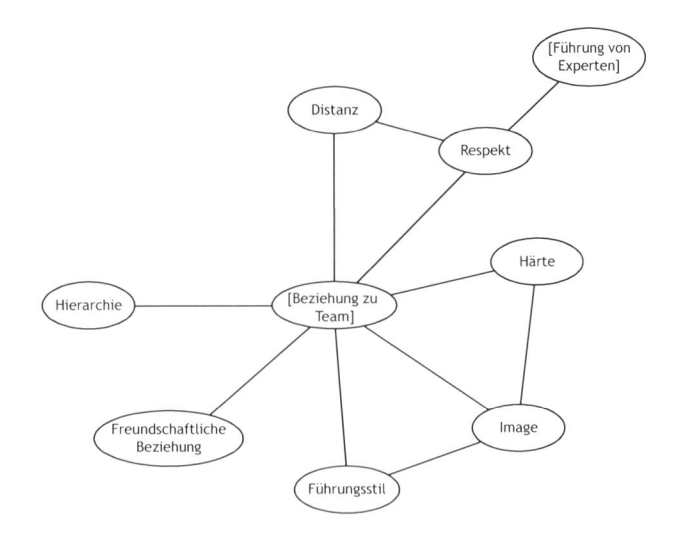

(…) Ja, das Problem hab ich hier eigentlich nicht, weil die Leute mir vertrauen und ich die Leute immer dahin setze, wo sie am besten sind, und das wissen sie auch. (Ea6, Choreograph)
(…) Bei einer Mannschaft ist es so wie bei einer Firma. Über die Saison brauchst du alle Leute. Du brauchst den 18. genauso irgendwann in der Mannschaft und dann muss er unter den ersten 11 sein und sein Bestes geben. Und hier ist es wichtig, die Spieler darauf vorzubereiten, dass, wenn sie zum Einsatz kommen, sie 100 Prozent geben können, das ist sehr wichtig. (Ja6, Fußballtrainer)

Die Teamleistung ist keine individuelle Errungenschaft, sondern Resultat einer kollektiven Anstrengung, welche die Summe der Einzelleistungen übertrifft. Die Führungskraft verfügt hierbei über den Gesamtüberblick und koordiniert die einzelnen Kräfte auf die Gesamtstrategie:

(…) Also jeder gibt seinen Einzelteil dazu und trotzdem entsteht etwas Drittes, etwas Neues, was einer alleine nie erreichen kann, aber was im Team zusammen entstehen kann. Und um diese Kraft frei zu setzen, um die Leute zu synchronisieren, um die Leute aufeinander abzustimmen und füreinander zu sensibilisieren, dazu ist der Choreograph da. (Da5, Choreograph)

Na ja, ich bin ja auch Coach, ich trainiere die Spieler also auch relativ hart. Natürlich ist man nicht immer beliebt, das ist klar, weil man muss relativ hart durchgreifen, aber ich denke, sie vertrauen mir sehr, und wenn ich eine Choreographie habe, wissen sie, dass ich den Überblick über das ganze Stück habe und fragen halt nach, aber sie vertrauen mir so, dass sie sagen: „Ok, wir geben unser Bestes und wir vertrauen darauf, dass der das richtig macht." (Eb3, Choreograph)

31.4.2.5 Beziehungen zwischen Führungskraft und Teammitgliedern

Beziehungen in Teams, in denen Führungskräfte und Mitglieder eng und intim miteinander arbeiten, werden häufig mit Freundschaft verwechselt. Wie Abb. 31.4 zeigt, zeichnet sich die Beziehung zwischen Führenden und Geführten einerseits durch eine freundschaftliche Beziehung mit der nötigen Nähe, andererseits durch ein notwendiges Maß an Distanz aus. Soziale Distanz wird insbesondere in der Führungsbeziehung mit Experten als notwendig zur Bewahrung von Hierarchie und dem nötigen Respekt betrachtet

Abb. 31.5 Netzwerkgraphik – Führungsrolle, n ≥ 4 (Erweiterungen n ≥ 3)

(Cole et al. 2009). Führungsstil ist wichtig und die meisten Befragten empfinden sich selbst als streng, was sie als notwendig für Erfolg erachten:

> Also ich bin eigentlich nicht sehr streng. Ich kann schon sehr streng sein, aber ich bin eigentlich mit den Tänzern immer so als Kumpel, weil ich finde, dass wir alle in einem Boot sitzen. Sie müssen ja meine Sachen, meine Schritte umsetzen, und wenn die sich nicht wohl fühlen, setzen sie es schlechter um. Aber eine gewisse Strenge oder Disziplin muss ja da sein, nicht? (Gb7, Choreographin)

> Ich gehe mit den Spielern sehr locker um, versuche ihnen Spaß zu vermitteln, bin spaßig. Ich gehe also sehr kumpelhaft mit ihnen um. Nichts desto trotz muss das Verhältnis aber noch etwas Distanz aufweisen, damit der Respekt erhalten bleibt. (Hb7, Fußballtrainer)

31.4.2.6 Individuelle Führungsstile

Die Führungsrolle wird durch den individuellen Führungsstil des Führenden, eine gewisse Härte bzw. Strenge im Umgang mit den Mitgliedern sowie seine Beziehung zum Team beeinflusst (s. Abb. 31.5). Wissen und Expertise machen die Führungskraft interessant und wertvoll für das Team. Diese Rolle zeigt sich besonders in der Schaffung eines starken Teams durch Gemeinschaft und Zusammenarbeit in Hinblick auf ein gemeinsames Ziel.

Die Interviews zeigen Evidenz für situative Führung. Die Führungskräfte wählen unterschiedliche Herangehensweisen je nach Situation und Persönlichkeit der Geführten:

> Es gilt, die Grundsituation - in welcher Stadt, mit welchen Leuten man so sensibel und so feinfühlig wie möglich arbeitet - aufzusaugen und daraus eine Vision zu entwickeln und diese so klar wie möglich zu formulieren: für das Team und für die Leute, die dann für einen arbeiten oder mit einem zusammenarbeiten. (Da6, Choreograph)

> So wie eine Firma geführt wird, wird auch der sportliche Bereich in einer Kampfmannschaft geführt. Es gibt die typischen Ansätze dafür. Man wählt auch immer aus, welchen Führungsstil man verwenden sollte. Es gibt Spieler, die brauchen die strenge Hand, andere brauchen wieder Kommunikation, wiederum gibt es Spieler, die komplett in Ruhe gelassen werden wollen. (Ka5, Fußballtrainer)

Direktive Führung gibt eine aufgaben- und zielorientierte Richtung und Struktur vor und gibt Empfehlungen, wie die Ziele erreicht werden können. Boerner et al. (2004) hat in ihren Studien im Orchester Evidenz für direktiv-charismatische Führung gefunden, die auch in unsere Beispielen trotz eines hohen Reifegrades aller Teammitglieder erkennbar ist:

> Man muss genau wissen, was man will – erst das grobe, das große Ziel vor Auge haben. Und dann muss man sich im Detail sich auf die einzelnen Proben vorbereiten. (…) Da überlege ich mir „Was ist mein Ziel? Was will ich einstudieren, wie weit will ich kommen?" und wenn ich das sehr klar definieren kann, spüren die Tänzer auch, dass der Choreograph, der ja im Grunde der Teamleiter ist, dass der die Führung hat und weiß, was er will, und dann lassen sie sich auch gerne führen. (Aa6, Choreograph)

> Ein Team zu führen bedeutet für mich vor allem den Spielern Wege vorzugeben, wie die gesteckten Ziele zu erreichen sind, und ihnen dabei zu helfen. (Ha6, Fußballtrainer)

Authentizität ist ein wichtiges Element der Führung von Expertenteams, sie schafft Glaubwürdigkeit und Respekt und erleichtert den Umgang mit stark unterschiedlich ausgeprägten Charakteren:

> Ich habe immer gutes Feedback von den Tänzern bekommen. Es kommt natürlich ein Tag, an dem man denkt „Hilfe, ich verliere mich!" Ich bin eigentlich immer ganz cool und sympathisch, aber es gibt einen Punkt im kreativen Prozess, wo ich die Geduld verliere. Da könnte ich dann einen Stuhl nehmen und ihn gegen die Wand werfen. Dann entschuldige ich mich bei den Tänzern, aber ich denke, das ist menschlich. (Cc8, Choreograph)

> Im Sport ist es das Schlimmste, wenn man jemanden imitieren möchte. Man muss authentisch sein und sollte keine Rolle vorspielen, denn sonst kann man nur Schiffbruch erleiden. Natürlich kann man sich von vielen Leuten etwas abschauen, besonders auch aus Fehlern lernen. (Pc7, Fußballtrainer)

Letztlich tragen die Führungsstile der Befragten starke transformationale Züge. Sie versuchen, als Vorbilder wahrgenommen und respektiert zu werden, motivieren durch anspruchsvolle Ziele und das Schaffen eines Teamgeistes und betrachten die einzelnen Teammitglieder als Individuen. Trotz ihrer klaren Führungsposition übertragen sie einen Teil der Verantwortung vertrauensvoll an die Geführten:

> Jeder Tänzer hat eine Verantwortung für das, was er vom Choreographen bekommt, für die Rolle. Jeder Tänzer hat auch Verantwortung, er soll ja nicht nur Befehlsempfänger sein,

sondern er ist ein eigenständiger Künstler, eine eigenständige Persönlichkeit mit einem eigenständigen Hintergrund, entwicklungsmäßig, sozial und auch bildungsmäßig. Und er muss einfach in der Lage sein die Dinge, die ihm der Choreograph sagt, dann auch entsprechend zu interpretieren. Das liegt dann, sagen wir mal, im Ermessen des Tänzers, zusammen mit der Führung des Choreographen. (Bb2, Choreograph)

Im Einklang mit Studien über NBA-Coachs finden wir Hinweise darauf, dass frühere Führungserfahrung einen positiven Effekt auf die Führungseffektivität hat (Avery et al. 2003). Wissen und Expertise machen die Führungskräfte für ihre Mitarbeiter wertvoll und sind ihr Alleinstellungsmerkmal:

Man muss verstehen, wenn sie nicht gut drauf sind, wenn sie keinen guten Tag haben. Das alles fällt dir leichter, wenn du vorher selbst Tänzer warst, wenn du selbst auf der anderen Seite gestanden hast. Dann sieht man auch, welche Fehler man als Leiter machen kann. An diese sollte man sich erinnern, wenn man die Seite wechselt. Man sollte sich zurückerinnern, was man gedacht hat, als man selbst noch ein Tänzer war... (Cd3, Choreograph)

Also, ich habe einen Vorteil, ich kann den Spielern immer etwas vermitteln und solange man was vermitteln kann, ist man für die Spieler interessant. (Ic4, Fußballtrainer)

Ich glaube, ich habe einen großen Einfluss auf den Teamerfolg, es kommt immer auf den Wissenstand des Trainers an. Seit ich die Trainerausbildung gemacht habe und die A-Lizenzen habe, seit 1975, ist nicht ein Jahr vergangen, wo ich nicht auf einer oder zwei Fortbildungen war. (Ia9, Fußballtrainer)

(...) ich glaube, ich habe sehr viel mitgenommen. Ich war alles andere als einfach... Ich war immer eine Führungsperson in jedem Team, in dem ich gespielt habe. Somit kann mir in Wirklichkeit kein Spieler mehr etwas vormachen. Ich habe diese Situation schon als Spieler miterlebt und mit hunderten von Spielern zusammengespielt. Dabei habe ich die verschiedensten Charaktere kennen gelernt. (Kd4, Fußballtrainer)

31.5 Ausblick: Was bedeutet das für die Zukunft der Führung?

Dieser Beitrag liefert Einblicke für Theorie und Forschung für die Führung von Expertenteams. Dafür haben wir uns auf Fußballteams und Ballettensembles fokussiert, können jedoch Rückschlüsse auf expertise- und projektbasierte Teams in vielen anderen Bereichen, die sich ebenfalls durch hohe Emotionen und Passion sowie das Erzielen von Höchstleistungen auszeichnen, ziehen. Mit Hilfe der Darstellung der Metastruktur der Interviews mit Choreographen und Fußballtrainern konnten wir die vorherrschenden Charakteristika, Aufgaben und Rollen in diesen Teams identifizieren und besser verstehen. Darüber hinaus konnten wir Einblicke in die Beziehungen zwischen Führenden und Geführten sowie Determinanten des Führungserfolgs gewinnen.

Wenn wir uns vor Augen führen, dass kürze Zeitfenster für immer komplexere strategische Entscheidungen, die Anpassung an eine sich immer schnellere verändernde Umwelt sowie amorphe und Netzwerkunternehmen mit flachen Hierarchien und sich widersprechenden Prioritäten zu den Herausforderungen der heutigen Wirtschaftswelt gehören, werden Parallelen zu den besprochenen Teams deutlich. Obwohl bereits viele Unternehmen teambasiert arbeiten, bleibt das Thema Führung im Spannungsfeld von Expertise,

Kollaboration und Autonomie zur Erreichung des gemeinsamen Ziels spannend. Wenn jedes Teammitglied selbst Experte ist, benötigt die Führungskraft ein hohes Niveau an Erfahrung, Expertise und Authentizität, um mit der nötigen Mischung aus Anerkennung und Respekt erfolgreich führen zu können.

Die Bewertung des Führungserfolgs oder -misserfolgs ist insofern schwirig, als Fans bzw. das Publikum, Medien und andere Stakeholder eine wichtige Rolle in der Wahrnehmung des Führungs- und Teamerfolgs spielen und gleichzeitig die Leistung zu einem Zeitpunkt erbracht wird, an dem die Führungskraft keinen Einfluss auf das Team mehr ausüben kann. Besondere Herausforderungen in unserem speziellen Kontext entstehen hinsichtlich der Führungsstile, Führungsaufgaben und Beziehungen zu den Teammitgliedern:

1. Die Aufgaben der Führungskraft im Expertenteam sind die Formulierung einer Vision und Strategie (Bryman 1992) sowie die Vorbereitung der Teammitglieder auf die Leistungserstellung. Im Training von Tanzensembles und Fußballteams findet man Unterstützung und Motivation ebenso wie Anordnungen und Befehle. Unsere Interviews zeigten auch, dass in der Vorbereitungsphase Vertrauen in die Fähigkeiten der Teammitglieder aufgebaut wird. Es ist wichtig, dass die Teammitglieder wissen, was von ihnen zu welchem Zeitpunkt erwartet wird, und das intensive Training erlaubt es, hierfür gemeinsame mentale Modelle zu entwickeln. Die Führungskräfte erklären, welcher Situation das Team ausgesetzt sein wird, berät, wie das Team mit diesen Herausforderungen umgehen kann, bestimmt Rollen und Positionen der einzelnen Mitglieder und weist Aufgaben zu. Wenn alle Teammitglieder gemeinsam trainieren, finden kollektive Informationsverarbeitungsprozesse statt, die es ihnen ermöglichen, ihre Handlungen als Ergebnis der Teammetakognition während der Aufführung bzw. des Spiels zu koordinieren (Zaccaro et al. 2001).
2. Die Untersuchung der Beziehungen zwischen Führenden und Geführten zeigt, dass eine Balance zwischen einer engen, freundschaftlichen Beziehung und einer respektvollen, distanzierten Beziehung gefunden werden muss. Intimität entsteht durch die gemeinsame Leidenschaft für den Fußball oder den Tanz, durch gemeinsame Erfolgsmomente und Niederlagen sowie die intensive Vorbereitung. Dennoch ist soziale Distanz nötig, um den Erfolg des Teams zu gewährleisten und die nötige Hierarchie und Entscheidungskompetenz sicherzustellen (Cole et al. 2009).
3. Um erfolgreich zu sein, müssen Führungskräfte von Expertenteams Leidenschaft für ihren Beruf empfinden (Hunt et al. 2004), die Aufgaben des Teams als persönliche Herausforderungen betrachten und Freude bei der Suche nach Lösungsansätzen empfinden. Obwohl sie eine hohes Maß an Erfahrung und Wissen in ihrem Bereich sowie Charisma benötigen (Boerner et al. 2004), werden sie nicht als „Helden" betrachtet. Denn die Hauptleistung vor Publikum oder Fans wird nicht von ihnen, sondern vom Team – ohne Zutun in dieser entscheidenden Phase – erbracht. Ihre Aufgabe ist es also, die Teams dafür vorzubereiten (Mintzberg 1998). Führungskräfte liefern die Gesamtstrategie (Brady et al. 2008) und Vision (Bryman 1992). Fußballtrainer und Choreographen müssen in der Lage sein, verschiedene situative Bedingungen zu verstehen, zu

verarbeiten und erfolgreich umzusetzen (Vroom und Jago 1998). Da sie bei der Leistungserstellung keine Kontrolle mehr auf die Situation haben, müssen sie verschiedene Situation antizipieren und ihre Teams entsprechend darauf vorbereiten. Trotz eines hohen Maßes an Verantwortung der einzelnen Teammitglieder finden Modelle wie „Shared Leadership" (Pearce 2004) lediglich in Kombination mit vertikaler Führung Anwendung. **Als passender Führungsstil wurde eine Mischung aus transformationaler Führung (Bass 1985) mit einem hohen Maß an Authentizität der Führungskraft und Vertrauen in die Fähigkeiten der Teammitglieder identifiziert.**

Methodisch wäre eine Erweiterung der Datenbasis hinsichtlich einer 360-Grad Bewertung unter Einschluss der Geführten spannend, war jedoch aus Ressourcengründen nicht möglich. Die externe Validität unserer Ergebnisse kann natürlich durch zahlreiche Faktoren, die Fußball- und Ballettteams von Unternehmensteams unterscheiden, beeinträchtigt werden. Zum Beispiel werden Erfolg und Leistung anders bewertet und gemessen. Auch können Spezifikationen und Zugang zu talentierten Humanressourcen deutlich einfacher sein (Wright et al. 1995).

Dennoch zeigen diese Teams zahlreiche Parallelen zu Teams in der Wirtschaft und anderen Bereichen des täglichen Lebens. So finden wir **besonders in wissensintensiven Branchen häufig eine ähnliche Situation dahingehend, dass** der Unternehmenserfolg sehr stark von Individuen und Teams abhängt und nicht von Technologie oder physischer Ressourcenausstattung (Wright et al. 1995, S. 1058). Auch hier finden wir hohe Fluktuation von Führungskräften und Teams. Expertenteams in Bereichen wie Hochschule, Informatik, Beratung oder Produktentwicklung können von unseren Ergebnissen lernen, ebenso wie interdisziplinäre und interorganisationale Teams und strategische Allianzen.

Autorbeschreibung

Dr. Dagmar Abfalter Universitätsassistentin am Institut für Strategisches Management, Marketing und Tourismus der Universität Innsbruck, Studium der Internationalen Wirtschaftswissenschaften (Universität Innsbruck) und MBA in International Arts Management (Universität Salzburg/ICCM). Forschungsschwerpunkte: Strategisches Management und Leadership unter besonderer Berücksichtigung von Experten- und projektbasierten Unternehmen, (Brand) Communities, Experience Innovation. Email: dagmar.abfalter@uibk.ac.at.

Dr. Julia Müller Jun.-Prof. am Institut für Betriebswirtschaftslehre, insbesondere Unternehmensführung der Martin-Luther-Universität Halle-Wittenberg sowie Dozentin an der Privatuniversität Schloss Seeburg. Bis 2011 Assistentin am Institut für Strategisches Management, Marketing und Tourismus der Universität Innsbruck. Forschungsschwerpunkte: Unternehmensführung, Wissensmanagement, Innovationsmanagement, Online Communities und Unternehmenskultur. Email: julia.mueller@wiwi.uni-halle.de

Dr. Melanie E. Zaglia wissenschaftliche Mitarbeiterin an der Universität Innsbruck, School of Management, Institut für Strategisches Management, Marketing und Tourismus. Seit 2010 Visiting

Scholar an der University of Michigan, Stephen M. Ross School of Business. Studium der Angewandten Betriebswirtschaft an der Alpen-Adria-Universität Klagenfurt, 2009 Promotion in Marketing. Forschungsschwerpunkte: Konsumentenverhalten, Consumer Communities, Soziale Identität, soziale Netzwerke und Branding. Email: melanie.zaglia@uibk.ac.at.

Mag. Linda Fitz Studium der Wirtschaftswissenschaften an der Universität Innsbruck. Junior Event und Hospitalitymanager bei WWP Weirather-Wenzel und Partner. Email: linda.fitz@live.at

Literatur

Abfalter, D., & Hinterhuber, H. H. (2006). Was Führungskräfte von Orchesterdirigenten lernen können. In K. Götz (Hrsg.), *Führung und Kunst* (S. 111–125). Mering: Rainer Hampp Verlag.

Alimo-Metcalfe, B., & Alban-Metcalfe, R. (2001). The development of a new transformational leadership questionnaire. *Journal of Occupational and Organizational Psychology, 74*(1), 1–27.

Allard, F., & Starkes, J. L. (1991). Motor-skill experts in sports, dance, and other domains. In K. A. Ericsson, & J. Smith (Hrsg.), *Toward a general theory of expertise: Prospects and limits* (S. 126–152). Cambridge: Cambridge University Press.

Antonakis, J., Avolio, B. J., & Sivasubramaniam, N. (2003). Context and leadership: An examination of the nine-factor full-range leadership theory using the multifactor leadership questionnaire. *The Leadership Quarterly, 14*(3), 261–295.

Avery, D. R., Tonidandel, S., Griffith, K. H., & Quiñones, M. A. (2003). The impact of multiple measures of leader experience on leader effectiveness: New insights for leader selection. *Journal of Business Research, 56*(8), 673–679.

Avolio, B. J., Gardner, W. L., Walumbwa, F. O., Luthans, F., & May, D. R. (2004). Unlocking the mask: A look at the process by which authentic leaders impact follower attitudes and behaviors. *The Leadership Quarterly, 15*(6), 801–823.

Bass, B. M. (1985): *Leadership and performance beyond expectations*. New York: Free Press.

Boerner, S., Krause, D. E., & Gebert, D. (2004). Leadership and co-operation in orchestras. *Human Resource Development International, 7*(4), 465–479.

Boynton, A., & Fischer, B. (2007). Leading all-star teams these have virtuosos at every position. *Leadership Excellence, 24*(4), 13.

Brady, C., Bolchover, D., & Sturgess, B. (2008). Managing in the talent economy: The football model for business. *California Management Review, 50*(4), 54–73.

Bryman, A. (1992). *Charisma and leadership in organisation*. Oak Bridge: Sage.

Cole, M. S., Bruch, H., & Shamir, B. (2009). Social distance as a moderator of the effects of transformational leadership: Both neutralizer and enhancer. *Human Relations, 62*(11), 1697–1733.

Crossan, M., Vera, D., & Nanjad, L. (2008). Transcendent leadership: Strategic leadership in dynamic environments. *The Leadership Quarterly, 19*(5), 569–581.

Fiedler, F. (1970): Leadership experience and leader performance: Another hypothesis shot to hell. *Organizational Behavior & Human Performance, 5*(1), 1–14.

Hansen, H., Ropo, A., & Sauer, E. (2007): Aesthetic leadership. *The Leadership Quarterly, 18*(6), 544–560.

Hinterhuber, H. H. (2007). Leadership. Strategisches Denken systematisch schulen von Sokrates bis Jack Welch. (4. Aufl.). Frankfurt a. M.: Frankfurter Allgemeine.

Hunt, J. G., Stelluto, G. E., & Hooijberg, R. (2004). Toward new-wave organization creativity: Beyond romance and analogy in the relationship between orchestra-conductor leadership and musician creativity. *The Leadership Quarterly, 15*(1), 145–162.

Kogan, N. (2002). Careers in the performing arts: A psychological perspective. *Creativity Research Journal, 14*(1), 1–16.

Manz, C. C., Pearce, C. L., & Sims Jr., H. P. (2009). The ins and outs of leading teams: An overview. *Organizational Dynamics, 38*(3), 179–182.

Mintzberg, H. (1998). Covert leadership: Notes on managing professionals. *Harvard Business Review, 76*(6), 140–147.

Mumford, M. D., Scott, G. M., Gaddis, B., & Strange, J. M. (2002). Leading creative people: Orchestrating expertise and relationships. *Leadership Quarterly, 13*(6), 705–750.

Pearce, C. (2004). The future of leadership: Combining vertical and shared leadership to transform knowledge work. *Academy of Management Executive, 18*(1), 47–57.

Raich, M., Abfalter, D., & Müller, J. (2012). Gabek® as a qualitative procedure of research and application in management studies. In P. Schober, J. Zelger, & M. Raich (Hrsg.), *GABEK V – Werte in Organisationen und Gesellschaft/Values in Organizations and Society* (S. 189–204). Innsbruck: Studienverlag.

Stevens, C., & McKechnie, S. (2005). Thinking in action: Thought made visible in contemporary dance. *Cognitive Processing, 6*(4), 243–252.

Vroom, V., & Jago, A. (1998). *The new leadership: Managing participation in organizations.* Englewood Cliffs, NJ: Prentice Hall.

Ward, P., & Williams, A. M. (2003). Perceptual and cognitive skill development in soccer: The multidimensional nature of expert performance. *Journal of Sport and Exercise Psychology, 25*(1), 93–111.

Wright, P. M., Smart, D. L., & McMahan, G. C. (1995). Matches between human resources and strategy among NCAA basketball teams. *The Academy of Management Journal, 38*(4), 1052–1074.

Zaccaro, S. J., Rittman, A. L., & Marks, M. A. (2001). Team leadership. *The Leadership Quarterly, 12*(4), 451–483.

Zaleznik, A. (1992): Managers and Leaders: Are they Different? *Harvard Business Review, 70*(2), 126–135.

Zelger, J., & Oberprantacher, A. (2002). Processing of verbal data and knowledge representation by GABEK®-WinRelan® Forum Qualitative Research, 3/2.

Impulse aus der Sportpsychologie: Bewegung für die Zukunft der Führung?

Jan Mayer

Zusammenfassung

Im Rahmen der sportpsychologischen Betreuung von Sportlern, Mannschaften und Trainern wird das Ziel verfolgt, Leistung zu optimieren. Der Trainer im Spitzensport hat dabei eine sehr spezielle Rolle - sein Erfolg wird ausschließlich über den Erfolg des Sportlers oder der Mannschaft definiert. Die Herausforderung besteht zudem darin, kontinuierlich erfolgreich zu sein. Und kontinuierlicher Erfolg geht mit einer außergewöhnlichen hoch ausgeprägten intrinsischen Motivation der Sportler einher. Es stellt sich die Frage, wie Trainer kontinuierlich erfolgreich sein können ohne dies auf Kosten der intrinsischen Motivation der Sportler zu erwirken.

Ein wichtiges Konstrukt, das in hohem Zusammenhang mit der maximal möglichen Leistung (Peak Performance) von Spieler und Mannschaft steht und zudem als wesentlicher Teil einer intrinsischen Motivation angesehen werden kann, ist die individuelle und kollektive Kompetenzüberzeugung. Dieser Begriff beinhaltet die Überzeugung das eigene Können auch im Wettkampf tatsächlich umzusetzen.

Aus systemtheoretischen Überlegungen ergibt sich, dass bestimmte Grundhaltungen des Trainers wie Souveränität, Prozessorientierung und Vertrauen wichtig sind, um die individuelle und kollektive Kompetenzerwartung von Sportler oder Mannschaft anzusprechen und zu optimieren. Gerade im Setting Spitzensport, bei dem es um die Führung von leistungsorientierten (Klein-) Gruppen geht, ist es weniger relevant, was der Trainer konkret macht. Vielmehr ist es das aus diesen Grundhaltungen heraus resultierende Verhalten des Trainers, das den entscheidenden Unterschied zwischen vorhandenem oder nicht vorhandenem kontinuierlichen Erfolg auszumachen scheint.

J. Mayer (✉)
Deutsche Hochschule für Prävention und Gesundheitsmanagement,
Saarbrücken, Deutschland
E-Mail: jmayer@mentales-coaching.com

32.1 Einführung: Ziele der Sportpsychologie – Führung von Spitzenteams im Hochleistungssport

Das Ziel der sportpsychologischen Betreuung im deutschen Spitzensport ist die Leistungsoptimierung. Es ist mittlerweile unumstritten, dass neben konditionellen und technisch-taktischen Fertigkeiten auch mentale und soziale Faktoren am Zustandekommen der Leistung beteiligt sind. Die sportpsychologische Beratung und Betreuung im Spitzensport steuert diese Faktoren an und dient damit der situations- und anforderungsgerechten Entwicklung, Stabilisierung und Optimierung der sportlichen Spitzenleistung. Ziel ist die optimale Leistung zum definierten Zeitpunkt (vgl. Eberspächer et al. 2005).

Seit 2002 wird eine systematische und qualifizierte sportpsychologische Betreuung der olympischen Spitzenverbände durch den DOSB in Kooperation mit dem Bundesinstitut für Sportwissenschaft gefördert und unterstützt. Heutzutage arbeiten nahezu alle olympischen Spitzenverbände mit Sportpsychologen zusammen und sportpsychologische Betreuung ist zum selbstverständlichen Bestandteile der Trainings- und Wettkampfbegleitung geworden (vgl. Mayer et al. 2009).

Im Rahmen der sportpsychologischen Beratung und Betreuung hat es der Sportpsychologe im Spitzensport mit komplexen Systemen zu tun (Mannschaft, Trainer, Umfeld), die er beobachtet, analysiert und ggf. entsprechende Intervention vorschlägt und durchführt.

Im Gegensatz zum Anwendungsfeld Wirtschaft, in dem oft nicht klar definiert ist, an welchen Kriterien eigentlich erfolgreiches Führen festzumachen ist (Neuberger 2002), ist im Spitzensport das genau entgegengesetzte Extrem vorzufinden: das *einzig zählende Kriterium* ist der sportliche Erfolg, der sich in Siegen, Punkten, Platzierungen und Tabellenständen wiederspiegelt.

Es wäre an dieser Stelle aber zu kurz gegriffen, dieses Kriterium für die Diskussion von Führungsverhalten im Spitzensport einfach zu übernehmen. So gesehen ist nämlich im Spitzensport der kurzfristige Erfolg gar nicht so selten und u. U. in keiner Weise mit adäquatem Führungsverhalten in Verbindung zu bringen. In vielen Fällen geben externe (stabile oder variable) Faktoren den entscheidenden Ausschlag in Richtung Erfolg oder Misserfolg. Die Herausforderung für erfolgreiche Führung im Spitzensport besteht darin kontinuierlich erfolgreich zu sein. Und kontinuierlicher Erfolg geht mit einer außergewöhnlichen hoch ausgeprägten intrinsischen Motivation der Sportler einher.

Kontinuierlicher Erfolg Gerade der Spitzensport bietet unzählige Beispiele von erfolgreichen Teams, die mit Erfolgserlebnissen scheinbar nicht umgehen können. Sie scheitern dadurch zwangsläufig und müssen bittere Misserfolge hinnehmen. Ein sehr eindrucksvolles Beispiel hierfür lieferte der amtierende Fußballeuropameister Frankreich bei der WM in 2010 in Südafrika. Anscheinend passiert im Erfolgsfall etwas mit dem Team und den Führungskräften, das ein dauerhaftes erfolgreiches Agieren torpediert. Es gilt in vielen Sportarten als eine besondere Herausforderung nicht nur einmal maximal erfolgreich zu sein, sondern jedes Jahr erneut diesen maximalen Erfolg anzustreben.

Hohe intrinsische Motivation Der kontinuierliche Erfolg ist allerdings nur die eine Komponente. Ziel einer erfolgreichen Führung muss sein, dass der Teamerfolg nicht auf Kosten einzelner Teammitglieder erkauft wird. Der gemeinsame Erfolg soll gleichzeitig die hohe intrinsische Motivation aller Teammitglieder zur Folge haben. Eine intrinsische Motivation liegt dann vor, wenn eine Person aus eigenem Antrieb handelt (Rheinberg 2000). Eine Motivation, die eine Person aus der Tätigkeit an sich erhält. Eine intrinsisch motivierte Person handelt mit vollem Interesse und Engagement – eine materielle Belohnung spielt keine oder eine untergeordnete Rolle. Insbesondere individuelle und auch kollektive Leistungsfähigkeit führen zu einer intrinsischen Motivation von Leistungssportlern. Wenn den Sportlern also vermittelt werden kann, dass durch hartes und konsequentes Training sich die Leistungsfähigkeit verbessert, kann hartes Training sowohl direkt als auch intrinsisch motivierend wirken.

Es sei an dieser Stelle darauf hingewiesen, dass man es hier nicht mit einer Kausalbeziehung der beiden Kriterien „dauerhafter Erfolg" und „intrinsische Motivation aller Beteiligter" zu tun hat, sondern vielmehr mit korrelativen oder interaktionalen Zusammenhängen.

Geht es in diesem Buch um Führung und Führungstheorie, so ist klar zu stellen, dass der Spitzensport ein Anwendungsfeld von Führungstheorien darstellt. Es sind Mischformen verschiedener theoretischer Ansätze in der Praxis festzustellen, eine klare Abgrenzung einer Führungstheorie im Spitzensport ist nicht zu erkennen. Aus der Zusammenarbeit des Verfassers dieses Beitrags mit vielen hochklassigen Trainern (von Nationalmannschaften, Profiklubs etc.) aus den unterschiedlichsten Sportarten und der Beobachtung des Führungsverhaltens dieser Trainer, ergeben sich „gemeinsame Nenner" hinsichtlich des Führungsverhaltens. Bei dieser Beobachtung konnte festgestellt werden, dass es gar nicht so sehr darum geht, was der einzelne Coach mit den Spielern oder der Mannschaft macht, sondern es sind vielmehr grundlegende Einstellungen oder Grundhaltungen, die die erfolgreichen von den weniger erfolgreichen Trainern unterscheiden.

Die hier vorgestellten erfolgsdeterminierenden Grundhaltungen erheben keinesfalls den Anspruch auf Allgemeingültigkeit oder Vollständigkeit. Es sind die aus der Sicht eines Sportpsychologen subjektiv eingeschätzten wichtigsten Grundhaltungen eines Trainers, die durch ein theoretisches Gerüst fundiert werden sollen.

Um diese Zusammenhänge darstellen zu können, sollen zunächst Besonderheiten der Rolle des Trainers im Spitzensport festgehalten werden. Diese sind Rahmenbedingungen, unter denen der Trainer agiert und die letztlich auch die Beobachtung erfolgsdeterminierender Grundhaltungen erklären. Außerdem sind die Besonderheiten der Trainerrolle hilfreich bei der Frage des Transfers der hier vorgestellten Beobachtungen in andere Anwendungsfelder von Führung, wie z. B. in Wirtschaftsorganisationen.

32.1.1 Zum Rollenverständnis des Trainers

Nach Bette (1984) nimmt der Trainer eine Schlüsselstellung im Hochleistungssport ein. Zum einen hat er eine hohe Machtposition inne und trägt Verantwortung für die Sportler und deren sportliche Entwicklung. Zum anderen ist der Trainer vielfältigen äußeren Erwartungen ausgesetzt, was dazu führt, dass sich die Arbeit des Trainers im Hochleistungssport in erster Linie nach dem kurzfristigen, sportlichen Erfolg ausrichtet. Grundsätzlich stellt Bette (1984) folgende Besonderheiten der Trainerrolle fest:

a) Die Erfolgs- und Wettbewerbsorientierung im Hochleistungssport
   Der Hochleistungssport genießt großes öffentliches Interesse, das auch Ansprüche und Erwartungen beinhaltet und somit eine soziale Kontrolle über Trainer und Sportler darstellt. Der erfolgreiche Trainer zeichnet sich nach diesen Erwartungen durch sportliche Erfolge seiner Sportler aus. Somit wird die Variable „Leistung des Sportlers" oder „Leistung der Mannschaft" zum zentralen Ziel der Führungsaufgabe. Der Trainer ist also in der unangenehmen Situation, den heiß umkämpften Erfolg nur über andere, die Sportler, erreichen zu können (Bette 1984).
b) Die Öffentlichkeit des Rollenhandelns
   Aufgrund der Massenmedien erfreuen sich Athleten und auch Trainer einer großen Bekanntheit. Diese Präsenz in den Medien kann als lästig und aufdringlich aber auch als angenehm und karrierefördernd empfunden werden. Dabei werden Trainer oft als Knüpfstelle zwischen Medien und dem Athleten oder dem Team betrachtet. Sie stellen somit besonders nachgefragte Ansprechpartner dar. Es wird Insiderwissen eingefordert und dieses wird analysiert und bewertet. Daraus folgt, dass der Trainer sich eine Überprüfung seiner Arbeit gefallen lassen muss, d. h. sein Wissen und die hieraus abgeleiteten (oder auch nicht abgeleiteten) Maßnahmen werden permanent, oft auch von Laien, hinterfragt. Dabei wird mit der Beurteilung des Wettkampfs, dem Sieg oder der Niederlage, die Trainerarbeit häufig auf eine Dimension (Erfolg oder Misserfolg) reduziert. Exklusives Wissen oder pädagogisch-psychologische Fähigkeiten zählen relativ wenig oder sie werden einfach mit dem Erfolg gleichgesetzt. Für Trainer im Hochleistungssport kommt es also eigentlich nicht primär darauf an, z. B. pädagogisch-psychologisch gut zu arbeiten. Es gilt vielmehr, bei einigen wenigen Wettkämpfen möglichst viel Erfolg zu erzielen. Denn die Öffentlichkeit, die den Trainer kontrolliert, nimmt bei wichtigen Wettkämpfen nur allzu schnell eine Personalisierung des Misserfolgs vor und verlangt u. U. auch die Kündigung des Arbeitsverhältnisses (Bette 1984).
c) Die Fristigkeit des Rollenhandelns
   Die Position eines Trainers, wie auch die Institution, in der er arbeitet, ist von ständigen Erfolgsmeldungen abhängig. Sportler und somit auch ihre Trainer stehen permanent unter Erfolgs- und Zeitdruck. Im Falle von anhaltendem Misserfolg reagiert das System durch Austausch des Rollenträgers: Der Trainer wird entlassen, ein anderer eingestellt, ohne dass darüber hinaus eine Änderung eintreten müsste (Bette 1984).

Prinzipiell ist davon auszugehen, dass im Spitzensport die exponierten Erfolgstrainer das Image der Berufsgruppe bestimmen (Hagedorn 1987). Dies führt dazu, dass berufliche Qualifikation, außergewöhnliches Wissen oder pädagogisch-psychologische Fähigkeiten nicht nur relativ wenig zählen (s. o.), sondern für die Beurteilung des Trainers sogar irrelevant werden.

32.2 Hintergrund des Führungsansatzes

Um zu verstehen, wie der Trainer mit diesem Rollenverständnis dauerhaft erfolgreich sein kann, soll ein kurzer Exkurs in systemische Zusammenhänge als Ausgangsbasis dienen.

Das Thema Führung systemisch zu betrachten, ist eine zwangsläufige Folge aus der wachsenden Komplexität von Organisationen und deren Umwelt (vgl. Steinkellner 2006). Auch Teams im Spitzensport zeichnen sich durch ein hohes Maß an Undurchschaubarkeit, Unberechenbarkeit und Unvorhersehbarkeit aus. Gezielte, von außen planmäßig steuerbare Veränderungen sind kaum möglich. Ein systemischer Führungsansatz akzeptiert diese komplexe Struktur anstatt zu versuchen, diese „sinnzerstörend zu reduzieren" (Steinkellner 2006, S. 87). Im Folgenden soll der systemische Ansatz des Autopoiese-Modells von Maturana und Varela (1987) kurz vorgestellt werden.

Systemischer Ansatz – Autopoiese-Modell nach Maturana und Varela
Von Bertalanffy (1968) definiert Systeme als Gebilde, die aus einer Menge miteinander verknüpfter Elemente besteht. Offene Systeme stehen im Gegensatz zu geschlossenen Systemen in einer Wechselwirkung zwischen System und Umwelt.

Biologische Ansätze zur systemischen Definition von Lebewesen führten zum Begriff der lebenden Systeme (Paslack 1991). Lebende Systeme zeichnen sich u. a. durch eine Eigendynamik aus, die sie aktiv aufrechterhalten (Metabolismus). Dabei streben lebende Systeme nach einem homöostatischen Zustand, also nach einem Gleichgewicht. Sie sind aber stets Einwirkungen von außen ausgesetzt und befinden sich im Ungleichgewicht (Heterostaseprinzip). Lebende Systeme verharren in einem Zustand des Ungleichgewichts, in dem sie ständig *„an der Arbeit sind"* (Capra 1985, S. 300). Allgemein hat sich der Ausdruck einer dynamischen Stabilität durchgesetzt.

Die Biologen und Erkenntnistheoretiker Maturana und Varela (1987) entwickelten ein Konzept eines systemischen Verständnisses des Lebendigen, das Konzept der Autopoiese. Sie charakterisieren lebende Systeme dadurch, dass sie sich andauernd selbst erzeugen und nennen diese definierende Organisation Autopoiese.

Selbstorganisation als Charakteristikum autopoietischer Systeme impliziert Autonomie, denn Selbstorganisation verläuft nach systemeigenen Gesetzen und nach systemeigener Logik. Maturana und Varela bezeichnen dies auch als Struktur eines Systems. Diese Struktur verändert sich ständig. Man nennt dies auch strukturellen Wandel oder Ontogenese.

Dieser findet in jedem Augenblick statt: entweder ausgelöst durch Interaktionen aus der umgebenden Umwelt oder als Ergebnis der inneren Dynamik des Systems.

Das System verarbeitet Interaktionen mit der Umwelt immer im Einklang der eigenen Struktur, die sich aufgrund der inneren Dynamik im ständigen Wandel befindet. Dies impliziert, dass mögliche Veränderungen, die lebende Systeme durchlaufen, durch ihre Struktur determiniert sind. Nach diesem Verständnis ist jede Einwirkung von außen auf ein lebendes System eine Störung (Perturbation), die autonom verarbeitet wird. D. h., bei den Interaktionen zwischen dem autopoietischen System und seiner Umwelt determinieren die Perturbationen der Umwelt nicht, was mit dem System geschieht, sondern es ist vielmehr die Struktur des Systems, die determiniert, zu welchem Wandel es infolge der Perturbation in ihm kommt (Maturana und Varela 1987).

Das bedeutet auch, dass nur als relevant interpretierte Einwirkungen von außen zu einer Strukturveränderung des Systems führen können. Lebende Systeme verändern sich nur aufgrund relevant interpretierter Einwirkungen. Sie sind somit von außen nicht konstruktiv regulierbar (von Schlippe und Schweitzer 1999).

Nach diesem Verständnis können Umwelteinflüsse ein System lediglich anstoßen, anregen oder verstören. Die Idee, dass Umweltinstanzen kontrollieren können, was in einem lebenden System passiert, ist in den Worten Fischers (1993, S. 24) „Beobachterfiktion". Doch wie kann überhaupt so etwas wie Austausch zwischen autopoietischen Systemen (z. B. den Spielern einer Mannschaft oder zwischen Trainer und Spieler) stattfinden, wenn sie füreinander nur Anstöße oder Verstörungen darstellen, die der eigenen Struktur gemäß verarbeitet werden?

Maturana (1982) spricht bei der Beantwortung dieser Frage von struktureller Kopplung, in der sich die beteiligten Systeme so organisiert haben, dass ihre Interaktionen einen rekursiven und sehr stabilen Charakter haben. Rekursiv heißt, dass die Systeme sich gegenseitig verstören oder anregen. Diese Perturbationen passen aber zueinander und werden in gleicher Weise interpretiert und verarbeitet. Die strukturelle Kopplung autopoietischer Systeme ermöglicht die Bildung von Systemen höherer Ordnung (Maturana und Varela 1987) – aus Spielern und Trainer wird ein Team.

Anhand von Teamentwicklungsmaßnahmen kann dieser Prozess verdeutlicht werden. Die einzelnen Sportler sind für sich betrachtet autopoietische Systeme, die einen individuellen strukturellen Wandel (Ontogenese) durchlaufen. Im Laufe des Teambuildingsprozesses geht es nun darum, dass diese Systeme gemeinsam ein System höherer Ordnung bilden, ihre gegenseitigen „Verstörungen" zueinander passen und im Sinne der Teamperformance interpretiert und verarbeitet werden. Insofern ist Teambuilding als Prozess zu verstehen. Wenn der Teambuildingsprozess (vgl. Tuckman 1965) erfolgreich durchlaufen ist, passen die gegenseitigen „Verstörungen" und tragen zur optimalen und synergetischen Teamperformance bei. Dieser Zustand ist allerdings sehr labil, so dass Störungen von außen (z. B. Niederlagen, Spielerzukäufe) und von innen (Leistungsschwankungen, Verletzungen) dieses labile Gleichgewicht gefährden. Deshalb muss das Teambuilding ggf. erneut durchlaufen werden.

Wesentliche Voraussetzung für eine erfolgreiche Teamperformance ist daher, dass der Trainer erkennt und erwartet,

- dass eine strukturelle Kopplung zwischen den Teammitgliedern ein vorübergehendes, labiles Gleichgewicht darstellt und beständig an der Aufrechterhaltung dieses Gleichgewichts gearbeitet werden muss;

- dass jeder Spieler eine individuelle strukturelle Wandelung durchläuft und sich mehr oder weniger mühsam in eine bestehende Teamstruktur einfügt;
- dass auch ein Trainer eine individuelle strukturelle Wandelung durchläuft und er nicht davon ausgehen kann, dass seine Struktur für das Team maßgeblich ist;
- dass es Aufgabe des Teamentwicklungsprozesses ist, strukturelle Kopplung zu erreichen und der Trainer bei diesem Teamentwicklungsprozess eine maßgebliche Rolle spielt.

Insofern geht es im Kern darum, dass die Führungskraft (der Trainer) sowohl sensibilisiert ist für unterschiedliche strukturelle Gegebenheiten in seinem Team als auch ihre strukturellen Eigenarten kennt und versucht, strukturelle Kopplung zwischen den Beteiligten herzustellen. Dies ist als fortwährender Prozess zu verstehen: der Aufbau einer konstruktiven Wirkumgebung für das System Team ist eine tägliche Aufgabe, da permanent von außen und innen systematische genauso wie unsystematische Verstörungen eintreten können.

Führung bedeutet also, steuernden Einfluss auf ein nicht steuerbares System auszuüben (Steinkellner 2006). Das kann nur gelingen, wenn die Führungskraft sich um passende Rahmenbedingungen bemüht, so dass konstruktive Eigendynamik und Selbstorganisation stattfinden kann. Um die adäquaten Rahmenbedingungen herstellen zu können, muss der Trainer wissen, welche Bedingungen das Team benötigt – welche Art und Weise der strukturellen Kopplung im Mannschaftsverbund leistungsförderlich ist. Die Art und Weise der strukturellen Kopplung von Systemen höherer Ordnung richtet sich zwangsläufig auch nach der Aufgabe des Teams. Im Falle des Spitzensports ist – wie oben bereits ausgeführt – der sportliche Erfolg das wesentliche und einzige Kriterium, dem sich alles andere unterordnet. Der sportliche Erfolg des Teams steht in starkem Zusammenhang mit der Leistung des Teams. Voraussetzung für die Leistungsfähigkeit sind u. a. entsprechende konstitutionelle, konditionelle, technisch/taktische Komponenten. Inwieweit diese die tatsächliche Leistung eines Teams prognostizieren, ist vielfach untersucht worden, mit eher dürftigen Ergebnissen (insb. in Sportarten mit hoher Komplexität wie z. B. den Spielsportarten). Das (individuelle aber auch kollektive) systeminterne Konstrukt, das den höchsten Zusammenhang zur Leistung aufweist (vgl. Burke und Jin 1996), ist die (individuelle und kollektive) Kompetenzerwartung (Bandura 1977).

32.3 Beschreibung des Führungsansatzes

32.3.1 Voraussetzung für kontinuierliche Spitzenleistung – Kompetenzerwartung

Kompetenzerwartung ist die Überzeugung einer Person, sich in der Lage zu sehen, ein Verhalten, das zu einem bestimmten Ergebnis führt, auch tatsächlich zum definierten Zeitpunkt umzusetzen (Bandura 1977, 2006). Die Kompetenzerwartung ist eine extrem wichtige Komponente der Leistung, da ein physisch optimal vorbereiteter Sportler mit guten technisch-taktischen Voraussetzungen seine Leistung nicht zuverlässig abrufen kann, wenn er von seinen Fähigkeiten nicht überzeugt ist.

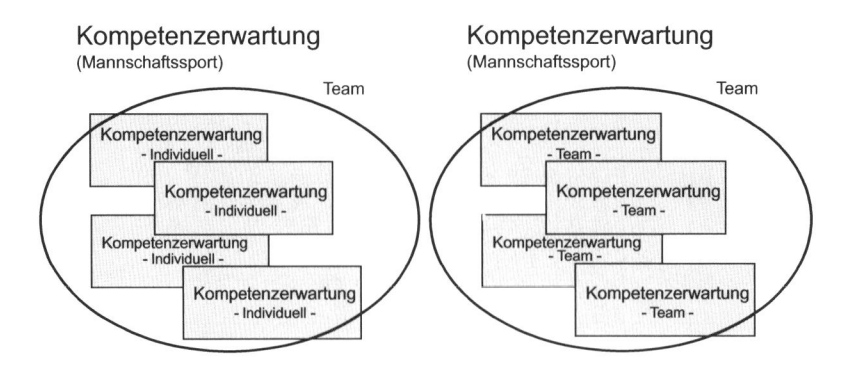

Abb. 32.1 Individuelle und kollektive Kompetenzerwartungen. (Vgl. Mayer 2010)

Der Zusammenhang zwischen Kompetenzerwartung und sportlicher Leistung war Gegenstand zahlreicher Untersuchungen. Die Befunde sind jedoch sehr heterogen und schwanken nach einer Meta-Analyse aus der Arbeitsgruppe von Moritz et al. (2000), in die 45 Studien einbezogen wurden, zwischen einem Zusammenhang von r = 0,01 bis r = 0,79. Dennoch ergab die Meta-Analyse insgesamt einen durchaus beachtlichen mittleren Zusammenhang von r = 0,38. Andere Studien, die psychologische Konstrukte miteinander verglichen haben, deuten zudem darauf hin, dass die Kompetenzerwartung der stärkste Prädiktor der sportlichen Leistungsfähigkeit ist (Burke und Jin 1996).

Da der Kompetenzerwartung auch eine Motivationsfunktion (vgl. Rheinberg 2000; Bandura und Schunk 1981) zugeschrieben wird, hat sie Einfluss darauf, welches Maß an Anstrengung eine Person aufwendet und wie lange diese aufrecht erhalten wird. Personen mit ausgeprägter Kompetenzerwartung sind eher dazu bereit, auch schwierigen Aufgaben aktiv und optimistisch entgegenzutreten, Anstrengungen in die Lösung dieser Aufgaben zu investieren und diese Anstrengungsinvestition auch bei Rückschlägen aufrechtzuerhalten. Dies ist damit zu begründen, dass sie an die eigenen guten Fähigkeiten glauben und deshalb von sich selbst eine Lösung des Problems erwarten (Jerusalem 1990; Bund 2001).

Es gibt unterschiedliche Faktoren, die zu einer hohen Ausprägung der Kompetenzerwartung beitragen. Der wichtigste ist die eigene Erfahrung, also die Gewissheit, in einer vergleichbaren Situation schon einmal erfolgreich gehandelt zu haben. Eine zweite wichtige, aber weitaus weniger effiziente Quelle ist die indirekte Erfahrung. Hierbei zieht der Sportler aus den Erfolgserlebnissen anderer - möglichst vergleichbarer- Sportler Rückschlüsse auf seine Kompetenz. Eine weitere Quelle ist die symbolisch-sprachliche Erfahrung. Der Trainer spricht dem Sportler sein Vertrauen aus bzw. lobt und verstärkt gezeigte Leistungen und suggeriert ihm dadurch die Kompetenz sprachlich (vgl. Bund 2001).

Die individuelle Kompetenzerwartung der Spieler ist von der Kompetenzerwartung eines Teams zu trennen, denn die Kompetenzerwartung eines Teams kann nicht durch das reine Aufsummieren der individuellen Kompetenzerwartungen dargestellt werden (vgl. Abb. 32.1).

Unter der Kompetenzerwartung-Team oder auch der kollektiven Kompetenzerwartung wird die Überzeugung des jeweiligen Spielers einer Mannschaft verstanden, eine vorliegende Aufgabe mit den gemeinsamen, kollektiven Fähigkeiten zu bewältigen. Entscheidend hierbei ist das Vertrauen jedes einzelnen Spielers in die Leistungsfähigkeit der Mannschaft.

Die Bedeutung der kollektiven Kompetenzerwartung konnte anhand von 10 Football-Teams gezeigt werden (Myers et al. 2004). Diese Überzeugung als Team wirksam zu sein, hatte in dieser Untersuchung einen wesentlich höheren Zusammenhang mit der erzielten Leistung (r = 0,56) als die Qualität des in Fachkreisen häufig als sehr wichtig eingeschätzten Abschlusstrainings (r = 0,15). In Meta-Analysen fand sich ein durchschnittlicher Zusammenhang von r = 0,36 zwischen kollektiver Kompetenzerwartung und tatsächlich erzielter Leistung (Gully et al. 2002).

Optimierung der individuellen Kompetenzerwartung Es gibt verschiedene Möglichkeiten, die individuelle Kompetenzerwartung zu optimieren. Im Bereich der eigenen Wirksamkeitserfahrungen ist es vor allem zielführend, individuelle Erfolgserlebnisse zu ermöglichen und dann schrittweise Anforderung und Komplexität zu steigern.

Nachgewiesen werden konnte außerdem der positive Einfluss des kognitiven Trainings (Mayer und Hermann 2011), also zum Beispiel der emotional gefärbten Vorstellung von Handlungsabläufen auf die Kompetenzerwartung der Spieler (Munroe- Chanlder et al. 2008).

Relativ gut erforscht ist zudem der Bereich der symbolisch-sprachlichen Erfahrung, also insbesondere der Einfluss des Trainers (Gespräche, Ansprachen), auf die Kompetenzerwartung von Spielern. Entscheidend für die Optimierung der Kompetenzerwartung des Spielers ist dabei, ob dieser den Trainer als kompetent und selbstbewusst wahrnimmt oder nicht.

Optimierung der kollektiven Kompetenzerwartung Die Überzeugung der Spieler als Team erfolgreich zu sein, ist stark abhängig von dem Zusammenhalt innerhalb einer Mannschaft, dem Team-Klima und dem Umgang miteinander (Feltz et al. 2008). Diese Faktoren sind das Ergebnis eines langfristig angelegten Teamentwicklungs-Prozesses. Ein weiterer Aspekt zur Optimierung der kollektiven Kompetenzerwartung ist die oben bereits erläuterte symbolisch-sprachliche Erfahrung durch den Trainer. Erste empirische Hinweise weisen auf die Bedeutung der durch eine entsprechende Traineransprache erzeugten Emotionen hin (Vargas-Tonsing und Bartolomew 2006).

32.4 Relevanz für die Praxis

In der sportpsychologischen Praxis fällt auf, dass in vielen Fällen durchaus Interventionen zur Optimierung der Kompetenzerwartung durchgeführt werden, sich dadurch aber kaum ein Effekt auf Spieler bzw. Team zeigt. Diese Beobachtungen führen zu der Vermutung, dass weniger die Interventionen an sich für die Ausprägung von Kompetenzerwartung relevant sind, dafür aber vielmehr bestimmte Grundhaltungen des Trainers als elementare Voraussetzungen für den Aufbau der Kompetenzerwartung anzusehen sind. Oder anders ausgedrückt erscheinen Maßnahmen zum Aufbau der Kompetenzerwartung von Spielern und Team ohne entsprechende grundlegende Einstellungen oder auch Grundhaltungen des Trainers als unglaubwürdig und verpuffen.

Der Trainer ist wesentlicher Ausgangspunkt in der Entwicklung funktionierender Teams. Die Anforderung besteht darin, die Sportler zu unterstützen sich in die Teamstruktur einzufinden. Um die strukturellen Besonderheiten des jeweiligen Sportlers zu ergründen, müssen dessen Erleben, dessen privat- und sportbezogener Kontext sowie dessen individuelle Zielstellungen erfasst werden. Dies gelingt dem Trainer nur durch Kommunikation, wobei hier weniger die Ansprache an sich als vielmehr das Zuhören von Bedeutung ist. Um eine klientengerechte Gesprächsatmosphäre im Kontext therapeutischer Settings herzustellen sind nach Rogers (1966) Einstellungen wie Echtheit, Wertschätzung und Empathie nötig. Im therapeutischen Ansatz geht es darum, einen Klienten in seiner Wirklichkeit abzuholen und ihn mit geeigneten therapeutischen Methoden zur Genesung zu verhelfen. Im Kontext des Spitzensports sollen hier emotional-kognitive Grundhaltungen formuliert werden, die weitestgehend auf Rogers aufbauen, jedoch eher dem Setting „Führung einer Spitzenmannschaft im Hochleistungssport" gerecht werden. Es soll darum gehen, bestimmte Anforderungen zu stellen und eine jeweilige Anpassung der Spieler einzufordern, damit die oben formulierten Zielstellungen

- kontinuierlich maximale Leistung bei
- hoher intrinsischer Motivation

erreicht werden können.

32.4.1 Erfolgsdeterminierende Grundhaltungen von Trainern und Führungskräften als Voraussetzung für individuelle und kollektive Kompetenzerwartung

Grundhaltung 1: Souveränität ausstrahlen – eigene Kompetenz erwarten

> I think the most important thing about coaching is that you have to have a sense of confidence about what you're doing. You have to be a salesman and you have to get your players, particularly your leaders, to believe in what you're trying to accomplish on the basketball floor. (Phil Jackson nach Feltz et al. 2008, S. 152).

Souveräne Führungskräfte haben eine bestimmte Ausstrahlung. Ist es überhaupt möglich souverän zu sein, oder spielt sich Souveränität lediglich als Wirkung in der Wahrnehmung der eigenen Person durch andere ab? In der nur sehr spärlich vorhanden Literatur zur psychologischen Interpretation des Begriffs Souveränität finden sich Beschreibungen von der Wirkung souveräner Personen: Nach Volk (2009) wirken souveräne Menschen auf andere reflektiert, selbstsicher, überzeugend und dadurch glaubwürdig. Sie lassen sich durch Schwierigkeiten, Hindernisse oder Widerstände nicht beeindrucken. Sie sind stabil

Abb. 32.2 Wirkungen der Kompetenzerwartung des Trainers auf die Kompetenzerwartungen der Spieler eines Teams

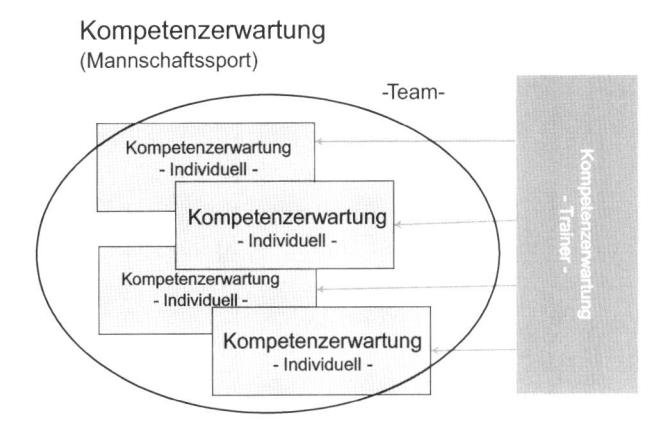

Kompetenzerwartung
(Mannschaftssport)

-Team-

Kompetenzerwartung - Individuell -
Kompetenzerwartung - Individuell -
Kompetenzerwartung - Individuell -
Kompetenzerwartung - Individuell -

Kompetenzerwartung - Trainer -

und gelassen in brenzligen Situationen, behalten einen „kühlen Kopf", den Überblick und übernehmen für sich genau wie für ihre Fehler nüchtern die Verantwortung.

Würde dies bedeuten, dass sich Personen mit einer souveränen Ausstrahlung durch besondere Überzeugungen von den eigenen Fähigkeiten auszeichnen? Nach Volk (2009) lernen souveräne Menschen, dass sie meistens für Hindernisse einen Weg finden oder zumindest teilweise darauf Einfluss nehmen können. Dies entspricht weitestgehend dem Konzept der Kompetenzerwartung nach Bandura (s. o.). Dies bedeutet, dass nicht nur die Kompetenzerwartung des Spielers, sondern auch die Kompetenzerwartung des Trainers für den sportlichen Erfolg eine bedeutende Rolle spielt.

Der Zusammenhang zwischen einer souveränen Wirkung einer Person auf andere und einer damit einhergehenden hohen Kompetenzerwartung dieser Person wird auch beim juristisch beanspruchten Begriff Souveränität beschrieben. Nach Wessel (2005) hat eine souveräne Institution aber auch ein souveränes Individuum die Verfügungsgewalt über seine inneren Angelegenheiten.

Die inneren Angelegenheiten einer Person sind ihre Kompetenzen und eben auch die Erwartung der Wirksamkeit dieser Kompetenzen. Entscheidend hinsichtlich eines souveränen Auftretens ist also, wie der einzelne mit seinen Kompetenzen umzugehen vermag, was die Überzeugung von diesen Kompetenzen natürlich einschließt.

Beeinflusst wird die Trainer-Kompetenzerwartung in erster Linie durch die eigene Erfahrung als Trainer (wobei hier eben auch Erfolg und Misserfolg als Trainer zu berücksichtigen sind). Es zeigt sich in entsprechenden Studien der größte Zusammenhang zwischen Jahren der Trainererfahrung und der Trainer-Kompetenzerwartung (Feltz et al. 1999). Außerdem wirkt die wahrgenommene Leistungsfähigkeit und Einschätzung durch seine Spieler sowie die wahrgenommene Unterstützung von außen (z. B. durch das Management) auf die Kompetenzerwartung des Trainers.

Die Kompetenzerwartung des Trainers wirkt auf andere, insbesondere auf die Sportler (vgl. Abb. 32.2).

Das Verhalten von Trainern mit hoher Kompetenzerwartung wirkt sich positiv auf die Zufriedenheit der Spieler, deren Performance und deren individuelle und kollektive Kompetenzerwartung, aber auch auf den Teamzusammenhalt aus. Wurde oben noch auf die Notwendigkeit einer individuellen aber auch kollektiven Kompetenzerwartung hingewiesen – und dabei eben auch die Rolle des Trainers (Zuspruch, Ansprachen etc.) verdeutlicht, wird jetzt ersichtlich, dass der Trainer diese Aufgaben auch nur dann überzeugend umsetzen kann, wenn die Trainer-Kompetenzerwartung hoch ausgeprägt ist.

Es zeigte sich auch (s. o.), dass die Wahrnehmung des Trainers durch die Sportler eine entscheidende Rolle spielt. Nimmt der Sportler seinen Trainer als selbstbewusst wahr, hat dies einen positiven Einfluss auf die Kompetenzerwartung des Sportlers (Vargas-Tonsing et al. 2004). Allerdings ist nur die Wahrnehmung der Spieler relevant. Diese muss nicht mit der tatsächlichen Kompetenzerwartung des Trainers übereinstimmen.

Um kontinuierlich erfolgreich zu sein, reicht es jedoch nicht aus, lediglich eine hoch ausgeprägte Kompetenzerwartung des Trainers einzufordern. Darüber hinaus sind weitere Grundhaltungen wichtig.

Grundhaltung 2: Prozessorientierung leben.

I believe a big part of leadership is about winning the moment. (Mike Krzyzewski 2000)

Prozessorientiertes Führen ist im Rahmen von Führungstheorien schon des Öfteren diskutiert worden (vgl. Hinz 2007). Gerade im Spitzensport, in dem das Ergebnis, also der sportliche Erfolg des Teams, einen immensen Stellenwert, auch in der Bewertung der Führungskraft, hat, ist es sehr wichtig, beim Trainer eine prozessorientierte Grundhaltung einzufordern.

Grundsätzlich sei an dieser Stelle auf den Qualitätsbegriff von Donabedian (1978 vgl. Graf und Janssens 2008) hingewiesen, der die drei Qualitätsdimensionen Strukturqualität, Prozessqualität und Ergebnisqualität unterscheidet. Die organisatorischen Rahmenbedingungen (Strukturqualität – hier in Abgrenzung zum Strukturbegriff im Rahmen der Systemtheorie nach Maturana und Varela), wie Infrastruktur, Fähigkeiten der Mitarbeiter, Arbeitsbedingungen, ermöglichen die Handlungen und die Art und Weise, wie diese erbracht werden (Prozess), was letztlich zu einer hohen Ergebnisqualität (Differenz zwischen Eingangs- und Ausgangszustand) führt. Hohe Prozessqualität korreliert idealerweise mit einer hohen Ergebnisqualität (vgl. Graf und Janssens 2008). Auch wenn die Querverbindungen zwischen den einzelnen Qualitäten eine hohe Komplexität aufweisen, wirken prinzipiell die Strukturen auf die Prozesse und diese beeinflussen die Ergebnisqualität.

Gerade im Spitzensport ist eine Überbewertung der Ergebnisqualität zu beobachten (wie oben bereits ausgeführt), was es letztlich erforderlich macht, dem Trainer die besondere Beachtung der Prozesse nahe zu legen.

Prozessorientierung bedeutet durch eine ständige Verbesserung der Prozesse die Steigerung von Qualität und Produktivität zu erreichen. Einem prozessorientierten Führungsverhalten liegt dabei ein wesentliches Prinzip der Aufmerksamkeitsregulation im Rahmen des sportpsychologischen Trainings zu Grunde (vgl. Abb. 32.3). Das Phänomen, dass viele Sportler in Wettkampfsituationen Schwierigkeiten haben, sich auf das Wesentliche zu kon-

Abb. 32.3 a Fokus – Aufmerksamkeit im Hier und Jetzt: Wenn es darauf ankommt, ist Konzentration (Fokus) auf die aktuelle Aufgabe gefordert. **b** Gerade in derartigen Situationen erleben Sportler, dass sie sich mit Dingen aus der Vergangenheit oder möglichen Folgen in der Zukunft beschäftigen. **c** Der Sportler muss erkennen, wann er den Fokus verlässt, und eigeninitiativ zurück zum Hier und Jetzt finden. (Aus Mayer und Hermann 2011, S. 11)

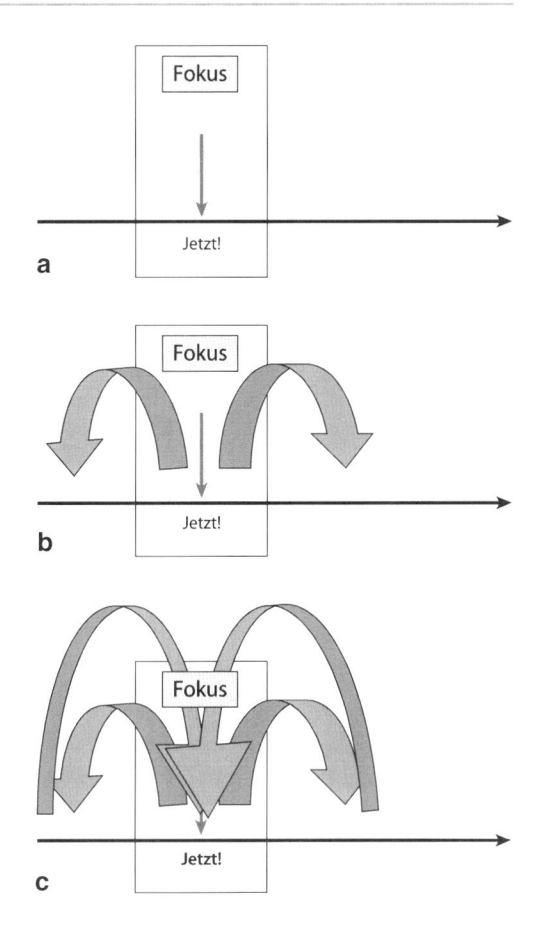

zentrieren, lässt sich auch anhand eines Zeitstrahls verdeutlichen. Der Sportler sollte im entscheidenden Augenblick in der Lage sein, seine Aufmerksamkeit auf das Wesentliche, den Handlungsablauf, zu fokussieren. Viele Sportler beschäftigen sich gerade im Wettkampf mit möglichen Szenarien in der Zukunft (positiv wie negativ) oder auch mit Ereignissen aus der Vergangenheit (z. B. Erinnerungen an vergleichbare Erlebnisse, auch hier positiv wie negativ). Die situativen Bedingungen sind dabei häufig ursächlich dafür, dass der Sportler den Fokus verliert (Mayer und Hermann 2011).

Wenn ein Sportler eine Handlung optimal – auf seinem individuell höchsten Niveau – durchführen soll, benötigt er 100 % seiner Aufmerksamkeit für diese Handlung: höchste Konzentration. Dies gelingt vielen Sportlern im Training oder bei einfachen bzw. unbedeutenden Wettkämpfen. Wenn es aber darauf ankommt, also bei entscheidenden Wettkämpfen, werden viele Sportler durch die geänderte Situation (Medien, Erwartungen, Konsequenzen, Zuschauer) von der Aufgabe abgelenkt und beschäftigen sich mit dieser Situation. Typisch sind dann Äußerungen wie „Was passiert, wenn ich jetzt einen Fehler mache?". Man spricht in solchen Fällen auch von Lageorientierung („In welcher Situation befinde ich mich?"), zu deren Gunsten die Handlungsorientierung („Was ist hier zu tun?")

aufgegeben wird (Kuhl 2001), was häufig auch mit einer geringen Kompetenzerwartung einhergeht.

Ein prozessorientiertes Handeln von Führungskräften ist gerade auch bei hohen Zielstellungen, drohenden negativen Konsequenzen und hoher individueller Beanspruchung von zentraler Bedeutung. Gerade im Spitzensport werden mit Titeln und Medaillen häufig sehr hohe Zielstellungen formuliert. Diese hohen Ziele sind auch außerordentlich wichtig, um eine entsprechende Motivation zu überdurchschnittlichen Trainingsanstrengungen zu erreichen. Jedoch zum Zeitpunkt des Wettkampfes muss diese Ziel- oder Ergebnisorientierung zu Gunsten einer Prozessorientierung aufgegeben werden. Peak-Performance auf einen hohen Niveau setzt im Sport automatisierte und stressresistente Handlungsmuster voraus. Um diese Stabilität zu erreichen, wird in hohem Umfang und hoher Intensität trainiert. Prozessorientierung in der Leistungssituation setzt damit auch Konsequenz und Härte im Trainingsprozess voraus.

Im Wettkampf kann ergebnisorientiertes Denken diese Automatismen stören. Der Sportler (und auch der Trainer) muss Vertrauen in die strukturellen Voraussetzungen entwickeln und zuversichtlich sein, dass die bestmögliche Performance mit hoher Wahrscheinlichkeit zum erwünschten Ergebnis führt. Erzwingen lässt sich sportliche Spitzenleistung nicht, sie passiert.

Auch moderne Verfahren der bildgebenden Neurophysiologie konnten zeigen, dass im Moment der PeakPerformance der verbal-analytische Teil des Gehirns deaktiviert zu sein scheint. So konnte bei Golfern und Schützen festgestellt werden (Crews und Landers 1993; Haufler et al. 2002), dass im Moment der Schlag- oder Schussabgabe eine linkshemisphärische Deaktivierung zu beobachten ist (die linke Hemisphäre steuert u.a. das planvolle, logische Denken). In einer entsprechenden Untersuchung an Karateka (Collins et al. 1990) konnte sogar im Moment des Durchschlagens eines Bretts mit der Handkante eine komplette kortikale Deaktivierung beobachtet werden.

Wie schon erwähnt ist eine wichtige Voraussetzung für dieses prozessorientierte Denken eine gute oder nahezu optimale strukturelle Qualität sowie die Überzeugung der und des Sportlers, das vorhandene Potenzial auch in Leistung umsetzen zu können. Aufgabe der Führungskraft/Trainer ist es, diese Überzeugung bei den Mitarbeitern/Sportlern aufzubauen und aufrechtzuerhalten. Wenn die Führungskraft (der Trainer) am Prozess zweifelt, wird sich Kompetenzerwartung beim Sportler nur schwer einstellen können. Es geht also auch darum, eine Atmosphäre des Vertrauens herstellen zu können.

Grundhaltung 3: Vertrauen

> And bad times are a part of what leadership must deal with. That's when you need the trust of those under your supervision. They have to believe in you. Without trust they may cut and run; with trust they will follow you into uncharted waters. (John Wooden 2009)

Der Vertrauensbegriff ist in den letzten Jahren recht häufig in Verbindung mit Führungsverhalten gebracht worden (vgl. z. B. Sprenger 2007). Ganz allgemein können folgende Bestimmungsmerkmale für Vertrauensbeziehungen zwischen Führungskraft und

Mitarbeiter festgehalten werden (vgl. Neuberger 2006): Vertrauen drückt die Qualität einer Beziehung aus. Derjenige, der vertraut, geht dabei freiwillig eine Vorleistung ein, die nicht abgesichert ist. Ein Vertrauender geht also ein Risiko ein und macht sich verwundbar (s. Gambetta 1988), während der Misstrauende dieses Risiko scheut.

Vertrauen und Misstrauen sind letztlich Versuche, Kontrolle zu gewinnen, wobei Vertrauen Beziehungen intensiviert und Misstrauen davon Abstand nimmt. Vertrauensbeziehungen sind durch Sympathie, Wertschätzung, Wohlwollen, Nähe und Spontaneität gekennzeichnet, Misstrauensbeziehungen durch Abwertung, Distanz und Reserviertheit (Neuberger 2006). Vertrauen kann man aber nicht direkt herstellen. Auch die Aufforderung „Ihr müsst mir Vertrauen!" ist nur ein hilfloser Appell. Der Trainer kann allenfalls Signale aussenden bzw. selbst sein Vertrauen anbieten – er muss Vorleistungen erbringen und abwarten, ob sein Angebot wahrgenommen wird (Neuberger 2006).

Nach Platzköster (1990, S. 162) hat ein vertrauensvoller Führungsstil viele Vorteile: er ist langfristig leistungssteigernd, stabilisiert soziale Beziehungen und Systeme, macht anpassungsfähig, verbessert den Informationsfluss, beeinflusst und bestimmt offene und aufrichtige Kommunikation, führt zu positiven Einstellungen zur Organisation und zum Beruf. Zand (1997, S. 122) formuliert folgende „laws of trust":

- Misstrauen vertreibt Vertrauen.
- Vertrauen erhöht den Zusammenhalt.
- Misstrauische Gruppen zerstören sich selbst.
- Vertrauen stimuliert Produktivität.
- Misstrauen senkt Produktivität.
- Schnelles Wachstum maskiert Misstrauen.

Empirische Studien bestätigen diese Einschätzung. So finden sich durchweg positive Zusammenhänge von Vertrauen zu verschiedenen, tätigkeitsbezogenen Aspekten der Zusammenarbeit (Dirks und Ferrin 2001). Vertrauen korreliert u. a. positiv mit unterschiedlichen Aspekten von Kommunikation (z. B. Offenheit der Kommunikation, Teilung und Austausch von Informationen). Ebenfalls sprechen viele Studien dafür, dass Vertrauen in einem positiven Zusammenhang mit individueller Leistung und Teamperformance sowie mit verschiedenen Aspekten der Arbeitszufriedenheit steht (Dirks und Ferrin 2001).

Neuberger (2006) sieht dies allerdings kritisch. Seiner Ansicht nach wird der Vertrauensdiskurs einseitig und verklärend geführt: Vertrauen wird als Allheilmittel *„für fast alle interpersonalen oder organisationalen Pathologien angepriesen"* (Neuberger 2006, S. 27). Neuberger plädiert für ein gesundes Misstrauen: So gibt es beispielsweise in jeder Demokratie oder auch in der Wissenschaft sinnvolle (misstrauende) Kontrollinstanzen.

Wahrscheinlich hängt es von den strukturellen Gegebenheiten der Institution ab, ob Vertrauen eine sinnvolle Führungsgrundhaltung ist oder nicht. Nach Ripperger (1998, S. 181) ist Vertrauen u.a. auch an genügend Zeit und Gelegenheiten im gegenseitigen Kontakt der Interaktionspartner gebunden, wenn es sich nicht um *„one shot business"* handelt, sondern die Partner immer wieder miteinander *„ins Geschäft kommen"*. Dann gibt es auch genügend Gelegenheiten, auf die Enttäuschung von Vertrauen wirksam zu reagieren. Je größer und unübersichtlicher (hinsichtlich der teilnehmenden Personen aber auch hinsichtlich der Möglichkeit des face-to-face-Kontakts) eine Institution oder Organisation, desto schwieriger ist es, Vertrauen aufzubauen. Dann muss mehr über Regeln und Gesetze geführt werden, deren Einhaltung auch kontrolliert werden muss.

Zweifellos kann auch über Misstrauen, Angst und Kontrolle (kurzfristiger) Erfolg entstehen. Es gibt auch denkbare Modelle, wie man auf diese Art und Weise längerfristig erfolgreich sein kann, z. B. indem man in regelmäßigen Abständen das Team komplett austauscht.

Das Führungsprinzip „Vertrauen ist gut - Kontrolle ist besser" verhindert jedoch Selbstorganisation(vgl. u. a. Vollmer et al. 2006) und damit die Chance einer zweckmäßigen strukturellen Kopplung, die hier als wesentliche Voraussetzung für den Aufbau einer kollektiven Kompetenzerwartung angesehen wird.

Krapp und Ryan (2002) argumentieren zudem, dass nach der Selbstbestimmungstheorie (Deci und Ryan 1985) anzunehmen ist, dass intrinsische Motivation nur dann auftritt, wenn sich die handelnde Person als hinreichend autonom (oder selbstbestimmt) wahrnimmt. Autonomie wird in diesem Zusammenhang verstanden als Übereinstimmung zwischen dem, was die Person selbst für wichtig hält und gerne tun möchte und den in der aktuellen Situation geforderten Aufgabenstellungen.

> Selbst wenn sich eine Person kompetent und hoch wirksam fühlt, wird sie keine intrinsische Motivation entwickeln, wenn sie gleichzeitig das Gefühl hat, von außen kontrolliert zu sein, sei es durch Belohnung, Strafandrohung oder andere Formen von Zwang (Krapp und Ryan 2002, S. 59).

Diese Annahme wurde durch zahlreiche empirische Befunde bestätigt (Deci und Ryan 2000).

Das dauerhafte erfolgreiche Arbeiten mit einem Team setzt somit gegenseitiges Vertrauen voraus.

Entscheidend für das Vertrauen der Spieler ist das Verhalten des Trainers, der den ersten Schritt machen und die Vertrauensspirale (Vertrauen wird mit Gegenvertrauen honoriert) in Gang setzen kann.

32.5 Ausblick: Was bedeutet das für die Zukunft der Führung?

Was kann der hier vorgestellte Impuls aus der Sportpsychologie zur Zukunft der Führung beitragen? Ist die Führung von Teams im Hochleistungssport überhaupt auf außersportliche Bereiche wie Organisationen in der Wirtschaft und Industrie anwendbar?

Natürlich ist der Spitzensport ein spezielles Setting. Man hat es mit (Klein-) Gruppen zu tun, die aus absoluten Höchstleistern in ihrem Bereich zusammengesetzt sind und bei denen man nicht nur von einem außergewöhnlichen Trainingszustand ausgeht (was mit einer außergewöhnlichen Belastbarkeit einhergeht) sondern bei denen man auch eine außergewöhnliche hohe (intrinsische) Motivation annimmt.

Aber finden wir vergleichbare Teams aus absoluten Spezialisten mit ausgeprägter Motivation nicht auch in nahezu jedem Wirtschaftsunternehmen? Bzw. liegt es nicht in der Verantwortung der Unternehmen, Rahmenbedingungen zu schaffen, in denen intrinsische Motivation entstehen kann? Spielt sich der sportliche Wettkampf mit den entsprechenden Konsequenzen bei Erfolg und Misserfolg nicht ebenso im Alltag der Unternehmen ab?

Vielleicht ist es dieser Perspektivwechsel, der ein entscheidender Impuls aus der Sportpsychologie sein kann. Der Perspektivwechsel, der den Mitarbeiter als motivierten Höchstleister betrachtet und von der Führungskraft verlangt, Rahmenbedingungen einzurichten, unter denen der Mitarbeiter optimal seine Stärken verwirklichen kann. Eine der wesentlichsten Rahmenbedingungen ist die Führungskraft selbst: die Art und Weise wie sie zu dem Mitarbeiter und der Anforderung steht.

Autorbeschreibung

Jan Mayer (Dipl. Psych., M.A. Sportwissenschaft, Dr. phil.). Professor an der Deutschen Hochschule für Prävention und Gesundheitsmanagement in Saarbrücken. Leiter der Zentralen Koordination Sportpsychologie des Deutschen Olympischen Sportbundes. Seit 1998 freiberufliche Tätigkeit als Sportpsychologe in der Betreuung von Spitzensportlern und (National-)Mannschaften. Gesellschafter der Coaching Competence Cooperation Rhein-Neckar GbR (www.ccc-network.com).

Literatur

Bandura, A. (1977). Self-efficacy: Toward a unifying theory of behavioral change. *Psychological Review, 84,* 191–215.
Bandura, A. (2006). Social cognitive theory. In S. Rogelberg (Hrsg.), *Encyclopedia of Industrial/Organizational Psychology.* Beverly Hills: Sage Publications.
Bandura, A., & Schunk, D. H. (1981). Cultivating competence, self-efficacy, and intrinsic interest through proximal self-motivation. *Journal of Personality and Social Psychology, 41,* 586–598.
Bertalanffy, von L. (1968). *General system theory.* New York: Braziller.
Bette, K. H. (1984). *Die Trainerrolle im Hochleistungssport.* Sankt Augustin: Richarz.
Bund, A. (2001). Zur Bedeutung des allgemeinen und aufgabenbezogenen Selbstvertrauens für das Bewegungslernen. *Psychologie und Sport, 8*(3), 78–90.
Burke, K. L., & Jin, P. (1996). Predicting performance from a triathlon event. *Journal of sport Behavior, 19,* 272–287.
Capra, F. (1985). *Wendezeit. Bausteine für ein neues Weltbild.* München u. a.: Scherz.
Collins, D., Powell, G., & Davies, I. (1990). An electroenphalographic study of hemispheric processing patterns during karate performance. *Journal of Sport and Exercise Psychology, 12,* 223–234.
Crews, D. J., & Landers, D. M. (1993). Electroencephalographic measures of attentional patterns prior to the golf putt. *Medicine & Science in Sports and Exercise, 25,* 116–126.
Deci, E. L., & Ryan, R. M. (1985). *Intrinsic motivation and self-determination in human behavior.* New York: Plenum Press.

Deci, E. L., & Ryan, R. M. (2000). The „what" and „why" of goal pursuits: Human needs and the self-determination of behavior. *Psychological Inquiry, 11,* 227–268.

Dirks, K., & Ferrin, D. (2001). The role of trust in organizational settings. *Organization Science, 12,* 450–467.

Donabedian A. (1978). The quality of medical care. *Science, 200,* 856–864.

Eberspächer, H., Mayer, J., Hermann, H.-D., & Kuhn, G. (2005). Olympiasonderförderung Sportpsychologie. *Leistungssport, 35*(1), 38–41.

Feltz, D. L., Short, S. E., & Sullivan, P. J. (2008). *Self-efficacy in sport. Human kinetics.*

Fischer, H. R. (1993). Murphys Geist oder die glücklich abhanden gekommene Welt. In H. R. Fischer (Hrsg.), *Autopoiesis* (S. 9–37). Heidelberg: Auer.

Gambetta, D. (1988). Mafia: The price of distrust. In D. Gambetta (Hrsg.), *Trust: making and breaking cooperative relations* (158–175). New York: Basil Blackwell.

Graf, J., & Janssens, U. (2008). Historie des Qualitätsmanagements. *Intensivmedizin und Notfallmedizin, 45,* 171–181.

Gully, S. M., Incalcaterra, K. A., Joshi, A., & Beaubien, J. M. (2002). A meta-analysis of team- efficacy, potency, and performance: Interdependence and level of analysis as moderators of observed relationships. *Journal of Applied Psychology, 87,* 819–832.

Hagedorn, G. (1987). Trainer – die soziale Rolle eines integrierten Außenseiters. In H. Rieder & U. Hanke (Hrsg.), *Sportlehrer und Trainer heute* (58–71). Köln: Sport und Buch Strauß.

Haufler, A. J., Spalding, T. W., Maria, D. L. S., & Hatfield, B. D. (2002). Neuro-cognitive activity during a self-paced visuospatial task: comparative EEG profiles in marksmen and novice shooters (vol 53, pg 131, 2000). *Biological Psychology, 59*(1), 87–88.

Hinz, W. (2007). *Prozessorientiert führen: Krisen bewältigen - Interessenbasiert handeln – Grundlagen, Methoden, Erfahrungen.* München: Hanser.

Jerusalem, M. (1990). *Persönliche Ressourcen, Vulnerabilität und Stresserleben.* Göttingen u. a.: Hogrefe.

Krapp, A., & Ryan, R. M. (2002). Selbstwirksamkeit und Lernmotivation. *Zeitschrift für Pädagogik. Selbstwirksamkeit und Motivationsprozesse in Bildungsinstitutionen, 44,* 54–82.

Krzyzewski, M., & Phillips, D. T. (2000). *Leading with the heart.* New York: Warner Books.

Kuhl, J. (2001). *Motivation und Persönlichkeit. Interaktionen psychischer Systeme.* Göttingen: Hogrefe.

Maturana, H. R. (1982). *Erkennen. Die Organisation und Verkörperung von Wirklichkeit. Ausgewählte Arbeiten zur biologischen Epistemologie.* Braunschweig u. a.: Vieweg.

Maturana, H. R., & Varela, F. J. (1987). *Der Baum der Erkenntnis.* München: Scherz.

Mayer, J. (2010). Psychologische Aspekte in der Spielvorbereitung. In Deutscher Fußballbund (Hrsg.). *DFB-Kongress 2010 – Aktuelle Wissenschaft für den Spitzenfußball* (S. 72–75). Münster: Philippka.

Mayer, J., Kuhn, G., Hermann, H.-D., & Eberspächer, H. (2009). Sportpsychologische Betreuung der Spitzenverbände 2003–2008 - eine Bilanz. *Leistungssport, 39*(2), 19–22.

Mayer, J., & Hermann, H.-D. (2011). *Mentales training.* Heidelberg u. a.: Springer.

Moritz, S. E., Feltz, D. L., Fahrbach, K. R., & Mack, D. E. (2000). The relation of self-efficacy measures to sport performance: A meta-analytic review. *Research Quarterly for Exercise and Sport, 71*(3), 280–294.

Munroe-Chanlder, K., Hall, C., & Fishburne, G. (2008). Playing with confidence: The relationship between imagery use and self-confidence and self-efficacy in youth soccer players. *Journal of Sports Sciences, 26*(14), 1539–1546.

Myers, N. D., Feltz, D. L., & Short, S. E. (2004). Collective efficacy and team performance: A longitudinale study of collegiate football teams. *Group Dynamics: Theory, Research, and Practice, 8,* 126–138.

Neuberger, O. (2002). *Führen und führen lassen.* Stuttgart: Lucius & Lucius.

Neuberger, O. (2006). Vertrauen vertrauen? Misstrauen als Sozialkapital. In K. Götz (Hrsg.), *Vertrauen in Organisationen* (S. 11–56). München: Hampp.

Paslack, R. (1991). *Urgeschichte der Selbstorganisation. Zur Archäologie eines wissenschaftlichen Paradigmas.* Wiesbaden u. a.: Vieweg.

Platzköster, N. (1990). *Vertrauen - Theorie und Analyse interpersoneller, politischer und betrieblicher Implikationen.* Essen: Beleke.

Rheinberg, F. (2000). *Motivation.* Stuttgart: Kohlhammer.

Ripperger, T. (1998): *Ökonomik des Vertrauens – Analyse eines Organisationsprinzips.* Tübingen: Mohr.

Schlippe, von A., & Schweitzer, J. (1999). Lehrbuch der systemischen Therapie und Beratung. Göttingen: Vandenhoeck & Ruprecht.

Sprenger, R. K. (2007). *Vertrauen führt.* Frankfurt: Campus Verlag.

Steinkellner, P. (2006). Systemische Führung. In O. Dengg (Hrsg.), *Coaching – Ein Instrument für Management und Führung.* Wien: LVAk

Tuckman, B. W. (1965). Developmental sequences in small groups. *Psychological Bulletin, 63,* 348–399.

Vargas-Tonsing, T. M., Myers, N. D., & Feltz, D. L. (2004). Coaches' and athletes' perceptions of efficacy-enhancing techniques. *The Sport Psychologist, 18,* 397–414.

Vargas-Tonsing, T. M., & Bartolomew, J. B. (2006). An exploratory study of the effects of pregame speeches on team efficacy beliefs. *Journal of Applied Social Psychology, 36*(4), 918–933.

Volk, H. (2009). Souverän im Leben stehen. *Krankendienst, 3,* 80–83.

Vollmer, A., Clases, Ch., & Wehner, Th. (2006). Vertrauen und kooperatives Handeln – Ein arbeits- und organisationspsychologischer Zugang. In K. Götz (Hrsg.), *Vertrauen in Organisationen* (S. 169–184). München: Hampp.

Wessel, K. F. (2005). Der souveräne Mensch. Vortrag vom 16.06.2005, Humanontogenetisches Kolloquium Nr. 42.

Wooden, J. (2009). Coach Wooden's leadership game plan for success: 12 lessons for extraordinary performance and personal excellence. Columbus: McGraw Hill Book Co.

Zand, D. E. (1997). *The leadership triad: Knowledge—Trust—Power.* New York & Oxford: Oxford Univ. Press.

Visuelle Führung

33

Volker Casper

Zusammenfassung

Führung als soziale Beeinflussung setzt auf Kommunikation. Fest verankert im Führungsalltag sind die Instrumente Sprache und Text. In einem komplexeren und schnell lebigeren Führungsalltag erhält eine weitere Kommunikationsform immer mehr Auftrieb: Visualisierungen. Angetrieben wird diese Entwicklung auf Grund des vereinfachten Einsatzes von Visualisierungen vor allem im Internet. Hier haben sich Visualisierungen längst als kommunikatives Steuerungsinstrument durchgesetzt. Was bedeutet diese Entwicklung für die Arbeit von Führungskräften? Welche Visualisierungsformen können sie einsetzen? Welche Voraussetzungen müssen erfüllt sein, damit Visualisierungen im Führungskontext wirksam werden können? Diesen Fragen geht der Artikel nach und gibt diesem Führungsinstrument dabei einen eigenen Namen: „Visuelle Führung".

33.1 Das Unsichtbare sichtbar machen: Problemlösung mit Kreisen, Pfeilen und Vierecken

In seinem Büro verarbeitet der Regionalleiter Robert K. seit dem Start des Veränderungsprozesses „GO 500" zum wiederholten Male die negativen Rückmeldungen seiner Mitarbeiter. Seine sechs Niederlassungsleiter hatten ihm die „rote Karte" gezeigt. Die Einführung des neuen, in der Zentrale entwickelten Vertriebsmodells droht zu misslingen. Einerseits steht Robert K. hinter dem neuen Vertriebsmodell, weil es sich auf neue Kundenpotenziale konzentriert, andererseits ist ihm klar, dass der Veränderungsprozess in der gegenwärtigen Form zum Scheitern verurteilt ist. Viele Fragen gingen ihm durch den Kopf. Warum schaffen es die Modellentwickler aus der Zentrale nicht, seine Mitarbeiter abzuholen und besser in den Veränderungsprozess einzubinden? Warum kommen sie nur mit einer „halben

V. Casper (✉)
Ströer Out-of-Home Media AG, Ströer Allee 1, 50999 Köln, Deutschland
E-Mail: v.casper@gmx.de

Lösung"? Hätten sie uns doch mal gefragt. Wie sollen wir die neue Kundenbetreuungsstruktur umsetzen? Der Innendienst ist noch nicht soweit. Wie soll mein Außendienst die neuen Verkaufsaktionen aus der Zentrale angehen, ohne über die notwendigen Ressourcen dafür zu verfügen? Kann ich auch mal selbst was im Veränderungsprozess entscheiden? Was ist eigentlich mein Kernproblem? Wo kann ich mit einer Lösung ansetzen? Immer mehr veriert er sich gedanklich in Details. An diesem Punkt war er schon oft.

Diesmal versucht er einen anderen Weg. Er zieht ein Blatt Papier aus der Schublade und beginnt, die ersten Kreise und Pfeile zu zeichnen und damit das Problem zu visualisieren. Sein zeichnerisches Talent ist bescheiden, doch dieses reicht aus. Je einfacher die Zeichnungsobjekte, umso klarer wird das Bild, das er sich von der gegenwärtigen Situation macht. Nachdem er wesentliche Kernpunkte seines Problems skizziert hatte, überträgt er diese auf ein Whiteboard und holt seine Mitarbeiter zu sich. Es entwickelt sich eine kontroverse Diskussion über seine Situationsanalyse und die damit verbundenen möglichen Lösungsansätzen. Neue Aspekte werden in das Bild integriert, andere Punkte verlieren an Bedeutung. Nach und nach erarbeiteten sie im Team das finale Bild der gegenwärtigen Situation des Veränderungsprozesses. Auf Basis des gemeinsamen Problemverständnisses werden die Ankerpunkte für die nächsten Schritte offensichtlich und erste Lösungen kreiert. Robert K. fotografiert das Ergebnis und macht sich auf den Weg in die „Zentrale", um der Geschäftsführung die Sachlage zu zeigen. Mit Hilfe des Bildes und seinen begleitenden Erläuterungen kann Robert K. auch bei den Geschäftsführern für ein tiefergehendes Verständnis der aktuellen Situation sorgen. Einige grundlegende Entscheidungen, die den Veränderungsprozess im Nachgang weiter voranschreiten lassen, werden getroffen. Abb. 33.1 zeigt das dazu gehörige Bild.

Das vorangestellte Beispiel ist eine Form der „Visuellen Führung". Was es mit diesem Führungsinstrument auf sich hat, wird im weiteren Verlauf des Artikels dargestellt.

33.2 Hintergrund des Führungsansatzes „Visuelle Führung"

„Visuelle Führung" ist in einem gesellschaftlichen Kontext zu sehen, der geprägt ist von Begriffen wie Verwissenschaftlichung, Computerisierung, Wissensgesellschaft, Internet, Social Media und Globalisierung. Jeder dieser Begriffe beschreibt eine Komponente, die unsere Gesellschaft gegenwärtig beeinflusst. Allen gemeinsam ist der Fakt, dass die von diesen Entwicklungen ausgehende Produktion von Informationen unablässig voranschreitet und jede Information um unsere begrenzte Aufmerksamkeit buhlt. Denn nur, was wir mit den Augen fixieren oder mit den Ohren fokussieren, hat eine Chance, konzeptuell und bewusst zu Wissen verarbeitet zu werden (Ballstaedt 2006, 2009). Dabei stoßen die Kommunikationsformen Sprache und Text immer häufiger an ihre Grenzen. Ballstaedt, Professor für technische Dokumentation, vertritt die These, dass unsere Gesellschaft nicht nur auf begriffliches und verbales Wissen, sondern in zunehmendem Maße auf visuelles Wissen setzt, so dass von einem Umbruch von einer Sprachtext- zu

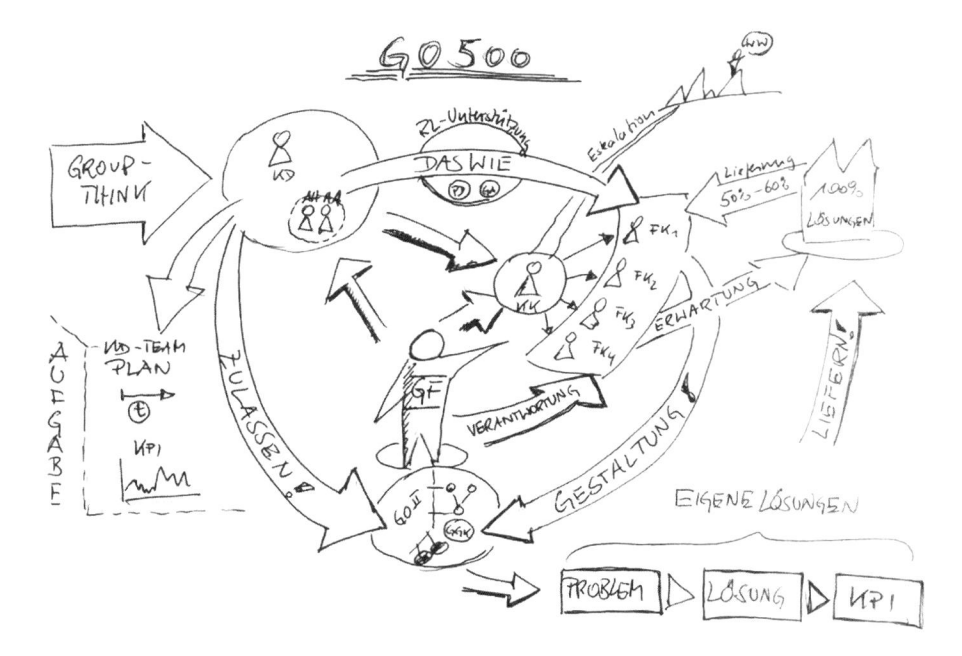

Abb. 33.1 Visualisierte Vertriebsproblematik

einer bildzentrierten Kultur gesprochen werden kann. Zwei Beobachtungen sprechen für diese Annahme:

1. Die Zunahme an Bildern in den Massenmedien, die mit der Digitalisierung zusammenhängt. Die Produktion, Bearbeitung, Speicherung und Distribution von bildlichem Material ist durch den Computer und das Internet sehr stark vereinfacht worden. Auf Millionen von Bildern kann ohne großen Aufwand zugegriffen werden.
2. Die visuelle Wende bedeutet eine erkenntnistheoretische Rehabilitation der Bilder für die Gewinnung und Vermittlung von Wissen (Lohoff 2007). Bilder haben demnach nicht nur eine illustrative, sondern eine wissensvermittelnde Funktion, sie werden zum Bestandteil von Erkenntnisprozessen.

In der Medizin, Architektur oder den Ingenieurswissenschaften ist die Arbeit mit Visualisierungen längst als Instrument zur Diagnose und Gestaltung angekommen. Führungskräfte werden sich dieser Entwicklung nicht entziehen können. Ihre Betätigungsumfelder werden mit der Zunahme von Informationen immer komplexer und die Möglichkeiten, mit dem Anstieg der Informationen, visuell umgehen zu können, werden immer vielfältiger. In diesem Punkt steckt zumindest die Chance begründet, dass der – mit der Komplexitätssteigerung einhergehende – Anstieg an Varianten, Möglichkeiten, Alternativen und Lösungsansätzen mit Hilfe von Visualisierungen transparent und handhabbar gemacht werden kann.

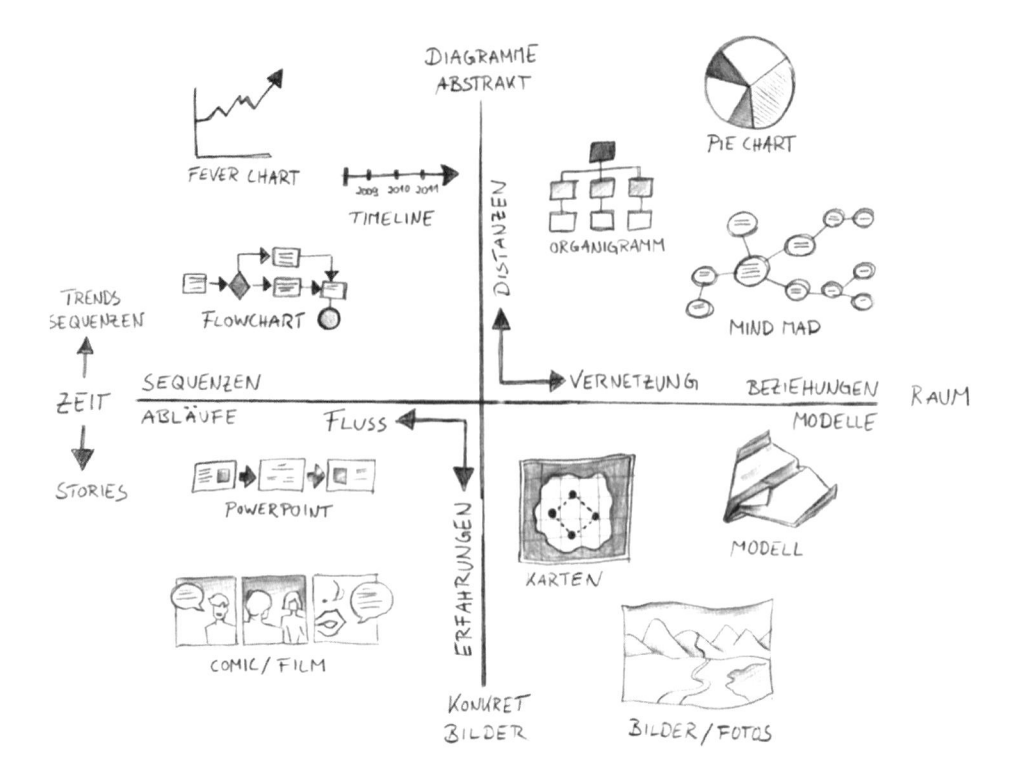

Abb. 33.2 Visualisierungsformen und deren Verwendungsmöglichkeiten

33.3 Beschreibung des Führungsansatzes

33.3.1 Visuelle Führung

Visuelle Führung ist ein Kommunikationsinstrument der Führung, das auf den visuellen Kompetenzen von Mitarbeitern aufbaut. Sie steht auf zwei Säulen: „Visuelles Denken" (in Bildern denken können) und „Visuelles Arbeiten" (mit Bildern kommunizieren können). Im Ergebnis erzeugt sie den kommunikativen Effekt: „Ich sehe, was Du sagst." Dies wird möglich durch den Einsatz von: fotorealistischen Bildern, Skizzen, Charts, Diagrammen, Icons, Karten, Infografiken usw. Die Abb. 33.2 gibt einen groben Überblick, welche Visualisierungsformen für welche Zwecke genutzt werden können.

Dass Visualisierungen positive Auswirkungen auf die Kommunikation in Führungskontexten haben, zeigen einige wissenschaftliche Untersuchungen. Der Kommunikationsexperte Eppler (2007); Bresciani und Eppler (2007) von der Universität St. Gallen erforschte den Einfluss von Visualisierungen in der Gruppenarbeit. Die Ergebnisse zeigen, dass Visualisierungen den Wissensaustausch fördern, die Produktivität steigern, die Menge und die Qualität der Ideengewinnung erhöhen und die spätere Aktivierung bezüglich der gemeinsam erarbeiteten Ergebnisse verbessern. Zu den weiteren positiven Effekten in Gruppenprozessen gehört die Steigerung der Aufmerksamkeit der Gruppenmitglieder, die Fokussierung der Kommunikation auf die Kernbotschaft, die Reduzierung von Kommunikationsfehler und Ambiguitäten (Gergle 2007). Darüber hinaus vereinfachen Visualisierungen die Vermittlung abstrakter Ideen, erleichtern das Verständnis von komplexen Zusammenhängen und die Möglichkeiten der Schlussfolgerungen in Teams (Tversky 2002). Grundsätzlich erinnern sich die Beteiligten besser an Visualisierungen, da das visuelle Gedächtnis nach dem Lernpsychologen Edelmann (2000) eine größere Erinnerungskapazität als das verbale Gedächtnis aufweist, wobei insbesondere die Bedeutung einer Visualisierung haften bleibt. Diese Untersuchungsergebnisse offenbaren den Nutzen von Visualisierungen für Führungskräfte in ihrem operativen Alltag.

Visuelle Führung hat insbesondere für Erkenntnis-, Problemlösungs- und Entscheidungsprozesse einen wesentlichen Vorteil gegenüber der sprachlichen und textlichen Kommunikation. Sie macht die Komplexität und die damit verbundenen Interdependenzen einer Führungssituation sichtbar und eröffnet damit einen kreativen Raum für ganzheitliche Lösungsansätze. Dies gelingt den Kommunikationsformen Text und Sprache auf Grund ihrer sequentiellen Struktur nur bedingt. Im Zusammenspiel erzeugen die Kommunikationsformen Bild, Text und Sprache allerdings ihre größte Wirksamkeit im Transfer von subjektiven Wirklichkeitskonstruktionen, da sich ihre unterschiedlichen Stärken funktional ergänzen (Ballstaedt 2009). Im nächsten Abschnitt werden die zwei Säulen der visuellen Führung eingehender dargestellt: „Visuelles Denken" und „Visuelles Arbeiten".

33.3.2 Visuelles Denken (Visuelle Kompetenz)

Die Fähigkeit in Bildern denken zu können, ist eine Vorbedingung für das „visuelle Arbeiten". Nach Colin Ware (2008), dem Direktor des Date Visualization Research Lab in New Hempshire (USA), beschreibt visuelles Denken im Kern das Erkennen von Mustern und nicht das Lernen von Zeichen und Symbolen. Dabei leitet sich die Fähigkeit, Muster zu erkennen, auf der einen Seite von der evolutionären Entwicklung unserer Sehfähigkeit ab, auf der anderen Seite basiert sie auf unseren visuellen Erfahrungen, die wir in unserem Leben gemacht haben. Ergänzt wird sie um die inneren Bilder, die wir Laufe unseres Lebens archiviert haben. Darüber hinaus gibt es nach Ware (2008) soziokulturelle Wahrnehmungsmuster, die sich über Jahrhunderte in Gesellschaften verankert haben und individuell abrufbar sind. Die auf diese Weise entwickelten individuellen Bilderwelten sind unmittelbar mit subjektiven Wertungen, Einstellungen und Emotionen verknüpft, die wiederum einen großen unwillkürlichen Einfluss auf das Erkennen von Mustern haben.

Für die Führungsarbeit im operativen Alltag einer Führungskraft ist das Erkennen und Beschreiben von Mustern elementar, seien es strukturelle, prozessuale oder soziale Muster. Diese Kompetenz geht einher mit weiteren Kompetenzen: das Denken in Zusammenhängen und in Abhängigkeiten, das Erfassen des Ganzen und das Verstehen der Details. Über die Fähigkeit der Erkennung und Beschreibung von Mustern hinaus, bedarf eine wirksame „Visuelle Führung" den gekonnten kommunikativen Umgangs mit Bildern. Was dies im einzeln bedeutet beschreibt das Konzept „Visual Literacy". Nach der Definition von IVLA (International Visual Literacy Asccociation"), die auf den Mitgründer der Vereinigung John Debes (1969) zurückgeht, sind folgende Merkmale maßgeblich:

- „Visual Literacy" ist eine Gruppe von visuellen Kompetenzen, die ein Mensch durch das Sehen und die Einbeziehung anderer sensorischer Erfahrungen entwickeln kann.
- „Visual Literacy" ist die erlernte Fertigkeit, Kommunikation mit visuellen Symbolen (Bilder) zu interpretieren und mit Hilfe visueller Symbole Nachrichten zu erzeugen.
- „Visual Literacy" ist die Fertigkeit, Bildhaftes in verbale Sprache zu übersetzen und umgekehrt.
- „Visual Literacy" ist die Fertigkeit, visuelle Informationen in visuellen Medien zu erfassen und zu bewerten.

Die Erkenntnisse für dieses Konzept (Bramford 2003) speisen sich aus verschiedenen Wissenschaftsdisziplinen, wie Linguistik, Medizin, Kunst, Psychologie, Ästhetik, Kunstgeschichte, Kunsterziehung, Medien, visueller Kommunikation und Philosophie. Wesentlich für dieses Konzept trotz seiner Interdisziplinarität ist, dass der Umgang mit Visualisierungen ebenso gelernt werden muss, wie der Umgang mit der Sprache und Texten. Bisher ist noch nicht abzusehen, wann „Visual Literacy"-Kompetenzen in den Schulen ebenbürtig den Lese- und Schreibkompetenzen vermittelt werden. Daher können Unternehmen in der näheren Zukunft nicht auf diesem bereits vermittelten Kompetenzbaustein aufbauen. Konsequenterweise muss, wenn „Visuelle Führung" sich tiefergehend im Managementalltag verankern soll, die Vermittlung der Kompetenzen „Bilder verstehen" und „Bilder produzieren" ein fester Baustein in der Ausbildung von Führungskräften sein. Einen alltagstauglichen Ansatz, wie visuelle Kompetenzen in den Führungsalltag Eingang finden können, beschreibt das nächste Kapitel.

33.3.3 Visuelles Arbeiten (Skizzieren – Präsentieren – Steuern)

Im Mittelpunkt der „Visuellen Führung" steht die Produktion von Visualisierungen. Drei grundsätzlich führungstaugliche Produktionsformen können Führungskräfte einsetzen.

1. Skizzieren – mit Skizzen arbeiten
2. Präsentieren – mit Bildern präsentieren
3. Steuern – mit Visualisierungen das Unternehmen steuern

Der Aufwand und die notwendigen Fähigkeiten zur Erstellung der Visualisierung steigern sich von 1 zu 3. Der im Abschnitt Skizzieren dargestellte Visualisierungsprozess ist Grundlage für alle in diesem Abschnitt beschriebenen Arbeitsformen der „Visuellen Führung".

33.3.3.1 Skizzieren – mit Skizzen arbeiten

Die erste Hürde, die beim Skizzieren (Skizzieren = schnell hingezeichnete Information – auch Scribbeln oder Sketching genannt) von Führungskräften überwunden werden muss, ist die häufig anzutreffende Einstellung: Ich kann nicht zeichnen! Beim Skizzieren in Führungssituationen kommt es nicht darauf an, ein Kunstwerk zu erschaffen, sondern die Grundidee einer gedanklichen Abstraktion in eine sichtbare Realität zu transportieren. Der dazu notwendige Prozess (Roam 2008; Ware 2008) lässt sich in folgende Schritte aufteilen:

1. Sehen
2. Vorstellen
3. Visualisierung
4. Reflektieren/Optimieren

In der Phase 1 *Sehen* werden vom Betrachter visuelle Informationen aus seinem Umfeld gesammelt und von ihm einer groben Bewertung unterzogen. In dieser zumeist unbewussten Phase orientiert sich der Betrachter hinsichtlich seiner Position, identifiziert die Objekte, die ihm bekannt sind, und erfasst, in welche Richtung sich das Wahrgenommene entwickelt. Anschließend wird das Wahrgenommene bewusst bearbeitet. Die visuellen Informationen werden unterschieden, aussortiert, detailliert, geclustert, kategorisiert und priorisiert. Muster entstehen und das Gesehene wird in einem Sinnzusammenhang gebracht. Das Sehen wird zu einem Akt des Wählens.

In Phase 2 *Vorstellen* beginnt die Produktion der inneren Bilder. Dabei wirken Fantasie, Kreativität und Einfallsreichtum zusammen. Die Fantasie resultiert aus dem Imaginationsvermögen und der Erinnerungsfähigkeit zugleich. Der Aufbau innerer Bilder (Imagination) ist kognitiv gesehen nicht von der Wahrnehmung externer Bilder zu trennen, beide mentalen Prozesse laufen in den gleichen Gehirnregionen ab (Ware 2008). Roam (2008) beschreibt es treffend: „Seeing what isn't there". Dies ist der Punkt, an dem Gesehenes, Gehörtes, Gefühltes und Erfahrenes in einem einzigen Moment der Synthese zusammenkommen. Schlussendlich ist die Produktion innerer Bilder das Ergebnis aus dem Wechselspiel sinnlicher Wahrnehmung und Imagination. Ein Prozess, der zwischen rezeptiver, eher passiver und produzierender, eher aktiver Seite hin- und herpendelt. Die Kreativität sorgt in diesem Prozess dafür, dass tatsächlich etwas hervorgebracht wird. Sie ist sowohl Teil der Phase 2 als auch der Phase 3. Sie liefert die Energie für die Wechselspiele sowohl zwischen den Phasen *Sehen* und *Vorstellen* als auch den Phasen *Vorstellen* und *Visualisieren*. Bewertbar und damit gemessen wird die Kreativität am entstandenen Bildprodukt.

Ist das innere Bild konkret genug, so kann die Hand das Wahrgenommene in Phase 3 *Visualisieren* wiedergeben. Im Führungskontext reichen hierfür: Punkte, Linien, Vierecke, Dreiecke, Kreise. Das im ersten Kapitel vorgestellte Bild besteht exakt aus diesen Bildelementen. Die Bildelemente sind so einfach, dass sie unmittelbar anwendbar sind. Ist der Umgang mit diesen Bildelementen zur Routine geworden, dann können auch komplexere Bildelemente gelernt und eingesetzt werden. Hierzu können Anleihen aus dem Bereich des

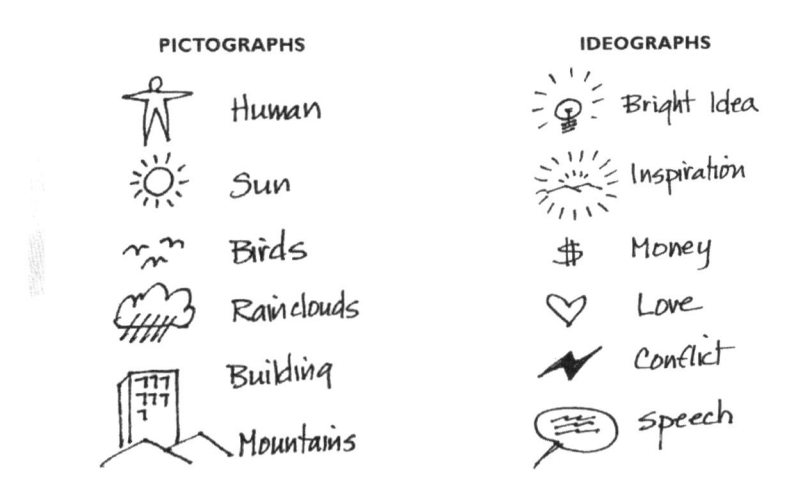

Abb. 33.3 Grafik Facilitation. (Bildquelle: Sibbet (2010))

„Graphic Facilitation" genommen werden. Dies ist ein Moderationsansatz, der insbesondere auf Visualisierungen in Gruppenarbeiten aufbaut. Er etablierte sich in den 1970ern an der Westküste der USA, als einige Organisationsberater (unter anderem David Sibbet 2010) die Zusammenarbeit in Gruppen durch visuelle Moderation verbessern wollten. Sie waren inspiriert von den Erfahrungen, die Designer und Architekten, in ihren Problemlösungsprozessen mit Bildern und Bildelemente in der Zusammenarbeit mit anderen machten. Sie entwickelten eine Reihe von visuellen Prinzipien und Handwerkzeuge, die ein Graphic Facilitator zur Erstellung eines Bildes nutzt. In der Abb. 33.3 finden sich einige Beispiele.

Neben diesen aus der „Graphic Facilitation" stammenden Zeichnungselementen kann eine Führungskraft auf eine Vielzahl von weiteren Visualisierungen zurückgreifen. Welche Möglichkeiten gegeben sind, haben Lengler und Eppler (2007) in einem Periodensystem der Visualisierung systematisch erfasst. Aufbauend auf den Kriterien: Complexity of Visualization (Low-High), Main Application or Content Area (Data, Information, Strategy), Point of View (Detail-Overview), Type of Thinking (Konvergent-Divergent), Type of Representation (Process-Structure) werden über 100 Visualisierungen beschrieben.

Die Phase 4 *Reflektieren/Optimieren*: In der Reflexionsphase überprüfen die Beteiligten, ob die vorliegende Skizze alle Aspekte der zu skizzierenden Situation erfasst. Muss noch etwas hinzugefügt werden? Entstehen neue Bedeutungszusammenhänge? Sind spezifische Aspekte stärker herauszuarbeiten? Zwischen Reflexion und Optimierung besteht ein fließender Übergang auf der Basis der Interaktion mit sich selbst oder anderen. Abgeschlossen ist der gesamte Prozess, wenn die Skizze konsolidiert ist und ihren Zweck in der sozialen Interaktion einer Führungsaktion erfüllt.

Skizzieren ist ein kreativer Akt für das innovative Lösen von Aufgaben. Es kann jederzeit an jedem Ort angewendet werden: ob am Flipchart, Whiteboard, Tablet-PC oder einfach auf einem weißen Blatt Papier. Wie bereits aufgezeigt, besteht der Skizzenprozess sowohl aus unbewussten wie auch bewussten Bestandteilen, die mit Routine und Geübtheit verknüpft sind. Gerade für Anfänger ist der Prozess aufgrund der hohen Konzentration, die notwendig ist, mit einer kognitiven Anstrengung verbunden. Nach einem gewissen Training kann sich der Anteil an impliziten und damit automatischen Wahrnehmungs- und Imaginationsleistungen steigern, und das Erstellen von Skizzen geht leichter von der Hand. Skizzieren im Führungsalltag kann jede Führungskraft in ihrem Team ohne Vorbedingungen einsetzen. Sukzessive entsteht ein Gewöhnungseffekt und gemeinsam mit den Teammitgliedern etabliert sich diese Arbeitsform.

33.3.3.2 Präsentieren – mit Bildern präsentieren

Im Gegensatz zur Erstellung von Skizzen hat sich der Einsatz von Bildern mittels einer Präsentationssoftware im Führungsalltag längst etabliert. Synonym steht für deren Einsatz der Begriff: Powerpoint®, ein Präsentationsprogramm des Anbieters Microsoft. Die Erfolgsgeschichte dieses Programms hat 1990 ihren Anfang genommen. Ursprünglich für das Entwerfen von Folien für den Einsatz mittels Overheadprojektor gedacht, entwickelte sich das Programm zu einem Präsentationswerkzeug mit vielfältigen bildlichen Gestaltungsmöglichkeiten und damit als ein weiteres Handwerkszeug für die „Visuelle Führung". Im Jahr 2001 (Parker) hatte PowerPoint® einen Marktanteil von 95 % und Microsoft selbst schätzte, dass mindestens 30 Mio. Powerpointpräsentationen täglich gehalten wurden. Bis heute ist Powerpoint das vorherrschende bildliche Hilfsmittel in der geschäftlichen Kommunikation geblieben.

Diese Omnipräsenz hat eine Reihe von Kritikern auf den Plan gerufen. Der prominenteste ist der Informationswissenschaftler Edward Tufte, der in der Nutzung von Powerpoint eine Verflachung der Informationsvermittlung sieht, da das durch Powerpoint vermittelte Wissen nicht der tatsächlichen Komplexität gerecht wird. Dies kann insbesondere in sensiblen Entscheidungssituationen weitreichende Folgen haben. Tufte (2006) argumentiert, dass die Fehlentscheidungen, die zum Absturz der Raumfähre Columbia führten, auch auf den Einsatz von Powerpoint-Folien zurückzuführen seien. Er verweist dabei auf einen in Powerpoint-Format verfassten Technikreport von Boeing-Ingenieuren. Diese unterstützten die NASA bei der Aufklärung des beim Columbia-Start durch ein herumfliegendes Teil beschädigten linken Flügels. In ihrem Report suggerierten die Ingenieure durch hervorgehobene Textpassagen, dass die Beschädigung keine Probleme verursachen würde. Die Raumfähre sei demnach sicher und weitere Untersuchungen seien nicht notwendig, entschieden daraufhin hochrangige NASA-Offizielle. Ein fataler Irrtum, wie der spätere Verlauf der Weltraummission zeigte. Ohne Zweifel kann der überzogene und unreflektierte Einsatz von Powerpoint-Folien negative Auswirkungen bei den Empfängern haben wie eingeschränkte Verständnismöglichkeiten, mangelnde Reflexionsmöglichkeiten oder reduktionistische Wissensfragmentierungen. Diese Einschränkungen und damit Tuftes Kritik kommen dann zum Tragen, wenn der Einsatz von Powerpoint verkürzt auf die Foliengestaltung reduziert wird. Denn diese ist nur ein Baustein der Kommunikationsgattung Präsentation. Als eigene Gattung wird sie erst vollständig, wenn die Bausteine

Sprache, Mimik, Gestik und Kontextsituation (räumliche Gegebenheiten, Zuschaueranzahl etc.) dazukommen.

Die Kommunikationsgattung Präsentation ist keine Erfindung, die mit der Entwicklung von Powerpoint einhergeht. Erste Hinweise auf den Einsatz von Präsentationen im Kontext von Führung finden sich in dem 1914 veröffentlichten Buch „Graphical Methods for Presenting Fact" von Willard C. Brintons. Schon für Brintons liegt der wesentliche Vorteil von Präsentationen nicht in der Zeitersparnis für den Zuhörer, sondern darin, dass Visualisierungen verbale Argumentationsketten untermauern und so in Entscheidungsprozessen Überzeugungsarbeit leisten. Bis in die 60er Jahre war der Einsatz von visuellen Hilfsmitteln wenig gebräuchlich. Bis dahin gab es auch nur wenige Publikationen, die sich mit medialen Hilfsmitteln zur visuellen Kommunikation beschäftigten. Erst ab den 1980er-Jahren wurden formale Präsentationen in Geschäftssituationen regelmäßig eingesetzt. Von da an stieg auch die Zahl der Veröffentlichungen, die sich mit der Gestaltung der Folien auseinandersetzen. Es entwickelten sich allmählich Normen. So sollten visuelle Hilfsmittel unter anderem einfach und gut lesbar sein. Die in dieser Zeit entstandenen „Headlines mit Untergliederungen" sind ein bis heute gängiges Format. Dieses Gestaltungsmerkmal einer Folie steht gegenwärtig in der Kritik, da es eher als Notizauflistung für den Präsentierenden fungiert als dass es den Zuhörer bei der Verankerung des Gesprochenen unterstützt. Hierzu zählen auch Folien, die eher als Handouts für die Beschäftigung des Publikums nach einer Präsentation oder als Ersatz für ausformulierte Texte dienen und nicht der Präsentation vor einem Publikum. Gerade die vielfältigen Nutzungsmöglichkeiten führen zu einer Abkehr der Rezipienten, die in einem Meer von Bulletspoints untergehen. Dadurch geraten Powerpoint-Präsentationen immer mehr in die Kritik, besonders die Erstellung von Folien im Auto Content Wizard, der sowohl die Inhaltsstruktur als auch das Design einer Powerpoint-Präsentation vorgibt. Eine automatisierte Präsentationserstellung ist wenig zielführend in Anbetracht der Tatsache, dass spezifische Führungsanforderungen individuelle Lösungen benötigen. Diese sind dann wirksam, wenn sie sich in der Inhaltsstruktur und im Design einer Präsentation wiederfinden. Führungskräfte benötigen daher ein Grundwissen über das Design von Folien. Erst wenn die Wirkung grundlegender Designelemente von Führungskräften verstanden und genutzt werden können, kann der Transfer mentaler Modelle einer Führungskraft zu den Mitarbeitern abgesichert werden. Die kopierte Excel-Grafik in eine Präsentationsfolie einzufügen, reicht hierzu einfach nicht aus.

Es gibt eine Vielzahl von Designelementen, die in Powerpoint-Folien genutzt werden können, wie zum Beispiel Schriften, Farben, Bilder und Grafiken. Führungskräfte, die ihre Präsentationsfolien gestalten wollen, können auf umfassende Ratgeberliteratur zurückgreifen (s. am Ende des Artikels Kap. 6: Zur Vertiefung). Mit der Einbindung von Designprinzipien in der Folienerstellung können auf den Führungskontext bezogene zielführende Folien entstehen (Abb. 33.4).

Diese Folien sind in eine Struktur zu überführen, die einer Geschichte entsprechen. Diese hat einen Anfang, einen Mittelteil und ein Ende. So wird die Powerpointpräsentation zu einer bebilderten Geschichte und damit zu einem wirksamen Führungsinstrument. Eine gute Präsentation zu erstellen, erfordert schlichtweg Zeit. Im operativen Führungs-

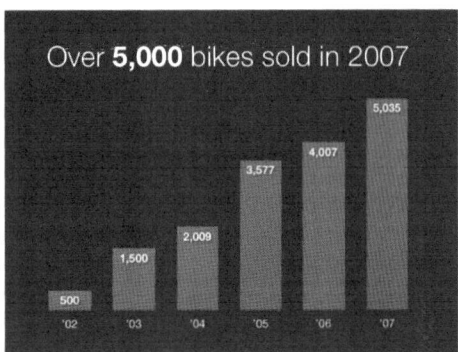

Abb. 33.4 Powerpoint-Folie. (Bildquelle: Reynolds (2008))

alltag ist diese oft nicht vorhanden. Das bedeutet, tendenziell eher auf Folienpräsentationen zu verzichten und die Kommunikationsform Präsentation bewusst nur in spezifischen Führungssituationen einzusetzen, die einen entsprechenden Aufwand gerechtfertigten, wie bspw. in der Kick-off-Veranstaltung eines Veränderungsprojektes.

33.3.3.3 Steuern – mit Visualisierungen das Unternehmen steuern

Zur visuellen Steuerung eines Unternehmens gibt es eine Reihe von Ansätzen. Vorgestellt werden Learning Maps, Dashboards, War Rooms (Management Cockpits) und „Visuelles Management".

Learning Maps

Die „Visuelle Führung" bedient die ganzheitliche Betrachtungsweise des Systems Unternehmen, die in Unternehmen eine immer größere Rolle spielt. Fachbereichsegoismen führen zu hohen Reibungsverlusten, daher müssen Führungskräfte und Mitarbeiter das Ganze erleben, dann können sie sich auch für das GANZE – das Unternehmen – verantwortlich fühlen. Visualisierungen zeigen Visionen, Ziele, Zusammenhänge, Funktionsmechanismen und die strukturelle Logik des Unternehmens in einer Form auf, dass sie gut verstanden, memoriert und emotional aufgeladen werden können. So wird der Grundstock für Lernoptionen der Mitarbeiter gelegt, das ganze Unternehmen zu verstehen. Diesem Ansatz folgten die Unternehmensberater Randall Root und James Haudan, die Gründer von Root Learning. Sie entwickelten das visuelle Mittel „Learning Maps". Dieses vermittelt mit den Stilmitteln eines Comiczeichners strategische Ausrichtungen, komplexe strukturelle

Abb. 33.5 Learning Map. (Bildquelle: http://www.rootlearning.com/wp-content/files_mf/1287756911Incentive_2008.pdf)

und prozessuale Zusammenhänge eines Unternehmens oder Hintergründe eines Veränderungsprozesses. Mit dem Gesamtbild verknüpfte Arbeitsmaterialien, die von Trainern mit den Mitarbeitern bearbeitet werden, sorgen für ein vertieftes Verständnis. Dies ist insbesondere in groß angelegten Veränderungsprozessen, die eine völlig neue Ausrichtung eines Fachbereichs oder des gesamten Unternehmens zum Ziel haben, erfolgssichernd. Die Erstellung einer „Learning Map" ist sehr aufwendig und erfordert den Einsatz externer Spezialisten. Daher kommt dieses visuelle Instrument nur in ganz spezifischen Veränderungssituationen zum Einsatz (Abb. 33.5).

Dashboard

Neben der Steuerung von Großprojekten mittels einer Visualisierung können weitere Visualisierungsmittel auch in der alltägliche Führungsarbeit das operative Handeln erleichtern. Dies gilt insbesondere in Entscheidungssituationen, die auf der Analyse von großen Datenmengen basieren. Handhabbar werden diese meist verteilten Informationen, wenn sie in Kennzahlen verdichtet und in einem Kennzahlen-Cockpit (Dashboard) visualisiert warden (Abb. 33.6).

Dabei ist ein Dashboard ein dialog- und entscheidungsorientiertes Instrument, das aktuelle und entscheidungsrelevante interne und externe Informationen benutzerfreundlich anbietet. Neben der quantifizierenden liefert ein Dashboard auch eine qualifizierende Verdichtung, indem vordefinierte Analyse und benutzerdefinierte Alarmmeldungen installiert werden. Erfolgskritisch für ein Dashboard ist dessen zentrale Administration und Maßnahmen zur Sicherung der Datenqualität. Ein Dashboard ist Teil eines Führungs-

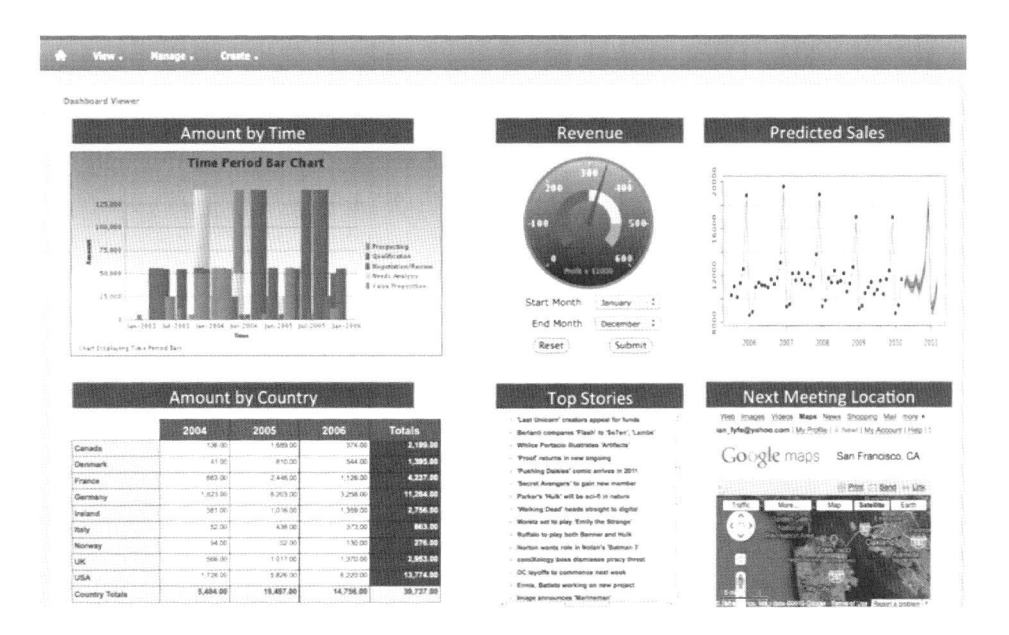

Abb. 33.6 Dashboard. (Bildquelle: http://www.jaspersoft.com/sites/all/themes/jaspersoft2/images/j4-screenshots/shot-dashboard_home.png)

informationssystems (FIS). Diese Systeme sind eine konsequente Weiterentwicklung der Management-Informationssysteme, die in den 80ern und 90ern ihren Ursprung in der schnell fortschreitenden Entwicklung leistungsstarker und benutzerfreundlicher Personal Computer hatten. FIS sind immer unternehmungsspezifisch aufgebaut und aufgrund der von ihnen geforderten Flexibilität und Aktualität nicht nur ein Softwareprodukt, sondern mehr ein Werkzeug, das die Steuerung und damit verbunden die Entwicklung eines Unternehmens stützt. Das Einsatzgebiet ist hauptsächlich in den ersten Phasen des Planungs- und Entscheidungsprozesses angesiedelt, d.h. in der Analyse- und Planungsphase, in denen der Entscheidungsträger explorativen Daten-Support benötigt. Aber auch in der Kontrollphase können FIS zur Überprüfung der Auswirkungen angeordneter Maßnahmen sinnvoll eingesetzt werden.

War Rooms

Eine sehr ausgeprägte Form der Visualisierung von Daten als Grundlage von Managementprozessen findet sich im Konzept des „Management Cockpit War Room". Führungskräfte, in der Regel aus dem Top-Management, finden sich in einem eigens ausgestatteten Raum zusammen, in dem die für die anstehenden Entscheidungen notwendigen Daten visualisiert sind. Die Grundstruktur des Raumes entspricht der einer Einsatzzentrale. Auf verschiedenen Bildschirmen an den Wänden werden die visualisierten Daten projiziert. Jeder der vier Wände ist eine kennzeichnende Farbe und Frage zugeschrieben:

1. Blue Wall: Wie sieht es mit unseren Ressourcen aus?
2. Black Wall: Erreichen wir unsere Gesamtziele?

3. Red Wall: Welches sind die Hindernisse?
4. White Wall: Wo stehen unsere strategischen Projekte?

Im Vorfeld eines Führungskräftemeetings werden die für das Meeting spezifischen Daten in das Cockpit eingespielt. Diese Daten dienen als Basis-Information. Weitere Detailinformationen können nach Bedarf abgerufen werden, indem auf das Management-Informationssystem des Unternehmens zugegriffen werden kann. Der „Management Cockpit War Room" kann sowohl für Regelmeeting als auch für „Ad hoc Crisis Meetings" genutzt werden. Der wesentliche Vorteil dieses auf Visualisierung aufbauenden Management-Prozesses ist laut dem Management-Enterprise-Experten Daum (2006), dass ein Führungsteam gemeinsam ein detailliertes, einheitliches Bild – bezogen auf das Unternehmen und dessen Zukunft – erarbeitet. Dies ist von großer Bedeutung, da Führungskräfte, heute und morgen mehr denn je, komplexe Geschäftsmodelle und Strukturen in einem hochdynamischen Umfeld kurz-, mittel- und langfristig im Blick behalten müssen.

Nach Daum (2006) zeigen die bisher gemachten Erfahrungen mit dem Management Cockpit: War Room, dass das Arbeiten in einem visualisierten Umfeld einen wesentlichen Beitrag zum wissensbasierten Entscheidungs-Management liefern kann. Visualisierungen müssen hierbei so eingesetzt werden, dass ein schneller, vollständiger und schlüssiger Informationstransfer gelingen kann. Dies gilt im Übrigen auch für einen kleinen Fachbereichsreport. Daher sind Grafiken zur Visualisierung von Daten auszuwählen, die folgenden Prinzipien genügen:

1. Fokussieren auf das Bedeutsame: Nur die Daten visualisieren, denen auch eine Bedeutung zukommt.
2. Daten authentisch visualisieren: Verzerrungen durch abgeschnittene Achsen, unterschiedliche Skalierungen sind zu vermeiden.
3. Standards in der Darstellung festlegen: Dies gilt für Schrift, Farben, Formen und Grafiktypen.

Visuelles Management

Ein Bereich, in dem diese Visualisierungsprinzipien bereits umgesetzt wurden, ist das „Visuelle Management". Hierbei handelt es sich um eine Kommunikationsform in Lean Production Systemen, die mit den Begriffen Kaizen, Kontinuierlicher Verbesserungsprozess (KVP) oder Reengineering verbunden sind. Etabliert hat sich „Visuelles Management" als Teilbereich der „Visuellen Führung" vor allem im Produktionsprozess der Automobilindustrie mit folgenden Zielen:

- Mitarbeiter an den ihre Arbeit betreffenden Informationen teilhaben lassen und das „Mitdenken" und damit die Innovationsmotivation der Mitarbeiter fördern.
- Arbeitsstandards und Vorgehensweisen kommunizieren.
- Arbeitsplätze und Prozesse visuell gestalten und dadurch eine Übersichtlichkeit schaffen, die jede Form der Abweichung vom Soll-Zustand erkennen lässt.

Abb. 33.7 Visuelles Management

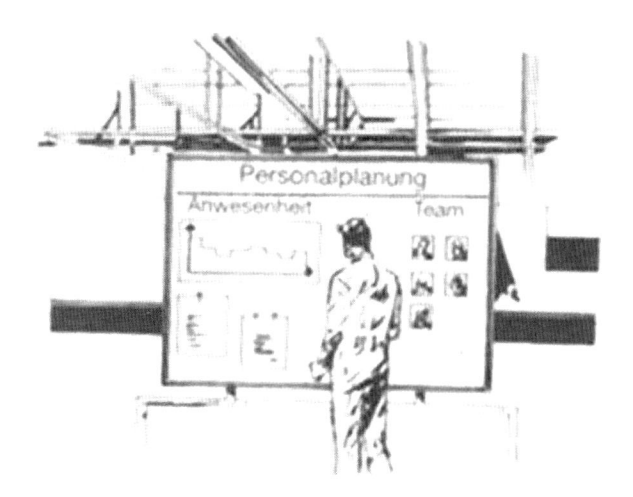

Als Hilfsmittel für das „Visuelle Management" kommen insbesondere Wandtafeln vor Ort zum Einsatz, die es jedem ermöglichen, sich einen kurzen Überblick über die Arbeit und Erfolge, des Teams zu machen. Konkret visualisiert werden

- Abläufe (Produktions- und Planungsprozesse),
- Strukturen (Team, Kunden, Lieferanten),
- Ziele (Ergebnis-, Prozess- und Verhaltensziele mit entsprechenden Kennzahlen),
- standardisierte Vorgehensweisen,
- geplante Maßnahmen usw.

Je mehr Verständnis auf Seiten der Mitarbeiter in Folge der Visualisierungen aufgebaut werden kann, desto mehr Verantwortung können sie übernehmen, was der Grundidee des „Visuellen Managements" entspricht. Gleichzeitig fungieren die Visualisierungen als Selbstkontrolle für das Team: Sind keine der o. a. Daten dargestellt oder diese veraltet, so kann auf schwache Lean-Production-Aktivitäten geschlossen werden. „Visuelles Management" ersetzt keineswegs das gesprochene Wort. „Visuelles Management" regt vielmehr zu regelmäßigen Diskussionen über Arbeitsergebnisse und -abläufe an und unterstützt diese. Visuelles Management ist ein fester Bestandteil in Lean-Production-Systemen geworden und in vielen produzierenden Unternehmen etabliert (Abb. 33.7).

33.4 Relevanz für die Praxis

Wenn Führung in Organisationen verstanden wird als „ein von Beobachtenden thematisierter Interaktionsprozess, bei dem eine Person in einem bestimmten Kontext das Handeln individueller oder kollektiver Akteure legitimerweise konditioniert; als kommunikative Einflussbeziehung nutzt sie ein unspezifisches Verhaltensrepertoire, um ... die Lösung von Problemen zu steuern, die im Regelfall schlechtstrukturiert und zeitkritisch sind" (Neuberger 2002, S. 47), dann ist die Relevanz „Visueller Führung" für den Führungsalltag offensichtlich. Denn sie zielt als Kommunikationsinstrument auf den Interaktionsprozess zwischen Führungskraft und Mitarbeiter, in dem sie einen wirksamen Beitrag für die Dialogphasen „Information", „Mitteilen", „Verstehen" zwischen Führungskraft und Mitarbeiter leistet. „Visuelle Führung" kann zu einer Scharnierfunktion werden, die die Anschlussfähigkeit im Kommunikationskreislauf sichert. Dabei ist es unerheblich, ob sich die Kommunikation zwischen Individuen oder zwischen Individuen und Gruppen abspielt.

Die Vorteile von Visualisierungen werden heute schon in einigen Unternehmen systematisch genutzt. Auch die Nachteile sind bekannt. Hierbei handelt sich im Kern um die Gefahr der zu starken Vereinfachung und der damit verknüpften möglichen Fehlinterpretationen. Bisher mangelt es noch daran, Visualisierungen als Führungsinstrument zu verstehen und zu etablieren. Eine Chance hat dieser Ansatz nur, wenn sich Unternehmen dem Thema „Visuelle Führung" aktiv nähern und als ein Führungsinstrument sichtbar verankern. Voraussetzung dafür ist die Entwicklung der Kompetenzen „Visuelles Denken" und „Visuelles Arbeiten". Dies muss ein fester Bestandteil in der Führungskräfteentwicklung werden.

33.5 Ausblick

In diesem Abschnitt sind die subjektiven Erwartungen des Autors formuliert und nicht die auf fundierten Untersuchungen beschriebenen Prognosen für die zukünftige Entwicklung des Themas Visualisierungen und damit der „Visuellen Führung". Zu erwarten ist, dass aufgrund der Entwicklungen in der IT-Branche immer mehr Daten mobil an den unterschiedlichsten Orten immer schneller verarbeitet werden können. Damit einhergehen die immer einfacheren Möglichkeiten für die Erstellung und Verbreitung (Stichwort: Tablet-PC) von Visualisierungen (Johnson et al. 2010).

Parallel zur technischen Entwicklung wird sich die gesellschaftliche Entwicklung vom Text zum Bild weiter ausdifferenzieren. Ihren Startpunkt fand diese Entwicklung Ende der 90er Jahre des vorigen Jahrhunderts in den Begriffen Pictural Turn bzw. Iconic Turn. Der von dem Kunsthistoriker J. T. Mitchell (1994) bzw. von dem Kunsthistoriker Böhm (2004) geprägte Begriff beschreibt die Wiederkehr der Bedeutung der Bilder, da diese gegenüber der Sprache und dem Text den Vorteil des „Zeigenden" mit sich bringen. Dieser Bedeutungszuwachs findet auch Anerkennung in der Wissenschaft in der Form, dass sich die ersten Institute und Lehrstühle für Bildwissenschaften etabliert haben. Diese beschäftigen sich fachübergreifend mit dem Phänomen Bild in jedem Medium und in jeder Form. Diese Entwicklungen zugrunde gelegt und in die Zukunft weiter fortgeführt, werden die Erkenntnisse hinsichtlich Visualisierungen immer weiter zunehmen und die Gestaltungsmöglichkeiten weiter professionalisiert. Dies wird ebenfalls einen treibenden Effekt für den Einsatz von Visualisierungen im Führungsalltag haben. Sukzessive wird die Entwicklung von visuellen Kompetenzen in den Schulen und in den Hochschulen mehr Aufmerksamkeit erfahren, und Visualisierungskompetenzen werden sich in die Grundfähigkeiten einer modernen Gesellschaft: Lesen – Schreiben – Rechnen – Visualisieren einreihen.

33 Visuelle Führung

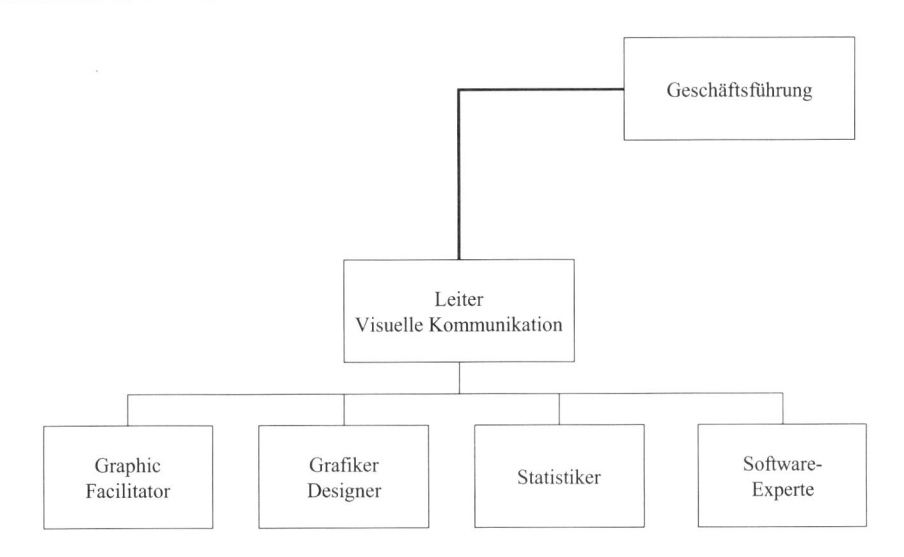

```
                    ┌─────────────────┐
                    │ Geschäftsführung│
                    └────────┬────────┘
                             │
                  ┌──────────┴──────────┐
                  │       Leiter        │
                  │ Visuelle Kommunikation│
                  └──────────┬──────────┘
        ┌────────────┬───────┴────────┬─────────────┐
   ┌────┴─────┐ ┌────┴─────┐   ┌──────┴───┐  ┌──────┴─────┐
   │ Graphic  │ │ Grafiker │   │Statistiker│  │ Software-  │
   │Facilitator│ │ Designer │   │          │  │  Experte   │
   └──────────┘ └──────────┘   └──────────┘  └────────────┘
```

Abb. 33.8 Abteilung Visuelle Kommunikation

Schlussendlich werden diese Kompetenzen in den Unternehmen ankommen. Führungskräfte müssen daher zukünftig, aber auch schon gegenwärtig, auf der Klaviatur der Visualisierungsmöglichkeiten spielen können. Damit dies gelingt, sind die organisationalen Vorraussetzungen zu schaffen. Hierzu gehört die Etablierung eines eigenen Fachbereichs „Visuelle Kommunikation". Dieser Fachbereich ist eine Stabsstelle, die der Geschäftsführung angegliedert ist. Sie hat eine Schnittstelle zur Unternehmenskommunikation, in den Fällen in denen die Unternehmenskommunikation für interne und externe Kommunikationsaktionen auf visuelle Elemente zurückgreifen will. Die Abteilung „Visuelle Kommunikation" könnte folgende Struktur haben (Abb. 33.8):

Engagiert sind in diesem Fachbereich: Bildwissenschaftler, Grafiker, Statistiker, visuelle Moderatoren (Graphic Facilitator) und Softwareexperten. Der Fachbereich ist zuständig für die Datenvisualisierung zur Steuerung des Unternehmens, Entwicklung von Bildwelten für Präsentationen, Schulung von Mitarbeitern zum Aufbau von visuellen Kompetenzen, Etablierung von Visualisierungssoftware, visuelle Moderation in Workshops, Meetings oder Veranstaltungen, verantwortlich für Visualisierungen in Veränderungs- und Integrationsprojekte. Der Fachbereich setzt die visuellen Standards und legt damit die Designmerkmale fest, die auf der Basis der aktuellen interdisziplinären Bilderkenntnis den größten Nutzen für den jeweiligen Anwendungszweck stiften. Damit ist dieser Fachbereich eine wesentliche Stütze zur Umsetzung der „Visuellen Führung".

Ein letzter Punkt: Grundsätzlich muss man sich fragen, ob für jede Führungsaufgabe ein Bild generiert werden muss? Sicherlich nicht! Sprache ist immer noch die schnellste Kommunikationsform, allerdings auch diejenige, die hinsichtlich der Anschlussfähigkeit im Kommunikationskontext am anfälligsten für Fehlinterpretationen ist. Für eine Vielzahl der Führungsaufgaben bleibt die Sprache nach wie vor das wichtigste Kommunikationsinstrument. Die Erweiterung der Kommunikationskompetenzen der Führungskräfte um die Möglichkeiten der „Visuellen Führung" erlaubt einen situationsgerechten Einsatz von

Sprache, Text und Visualisierungen. Und darauf kommt es letztendlich an in einer sich weiter ausdifferenzierenden und damit komplexer werdenden Welt.

Autorbeschreibung

Dr. Volker Casper Leiter der Personal- und Organisationsentwicklung der Ströer Out-of-Home Media AG, einem internationalen Unternehmen der Auswerbung. In seiner Funktion verantwortet er das Kompetenz-, Talent- und Weiterbildungsmanagement sowie das Prozess- und Projekt- (Change-) management. Nach einem Studium der Pädagogik und einem weiteren Studium der Sozialen Verhaltenswissenschaften, Soziologie und Philosophie mit anschließender Promotion an der FernUni Hagen im Fachbereich Arbeits- und Organisationspsychologie übernahm er verschiedene Tätigkeiten als Berater und Trainer.

Literatur

Ballstaedt, S. P. (2006). Worin besteht die Macht der Bilder? *zhwinfo 29-06*. Winterthur
Ballstaedt, S. P. (2009). Text und Bild: Ein didaktisches Traumpaar. In *Bildwelten des Wissens. Kunsthistorisches Jahrbuch für Bildkritik*. Band
Ballstaedt, S. P. (2009): Interkulturelle Kommunikation mit Bildern. In K. Sachs-Hombach & R. Totzke (Hrsg.), *Bilder – Sehen – Denken*. Köln: Herbert von Halem.
Brintons, W. C. (1919). *Graphical Methods for Presenting Fact*. Engineering Magazine Company: New York.
Bresciani, S., & Eppler, M. (2007). The benefits of synchronos collaborative Information visualization: Evidence from an experimental evaluation. In *Proceedings of the IEEE Information Visualisation conference (InfoViz). Los Vaqueros Circle: IEEE Press, 2009*. - IEE Information Visualization Conference (InfoViz) 2009. - Atlantic City, New Jersey, S. 11.
Böhm, G. (2004). Jenseits der Sprache? Anmerkungen zur Logik der Bilder. In: C. Maar & H. Burda (Hrsg.), *Iconic Turn. Die neue Macht der Bilder* (S. 28–43). DuMont: Köln.
Bramford, A. (2003). The visual literacy white paper. http://www.adobe.com/uk/education/pdf/adobe_visual_literacy_paper.pdf. Zugegriffen: 11. Mai 2010.
Daum, J. H. (2006). Ziele, Funktionsweise und Zukunftsperspektiven eines (noch) ungewöhnlichen, aber hocheffektiven Managementinstruments. *Controlling, 6* (Juni 2006), 311–318.
Debes, J. (1969). Some foundation of visual literacy. Audi Visual Instruction, 13, 961–964. http://www.ivla.org/org_what_vis_lit.htm.
Edelmann, W. (2000). *Lernpsychologie*. Weinheim: Beltz PVU.
Eppler, M. (2007). Toward a visual turn in collaboration Analysis. *Building Research & Information (2007), 35*(5), 584–587.
Gergle, D., Rosé, C. P., & Kraut, R. E. (2007). *Modeling the impact of shared visual information on collaborative reference*. Proceedings of CH, 2007, (S. 1543–1552). New York: ACM Press.
Hampe, M. (2006): Sichtbare Wesen, deutbare Zeichen, Mittel der Konstruktion: zur Relevanz der Bilder in der Wissenschaft. *Angewandte Chemie 2006, 118*(7), 1044–1048.
Johnson, L., Levine, A., Smith, R., & Stone, S. (2010). *2010 Horizon Report: Deutsche Ausgabe (Übersetzung: Helga Bechmann) Austin, Texas: The New Media Consortium*.
Lengler, R., & Eppler, M. (2007). Towards a periodic table of visualization methods for management. IASTED Proceedings of the Conference on Graphics and Visualization in Engineering (GVE 2007), Clearwater, Florida, USA. http://www.visual-literacy.org/periodic_table/periodic_table.pdf.
Lohoff, M. (2007). *Wissenschaft im Bild. Dissertation an der RWTH Aachen*. http://darwin.bth.rwth-aachen.de/opus3/volltexte/2008/2151/pdf/Lohoff_Markus.pdf. Zugegriffen: 1. Mai 2010.

Mitchell, J. T. (1994). *Picture theory: Essays on verbal and visual representation*. Chicago: U of Chicago Press.
Neuberger, O. (2002): Führen und führen lassen. Ansätze, Ergebnisse und Kritik der Führungsforschung. Stuttgart: Lucius & Lucius.
Parker, I. (2001). Absolute PowerPoint, The New Yorker (vom 28. Mai), S. 76–87. http://www.newyorker.com/archive/2001/05/28/010528fa_fact_parker?currentPage=all.
Roam, D. (2008): *The back of the napkin*. London: Penguin Group.
Tufte, E. R. (2006). The cognitive style of powerpoint. Cheshire, Connecticut: Grahics Press.
Tversky, B. (2002). What do sketches say about thinking? In T. Stahovic, J. Landay, & R. Davis (Hrsg.), *Proceedings of AAAI spring symposium on sketch understanding*. Pp. Menlo Park, CA: AAAI Press.
Ware, C. (2008). Visual thinking for design. Oxford: Elsiver.

Zur Vertiefung

Duarte, N. (2009). *slide:ology: Oder die Kunst, brillante Präsentationen zu entwickeln*.
Few, S. (2004). *Show Me the Numbers. Designing Tables and Graphs to Enlighten*
Knight, C., & Glaser, J. (2009). *Diagrams. Innovative Solutions for Graphic Designers*.
Maccandless, D. (2009) *The Visual Miscellaneum: A Colorful Guide to the World's Most Consequential Trivia*.
Pötsch, F. S. (2007): Der Vollzug der Evidenz. Zur Ikonographie und Pragmatik von Powerpoint-Folien. In B. Schnettler, H. Knoblauch (Hrsg.), *Powerpoint-Präsentationen. Neue Formen der gesellschaftlichen Kommunikation von Wissen* (S. 85–103).
Pricken, M. (2004). *Visuelle Kreativität*.
Reynolds, G. (2008). *Zen oder die Kunst der Präsentation. Mit einfachen Ideen gestalten und präsentieren*.
Roam, D. (2009). *The back of the napkin. Solving problems and selling ideas with pictures*.
Preißing, W. (2008). *Visual Thinking. Probleme lösen mit der Faktorenfeld-methode*.
Sibbet, D. (2010). *Visual Meetings*.
Tufte, E. R. (1990). *Envisioning Information*
Zembylas, T. (2005). Visuelle Kompetenz – zur Formation von Könnerschaft und Kennerschaft im künstlerischen Feld. In K. Kókai (Hrsg.), *Visual culture. budapest* (S. 137–157).

Internetadressen

http://www.coolinfographics.com/
http://flowingdata.com/
http://www.bildwissenschaft.org/image
http://infosthetics.com/
http://seewhatyoumean.blogspot.com/
http://blogs.vanderbilt.edu/cft/?page_id=259#metaphors
http://vizthink.com/
http://www.powerpointninja.com/resources/
http://www.grove.com/site/index.html
http://www.visualcomplexity.com/vc/
http://www.slideshare.net

Führen mit dem gesunden Menschenverstand- aber mit Wissen

34

Ekkehart Frieling

Zusammenfassung

Der vorliegende Artikel reflektiert den betrieblichen Alltag von Führung aus Sicht der Arbeitspsychologie. Es wird plädiert für einen „gesunden Umgang" mit Menschen bzw. Mitarbeitern. Hierzu gehören im Einzelnen z. B. Dankbarkeit, Wertschätzung, Qualifikation, Einsatz für ordentliche und Arbeitskraft erhaltende Arbeitsbedingungen und ein sozial angemessenes Auskommen. Ein reflektierter, aufgeklärter Umgang mit Vorgaben aus dem Top-Management sowie ein kritischer Umgang mit Managementmoden werden angemahnt. Über die Beeinflussung der Einstellungen und des Verhaltens von Mitarbeitern hinaus muss es auch um die bewusste Gestaltung der Arbeitsbedingungen, die zu einem bestimmten und gewollten Verhalten der Beschäftigten beitragen, gehen. Zur Verhaltensprävention muss in der Praxis die Verhältnisprävention kommen. Führung darf nicht auf die Durchführung motivierender Gespräche reduziert werden.

Es ist ein Privileg anderen Personen Anweisungen geben zu dürfen und zu erleben, dass diese Anweisungen befolgt, die Aufgaben erledigt und das getan wird, was man möchte. Andere machen das, was gemacht werden muss, zu dem man aber selbst keine Zeit, keine Lust hat, wenig begabt ist oder aus Gründen der Begrenztheit der eigenen Leistungsfähigkeit nicht fähig ist. Darüber hinaus erhalten diejenigen, die die Arbeit ausführen in der Regel weniger Entgelt, als diejenigen, die planen und sagen was gemacht werden soll.

Daher ist es vernünftig und logisch, diesen ausführenden Menschen dankbar zu sein und alle Anstrengungen zu unternehmen, um sie zu motivieren das zu tun was man möchte. Dazu gehört, sie zu qualifizieren, die Arbeitsaufgaben und ihre Ausführungsbedingungen so zu gestalten, dass die Arbeitskraft erhalten bleibt, die Bedingungen nicht krank machen und die „geführten" Menschen Spaß an ihrer Arbeit haben und sich freuen

E. Frieling (✉)
Universität Kassel, Kassel, Deutschland
E-Mail: ekkehart.frieling@t-online.de

mit den Kollegen zusammen eine sinnvolle Arbeit zu erledigen, deren Mehrwert ihnen ein sozial angemessenes Auskommen sichert.

Um als Führungskraft besser zukünftig erfolgreicher zu sein, ist es notwendig zu lernen, was man effizienter machen kann um einen höheren Mehrwert für sich und seine Beschäftigten im Einklang mit sozialen Normen zu erzielen. Lernen kann man nur durch eigenständiges Handeln und Beobachten der erzielten Wirkungen und deren Bewertung. Diese Bewertung ist nur dann zielführend, wenn sie sich im Urteil anderer widerspiegelt und zu vergleichbaren Ergebnissen kommt. Die gefühlte Führungskompetenz beruhigt zwar das Gewissen der Führungskraft und begründet die Selbstgewissheit, das erhaltene Gehalt auch Wert zu sein, sie, die Führungskompetenz, sollte sich aber am Urteil der zugeordneten Mitarbeiter messen und vergleichen lassen.

Führungskräfte setzen in der Regel die Vorgaben aus dem sie betreffenden Vorstandsbereich um, je jünger sie sind umso mehr, denn die Erfüllung antizipierter Erwartungen eröffnet Karriereperspektiven. Ältere Führungskräfte hinterfragen zuweilen die Vorgaben, weil sie den Zenit Ihrer Karriere erreicht und wechselnde Vorgaben, die sich aus aktuellen Moden speisen, erlebt haben ohne von ihnen überzeugt zu sein.

Führungskräfte müssen flexibel sein, weil sich die Anforderungen am Markt ändern; d.h. aber noch lange nicht, jeder Managementmode hinterher zu laufen und esoterische Führungsdogmen ohne gesunden Menschenverstand und Logik umzusetzen. Die Heilsversprechen der „energy factory" aus St. Gallen zur Förderung der „organzational energy" werden von großen Unternehmen aufgegriffen (z.B. ABB, BMW, CREDIT SWISS oder EVONIK). „Organizational energy- die Kraft, mit der Unternehmen zielgerichtet Dinge bewegen - ist für die Leistungsfähigkeit von Unternehmen vor allem für Wachstum, Wandel und Innovation entscheidend.

Der Grad an „Organisationaler Energie" zeigt, in welchem Ausmaß ein Unternehmen sein emotionales, mentales und verhaltensbezogene Potenzial zur Verfolgung seiner Ziele mobilisiert hat.

Zum Ausdruck kommt „Organisationale Energie" in der Vitalität, Intensität und Geschwindigkeit der Arbeits-, Veränderungs- und Innovationsprozesse eines Unternehmens." (entnommen aus www. energy factory.com, Dez. 2009).

Wenn man sich vorstellt, welchen Begriff von „Energie" Entwicklungsingenieure von ABB haben und sie gleichzeitig zur Überzeugung genötigt werden, sich mit „organisationaler Energie" als Führungskonzept zu befassen, weil dies der Vorstand so möchte, dann wundert es nicht, wenn er sein „emotionales Potential" zur Verfolgung der Unternehmensziele im Abgleich mit dem zu generierenden Aufwand ergebnisoffen mobilisiert. Was das Chi in der traditionellen chinesischen Medizin, ist die organisationale Energie für das Management: ein Glaubensbekenntnis.

Da sich aber mit Glaubensbekenntnissen allein weder religiöse, esoterische noch wirtschaftliche Unternehmen erfolgreich lenken lassen, sollten sich die Führungskräfte auf die realen Bedingungen konzentrieren unter denen effiziente Prozesse zu organisieren sind und ihren durch Beobachtung der Arbeitsbedingungen und Befragung ihrer Beschäftigten trainierten Verstand gebrauchen.

Im Folgenden sollen empirisch belegbare Befunde verdeutlichen, wie trivial zuweilen ein gutes Management ist und welche „Regeln" im Umgang mit den Beschäftigten die Effizienz der Mitarbeiterführung beeinflusst:

- Die Führungsspanne

Die Führungsspanne entwickelt sich urwüchsig wenn ein Vorgesetzter über die Zeit mehrere Mitarbeiter zugewiesen erhält. Bis zu einer gewissen Größe der betreuten Arbeitsgruppe funktioniert das System. Es gibt neue und erfahrene Mitarbeiter, die sich unterstützen und bis zu einer Größe von 10 Mitarbeitern hat der Vorgesetzte das Gefühl der Informiertheit. Wächst die Gruppe der zu verantwortenden Personen so bilden sich Untergruppen und Stellvertreter des Vorgesetzten heraus. Formale Informationsveranstaltungen ersetzen die informellen Gespräche.

Abhängig von der Art der Aufgabe kann die Führungsspanne unterschiedlich groß sein. In den Endmontagen der Automobilindustrie schwanken die Führungsspannen zwischen 20 und 80 Personen. Der Vorgesetzte wird bei großen Einheiten durch Stellvertreter entlastet. Da Personalverantwortung bei den üblichen Entgeltsystemen mit einer höheren Eingruppierung verbunden ist, bemühen sich mache Unternehmen die Führungsspanne zu vergrößern und die Stellvertreter etwas höher als die anderen zu vergüten, was trotzdem zu einer Einsparung der Personalkosten führt. Ein Meister mit 80 Mitarbeitern kann selbstverständlich nicht mehr im Detail seine Mitarbeiter führen. Er verlässt sich auf seine Vertreter und deren Urteil. Seine Personalverantwortung übt er auf dem Papier aus. Er ist zu einem hohen Zeitanteil in Sitzungen, Steuerungsgremien oder mit dem Troubleshooting befasst. Die Bewertung von Mitarbeitern wird zur Routineaufgabe und in Abstimmung mit den Stellvertretern durchgeführt.

Eigentlich ist die Erkenntnis trivial, dass Personalführung den unmittelbaren Kontakt zum Mitarbeiter erforderlich macht. Werden die Führungsspannen zu groß (über15) so erzwingt dies Unterstrukturen, die im Produktionsbereich ebenso wie in der Administration, Forschung und Entwicklung, Planung oder Konstruktion zu intransparenten Strukturen führen. Die Stellvertreter führen de facto, dürfen dies aber nicht offiziell, da Personalverantwortung zu den Aufgaben des direkten ersten Vorgesetzten gehört.

Die Betriebsräte wissen meist um diesen Sachverhalt, haben aber keine Durchsetzungsmacht dies zu ändern (d. h. Schaffung kleiner Führungsspannen mit geregelter Personalverantwortung und entsprechender Bezahlung).

An den Führungsspannen sieht man, ob der Betrieb es mit der Personalführung ernst meint. Zahlen sind verräterisch und können nicht durch warme Worte ersetzt werden.

Mit zunehmender Führungsspanne werden die Personalführungsaktivitäten geringer, ebenso die Anstrengungen zur Kompetenzentwicklung der „Geführten". Persönliche Gespräche im Krankheitsfall, bei familiären oder persönlichen Problemen nehmen ab.

Kleine Führungsspannen machen natürlich keinen guten Vorgesetzten, aber sind eine conditio sine qua non.

- Der standardisierte Mensch

Mit dem Thema „Demografische Auswirkungen in der betrieblichen Personalpolitik" kommen auf die Führungskräfte unangenehme Aufgaben zu. Sie müssen sich mit der Zukunft „ihrer" Personalstrukturen beschäftigen, Prognosen wagen und zur Kenntnis nehmen, dass mit zunehmendem Alter der Beschäftigten die Leistungsstreuung zunimmt. Das gilt natürlich auch für die älter werdenden Führungskräfte.

Da die Altersteilzeit und das bequeme Modell der Frühverrentung aus Kostengründen an Bedeutung verlieren und der Steuerzahler nicht mehr im gewohnten Umfang an den Soziallasten des Betriebes Teilhabe leistet, muss sich die Führungskraft in Verbindung mit dem Personalwesen darüber Gedanken machen, durch welche Personal- und Organisationsentwicklungsmaßnahmen ein wirtschaftlich effizienter Einsatz der Älteren Beschäftigten bis zum gesetzlich vereinbarten Rentenalter sicher gestellt werden kann. Voraussetzung hierfür ist allerdings die Erkenntnis, dass mit zunehmendem Alter die Leistungsstreuung der älteren Beschäftigten zunimmt und ebenso die Variabilität auf den verschiedenen Persönlichkeitsdimensionen wie z.B. Offenheit für Probleme, Irritation, Lernbereitschaft, Flexibilität oder Leistungsmotivation, um nur einige zu nennen. Darüber hinaus unterscheiden sich die Beschäftigten in ihrer Arbeitsfähigkeit bzw. ihrem gesundheitlichen Befinden.

Die Führungskraft hat nun das Problem, sich mit den individuellen Varianzen seiner ihm zugeordneten Personen zu befassen und daraus erforderliche **organisatorische, technisch**-*ergonomische* und **personelle** Maßnahmen abzuleiten (Sonntag et al. 2012).

Als *organisatorische* Maßnahmen bieten sich arbeitsbezogene Aktivitäten wie z. B. alternsförderliche Schichtsysteme, variable Arbeitszeitregelungen oder individuelle Pausenmöglichkeiten an (Knauth et al. 2009; Knauth et al. 2009), aber auch belastungsoptimierte systematische Arbeitsplatzwechsel oder alters- und geschlechtsdiverse Gruppenarbeitskonzepte.

Technisch- ergonomische Maßnahmen sollten dazu genutzt werden, die körperlichen Belastungen unter Einsatz arbeitswissenschaftlicher Grundkenntnisse und mit Hilfe von technischen Arbeitshilfen oder Assistenzsystemen altersgerecht zu gestalten. Große Personen benötigen höhere Arbeitstische als Kleine, Ältere größere Beleuchtungsstärken als Jüngere, Frauen eher Hebehilfen als Männer bei gleichen Gewichten etc (Landau 2009; Landau 2007).

Bei den **personellen** Maßnahmen geht es nicht nur darum, die Älteren zu entlasten und den Jüngeren die körperlich belastenden Tätigkeiten zuzumuten, und wenn dies mangels jüngerer Beschäftigter nicht möglich ist, zeitlich befristete Personen einzusetzen, sondern durch kontinuierliche Kompetenzentwicklungsmaßnamen die Einsatzflexibilität jeder einzelnen Mitarbeiterin und jedes einzelnen Mitarbeiters zu fördern.

Die Individualisierung der Personalentwicklungsmaßnahmen darf sich nicht nur auf den Kreis der Führungskräfte beziehen, sondern muss alle Beschäftigtengruppen einbinden (Kauffeld et al.2009).

Da Personen Individuen sind und keine standardisierten Arbeitskräfte (sie sind alt oder jung, gesund oder krank, klein oder groß, männlich oder weiblich, dick oder dünn, spezifisch kompetent, sie haben einen oder keinen Migrationshintergrund etc), wird die Mitarbeiterführung ein aufwendiges „Geschäft", bei dem Kompetenzen aus dem Bereich der Arbeitsgestaltung ebenso von Nöten sind, wie aus dem der Personalentwicklung und Arbeitsorganisation.

- Der Produktentstehungsprozess und seine Wechselwirkungen

Führung wird in der einschlägigen Fachliteratur im Wesentlichen als Interaktion zwischen Vorgesetztem und Mitarbeitern begriffen und als Prozess der **Beeinflussung** der **Einstellungen** und des **Verhaltens** von Personen um ein bestimmtes Ziel zu erreichen (s. Felfe 2009; v. Rosenstiel 2007; Staehle 1999). Mit dieser Betrachtungsweise von Führung ist man als Führungskraft schnell am Ende seines Lateins. Es geht nicht nur um die Beeinflussung der Einstellungen und des Verhaltens von Personen, sondern auch um die bewusste Gestaltung der Arbeitsbedingungen, die zu einem bestimmten und gewollten Verhalten der Beschäftigten beitragen. Da die Verhaltensprävention in der Praxis ungleich billiger ist als die Verhältnisprävention verhalten sich die Führungskräfte wie es die obige Definition nahe legt. Sie fordern die Eigeninitiative, die Eigenverantwortung, das Engagement, den Einsatz der Beschäftigten und glauben mit Visionen und Leitbildern sei es getan. Sie scheuen sich, darüber nachzudenken, wie die Arbeitsbedingungen im weitesten Sinne gestaltet werden müssen um einen gewünschten Produktionsprozess zu erzeugen, in dem sich die Beschäftigten so verhalten können, wie das erwartet wird.

Die einseitigen körperlichen Belastungen bei vielen Produktionstätigkeiten können durch Verhaltensprävention (z. B. Rückenschulung, Anweisungen zum richtigen Heben und Tragen oder Ausgleichsübungen zur Vermeidung von Verspannungen im Nackenbereich) zuweilen gemildert werden, sie ersetzen aber nicht auf Dauer die Bemühungen um eine arbeitswissenschaftlich sinnvolle Arbeitsgestaltung und Arbeitsorganisation (Spanner-Ulmer et al. 2009).

Die Führungskraft sollte lernen die ständigen Wechselwirkungen zwischen Person und Person, zwischen Person und Technik, zwischen Person und Organisation und zwischen Organisation und Technik im Blickfeld der Analyse zu halten um einen nachhaltigen Beitrag zur Optimierung der Arbeitstätigkeiten und der Produktionsprozesse zu leisten. Für den einzelnen Beschäftigten (auch für die Führungskraft selbst) ergeben sich aus den Wechselwirkungen von **Person, Technik** und **Organisation** die spezifischen Charakteristiken der Arbeitstätigkeit. Diese bewusst zu gestalten ist Personalführung.

- Führung und ganzheitliche Produktionssysteme

Das Credo ganzheitlicher Produktionssysteme, das in der Automobil- und Zulieferindustrie gesungen wird, besteht in der permanenten Standardisierung von Prozessen und Produkten (vgl. Neuhaus 2010) nach dem Modell des Toyota- Produktions- Systems (TPS) (Ohno 2009). Dieses System nimmt wenig Rücksicht auf die vorhandenen Kompetenzen und individuellen Eigenschaften der Beschäftigten. Für die Führungskräfte ergibt sich daher ein Dilemma: Sie wollen oder müssen einerseits die von externen Unternehmensberatern eingebrachten Methoden und Instrumente (z. B. Standardisierung, Visualisierung, Total Productivity Maintance, Materialbereitstellung mittels Kanban - Systemen, Kennzahlen, Qualitätsmanagement etc.) ganzheitlicher Produktionssysteme im Betrieb umsetzen, weil dies der Wille der Geschäftsführung ist. Sie haben es aber anderseits mit Beschäftigten zu tun, die beanspruchungsoptimierte und gesundheitsförderliche Produktionsprozesse einfordern. Die Beschäftigten wollen an der Prozessgestaltung und den damit verbundenen Arbeitsbedingungen beteiligt werden. Sie erwarten, dass auf ihre (altersbedingten) Leistungseinschränkungen Rücksicht genommen wird. Gleichzeitig wünschen sie sich Tätigkeiten die sie optimal ausführen können und erwarten eine faire Behandlung durch ihre Führungskräfte (Frieling et al. 2008).

Standardisierte Prozesse in einem ganzheitlichen Produktionssystem mit diesen individuellen Anforderungen in Einklang zu bringen ist eine schwierige Herausforderung an Führungskräfte, die sie nur meistern können, wenn sie ihre Mitarbeiter an der Prozessoptimierung und Standardisierung beteiligen, wenn sie ihnen Handlungsspielräume eröffnen und mit ihnen Ziele vereinbaren, die sie mit Überzeugung einhalten können. Die sinnentleerte Übernahme japanischer Begriffe (Poka Yoka, Muda etc.) aus dem Repertoire des Toyota Produktionssystem und die „gehorsame" Anwendung von Produktionskonzepten, wie z.B. Chaku- Chaku (Sonntag et al. 2012), werden den Erfordernissen, die sich aus dem demografischen Wandel und den gestiegenen Qualifikationen und Kompetenzen der Belegschaften ergeben, nicht gerecht.

Die Führungskräfte müssen den Mut haben, mit ihren Beschäftigten eigenständige alternative Arbeitsstrukturen zu generieren um einerseits die Prozessqualität und Effizienz zu erhöhen und anderseits die Arbeitsbedingungen für ihre Beschäftigten zu verbessern.

- Führen heißt evaluieren

Ohne eine fundierte Evaluation fallen die Führungskräfte häufig der Illusion zum Opfer, eine gute Führungskraft zu sein, weil sich die Mitarbeiter nicht beklagen. Gerade das Fehlen der Klagen, der Kritik, der Meckerei ist aber ein ernstes Signal, dass etwas mit der „Führung" nicht in Ordnung ist. Der klagende, „meckernde", kritisierende Mitarbeiter ist häufig engagierter; er möchte etwas ändern, sich mit seinem Vorgesetzten auseinandersetzen, streiten, weil er etwas umgestalten möchte. Aus Sicht des Vorgesetzten nervt diese als Aufsässigkeit empfundene Kritik an den Arbeitsbedingungen, an dem eigenen Verhalten und es kostet Zeit sich damit auseinanderzusetzen. Das Fehlen dieser Streitkultur ist ein wichtiger Indikator für mangelnde Führungskompetenz. Der Vorgesetzte sollte seine Mitarbeiter dazu befähigen, das anzusprechen was als kritikwürdig empfunden wird. Er benötigt eine faire Rückmeldung, um sein Handeln steuern zu können. Eine Form dieser Rückmeldungen sind Mitarbeiterbefragungen; sie sind ein wertvolles Instrument, um Beschäftigten, die den Mut verloren haben, die Meinung direkt zu äußern, zu bewegen sich in anonymisierter Form zu äußern.

Standardisierte Befragungsverfahren haben den Vorteil, dass Vergleichsdaten existieren, auf die man sich beziehen kann. Dies erleichtert die Einschätzung was normal (innerhalb der Norm) und was außergewöhnlich ist.

Auf selbst gebastelte Fragebögen sollte man verzichten wenn die Befragung ernst gemeint ist. Selbst in Automobilunternehmen, mit vorhandener Fachkompetenz auf dem Gebiet der Mitarbeiterbefragung, gibt es gut gemeinte Fragebögen von Laien die z.B. Folgendes abfragen:

- „Was finden Sie an Ihrem Arbeitsplatz gut?
- Was finden Sie schlecht bzw. belastet Sie am meisten?
- Wie sollte Ihr Arbeitsplatz gestaltet sein, damit Sie so lange wie möglich und so gesund wie möglich hier arbeiten können?
- Mein Vorschlag zur Gesunderhaltung/Förderung am Arbeitsplatz und im Umfeld"

Mit diesen Fragen und den dazugehörigen „offenen Antwortmöglichkeiten" sollen Mitarbeiter in den Montagen ihre Ideen zum Besten geben.. Es besteht kein Auswertekonzept um die nicht- standardisierten, unterschiedlichen Antworten zu kodieren. Der einzelne Meister wird von den Initiatoren der Befragung gebeten seine Mitarbeiter in fünf Minuten über den Sinn und Zweck der Befragung zu informieren, obgleich die Befragung der „Mitarbeitereinbindung" dienen soll. Es besteht kein Konzept, was mit den Antworten geschieht. Zu welchen Änderungen ist das Unternehmen bereit? Bietet es die Möglichkeit die Montagetakte zu verringern, den Zeitdruck zu mildern, die Ergonomie zu verbessern, die Pausen variabler zu gestalten oder auf Leiharbeitskräfte zu verzichten? Die Antworten des Unternehmens auf diese Vorschläge, die z. B. bei einem strukturierten, standardisierten Fragebogen gemacht wurden, kann sich der Leser selbst geben. Natürlich wird keiner der Vorschläge umgesetzt.

„Naive Befragungen" der vorgestellten Art diskreditieren das Instrument der Mitarbeiterbefragung. Besonders erstaunlich ist ein solches Vorgehen in einem internationalen Konzern, der sich zu gute hält, technologisch zur Weltspitze zu gehören. Auf dem Gebiet der Mitarbeiterführung und Arbeitsgestaltung wird hier nicht einmal das Niveau eines traditionellen Handwerksbetriebes mit konventioneller Technologie erreicht.

Es ist eine Selbstverständlichkeit, dass die Beschäftigten ausführlich über den Sinn und Zweck der Befragung informiert werden. Das ist nicht in fünf Minuten zu schaffen. Die Befragungsergebnisse müssen systematisch aufbereitet und mit allen Betroffenen (Management, Betriebsrat soweit vorhandenen und Beschäftigten) diskutiert werden, um aus den Ergebnissen Maßnahmen abzuleiten und diese zu priorisieren. Diese Selbstverständlichkeit ist in vielen Unternehmen aber keine. Bei besonders „unerfreulichen" Befunden, die einen Reflex auf die wahrgenommene Realität darstellen, weigern sich Unternehmensleitung und Management häufig, diese Daten offiziell zur Kenntnis zu nehmen. Sie finden keinen Termin zur Datenrückmeldung, sie stellen die Daten nicht ins Intranet, sie weigern sich, aus den Daten Schlussfolgerungen zu ziehen.

Führungskräfte müssen psychisch so stabil sein, dass Sie unangenehme Befunde zur Kenntnis nehmen können, ohne in eine defensive Paranoia zu verfallen. Auch gemeinsame Klagen (Beschäftigte und direkte Vorgesetzte) über die Geschäftsführung, die Konjunktur, die Chinesen, den Wettbewerb etc. nutzen wenig zur Entlastung. Den Mitarbeitern müssen Perspektiven unter realistischen Rahmenbedingungen vermittelt werden, dazu muss die Führungskraft fähig sein.

- Nachhaltige Führung braucht Mitarbeiterbeteiligung

Die Unternehmen erhöhen mit den gestiegenen Anforderungen in den verschiedenen Produktionsbereichen (einschließlich der Dienstleistungen) die Kompetenzerwartungen an die einzustellenden Mitarbeiter. Die neuen, in der Regel jüngeren Mitarbeiter haben daher eine höhere Qualifikation als die Älteren. D. h. das durchschnittliche Qualifikationsniveau im Unternehmen steigt. Gleichzeitig erfolgt aber über die Standardisierung der einzelnen Prozessschritte z. T. eine Absenkung der kognitiven Arbeitsanforderungen. Diese Entwicklung kann man am Beispiel der Automobilindustrie besonders in den Produktionsbereichen (Fahrzeug- und Aggregatemontage) beobachten. Für die Beschäftigten bedeutet dies eine sukzessive Absenkung der Kompetenzen über die Zeit. Diese Entwicklungsperspektive wird als besonders belastend wahrgenommen, wenn gleichzeitig die Mitsprachemöglichkeiten im Rahmen der Arbeitsprozessgestaltung eingeschränkt werden. Die Partizipation der Beschäftigten an Arbeitsstrukturierungsprozessen ist daher aus Sicht einer nachhaltigen Führung unerlässlich, um die Arbeitsmotivation in standardisierten Arbeitsprozessen aufrecht zu erhalten. Für diese Beteiligungsprozesse bringen die Beschäftigten auf Grund ihrer Ausbildung in der Regel die entsprechenden Kompetenzen mit, diese versickern aber, wenn sie nicht genutzt werden. In allen Phasen der Prozessgestaltung: *Analyse, Ableitung von Gestaltungsmaßnahmen, Priorisierung, Umsetzung und Evaluation,* sind die Beschäftigten zu beteiligen. Aus Sicht des Vorgesetzten ist dieser Prozess zeitaufwendig, er hat aber den Vorteil, dass der überwiegende Teil der Beteiligten das Umsetzungsergebnis akzeptiert und gleichzeitig lernt, die vorhandenen Prozesse kontinuierlich im eignen und Firmeninteresse zu optimieren. Diese Optimierung gelingt aber nur, wenn wie oben schon angesprochen, die personellen, technischen und organisatorischen Aspekte innerhalb des zu gestaltenden Arbeitssystems berücksichtigt werden.

Arbeitsgestaltung ohne Einbeziehung der Betroffenen ist nicht nachhaltig und meist teuerer, da nach „Abschluss" der Maßnahmen Korrekturen, Nachbesserungen, Konfliktlöseveranstaltungen, die Einbindung verschiedener Interessenvertreter etc. finanziert werden müssen. Bei Projektevaluationen sollten auch diese sog. Transaktionskosten mit eingerechnet werden. Leider unterbleibt dies in der Regel.

Geradezu töricht ist es, sich im Management Konzepte Neuer Arbeitsstrukturen zu überlegen und die Betroffenen, auch in Form des Betriebsrates nicht von vornherein einzubinden. Diese Einbindung hat schon in der Konzeptphase zu erfolgen, um die einzelnen Überlegungen ausführlich gemeinsam zu diskutieren. Es muss für alle Beteiligten klar sein, warum bestimmte Alternativen verworfen und andere priorisiert werden. Fehlt hier die Beteiligung, so ist davon auszugehen, dass die Vorschläge von der Arbeitnehmerseite pauschal abgelehnt und erst in langen Nachverhandlungen, in denen häufig Misstrauen mitschwingt und nicht ausgesprochene Motive unterstellt werden, zum Abschluss kommen.

Ganz verrückt wird die Situation im Unternehmen, wenn das Management monatelang mit bestimmten Arbeitsstrukturkonzepten schwanger geht, sich bei Benchmarkunternehmen „aufschlaut", nach Japan reist und Unternehmensberater bemüht und dann das so im „trauten Kreis" erarbeitete Konzept den Mitarbeitern in einer Kurzform in zwei Stunden präsentiert. Wie naiv ist man als Führungskraft, wenn man glaubt, die Mitarbeiter hätten das Gesagte verstanden. Sie selbst haben mehrere Monate gebraucht, um das Konzept nachzuvollziehen und zu verinnerlichen.

Den Führungskräften sollte klar sein, dass ein solches Vorgehen eigentlich bedeuten müsste: Macht die Mitarbeiter in der Produktion zu Managern, denn sie verstehen das Konzept in zwei Stunden. Aus der Wahrnehmung der Absurdität dieses Gedankenspiels sollte dem Management klar sein, dass ohne eine ernst gemeinte Mitarbeiterbeteiligung keine nachhaltige Arbeitsprozessentwicklung möglich ist.

- Führen heißt verlässlich sein und kalkulierbar

Bei vielen Mitarbeiterbefragungen beklagen die Beschäftigten die Nichteinhaltung von Zusagen des Managements. Dadurch wird die Glaubwürdigkeit der Führungskräfte eingeschränkt. Die Ursache für die mangelnde Verlässlichkeit liegt häufig darin, dass die Führungskraft etwas zusagt, was die nächst höhere Führungsebene ablehnt und der Vorgesetzte nicht über das Standing verfügt, gemachte Zusagen durchzusetzen. Die betroffenen Mitarbeiter leiden an dieser mangelnden Verbindlichkeit und nehmen die direkte Führungskraft nicht mehr ernst. Die Führungskraft muss abschätzen können, ob gemachte Zusagen sicher eingehalten werden können oder nicht; bestehen Zweifel, so ist dies dem betroffenen Mitarbeiter deutlich zu erklären. Diese Erklärung fördert das Verständnis für betriebliche Zusammenhänge, macht die Führungskraft kalkulierbar und signalisiert das Interesse des Vorgesetzten an dem Mitarbeiter. Dies gilt auch für die konsequente Umsetzung von (gemeinsam) getroffenen Entscheidungen. Wie schwer dies umzusetzen ist, zeigen die betrieblichen Beispiele bei der Durchsetzungen von Vereinbarungen zur Durchführung von Teambesprechungen.

Häufig sind diese in schriftlicher Form im Besprechungsraum ausgehängt. Folgende Regeln werden üblicherweise vereinbart:

– Termine sind einzuhalten; bei Verspätung wird das Sparschwein mit 1 € pro Minute gefüllt;
– Das Mobiltelefon ist ausgeschaltet;
– Sich bei Sitzungen herausrufen zu lassen ist unerwünscht;
– Das Geschirr ist nach Ende der Besprechung aufzuräumen etc.

Schon diese wenigen Vereinbarungen, die im Allgemeinen auf großes Verständnis stoßen werden in vielen Betrieben nicht eingehalten. Wen wundert es, wenn andere Vereinbarungen in gleicher Weise behandelt werden. Häufig nehmen Führungskräfte für sich in

Anspruch diese Regeln nicht auf sich selbst beziehen zu müssen, obgleich sie von ihnen abgezeichnet wurden.

An solch einfachen Beispielen lernt der Beschäftigte den Grad der Verbindlichkeit von Vereinbarungen einzuschätzen. Die Kalkulierbarkeit des Vorgesetztenhandelns ist beeinträchtigt und führt zur Verunsicherung der Beschäftigten.

- Gute Führung erzeugt geringe Krankenstände

In einer Vielzahl von Untersuchungen wird immer wieder der Sachverhalt bestätigt, dass Führungskräfte ihren Krankenstand zu einem beträchtlichen Anteil selbst mitbestimmen. Bei Wechsel der Abteilung nimmt der direkte Vorgesetzte häufig seinen Krankenstand mit. Gute Führungskräfte, die sich um ihre Mitarbeiter bemühen, mit ihnen sprechen, ihre Probleme kennen, die ihnen Handlungs- und Entscheidungsspielräume eröffnen, haben einen signifikant geringeren Krankenstand, als diejenigen, die von der Vorstellung getrieben sind, die Mitarbeiter kontrollieren zu müssen; denen die Wechselwirkungen zwischen „Person, Technik und Organisation" gleichgültig sind und die sich leiten lassen, von der Vorstellung gegebene Standards und Ziele strikt einzuhalten zu müssen ohne Berücksichtigung der Mitarbeiterbelange (Nöring et. al. 2007).

Die älter werdende Belegschaft wird zur Herausforderung der Führungskräfte. Verhalten sie sich wie „gute" Führungskräfte, wird der Krankenstand nur in geringem Umfang mit dem Alter der Beschäftigten zunehmen. Im anderen Fall werden die Beschäftigten vermehrt versuchen, durch Krankschreibungen oder Atteste vom Werksarzt, aus der für sie schlecht erträglichen Arbeitsituation zu entfliehen. Leider fehlen in den Unternehmen Kostenrechnungen, die diese Ausweichstrategien der Beschäftigten in ihren monetären Auswirkungen abschätzen und bei der Neuplanung von Arbeitssystemen ebenso berücksichtigen, wie bei der Bewertung von Führungskräften.

Führungskräfteschulungen in emotionaler Intelligenz lösen das beschriebene Dilemma nicht, da die intendierte Verhaltensprävention nicht die erforderliche Verhältnisprävention bewirkt. Erforderlich sind ganzheitliche Arbeitssystemgestaltungen unter Berücksichtigung der individuellen Kompetenzen der Beschäftigten einschließlich gezielter Kompetenzentwicklungsmaßnahmen durch arbeitsorganisatorische Freiräume (lernförderliche Arbeitsgestaltung).

34.1 Fazit

Führung mit dem gesunden Menschverstand (reden mit den Beschäftigten, Feedback von den Beschäftigten), gepaart mit Kompetenzen zur ganzheitlichen Arbeitssystemgestaltung (wechselseitige Anpassung der individuellen Besonderheiten an die Arbeitsstrukturen, alterns angemessene, ergonomische Gestaltung von Arbeitsbedingungen, Schaffung von zeitlichen und organisatorischen Rahmenbedingungen) trägt wesentlich zur Erhaltung der Arbeitsfähigkeit der Beschäftigten bei und fördert die Effizienz der ständig zu optimierenden Geschäftsprozesse.

Autorbeschreibung

Prof. Dr. Ekkehart Frieling geboren 1942, emeritiert, ehemals Vizepräsident der Universität Kassel. Studium der Psychologie Universität München; 1974 Promotion zum Dr. phil. TU München; 1979 Habilitation für das Fach Psychologie Universität München. Ehemals Professur „Arbeitswissenschaft für Technikstudiengänge" an der Universität Kassel. Forschungsfelder: Entwicklung und Nutzung menschengerechter Konzepte zur Gestaltung von Arbeitssystemen, Arbeitsmitteln und -bedingungen sowie von Arbeitsorganisation und Qualifizierung; Entwicklung von Methoden und Instrumenten zur Analyse von Arbeitstätigkeiten; Kompetenzentwicklung und lernförderliche Arbeitsstrukturen; Koordination des DFG-Schwerpunktprogramms „Altersdifferenzierte Arbeitssysteme".

Literatur

Felfe, J. (2009). *Mitarbeiterführung*. Göttingen: Hogrefe.
Frieling, E., Buch. M. & Weichel, L. (2008). Ältere Beschäftigte in gewerblich-industriellen Tätigkeiten- ausgewählte Ergebnisse und Handlungsfelder am Beispiel der Montage. In *Wirtschaftspsychologie* (S. 120–128) Heft 3. 10 Jhrg.
Kauffeld, S., Grote, S., & Frieling, E. (Hrsg.). (2009). *Handbuch Kompetenzentwicklung*. Stuttgart: Schäfer/Poeschel.
Knauth, P., Elmerich, K., & Karl, D. (Hrsg.). (2009). *Risikofaktor demografischer Wandel- Generationenvielfalt als Unternehmensstrategie*. Düsseldorf: Symposium Publishing GmbH.
Knauth, P., Karl, D., & Elmerich, K. (2009). *Lebensarbeitszeitmodelle- Chancen und Risiken für das Unternehmen und die Mitarbeiter*. Karlsruhe: Universitätsverlag.
Landau, K. (Hrsg.). (2009). *Produktivität im Betrieb*. Stuttgart: GfA ergonomia.
Landau, K. (Hrsg.). (2007). *Lexikon Arbeitsgestaltung- Best Practice im Arbeitsprozess*. Stuttgart: Gentnerverlag.
Neuhaus, R. (2010). *Evaluation und Benchmarking der Umsetzung von Produktionssystemen in Deutschland. Books on demand*. Norderstedt.
Ohno, T. (1993/2009). *Das Toyota-Produktionssystem*. Frankfurt: Campus.
Nöring, R., Becker, H. Deiwicks, J. Dubian, C., Sigi, T., Stork, J., & Stumpf, J. (2007). Bis 67 mit Wohlbefinden arbeiten? In: E. Schäfer, M. Buch, I. Pahls, & J. Pfitzmann (Hrsg.), *Arbeitsleben! Arbeitsanalyse- Arbeitsgestaltung- Kompetenzentwicklung* (S. 108–132). Kassel: University press.
Rosenstiel, L. v. (2007). *Grundlagen der Organisationspsychologie* (6. Aufl.). Stuttgart: Schäffer-Poeschel.
Sonntag, Kh., Frieling, E., & Stegmaier, R. (2012). *Lehrbuch Arbeitspsychologie*. 3. Auflg. Bern: Huber.
Spanner-Ulmer, B., Frieling, E., Landau, K., & Bruder, R. (2009). Produktivität und Alter. In: K. Landau (Hrsg.), *Produktivität im Betrieb* (S. 81–117). Stuttgart: GfA- Ergonomie Verlag.
Staehle, W. (1999). *Management. Eine verhaltenswissenschaftliche Perspektive* (8. Aufl.). München.

Printed by Printforce, the Netherlands